LA GLOBALISATION DE LA POLITIQUE MONDIALE

Une introduction aux relations internationales

John Baylis, Steve Smith, Patricia Owens

Adaptation
Afef Benessaieh
TÉLUQ (L'université à distance de l'UQÀM)

Traduction
Serge Paquin

Révision scientifique
Jean-François Thibault
Université de Moncton

Frédérick Guillaume Dufour
Université du Québec à Montréal (UQÀM)

MODULO

La globalisation de la politique mondiale. Une introduction aux relations internationales est la traduction adaptation de la quatrième édition (ISBN 978-0-19-929777-1) et de la cinquième édition (ISBN 978-0-19-956909-0) de *The Globalization of World Politics. An Introduction to International Relations*, de John Baylis, Steve Smith et Patricia Owens. © 2008, 2011. Oxford University Press. Tous droits réservés. Traduit de l'anglais avec la permission de Oxford University Press.

Nous reconnaissons l'aide financière du gouvernement du Canada par l'entremise du Fonds du livre du Canada (FLC) pour nos activités d'édition.

Catalogage avant publication de Bibliothèque et Archives nationales du Québec et Bibliothèque et Archives Canada

Vedette principale au titre :

La globalisation de la politique mondiale : une introduction aux relations internationales

Traduction et adaptation de la 4e et de la 5e éd. de : The globalization of world politics.

Comprend des réf. bibliogr. et un index.

ISBN 978-2-89650-428-2

1. Relations internationales. 2. Mondialisation. 3. Politique mondiale - 1989- . I. Baylis, John, 1946- . II. Smith, Steve, 1952- . III. Owens, Patricia, 1975- . IV. Benessaieh, Afef.

JZ1242.G5614 2011   327   C2011-940609-8

Équipe de production

Éditrice : Bianca Lam
Chargée de projet : Monique Pratte
Révision linguistique : Nathalie Vallière
Correction d'épreuves : Marie Calabrese
Montage : André Ferland (L'orange bleue)
Coordination de la mise en pages : Nathalie Ménard
Maquette : Marguerite Gouin
Couverture : Pige communication
Gestion des droits : Corine Archambault
Recherche textes et photos : Julie Saindon
Indexage : Ghislain Morin

MODULO

*Groupe Modulo est membre de
l'Association nationale des éditeurs de livres.*

La globalisation de la politique mondiale. Une introduction aux relations internationales

© Groupe Modulo inc., 2012
5800, rue Saint-Denis, bureau 1102
Montréal (Québec) H2S 3L5
CANADA
Téléphone : 514 738-9818 / 1 888 738-9818
Télécopieur : 514 738-5838 / 1 888 273-5247
Site Internet : www.groupemodulo.com

Dépôt légal - Bibliothèque et Archives nationales du Québec, 2011
Bibliothèque et Archives Canada, 2011
ISBN 978-2-89650-428-2

L'éditeur a fait tout ce qui était en son pouvoir pour retrouver les copyrights.
On peut lui signaler tout renseignement menant à la correction d'erreurs ou d'omissions.

Imprimé aux États-Unis
1 2 3 4 5   15 14 13 12 11

DANGER
LE
PHOTOCOPILLAGE
TUE LE LIVRE

Avant-propos

Nous sommes très heureux de présenter la toute première traduction adaptée de la 5e édition du prestigieux manuel intitulé *The Globalization of World Politics: An Introduction to International Relations*. Cet ouvrage obtient la faveur tant des professeurs que des étudiants en relations internationales, et ce, pour différentes raisons : son accessibilité, sa richesse pédagogique et son habileté à introduire avec succès le vaste éventail des théories, des débats et des enjeux de fond qui nourrissent la discipline depuis sa constitution. Nous avons choisi de faire traduire ce manuel en français parce que, outre le fait que nous enseignons dans des universités francophones, il n'en existait pas véritablement d'équivalent dans cette langue – à tout le moins au moment de sa parution en 2011. Quelques ouvrages de base fort influents – tels que *Théories des relations internationales*, de Dario Battistella (2009), *La politique internationale : Théories et enjeux contemporains*, de Pierre de Sénarclens et Yohan Ariffin (2007), ou, d'un niveau plus avancé, *Théories des relations internationales : contestations et résistances*, d'Alex Macleod et Dan O'Meara (2010) – apportent chacun à sa manière une contribution majeure à l'étude des relations internationales au sein de la francophonie. Toutefois, l'incontestable intérêt du manuel *The Globalization of World Politics* réside dans le fait qu'il accorde une place équilibrée à la fois aux théories dominantes et aux théories plus critiques dans la discipline, ainsi qu'à une grande variété d'enjeux cruciaux dans le monde contemporain. Chaque chapitre, rédigé par un expert reconnu dans la matière abordée, est présenté dans un langage clair et accessible qui s'adresse aux étudiants débutants comme aux plus avancés. De plus, les chapitres offrent de nombreux outils pédagogiques : études de cas, encadrés de synthèse, questions pour approfondir la matière et stimuler la réflexion, illustrations graphiques et photographiques, bibliographies commentées. C'est donc de ce constat relatif à l'originalité et à la pertinence du manuel de Baylis, Smith et Owens que nous sommes partis pour mener à bon terme le projet fort exigeant, mais si stimulant, de rendre le présent ouvrage disponible à un lectorat francophone.

Dans le cadre de ce projet, nous avons bien sûr affronté plusieurs défis et, par conséquent, effectué certains choix éditoriaux. D'abord, d'un point de vue strictement théorique, et bien qu'en français nous puissions employer les deux termes, nous avons privilégié « globalisation » plutôt que « mondialisation ». En effet, ce choix nous apparaissait justifié par le fait que le processus systémique, structurant, totalisant et synergique auquel « globalisation » réfère souvent dans la littérature ne nous semblait pas suffisamment bien rendu par le terme « mondialisation ». Ce dernier renvoie davantage, à notre avis, à un référent géographique, fréquemment utilisé d'ailleurs comme synonyme de « planétaire ». Si le mondial est certes planétaire, le global pour sa part ajoute une logique structurante d'ensemble, laquelle dépasse la dimension purement géographique. En plus de la notion de compression spatiale qui la caractérise fortement, la globalisation fait aussi référence à des contractions temporelles et à des interconnectivités croissantes sur les plans social, culturel, politique et économique, qui sont d'une ampleur inédite.

Ensuite, nous nous sommes acquittés de notre tâche dans la perspective délibérée de rester fidèles aux propos des auteurs des différents chapitres et d'éviter de travestir les textes en les réinterprétant dans une direction théorique ou une autre. Cela dit, certaines modifications et coupures ont néanmoins été nécessaires pour améliorer la qualité scientifique et factuelle des textes. Pour des raisons parfois stylistiques, nous avons aussi pris le soin de réécrire certaines parties rédigées en anglais dans un style plus lourd ou trop opaque pour le non-spécialiste. Lorsqu'un doute survenait concernant le sens d'un passage, nous avons systématiquement clarifier et expliciter le propos. Par ailleurs, et pour des motivations tant théoriques que pédagogiques, nous avons également remplacé par endroits certains exemples, événements et dates par d'autres qui trouveront davantage de résonance auprès d'un lectorat francophone. Dans ce même ordre d'idées, nous avons jugé bon d'ajouter certaines précisions aux textes originaux de manière à les rendre plus compréhensibles ou à les compléter.

Mentionnons enfin que l'adaptation de ce manuel a été réalisée dans un contexte séquentiel particulier : celui d'offrir une version adaptée s'appuyant sur les meilleurs éléments de la 4ᵉ (2008) et de la 5ᵉ (2011) édition du manuel original. La 4ᵉ édition se concentre notamment sur la guerre contre le terrorisme dans le monde à la suite des événements du 11 septembre 2001. La 5ᵉ édition augmente essentiellement la précédente par l'ajout de deux chapitres entièrement nouveaux sur des thèmes à notre sens fort judicieusement choisis : le postcolonialisme et le poststructuralisme en théories des relations internationales. De plus, la 5ᵉ édition s'enrichit de certaines considérations conceptuelles issues de la crise financière globale de 2007-2008. Pour chaque chapitre de la version française adaptée, nous avons donc passé au peigne fin les deux dernières éditions du manuel, intégré certaines des nouvelles données offertes dans la 5ᵉ édition et remplacé certains chapitres par d'autres qui nous paraissaient pédagogiquement plus fertiles ou scientifiquement plus satisfaisants. Cet exercice avait pour seul but de produire un ouvrage fusionnant les meilleurs aspects des deux dernières éditions originales anglaises.

Ce projet d'adaptation a vu le jour parallèlement à la mise sur pied, à la Télé-Université (TÉLUQ), d'un cours multimédia à distance d'introduction aux théories des relations internationales, entièrement basé sur le manuel de Baylis, Smith et Owens. Sur un peu plus d'un an, nous avons pu compter sur la productivité soutenue et le dévouement professionnel exceptionnel d'une solide équipe constituée de Serge Paquin, traducteur, et de Nathalie Vallière, réviseure linguistique, sans oublier Monique Pratte, chargée de projet, si efficacement engagée dans la coordination ininterrompue entre chaque étape de production ainsi qu'entre chaque membre de l'équipe. L'adaptation a aussi profité du travail consciencieux de Nancy Turgeon qui, dans le cadre de son assistanat de recherche pour le cours préparé pour la TÉLUQ, a réalisé des recherches bibliographiques destinées à la version française du manuel.

À toute l'équipe nous souhaitons exprimer une profonde reconnaissance pour l'énorme travail accompli avec rigueur et un souci constant de qualité, malgré la contrainte d'un échéancier exigeant. Nous tenons également à remercier Christian Deblock pour sa contribution, à titre de réviseur scientifique invité, à la validation et à la mise au point du contenu d'ensemble du chapitre 26. Enfin, un remerciement très particulier à Bianca Lam pour sa confiance inébranlable en ce projet dès les premiers instants, et surtout pour en avoir permis la réalisation étape par étape, le plus chaleureusement du monde.

Afef Benessaieh, François Thibault et Frédérick Guillaume Dufour

Table des matières

Deuxième partie: Les théories de la politique mondiale

Troisième partie : Les structures et les dynamiques

Quatrième partie : Les enjeux internationaux

INTRODUCTION

STEVE SMITH • JOHN BAYLIS •
PATRICIA OWENS

Les événements survenus le **11 septembre 2001** ont révélé, probablement mieux que tout autre, à quel point la vie contemporaine est désormais marquée par la **globalisation**. La guerre subséquente en Afghanistan (2001-2002) et l'attaque très controversée lancée contre l'Iraq en 2003, ainsi que la rébellion et la guerre civile qui ont suivi dans ce pays, offrent d'autres exemples clairs montrant que la globalisation définit l'époque actuelle. On voit désormais des coalitions internationales et des réseaux transnationaux recourant à la violence s'affronter dans des conflits qui se déploient dans des régions du monde apparemment exemptes de liens entre elles. Examinons, en sept points, la façon dont de tels événements, et notamment les attentats du 11 septembre 2001, illustrent la globalisation en cours.

Premièrement, si les événements du 11 septembre 2001 se sont produits dans un seul pays, les États-Unis, ils ont immédiatement été observés partout sur la planète : les images du deuxième avion s'écrasant sur le World Trade Center ont sans doute été les plus largement diffusées dans toute l'histoire de la télévision. Ces événements ont donc eu une portée mondiale et un effet beaucoup plus important que ne le suggère le simple bilan chiffré de leurs victimes (près de 3000 personnes ont péri lors des quatre attaques perpétrées cette journée-là ; par ailleurs, environ 30 000 enfants dans le monde meurent de malnutrition chaque jour, mais rarement sous l'œil des caméras de télévision). Deuxièmement, ces attaques ont été menées par 19 individus ayant agi au nom d'une organisation alors assez obscure, al-Qaïda. Plutôt qu'un État ou un groupe international dûment constitué, il s'agit d'une coalition diffuse qui rassemble des militants convaincus et qui aurait été présente dans une cinquantaine de pays. C'est donc véritablement une organisation à caractère mondial. Troisièmement, ces attentats ont été coordonnés à l'aide de quelques-uns des plus puissants moyens technologiques disponibles aujourd'hui : téléphones cellulaires, comptes bancaires internationaux et Internet. En outre, les acteurs-clés des attaques s'étaient régulièrement déplacés d'un continent à l'autre au moyen d'un autre symbole de la globalisation : le transport aérien de masse. Quatrièmement, ces événements ont suscité dans le monde des réactions fortes, immédiates et très diverses. Dans quelques pays arabes et musulmans, certains se sont réjouis de voir que l'Occident en général et les États-Unis en particulier avaient été frappés, alors qu'ailleurs d'autres en ont été horrifiés et ont tout de suite manifesté leur empathie pour les États-Unis. Cinquièmement, les attaques ont visé des cibles qui étaient plutôt hors de l'ordinaire : le Pentagone est le symbole même de la puissance mi-

litaire de ce pays, tandis que le World Trade Center (en français, «Centre mondial du commerce») incarnait le système financier mondial. Sixièmement, il importe de souligner qu'un grand nombre des victimes de ces attentats détenaient, en fait, une nationalité autre qu'américaine : on estime en effet que les quelque 3000 personnes ayant perdu la vie dans les célèbres tours provenaient de plus de 90 pays dans le monde. Enfin, si les hypothèses les plus diverses ont été avancées pour expliquer pourquoi Oussama Ben Laden avait ordonné les attaques, il semble bien que les principaux motifs relèvent d'événements survenus dans d'autres régions du monde. Ben Laden lui-même a évoqué le sort dramatique des Palestiniens, l'appui constant des États-Unis au régime au pouvoir en Arabie saoudite et la présence de conseillers américains sur le territoire de ce pays qui abrite des lieux saints de l'islam. Ainsi, bien que de nombreux facteurs signalent une tendance croissante à la globalisation au cours des 30 dernières années, ce sont les événements du 11 septembre 2001 qui, à maints égards, en représentent le symbole le plus fort.

Le présent ouvrage vise à donner un aperçu de la politique mondiale en cette ère de globalisation. Commençons par une brève explication sur le choix de son titre et de ses termes-clés. D'abord, nous souhaitons distinguer la politique mondiale de la politique internationale et des relations internationales. Ensuite, nombreux sont ceux qui considèrent que le monde actuel, en l'occurrence celui de l'après-**guerre froide**, est foncièrement différent des périodes antérieures en raison des effets de la globalisation. Il nous semble particulièrement difficile d'expliquer la politique mondiale actuelle, compte tenu du fait que l'emploi même du terme «globalisation» ne cesse de susciter des controverses, à commencer par le fait que, en français, le terme «mondialisation» est souvent privilégié. Sans compter que le débat fait toujours rage au sujet de la signification à donner à l'expression «ère de globalisation» : veut-on dire par là que les traits essentiels de la politique mondiale sont différents de ceux qui prévalaient au cours des époques précédentes ? La présente introduction nous permet de justifier notre choix, de préciser notre interprétation du concept de globalisation et de proposer des arguments en faveur d'une importante orientation nouvelle de la politique mondiale, ainsi que des arguments opposés.

Avant d'amorcer la réflexion sur la globalisation en vue de préparer le terrain pour les chapitres subséquents, nous allons définir différents termes utilisés pour décrire la **politique globale**, puis nous examinerons les principaux moyens employés jusqu'à maintenant pour l'expliquer. Si une telle démarche s'avère nécessaire, c'est que la présente introduction ne vise pas à mettre en avant une interprétation spécifique de la globalisation à laquelle se rallieraient tous les auteurs de cet ouvrage. Nous voulons plutôt situer un contexte pour encadrer la lecture des chapitres qui suivent, c'est-à-dire présenter la globalisation selon des perspectives et des grilles d'analyse variées. Notre objectif fondamental est de mettre en relief le fait que les principales théories de la politique mondiale décrivent toutes la globalisation d'une façon différente. Certaines de ces théories la considèrent simplement comme une phase temporaire de l'histoire de l'humanité, qui ne nécessiterait donc pas une redéfinition fondamentale de notre compréhension actuelle de la politique mondiale. D'autres théories l'interprètent davantage comme la plus récente manifestation de la croissance et de la modernisation du **capitalisme** occidental, tandis que d'autres encore postulent qu'elle représente une transformation profonde de la politique mondiale, qui imposerait alors de revoir les façons de la comprendre. Les différents auteurs du présent ouvrage ne défendent pas tous le même point de vue à ce sujet. En fait, on trouve parmi eux des partisans de l'une ou l'autre des trois théories qui viennent d'être évoquées, si bien que, par exemple, chacun d'eux a sa propre interprétation des événements du 11 septembre 2001. Cela dit, on peut néanmoins formuler les trois grands objectifs de ce manuel comme suit :

- donner un aperçu de la politique mondiale en cette ère de globalisation ;

- résumer les principales théories actuelles qui expliquent la politique mondiale contemporaine ;

- offrir les outils théoriques nécessaires pour déterminer si la globalisation traduit ou non une transformation fondamentale de la politique mondiale.

DE LA POLITIQUE INTERNATIONALE À LA POLITIQUE MONDIALE

Pourquoi le titre du présent ouvrage évoque-t-il la politique mondiale plutôt que la politique internationale ou les relations internationales ? Ce sont pourtant là les expressions traditionnelles qu'on utilise généralement pour désigner les processus et les interactions qui font l'objet du présent livre. Il suffit d'ailleurs de jeter un coup d'œil à la table des matières de beaucoup d'autres ouvrages sur le sujet pour constater la présence d'une liste analogue des principales questions

abordées ici ; toutefois, c'est plus souvent l'expression « relations internationales » ou « politique internationale » qui figure dans le titre pour désigner la discipline qui s'intéresse à ces questions. Si nous avons choisi l'expression « politique mondiale » (ou encore « politiques dans le monde », parfois), c'est parce que nous estimons qu'elle couvre un champ d'études plus vaste que les deux autres et qu'elle montre bien que notre réflexion s'articule essentiellement autour de la politique et des rapports politiques dans le monde, et pas seulement autour des rapports entre les **États-nations** (ou États) auxquels renvoie l'expression « politique internationale ». Nous examinons aussi les relations entre des entités autres que les États, comme des entreprises multinationales, des groupes terroristes ou des **organisations non gouvernementales (ONG)** de défense des droits de la personne, entités désignées collectivement sous le nom d'**acteurs transnationaux**. De même, l'expression « relations internationales » nous semble avoir une portée trop restreinte. S'il est vrai qu'elle ne se cantonne pas simplement dans les relations politiques entre les États-nations, elle se limite tout de même aux relations entre des **pays**. Puisque nous sommes d'avis que les relations entre, par exemple, les villes et les autres gouvernements ou les **organisations internationales** peuvent être tout aussi importantes que les relations entre les États, nous préférons donc recourir à l'appellation « politique mondiale » pour désigner notre champ d'études, tout en soulignant que les lecteurs ne doivent pas donner une signification trop étroite au concept de « politique ». Cette question reviendra d'ailleurs périodiquement au fil des chapitres, étant donné que certains auteurs s'appuient sur une définition très large de ce concept. On peut le constater aisément en observant les rapports entre la politique et l'économie : les deux domaines se chevauchent clairement, et le rapport de force devient vite favorable à ceux qui parviennent à persuader autrui que l'actuelle répartition des ressources est d'abord et avant tout une question économique plutôt que politique. Nous invitons ainsi les lecteurs à conserver pour le moment une conception très large de la politique, car plusieurs chapitres décriront en des termes politiques des traits du monde contemporain qui ne leur étaient peut-être pas apparus sous cet angle jusqu'à maintenant. Nous mettrons surtout l'accent sur les principaux types de relations politiques qui, au sens large de l'expression, caractérisent l'époque contemporaine. Dans de nombreux cas, il s'agira des relations entre des États, mais il sera également question des rapports entre d'autres entités.

Aussi, nous utilisons à l'occasion l'expression «politique globale». Bien qu'elle soit parfois employée par certains auteurs de cet ouvrage comme simple synonyme de politique mondiale, elle suggère aussi, comme le fait Anthony McGrew dans le chapitre 1, une logique d'ensemble dont l'importance est centrale et commune aux différents auteurs de ce livre.

Plus généralement dans la version française de ce livre, nous employons le terme «globalisation» plutôt que «mondialisation». Pourquoi ce choix? Principalement par souci de simplicité, mais aussi de précision. D'abord, un objectif de meilleure lisibilité nous a influencés: opter pour le second terme nous aurait amenés à utiliser répétitivement des expressions redondantes ou peu éclairantes telles «la mondialisation de la politique mondiale» ou encore «la mondialisation du monde». De plus, et comme l'indique l'usage des expressions telles que «globalité» ou «globalement», le global se réfère à quelque chose de plus que le mondial. Il comprend au moins deux sens: à la fois le *planétaire* (comme dans «mondial») et la *cohérence d'ensemble* (comme dans «globalement»). Néanmoins, nous ne prétendons pas clore le débat terminologique parfois virulent qui anime certains auteurs (voir notamment les ouvrages de Jacques Gélinas ou de Laurent Carroué, cités dans les lectures recommandées à la fin de cette introduction). Nous sommes d'accord avec certains spécialistes des relations internationales qui considèrent les deux termes comme relativement équivalents et qui se refusent ainsi à faire le procès du premier terme sous prétexte qu'il s'agit d'un anglicisme ou d'un néologisme. Les mots «globe», global», ou «globalement» existent bel et bien en français; alors pourquoi éviter de parler de globalisation? D'ailleurs, des langues latines comme le portugais ou l'espagnol pourraient, elles aussi, résister à l'emploi de ce terme; pourtant, elles ne le font guère, et seuls certains auteurs francophones boudent encore parfois le mot pour ne parler que de mondialisation. Enfin, et pour finir, notre choix du terme d'usage n'est ni exclusif ni dogmatique: nous aurions pu librement employer les deux appellations comme de proches synonymes. Toutefois, un tel procédé aurait probablement généré une certaine confusion chez les lecteurs. Aussi et surtout, il n'aurait pas rendu justice au fait que la globalisation, tout en étant une forme de mondialisation, dans le sens spatial ou planétaire du terme, contient par ailleurs une dimension synergique particulière qui relève de la cohérence d'ensemble, dimension centrale aux propos des quelques auteurs de ce livre qui sont d'allégeance cosmopolitique.

LES THÉORIES DE LA POLITIQUE MONDIALE

Toute personne qui cherche à bien comprendre la politique mondiale contemporaine se heurte au problème suivant: les éléments à examiner sont si nombreux qu'il est difficile de distinguer ceux qui sont vraiment plus importants que les autres. Par quoi faudrait-il commencer si on voulait comprendre les principaux phénomènes politiques? Comment peut-on expliquer, par exemple, les événements du 11 septembre 2001, la guerre déclenchée contre l'Iraq en 2003, la récente crise financière globale ou l'échec des négociations sur les changements climatiques à Copenhague? Pourquoi le président Barack Obama a-t-il accentué l'effort de guerre américain en Afghanistan en 2010? Pourquoi le boom économique apparent dans la plus grande partie du monde capitaliste a-t-il été suivi d'un effondrement presque catastrophique du système financier global? Comme nous le verrons, on peut proposer des réponses très variées à des questions comme celles-là et il n'est donc pas facile de leur apporter une seule réponse valable. On n'a d'autre choix, consciemment ou non, que de faire appel à des théories. Une théorie n'est pas simplement un modèle général bien structuré qui s'appuie sur des postulats et des hypothèses. C'est une sorte d'outil de schématisation qui permet de trier, parmi l'ensemble des faits, ceux qui sont véritablement importants. Une analogie avec des verres teintés clarifie le propos: si on met des verres teintés de rouge, le monde extérieur paraîtra rouge, et si on porte ensuite des verres teintés de jaune, il paraîtra alors jaune. Le monde extérieur n'a pas changé pour autant, mais il nous semble différent. Il en va de même pour les théories. Nous allons bientôt donner un aperçu des grands courants de pensée qui ont dominé l'étude de la politique mondiale afin de bien montrer de quelles «couleurs» ils dépeignent la politique mondiale. Cependant, nous tenons à souligner auparavant que le recours à une théorie ne constitue pas, à notre avis, simplement une option parmi d'autres. On ne saurait refuser de considérer une théorie parce qu'on souhaite uniquement examiner les «faits». Nous croyons qu'on ne peut procéder ainsi, puisque la seule façon de déterminer, parmi les millions de faits possibles, lesquels doivent être étudiés consiste à adopter un outil de schématisation qui les hiérarchise. Une théorie correspond justement à un tel outil de schématisation. Rappelons également qu'on peut très bien ne pas être conscient qu'on recourt soi-même à une théorie. Celle-ci peut se résumer à la conception du monde transmise à une personne par sa propre famille, son cercle d'amis ou les médias. Elle peut aussi représenter le bon sens même aux yeux de cette personne, loin de toute théorie complexe. Nous croyons fermement que, dans un tel cas, les prémisses théoriques de cette personne sont implicites plutôt qu'explicites ; quant à nous, nous préférons tenter d'être le plus explicites possible dans la formulation de notre réflexion sur la politique mondiale.

Nombreux sont ceux qui, de tout temps, se sont efforcés de comprendre l'évolution de la politique mondiale, surtout depuis l'apparition du champ d'études distinct consacré à la politique internationale, lors de la fondation, en 1919, du département de politique internationale à l'Université du pays de Galles (Aberystwyth University), au Royaume-Uni. Il est intéressant de noter que le fondateur de ce département, un industriel gallois du nom de David Davies, a pris une telle initiative dans le but de prévenir la guerre. Grâce à l'étude scientifique de la politique internationale, les chercheurs parviendraient à établir les causes des principaux problèmes politiques dans le monde et seraient alors en mesure de proposer aux autorités des solutions pour les régler. Au cours de la vingtaine d'années suivantes, ce champ d'études s'est caractérisé par un engagement à changer le monde. Il s'agit là d'une démarche dite normative, puisqu'on donnait à l'étude de la politique internationale la tâche de rendre le monde meilleur. Pour leur part, les opposants y voyaient plutôt une marque d'**idéalisme**, puisque cette approche proposait un portrait de ce que le monde devrait être idéalement et visait à infléchir les événements en ce sens. Ses opposants privilégiaient une démarche fondée sur le **réalisme**, qui, de manière assez prévisible, insistait sur la nécessité de voir le monde comme il est réellement, plutôt que tel qu'on voudrait qu'il soit. Et le monde « réel », selon les réalistes, n'est pas très agréable : les êtres humains sont au mieux égoïstes, et sans doute bien pires. Des notions comme la perfectibilité du genre humain et la possibilité d'améliorer la politique mondiale leur semblaient dénuées de fondement. Si le débat entre l'idéalisme et le réalisme se poursuit encore aujourd'hui, il est toutefois assez juste d'affirmer que le réalisme a généralement tenu le haut du pavé. S'il en est ainsi, c'est surtout parce que le réalisme semble mieux concorder avec le sens commun que l'idéalisme, notamment depuis que les médias nous bombardent quotidiennement d'images montrant tout le mal que les êtres humains peuvent s'infliger les uns aux autres. Cela dit, il est pertinent que les lecteurs se demandent si la conception réaliste est aussi neutre et fondée sur le bon sens que ses tenants le déclarent. Après tout, si nous donnons des cours de politique in-

ternationale à des générations d'étudiants en leur disant que les êtres humains sont égoïstes, ces étudiants ne finiront-ils pas par considérer que cette approche relève du sens commun ? Et ces étudiants, lorsqu'ils se trouveront un emploi dans les médias, la fonction publique ou l'armée, ou même lorsqu'ils discuteront avec leurs enfants pendant les repas, ne vont-ils pas simplement répéter ce qu'on leur a enseigné et, s'ils occupent un poste d'autorité, agir en conséquence ? Cette question mérite réflexion. Entre-temps, nous tenons à souligner que nous ne sommes pas convaincus que le réalisme est aussi objectif ou non normatif qu'on le prétend. Le chapitre 5 reviendra sur cette question.

Il est toutefois certain que le réalisme domine les autres conceptions de la politique mondiale depuis une centaine d'années. C'est pourquoi nous allons résumer les principaux postulats qui sous-tendent cette approche, avant de faire de même pour ses trois grandes théories rivales en matière de politique mondiale, soit le **libéralisme**, le **marxisme** et le **constructivisme**. Ces théories feront l'objet d'une analyse très détaillée dans la deuxième partie de l'ouvrage, qui traite aussi de quelques-unes des plus récentes propositions normatives formulées pour expliquer ou comprendre la politique mondiale actuelle. Elles seront également présentes dans les trois autres parties du manuel : la première, qui décrit le contexte historique du monde contemporain, la troisième, qui examine les **structures** et les dynamiques propres à la politique mondiale d'aujourd'hui, et la quatrième, qui aborde quelques-uns des défis majeurs que devra relever la globalisation en cours. Nous n'allons pas expliciter ces théories maintenant, mais seulement en esquisser les grandes lignes, afin de jeter ensuite un coup d'œil sur l'interprétation que chacune d'elles pourrait donner de la globalisation.

Le réalisme et la politique mondiale

Selon les tenants du réalisme, les principaux acteurs sur la scène mondiale sont les **États**, c'est-à-dire des acteurs juridiquement souverains. La **souveraineté** signifie ici qu'aucun acteur au-dessus de l'État ne peut contraindre ce dernier à agir de façon spécifique. Les autres acteurs, comme les entreprises multinationales ou les organisations internationales, doivent tous travailler dans le cadre des relations interétatiques, c'est-à-dire définies par et pour les États. Quant au moteur de l'action des États, les réalistes estiment qu'il se trouve essentiellement dans la nature humaine, immuable et égoïste, selon eux. Croire autre chose est une erreur, et c'est justement cette erreur que les réalistes reprochent aux idéalistes d'avoir commise. Ainsi, ils dépeignent la politique mondiale (ou, plus précisément dans le cas des réalistes, la politique internationale) comme une lutte pour la **puissance** entre des États qui s'efforcent de faire valoir leurs **intérêts nationaux**. L'ordre instauré en politique mondiale résulte du fonctionnement d'un mécanisme dénommé **équilibre des puissances**, selon lequel les États agissent de façon à empêcher l'un d'entre eux de dominer tous les autres. La politique mondiale se fonde donc sur une dynamique de négociations et d'alliances, où la **diplomatie** constitue un mécanisme-clé assurant l'équilibre entre les divers intérêts nationaux en cause. Dans ce contexte, le plus important outil employé pour la mise en œuvre de la politique extérieure de chaque État demeure, pour les réalistes, la force militaire. En fin de compte, en l'absence de tout organe souverain chapeautant les États qui forment le système politique international, la politique mondiale découle alors du principe résumé par la formule « chacun pour soi », c'est-à-dire que chaque État doit se fier à ses propres ressources militaires pour parvenir à ses objectifs. S'il s'avère que ces objectifs peuvent être atteints grâce à la **coopération** et à la diplomatie, il n'en demeure pas moins que les risques de conflits sont toujours présents.

Signalons ici qu'une importante variation du réalisme, qualifiée de **néoréalisme**, a récemment fait son apparition. Le néoréalisme met en relief la forte incidence de la structure du système politique international sur la façon d'agir de tous les États. Ainsi, à l'époque de la guerre froide, deux grandes puissances dominaient le **système international** et ont imposé certaines **règles** de comportement. Depuis la fin de la guerre froide, la structure de la politique mondiale s'orienterait peu à peu vers la **multipolarité** (après une phase d'**unipolarité**), ce qui, selon les néoréalistes, donnera lieu à des règles du jeu très différentes.

Le libéralisme et la politique mondiale

Les tenants du libéralisme ont une conception différente de la politique mondiale. Nous avons déjà évoqué l'idéalisme, qui constitue en fait une version assez extrême du libéralisme. Les nombreuses variantes du libéralisme partagent néanmoins quelques grands principes : les êtres humains sont perfectibles, la démocratie est une condition nécessaire à l'épanouissement d'une telle perfectibilité et les idées revêtent une importance capitale. Ajoutons ici que ces grands principes ont pour toile de fond une croyance orientée vers le progrès.

Ainsi, les libéraux rejettent le postulat des réalistes selon lequel la guerre est la condition naturelle de la politique mondiale. Ils remettent aussi en question l'affirmation que les États sont les principaux acteurs sur la scène politique mondiale, sans pour autant nier leur importance réelle. Ils estiment que les entreprises multinationales, certains acteurs transnationaux (tels les groupes terroristes) et les organisations internationales constituent les véritables figures de proue dans divers domaines de la politique mondiale. Dans les sphères où l'État intervient, ils le voient généralement non pas comme un acteur unitaire ou unique, mais plutôt comme un ensemble d'appareils administratifs où chacun défend ses propres intérêts. Dans un tel cas, il ne saurait y avoir de véritable intérêt national, car celui-ci ne fait que refléter les besoins des appareils administratifs qui dominent le processus de prise de décision à l'échelle nationale. En ce qui concerne les relations entre les États, les partisans du libéralisme mettent à l'avant-plan les possibilités de coopération, de sorte que la priorité devient alors l'élaboration de cadres internationaux dans lesquels la collaboration peut se déployer de façon optimale. Le portrait de la politique mondiale qui résulte de la conception libérale prend la forme d'un système de négociations complexe entre de nombreuses catégories d'acteurs. La force militaire demeure importante, mais la pensée libérale s'y appuie beaucoup moins que ne le fait la pensée réaliste. Les libéraux ne restreignent pas la défense des intérêts nationaux au domaine militaire et mettent davantage l'accent sur les questions économiques, écologiques et technologiques. En politique mondiale, l'ordre émerge non pas de l'équilibre des puissances, mais plutôt des interactions qui lient les nombreux dispositifs régissant l'exercice du pouvoir, dont les lois, les **normes** établies, les **régimes internationaux** et les règles institutionnelles. Par ailleurs, les libéraux accordent à la souveraineté une importance pratique moins déterminante que l'importance théorique que lui attribuent les réalistes. Les États sont certainement souverains sur le plan juridique, mais, dans les faits, ils doivent négocier avec une foule d'autres acteurs, si bien que leur liberté d'agir comme bon leur semble s'en trouve fortement restreinte. L'**interdépendance** des États est un trait marquant de la politique mondiale.

La théorie marxiste et la politique mondiale

La troisième grande théorie abordée ici, le marxisme, est également connue sous les noms de structuralisme et de théorie du système-monde, ce qui donne tout de suite quelques indices sur ses principaux postulats. Nous tenons à préciser d'emblée que le marxisme a toujours été moins influent que le réalisme ou le libéralisme et qu'il possède moins d'éléments communs avec ces deux théories que celles-ci n'en ont entre elles. Selon les marxistes, la politique mondiale se caractérise d'abord et avant tout par le fait qu'elle s'inscrit dans une économie capitaliste mondiale. Dans cette économie mondiale, les principaux acteurs ne sont pas les États, mais les classes sociales. Le comportement de tous les autres acteurs s'explique alors, en dernière analyse, par le rapport de force entre ces classes. Ainsi, les États, les entreprises multinationales et même les organisations internationales défendent les intérêts de la classe dominante dans le système économique mondial. Les théoriciens marxistes ne sont pas tous d'accord sur l'ampleur de la marge de manœuvre dont disposent des acteurs comme les États, mais ils estiment tous que l'économie mondiale restreint beaucoup le champ d'action des États. Plutôt que de voir la politique mondiale comme un terrain de conflits entre des intérêts nationaux ou comme un espace où se pose un grand nombre d'enjeux distincts, les théoriciens marxistes la considèrent comme le cadre où se déploient des conflits de classe. Quant à l'ordre régissant la politique mondiale, ils le décrivent en des termes plus économiques que militaires. En matière d'économie internationale, le trait marquant est la division du monde entre trois zones réparties en centres, semi-périphéries et périphéries. Ces deux dernières présentent elles-mêmes chacune des centres rattachés à l'économie capitaliste mondiale, tandis que le centre comporte des régions économiques périphériques. Le facteur-clé de ce système réside dans le pouvoir de domination non pas des États, mais bien du capitalisme international, et c'est l'exercice de ce pouvoir de domination qui détermine en fin de compte les grandes orientations de la politique mondiale. La souveraineté est beaucoup moins importante aux yeux des théoriciens marxistes que dans l'esprit des tenants du réalisme, puisqu'elle renvoie à des questions politiques et juridiques, alors que l'élément marquant de la politique mondiale est plutôt le degré d'autonomie économique. Enfin, les théoriciens marxistes estiment que tous les États sont contraints de se plier aux règles de l'économie capitaliste internationale.

Le constructivisme social

En tant que théorie de la politique mondiale, le constructivisme est apparu à la fin des années 1980 et exerce une influence croissante depuis le milieu des années 1990. Il a vu le jour dans la foulée d'une série d'événements survenus en politique mondiale, notamment la désintégration de l'**empire** soviétique, dont le symbole le plus évocateur demeure la chute du mur de Berlin en 1989. Ces événements ont montré que l'action humaine pouvait jouer un rôle beaucoup plus important en politique mondiale que ne l'affirmaient les réalistes, les libéraux et les marxistes. Or, les fondements théoriques du constructivisme sont beaucoup plus anciens. Ils découlent d'un ensemble de travaux de recherche en sciences sociales et en philosophie qui réfutent la thèse selon laquelle le monde social serait extérieur aux agents (ou acteurs) et ne donnerait guère de prise à leurs actions, qu'elles contraindraient même. Le réalisme, le libéralisme et le marxisme insistent, à différents degrés, sur les régularités et les «certitudes» de la vie politique (quoique le libéralisme soit un peu moins catégorique à ce sujet que les deux autres théories). Par contre, le constructivisme affirme que les êtres humains organisent et réorganisent sans cesse l'univers social, et il attribue donc à l'action humaine et à celle des acteurs un rôle nettement plus prononcé que ne le font les autres théories. En outre, pour les constructivistes, ceux qui conçoivent le monde comme invariant sous-estiment les possibilités de transformation humaine et d'amélioration de la vie des individus. Selon Alexander Wendt, l'un des théoriciens constructivistes les plus influents, même le système international que dépeignent les tenants du réalisme («chacun pour soi») est organisé et réorganisé par les individus : «L'**anarchie** est ce qu'en font les États» (Wendt, 1992). Ainsi, le monde que les réalistes qualifient de «naturel» ou de «donné» est en fait beaucoup plus ouvert aux changements. Les constructivistes ajoutent même que la formule «chacun pour soi» ne reflète qu'une réaction possible à la structure anarchique de la politique mondiale. De façon plus subversive encore, ils croient que non seulement la structure de la politique mondiale se prête aux changements, mais aussi les identités et les intérêts que les autres théories tiennent pour acquis. En d'autres termes, les constructivistes jugent qu'il est foncièrement erroné de penser que les individus ne peuvent réorienter la politique mondiale. Les structures, les dynamiques, les identités et les intérêts apparemment «naturels» présents en politique mondiale pourraient donc être différents de ce qu'ils sont maintenant, et prétendre qu'il en va autrement est un acte politique.

Le poststructuralisme

Le **poststructuralisme** est un courant théorique qui a exercé une influence marquée sur toutes les sciences humaines et les sciences sociales au cours des 30 dernières années. Bien qu'il ait acquis le statut de théorie internationale au milieu des années 1980, il n'est solidement établi que depuis une quinzaine d'années. À l'heure actuelle, il constitue toutefois une conception théorique aussi populaire que toutes les autres analysées dans le présent ouvrage, et il partage même des traits commun avec certaines d'entre elles. La difficulté, cependant, est de définir de manière précise le poststructuralisme (que certains nomment aussi parfois postmodernisme). Bien sûr, il ne faut pas non plus oublier qu'il se divise en différentes branches. Jean-François Lyotard en a donné une définition utile : « En simplifiant beaucoup, je définis le *postmodernisme* comme une incrédulité envers les métarécits » (1984, p. xxiv). L'incrédulité correspond simplement au scepticisme ; le métarécit renvoie à toute théorie qui postule des fondements clairs lui permettant d'affirmer un savoir et qui comporte une épistémologie **fondationnelle**. Il ne faut pas se soucier outre mesure du sens précis de ce dernier concept, car il sera expliqué en détail dans le chapitre qui traite du poststructuralisme. En termes simples, on peut dire qu'une épistémologie fondationnelle soutient que toute affirmation (sur un élément du monde) peut être jugée vraie ou fausse (l'épistémologie est l'étude des conditions d'affirmation d'un savoir quelconque). Le poststructuralisme s'emploie essentiellement à dévoiler les failles de toute explication de l'expérience humaine qui prétend offrir un accès direct à « la vérité ». Ainsi, le réalisme, le libéralisme et le marxisme sont toutes des théories suspectes lorsqu'elles sont envisagées sous un angle poststructuraliste, parce qu'elles prétendent toutes avoir découvert une vérité fondamentale sur le monde. Michel Foucault, qui a exercé une profonde influence sur les poststructuralistes en matière de relations internationales, rejetait la notion selon laquelle le savoir est à l'abri des rapports de pouvoir. Il affirmait plutôt que le pouvoir produit du savoir. Tout pouvoir nécessite un savoir et tout savoir s'appuie sur les rapports de pouvoir existants et les renforce. Il n'existe donc aucune vérité extérieure au pouvoir. La vérité ne se situe pas en dehors du cadre social : elle en fait partie. Les théoriciens poststructuralistes des relations internationales se sont inspirés de ce postulat pour examiner les « vérités » de la théorie des relations internationales et pour déterminer en quoi les concepts dominants dans cette discipline sont étroitement liés à des rapports de pouvoir spécifiques. Le poststructuralisme démonte tout concept et toute méthode procédant de la pensée et scrute les conditions dans lesquelles il est possible de formuler des théories sur la politique mondiale.

Le postcolonialisme

Le **postcolonialisme** représente depuis un certain temps déjà une importante théorie utilisée en études culturelles, en études littéraires et en anthropologie, et elle possède des antécédents lointains et éprouvés. Toutefois, jusqu'à tout récemment, les conceptions postcolonialistes ont été en grande partie négligées dans le domaine de la politique internationale. C'est maintenant en train de changer, notamment parce que les anciennes frontières entre les disciplines s'effritent de plus en plus. Les chercheurs en politique internationale sont de plus en plus nombreux à s'inspirer d'idées provenant d'autres disciplines, y compris les idées postcolonialistes, en particulier celles qui évoquent le caractère eurocentrique de ce champ d'étude. Il faut noter ici que toutes les grandes théories analysées jusqu'à maintenant – soit le réalisme, le libéralisme, le marxisme, le constructivisme et le poststructuralisme – sont apparues en Europe en réponse à des problèmes propres à l'Europe. Les chercheurs postcolonialistes doutent que ces théories puissent vraiment expliquer la politique *mondiale*. Il est plus probable qu'elles contribuent au maintien et à la justification de la subordination militaire et économique des pays du Sud aux puissants intérêts de l'Occident. Le postcolonialisme a également gagné en popularité depuis les attaques du 11 septembre 2001, qui ont incité beaucoup de personnes à tenter de comprendre comment l'histoire de l'Occident et l'histoire des pays du Sud ont toujours été interreliées. Par exemple, l'identité des colonisés et celle des colonisateurs changent sans cesse et se constituent mutuellement, c'est-à-dire qu'il n'y a pas de colonisateur sans colonisé et vice-versa. Les chercheurs postcolonialistes affirment que les théories dominantes, telles que le réalisme et le libéralisme, ne sont pas neutres en matière d'origine ethnique, de genre et de classe sociale, et qu'elles ont consolidé la domination du monde occidental sur les pays du Sud. Ainsi, selon l'approche postcolonialiste, les hiérarchies globales de subordination et de contrôle, passées et présentes, sont rendues possibles par la construction sociale de différences fondées sur l'origine ethnique, le genre et la classe sociale. Comme le laissent entendre plusieurs chapitres du présent ouvrage, la discipline des relations internationales s'est montrée un peu plus ouverte aux enjeux liés à la classe sociale et à l'identité de genre, tandis que l'enjeu de l'origine ethnique a été presque complètement passé sous silence. Pourtant, l'origine ethnique et le racisme continuent d'exercer une profonde influence sur la théorie et la pratique contemporaines en politique mondiale. En 1903, W. E. B. DuBois affirmait que le problème du xxe siècle serait celui de la « discrimination raciale ». De quelle façon le racisme transnational continuera-t-il à orienter la politique mondiale au xxIe siècle ?

LES THÉORIES
ET LA GLOBALISATION

Parmi les perspectives théoriques que nous venons de présenter, le réalisme, le libéralisme et le marxisme ont longtemps dominé la réflexion sur la politique mondiale, tandis que le constructivisme et le poststructuralisme font surtout sentir leur influence depuis le milieu des années 1990, le postcolonialisme gagnant en influence particulièrement depuis 2000-2001. Dans les années 1980, il était souvent question d'un débat interparadigmatique entre le réalisme, le libéralisme et le marxisme, c'est-à-dire que ces trois théories (ou paradigmes, pour reprendre le terme employé par Thomas Kuhn, un influent philosophe des sciences naturelles) rivalisaient les unes avec les autres et que la « vérité » à propos de la politique mondiale résidait dans le débat qui les opposait. À première vue, chacune semble expliquer particulièrement mieux que les autres certains éléments de la politique mondiale, et il est donc tentant de chercher à les associer en une sorte de théorie globale. Ce n'est toutefois pas aussi facile qu'on pourrait le croire. En réalité, ces six théories n'offrent pas des explications différentes du même monde, mais elles constituent plutôt six explications de mondes différents. Examinons brièvement la question.

Il est clair que chacune de ces théories met l'accent sur des éléments différents de la politique mondiale : le réalisme, sur le rapport de force entre les États, le libéralisme, sur un plus vaste ensemble d'interactions associant des États et des **acteurs non étatiques**, le marxisme, sur les structures de l'économie mondiale, le constructivisme, sur les façons d'élaborer différents types de structures et de dynamiques sociales, le poststructuralisme, sur les relations de pouvoir à l'arrière-plan de chaque discours sur le monde et le postcolonialisme, sur la persistance des hiérarchies de genre, de classe et d'ethnie dans la politique mondiale. Cependant, elles ne s'arrêtent pas là. Chacune d'elles prétend qu'elle retient les éléments les plus importants de la politique mondiale et qu'elle offre une meilleure explication que ses rivales. On peut donc dire que les six théories s'affrontent mutuellement, et s'il est vrai qu'on peut en choisir une aux dépens des autres, il est moins facile de prendre des parties de l'une d'elles et de les intégrer aux autres. Un théoricien marxiste, par exemple, croit que c'est le rapport de force entre les classes sociales qui détermine, en dernière instance, le comportement des États, tandis qu'un réaliste estime que ce rapport n'influence pas leur comportement. De façon analogue, un constructiviste postule que les acteurs sociaux n'ont pas affaire à un monde invariant et qu'ils peuvent donc, en principe, le changer, ce qui est exactement contraire aux convictions profondes tant d'un réaliste que d'un marxiste. Autrement dit, ces théories sont en fait autant de variantes de ce qu'est la politique mondiale, plutôt que des portraits partiels de celle-ci. Elles ne s'entendent pas sur la définition et la nature même de l'objet « politique mondiale » qu'il s'agit d'étudier.

Nous ne pensons pas que l'une ou l'autre de ces théories apporte toutes les réponses voulues lorsqu'on tente d'expliquer la politique mondiale en cette époque de globalisation. En fait, chacune d'elles l'interprète à sa façon. Nous jugeons préférable de ne pas dire laquelle de ces théories semble être la meilleure, puisque l'objectif du présent ouvrage est de permettre aux lecteurs d'acquérir des outils conceptuels variés favorisant leur propre réflexion sur ce thème. Nous allons plutôt évoquer brièvement le sens que les tenants de chaque théorie pourraient donner à la globalisation. Nous traiterons ensuite de l'essor de cette tendance et en indiquerons certaines des forces et des faiblesses dans le but de jeter un peu de lumière sur la politique mondiale contemporaine.

Les réalistes

Selon les réalistes, la globalisation n'a pas d'incidence sur l'aspect fondamental de la politique mondiale, soit la division territoriale du monde entre des États-nations. Si les liens de plus en plus étroits entre les économies et les sociétés rendent celles-ci peut-être plus interdépendantes, ce n'est toutefois pas le cas des États, qui conservent l'autonomie et l'indépendance que garantit la souveraineté. De plus, la globalisation ne rend pas caduque la lutte entre les États pour imposer leur pouvoir politique, pas plus qu'elle n'atténue l'importance de l'équilibre des puissances ou de la menace du recours à la force. La globalisation fait sans doute sentir ses effets sur notre vie sociale, économique et culturelle, mais elle ne transcende pas le système politique international des États.

Les libéraux

Du point de vue des libéraux, la question se présente très différemment. Ils considèrent généralement que la globalisation est l'aboutissement d'une transformation à long terme de la politique mondiale. Ils estiment que cette tendance ébranle fortement l'explication de la politique mondiale que donnent les réalistes, car elle montre bien que les États ne jouent désormais plus un rôle aussi central qu'auparavant, tandis que les circonstances dans lesquelles se situent leurs interactions se sont également transformées. Leur place a été prise par de nombreux autres acteurs, dont l'importance varie en fonction de la région ou de la question concernée. Les libéraux s'intéressent particulièrement aux bouleversements que la globalisation a déclenchés dans les domaines de la technologie et des communications. Les liens toujours plus forts (pour des raisons économiques et technologiques) unissant les sociétés donnent lieu à une configuration des relations politiques mondiales qui est très différente de celle qui prévalait par le passé. Les États ne sont plus des entités fermées, dans la mesure où ils l'ont déjà été, et il en résulte un monde qui ressemble davantage à une toile d'araignée de relations plutôt qu'au modèle d'États souverains du réalisme ou à celui d'États de classes du marxisme.

Les marxistes

De l'avis des marxistes, la globalisation a un peu l'air d'une imposture. Elle n'a rien de particulièrement nouveau et ne constitue en fait que la plus récente phase dans le développement du capitalisme international. Elle ne représente pas un progrès prodigieux en politique mondiale et ne rend pas non plus inutiles toutes les théories et tous les concepts actuels. Elle est surtout un phénomène d'origine occidentale qui ne fait qu'amplifier le développement du capitalisme international. Plutôt que de rapprocher les parties du monde, elle élargit l'écart actuel entre le centre, la semi-périphérie et la périphérie.

Les constructivistes

Les constructivistes présentent souvent la globalisation comme une force extérieure s'exerçant sur les États, dont les dirigeants affirment fréquemment qu'elle constitue une réalité qu'ils ne peuvent remettre en question. Il s'agit là, selon les constructivistes, d'une position éminemment politique, car elle sous-estime la capacité des dirigeants politiques de baliser et d'orienter la globalisation; cette approche leur permet plutôt d'esquiver toute responsabilité en prétextant que «le monde est ainsi fait». Les constructivistes déclarent au contraire que la globalisation peut être infléchie de différentes façons, notamment parce qu'elle offre des possibilités très concrètes de créer des **mouvements sociaux** transnationaux s'appuyant sur des moyens de communication technologiques modernes comme Internet.

Selon les poststructuralistes, la globalisation n'est pas toujours une réalité tangible dans le monde. C'est un discours. Les poststructuralistes se montrent sceptiques devant les grandes affirmations des réalistes, des libéraux et des marxistes sur la nature de la globalisation. Ils soutiennent que tout énoncé sur la signification de la prétendue «globalisation» n'a de sens que dans le contexte d'un discours précis qui est lui-même un produit du pouvoir. Ces divers discours dominants ou, dans la terminologie poststructuraliste, ces «régimes de vérité» sur la globalisation reflètent simplement le fait que le pouvoir et la vérité se développent ensemble dans un rapport de soutien réciproque tout au long de l'histoire. Pour dévoiler les mécanismes du pouvoir que recouvre le discours de la «globalisation», il faut entreprendre une analyse historique détaillée montrant comment les pratiques et les déclarations relatives à la globalisation ne sont «vraies» que dans le cadre de discours précis.

La teneur de la recherche postcolonialiste sur la globalisation est semblable à une grande partie de la pensée marxiste, c'est-à-dire qu'elle souligne la continuité et la persistance des formes coloniales du pouvoir dans le monde globalisé. Par exemple, l'emprise militaire et économique des intérêts occidentaux sur les pays du Sud est, à maints égards, plus forte aujourd'hui qu'à l'époque où ces intérêts y exerçaient un contrôle direct; c'est une forme de «néo»-colonialisme. Ainsi, bien que l'époque de la domination coloniale par la force des armes soit largement révolue, les énormes inégalités dans le monde, les formes de pouvoir globalisant qui rendent possibles ces inégalités et le maintien de la domination sur les populations subalternes, soit les classes subissant l'hégémonie telles que les femmes pauvres en milieu rural dans les pays du Sud, constituent ensemble un important objet d'étude pour la recherche postcolonialiste.

Nous espérons que les lecteurs, après avoir pris connaissance du présent ouvrage, seront en mesure de déterminer laquelle de ces théories (s'il y en a une) permet la meilleure compréhension de la globalisation (d'autres théories, également analysées dans ces pages, pourraient même s'avérer plus convaincantes aux yeux de certains). La deuxième partie est consacrée, entre autres, à une description plus détaillée de ces concepts afin de brosser un portrait plus net des principales notions qui les sous-tendent. Nous allons aussi présenter un ensemble d'autres théories qui apportent une contribution essentielle à l'explication de la globalisation, mais qui n'ont pas été à l'avant-plan dans le domaine des relations internationales. Nous tenons toutefois à réitérer ici notre point de vue selon lequel des théories ne formulent pas LA vérité. En d'autres termes, les courants de pensée mentionnés jusqu'ici proposent des interprétations différentes de la globalisation parce qu'elles s'appuient sur une conception déjà définie de ce qui est le plus important en politique mondiale. C'est pourquoi on ne peut pas se contenter de simplement déterminer quelle théorie offre l'explication «la plus juste» ou «la plus vraie» de la globalisation.

LA GLOBALISATION ET SES PRÉCURSEURS

La globalisation est la pierre angulaire du présent ouvrage, et notre objectif est de donner un bon aperçu général de la politique mondiale en cette ère de globalisation. Nous définissons ici la globalisation comme le processus d'interconnexions croissantes qui s'opère entre les sociétés et qui fait en sorte que les événements dans une partie du monde ont des effets de plus en plus prononcés sur les peuples et les sociétés dans les autres parties. Cette globalisation se caractérise par le fait que les événements politiques, économiques et sociaux sont toujours plus interreliés et ont une incidence plus forte sur toutes les populations. Autrement dit, chaque société est touchée de plus en plus largement et profondément par les événements qui surviennent dans les autres sociétés. Ces événements peuvent être répartis en catégories simples qui concernent trois aspects de la vie : le social, l'économique et le politique. Dans chaque cas, le monde semble «se rétrécir», et les individus en sont de plus en plus conscients. Internet constitue certainement l'exemple le plus frappant, car il permet à chacun, dans le confort de son foyer, d'accéder aux sites Web les plus variés partout dans le monde. Le courrier électronique a également bouleversé les communications d'une façon que les auteurs du présent ouvrage n'auraient pas pu imaginer il y a une quinzaine d'années à peine. Et ce ne sont là que les exemples les plus visibles. En voici d'autres : réseaux de télévision planétaires, journaux à diffusion mondiale, mouvements sociaux internationaux comme Amnistie internationale et Greenpeace, franchises mondiales comme McDonald's, Coca-Cola et Pizza Hut, économie mondiale (un coup d'œil dans un supermarché révèle rapidement le grand nombre de produits provenant des pays les plus divers) et risques à l'échelle planétaire comme la pollution, le réchauffement climatique et le sida. C'est précisément cette évolution de la situation depuis quelques années qui semble avoir transformé la nature de la politique mondiale. Ce qu'il importe de souligner ici, c'est non seulement que le monde a changé, mais aussi que les changements sont qualitatifs plutôt que simplement quantitatifs, c'est-à-dire que c'est la perception de ces changements ainsi que la pratique des agents qui marquent l'ère actuelle. On peut donc postuler avec assurance qu'un «nouveau»

système politique mondial a émergé dans le sillage de la globalisation.

Cela dit, nous tenons à ajouter que la globalisation n'est pas un phénomène entièrement nouveau dans l'histoire. En fait, beaucoup affirment qu'il s'agit seulement d'un néologisme désignant un phénomène présent depuis longtemps. Nous laissons aux lecteurs le soin de juger si la manifestation actuelle de ce phénomène inaugure une nouvelle phase de l'histoire ou représente plutôt la poursuite de processus déjà connus. Nous voulons néanmoins rappeler l'existence de plusieurs précurseurs de la globalisation. Celle-ci présente une analogie claire avec au moins neuf traits de la politique mondiale ayant fait l'objet d'analyses avant l'époque actuelle. En voici un aperçu.

Premièrement, la globalisation partage de nombreux éléments avec la théorie de la modernisation (voir Modelski, 1972, et Morse, 1976). Selon ces deux auteurs, l'industrialisation a donné naissance à toute une suite de nouveaux contacts entre les sociétés et a modifié les dynamiques politiques, économiques et sociales qui caractérisaient le monde prémoderne. Surtout, elle a entraîné une métamorphose de l'État, à la fois en élargissant ses responsabilités et en affaiblissant son contrôle des événements. Résultat : l'ancien modèle des relations internationales fondé sur l'usage de la force militaire est maintenant dépassé. Le recours à la force est devenu plus problématique, les États doivent négocier avec d'autres acteurs pour atteindre leurs objectifs, et l'**identité** même de l'État en tant qu'acteur est remise en question. À maints égards, il semble que la modernisation s'inscrit dans le processus de globalisation et qu'elle n'en diffère que par le fait qu'elle s'est surtout manifestée dans les pays développés et qu'elle n'a pas comporté un aussi large éventail d'interconnexions.

Deuxièmement, il existe des similarités nettes avec les thèses qu'ont formulées des auteurs influents comme Walt Rostow (1960). Ce dernier a affirmé que la croissance économique a suivi un même modèle dans toutes les économies ayant connu une industrialisation. Celles-ci ont évolué dans l'ombre d'économies plus «développées» jusqu'à ce qu'elles atteignent une phase de croissance économique autonome. L'élément commun avec la globalisation réside dans le fait que Rostow a postulé un modèle clair de développement, marqué par des étapes que toute économie franchirait à mesure qu'elle adopte des politiques capitalistes. Il y aurait une certaine inévitabilité dans le déroulement de l'histoire, sur laquelle la théorie de la globalisation tend à s'appuyer, elle aussi.

Troisièmement, il y a l'importante littérature issue du paradigme libéral décrit auparavant, notamment des travaux de recherche très influents sur la nature de l'interdépendance économique (Cooper, 1968), le rôle des acteurs transnationaux (Keohane et Nye, 1977) et le modèle de la toile d'araignée utilisé pour l'analyse de la politique mondiale (Mansbach, Ferguson et Lampert, 1976). Une grande partie de ces travaux annoncent les grands principes théoriques de la globalisation, bien que, là encore, ils portent surtout sur les pays développés.

Quatrièmement, il existe des analogies marquées entre l'image du monde qui résulte de la globalisation et celle qu'a dépeinte Marshall McLuhan (1964) dans son ouvrage célèbre sur le village global. Selon McLuhan, les progrès accomplis en matière de communications électroniques font en sorte qu'on peut désormais voir en direct des événements qui se produisent dans les régions les plus lointaines de la planète. Il s'en est suivi que le temps et l'espace se sont contractés à un point tel que tout perd son identité originelle, si bien que les anciens regroupements à caractère politique, économique et social ne conviennent plus à la nouvelle situation. Il est certain que cet ouvrage de McLuhan annonce quelques-uns des principaux thèmes de la globalisation, mais il faut tout de même rappeler qu'il traite surtout de la révolution des communications, tandis que les travaux qui ont pour objet la globalisation ont généralement une portée beaucoup plus vaste.

Cinquièmement, il existe d'importants chevauchements entre certains grands thèmes de la globalisation et les travaux d'auteurs comme John Burton (1972), qui a évoqué l'émergence d'une **société mondiale**. Selon Burton, l'ancien **système d'États** serait dépassé, en raison des liens mutuels toujours plus étroits qu'ont tissés des acteurs non étatiques. C'est d'ailleurs Burton qui a été le premier à parler du modèle de la «toile d'araignée» pour décrire la politique mondiale. L'essentiel de son propos était donc que les plus importantes dynamiques en politique mondiale seraient désormais engendrées par le commerce, les communications, la langue, l'idéologie, etc., et s'ajouteraient à celles qui découlaient traditionnellement des relations politiques entre les États.

Sixièmement, les années 1960, 1970 et 1980 ont été le théâtre de travaux visionnaires des auteurs associés au World Order Models Project (WOMP), un projet de recherche mis sur pied en 1967 pour favoriser l'élaboration de solutions de rechange au système interétatique, qui aboutiraient à l'élimination de la guerre. Les nombreuses études de ces auteurs, par exemple Mendlovitz (1975) et Falk (1975, 1995b), sont intéressantes surtout parce qu'elles sont axées sur les questions de gouvernance mondiale qui se trouvent aujourd'hui au cœur d'une foule de travaux portant sur la globalisation. Dans ces études, l'unité d'analyse est l'individu, alors que le niveau d'analyse est le monde. Il est intéressant de noter que, à partir du milieu des années 1990, le WOMP a beaucoup élargi le champ de sa réflexion et s'est concentré davantage sur les populations les plus vulnérables dans le monde et sur l'environnement.

Septièmement, on peut constater d'importants parallèles entre certains des thèmes de la globalisation et les propos de ceux qui posent l'existence d'une **société internationale**. Au premier rang figure Hedley Bull (1977), qui a souligné l'établissement par les dirigeants politiques, au fil des siècles, d'un ensemble de normes et d'institutions communes qui a formé la base d'une véritable société, et non d'un simple système international. Cependant, bien que Bull se soit montré inquiet de l'émergence de ce qu'il a appelé un «nouveau médiévalisme», dans lequel différentes organisations infranationales et internationales disputaient à l'État son autorité, il ne croyait pas que l'État-nation allait bientôt être remplacé par une société mondiale en développement.

Huitièmement, la théorie de la globalisation a plusieurs traits en commun avec la controversée thèse de Francis Fukuyama (1992) sur la **fin de l'histoire**. Fukuyama affirme que la puissance de l'économie de marché est telle que la démocratie libérale est en voie de se substituer à tous les autres modes de gouvernement. S'il reconnaît que d'autres types de **régimes** politiques continuent à s'opposer à la démocratie libérale, il croit qu'aucun d'entre eux, que ce soit le communisme, le fascisme ou l'**islam**, ne parviendra à produire tous les biens économiques comme le fait la démocratie libérale. En ce sens, l'histoire présente une orientation précise, soit l'expansion de l'économie de marché dans le monde entier.

Enfin, il existe des similarités très marquées entre certains aspects politiques de la globalisation et des conceptions de longue date du progrès libéral. Déjà abordées par Emmanuel Kant il y a plus de deux siècles, ces conceptions se retrouvent dans la théorie de la paix démocratique qu'ont formulée récemment des auteurs comme Bruce Russett (1993) et Michael Doyle (1983a et 1983b). L'hypothèse principale ici est que les démocraties libérales ne se combattent pas les unes les autres. S'il n'existe pas de définition unique de ce qu'est une démocratie libérale, les partisans de cette hypothèse peuvent tout de même affirmer avec vraisemblance qu'il n'y a jamais eu de guerre entre deux démocraties. Il en est ainsi, prétendent-ils, parce que l'obligation qu'ont les dirigeants de rendre des comptes à leurs concitoyens est si importante dans les systèmes démocratiques que les populations ne permettront pas facilement à leurs dirigeants de faire la guerre à un pays où a cours le même régime politique que le leur. Ici aussi, le trait commun avec la globalisation réside dans la prémisse suivante : il y a un progrès dans l'histoire, et c'est ce qui rend beaucoup plus difficile le déclenchement d'une guerre.

La liste ci-dessus englobe quelques-uns des facteurs précurseurs possibles de la globalisation. Les auteurs ne sont pas nécessairement d'accord avec l'une ou l'autre des explications données à leur sujet ; en fait, ils en rejettent un grand nombre. Cette liste vise plutôt à mettre en relief les similarités entre ces facteurs et le discours plus contemporain sur la globalisation.

LA GLOBALISATION : MYTHE OU RÉALITÉ ?

Nous allons terminer la présente introduction par un résumé des principaux arguments invoqués par les tenants et les opposants de la thèse selon laquelle la globalisation constituerait une nouvelle phase distincte de la politique mondiale. Comme nous ne croyons pas que les lecteurs puissent dès maintenant se prononcer clairement sur cette question, nous exposons ces arguments ci-dessous pour faciliter leur compréhension de l'ouvrage dans son ensemble. Étant donné que les considérations favorables à cette thèse ont déjà été présentées sommairement et qu'elles sont résumées rigoureusement dans le chapitre suivant, nous allons plutôt nous pencher sur les arguments avancés par les opposants. Voici d'abord les principales affirmations qui appuient cette thèse.

- Le rythme des transformations économiques est si rapide qu'il a engendré une nouvelle politique mondiale. Les États ne sont plus des entités fermées et ils ne peuvent plus contrôler leur économie respective. L'économie mondiale est plus interdépendante que jamais, en raison de l'expansion constante du commerce et du secteur financier.

- Les communications ont profondément bouleversé les relations de chacun avec le reste de la planète. Nous vivons aujourd'hui dans un monde où des événements qui se produisent dans un endroit peuvent être immédiatement observés partout ailleurs. Les communications électroniques redéfinissent la conception que chacun entretient au sujet

des groupes sociaux avec lesquels il travaille et au sein desquels il vit.

- Une culture mondiale s'est implantée plus solidement que jamais auparavant, de sorte que la plupart des régions urbaines se ressemblent désormais. La plus grande partie du monde urbain partage une culture commune, qui émane surtout d'Hollywood.

- Le monde devient plus homogène. Les différences entre les peuples s'atténuent.

- Le temps et l'espace semblent se contracter. Les notions traditionnelles d'espace géographique et d'écoulement du temps sont minées par la vitesse des médias et des communications modernes.

- Une *polis* (du grec ancien : « ville ») ou cité globale est en train d'émerger, comme en témoignent les divers mouvements sociaux et politiques transnationaux et l'amorce d'un transfert d'allégeance allant de l'État vers des regroupements infranationaux, transnationaux et internationaux.

- Une culture cosmopolitique se développe. Les individus commencent à penser à l'échelle globale et à agir à l'échelle locale.

- Une culture du risque fait son apparition, car beaucoup s'aperçoivent que les principaux dangers qu'ils affrontent ont un caractère global (la pollution et le sida) et que les États sont incapables de trouver une solution viable qui réglera le problème sur une base uniquement individuelle.

Cependant, tout comme il y a de fortes raisons de considérer la globalisation comme une nouvelle phase de la politique mondiale, raisons souvent associées à la conviction que cette tendance est une source d'opportunités qui améliorent la vie de chacun, on peut aussi avancer des arguments contraires. En voici les principaux.

L'une des objections évidentes qu'on peut opposer à la thèse de la globalisation est qu'il s'agit simplement d'un mot à la mode servant à désigner la phase actuelle du capitalisme. Dans leur pertinente critique (bien que datée) de la théorie de la globalisation, Hirst et Thompson (1996) affirment que cette théorie a pour effet, entre autres, de laisser l'impression que les gouvernements nationaux sont impuissants devant les tendances observées à l'échelle mondiale. Il s'ensuit une paralysie de l'action gouvernementale visant à soumettre les forces économiques mondiales à des mécanismes de contrôle et de réglementation. Estimant que la théorie de la globalisation est dépourvue de tout fondement historique, Hirst et Thompson soulignent qu'elle surévalue le caractère unique de la situation actuelle, ainsi que la solidité de ses assises. Les tendances à l'œuvre peuvent très bien être réversibles. Ces auteurs ajoutent que les versions les plus extrêmes de la globalisation sont des «mythes» et ils étayent cette affirmation au moyen des cinq grandes conclusions tirées de leur étude de l'économie mondiale (1996, p. 2 et 3). Premièrement, l'actuelle internationalisation de l'économie n'est pas un phénomène unique dans l'histoire. Ils remarquent que l'économie internationale est moins ouverte, à certains égards, maintenant que durant la période allant de 1870 à 1914. Deuxièmement, ils considèrent que les entreprises «véritablement» transnationales sont relativement rares, qu'il s'agit surtout d'entreprises nationales ayant des activités commerciales internationales et qu'aucune tendance à la mise sur pied d'entreprises internationales n'est observable en ce moment. Troisièmement, rien n'indique que les capitaux et les ressources financières ont commencé à se déplacer des pays développés vers les pays en développement. Les investissements directs demeurent très concentrés parmi les pays développés. Quatrièmement, l'activité économique n'a pas un caractère mondial, puisque le commerce, les investissements et les flux financiers circulent essentiellement entre trois blocs : l'Europe, l'Amérique du Nord et le Japon. Cinquièmement, ces trois blocs pourraient, s'ils coordonnaient leurs politiques, réglementer les forces et les marchés économiques dans le monde. Signalons ici que les propos de Hirst et Thompson portent uniquement sur les théories économiques de la globalisation, alors que beaucoup d'auteurs s'arrêtent davantage sur des facteurs comme les communications et la culture que sur la seule économie. Il n'en demeure pas moins qu'ils ont énoncé une très vigoureuse critique de l'un des principaux éléments de la thèse extrême sur la globalisation. On peut résumer ainsi le cœur de leur argumentation : considérer que l'économie mondiale échappe à toute intervention publique est trompeur et empêche les gouvernements au pouvoir de formuler des politiques qui viseraient à exercer un certain contrôle sur les acteurs économiques à l'échelle nationale. On entend trop souvent dire que les économies nationales doivent obéir «au marché mondial». Hirst et Thompson estiment que c'est là un mythe.

Une autre objection évidente est que la globalisation produit des effets très inégaux. L'hypothèse qui étaye cette tendance présente parfois un caractère fortement occidental et ne s'applique qu'à une très petite partie de l'humanité. Prétendre qu'une faible minorité de la population mondiale peut se connecter à Internet est certainement une exagération, alors que, dans les faits, la plupart des habitants de la planète n'ont probablement jamais fait un appel téléphonique de leur vie. En d'autres termes, la globalisation n'est une réalité que pour les pays développés. Le reste du monde demeure extrêmement isolé de cette tendance. Il faut bien veiller à ne pas surestimer l'ampleur et la profondeur de la globalisation.

Une objection apparente prend la forme suivante : la globalisation peut très bien n'être que la phase la plus récente de l'impérialisme occidental. Il s'agirait alors de la vieille théorie de la modernisation déjà mentionnée, mais présentée sous un nouveau visage, selon laquelle les économies sont pour ainsi dire condamnées à suivre les traces des pays développés à mesure qu'elles s'engagent dans un processus d'industrialisation. Les forces agissantes de la globalisation se situent justement dans les pays occidentaux. Qu'en est-il des valeurs non occidentales ? Quelle place leur revient-il dans cette tendance émergente ? On peut légitimement croire qu'elles n'y ont aucune place et que la globalisation consacre plutôt le triomphe d'une conception du monde proprement occidentale, au détriment des conceptions du monde qu'entretiennent les autres cultures.

Des critiques ont également remarqué que la globalisation en cours fait de très nombreux perdants, parce qu'elle traduit le succès du capitalisme libéral dans un monde économiquement divisé et hiérarchisé. Elle rend ainsi possible une exploitation accrue des pays les moins bien nantis, et ce, au nom du libre marché. Les progrès technologiques accompagnant la globalisation profitent dès lors aux économies les plus riches du monde et favorisent leurs intérêts aux dépens des pays plus pauvres. Ainsi, la globalisation a un caractère non seulement impérialiste, mais aussi d'exploiteur.

Nous devons également rappeler le fait que les forces de la globalisation n'ont pas toutes que des effets bienfaisants, car elles facilitent aussi le déploiement des activités des cartels de la drogue et des groupes terroristes. Par ailleurs, la nature incontrôlée d'Internet soulève des questions fondamentales en matière de censure et d'accès restreint à certains types de contenus.

En ce qui concerne les questions de **gouvernance globale**, le problème principal porte sur la responsabilité. À qui les mouvements sociaux transnationaux doivent-ils rendre des comptes d'une manière démocratique ? Lorsque des entreprises comme IBM ou Shell deviennent toujours plus puissantes à travers le monde, cette situation n'amène-t-elle pas à se demander si elles devraient

faire l'objet d'un contrôle démocratique? David Held a formulé des arguments convaincants pour la mise sur pied de ce qu'il appelle une **démocratie cosmopolitique** (1995), qui comporte des éléments juridiques et démocratiques clairement définis. Le hic, c'est que la plupart des acteurs émergents les plus puissants en cette ère de globalisation n'ont justement PAS de comptes à rendre, y compris les acteurs mondiaux apparemment bienfaisants comme Amnistie internationale et Greenpeace.

Enfin, il semble qu'un paradoxe réside au cœur même de la thèse sur la globalisation. Celle-ci est généralement décrite comme un triomphe des valeurs occidentales axées sur la primauté du marché. Comment peut-on alors expliquer l'énorme succès de certaines économies nationales non occidentales? Prenons le cas de l'Asie avec Singapour, Taïwan, la Malaisie et la Corée du Sud, qui ont connu un taux de croissance parmi les plus élevés du monde, mais qui entretiennent des valeurs très différentes des valeurs occidentales. Malgré leur rejet catégorique de ces valeurs, ces pays ont néanmoins bénéficié d'une croissance économique phénoménale. La question-clé consiste donc à savoir s'ils peuvent poursuivre une modernisation aussi fructueuse sans pour autant adopter les valeurs occidentales. Dans l'affirmative, que penser alors de l'un des principaux postulats de la globalisation voulant que celle-ci se traduise par l'expansion d'un même système de valeurs partout dans le monde? Si ces pays asiatiques continuent à tracer leur propre voie vers la modernisation économique et sociale, on doit alors prévoir l'apparition de conflits entre les valeurs occidentales et les valeurs asiatiques au sujet de questions telles que les droits de la personne, l'égalité entre les sexes et la religion.

Nous espérons que tous ces arguments concernant la globalisation susciteront chez les lecteurs une profonde réflexion sur l'utilité de ce concept lorsqu'il s'agit d'expliquer la politique mondiale contemporaine. D'ailleurs, ils ne trouveront dans cet ouvrage aucune prise de position pour ou contre la globalisation. Voici en outre une liste de questions qu'ils devraient garder à l'esprit à mesure qu'ils avanceront dans leur lecture.

- La globalisation est-elle un phénomène nouveau en politique mondiale?

- Laquelle des théories présentées ci-dessus en offre la meilleure analyse?

- La globalisation est-elle un phénomène positif ou négatif?

- Est-elle simplement la plus récente phase du développement capitaliste?

- La globalisation rend-elle l'État caduc?

- Favorise-t-elle ou non l'expansion de la démocratie dans le monde?

- La globalisation n'est-elle rien d'autre que le nouveau visage de l'impérialisme occidental?

- La globalisation rend-elle la guerre plus ou moins probable?

- En quoi la guerre est-elle en soi une force agissante de la globalisation?

Nous souhaitons que le présent ouvrage aidera les lecteurs à formuler des réponses à toutes ces questions et leur donnera un bon aperçu de ce qu'est la politique aujourd'hui. Nous les laissons décider si la globalisation représente ou non un nouveau tournant en politique mondiale et si elle a un caractère essentiellement positif ou négatif. Cependant, il importe de conclure cette introduction en soulignant que la globalisation – qu'on la considère comme une nouvelle forme de politique mondiale, comme un simple nouveau nom donné à un ensemble de traits anciens ou comme autre chose – est un phénomène très complexe, comportant des contradictions et de ce fait difficile à cerner. Ce ne sont pas tous les peuples du monde qui voient dans la globalisation une force progressiste animant la politique mondiale. Elle n'est donc pas univoque. La conception qu'en a chacun reflète non seulement les théories qu'il accepte, mais aussi la position qu'il occupe lui-même dans le monde actuel. En ce sens, les réponses données par chacun aux questions soulevées sur la nature de ces événements, leur signification, les réactions qui seraient appropriées, etc., pourraient bien être fonction de l'espace social, culturel, économique et politique qui lui revient dans le cadre de la globalisation. En d'autres termes, la politique mondiale acquiert soudain un caractère très personnel: dans quelle mesure la position économique d'une personne, son appartenance ethnique, son genre, sa culture ou sa religion influencent-ils ce que la globalisation signifie pour elle?

Lectures utiles

Bayard, J.-F., *Le gouvernement du monde. Une critique politique de la globalisation*, Paris, Fayard, 2004. Un ouvrage critique prenant soin de souligner l'effet de coordination d'ensemble que suggère le terme « globalisation ».

Busino, G., « Les sciences sociales et les défis de la mondialisation », *Revue européenne des sciences sociales*, XLIV-134, 2006, p. 134-159. Une présentation de deux paradigmes importants de la sociologie de la globalisation : la théorie du système-monde de Wallerstein et la théorie culturaliste de Robertson.

Carroué, L., D. Collet et C. Ruiz, *La mondialisation : genèse, acteurs et enjeux*, Paris, Bréal, 2009. Un intéressant point de vue de géographes sur les distinctions de base entre globalisation et mondialisation.

De Senarclens, P., *La mondialisation : théories, enjeux et débats*, Paris, Armand Colin, 2005. Introduction à la fois historique et théorique au processus de globalisation.

J. B. Gélinas, *La globalisation du monde : laisser-faire ou faire ?*, Montréal, Écosociété, 2000. Une discussion enflammée à propos des termes « mondialisation » et « globalisation » à travers un regard historique sur le développement du capitalisme.

Held, D. et A. McGrew (dir.), *The Global Transformations Reader*, 2e édition, Cambridge, Polity Press, 2003. Un ouvrage d'introduction à la globalisation, présentant une sélection de textes incontournables sur le sujet. Lire aussi **Held, D. et al.,** *Debating Globalization*, Cambridge, Polity Press, 2000 ; et **Held, D.,** *Un nouveau contrat mondial*, Paris, Presses de Sciences Po, 2005.

Robertson, R., *Globalization: Social Theory and Global Culture*, Londres, Sage, 1992. L'un des précurseurs de la sociologie culturelle définit la globalisation, à l'échelle humaine, comme une conscience accrue de la vie dans un monde perçu comme un tout intégré.

Rosenau, J. N., *Distant Proximities, Dynamics Beyond Globalization*, Princeton (N. J.), Princeton University Press, 2003. Après la théorie de l'interdépendance en cascade, Rosenau offre ici une superbe réflexion sur la globalisation comme compression fragmentée et mobile du temps comme de l'espace. En français, du même auteur, on lira également « Les processus de mondialisation : retombées significatives, échanges impalpables et symbolique subtile », *Études internationales*, vol. XXIV, n° 3, p. 497-512.

Scholte, J. A., *Globalization: A Critical Introduction*, Londres, Macmillan, 2000. L'auteur analyse surtout les dimensions sociales de la globalisation, ses origines et ses effets.

Chapitre 1

GLOBALISATION ET POLITIQUE GLOBALE

ANTHONY MCGREW

GUIDE DE LECTURE

Le présent chapitre propose une analyse de la globalisation et de ses effets sur la politique mondiale. Le concept y est défini comme une dynamique historique marquée par l'élargissement, l'approfondissement, l'accélération des interconnexions et leur incidence à l'échelle du monde. Cette dynamique produit cependant des conséquences tellement inégales que, loin de rendre le monde plus coopératif, elle fait plutôt apparaître des tensions, des conflits et des fragmentations. Si elle a de fortes répercussions sur le pouvoir et l'autonomie des gouvernements nationaux, elle n'annonce certainement pas, comme certains le prétendent, voire le désirent, la rémission de l'État-nation ou de la géopolitique. La globalisation est plutôt associée à de profondes transformations de la politique mondiale, dont les plus importantes font l'objet du présent chapitre. On verra ainsi qu'une mutation conceptuelle est indispensable si on veut saisir pleinement la nature de ces transformations. Cette tendance transforme à maints égards la politique mondiale et passe par l'adoption de la notion de politique globale, c'est-à-dire la politique d'une société globale en devenir dans laquelle la politique nationale et la politique mondiale, bien que théoriquement distinctes, sont pratiquement inséparables. Elle nécessite aussi la redéfinition de nombreux principes organisateurs traditionnels de la vie politique moderne, allant de la souveraineté à la démocratie, puisque l'exercice du pouvoir dans une société globalisée ne s'appuie plus simplement sur des bases nationales ou territoriales. Le présent chapitre vise donc deux objectifs fondamentaux : exposer et expliquer le concept de globalisation, d'une part, et en examiner l'incidence sur la compréhension de la politique mondiale, d'autre part.

INTRODUCTION

La globalisation, soit l'élargissement, l'approfondissement et l'accélération des interconnexions à l'échelle de la planète, est une question litigieuse dans l'étude de la politique mondiale. Certains – les hypermondialistes – avancent qu'elle va entraîner la disparition de l'État-nation souverain, car les forces globales agissantes minent la capacité des gouvernements de maîtriser l'orientation de l'économie et de la société dans leur pays respectif (Ohmae, 1995 ; Scholte, 2000). D'autres – les sceptiques – rejettent du revers de la main la notion même de globalisation et affirment que les États et la géopolitique demeurent les principales forces qui façonnent l'**ordre mondial** (Krasner, 1999 ; Gilpin, 2001). Le présent chapitre propose une perspective assez différente – dite transformationaliste – selon laquelle tant les hypermondialistes que les sceptiques pèchent par exagération dans leur interprétation respective de l'ordre mondial contemporain. Si l'interprétation transformationaliste prend tout autant au sérieux la globalisation en cours, elle admet en revanche que cette tendance mondiale va entraîner non pas la disparition de l'État souverain, mais bien une globalisation de la politique, c'est-à-dire l'émergence d'une véritable **politique globale,** dans le cadre de laquelle la distinction traditionnelle entre les questions nationales et les questions internationales perd une grande partie de son sens. Dans de telles conditions, «la politique appliquée en un endroit, semble-t-il, est liée à la politique qui prévaut partout ailleurs», au point où les conceptions orthodoxes des relations internationales, qui se fondent sur cette distinction, ne donnent au mieux qu'un aperçu partiel des forces qui façonnent le monde d'aujourd'hui (Rosenau, dans Mansbach, Ferguson et Lampert, 1976, p. 22).

Étant donné qu'il s'agit là d'un concept très controversé, il n'est pas du tout étonnant que la globalisation donne lieu à de si vifs débats. C'est pourquoi nous tentons ici de démêler les faits. Ce chapitre se divise en trois grandes sections. La première traite, selon diverses perspectives, de plusieurs questions interreliées : qu'est-ce que la globalisation ? Quelles en sont la conceptualisation et la définition les plus adéquates ? Comment se manifeste-t-elle aujourd'hui, notamment à la suite des événements du **11 septembre 2001** ? Est-ce vraiment un phénomène si nouveau ? La deuxième section analyse le rôle de la globalisation dans l'émergence d'une politique globale tendancieuse en faveur d'une élite mondiale qui occupe les postes de pouvoir et délaisse la majorité de l'humanité. Enfin, la troisième section porte sur les défis éthiques qu'imposent les éléments concrets de ces distorsions dans la politique globale. On y examine la

réflexion actuellement menée sur les possibilités et les perspectives d'une politique globale plus humaine, qui soit à la fois plus ouverte et mieux adaptée aux membres les plus démunis de la **collectivité** mondiale.

COMPRENDRE LA GLOBALISATION

Depuis une trentaine d'années, l'ampleur et la portée des interconnexions à l'échelle mondiale sont devenues nettement plus manifestes dans toutes les sphères de la vie.

L'**intégration** économique globale s'est intensifiée avec l'expansion de la production, du commerce et du secteur financier partout dans le monde, si bien que le sort des **nations**, des communautés et des ménages dans les grandes régions économiques du monde et au-delà est de plus en plus tributaire de l'économie de marché globale en émergence. Une crise frappant une région, comme l'effondrement de l'économie de l'Argentine en 2002 ou la récession en Asie orientale en 1997, fait sentir ses effets négatifs sur la production, les emplois, l'épargne et l'investissement à des milliers de kilomètres de distance, alors qu'un ralentissement économique aux États-Unis se répercute partout ailleurs, de Montréal à Bangkok.

Chaque jour, plus de deux billions de dollars américains circulent dans les marchés des changes dans le monde. Aucun gouvernement, même le plus puissant, ne possède les ressources nécessaires pour résister à une spéculation soutenue contre la devise de son pays et donc contre la crédibilité de sa politique économique (voir le chapitre 26). Les gouvernements doivent désormais emprunter des sommes substantielles dans les marchés financiers. Leur solvabilité détermine la disponibilité et le coût de tels emprunts. Dans la foulée de la crise financière de 2008-2009, de nombreux gouvernements, dont ceux du Royaume-Uni et des États-Unis, ont procédé à de réelles réductions des dépenses publiques afin de protéger leur solvabilité dans les marchés obligataires mondiaux.

Les entreprises transnationales sont à l'origine de 25 à 33 % de la production mondiale, de 70 % du commerce mondial et de 80 % des investissements internationaux. Par ailleurs, leur production dans les pays en développement dépasse nettement le total des exportations mondiales, ce qui en fait des acteurs-clés de l'économie globale, car ils déterminent l'exploitation et la répartition des ressources économiques et technologiques.

Les nouveaux modes et les infrastructures modernes de communication de part et d'autre dans le monde ont

rendu possibles l'organisation et la mobilisation transnationales en temps réel d'un grand nombre de personnes partageant les mêmes idées, comme en ont témoigné les manifestations simultanées un peu partout sur la planète contre l'intervention militaire en Iraq au début de 2003 et comme le montrent aujourd'hui les activités des 45 000 **organisations non gouvernementales (ONG)**, de Greenpeace au Réseau action climat, ainsi que des réseaux terroristes et criminels internationaux, des cartels de la drogue à al-Qaïda.

La mise sur pied d'une infrastructure mondiale de communication s'est accompagnée d'une diffusion transnationale des idées, des cultures et de l'information, de Madonna à Mahomet, tant parmi des personnes partageant les mêmes idées qu'entre des groupes culturels différents. Il s'en est suivi un renforcement concomitant de deux tendances divergentes : la propagation d'un sentiment de solidarité mondial parmi les humains partageant les mêmes idées, d'une part, et l'expression accrue d'une réaction d'opposition, voire parfois d'hostilité, entre différents pays, groupes ethniques et cultures, d'autre part.

Les individus et leur culture se déplacent aussi par millions : les migrations, forcées ou non, à l'échelle de la planète atteignent presque l'ampleur des grands mouvements de populations au XIXe siècle, à la différence qu'elles touchent aujourd'hui tous les continents, du sud au nord et d'est en ouest, tandis que plus de 600 millions de touristes effectuent chaque année un séjour à l'extérieur de leur pays de résidence.

L'expansion de la globalisation s'est accompagnée de la reconnaissance du fait que la solution aux problèmes transnationaux – des changements climatiques à la prolifération des armes de destruction massive – nécessite la mise en œuvre d'une réglementation à l'échelle mondiale. Les efforts déployés pour la résolution de ces problèmes ont présidé à une croissance accélérée des mécanismes de réglementation transnationaux et mondiaux, comme l'illustrent clairement les deux exemples suivants : l'élargissement de la compétence juridique d'**organisations internationales** établies, telles que le **Fonds monétaire international** et l'Organisation de l'aviation civile internationale, et l'existence de milliers de réseaux non officiels de **coopération** entre des organismes gouvernementaux similaires dans différents pays, notamment le Groupe d'action financière (qui réunit des experts gouvernementaux de différents pays chargés de lutter contre le blanchiment d'argent) et le Groupe de Dublin (qui rassemble les organismes gouvernementaux de l'Union européenne, des États-Unis, du Canada et d'autres pays cherchant à enrayer le trafic de stupéfiants).

> **POUR EN SAVOIR PLUS**
> ## Les définitions de la globalisation
>
> La globalisation a fait l'objet de définitions variées.
>
> 1. « Intensification des relations sociales dans le monde qui instaure, entre des régions éloignées, des liens tels que les événements locaux sont influencés par d'autres événements se produisant à une grande distance, et inversement. »
> *(Giddens, 1990, p. 21)*
>
> 2. « Intégration de l'économie mondiale. »
> *(Gilpin, 2001, p. 364)*
>
> 3. « Déterritorialisation – ou […] croissance des relations supraterritoriales entre les peuples. »
> *(Scholte, 2000, p. 46)*
>
> 4. « Contraction de l'espace et du temps. »
> *(Harvey, 1989)*

La reconnaissance du caractère global des problèmes et des interconnexions a favorisé une prise de conscience, parce que la **sécurité** et la prospérité de collectivités situées dans différentes régions du monde deviennent de plus en plus inséparables. Un attentat terroriste perpétré à Bali a des répercussions sur la perception publique de la sécurité en **Europe** et aux États-Unis, tout comme les subventions agricoles versées par les gouvernements européens, américain et canadien ont une forte incidence sur le gagne-pain des agriculteurs en Afrique, en Amérique latine et dans les Antilles.

Nous vivons dans un monde où les événements les plus éloignés peuvent rapidement, voire instantanément, avoir de très profondes conséquences sur notre prospérité et notre perception de la sécurité individuelle et collective. Aux yeux des sceptiques, toutefois, une telle situation n'a rien d'inédit, pas plus qu'elle ne découle forcément de la globalisation, dans la mesure où ce concept dépasse la simple **interdépendance** internationale, c'est-à-dire divers liens entre des pays.

Alors, quelle distinction peut-on établir entre le concept de globalisation et les notions d'**internationalisation** ou d'interdépendance ? En d'autres termes, qu'est-ce que la globalisation ?

À RETENIR

- Depuis une trentaine d'années, l'ampleur et la portée des interconnexions à l'échelle mondiale sont devenues nettement plus évidentes dans toutes les sphères de la vie. Les sceptiques n'y voient pas là une manifestation de la globalisation, dans la mesure où ce concept dépasse la simple interdépendance internationale, c'est-à-dire divers liens entre des pays. Le facteur-clé réside dans le sens donné au terme « globalisation ».

CONCEPTUALISER LA GLOBALISATION

Au départ, il pourrait être utile de se représenter la globalisation comme une dynamique comportant les caractéristiques suivantes :

- une expansion des activités sociales, politiques et économiques au-delà des frontières politiques, de sorte que les événements, les décisions et les activités dans une région du globe acquièrent de l'importance pour des individus et des collectivités vivant dans des régions diamétralement opposées. Par exemple, les guerres civiles et les conflits faisant rage dans les pays les plus pauvres ont pour effet d'augmenter l'afflux des réfugiés et des immigrants illégaux vers les pays les plus riches ;

- l'intensification, ou l'*ampleur* croissante, des interconnexions dans presque tous les domaines de la vie sociale, de l'économie à l'écologie, des activités de Microsoft à la propagation de microbes nuisibles (comme le virus de la grippe A H1N1), de l'accroissement du commerce mondial à la prolifération des armes de destruction massive ;

- la rapidité *accrue* des interactions et des dynamiques mondiales, avec l'évolution des systèmes de transport et de communication facilitant grandement la circulation des idées, des nouvelles, des biens, de l'information, des capitaux et de la technologie sur toute la planète. Des transactions bancaires quotidiennes faites par téléphone en Amérique du Nord sont souvent menées à terme en temps réel dans des centres d'appels situés en Inde ;

- l'*extensité*, l'*intensité* et la *rapidité* croissantes des interactions mondiales sont associées à un enchevêtrement accru de facteurs locaux et mondiaux, si bien que des événements locaux peuvent avoir des conséquences globales et que des événements d'ordre global ont parfois une forte incidence locale. Il en résulte une conscience collective plus aiguë du monde en tant qu'espace commun, c'est-à-dire un **globalisme**, qui se manifeste, entre autres, par la diffusion massive de la notion même de globalisation et par son apparition dans un grand nombre de langues, du mandarin à l'espagnol.

Comme on vient de le voir, le concept de globalisation ne se limite pas aux seules interconnexions. Il a pour corollaires l'ampleur, la portée, la rapidité et la profondeur cumulatives des interconnexions actuelles qui sont en train de miner l'importance des frontières séparant le monde entre plus de 190 États ou espaces politiques et économiques nationaux (Rosenau, 1997). Au lieu de renvoyer à une interdépendance croissante entre des États nationaux délimités par des frontières distinctes – ou à une internationalisation, comme préfèrent dire les sceptiques –, le concept de globalisation repose plutôt sur la profonde mutation en cours de l'organisation des sociétés humaines : on passe ainsi d'un monde constitué d'États nationaux distincts, mais interdépendants, à un monde conçu comme un espace commun. Le concept de globalisation annonce donc le déploiement d'une dynamique de changements structurels touchant l'organisation politique, sociale et économique. Les activités sociales, économiques et politiques ne sont plus seulement organisées à une échelle nationale ou locale, mais de plus en plus à une échelle transnationale ou globale. La globalisation est ainsi porteuse d'une réorientation marquée de l'organisation sociale, dans tous les domaines, qui transcende les continents et les grandes régions du monde.

Au cœur de ces changements structurels, on trouve les technologies de l'information et les moyens de communication et de transport les plus récents, qui ont beaucoup facilité l'apparition de nouvelles formes et possibilités d'organisation et de **coordination** virtuelles en temps réel, qu'il s'agisse des activités des entreprises multinationales ou de la mobilisation et des manifestations du mouvement altermondialiste. Si la géographie et la distance ont encore leur importance, il n'en demeure pas moins que la globalisation est porteuse d'une dynamique de **contraction-spatiotemporelle**, selon laquelle les causes d'événements même très locaux résident dans des conditions ou des décisions lointaines. À cet égard, la globalisation incarne un processus de **déterritorialisation** : à mesure que les activités sociales, politiques et économiques « s'étirent » à la grandeur de la planète, elles cessent graduellement d'être régies par une logique strictement territoriale. Les réseaux terroristes et criminels, par exemple, sont actifs tant localement que globalement. L'espace économique national, sous l'effet de la globalisation, ne coïncide plus avec l'espace territorial national : bon nombre des plus grandes entreprises du Royaume-Uni ont transféré leur siège social à l'étranger, pendant que beaucoup d'entreprises nationales sous-traitent maintenant leur production en Chine et en Asie du Sud-Est, entre autres lieux. Cela ne veut pas dire pour autant que le **territoire** et les frontières sont désormais sans signification, mais il faut néanmoins reconnaître que, dans la situation actuelle, leur *importance relative*, en tant que cadres imposés à l'action sociale et à l'exercice du pouvoir, est en déclin. À une époque d'organisation et de communications mondiales instantanées, la distinction entre ce qui est national et international, entre ce qui est à l'intérieur et à l'extérieur de l'État, s'effrite. Les limites territoriales ne déterminent plus les frontières de l'espace politique, social ou économique national.

La «contraction du monde» signifie que les lieux de pouvoir et les sujets sur lesquels s'exerce ce pouvoir peuvent se situer sur des continents différents. Il s'ensuit que l'emplacement du pouvoir ne correspond pas simplement au théâtre où se déroulent les événements locaux. Comme le montre la guerre en Iraq depuis 2003, les lieux-clés du pouvoir, tels Washington, New York (où siège l'ONU) et Londres, se trouvent à des milliers de kilomètres des collectivités locales dont ils scellent parfois le sort. La globalisation a donc pour conséquence que le pouvoir, qu'il soit économique, politique, culturel ou militaire, s'organise et s'exerce de plus en plus à distance. Elle fait ainsi apparaître une dénationalisation relative du pouvoir, c'est-à-dire que, dans un système mondial toujours plus interrelié, le pouvoir s'organise et s'exerce sur une base transrégionale, transnationale ou transcontinentale, pendant que de nombreux autres acteurs, des organisations internationales aux réseaux criminels, étendent leur pouvoir au sein, au-delà et à l'encontre des États. Les États ne disposent plus du monopole légitime du pouvoir, que ce dernier soit politique, économique ou coercitif.

En résumé, la globalisation anime une dynamique qui dépasse largement la simple interdépendance accrue des États. Elle peut se définir ainsi :

> Dynamique historique à l'origine d'une mutation fondamentale de l'échelle spatiale, propre à l'organisation des sociétés humaines, qui relie des collectivités éloignées et élargit la portée des relations de pouvoir par-delà les régions et les continents.

Une telle définition nous permet d'établir une distinction entre la globalisation et des dynamiques plus circonscrites dans l'espace, comme l'internationalisation et la **régionalisation**. Si l'internationalisation renvoie à l'interdépendance croissante des États, elle postule aussi que ces derniers demeurent des entités nationales séparées, aux frontières clairement délimitées. Par contre, la globalisation désigne une dynamique conduisant à la suppression de toute distinction entre ce qui est national et ce qui lui est extérieur. Le temps et la distance se contractent, si bien que des événements se produisant à des milliers de kilomètres peuvent finir par avoir des conséquences locales presque immédiates et que les

La globalisation en danger ? La crise financière de 2008

Si les causes de la crise financière de 2008 font encore l'objet de vifs débats, il se dégage néanmoins un consensus général à propos de l'ampleur et de la sévérité de cette crise : le bon fonctionnement de toute l'économie mondiale a été exposé au plus grave risque jamais survenu depuis la Grande Dépression dans les années 1930. Si les gouvernements des principales économies du monde n'avaient pas effectué une intervention coordonnée sans précédent à l'échelle internationale, comme l'ont confirmé les sommets du G20 tenus en 2009 à Londres et Pittsburgh, cette crise aurait pu dégénérer en une catastrophe économique bien pire que celle de 1929. À mesure que la crise s'est répandue en 2008 et 2009, elle a suscité une contraction inédite des transactions économiques globales, qu'il s'agisse des prêts bancaires internationaux, des investissements étrangers, du commerce des matières premières et des biens manufacturés, ou de la production transnationale. Il reste encore à déterminer clairement si cette contraction annonce une tendance marquée à la déglobalisation économique ou si elle constitue simplement un ajustement temporaire au repli actuel des marchés mondiaux. La «grande correction» de 2008 a mis en danger la globalisation économique. Paradoxalement, elle a en même temps renforcé les tendances à la globalisation politique, alors que les gouvernements ont tenté de coordonner leurs stratégies économiques afin de prévenir une dépression globale ou un retour au protectionnisme. De plus, en ce qui concerne les puissances émergentes que sont la Chine, l'Inde et le Brésil, la globalisation économique demeure essentielle au maintien de la croissance économique et de la prospérité nationale. Si la «grande correction» de 2008 a effectivement mis en danger la globalisation économique, elle pourrait bien se traduire par un simple ralentissement du rythme et de l'intensité de cette dernière, comparativement aux plus récentes tendances historiques, plutôt que par le début d'un processus de déglobalisation, c'est-à-dire l'inversion de ces tendances.

effets d'événements très locaux peuvent être rapidement connus partout dans le monde. Cela ne signifie pas pour autant que le **territoire** et les frontières n'ont désormais plus de raison d'être, mais il faut néanmoins reconnaître que, dans la situation actuelle, leur *importance relative*, en tant que contraintes imposées à l'exercice du pouvoir, n'est pas aussi prononcée qu'auparavant.

Alors que la globalisation évoque des interconnexions, des réseaux ou des flux transcontinentaux ou transrégionaux, la régionalisation peut se définir comme une intensification des processus d'interconnexion et d'intégration des États qui ont des frontières communes ou qui sont géographiquement rapprochés, tels l'Accord de libre-échange nord-américain (ALÉNA) ou l'Union européenne (voir le chapitre 25). Par conséquent, si les flux commerciaux et financiers entre les trois grands blocs économiques actuels, soit l'Amérique du Nord, l'Asie-Pacifique et l'Europe, concrétisent la globalisation, les flux au sein de chacun de ces blocs, en revanche, relèvent plutôt de la régionalisation.

À RETENIR

- La globalisation se manifeste par l'extensité, l'intensité et la rapidité croissantes des interconnexions dans le monde et par leurs répercussions toujours plus profondes.

- La globalisation se caractérise par une mutation de l'organisation sociale, par l'émergence d'un espace social commun, par la déterritorialisation relative des activités sociales, économiques et politiques et par la dénationalisation relative de l'exercice du pouvoir.

- La globalisation peut être conceptualisée comme une transformation fondamentale de l'échelle spatiale propre à l'organisation des sociétés humaines ; des collectivités éloignées sont désormais reliées et les relations de pouvoir ont une portée qui s'étend par-delà les régions et les continents.

- Il ne faut pas confondre globalisation avec internationalisation et régionalisation.

LA GLOBALISATION CONTEMPORAINE

Selon John Gray, les attaques lancées le 11 septembre 2001 contre les États-Unis ont inauguré une nouvelle ère dans les affaires mondiales : « L'ère de la globalisation a pris fin » (Naím, 2002). En réaction à la menace apparente d'un terrorisme globalisé, les gouvernements ont voulu rendre leurs frontières plus imperméables. En outre, en réponse à la crise financière globale, maints gouvernements sont devenus plus interventionnistes et se sont appliqués à protéger leurs industries nationales les plus importantes contre la concurrence commerciale extérieure. Par conséquent, l'intensité de la globalisation économique (mesurée à l'aune des courants d'échanges, des flux financiers ou des investissements totaux) s'est certainement atténuée comparativement au sommet atteint au début du siècle. Les partisans du scepticisme y ont tout de suite vu une confirmation de leur thèse

---

POUR EN SAVOIR PLUS

La globalisation vue par les sceptiques

Les sceptiques ont tendance à nier l'importance de la globalisation dans l'étude de la politique mondiale. Voici leurs principaux arguments.

1. Par rapport à la période allant de 1870 à 1914, la globalisation actuelle est beaucoup moins prononcée sur les plans économique, politique et culturel.

2. Le monde contemporain se caractérise non pas par la globalisation, mais bien par l'intensification de la géopolitique, de la régionalisation et de l'internationalisation.

3. L'immense majorité de l'activité économique et politique internationale se concentre dans les États membres de l'OCDE.

4. Par rapport à la situation qui prévalait à l'apogée des empires mondiaux d'origine européenne, la majorité des pays et des populations du Sud sont aujourd'hui beaucoup moins intégrés au système mondial.

5. La géopolitique, le pouvoir des États, le nationalisme et les frontières territoriales revêtent une importance croissante, et non décroissante, dans la politique mondiale.

6. La globalisation est au mieux une idéologie ou un mythe qui renforce l'hégémonie occidentale, et notamment américaine, dans la politique mondiale.

7. Les réponses à la crise financière démontrent l'importance vitale de la puissance hégémonique et nationale pour le bon fonctionnement de l'économie mondiale.

(Hirst et Thompson, 1999, 2003 ; Hay, 2000 ; Hoogvelt, 2001 ; Gilpin, 2002)

(Hirst et Thompson, 2003). Ils en concluent que non seulement l'importance de la globalisation a été fortement exagérée, mais même qu'elle n'est qu'un mythe cachant la réalité d'un monde qui est moins interdépendant qu'au XIXe siècle et qui demeure dominé par la géopolitique (Hirst et Thompson, 1999 ; Gilpin, 2002). Or, aux yeux de nombreux tenants d'une conception plus globaliste des choses, les événements du 11 septembre 2001 et la crise financière globale témoignent surtout de la globalisation accrue du monde en ce début de XXIe siècle. Ce qui est en cause ici, au moins en partie, ce sont des interprétations (théoriques et historiques) dissemblables de la globalisation.

L'une des faiblesses de la thèse des sceptiques est qu'elle est encline à ramener la globalisation uniquement aux tendances économiques et donc à négliger les autres facteurs. En fait, la globalisation actuelle n'est pas univoque : elle se déploie dans tous les domaines de la vie sociale, de la politique à la production, de la culture à la criminalité, de l'économie à l'enseignement. Elle est présente, directement ou non, dans de nombreuses facettes de notre vie quotidienne, y compris dans les vêtements portés, les aliments consommés, les connaissances accumulées et même le sentiment individuel et collectif de sécurité dans un monde incertain. Les signes sont visibles partout : ainsi, les universités ont acquis un caractère littéralement mondial qui s'observe tant dans le recrutement des étudiants que dans la diffusion des travaux de recherche. Pour bien comprendre la globalisation en cours, il faut donc dresser un inventaire des différents modèles d'interconnexions mondiales dans tous les grands domaines d'activité sociale, qu'ils soient d'ordre économique, politique, militaire, culturel ou écologique.

Comme l'illustre l'encadré ci-contre, la globalisation se manifeste dans chaque sphère d'activité sociale à un degré et à un rythme variés. Bien entendu, elle est plus poussée dans certains domaines que dans d'autres. Par exemple, elle est beaucoup plus extensive et intensive en matière d'économie que sur les plans culturel ou militaire. Elle s'avère ainsi très inégale, de sorte que, pour la comprendre, on doit d'abord répondre à la question suivante : de quelle globalisation parle-t-on ? Contrairement à ce que disent les sceptiques, il est crucial de reconnaître que cette notion est une *dynamique multidimensionnelle* complexe et que les configurations respectives de ses dimensions économique ou culturelle ne sont pas identiques. À cet égard, tirer des conclusions générales sur les tendances à la globalisation à partir des observations faites dans un seul domaine pourrait en donner une image déformée. Par exemple, après les événements du 11 septembre 2001, les sceptiques ont estimé que le ralentissement économique marquait la fin de la globalisation en général, mais ils ont ainsi négligé de prendre en compte son accélération dans les domaines militaire, technologique et culturel. En outre, la confluence des tendances à la globalisation dans tous les grands domaines d'activité sociale en est un trait particulièrement distinctif. Il importe de noter ici que ces tendances ont fait preuve d'une vigueur remarquable en dépit des divers foyers d'instabilité et des conflits militaires dans le monde.

En plus d'être inégale, la globalisation actuelle est grandement *asymétrique*. De nombreux sceptiques font souvent l'erreur de croire qu'elle est synonyme d'universalisme, que la présence de la notion de « globe » dans le mot signifie que toutes les régions ou tous les pays doivent être semblablement associés à des dynamiques de nature mondiale comme à des synergies d'ensemble. Ce n'est certainement pas toujours

le cas, car la tendance mondiale présente clairement des degrés d'enchevêtrement très variés ; elle acquiert ainsi une « géométrie variable » (Castells, 2000). Cette dynamique est beaucoup plus prononcée dans les pays riches de l'OCDE (Organisation de coopération et de développement économiques) que dans la plupart des

---

POUR EN SAVOIR PLUS

Les formes de la globalisation contemporaine

La globalisation est visible, à différents degrés, dans tous les grands domaines de l'activité sociale.

Économie : Le développement de la production, du secteur financier et du commerce à l'échelle mondiale fait apparaître des marchés mondiaux et, en même temps, une économie capitaliste mondiale unique, ce que Castells (2000) appelle un capitalisme informationnel mondial. Les entreprises multinationales organisent la production et la mise en marché sur un plan mondial, alors que les activités actuelles des marchés financiers mondiaux déterminent quels pays ont accès au crédit et à quelles conditions.

Armée : Le commerce des armes dans le monde, la prolifération des armes de destruction massive, l'expansion du terrorisme transnational, l'importance croissante des entreprises militaires transnationales et le discours sur l'insécurité mondiale illustrent l'existence d'un ordre militaire global.

Droit : L'expansion du droit transnational et international (allant du commerce aux droits de la personne), parallèlement à la création de nouvelles instances juridiques mondiales comme la Cour pénale internationale, traduit l'émergence d'un ordre juridique global.

Écologie : Le partage d'un environnement commun signifie que les problèmes écologiques sont également communs, qu'il s'agisse du réchauffement climatique ou de la protection des espèces, et il appelle la mise sur pied de régimes multilatéraux de gouvernance environnementale globale.

Culture : On assiste à un phénomène complexe combinant, d'une part, une homogénéisation, avec la diffusion mondiale de la culture populaire, l'omniprésence des empires médiatiques, la portée des réseaux de communication, etc., et, d'autre part, une hétérogénéité accrue, avec la réaffirmation du nationalisme, de l'appartenance ethnique et de la différence. Cela dit, peu de cultures sont entièrement à l'abri des interactions avec les autres.

Société : La réorientation des courants migratoires du sud vers le nord et de l'est vers l'ouest a fait de l'immigration une importante question mondiale, alors que les déplacements de population s'approchent de l'ampleur sans précédent qu'ils ont eue au XIXe siècle.

États africains subsahariens. Elle n'est pas vécue de façon uniforme dans toutes les régions, tous les pays ou toutes les collectivités. Même au sein des pays de l'OCDE et des États africains subsahariens, de nombreuses élites sont à l'avant-garde de la globalisation, tandis que d'autres en demeurent exclues. En raison de son caractère asymétrique, cette dynamique présente une géographie distinctive d'inclusion et d'exclusion et fait clairement des gagnants et des perdants, non seulement entre les pays, mais aussi au sein de chacun d'eux. Pour les plus riches, elle signifie certainement une contraction du monde : multiples déplacements en avion, réseaux de télévision mondiaux et Internet. Cependant, pour la plus grande partie de l'humanité, elle est davantage associée à un profond sentiment d'impuissance. L'inégalité est tellement inhérente à la dynamique même de la globalisation contemporaine qu'il est plus juste d'en souligner le caractère asymétrique.

Étant donné une telle asymétrie, il n'est pas étonnant d'apprendre que la globalisation ne préfigure pas l'émergence d'une collectivité mondiale ou d'une éthique de coopération globale. Au contraire, comme l'ont tragiquement démontré les événements du 11 sep-

tembre 2001, plus le monde se transforme en un espace social commun, plus il engendre un sentiment de divisions, de différences et de conflits. En dehors des pays membres de l'OCDE, la globalisation est largement perçue comme un phénomène occidental, et son asymétrie suscite tant la crainte d'un nouvel **impérialisme** que de fortes réactions d'opposition, qui vont des manifestations du mouvement altermondialiste aux moyens d'action qu'emploient différentes communautés culturelles ou nationales pour protéger leur culture et leur mode de vie. Au lieu de favoriser un ordre mondial plus coopératif, la globalisation contemporaine a, à maints égards, exacerbé les tensions et les conflits ; elle a fait apparaître de nouvelles divisions et une insécurité accrue et a rendu le monde plus instable. Cette dynamique complexe abrite des tendances à l'intégration et à la fragmentation, à la coopération et au conflit, à l'ordre et au désordre qui semblent contradictoires. Son histoire est telle que la violence y a toujours occupé une place centrale, que ce soit sous la forme du nouvel impérialisme des années 1890 ou de la présente guerre contre le terrorisme mondial.

Par rapport aux périodes précédentes, la globalisation contemporaine comporte un réseau remarquablement dense d'interconnexions mondiales, marqué par une forte institutionnalisation dans le cadre de nouvelles structures mondiales et régionales de contrôle et de communication, qui vont de l'Organisation mondiale du commerce (OMC) aux entreprises transnationales. Dans presque tous les domaines, les caractéristiques actuelles de la globalisation sont non seulement plus prononcées qu'à toute autre époque antérieure, mais elles affichent aussi des différences qualitatives sans précédent, en ce qui concerne son organisation et sa gestion. L'existence de nouveaux moyens de communication mondiaux en temps réel, qui ont littéralement transformé le monde en un espace social unique, distingue très clairement la globalisation contemporaine de celle du passé. C'est pourquoi il vaut mieux la désigner comme une forme accentuée de globalisation, ou de globalisme (Held, McGrew *et al.*, 1999 ; Keohane et Nye, 2003).

La globalisation contemporaine délimite l'ensemble des contraintes et des possibilités qu'affrontent les gouvernements et elle détermine donc leur liberté d'action ou leur autonomie, surtout dans le domaine économique. Par exemple, l'ampleur jamais vue auparavant des flux financiers dans le monde, supérieurs à 1880 milliards de dollars américains par jour, impose une discipline de marché à tous les gouvernements dans la mise en œuvre de leur politique économique nationale, même aux plus puissants. La globalisation incarne une puissante lo-

---

POUR EN SAVOIR PLUS

Les moteurs de la globalisation

Les analyses de la globalisation mettent généralement l'accent sur trois catégories de facteurs interreliés : les facteurs techniques (changements technologiques et organisation sociale), économiques (marchés et capitalisme) et politiques (pouvoir, intérêts et organisations).

Les facteurs techniques sont au cœur de toute analyse de la globalisation : c'est un truisme de dire que, sans infrastructures de communication modernes, une économie ou un système mondial ne pourraient prendre forme.

Les facteurs économiques, à l'instar des facteurs techniques, jouent un rôle essentiel dans la logique qui sous-tend le système mondial. La recherche effrénée de nouveaux marchés et de profits plus élevés, typique du capitalisme, conduit à une globalisation de l'activité économique.

Les facteurs politiques, qui recouvrent les idées, les intérêts et le pouvoir, constituent le troisième moteur de la globalisation. Si les facteurs techniques sont à l'origine de son infrastructure matérielle, ce sont les facteurs politiques qui en assurent l'infrastructure normative. Des gouvernements comme ceux des États-Unis et du Royaume-Uni ont beaucoup favorisé la dynamique de la globalisation.

Les trois vagues de la globalisation

La globalisation n'est pas un phénomène nouveau. Si on l'envisage comme une dynamique historique à long terme, grâce à laquelle les civilisations humaines ont fini par ne former qu'un seul système mondial, on peut y distinguer trois grandes phases.

Durant la première vague, soit l'âge des découvertes (1450-1850), la globalisation a résulté directement de l'expansion de l'Europe et de ses conquêtes. La deuxième vague (1850-1945) a donné lieu à un élargissement et à une consolidation marqués des empires européens.

Par comparaison, la globalisation contemporaine (depuis 1960) inaugure une nouvelle ère de l'histoire humaine. Tout comme la révolution industrielle et l'expansion de l'Occident au XIXᵉ siècle ont ouvert une nouvelle phase de l'histoire mondiale, les circuits intégrés et les satellites symbolisent aujourd'hui l'avènement d'un ordre mondialisé. La diffusion à l'échelle mondiale du capitalisme et de l'industrialisation caractérise aussi cette troisième vague.

gique systémique, dans la mesure où elle structure le cadre d'action des États et définit ainsi les paramètres de leur pouvoir. Elle a donc une forte incidence sur notre compréhension des politiques dans le monde.

À RETENIR

- La phase contemporaine de la globalisation s'est avérée plus vigoureuse que ce qu'en disent les sceptiques, même si l'on peut aussi croire que la globalisation économique pourrait être en danger par suite de la crise financière de 2008.

- La globalisation contemporaine est une dynamique multidimensionnelle, inégale et asymétrique.

- Il vaut mieux décrire la globalisation contemporaine comme une forme accentuée de globalisation, ou globalisme.

UN MONDE TRANSFORMÉ: LA GLOBALISATION ET LES DISTORSIONS DE LA POLITIQUE GLOBALE

Lorsqu'on examine une carte politique du monde, on est tout de suite frappé par la division de toute la surface de la Terre en plus de 190 unités territoriales nettement définies, les États. Aux yeux d'un étudiant en politique qui vivait au Moyen-Âge, une telle représentation du monde, qui donne la primauté aux frontières, serait peu intelligible. À l'échelle de l'histoire,

les frontières sont une invention relativement récente, tout comme la notion selon laquelle les États sont des ensembles politiques souverains et autonomes sur un territoire délimité. Bien que ce soit aujourd'hui une fiction pratique, une telle présomption demeure au cœur des conceptions traditionnelles axées sur l'État qui définissent la politique mondiale comme une lutte entre des États souverains pour l'exercice du pouvoir et la défense de leurs intérêts propres. La globalisation remet toutefois en question cette conception de la politique mondiale. Si on la prend au sérieux, on doit alors procéder à une redéfinition conceptuelle de ce qu'est la politique mondiale.

La Constitution westphalienne de l'ordre mondial

Les traités de paix de Westphalie, signés à Münster et à Osnabrück en 1648, ont établi la base juridique de l'État moderne et, par conséquent, les règles fondamentales de la politique mondiale moderne. Bien que le pape Innocent X ait qualifié les traités de Westphalie de «nuls, dépravés et vides de sens pour toujours», ceux-ci ont fini par constituer, au fil des quatre siècles suivants, la **structure normative** de l'ordre mondial moderne. Ces traités sont fondés sur un accord conclu par les dirigeants européens qui reconnaît le droit de chacun d'eux de gouverner sur son propre territoire sans ingérence de l'extérieur. Ce droit a été codifié peu à peu pour former la doctrine de l'État souverain. Ce n'est qu'au XXᵉ siècle, après l'effondrement des empires, que l'État souverain et, dans la foulée, l'**autodétermination nationale** ont finalement acquis le statut de principes organisateurs universels de l'ordre mondial. Contrairement à ce que souhaitait Innocent X, la Constitution westphalienne a fini par conquérir toute la planète.

Les constitutions sont importantes, car elles établissent le lieu de l'autorité légitime au sein de la *polis* ainsi que les règles qui définissent l'exercice et les limites du pouvoir politique. Parce qu'elle a codifié et légitimé le principe de l'État souverain, la Constitution westphalienne a donné naissance au système des États modernes. Elle a soudé les notions de **territorialité** et d'autorité souveraine légitime. La souveraineté westphalienne a situé l'autorité politique et juridique suprême au sein d'États ayant un territoire délimité. Elle a accordé un droit légitime à l'exercice d'une autorité exclusive, inconditionnelle et suprême sur un territoire circonscrit. Cette autorité était exclusive, c'est-à-dire qu'aucun dirigeant n'avait le droit de s'ingérer dans les affaires des autres pays; inconditionnelle, c'est-à-dire que, à l'intérieur de son territoire, un dirigeant

POUR EN SAVOIR PLUS

La Constitution westphalienne de la politique mondiale

Territorialité : L'humanité s'est surtout organisée en collectivités (politiques) territoriales exclusives, dotées de frontières bien définies.

Souveraineté : À l'intérieur de ses frontières, l'État ou le gouvernement dispose d'une autorité politique et juridique suprême, exclusive et inconditionnelle.

Autonomie : Le principe d'autodétermination ou d'autonomie gouvernementale circonscrit des pays en tant que lieux autonomes de l'activité politique, sociale et économique, étant donné que des frontières fixes séparent la sphère nationale du monde extérieur.

exerçait toute l'autorité sur ses sujets ; et suprême, c'est-à-dire qu'il n'existait aucune autorité politique ou juridique au-dessus de l'État. Bien entendu, pour beaucoup d'entités nationales, et notamment pour les plus faibles, la souveraineté (en tant que prétention légitime à l'exercice de l'autorité) ne s'est pas toujours traduite par une maîtrise réelle de l'autorité sur leur territoire respectif. Comme l'a souligné Krasner, pour de nombreux États, le système westphalien n'a souvent représenté rien de plus qu'une forme d'« hypocrisie organisée » (Krasner, 1999), ce qui n'a néanmoins jamais diminué son **influence** sur l'évolution de la politique mondiale. Si la Charte des Nations Unies et la Déclaration universelle des droits de l'homme ont modifié des éléments de la Constitution westphalienne en redéfinissant certains aspects de la **souveraineté de l'État**, cette constitution demeure tout de même le pacte fondateur de la politique mondiale. Cependant, nombreux sont ceux qui affirment que la globalisation actuelle annonce une profonde remise en cause de l'idéal westphalien de l'État souverain ; ce faisant, elle amorcerait une transformation de l'ordre mondial.

D'une géopolitique à une politique globale

À mesure que la globalisation s'est intensifiée depuis une cinquantaine d'années, il est devenu de plus en plus difficile de maintenir la perception populaire de la « grande distinction », selon laquelle la vie politique comporte deux sphères d'action dissociées, nationale et internationale, qui obéissent à des logiques différentes avec des règles, des acteurs et des objectifs différents. On reconnaît davantage

aujourd'hui, comme l'a dit Bill Clinton, l'ex-président des États-Unis, que :

> La ligne nette qui séparait autrefois la politique intérieure et la politique extérieure devient floue. Si j'avais la possibilité de changer les discours entendus dans la vie publique, je ferais en sorte qu'on cesse de parler de politique intérieure et de politique extérieure et qu'on commence plutôt à parler de politique économique, de politique de sécurité et de politique écologique. *(Cité dans Cusimano, 2000, p. 6.)*

Puisque les questions de fond de la vie politique excluent la distinction artificielle entre ce qui est national et ce qui est international, comme le montrent tant la coordination mondiale des manifestations altermondialistes que les tribunaux nationaux appliquant les décisions de l'Organisation mondiale du commerce, la Constitution westphalienne paraît dès lors de plus en plus périmée. Un ordre mondial post-westphalien est en train d'émerger, de même qu'une forme inédite de **politique globale**.

La seule évocation d'une politique globale est une reconnaissance du fait que la politique elle-même s'est globalisée et que, par conséquent, l'étude des politiques dans le monde ne doit surtout pas se limiter aux conflits et à la coopération entre les États, même si leurs relations conservent une importance cruciale. En d'autres termes, la globalisation remet en cause le caractère unidimensionnel des analyses traditionnelles de la politique mondiale, qui conçoivent celle-ci uniquement en fonction de la géopolitique et de la lutte pour la puissance entre les États. Par contre, le concept de politique globale met l'accent sur les structures et les dynamiques globales de l'établissement des règles, du règlement des problèmes et du maintien de l'ordre et de la sécurité au sein du système mondial (Brown, 1992). On doit donc reconnaître l'importance des États et de la géopolitique, mais sans leur accorder a priori un statut privilégié pour mieux comprendre et expliquer les affaires mondiales contemporaines. En effet, dans des conditions de globalisation politique, les États apparaissent étroitement liés à de multiples réseaux de plus en plus denses : des organisations multilatérales comme l'**OTAN** et la Banque mondiale, des associations et des réseaux transnationaux comme la Chambre de commerce internationale et le Forum social mondial, des **réseaux mondiaux de politiques publiques** de dirigeants politiques, de dirigeants d'entreprises et d'acteurs non gouvernementaux, comme le Fonds

L'ordre post-westphalien

Territorialité

Les frontières et les territoires demeurent importants, entre autres à des fins administratives. La globalisation en cours fait toutefois émerger une nouvelle géographie de l'organisation et du pouvoir politiques qui transcende les territoires et les frontières.

Souveraineté de l'État

L'autorité et le pouvoir souverains des gouvernements nationaux, soit le droit de chaque État à exercer son pouvoir sur son propre territoire, se transforment, mais ne s'effritent pas forcément pour autant. La souveraineté est de plus en plus comprise aujourd'hui comme l'exercice des pouvoirs publics que partagent les autorités nationales, régionales et mondiales.

Autonomie de l'État

Dans un monde plus interdépendant, les gouvernements souhaitant atteindre des objectifs nationaux sont tenus de s'engager dans une coopération multilatérale approfondie. Parce qu'ils s'inscrivent plus fermement dans des systèmes de gouvernance mondiale et régionale, les États affrontent toutefois un important dilemme : en échange de politiques publiques plus efficaces et de la satisfaction des exigences des citoyens, concernant par exemple le trafic de stupéfiants ou l'emploi, leur autonomie gouvernementale, c'est-à-dire l'autonomie de l'État, s'en trouve compromise.

mondial de lutte contre le sida et l'Initiative pour faire reculer le paludisme, ainsi que des réseaux officiels et officieux (transgouvernementaux) de dirigeants gouvernementaux qui s'attaquent à des problèmes mondiaux communs, dont la Campagne internationale pour interdire les mines (ICBL – International Campaign to Ban Landmines) ou le Groupe d'action financière contre le blanchiment de capitaux (voir la figure 1.1).

La politique mondiale attire l'attention sur l'émergence d'une cité ou *polis* globale fragile, au sein de laquelle «des intérêts sont mis en relation et en commun, des décisions sont prises, des valeurs sont attribuées et des politiques sont menées dans le cadre de processus politiques internationaux ou transnationaux» (Ougaard, 2004, p. 5). Autrement dit, la politique mondiale insiste sur la façon dont l'ordre est ou n'est pas régi à grande échelle.

Depuis la création de l'ONU, en 1945, un vaste ensemble d'organisations régionales et mondiales s'est

formé, entouré d'une multitude d'organismes et de réseaux non gouvernementaux qui cherchent à influer sur la gouvernance des affaires globales. Si la notion de **gouvernement mondial** demeure une fantaisie de l'esprit, il existe tout de même divers mécanismes participant d'une telle **gouvernance globale** qui tiennent compte des États, des organisations internationales ainsi que des réseaux et des organismes transnationaux (publics et privés), et qui s'efforcent, avec un succès variable, de promouvoir, de réglementer ou d'orienter les affaires communes de l'humanité (voir la figure 1.2 à la page suivante). La portée et l'incidence de ces mécanismes ont pris une ampleur considérable au cours des 50 dernières années et leurs activités se sont fortement politisées, comme en attestent les manifestations organisées dans le monde contre l'OMC.

Ces mécanismes de gouvernance globale rassemblent désormais une foule de structures officielles ou officieuses de coordination politique entre des gouvernements et des organisations intergouvernementales et transnationales (publiques et privées), chargées de favoriser l'atteinte d'objectifs communs ou collectivement établis, par la formulation ou l'application de règles mondiales ou transnationales et le règlement des problèmes transfrontaliers. La mise au point de codes

FIGURE 1.1   **Le réseau mondial (le Web)**

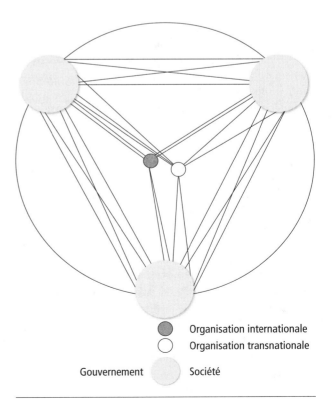

- 🔵 Organisation internationale
- ⚪ Organisation transnationale
- Gouvernement   Société

FIGURE 1.2 **La structure complexe de gouvernance globale**

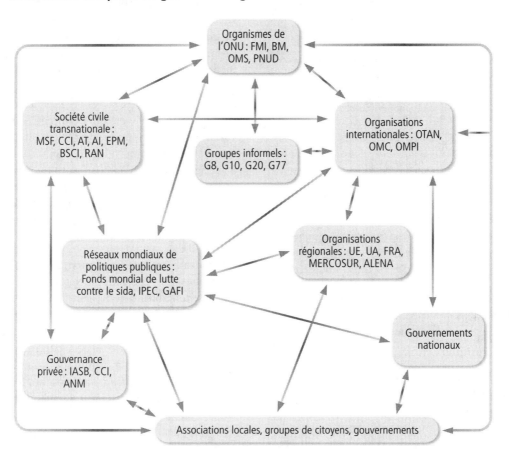

Légende

AI	Amnistie internationale	IPEC	Programme international pour l'abolition du travail des enfants (OIT : Organisation internationale du travail)
ALENA	Accord de libre-échange nord-américain		
ANM	Agences de notation mondiales (Moody's, Standard & Poor's)	MERCOSUR	Mercado Común del Sur (Marché commun sud-américain)
AT	Les Ami(e)s de la Terre	MSF	Médecins sans frontières
BM	Banque mondiale	OMC	Organisation mondiale du commerce
CCI	Chambre de commerce internationale	OMPI	Organisation mondiale de la propriété intellectuelle
EPM	Entreprises privées militaires (Sandline)	OMS	Organisation mondiale de la santé
FMI	Fonds monétaire international	OTAN	Organisation du traité de l'Atlantique Nord
FRA	Forum régional de l'ANASE	PNUD	Programme des Nations Unies pour le développement
GAFI	Groupe d'action financière (contre le blanchiment d'argent)	RAN	Réseau d'action pour la forêt tropicale
G77	Groupe de 77 pays en développement	UA	Union africaine
G8	Groupe des 8 (États-Unis, Italie, Royaume-Uni, France, Allemagne, Russie, Canada, Japon)	UE	Union européenne
IASB	International Accounting Standards Board (Conseil des normes comptables internationales)		

internationaux du travail, destinés à protéger les travailleurs vulnérables, en offre une bonne illustration. Le Programme international pour l'abolition du travail des enfants, par exemple, a résulté de négociations politiques complexes qu'ont menées des acteurs publics et privés issus de syndicats, d'associations industrielles, de groupes humanitaires et de gouvernements, mais aussi des juristes et des représentants et experts de l'Organisation internationale du travail (OIT).

Des organismes privés ou non gouvernementaux influent de plus en plus sur cette structure complexe de gouvernance globale en ce qui concerne la formulation et la mise en œuvre de politiques publiques à l'échelle mondiale. Le Conseil des normes comptables internationales (IASB – International Accounting Standards Board) établit des règles comptables mondiales, tandis que les grandes agences de notation, telles que Moody's et Standard & Poor's, déterminent la cote de crédit des gouvernements et des entreprises du monde entier. Il s'agit là d'une forme de gouvernance globale privée dans le cadre de laquelle des organisations privées réglementent, souvent dans l'ombre des pouvoirs publics, certains paramètres propres aux questions sociales et économiques. Dans les domaines (surtout économiques et technologiques) où elle est maintenant très présente, cette gouvernance globale privée entraîne un déplacement du lieu d'exercice de l'autorité politique : celle-ci passe des États et des organismes multilatéraux à des organisations non gouvernementales et à des agences privées.

Parallèlement à cette structure complexe de gouvernance globale, on voit apparaître peu à peu une **société civile transnationale**. Depuis quelques années, une foule d'organisations non gouvernementales, d'organisations transnationales (la Chambre de commerce internationale, les syndicats internationaux, le Forum social mondial, le Réseau d'action pour la forêt tropicale, l'Église catholique, etc.), de groupes de pression (du mouvement des femmes aux groupes nazis dans Internet) et d'initiatives de citoyens jouent un rôle croissant pour la mobilisation, l'organisation et l'exercice de l'influence politique par-delà les frontières nationales. Un tel phénomène de transnationalisation des mobilisations sociales a été favorisé par la grande vitesse et la facilité d'utilisation des moyens de communication modernes et par une prise de conscience, de la part de groupes actifs dans divers pays et régions du monde, de leurs intérêts communs. Lors de la réunion ministérielle de l'OMC tenue à Hong Kong en 2006, les représentants de groupes écologistes, d'entreprises et d'autres parties intéressées étaient plus nombreux que les représentants gouvernementaux. Bien entendu, ce ne sont pas tous les membres de la société civile transnationale qui sont vraiment civils ou représentatifs. Certains s'efforcent de faire avancer des causes douteuses, réactionnaires ou même criminelles, tandis que de nombreux autres n'ont souvent aucun compte à rendre aux pouvoirs publics. De plus, il existe d'importantes inégalités entre les organismes de la société civile transnationale, en matière de ressources, d'influence et d'accès aux principaux centres de prise de décisions. Les entreprises multinationales, comme News International (qui appartient à Rupert Murdoch), ont un meilleur accès aux centres du pouvoir et une plus forte capacité à orienter les grands débats dans le monde qu'un groupe comme le Réseau d'action pour la forêt tropicale.

En plus de mobiliser des acteurs et des organismes très variés, la politique globale se caractérise également par la diversité de ses préoccupations. Elle porte non seulement sur les questions géopolitiques traditionnelles, mais aussi sur une large gamme de questions économiques, sociales, culturelles et environnementales. La pollution, les drogues, les droits de la personne et le terrorisme font partie des questions politiques transnationales qui, en raison de la globalisation, transcendent les frontières et les collectivités et qui rendent donc nécessaire une coopération globale en vue de leur résolution. La politique est aujourd'hui marquée par une prolifération de nouveaux types de « problèmes de frontières ». Autrefois, les États réglaient leurs différends sur ces problèmes en invoquant la raison d'État et en s'appuyant sur des initiatives diplomatiques ou, en dernier recours, en imposant des mesures coercitives. Cependant, une telle logique strictement géopolitique semble singulièrement inadéquate pour résoudre les nombreuses questions complexes (de la réglementation économique à l'épuisement des ressources et de la dégradation de l'environnement à la prolifération des armes chimiques) qui entremêlent toujours plus rapidement le sort des pays. La logique systémique et synergique de ces questions suggère que des réponses globales dépassant la politique plus traditionnelle axée sur l'État sont aujourd'hui de plus en plus pressantes. C'est encore en ce sens qu'on oppose ici le terme politique globale (fondée sur le territoire et systémique) à politique mondiale, voire internationale (géopolitique et statocentrée).

Cela ne signifie pas pour autant que l'État souverain est en déclin. L'autorité et le pouvoir souverains des gouvernements nationaux, c'est-à-dire le droit des États à exercer leur autorité sur leur territoire, sont en voie de transformation, certes, mais ils ne s'effritent pas. Arrimés à des mécanismes de gouvernance régionale et globale, les États proclament désormais leur souveraineté moins sous la forme d'une prétention juridique à l'exercice du pouvoir suprême que d'un outil utilisé pour négocier, dans le cadre de systèmes transnationaux de réglementation, avec d'autres organismes et forces sociales.

La souveraineté fait l'objet d'échanges, de partages et de répartitions entre les différents organes des pouvoirs publics à l'échelle locale, nationale et mondiale. La conception westphalienne de la souveraineté, en tant que forme indivisible et territorialement exclusive de l'autorité publique, est en voie d'être remplacée par une nouvelle conception de la souveraineté, où celle-ci est envisagée comme un exercice partagé de l'autorité. À cet égard, nous assistons aujourd'hui à l'émergence d'un ordre mondial post-westphalien.

En outre, loin de mener à « la fin de l'État », la globalisation donne lieu à une plus grande activité de l'État, parce que, dans un monde de plus en plus enchevêtré, les gouvernements nationaux sont obligés de pratiquer une **collaboration** multilatérale étendue pour atteindre leurs objectifs nationaux respectifs. Par suite de leurs liens plus étroits avec des cadres de gouvernance régionale et mondiale, les États se heurtent à un véritable dilemme : en échange de politiques publiques plus efficaces et de l'engagement à satisfaire les exigences des citoyens, leur capacité d'autonomie, c'est-à-dire l'**autonomie de l'État**, se trouve mise en péril. Aujourd'hui, un difficile compromis doit être établi entre une gouvernance efficace et l'autonomie gouvernementale. À cet égard, la conception westphalienne de l'État unitaire et monolithique est peu à peu remplacée par une conception de l'**État désagrégé**, selon laquelle ses organes constitutifs (système judiciaire, juridique et exécutif) interagissent davantage avec leurs homologues étrangers, des organismes internationaux et des organisations non gouvernementales pour la gestion des affaires communes et mondiales (Slaughter, 2004 ; voir la figure 1.3).

L'expression « politique globale » reflète bien le fait que l'échelle à laquelle est envisagée la vie politique s'est métamorphosée. La politique définie comme l'ensemble des activités visant l'instauration de l'ordre et de la justice ne reconnaît pas les frontières territoriales. Cette expression remet donc en question l'utilité de la distinction entre ce qui est à l'intérieur et à l'extérieur de l'**État territorial**, entre ce qui est national et international, puisque les décisions et les mesures prises dans une région donnée ont une très forte incidence sur le bien-être de collectivités situées dans des régions très

éloignées de celle-là, de sorte que la politique nationale s'internationalise et que la politique mondiale acquiert un caractère national. En politique globale, l'exercice du pouvoir dans le système mondial n'est pas l'apanage des États, mais il se répartit (asymétriquement) entre un large éventail de réseaux et d'acteurs publics et privés, ce qui a d'importantes conséquences sur la nature même d'une telle distribution. L'autorité politique est diffusée non seulement vers des organes supranationaux, comme l'Union européenne, mais aussi vers des organes subnationaux, comme des assemblées régionales, et au-delà de l'État vers des organismes privés, comme le Conseil des normes comptables internationales. La souveraineté demeure un attribut juridique principal des États, mais elle est également de plus en plus partagée entre des organes de pouvoir locaux, nationaux, régionaux et mondiaux. Enfin, « politique globale » indique que, à une époque de globalisation, les États ne peuvent plus fonctionner en vase clos. Au contraire, toute la politique, comprise comme la recherche de l'ordre et de la justice, se déploie dans un cadre global qui inclut et dépasse le registre mondial. En somme, la politique globale s'oriente vers une nouvelle synergie d'ensemble.

Cependant, l'inégalité et l'exclusion sont des traits endémiques de la politique globale contemporaine. Parmi les nombreuses raisons d'un tel état de fait, trois facteurs revêtent une importance cruciale : d'abord, il y a d'énormes inégalités de pouvoir entre les États ; ensuite, la gouvernance globale est déterminée par une constitution non écrite qui tend à privilégier les intérêts et les objectifs du capitalisme mondial ; enfin, le carac-

FIGURE 1.3 **L'État désagrégé**

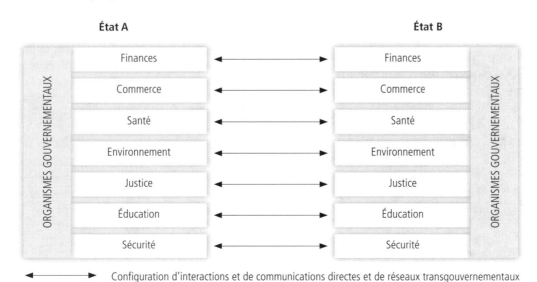

Configuration d'interactions et de communications directes et de réseaux transgouvernementaux

tère technocratique de la prise de décisions à l'échelle globale, concernant les questions de santé, de sécurité, etc., maintient souvent à l'écart de nombreux acteurs qui devraient pourtant avoir voix au chapitre.

Ces trois facteurs engendrent des inégalités de pouvoir et une exclusion qui reflètent les asymétries de pouvoir entre le Nord et le Sud. Il est donc plus juste de parler des distorsions de la politique globale, puisque les États et les groupes disposant de plus de pouvoir et de ressources et d'un meilleur accès aux lieux-clés de la prise de décisions dans le monde exercent inévitablement une influence ou un contrôle plus marqués sur les objectifs et les résultats de la politique mondiale. En résumé, la politique globale possède peu de qualités démocratiques, ce qui suscite des tensions dans un monde où la démocratie est généralement valorisée. La question de savoir si une politique globale plus démocratique est imaginable et à quoi elle pourrait ressembler mobilise l'attention des adeptes de théories normatives et fait l'objet de la dernière partie du présent chapitre.

À RETENIR

- La globalisation transforme, mais ne supprime pas l'idéal westphalien de la souveraineté de l'État. Elle instaure l'État désagrégé.

- La globalisation impose, à notre réflexion sur la politique mondiale, une mutation conceptuelle la faisant passer d'une perspective foncièrement géopolitique (axée sur les États) à une perspective fondée sur le territoire ou systémique, c'est-à-dire vers une politique de relations sociales globales.

- On peut dire, à juste titre, que la politique globale présente des distorsions, parce qu'elle révèle d'importantes asymétries dans la distribution du pouvoir.

DES DISTORSIONS DE LA POLITIQUE GLOBALE À UNE POLITIQUE MONDIALE COSMOPOLITIQUE?

La globalisation, pourrait-on dire, est associée à un double déficit démocratique. D'une part, elle a aggravé la tension entre la démocratie, en tant que système d'autorité fondé sur le territoire et sur une population, et le fonctionnement des marchés mondiaux et des réseaux transnationaux d'entreprises. Car si les gouvernements démocratiques perdent leur capacité à gérer les forces transnationales conformément aux préférences exprimées par les citoyens, c'est l'essence même

de la démocratie, soit l'autonomie gouvernementale, qui est gravement en péril. D'autre part, la globalisation a suscité l'émergence de distorsions politiques, dans le cadre desquelles les asymétries de pouvoir comme les institutions globales ont le plus souvent favorisé les intérêts des élites, au détriment de la collectivité mondiale dans son ensemble. Beaucoup d'organismes issus de la société civile ne sont pas non plus représentatifs de la majorité des peuples de la planète. En d'autres termes, la politique globale a des fondements démocratiques peu solides. Combler ce double déficit démocratique, en plus de lutter contre la **pauvreté** dans le monde, pourrait bien être le plus grand défi éthique et politique à relever au XXIᵉ siècle.

Au sein de la **théorie normative**, un courant particulier s'est penché directement sur les lacunes de la politique globale : le **cosmopolitisme** (voir le chapitre 12 ; Held, 2002 ; Moellendorf, 2002). Le cosmopolitisme propose une critique radicale de la politique globale, notamment parce que celle-ci perpétue les inégalités, et donc les injustices, dans le monde. La mise au point d'un ordre mondial plus humain et plus juste exige une réforme et une démocratisation du système de gouvernance globale, afin que ce système soit au moins en mesure de réglementer les marchés mondiaux et de mettre les plus vulnérables à l'abri de méfaits transnationaux. On peut parler ici d'un projet de **démocratie cosmopolitique** (voir l'encadré « Pour en savoir plus », à la page suivante).

La démocratie cosmopolitique peut être conçue comme l'assise sur laquelle reposent la démocratisation de la gouvernance globale et l'établissement d'une justice sociale mondiale. Elle vise la consolidation et l'institutionnalisation, au sein des rapports de pouvoir globaux, de certaines des vertus centrales de la démocratie sociale, telles que la primauté du droit, l'égalité politique, la gouvernance démocratique, la justice sociale, la solidarité sociale et l'efficacité économique. Elle tente de donner un souffle nouveau à la démocratie au sein des États en l'élargissant aux relations entre les États. Seul ce double mouvement de démocratisation serait en mesure de combler le double déficit démocratique engendré par la globalisation. En fait, ces lieux mondiaux et réseaux transnationaux de pouvoir, qui échappent aujourd'hui à un véritable contrôle démocratique, devront rendre des comptes et, ce faisant, créeront les conditions propices à la mise en œuvre d'une politique globale plus humaine et plus démocratique. Dans le contexte d'un monde qui demeure profondément divisé, où la violence est endémique et risque de s'imposer, les perspectives d'instauration d'une telle cosmopolitique peuvent sembler assez lointaines. Ses partisans affirment toutefois qu'elle est ancrée dans les conditions réelles actuelles où se joue la politique globale.

Le cosmopolitisme se fonde sur la thèse selon laquelle la globalisation entraîne un ordre post-westphalien. L'ordre mondial actuel associe donc, de façon instable, des éléments issus d'un idéal de bien-être politique et d'un pouvoir brut, c'est-à-dire les principes démocratiques et la réalpolitik (voir les chapitres 5 et 7). Ainsi, les principes de l'autodétermination, de la primauté du droit, de la souveraineté populaire, de la légitimité démocratique, de l'**égalité des États** et même de la redistribution (l'aide accordée aux plus démunis)

sont inscrits dans la politique globale. Cependant, la conviction selon laquelle la force prime le droit et l'**intérêt national** l'emporte sur tout en fait également partie. La globalisation a donc suscité de très fortes réactions politiques qui, dans leurs manifestations les plus progressistes, ont soulevé un débat politique plus large au sujet des aspects démocratiques de l'actuelle structure complexe de gouvernance globale. La réglementation de la globalisation constitue désormais et de façon cruciale une question politique d'intérêt public partout dans le monde, comme en témoigne, à titre d'exemple, la campagne mondiale Abolissons la pauvreté lancée en 2005. La pression politique s'accentue sur les gouvernements du **G8**, en particulier pour qu'ils rendent la gouvernance

---

POUR EN SAVOIR PLUS

La démocratie cosmopolitique

Valeurs centrales et principes éthiques directeurs

Justice sociale mondiale, démocratie, droits universels de la personne, sécurité humaine, primauté du droit, solidarité transnationale.

Mesures à court terme

Gouvernance

- Réforme de la gouvernance globale: Conseil de sécurité représentatif, création d'un Conseil de sécurité humaine (pour la coordination des politiques de développement dans le monde), Forum mondial de la société civile, renforcement des systèmes de reddition de comptes, amélioration des infrastructures et des capacités de gouvernance nationales et régionales, encadrement parlementaire plus strict.

Économie

- Réglementation des marchés mondiaux: contrôles sélectifs des mouvements de capitaux, réglementation des centres financiers extraterritoriaux, codes de conduite volontaires pour les entreprises multinationales, taxes sur les profits des entreprises.

- Promotion du développement: annulation de la dette des pays pauvres les plus endettés, respect de l'objectif de l'ONU consistant à consacrer 0,7 % du PNB à l'aide au développement, règles favorisant un commerce équitable, suppression des subventions à l'agriculture et au textile versées par l'Union européenne et les États-Unis, Déclaration du millénaire.

Sécurité

- Renforcement des capacités humanitaires globales, mise en œuvre des politiques et des engagements existants en matière de réduction de la pauvreté et de développement

humain dans le monde, renforcement de la réglementation sur le contrôle et le commerce des armes.

Transformations à long terme

Gouvernance

- Double démocratisation (gouvernance nationale et supraétatique), amélioration de l'offre mondiale de biens publics, citoyenneté globale.

Économie

- Maîtrise des marchés mondiaux, autorité financière globale, codes de conduite obligatoires pour les entreprises multinationales, mécanisme de taxation global, autorité globale de la concurrence.

- Amélioration du marché: normes de travail et écologiques globales obligatoires, codes et normes d'investissement étranger, mesures redistributives et compensatoires, accords sur les prix et l'offre de matières premières.

- Promotion du marché: accès privilégié au marché pour les pays en développement, convention sur la mobilité de la main-d'œuvre dans le monde.

Sécurité

- Charte sociale globale, forces permanentes de maintien de la paix et d'intervention humanitaire urgente, études d'impact de toutes les mesures de développement mondial en matière d'exclusion sociale et d'équité.

Conditions politiques et organisationnelles

États militants, coalition progressiste globale (réunissant bon nombre de pays occidentaux, de pays en développement et de forces de la société civile), organismes multilatéraux forts, régionalisme ouvert, société civile globale, régimes de redistribution, réglementation des marchés mondiaux, sphère publique transnationale.

globale plus transparente, plus responsable et plus légitime. Un consensus mondial plus étendu semble émerger quant à la nécessité d'une telle réforme, qui rallie l'appui politique de pays du Nord comme du Sud ainsi que de divers groupes de la société civile transnationale. Bref, les distorsions de la politique globale incitent des acteurs et des dynamiques démocratiques variés à se manifester. Il serait toutefois prématuré de supposer que ces groupes et ces revendications vont triompher dans un avenir rapproché, étant donné l'importance des dynamiques et des résistances qui contraignent l'instauration d'une politique mondiale plus cosmopolitique ou plus humaine.

On pourrait dire que cette politique mondiale déséquilibrée reflète la lutte historique opposant la logique de la politique de pouvoir (l'étatisme) et la logique du cosmopolitisme, le pouvoir brut et le bien-être. Son orientation future demeure cependant entièrement hypothétique, ce qui est la source à la fois d'un désespoir intellectuel et d'un grand soulagement : un désespoir parce que cela illustre de nouveau les limites des théories actuelles de la politique mondiale quant au portrait de l'avenir qu'elles esquissent, un soulagement parce que cela confirme que l'avenir reste encore à définir, même si, pour paraphraser Marx, ce ne sera pas dans les conditions de notre choix. La globalisation continuera donc d'être une importante dynamique de changement dans le monde, pour le mieux, peut-on espérer, mais peut-être bien pour le pire, peut-on craindre.

À RETENIR

- La globalisation engendre un double déficit démocratique parce qu'elle impose à la fois des limites à la démocratie au sein des États et de nouveaux mécanismes de gouvernance globale n'ayant aucun caractère démocratique.

- La politique globale a suscité la renaissance de la théorie normative, qui s'appuie sur la pensée cosmopolitique.

- Le cosmopolitisme montre en quoi la démocratisation de la politique globale est tout aussi souhaitable que réalisable.

- Les distorsions de la politique globale peuvent être interprétées comme l'expression d'une lutte opposant les forces de l'étatisme et celles du cosmopolitisme dans la conduite et la gestion des affaires mondiales.

CONCLUSION

Le présent chapitre a pour objectif de clarifier le concept de globalisation et d'en cerner les répercussions dans un contexte d'étude de la politique mondiale. Il postule que la globalisation reconstruit le monde en tant qu'espace social commun. Or, une telle reconstruction est loin d'être uniforme, car la globalisation actuelle est très inégale : elle se caractérise par une intensité et une extension qui varient selon les domaines d'activité concernés, et elle est fortement asymétrique en ce qui concerne l'inclusion et l'exclusion des régions du monde. Elle se manifeste donc comme une source tant de conflits et de violence que de coopération et d'harmonie.

S'attacher aux conséquences de la globalisation sur l'étude des relations internationales permet de mettre en lumière le fait que cette tendance entraîne une réorganisation fondamentale de la politique mondiale. Un ordre mondial post-westphalien se met en place, à mesure que la dynamique de la globalisation transforme la souveraineté de l'État. Une mutation conceptuelle de la pensée humaine est ainsi devenue nécessaire : on passe d'une politique géopolitique (statocentrée ou interétatique) à une politique globale, c'est-à-dire une politique des États et des **acteurs non étatiques** au sein d'un espace social mondial commun. La politique globale actuelle s'avère tellement imprégnée de profondes inégalités de pouvoir qu'il est normal d'y voir des distorsions : une politique de domination, d'opposition et de rivalité entre des États puissants et des forces sociales transnationales. Pour sa part, la théorie cosmopolitique estime qu'une politique globale plus démocratique est à la fois souhaitable et réalisable. On ne peut encore déterminer si une politique globale plus humaine et plus démocratique pourra être façonnée à partir de ses distorsions actuelles.

QUESTIONS

1. Distinguez les concepts de globalisation, régionalisation et internationalisation.

2. Identifiez les principaux moteurs de la globalisation.

3. Quelles sont les caractéristiques de l'ordre post-westphalien ?

4. Quelles sont les principales caractéristiques de la globalisation contemporaine ?

5. Identifiez les principaux éléments d'une politique globale cosmopolitique.

6. En quoi consistent les distorsions de la politique globale ?

7. Quels sont les principaux arguments des sceptiques contre la globalisation ?

8. Identifiez les principaux éléments de la globalisation politique.

9. Distinguez le concept de politique globale des notions de politique interétatique et de géopolitique.

10. La globalisation réduit-elle ou transforme-t-elle la souveraineté de l'État ?

Lectures utiles

Beck, U., *Pouvoir et contre-pouvoir à l'ère de la mondialisation*, Paris, Flammarion, 2003. Un classique de l'analyse cosmopolitique de la mondialisation, qui présente le projet d'une gouvernance globale plus éthique.

Castells, M., *The Rise of the Network Society*, Oxford, Blackwell, 2000. Voir aussi la traduction française de cet ouvrage : *La société en réseaux*, Paris, Fayard, 1998. Une ambitieuse analyse de la globalisation comme révolution informationnelle.

Gilpin, R., *Global Political Economy*, Princeton (N. J.), Princeton University Press, 2001. L'un des tenants les mieux connus de la thèse sceptique fait rimer globalisation avec américanisation du monde.

Held, D. et A. McGrew, *Globalization/Anti-Globalization: Beyond the Great Divide*, 2e édition, Cambridge, Polity Press, 2007. Ces auteurs sont incontournables pour toute étude sérieuse de la globalisation, à commencer par la définition du terme et de ses dimensions principales.

Robertson, R., *The Three Waves of Globalization: A History of Developing Global Consciousness*, Londres, Zed, 2003. On lira aussi, du même auteur, « Mapping the Global Condition: Globalization as the Central Concept », *Theory, Culture and Society*, vol. 7, n° 2, 1990, p. 15-30.

Rosenau, J., « Les processus de mondialisation : retombées significatives, échanges impalpables et symbolique subtile », *Études internationales*, vol. XXIV, n° 3, 1993, p. 497-512. Une analyse de l'interconnectivité accrue engendrée par la globalisation. On doit aussi à Rosenau la popularisation du terme « glocalisation ».

LE CONTEXTE HISTORIQUE

La première partie de cet ouvrage est consacrée à la présentation d'un contexte historique qui facilitera la compréhension de la globalisation. On y vise d'abord à exposer les principaux événements de l'histoire du monde, et ce, d'une façon surtout chronologique. Ce survol commencera par un chapitre offrant un aperçu de la société internationale à partir de ses origines, depuis la Grèce antique jusqu'au début du XXIe siècle. Il est essentiel d'avoir des connaissances de base à propos des grands événements qui ont façonné l'histoire de la politique mondiale et de disposer d'un contexte général pour situer la réflexion dans le cadre de la période contemporaine. Le chapitre suivant portera sur les questions fondamentales ayant marqué l'histoire du XXe siècle jusqu'à la fin de la guerre froide. Le dernier chapitre de cette première partie traitera de l'évolution de l'histoire internationale depuis 1990. Ces trois chapitres renferment une grande quantité d'informations historiques fort intéressantes, et, de ce fait, ils préparent le terrain pour une meilleure compréhension des questions, tant théoriques qu'empiriques, qui sont examinées dans les quatre parties suivantes. Un survol de l'histoire internationale est propice à la réflexion sur la globalisation : s'agit-il d'un phénomène nouveau qui modifie foncièrement les tendances de fond de l'histoire internationale ou y a-t-il eu des précédents qui feraient paraître la globalisation moins inédite ?

Chapitre 2

L'ÉVOLUTION DE LA SOCIÉTÉ INTERNATIONALE

David Armstrong

GUIDE DE LECTURE

Dans les pages qui suivent, nous allons traiter de la notion de société internationale et de certaines de ses manifestations historiques. L'expression « société internationale » renvoie aux règles, aux institutions et aux pratiques communes que différentes unités politiques ont mises en œuvre au fil de leurs interactions mutuelles. Après avoir revêtu de nombreuses formes depuis 5000 ans, la société internationale se compose aujourd'hui d'États souverains interreliés, mais indépendants. En cette ère de globalisation, elle doit faire face à une gamme complexe de défis à relever.

INTRODUCTION: LA NOTION DE SOCIÉTÉ INTERNATIONALE

Il existe une multitude de façons de décrire la structure et la configuration générales des relations entre unités politiques distinctes. À un extrême, on peut imaginer une lutte débridée de tous contre tous, où la guerre, la conquête et le massacre ou l'asservissement des perdants constitueraient les seuls types de contacts entre les collectivités. À l'autre extrême, on peut supposer l'existence d'un gouvernement mondial dont les sociétés qu'il représente conservent des traits distinctifs fondés sur la langue, la culture ou la religion, mais ne disposent pas, cependant, d'une indépendance politique et juridique plus grande que celle des États formant les États-Unis, par exemple. Entre ces deux extrêmes se trouvent les nombreuses catégories d'interactions qui sont apparues à divers endroits et à différentes époques tout au long de l'histoire du monde. Elles vont des **empires** – à la structure plus ou moins rigide et à caractère relativement centralisé et officiel – aux **systèmes internationaux** reposant sur l'indépendance ou la **souveraineté** de leurs unités, en passant par divers types d'ordres **hiérarchiques internationaux**.

Dans son sens le plus large, l'expression **société internationale** peut désigner l'un ou l'autre de ces modes d'interactions qui sont régis à un certain degré par des règles, des institutions et des pratiques communes. Elle a toutefois fini par s'appliquer, dans un sens plus spécifique, à un récit historique précis et à une perspective théorique issue en partie de ce récit historique. Celui-ci porte sur l'émergence du **système d'États** européen et de ses principes fondamentaux que sont la souveraineté, l'égalité, l'indépendance et leur corollaire que constitue la **non-ingérence**, à partir de l'ordre médiéval qui l'a précédé. Selon une version des événements en question ici, les États européens ont formé une association appelée famille de nations ou société internationale. On considère que cette association était fondée à la fois sur la volonté de ces États de protéger leur caractère souverain et sur un système de valeurs, ou des normes de civilisation, qui établissait une distinction entre les membres de ce petit noyau et les autres sociétés. Les relations entre ces membres étaient régies par les principes d'égalité souveraine et de non-ingérence et par les règles du **droit international** (voir le chapitre 17). À l'extérieur de ce noyau, les sociétés jugées non civilisées pouvaient faire l'objet de diverses mesures de contrôle ou de domination, qui allaient des traités inégaux, utilisés pour le découpage de zones d'influence occidentales en Chine, par exemple, à la colonisation pure et simple ailleurs.

La perspective théorique qui s'appuie sur cette expérience et sur des idées antérieures formulées par des pionniers du droit international, notamment Hugo Grotius (1583-1645), est connue sous le nom d'École anglaise des relations internationales, dont les principes directeurs ont été exposés de la manière la plus systématique et la plus détaillée qui soit par Hedley Bull (1932-1985). À l'instar de Kenneth Waltz et des néoréalistes (voir les chapitres 5 et 7), Bull part de l'idée selon laquelle les États se trouvent en situation d'**anarchie** internationale (absence d'autorité supraétatique), puisqu'ils ne reconnaissent aucune autorité supérieure à la leur. Comme Waltz, Bull considère que ce trait fondamental de la structure internationale dans son ensemble est un facteur déterminant des relations internationales. Cependant, contrairement à Waltz, qui souligne que les luttes de pouvoir sont inévitables et ne peuvent être endiguées que par un **équilibre des puissances**, Bull estime qu'un ordre en politique mondiale est également susceptible de découler de l'existence d'une société internationale. Les exemples historiques de telles sociétés internationales, notamment les empires coloniaux, comportent tous une culture commune englobant des éléments linguistiques, éthiques, religieux et artistiques, qui sont venus étayer le degré de communication et de compréhension mutuelle nécessaire pour que des normes communes puissent être établies.

Tant l'École anglaise que le récit historique plus ancien dont elle s'inspire ont été critiqués pour avoir contribué à légitimer ce qui était, en réalité, un ordre colonial oppresseur et exploiteur. Si la notion de société internationale chrétienne est antérieure à Christophe Colomb, elle a servi plus systématiquement à justifier la prise, par les Européens, de territoires où vivaient les peuples autochtones en Amérique et ailleurs (Keal, 2003). De façon analogue, la notion de normes de civilisation a été invoquée pour rationaliser, au XIXe siècle, l'impérialisme et le traitement inégal qu'ont subis des unités politiques comme la Chine et l'Empire ottoman. Certains diraient que, selon cette perspective, l'emploi aujourd'hui d'une expression telle que «communauté internationale» ne fait que masquer la même vieille réalité: la domination des grandes puissances.

De telles critiques de l'évocation traditionnelle de la société internationale sont sans doute assez fondées, mais il importe également de ne pas perdre de vue les aspects de la politique mondiale que peut éclairer une compréhension plus nuancée et plus équilibrée de la société internationale. On ne peut pleinement appréhender les interactions des États et des autres acteurs internationaux que si on saisit bien le contexte plus général dans

POUR EN SAVOIR PLUS

Bull à propos de la société internationale

Une société d'États (ou société internationale) se forme à partir du moment où un groupe d'États, conscients de partager des valeurs et des intérêts communs, se considèrent liés par un même ensemble de règles et de pratiques régissant leurs relations mutuelles et assurent le fonctionnement d'institutions communes.

(Bull, 1977, p. 13)

lequel s'inscrivent ces interactions. Bien entendu, il existe de nombreuses façons de conceptualiser ce contexte, et chacune d'elles comporte une perspective distincte qui donne ses propres résultats. Ainsi, mettre l'accent sur la structure économique du monde peut déboucher sur une interprétation des événements s'appuyant sur le développement du capitalisme. Insister sur les rapports de puissance entre les États peut aboutir à une conception du monde axée sur un effort constant, mené au moyen d'une politique d'équilibre des puissances pour empêcher une grande puissance de s'imposer. Une interprétation de l'histoire du monde reposant sur le choc entre différentes idées peut situer les événements dans le cadre d'un rapport dialectique inévitable entre la modernité et la tradition. Pourtant, si les grandes transitions de l'ordre international ont pu être orientées par divers facteurs économiques, politiques ou culturels fondamentaux, l'action humaine a toujours été la cause déterminante des règles, des institutions et des pratiques qui façonnent généralement les relations entre les acteurs internationaux. L'expression «société internationale» sert donc essentiellement à dépeindre schématiquement la structure globale que constituent ces règles, ces institutions et ces pratiques. En ce sens, loin d'être une invention strictement européenne, elle a été présente sous différentes formes tout au long de l'histoire du monde.

À RETENIR

- L'expression «société internationale» désigne toute association de collectivités politiques distinctes qui acceptent certaines règles, institutions et pratiques communes.

- Elle représente la notion centrale de l'École anglaise des relations internationales.

- Bien qu'elle ait été initialement proposée pour évoquer les relations entre États européens, l'expression «société internationale» peut tout de même s'appliquer à de nombreuses formations politiques collectives.

LE MONDE ANTIQUE

La société internationale contemporaine englobe les règles, les institutions et les pratiques établies qui régissent les relations entre des États souverains, c'est-à-dire des collectivités occupant un territoire spécifique sur lequel chacune exerce son indépendance juridique. Ses principes fondateurs, comme la non-ingérence et l'égalité juridique dans les relations internationales, reflètent les intérêts communs sous-tendant une telle association, dont la protection et la légitimation de la souveraineté elle-même et l'exclusion des autres prétendants à l'exercice de l'autorité juridique au sein de l'État.

Aucune des premières sociétés internationales de l'Antiquité ne ressemble vraiment au modèle qui vient d'être décrit, surtout parce qu'aucune n'avait si nettement mis l'accent sur l'égalité souveraine, c'est-à-dire le statut égal de tous les États, en droit international, qui caractérise la société internationale actuelle. Dans certains cas, comme celui de la Chine impériale à son apogée, un État puissant n'acceptait de traiter avec les autres que si ceux-ci reconnaissaient son statut supérieur. Dans d'autres cas, d'autres types de relations de subordination prévalaient. Dans d'autres encore, comme au début de l'islam et dans l'Europe médiévale, différentes formes d'autorité religieuse supranationale (le califat et la papauté) ont cœxisté de façon parfois difficile avec leurs contreparties séculières et généralement monarchiques. L'Europe médiévale a également présenté une mosaïque complexe d'entités politiques subnationales et transnationales, qui ont toutes prétendu détenir divers droits et qui possédaient souvent une certaine capacité militaire indépendante : barons, ducs, évêques, ordres de chevalerie (comme les Templiers) et associations de marchands ou de cités marchandes (comme la Hanse).

L'expression «société internationale» peut toutefois être utilisée dans tous ces cas, puisque tous les acteurs concernés ont noué des relations mutuelles régulières qui étaient, au moins à certains moments, non violentes et qui reposaient aussi sur des normes et des valeurs communes. De telles caractéristiques étaient déjà présentes lorsque les premières collectivités ont commencé à s'établir sur un territoire donné et à instaurer ensuite un ordre social hiérarchique plus complexe, une économie plus diversifiée et un plus vaste système de croyances religieuses que ceux de leurs ancêtres chasseurs-cueilleurs (Buzan et Little, 2000). Les possessions territoriales d'un groupe devaient être délimitées, défendues et, idéalement, reconnues par les autres groupes. La complexité et la diversité économiques croissantes ont stimulé les relations commerciales avec d'autres collectivités, ce qui a, dès lors, rendu nécessaires une compréhension mutuelle et, dans le meilleur des cas, l'établissement de règles concernant des questions comme le droit des étrangers de traverser un territoire donné ou d'y résider. À mesure que les dirigeants ont étendu leur autorité sur des territoires toujours plus grands, ils ont été de plus en plus enclins à adopter des moyens moins violents (et donc moins coûteux et plus sûrs) pour consolider et légitimer leur position respective. Des envoyés diplomatiques, des **traités** et une définition précise des droits et des devoirs de chefs moins puissants ont tous joué un rôle à cet égard. Enfin, pendant que les mythes se sont peu à peu transformés en systèmes de croyances plus vastes et assortis de notions complexes telles que le bien et le mal ainsi que les récompenses et

les châtiments divins, les relations entre les premières sociétés se sont enrichies de prémisses normatives communes. C'est ainsi que les premiers accords entre ces sociétés ont été conclus, accompagnés de **sanctions** sous forme de menace d'un châtiment divin pouvant frapper les contrevenants.

Il est probable qu'une dynamique semblable se soit manifestée partout où des tribus se sont sédentarisées et ont graduellement formé des collectivités stables ou des cités-États. Au Moyen-Orient, à partir du IIIᵉ millénaire avant l'ère chrétienne, les grands rois d'Akkad, de Sumer, de l'Assyrie, de l'Empire hittite et de l'Égypte ont proclamé leur domination sur des seigneurs inférieurs pour en faire leurs sujets qui, en échange de leur allégeance, ont conservé une certaine liberté de nouer des alliances et même d'avoir leurs propres États assujettis. Les traités qui liaient les grands rois et ces États

---

POUR EN SAVOIR PLUS

Dates importantes

551-479 avant l'ère chrétienne	Vie de Confucius		**1789**	Début de la Révolution française
490-480	Victoire des Grecs sur la Perse		**1815**	Napoléon est battu à Waterloo. Début du Concert européen.
Vers 250	Kautilya écrit *Arthasastra*		**1856**	Fin de la guerre de Crimée. L'Empire ottoman devient officiellement membre de la société internationale européenne.
200	La notion de crime de guerre apparaît dans le code hindou de Manu		**1863**	Formation du Comité international de la Croix-Rouge à Genève. Première Convention de Genève sur les lois de la guerre en 1864.
146	Rome détruit Carthage, sa grande ennemie historique			
395 de l'ère chrétienne	Division permanente de l'Empire romain		**1919**	Création de la Société des Nations
570-632	Vie de Mahomet, fondateur de l'islam		**1945**	Création de l'Organisation des Nations Unies (ONU)
1414-1418	Concile de Constance		**1948**	Déclaration universelle des droits de l'homme adoptée par l'ONU
1453	Prise de Constantinople par les Ottomans		**1949**	Quatre autres Conventions de Genève
1553	Traité franco-ottoman contre les Habsbourg		**1960**	Une résolution de l'Assemblée générale de l'ONU condamne le colonialisme en tant que négation des droits humains fondamentaux
1583-1645	Vie de Grotius, « père du droit international »			
1648	Les traités de Westphalie mettent fin à la guerre de Trente Ans		**1979**	Révolution islamique en Iran
1683	Défaite des Ottomans à Vienne		**1989**	La chute du mur de Berlin symbolise la fin de la guerre froide
1713	Le traité d'Utrecht reconnaît officiellement que l'équilibre des puissances forme la base de l'ordre dans la société internationale européenne		**2001**	Attaques contre les États-Unis le 11 septembre 2001
1776	Début de la guerre de l'Indépendance américaine		**2003**	Début de la guerre menée par les États-Unis contre l'Iraq

portaient sur des questions comme les frontières, le commerce, les droits de pâturage, les mariages mixtes, l'extradition, la défense et les droits et devoirs des citoyens d'un État qui séjournaient ou résidaient dans un autre État. Ces traités, dont la conclusion était célébrée par des cérémonies et des rites, comprenaient généralement des dispositions invoquant les châtiments divins qui attendaient les contrevenants. Ils étaient souvent négociés par des envoyés diplomatiques, qui ne bénéficiaient pas réellement d'une immunité diplomatique telle qu'on la trouve dans la société internationale moderne : certains d'entre eux ont ainsi été punis et retenus en otage et même parfois mis à mort. Cependant, à l'instar de la célébration des anciens traités, l'instauration de la diplomatie a été empreinte d'une solennité religieuse.

Les traces écrites fragmentaires qu'a laissées cette période offrent un aperçu fascinant des fondements normatifs des relations entre les principaux États. Un traité conclu après une guerre entre l'Égypte et les Hittites (quelque 1300 ans avant l'ère chrétienne) a engagé les protagonistes au profit d'une alliance permanente, de la liberté du commerce et de l'extradition des criminels, sous réserve de la disposition étonnamment humanitaire en vertu de laquelle les Égyptiens, les Hittites et leurs proches parents ne pouvaient écoper d'un châtiment extrême. Toutefois, les éléments d'une société internationale qu'on peut y discerner étaient presque certainement des traits marginaux dans un monde où la lutte souvent brutale pour la survie, dans des conditions économiques relevant de la simple subsistance, en constituait la réalité centrale. Puis, des systèmes internationaux plus raffinés ont commencé à apparaître dès que la situation économique s'est améliorée et que les collectivités sédentarisées sont devenues moins vulnérables aux exactions des tribus nomades qui étaient étrangères à toute conception des règles internationales. Durant la période allant d'environ 700 ans avant l'ère chrétienne jusqu'au début de cette ère, les quatre exemples les plus notables d'un tel système ont vu le jour en Chine, en Inde, en Grèce et à Rome.

Dans chacun de ces quatre cas, le pays est presque constamment demeuré divisé en corps politiques séparés, mais, en dépit des tensions et des rivalités constantes, il a su préserver un sentiment d'unité culturelle. En Grèce, les cités-États partageaient une langue et une religion communes et entretenaient des traditions (Jeux olympiques et oracle de Delphes) mettant en valeur cette unité. Toutes les cités-États privilégiaient

leur indépendance, ce qui leur a permis de s'unir pour contrer la menace de l'Empire perse.

Leur identité grecque commune n'a cependant pas empêché certaines visées hégémoniques de se manifester, parfois accompagnées d'actions guerrières brutales. Ainsi, la guerre du Péloponnèse, entre Athènes et Sparte (de 431 à 404 avant l'ère chrétienne), a été le théâtre du célèbre dialogue mélien, lorsqu'Athènes a fait fi du désir de l'île de Mélos de rester neutre dans cette guerre. Les plaidoyers répétés de Mélos pour la justice, la moralité et l'honneur n'ont pas le moindrement ébranlé la volonté des Athéniens, qui se sont exprimés sans détour : « Ne perdons pas de temps avec des propos bien tournés que personne ne croira. Vous savez aussi bien que nous que la question de la justice n'est jamais présente dans les affaires humaines. La vérité est que les puissants s'emparent de ce qu'ils peuvent et les faibles cèdent ce qu'ils doivent » (voir aussi le chapitre 5). Constatant que les Méliens refusaient de respecter leur volonté, les Athéniens les ont assiégés, puis ont tué tous les hommes et réduit à l'esclavage toutes les femmes et tous les enfants (Thucydide, [1954] 1972).

Il s'agit là clairement de l'une des plus impitoyables affirmations d'une conception ultraréaliste des relations internationales : seule la puissance compte, sans égard aux règles et à la moralité. Les nombreux autres cas analogues de conflits sanglants entre des cités-États grecques tempèrent toute intention d'affirmer aujourd'hui que celles-ci formaient une société internationale très développée. Pourtant, d'autres aspects des relations entre ces cités-États portent à croire qu'une véritable société internationale bien établie était effectivement présente, dont la base institutionnelle rudimentaire prenait trois formes : l'amphictyonie, le recours à l'arbitrage pour régler certains litiges entre des cités-États et la *proxenia*. L'amphictyonie était essentiellement un organisme religieux chargé d'assurer une certaine protection à des sanctuaires, comme celui de l'oracle de Delphes, et de permettre aux Grecs de pratiquer des rites religieux même en temps de guerre. Elle a aussi parfois joué un rôle limité visant à favoriser la fin d'une guerre. Le recours à l'arbitrage d'une tierce partie pour résoudre des litiges était plus courant, notamment dans le cas de différends territoriaux lorsque les terres en jeu revêtaient une importance religieuse, stratégique ou économique particulière. La *proxenia* était, d'abord et avant tout, une version ancienne de ce qu'est aujourd'hui un consulat. Un proxène (du grec, et signifiant « pour les étrangers ») était nommé pour défendre les intérêts des collectivités étrangères dans les plus grandes cités-États.

La société internationale grecque s'appuyait également ment sur des principes moraux communs concernant la bonne conduite internationale, principes qui découlaient de normes religieuses s'appliquant dans des domaines comme la diplomatie, le caractère sacré des traités, l'entrée en guerre et le traitement réservé aux cadavres des ennemis. Si des violations de ces normes se sont certainement produites dans tous ces domaines, divers types de sanctions s'ensuivaient, y compris la propagation d'une réputation de duplicité ou de malhonnêteté et l'imposition d'une punition consécutive à une décision rendue en arbitrage.

On retrouve aussi dans l'Inde antique de nombreuses normes religieuses qui, en principe et souvent aussi en pratique, encadraient les relations internationales. C'était notamment le cas de la guerre, pour laquelle l'Inde s'était dotée d'un ensemble de normes plus vaste et plus complexe que dans toutes les autres sociétés antiques. Parmi ces normes figuraient plusieurs conceptions de ce qu'était une guerre juste, divers rites à observer au début d'un conflit et de nombreuses interdictions frappant certaines conduites pendant et après une guerre. Le concept de *dharma*, terme polysémique désignant des lois naturelles et éternelles, constituait le fondement moral de ces normes. L'ouvrage de Kautilya (350-283 avant l'ère chrétienne) intitulé *Arthasastra* (qui date du IVe siècle avant l'ère chrétienne) a ajouté un ensemble raffiné de maximes relatives aux règles que devaient suivre les rois qui cherchaient à dominer le système politique indien. Ces maximes présentaient l'obligation d'adopter une conduite humaine pendant une guerre comme une exigence propre à la prudence politique, plutôt que comme une question strictement morale. Comme en Grèce et dans les anciennes sociétés du Proche-Orient, on considérait en Inde que les traités avaient un caractère sacré, même s'il arrivait parfois que ceux-ci s'accompagnent de mesures de sanction additionnelles contre le non-respect, telles que la prise d'otages.

À l'instar de l'Inde et de la Grèce, les relations internationales en Chine – durant les 500 ans précédant l'unification du royaume par la dynastie des Qin (en 221 avant l'ère chrétienne) – se sont déployées dans un contexte de richesse et de dynamisme culturels et intellectuels. Il en a résulté un éventail complexe de courants de pensée rivaux qui se sont inévitablement arrêtés aux questions liées à la guerre et à la paix ainsi qu'à d'autres considérations internationales. Il est difficile de déterminer précisément l'influence que les principes de conduite formulés par Confucius

(551-479 avant l'ère chrétienne) et d'autres penseurs ont eue sur les pratiques adoptées par les États rivaux. Durant la période dite des Printemps et des Automnes qui avait précédé (de 722 à 481 avant l'ère chrétienne), les guerres fréquentes ayant marqué la lutte permanente pour l'hégémonie ont parfois été menées de manière formaliste, dans le strict respect des règles de chevalerie. Cependant, lors de la période dite des Royaumes combattants qui a suivi (de 475 à 221 avant l'ère chrétienne), les grandes améliorations apportées aux techniques de la guerre ont suscité une lutte farouche et brutale pour la domination, lutte qui s'est achevée par la victoire de l'État des Qin. La nouvelle Chine impériale allait ensuite se maintenir, sous différentes formes et selon des degrés d'unité variés, pendant plus de 2000 ans. Elle a fini par considérer formellement que sa civilisation était tellement supérieure à toutes les autres que les relations avec les étrangers, les barbares extérieurs, n'étaient possibles que si ceux-ci reconnaissaient le statut supérieur de la Chine, ce qui signifiait entre autres le paiement d'un tribut à l'empereur. Dans la mesure où l'expression « société internationale » peut s'appliquer le moindrement à cette situation, elle doit recevoir une définition très différente de celle qui correspond à un système d'États indépendants ayant des relations mutuelles. Les Chinois se définissaient eux-mêmes – du moins, selon la théorie confucéenne – en termes essentiellement culturels et estimaient que leur place dans le monde se situait au point le plus haut, au centre d'une hiérarchie culturellement déterminée.

Dernière société antique examinée ici, Rome a été obligée, durant sa période républicaine, de traiter avec les puissances rivales, comme Carthage, sur une base d'égalité. Ses relations étaient fondées sur des principes analogues, en matière de traités et de diplomatie, à ceux qu'avaient adoptés la Grèce et l'Inde. Rome a toutefois créé une terminologie juridique plus spécialisée que dans toute autre société antique, y compris en ce qui concernait ses relations internationales. La Rome républicaine a souvent eu recours à des moyens juridiques pour régler certains types de litiges avec d'autres États et elle a aussi imposé l'accomplissement de divers rites religieux avant qu'une guerre ne puisse être déclarée juste et donc légale. Rome a également reconnu un ensemble de normes dénommé *jus gentium* (droit des gens, aussi parfois traduit comme droit des nations). La puissance croissante de Rome à partir du Ier siècle avant l'ère chrétienne l'a rendue moins encline à traiter avec les autres États sur une base d'égalité.

À RETENIR

- Des éléments de société internationale sont apparus dès la constitution des premières collectivités humaines organisées.

- Une diplomatie et des traités rudimentaires existaient dans le Moyen-Orient de l'Antiquité.

- Les relations entre les cités-États de la Grèce antique se caractérisaient par des traits sociétaux plus développés qu'ailleurs, comme l'arbitrage.

- À l'époque de l'Antiquité, la Chine, l'Inde et Rome avaient toutes leur propre société internationale distinctive, fonctionnant pratiquement en vase clos.

L'ORDRE CHRÉTIEN ET L'ORDRE MUSULMAN

Rome a laissé sur l'Europe une empreinte profonde qui s'est maintenue même après sa division en Empire d'Occident et Empire d'Orient, en 395 de l'ère chrétienne. L'Empire d'Orient, qui a alors pris le nom d'Empire byzantin avec pour capitale Constantinople (aujourd'hui Istanbul), a survécu et même prospéré pendant près de mille ans, malgré la pression constante que lui a imposée l'essor de l'islam, dont les forces ont fini par provoquer sa chute en 1453. L'Empire byzantin, également devenu le centre du christianisme orthodoxe, s'est employé à compenser sa faiblesse militaire relative par rapport au monde musulman en mettant sur pied un réseau de renseignements très efficace et en appliquant une politique qui consistait à diviser pour régner sur ses ennemis. Il s'est aussi doté du corps diplomatique le mieux organisé et le mieux formé (mais également le plus perfide) de l'histoire de la politique mondiale jusqu'alors.

En Occident, la papauté a longtemps proclamé qu'elle avait hérité de l'autorité supranationale de Rome sur l'ensemble complexe des entités sous-nationales, transnationales et nationales qui coexistèrent dans l'Europe médiévale. Le rôle du pape était généralement conceptualisé en fonction de son autorité plutôt que de sa puissance, et les dirigeants laïques n'ont souvent tenu aucun compte de certains décrets papaux spécifiques. L'Église catholique représentait néanmoins un important facteur d'unification dans la société internationale de l'Europe médiévale. Le code moral et éthique détaillé de l'Église avait une incidence sur plusieurs aspects cruciaux des relations internationales. Il comportait, par exemple, diverses interdictions concernant les rapports avec les États musulmans ou d'autres États non chrétiens. En réalité, ni le code papal ni la doctrine musulmane analogue n'ont empêché l'établissement de relations commerciales ou d'alliances avec des non-croyants, mais ils devaient tout de même être pris en considération, au moins dans l'éventualité où il pourrait s'avérer nécessaire de justifier des violations par la suite. Pour étayer sa doctrine religieuse, l'Église a mis au point un ordre juridique détaillé qui comprenait un régime de sanctions, le recours à l'arbitrage, la tenue d'audiences officielles devant un tribunal et de nombreuses règles spécifiques regroupées dans le droit canon. Elle a formulé des règles relatives à la bonne conduite des diplomates et à de multiples éléments de traités, y compris des injonctions contre leur violation et les conditions dans lesquelles ils pouvaient être résiliés. La principale sanction à la disposition de l'Église était la menace d'excommunication, en plus de châtiments moins sévères, tels que l'imposition d'une amende ou d'une pénitence publique. L'Église dans son ensemble se maintenait grâce au clergé, ou, pour employer les termes de Martin Wight (1977, p. 22), grâce à «une bureaucratie internationale massive».

L'Église a aussi approfondi ce qui était à cette époque la doctrine la plus systématique en matière de guerre juste, soit les normes à respecter pour le déclenchement d'un conflit d'abord, puis pour sa poursuite sur le terrain et sa conclusion. Toutes les sociétés antiques décrites dans la section précédente avaient formulé des corpus de principes moraux et éthiques concernant la guerre. Le problème spécifique qu'ont dû affronter saint Augustin (354-430), saint Thomas d'Aquin (1225-1274) et d'autres penseurs chrétiens consistait à concilier la guerre – ce qui pouvait être nécessaire pour défendre les territoires chrétiens contre les attaques ennemies – avec des principes chrétiens fondamentaux comme le fait de tendre l'autre joue à l'ennemi. La solution qu'ils ont proposée pour résoudre un tel dilemme portait sur le respect des exigences suivantes : que la guerre serve à soutenir une juste cause, soit déclarée par un dirigeant autorisé à cette fin, soit menée dans une bonne intention, s'appuie sur un usage proportionné de la force et offre une perspective raisonnable de succès. Cette solution, toutefois, n'a que rarement, voire jamais, été mise en pratique sur le terrain. Ces exigences ont cependant été reprises dans le discours international et s'y sont maintenues jusqu'à ce jour. Elles ont également influé sur les tentatives ultérieures de formuler des conventions internationales destinées à atténuer les horreurs de la guerre.

L'autre grande religion ayant marqué cette période, l'islam, a aussi eu de vastes répercussions sur la politique internationale. D'abord, l'expansion rapide et spectaculaire des peuples arabes au Moyen-Orient, en Afrique, en Asie et en Europe, durant la centaine d'années ayant suivi la mort de Mahomet, en 632, a engendré une nouvelle force dynamique qui s'est rapidement trouvée confrontée au christianisme tant romain que byzantin. Ensuite, l'islam a été originellement conçu pour offrir à tous les musulmans une identité sociale et unificatrice unique, l'*oumma* ou communauté des croyants, qui l'emportait sur les autres facteurs d'identité sociale, comme la tribu, la race ou l'État. Au début de l'islam, l'idéal que représentait l'*oumma* s'est, en quelque sorte, concrétisé sur le terrain après l'instauration du califat (chargé d'assumer le rôle dirigeant après la mort de Mahomet). Le grand schisme ayant donné naissance aux branches sunnite et chiite de l'islam (au Xe siècle), en plus du vif désir d'indépendance manifesté par bon nombre de dirigeants locaux, a mis fin au califat en tant que véritable instance politique centrale. Cependant, l'islam a bénéficié d'un nouvel élan après avoir été adopté par les Turcs nomades, et ceux-ci ont ensuite établi l'Empire ottoman (1299–1922), qui, à son apogée, a dominé une grande partie de l'Europe méridionale, le Moyen-Orient et l'Afrique du Nord. Cet empire n'a subi sa première grande défaite en Europe qu'à l'issue du second siège de Vienne en 1683, après quoi il n'a pu éviter son déclin.

Au début, la doctrine musulmane divisait le monde entre le *dâr al-harb* (la demeure de la guerre) et le *dâr al-Islam* (la demeure de l'islam). Les deux demeures se trouvaient dans un état de guerre permanent, entrecoupé parfois de trêves ne pouvant durer plus de dix ans. Les musulmans étaient théoriquement obligés de mener le **djihad** (combattre avec le cœur, les mots, les mains et l'épée) jusqu'à ce que le *dâr al-harb* se convertisse à l'islam. La seule exception possible concernait les peuples du livre (soit les chrétiens et les juifs, mais une telle désignation s'étendait parfois à d'autres religions pour des motifs pragmatiques), qui étaient autorisés à continuer de pratiquer leur foi, à condition toutefois d'acquitter un impôt et d'accepter d'avoir moins de droits que les musulmans. Les périodes de trêve entre les deux demeures devaient être définies par des traités que les musulmans étaient strictement tenus de respecter dès leur signature. En fait, la doctrine musulmane sur le respect des traités était plus stricte que son pendant catholique. L'islam a également formulé divers principes moraux à honorer durant la conduite d'une guerre. Si, à l'égal de la conception chrétienne d'une guerre juste, ces principes étaient fréquemment transgressés, des dirigeants militaires (comme Saladin [1138-1193], lors des Croisades) ont tout de même tenté de les observer en certaines occasions.

Ce corps de doctrine a été rédigé par des juristes musulmans au cours de la spectaculaire expansion initiale de l'islam. Inévitablement, à mesure que l'unité de l'islam s'est fragmentée et que des pays sont parvenus à lui opposer une résistance victorieuse, le monde musulman s'est vu obligé d'accepter la nécessité d'une coexistence pacifique avec des non-croyants pendant des périodes plus longues qu'une trêve de dix ans. Des liens commerciaux étroits se sont noués entre les deux demeures et, dans certains cas, des dirigeants chrétiens ont été autorisés à ériger en pays musulmans des agglomérations bénéficiant de privilèges **extraterritoriaux**. Les dirigeants de ces agglomérations portaient le nom de consuls. Au XVIe siècle, l'Empire ottoman était également devenu un important acteur dans le déploiement de la grande politique de puissance de l'Europe. Dans le cadre d'un traité remarquable connu sous le nom des Capitulations de 1535 et conclu par le sultan Soliman II et François Ier, roi de France, les Ottomans se sont alliés à un roi chrétien contre la plus puissante force chrétienne de l'époque, l'Empire des Habsbourg.

À RETENIR

- La société internationale de l'Europe médiévale formait un ensemble complexe de structures supranationales, transnationales, nationales et sous-nationales.
- L'Église catholique a joué un rôle-clé dans l'établissement des fondements normatifs de la société internationale médiévale.
- L'islam a développé sa propre conception distincte d'une société internationale.

L'ÉMERGENCE DE LA SOCIÉTÉ INTERNATIONALE MODERNE

Comme on l'a vu, la société internationale contemporaine est fondée sur une conception de l'État qui en fait un acteur indépendant disposant de la suprématie juridique sur tous les acteurs non étatiques, c'est-à-dire un acteur souverain. Deux conséquences logiques découlent de cette prémisse fondamentale : d'abord, l'égalité juridique de tous les États, sans laquelle tout système serait hiérarchique, hégémonique ou impérial, ensuite, le principe de non-intervention des forces extérieures (y compris d'autres États) dans les affaires intérieures d'un État, sans lequel la reconnaissance d'un droit d'intervention à un acteur extérieur (comme le pape) lui conférerait implicitement une autorité supérieure. Les caractéristiques principales d'une société internationale

ont résulté de ces principes essentiels et se sont d'abord traduites de trois façons. Premièrement, les communications officielles entre les États étaient assurées par des diplomates qui, parce qu'ils représentaient leurs maîtres souverains, devaient bénéficier de la même immunité à l'égard des lois en vigueur dans le pays où ils résidaient que celle accordée à leurs maîtres. Deuxièmement, les règles intégrées au droit international ne pouvaient devenir juridiquement contraignantes pour les États sans leur consentement. Troisièmement, puisque l'ordre dans les affaires internationales ne pouvait être maintenu – comme il l'est dans les affaires intérieures d'un État – par une autorité supérieure possédant les moyens nécessaires pour le faire respecter, il ne pouvait émerger que de la lutte menée par les États pour empêcher l'un ou l'autre d'entre eux d'imposer sa prépondérance, ou, plus précisément, il ne pouvait apparaître que comme un équilibre des puissances. Au XVIIIe siècle, un tel équilibre n'était désormais plus considéré comme un événement fortuit, mais bien comme un principe fondamental et même comme un élément du droit international.

Ces traits constitutifs de la société internationale européenne ont pris forme sur une période de quelques centaines d'années. Le facteur décisif à cet égard a été l'apparition de l'État moderne, à la suite de l'affirmation de la puissance monarchique devant des rivaux comme le pape ou des barons locaux. En même temps, les luttes de pouvoir entre les familles royales ainsi que la menace extérieure représentée par les Ottomans ont poussé les monarchies à raffiner constamment les instruments servant à asseoir la puissance de l'État. Parmi ces instruments figure, au premier chef, l'établissement d'une force militaire centralisée et efficace, mais aussi trois autres éléments très importants : la présence d'un corps diplomatique professionnel, la capacité de réorienter l'équilibre des puissances et la transformation des traités afin qu'ils cessent d'être essentiellement des contrats interpersonnels conclus par des monarques de droit divin et qu'ils deviennent plutôt des accords entre États et ayant statut de lois.

Il est impossible d'associer des dates précises à l'un ou l'autre de ces phénomènes puisque, en fait, ils se sont déployés de façon aléatoire dans toute l'Europe et sur plusieurs siècles. Les Byzantins, comme mentionné plus haut, ont certainement perfectionné la diplomatie et la collecte de renseignements. Avant même la Renaissance italienne, grâce à ses échanges avec l'Empire byzantin, Venise avait déjà appris à se servir de ce nouveau mode d'interactions et avait édicté au XIIIe siècle le premier corpus de règles officielles en matière de diplomatie. La rivalité aiguë entre les cités-États italiennes les avait

amenées à définir le premier système d'ambassadeurs résidents afin de pouvoir mieux surveiller les agissements de chacune d'elles. Ces cités-États se sont également engagées dans un jeu permanent d'équilibre des puissances, qui a souvent abouti à des guerres diverses. D'autres États européens ont ensuite adopté les idées italiennes au sujet des relations internationales, si bien que les ambassades permanentes, régies par des règles communes sur l'immunité diplomatique et par d'autres privilèges afférents, sont devenues des acteurs établis de la société internationale européenne. C'est dans l'Italie du XIVe siècle qu'a été initialement formulé l'un des traits essentiels du principe de souveraineté : « Le roi exerce l'empire dans son propre royaume. »

Trois événements-clés, survenus à partir de la fin du XVe siècle, ont joué un rôle crucial dans l'édification de la société internationale européenne. D'abord, les États les plus puissants, comme la France et l'Empire des Habsbourg, exerçaient une domination croissante sur les plus petits États. Ensuite, la Réforme protestante au XVIe siècle a porté un coup très dur à l'Église catholique et à sa prétention à l'exercice de l'autorité suprême, ce qui a indirectement favorisé l'affirmation de la souveraineté par l'État. Enfin, l'arrivée de Christophe Colomb dans le Nouveau Monde en 1492 et la découverte d'un passage maritime vers l'Inde par Vasco de Gama en 1498 (qui offrait dorénavant une solution de rechange à la dangereuse route terrestre sous contrôle musulman) ont eu une profonde incidence sur les relations internationales des Européens. Il en est résulté une conscience plus aiguë de l'espace et un intérêt renouvelé pour la cartographie, qui leur ont fait accorder à leur tour une importance accrue au territoire et à des frontières précisément délimitées.

Deux phénomènes parallèles doivent être pris en compte lorsqu'on évalue l'ampleur des répercussions de ces événements sur la société internationale. Le premier est la lutte pour le pouvoir en Europe. L'Europe allait connaître 450 autres années de guerres répétées et toujours plus violentes, ponctuées par les efforts soutenus de l'Espagne, de la France et de l'Allemagne pour imposer leur hégémonie, et de périodes de paix intermittentes, avant que les tensions provoquées par ces efforts ne puissent finalement être plus ou moins apaisées. L'histoire se déroulera de plus en plus à l'échelle mondiale plutôt que régionale, alors que le reste du monde est entraîné dans les conflits en Europe, d'abord par la colonisation, ensuite lors des deux guerres mondiales au XXe siècle, enfin dans la foulée des multiples conséquences de la décolonisation. Toutefois, la tendance à la formation d'entités politico-juridiques uniformes, soit les États souverains, aura été irrésistible, initialement en Europe, puis dans le reste du monde.

Le deuxième phénomène réside dans les tentatives alors faites pour élargir davantage la portée des instruments de régulation constitutifs d'une société d'États souverains. La découverte de territoires auparavant inconnus a donné un puissant élan à l'étude du droit international et à son utilisation dans la formulation de traités destinés à clarifier et à définir plus précisément les divers droits et devoirs auxquels cette époque de découvertes avait donné naissance. En outre, l'équilibre des puissances a de plus en plus largement été reconnu comme le moyen le plus efficace de contrer d'éventuelles tentatives d'hégémonie, de sorte que la maîtrise de ce moyen est devenue l'un des attributs suprêmes de l'exercice diplomatique. Enfin, plusieurs des guerres les plus dévastatrices ont été suivies d'efforts systématiques visant à raffiner et à améliorer ces instruments pour préserver l'ordre international.

Les premiers écrits sur le droit international au XVIe siècle ont émané surtout de juristes espagnols tels Francisco de Vitoria (v. 1480-1546), qui s'est penché sur l'épineuse question de savoir si les autochtones des Amériques avaient des droits ou non. La théorie catholique traditionnelle leur niait quelque droit que ce soit, mais si Vitoria appuyait la *conquista* espagnole, il a néanmoins avancé un contre-argument postulant que les Amérindiens possédaient bien certains droits (quoique limités) en vertu du droit naturel. Ce faisant, il a en même temps contribué au déplacement, vers les États souverains émergents, d'une partie de l'autorité légitime que détenait encore le pape. Plus récemment, ce contre-argument a été critiqué, compte tenu de l'extrême déséquilibre des forces entre les Amérindiens et les Espagnols, parce qu'il préconisait un recours à la doctrine de la souveraineté pour justifier l'exploitation et l'oppression coloniales (Anghie, 1996).

Des travaux ultérieurs en droit international ont visé à définir les droits et les devoirs incombant aux États souverains dans leurs relations mutuelles, la nature de la société internationale dans laquelle s'inscrivaient les États souverains, le rôle de l'équilibre des puissances dans cette société internationale, ainsi qu'un ensemble de règles spécifiques relatives à la diplomatie, aux traités, au commerce, au droit de la mer et surtout à la guerre. Ces travaux, notamment ceux d'Hugo Grotius (1583-1645) et d'Emerich de Vattel (1714-1767), ont exercé une influence considérable et ont été scrutés attentivement au XIXe siècle, entre autres par les gouvernements de la Chine et du Japon qui subissaient alors de fortes pressions des Européens pour qu'ils leur accordent ce

que ces derniers prétendaient être des droits légitimes en matière de commerce, par exemple.

La guerre de Trente Ans (1618-1648) est souvent considérée comme la dernière guerre de religion en Europe, mais, en fait, ce fut à la fois une lutte de pouvoir et un conflit entre différents protagonistes pour l'exercice de l'autorité légitime. La papauté a certainement été l'un de ces protagonistes, mais l'un de ses principaux alliés, l'Empire des Habsbourg, défendait un type particulier d'hégémonie dynastique, tandis que le Saint Empereur romain se souciait moins de son caractère religieux traditionnel que du maintien de son emprise sur les nombreux États allemands qui prônaient eux-mêmes la nouvelle doctrine de l'indépendance souveraine. La résistance de la Hollande (qui commence à se manifester dès que, en 1658, Philippe II d'Espagne proclame l'imposition de la peine de mort à tous les hérétiques, c'est-à-dire les non-catholiques) peut être vue comme l'un des premiers exemples d'une lutte menée pour l'établissement d'un État fondé sur ce qui allait devenir le facteur dominant : la nationalité.

La signature des traités de Westphalie (1648), qui ont mis fin à la guerre de Trente Ans, est considérée par beaucoup comme l'acte fondateur du système international contemporain. Ces traités ont consacré le droit des États allemands constituant le Saint Empire romain germanique à gérer leurs propres relations diplomatiques. Ces États obtenaient ainsi une reconnaissance très claire de leur souveraineté et pouvaient donc officiellement bénéficier d'une égalité exacte et réciproque. Il s'agissait là de la première fois qu'était formellement acceptée l'égalité souveraine d'un grand nombre d'États. Plus généralement, on peut estimer que les traités de Westphalie ont synthétisé la notion même d'une société des États. Les signataires de ces traités ont très clairement et très explicitement arraché à la papauté le droit d'accorder une légitimité internationale à des États et à des dirigeants particuliers et d'insister pour que les États fassent preuve de tolérance religieuse dans leurs politiques nationales (Armstrong, 1993, p. 30-38). L'équilibre des puissances a été formellement inscrit dans le **traité d'Utrecht** (1713), qui a mis fin à la guerre de Succession d'Espagne (1701-1714) et qui a officiellement proclamé qu'un juste équilibre des puissances représentait le fondement le plus adéquat et le plus stable d'une amitié mutuelle et d'une harmonie durable.

C'est durant la période allant de 1648 à 1776 que la société internationale ayant pris forme au cours des 200 années antérieures s'est véritablement consolidée. Si les guerres ont été fréquentes, elles n'ont pas eu la ferveur confessionnelle de la guerre de Trente Ans.

Certains États, dont l'Empire ottoman, ont subi un lent déclin, alors que d'autres, comme la Grande-Bretagne et la Russie, ont connu un essor notable. Des centaines de petits États existaient toujours, mais c'étaient les interactions d'une dizaine d'acteurs-clés tout au plus qui déterminaient le cours des événements. Pourtant, malgré les changements constants et les guerres multiples, les écrivains européens, à partir de François de Callières en 1716 jusqu'à Arnold Hermann Ludwig Heeren en 1809, étaient unanimement d'avis que l'Europe dans sa totalité constituait une sorte de république (Whyte, 1919 ; Heeren, 1833). Certains évoquaient des similarités religieuses et culturelles pour expliquer un tel phénomène, mais tous étaient d'accord pour dire que les principaux facteurs étaient la volonté de tous les États de préserver leur liberté, la reconnaissance mutuelle du droit de chaque État à une existence indépendante et surtout l'appui donné à l'équilibre des puissances. Les deux autres éléments essentiels de la société internationale étaient la diplomatie et le droit international, dans la mesure où ce dernier reposait clairement sur le consentement des États.

Il faut noter ici que certains auteurs ont contesté une telle interprétation de la société internationale du XVIIIe siècle. Albert Sorel (1842-1906), historien français, a rejeté la notion de république chrétienne au XVIIIe siècle, la qualifiant d'auguste abstraction et affirmant que l'impitoyable défense de ses intérêts propres était, pour un État, le seul principe qui comptait vraiment (Cobban et Hunt, 1969). En fait, même certains de ceux qui croyaient en l'existence d'une véritable société internationale européenne, tel Edmund Burke (1729-1797), ont été atterrés par le démembrement de la Pologne à partir de 1772. Pour Burke, ce démembrement aura été le premier pas hors d'un système fondé sur des traités, des alliances, l'intérêt commun et la foi publique et vers un état de nature hobbesien (Stanlis, 1953). Plus récemment, Stephen Krasner (1999) a affirmé que la souveraineté n'a jamais été davantage qu'une fiction juridique – ou une hypocrisie organisée – qui dissimulait l'ampleur avec laquelle les États puissants étaient capables de poursuivre sans entrave leurs propres intérêts. De telles opinions sur les fondements de la société internationale reposent d'abord et avant tout sur l'intérêt de ses membres et mettent à tout le moins en garde contre les formulations plus idéalistes d'une société internationale.

La Révolution américaine (1776) et la Révolution française (1789) allaient avoir de profondes conséquences sur la société internationale. Celles-ci se sont surtout fait sentir, dans le cas des États-Unis, lorsque ce pays est devenu une superpuissance au XXe siècle, alors qu'elles se sont manifestées plus immédiatement en France. D'abord, l'affirmation révolutionnaire selon laquelle la souveraineté résidait dans la nation plutôt qu'entre les mains des dirigeants – et notamment les dirigeants impériaux dynastiques comme les Habsbourg – a donné un puissant élan à la notion d'autodétermination nationale. Cette notion allait ultérieurement dominer la politique internationale aux XIXe et XXe siècles et porter atteinte aux systèmes impériaux qui paraissaient nier le droit à toute autonomie politique des **nations** (et des peuples reconnus sur la base de leurs liens linguistiques, ethniques et culturels).

Une autre conséquence de la Révolution française a découlé de la réaction que celle-ci a suscitée de la part des grandes puissances européennes. Après la défaite de Napoléon, les principaux États se sont progressivement détachés des plus petits pour former une sorte de système des grandes puissances. Ce système, qualifié de Concert européen, s'est maintenu jusqu'à la Première Guerre mondiale. Il a donné lieu à des rencontres régulières de ses membres en vue d'assurer la conservation de l'équilibre des puissances européennes qui s'était instauré à la fin des guerres napoléoniennes et de favoriser la prise de décisions collectives sur diverses questions pouvant devenir conflictuelles. Les puissances dynastiques dominantes qu'étaient l'Autriche et la Russie voulaient que ce Concert se donne formellement le droit d'intervenir contre toute révolution, et ce, dans le contexte de la dynamisation des mouvements révolutionnaires après l'avènement de la Révolution française. Une telle volonté a suscité la résistance farouche de la Grande-Bretagne, pays le moins menacé par une révolution, sous prétexte que l'attribution d'un tel droit serait contraire au principe fondamental de non-intervention. Néanmoins, le Concert européen a indubitablement marqué un éloignement du système décentralisé et sans contrainte de la société internationale du XVIIIe siècle et un rapprochement vers un système hiérarchique plus structuré. Il a eu un effet notable sur les trois éléments institutionnels fondateurs de l'ordre westphalien : l'équilibre des puissances, la diplomatie et le droit international. En 1814, à la fin des guerres napoléoniennes, les puissances avaient déjà officiellement déclaré leur intention de créer un système d'équilibre des puissances réel et permanent en Europe. En 1815, lors du Congrès de Vienne, elles ont soigneusement redessiné la carte de l'Europe dans le but d'établir un tel système. Le principal changement diplomatique a été le recours beaucoup plus fréquent aux conférences entre grandes puissances afin d'examiner et parfois de régler des questions d'intérêt général. Dans certains domaines techniques, comme les services postaux internationaux, la télégraphie et les services d'assainissement, des organisations internationales permanentes ont été mises sur pied. En droit international, les puissances se sont employées à mettre au point ce que Clark (1980, p. 91) a défini comme une procédure de légitimation internationale du changement, notamment en matière de modifications territoriales. Les grandes puissances ont collectivement tenté de garantir les dispositions de divers traités, comme ceux qui déterminent le statut de la Suisse, de la Belgique et du Luxembourg. Un grand nombre de traités énonçaient des règles s'appliquant à différents domaines techniques et économiques ainsi qu'à quelques questions humanitaires, dont l'esclavage et le traitement des blessés de guerre. Il faut toutefois noter ici que, si le Concert européen a effectivement apporté un certain degré de paix et d'ordre en Europe, il a aussi servi à légitimer la domination croissante des puissances européennes en Asie et en Afrique. Par exemple, le Congrès de Berlin tenu en 1885 a évité l'éclatement d'une guerre entre rivaux revendiquant des territoires en Afrique, mais il a également défini les règles régissant les nouveaux actes d'occupation. Les vœux pieux exprimés dans l'Acte de Berlin sur l'apport des bienfaits de la civilisation en Afrique étaient vides de sens.

La Première Guerre mondiale a abruptement fait disparaître le Concert européen. De nouvelles puissances, dont les États-Unis et le Japon, étaient apparues et les revendications pour une libération nationale se faisaient toujours plus vives en Inde et dans d'autres parties des empires européens. De plus, les petits États existants étaient moins enclins à obéir aux diktats des grandes puissances. C'est ce qu'illustreront les discussions qui conduiront en 1919 à la création de la Société des Nations (SDN), la première organisation internationale à vocation universelle couvrant de nombreux objectifs. Il s'est agi là de la première tentative globale de donner à la société internationale un fondement organisationnel officiel qui en enchâssait toutes les normes fondamentales.

Si la société internationale de l'Europe du XIXᵉ siècle avait pris la forme d'une **hégémonie** collective des grandes puissances, la SDN a pour sa part représenté une véritable rupture par rapport à cette situation, et ce, à deux égards importants. D'abord, conformément à ce que préconisait le très influent président américain à l'époque, Woodrow Wilson, pour qui le système d'équilibre des puissances avait été l'une des principales causes de la guerre, la SDN était fondée sur le nouveau principe de **sécurité collective**. Au cœur de ce principe se trouvait la conviction selon laquelle chaque État accepterait

de s'unir pour contrer tout acte d'agression, ce qui, espérait-on, dissuaderait tout agresseur potentiel de passer à l'action. Ensuite, l'accession au statut de membre de la SDN était ouverte à tous les États, et non aux seuls États européens.

La SDN a résulté d'une ambitieuse tentative de fonder une société internationale plus structurée qui serait apte à traiter d'un large éventail de questions dans un cadre mieux ordonné. Le système international demeurait cependant fermement ancré dans le principe de souveraineté et s'appuyait donc toujours sur un équilibre des puissances entre les grands États. Un trait essentiel de l'entre-deux-guerres sera que l'une de ces puissances, les États-Unis, refusera d'adhérer à la SDN et appliquera une politique d'isolationnisme en regard des pays européens. Dans les années 1930, quatre des puissances restantes, soit l'Allemagne, l'Italie, le Japon et l'URSS, étaient dirigées par des gouvernements prônant une idéologie extrémiste et ayant des visées expansionnistes qui menaceront les intérêts des autres grandes puissances, alors que seules la Grande-Bretagne et la France défendaient le statu quo. En d'autres mots, la situation se caractérisait par un grave déséquilibre des puissances.

À RETENIR

- Les principaux éléments de la société internationale contemporaine sont les principes de souveraineté et de non-intervention, les institutions de la diplomatie, l'équilibre des puissances et le droit international.

- Si le développement de ces éléments s'est étalé sur des siècles, les traités de Westphalie (1648) ont constitué un facteur-clé de leur instauration dans toute l'Europe.

- Les guerres napoléoniennes ont été suivies d'un virage vers une société internationale hiérarchique mieux gérée au sein de l'Europe et vers une structure impériale des relations entre l'Europe et le reste du monde.

- La Société des Nations se voulait une tentative d'asseoir la société internationale sur des fondations organisationnelles plus solides.

LA GLOBALISATION DE LA SOCIÉTÉ INTERNATIONALE

L'une des plus importantes causes de la faiblesse de la SDN a résidé dans le refus du Sénat des États-Unis de ratifier le **traité de Versailles** qui mit fin à la Première Guerre mondiale (y compris le Pacte de la SDN), et c'est surtout la volonté des États-Unis de ne pas répéter la même erreur en 1945 qui a donné naissance à une nouvelle version beaucoup plus solide de la SDN : l'Organisation des Nations Unies (ONU) (voir aussi le chapitre 18). En pratique, toutefois, l'ONU a rarement été en mesure de jouer le rôle dirigeant qui avait été prévu pour elle dans la société internationale de l'après-guerre, en particulier parce que la **guerre froide** a empêché tout accord entre les deux plus importants membres du Conseil de sécurité, les États-Unis et l'Union soviétique. En fait, la guerre froide a eu pour effet concret de diviser le monde en deux sociétés internationales hégémoniques et rivales.

Bien que la rivalité américano-soviétique ait eu une incidence sur toutes les dimensions de la politique mondiale, l'équilibre approximatif entre les deux superpuissances a tout de même imposé un certain ordre, notamment en Europe, où l'affrontement militaire a été le plus intense. En outre, ces deux superpuissances (grandes puissances parmi les grandes puissances) sont parvenues à s'entendre pour élargir la portée du droit international dans de nombreux domaines relativement peu litigieux. Ailleurs, la décolonisation a entraîné en quelque sorte la globalisation de la société internationale européenne, alors que les ex-colonies nouvellement libres ont intégré la société internationale et ont ainsi

---

ÉTUDE DE CAS

La Révolution iranienne en 1979

Depuis 1941, l'Iran était dirigé par Muhammad Riza Chah, qui aimait se présenter comme l'héritier des grands empereurs persans. Il a peu à peu noué des liens étroits avec les États-Unis et a procédé à une modernisation de type occidental. Son régime est cependant de plus en plus apparu comme corrompu et brutal, gaspillant les énormes ressources pétrolières du pays, et les États-Unis ont graduellement été associés à son impopularité croissante. De nombreux groupes, y compris les libéraux et les communistes (le Toudeh), ont commencé à manifester leur opposition à son régime. Après la Révolution islamique en 1979, le pays a été dominé par des dirigeants religieux conservateurs, ayant à leur tête l'ayatollah Khomeiny, qui ont ensuite proclamé la République islamique.

Khomeiny s'est opposé non seulement à la puissance américaine, mais aussi aux conceptions qui prévalaient dans la société internationale. Il estimait que les problèmes du Moyen-Orient et des autres pays musulmans résultaient de leur mépris des principes islamiques et il préconisait le renversement des régimes politiques illégitimes qui dirigent aujourd'hui l'ensemble du monde musulman ainsi que l'instauration de gouvernements

religieux. Plus généralement, il affirmait que les gouvernements temporels étaient illégitimes, et que l'État lui-même et le concept de nationalité l'étaient tout autant. Opposé à la division westphalienne du monde en États souverains délimités par des frontières physiques (le produit d'un esprit humain déficient), Khomeiny soulignait que la seule identité sociale importante pour les musulmans était leur appartenance à la communauté des croyants, l'*oumma*.

Si Khomeiny était hostile à l'État lui-même, il rejetait encore plus vigoureusement la notion de société d'États dotée de règles, d'institutions et de pratiques auxquelles l'Iran était censé adhérer. Dans l'esprit de Khomeiny, la conception appropriée des relations internationales, comme de toute autre chose, était déterminée par l'islam : « Les relations entre les pays doivent reposer sur des fondements spirituels », fondements en vertu desquels les liens transnationaux de l'*oumma* l'emportent sur les frontières territoriales artificielles, qui servent uniquement à diviser les musulmans entre eux.

Les relations avec les sociétés non musulmanes devaient également être régies par les principes islamiques traditionnels. Selon la vision

qu'en avait Khomeiny, elles comprenaient, dans les termes de la Constitution iranienne, un appui donné à la juste lutte des opprimés et des démunis dans toutes les régions du monde. Des organisations internationales comme l'ONU étaient simplement des éléments de la structure d'oppression mise sur pied par les superpuissances, tandis que le droit international ne devait être respecté que s'il était conforme au Coran. Dans la même veine, Khomeiny a appuyé la prise de l'ambassade américaine à Téhéran et la détention de nombreux diplomates gardés en otage pendant plus d'un an.

Bien que l'Iran représente la branche minoritaire chiite de l'islam, à laquelle s'oppose farouchement un grand nombre d'adhérents de la branche majoritaire sunnite, la Révolution iranienne, et notamment ses prises de position antiaméricaines et islamistes, a rallié l'appui de multiples partisans dans le monde musulman et peut être considérée comme un facteur-clé de la montée en puissance des mouvements islamistes radicaux partout dans le monde.

(Armstrong, 1993, p. 188-197)

disposé des attributs de la souveraineté qui avaient vu le jour dans la société internationale européenne : la reconnaissance mutuelle, la non-ingérence, la diplomatie et le droit international reposant sur le consentement des États. Les dirigeants successifs des pays en développement ont bien tenté de mettre en avant des solutions de rechange, tels le panafricanisme, le panarabisme et le panislamisme, mais en vain.

L'effondrement de l'Union soviétique à partir de la chute du mur de Berlin en 1989 a achevé la globalisation de la société internationale. Si, à certains égards, l'Union soviétique ressemblait à un empire européen traditionnel, elle a aussi représenté une conception différente de la société internationale fondée sur la solidarité liant les ouvriers de tous les pays du monde et transcendant les frontières nationales. C'est ce qui a permis à Moscou de faire appel à la loyauté de tous les partis communistes dans le monde et aux services des sympathisants présents parmi les diplomates et les scientifiques de plusieurs pays occidentaux. Après la Révolution iranienne en 1979, l'ayatollah Khomeiny a lancé un appel semblable aux musulmans afin qu'ils fassent de leur religion, et non de leur État respectif, l'objet central de leur loyauté.

À RETENIR

- L'Organisation des Nations Unies devait être une version nettement améliorée de la Société des Nations, mais la guerre froide l'a empêchée d'atteindre un tel objectif.

- La décolonisation a favorisé l'expansion mondiale du modèle européen de société internationale.

- Cette expansion s'est achevée après l'effondrement de l'Union soviétique.

CONCLUSION : QUELQUES PROBLÈMES DE LA SOCIÉTÉ INTERNATIONALE MONDIALE

Comme on l'a vu, un certain degré d'indépendance et des éléments clairement hégémoniques ou impériaux ont coexisté dans la plupart des premières sociétés internationales. C'est dans la société internationale consécutive à la guerre froide que l'égalité souveraine a constitué pour la première fois – tant en théorie qu'en pratique – la norme juridique centrale pour le monde entier. Au début du nouveau millénaire, les 192 États membres de l'ONU ont tous officiellement adhéré à ce que Robert Jackson, professeur de sciences politiques, qualifie de **pacte global** enchâssant les valeurs fondamentales que sont l'indépendance, la non-ingérence et, plus généralement, « le caractère sacré, l'intégrité et l'inviolabilité de tous les États existants, sans égard à leur degré de développement, à leur type de gouvernement, à leur idéologie politique, à leur culture ou à toute autre caractéristique ou condition nationale » (Jackson et Owens, 2001, p. 58). Ils ont également reconnu qu'on impose des limites strictes à leur droit d'user de la force militaire et ont accepté de faire la promotion des droits de la personne pour tous. Une telle conception de la société internationale soulève toutefois plusieurs questions de fond. En voici cinq qu'il vaut la peine d'expliciter ici.

Premièrement, la globalisation elle-même contribue à la dissolution des identités sociales traditionnelles, à mesure qu'apparaissent d'innombrables communautés virtuelles et que les marchés financiers mondiaux restreignent la capacité des États de déterminer leurs propres politiques économiques. Certains affirment que la globalisation fait naître dans son sillage une nouvelle culture cosmopolitique, dont les normes fondamentales s'appuient sur les droits des personnes plutôt que sur les États. Ils soulignent que le trait essentiel d'un tel phénomène (voir le chapitre 20) réside dans l'importance croissante de la société civile mondiale et des organisations non gouvernementales qui la constituent, comme Amnistie internationale et Greenpeace. D'autres donnent des exemples d'intervention humanitaire pour évoquer l'émergence d'une société internationale plus solidaire, au sein de laquelle un principe strict de non-intervention peut être tempéré en cas d'opérations de secours humanitaires d'urgence (Wheeler et Dunne, 1998).

Deuxièmement, l'ordre de l'après-guerre froide a entraîné l'effondrement, la décadence ou la fragmentation d'un nombre accru d'États, surtout en Afrique. En effet, si l'égalité souveraine des nations a pour corollaire la possibilité pour tous de participer à la gestion des affaires internationales, elle suppose également que ces États sont en mesure de maintenir un gouvernement stable. L'incapacité de certaines nations ou certains gouvernements à satisfaire cette condition a pour conséquence l'apparition de graves problèmes de sécurité inédits qui se développent au sein des États plutôt qu'entre eux ; et la société internationale, en raison du principe de non-intervention, est mal outillée pour intervenir en vue de régler ces problèmes.

Troisièmement, la puissance militaire des États-Unis est supérieure à la puissance combinée des dix États les

plus forts après eux, ce qui donne une situation sans précédent dans l'histoire internationale, que certains ont qualifiée de moment unipolaire. Si la Chine et une Europe unie sont toutes deux susceptibles d'égaler un jour la puissance américaine, cela ne se produira probablement pas avant plusieurs dizaines d'années. Depuis le 11 septembre 2001, les États-Unis ont démontré, en paroles et en actes, leur volonté de mobiliser leur puissance – unilatéralement, au besoin – pour défendre ce qu'ils estiment être leurs intérêts vitaux.

Quatrièmement, les sociétés internationales européennes antérieures se fondaient sur une culture et des valeurs communes. Bien que tous les États aient proclamé leur engagement à respecter des normes spécifiques en matière de droits de la personne et à adhérer à la démocratie, un tel engagement est souvent interprété très différemment d'une société à l'autre. En outre et depuis les décolonisations, les pays en développement sont de plus en plus nombreux à considérer que cet engagement relève d'une stratégie occidentale impérialiste déguisée. Ainsi, les mouvements islamistes radicaux n'ont pas été parmi les premiers à se prononcer en ce sens.

Cinquièmement, deux questions, soit l'environnement et l'extrême pauvreté (voir les chapitres 21 et 27), sont en même temps plus importantes et plus difficiles à résoudre dans une société internationale fondée sur la souveraineté. La lutte contre la pauvreté dans le monde pourrait nécessiter une intervention soutenue et de grande envergure des États les plus riches dans les affaires intérieures des nations les plus pauvres, en plus de limiter la marge de manœuvre des économies les plus fortes. Quant à la lutte contre les changements climatiques, qui constituent un problème ne s'arrêtant pas aux frontières nationales, elle pourrait bien imposer l'adoption de lois internationales à vaste portée, mais aussi de mécanismes d'application restreignant fortement la liberté d'action des États.

Tous ces facteurs gravitent, de différentes façons, autour de deux questions de fond : une société internationale reposant sur le principe de souveraineté peut-elle durer ? Et devrait-elle durer ? Les théoriciens de l'École anglaise, comme Hedley Bull, ont toujours postulé que la société internationale doit s'appuyer sur un corpus d'idées et de valeurs partagées, ce qui pourrait signifier l'adoption d'éléments non occidentaux beaucoup plus nombreux pour que cette société devienne véritablement universelle. Une évolution possible, qui aboutirait à un **choc des civilisations** (Huntington, 1997), découle de l'hypothèse suivant laquelle les valeurs occidentales et les valeurs non oc-

cidentales sont tout simplement incompatibles. Il s'en suivrait alors essentiellement la présence d'au moins deux sociétés internationales distinctes qui s'opposeraient l'une à l'autre, à l'instar du christianisme et de l'islam au Moyen-âge. Une autre hypothèse s'appuie sur un occidentalisme plus vigoureux, y compris l'imposition des valeurs occidentales au besoin, soit un retour, à certains égards, à la société internationale du XIXᵉ siècle, quoique nourrie d'intentions plus altruistes. Une troisième hypothèse suggère la nécessité de mettre au point des processus politiques institutionnalisés à l'échelle mondiale, en vertu desquels des normes et des règles peuvent être établies grâce au dialogue et au consentement libre, plutôt qu'être imposées par les puissants (Hurrell, 2006, p. 213). Dans un tel cas, la souveraineté demeurerait la pierre angulaire de la société internationale, mais elle reposerait sur une prise de décisions collectives plus inclusive et plus efficace.

Elle a, d'ailleurs, toujours été en mesure de s'adapter aux circonstances. La souveraineté dynastique a fait place à la souveraineté territoriale, puis à la souveraineté populaire, et les États ont accepté des restrictions accrues sur leur liberté d'action, y compris en ce qui concerne leur droit d'user de la force militaire et de faire la guerre. Au XXᵉ siècle, la notion de souveraineté est apparue invariablement liée au concept d'autodétermination nationale, ce qui a mis un terme à l'insistance des puissances européennes sur le respect de la totalité de leurs droits souverains, mais qui a en même temps empêché l'exercice de ces droits par leurs colonies. Les peuples qui ont acquis leur indépendance depuis quelques dizaines d'années seulement ne sont probablement pas enclins à vouloir y renoncer en faveur d'un ordre qui soit plus nettement cosmopolitique, de sorte que la société internationale va sans doute maintenir son adhésion ferme au principe de souveraineté. La capacité de cette société internationale à relever les nouveaux défis qui l'attendent sera donc fonction de son aptitude à évoluer aussi bien qu'elle a su le faire par le passé.

À RETENIR

- La globalisation comporte de graves problèmes pour une société internationale fondée sur la souveraineté.

- Parmi ces problèmes figurent ceux qui découlent des nouveaux types de collectivité, de la décadence de certains États en Afrique, de l'hyperpuissance des États-Unis, de la résistance croissante aux valeurs occidentales, de la pauvreté dans le monde et de la dégradation de l'environnement.

QUESTIONS

1. Quelle définition Hedley Bull donne-t-il du concept de société internationale ? Quels en sont les acteurs-clés ?

2. Comparez l'islam et la chrétienté médiévale en fonction de leur conception respective de la société internationale.

3. Pourquoi l'équilibre des puissances a-t-il été central pour une société d'États souverains ?

4. Expliquez en quoi les traités de Westphalie constituent le moment fondateur de la société internationale moderne.

5. Pourquoi la société internationale européenne est-elle devenue la norme mondiale ?

6. La Révolution iranienne de 1979 représente-t-elle un défi par rapport au concept de société internationale ?

7. Une société internationale d'États souverains peut-elle résoudre des problèmes tels que la pauvreté extrême et les changements climatiques ?

8. En quoi la globalisation complique-t-elle la pérennité de la notion de souveraineté d'État ?

Lectures utiles

Alker, H., « Pour qui sont ces civilisations ? », *Cultures & Conflits*, n° 19-20, 1995, p. 107-140. Une discussion critique sur la thèse du choc des civilisations de S. Huntington, faisant notamment ressortir les liens théoriques avec l'École anglaise.

Brown, C., « Philosophie politique et relations internationales anglo-américaines ou " Pourquoi existe-t-il une théorie internationale ? " », *Études internationales*, vol. 37, n° 2, 2006, p. 223-240. Un article répondant à une polémique sur l'existence ou l'absence de théorie propre aux relations internationales, et discutant de la nécessité du concept de société ou de système international.

Bull, H., *The Anarchical Society: A Study of Order in World Politics*, Basingstoke, Palgrave, 2002. Troisième édition de l'ouvrage classique de l'École anglaise ; à consulter.

Buzan, B., *From International to World Society? English School Theory and the Social Structure of Globalisation*, Cambridge, Cambridge University Press, 2004. Une discussion poussée sur les concepts-clés de l'École anglaise dans le contexte de la globalisation.

Dufault, É., « L'École anglaise : *Via Media* entre ordre et anarchie dans les relations internationales ? », dans A. MacLeod et D. O'Meara (dir.), *Théories des relations internationales : contestations et résistances*, Montréal, Athéna Éditions, 2007, p. 159-179. Une bonne introduction à l'histoire, aux concepts-clés et aux programmes de recherche de l'École anglaise.

Dunne, T., *Inventing International Society. A History of the English School*, New York, St. Martin's Press, 1998. Une introduction exhaustive à l'histoire intellectuelle de l'École anglaise.

Keene, E., *Beyond the Anarchical Society: Grotius, Colonialism and Order in World Politics*, Cambridge, Cambridge University Press, 2002. Une discussion remarquable sur la notion de société internationale : est-elle culturellement pluraliste ou solidaire de certaines valeurs fondamentales ?

Linklater, A., « Le principe de non-nuisance et l'éthique mondiale », *Études internationales*, vol. 37, n° 2, 2006, p. 277-300. Un article d'un auteur associé tant à l'approche du cosmopolitisme qu'à celle de l'École anglaise. Cette réflexion sur l'éthique en relations internationales propose un point de vue différent des thèses de Bull sur l'ordre international, notamment.

Little, R. et J. Williams (dir.), *The Anarchical Society in a Globalized World*, Basingstoke, Palgrave, 2006. Un ouvrage réunissant divers auteurs qui se prononcent sur la contribution de l'École anglaise au cours des trente dernières années.

Meszaros, T., « Système contre société. Deux concepts antithétiques ? », *Études internationales*, vol. 39, n° 3, 2008, p. 411-431. Une discussion sur le concept de société internationale au fil des différentes vagues de l'École anglaise.

Watson, A., *The Evolution of International Society*, Londres, Routledge, 1992. Un bel ouvrage sur l'existence d'une diversité de sociétés internationales depuis les temps anciens jusqu'à nos jours.

Chapitre 3

L'HISTOIRE INTERNATIONALE DE 1900 À 1990

LEN SCOTT

GUIDE DE LECTURE

Le présent chapitre se penche sur les principaux événements qui ont marqué la politique mondiale de 1900 à 1990 : l'apparition de la guerre totale, le début de la guerre froide, la mise au point des armes atomiques et nucléaires et la fin de l'impérialisme européen. Si la domination des États européens ainsi que les conflits entre eux ont constitué la dynamique-clé des affaires internationales au cours de la première moitié du XXᵉ siècle, l'affrontement entre les États-Unis et l'Union des républiques socialistes soviétiques (URSS) a occupé le premier plan durant la seconde moitié du siècle. La guerre froide a mis en scène les intérêts idéologiques, politiques et militaires de ces derniers (et de leurs alliés) pour s'étendre au monde entier par la suite. Dans quelle mesure les conflits dans le monde ont-ils été catalysés ou prévenus par la guerre froide ? De quelles manières l'ont-ils été ? Voilà deux questions fondamentales à élucider. De façon analogue, pour bien comprendre la nature de nombreux affrontements survenus dans le tiers-monde, il est essentiel de déterminer par quel processus la décolonisation s'est imbriquée dans les conflits Est-Ouest. Enfin, à quel point la lutte entre l'Est et l'Ouest sur le plan nucléaire a-t-elle été dangereuse ? Nous allons également examiner le rôle des armes nucléaires à des moments spécifiques de la guerre froide, notamment lors de la détente, puis pendant la détérioration des relations américano-soviétiques au cours des années 1980.

INTRODUCTION

La Première Guerre mondiale (également appelée la Grande Guerre) a d'abord mis aux prises des États européens sur des champs de bataille européens, puis elle s'est étendue au monde entier. Ce fut la première **guerre totale** moderne à l'échelle industrielle : les belligérants ont mobilisé non seulement leurs armées, mais aussi leur économie et leur population respectives, et ils ont subi d'énormes pertes pendant de nombreuses années. La Seconde Guerre mondiale a eu un caractère encore plus total et une ampleur véritablement planétaire. Elle a également suscité des changements fondamentaux dans la politique mondiale. Avant 1939, l'**Europe** avait été l'arbitre des affaires mondiales, pendant que l'URSS et les États-Unis concentraient leur attention, pour des raisons différentes, sur leur propre situation intérieure et ne jouaient pas encore un rôle prédominant sur le plan international. La Seconde Guerre mondiale a amené les Soviétiques et les Américains à être présents sur les fronts militaires et politiques dans la plus grande partie de l'Europe et a beaucoup contribué à la transformation de leurs relations mutuelles. Cette transformation s'est ensuite rapidement répercutée sur leurs interactions à l'extérieur de l'Europe et a donné naissance à divers affrontements. À l'instar de la Seconde Guerre mondiale, la guerre froide s'est d'abord amorcée en Europe, pour se répandre peu après et faire sentir ses conséquences considérables sur l'ensemble des pays et des peuples.

La Grande Guerre a entraîné la disparition de quatre empires européens, soit les Empires russe, allemand, austro-hongrois et ottoman (en Turquie, principalement). Après 1945, l'importance des puissances européennes a connu un déclin. Les difficultés économiques des protagonistes de la guerre, y compris celle des vainqueurs, sont vite devenues visibles, en même temps que la concrétisation du potentiel militaire et économique des États-Unis et de l'URSS. Ces deux derniers pays ont alors acquis le statut de superpuissance, du fait que leurs ambitions politiques mondiales s'appuyaient sur des capacités militaires comprenant des armes de destruction massive. La faiblesse politique, économique et militaire des États européens contrastait vivement avec la puissance montante de l'Union soviétique et la perception croissante dans le monde occidental qu'elle entretenait des intentions belliqueuses. Le début de la guerre froide en Europe a signifié la fin de l'alliance de guerre entre le Royaume-Uni, l'URSS et les États-Unis. La question de savoir si cette fin était inévitable après 1945 n'a pas encore été tranchée. L'héritage le plus tangible de la Seconde Guerre mondiale demeure la bombe atomique, dont la mise au point, à un coût faramineux, a été motivée par la crainte que l'Allemagne nazie ne gagne cette première course aux armements atomiques. Après 1945, les armes nucléaires ont imposé aux dirigeants chargés de la diplomatie des défis sans précédent en matière de politique mondiale. La guerre froide a engendré une situation favorable à l'expansion d'arsenaux nucléaires qui menaçaient l'existence même de l'humanité ; ils se sont d'ailleurs maintenus après la fin de la guerre froide et continuent de croître encore aujourd'hui.

Depuis 1900, la politique mondiale s'est transformée à maints égards, suivant l'évolution des événements d'ordre politique, technologique et idéologique, dont trois en particulier sont examinés dans le présent chapitre : d'abord, la transition entre les crises européennes et la guerre totale moderne à l'échelle industrielle, ensuite, la fin des empires et l'abandon par les pays européens de leurs possessions outre-mer, et, finalement, la guerre froide, soit la rivalité politique, militaire et nucléaire entre les États-Unis et l'Union soviétique. Bien que d'autres événements d'envergure internationale aient également eu lieu durant cette période, les trois grands changements indiqués ici offrent un cadre pertinent pour l'examen des circonstances et des tendances qui ont façonné la politique internationale et le monde actuel.

LA GUERRE TOTALE MODERNE

Les origines de la Grande Guerre font l'objet de débats depuis longtemps. Pour les Alliés victorieux, la recherche des causes de la Première Guerre mondiale a plutôt été secondaire, car ils voulaient surtout déterminer le degré de responsabilité de l'Allemagne et de ses sympathisants. À Versailles, les gagnants ont imposé l'ajout, dans le texte du règlement final, d'une déclaration proclamant la culpabilité de l'Allemagne par rapport à la guerre, essentiellement pour justifier le versement des réparations qu'ils exigeaient. Les débats entre historiens au sujet des origines de cette guerre ont surtout porté sur les facteurs politiques, militaires et systémiques. Certains ont affirmé que la responsabilité quant au déclenchement de la guerre était diffuse, puisqu'elle relevait des dynamiques complexes qui animaient les alliances respectives et leurs impératifs militaires. L'une des interprétations les plus influentes formulées après la guerre a été proposée par Fritz Fischer, un historien ouest-allemand qui, dans son ouvrage publié en 1967 et intitulé *Les Buts de guerre de l'Allemagne impériale (1914-1918)*, a attribué la responsabilité du conflit à l'agression allemande qui aurait résulté de la volonté d'une élite autocratique de satisfaire ses besoins politiques nationaux.

Si complexes ou controversées qu'aient été a posteriori les origines du conflit, les motivations de ceux qui l'ont mené sur le terrain sont, pour leur part, plus faciles à expliquer. Les populations des pays belligérants partageaient des convictions nationalistes et des valeurs patriotiques. Au moment de se rendre au front, la plupart des combattants croyaient que la guerre serait brève, victorieuse et, dans de nombreux cas, glorieuse. La réalité du champ de bataille européen et l'avènement de la guerre de tranchées ont bientôt démenti une telle impression. Les techniques militaires défensives, que symbolisait la mitraillette, l'ont emporté sur la stratégie et les tactiques d'usure, et ce n'est qu'en novembre 1918 que l'offensive alliée a finalement effectué les progressions rapides qui ont contribué à mettre un terme aux combats. Il s'est agi d'une guerre totale du fait qu'elle a mobilisé des sociétés et des économies entières : les hommes ont dû s'enrôler et les femmes sont allées travailler en usine. Si les fronts occidental et oriental sont demeurés les principaux théâtres des combats, la guerre a fini par s'étendre à diverses régions de la planète, y compris en Asie lorsque le Japon est entré en guerre en 1914 en tant qu'allié de la Grande-Bretagne. Plus important encore, les États-Unis ont rejoint les champs de bataille en 1917 sous la présidence de Woodrow Wilson, dont la conception de la société internationale, formulée dans ses **Quatorze Points**, allait déterminer l'ordre du jour de la Conférence de paix de Paris, en 1919. Puis, peu après le renversement du tsar et la prise du pouvoir par Lénine et les bolcheviks en novembre 1917, la Russie (qui deviendra l'URSS en 1922) a entrepris de négocier son retrait de la guerre. L'Allemagne n'avait désormais plus à se battre sur deux fronts, mais elle a rapidement fait face à une nouvelle menace lorsque les États-Unis ont mobilisé leurs ressources pour les Alliés. Après l'échec de sa dernière grande offensive militaire sur le front occidental en 1918 et en raison de l'efficacité croissante du blocus naval britannique, l'Allemagne a alors accepté un armistice.

Le **traité de Versailles** n'a pas réglé ce que certains considéraient comme le problème central de la sécurité européenne après 1870, soit une Allemagne unie et frustrée, et il a avivé le revanchisme allemand, car il a entraîné la création de nouveaux États et établi des frontières contestées. Dans l'esprit de certains chercheurs, la période de 1914 à 1945 a correspondu à une guerre de Trente Ans, tandis que d'autres ont vu dans la période 1919-1939 une crise ayant duré vingt ans. Des facteurs économiques ont également joué un rôle crucial à cette époque. Les conséquences de la grande dépression, déclenchée en partie par le krach boursier à Wall Street en 1929, ont miné

les forces de la démocratie libérale dans de nombreuses régions et ont suscité un attrait grandissant pour les partis communistes, fascistes et nazis. L'incidence de ces événements sur la société allemande a été majeure. Tous les États modernes ont subi un chômage massif, mais, en Allemagne, l'inflation a en outre été extrêmement forte. L'instabilité politique et économique a offert un terreau fertile à l'enracinement de l'appui obtenu par les nazis. En 1933, Adolf Hitler a accédé au pouvoir en devenant chancelier et la transformation de l'État allemand s'est alors amorcée. Les débats se poursuivent toujours pour déterminer la part qu'on doit attribuer respectivement à sa planification soignée et à l'improvisation dans la réalisation de ses ambitions. A. J. P. Taylor a formulé une analyse controversée de cette question dans son ouvrage publié en 1961 et intitulé *Les origines de la Deuxième Guerre mondiale*, où il affirme qu'Hitler lui-même n'était pas différent des autres dirigeants politiques allemands. Ce qui était différent, c'étaient plutôt la philosophie spécifique du nazisme et les notions de suprématie raciale et d'expansion impériale qu'Hitler mettait en avant. Les négociations menées par les gouvernements britannique et français avec le Führer ont abouti à la signature des accords de Munich en 1938. Les revendications d'Hitler pour le territoire des Sudètes en Tchécoslovaquie ont été satisfaites sous prétexte qu'il s'agissait là du prix à payer pour assurer la paix, mais, quelques mois plus tard, l'Allemagne s'est emparée du reste de la Tchécoslovaquie et se préparait déjà à la guerre contre la Pologne. Les débats continuels au sujet de la politique d'**apaisement** ont mis l'accent sur la question de savoir s'il existait ou non des solutions de rechange réalistes aux négociations, compte tenu de la préparation militaire insuffisante des pays qui auraient pu s'opposer aux ambitions d'Hitler.

Les techniques militaires défensives privilégiées lors de la Grande Guerre ont fait place, en 1939, aux chars blindés et à la force de frappe aérienne. Le blitzkrieg de l'Allemagne lui a procuré des victoires rapides contre la Pologne et sur le front occidental. Hitler est également intervenu dans les Balkans en appui à Mussolini, son allié italien, ainsi qu'en Afrique du Nord. L'invasion de l'Union soviétique en 1941 n'a plus laissé aucun doute sur l'ampleur que prenaient les combats et sur la portée des objectifs d'Hitler. Les victoires massives initiales de l'Allemagne sur le front oriental ont été suivies d'un enlisement hivernal et de la mobilisation générale des peuples et des armées de l'Union soviétique. Le traitement réservé aux populations civiles et aux prisonniers de guerre soviétiques qui se trouvaient entre les mains de l'armée allemande reflétait les principes nazis de suprématie raciale et a entraîné la mort de millions d'individus. L'antisémitisme allemand et la construction de camps de concentration ont connu un nouvel essor après la mise au point de la solution finale de la question juive, en 1942. Le terme «**holocauste**» est entré dans le lexique politique du xxᵉ siècle à la suite du génocide des Juifs et d'autres minorités, comme les Roms, qu'ont perpétré les nazis en Europe.

L'essor et la chute du Japon

Après 1919, les efforts internationaux au profit de la sécurité collective se sont déployés par l'entremise de la Société des Nations (SDN). Le Sénat des États-Unis a cependant rejeté l'adhésion du pays à la SDN. Par la suite, l'agression du Japon contre la Mandchourie en 1931, l'invasion de l'Abyssinie par l'Italie en 1935 et la participation de l'Allemagne à la guerre civile espagnole de 1936 à 1939 ont suscité des réactions internationales sans grand effet. En 1868, le Japon avait mis fin à plusieurs siècles d'isolationnisme et s'était lancé dans une modernisation industrielle et militaire, puis dans une expansion impériale. En 1937, la Chine, déjà plongée dans une guerre civile opposant les communistes aux nationalistes, a été envahie par le Japon. Les ambitions de ce dernier ne pouvaient cependant se concrétiser qu'au détriment des empires européens et des intérêts américains. Lorsque la guerre a éclaté en Europe, le président Roosevelt a alors multiplié les démarches en vue d'y engager les États-Unis, mais il s'est heurté à de vifs sentiments isolationnistes dans son pays. Malgré tout, dès 1941, les sous-marins allemands et les navires de guerre américains se sont affrontés dans un conflit non déclaré. La décision des États-Unis d'imposer des sanctions économiques au Japon a eu pour effet d'accélérer les préparatifs militaires de ce pays, qui, le 7 décembre 1941, a lancé une attaque-surprise contre la flotte américaine à Pearl Harbor (Hawaï). Lorsque l'Allemagne et l'Italie ont déclaré la guerre aux États-Unis pour appuyer leur allié japonais, Roosevelt a décidé d'accorder la priorité au théâtre d'opérations européen plutôt qu'à la guerre dans le Pacifique. À la suite d'une campagne de bombardements stratégiques menée conjointement avec les forces britanniques contre les villes allemandes, les Alliés ont ouvert un second front en France, répondant ainsi aux demandes pressantes des Soviétiques.

La défaite de l'Allemagne en mai 1945 s'est scellée avant que la bombe atomique soit opérationnelle. La destruction des villes japonaises d'Hiroshima et de Nagasaki fait encore aujourd'hui l'objet de controverses. Outre les objections morales formulées contre toute attaque visant des populations civiles, la dévastation de ces deux villes a déclenché des débats animés parmi les historiens

TABLEAU 3.1 Estimation du nombre des victimes de la Seconde Guerre mondiale

Hiroshima (6 août 1945) : de 70 000 à 80 000 morts sur le coup ; 140 000 morts à la fin de 1945 ; 200 000 morts en 1950
Nagasaki (9 août 1945) : de 30 000 à 40 000 morts sur le coup ; 70 000 morts à la fin de 1945 ; 140 000 morts en 1950
Tokyo (9 mars 1945) : 100 000 morts et plus
Dresde (13-15 février 1945) : de 25 000 à 135 000 morts
Coventry (14 novembre 1940) : 568 morts
Leningrad (siège de 1941-1944) : 1 000 000 morts et plus

américains sur les raisons ayant motivé le recours à la bombe atomique. Gar Alperovitz, dans son ouvrage publié en 1965 et intitulé *Atomic Diplomacy : Hiroshima and Postdam*, affirme que la véritable motivation du président Truman, qui savait que le Japon était défait, consistait à intimider Moscou afin de pouvoir favoriser plus librement les intérêts américains en Europe et en Asie durant l'après-guerre. Une telle affirmation a bien sûr suscité la colère et l'indignation d'autres historiens. Les travaux de recherche subséquents sur la question ont bénéficié de la mise au jour d'éléments historiques inédits, mais le débat fait encore rage pour déterminer dans quelle mesure Truman a décidé d'utiliser la bombe atomique uniquement par souci de mettre fin à la guerre et à quel point d'autres facteurs, dont la volonté d'en imposer à l'Union soviétique en vue de l'après-guerre, ont pesé dans la balance.

À RETENIR

- Les débats sur les origines de la Première Guerre mondiale visent à établir si la responsabilité en incombe au gouvernement allemand de l'époque ou si la guerre a résulté de facteurs systémiques plus complexes.

- Le traité de Versailles signé à Paris en 1919 n'est pas parvenu à régler les problèmes fondamentaux de la sécurité européenne, et la restructuration du système d'États européen qu'il a imposée a engendré de nouvelles sources de mécontentement et d'instabilité.

- L'accession au pouvoir d'Hitler a lancé aux dirigeants politiques européens des défis qu'ils n'ont ni su ni même voulu relever.

- L'invasion de l'Union soviétique par l'Allemagne en 1941 a amplifié la portée et la barbarie de la guerre : auparavant caractérisée par des campagnes brèves et limitées, elle s'est alors transformée en un affrontement barbare prolongé et à grande échelle, en vue d'une victoire totale.

- L'attaque lancée par le Japon contre Pearl Harbor a provoqué l'entrée en guerre des États-Unis en Europe et a fini par obliger l'Allemagne à mener encore une fois la guerre sur deux fronts.

- Les débats se poursuivent pour déterminer si l'utilisation de la bombe atomique en 1945 était nécessaire ou non et dans quelle mesure elle a eu une incidence sur la guerre froide.

LA FIN DES EMPIRES

Le déclin de l'impérialisme au XXᵉ siècle a marqué un changement fondamental en politique mondiale. Celle-ci a illustré l'amoindrissement du rôle de l'Europe – tout en y contribuant – en tant qu'arbitre des affaires mondiales. Le postulat selon lequel l'**autodétermination** des peuples devrait constituer un principe directeur en politique internationale a suscité une transformation des attitudes et des valeurs. À l'ère de l'impérialisme, le prestige politique revenait aux puissances impériales. Après 1945, le terme «impérialisme» a revêtu une connotation péjorative. On reconnaissait de plus en plus que le colonialisme et la Charte des Nations Unies étaient incompatibles, même si l'indépendance des colonies a été acquise lentement et, dans de nombreux cas, a été marquée par une lutte armée prolongée. La guerre froide a souvent compliqué et entravé le passage à l'indépendance. Divers facteurs ont fait sentir leur poids sur le processus de décolonisation : l'attitude de la puissance coloniale concernée, l'idéologie et la stratégie des forces anti-impérialistes et le rôle joué par les puissances extérieures. En outre, des facteurs politiques, économiques et militaires ont exercé une influence variée sur le processus de décolonisation. Le retrait des empires a été vécu de différentes manières, tant par les puissances impériales que par les États nouvellement indépendants.

La Grande-Bretagne

En 1945, l'Empire britannique s'étendait sur la plupart des continents. Puis, de 1947 à 1980, 49 territoires ont accédé à l'indépendance. Des désaccords politiques se sont exprimés en Grande-Bretagne à propos du rôle impérial du Royaume-Uni, mais, à partir de 1945, une reconnaissance croissante du caractère légitime de l'autodétermination, associée à la puissance des revendications nationalistes dans les colonies, a mené à une réévaluation de la politique impériale. L'événement le plus marquant à cet égard est survenu en 1947 lorsque les Britanniques se sont retirés de l'Inde, alors consi-

TABLEAU 3.2   Principales étapes de la décolonisation européenne, 1945-1980

PAYS	ÉTAT COLONIAL	ANNÉE DE L'INDÉPENDANCE
Inde	Grande-Bretagne	1947
Pakistan	Grande-Bretagne	1947
Birmanie (auj. Myanmar)	Grande-Bretagne	1948
Sri Lanka	Grande-Bretagne	1948
Indonésie	Pays-Bas	1949
Ghana	Grande-Bretagne	1957
Malaisie	Grande-Bretagne	1957
Colonies africaines françaises*	France	1960
Zaïre (auj. Rép. Dém. du Congo)	Belgique	1960
Nigeria	Grande-Bretagne	1960
Sierra Leone	Grande-Bretagne	1961
Tanganyika (auj. Tanzanie)	Grande-Bretagne	1961
Ouganda	Grande-Bretagne	1962
Algérie	France	1962
Rwanda	Belgique	1962
Kenya	Grande-Bretagne	1963
Guinée-Bissau	Portugal	1974
Mozambique	Portugal	1975
Cap-Vert	Portugal	1975
São Tomé-et-Príncipe	Portugal	1975
Angola	Portugal	1975
Rhodésie (auj. Zimbabwe)	Grande-Bretagne	1980

* Le Cameroun, la République centrafricaine, le Tchad, le Gabon, la Côte-d'Ivoire, Madagascar, le Mali, la Mauritanie, le Niger, le Sénégal et la Haute-Volta (auj. Burkina Faso).

dérée comme le joyau de la Couronne et de l'Empire. Si cette situation a ouvert la voie à l'instauration de la plus grande démocratie du monde, elle a également engendré la division du sous-continent entre l'Inde et le Pakistan, suivie d'une épuration ethnique intercommunautaire qui a coûté la vie à des centaines de milliers de personnes. Dans quelle mesure l'hostilité subséquente entre l'Inde et le Pakistan aurait-elle pu être évitée ? À quel point a-t-elle résulté des efforts britanniques antérieurs qui visaient à diviser pour régner ? Voilà deux questions qui font encore aujourd'hui l'objet de nombreux débats. Il est toutefois clair que l'indépendance de l'Inde a largement été une exception à la règle durant les premières années de l'après-guerre, puisque les gouvernements britanniques successifs ont été réticents à favoriser la décolonisation. Quant à la disparition de l'Empire britannique en Afrique, elle s'est produite à la fin des années 1950 et au début des années 1960. Elle a été symbolisée par un discours que le premier ministre britannique, Harold Macmillan, a prononcé en Afrique du Sud en février 1960, lorsqu'il a mis ses hôtes devant le fait qu'un vent de changement soufflait désormais sur leur continent.

Le retrait britannique de l'Afrique s'est effectué de façon relativement pacifique, à l'exception des conflits avec des révolutionnaires nationaux qui ont éclaté au Kenya (1952-1956) et en Rhodésie (1965-1980). D'un point de vue européen, le retrait britannique a été mieux réussi que le retrait français. Dans le cas de la Rhodésie (le futur Zimbabwe), cependant, la transition vers le principe «une personne, un vote» et l'exercice du pouvoir par la majorité noire ont été rejetés par une minorité blanche prête à faire fi du gouvernement britannique et de l'opinion publique mondiale, minorité qui a alors pu compter sur l'aide et la complicité des autorités sud-africaines. À partir de 1948, et au nom de l'**apartheid**, les Sud-Africains blancs ont pratiqué ce que beaucoup ont qualifié d'équivalent local de l'impérialisme. Le gouvernement de l'Afrique du Sud a également appliqué un impérialisme plus traditionnel dans le cadre de son occupation de la Namibie, en plus d'exercer une forte influence sur les luttes post-coloniales de la guerre froide, menées en Angola et au Mozambique, après l'effondrement du dernier empire européen en Afrique – celui du Portugal –, qui a suivi de peu le renversement de la dictature militaire à Lisbonne en 1974.

La France

La décolonisation britannique contraste fortement avec la décolonisation française. La France a subi l'occupation allemande durant la Seconde Guerre mondiale, et ses gouvernements successifs se sont efforcés de préserver le prestige international du pays par le maintien de son statut impérial. Après 1945, Paris a tenté de continuer à jouer son rôle colonial en Indochine et ne s'en est retiré qu'après une longue guerre de guérilla et une défaite militaire aux mains des forces révolutionnaires vietnamiennes, le Viet Minh, dirigé par Ho Chi Minh. En Afrique, la situation a évolué différemment. Le vent de changement a aussi soufflé sur l'Afrique française et, sous la présidence de Charles de Gaulle, la France a abandonné son empire tout en s'employant à y conserver son influence. En ce qui concerne l'Algérie, cependant, la France a refusé de quitter les lieux. L'Algérie était considérée par un grand nombre de Français comme une partie de leur pays. Le conflit armé qui s'en est suivi, de 1954 à 1962, a fait quelque 45 000 morts et la France elle-même s'est alors trouvée au bord de la guerre civile.

Les héritages et les conséquences : le nationalisme ou le communisme ?

Du point de vue des anciennes colonies, l'application des principes d'autodétermination qui sous-tendaient le nouvel ordre global a été marquée par une certaine lenteur et a nécessité, dans plusieurs cas, une mobilisation politique, idéologique et parfois militaire.

Le processus de décolonisation en Afrique a donc varié en fonction des choix des puissances coloniales, de la nature des mouvements nationalistes ou révolutionnaires locaux et, dans certains cas, de l'ingérence d'États extérieurs, y compris les protagonistes de la guerre froide. Des facteurs tribaux ont également eu une grande influence dans de nombreux pays. Lorsqu'on examine la stabilité politique des jeunes États indépendants, il est important de déterminer à quel point les divisions tribales ont été causées ou exacerbées par les puissances impériales. Il importe aussi de savoir dans quelle mesure les nouveaux dirigeants politiques de ces États ont réussi à s'attaquer à leurs problèmes politiques et économiques et à les résoudre.

En Asie, les liens entre le nationalisme et le marxisme révolutionnaire ont joué un rôle déterminant. En Malaisie, les Britanniques ont vaincu un mouvement communiste insurrectionnel (1948-1960), alors qu'en Indochine (1946-1954) les Français n'y sont pas parvenus. En ce qui a trait aux Vietnamiens, des siècles d'oppression étrangère – chinoise, japonaise et française – ont débouché sur l'arrivée d'un nouvel adversaire impérialiste, les États-Unis. À Washington, la réticence initiale à appuyer l'impérialisme européen a d'abord fait place à un engagement graduel et indirect, puis, à partir de 1965, à une alliance directe avec l'État nouvellement créé du Vietnam du Sud. Les dirigeants américains ont commencé à évoquer une théorie des dominos, selon laquelle la perte d'un État aux mains du communisme en exposait d'autres au même risque. Après la Révolution russe de 1917 et la Révolution chinoise de 1949, l'appui de la Russie comme de la Chine au Vietnam du Nord s'inscrivait aussi dans le contexte de la guerre froide. Washington a toutefois été incapable de coordonner des objectifs de guerre limités avec une stratégie politique efficace et s'est employé à se désengager en vue d'une paix honorable, lorsque sa victoire est devenue impossible. L'offensive du Têt (le Nouvel An vietnamien) lancée par le Viêt-Cong en 1968 a représenté un tournant, parce que beaucoup d'Américains se sont alors rendus à l'évidence : ils ne pourraient jamais gagner cette guerre. Les forces américaines ne se sont néanmoins retirées qu'en 1973, deux ans avant la défaite finale de l'armée sud-vietnamienne.

La tendance générale vers la décolonisation dans le monde a été un fait marquant du XXᵉ siècle, même si elle a souvent été contrebalancée par des événements locaux. Pourtant, tandis que l'impérialisme s'étiolait, d'autres formes de domination ou d'**hégémonie** ont commencé à se déployer. Des voix critiques se sont élevées pour dénoncer le comportement des super-puissances, notamment l'hégémonie soviétique en Europe de l'Est et l'hégémonie américaine en Amérique centrale.

À RETENIR

- La Première Guerre mondiale a engendré l'effondrement de quatre empires européens : les Empires russe, allemand, austro-hongrois et ottoman (en Turquie principalement).

- Les différentes puissances européennes ont adopté des comportements variés en matière de décolonisation après 1945 : les Britanniques ont décidé de quitter leurs colonies, alors que les Français ont voulu en préserver une partie et que les Portugais ont tenté de toutes les conserver.

- Les puissances européennes n'ont pas agi de la même façon dans toutes les régions. Par exemple, après 1945, les Britanniques se sont retirés beaucoup plus rapidement de l'Asie que de l'Afrique.

- Le processus de décolonisation a été relativement pacifique dans de nombreux cas, mais il a abouti à des guerres révolutionnaires dans certains autres (Algérie, Malaisie et Angola), avec une ampleur et une violence proportionnelles au comportement de la puissance coloniale et des mouvements nationalistes concernés.

- La lutte pour l'indépendance ou la libération nationale s'est imbriquée dans les conflits de la guerre froide lorsque les superpuissances ou leurs alliés y ont pris part, notamment au Vietnam.

- Le fait de considérer la décolonisation comme un succès ou non est fonction, en partie, de la perspective adoptée : celle de la puissance européenne, du mouvement pour l'indépendance ou de la population concernée.

LA GUERRE FROIDE

L'accession des États-Unis au titre de puissance mondiale après 1945 a eu une importance énorme en politique internationale. Son affrontement avec l'Union soviétique a animé une dynamique cruciale dans les affaires mondiales, qui s'est répercutée, directement ou non, sur toutes les régions du monde. En Occident, les historiens ont débattu de façon vigoureuse et acrimonieuse pour déterminer le responsable de la disparition de l'alliance de guerre entre Moscou et Washington. Le fait que l'URSS est également devenue une puissance mondiale après 1945 a été un facteur tout aussi important durant cette période. Les relations entre Moscou et ses alliés de l'Europe de l'Est, d'une part, et la République populaire de Chine (RPC) ainsi que les forces révolutionnaires présentes dans le tiers-monde, d'autre part, ont occupé une place centrale en politique internationale et dans les rapports américano-soviétiques.

Si certains historiens font remonter les origines de la guerre froide à la Révolution russe de 1917, la plupart d'entre eux les situent dans les événements survenus de 1945 à 1950. La guerre froide était-elle inévitable ? A-t-elle été la conséquence d'erreurs et de perceptions erronées ? A-t-elle résulté de la réaction de dirigeants occidentaux courageux devant les intentions agressives et malveillantes de l'Union soviétique ? Voilà autant de questions qui se trouvent au cœur des débats sur les origines et la dynamique de la guerre froide. Jusqu'à maintenant, ces discussions se sont inspirées d'archives et de sources occidentales et ont reflété des prémisses et des points de vue occidentaux. Depuis la fin de la guerre froide, un éclairage nouveau a pu être jeté sur la conception des choses de l'ex-Union soviétique et sur ses motivations.

1945-1953 : le début de la guerre froide

L'apparition de la guerre froide en Europe a découlé de la non-application des principes convenus à l'issue des conférences de Yalta et de Potsdam tenues en 1945. Les discussions sur le sort de l'Allemagne et de plusieurs pays d'Europe centrale et orientale, notamment la Pologne, ont suscité des tensions croissantes entre les anciens Alliés de la guerre. La conciliation des principes d'autodétermination nationale et de sécurité nationale s'est révélée être une tâche très exigeante. En Occident, on estimait alors de plus en plus que la politique soviétique envers l'Europe de l'Est relevait non pas d'un souci historique de sécurité, mais plutôt d'une volonté d'expansion idéologique. En mars 1947, le gouvernement Truman s'est employé à justifier l'aide limitée accordée à la Turquie et à la Grèce dans un discours visant à mettre en relief les ambitions soviétiques et affirmant que les États-Unis soutiendraient les pays menacés par l'expansion ou la subversion soviétiques. La **doctrine**

Truman et la politique d'**endiguement** qui en a découlé reflétaient l'image intrinsèquement défensive que les États-Unis donnaient d'eux-mêmes. Elles se fondaient sur le plan Marshall de relance économique de l'Europe, adopté en juin 1947, qui a été l'élément essentiel de la reconstruction de l'Europe occidentale. En Europe de l'Est, les forces socialistes démocratiques et d'autres groupes anticommunistes ont été éliminés par les régimes marxistes-léninistes, loyaux envers Moscou, qui ont été mis en place. Le seul État à connaître un scénario différent a été la Yougoslavie, dont le dirigeant marxiste, le maréchal Tito, a consolidé sa position tout en préservant son indépendance par rapport à Moscou. Par la suite, la Yougoslavie de Tito a joué un rôle important dans le Mouvement des pays non-alignés, qui réunissait surtout des États du tiers-monde.

Le premier affrontement grave de la guerre froide a eu pour enjeu la ville de Berlin, en 1948. L'ancienne capitale allemande s'était trouvée au cœur de la zone d'occupation soviétique et, en juin 1948, Joseph Staline a voulu régler la question de son statut en coupant ses communications routières et ferroviaires. La population et l'autonomie politique de Berlin-Ouest ont été maintenues à flot au moyen d'un pont aérien de grande envergure. Staline a mis fin au blocus en mai 1949. La crise a donné lieu au déploiement en Grande-Bretagne d'un certain nombre de bombardiers américains à longue portée, à «capacité atomique», selon la terminologie officielle de l'époque, bien qu'aucun d'eux n'ait effectivement transporté d'armes atomiques. Le déploiement militaire américain a été suivi de la formulation d'un engagement politique consacré par la signature, en avril 1949, du traité ayant donné naissance à l'**Organisation du traité de l'Atlantique nord (OTAN)**. L'article-clé de ce traité, en vertu duquel une attaque contre l'un des membres de l'OTAN serait considérée comme une agression contre tous, était conforme au principe de la légitime défense collective, tel que défini dans l'article 51 de la Charte des Nations Unies. En pratique, la pierre angulaire de l'alliance résidait dans l'engagement des États-Unis à défendre l'Europe occidentale, c'est-à-dire, plus concrètement, dans leur volonté d'utiliser des armes nucléaires pour prévenir une agression soviétique. Pour l'Union soviétique, l'encerclement politique a rapidement signifié une menace croissante de nature militaire et, plus spécifiquement, nucléaire.

Si les origines de la guerre froide se situent en Europe, des événements et des conflits survenus en Asie et ailleurs ont également revêtu une importance cruciale. En 1949, la guerre civile chinoise, amorcée trente ans auparavant, s'est achevée par la victoire des communistes sous la direction de Mao Zedong.

Cette issue a eu une incidence profonde sur la situation en Asie et sur les perceptions qu'en avaient tant Moscou que Washington. En juin 1950, l'attaque lancée par la Corée du Nord contre la Corée du Sud a été interprétée comme un élément d'une stratégie communiste plus globale, d'une part, et comme une mise à l'épreuve de la détermination américaine et de la volonté de l'ONU de résister à une agression, d'autre part. L'engagement des États-Unis et de l'ONU qui en a résulté, suivi de la mobilisation chinoise sur le terrain en octobre 1950, a abouti à une guerre qui devait durer trois ans et qui allait faire plus de trois millions de morts, avant de se solder par le retour au statu quo ante bellum. La Corée du Nord et la Corée du Sud elles-mêmes sont demeurées enfermées dans une hostilité mutuelle qui perdure encore aujourd'hui.

Il est plus difficile d'évaluer l'incidence de la guerre froide sur le Moyen-Orient. La création de l'État d'Israël en 1948 a été une conséquence tant de l'holocauste que de l'échec de la politique coloniale britannique. La complexité de la politique, de la diplomatie et des conflits armés à partir de 1945 ne saurait être aisément élucidée dans le seul cadre du conflit idéologique ou géostratégique américano-soviétique. Tant l'Union soviétique que les États-Unis ont contribué à la mise sur pied d'un État juif sur des territoires arabes, bien que, durant les années 1950, la politique étrangère soviétique ait ensuite donné son appui au nationalisme arabe. Le panarabisme de Gamal Abdel Nasser, le charismatique dirigeant égyptien, s'inscrivait dans une certaine forme de socialisme, mais est demeuré très loin du marxisme-léninisme. Israël a été créé par la force et a pu survivre grâce à sa capacité permanente de se défendre lui-même contre des adversaires qui ne reconnaissaient pas la légitimité de son existence. Israël a établi des relations avec la Grande-Bretagne et la France et a ensuite conclu un accord secret avec ces deux pays pour attaquer l'Égypte en 1956. Au fil des années, il a noué avec les États-Unis des liens encore plus étroits, qui ont abouti à l'établissement d'une alliance stratégique de facto. En même temps, la Grande-Bretagne, la France et les États-Unis ont tissé un ensemble complexe de relations avec les États arabes afin d'assurer la défense de leurs propres intérêts historiques, stratégiques et économiques.

1953-1969: conflits, affrontements et compromis

Parmi les conséquences de la guerre de Corée figure une accumulation des forces américaines en Europe, de crainte que l'agression communiste en Asie ne fasse oublier les objectifs véritables de l'URSS en Europe. L'idée selon laquelle le communisme formait une entité politique monolithique contrôlée par Moscou est devenue une obsession américaine permanente, certainement pas partagée avec Londres ou ailleurs. Les pays d'Europe occidentale dépendaient néanmoins des États-Unis pour le maintien de leur sécurité militaire, et cette dépendance s'est accentuée à mesure que s'est intensifiée la guerre froide en Europe. Le réarmement de la République fédérale d'Allemagne en 1954 a été un catalyseur pour la création du Pacte de Varsovie l'année suivante. La course effrénée aux armements s'est poursuivie des deux côtés, au point où la concentration d'armes classiques et surtout nucléaires a atteint des niveaux sans précédent. Dans les années 1960, quelque 7000 armes nucléaires étaient présentes dans la seule Europe occidentale. L'OTAN a déployé des armes nucléaires pour contrebalancer la supériorité des Soviétiques en armes classiques, tandis que les armes nucléaires tactiques soviétiques en Europe faisaient office de contrepoids à la supériorité nucléaire américaine.

La mort de Staline, en 1953, a rapidement eu d'importantes conséquences pour l'URSS, tant à l'intérieur qu'à l'extérieur du pays. Nikita Khrouchtchev, successeur de Staline au poste de premier secrétaire du Parti communiste de l'URSS, s'est efforcé de moderniser la société soviétique, mais il a par le fait même favorisé l'expression de forces réformistes en Europe de l'Est. Pendant que l'URSS avait la situation bien en main en Pologne, les événements en Hongrie menaçaient l'hégémonie soviétique. L'intervention de l'Armée rouge en 1956 a provoqué un bain de sang dans les rues de Budapest et a fait l'objet d'une condamnation internationale dirigée contre Moscou. Par ailleurs, elle a coïncidé avec l'attaque lancée contre l'Égypte par la Grande-Bretagne, la France et Israël, peu après la nationalisation du canal de Suez décrétée par le président Nasser. L'action britannique a suscité de fortes critiques d'origine nationale et internationale et a empoisonné les relations spéciales entre la Grande-Bretagne et les États-Unis. Le président Eisenhower était fermement en désaccord avec ses alliés, et, devant la menace de sanctions économiques que brandissaient les États-Unis, le gouvernement britannique a mis fin à sa participation à l'offensive (et a cessé d'appuyer les gouvernements français et israélien dans ce sens). Le concert de reproches internationaux ayant suivi l'intervention soviétique à Budapest a été quelque peu atténué et détourné par ce que beaucoup ont considéré comme les derniers spasmes de l'impérialisme européen.

La politique de Khrouchtchev envers l'Occident associait la recherche d'une **coexistence** politique et la poursuite d'une rivalité idéologique. L'appui soviétique donné aux mouvements de libération nationale a fait naître en Occident la crainte d'une poussée communiste à l'échelle mondiale. L'engagement américain dans l'intérêt de la démocratie libérale et de l'auto-détermination nationale était souvent subordonné à des considérations liées à la guerre froide ainsi qu'aux intérêts économiques et politiques des États-Unis. La guerre froide a favorisé le développement de puissants services de renseignement permanents, chargés de remplir des missions allant de l'évaluation des intentions et des capacités des adversaires à l'exécution d'interventions indirectes dans les affaires d'autres États. Les crises ayant éclaté au sujet de l'érection du mur de Berlin en 1961 et des missiles à Cuba en 1962 (voir l'étude de cas à la page 62) ont été les moments les plus dangereux de la guerre froide. Ces deux crises ont été marquées par le risque d'un affrontement militaire direct et, certainement en octobre 1962, par la possibilité d'une guerre nucléaire. À quel point le monde s'est-il rapproché de l'apocalypse lors des événements à Cuba? Pour quelles raisons exactement la paix a-t-elle été sauvegardée? Voilà deux questions dont débattent encore aujourd'hui les historiens et les dirigeants de l'époque toujours vivants.

L'épisode de 1962 a été suivi par une période de coexistence et de rivalité plus stable, mais les arsenaux nucléaires ont tout de même poursuivi leur croissance. La question de savoir si cette croissance a résulté d'une véritable course aux armements ou plutôt de pressions politiques et administratives intérieures demeure ouverte à diverses interprétations. En ce qui concerne Washington, les engagements envers les alliés de l'OTAN ont également été à l'origine de pressions et de situations ayant favorisé la production et le déploiement d'armes nucléaires à courte portée, dites tactiques. L'importance de l'enjeu nucléaire s'est aussi accrue après l'émergence d'autres États disposant d'armes nucléaires: la Grande-Bretagne en 1952, la France en 1960 et la Chine en 1964. En raison de l'inquiétude croissante provoquée par la multiplication des armes nucléaires, les négociations entreprises à ce sujet ont abouti à la signature, en 1968, du Traité sur la non-prolifération des armes nucléaires, en vertu duquel les États détenteurs d'armes nucléaires s'engageaient à cesser la course aux armements, alors que ceux qui en étaient dépourvus promettaient de ne pas en acquérir. Malgré les succès attribuables à ce traité, plusieurs autres pays se sont depuis dotés d'armes nucléaires ou ont cherché à le faire, notamment Israël, l'Inde, le Pakistan et l'Afrique du Sud sous le régime de l'apartheid.

Après cette crise, d'importants progrès ont été accomplis dans les négociations ayant ensuite abouti au Traité d'interdiction partielle des essais nucléaires en 1963, en vertu duquel étaient désormais prohibés les essais nucléaires effectués dans l'atmosphère. Il a été généralement reconnu que les crises devaient être évitées, et Moscou n'a pas tenté par la suite de forcer la main de l'Occident au sujet de Berlin. Les deux superpuissances ont cependant continué à renforcer leurs arsenaux nucléaires.

1969-1979 : la montée et la chute de la détente

Pendant que les États-Unis s'engageaient de plus en plus au Vietnam, les relations sino-soviétiques ont connu une détérioration marquée, au point où, en 1969, la République populaire de Chine et l'URSS se sont même brièvement affrontées par les armes à propos d'un diffé-

TABLEAU 3.3	**Crises de la guerre froide**	
1948-1949	Berlin	URSS/É.-U./R.-U.
1954-1955	Détroit de Formose	É.-U./RPC
1961	Berlin	URSS/É.-U./OTAN
1962	Cuba	URSS/É.-U./Cuba
1973	Guerre israélo-arabe	Égypte/Israël/Syrie/Jordanie/É.-U./URSS
1983	Exercice *Able Archer*	URSS/É.-U./OTAN

rend territorial. Malgré ces tensions (ou à cause d'elles), l'URSS et les États-Unis ont établi les fondements de ce qui allait être appelé la **détente**, alors que la Chine et les États-Unis ont procédé à ce qui a été dénommé un **rapprochement**. En Occident, la détente a été associée au leadership politique du président américain, Richard Nixon, et de son principal conseiller, Henry Kissinger, qui ont également joué un rôle-clé dans le rapprochement sino-américain.

ÉTUDE DE CAS

La crise des missiles à Cuba

En octobre 1962, les États-Unis se sont aperçus que, contrairement aux affirmations énoncées en public et en privé, les dirigeants soviétiques déployaient en secret des missiles nucléaires à Cuba. Le président John F. Kennedy a réagi en imposant un blocus naval contre l'île, et les forces nucléaires américaines ont été placées dans un état d'alerte sans précédent. Les superpuissances se sont trouvées nez à nez, et la plupart des historiens estiment que c'est à ce moment de la guerre froide que le risque de guerre nucléaire a été le plus élevé. Les données tirées des sources et des archives soviétiques, ainsi que les renseignements d'origine occidentale, indiquent que, lorsque la crise a atteint son point culminant, les 26, 27 et 28 octobre, tant Kennedy que Khrouchtchev étaient de plus en plus soucieux de conclure un accord diplomatique, y compris au moyen de concessions politiques. Les États-Unis disposaient d'une supériorité nucléaire écrasante à l'époque, mais les deux dirigeants

étaient conscients que l'escalade vers une guerre nucléaire risquait d'aboutir à une catastrophe personnelle, nationale et mondiale. Néanmoins, des données publiées récemment laissent entendre que le risque qu'une guerre nucléaire ait pu éclater par inadvertance, à cause d'un enchaînement de perceptions erronées, de décisions prises par des subalternes et d'une défaillance de la chaîne de commandement, a été beaucoup plus élevé que ce que croyaient les dirigeants politiques à l'époque et les historiens par la suite.

L'impasse diplomatique a été dénouée six jours après que Kennedy eut imposé le blocus, lorsque Khrouchtchev a entrepris de retirer les missiles, en échange d'une promesse que les États-Unis n'envahiraient pas Cuba. On a également appris depuis lors que le président Kennedy s'était secrètement engagé à soustraire un nombre équivalent de missiles nucléaires de l'OTAN stationnés en Europe. Si les travaux de recherche

initiaux ont surtout porté sur l'affrontement américano-soviétique, une plus grande attention a récemment été accordée à la partie cubaine. Il est maintenant clair que l'un des principaux objectifs de Khrouchtchev était de prévenir une offensive américaine contre Cuba, que Moscou et La Havane croyaient alors être imminente. Le rôle joué par Fidel Castro a aussi fait l'objet d'une étude plus approfondie. Au point culminant de la crise, Castro a fait parvenir un message à Khrouchtchev, que celui-ci a interprété comme une invitation à lancer une attaque nucléaire préventive contre les États-Unis. Castro a également affirmé par la suite qu'il avait souhaité utiliser les armes nucléaires tactiques que les Soviétiques (à l'insu des États-Unis) avaient envoyées à Cuba pour combattre une invasion américaine. Le message transmis par Castro à Khrouchtchev a persuadé davantage ce dernier de conclure un accord avec Kennedy, ce qu'il d'ailleurs fait sans consulter son homologue cubain.

TABLEAU 3.4   **Bouleversements révolutionnaires dans le tiers-monde, 1974-1980**

Éthiopie	Renversement d'Haïlé Sélassié	Sept. 1974
Cambodge	Les Khmers rouges entrent à Phnom Penh	Avril 1975
Vietnam	Le Vietnam du Nord et le Viêt-Cong s'emparent de Saïgon	Avril 1975
Laos	Le Pathet Lao accède au pouvoir	Mai 1975
Guinée-Bissau	Indépendance (Portugal)	Sept. 1974
Mozambique	Indépendance (Portugal)	Juin 1975
Cap-Vert	Indépendance (Portugal)	Juin 1975
São Tomé-et-Príncipe	Indépendance (Portugal)	Juin 1975
Angola	Indépendance (Portugal)	Nov. 1975
Afghanistan	Coup d'État militaire en Afghanistan	Avril 1978
Iran	L'ayatollah Khomeiny accède au pouvoir	Fév. 1979
Grenade	Le mouvement New Jewel accède au pouvoir	Mars 1979
Nicaragua	Les sandinistes s'emparent de Managua	Juillet 1979
Zimbabwe	Indépendance (Grande-Bretagne)	Avril 1980

Source : Halliday, F., *The Making of the Second Cold War*, Londres, Verso, 1986, p. 92.

Les origines de la détente en Europe se situent dans l'*Ostpolitik* mise en œuvre par Willy Brandt, le chancelier social-démocrate ouest-allemand à l'époque, qui s'est traduite par la signature d'accords reconnaissant le statut particulier de Berlin et la souveraineté de l'Allemagne de l'Est. Pour sa part, la détente américano-soviétique a résulté de la reconnaissance mutuelle, par les deux pays, de la nécessité d'éviter toute crise nucléaire et d'adopter des mesures incitatives économiques et militaires afin de prévenir une course aux armements débridée. Tant Washington que Moscou ont aussi gardé les yeux tournés vers Pékin pendant leurs discussions bilatérales.

Cette nouvelle phase dans les relations américano-soviétiques n'a pas pour autant signalé la fin de leurs conflits politiques. Chacune des deux superpuissances poursuivait toujours ses propres objectifs politiques, dont certains étaient de plus en plus incompatibles avec les aspirations de l'autre. Chacune appuyait les régimes et les mouvements alliés et cherchait à miner les partisans de l'autre, le tout sur fond de bouleversements politiques dans le tiers-monde (voir le

tableau 3.4). L'ampleur du contrôle que les superpuissances exerçaient sur leurs alliés respectifs et les limites de leur engagement envers eux ont été bien illustrées en 1973 lorsque la guerre israélo-arabe a entraîné les États-Unis et l'URSS dans ce qui est devenu un affrontement potentiellement dangereux. La participation – recherchée ou non par les protagonistes – des superpuissances à cette guerre a eu pour effet de créer les conditions politiques propices à un rapprochement israélo-égyptien. Les relations diplomatiques et stratégiques ont connu une métamorphose au moment où l'allégeance de l'Égypte est passée de Moscou à Washington. À court terme, l'Égypte s'est retrouvée isolée dans le monde arabe, tandis qu'en Israël la crainte d'une guerre d'annihilation menée sur deux fronts s'est apaisée. Néanmoins, la poursuite d'actes de terrorisme et de violence politique ainsi que le maintien de l'hostilité entre Israël et les autres États arabes se sont révélés être des obstacles insurmontables sur la voie d'un règlement régional permanent.

À Washington, on considérait l'appui soviétique donné aux mouvements révolutionnaires dans le tiers-monde comme une preuve de duplicité. Certains Américains affirment que le soutien apporté par l'URSS aux forces révolutionnaires en Éthiopie en 1975 a signé l'arrêt de mort de la détente. D'autres évoquent le rôle soviétique joué en Angola en 1978. De plus, d'aucuns ont eu l'impression que le comportement des Soviétiques dans le tiers-monde reflétait le fait que l'URSS se servait des accords de contrôle des armements pour en tirer un avantage militaire. La supériorité militaire croissante de l'Union soviétique favorisait l'expansion de son influence, prétendait-on. Des voix critiques ont ajouté que les négociations sur la limitation des armes stratégiques ont permis aux Soviétiques de doter leurs missiles balistiques intercontinentaux d'ogives multiples indépendamment guidées (MIRV) et de menacer ainsi des forces américaines vitales. Les États-Unis se retrouvaient avec une fenêtre de vulnérabilité, affirmait-on. L'interprétation de la situation n'était pas la même à Moscou, où on partait de prémisses différentes à propos de la portée et de l'objectif de la détente, ainsi que de la nature de la dissuasion nucléaire. D'autres événements ont également semblé affaiblir l'influence américaine. Le renversement du chah d'Iran en 1979 a signifié la perte d'un important allié occidental dans la région, même si le gouvernement islamique militant qui a suivi s'est avéré tout aussi hostile face aux deux superpuissances.

Décembre 1979 a été un moment charnière dans les relations Est-Ouest. L'OTAN a accepté de déployer en Europe des missiles de croisière et des missiles Pershing II basés à terre si les négociations avec les Soviétiques n'aboutissaient pas à l'atténuation de ce que l'OTAN estimait être un grave déséquilibre. Puis, à la fin de décembre 1979, les forces armées soviétiques sont intervenues en Afghanistan pour appuyer leurs alliés révolutionnaires. Farouchement condamnée en Occident et dans le tiers-monde pour cette intervention, l'URSS s'est rapidement trouvée embourbée dans une lutte prolongée et sanglante, que beaucoup ont comparée à ce qu'avait été la guerre du Vietnam pour les États-Unis. À Washington, l'image que le président Jimmy Carter se faisait de l'Union soviétique en a été profondément transformée. Néanmoins, le Parti républicain n'a cessé d'invoquer des questions liées à la politique étrangère et à la politique de défense pour s'en prendre à la présidence de Carter. La perception d'une faiblesse américaine à l'étranger a marqué la politique intérieure, jusqu'à la victoire de Ronald Reagan à l'élection présidentielle de 1980. Celui-ci a alors affiché devant les Soviétiques une attitude plus véhémente concernant le contrôle des armements, les conflits dans le tiers-monde et les relations Est-Ouest en général.

1979-1986 : la deuxième guerre froide

En Occident, les opposants à la détente et au contrôle des armements affirmaient que les Soviétiques étaient en voie d'établir leur supériorité nucléaire. Certains ont proposé que les États-Unis mettent en œuvre des stratégies et des politiques fondées sur la prémisse voulant que la victoire à l'issue d'une guerre nucléaire soit possible. L'élection de Ronald Reagan en 1980 a marqué un tournant dans les relations américano-soviétiques. L'une des premières questions qui se sont imposées à Reagan a été celle des missiles nucléaires en Europe. Celle-ci a joué un grand rôle dans la détérioration des relations Est-Ouest. La décision de l'OTAN consistant à déployer des missiles basés à terre qui pouvaient frapper le territoire soviétique a provoqué de vives tensions dans les relations entre les pays membres de l'OTAN et l'URSS, ainsi que des frictions politiques au sein même de l'OTAN. Certaines remarques imprudentes que Reagan a exprimées publiquement ont renforcé l'impression qu'il était tout aussi mal informé que dangereux en matière d'armes nucléaires, même si ses principales politiques à cet égard étaient analogues à celles de son prédécesseur, Jimmy Carter. Concernant le contrôle des armements, Reagan rejetait la conclusion d'accords qui se limiteraient au seul maintien du statu quo, de sorte que les négociateurs américains et soviétiques ont été incapables de faire des progrès

dans les pourparlers sur les armes à longue portée et à portée intermédiaire. Un événement particulier a eu d'importantes répercussions sur la maîtrise des armements et sur les relations de Washington avec ses alliés et ses adversaires. L'Initiative de défense stratégique (IDS), rapidement surnommée «Guerre des étoiles», était un programme de recherche visant à déterminer la faisabilité du déploiement dans l'espace de moyens de défense contre les missiles balistiques. Les Soviétiques ont semblé prendre très au sérieux l'IDS et ont affirmé que le véritable objectif de Reagan était de réinstaurer le monopole nucléaire que les États-Unis avaient eu dans les années 1950. Les progrès technologiques évoqués par les partisans de l'IDS ne se sont toutefois pas concrétisés et le programme a peu à peu été restreint et marginalisé.

Les tensions et la rivalité entre les superpuissances à cette époque ont été qualifiées de seconde guerre froide et ont été comparées à la période qui s'est étalée de 1946 à 1953. Il régnait, en Europe occidentale et en Union soviétique, une véritable crainte de guerre nucléaire, surtout en raison du discours et des politiques adoptés par l'administration Reagan. Les déclarations américaines sur les armes nucléaires et l'intervention militaire des États-Unis à Grenade en 1983 et contre la Libye en 1986 ont été vues comme autant de manifestations d'une nouvelle volonté belliqueuse. La politique de Reagan concernant l'Amérique centrale et l'appui donné à la rébellion des *contras* au Nicaragua ont suscité la controverse aux États-Unis et ailleurs dans le monde. En 1986, la Cour internationale de justice a déclaré les États-Unis coupables de violation du droit international pour les attaques voilées perpétrées par la CIA contre des ports du Nicaragua.

Le gouvernement Reagan a néanmoins fait un usage limité de la puissance militaire : les discours et les perceptions différaient de la réalité. Certaines opérations militaires ont abouti à des échecs humiliants, notamment au Liban en 1983. Il n'en demeure pas moins que les dirigeants soviétiques ont pris très au sérieux les paroles (et les actes) du gouvernement Reagan et étaient persuadés que Washington planifiait une première frappe nucléaire. En 1983, la défense aérienne soviétique a abattu un avion civil sud-coréen dans l'espace aérien soviétique. La réaction américaine, ainsi que le déploiement imminent de missiles nucléaires américains en Europe, a engendré de vives tensions dans les relations Est-Ouest. Puis, en novembre 1983, les services de renseignement soviétiques ont mal interprété un exercice militaire réalisé par l'OTAN (baptisé *Able Archer*) et ont amené les dirigeants soviétiques à croire que l'OTAN s'apprêtait à attaquer leur pays. On ne sait pas encore clairement aujourd'hui à quel point le monde a frôlé un affrontement nucléaire grave en 1983. Les données provenant de sources soviétiques laissent tout de même penser que le risque d'une guerre nucléaire déclenchée par inadvertance à cette époque aurait été assez élevé.

Au début des années 1980, l'Union soviétique a été handicapée par une succession de dirigeants politiques âgés (Brejnev, Andropov et Tchernenko), dont le mauvais état de santé a paralysé la capacité du pays de réagir aux actions et aux menaces américaines. La situation s'est complètement modifiée après l'accession de Mikhaïl Gorbatchev à la présidence de l'URSS en 1985.

La nouvelle conception de la politique extérieure formulée par Gorbatchev, ainsi que ses réformes intérieures, a suscité un véritable bouleversement dans les relations extérieures de l'URSS et au sein même de la société so-

viétique, où la **glasnost** (transparence) et la **perestroïka** (restructuration) ont libéré des forces nationalistes et autres qui, au grand désarroi de Gorbatchev, allaient précipiter l'Union des républiques socialistes soviétiques vers son démantèlement.

L'objectif de Gorbatchev en politique extérieure était de transformer sensiblement les relations avec les États-Unis et l'Europe occidentale. Sa politique intérieure, pour sa part, a été un catalyseur de changements en Europe de l'Est, mais, contrairement à Khrouchtchev, Gorbatchev n'était pas disposé à recourir à la force ou à la coercition. Témoin de la révolte qui grondait en Europe de l'Est, le ministre soviétique des Affaires extérieures a évoqué une chanson de Frank Sinatra, *I did it my way* («J'ai agi à ma façon»), pour signaler la fin de la **doctrine Brejnev**, qui restreignait la souveraineté et le développement politique de l'Europe de l'Est. La **doctrine Sinatra** signifiait que les régimes est-européens étaient dorénavant autorisés à agir à leur façon. Tous

TABLEAU 3.5 Principaux États dotés d'armes nucléaires : arsenaux nucléaires, 1945-1990

	1945	1950	1955	1960	1965	1970	1975	1980	1985	1990
É.-U.	6	369	3057	20 434	31 982	26 662	27 826	24 304	24 327	21 004
URSS	–	5	200	1 605	6 129	11 643	19 055	30 062	39 197	37 000
R.-U.	–	–	10	30	310	280	350	350	300	300
France	–	–	–	–	32	36	188	250	360	505
RPC	–	–	–	–	5	75	185	280	425	430
Total	6	374	3267	22 069	38 458	38 696	47 604	55 246	64 609	59 239

Source : Norris, R. S. et H. Kristensen, « Nuclear Notebook », *Bulletin of the Atomic Scientists*, vol. 62, n° 4, p. 66.

TABLEAU 3.6 Principaux accords de maîtrise des armements et de désarmement

TRAITÉ	OBJET DE L'ACCORD	SIGNATURE	PARTIES
Protocole de Genève	Interdiction d'utiliser des armes chimiques	1925	Plus de 100
Traité d'interdiction partielle des essais nucléaires	Interdiction de réaliser des essais nucléaires dans l'atmosphère, dans l'espace extra-atmosphérique et sous l'eau	1963	Plus de 100
Traité sur la non-prolifération des armes nucléaires	Limitation de la prolifération des armes nucléaires	1968	Plus de 100
Convention sur les armes biologiques	Interdiction d'en produire et d'en utiliser	1972	Plus de 80
Traité SALT I	Limitation des armes stratégiques*	1972	É.-U./URSS
Traité ABM	Limitation des missiles antibalistiques	1972	É.-U./URSS
Traité SALT II	Limitation des armes stratégiques*	1979	É.-U./URSS
Traité FNI	Interdiction de deux catégories de missiles basés à terre	1987	É.-U./URSS

* Les armes stratégiques sont celles qui ont une longue portée.

Source : Harvard Nuclear Study Group (1985), « Arms Control and Disarmament: What Can and Can't Be Done », dans F. Holroyd (dir.), *Thinking About Nuclear Weapons*, Buckingham, Open University, 1985, p. 96.

ces régimes ont fait place à des systèmes démocratiques, dans le cadre de ce qui a généralement été une transition rapide et pacifique (voir le chapitre 4). Le changement le plus spectaculaire a certainement été la réunification de l'Allemagne et donc la disparition de l'Allemagne de l'Est (République démocratique d'Allemagne).

Gorbatchev a ouvert la voie à la conclusion d'accords sur les forces classiques et nucléaires qui ont contribué à apaiser les tensions ayant marqué le début des années 1980. En 1987, il s'est rendu à Washington pour signer le Traité sur les forces nucléaires à portée intermédiaire (FNI), prévoyant l'interdiction des missiles nucléaires à portée intermédiaire, y compris les missiles de croisière et les missiles Pershing II. Ce traité a été considéré comme un triomphe pour le président soviétique, mais les dirigeants des pays membres de l'OTAN, dont Margaret Thatcher et Ronald Reagan, ont affirmé quant à eux qu'il justifiait ainsi les politiques appliquées par l'OTAN depuis 1979. Le Traité FNI a été conclu plus rapidement qu'un nouvel accord sur la réduction des armes nucléaires stratégiques, en partie par suite de l'opposition soutenue des Soviétiques à l'IDS. Et ce fut le successeur de Reagan, George Bush père, qui a signé le Traité sur la réduction des armements stratégiques (START), c'est-à-dire les armes nucléaires à longue portée (dont le nombre a pu être ramené à ce qu'il était au début des années 1980). Pour Gorbatchev, les traités sur les armes nucléaires ont été un moyen d'établir une confiance accrue entre les protagonistes et de démontrer le caractère sérieux et radical de ses objectifs. Néanmoins, malgré la conclusion d'accords radicaux analogues sur les forces classiques en Europe (qui ont abouti à l'accord de Paris en 1990), la fin de la guerre froide a représenté un succès en matière de maîtrise des armes nucléaires plutôt que de désarmement nucléaire. L'histoire de la guerre froide et celle de la bombe sont étroitement liées, sauf que la guerre froide est maintenant terminée, tandis que les armes nucléaires sont toujours très présentes.

À RETENIR

- Les désaccords persistent quant au moment et aux causes du déclenchement de la guerre froide, ainsi qu'à propos de l'identité de ceux qui en ont été les responsables.

- Des phases distinctes ont marqué l'évolution des relations Est-Ouest, durant lesquelles les tensions et les risques d'affrontement direct ont fluctué.

- Si l'action des superpuissances a parfois intensifié et prolongé certaines guerres civiles ou régionales, elle en a peut-être abrégé ou prévenu d'autres.

- La fin de la guerre froide n'a pas entraîné l'élimination des armes nucléaires.

- Les armes nucléaires ont constitué un facteur-clé de la guerre froide. L'ampleur de la dynamique qui a caractérisé la course aux armements fait encore l'objet de débats.

- Les accords sur la limitation et le contrôle de la croissance des arsenaux nucléaires ont joué un grand rôle dans les relations américano-soviétiques (et Est-Ouest).

- Diverses crises internationales ont été marquées par un risque de guerre nucléaire. À quel point le monde s'est-il approché d'une telle guerre lors de ces crises ? Aucune réponse définitive n'a encore été apportée à cette question.

CONCLUSION

Les changements qu'a connus la politique au XXe siècle ont été énormes. L'évaluation de leur ampleur soulève de nombreuses questions complexes sur la nature de l'histoire et des relations internationales. Qu'est-ce qui a déclenché la guerre en 1914 ? Qui a été le gagnant de la guerre froide ? Comment l'a-t-il gagnée ? Quelles ont été les conséquences de sa victoire ? Voilà de gros points d'interrogation qui ont suscité des débats vigoureux et des controverses animées. Plusieurs facteurs sont mis en relief dans cette conclusion quant aux rapports liant les trois sujets examinés dans le présent chapitre : la guerre totale, la fin des empires et la guerre froide.

Quelles qu'aient été les causes de la guerre en 1914, la transformation de la guerre traditionnelle en guerre totale à l'échelle industrielle a résulté d'une combinaison de forces sociales, politiques et technologiques. Les dirigeants politiques se sont révélés incapables de rétablir la paix et la stabilité, et les tentatives de reconstruction du système d'États européen après 1919 n'ont pas réglé les problèmes de fond et ont érigé différents obstacles sur la voie menant à un ordre stable. La montée de l'Allemagne nazie a abouti à une autre conflagration et a fait apparaître de nouveaux moyens de combattre et de tuer. L'étendue du carnage et des souffrances a été sans précédent. L'idéologie nazie de suprématie raciale a fait déferler une vague de brutalité et de massacres sur toute l'Europe, dont le point culminant a été l'extermination des Juifs. Il en est résulté la création de l'État d'Israël en 1948, qui a été à l'origine de conflits et d'événements ayant encore aujourd'hui des répercussions à l'échelle mondiale. De même, l'instauration d'un régime militaire nationaliste et agressif à Tokyo avant 1939 a ensuite

donné lieu à une guerre brutale et prolongée dans toute la région du Pacifique.

La période de l'histoire consécutive à 1945 a vu la chute des empires européens édifiés avant le XXᵉ siècle, ainsi que l'apparition et la fin de la guerre froide. Les liens entre la fin des empires et les conflits de la guerre froide dans le tiers-monde sont à la fois étroits et complexes. Dans certains cas, l'action des superpuissances a favorisé des changements, tandis que, dans d'autres cas, leur présence directe a provoqué une escalade et une prolongation des conflits. L'idéologie marxiste, dans ses diverses formes, a inspiré de nombreux mouvements de libération dans le tiers-monde, mais elle a aussi entraîné des réactions de la part des États-Unis (et d'autres pays). La guerre du Vietnam en constitue l'exemple le plus manifeste, mais la guerre froide a également joué un rôle crucial dans tout un éventail de luttes anticoloniales. Le degré d'influence exact de la guerre froide sur la décolonisation ne peut être évalué qu'en fonction de chaque cas spécifique. La clé pour ébaucher une réponse consiste à déterminer dans quelle mesure les valeurs et les objectifs mis en avant par les dirigeants révolutionnaires et leur mouvement respectif avaient un caractère nationaliste plutôt que marxiste. D'aucuns ont affirmé que Ho Chi Minh, au Vietnam, et Fidel Castro, à Cuba, étaient d'abord des nationalistes et qu'ils se sont ensuite ralliés à Moscou et au communisme uniquement à cause de l'hostilité américaine et occidentale à leur égard. Les différends entre l'Union soviétique et la République populaire de Chine ont également illustré les tendances divergentes dans la mise en pratique de la théorie marxiste. Dans plusieurs cas, les conflits opposant des communistes entre eux sont devenus aussi vifs que les conflits entre communistes et capitalistes. Dans d'autres régions, notamment le Moyen-Orient, le marxisme s'est heurté à des idées politiques radicales (le panarabisme, l'islam révolutionnaire) qui exerçaient un attrait plus puissant sur les peuples concernés. Le rôle des superpuissances y a néanmoins été visible, mais leur présence a revêtu un caractère plus diffus, plus complexe et, en situation de crise, plus important.

De façon analogue, les liens entre la guerre froide et l'histoire des armes nucléaires ont été à la fois étroits et problématiques. Certains historiens estiment que l'emploi de la bombe atomique par les États-Unis en 1945 a joué un rôle décisif dans l'apparition de la guerre froide. D'autres historiens considèrent que la paranoïa causée par la menace d'annihilation totale est le facteur essentiel à la compréhension de la politique extérieure et de la politique de défense des Soviétiques : le danger de dévastation sans précédent est au cœur de la crainte et de l'hostilité mutuelles des

dirigeants politiques à l'ère nucléaire. Il a aussi été dit que, sans la présence des armes nucléaires, un conflit américano-soviétique direct aurait été beaucoup plus probable et que, sans la fonction dissuasive des armes nucléaires, une guerre en Europe aurait été beaucoup plus susceptible d'éclater. Par ailleurs, certains affirment que les armes nucléaires ont joué un rôle limité dans les relations Est-Ouest et que leur importance a été exagérée.

L'armement nucléaire a été l'objet d'accords politiques et, pendant la détente, les ententes sur les armes nucléaires ont servi de monnaie d'échange en politique internationale. Néanmoins, déterminer à quel point le monde s'est approché d'une guerre nucléaire en 1961 (Berlin), en 1962 (Cuba), en 1973 (la guerre israélo-arabe) ou en 1983 (l'exercice militaire de l'OTAN *Able Archer*) et les leçons à tirer de tels événements demeurent d'importantes questions à éclaircir pour les historiens comme pour les dirigeants politiques. Une autre question cruciale consiste à savoir dans quelle mesure le cadre de la guerre froide et l'action des superpuissances dotées d'armes nucléaires ont conduit à une plus grande stabilité dans des régions où l'instabilité qui régnait auparavant avait été à l'origine de guerres et de conflits. La guerre froide a sans doute entraîné une concentration sans précédent de forces militaires et nucléaires en Europe, mais elle a aussi certainement donné lieu à une période de stabilité et de grande prospérité économique, du moins en Occident.

Tant la guerre froide que l'ère des empires sont révolues, bien que leurs conséquences, bonnes ou mauvaises, visibles ou invisibles, persistent encore dans le monde. L'ère de la bombe et des autres armes de destruction massive (chimiques et bactériologiques) se poursuit. À quel point le choc des idéologies communiste et capitaliste libérale a facilité ou entravé la globalisation est un objet de réflexion qui est loin d'avoir été épuisé. Malgré les limites de l'imagination humaine, les répercussions mondiales d'une guerre nucléaire demeurent plus que réelles. L'accident survenu à la centrale nucléaire soviétique de Tchernobyl en 1986 a clairement montré que la radioactivité ne s'arrête à aucune frontière. Dans les années 1980, des scientifiques ont estimé que si seulement une fraction des armes nucléaires dans le monde explosait au-dessus de quelques-unes des grandes villes de la planète, la vie pourrait complètement disparaître de l'hémisphère nord. Même si la menace d'une guerre nucléaire stratégique s'est atténuée, le problème des armes nucléaires à l'échelle mondiale demeure une préoccupation commune et immédiate pour toute l'humanité au XXIᵉ siècle.

QUESTIONS

1. L'Allemagne fut-elle responsable du déclenchement de la guerre en 1914 ?

2. Dans quelle mesure le traité de Versailles a-t-il contribué à l'instabilité politique en Europe durant l'entre-deux-guerres (1919-1939) ?

3. Pourquoi la bombe atomique a-t-elle été lancée sur Hiroshima et Nagasaki ?

4. La détente a-t-elle été un succès ?

5. Comparez la fin des empires coloniaux en Afrique et en Asie après 1945.

6. Quel rôle les armes nucléaires ont-elles joué dans les relations américano-soviétiques durant les années 1980 ?

7. Dans quelle mesure a-t-on frôlé la catastrophe nucléaire durant la crise de Berlin (1961) ou celle des missiles à Cuba (1962) ?

8. Nommez et commentez chacune des étapes historiques caractérisant la guerre froide.

9. Comparez les rôles joués par Gorbatchev et par Reagan durant la fin de la guerre froide.

10. Somme toute, l'arme nucléaire a-t-elle contribué à la stabilité ou à l'instabilité du système international, de l'après-guerre jusqu'à la fin de la guerre froide (1945-1989) ?

Lectures utiles

Best, A., J. M. Hanhimäki, J. A. Maiolo et K. E. Schulze, *International History of the Twentieth Century*, Londres, Routledge, 2004. Un ouvrage de référence très complet sur l'histoire du xxe siècle.

Betts, R., *Decolonization*, Londres, Routledge, 1998. Un panorama théorique introductif sur les facteurs politiques expliquant les décolonisations ainsi que la continuation du néo-colonialisme.

Courmont, B., *Pourquoi Hiroshima : la décision d'utiliser la bombe atomique*, Paris, L'Harmattan, 2007. Une étude sur l'influence des considérations en matière de politique intérieure et internationale relativement à la décision américaine de bombarder Hiroshima et Nagasaki.

Delaporte, M., *La politique étrangère américaine depuis 1945*, Bruxelles, Éditions Complexe, 1996. Un aperçu des événements historiques d'importance ainsi que des différentes approches adoptées par les gouvernements successifs en matière de politique internationale américaine.

Droz, B., *Histoire de la décolonisation au xxe siècle*, Paris, Seuil, 2006. Un survol complet de l'histoire de la décolonisation selon les différents empires.

Grossner, P., *Les temps de la guerre froide : réflexions sur l'histoire de la guerre froide et sur les causes de sa fin*, Bruxelles, Éditions Complexe, 1995. Une recension des différentes analyses des facteurs ayant précipité la fin de la guerre froide, qui privilégie notamment un point de vue constructiviste.

Hobsbawm, E., *L'âge des extrêmes. Le court vingtième siècle, 1914-1991*, Bruxelles, Éditions Complexe, 1999. Une analyse historique des grands événements de l'histoire internationale du xxe siècle, y compris de l'ère des décolonisations, selon une perspective marxiste.

Legault, A., M. Fortmann et B. Kubbig, *Prolifération et non-prolifération nucléaire. Stratégies et contrôles*, Québec, Centre québécois de relations internationales, 1993. Un panorama des débats théoriques principaux en matière de contrôle des armements nucléaires.

Sagan, S. et K. Waltz, *The Spread of Nuclear Weapon. A Debate*, New York, W. W. Norton, 1995. Un ouvrage central pour qui souhaite mieux comprendre les débats en politique mondiale relativement au caractère stabilisant ou déstabilisant de l'armement nucléaire.

Westad, O. A., *La guerre froide globale*, Paris, Payot, 2007. Une traduction française de l'ouvrage de l'historien spécialiste de la guerre froide ; celui-ci pose un regard critique sur les interventions tant américaines que soviétiques dans les pays en développement.

Young, J. et J. Kent, *International Relations Since 1945*, Oxford, Oxford University Press, 2003. Une étude exhaustive des impacts de la guerre froide sur la politique mondiale depuis 1945, avec une attention particulière accordée au Moyen-Orient, à l'intégration européenne et aux décolonisations en Afrique et en Asie.

Chapitre 4

DE LA GUERRE FROIDE À LA GUERRE CONTRE LA TERREUR

MICHAEL COX

GUIDE DE LECTURE

Ce quatrième chapitre offre un aperçu général de la période consécutive à 1989. Il comprend trois sections principales : la première traite de la fin inattendue de la guerre froide, la deuxième analyse les tendances dominantes des années 1990, en se penchant plus particulièrement sur les États-Unis, l'Europe, la Russie et l'Asie orientale. La troisième section s'intéresse à la présumée guerre contre le terrorisme (y compris les motifs de la guerre en Iraq) et présente ensuite une analyse des conséquences géopolitiques à plus long terme de la crise économique mondiale.

INTRODUCTION

Trois grandes thèses sont formulées dans ce chapitre. La première postule que, même si on emploie l'expression « après-guerre froide » pour qualifier le monde après 1989, on ne doit jamais sous-estimer à quel point le monde a été façonné par la tournure qu'a prise la fin de la **guerre froide** ainsi que par les multiples problèmes et possibilités que celle-ci a laissés derrière elle. La deuxième thèse concerne la prééminence des États-Unis et souligne que, bien que l'un des traits structurels les plus visibles du système international de l'après-guerre froide soit un renouveau de l'hégémonie américaine – ce que certains spécialistes des relations internationales ont appelé le moment unipolaire –, cette position de force n'a pas assuré un ordre international et ne se maintiendra probablement pas en permanence. La troisième thèse avance que les nouveaux défis lancés au statu quo – et il y en a déjà plusieurs, tels le terrorisme, la prolifération des armes nucléaires, l'instabilité croissante au Moyen-Orient et la montée de jeunes puissances économiques en Asie – semblent peu susceptibles d'avoir une incidence profonde sur la dynamique sous-jacente à la mondialisation. Cependant, la crise économique qui a frappé de plein fouet le système financier mondial en 2009 a laissé plusieurs problèmes dans son sillage. Les conséquences à plus long terme de la première crise majeure du capitalisme depuis la **Grande Dépression** des années 1930 restent à déterminer. Même les analystes les plus optimistes reconnaissent que le monde a pris un important virage géopolitique depuis cette débâcle financière et qu'il sera probablement beaucoup plus instable au cours des dix prochaines années qu'il ne l'a été pendant les dix années précédentes. Il va sans dire qu'une période intéressante se profile à l'horizon.

LA FIN DE LA GUERRE FROIDE

La fin d'une guerre de grande envergure apporte toujours son lot de problèmes à ceux qui sont chargés d'établir la paix. Ce fut le cas au lendemain de la Première Guerre mondiale en 1919 et encore davantage lorsque s'est terminée la Seconde Guerre mondiale en 1945 (voir le chapitre 3). Et ce fut de nouveau le cas quand la guerre froide a finalement cessé en 1989. Quelle a été la nature de cette période de l'histoire et quelle a été l'incidence de sa fin sur le système international ?

La guerre froide a été un produit de la Seconde Guerre mondiale qui s'est soldée par une division de l'ordre international entre deux **superpuissances** ; toutes deux étaient dotées de capacités formidables (beaucoup plus dans le cas des États-Unis que de l'URSS) et fondées sur des systèmes sociaux rivaux, l'un capitaliste, l'autre socialiste. Leur rivalité a pris naissance en Europe lorsque l'URSS a refusé de se retirer des pays qu'elle avait libérés du nazisme. L'affrontement des deux puissances a toutefois rapidement acquis un caractère mondial en s'étendant en Asie et dans l'ensemble du **tiers-monde**. En URSS, le grand nombre des victimes (près de 25 millions) du régime, la paralysie des stratégies de développement et l'anéantissement des aspirations démocratiques offrent un aperçu de l'ampleur des coûts véritables de cette dualité. Ailleurs, les résultats ont été assez différents. En fait, parmi les grandes puissances capitalistes elles-mêmes, la guerre froide a engendré un degré d'unité et de cohésion que le monde n'avait pas connu depuis au moins deux générations. C'est pourquoi beaucoup ont fini par penser que le système bipolaire apparu après 1947 n'était pas simplement l'expression d'une réalité internationale donnée, mais aussi un phénomène pouvant être considéré comme souhaitable.

Il est certain que des réalistes comme Kenneth Waltz en sont venus à croire que le nouveau système international – dans lequel se trouvaient deux blocs cohérents, chacun sous la tutelle d'une grande puissance, et, par conséquent, deux superpuissances contrebalançant chacune les aspirations impérialistes de l'autre – était plus susceptible d'instaurer l'ordre et la stabilité que toute autre configuration théorique possible. Il importe de souligner ici que l'URSS et les États-Unis ne se sont jamais affrontés directement dans un conflit armé. La guerre froide n'a donc pas constitué une guerre au sens traditionnel du terme, mais plutôt une rivalité encadrée. C'est surtout ainsi que les dirigeants politiques des deux superpuissances ont, en fin de compte, envisagé leurs rapports mutuels. En fait, beaucoup dans les deux camps ont admis en privé (car ils ne pouvaient pas le dire publiquement) que leur rival avait des intérêts de sécurité légitimes qui devaient être reconnus comme tels. C'est ce qui explique pourquoi la guerre froide est demeurée « froide » et pourquoi les superpuissances ont agi si prudemment pendant la plus grande partie de cette période. Étant donné la crainte très réelle que n'éclate une guerre nucléaire ouverte, l'objectif commun des deux superpuissances n'était pas de détruire son adversaire, bien que quelques protagonistes des deux côtés l'aient parfois préconisé, mais plutôt de maintenir la paix en réfrénant les ambitions de l'autre.

Tous les systèmes fonctionnent selon des règles, et la guerre froide n'y a pas échappé. On peut donc facilement imaginer l'incroyable onde de choc qu'a produite l'effondrement de ce système en 1989, que presque personne n'avait d'ailleurs vu venir. La plupart des dirigeants po-

POUR EN SAVOIR PLUS

La fin d'une époque

« Gorbatchev s'était peut-être engagé à redéfinir les relations Est-Ouest. En réalité, il a fait beaucoup plus que ça et, que ce soit en raison du déclin économique soviétique, d'un changement de stratégie, d'une surexpansion impériale ou d'une simple incapacité à comprendre les conséquences de ses propres actions, il a déclenché des réactions en chaîne qui n'ont pas seulement placé ces relations sur de nouvelles bases, mais qui les ont ensuite transformées pour toujours. »

(M. Cox, « *Hans J. Morgenthau, Realism and the Rise and Fall of the Cold War* », dans M. C. Williams (dir.), Realism Reconsidered, *Oxford, Oxford University Press, 2007, p. 166*)

litiques et des universitaires n'avaient pas anticipé cet effondrement, et encore moins nombreux étaient ceux qui croyaient qu'il se déroulerait pacifiquement. En fait, beaucoup d'analystes en relations internationales ont considéré que les événements de 1989 ont sérieusement remis en question le caractère censément scientifique d'une discipline qui tenait pour acquis qu'un bouleversement d'une telle ampleur était presque inconcevable. Les chercheurs en relations internationales ont sans doute sensiblement aidé à expliquer les causes de l'effritement de l'ordre ancien. Cependant, il n'y a aucun doute que la discipline s'appuyait sur des prémisses erronées : la continuité plutôt que le changement, la stabilité du système de la guerre froide plutôt que sa désintégration ultérieure. La tournure des événements a fortement miné plusieurs des certitudes réalistes qui avaient contribué à définir la discipline depuis la fin de la Seconde Guerre mondiale. En effet, la fin de la guerre froide a donné lieu à un débat animé au sein du champ d'études que représentent les relations internationales. Les événements survenus en 1989 ont fortement orienté de nombreuses discussions parmi les chercheurs actifs dans ce domaine durant les années 1990. D'un côté, un groupe de réalistes de plus en plus contestés maintenaient que c'était essentiellement le poids des facteurs matériels qui avait obligé l'URSS à s'asseoir à la table des négociations. De l'autre côté, une génération montante de constructivistes, dont un bon nombre avait axé ses premiers travaux de recherche sur la fin de la guerre froide, était persuadée que la métamorphose qui s'était produite à la fin des années 1980 résultait moins d'un changement dans les capacités respectives de l'URSS ou des États-Unis que de l'adoption par Gorbatchev d'un corpus d'idées qui avaient sapé la logique de l'affrontement. Ainsi, un débat de fond sur un événement crucial en politique mondiale a contribué à définir le cadre des grandes polémiques qui

allaient diviser les chercheurs en relations internationales durant les années subséquentes.

À RETENIR

- La guerre froide a relevé d'un processus complexe fondé sur la rivalité, mais elle est demeurée « froide » surtout en raison de l'existence des armes nucléaires.

- La plupart des experts croyaient que la guerre froide se poursuivrait et ont été surpris de voir qu'elle s'est terminée d'une manière pacifique.

- La fin de la guerre froide a affaibli l'emprise du réalisme, en tant que discours théorique, sur la discipline des relations internationales et a permis au constructivisme de devenir une méthodologie mieux connue.

LES ÉTATS-UNIS DANS UN MONDE SANS ÉQUILIBRE

Si la période de la guerre froide a été marquée par une rivalité claire et nette entre des systèmes socio-économiques opposés, l'ordre de l'après-guerre froide pourrait certainement être caractérisé par le fait que les États ont dû se conformer à un seul ensemble de règles en vigueur au sein d'une économie mondiale de plus en plus intégrée. Le terme le plus fréquemment utilisé pour désigner ce nouvel ordre est celui de **globalisation**. Cette notion, à peine évoquée avant 1989, a ensuite été employée régulièrement pour définir un système de relations internationales apparemment nouveau dans lequel, selon une interprétation nettement exagérée, les marchés acquerraient beaucoup plus d'importance que les États et les frontières deviendraient de plus en plus poreuses, voire presque inutiles, en raison du fort volume d'activités transfrontalières (voir la cinquième partie de l'ouvrage). La globalisation n'a cependant pas été la seule conséquence manifeste de l'effondrement du communisme et de l'ouverture des économies auparavant fermées et planifiées. En ce qui a trait à la répartition de la puissance, les plus importantes répercussions ont été ce que certains ont cru être le triomphe des États-Unis sur son principal rival et l'émergence de ce qui a été qualifié de nouveau système mondial « unipolaire ». Encore une fois, rares ont été ceux qui avaient prévu pareil changement dans le monde avant la fin de la guerre froide elle-même ; durant les années 1970 et 1980, certains chercheurs avançaient même que les États-Unis étaient en déclin. Les universitaires non plus n'avaient pas considéré cette nouvelle réalité comme le résultat le plus probable des bouleversements survenus en 1989.

Toutefois, la suite des événements, surtout la stupéfiante victoire militaire des États-Unis contre l'Iraq et l'effondrement de l'URSS en 1991, a rapidement démontré que le nouvel ordre mondial en devenir se caractérisait par la position privilégiée qu'y occupaient les États-Unis. Il est certain que, au fil des années 1990, les indicateurs de puissance (brute et douce) les plus visibles n'annonçaient qu'une conclusion : il n'y avait désormais plus qu'un seul acteur global sérieux sur le plan international. Puis, à la fin de cette décennie, tous les indicateurs les plus visibles, d'ordre militaire, économique et culturel, semblaient converger dans la même direction et aboutir au même constat : en raison de l'effondrement de l'Union soviétique, suivi peu après de la crise économique au Japon et de l'échec patent de l'Europe en ex-Yougoslavie, les États-Unis ne pouvaient plus être considérés comme une simple superpuissance (ainsi qu'on les avait désignés jusqu'alors) et étaient en fait devenus ce qu'Hubert Védrine, ministre des Affaires extérieures de la France, a qualifié en 1998 d'hyperpuissance.

Cette nouvelle conjoncture globale a soulevé un ensemble de questions qui s'avéraient importantes tant pour les spécialistes en relations internationales que pour les responsables de la politique extérieure des États-Unis, parmi lesquelles la plus cruciale était la suivante : combien de temps pourrait durer la prééminence des États-Unis ? Il n'existait pas de réponse facile. Sans grande surprise, la plupart des réalistes ont estimé que de nouvelles grandes puissances finiraient par émerger et faire contrepoids aux États-Unis. D'autres ont été d'avis qu'en raison d'avantages spécifiques dans presque tous les domaines la nouvelle **hégémonie** américaine s'étendrait sur une bonne partie du xxiᵉ siècle. Une telle affirmation a, à son tour, fait naître un nouveau débat sur l'exercice de la puissance américaine dans un contexte d'**unipolarité**. Les libéraux estimaient généralement que la retenue de la puissance américaine et son arrimage à des institutions internationales offraient le cadre le plus efficace et le plus acceptable pour l'exercice de l'hégémonie mondiale des États-Unis. Ils croyaient aussi que l'expansion de la démocratie dans une économie mondiale de plus en plus interdépendante rendrait plus sûr le système international. Des partisans d'un courant plus nationaliste ne partageaient cependant pas un tel optimisme et une telle retenue. Les États-Unis, insistaient-ils, détenaient le pouvoir. Ils l'avaient toujours utilisé judicieusement dans le passé, et rien ne permettait de supposer qu'ils ne continueraient pas de le faire à l'avenir.

Pendant un certain temps, toutefois, la plupart des responsables de la politique extérieure des États-Unis (notamment pendant la présidence de Bill Clinton) étaient enclins à prôner la retenue. Ainsi, malgré leur puissance nettement supérieure, les États-Unis n'ont jamais montré clairement, durant les années 1990, qu'ils souhaitaient vraiment la déployer avec résolution. En fait, certains analystes ont même affirmé qu'il était devenu difficile de déterminer l'objectif fondamental des États-Unis, mis à part l'expansion de la démocratie et la promotion de la globalisation. Ce pays possédait certes de vastes capacités, et divers auteurs américains se sont épanchés à propos de cette nouvelle Rome sur le Potomac. Cela dit, les États-Unis ne manifestaient aucun désir véritable, dans le cadre de l'après-guerre froide, de saigner leurs troupes et leur budget dans des aventures à l'étranger. Ils constituaient ainsi une **puissance hégémonique** des plus curieuses.

D'une part, leur puissance paraissait sans égale (et elle l'était effectivement), d'autre part, ils ne semblaient pas savoir l'utiliser autrement qu'en bombardant quelques voyous lorsqu'ils le jugeaient nécessaire (dans l'ex-Yougoslavie), tout en appuyant au besoin les solutions diplomatiques proposées pour la plupart des problèmes (comme dans le cas du Moyen-Orient et de la Corée du Nord). La fin de la guerre froide et la disparition de la menace soviétique ont peut-être rendu le système international plus sûr et les États-Unis plus puissants, mais elles ont aussi fait de ce pays un guerrier très réticent. Ainsi, dans les années 1990, les États-Unis sont demeurés, à un degré très important, une superpuissance sans mission à accomplir.

À RETENIR

- En matière d'équilibre des puissances, la fin de la guerre froide puis l'effondrement de l'URSS ont entraîné une ascension marquée du poids des États-Unis dans le système international.

- En 2000, l'opinion publique considérait que les États-Unis étaient davantage une hyperpuissance qu'une superpuissance.

- La disparition du danger réel que représentaient l'URSS et le communisme a rendu les dirigeants américains réticents à déployer des troupes à l'étranger.

- Les États-Unis, après la guerre froide, peuvent certainement être décrits comme une superpuissance sans mission à accomplir.

L'EUROPE DANS LE NOUVEAU SYSTÈME MONDIAL

Si, pour les États-Unis, le plus important problème de l'après-guerre froide consistait à mettre au point une politique globale dans le monde en l'absence de toute menace d'envergure envers leurs intérêts, pour les Européens, il s'agissait plutôt de parvenir à gérer le nouvel espace élargi qui avait résulté des événements survenus en 1989. Ainsi, alors que des Américains plus triomphants continuaient à proclamer que c'étaient eux qui avaient vraiment gagné la guerre froide en Europe, les véritables bénéficiaires de ce qui s'est produit à la fin des années 1980 étaient en fait les Européens. Il y avait de bonnes raisons de le croire. Un continent autrefois divisé était désormais uni à nouveau. L'Allemagne avait été unifiée de façon pacifique. Les États de l'Europe de l'Est avaient exercé l'un des plus importants droits internationaux : le droit à l'**autodétermination**. La menace d'une guerre aux conséquences potentiellement dévastatrices pour l'Europe était disparue. Bien entendu, la transition d'un ordre à un autre n'avait pu se faire sans qu'en découlent certains coûts, surtout pour ceux qui allaient maintenant devoir mener leur vie dans un système capitaliste axé sur la concurrence. La disparition du communisme dans quelques pays ne s'était pas produite sans effusion de sang, comme l'a tragiquement montré la suite des événements dans l'ex-Yougoslavie de 1990 à 1999. Cela dit, l'Europe nouvellement élargie pouvait envisager l'avenir avec espoir.

Mais quel serait le visage de cette Europe ? Plus d'une réponse pouvait être apportée à cette question. Certains, notamment les Français, croyaient que l'Europe devait désormais mettre au point ses propres dispositifs de sécurité (un optimisme qui allait bientôt être mis en pièces sur les champs de bataille de la Bosnie), alors que d'autres estimaient qu'elle devait demeurer étroitement liée aux États-Unis (une opinion exprimée très vigoureusement par les nouvelles élites de l'Europe centrale). Les Européens ne s'entendaient pas non plus sur le degré d'intégration européenne le plus adéquat. Les véritables fédéralistes préconisaient une Union européenne plus intégrée qui serait en mesure de faire contrepoids aux deux autres géants qu'étaient les États-Unis et le Japon. D'autres craignaient plutôt une telle évolution et, se plaçant sous la bannière traditionnelle de la **souveraineté** et maniant la carte de l'euroscepticisme, ont obtenu un certain succès auprès des simples citoyens, qui se montraient plus critiques envers le projet européen que les élites elles-mêmes à Bruxelles. Enfin, les Européens étaient également divisés en matière d'économie, et se sont répartis en deux camps : les dirigistes, qui favorisaient une plus grande intervention de l'État dans la gestion d'un modèle social spécifiquement européen, et les partisans du libre marché, qui, menés par les Britanniques, affirmaient qu'un tel modèle protégé n'était simplement pas viable dans des conditions de concurrence mondiale et qu'une vaste réforme économique était essentielle.

S'ils étaient nombreux, dans la vieille Europe, à débattre de l'avenir de leur continent, les dirigeants politiques eux-mêmes étaient aux prises avec un problème plus concret : comment réinsérer l'Est au sein de l'Ouest, ou, en d'autres termes, comment assurer l'élargissement de l'Europe sans trop de heurts. En considérant les résultats obtenus, on peut dire que l'élargissement a enregistré des succès notables. Ainsi, en 2007, l'Union européenne regroupait 27 membres, et l'OTAN, 26. Les deux organisations ont également profité de l'occasion pour atténuer leur caractère de club exclusif, à la consternation de certains membres de longue date, qui voyaient autant d'inconvénients que d'avantages à admettre de nouveaux pays. En fait, selon quelques voix critiques, l'élargissement s'était fait si rapidement que la raison d'être même des deux organisations s'était perdue. L'Union européenne, d'après certains, avait procédé à son élargissement avec un empressement tel qu'elle avait perdu sa volonté d'intégration. Quant à l'OTAN, elle ne pouvait plus être sérieusement considérée comme une véritable organisation militaire dotée d'une structure de commandement intégrée. Néanmoins, il était difficile de ne pas être impressionné par la capacité des institutions qui avaient contribué à façonner une partie de l'Europe durant la guerre froide à assumer de nouvelles fonctions afin d'assurer une transition relativement fructueuse (mais jamais facile) d'un type d'ordre européen à un autre. Contrairement aux vues des réalistes, qui avaient dénigré l'apport possible de ces institutions à la prévention du chaos en Europe, les rôles importants qu'ont joués l'Union européenne et l'OTAN ont plutôt semblé prouver que ces institutions étaient essentielles.

Celles-ci n'ont cependant pas offert à elles seules une réponse toute prête à la question de savoir ce que l'Europe devrait faire ou non au sein d'un système mondial. Encore une fois, les avis à ce sujet étaient variés sur ce continent. Ainsi, plusieurs analystes estimaient toujours que l'Europe devait demeurer essentiellement une puissance civile, transmettre ses propres valeurs et servir d'exemple aux autres, sans se transformer en acteur militaire à part entière. D'autres allaient plus loin et affirmaient que le poids croissant de l'Europe dans l'économie mondiale, son incapacité d'agir collectivement dans l'ex-Yougoslavie et le fossé qui s'élargissait rapidement entre ses capacités et celles des États-Unis l'obligeaient à songer plus sérieusement à un accroissement de sa puissance brute. C'est dans cette optique qu'a été mise au point la Politique européenne de sécurité et de défense en 1998, suivie d'une foule d'autres décisions qui ont abouti à la publication en 2003 du document intitulé *Stratégie européenne de sécurité* (CE, 2003). Définissant la sécurité en termes largement mondialistes et rappelant que l'ouverture des frontières et les facteurs d'instabilité présents dans des pays éloignés – notamment les pays pauvres – allaient inévitablement faire sentir leurs effets en Europe, les auteurs du document soulignaient que la dynamique de l'interdépendance imposait à l'Europe de s'engager davantage dans les affaires internationales. Cependant, la définition d'un nouveau rôle international pour l'Union européenne (UE) n'a pas créé en soi les instruments ou les capacités nécessaires pour que l'UE puisse jouer ce rôle. Les Européens ont peut-être souhaité que l'Europe soit plus forte (quoique ce n'était certainement pas le cas de tous). Toutefois, la plupart des États ont affiché de vives réticences à confier à Bruxelles d'importants pouvoirs en matière de sécurité. Même l'adoption finale du traité de Lisbonne à la fin de 2009, qui prévoyait entre autres la création de nouveaux postes qui donneraient à l'UE une voix plus forte sur la scène mondiale, n'a pas manqué de soulever de vives controverses. Elle n'a d'ailleurs pas permis de déterminer clairement si les nouvelles positions prises en politique extérieure contribueraient à renforcer le rôle de l'Europe dans les affaires mondiales. L'Europe a sans doute fait beaucoup de chemin depuis la fin de la guerre froide en 1989. Comme le soulignent bon nombre de ses partisans, on peut difficilement prétendre que le projet européen a échoué ou est en crise lorsqu'on sait que, aujourd'hui, l'Europe réunit plus d'États membres que jamais auparavant, possède sa propre devise et n'a jamais été aussi présente à l'étranger. Elle devra néanmoins franchir encore de nombreux obstacles avant de pouvoir enfin (peut-être) concrétiser pleinement le potentiel de sa portée globale. Depuis la fin de la guerre froide, elle demeure, en fait, une création en évolution.

À RETENIR

- En dépit de l'éclatement de l'ex-Yougoslavie, l'Europe semble avoir tiré profit de la fin de la guerre froide autant que les États-Unis.

- Après la guerre froide, les Européens étaient divisés à propos d'un ensemble de questions-clés, notamment le degré d'intégration européenne, la stratégie économique et les objectifs de l'Union européenne en matière de politique extérieure.

- La publication, en 2003, du document intitulé *Stratégie européenne de sécurité* a concrétisé l'un des premiers efforts de réflexion sérieux de l'Union européenne à propos de son rôle international dans le cadre de la globalisation.

- Le traité de Lisbonne a finalement été ratifié en 2009, mais il n'a pas réglé la question de la future politique extérieure de l'Europe.

LA RUSSIE: D'ELTSINE À POUTINE ET MEDVEDEV

Parmi les nombreux problèmes qu'a dû affronter la nouvelle Europe après la guerre froide figure celui de la définition de ses relations avec la Russie postcommuniste. Ce pays a été éprouvé par diverses sources de tensions après 1991, lorsqu'il a amorcé la transformation pour tenter de passer de ce qu'il avait déjà été, soit une superpuissance dotée d'une économie planifiée et d'une idéologie officiellement marxiste, à ce qu'il pourrait devenir un jour, soit un État démocratique, libéral et privilégiant une économie de marché. Comme le reconnaissaient même les Européens les plus optimistes, cette transformation serait très loin d'être facile pour un État ayant conservé le même régime pendant près de 75 ans. Ce fut effectivement le cas durant les années 1990, qui ont été particulièrement pénibles pour la Russie. Durant cette période, elle a cessé d'être la superpuissance des décennies antérieures, qui était en mesure de défier les États-Unis, pour présenter plutôt le visage d'une puissance en déclin dont les atouts économiques et idéologiques s'effritaient. Elle n'a même pas pu compter sur des compensations économiques. Bien au contraire, après avoir procédé à de rapides privatisations à l'occidentale, la Russie a subi une dépression économique assez analogue à celle des années 1930: la production industrielle s'est effondrée, le niveau de vie a chuté et des régions entières qui dépendaient de l'industrie militaire à l'époque de la guerre froide ont tout perdu. Quant à la politique extérieure du président Boris Eltsine, elle n'avait rien pour rassurer de nombreux citoyens russes. Ainsi, sa décision de rapprocher son pays de ses anciens ennemis capitalistes a renforcé l'impression qu'il l'abandonnait aux mains de l'Occident. Par cette décision, il a peut-être projeté l'image d'un héros à l'extérieur de la Russie, mais, aux yeux de beaucoup de simples citoyens russes, ce fut comme si, à l'instar de son prédécesseur, Mikhaïl Gorbatchev, il avait tout donné et très peu reçu en échange. Les nationalistes et les anciens communistes, qui étaient encore assez nombreux, se sont alors montrés particulièrement cinglants. À leur avis, non seulement Eltsine et son équipe avaient bradé les atouts de la Russie pour quelques miettes au profit d'une nouvelle classe d'oligarques, mais ils tentaient aussi de transformer la Russie en un valet de l'Occident. En résumé, ils ne défendaient pas du tout l'**intérêt national** de la Russie.

L'accession à la présidence de son successeur, Vladimir Poutine, s'est révélée être un tournant, non pas tant parce qu'il avait une vision claire de l'avenir de la Russie, mais bien parce qu'il a tout de suite exprimé des positions très différentes. Il a fait preuve d'un autoritarisme

et d'un nationalisme plus prononcés, a reconnu beaucoup plus clairement que les intérêts de la Russie et ceux de l'Occident ne coïncideraient pas toujours et a déployé des efforts soutenus pour redonner à l'État les rênes de l'économie de la Russie, y compris de ses énormes ressources naturelles, et ce, en vue de servir les objectifs de l'État et pas seulement ceux des nouveaux riches et de leurs alliés occidentaux. Poutine a aussi redéfini la notion de démocratie et lui a donné ce qui était à ses yeux un caractère distinctement russe ou souverain. Ainsi, l'apparence de démocratie est demeurée intacte pendant que sa substance, sous la forme d'un parlement indépendant et d'un accès égal aux médias libres, a été graduellement évacuée. Par ailleurs, ni Poutine ni son successeur Medvedev ne s'est fait beaucoup d'amis dans l'Occident libéral avec ses politiques belliqueuses à l'égard de la Tchétchénie et de ses velléités d'indépendance, d'une part, et avec son apparente indifférence envers les droits humains en général, d'autre part. De même, l'image que projette la Russie ne s'est pas améliorée après le meurtre brutal de plusieurs journalistes en Russie – dont celui d'Anna Politkovskaïa, en octobre 2006, a peut-être été le plus médiatisé – et la mort encore plus bizarre d'Aleksander Litvinenko, un ancien dirigeant et dissident russe, à Londres, en novembre 2006.

De tels changements en Russie ont engendré beaucoup de confusion en Occident. Les Américains et les Européens ont initialement fermé les yeux sur ces événements, conformément au postulat réaliste selon lequel il était important de collaborer étroitement avec l'ancien rival. Les raisons étaient nombreuses : des motifs économiques (les échanges commerciaux étaient en hausse), la proximité géographique de la Russie par rapport à l'Europe, le fait que la Russie est, après tout, un membre permanent du Conseil de sécurité de l'ONU et qu'elle possède des armes nucléaires. Les effets cumulatifs des politiques de Poutine n'ont toutefois pas manqué de nuire aux relations de Moscou avec l'Occident. Considérés dans leur ensemble, ils n'ont clairement pas déclenché ce que d'aucuns à l'époque ont persisté à qualifier très vaguement de « nouvelle » guerre froide. Il n'en demeure pas moins que l'Occident ne pouvait plus croire que la Russie évoluerait vers ce qu'il avait espéré qu'elle devienne : un partenaire stratégique engagé dans une transition plus ou moins douce vers une démocratie libérale dite normale.

Tout de même, l'Occident pouvait désormais craindre la Russie beaucoup moins que durant la guerre froide. Après tout, ce pays n'était pas la même entité géographique que l'ex-URSS. Les réformes économiques avaient rendu la nouvelle Russie dépendante des marchés occidentaux et celle-ci ne représentait plus du tout un sérieux rival

idéologique global. En ce sens, l'Occident avait beaucoup moins de soucis à se faire à ce sujet. En fait, selon de nombreux Russes, ce n'était pas tellement l'Occident qui devait craindre la Russie, mais plutôt la Russie qui devait se préoccuper des machinations de l'Occident en général et des États-Unis en particulier, tandis que ces deux entités tentaient d'approfondir leurs liens économiques et stratégiques avec les pays situés dans ce que Moscou continuait de considérer comme son arrière-cour. Dans les années 1990, l'Occident avait réussi à prendre à la Russie les trois républiques baltes, et celle-ci tenait alors à s'assurer que l'Ukraine ou la Géorgie ne quitte pas sa sphère d'influence. Elle n'accepterait aucun compromis à ce sujet. Tout était donc en place pour qu'apparaissent de nouveaux conflits. En Ukraine, il y a d'abord eu un accroissement des pressions économiques. La politique russe a été encore plus ferme envers la Géorgie, surtout à la suite de l'élection d'un président allié des États-Unis et favorable à l'OTAN, Mikhaïl Saakachvili. Les relations russo-géorgiennes sont devenues nettement tendues en 2006, extrêmement mauvaises en 2007 et carrément hostiles en 2008. Elles ont abouti à une impasse tragique en août 2008 lorsque la guerre a éclaté entre Moscou et Tbilissi. Compte tenu de l'énorme supériorité militaire de la Russie, l'issue du conflit était connue d'avance. Tout aussi prévisible était l'incidence négative de cette guerre sur l'opinion occidentale. Ainsi, de nombreux Américains ont considéré la guerre d'agression menée par la Russie contre la petite Géorgie (non exempte de tout reproche, cependant) comme un moment décisif qui signalait le début d'une longue rivalité entre l'Occident démocratique et la Russie autoritaire.

Une vingtaine d'années après la désintégration de l'URSS et plus d'une dizaine d'années après la présidence de Boris Eltsine, les perspectives paraissaient sombres. Il est vrai que, dès son entrée en fonction en 2009, le président Obama a voulu repartir sur de nouvelles bases en ce qui concerne les relations russo-américaines. Les deux pays ont aussi continué à chercher un terrain d'entente dans d'importants domaines, notamment pour endiguer la prolifération des armes nucléaires. Aucune démarche diplomatique habile ni aucune parole apaisante n'ont pu toutefois rétablir pleinement la confiance disparue. Un avenir problématique se profilait donc à l'horizon pour la Russie.

À RETENIR

- Boris Eltsine, le premier président de la Russie, a voulu établir un nouveau partenariat avec l'Occident, mais il a souvent été accusé, par ses adversaires russes, de ne pas défendre les intérêts de son pays.

- Vladimir Poutine, son successeur, a mis en œuvre des politiques plus autoritaires dans son pays, a redonné à l'État les rênes des ressources économiques de la Russie et a appliqué une politique extérieure plus nationaliste.

- Une nouvelle guerre froide entre l'Occident et la Russie est improbable en raison des profonds changements économiques et politiques qui se sont produits en Russie depuis l'effondrement de l'URSS en 1991.

- La guerre qui a éclaté en Géorgie en août 2008 a entraîné une quasi-rupture des relations entre la Russie et l'Occident.

L'ASIE ORIENTALE : MÛRE POUR LA RIVALITÉ ?

Si l'histoire continue à jouer un rôle crucial dans l'ébauche des images occidentales modernes de la Russie postsoviétique, le passé contribue aussi à la définition des relations internationales en Asie orientale. Et ce passé a été des plus sanglants depuis la Seconde Guerre mondiale, ponctué de plusieurs guerres dévastatrices (Chine, Corée et Vietnam), d'insurrections révolutionnaires (Philippines, Malaisie et Indonésie), de régimes autoritaires (presque partout) et d'extrémisme révolutionnaire (particulièrement tragique au Cambodge). Le contraste avec l'expérience européenne de l'après-guerre n'aurait pu être plus vif. En fait, les spécialistes des relations internationales se sont beaucoup intéressés à cette comparaison et ont souligné que, pendant que l'Europe s'était employée à établir une nouvelle communauté de sécurité libérale au cours de la guerre froide, l'Asie orientale n'y était pas parvenue. Cette situation a résulté en partie de la mise sur pied de l'Union européenne et de l'OTAN (deux organisations sans équivalents en Asie), mais aussi du fait que l'Allemagne a réussi à se réconcilier pleinement avec ses voisins immédiats, tandis que le Japon ne l'a pas fait (surtout pour des raisons de politique intérieure). La fin de la guerre froide n'a d'ailleurs pas apporté une solution rapide à ces diverses questions asiatiques, alors qu'elle a pourtant suscité une transformation spectaculaire du paysage européen. Ainsi, en Asie orientale, de puissants partis communistes ont conservé les rênes du pouvoir (en Chine, en Corée du Nord et au Vietnam), et au moins deux litiges territoriaux de longue date (un entre le Japon et la Russie, pas très grave, et un autre entre la Chine et Taïwan, susceptible de devenir beaucoup plus dangereux) menacent toujours la sécurité dans la région.

C'est pour toutes ces raisons qu'un auteur américain très influent, Aaron Friedberg, a pu affirmer, dans un article tout aussi influent publié en 1993, que, loin d'être «mûre pour la paix», l'Asie orientale demeurait prête pour de nouvelles rivalités. Selon Friedberg, le passé très sanglant de l'Europe entre 1914 et 1945 laissait facilement présager de l'avenir de l'Asie. Son opinion n'était toutefois pas partagée par tous les analystes. Même que, au fil des événements, cette perspective réaliste d'une sévérité sans compromis a fait l'objet de critiques virulentes. Celles-ci ne niaient pas la possibilité de troubles futurs, à la lumière du maintien de la division des deux Corées, du programme nucléaire de la Corée du Nord et de la revendication de la Chine à propos de Taïwan, mais elles rappelaient que la région ne constituait pas le baril de poudre décrit par Friedberg, et ce, pour plusieurs raisons.

La plus importante de ces raisons résidait dans les remarquables progrès économiques de la région elle-même. Les sources de ces succès ont fait l'objet de nombreux débats : certains ont affirmé qu'elles étaient d'ordre culturel (les valeurs asiatiques), d'autres ont insisté sur leur caractère directement économique (main-d'œuvre bon marché et capitaux abondants), tandis que quelques-uns ont attribué ces succès à l'application d'un modèle de développement non libéral fondé sur l'intervention d'un État fort pour imposer d'en haut un développement économique rapide. Certains ont également avancé que les États-Unis avaient joué un rôle crucial à cette fin en ouvrant leur marché aux produits est-asiatiques, tout en assurant la sécurité de la région à faibles coûts. Quelle que soit la cause (ou la combinaison de causes) de ces progrès, il n'en demeure pas moins que l'Asie orientale, à la fin du XXe siècle, abritait près de 25 % du PIB mondial et, par le fait même, était devenue la troisième puissance économique de la planète.

Deuxièmement, si beaucoup d'États en Asie orientale nourrissaient de vifs souvenirs de conflits antérieurs, ces réminiscences ont commencé à s'estomper dans les années 1990 à la suite d'une croissance notable de l'investissement et du commerce régionaux. Ainsi, en dépit du lourd bagage historique de la région (exploité en partie par des élites politiques à la recherche de légitimité), des pressions économiques et un intérêt matériel bien compris ont semblé rapprocher entre eux les pays de la région plutôt que de les éloigner. L'intégration économique de l'Asie orientale s'est faite lentement (l'**ANASE** n'a été mise sur pied qu'en 1967) et n'a pas été assortie de la formation d'une organisation le moindrement analogue à l'Union européenne. Néanmoins, une fois son décollage bien assuré durant les années 1990, l'intégration régionale n'a montré aucun signe de ralentissement depuis.

Un troisième motif d'optimisme est lié au Japon. Malgré l'incapacité apparente de ce pays de formuler des excuses claires pour ses atrocités et ses méfaits commis dans le passé – incapacité qui l'a privé d'exercer pleinement son **influence** et son pouvoir de conviction dans la région –, les politiques du Japon ne sauraient certainement pas être qualifiées d'agressives. Au contraire, le Japon, en adoptant sa fameuse Constitution pacifique dans les années 1950 et en renonçant pour toujours à la possibilité d'acquérir des armes nucléaires (il a été l'un des plus vigoureux partisans du premier Traité sur la non-prolifération des armes nucléaires), a bien montré son souci de ne pas irriter ses voisins soupçonneux et de ne jamais agir autrement que de façon bienveillante. En outre, grâce à sa prodigalité notable, sous forme d'aide et d'investissements massifs, il a sensiblement contribué à l'amélioration des relations internationales dans la région. Même une vieille rivale comme la Chine en a largement profité : en 2003, plus de 5000 entreprises japonaises étaient présentes en Chine continentale.

Quant à la Chine, nombreux sont ceux qui ont commenté son essor, particulièrement les réalistes, qui affirment sans grande surprise que l'apparition de nouveaux États puissants sur la scène internationale ne peut que troubler la paix. La Chine peut sembler bienveillante aujourd'hui, conviennent-ils, mais il n'en sera plus ainsi dans quelques années, lorsqu'elle aura consolidé sa position. Ici encore, toutefois, il y aurait lieu d'être raisonnablement optimiste plutôt que pessimiste, surtout parce que la Chine elle-même a adopté des politiques (tant économiques que militaires) qui visent clairement à assurer ses voisins de ses intentions pacifiques et à ainsi infirmer les thèses des réalistes. Elle a aussi étayé ses paroles rassurantes au moyen de politiques concrètes : appui donné à l'intégration régionale, exportation de capitaux non négligeables vers d'autres pays est-asiatiques et coopération au sein des institutions multilatérales régionales. Ces politiques commencent visiblement à porter fruit, puisque les voisins autrefois sceptiques de la Chine (peut-être même le Japon) voient désormais celle-ci de plus en plus comme un bon partenaire de développement plutôt que comme une menace.

Quoi qu'il en soit, il s'avère que toutes les voies stratégiques en Chine (et dans toute l'Asie orientale) mènent vers l'État dont la présence dans la région revêt toujours une importance majeure : les États-Unis. Bien que le nouveau groupe de dirigeants chinois s'oppose théoriquement à un monde unipolaire comptant sur un seul acteur d'envergure mondiale, il a mis en œuvre une politique plus prudente à l'égard des États-Unis. Nul doute que certains Américains continueront à redouter un État dirigé par un parti communiste dont les pratiques en matière de droits de la personne sont loin d'être exemplaires. Toutefois, tant que la Chine fera preuve de coopération plutôt que de résistance, il est tout à fait probable que les relations entre les deux pays s'étofferont, même si rien ne garantit le maintien à long terme de ces relations. Compte tenu de son taux de croissance de quelque 10 % par année, de sa demande apparemment insatiable de matières premières situées hors de ses frontières et de ses énormes réserves de dollars américains, la Chine a déjà modifié les conditions du débat sur l'avenir de la politique internationale. Pour un certain temps encore, elle pourrait bien demeurer un « colosse aux pieds d'argile », comme l'a dit un observateur, qui dépend trop des investissements étrangers et qui se trouve à des années-lumière des États-Unis sur le plan militaire. Cependant, la présence même d'un tel colosse annonce un ensemble de problèmes qui étaient tout bonnement inexistants à l'époque plus simple de la guerre froide. En fait, il s'agit peut-être là de l'un des grands paradoxes de l'histoire internationale : il se pourrait bien que la Chine d'aujourd'hui, puissance capitaliste montante qui se conforme aux règles du marché, représente un problème plus important pour l'Occident que la Chine d'autrefois, puissance communiste qui dénonçait les impérialistes d'outre-mer et exhortait les Asiatiques à bouter les Américains hors de la région.

À RETENIR

- Comparativement à la façon dont les relations internationales se sont déroulées en Europe après 1945, celles qui ont été entretenues en Asie orientale durant la guerre froide ont été très instables et marquées par des révolutions, des guerres et des rébellions.

- La fin de la guerre froide a laissé dans son sillage de nombreuses questions non résolues et a amené Aaron Friedberg (1993) à conclure que l'Asie était mûre pour une nouvelle rivalité.

- Jugée trop pessimiste, la thèse de Friedberg a été remise en question : la croissance économique, l'intégration régionale, la présence américaine et la politique extérieure pacifique du Japon rendent la région moins dangereuse que ce qu'il en a dit.

- L'essor de la Chine est l'une des grandes questions qui préoccupent l'Asie orientale et les États-Unis. Les réalistes sont persuadés que la Chine va ébranler le statu quo. D'autres estiment que son essor sera pacifique.

LES NANTIS ET LES DÉMUNIS

Les faits les plus importants au sujet du système international sont souvent les moins débattus par les spécialistes des relations internationales. C'était du moins le cas à l'époque de la guerre froide, alors que la plupart de ces experts s'appliquaient presque exclusivement à scruter les intentions et les capacités des deux superpuissances. Vu sous cet angle, le reste du monde importait moins pour lui-même que pour le rôle qu'il jouait dans le drame plus vaste qui se déroulait entre les États-Unis et l'URSS. Mieux que partout ailleurs, un tel état de fait se vérifiait dans le large ensemble tentaculaire et indéfini que constituaient les pays autrefois colonisés et réunis sous le nom collectif de «tiers-monde», un terme générique, apparu dans les années 1950, qui dénote à la fois un sentiment de solidarité populaire entre les pauvres et la possibilité d'un avenir économique différent à l'extérieur du marché mondial. À son origine, l'expression suggérait également une troisième voie possible en dehors de la polarité idéologique entre l'Occident capitaliste et le bloc socialiste. Bien que vague, ce terme comportait au moins un avantage aux yeux des deux superpuissances : reléguer les pays moins développés à leur juste place, soit à l'arrière-plan politique et économique. Cela ne signifiait pas que l'URSS et les États-Unis étaient complètement indifférents au sort du tiers-monde : ils y ont mené leurs guerres par procuration souvent sanglantes, y ont mobilisé tous les alliés qu'ils ont pu y trouver (rarement progressistes ou démocrates) et y ont stocké leurs armes dans un effort résolu pour déjouer leur principal rival idéologique, et ce, dans des endroits aussi lointains que Cuba, l'Afghanistan, le Vietnam et l'Angola.

La fin de la guerre froide a entraîné non seulement une cascade de règlements de conflits dans le tiers-monde et l'abandon d'un grand nombre d'États de première ligne par la superpuissance qui les avait appuyés jusque-là (avec des résultats politiques et économiques souvent désastreux pour les pays concernés), mais encore une sorte de crise intellectuelle parmi les analystes qui tentaient de rendre intelligible la tournure des événements. Certains se sont alors demandé si le terme «tiers-monde» lui-même conservait quelque utilité dans un contexte d'où était disparue la rivalité entre le premier monde capitaliste et le deuxième monde communiste. Cette notion ne semblait plus avoir aucun sens dans le cadre de la mondialisation, où certains pays auparavant sous-développés commençaient à bénéficier d'un véritable développement, tandis que d'autres s'affairaient à adhérer à une nouvelle dynamique économique visant moins à défendre les miséreux de la Terre et davantage à attirer les investissements étrangers. En outre, quelle était la valeur scientifique d'un concept réunissant sous un même vocable des continents aussi différents que l'Afrique et l'Amérique latine, des pays aussi économiquement éloignés que la Tanzanie et l'Argentine et des régions aussi dissemblables que le Moyen-Orient et l'Asie ? Beaucoup d'analystes en ont progressivement tiré la conclusion justifiée, depuis au moins les années 1980, que la notion de tiers-monde devait être complètement abandonnée.

Un tel abandon ne changeait cependant rien aux conditions matérielles effroyables dans lesquelles vivaient toujours la vaste majorité des peuples du monde. Le fait de reconnaître la réalité d'une pauvreté massive n'aidait absolument pas les analystes à en expliquer les causes, ni à établir un consensus à propos des meilleurs moyens de l'éradiquer. C'est ici que se croisaient le débat plus général sur la globalisation et le problème plus spécifique du sous-développement. Selon les adversaires de la globalisation, la seule manière de réduire la **pauvreté** consistait à freiner cette tendance ou à la réglementer davantage. Les partisans de cette dynamique rejetaient ce qu'ils jugeaient être des lubies et arguaient qu'elle était là pour de bon. En fait, le plus grand problème des pays moins développés n'était pas d'être entraînés à la suite de la globalisation, mais bien de demeurer à l'extérieur d'elle. La croissance économique rapide de la Chine et de l'Inde était alors citée en exemple pour démontrer les bienfaits de la mondialisation de la façon la plus spectaculaire qui soit. Pour une fois, les faits semblaient bien étayer une explication des plus crédibles, soit que des systèmes économiques autrefois planifiés avaient renoncé à leurs anciens dispositifs protectionnistes et s'étaient joints avec succès au marché mondial. Les résultats étaient tout à fait remarquables : plus de 30 millions de Chinois avaient échappé à l'enfer de la pauvreté et une nouvelle vague d'Indiens avait grossi les rangs de la classe moyenne dans un pays qui avait méprisé le progrès économique dans le passé. Bien entendu, ni la pauvreté ni les inégalités n'avaient été supprimées pour autant (au contraire, même). Néanmoins, en relativement peu de temps, les deux pays les plus peuplés de la planète avaient montré aux autres ce que pouvait rapporter une concurrence fructueuse pratiquée dans une économie mondiale globalisée.

Pourtant, le triomphe du capitalisme dans quelques pays auparavant sous-développés ne garantissait pas son succès ailleurs. La Chine et l'Inde avaient sans doute fait d'importants bonds économiques en avant, mais la situation dans d'autres régions du monde était beaucoup plus sombre, comme l'a tragiquement démontré le sort de l'Afrique subsaharienne au cours des années 1990. Si des millions de Chinois et un grand nombre d'Indiens avaient accédé aux bienfaits de la globalisation, la vie de quelques milliards d'habitants sur la planète était demeurée très précaire. Ainsi, la moitié de la population du monde, soit près de trois milliards de personnes, disposait toujours d'un revenu inférieur à deux dollars américains par jour. Le PIB des 48 pays les plus pauvres (c'est-à-dire un quart des États de la planète) était moindre que la fortune combinée des trois individus les plus riches du monde. Plus de 98 % des 10,5 millions d'enfants qui sont morts en 2006 avant d'avoir atteint l'âge de cinq ans vivaient dans les pays les moins développés, pendant que 790 millions de personnes souffraient de malnutrition chronique. Rien n'indiquait non plus que les choses s'amélioraient. Ainsi, alors qu'en 1960 les 20 % des citoyens les mieux nantis dans les pays riches touchaient un revenu 30 fois plus élevé que les 20 % les plus démunis dans ces pays, ils gagnaient 75 fois plus que ces derniers en 2000.

Bien sûr, on pourrait prétendre que, si cette situation exprimait une tragédie humaine, elle ne constituait pas à elle seule un problème grave pour le système international. Ce n'est cependant pas ainsi que les gouvernements actuels, surtout ceux des pays les plus riches, se représentaient généralement les choses. D'abord, ils reconnaissaient que, en raison de la disparité croissante entre plusieurs régions du monde, il était inévitable que les citoyens des pays les moins développés réagissent comme ils l'ont toujours fait en de pareilles circonstances, c'est-à-dire migrer là où ils pourraient au moins améliorer leur sort. Ensuite, la pauvreté et les inégalités mises ensemble engendraient l'insécurité, elle-même source d'une instabilité qui obligerait les États les plus puissants à faire quelque chose (en 2006, plus de 25 millions de personnes avaient été déplacées dans leur propre pays) ou à en affronter les conséquences, c'est-à-dire s'occuper des réfugiés qui afflueraient à leurs frontières. Enfin, tant qu'il y aurait de l'injustice (ou du moins la perception d'une injustice), celle-ci risquerait toujours de susciter un mécontentement. La violence politique résultait certainement de plusieurs facteurs et non de la seule misère matérielle. Néanmoins, dans un monde où les nantis semblaient posséder tellement et les démunis si peu, toutes les conditions étaient réunies pour donner naissance à une opposition violente. Un ressac contre les puissants et les privilégiés, y compris ceux qui vivent aux États-Unis, était peut-être évitable, mais les inégalités l'avaient sans conteste rendu plus probable.

À RETENIR

- L'une des principales régions d'instabilité durant la guerre froide a été le tiers-monde.

- Depuis la fin de la guerre froide, de nombreux analystes ont remis en cause l'emploi du terme « tiers-monde ».

- La Chine et l'Inde sont des exemples marquants de pays où la globalisation a donné une forte impulsion au développement.

- Les inégalités engendrent des atteintes à la sécurité, sous la forme de migrations, d'afflux de réfugiés et, dans certains cas, d'actes de violence politiques dirigés contre l'Occident et sa puissance.

LA GUERRE CONTRE LA TERREUR : DU 11 SEPTEMBRE 2001 À L'IRAQ

Si la fin de la guerre froide a constitué l'un des grands moments décisifs de la fin du XXᵉ siècle, les événements du 11 septembre 2001 ont mis en lumière le fait que l'ordre international qui en avait résulté n'a pas été bien accepté partout. L'action d'Oussama Ben Laden n'a certainement pas été motivée uniquement par un rejet de la globalisation et de la domination des États-Unis. Comme l'ont fait remarquer de nombreux analystes, sa conception des choses était tournée vers un âge d'or passé de l'islam, et non vers quelque avenir moderne. Par contre, les moyens qu'il avait choisis pour attaquer les États-Unis (quatre avions civils), son recours à la vidéo pour communiquer avec ses disciples, son emploi du système financier mondial pour organiser ses opérations et son objectif premier consistant à chasser les États-Unis du Moyen-Orient (région où le contrôle exercé par l'Occident était essentiel au maintien du fonctionnement de l'économie internationale moderne)

POUR EN SAVOIR PLUS

Les menaces engendrées par la pauvreté

« Depuis le 11 septembre 2001, les États-Unis mènent une guerre contre le terrorisme, mais ils ont négligé les causes profondes de l'instabilité dans le monde. Les quelque 500 milliards de dollars américains que les États-Unis vont consacrer aux dépenses militaires n'apporteront jamais une paix durable si ce pays continue de n'accorder qu'un trentième de cette somme, soit environ 16 milliards, à des mesures d'aide destinées aux plus démunis du monde, dont les sociétés sont déstabilisées par l'extrême pauvreté. »

(J. D. Sachs, « The End of Poverty », Time, 6 mars 2005)

n'avaient rien de médiéval. Les dirigeants politiques américains n'ont sûrement pas considéré son action comme un étrange retour à un passé révolu. Le simple fait qu'il ait évoqué une intention de recourir aux armes les plus sophistiquées et les plus dangereuses, c'est-à-dire les armes de destruction massive, pour atteindre ses objectifs révèle clairement qu'il représente une menace des plus modernes, mais une menace qui ne pourrait être contrée par des moyens traditionnels mis au point lors de la guerre froide. Comme l'a constamment répété le gouvernement Bush, ce nouveau danger montrait bien que les anciennes méthodes, fondées sur l'endiguement et la dissuasion, n'étaient plus pertinentes. S'il s'agissait là du début d'une nouvelle guerre froide, comme certains ont semblé l'affirmer à l'époque, elle ne serait certainement pas menée à l'aide des politiques et des méthodes utilisées de 1947 à 1989.

La particularité de cette menace inédite d'origine non étatique, proférée par un homme dont les diverses déclarations s'inspiraient d'abord et avant tout de textes sacrés, a rendu difficile à comprendre, pour certains en Occident, le véritable caractère du terrorisme islamique radical. Quelques-uns ont même cru que le danger était plus existentiel que réel, plus utile pour les États-Unis, dans leurs efforts pour imposer leur prééminence dans le monde, que véritablement authentique. De plus, à mesure que s'est déployée la guerre controversée contre la terreur, d'abord en Afghanistan, puis ailleurs, quelques voix critiques plus radicales ont commencé à demander où résidait le vrai danger. Ensuite, lorsque les États-Unis se sont mis à manifester leur puissance militaire et à élargir le front de la guerre contre la terreur jusqu'à des pays comme l'Iraq, la Corée du Nord et l'Iran, d'aucuns ont peu à peu détourné leur attention alors rivée sur la menace initiale issue de l'islamisme radical pour la porter vers les États-Unis eux-mêmes. Ainsi, la cible première des événements du 11 septembre 2001 est passé de victime à source impériale de la plupart des problèmes contemporains dans le monde.

Les diverses controverses ayant entouré les réactions du gouvernement Bush envers le terrorisme international ne doivent toutefois pas faire oublier un fait brut, soit l'incidence que les événements du 11 septembre 2001 ont eue sur les États-Unis et la politique extérieure américaine dans son ensemble. La nouvelle menace a donné aux États-Unis un point de référence précis autour duquel ils allaient structurer leurs affaires internationales. Et c'est à cette fin qu'ils ont établi des relations étroites avec les nombreux États (dont la Russie, l'Inde et la Chine, parmi les plus importants) qui étaient désormais disposés à se joindre à eux pour mener une guerre générale contre le terrorisme. Les événements du 11 septembre 2001 ont également amené Washington à faire preuve d'une fermeté beaucoup plus prononcée à l'extérieur de leurs frontières. Certains des partisans les plus conservateurs de Bush en sont même venus à dire que le manque d'affirmation des États-Unis sur la scène internationale durant les années 1990 aurait été l'une des causes des attaques perpétrées contre ce pays. Enfin, le gouvernement Bush a semblé renoncer à la défense du statu quo au Moyen-Orient, ce qui a paru aux yeux de quelques-uns comme une quasi-révolution dans la politique extérieure des États-Unis. D'après ces derniers, les événements du 11 septembre 2001 avaient modifié la donne initiale, selon laquelle les États-Unis laissaient les régimes autocratiques dans la région agir à leur guise en échange de pétrole bon marché et de la stabilité. Cette donne n'était plus pertinente, d'autant plus qu'elle amenait les États-Unis à faire affaire avec des États comme l'Arabie saoudite, qui avait produit la dangereuse idéologie à la base des attentats de 2001 et à laquelle se référaient ceux qui avaient apporté (et apportaient toujours), directement ou non, leur aide et leur appui à des terroristes partout dans le monde.

C'est ainsi qu'a été préparé le terrain intellectuel en vue de la guerre contre l'Iraq en 2003. Cette attaque demeure toutefois quelque peu énigmatique. Après tout, l'Iraq n'avait pas été mêlé aux événements du 11 septembre 2001, était dirigé par un régime laïque et partageait au moins un objectif avec les États-Unis : contenir les ambitions géopolitiques de l'Iran islamique. Pour toutes ces raisons, différents analystes ont tenté de cerner divers facteurs à l'origine de cette guerre, tels que l'influence idéologique des néoconservateurs sur le président Bush, les liens étroits unissant les États-Unis et Israël ou la volonté américaine de faire main basse sur le pétrole de l'Iraq. Il est certain que tous ces facteurs ont influé sur la décision prise. Cependant, ces facteurs suscitent encore plus de questions qu'ils n'ap-

> POUR EN SAVOIR PLUS

La fin de la croisade

« La débâcle en Iraq nous rappelle une leçon tirée du passé : il n'y a pas de bonne croisade. C'était vrai il y a 1000 ans, lorsque les chevaliers chrétiens européens ont tenté d'imposer leur foi et leur mode de vie en Terre sainte, et c'est tout aussi vrai aujourd'hui. [...] Une mission divine et une politique extérieure sensée sont deux choses incompatibles. »

(D. K. Simes, « End the Crusade », The National Interest, n° 87, janvier-février 2007, p. 5)

portent d'éclaircissements. En fin de compte, la réponse la plus crédible au pourquoi de cette guerre tient peut-être à la fois au fait que les États-Unis ont cru qu'ils la gagneraient assez facilement, qu'ils se sont fiés à des renseignements erronés et qu'ils ont estimé, assez imprudemment, que l'établissement d'un nouveau régime en Iraq serait aussi facile que le renversement du précédent.

Quels qu'aient été les calculs de ceux qui ont planifié la moins réaliste de toutes les guerres modernes, il est maintenant clair que cette prétendue guerre choisie a été une erreur stratégique, car elle n'a ni favorisé l'instauration d'une démocratie stable en Iraq ni incité d'autres pays de la région à entreprendre d'importantes réformes politiques. Elle a aussi eu pour conséquence doublement dangereuse de perturber l'ensemble du Moyen-Orient et

de permettre à l'Iran d'accroître davantage son influence sur la région. En fait, parce qu'ils ont éliminé l'ancien régime en Iraq, les États-Unis ont alors créé un vide qu'a comblé un régime iranien de plus en plus sûr de lui. Enfin, avec leur intervention en Iraq, les États-Unis et leurs alliés ont offert un point de ralliement aux islamistes radicaux partout dans le monde, que ceux-ci semblent avoir exploité avec une certaine habileté. Les attentats commis à Londres (2005) et à Madrid (2004) s'expliquent certainement par de nombreux facteurs réunis, mais rares sont ceux qui croient maintenant qu'ils étaient dénués de tout lien avec les événements survenus au Moyen-Orient depuis 2003.

Avec ou sans la guerre en Iraq, cependant, l'Occident relèverait quand même le défi lancé par l'islam radical

La guerre en Iraq et ses origines

Le champ d'études que constituent les relations internationales a toujours été tourné vers la compréhension des origines de toute guerre. Des modifications à long terme de l'équilibre des puissances, une crainte de l'encerclement et la présence d'ambitions impériales, sans oublier des perceptions erronées et des facteurs idéologiques, ont tous été évoqués pour expliquer pourquoi un État entreprend une action militaire. La guerre en Iraq correspond à un cas type utile, et peut-être difficile, pour vérifier diverses théories sur les origines de la guerre. Plusieurs explications ont été avancées jusqu'à maintenant pour élucider la décision des États-Unis d'attaquer l'Iraq en 2003: la thèse officielle selon laquelle l'Iraq représentait une menace grave, voire croissante pour une région d'importance vitale, puis la thèse plus concrète suivant laquelle les États-Unis voulaient exercer leur mainmise directe sur les énormes réserves de pétrole iraquiennes, enfin la thèse populaire postulant que la guerre a résulté de pressions faites au sein même des États-Unis par le lobby israélien, les néoconservateurs et leurs divers partisans de la droite chrétienne. Les observateurs de la politique mondiale jonglent toujours avec plusieurs questions laissées sans réponse. Premièrement, cette guerre aurait-elle eu lieu sans l'élection

assez inattendue de George W. Bush en novembre 2000? En d'autres termes, la personnalité du président lui-même n'a-t-elle pas joué un grand rôle dans la décision prise? Deuxièmement, Bush aurait-il pu mener les États-Unis à la guerre s'il n'y avait pas d'abord eu le profond choc causé par les attaques tout aussi inattendues perpétrées le 11 septembre 2001? À cet égard, la guerre n'a-t-elle pas surtout découlé d'un sentiment de crainte et d'insécurité? Troisièmement, quel rôle revient à Tony Blair, premier ministre britannique? Cette intervention militaire a-t-elle été rendue possible par une alliance avec une puissance moyenne? Quatrièmement, aurait-elle été même faisable si différents auteurs américains n'avaient pas

estimé que les États-Unis étaient tellement puissants qu'ils pouvaient plus ou moins agir à leur guise dans le monde? En d'autres termes, à quel point la notion de moment unipolaire a-t-elle influé sur la décision de déclencher la guerre? En outre, le terrain intellectuel pour la guerre n'avait-il pas déjà été préparé par ceux qui, durant l'après-guerre froide, avaient jugé bon de promouvoir la démocratie et d'encourager l'intervention d'autres pays, à des fins humanitaires, dans les affaires intérieures d'États souverains? Finalement, dans quelle mesure peut-on affirmer que la guerre en Iraq relevait de l'intérêt national des États-Unis? Le cas échéant, pourquoi autant de réalistes se sont-ils opposés à la guerre?

violent, que viennent alimenter non seulement les erreurs et les politiques de l'Occident (notamment celles des États-Unis concernant le Moyen-Orient), mais aussi un ensemble de valeurs culturelles, de pratiques étatiques et de griefs historiques qui ont rendu presque impossible toute tentative de trouver un terrain d'entente avec les extrémistes sans compromettre en même temps le sens même de l'appartenance au monde occidental. Ici réside un autre problème : comment définir précisément ce conflit ? Il n'était clairement pas bien vu, dans certains cercles, de dire que s'y mesuraient deux civilisations (terme initialement popularisé en 1993 par Samuel Huntington, auteur américain). Néanmoins, un aspect distinctement irréductible caractérisait ce conflit opposant ceux qui prônaient la démocratie, le pluralisme, l'individualisme et la séparation de l'Église et de l'État, d'une part, et ceux qui prêchaient l'intolérance et appuyaient la **théocratie** tout en préconisant la lutte armée et le **djihad** contre les incroyants, les sionistes et ceux qui les appuient en Occident, d'autre part. Une fin quelconque à ce conflit spécifique ne semblait pas non plus poindre. En raison des injustices subies par les musulmans dans le monde, surtout par les Palestiniens, et de la conception islamique d'un paradis où il y aurait toujours une place réservée à ceux qui meurent au nom de leur foi, il y aurait toujours assez de martyrs dans le monde pour poursuivre la lutte contre l'ennemi, du Pakistan à l'Angleterre, de Jakarta à Detroit.

À RETENIR

- Les événements du 11 septembre 2001 ont véritablement mis fin à la période de l'après-guerre froide et, dans la foulée, ont transformé la politique extérieure des États-Unis.

- L'attaque contre Saddam Hussein a été justifiée au nom de la guerre contre la terreur ; cependant, très peu d'analystes estiment qu'il y a un lien entre la guerre en Iraq et les événements du 11 septembre 2001.

- Les motifs invoqués pour le déclenchement de cette guerre ont été vivement remis en cause, et il est généralement reconnu que cette décision a été une erreur stratégique.

LA CRISE ÉCONOMIQUE MONDIALE

En plein cœur de cette guerre menée contre le terrorisme mondial, deux événements ont semblé changer pour toujours la politique internationale. D'abord, la transition critique, aux États-Unis, entre un ancien président dont l'action avait été marquée par les attentats du 11 septembre 2001 et un nouveau président qui voulait redéfinir les termes du débat sur le rôle de son pays dans le monde. Ensuite, le quasi-effondrement du système financier mondial en 2007 et 2008. Ces événements apparemment indépendants l'un de l'autre étaient, en fait, étroitement liés. Ainsi, lorsque les États-Unis ont commencé à se lasser de poursuivre une guerre très coûteuse et éthiquement problématique contre un ennemi tentaculaire, ils se sont tournés vers l'un des rares politiciens américains sérieux qui avaient exprimé très clairement leur opposition à la façon dont la guerre était menée. Barack Obama avait voté contre le déclenchement de la guerre en Iraq et appelait depuis longtemps les États-Unis à renoncer à certains des moyens les plus moralement douteux qu'ils employaient pour combattre le terrorisme. Puis, alors que les États-Unis affrontaient ce qui semblait être une catastrophe économique à l'automne 2008, la majorité des Américains ont cessé d'appuyer le Parti républicain, qui affirmait, jusqu'alors, que le gouvernement était la cause du problème. Ils ont voté pour le Parti démocrate, qui soutenait que, si les États-Unis voulaient éviter une autre grande dépression, ils devaient adopter un ensemble de politiques radicales qui ne rejetaient pas idéologiquement une intervention de l'État pour préserver le marché des effets de ses propres actions. Barack Obama n'est sans doute pas un radical, mais il avait promis de relancer un pays qui devait faire face à une crise tout autant réelle que mesurable. Lorsque, à la fin de 2008, les Américains ont voté (en très grand nombre) pour le premier président noir de leur histoire, ils exprimaient ainsi leur crainte plus que leur confiance, certes, mais aussi leur espoir qu'Obama rétablisse le prestige des États-Unis à l'étranger ainsi qu'une certaine normalité économique dans leur pays.

Dans l'ensemble, Barack Obama est parvenu à tenir ses premiers engagements à court terme. Moins d'un an après son élection, le prestige des États-Unis n'a jamais été si grand (surtout en Europe). Aux États-Unis mêmes, le système financier a commencé à se stabiliser quelque peu, mais seulement après l'adoption de mesures économiques très peu orthodoxes. Il était cependant impossible de cacher les dommages déjà causés, pas plus qu'il ne semblait y avoir de « solution Obama » rapide à aucun des problèmes qui s'imposaient toujours à la plus grande puissance du monde. En fait, dans un cas spécifique, celui du Moyen-Orient, la situation a même paru s'aggraver, en dépit des efforts déployés par le président pour amorcer des discussions avec l'Iran, lancer des pourparlers avec les Palestiniens et les Israéliens, retirer les troupes américaines d'Iraq et établir des ponts avec l'opinion publique musulmane. De plus, à l'instar des dirigeants charismatiques qui promettent des réformes, il s'est rendu compte qu'il était plus facile d'annoncer des changements que de les mettre en œuvre. Ainsi, il a dû constater, durant la première année de sa présidence, qu'un grand nombre de ses promesses en politique extérieure se sont heurtées aux écueils de la dure réalité, sans toutefois devenir complètement irréalisables. Obama est certainement habile et s'est clairement engagé à instaurer des relations internationales très différentes de celles qu'avait entretenues son prédécesseur. Pourtant, même un dirigeant aussi compétent et aussi éloquent que lui n'a pu réussir à faire adopter un nouvel accord relatif aux changements climatiques globaux (le sommet de Copenhague s'est conclu par un échec en décembre 2009), ni à amener les Russes à voir d'un œil plus favorable les positions occidentales, ni à inciter ses alliés au sein de l'OTAN à envoyer beaucoup plus de soldats sur le terrain par suite de l'intensification de la guerre en Afghanistan (une guerre qu'Obama a décrite comme une « nécessité », par opposition à la guerre menée par « choix » en Iraq). Il est facile de faire des promesses électorales, mais il est beaucoup plus difficile d'agir pour améliorer la situation dans le monde ou rendre celui-ci plus sûr.

Les nobles paroles d'Obama n'ont pas non plus eu d'effet sur une évolution devenue rapidement une évidence aux yeux de la plupart des analystes au début de la deuxième décennie du XXIe siècle : la crise économique elle-même a causé une profonde réorientation de l'ordre international. Vingt ans auparavant, en 1989, le communisme s'était effondré et le capitalisme libéral à l'américaine avait triomphé et créé les conditions propices à l'instauration d'un nouvel ordre mondial (voir le chapitre 7). Cette situation inédite n'avait pas rendu les années 1990 pleinement pacifiques ni éliminé tous les dangers existants. En revanche, elle avait apporté la réponse la plus étonnante possible aux interrogations à l'égard de l'avenir : l'adoption générale du modèle occidental et du type de système économique symbolisé et préconisé depuis si longtemps par les États-Unis. Après l'éclatement d'une crise largement produite aux États-Unis par un système économique qui vantait l'action de la main invisible du marché et rejetait toute réglementation et toute intervention de l'État, il s'est manifesté un changement qualitatif qui a affaibli tant l'attrait global de ce système que sa capacité d'agir et de résoudre par lui-même des problèmes globaux. Ce changement a peut-être engendré l'impulsion nécessaire pour favoriser l'élection d'un président qui symbolisait l'espoir, sous les traits de Barack Obama. Parallèlement,

ce virage a tout autant miné la stabilité du monde et la solidité de la position que les États-Unis y occupent.

À RETENIR

- Barack Obama a été élu en 2008 pendant la plus grave crise financière survenue aux États-Unis depuis les années 1930.

- Sa politique extérieure visait à corriger bon nombre des erreurs qu'avait commises le gouvernement Bush, notamment au Moyen-Orient.

- Sa démarche globale dans les affaires mondiales a rehaussé le prestige des États-Unis, mais elle ne pouvait pas à elle seule résoudre les nombreuses difficultés auxquelles se heurtait le pays.

- La crise économique a affaibli la position internationale des États-Unis.

CONCLUSION

Ainsi, plus de 20 ans après la fin de la guerre froide et la naissance concomitante de grands espoirs, le monde semble néanmoins faire face à un avenir plus incertain. Il ne faut pas assombrir le portrait inutilement, bien entendu. La paix règne en Europe et aucun conflit entre grandes puissances ne menace de détruire la structure du système international. Le nombre des victimes des guerres en cours dans le monde est en baisse. Entretemps, la globalisation continue de faire plus de gagnants que de perdants. Pourtant, malgré ces nombreux facteurs positifs évidents, l'avenir recèle beaucoup d'incertitudes, surtout peut-être pour les États-Unis, qui demeurent sans aucun doute une puissance hégémonique, mais qui semblent rapidement perdre leur capacité d'agir en chef de file ou de résoudre tous les problèmes qui se dressent devant eux. Il est sans doute trop tôt pour évoquer (bien que certains le fassent déjà) la fin de l'ère américaine ou, de façon plus dramatique, l'effondrement de ce que quelques-uns ont récemment qualifié de nouvel empire américain. Il est certainement prématuré d'affirmer que le siècle d'une autre puissance va succéder au siècle des États-Unis, même si, seulement quelques années après la disparition de leur principal ennemi idéologique (l'URSS), les États-Unis ne projettent plus la même confiance en soi qui a émané d'eux durant les jours glorieux des années 1990. Des experts ont déjà prédit le déclin des États-Unis par le passé, mais ils ont eu tort. Aujourd'hui, certains croient qu'ils auraient peut-être raison. L'aube d'un nouvel ordre mondial se lèverait-elle ?

QUESTIONS

1. Expliquez la fin de la guerre froide.

2. Expliquez le désaccord entre libéraux et réalistes sur la question de la stabilité mondiale après la guerre froide.

3. La globalisation transforme-t-elle fondamentalement la politique mondiale ?

4. La pauvreté et les inégalités menacent-elles la sécurité du système international ?

5. Pourquoi les États-Unis ont-ils déclaré la guerre à l'Iraq ?

6. De quelle façon la guerre contre la terreur a-t-elle transformé la politique internationale ?

7. Une nouvelle guerre froide entre la Russie et l'Occident est-elle envisageable ?

8. Qu'entend-on par l'essor de la Chine ?

9. La guerre froide tout comme sa fin ont-elles accentué les conflits dans le tiers-monde ?

10. Le monde est-il plus ou moins dangereux aujourd'hui qu'au début du xxe siècle ?

Lectures utiles

Arrighi, G., *Adam Smith à Pékin*, Paris, Max Milo, 2009. Une analyse de l'ascension de la Chine depuis la fin de la guerre froide, ainsi que de sa politique économique internationale alternative.

Bigo, D., « Grands débats dans un petit monde », *Cultures & Conflits*, n° 19-20, 2003. Un article traitant notamment des transformations de la notion de sécurité après la fin de la guerre froide et la disparition de la menace soviétique.

Booth, K. et T. Dunne (dir.), *Worlds in Collision*, Basingstoke, Palgrave, 2002. Une collection de chapitres courts sur la politique mondiale après le 11 septembre 2001.

Boulanger, É., C. Constantin et C. Deblock, *Grandes manœuvres autour de l'ASEAN : les perspectives américaine, chinoise et japonaise sur le régionalisme asiatique*, Montréal, Cahiers de recherche du Centre Études internationales et mondialisation, n° 07-05, 2007. À consulter pour une analyse comparative de l'essor régional politique et économique de la Chine dans l'après-guerre froide.

Breault, Y., P. Jolicœur et J. Lévesque, *La Russie et son ex-empire. Reconfiguration géopolitique de l'ancien espace soviétique*, Paris, Presses de Sciences Po, 2003. Un panorama des enjeux qu'affrontent les États successeurs de l'URSS à la fin de la guerre froide.

Grondin, D., « Une lecture critique du discours néoconservateur du nouvel impérialisme. La lutte globale contre le terrorisme comme *Pax Americana* », *Études internationales*, vol. 36, n° 4, 2005, p. 469-500. Une analyse théorique de la politique internationale américaine après le 11 septembre 2001.

Huntington, S., *Le choc des civilisations*, Paris, Odile Jacob, 1997. Un ouvrage désormais classique sur la thèse d'une incompatibilité fondamentale entre les civilisations, souvent citée pour expliquer les tensions post-guerre froide entre le monde islamique et l'Occident.

Kaldor, M., *New and Old Wars: Organized Violence in a Global Era*, 2e édition, Cambridge, Polity Press, 2006. Une référence de base pour quiconque étudie la transformation des conflits dans le monde depuis la fin de la guerre froide.

Lévesque, J., *1989 : la fin d'un empire*, Paris, Presses de Sciences Po, 1995. Un ouvrage sur les origines de la fin de la guerre froide en Europe de l'Est.

MacLeod, A. et D. Morin (dir.), *Diplomaties en guerre. Sept États face à la crise irakienne*, Montréal, Athéna Éditions, 2005. Les auteurs analysent la position du Royaume-Uni, du Canada, de la Chine, de l'Allemagne, de la France, de la Russie et des États-Unis par rapport à la guerre en Iraq.

Sifry, M. L. et C. Cerf (dir.), *The Iraq Reader*, New York, Touchstone Books, 2003. Un excellent ouvrage réunissant des analyses sur les motivations de Washington à entrer en guerre avec l'Iraq.

LES THÉORIES DE LA POLITIQUE MONDIALE

La deuxième partie de l'ouvrage présente les principales théories qui s'attachent à expliquer la politique mondiale. On y vise deux objectifs : d'abord, exposer les principaux thèmes de ces théories ; ensuite, brosser le portrait théorique nécessaire pour jauger l'importance du rôle de la globalisation dans l'évolution de la politique mondiale. Quatre chapitres traitent chacun de l'une de ces grandes théories : le réalisme, le libéralisme, le marxisme et le constructivisme. Parmi celles-ci, c'est le réalisme qui a nettement eu la plus grande influence, mais, comme on l'a vu dans l'introduction, il a également fait l'objet de vives critiques lui reprochant d'être, en fait, une idéologie dissimulée sous le couvert d'une théorie objective. La plus grande partie de l'histoire de la théorie des relations internationales s'est révélée être un affrontement ayant opposé le réalisme au libéralisme et au marxisme. Cependant, la querelle entre le réalisme et le libéralisme est certainement la plus ancienne et la plus étudiée, et c'est pourquoi un chapitre complet sera consacré aux débats contemporains entre les néoréalistes et les néolibéraux (lesquels, comme nous le verrons, sont respectivement des versions structuralistes et institutionnalistes des paradigmes dont ils s'inspirent). Suit un chapitre qui décrit une théorie prenant de plus en plus d'importance : le constructivisme. Puis sont exposés d'autres travaux théoriques récents en politique mondiale qui offrent un aperçu à jour de certaines perspectives nouvelles en théorie internationale, dont la sociologie historique, le féminisme, le postmodernisme et le postcolonialisme.

Ainsi, la lecture de cette partie de l'ouvrage devrait faciliter la compréhension des grands thèmes abordés dans les diverses théories présentées et permettre une bonne évaluation de leurs forces et de leurs faiblesses respectives. Ces chapitres sur les théories de la politique mondiale devraient clarifier les différentes interprétations de la globalisation qu'elles proposent, si bien que les lecteurs devraient être en mesure, d'une part, de déterminer eux-mêmes laquelle de ces interprétations est la plus convaincante et, d'autre part, de repérer les faits dans les parties subséquentes de l'ouvrage qui leur permettront de décider si la globalisation inaugure une nouvelle phase distincte de la politique mondiale, qui nécessiterait alors la formulation de nouvelles théories, ou s'il s'agit plutôt d'un simple engouement passager qui s'arrête à la surface de la politique mondiale et n'apporte rien de nouveau à la compréhension de ses fondements.

Chapitre 5

LE RÉALISME

Tim Dunne • Brian C. Schmidt

GUIDE DE LECTURE

Le réalisme est la théorie dominante en relations internationales. Pourquoi ? Parce qu'elle offre l'explication la plus convaincante de l'état de guerre dans lequel se trouve habituellement le système international. C'est du moins l'affirmation audacieuse des réalistes pour défendre leur point de vue, affirmation qui fait ici l'objet d'un examen critique. Dans ce chapitre, on vise également à déterminer si le réalisme est unique ou multiple, ce qui peut tout de suite être synthétisé ainsi : en dépit d'importantes différences entre ses divers courants, notamment entre le réalisme classique et le réalisme structurel (ou néoréalisme), il est possible d'y cerner un noyau commun, dont les principaux éléments sont l'étatisme, la survie et l'autosuffisance. Enfin, une dernière section reprend l'examen de la pertinence du réalisme pour expliquer ou comprendre la globalisation des rapports politiques entre les pays. De nombreux analystes affirment qu'un nouvel ensemble d'acteurs et de forces remettent en question collectivement le système westphalien des États souverains, mais les réalistes ne cachent pas leur scepticisme à cet égard et soulignent plutôt que les mêmes causes fondamentales ayant orienté la politique internationale dans le passé demeurent encore à l'œuvre aujourd'hui.

INTRODUCTION : LA SAGACITÉ INTEMPORELLE DU RÉALISME

L'histoire du **réalisme** telle que narrée aujourd'hui commence le plus souvent par un récit mythique mettant en scène les auteurs idéalistes ou utopistes de l'entre-deux-guerres (1919-1939). À la suite de la Première Guerre mondiale, les idéalistes – pour reprendre le terme que les auteurs réalistes ont rétrospectivement appliqué aux intellectuels de l'entre-deux-guerres – se sont beaucoup employés à comprendre la cause de la guerre afin de trouver un moyen de prévenir son retour. Selon les réalistes, toutefois, la démarche de ces intellectuels était incorrecte à maints égards. Par exemple, ces derniers faisaient fi du rôle de la puissance, surestimaient le caractère rationnel des êtres humains et croyaient erronément que les **États-nations** partageaient un ensemble d'intérêts communs ; de plus, ils faisaient preuve d'un optimisme exagéré en s'imaginant que l'humanité pourrait éliminer le fléau de la guerre. L'éclatement de la Seconde Guerre mondiale en 1939 a confirmé, du moins aux yeux des réalistes, les insuffisances de l'approche des idéalistes dans l'étude de la politique internationale.

Une nouvelle démarche, fondée sur la sagacité intemporelle du réalisme, s'est substituée à la conception discréditée qu'était devenu l'idéalisme[1]. Les récits propres au champ d'études des relations internationales décrivent le grand débat ayant opposé, à la fin des années 1930 et au début des années 1940, les idéalistes de l'entre-deux-guerres et une nouvelle génération d'auteurs réalistes, dont E. H. Carr, Hans J. Morgenthau, Reinhold Niebuhr, qui mettaient tous en relief l'ubiquité de la puissance et la rivalité inhérente aux rapports politiques entre les **nations**. Le récit habituel de ce grand débat indique que les réalistes en sont sortis victorieux et que le reste de l'histoire des relations internationales n'a, à maints égards, fait que conforter les thèses du réalisme[2]. Il importe cependant d'ajouter ici que, dès ses débuts, le réalisme s'est appliqué à se définir en opposition à une prétendue position idéaliste. Depuis 1939 jusqu'à nos jours, les principaux théoriciens et dirigeants politiques réalistes n'ont jamais cessé d'observer le monde dans une optique réaliste. Le réalisme a appris aux dirigeants américains à mettre l'accent sur les intérêts plutôt que sur l'idéologie, à rechercher la paix dans une position de force et à reconnaître que de grandes puissances peuvent coexister même si elles nourrissent des valeurs et des convictions antithétiques. Le fait que le réalisme offre en quelque sorte un manuel favorisant l'optimisation des intérêts de l'**État** dans un milieu hostile explique en partie pourquoi il a conservé sa position dominante dans le champ d'études consacré à la politique mondiale, d'une part, et pourquoi, d'autre part, les perspectives de rechange doivent forcément se confronter à la pensée réaliste et tenter de la dépasser.

On entend souvent dire que la théorie du réalisme qui a prévalu après la Seconde Guerre mondiale reposait sur un courant de pensée classique et plus ancien. De fait, beaucoup d'auteurs réalistes contemporains se réclament d'un tel courant de pensée, qui compte dans ses rangs des figures illustres comme Thucydide (v. 460-v. 400 avant l'ère chrétienne), Nicolas Machiavel (1469-1527), Thomas Hobbes (1588-1679) et Jean-Jacques Rousseau (1712-1778). Les idées que ces réalistes ont formulées quant à la conduite des dirigeants en matière de politique internationale sont généralement regroupées dans la doctrine dite de la **raison d'État**. Ensemble, les auteurs associés à cette doctrine ont proposé aux dirigeants un ensemble de maximes sur l'orientation à donner à leur politique extérieure afin qu'ils assurent la **sécurité** de l'État.

Selon l'historien Friedrich Meinecke (1862-1954), la raison d'État est le principe fondamental de la politique internationale, la première loi du mouvement de l'État, en quelque sorte. Elle indique aux dirigeants politiques ce qu'ils doivent faire pour préserver la santé et la vigueur de l'État (1957, p. 1). Plus important encore, l'État, considéré comme l'acteur-clé en politique internationale, doit accroître sa puissance, et ses dirigeants ont le devoir de déterminer rationnellement les mesures les plus appropriées afin de perpétuer leur État dans un milieu hostile et menaçant. Selon les réalistes de toute tendance, la survie de l'État ne peut jamais être garantie, parce que l'emploi de la force, pouvant aller jusqu'à la guerre, est un instrument légitime dans le cadre de l'action politique. Ainsi, postuler que l'État est le principal acteur et que le milieu où évoluent les États est périlleux contribue à définir le fondement même du réalisme. Il existe toutefois un **enjeu** particulier qui a toujours préoccupé tant les théoriciens associés à la notion de raison d'État que le réalisme classique en général : celui du rôle qui reviendrait ou non à la morale et à l'éthique en politique internationale.

Les réalistes doutent de la pertinence de **principes** moraux universels et mettent donc en garde les dirigeants politiques contre la tentation de sacrifier leurs propres intérêts pour faire intervenir une notion indéterminée de conduite éthique. En outre, ils affirment que la nécessité de survivre impose aux dirigeants politiques de se tenir à l'écart de la morale traditionnelle qui accorde une valeur positive à des principes tels que la prudence, la piété et le bien-être général de l'humanité dans son ensemble. Machiavel estimait que ces principes avaient des effets clairement nuisibles lorsque les dirigeants politiques s'y conformaient et que ceux-ci devaient impérativement adopter une autre morale, qui ne relevait pas des vertus chrétiennes traditionnelles, mais bien de la prudence et de la nécessité politiques. Les partisans de la raison d'État évoquent souvent une **double norme morale**: une norme morale pour les citoyens d'un État donné et une norme morale différente pour l'État dans ses rapports avec d'autres États. Le motif invoqué pour justifier cette double norme morale repose sur le fait que la nature de la politique internationale oblige fréquemment les dirigeants politiques à agir d'une manière qui serait entièrement inacceptable de la part d'un individu qui ferait la même chose (par exemple: tromper, mentir, tuer). Toutefois, avant de conclure que le réalisme est complètement immoral, il importe d'ajouter que les adeptes de la raison d'État considèrent que l'État lui-même représente une force morale, car c'est la présence même de l'État qui rend possible l'existence d'une **communauté politique** éthique à l'intérieur de ses frontières. La préservation de l'État et de la communauté éthique qu'il abrite devient un devoir moral des dirigeants politiques. Ainsi, il est incorrect de croire que les réalistes rejettent l'éthique, car ils estiment plutôt que, parfois, il est bon d'être cruel (Desch, 2003).

Bien qu'on puisse y repérer des différences subtiles, il n'en demeure pas moins qu'il existe un important degré de continuité entre la pensée réaliste classique et ses variantes modernes. D'ailleurs, les trois éléments essentiels du réalisme, soit l'**étatisme**, la **survie** et l'**autosuffisance**, sont présents tant dans les travaux d'un réaliste classique comme Thucydide que dans ceux d'un réaliste structurel contemporain comme Kenneth Waltz.

Le réalisme voit dans le groupe l'unité fondamentale faisant l'objet de l'analyse politique. À l'époque de Thucydide comme de Machiavel, l'unité de base était la *polis* ou cité-État, mais, depuis les traités de paix de Westphalie (1648), les réalistes considèrent que l'État souverain constitue désormais l'acteur principal en politique internationale, ce qui correspond au postulat statocentrique du réalisme. Dans le contexte présent, le terme «étatisme» renvoie à la notion selon laquelle l'État est le représentant légitime de la volonté collective du peuple. C'est la légitimité de l'État qui lui permet d'exercer son autorité à l'intérieur des frontières de son territoire. Les réalistes affirment aussi qu'une situation d'**anarchie** prévaut à l'extérieur des frontières de l'État. Le terme «anarchie» ici désigne le plus souvent le fait que la politique internationale se déploie dans un milieu

où aucune autorité centrale dominante ne s'impose dans chacun des États souverains. Ainsi, plutôt que de dénoter forcément le chaos total et l'absence de toute loi, le concept d'anarchie, tel que l'emploient les réalistes, souligne que le domaine international se caractérise par l'absence de toute autorité centrale.

Il en découle, toujours dans l'optique des réalistes, une distinction tranchée entre la politique nationale et la politique internationale. Si Hans J. Morgenthau affirme que la politique internationale, comme toute politique, est une lutte de pouvoir, il s'applique également à illustrer en détail les résultats qualitativement différents que donne cette lutte lorsqu'elle se déroule en politique internationale, comparativement à ce qui s'ensuit en politique nationale ([1948] 1955, p. 25). Les réalistes expliquent généralement une telle différence par le fait que la politique nationale et la politique internationale n'ont pas la même **structure** organisationnelle. Ils affirment que la structure de la politique internationale se caractérise par son anarchie, c'est-à-dire que chacun des États souverains et indépendants estime détenir l'autorité suprême et ne reconnaît aucune puissance supérieure à la sienne. Inversement, ils qualifient fréquemment de hiérarchique la structure de la politique nationale, c'est-à-dire que les différents acteurs politiques sont soumis à diverses relations d'autorité et de subordination.

C'est essentiellement en fonction de leur description du cadre international que les réalistes en concluent que les dirigeants politiques doivent accorder la priorité à la survie de leur État respectif. En situation d'anarchie, la survie d'un État ne peut être garantie. Les réalistes présument à juste titre que tous les États tiennent à perpétuer leur existence. Lorsqu'ils jettent un coup d'œil sur l'histoire, ils observent cependant que, dans certains cas, l'action de certains États a déjà eu pour résultat la disparition d'autres États (c'est précisément le sort qui a frappé la Pologne à quatre reprises au cours des trois derniers siècles). L'explication d'un tel phénomène réside en partie dans l'écart de puissance entre les États concernés. Intuitivement, on peut penser que les États plus puissants sont plus susceptibles de survivre que les moins puissants. La **puissance** loge au cœur de la thèse des réalistes et a traditionnellement été définie en termes stricts de stratégie militaire. Pourtant, quelle que soit la puissance d'un État, l'**intérêt national** vital de tout État se trouve dans sa survie. À l'instar de la recherche de puissance, la promotion de l'intérêt national constitue, selon les réalistes, une nécessité absolue.

L'autosuffisance est le principe d'action dans un système anarchique où il n'y a pas de gouvernement mondial. Selon les préceptes du réalisme, chaque État doit veiller lui-même à préserver sa survie et son bien-être. Les réalistes estiment qu'il est contre-indiqué pour un État de confier sa survie et sa sécurité à un autre acteur ou à une institution internationale comme l'ONU. En résumé, aucun État ne doit compter sur d'autres États ou **institutions** pour garantir sa propre sécurité. Contrairement à ce qui prévaut en politique nationale, aucun service d'urgence ne peut venir à la rescousse des États lorsqu'ils sont exposés à un danger mortel, d'où l'importance de la notion de sécurité collective.

Il serait légitime ici de s'interroger sur les options dont disposent les États pour assurer leur propre sécurité. Conformément au principe d'autosuffisance, lorsqu'un pays se croit en péril, il doit s'efforcer d'accroître ses propres **capacités** de puissance en procédant notamment (mais pas seulement) à l'acquisition d'arsenaux militaires. Cette acquisition pourrait bien s'avérer insuffisante, cependant, pour une foule de petits pays qui se sentiraient menacés par un État beaucoup plus fort. C'est ici qu'apparaît l'un des mécanismes cruciaux que, de tout temps, les réalistes ont considérés comme essentiels à la préservation de la liberté des États : l'**équilibre des puissances.** Si diverses significations ont été attribuées à cette notion, la plus courante peut sans doute s'énoncer comme suit : si un ou plusieurs États plus faibles estiment que leur survie est menacée par un État hégémonique ou par une coalition d'États plus forts, ils devraient unir leurs forces, former une alliance formelle et tenter de préserver leur propre indépendance en réfrénant la partie adverse. Ce mécanisme vise à établir un équilibre tel qu'aucun État ni aucune coalition d'États ne soit en position de dominer les autres. La rivalité entre l'Est et l'Ouest durant la **guerre froide**, qu'a cristallisée le système d'alliances formé du **pacte de Varsovie** et de l'**Organisation du traité de l'Atlantique nord (OTAN)**, a offert un exemple clair du mécanisme que constitue l'équilibre des puissances.

La conclusion pacifique de la guerre froide a surpris de nombreux réalistes. En effet, pour le réaliste, la scientificité d'une théorie réside principalement dans sa capacité de décrire, d'expliquer et de prédire. Or, l'incapacité des réalistes à prédire la fin du système bipolaire qui a caractérisé la guerre froide a été sévèrement critiquée. Les critiques ont également dit que le réalisme n'a pas su éclairer de façon convaincante de nouveaux phénomènes, comme l'**intégration** régionale, l'intervention humanitaire, l'émergence d'une **communauté de sécurité** en **Europe** occidentale et la fréquence accrue des guerres intra-étatiques dans les pays du Sud (sur ce dernier point, voir notamment l'encadré «Pour en savoir plus», ci-contre). De plus, les partisans de la globalisation affirment que l'acteur privilégié de la thèse réaliste, soit l'État, est en déclin par rapport aux **acteurs non étatiques,** tels que les entreprises transnationales et les puissantes institutions régionales. Le poids cumulatif de ces critiques a ainsi amené beaucoup de théoriciens, toutes allégeances confondues, à reconsidérer la pertinence analytique et morale de la pensée réaliste.

En guise de réponse aux critiques formulées, on peut rappeler que l'arrêt de mort du réalisme a déjà été signé à plusieurs reprises, entre autres par la démarche scientifique dans les années 1960 et par le transnationalisme dans les années 1970, sans pour autant en avoir empêché la résurgence vigoureuse sous la forme du réalisme structurel au cours des années 1980 (couramment dénommé **néoréalisme**). À cet égard, le réalisme partage avec le conservatisme (l'un de ses parrains idéologiques) la reconnaissance du fait qu'une théorie dépourvue de toute capacité d'adaptation n'a pas les moyens d'assurer sa propre survie.

La question de la résilience du réalisme porte sur l'une de ses thèses centrales, suivant laquelle il est l'incarnation de lois de la politique internationale qui demeurent vraies dans le temps (l'histoire) et dans l'espace (la géopolitique). Ainsi, bien que les conditions politiques aient changé depuis la fin de la guerre froide, les réalistes estiment que le fonctionnement du monde obéit toujours à une logique réaliste.

POUR EN SAVOIR PLUS

Le réalisme et les guerres intra-étatiques

Depuis la fin de la guerre froide, les guerres intra-étatiques (les conflits au sein d'un État) sont devenues plus fréquentes que les guerres interétatiques. Puisque les réalistes s'intéressent généralement davantage à ces dernières, leurs opposants prétendent que le réalisme est indifférent aux épreuves, tels les conflits nationalistes ou ethniques, que doivent affronter les pays du Sud. Ce n'est toutefois pas le cas : des réalistes se sont employés à analyser les causes des guerres intra-étatiques et à recommander des solutions.

Les partisans du réalisme structurel sont d'avis que, lorsque l'autorité souveraine de l'État s'effondre, comme en Somalie et en Haïti, et qu'une guerre interne éclate, le conflit résulte souvent des mêmes causes que celles qui sont à l'origine des guerres interétatiques. En un sens fondamental, la dichotomie entre l'ordre national et le désordre international s'efface dès que l'État perd la légitimité nécessaire pour imposer son autorité. L'anarchie qui surgit au sein de l'État est analogue à celle qui prévaut entre les États. Dans une telle situation, la théorie réaliste présume que les différents groupes à l'intérieur de l'État rivaliseront pour exercer leur pouvoir dans le but d'acquérir un sentiment de sécurité. Barry Posen (1993) a fait appel à l'important concept réaliste du **dilemme de sécurité** pour expliquer la dynamique politique qui s'instaure quand différents groupes ethniques, religieux et culturels doivent soudainement assurer leur propre sécurité. Selon lui, on doit s'attendre à ce que ces groupes accordent la priorité absolue à leur sécurité et cherchent à se donner les moyens nécessaires pour préserver leur existence. Cependant, comme dans le cas des États, les efforts d'un groupe pour rehausser sa sécurité vont engendrer un sentiment d'incertitude chez les groupes rivaux, qui vont à leur tour tenter d'accroître leur propre puissance. Les réalistes affirment qu'une telle spirale de méfiance et d'incertitude donne lieu à une intense rivalité pour la sécurité et aboutit souvent au déclenchement d'un conflit militaire entre les divers groupes indépendants qui étaient auparavant assujettis à la puissance souveraine de l'État.

En plus d'analyser les causes des guerres intra-étatiques, les tenants du réalisme ont proposé des solutions. Contrairement à maintes solutions libérales préconisées pour mettre fin aux guerres civiles et ethniques, qui reposaient sur des accords de partage du pouvoir et la création d'États multiethniques, les réalistes ont prôné la séparation ou la partition, car ils estiment que l'anarchie peut être éliminée grâce à la mise sur pied d'un gouvernement central. Ils ajoutent aussi que, si la création d'États multiethniques peut être une démarche tout à fait noble, elle ne présente cependant pas un taux de succès très élevé. Ils considèrent que les États ethniquement homogènes sont plus stables et dépendent moins d'une occupation militaire extérieure.

La question de savoir si le réalisme incarne ou non des vérités intemporelles sur la politique est de nouveau abordée dans la conclusion du chapitre. Entre-temps, la prochaine section entame un exposé détaillé du réalisme afin d'en illustrer clairement l'évolution au long des 25 derniers siècles. Puis, après l'analyse des principaux concepts qui sous-tendent ce courant de pensée, la troisième section énonce l'ensemble des principes fondamentaux auxquels pourraient souscrire tous les adeptes du réalisme.

À RETENIR

- Le réalisme a été la théorie dominante de la politique mondiale depuis l'apparition du champ d'études universitaires que constituent les relations internationales.

- À l'extérieur du milieu universitaire, les origines du réalisme remontent beaucoup plus loin, aux travaux de théoriciens classiques, tels que Thucydide, Machiavel, Hobbes et Rousseau.

- Le thème central autour duquel gravite toute la pensée réaliste peut se résumer ainsi : les États vivent dans un environnement anarchique, si bien que leur sécurité ne peut être tenue pour acquise.

- En ce début d'un nouveau millénaire, le réalisme continue d'exercer son attrait dans le milieu universitaire et son influence sur les dirigeants politiques, même si, depuis la fin de la guerre froide, ses postulats ont fait l'objet de critiques plus sévères.

UN OU PLUSIEURS RÉALISMES ?

L'exercice intellectuel consistant à formuler une théorie unifiée du réalisme a été critiqué par plusieurs auteurs qui se sont montrés soit favorables, soit défavorables à son égard (M. J. Smith, 1986 ; Doyle, 1997). La prémisse selon laquelle il n'y a pas qu'un seul réalisme, mais bien plusieurs, a pour conséquence logique une énumération de différents types de réalisme. Un certain nombre de classifications thématiques ont été proposées pour distinguer les catégories constitutives du réalisme. La plus simple revêt la forme d'une périodisation qui établit trois époques historiques : d'abord, le réalisme classique (jusqu'au XXᵉ siècle), dont l'origine est généralement attribuée à l'ouvrage de Thucydide sur la guerre du Péloponnèse (ayant opposé Athènes et Sparte au Vᵉ siècle avant l'ère chrétienne) et qui intègre les idées des plus grands auteurs associés à la pensée politique occidentale ; ensuite, le réalisme moderne (1939-1979), dont le point de départ est souvent fixé au premier grand débat entre les penseurs de l'entre-deux-guerres et la nouvelle vague de chercheurs qui a déferlé immédiatement avant et après la Seconde Guerre mondiale ; enfin, le réalisme structurel ou néoréalisme (depuis 1979), qui a officiellement fait son apparition après la publication de l'ouvrage fondateur de Kenneth Waltz, *Theory of International Politics* (1979). Si la succession de ces périodes laisse croire à une séquence historique bien délimitée, elle n'en revêt pas moins un caractère problématique, dans la mesure où elle fait l'impasse sur l'importante question des divergences au sein de chacune de ces périodes. Plutôt que de retenir cette périodisation historique précise, mais intellectuellement insatisfaisante, nous préférons proposer notre propre représentation des réalismes, qui établit des liens essentiels avec les catégories définies par d'autres penseurs dans ce domaine. Le tableau 5.1 (page suivante) donne un aperçu des types de réalisme que nous allons décrire.

TABLEAU 5.1   **Une taxonomie des courants du réalisme**

TYPES DE RÉALISME	PRINCIPAUX PENSEURS	TEXTES IMPORTANTS	THÈSE PRINCIPALE
Réalisme classique (Nature humaine)	Thucydide (v. 460-v. 400 avant l'ère chrétienne)	*Histoire de la guerre du Péloponnèse*	La politique internationale est animée par une incessante lutte pour le pouvoir, dont l'origine se situe dans la nature humaine. La justice, le droit et la société en sont exclus ou y occupent une place limitée.
	Machiavel (1532)	*Le Prince*	Le réalisme politique reconnaît que les principes sont subordonnés aux politiques. La grande habileté du dirigeant politique réside dans sa capacité d'accepter la configuration changeante des rapports de force et de la distribution de la puissance en politique mondiale, puis d'adapter ses actions en conséquence.
	Morgenthau (1948)	*Politics Among Nations*	La politique est régie par des lois issues de la nature humaine. La compréhension de la politique internationale passe par le recours à la notion d'intérêts, définie en regard de la puissance.
Réalisme structurel (Système international)	Rousseau (v. 1750)	*L'état de guerre*	Ce n'est pas la nature humaine, mais bien le système anarchique qui est source de peur, de jalousie, de suspicion et d'insécurité.
	Waltz (1979)	*Theory of International Politics*	L'anarchie favorise une logique d'autosuffisance poussant les États à maximiser leur sécurité. La répartition la plus stable de la puissance au sein du système procède de la bipolarité.
	Mearsheimer (2001)	*Tragedy of Great Power Politics*	Le système anarchique fondé sur l'autosuffisance impose aux États l'optimisation de leur position de puissance relative.
Réalisme néoclassique	Zakaria (1998)	*From Wealth to Power*	Le portrait systémique de la politique mondiale que dresse le réalisme structurel est incomplet. Il doit être achevé par une analyse plus précise de variables individuelles, telles que la perception de la puissance et l'exercice du leadership.

Le réalisme classique

La lignée du réalisme classique s'amorce avec Thucydide, qui a présenté la politique de puissance sous la forme d'une loi du comportement humain. La recherche de puissance et la volonté de domination sont considérées comme des traits fondamentaux de la nature humaine. Le comportement de l'État en tant qu'égoïste total est interprété comme un simple reflet des traits des individus que réunit l'État. C'est la nature humaine elle-même qui explique que la politique internationale est forcément une politique de puissance. La réduction du réalisme à un trait de la nature humaine apparaît fréquemment dans les textes fondamentaux de ce courant de pensée, dont le plus célèbre est l'œuvre du grand auteur du réalisme de l'après-guerre, Hans J. Morgenthau. Les réalistes classiques affirment que c'est de la nature humaine que proviennent les caractéristiques essentielles

de la politique internationale, comme la rivalité, la peur et la guerre. Selon Morgenthau, la politique, comme la société dans son ensemble, est régie par des lois objectives dont les racines se trouvent dans la nature humaine (Morgenthau, [1948] 1955, p. 4). Il insiste surtout sur la nécessité de reconnaître l'existence de ces lois, d'une part, et, d'autre part, de mettre au point les politiques les plus appropriées qui partent du principe fondamental que les êtres humains sont imparfaits. Tant Thucydide que Morgenthau considèrent que la recherche constante et permanente de puissance par les États résulte de l'expression des pulsions biologiques des êtres humains.

Un autre trait distinctif du réalisme classique s'observe dans la conviction de ses tenants au sujet du caractère primordial de la puissance et de l'éthique. Le réalisme classique se concentre foncièrement sur la lutte pour la reconnaissance, qui s'avère souvent violente. La vertu patriotique est un facteur essentiel à la survie des collectivités dans cette bataille historique entre le bien et le mal, et c'est une vertu qui a précédé de loin l'émergence des notions de collectivité fondées sur la souveraineté, au XVIIe siècle. Les réalistes classiques diffèrent donc des réalistes contemporains en ce sens qu'ils ont fait front à la philosophie morale et ont tenté de reconstruire une compréhension de la vertu à la lumière des circonstances concrètes et historiques. Thucydide et Machiavel sont parmi les réalistes classiques qui se sont interrogés sur l'importance que les dirigeants politiques accordaient aux considérations éthiques dans leurs prises de décision.

Thucydide a été l'historien de la guerre du Péloponnèse, un conflit ayant opposé deux grandes puissances de l'Antiquité grecque, Athènes et Sparte. Des générations subséquentes de réalistes ont exprimé leur admiration pour le travail de Thucydide et la pertinence de ses propos sur un bon nombre de questions récurrentes liées à la politique internationale. Selon Thucydide, les causes fondamentales de cette guerre ont été la croissance de la puissance athénienne et la crainte que celle-ci a suscitée chez les Spartiates. Il s'agit là d'un exemple classique de l'incidence de la structure anarchique de la politique internationale sur le comportement des États concernés. En ce sens, Thucydide explique clairement que l'intérêt national de Sparte, comme celui de tous les États, était d'assurer sa survie et que le nouvel équilibre des puissances qui se dessinait alors constituait une menace directe à son existence même. Sparte s'est donc estimée contrainte de faire la guerre afin de ne pas être conquise par Athènes. Thucydide explique tout aussi clairement qu'Athènes s'est sentie tout autant obligée d'accroître sa puissance en vue de préserver l'**empire** qu'elle avait acquis. Périclès, le grand dirigeant athénien, a affirmé que son action résultait des motivations humaines les plus essentielles : l'ambition, la peur et l'intérêt personnel.

L'un des épisodes importants de la guerre entre Athènes et Sparte est connu sous le nom de « dialogue mélien » et il offre une illustration fascinante de quelques principes réalistes fondamentaux. L'étude de cas de la page 94 reconstruit les propos des dirigeants athéniens qui débarquent dans l'île de Mélos pour faire valoir leur droit de la conquérir, ainsi que les réponses des insulaires. En résumé, les Athéniens exposent aux Méliens la logique de la politique de puissance. En raison de leur énorme supériorité militaire, ils sont en mesure d'imposer aux Méliens l'alternative suivante : la soumission pacifique ou l'extermination. Les Méliens tentent de contrer la logique de la politique de puissance et invoquent des arguments fondés tour à tour sur la justice, Dieu et le recours à leurs alliés, les Spartiates. Comme le révèle bien le dialogue, les Méliens ont dû se plier au précepte réaliste implacable : les forts font ce que leur puissance leur permet de faire et les faibles acceptent ce qu'ils doivent accepter.

Des réalistes classiques postérieurs, notamment Machiavel et Morgenthau, vont abonder dans le sens de l'affirmation de Thucydide selon laquelle la logique de la politique de puissance a une validité universelle. À Mélos et à Athènes pourraient d'ailleurs être facilement substituées la vulnérabilité de la Florence adorée de Machiavel et les politiques expansionnistes des grandes puissances. L'époque de Morgenthau a également apporté son lot d'exemples montrant que la volonté naturelle d'acquérir plus de puissance et de **territoires** a semblé relever de ce même précepte réaliste implacable : qu'il suffise de mentionner l'Allemagne nazie et la Tchécoslovaquie en 1939, l'Union soviétique et la Hongrie en 1956. Le cycle apparemment éternel des guerres et des conflits a confirmé, dans l'esprit des tenants du réalisme classique du XXe siècle, l'existence des pulsions essentiellement agressives qui caractérisent la nature humaine. Selon Morgenthau, l'instinct de survie, de propagation et de domination est présent chez tous les êtres humains (Morgenthau, 1955, p. 30). Qu'est censé faire un dirigeant dans un monde animé par des forces aussi ténébreuses ? Machiavel a répondu à cette question en disant que toutes les obligations et tous les traités conclus avec d'autres États doivent être relégués aux oubliettes lorsque la sécurité de la collectivité est menacée. De plus, l'expansion impériale est légitime en tant que moyen d'accroître sa sécurité. D'autres tenants du réalisme classique, tels Herbert Butterfield, E. H. Carr, Morgenthau et Arnold Wolfers, ont cependant préconisé, au milieu du XXe siècle, une interprétation plus modérée de ce qu'est une conduite morale appropriée. Ils estimaient que l'anarchie pouvait être atténuée grâce à un leadership avisé et à une défense de l'intérêt national par des moyens compatibles avec un **ordre international**. Dans le sillage de Thucydide, ils ont reconnu qu'une action fondée strictement sur la puissance et l'intérêt, sans égard à tout principe moral et éthique, donne souvent des résultats contraires aux objectifs visés. Après tout, comme l'a montré Thucydide, Athènes a subi une défaite cuisante après s'en être tenue au principe réaliste de l'intérêt.

Le réalisme structurel

Les partisans du réalisme structurel sont aussi d'avis que la politique internationale est par essence une lutte de pouvoir, mais ils n'acceptent pas le postulat du

Le dialogue mélien : le réalisme et la préparation de la guerre

LES ATHÉNIENS. De notre côté, nous n'emploierons pas de belles phrases ; nous ne soutiendrons pas que notre domination est juste parce que nous avons défait les Perses […]. De votre côté, ne vous imaginez pas nous convaincre en soutenant que, bien que soumis à Sparte, vous ne vous êtes pas alliés à Sparte pour la guerre ou que vous ne nous avez causé aucun tort. […] Nous le savons et vous le savez aussi bien que nous : dans les discussions des hommes pratiques, **la justice n'entre en ligne de compte que si les forces sont égales de part et d'autre ; dans le cas contraire, les forts exercent leur pouvoir et les faibles doivent leur céder.**

LES MÉLIENS. À notre avis – puisque vous nous avez invités à ne considérer que l'utile, à l'exclusion du juste – […] votre intérêt exige que vous ne fassiez pas fi de l'utilité commune ; celui qui est en danger doit pouvoir faire entendre la raison et la justice.

LES ATHÉNIENS. Nous voulons établir notre domination sur vous sans qu'il nous en coûte de peine et, dans notre intérêt commun, assurer votre salut.

LES MÉLIENS. Et comment pourrions-nous avoir le même intérêt, nous à devenir esclaves, vous à être les maîtres ?

LES ATHÉNIENS. Vous auriez tout intérêt à vous soumettre avant de subir les pires malheurs, et nous, nous tirerions avantage à ne pas vous faire périr.

LES MÉLIENS. Si nous restions en paix avec vous et non en guerre sans prendre parti, vous n'admettriez pas cette attitude ?

LES ATHÉNIENS. Non, votre hostilité nous fait moins de tort que votre neutralité ; celle-ci est aux yeux de nos sujets une preuve de notre faiblesse ; celle-là, un témoignage de notre puissance. […] Ainsi, **en vous réduisant à l'obéissance, nous accroîtrons** non seulement la taille, mais aussi la sécurité de notre empire.

LES MÉLIENS. Mais croyez-vous que nos propositions ne réservent aucune place à votre sécurité ? Puisque vous n'admettez pas notre considération pour la justice et nous invitez à n'envisager que l'utile, alors nous devons vous expliquer notre intérêt et tâcher de vous convaincre que notre intérêt et le vôtre se confondent. N'est-il pas certain que vous vous ferez des ennemis de tous les États aujourd'hui neutres, lorsqu'ils verront votre conduite à notre égard et qu'ils en concluront naturellement qu'un jour ou l'autre vous allez les attaquer eux aussi ? […] Nous savons que, dans la guerre, la fortune rétablit parfois un certain équilibre entre les adversaires.

LES ATHÉNIENS. L'espérance stimule dans le danger !

LES MÉLIENS. Nous avons confiance que les dieux nous accorderont une fortune égale à la vôtre, parce que nous défendons la justice et résistons à l'injustice. Quant à l'infériorité de nos forces, nous savons qu'elle sera compensée par notre alliance avec Sparte, qui, au moins par honneur et à défaut d'une autre raison, et par suite de notre origine commune, viendra à notre secours.

LES ATHÉNIENS. Nous ne craignons pas non plus que la bienveillance divine nous fasse défaut. […] Notre opinion sur les dieux et notre connaissance des hommes nous amènent à conclure que ceux-ci comme ceux-là **tendent, selon une nécessité de leur nature, à la domination partout où leurs forces prévalent.** Ce n'est pas nous qui avons établi cette loi et nous ne sommes pas non plus les premiers à l'appliquer. Elle était en pratique avant nous et elle subsistera à jamais après nous. Nous en profitons, bien convaincus que vous, comme les autres, si vous aviez notre puissance, vous ne vous comporteriez pas autrement. Du côté des dieux, selon toute probabilité, nous ne craignons pas d'être désavantagés. Quant à votre opinion sur Sparte, qui, vous l'espérez, viendra à votre secours par honneur, nous devons vous féliciter pour votre naïveté, sans pour autant envier votre folie. […] Plus qu'aucun autre peuple que nous connaissons, les Spartiates se distinguent par leur propension à juger honorable ce qu'ils aiment et juste ce qui leur est utile.

LES MÉLIENS. C'est là précisément ce qui nourrit au plus haut point notre confiance. La défense de leur propre intérêt les incitera à refuser de trahir leurs colons, les Méliens.

LES ATHÉNIENS. Vous semblez oublier que l'intérêt se confond avec la sécurité, alors que **la défense de la justice et de l'honneur est inséparable des dangers**. […] Ne vous laissez pas égarer par un faux sens de l'honneur. […] Vous, en délibérant sagement, éviterez cette erreur. Et, puisque vous avez le choix entre la guerre et votre sécurité, vous n'aurez pas l'arrogance de faire le mauvais choix. Vous conviendrez qu'il n'y a rien d'infamant à céder à la plus grande ville hellène, dont les propositions sont pleines de modération, lorsqu'elle vous offre de devenir ses alliés et ses tributaires, en vous laissant la propriété de vos terres. **Ne pas céder à ses égaux, agir avec déférence devant les forts et user de modération avec les faibles : voilà les règles de la sécurité.**

LES MÉLIENS. Notre manière de voir n'a pas varié, Athéniens. Nous refusons de nous dépouiller en un instant de la liberté dont notre cité a bénéficié depuis sa fondation, il y a 700 ans.

LES ATHÉNIENS. Il nous semble que […] vous considérez comme déjà réalisé ce qui est encore incertain, simplement parce que vous le désirez ainsi.

(Adaptation de Thucydide, Histoire de la guerre du Péloponnèse, *tome 2, traduction de Jean Voilquin, Paris, Garnier-Flammarion, 1966, p. 75-80)*

réalisme classique voulant que ce serait là le fait de la nature humaine. Ils attribuent plutôt les conflits interétatiques et la rivalité pour la sécurité à l'absence d'une autorité globale supraétatique et à la répartition relative de la puissance au sein du système international. Waltz a fondé sa définition de la structure du système international sur les trois éléments suivants : la présence d'un principe organisateur, la différenciation des unités, c'est-à-dire les États, et la répartition des capacités. Il a cerné deux principes organisateurs distincts : l'anarchie, qui correspond au domaine décentralisé de la politique internationale, et la hiérarchie, qui est à la base de l'ordre national. Il a affirmé que les unités du système international sont des États souverains qui sont fonctionnellement similaires au sein de ce système, de sorte qu'il n'est aucunement pertinent de faire appel à la variation interne des unités pour expliquer l'état de la situation internationale. C'est plutôt le troisième élément, soit la répartition des capacités entre les unités, qui, selon Waltz, revêt une importance fondamentale pour la compréhension des événements internationaux cruciaux. Les adeptes du réalisme structurel sont d'avis que la distribution relative de la puissance au sein du système international est la variable indépendante primordiale à prendre en compte lorsqu'il s'agit d'appréhender de vastes phénomènes internationaux comme la guerre et la paix, les politiques d'alliance et l'équilibre des puissances. Ils s'efforcent d'établir un classement des États en vue de dénombrer et de différencier les grandes puissances présentes à toute époque. Le nombre des grandes puissances détermine la structure du système international en place. Ainsi, durant les années de la guerre froide, soit de 1945 à 1989, les deux grandes puissances existantes, les États-Unis et l'Union soviétique, formaient ensemble un système international bipolaire.

Quelle est l'incidence de la distribution de la puissance sur le comportement des États, notamment sur leur volonté d'accroître leur puissance ? D'une façon très générale, Waltz considère que les États, et surtout les grandes puissances, doivent être attentifs aux capacités des autres États. La possibilité que tout État ait recours à la force pour favoriser ses intérêts amène tous les États à devoir se préoccuper de leur survie. Selon Waltz, la puissance est un moyen employé à des fins de sécurité. Dans un passage important, il écrit ceci : « Parce que la puissance est un moyen éventuellement utile, les dirigeants politiques sensés s'efforcent d'en avoir suffisamment à leur disposition [...], sauf que, dans des situations d'une importance vitale, l'objectif prioritaire des États n'est pas la puissance, mais bien la sécurité » (Waltz, 1989, p. 40). En d'autres termes, plutôt que de

maximiser leur puissance (puissance absolue), les États, d'après Waltz, optimisent leur sécurité (puissance relative). Il estime que la maximisation de la puissance par un État s'avère souvent dysfonctionnelle, parce qu'elle suscite la formation d'une coalition d'États visant à lui faire contrepoids.

Variante du réalisme structurel, la théorie du **réalisme offensif** de John Mearsheimer propose une autre interprétation de la logique de puissance qui est à l'œuvre au sein du **système anarchique**. S'il partage un bon nombre des grands postulats qu'a formulés Waltz dans sa théorie du réalisme structurel, fréquemment appelée **réalisme défensif**, Mearsheimer s'en écarte quelque peu dans sa description du comportement des États. Le réalisme offensif diverge du réalisme défensif lorsqu'il est question de l'ampleur de la puissance que recherchent les États (Mearsheimer, 2001, p. 21). Selon cet auteur, la structure du système international impose aux États d'optimiser leur position de puissance relative. Dans un cadre d'anarchie, il convient que l'autosuffisance constitue le principe d'action fondamental. Or, il ajoute que non seulement tous les États possèdent une certaine capacité militaire offensive, mais aussi qu'il subsiste toujours une grande incertitude quant aux intentions des autres États. Il en conclut alors qu'aucun État n'est jamais satisfait du statu quo et que tout État cherche constamment à accroître sa propre puissance aux dépens des autres États. Contrairement à Waltz, Mearsheimer avance que les États voient, dans l'accumulation d'une puissance supérieure à toute autre, le meilleur moyen d'instaurer la paix. En fait, la meilleure position, bien que pratiquement impossible à atteindre, d'après Mearsheimer, consiste à trôner au sommet du **système international**. Cependant, parce qu'il croit qu'une **hégémonie** mondiale est utopique, il en déduit que nous sommes condamnés à endurer une rivalité perpétuelle entre grandes puissances.

La remise en question du réalisme structurel par le réalisme contemporain

Si le réalisme offensif a indéniablement apporté une importante contribution au réalisme dans son ensemble, certains tenants du réalisme contemporain ne sont toutefois pas convaincus que la répartition internationale de la puissance explique à elle seule le comportement des États. Depuis la fin de la guerre froide, quelques penseurs ont voulu étoffer le petit noyau de postulats du réalisme structurel et ont intégré à leur analyse de la politique internationale divers autres facteurs d'ordre individuel et national. Les facteurs systémiques exercent une influence notable sur le comportement des États, certes, mais il y en a d'autres tels que les perceptions des dirigeants politiques, les rapports entre l'État et la société ainsi que les sources de motivation des États. En raison des efforts que ces penseurs ont déployés pour jeter un pont entre les facteurs structurels et conjoncturels (sur lesquels insistent beaucoup d'adeptes du réalisme classique), ils ont été qualifiés de réalistes néoclassiques par Gideon Rose (1998). D'après Stephen Walt, la logique causale du **réalisme néoclassique** fait de la politique nationale une variable intermédiaire entre la répartition de la puissance et le comportement en politique extérieure (Walt, 2002, p. 211).

Les dirigeants eux-mêmes constituent aussi une importante variable intermédiaire, qui réside plus précisément dans leur perception de la répartition internationale de la puissance. Puisqu'il n'existe pas de mesure objective et indépendante de la répartition de la puissance, ce qui compte vraiment en la matière, c'est la perception qu'en ont les dirigeants politiques. Alors que les tenants du réalisme classique supposent que tous les États défendent un même ensemble d'intérêts, les partisans du réalisme néoclassique, notamment Randall Schweller (1996), affirment que ce n'est pas toujours le cas. Celui-ci retourne aux écrits de réalistes tels que Morgenthau et Henry Kissinger pour mettre en relief la distinction-clé qu'ils ont observée entre les États du statu quo et les États révisionnistes. Les réalistes néoclassiques affirmeraient que, pour bien comprendre le rôle actuel de l'Allemagne dans le système international, il faut surtout s'arrêter au fait que ce pays a été un État révisionniste durant les années 1930 et un État du statu quo depuis la fin de la Seconde Guerre mondiale. Les États diffèrent les uns des autres en ce qui concerne non seulement leurs intérêts, mais également leur capacité à prélever et à orienter leurs ressources. Fareed Zakaria (1998) introduit la variable intermédiaire de la capacité de l'État dans sa théorie du réalisme axé sur l'État. La force de l'État désigne ici la possibilité qu'a un État de mobiliser et d'orienter les ressources dont il dispose en vue de favoriser des intérêts spécifiques. Les partisans du réalisme néoclassique affirment que différents types d'États possèdent différentes capacités pour traduire en puissance d'État les divers éléments de la puissance nationale. Ainsi, contrairement à ce que dit Waltz, il n'est pas possible de considérer tous les États comme des «unités semblables».

Compte tenu de toutes les variantes du réalisme, il n'est pas étonnant de voir que la cohérence générale de la tradition réaliste a été réévaluée. La réponse à la question de la cohérence repose bien entendu sur le caractère plus ou moins strict des critères retenus lorsqu'on porte un jugement sur les éléments de continuité qui sous-tendent une théorie spécifique. Ici, il est peut-être erroné de voir dans la tradition évoquée un seul courant de pensée, transmis tel quel d'une génération d'auteurs réalistes à la suivante. Il est préférable d'envisager la tradition vivante du réalisme comme l'incarnation jumelée d'éléments de continuité et de divergence. La présence de ces différents éléments n'empêche d'ailleurs pas que tous les réalistes se rallient à un même ensemble de propositions.

À RETENIR

- Il n'y a pas de consensus sur la question de savoir si le réalisme constitue ou non un corpus théorique unique et cohérent.

- Il est toutefois justifié de définir différents types de réalisme.

- Le réalisme structurel se divise en deux courants de pensée: l'un soutient que les États optimisent leur sécurité (réalisme défensif) et l'autre postule que les États maximisent leur puissance (réalisme offensif).

- Les tenants du réalisme néoclassique réintègrent dans la théorie les variations de l'unité et de l'individu.

LE NOYAU DU RÉALISME

On vient de voir que le réalisme est un vaste corpus théorique qui réunit un grand nombre d'auteurs et de textes. Au-delà des diverses dénominations, il s'avère que tous les réalistes conviennent de l'importance des trois éléments suivants: l'étatisme, la survie et l'autosuffisance. Chacun de ces éléments fait l'objet d'un examen plus détaillé dans les sous-sections suivantes.

L'étatisme

Aux yeux des réalistes, l'État est le principal acteur et sa souveraineté constitue son trait distinctif. Le sens du concept d'État souverain est inextricablement lié à l'usage de la force. Pour bien illustrer ce lien entre la violence et l'État, il suffit de se reporter à la célèbre définition formulée par Max Weber (1864-1920), qui fait de l'État le détenteur du monopole de l'emploi légitime de la force physique au sein d'un territoire donné (M. J. Smith, 1986, p. 23)[3]. Dans ce cadre territorial, la souveraineté signifie que l'État possède l'autorité suprême concernant la formulation et l'application des lois. Il s'agit là du fondement même du contrat non écrit liant les individus et l'État. Selon Thomas Hobbes, par exemple, les individus échangent leur liberté contre une garantie de sécurité. Une fois la sécurité établie, la **société civile** peut se mettre en place. En l'absence de sécurité, toutefois, il ne saurait y avoir ni art, ni culture, ni société. D'après les réalistes, il faut donc d'abord organiser le pouvoir à l'échelle nationale, et ce n'est qu'ensuite que la collectivité en tant que telle peut s'épanouir.

La théorie internationale du réalisme semble s'appuyer sur la prémisse suivant laquelle le problème de l'ordre et de la sécurité à l'échelle nationale est résolu. Cependant, à l'extérieur, en ce qui a trait aux relations entre les divers États souverains et indépendants, il importe d'ajouter que les sources d'insécurité, les dangers et les menaces contre l'existence même de l'État sont omniprésents. Selon les réalistes, une telle situation s'explique surtout par le fait que la condition fondamentale d'existence de l'ordre et de la sécurité, soit la présence d'une source d'autorité supérieure, n'est pas satisfaite à l'échelle internationale. Ces penseurs affirment que, en situation d'anarchie, les États rivalisent entre eux pour asseoir leur puissance et leur sécurité. La nature de cette rivalité est assimilée à celle d'un jeu à somme nulle, c'est-à-dire que tout gain du côté d'un acteur se solde par une perte équivalente du côté d'un adversaire. Cette logique de rivalité propre à la politique de puissance rend difficile tout accord sur des principes universels, sauf sur le principe de non-ingérence dans les affaires intérieures des autres États souverains. Même ce dernier principe, conçu pour faciliter la **coexistence**, est mis en doute par des réalistes qui considèrent que, en pratique, la non-ingérence ne s'applique pas aux relations entre les grandes puissances et leur «étranger proche». Comme le montre bien le comportement récent des États-Unis en Afghanistan et en Iraq, des États puissants n'hésitent pas à faire fi du principe de non-ingérence en invoquant des motifs de sécurité nationale et d'ordre international.

Étant donné que la première mesure de l'État consiste à organiser le pouvoir à l'échelle nationale et que la deuxième réside dans l'accumulation de puissance à l'échelle internationale, il devient important de bien comprendre ce que les réalistes ont à l'esprit lorsqu'ils parlent de la fusion de la politique et de la puissance. Les réalistes peuvent certainement dire que la politique internationale est une lutte menée pour l'acquisition de puissance, mais il faudrait encore savoir comment ils conçoivent la notion de puissance. Morgenthau en offre la définition suivante: «Contrôle exercé par un individu sur l'esprit et l'action d'autres individus» ([1948] 1955,

p. 26). Les réalistes attribuent deux propriétés fondamentales à la notion évasive de puissance. D'abord, c'est une notion relationnelle: elle ne se déploie pas dans le vide, mais bien entre deux entités. Ensuite, c'est une notion relative: chaque État doit déterminer non seulement ses propres capacités de puissance, mais aussi la puissance que possèdent les autres États. Or, l'évaluation précise de la puissance des États est une tâche extraordinairement complexe même si elle se réduit souvent au dénombrement des soldats, des chars d'assaut, des avions de combat et des navires de guerre qu'a acquis un pays dans l'espoir que cela puisse amener d'autres acteurs à adopter des mesures qu'ils n'auraient pas prises autrement.

Diverses critiques – dont plusieurs sont examinées dans des chapitres subséquents – ont été adressées aux réalistes à propos de leur définition de la puissance et de leur façon de la mesurer. Certains prétendent que la valeur du réalisme a été surestimée parce que son concept-clé, la puissance, est demeuré insuffisamment théorisé et a été utilisé de manière incohérente. Simplement affirmer que les États cherchent à accroître leur puissance n'apporte aucune réponse à diverses questions cruciales: pourquoi les États luttent-ils pour acquérir de la puissance? Elle est assurément un moyen de parvenir à une fin, plutôt qu'une fin en soi, non? N'y a-t-il pas une différence entre le simple fait d'avoir une certaine puissance et la capacité de modifier le comportement d'autrui?

Les tenants du réalisme structurel ont tenté d'éclairer sous un angle conceptuel le sens de la puissance. Waltz a cherché à contourner le problème en mettant l'accent sur les capacités plutôt que sur la puissance. Il estime que ces capacités peuvent être classées en fonction de leur ampleur dans les domaines suivants: la taille de la population et du territoire, la quantité des ressources, la capacité économique, la puissance militaire, la compétence et la stabilité politiques (1979, p. 131). La difficulté, dans ce cas, c'est qu'un grand volume de ressources ne se traduit pas toujours par une victoire militaire. Par exemple, en 1967, lors de la guerre des Six Jours ayant opposé Israël, d'un côté, l'Égypte, la Jordanie et la Syrie, de l'autre côté, la répartition des ressources favorisait clairement la coalition arabe, mais le protagoniste censément plus faible a pourtant annihilé les forces de ses ennemis et s'est emparé d'une partie de leurs territoires. Définir la puissance sur la base des capacités est encore moins satisfaisant pour expliquer le succès économique relatif du Japon par rapport à celui de la Chine. Une interprétation plus subtile de la puissance mettrait l'accent sur la capacité d'un État à maîtriser ou à influencer son milieu dans des situations qui ne sont pas forcément conflictuelles.

Une autre faiblesse de l'interprétation réaliste de la puissance réside dans le fait qu'elle insiste sur la puissance exclusive des États. D'après les réalistes, les États sont les seuls acteurs qui comptent vraiment. Les entreprises transnationales, les **organisations internationales** et les **réseaux** terroristes à caractère idéologique, comme al-Qaïda, apparaissent et disparaissent, mais l'État est le seul trait permanent dans le paysage de la politique moderne à l'échelle mondiale. Nombreux sont ceux, toutefois, qui remettent en question la pertinence de la primauté accordée à l'État par le réalisme.

La survie

Le deuxième principe qui rallie les adeptes du réalisme se trouve dans l'affirmation selon laquelle, en politique internationale, l'objectif premier est la survie. Bien que les travaux des réalistes recèlent une ambiguïté sur la question de savoir si l'accumulation de puissance est ou non une fin en soi, on pourrait néanmoins croire que tous s'entendent pour dire que la sécurité est le souci primordial des États. La survie est considérée comme la prémisse essentielle pour l'atteinte de tous les autres objectifs, qu'il s'agisse de conquête ou simplement d'indépendance. Selon Waltz, au-delà de la survie recherchée, les objectifs des États peuvent varier à l'infini (1979, p. 91). Pourtant, comme on l'a souligné dans la section précédente, un débat a récemment pris de l'ampleur parmi les partisans du réalisme structurel lorsqu'il s'agit de déterminer si les États cherchent d'abord et avant tout à optimiser leur sécurité ou à maximiser leur puissance. Les adeptes du réalisme défensif, comme Waltz, affirment que les États accordent la priorité à leur sécurité et qu'ils s'efforcent donc seulement d'acquérir la puissance suffisante pour assurer leur propre survie. Ils considèrent que les États sont des acteurs essentiellement défensifs et ne tentent pas d'accumuler toujours plus de puissance s'ils risquent ainsi de mettre en danger leur propre sécurité. Pour leur part, les tenants du réalisme offensif, comme Mearsheimer, estiment plutôt que l'objectif fondamental de tous les États consiste à occuper une position hégémonique au sein du système international. Ils ajoutent que les États cherchent continuellement à accroître leur puissance et qu'ils sont disposés, si l'occasion se présente, à modifier la répartition existante de la puissance, même s'ils compromettent leur propre sécurité. En matière de survie, les premiers postulent que l'existence de puissances de statu quo atténue la rivalité pour l'acquisition de puissance, tandis que les derniers pensent que la rivalité demeure vive parce que les États révisionnistes et les aspirants à l'hégémonie sont toujours prêts à courir des risques en vue d'améliorer leur position au sein du système international.

Nicolas Machiavel a tenté de donner un caractère « scientifique » à ses réflexions sur l'art de la survie. Ouvrage bref, mais stimulant pour l'esprit, *Le Prince* (1532) a été écrit dans l'intention claire de codifier un ensemble de maximes qui permettraient aux dirigeants de préserver leur emprise sur l'exercice du pouvoir. Dans une importante mesure, deux thèmes machiavéliens connexes se retrouvent dans les écrits des partisans du réalisme moderne. Ils découlent tous deux de l'affirmation stipulant que les règles politiques et morales qui gouvernent la politique internationale diffèrent nécessairement de celles qui s'appliquent en politique nationale. La tâche de saisir la véritable nature de la politique internationale et la nécessité de protéger l'État à tout prix (même s'il faut pour cela sacrifier la vie de ses propres concitoyens) imposent un lourd fardeau aux dirigeants politiques. Comme l'a dit Henry Kissinger, l'universitaire réaliste ayant occupé le poste de secrétaire d'État au sein du gouvernement Nixon, la responsabilité première et absolue d'un pays est d'assurer sa survie, car celle-ci ne doit pas être compromise ou mise en danger (1977, p. 204). Les dirigeants politiques doivent se fonder sur une **éthique de la responsabilité** plutôt que sur une éthique de la conviction : ils doivent soupeser attentivement les conséquences de leurs décisions et comprendre que des mesures spécifiques à caractère immoral pourraient devoir être prises pour la défense d'intérêts supérieurs. À titre d'exemple, on peut penser aux nombreux cas où un gouvernement a suspendu les droits juridiques et politiques de terroristes présumés en raison de la menace que ceux-ci représentaient pour la **sécurité nationale**. On a souvent évoqué une éthique de la responsabilité pour justifier la violation des lois de la guerre, comme lorsque les États-Unis ont décidé d'utiliser des bombes atomiques pour détruire Hiroshima et Nagasaki en 1945 ou, plus récemment, d'envoyer leurs prisonniers de guerre à Guantánamo. La principale difficulté que comporte la formulation réaliste d'une éthique de la responsabilité est que celle-ci, tout en intimant aux dirigeants de prendre en compte les conséquences de leurs actes, ne leur offre aucun moyen de les évaluer plus précisément (M. J. Smith, 1986, p. 51).

Non seulement le réalisme propose-t-il un code moral de rechange aux dirigeants politiques, mais il s'oppose également plus largement à toute tentative d'instiller une éthique dans la politique internationale. À partir de la prémisse suivant laquelle chaque État nourrit ses propres valeurs et croyances particulières, les adeptes du réalisme affirment que l'État est le bien suprême et qu'il ne peut y avoir de communauté d'intérêts au-delà de ses frontières. Un tel relativisme moral a suscité un important lot de critiques, notamment de la part de

théoriciens libéraux qui mettent en avant la notion de droits humains universels. Le chapitre 6 présente un exposé plus détaillé de cette question.

L'autosuffisance

L'ouvrage de Waltz intitulé *Theory of International Politics* (1979) a apporté à la tradition du réalisme une compréhension plus profonde du système international où coexistent les États. Contrairement à beaucoup d'autres réalistes, Waltz y affirme que la politique internationale ne se distingue pas par la régularité des guerres et des conflits qu'elle engendre, puisqu'on retrouve cette régularité dans la politique nationale. La différence fondamentale entre la politique internationale et la politique nationale relève plutôt de leur structure respective. Dans le cadre national, les citoyens ne sont pas tenus de se défendre eux-mêmes. Dans le cadre international, aucune autorité supérieure n'est en mesure de prévenir ou de contrer le recours à la force, si bien que la sécurité ne peut être garantie qu'au moyen de l'autosuffisance. Dans une structure anarchique, l'autosuffisance constitue forcément le principe d'action (Waltz, 1979, p. 111). Or, pour assurer sa propre sécurité, l'État concerné va inévitablement alimenter le sentiment d'insécurité des autres États.

Le dilemme de sécurité est l'expression utilisée pour désigner une telle spirale d'insécurité. Selon Nicholas J. Wheeler et Ken Booth, pareil dilemme apparaît lorsque les préparatifs militaires d'un État sont tels qu'il est impossible, pour les dirigeants d'un autre État, de déterminer s'ils ont un caractère exclusivement défensif (accroître sa sécurité dans un monde incertain) ou s'ils visent des fins offensives (modifier le statu quo à son avantage) (1992, p. 30). Un tel scénario laisse penser que la recherche de sécurité par un État représente fréquemment une source d'insécurité pour un autre. Les dirigeants d'un État ont beaucoup de difficulté à faire confiance à ceux d'un autre État et leur prêtent plus souvent des intentions négatives que positives. C'est pourquoi les préparatifs militaires d'un État sont susceptibles d'amener ses voisins à l'imiter. Une telle dynamique a pour effet paradoxal que, en fin de compte, la sécurité des États n'est généralement pas plus garantie après qu'avant la mise en œuvre des mesures destinées à la renforcer.

Dans un système fondé sur l'autosuffisance, les partisans du réalisme défensif considèrent que l'équilibre des puissances se matérialisera même en l'absence d'une politique visant expressément le maintien d'un tel équilibre (c'est-à-dire une politique circonspecte). Waltz croit qu'un équilibre des puissances s'établit indépendamment des intentions que peuvent nourrir les dirigeants de tout État. Dans un système anarchique composé d'États qui s'efforcent de se perpétuer, des alliances se formeront pour contrebalancer la puissance d'États menaçants. Par contre, les tenants du réalisme classique vont plutôt mettre l'accent sur le rôle crucial des dirigeants politiques et des diplomates dans le maintien de l'équilibre des puissances. En d'autres termes, l'équilibre des puissances n'a rien de naturel ou d'inévitable : il doit être construit.

Un débat animé se poursuit entre les réalistes à propos de la stabilité du système fondé sur l'équilibre des puissances. Il est d'autant plus pertinent aujourd'hui que beaucoup sont d'avis que cet équilibre a été remplacé par un ordre **unipolaire** sans équilibre. Il est difficile de croire que d'autres pays vont activement tenter de faire contrepoids aux États-Unis, comme le prévoit le réalisme structurel. Qu'il s'agisse de l'équilibre artificiel du concert européen au début du XIXe siècle ou de l'équilibre plus fortuit de la guerre froide, l'équilibre des puissances qui prévaut à une époque finit par se rompre – par suite d'une guerre ou de changements pacifiques – et un nouvel équilibre apparaît. L'effondrement inexorable de tout équilibre des puissances démontre bien que les États ne sont pas en mesure d'éviter les pires conséquences du dilemme de sécurité et ne peuvent faire mieux que de les atténuer. La cause d'un tel phénomène ? L'absence de confiance caractérisant les relations internationales.

Historiquement, les adeptes du réalisme ont illustré ce manque de confiance entre les États en recourant à la parabole de la chasse au chevreuil. Dans son ouvrage intitulé *Man, the State and War* (1959, p. 167-168), Kenneth Waltz revisite en ces termes la parabole de Jean-Jacques Rousseau :

> Supposons que cinq hommes ayant acquis une capacité rudimentaire de parler et de se comprendre se retrouvent ensemble à un moment où ils sont tous tenaillés par la faim. Puisqu'ils pourraient tous se rassasier en mangeant le cinquième de la viande d'un chevreuil, ils acceptent de coopérer dans le but d'en attraper un. Mais chacun d'eux pourrait aussi calmer sa faim en mangeant un lièvre. Alors, lorsqu'un lièvre s'approche suffisamment, l'un d'entre eux le capture. Le renégat réussit donc à se nourrir, mais, ce faisant, il laisse le chevreuil s'enfuir. Son intérêt immédiat l'emporte sur toute considération pour ses compagnons d'infortune.

Waltz est d'avis que la parabole de la chasse au chevreuil offre un bon point de départ pour faire comprendre non seulement le problème du compromis à atteindre dans la défense tant des intérêts individuels que du bien commun, mais aussi l'enjeu du meilleur équilibre possible dans la satisfaction des intérêts à court et à long terme. Dans le système autosuffisant de la politique internationale, la logique de l'intérêt de chacun s'oppose à l'offre de biens collectifs, comme la sécurité ou le libre-échange. Dans le cas de ce dernier, la théorie de l'avantage comparatif postule que tous les États seraient plus riches dans un monde favorisant la libre circulation des biens et services par-delà les frontières. Un État ou un groupe d'États, comme l'Union européenne, peut accroître sa richesse en appliquant des politiques protectionnistes, à condition que d'autres États ne fassent pas de même. Bien entendu, le résultat logique d'une telle situation est que les autres mettront en œuvre eux aussi des politiques protectionnistes, que le commerce international s'effondrera et qu'une récession mondiale réduira la richesse de chaque État. La question n'est donc pas de savoir si tous amélioreraient leur situation grâce à la **coopération**, mais plutôt de déterminer lesquels en bénéficieraient plus que les autres. C'est en raison de ces questions liées aux **gains relatifs** que les adeptes du réalisme considèrent que la coopération est difficile à instaurer dans un système fondé sur l'autosuffisance (le chapitre 7 présente un exposé plus détaillé sur ce sujet).

À RETENIR

- **L'étatisme** est la pierre angulaire du réalisme, ce qui signifie ici deux choses : d'abord, que l'État est l'acteur prédominant et que tous les autres acteurs en politique mondiale ont donc une importance moindre ; ensuite, que la souveraineté de l'État a pour corollaire l'existence d'une collectivité politique indépendante qui exerce l'autorité juridique sur son territoire.

  Critique de fond : L'étatisme est erroné, compte tenu de facteurs empiriques (la puissance de l'État est contestée à partir d'en haut et d'en bas) et normatifs (les États souverains sont incapables de résoudre des problèmes mondiaux collectifs, comme la famine, la dégradation de l'environnement et les violations des droits humains).

- **La survie :** L'objectif primordial de tous les États est la survie ; celle-ci représente l'intérêt national suprême que tous les dirigeants politiques doivent défendre.

  Critique de fond : N'y a-t-il pas une limite aux mesures qu'un État peut prendre au nom de la nécessité ?

- **L'autosuffisance :** Un État ne peut compter sur aucun autre État ou institution pour garantir sa survie.

  Critique de fond : L'autosuffisance n'est pas une conséquence inévitable de l'absence d'un gouvernement mondial ; elle représente un principe directeur que les États choisissent. En outre, tant dans le passé qu'aujourd'hui, des États ont préféré s'appuyer sur un système de sécurité collective ou sur une certaine organisation de sécurité régionale plutôt que de privilégier l'autosuffisance.

CONCLUSION : LE RÉALISME ET LA GLOBALISATION DE LA POLITIQUE MONDIALE

Le présent chapitre s'est amorcé par l'examen de l'affirmation réaliste souvent répétée selon laquelle la configuration de la politique internationale – c'est-à-dire une suite de guerres interrompues par des périodes ayant servi à la préparation de guerres ultérieures – est demeurée inchangée depuis 2500 ans. Les tenants du réalisme ont toujours maintenu que les traits constants des relations internationales sont plus importants que leurs modifications, mais nombreux sont ceux qui expriment de plus en plus de doutes à ce sujet en cette ère de mondialisation. L'importance du réalisme n'a toutefois pas été affaiblie par la dynamique de la globalisation. Il n'est pas certain que l'**interdépendance** économique ait rendu la guerre moins probable. L'État demeure l'acteur prédominant en politique mondiale. Et la globalisation ne doit pas être vue comme une dynamique dénuée de tout rapport avec la distribution de la puissance au sein du système international. En ce sens, la présente phase de la globalisation est étroitement liée à l'occidentalisation et, encore plus spécifiquement, à l'américanisation. Il n'est donc pas étonnant que d'éminents penseurs réalistes aient rapidement évoqué la concordance apparente entre les événements consécutifs au **11 septembre 2001** et le cycle de violence qu'avait prévu la théorie. L'interprétation réaliste de ce conflit a cependant été marquée par des contradictions tout aussi flagrantes. D'abord, les attaques survenues sur le territoire des États-Unis ont été commises par un acteur non étatique. L'un des importants principes de l'ordre westphalien, soit que les guerres opposent des États souverains, était-il devenu caduc ? Non seulement l'ennemi a été un **réseau global** de cellules d'al-Qaïda, mais son objectif n'était certainement pas traditionnel, car il tentait non pas de conquérir des territoires, mais bien de miner par la force la suprématie idéologique de l'Occident. Devant de telles incongruités, les principaux États du système international ont tôt fait de relier ce réseau à certains **États territoriaux**, d'abord à l'Afghanistan et à son gouvernement dirigé par les talibans, mais aussi à d'autres États voyous qui, selon toute vraisemblance, abriteraient des terroristes. Les États-Unis ont rapidement lié le renversement du régime de Saddam Hussein en Iraq à leur **guerre contre la terreur** menée globalement. De plus, au lieu de considérer les terroristes comme des criminels transnationaux et de recourir à des méthodes policières pour contrer la menace qu'ils représentaient, les États-Unis et leurs alliés les ont définis en tant qu'ennemis de l'État devant être combattus et défaits par des moyens militaires classiques.

POUR EN SAVOIR PLUS

Le réalisme contre la guerre : alliance improbable ?

Les réalistes sont souvent présentés comme des partisans d'une politique extérieure agressive. Une telle perception a toujours manqué de crédibilité. Hans Morgenthau s'est opposé à la guerre que les États-Unis ont menée contre les Nord-Vietnamiens, parce qu'elle était contraire à toute compréhension rationnelle de l'intérêt national. Il estimait que les objectifs des États-Unis n'étaient pas atteignables sans s'exposer à des responsabilités morales et à des risques militaires déraisonnables (M. J. Smith, 1986, p. 158). La guerre déclenchée par les États-Unis contre l'Iraq en 2003 offre le plus récent exemple servant à appuyer la thèse du réalisme contre le recours à la force. Au moment où se déroulait un intense cycle de négociations au sein du Conseil de sécurité de l'ONU, à l'automne 2002, 34 penseurs réalistes chevronnés ont fait publier dans *The New York Times* un texte intitulé « La guerre contre l'Iraq n'est pas dans l'intérêt national des États-Unis » (soulignement dans le texte original). John J. Mearsheimer et Stephen M. Walt ont précisé davantage cette position au début de 2004. Pourquoi, demandaient-ils, les États-Unis ont-ils abandonné la politique de dissuasion qui s'était avérée fructueuse durant la guerre froide ? Leur texte se termine par cette conclusion audacieuse et, selon certains, visionnaire :

« Cette guerre en est une que le gouvernement Bush a choisi de faire alors qu'il n'était pas tenu de la faire. Même si une telle guerre devait bien se dérouler et avoir des effets positifs à long terme, elle n'aurait néanmoins pas été nécessaire. Et si elle devait mal tourner – c'est-à-dire se traduire par un grand nombre de victimes américaines ou de pertes civiles, une hausse du terrorisme ou une haine accrue des États-Unis dans le monde arabe et musulman –, alors ses architectes auront encore plus de comptes à rendre. »

(Mearsheimer et Walt, 2003, p. 59)

Aux yeux de réalistes comme John Gray et Kenneth Waltz, le 11 septembre 2001 n'a pas signalé le début d'une nouvelle ère en politique mondiale, mais il a simplement été un épisode normal de l'époque actuelle (voir leurs textes dans Booth et Dunne, 2002). Ce qui importe plus que tout, selon Waltz, ce sont les facteurs constants du déséquilibre structurel des puissances dans le système international, ainsi que la répartition des armes nucléaires. Il faut s'attendre à des crises, parce que la logique de l'autosuffisance va en faire surgir à intervalles réguliers. L'analyse de Gray et Waltz est une riposte directe aux propos des défenseurs idéalistes de la globalisation qui voient un nouvel ordre mondial pacifique émerger des cendres de l'ordre précédent. De l'avis des réalistes, le 11 septembre 2001 n'a jamais inauguré une nouvelle ère en matière de gouvernance : la coalition des volontaires qui s'est formée tout de suite après cette date était, pour reprendre les mots de Waltz, « extrêmement large », mais « tout aussi superficielle ». Voilà des paroles qui se sont avérées tout à fait prophétiques. La guerre contre l'Iraq a été menée par les États-Unis, qui n'ont eu pour seul allié militaire et diplomatique d'importance que le Royaume-Uni. Non seulement la plupart des pays dans le monde se sont opposés à cette guerre, mais même d'éminents adeptes américains du réalisme l'ont condamnée publiquement (voir l'encadré « Pour en savoir plus », ci-contre). Selon eux, il aurait été possible de dissuader l'Iraq de menacer la sécurité des États-Unis et de ses voisins au Moyen-Orient. De plus, la coûteuse intervention militaire et la longue occupation au Moyen-Orient qui l'a suivie ont affaibli la capacité des États-Unis d'endiguer la menace croissante provenant de la Chine. En résumé, la présidence Bush n'a pas déployé la puissance américaine d'une manière sensée et réfléchie.

Derrière la rhétorique des valeurs universelles, les États-Unis se sont servis de la guerre pour justifier un large éventail de politiques propices au renforcement de leur puissance militaire et économique, d'une part, et pour miner divers accords multilatéraux relatifs à la maîtrise des armements, à l'environnement, aux droits humains et au commerce, d'autre part.

Les réalistes n'ont pas à situer leur théorie de la politique mondiale en opposition à la globalisation en soi ; en fait, ils en offrent plutôt une conceptualisation très différente. Le facteur important d'une perspective réaliste de cette dynamique, c'est l'affirmation qu'une gouvernance transnationale rudimentaire est à la fois possible et entièrement liée à la distribution de la puissance. Étant donné la prépondérance de la puissance des États-Unis, il n'est pas étonnant que ce pays soit l'un des plus fervents défenseurs de la globalisation.

Les valeurs centrales de cette tendance, soit le libéralisme, le capitalisme et la consommation à tout prix, sont exactement celles que préconisent les États-Unis. Sur un plan culturel plus profond, les réalistes estiment que la modernité n'est pas, contrairement aux espoirs des libéraux, en voie de gommer les différences entre les peuples du monde. Au sein d'un éventail allant des réalistes classiques, comme Rousseau, aux réalistes structurels, comme Waltz, des penseurs ont affirmé que l'interdépendance est susceptible d'engendrer une vulnérabilité mutuelle tout autant que la paix et la prospérité. Et s'ils s'interrogent sur l'ampleur avec laquelle le monde est devenu plus interdépendant en termes relatifs, les réalistes soulignent également que l'État ne sera pas éclipsé par des forces mondiales à l'œuvre au-dessous ou au-dessus de l'État-nation. Ils ont d'ailleurs constamment rappelé que le nationalisme demeure une puissante force agissant en politique mondiale.

Il y a de bonnes raisons de croire que le XXIᵉ siècle sera marqué au sceau du réalisme. Malgré les efforts des fédéralistes pour rallumer la flamme idéaliste, l'Europe reste tant divisée par différents intérêts nationaux qu'unie par la recherche du bien commun. Comme l'a dit Jacques Chirac en 2000, une «Europe unie des États» était beaucoup plus probable que des «États-Unis de l'Europe». À l'extérieur de l'Europe et de l'Amérique du Nord, un grand nombre des prémisses sous-tendant l'ordre international de l'après-guerre, notamment celles associées aux droits humains, sont de plus en plus considérées comme le fruit d'une conception occidentale s'appuyant sur des ressources financières et des divisions militaires. Si la Chine parvient à maintenir son taux de croissance économique, sa puissance économique supplantera celle des États-Unis en 2020 (Mearsheimer, 1990, p. 398). Le réalisme laisse prévoir que, à ce moment-là, les normes occidentales en matière de responsabilités et de droits individuels seront menacées. Plutôt que de façonner la politique mondiale à sa propre image, comme le libéralisme s'est efforcé de le faire au XXᵉ siècle, l'Occident pourrait bien être tenu de devenir plus réaliste afin que ses traditions et ses valeurs survivent au XXIᵉ siècle.

QUESTIONS

1. Quels concepts sont au cœur de la théorie réaliste ?

2. Existe-t-il un ou plusieurs réalismes ?

3. Quels concepts principaux propres à cette théorie le dialogue mélien illustre-t-il le mieux ?

4. En ce qui concerne le déclenchement de la guerre, le réalisme confond-il la description avec l'explication ?

5. Le réalisme représente-t-il plus qu'une idéologie des États puissants ?

6. Comment le réalisme justifie-t-il la guerre contre le terrorisme ?

7. Quel débat oppose les réalistes offensifs et défensifs ?

8. Quelles sont les principales différences entre le réalisme classique et le réalisme structurel ?

9. Comment le réalisme structurel explique-t-il le comportement changeant des États ?

10. Le réalisme est-il utile à la compréhension de la globalisation de la politique mondiale ?

Lectures utiles

Aron, R., *Paix et guerre entre les nations*, Paris, Calmann-Lévy, 1984. Un ouvrage-clé sur le réalisme classique dans la littérature francophone.

Beer, F. A. et R. Hariman, « Le post-réalisme après le 11 septembre », *Études internationales*, vol. 35, nº 4, 2004, p. 689-719. Une analyse de la façon dont les tenants du réalisme interprètent le 11 septembre 2001.

Keohane, R. O. (dir.), *Neorealism and its Critics*, New York, Columbia University Press, 1986. Plusieurs chapitres de l'ouvrage *Theory of International Politics*, de Waltz, y sont publiés, suivis de critiques de l'approche néoréaliste.

MacLeod, A., « Émergence d'un paradigme hégémonique », « Le réalisme classique » et « Le néoréalisme », dans A. MacLeod et D. O'Meara (dir.), *Théories des relations internationales. Contestations et résistances*, Montréal, Athéna Éditions, 2007, p. 19-34, 35-60 et 61-88. Une excellente introduction à deux variantes du réalisme, précédée d'un historique de l'émergence du réalisme dans le champ des relations internationales.

Mearsheimer, J., *The Tragedy of Great Power Politics*, New York, W. W. Norton, 2001. Une référence incontournable en matière de réalisme offensif.

Morgenthau, H., *Politics Among Nations. The Struggle for Power and Peace*, New York, McGraw-Hill, 2005. L'ouvrage classique traitant du réalisme classique, publié à la fin de la Deuxième Guerre mondiale.

Mueller, J., « Le concept de puissance et la politique internationale depuis la fin de la guerre froide », *Études internationales*, vol. 26, n° 4, 1995, p. 711-727. Une critique des principes réalistes et de leur pertinence consécutivement à la fin de la guerre froide.

Rioux, J.-F., E. Keenes et G. Légaré, « Le néo-réalisme ou la formulation du paradigme hégémonique en relations internationales », *Études internationales*, vol. 19, n° 1, 1988, p. 57-80. Une analyse des fondements épistémologiques du néoréalisme, y compris une synthèse des principales critiques lui étant adressées.

Waltz, K., *Theory of International Politics,* Massachusetts, Addison-Wesley, 1979. La référence centrale en matière de structuroréalisme.

Zakaria, F., *From Wealth to Power: The Unusual Origins of America's World Role*, Princeton, Princeton University Press, 1998. Une bonne explicitation du réalisme néoclassique réitérant le principe-clé du statocentrisme dans le cadre d'une analyse internationale.

Notes

1. Les termes « réalisme », « réalpolitik » et « raison d'État » sont généralement interchangeables.

2. Plusieurs textes critiques publiés récemment dans le domaine des relations internationales ont remis en question la notion selon laquelle l'entre-deux-guerres a été une période à caractère essentiellement idéaliste. Tant Peter Wilson (1998) que Brian C. Schmidt (1998) qualifient de mythe la thèse postulant qu'un paradigme idéaliste a dominé l'étude des relations internationales durant l'entre-deux-guerres.

3. Smith estime à juste titre que Weber est le théoricien ayant véritablement façonné la pensée réaliste au xxe siècle, surtout en raison de la fusion entre politique et puissance qu'il a démontrée.

Chapitre 6

LE LIBÉRALISME

TIM DUNNE

GUIDE DE LECTURE

La pratique des relations internationales n'a pas aidé la cause du libéralisme. Alors que le domaine de la politique nationale a connu des progrès impressionnants dans de nombreux États, grâce à des institutions qui ont apporté l'ordre et la justice, le domaine international s'est caractérisé, à l'époque moderne du système des États, par un ordre précaire et par l'absence de justice. L'introduction du présent chapitre décrit en détail cette situation, avant de proposer une définition du libéralisme et de ses éléments constitutifs. La deuxième section aborde ensuite les concepts-clés du libéralisme, à partir de l'internationalisme visionnaire des Lumières jusqu'à l'institutionnalisme devenu dominant durant la deuxième moitié du XXᵉ siècle, en passant par l'idéalisme de l'entre-deux-guerres. La troisième et dernière section examine le libéralisme à l'ère de la globalisation et fait notamment ressortir le contraste entre une interprétation du projet libéral fondée sur le statu quo et une version radicalisée visant à promouvoir et à élargir les valeurs et les institutions cosmopolitiques.

INTRODUCTION

Si le **réalisme** est considéré comme la théorie prédominante des relations internationales, le **libéralisme** peut certainement prétendre qu'il en est, historiquement, la principale théorie rivale. Au XXᵉ siècle, la pensée libérale a influencé les élites politiques et l'opinion publique dans bon nombre d'États occidentaux après la Première Guerre mondiale, soit pendant une période qui a souvent été qualifiée, dans le champ d'études des relations internationales, d'**idéalisme**. Une brève résurgence du sentiment libéral s'est produite à la fin de la Seconde Guerre mondiale, lors de la fondation de l'Organisation des Nations Unies, mais cette lueur d'espoir s'est rapidement éteinte après le retour de la politique de puissance propre à la **guerre froide**. Dans les années 1990, le libéralisme a semblé revenir en force, lorsque des dirigeants politiques occidentaux ont proclamé l'instauration d'un **nouvel ordre mondial** et que des intellectuels ont formulé des explications théoriques justifiant la suprématie intrinsèque de leurs idées libérales par rapport à toutes les autres idéologies rivales. Depuis le **11 septembre 2001**, la balance s'est remise à pencher du côté du réalisme, alors que les États et leurs alliés se sont employés à consolider leur puissance et à punir ceux qu'ils considéraient comme des terroristes ainsi que les États qui les aident ou les abritent.

Comment expliquer les succès si différents du libéralisme sur les plans national et international? Alors que les valeurs et les institutions libérales se sont profondément enracinées en Europe et en Amérique du Nord, elles manquent toutefois de légitimité à l'échelle mondiale. Comme l'a si bien dit Stanley Hoffmann, les affaires internationales ont été à l'encontre des préceptes du libéralisme. L'essence du libéralisme réside dans la retenue, la modération, le compromis et la paix, tandis que l'essence de la politique internationale se situe exactement à l'opposé: la paix instable, au mieux, ou l'**état de guerre** (Hoffmann, 1987, p. 396). Cette explication n'étonne en rien les réalistes qui affirment pour leur part qu'il ne saurait y avoir de progrès, de droit et de justice là où il n'y a pas de puissance commune. Malgré la force de cette thèse réaliste, les adeptes du projet libéral n'ont pas baissé les bras pour autant. Les libéraux considèrent que la politique de puissance elle-même est le produit de certaines idées et que, fondamentalement, les idées peuvent évoluer. Ainsi, bien que le monde n'ait pas été accueillant pour le libéralisme, cela ne signifie pas qu'il ne puisse pas être refaçonné à son image.

Si la conviction que des progrès sont possibles constitue un trait distinctif de la conception libérale de la politique (Clark, 1989, p. 49-66), d'autres propositions générales reflètent également la tradition du libéralisme. Il est sans doute approprié de définir ici ses quatre grands volets (Doyle, 1997, p. 207). D'abord, tous les citoyens sont juridiquement égaux et possèdent certains droits fondamentaux: scolarisation, accès à une presse libre et tolérance religieuse. Ensuite, l'Assemblée législative d'un État dispose de la seule autorité que lui a conférée le peuple dont les droits fondamentaux ne peuvent être bafoués. Puis, la liberté individuelle est assortie d'un élément-clé, le droit de propriété, qui comprend la propriété des moyens de production. Enfin, le libéralisme postule que le système d'échanges économiques le plus efficace est essentiellement fondé sur le marché, et non subordonné à une réglementation et à des mesures de contrôle bureaucratiques d'ordre national ou international. Ensemble, ces propositions révèlent un vif contraste entre les valeurs libérales que sont l'**individualisme**, la tolérance, la liberté et le constitutionnalisme, d'une part, et celles du conservatisme, d'autre part, qui accorde une plus grande importance à l'ordre et à l'autorité et qui est prêt à sacrifier la liberté individuelle pour assurer la stabilité de la **collectivité**.

Les idées libérales ont exercé une profonde influence sur la conception des rapports entre le gouvernement et les citoyens des points de vue de la politique nationale comme internationale. Alors que beaucoup d'auteurs ont eu tendance à considérer le libéralisme comme une théorie de gouvernement, il devient en effet de plus en plus apparent que le libéralisme en tant que théorie politique et économique soit inséparable du libéralisme en tant que théorie internationale. Correctement définie, la pensée libérale à l'échelle mondiale comporte une analogie domestique s'appliquant à de multiples niveaux[1]. L'analogie domestique signifie tout simplement que les comportements et préférences des États à l'international ne diffèrent pas complètement de ce qui prévaut à l'interne. Par exemple, un État internement démocratique aura tendance à adopter des comportements tout autant démocratiques à l'international (du moins, avec les autres démocraties libérales, comme nous le verrons plus loin). Comme les individus, les États se distinguent les uns des autres: certains sont belliqueux et recherchent la guerre, d'autres sont tolérants et pacifiques. En résumé, l'**identité** de l'État détermine son orientation extérieure. Les libéraux établissent un autre parallèle entre les individus et les États souverains. Bien que la nature des États puisse différer, tous les États disposent de certains droits naturels, tel le droit généralisé à la non-ingérence dans leurs affaires intérieures. À un autre niveau, l'analyse domestique renvoie au prolongement, dans le domaine international, des idées apparues au sein des États libéraux, comme le rôle de coordination attribué aux institutions ainsi que la place centrale occupée par la primauté du droit dans le cadre d'un **ordre juste**. En un sens, le projet historique du libéralisme consiste à transposer à l'échelle internationale ce qui prédomine sur le plan national.

Les libéraux reconnaissent qu'il reste beaucoup de chemin à parcourir avant qu'un tel objectif ne soit atteint. Historiquement, ils ont convenu avec les réalistes que la guerre est un élément récurrent du **système d'États anarchique**. Toutefois, contrairement aux réalistes, ils affirment que l'**anarchie** n'est pas la cause de la guerre. Comment les libéraux expliquent-ils alors la récurrence de la guerre? Comme le montre l'encadré ci-dessous, certains courants du libéralisme situent les causes de la guerre dans l'**impérialisme**, d'autres, dans l'échec de l'**équilibre des puissances**, et d'autres encore, dans le maintien de **régimes** non démocratiques. Faudrait-il remédier à une telle situation par l'entremise de la **sécurité collective**, du commerce ou d'un gouvernement mondial? Il peut s'avérer utile d'examiner les différents courants de la pensée libérale et leurs propositions respectives (Doyle, 1997, p. 205-300), mais compte tenu de l'espace limité réservé à l'étude d'une tradition plutôt vaste et complexe, l'accent est mis, dans ces pages, sur les concepts fondamentaux du libéralisme international et sur leurs liens avec les objectifs d'ordre et de justice qui sont poursuivis à l'échelle mondiale[2].

La fin du chapitre est consacrée à l'examen d'une tension régnant au cœur de la théorie libérale de la politique. Comme le révèle une évaluation critique des quatre grands volets de la définition de la tradition libérale présentée plus haut, le libéralisme est animé par deux dynamiques le tirant en directions opposées: son attachement à la liberté dans les domaines économique et social l'incite à préconiser un rôle minimal pour le gouvernement, tandis que la culture politique démocratique nécessaire à la protection des libertés fondamentales exige la présence d'institutions vigoureuses et interventionnistes. On a interprété cette situation tantôt comme le résultat d'une tension entre des objectifs libéraux différents, tantôt, plus largement, comme un signe qu'il existe des conceptions rivales et incompatibles du libéralisme. Une communauté politique libérale, peu importe sa taille ou son importance,

---

POUR EN SAVOIR PLUS

Le libéralisme, les causes de la guerre et les facteurs déterminants de la paix

Pour examiner les différences entre les thèses des divers penseurs se réclamant d'un paradigme comme le libéralisme, il existe plusieurs moyens analytiques. Le plus utile consiste à distinguer les niveaux d'analyse. Par exemple, Kenneth Waltz, dans *Man, the State and War* (1959), s'est penché sur les causes de conflits se manifestant à l'échelle de l'individu, de l'État et du système international lui-même. Le tableau ci-dessous renverse la vision de Waltz, en quelque sorte, pour mieux illustrer les explications concurrentes (selon les trois niveaux d'analyse) qu'ont proposées différents penseurs libéraux, en ce qui concerne les causes de la guerre et les facteurs déterminants de la paix.

Les niveaux d'analyse du libéralisme (les « trois images »)	Un personnage public et son époque	Les causes de la guerre	Les facteurs déterminants de la paix
Première image (la nature humaine)	Richard Cobden (milieu du XIXe siècle)	Des interventions gouvernementales sur les plans national et international perturbent l'ordre naturel.	La liberté individuelle, le libre-échange, la prospérité, l'interdépendance.
Deuxième image (l'État)	Woodrow Wilson (début du XXe siècle)	Le caractère non démocratique de la politique internationale, notamment de la politique extérieure et de l'équilibre des puissances.	L'autodétermination nationale; la transparence de gouvernements sensibles à l'opinion publique; la sécurité collective.
Troisième image (la structure du système)	J. A. Hobson (début du XXe siècle)	Le système fondé sur l'équilibre des puissances.	Un gouvernement mondial ayant des pouvoirs de médiation et les moyens de faire respecter les décisions prises.

devrait-elle protéger le droit des individus de conserver leurs biens et leurs privilèges ? Ou alors, le libéralisme devrait-il privilégier l'égalité plutôt que la liberté afin que les ressources soient redistribuées plus également entre les puissants et les moins puissants ? L'examen de la situation politique globale montre clairement que les inégalités sont très prononcées et que, simultanément, la capacité d'action des institutions à cet égard est très faible. Comme le rappellent les auteurs qui se sont penchés sur la **globalisation**, l'intensification de la circulation des biens, des ressources et des personnes a amoindri la capacité des États à gouverner. Inverser une telle tendance n'exige rien de moins que redéfinir radicalement le rapport entre la **territorialité** et la gouvernance.

À RETENIR

- Les idées libérales ont exercé une profonde influence sur la conception des rapports entre le gouvernement et les citoyens.

- Le libéralisme est une théorie qui touche tant le gouvernement au sein des États que la bonne gouvernance entre les États et les peuples partout dans le monde. Contrairement au réalisme, qui considère que le domaine international est anarchique, le libéralisme tente d'instiller dans les relations internationales des valeurs fondées sur l'ordre, la liberté, la justice et la tolérance.

- Le point culminant de la pensée libérale en matière de relations internationales a été atteint durant l'entre-deux-guerres et est apparu dans les travaux des idéalistes qui estimaient que la guerre était un moyen inutile et dépassé de régler les litiges entre les États.

- Des institutions nationales et internationales sont nécessaires pour protéger et favoriser les valeurs libérales, mais il faut noter que ces valeurs et ces institutions présentent d'importantes variations, ce qui explique les vifs débats qui ont cours au sein même du libéralisme.

- Les libéraux ne sont pas tous d'accord entre eux sur des questions fondamentales telles que les causes de la guerre et la nature des institutions nécessaires pour transmettre les valeurs libérales à un système international décentralisé et multiculturel.

- Un important clivage, qui s'est récemment accentué dans la foulée de la globalisation, est apparu entre ceux qui avancent une conception active du libéralisme, axée sur une politique extérieure interventionniste et des institutions internationales plus fortes, et ceux qui en préconisent une conception passive, fondée surtout sur la tolérance et la non-intervention.

LES PRINCIPAUX CONCEPTS DE LA PENSÉE LIBÉRALE EN RELATIONS INTERNATIONALES

Emmanuel Kant (1724-1804) et Jeremy Bentham (1748-1832) ont été deux des plus importants penseurs libéraux du siècle des **Lumières** (XVIIIe). Ils ont tous deux dénoncé la barbarie des relations internationales – ou ce que Kant a qualifié crûment d'état anarchique de sauvagerie – à une époque où la politique nationale abordait une nouvelle ère de droits, de **citoyenneté** et de constitutionnalisme. Leur dégoût de la sauvagerie anarchique les a amenés à concevoir des projets en vue d'instaurer une paix perpétuelle. Écrits il y a plus de 200 ans, leurs manifestes portent en eux les germes de quelques idées libérales fondamentales, notamment la conviction que la raison pourrait apporter la liberté et la justice aux relations internationales. Selon Kant, pour instaurer la paix perpétuelle, il fallait imposer la transformation de la conscience individuelle, adopter un constitutionnalisme républicain et conclure un contrat fédératif entre les États afin d'abolir la guerre (plutôt que de la réglementer, comme l'avaient proposé auparavant des avocats internationaux). Une telle fédération peut être assimilée ici à un traité de paix permanent, davantage qu'à un acteur superétatique ou à un gouvernement mondial. L'encadré « Pour en savoir plus », à la page 109, décrit les trois composantes de l'hypothétique alliance de paix permanente de Kant.

L'affirmation de Kant selon laquelle les États libéraux ont des relations internationales pacifiques avec d'autres États libéraux a été ramenée au premier plan durant les années 1980. Dans un article souvent cité, Michael Doyle a affirmé que ces États ont établi une paix séparée (1986, p. 1151). D'après Doyle, l'héritage kantien en la matière comporte deux éléments : la retenue mutuelle entre les États libéraux et l'imprudence internationale dans les relations avec les États non libéraux. Bien que les faits observés semblent appuyer la thèse de la **paix démocratique** (version inspirée du projet de Kant), il importe de garder à l'esprit les limites de la thèse avancée, qui consiste à prédire que les démocraties libérales sont pacifiques dans leurs relations internationales. Pour que la théorie de la paix démocratique s'impose vraiment, ses partisans doivent être en mesure d'expliquer pourquoi la guerre entre des États libéraux est devenue inimaginable. Kant avait affirmé que si la décision de recourir à la force était prise par le peuple plutôt que par le prince, alors la fréquence des conflits diminuerait fortement. Logiquement, il en découlerait aussi une fréquence moindre des conflits entre États libéraux et non libéraux, ce que l'histoire mondiale a cependant clairement infirmé depuis. Une autre hypothèse sous-tendant la thèse de la paix démocratique pourrait alors être proposée : les États libéraux sont généralement plus riches et ont donc moins à gagner (et plus à perdre) à

POUR EN SAVOIR PLUS

Projet de paix perpétuelle : essai philosophique, d'Emmanuel Kant

Premier article définitif : « La Constitution civile de chaque État doit être républicaine. »

« Si, ainsi qu'il est inévitable selon cette Constitution, le consentement des citoyens est requis avant que ne soit déclarée la guerre, il est tout à fait naturel qu'ils hésiteront beaucoup à se lancer dans une entreprise aussi dangereuse. [...] Mais, selon une Constitution où les sujets ne sont pas des citoyens et qui par conséquent n'est pas républicaine, une déclaration de guerre est la chose la plus aisée du monde. Car le chef de l'État n'est pas un concitoyen, mais le propriétaire de l'État, et une guerre ne l'obligera en rien à sacrifier ses banquets, ses parties de chasse, ses palais de plaisance et ses fêtes de cour. »

(Traduction libre de Serge Paquin)

Deuxième article définitif : « Le droit des nations doit être fondé sur une fédération d'États libres. »

« Chaque nation, pour garantir sa sécurité, peut et doit exiger des autres qu'elles adoptent avec elle une Constitution analogue à une Constitution civile, où les droits de chacune seront assurés. [...] Mais la paix ne peut être instaurée ni garantie sans un accord général entre les nations. C'est ainsi qu'un type de pacte particulier, qu'on peut dénommer une fédération de paix, est nécessaire. Cette fédération différerait d'un traité de paix en ce que celui-ci met un terme à une guerre, alors que celle-là mettrait fin pour toujours à toute guerre. [...] On peut démontrer que cette idée de fédéralisme, qui s'étendrait peu à peu à tous les États et qui conduirait alors à une paix perpétuelle, est réalisable et est de nature objective. »

(Traduction libre de Serge Paquin)

Troisième article définitif : « Le droit cosmopolitique doit se limiter aux conditions d'une hospitalité universelle. »

« Les peuples de la Terre ont donc établi, à différents degrés, une collectivité universelle, qui a atteint un point tel qu'une violation de droits commise en un lieu est ressentie partout. L'idée d'un droit cosmopolite ne relève donc ni du fantastique ni de l'exagération. Elle est un complément nécessaire du code tacite des droits politiques et internationaux, qui le transforme en un droit universel de l'humanité. »

(Traduction libre de Serge Paquin)

---

s'engager dans un conflit que les régimes autoritaires plus pauvres. En fin de compte, l'hypothèse la plus convaincante réside peut-être dans le simple fait que les États libéraux ont tendance à établir des relations amicales avec les autres États libéraux. Une guerre opposant le Canada et les États-Unis est inconcevable, non pas tant en raison de leur Constitution démocratique libérale respective, mais davantage parce que ce sont deux pays amis (Wendt, 1999, p. 298-299), aux intérêts fortement convergents en matière économique et politique. En fait, une guerre entre des États aux systèmes politiques et économiques opposés peut également être difficile à imaginer si ces États entretiennent des liens amicaux depuis longtemps, à l'exemple du Mexique et de Cuba, qui maintiennent des relations bilatérales étroites en dépit de la divergence de longue date entre leurs politiques économiques respectives.

Indépendamment des travaux de recherche visant à déterminer les raisons pour lesquelles les États démocratiques libéraux sont plus pacifiques, il importe de s'arrêter aux conséquences politiques de la thèse de la paix démocratique. En 1989, Francis Fukuyama a publié un article intitulé *The End of History* (*La fin de l'histoire*), qui célébrait le triomphe du libéralisme sur toutes les autres idéologies et ajoutait que les États libéraux étaient plus stables sur le plan national et plus pacifiques dans leurs relations internationales (p. 3-18). D'autres tenants de cette thèse se sont montrés plus circonspects. Comme Doyle l'a reconnu, les démocraties libérales sont aussi fermes que tout autre type d'État en ce qui concerne leurs relations avec des régimes autoritaires et des peuples sans État (Doyle, 1995b, p. 100). Alors, comment les États faisant partie de la zone de paix libérale devraient-ils orienter leurs relations avec des régimes non libéraux ? Comment l'héritage kantien positif de la retenue peut-il l'emporter sur l'héritage d'imprudence internationale de la part des États libéraux ? Voilà autant de questions opportunes et fascinantes qui sont examinées dans la dernière section du chapitre.

Deux siècles après l'appel initial de Kant en faveur d'une fédération de paix, la validité de la thèse suivant laquelle les démocraties sont plus pacifiques continue de faire l'objet d'une multitude de travaux de recherche. Cette thèse s'est également insinuée dans le discours public des États occidentaux au sujet de leur politique extérieure respective, entre autres dans des déclarations de présidents américains aussi différents que Ronald Reagan, Bill Clinton et George W. Bush. Des voix moins militantes au sein de la tradition libérale ont exprimé leur conviction que doit être mis en place un cadre juridique et institutionnel englobant des États issus de cultures et traditions variées. Déjà, Jeremy Bentham avait manifesté sa croyance dans la capacité du droit à résoudre le problème de la guerre. «Établissons un tribunal commun» et alors «la guerre cessera d'être la conséquence nécessaire d'une différence d'opinions» (Luard, 1992, p. 416). À l'instar de nombreux penseurs libéraux après lui, Bentham a montré que des États fédéraux, comme les Confédérations germanique, américaine et suisse, ont su transformer leur identité en la fondant sur une fédération de paix et non plus sur des intérêts conflictuels comme auparavant. Pour reprendre la formule bien connue de Bentham: «Entre les intérêts des nations, il n'y a pas le moindre conflit véritable.»

Au cœur du libéralisme du XIXᵉ siècle, on trouve la conviction de Richard Cobden (1804-1865) que le libre-échange allait engendrer un ordre mondial plus pacifique. Le commerce procure des gains mutuels à tous les acteurs qui le pratiquent, quelles que soient leur taille et la nature de leur économie respective. Il n'est sans doute pas étonnant de constater que c'est en Grande-Bretagne que cette thèse a alors rallié ses plus ardents défenseurs. La valeur prétendument universelle du libre-échange a apporté des gains disproportionnés à l'Empire britannique. Aucun État, toutefois, n'a jamais reconnu le fait que le libre-échange entre des pays se trouvant à des stades de **développement** différents donne naissance à des rapports de domination et d'asservissement.

La notion d'**harmonie des intérêts** naturelle en relations politiques et économiques internationales a été remise en question au début du XXᵉ siècle. Le fait que l'économie respective de la Grande-Bretagne et de l'Allemagne se caractérisait par une forte interdépendance avant la Grande Guerre (1914-1918) a semblé confirmer l'erreur grave de l'approche qui associe l'interdépendance économique à la paix. À partir du début du siècle, les contradictions au sein de la civilisation européenne, entre le progrès et son caractère exemplaire, d'une part, et l'utilisation de la puissance industrielle à des fins militaires, d'autre part, n'ont pu être réconciliées plus longtemps. L'Europe a alors été le théâtre d'une guerre horrible qui a fait près de 18,5 millions de morts, a mis fin à quatre **empires** (russe, allemand, austro-hongrois et ottoman) et a également contribué à l'éclatement de la Révolution russe en 1917.

La Première Guerre mondiale a amené la pensée libérale à reconnaître que la paix n'est pas un état naturel, mais qu'elle doit plutôt être construite. Dans sa critique virulente de la thèse suivant laquelle la paix et la prospérité faisaient partie d'un ordre naturel latent, Leonard Woolf (1880-1969), écrivain politique, a affirmé qu'un mécanisme soigneusement mis au point (Luard, 1992, p. 465) était nécessaire pour assurer la paix et la prospérité. Toutefois, le plus célèbre défenseur d'une autorité internationale pour la gestion des relations internationales a sans doute été Woodrow Wilson, président américain de 1913 à 1921, qui estimait que la paix ne pourrait résulter que de la création d'une **organisation internationale** visant à instaurer un certain ordre dans l'anarchie internationale. La sécurité ne pouvait découler d'ententes diplomatiques bilatérales secrètes et d'une foi aveugle dans l'équilibre des puissances. De la même façon que la paix devait être imposée au sein des sociétés nationales, le domaine international devait être doté d'un mécanisme de réglementation pour la résolution des conflits et d'une force internationale pouvant être mobilisée, s'il s'avérait impossible qu'un conflit soit réglé sans violence. En ce sens, l'idéalisme, plus que tout autre courant du libéralisme, se fonde sur l'analogie domestique exposée dans l'introduction au présent chapitre (Suganami, 1989, p. 94-113).

Dans le célèbre discours sur les **Quatorze Points** que Wilson a prononcé devant le Congrès en janvier 1918, il a affirmé qu'une association générale des pays devait être formée pour maintenir la paix à venir. Cette association allait devenir la Société des Nations (SDN). Pour que son action soit efficace, la SDN devait disposer de la puissance militaire nécessaire pour dissuader tout agresseur potentiel et, le cas échéant, faire prévaloir sa puissance afin d'imposer sa volonté. C'était là la pierre d'assise du système de **sécurité collective** au cœur de la SDN. La sécurité collective en question renvoie ici à un dispositif dans le cadre duquel chaque État faisant partie du système reconnaît que la sécurité d'un État est du ressort de tous et accepte de se joindre à une démarche collective en réponse à une agression (Roberts et Kingsbury, 1993, p. 30). Elle se distingue d'un système de sécurité fondé sur des alliances, par lequel un certain nombre d'États s'associent généralement pour contrer une menace spécifique d'origine extérieure (système parfois connu sous le nom de défense collective). Dans le cas de la Société des Nations, l'article 16 du Pacte stipulait que, dans l'éventualité d'une guerre, tous les États membres devaient mettre fin à leurs relations courantes avec l'État agresseur, lui imposer des sanctions et, au besoin, mettre leurs armées à la disposition du Conseil de la SDN, si jamais le recours à la force devenait nécessaire pour rétablir le statu quo.

Le Pacte de la SDN en appelait aussi à l'**autodétermination** de tous les pays, qui constituait un autre trait fondamental de la pensée idéaliste libérale en matière de relations internationales. Au milieu du XIXᵉ siècle, les mouvements qui revendiquaient l'autodétermination en Grèce, en Hongrie et en Italie ont reçu l'appui de certaines puissances libérales et d'une partie de l'opinion publique. Cependant, cet appui donné à l'autodétermination masquait un ensemble de problèmes pratiques et moraux qui ont été mis à nu après le célèbre discours de Woodrow Wilson. Qu'adviendrait-il des minorités nouvellement créées qui n'éprouvaient aucun sentiment d'allégeance envers l'État ayant exercé son autodétermination ? Un processus démocratique pourrait-il résoudre adéquatement les questions d'identité nationale ? Qui déterminerait si des électeurs allaient être habilités ou non à participer à un scrutin ? Et que faire si un État venant de se prévaloir de son autodétermination rejetait les normes démocratiques libérales ?

Du point de vue de la paix et de la sécurité collective, l'expérience de la Société des Nations a été un échec total. Si la rhétorique morale avancée lors de la création de la SDN était résolument idéaliste, les États, en pratique, sont demeurés prisonniers de la logique de l'intérêt individuel, ce qu'a illustré mieux que tout la décision des États-Unis de ne pas adhérer à l'organisme qu'ils avaient pourtant mis sur pied. La Russie n'ayant pas rejoint les rangs de la SDN pour des raisons idéologiques, l'association est rapidement devenue un simple parloir pour les puissances satisfaites. En mars 1936, la décision d'Hitler de réoccuper la Rhénanie, une zone démilitarisée désignée telle selon les conditions du traité de Versailles, a éteint le dernier souffle de vie qui animait encore la SDN (qui était dans un état critique depuis la crise mandchoue en 1931 et la crise éthiopienne en 1935).

D'après l'histoire de la discipline des relations internationales, l'effondrement de la Société des Nations a porté un coup fatal à l'idéalisme. Il ne fait aucun doute que le discours du libéralisme après 1945 a pris une tournure plus pragmatique. Tout bien considéré, comment aurait-il été possible, après l'holocauste, d'exprimer le moindre optimisme ? Pourtant, certains concepts fondamentaux du libéralisme se sont maintenus. Déjà au début des années 1940, on reconnaissait la nécessité de remplacer la Société des Nations par une autre organisation internationale chargée de maintenir la paix et la sécurité dans le monde. Toutefois, dans le cas de l'Organisation des Nations Unies, les rédacteurs de la Charte étaient conscients qu'un consensus des grandes puissances était indispensable avant le dé-ploiement de quelque opération que ce soit. C'est dans cette optique qu'a été consigné dans l'article 27 de la Charte le principe du veto, qui confère un droit de veto à chacun des cinq membres permanents du Conseil de sécurité de l'ONU. La décision prise en ce sens a apporté une importante modification au modèle classique de la sécurité collective (Roberts, 1996, p. 315). Cependant, à cause de la polarisation idéologique issue de la guerre froide, les dispositions onusiennes dans l'intérêt de la sécurité collective sont demeurées lettre morte, puisque chacune des deux **superpuissances** avec ses alliés opposait son veto à toute mesure proposée par l'autre[3]. Ce n'est qu'après la fin de la guerre froide qu'un système de sécurité collective a pu être mis sur pied, à la suite de l'invasion du Koweït par l'Iraq, le 2 août 1990 (voir l'étude de cas à la page 112).

Au début de l'après-guerre, des libéraux ont formulé une importante thèse à propos de l'incapacité des États à s'adapter à la modernisation. David Mitrany (1943), un pionnier de la théorie de l'**intégration**, a affirmé que la solution des problèmes communs passait obligatoirement par une **coopération** transnationale. Au cœur de sa théorie se trouvait le concept de ramification, qui désigne la probabilité que la coopération réalisée dans un domaine inciterait les gouvernements à élargir à d'autres domaines la portée de cette **collaboration**. Ainsi, à mesure que les États deviendraient plus étroitement liés par un processus d'intégration, le coût du retrait des démarches de coopération augmenterait.

Cette thèse relative aux avantages d'une coopération transnationale a mobilisé une nouvelle génération de penseurs (notamment aux États-Unis) durant les années 1960 et 1970. Ceux-ci ont alors souligné non seulement les gains mutuels tirés du commerce, mais aussi le fait que d'autres **acteurs transnationaux** commençaient dorénavant à remettre en cause la domination des États souverains. La politique mondiale, selon les pluralistes (pour reprendre le nom souvent utilisé pour les désigner), n'était plus la prérogative exclusive des États, après l'avoir été au cours des 300 ans ayant suivi l'instauration du système des États westphalien. Dans l'un des textes fondateurs du pluralisme, Robert Keohane et Joseph Nye (1972) affirment que le caractère central d'autres acteurs, tels les groupes d'intérêts, les **entreprises transnationales** et les **organisations non gouvernementales internationales (ONGI)**, devait désormais être pris en compte. Dans ce contexte, les relations internationales sont illustrées au moyen de la métaphore de la toile d'araignée formée par les nombreux acteurs aux multiples interactions.

La guerre du Golfe en 1990-1991 et la sécurité collective

L'Iraq a toujours affirmé que l'État souverain du Koweït avait été une création artificielle des puissances impériales. Lorsque ce motif politique s'est allié à un impératif économique, résultant essentiellement des dettes accumulées pendant les huit années de guerre contre l'Iran, l'Iraq a semblé trouver une solution à ses problèmes dans l'annexion du Koweït. Le président de l'Iraq, Saddam Hussein, a également supposé que l'Occident n'aurait pas recours à la force pour défendre le Koweït, mais ce fut là une grave erreur de calcul, alimentée par le fait que l'Occident avait appuyé l'Iraq durant sa guerre récente contre l'Iran (le prétendu intégrisme de l'Iran était considéré comme une menace plus sérieuse pour l'ordre international que le nationalisme extrémiste du régime iraquien).

L'invasion du Koweït, le 2 août 1990, a amené l'ONU à adopter une série de résolutions appelant l'Iraq à procéder à un retrait inconditionnel de ce pays. Des sanctions économiques ont été imposées à l'Iraq, pendant qu'une coalition de volontaires menée par les États-Unis a pris position en Arabie saoudite. L'opération Tempête du désert a écrasé la résistance iraquienne en six semaines de combats (du 16 janvier au 28 février 1991). La guerre du Golfe en 1990-1991 a certainement ranimé la doctrine onusienne de la sécurité collective, même si des doutes ont continué de planer sur les motivations sous-jacentes de la guerre et sur la façon dont elle avait été conduite. Ainsi, contrairement à ce que prévoit la Charte dans un tel cas, la coalition a été placée sous la direction des États-Unis plutôt que de l'ONU. Le président des États-Unis à l'époque, George H. Bush, a déclaré que l'enjeu de cette guerre n'était pas seulement le sort d'un petit pays, mais bien une grande idée : un nouvel ordre mondial. Celui-ci devait s'appuyer sur le règlement pacifique des litiges, la solidarité contre l'agression, la réduction et la maîtrise des arsenaux et un traitement juste pour tous les peuples.

Si le phénomène du transnationalisme a constitué un important ajout au lexique des théoriciens des relations internationales, il n'a pas été beaucoup développé en tant que concept théorique. La plus importante contribution du **pluralisme** se situe peut-être dans son élaboration de la notion d'**interdépendance**. En raison de l'expansion du **capitalisme** et de l'émergence d'une culture mondiale, les pluralistes ont mis en relief la multiplication des interrelations, par laquelle des changements qui se produisent dans une partie du système ont des répercussions directes et indirectes sur le reste du système (Little, 1996, p. 77). L'**autonomie de l'État** et son caractère absolu, si fermement enracinés dans l'esprit des dirigeants politiques, se voyaient amoindris par l'interdépendance. Une telle évolution des choses a eu pour corollaire un potentiel de coopération accru ainsi qu'une vulnérabilité plus prononcée.

Dans son ouvrage publié en 1979 et intitulé *Theory of International Politics*, Kenneth Waltz, auteur néoréaliste, a contesté la thèse pluraliste au sujet du déclin de l'État. À son avis, le degré d'interdépendance à l'échelle internationale était nettement inférieur à celui des éléments constitutifs d'un système politique national. De plus, l'ampleur de l'interdépendance économique, notamment entre les grandes puissances, était moindre que ce qu'elle était au début du xxe siècle. Waltz concluait que, lorsqu'il est question du monde politique international, il apparaît extrêmement étrange que le mot « interdépendance » soit le plus couramment employé pour le décrire (1979, p. 144). À mesure que s'est poursuivi le débat avec Waltz et d'autres néoréalistes, les premiers pluralistes ont modifié leur position initiale. Les néolibéraux[4], pour reprendre le nouveau terme utilisé pour les désigner, ont reconnu que les prémisses du **néoréalisme**, soit la structure internationale anarchique, la place centrale des États et la démarche rationaliste privilégiée en sciences sociales, étaient effectivement correctes. Là où leurs opinions différaient encore de celles des néoréalistes, c'était apparemment lorsqu'ils soulignaient que l'anarchie ne rendait pas impossible le maintien de modèles de coopération durables : la création de **régimes internationaux** joue ici un rôle précieux, en ce qu'elle favorise le partage de l'information, renforce la **réciprocité** et facilite l'imposition de sanctions en cas de non-respect des normes convenues (voir le chapitre 18). En outre, dans le cadre de ce qui allait devenir la plus importante pomme de discorde entre les néoréalistes et les néolibéraux (voir le chapitre 7), ces derniers estimaient que les acteurs concernés concluraient des ententes de coopération si les gains qui en découlaient étaient partagés également. Les néoréalistes rejetaient une telle hypothèse, car ils étaient d'avis que ce ne sont pas tellement les gains mutuels (absolus) qui importent, mais bien les **gains relatifs** : en d'autres termes, un État néoréaliste doit être certain qu'un régime ou une entente spécifique lui apportera plus d'avantages qu'à ses rivaux (voir aussi à ce sujet le chapitre 7).

Le néolibéralisme se distingue du libéralisme fondé sur la paix démocratique et de l'idéalisme libéral de l'entre-deux-guerres par ses positions sur deux questions importantes. Premièrement, les travaux de recherche universitaires devraient s'appuyer sur un engagement favorisant une démarche scientifique en matière de théorisation. Quelles que soient les valeurs personnelles fondamentales que défend un chercheur, il doit toujours se donner pour tâche d'observer des récurrences, de formuler des hypothèses expliquant ces récurrences et de soumettre ces hypothèses à un examen critique. Cette distinction opérée entre les faits et les valeurs place les néolibéraux du côté positiviste de la ligne de démarcation méthodologique. Deuxièmement, des auteurs tels que Keohane critiquent vivement la thèse naïve des libéraux du XIXᵉ siècle postulant que le commerce engendre la paix. Un système de libre-échange, selon Keohane, tend à favoriser la coopération, mais il ne la garantit pas. Keohane établit ici une différence importante entre la coopération et l'harmonie : la coopération n'est pas automatique et relève plutôt de la planification et de la négociation (1984, p. 11). La section suivante illustre pourquoi la pensée libérale contemporaine estime toujours que les institutions politiques mondiales apparues après 1945 ont réussi à rallier tous les États à un ordre fondé sur la coopération.

À RETENIR

- À ses débuts, la pensée libérale estimait que l'ordre naturel des relations internationales avait été altéré par des dirigeants politiques non démocratiques et par des politiques dépassées comme l'équilibre des puissances. À des fins normatives, les libéraux des Lumières avançaient qu'une morale cosmopolitique latente pouvait être instaurée par le recours à la raison et par la création d'États constitutionnels. De plus, la libre circulation des biens et des personnes était susceptible de favoriser davantage l'établissement de relations internationales plus pacifiques.

- Si d'importantes lignes de continuité unissent la pensée libérale des Lumières aux idées apparues au XXᵉ siècle — comme la conviction que le poids de l'opinion publique mondiale peut contrebalancer les intérêts des États —, l'idéalisme libéral était néanmoins plus programmatique, c'est-à-dire qu'au-delà du normatif, il souhaitait se réaliser dans un projet politique tangible. Aux yeux des idéalistes, la liberté des États était une cause des problèmes que présentent les relations internationales, et non un élément de solution à ces problèmes. Deux conséquences découlent d'une telle affirmation. D'abord, il est nécessaire de formuler des propositions clairement normatives, consistant

à promouvoir la paix et à édifier un monde meilleur. Ensuite, les États doivent faire partie d'une organisation internationale et être contraints d'en respecter les règles et les normes.

- Au cœur de l'idéalisme se trouvait la mise sur pied d'une organisation internationale vouée à favoriser des changements pacifiques, le désarmement, l'arbitrage et l'application contraignante (si besoin est) des règles adoptées. La Société des Nations a été fondée en 1920, mais son système de sécurité collective a été incapable d'empêcher l'éclatement d'une guerre mondiale à la fin des années 1930.

LE LIBÉRALISME ET LA GLOBALISATION

Lorsqu'on examine les principes libéraux appliqués aux relations internationales actuelles, on constate l'existence de deux ensembles de réponses formulées à propos des problèmes et des possibilités liés à la globalisation. Pour bien suivre le raisonnement, il est utile de rappeler les quatre composantes de la définition du libéralisme exposée en début de chapitre : l'égalité juridique, la démocratie, la liberté et le libre marché. Comme on le verra dans cette section, la mise en œuvre de ces composantes peut être réalisée par des moyens politiques très différents les uns des autres.

Le premier de ces ensembles est celui du **libéralisme de privilège** (Richardson, 1997, p. 18). Dans cette optique, il faut pouvoir compter sur la présence d'États démocratiques forts au cœur du système international, de régimes internationaux vigoureux ainsi que d'institutions et de marchés libres pour résoudre les problèmes propres à la globalisation. Pour obtenir un exemple de ce que donne la mise en pratique d'une telle solution, il suffit d'observer le succès qu'a remporté l'**hégémonie** libérale après 1945. G. John Ikenberry, auteur américain, est un partisan éloquent de cet ordre libéral. À la suite de la Seconde Guerre mondiale, les États-Unis ont entrepris d'arrimer certains principes libéraux fondamentaux aux règles et aux institutions de régulation de la société internationale. Ce qui importe encore davantage ici, c'est que les États-Unis ont choisi, contrairement à ce que préconise la pensée réaliste, de renoncer aux gains à court terme en échange d'un règlement durable et avantageux pour tous les États. Selon Ikenberry, les États-Unis ont édifié de plusieurs façons la base de coopération sur laquelle ils ont assis leur puissance. Premièrement, conformément aux principes démocratiques libéraux, ils ont donné l'exemple aux autres membres de la société internationale en insistant pour que leur propre système politique soit ouvert et permette à différentes voix de s'exprimer. La politique extérieure, à l'instar de la politique intérieure, était scrutée attentivement par les médias, l'opinion publique, des comités politiques et les partis d'opposition. Deuxièmement, les États-Unis ont favorisé un régime de libre-échange mondial reflétant leur conviction que le libre-échange est bénéfique pour tous ses participants (il a également pour avantage, du point de vue de la puissance hégémonique, que sa gestion est peu coûteuse). Troisièmement, l'État américain a donné l'impression, du moins à ses alliés, d'être une puissance hégémonique réticente à exploiter l'avantage considérable qu'elle retirait de sa position de force politique. Dernièrement, et surtout, ce pays a donné naissance et participé à une gamme d'institutions internationales importantes qui ont restreint ses actions. Le régime d'accords économiques et financiers issus de la conférence de Bretton Woods (1944) et l'alliance de sécurité ayant pris la forme de l'**OTAN** constituent les meilleurs exemples du caractère fortement institutionnalisé de la puissance américaine après 1945. Les tenants de cet ordre hégémonique libéral font parfois remarquer, d'un ton mi-figue mi-raisin, que celui-ci a été tellement fructueux que les alliés des États-Unis se souciaient plus d'être abandonnés que d'être dominés.

Le système de régimes et d'institutions de régulation mis sur pied après 1945 a été avantageux en partie parce qu'il a simplement imposé un fait accompli. En d'autres termes, lorsqu'un ensemble de mécanismes institutionnels est solidement mis en place, il devient ardu à déloger par tout autre mécanisme de rechange. Il en découle deux conséquences à mettre en relief ici : l'étroite marge de manœuvre historique possible pour une nouvelle architecture institutionnelle et la durabilité des instances existantes. En ce qui concerne l'hégémonie américaine, cela signifie que, à moins d'une guerre massive ou d'un effondrement économique mondial, il est très difficile d'imaginer ce que pourrait être le point de rupture historique qui entraînerait la disparition de l'ordre existant et son remplacement par un autre ordre (Ikenberry, 1999, p. 137).

Le deuxième ensemble part de l'hypothèse que la thèse néolibérale est essentiellement juste : l'**ordre international** instauré après 1945 a été fructueux et durable parce que l'hégémonie américaine avait un caractère libéral. La logique inhérente à cette hypothèse relève du conservatisme institutionnel. Le seul moyen de résoudre adéquatement les problèmes relatifs à l'économie et la sécurité dans le monde consiste à agir dans le cadre institutionnel

existant. Il s'agit donc là d'une sorte de manifeste pour la gestion d'un ordre international dans lequel les États occidentaux qui ont assumé les coûts de la mise sur pied de ce cadre institutionnel bénéficient maintenant d'un rendement intéressant sur leur investissement. Par contre, vu par l'autre bout de la lorgnette, l'ordre actuel est entièrement insensible aux besoins des États et des peuples plus démunis. Selon le Programme des Nations Unies pour le développement (PNUD), l'inégalité générale qui en résulte est scandaleuse. Une donnée est particulièrement révélatrice : les 20 % les plus riches de la population mondiale touchent les trois quarts de tous les revenus, alors que les 20 % les plus pauvres n'en perçoivent que 1,5 %[5].

Étant donné que le libéralisme a engendré de si fortes disparités entre l'Occident et le reste du monde, il n'est pas étonnant que la puissance hégémonique ait été obsédée par le maintien et l'amplification du contrôle qu'elle exerce sur les institutions, les marchés et les ressources. Lorsque cet ordre libéral hégémonique est mis à l'épreuve, comme ce fut le cas le 11 septembre 2001, sa réaction est intraitable. On peut d'ailleurs constater à cet égard que le président George W. Bush a employé un langage à saveur libérale pour mobiliser son pays contre al-Qaïda, les talibans et l'Iraq. Il a qualifié de guerre de la liberté l'intervention contre l'Iraq en 2003, et le terme « libération » revient souvent dans les discours des partisans de l'Opération libération de l'Iraq.

Vu la primauté de l'idéologie néoconservatrice ayant sous-tendu la présidence de George W. Bush, il faut faire preuve de prudence avant d'affirmer que la politique extérieure contemporaine des États-Unis s'appuie sur de nombreux principes libéraux. Néanmoins, il est intéressant de voir que le discours officiel qui illustre cette politique fait appel à un certain nombre d'idées et de valeurs libérales (Rhodes, 2003), comme le montre bien le discours que Bush a livré lors de la cérémonie de remise des diplômes tenue à l'école militaire de West Point en juin 2002. Le thème principal abordé au début de cette allocution a été celui du recours à la force pour défendre la liberté : « Nous luttons, comme nous le faisons toujours, pour une paix juste. » Bush restitue ensuite cet argument dans un contexte historique. Avant le XXIe siècle, la rivalité entre les grandes puissances se manifestait par la guerre. Aujourd'hui, a-t-il dit, les grandes puissances partagent des valeurs communes, par exemple un engagement fondamental pour la liberté humaine. Dans son discours sur l'état de l'Union prononcé en 2004, il a même déclaré que « notre objectif est de parvenir à une paix démocratique ». L'encadré de gauche, à la page 115, précise les liens unissant le libéralisme, la **promotion de la démocratie** et la politique extérieure de Bush.

George W. Bush et le libéralisme dans la politique extérieure américaine

« Le xxᵉ siècle s'est achevé par le maintien d'un seul modèle de progrès humain, fondé sur des principes non négociables : dignité humaine, primauté du droit, imposition de limites aux pouvoirs de l'État, respect des femmes, respect de la propriété privée, liberté d'expression, justice pour tous, tolérance religieuse. Les États-Unis ne peuvent imposer leur vision du monde, mais nous pouvons appuyer et aider les gouvernements qui font les bons choix pour leur peuple. Dans le cadre de notre aide au développement, de nos efforts diplomatiques, de notre présence internationale et de notre soutien à l'éducation, les États-Unis font la promotion de la modération, de la tolérance et des droits humains. Et nous défendons la paix qui rend tout progrès possible.

Lorsqu'il s'agit des droits et des besoins communs des hommes et des femmes, il n'y a pas de choc des civilisations. Les exigences de la liberté s'appliquent pleinement en Afrique, en Amérique latine et dans tout le monde musulman. Les peuples des pays musulmans veulent et méritent les mêmes libertés et les mêmes possibilités que les peuples de tous les autres pays. Et l'action de leur gouvernement devrait être à la hauteur de leurs espoirs. »

(Extrait du discours prononcé par George W. Bush lors de la cérémonie de remise des diplômes tenue à West Point, École militaire des États-Unis, New York, le 1ᵉʳ juin 2002)

La défense et l'élargissement de la zone de paix libérale

Les partisans de la thèse de la paix démocratique croient que les États libéraux se comportent de manière pacifique les uns envers les autres. Cette hypothèse empirique n'indique toutefois pas à ces États comment ils doivent agir envers les États non libéraux. Doivent-ils tenter de les convertir, et donc de les insérer dans la zone de paix libérale, ou doivent-ils adopter une stratégie plus défensive ? Les tentatives de conversion n'ont pas été fructueuses dans le passé, et, dans un monde comprenant de nombreux États dotés d'armes nucléaires, entreprendre une croisade pourrait être suicidaire. C'est pourquoi Michael Doyle propose une démarche en deux volets.

- Le premier volet consiste à préserver la zone libérale, c'est-à-dire à établir des alliances solides avec d'autres États partageant les mêmes sensibilités et à se défendre contre les régimes antilibéraux. Cela pourrait obliger les États libéraux à assortir leur politique extérieure de moyens comme le recours à l'équilibre des puissances afin de freiner les ambitions des gouvernements autoritaires.

- Le deuxième volet est de nature expansionniste : il s'agit d'étendre la zone libérale à l'aide de divers moyens économiques et diplomatiques. Doyle classe ces moyens selon trois catégories : l'inspiration (espérer que les peuples vivant sous un régime non démocratique lutteront pour conquérir leur liberté), l'instigation (édifier la paix et restructurer l'économique) et l'intervention (elle est légitime si la majorité d'une communauté politique manifeste une désaffection générale envers son gouvernement ou si ses droits fondamentaux sont systématiquement bafoués).

Doyle conclut en soulignant que la marche du libéralisme ne continuera pas forcément d'égale intensité. C'est l'action des citoyens, selon lui, qui va déterminer si le système international deviendra plus pacifique et plus stable ou si les antagonismes vont s'aggraver. Les États libéraux doivent être prêts à payer le prix nécessaire — sous forme de coûts institutionnels ou d'aide au développement — pour élargir l'éventail des possibilités d'un avenir de paix. Il s'agit peut-être d'un prix très raisonnable par rapport aux coûts qu'imposeraient d'éventuels affrontements avec des régimes autoritaires instables et hostiles.

(Doyle, 1999)

Le libéralisme a toujours eu de larges visées. La tendance de ce courant de pensée à épouser l'impérialisme a d'ailleurs une longue histoire (Doyle, 1986, p. 1151-1169). On trouve chez Machiavel différents propos expliquant pourquoi les républiques doivent prendre de l'expansion. La liberté stimule la production de richesse et la recherche concomitante de nouveaux marchés ; les soldats qui sont en même temps des citoyens font de meilleurs combattants que les esclaves et les mercenaires ; et élargir le territoire constitue souvent le moyen le plus efficace de consolider la sécurité d'un État. En ce sens, la politique extérieure contemporaine des États-Unis n'est pas différente de celle des grandes cités-États expansionnistes de l'Antiquité, telles que Rome et Athènes. Peu de libéraux aujourd'hui préconiseraient ouvertement l'impérialisme, même s'il est vrai que la ligne séparant l'impérialisme et une stratégie interventionniste pour défendre les valeurs et les privilèges libéraux est très ténue. Michael Doyle prône une politique associant des moyens coercitifs et non coercitifs qui devraient être déployés pour amener un changement de régime dans des pays non libéraux (voir l'encadré ci-contre).

Cette stratégie consistant à maintenir les institutions libérales et à renforcer leurs pouvoirs prête le flanc à diverses critiques. Par souci de simplicité, ces critiques seront regroupées ici sous la forme d'une solution de rechange au libéralisme de privilège qui sera dénommée libéralisme radical. Une première objection formulée par les tenants de ce dernier courant porte sur la conception du libéralisme qu'incarne la défense néolibérale des organisations internationales. Leur caractère libéral est tenu pour acquis plutôt qu'assujetti à un examen critique. Il s'ensuit que l'incohérence des objectifs poursuivis par ces organisations passe souvent inaperçue. Le modèle de **libéralisation** économique préconisé par les institutions financières occidentales, notamment pour les pays économiquement défavorisés, entre fréquemment en conflit avec les normes relatives à la démocratie et aux droits humains. Trois exemples illustrent bien ce qui précède. D'abord, plus l'Occident participe à la mise sur pied de l'infrastructure politique et économique des pays en développement, moins ces États ont de comptes à rendre à leur électorat national respectif, ce qui rompt le lien entre le gouvernement et la population, un lien qui est au cœur des modèles libéraux modernes de démocratie représentative (Hurrell et Woods, 1995, p. 463). Ensuite, afin de pouvoir obtenir une aide et des prêts de l'Occident, ces États sont souvent tenus de respecter des conditions économiques sévères qui les obligent à abandonner de nombreux programmes sociaux ; le cas des enfants les plus pauvres de certains pays africains qui doivent payer pour fréquenter l'école primaire (Booth et Dunne, 1999, p. 310) – rappelons que la scolarisation est un droit en vertu de la Déclaration universelle des droits de l'homme – montre brutalement que la liberté économique et l'égalité politique s'opposent fréquemment. Enfin, la réponse inflexible des institutions financières internationales aux diverses crises de l'économie mondiale a suscité un ressac contre le libéralisme. Richard Falk a décrit succinctement cette situation : il existe une tension, dit-il, entre les impératifs éthiques du voisinage mondial et la dynamique de la globalisation économique (1995a, p. 573). Les tenants du libéralisme radical estiment que l'ordre institutionnel hégémonique est tombé sous la griffe du consensus néolibéral, qui réduit au minimum le rôle du secteur public pour assurer le bien-être collectif et qui fait du marché l'instrument approprié pour la répartition des ressources, des investissements et des possibilités d'emploi.

Une deuxième objection avancée par les partisans du libéralisme radical porte davantage sur le caractère non libéral des régimes internationaux et des institutions concernées. En termes clairs, il existe un vaste déficit démocratique à l'échelle mondiale. Les questions liées à la paix et à la sécurité internationales sont tranchées par seulement 15 membres de la société internationale, dont seulement cinq d'entre eux sont habilités à exercer un droit de veto. Autrement dit, il est théoriquement possible que quelque 190 États dans le monde croient qu'une action militaire est nécessaire ; toutefois, il suffit que l'un des membres permanents du Conseil de sécurité impose son veto pour que cette action devienne contraire aux dispositions de la Charte de l'ONU. En ce qui a trait à l'économie politique, la puissance de l'Occident et de ses institutions financières internationales perpétue les inégalités structurelles, comme l'illustre bien l'exemple du libre-échange mis en avant dans les domaines où les pays riches tirent avantage d'une politique d'ouverture (biens fabriqués et services financiers), mais qu'ils refusent dans les domaines où ils risquent d'en faire les frais (agriculture et textile). Plus fondamentalement, les adeptes du libéralisme radical craignent que tous les modèles de gouvernance d'État ne soient antidémocratiques, étant donné que les élites sont d'un égoïsme notoire.

Ces objections animent la position envers la globalisation qu'ont prise des auteurs tels que Daniele Archibugi, David Held, Mary Kaldor et Jan Aart Scholte, entre autres, qui considèrent que la **politique globale** doit être démocratisée (Held et McGrew, 2002). La thèse de Held reflète bien le caractère analytique et normatif du libéralisme radical à une époque de globalisation. Elle s'applique d'abord à décrire les insuffisances de l'ordre westphalien (ou du système d'États moderne, dont l'origine est habituellement fixée au milieu du xviie siècle). La dernière phase de cet ordre a été le théâtre d'une démocratisation rapide dans bon nombre d'États, qui n'a cependant pas été assortie d'une démocratisation de la **société d'États** (Held, 1993) (voir le chapitre 2, qui traite de la société internationale). Cette tâche est devenue urgente, car l'ampleur actuelle des interrelations fait en sorte que les gouvernements nationaux ne maîtrisent plus les forces qui façonnent la vie des citoyens de leur pays respectif (ainsi, la décision d'autoriser la déforestation que prend un État a des répercussions écologiques sur tous les États). Après 1945, la Charte de l'ONU a fixé des limites à la **souveraineté** des États lorsque les droits des individus ont été définis et inscrits dans un ensemble de conventions relatives aux droits humains. Bien que l'ONU n'ait pas été à la hauteur des dispositions de sa Charte depuis sa signature, elle a néanmoins laissé largement intacts les fondements de l'ordre westphalien, soit l'écart entre les grandes puissances et les autres pays (que symbolise le statut de membre permanent du Conseil de sécurité), les énormes inégalités de richesse entre les États et la capacité minimale des **acteurs non étatiques** à **influencer** la prise de décisions dans les relations internationales.

Pour remplacer les modèles westphalien et onusien, Held propose un modèle de **démocratie cosmopoli-**

tique. Pour l'adopter, il faudrait d'abord créer des parlements régionaux et élargir les pouvoirs des organes régionaux (comme ceux de l'Union européenne) qui existent déjà. Ensuite, les conventions relatives aux droits humains devraient être entérinées par les parlements nationaux, et une nouvelle Cour internationale des droits humains serait chargée d'en assurer la mise en pratique. Enfin, l'ONU ferait l'objet d'une réforme d'envergure ou serait remplacée par un parlement mondial véritablement démocratique et obligé de rendre des comptes. Sans montrer un optimisme exagéré quant à l'instauration du modèle de démocratie cosmopolitique, Held insiste tout de même vivement sur le fait que la démocratie ne peut s'épanouir que si elle gagne les institutions et les régimes qui gèrent la politique mondiale.

Les partisans du libéralisme radical accordent beaucoup d'importance à la capacité civilisatrice de la société mondiale. Si la primauté du droit et la démocratisation des institutions internationales sont des composantes-clés du projet libéral, il est également vital que les **réseaux** de citoyens acquièrent davantage de poids et d'envergure afin de pouvoir encadrer et influencer ces institutions. Ces réseaux constituent autant de liens entre les individus, les États et les institutions mondiales. Il est facile de qualifier d'utopique la pensée libérale radicale, mais il ne faut toutefois pas oublier les nombreux succès que la société civile mondiale a obtenus jusqu'à maintenant. L'évolution du droit humanitaire international et les progrès accomplis dans l'application de ce droit doivent largement être attribués aux millions d'individus qui appuient activement des groupes de défense des droits humains comme Amnistie internationale et Human Rights Watch (Falk, 1995b, p. 164). De façon analogue, des mouvements contestataires actifs dans le monde sont à l'origine d'une sensibilisation accrue des citoyens aux effets de la destruction de l'environnement planétaire.

L'accent mis sur ce que Richard Falk dénomme la globalisation venue du bas représente un important contrepoids à la conception du monde, plutôt orientée vers le statu quo, que met en avant le néolibéralisme. Si le danger qui guette la complaisance d'un libéralisme de privilège se situe dans l'impérialisme, pour le libéralisme radical, c'est dans la naïveté. Comment s'assurer que la voix des simples citoyens sera entendue à l'issue de la réforme souhaitée des institutions mondiales? Et que faire si les peuples eux-mêmes, à l'instar des États, devaient se montrer tout aussi indifférents à l'injustice dans le monde? Dans un certain sens, il semble que la pensée libérale radicale veuille ramener la globalisation à une époque où les producteurs locaux s'associaient pour produire des aliments sains le jour et tissaient des paniers ou regardaient du théâtre de rue le soir. Il n'est pas certain qu'un tel mode de vie soit préférable à l'achat de denrées relativement peu chères dans un supermarché appartenant à une chaîne multinationale ou à l'écoute d'émissions de divertissement diffusées par câblodistribution. L'élément le moins plausible du projet libéral radical réside peut-être dans son exigence d'une réforme du capitalisme mondial. Quelle est vraiment l'ampleur de l'influence civilisatrice que la société civile mondiale peut exercer sur un capitalisme omnipotent? Cette influence peut-elle contribuer à ouvrir au reste du monde la chasse gardée de la globalisation où se situent les institutions démocratiques, alors que les forces de production et de destruction sont d'envergure mondiale?

À RETENIR

- Les États membres de l'alliance ayant gagné la guerre contre l'Allemagne nazie ont mis sur pied une nouvelle organisation internationale: la Charte des Nations Unies a été signée en juin 1945 par 50 États, à San Francisco. L'ONU présentait alors deux différences importantes par rapport à la Société des Nations qui l'avait précédée: elle réunissait la quasi-totalité des États dans le monde et les grandes puissances qui en faisaient partie ont veillé à pouvoir empêcher, grâce au droit de veto, toute action qui aurait été contraire à la défense de leurs intérêts.

- Après 1945, les libéraux se sont tournés vers les institutions internationales afin qu'elles remplissent diverses fonctions que l'État ne pouvait assumer. Une telle évolution de la situation a eu un effet catalyseur sur la théorie de l'intégration en Europe et sur le pluralisme aux États-Unis. Au début des années 1970, le pluralisme est parvenu à imposer une importante remise en question du réalisme. Il mettait l'accent sur de nouveaux acteurs (entreprises transnationales, organisations non gouvernementales) et de nouveaux modes d'interaction (interdépendance, intégration).

- Le néolibéralisme représente une remise en cause théorique plus subtile du réalisme contemporain. Les néolibéraux rendent compte de la durabilité des organisations existantes malgré les grands changements survenus dans le cadre où elles se déploient. À leur avis, les institutions exercent une influence déterminante sur les relations internationales, orientent les préférences des États et les inscrivent dans des mécanismes de coopération.

- Le libéralisme axé sur la paix démocratique et le néolibéralisme sont les courants dominants de la pensée libérale actuelle.

CONCLUSION

L'euphorie qui s'est emparée des libéraux à la fin de la guerre froide, en 1989, s'est considérablement dissipée après le 11 septembre 2001 et avec la **guerre contre la terreur**. La récurrence des conflits et de l'insécurité qui est apparue au début du XXIe siècle laisse croire que la démocratie libérale demeure au mieux un projet inachevé. Les images et les informations provenant de pays situés aux quatre coins du monde – tels la Tchétchénie, l'Iraq, l'Afghanistan, le Myanmar, la Colombie, le Libéria, la République démocratique du Congo, le Burundi, le Zimbabwe, etc. – montrent bien que, dans de nombreuses régions du monde, les valeurs antilibérales que sont les guerres de clans, la torture, l'intolérance et l'injustice imposent leur présence de façon incessante. De plus, les causes de la défaillance de ces États peuvent, à certains égards, être attribuées au libéralisme, notamment parce que celui-ci favorise des normes souvent inconciliables en matière de souveraineté, de démocratie, d'autodétermination nationale et de droits humains (Hoffmann, 1995-1996, p. 169).

Cela dit, la crise du libéralisme a une cause plus profonde : ses liens étroits avec une conception du monde fondée sur les Lumières qui est de plus en plus discréditée. Contrairement aux espoirs nourris par Kant et Bentham, et aussi par d'autres comme Hume, Mill et Paine, l'application des préceptes de la raison et de la science au domaine politique n'a pas rapproché les collectivités. En fait, elle a peut-être plutôt révélé le caractère fragmenté de la **communauté politique**, qui s'exprime régulièrement par des différences ethniques, linguistiques ou religieuses. Les critiques du libéralisme affirment que la mission universaliste derrière les valeurs libérales, telles que la démocratie, le capitalisme et la laïcité, mine les traditions et les pratiques des cultures non occidentales (Gray, 1995, p. 146). Lorsqu'ils doivent faire de la politique interculturelle, les libéraux semblent

incapables d'essuyer toute réponse négative dans leurs démarches. Immanuel Wallerstein, auteur marxiste, a joliment formulé le dilemme propre à l'universalisme. Selon lui, les libéraux considèrent ce dernier comme un « cadeau » offert par les puissants aux faibles, mais il s'agit là d'un cadeau empoisonné, car refuser le cadeau représente une perte, mais l'accepter entraîne une autre perte (dans Brown, 1999).

Le début du chapitre a évoqué une tension régnant au sein du libéralisme. L'accent mis sur la liberté individuelle, sur le commerce sans entrave et sur l'accumulation de biens peut mener à l'édification d'une société déchirée par les inégalités, les suspicions et les rivalités. Tirant dans la direction opposée, le libéralisme abrite aussi un ensemble de valeurs qui vise à établir les conditions propices à une société juste, au moyen d'institutions démocratiques et d'une économie favorisant le bien-être commun. La projection de cette tension sur la scène mondiale place le courant libéral devant deux voies possibles, en cette ère de globalisation. Dans la voie néolibérale, des organisations relativement faibles tentent de relever le défi consistant à coordonner le comportement des États, dans un monde marqué par un ordre international décentralisé et par une croissance économique inégalement répartie. Il s'ensuit alors qu'une action militaire préventive demeure une possibilité toujours présente, en vue de contrer le chaos et la violence qui débordent des collectivités et des réseaux parmi les moins nantis. La voie plus progressiste préconisée par le libéralisme radical s'oriente vers une réglementation accrue qui s'obtiendrait par des institutions internationales plus fortes. Pour ce faire, il y aurait lieu de rendre ces institutions plus démocratiques et plus responsables des conséquences négatives de la globalisation. Devant une telle thèse, il est facile d'accuser d'utopisme les tenants du libéralisme radical. S'ils veulent néanmoins tenter de réfuter cette accusation, ils seraient bien inspirés de faire appel à l'axiome de Kant : « il faudrait » doit impliquer « il est possible ».

QUESTIONS

1. La pratique des relations internationales a-t-elle aidé la cause du libéralisme ?

2. Quelles sont les principales variantes de la théorie libérale ?

3. Quelles sont les quatre composantes principales du libéralisme ?

4. Le language moral employé par les libéraux idéalistes pendant l'entre-deux-guerres constituait-il un moyen de maintenir la mainmise de la Grande-Bretagne sur le système international ?

5. Les États libéraux doivent-ils promouvoir leurs valeurs dans le monde ? À cette fin, l'usage de la force est-il légitime ?

6. Les théoriciens de la paix démocratique ont-ils raison ?

7. Selon la pensée libérale, existe-t-il une tension fondamentale entre liberté et démocratie ?

8. De quels principes libéraux était empreinte la politique extérieure du gouvernement de George W. Bush ?

9. Qu'est-ce que l'approche pluraliste ?

10. D'un point de vue libéral, quels sont les grands défis engendrés par la globalisation ?

Lectures utiles

Battistella, D., « La vision libérale » et « La perspective transnationaliste », dans *Théories des relations internationales*, Paris, Presses de Sciences Po, 2009, p. 173-210 et 211-242. Une excellente introduction historique au libéralisme et à ses principales variantes.

Dalem, A., « Guerre et économie : le libéralisme et la pacification par le marché », *Raisons politiques*, vol. 9, n° 1, 2003, p. 49-64. Une étude de la thèse libérale concernant la paix commerciale selon divers auteurs classiques.

David, C.-P. et A. Benessaieh, « La paix par l'intégration ? Théories sur l'interdépendance et les nouveaux problèmes de sécurité », *Études internationales*, vol. 28, n° 2, 1997, p. 227-254. Une recension critique des théories de l'interdépendance et de la paix commerciale.

Devin, G., « Que reste-t-il du fonctionnalisme international ? », *Critique internationale*, n° 38, 2008, p. 137-152. Une analyse de la pertinence actuelle des travaux du théoricien de l'intégration, David Mitrany.

Doyle, M., « Liberalism and World Politics », *American Political Science Review*, vol. 80, n° 4, 1986, p. 1151-1169. Une discussion à propos des principales variantes de l'approche libérale et de leur généalogie intellectuelle.

Dufour, F. G. et J. Martineau, « Le moment libéral et sa critique. Pour un retour à l'histoire au-delà du fonctionnalisme », *Études internationales*, vol. 38, n° 2, 2007, p. 209-227. Une

évaluation de la perspective libérale ainsi que de ses variantes, en fonction de la problématique de la gouvernance globale.

Fukuyama, F., *La fin de l'histoire et le dernier homme*, Paris, Flammarion, 2009. Une récente réédition française du célèbre ouvrage sur le libéralisme, paru au lendemain de la guerre froide (un article en 1989, suivi du livre en 1992).

Kant, E., *Projet de paix perpétuelle*, Paris, Librairie philosophique J. Vrin, 1947. La version française du projet du grand défenseur de la théorie de la paix démocratique.

Oneal, J. R. et B. M. Russett, « À la recherche de la paix dans un monde d'après-guerre froide, caractérisé par l'hégémonie et le terrorisme », *Études internationales*, vol. 35, n° 4, 2004, p. 641-665. Un article de ces théoriciens renommés de la paix démocratique, traduit en français.

Perret, V., « Les discours sur la société civile en relations internationales. Portée et enjeux pour la régulation démocratique de la mondialisation », *Études internationales*, vol. 34, n° 3, 2003, p. 381-399. Cet article actualise les conceptions libérales classiques du rôle de la société civile dans la politique mondiale.

Roussel, S. et D. O'Meara, « Le libéralisme classique : une constellation de théories », dans A. MacLeod et D. O'Meara (dir.), *Théories des relations internationales. Contestations et résistances*, Montréal, Athéna Éditions, 2007, p. 89-110. Une introduction exhaustive à l'épistémologie du libéralisme, suivie d'une analyse libérale de la guerre en Iraq.

Notes

1. La notion d'analogie domestique a été utilisée par Hedley Bull et approfondie par Hidemi Suganami.

2. Doyle estime que le libéralisme réunit les courants suivants : le pacifisme libéral, l'impérialisme libéral et l'internationalisme libéral (1986, p. 1151-1169).

3. De 1945 à 1990, 232 résolutions ont fait l'objet d'un veto ; de 1990 à 2004, seules 17 résolutions ont subi le même sort.

4. Maints pluralistes éminents des années 1970 ont adopté le néolibéralisme dans les années 1980. Le néolibéralisme est souvent désigné, dans les ouvrages publiés à ce sujet, sous le nom d'institutionnalisme néolibéral.

5. Ce n'est là qu'une donnée parmi beaucoup d'autres qui jettent une lumière crue sur l'optimisme naïf de certains internationalistes libéraux. Pour une analyse empirique détaillée de la globalisation et du développement, voir le Rapport mondial sur le développement humain 2003 publié par le Programme des Nations Unies pour le développement (PNUD).

Chapitre 7

LES PRINCIPALES THÉORIES CONTEMPORAINES : LE NÉORÉALISME ET LE NÉOLIBÉRALISME

Steven L. Lamy

GUIDE DE LECTURE

Ce chapitre passe en revue les thèses fondamentales du néoréalisme et du néolibéralisme ; on y analyse le débat en cours entre ces deux proches courants de pensée, débat très présent dans les principaux travaux de recherche en relations internationales menés en Amérique du Nord. Le réalisme et le néoréalisme, ainsi que le néolibéralisme dans une certaine mesure, ont également eu une incidence profonde sur la politique extérieure des États-Unis. Le néoréalisme s'impose dans le domaine des études sur la sécurité, alors que le néolibéralisme se concentre sur l'économie politique et, depuis peu, sur des questions comme les droits de la personne et l'environnement. Ces théories n'offrent pas des images du monde fortement contrastées. Les partisans du néoréalisme affirment qu'ils s'intéressent surtout aux questions de survie et que les néolibéraux sont trop optimistes en ce qui a trait aux possibilités de coopération entre les États. Les tenants du néolibéralisme, quant à eux, répliquent en disant que tous les États partagent des intérêts mutuels et peuvent tirer parti de la coopération. Ces deux approches ont un caractère sensiblement normatif et mettent l'accent sur l'État, le marché capitaliste et le statu quo.

L'introduction traite des diverses versions du néolibéralisme et du néoréalisme et invite les lecteurs à réfléchir à la manière dont les théories façonnent leur conception du monde. La section suivante examine trois versions du néoréalisme : le réalisme structurel de Waltz, le néoréalisme ou réalisme moderne de Grieco – qui met l'accent sur les gains absolus et les gains relatifs – et ce que les spécialistes des questions de sécurité dénomment le réalisme ou néoréalisme offensif et le réalisme ou néoréalisme défensif. La troisième section se penche sur les prémisses des perspectives néolibérale et institutionnaliste néolibérale. La quatrième section s'arrête sur le débat « néo-néo », que de nombreux chercheurs considèrent comme le plus important en relations internationales aujourd'hui. Beaucoup d'autres, au contraire, ne voient pas là un véritable débat. La cinquième section analyse les réactions des penseurs néoréalistes et néolibéraux devant la globalisation en cours. Enfin, le chapitre s'achève par la réflexion suivante : réduire l'étude des relations internationales aux perspectives dites « néo » et au débat « néo-néo » ne donne qu'une image partielle du monde.

INTRODUCTION

Le débat entre les néoréalistes et les néolibéraux a dominé les principaux travaux de recherche en relations internationales qui ont été effectués aux États-Unis depuis le milieu des années 1980. Deux des plus importantes revues américaines spécialisées dans ce domaine, *International Organization* et *International Security*, publient surtout des articles analysant les mérites relatifs de chacune de ces deux approches, **néoréalisme** et **néolibéralisme**, ainsi que la pertinence de leur explication respective de la politique internationale. Ces deux théories, dont l'une descend du **réalisme** et l'autre, du **libéralisme**, sont aussi des paradigmes ou des cadres conceptuels qui délimitent un champ d'études ainsi qu'un programme de recherche de politiques publiques, notamment. Comme l'ont démontré les chapitres précédents sur le libéralisme et le réalisme, il existe maintes versions et interprétations de chaque paradigme ou théorie. Certains réalistes défendent des positions plus intransigeantes concernant des questions comme la défense ou la participation à des accords internationaux, alors que d'autres font preuve de plus de souplesse. Si le chapitre sur le libéralisme a donné une description utile des variantes de cette théorie, le présent chapitre examine plus en détail celles qui exercent la plus forte influence sur la recherche universitaire en Amérique du Nord et sur les personnes chargées de formuler la politique extérieure des États-Unis. Il illustre également les grandes différences entre les nombreuses façons dont les chercheurs et les dirigeants politiques définissent et utilisent les notions de néoréalisme et de néolibéralisme.

Pour la plupart des chercheurs, la notion de néoréalisme renvoie à l'ouvrage fondateur de Kenneth Waltz, *Theory of International Politics* (1979). La théorie de Waltz souligne l'importance de la **structure** du **système international** et de son rôle en tant que principal facteur déterminant du comportement des **États**. Toutefois, la plupart des spécialistes et des dirigeants politiques évoquent le néoréalisme pour désigner une version plus récente ou mise à jour du réalisme. Dans le domaine des études sur la sécurité, certains chercheurs ont commencé, depuis peu, à employer les expressions « **réalisme offensif** » et « **réalisme défensif** » lorsqu'ils analysent l'approche actuelle du réalisme, le néoréalisme.

Dans le milieu de la recherche universitaire, le terme « néolibéralisme » fait généralement référence à l'institutionnalisme néolibéral ou à ce que les auteurs actifs dans ce champ d'études appellent maintenant la théorie institutionnelle. Dans le monde de la politique, toutefois, il signifie autre chose. Une politique extérieure néolibérale préconise le libre-échange ou l'ouverture des marchés ainsi que la diffusion globale des valeurs et des institutions démocratiques occidentales. La plupart des grands États occidentaux ont uni leur voix à celle des États-Unis afin de lancer un appel pour l'élargissement de la **communauté** des **États-nations** démocratiques capitalistes. Aujourd'hui, aucune autre voie ne se dessine : les institutions financières et politiques mises sur pied après la Seconde Guerre mondiale ont survécu et constituent les fondements des structures de **pouvoir** politique et économique actuelles.

En réalité, les politiques extérieures néolibérales ne sont généralement pas aussi étroitement liées aux idéaux que sont la **paix démocratique**, le libre-échange et l'ouverture des frontières. Les **intérêts nationaux** prédominent bien avant la morale et les idéaux universels, tout comme les intérêts économiques l'emportent sur les intérêts géopolitiques, au grand dam des réalistes traditionnels.

Pour les lecteurs qui font leurs premiers pas en relations internationales, la multiplicité de ces étiquettes et de leurs définitions discordantes peut être une source de confusion et de perplexité. Pourtant, comme l'ont sans doute illustré les chapitres précédents, seule la compréhension de ces théories et de ces perspectives leur permettra d'expliquer et d'élucider la conception du monde qu'entretiennent les citoyens et les dirigeants politiques, ainsi que leurs réactions aux événements et aux situations qui se présentent à eux. Cette compréhension s'avère encore plus importante lorsqu'on étudie le néoréalisme et le néolibéralisme, parce que ces théories constituent les courants de pensée dominants dans le monde politique et dans le milieu de la recherche universitaire en Amérique du Nord.

Il existe des différences nettes entre le néoréalisme et le néolibéralisme, certes, mais il ne faut néanmoins pas en exagérer l'ampleur. Robert Keohane (dans Baldwin, 1993), un adepte de l'institutionnalisme néolibéral, a affirmé que ce courant de pensée emprunte autant au réalisme qu'au libéralisme. Reflétant des perspectives de statu quo, ces deux théories ont été décrites par le néogramscien Robert Cox comme des théories de résolution de problèmes. Il entend par là que le néoréalisme tout comme le néolibéralisme s'attaquent à des problèmes et à des enjeux susceptibles de perturber le statu quo, tels que la **sécurité**, les conflits et la **coopération**.

Aucune de ces approches n'avance de projets axés sur une vaste réforme ou sur une transformation radicale du système international. Ce sont plutôt des théories de maintien du système, c'est-à-dire que leurs adeptes sont généralement satisfaits de l'ordre international actuel, de ses acteurs, de ses valeurs et de ses mécanismes. Ces perspectives abordent des ensembles de questions qui diffèrent les uns des autres. En général, le néoréalisme met l'accent sur des enjeux liés à la sécurité militaire et à la guerre, tandis que le néolibéralisme prête davantage attention à la coopération, à l'économie politique internationale et, plus récemment, à l'environnement. Quant à l'institutionnalisme néolibéral, son objet de recherche privilégié consiste à déterminer les meilleurs moyens de promouvoir et de soutenir la coopération dans un système international marqué par l'anarchie et la rivalité. Pour sa part, le néoréalisme tente surtout de répondre à la question suivante : comment survivre dans un tel système ?

La prochaine section passe en revue les fondements de chaque théorie, analyse les arguments des protagonistes dans le débat dit « néo-néo » et examine les prises de position des néolibéraux et des néoréalistes par rapport à la **globalisation**.

À RETENIR

- Le débat « néo-néo » est au cœur des travaux de recherche en relations internationales qui ont été effectués en Amérique du Nord depuis une vingtaine d'années.

- Davantage que des théories, le néoréalisme et le néolibéralisme constituent en fait des paradigmes ou des cadres conceptuels qui façonnent la conception du monde des individus et qui orientent les priorités de recherche ainsi que les débats et les choix en matière de politiques publiques.

- Dans les milieux universitaires, le néolibéralisme fait le plus souvent référence à l'institutionnalisme néolibéral. Dans les milieux politiques, il évoque davantage la diffusion dans le monde du capitalisme, des valeurs et des institutions démocratiques occidentales.

- Les théories néoréaliste et néolibérale sont axées sur le statu quo et sur la résolution de problèmes. Elles partagent de nombreuses prémisses à propos des acteurs, des valeurs, des problèmes et des structures de pouvoir du système international, mais elles ne se concentrent pas toujours sur les mêmes enjeux. Le néoréalisme met l'accent sur les questions de sécurité, de puissance et de survie. Le néolibéralisme examine surtout l'économie politique, la coopération et les institutions.

LE NÉORÉALISME

La théorie du **réalisme structurel** de Kenneth Waltz ne constitue qu'une version du néoréalisme. Un deuxième groupe de néoréalistes, représenté dans les travaux de Joseph Grieco (1988a et 1988b), a intégré les idées de Waltz aux thèses de réalistes plus traditionnels, tels que Hans J. Morgenthau, Raymond Aron, Stanley Hoffmann et Robert Gilpin, pour élaborer un profil contemporain ou réaliste moderne. On trouve aussi une troisième version du néoréalisme dans les études sur la sécurité, qui provient des tenants du réalisme offensif et du réalisme défensif. Voici un aperçu de ces différentes versions du néoréalisme.

Le réalisme structurel

Le néoréalisme de Waltz se distingue à plusieurs égards du réalisme traditionnel ou classique. Premièrement, le réalisme est foncièrement une théorie inductive. Ainsi, le réaliste Hans J. Morgenthau analyse la politique internationale à partir des actions et des interactions des États au sein du système. Pour expliquer la décision du Pakistan et de l'Inde de faire l'essai d'armes nucléaires, par exemple, il commencerait par scruter l'influence des dirigeants militaires des deux pays ainsi que leurs différends de longue date, qu'accentue ici leur proximité géographique. Une telle analyse est axée sur la nature des unités en présence. Les néoréalistes comme Waltz ne nient pas l'importance de ce type d'analyse, mais ils estiment que les effets structurels doivent aussi être pris en considération. Selon Waltz, la structure est définie par le principe organisationnel du système international, soit l'**anarchie**, et par la répartition des **capacités** entre les unités, soit les États. Waltz postule également l'absence d'une différenciation des fonctions parmi les unités concernées.

Pour un néoréaliste, la structure du système international oriente tous les choix faits en politique extérieure. C'est pourquoi il va plutôt axer son analyse des essais nucléaires de l'Inde et du Pakistan sur l'anarchie, soit l'absence d'une puissance commune ou d'une autorité centrale qui applique les **règles** et maintient l'**ordre** dans le système mondial. Dans un système fondé sur la rivalité, une telle situation engendre une nécessaire disponibilité des armes. En outre, dans un **système anarchique**, les États les plus puissants exercent généralement une plus forte influence.

Deuxièmement, une autre différence entre le réalisme traditionnel et le néoréalisme de Waltz se situe dans la conception de la puissance. Aux yeux des réalistes, la puissance est une fin en soi. C'est par elle que les États en acquièrent davantage et accentuent, par le fait même, leur influence et leur capacité de défendre leurs intérêts nationaux. Si les réalistes traditionnels reconnaissent l'existence de différents facteurs de puissance (tels que les ressources économiques et la technologie), la puissance militaire est considérée comme la principale source de la puissance globale d'un État. Waltz serait en désaccord avec ceux qui affirment que la force militaire n'est plus un instrument d'exercice du pouvoir politique aussi essentiel qu'auparavant. Néanmoins, comme l'indiquent les affrontements récents en Russie, en Iraq, au Soudan, au Liban et au Sri Lanka, de nombreux dirigeants croient encore qu'ils peuvent régler un conflit par le recours à la force.

Selon les néoréalistes, la puissance ne se résume pas à l'accumulation de ressources militaires et à la capacité d'utiliser cette puissance pour contraindre et maîtriser d'autres États du système. Waltz et d'autres néoréalistes se représentent la puissance sous la forme des capacités combinées d'un État. Les acteurs d'un système se distinguent mutuellement par leur puissance, et non par leur fonction. La puissance accorde à un État une place donnée au sein du système international, et c'est cette position qui oriente son comportement. Durant la **guerre froide**, les États-Unis et l'URSS étaient les deux seuls pays à posséder le statut de **superpuissance**. Les néoréalistes diraient que c'était leur position qui expliquait les similitudes de leur comportement, à l'époque. La distribution de la puissance et toute modification soudaine de cette distribution font partie des facteurs dont la structure du système international est issue. Plus spécifiquement, les États vont s'efforcer de maintenir leur position au sein du système. La fin de la guerre froide et l'effondrement de l'empire soviétique ont bouleversé l'**équilibre des puissances** et, de l'avis de maints néoréalistes, ont accentué l'incertitude et l'instabilité au sein du système international. Waltz est d'accord avec les réalistes traditionnels pour dire que l'équilibre des puissances est le mécanisme central du maintien de l'ordre dans le système mondial. L'importance accrue donnée à l'ONU et à l'**OTAN**, ainsi qu'à leurs interventions dans les régions en crise de la planète, illustre peut-être la volonté actuelle des grandes puissances d'instaurer un ordre dans le système international. Waltz s'opposerait aux institutionnalistes néolibéraux qui estiment que la globalisation peut être gérée uniquement grâce à la mise sur pied d'institutions internationales efficaces (voir l'étude de cas à la page 125). Il affirmerait plutôt que leur efficacité est en fait tributaire de l'appui des grandes puissances.

Une troisième différence entre le réalisme et le néoréalisme de Waltz réside dans la façon dont chacun interprète les réactions des États à la situation d'anarchie qui prévaut. Selon les réalistes, l'anarchie est une condition du système et les États y réagissent en fonction de leur taille, de leur situation géographique, de leur politique intérieure et de leur conception du leadership. En revanche, les néoréalistes croient que l'anarchie définit le système et que tous les États sont des unités aux fonctions similaires, c'est-à-dire qu'ils subissent tous les mêmes contraintes imposées par l'anarchie et s'efforcent de maintenir leur position dans le système. D'après les néoréalistes, toute différence entre les politiques des États s'explique par l'écart entre leur puissance ou leurs capacités respectives. La Belgique et la Chine, par exemple, reconnaissent que l'une des contraintes imposées par l'anarchie consiste en leur besoin de sécurité, besoin servant essentiellement leur intérêt national. Les dirigeants de ces deux pays adopteraient toutefois des politiques différentes en vue d'établir cette sécurité. Un petit pays comme la Belgique, aux ressources limitées, réagirait à l'anarchie et au dilemme de sécurité qui en résulte en se joignant à des alliances et en jouant un rôle actif dans des organisations régionales et internationales afin de freiner la course aux armements. La Chine, un vaste pays et une grande puissance, appliquerait très probablement une stratégie unilatérale visant à accroître sa force militaire pour protéger et défendre ses intérêts.

Les gains relatifs et les gains absolus

Joseph Grieco (1988a) fait partie des auteurs réalistes et néoréalistes qui insistent beaucoup sur les notions de **gains relatifs** et de **gains absolus**. Grieco avance que les États sont enclins à accroître leur puissance et leur influence (gains absolus) et coopèrent donc avec d'autres États ou acteurs du système dans le but d'augmenter leurs capacités. Il affirme toutefois aussi que les États se soucient tout autant de l'ampleur de la puissance et de l'influence que d'autres États peuvent acquérir (gains relatifs) à la suite de toute démarche de coopération. Cette situation peut servir ici à mettre en lumière une différence essentielle entre les néoréalistes et les néolibéraux. En effet, ces derniers sont d'avis que la coopération est un échec lorsque les États trichent pour défendre leurs intérêts nationaux, car ils ne respectent pas les règles établies. Les premiers, quant à eux, ajoutent une barrière supplémentaire à la coopération internationale, soit la question des gains relatifs des autres acteurs, en plus de la tricherie. Si des États n'observent pas les règles favorisant la coopération, d'autres peuvent alors renoncer aux activités multilatérales et prendre des mesures unilatérales.

La faille de la globalisation : le déversement de déchets toxiques dans le Sud

En 2006, des familles vivant dans plusieurs villages situés près d'Abidjan, en Côte-d'Ivoire, ont été réveillées un matin par une odeur insupportable d'œufs pourris ; beaucoup avaient les yeux irrités et saignaient du nez. En fin de compte, dix personnes sont décédées, des milliers se sont précipitées pour obtenir des soins médicaux et de nombreux enfants ont vu leur peau se couvrir de boursouflures et de plaies. Le système de santé dans cette région a été débordé par la demande ; plus tard, des manifestations organisées contre le gouvernement ont été suivies d'arrestations, puis de la démission d'importants dirigeants politiques. C'est là le genre de problème de sécurité politique et humaine qui se multipliera, tant que les pays industrialisés du Nord continueront à se débarrasser de leurs déchets ainsi que de leurs ordinateurs et téléphones cellulaires usés dans les pays pauvres du Sud. Quelle était la cause de l'événement qui est arrivé à Abidjan ? N'y a-t-il pas des lois ou des traités en réponse à ce type de problème ?

La source de cette crise écologique et médicale se trouvait dans une masse nauséabonde de boue noire qu'avaient illégalement déversée, à dix-huit endroits autour d'Abidjan, des camions-citernes loués par une entreprise locale dépourvue de toute expérience dans l'élimination appropriée de matières toxiques. Les services de cette entreprise avaient été retenus par une société suisse spécialisée dans le transport de pétrole et de métaux, qui avait affrété le bateau ayant transporté ces matières toxiques. Le *Probo Koala* avait apporté ce chargement mortel en Côte-d'Ivoire depuis Amsterdam. Trafigura, entreprise commerciale d'envergure mondiale, avait d'abord planifié l'élimination adéquate de ces déchets pétrochimiques à Amsterdam.

Toutefois, lorsque des vapeurs ont incommodé les travailleurs affectés au nettoyage du bateau, la société néerlandaise chargée de l'élimination des déchets a interrompu le travail, ordonné une analyse des déchets et alerté les autorités gouvernementales des Pays-Bas. Les résultats préliminaires de l'analyse ont révélé des concentrations de produits chimiques assez élevées pour paralyser le système nerveux humain et causer la mort. Peu après que cette société néerlandaise a décidé de hausser le prix de l'élimination en raison du danger détecté, le *Probo Koala* a été autorisé à reprendre ces déchets, puis il a mis le cap sur l'Estonie pour embarquer des produits pétroliers russes et s'est ensuite rendu en Côte-d'Ivoire.

Des responsables de Trafigura ont informé les dirigeants ivoiriens que le bateau transportait des déchets toxiques, mais celui-ci a néanmoins obtenu la permission d'accoster à Abidjan. Tant les responsables de l'entreprise que le gouvernement ivoirien savaient fort bien que cette ville était dépourvue des installations nécessaires pour assurer l'élimination appropriée de ces déchets. Une société ivoirienne, Tommy, a loué les camions-citernes dans lesquels ont été chargés les déchets toxiques qu'avait transportés le *Probo Koala*. La nuit venue, les camions-citernes ont éparpillé leur chargement à dix-huit endroits dans les alentours d'Abidjan.

Le déversement et l'élimination de déchets toxiques constituent un problème d'ordre mondial. À mesure que la réglementation écologique devient plus sévère dans les pays du Nord, les entreprises se tournent de plus en plus vers les pays du Sud pour se débarrasser de leurs produits gênants. Les déchets suivent la voie de la résistance la plus faible : les entreprises multinationales repèrent les pays dont les lois sont les moins strictes et qui n'ont pas la capacité ou la volonté de faire respecter les lois nationales ou internationales qui réglementent l'élimination des déchets. Qui est à l'origine d'un tel problème ? Comment devrait-il être réglé ? Les institutionnalistes néolibéraux croient qu'il est possible d'établir des régimes ou des mécanismes applicables qui régiraient le commerce des déchets toxiques et préviendraient les déversements illégaux. En fait, un cas antérieur semblable, survenu à Koko, au Nigéria, a servi d'agent catalyseur à l'organisation d'une conférence et à la conclusion d'un traité sur les déplacements transnationaux de déchets toxiques. Lors de la conférence de Bâle tenue en 1989, les pays du Sud ont demandé une interdiction totale de tout commerce de déchets toxiques, alors que les pays du Nord ont réclamé des clauses beaucoup moins strictes. La première version de ce traité a été ratifiée en 1992, puis des modifications apportées en 1994 et en 1998 ont essentiellement eu pour effet d'interdire l'exportation de déchets dangereux du Nord vers le Sud. L'application des dispositions de cette convention repose toutefois sur la coopération des citoyens, des entreprises multinationales et de divers paliers de gouvernements. À l'époque, ce traité avait été considéré comme une victoire pour les pays pauvres et pour les partisans d'une justice écologique et de la sécurité humaine pour tous. Malheureusement, le cas survenu en Côte-d'Ivoire montre à quel point il est difficile de gérer la globalisation et d'empêcher d'agir les individus qui font passer le lucre avant le bien-être des citoyens.

(Pour de plus amples renseignements, consulter le site, en anglais seulement, du Réseau d'action de Bâle : www.ban.org.)

Il devient plus probable que certains États abandonnent les efforts de coopération internationale si des participants constatent que d'autres bénéficient davantage du dispositif existant. Si des États concluent un traité interdisant la production et l'utilisation de mines terrestres, tous les signataires voudront en assurer le respect et mettront sur pied des organismes chargés de veiller à sa mise en application. Les néoréalistes considèrent que les dirigeants doivent faire preuve de vigilance envers les tricheurs en puissance et porter leur attention sur les États qui tireraient un avantage militaire de l'élimination de ce type d'armes. Dans certaines situations, les mines terrestres pourraient constituer le seul moyen dissuasif contre un État voisin disposant de forces terrestres supérieures. Dans un tel cas, l'aspect des gains relatifs deviendrait une question de survie. Dans un monde d'incertitude et de rivalité, ce qui importe vraiment, selon Grieco et d'autres qui partagent sa conception du néoréalisme, n'est pas de savoir si toutes les parties tirent profit de la coopération, mais plutôt pour qui celle-ci sera le plus bénéfique.

Le néoréalisme et les études sur la sécurité

Récemment, certains auteurs d'études sur la sécurité, surtout aux États-Unis, ont proposé une version du réalisme qui est plus nuancée et qui reflète leur volonté de mieux comprendre la nature des menaces contre la sécurité, inhérentes au système international, et les options stratégiques que les États doivent privilégier pour survivre et prospérer. Cette version du néoréalisme se divise en deux branches appelées «réalisme offensif» et «réalisme défensif» (beaucoup de chercheurs dans ce domaine préfèrent toutefois qu'on les appelle réalistes modernes plutôt que néoréalistes). Ces deux approches sont davantage axées sur les politiques publiques que la version du néoréalisme issue de Waltz et de Grieco et peuvent donc être considérées comme plus normatives que les autres variantes (Jervis, 1999).

Les partisans du néoréalisme offensif semblent quand même accepter la plupart des idées de Waltz et une bonne partie des thèses du réalisme traditionnel. Pour leur part, les tenants du néoréalisme défensif estiment que la conception des relations entre États varie selon que ceux-ci sont amis ou ennemis. Quand il s'agit de traiter avec des pays amis comme les membres de l'Union européenne, les dirigeants des États-Unis adoptent une conception de ces relations qui est plus proche de celle que préconisent les néolibéraux. Cependant, il y a peu de différences entre les néoréa-

---

POUR EN SAVOIR PLUS

Les thèses fondamentales des néoréalistes

- Les États et d'autres acteurs interagissent au sein de l'anarchie, c'est-à-dire dans un milieu où il n'y a aucune autorité supraétatique pour faire respecter des règles et des normes ou pour protéger les intérêts de la collectivité globale.

- La structure du système est un facteur déterminant du comportement des acteurs.

- Les États défendent d'abord leurs propres intérêts; un système fondé sur l'anarchie et la rivalité les incite à privilégier l'autosuffisance plutôt que la coopération.

- Les États sont des acteurs rationnels qui mettent en place des stratégies visant à maximiser les bénéfices et à minimiser les pertes.

- La survie est le plus grave problème découlant de l'anarchie.

- Chaque État considère tous les autres États comme des ennemis potentiels et des menaces pour sa sécurité. Cette attitude de méfiance et de crainte engendre un dilemme de sécurité, qui oriente les politiques qu'adoptent la plupart des gouvernements.

---

listes défensifs et les néoréalistes offensifs lorsqu'il est question des relations avec des États expansionnistes ou parias ou encore avec des ennemis traditionnels.

John Mearsheimer (1990, 1994-1995), un réaliste offensif dans ses études sur la sécurité, croit que c'est la puissance relative, et non la puissance absolue, qui revêt la plus grande importance pour les États. Il estime que les dirigeants devraient appliquer des politiques de sécurité qui affaiblissent leurs ennemis potentiels et accroissent leur propre puissance par rapport à celle de tous les autres acteurs. En cette ère de globalisation, l'incompatibilité des objectifs et des intérêts qui servent les différents États accentue les rivalités au sein d'un système anarchique et rend les conflits aussi inévitables que la coopération. C'est pourquoi les adeptes du néoréalisme offensif ont considéré que toute évocation d'une réduction des budgets militaires, à la fin de la guerre froide, était une pure folie. Les dirigeants doivent toujours s'attendre à ce qu'un État expansionniste défie l'ordre mondial. En outre, si les États les plus forts amorcent une campagne de désarmement et amoindrissent leur puissance par rapport à celle d'autres États, ils invitent alors simplement les États expansionnistes à passer à l'attaque.

John Mearsheimer et Stephen Walt (2003), autres réalistes offensifs, ont critiqué la décision de George W. Bush de déclarer la guerre à l'Iraq. Ils affirmaient que le gouvernement Bush avait exagéré la menace et induit le monde en erreur au sujet des armes de destruction massive de l'Iraq et de ses liens avec des terroristes susceptibles d'attaquer ultérieurement les États-Unis.

Il y avait, pour les néoréalistes, un facteur encore plus important en matière de sécurité : cette guerre n'était pas nécessaire, parce qu'aucune logique stratégique impérieuse ne la sous-tendait et que l'**endiguement** de l'Iraq, c'est-à-dire l'embargo économique doublé de l'isolation politique entre 1990 et 2003, donnait déjà de bons résultats. La guerre en Iraq a coûté des milliards de dollars aux contribuables américains et a déjà nécessité un énorme engagement des forces armées de leur pays. Déployée en Iraq, en Afghanistan et dans la guerre globale contre le **terrorisme** dans le monde, l'armée des États-Unis est trop sollicitée. L'action unilatérale du gouvernement Bush a été une source d'inquiétude tant pour les néoréalistes défensifs que pour les néoréalistes offensifs, parce qu'elle portait atteinte à la puissance absolue et à la puissance relative des États-Unis.

Robert Jervis (1999) et Jack Snyder (1991), des néoréalistes défensifs, affirment que la plupart des dirigeants comprennent que les coûts d'une guerre sont clairement supérieurs à ses avantages. L'emploi de la force militaire à des fins de conquête et d'expansion est une stratégie de sécurité que rejettent la plupart des dirigeant politiques, en cette ère d'**interdépendance** complexe et de globalisation. Certains voient encore la guerre comme un instrument d'action politique, mais les citoyens et les dirigeants jugent que ce sont des forces irrationnelles ou dysfonctionnelles actives dans une société, telles que le militarisme excessif ou l'ethnonationalisme, qui sont à l'origine de la plupart des conflits.

Les néoréalistes défensifs sont souvent confondus avec les néolibéraux. Bien qu'ils éprouvent une certaine sympathie pour la thèse néolibérale postulant que la guerre peut être évitée – par la mise sur pied d'institutions (comme des alliances ou des traités sur le contrôle des armements) qui atténuent le dilemme de sécurité et procurent une sécurité mutuelle aux États participants –, ils ne croient pas que de telles institutions offrent le meilleur moyen de prévenir toutes les guerres. La plupart d'entre eux sont plutôt d'avis qu'un conflit est tout simplement inévitable dans certaines situations : d'abord, il existe des régimes agressifs et expansionnistes qui défient l'**ordre mondial**, ensuite, certains États ne faisant que défendre leurs intérêts nationaux

peuvent alors rendre nécessaire un conflit avec d'autres États. À cet égard, les néoréalistes défensifs sont plus optimistes que les néoréalistes offensifs, mais nettement moins que les néolibéraux, et ce, pour plusieurs raisons (Jervis, 1999). Premièrement, ils estiment qu'un conflit est inutile dans un petit nombre de cas seulement (en ce qui concerne des relations économiques, notamment). Deuxièmement, les dirigeants ne peuvent jamais déterminer avec certitude si une mesure agressive prise par un État (par exemple, l'appui donné à un mouvement révolutionnaire dans un État voisin) est un acte expansionniste visant à contester l'ordre établi ou si elle relève uniquement d'une politique préventive destinée à assurer sa propre sécurité. Troisièmement, les réalistes défensifs s'opposent aux néolibéraux lorsque ceux-ci affirment qu'il est relativement facile de trouver des domaines où les intérêts nationaux de plusieurs pays peuvent converger et servir de tremplin à l'établissement d'une coopération et d'institutions communes. Si les néoréalistes reconnaissent l'existence d'intérêts partagés ou mutuels dans certains domaines, ils n'en craignent pas moins la possibilité que des États trichent ou ne respectent plus les ententes conclues, notamment en ce qui a trait aux politiques de sécurité.

À RETENIR

- Le réalisme structurel de Kenneth Waltz a exercé une forte influence sur les chercheurs en relations internationales. Waltz affirme que la structure du système international est le facteur-clé qui agit sur le comportement des États. Le néoréalisme de Waltz a également élargi la portée des notions de puissance et de capacités. Waltz se rallie toutefois aux réalistes traditionnels lorsqu'il déclare que les grandes puissances continuent de déterminer la nature du système international.

- Les tenants du réalisme structurel atténuent l'importance des attributs nationaux en tant qu'éléments déterminants du comportement d'un État dans le cadre de sa politique extérieure. Ils considèrent que tous les États ont un fonctionnement similaire et subissent les mêmes contraintes imposées par l'anarchie.

- Les partisans du réalisme structurel acceptent de nombreuses thèses du réalisme traditionnel. Ils croient que la force demeure un instrument politique à la fois important et efficace et que l'équilibre des puissances constitue toujours le mécanisme central régissant l'ordre du système.

- Joseph Grieco représente un groupe de néoréalistes, ou réalistes modernes, en désaccord avec les institutionnalistes néolibéraux qui affirment que les États recherchent surtout des gains absolus. Il avance que tous les États s'efforcent d'obtenir et des gains absolus et des gains relatifs. La répartition des gains est une autre question fondamentale. Deux obstacles s'élèvent sur la voie de la coopération internationale : les éventuels gains relatifs des autres et la crainte que suscitent ceux qui pourraient enfreindre les règles convenues.

- Les spécialistes des questions de sécurité présentent deux variantes du néoréalisme ou réalisme moderne. Les néoréalistes offensifs soulignent l'importance de la puissance relative. À l'instar des réalistes traditionnels, ils croient que les conflits sont inévitables dans le système international et que les dirigeants doivent toujours se méfier des puissances expansionnistes. Quant aux adeptes du réalisme défensif, ils sont souvent confondus avec les institutionnalistes néolibéraux. Ils reconnaissent que la guerre entraîne des coûts exorbitants et estiment que celle-ci résulte généralement de l'action de forces irrationnelles présentes dans une société. Ils admettent cependant qu'il demeurera impossible de vivre dans un monde sans armes tant qu'il y aura des États expansionnistes prêts à recourir à la force militaire. La coopération est possible, certes, mais elle est plus susceptible de porter fruit dans le cadre de relations avec des États amis.

LE NÉOLIBÉRALISME

Comme l'a montré le chapitre sur le libéralisme, il existe plusieurs variantes de cette théorie et toutes ont apporté leur contribution aux débats néolibéraux contemporains. L'auteur David Baldwin (1993) a cerné quatre variantes de ce courant de pensée qui exercent leur influence sur les relations internationales actuelles : le libéralisme commercial, le libéralisme républicain, le libéralisme sociologique et l'institutionnalisme néolibéral.

Le libéralisme commercial préconise le libre-échange et une économie capitaliste comme vecteurs de paix et de prospérité. Aujourd'hui, il est mis en avant par les institutions financières mondiales, la plupart des grands États commerçants et les entreprises multinationales. L'orthodoxie néolibérale trouve ses plus fervents partisans chez des auteurs populaires comme Thomas Friedman (2005), qui affirment que le libre-échange, la liberté des marchés et les droits protégeant la propriété privée vont donner lieu à un monde plus riche, plus novateur et plus tolérant. Le libéralisme républicain postule que les États démocratiques sont plus enclins à respecter les droits des citoyens et moins susceptibles de se lancer en guerre contre leurs voisins démocratiques. Dans les travaux de recherche actuels, il apparaît sous le nom de théorie de la paix démocratique.

Le libéralisme commercial et le libéralisme républicain ont été combinés pour qu'on puisse se concentrer sur les objectifs fondamentaux, en matière de politique extérieure, que visent aujourd'hui un bon nombre des grandes puissances dans le monde.

La notion de communauté et les processus d'interdépendance sont des éléments importants du libéralisme sociologique. À mesure que s'accroissent les activités transnationales, des liens s'établissent entre les populations de pays éloignés, et l'interdépendance des gouvernements est de plus en plus étroite. Il devient alors plus difficile et plus coûteux pour les États de prendre des décisions unilatérales et d'éviter la coopération avec leurs voisins. Les coûts qu'engendre la guerre ou d'autres comportements déviants augmentent pour tous les États de sorte qu'une collectivité internationale pacifique prend forme peu à peu. De nombreuses thèses du libéralisme sociologique se retrouvent dans les publications actuelles qui traitent de la globalisation, plus particulièrement de ses aspects touchant la culture populaire et la **société civile**.

L'institutionnalisme néolibéral représente, de l'avis de maints spécialistes, le plus vigoureux courant d'opposition à la pensée réaliste et néoréaliste. Les origines de cette version du néolibéralisme se trouvent dans les travaux sur l'**intégration** fonctionnelle effectués dans les années 1940 et 1950 et dans les études sur l'intégration régionale datant des années 1960. Ces études suggèrent que, pour instaurer la paix et la prospérité, les États indépendants doivent mettre en commun leurs ressources et même renoncer à une partie de leur **souveraineté** afin de mettre sur pied des organisations d'intégration qui vont favoriser la croissance économique ou s'attaquer aux problèmes régionaux (voir le chapitre 25). L'Union européenne est une telle institution, qui a initialement pris la forme d'une communauté régionale chargée de stimuler la coopération régionale en vue de la paix, par la production commune de charbon et d'acier (la Communauté européenne du charbon et de l'acier). C'est à la lumière de l'expérience tragique des deux guerres mondiales que les partisans de l'intégration et de la construction communautaire ont voulu contrer la pensée réaliste dominante. Enracinées dans la perspective libérale, les théories de l'intégration avancées après la Seconde Guerre mondiale étaient moins idéalistes et plus fonctionnelles que l'institutionnalisme néolibéral qui avait dominé les débats sur les politiques publiques après la Première Guerre mondiale.

Une nouvelle génération de l'institutionnalisme néolibéral a pris la forme du transnationalisme et de l'interdépendance complexe dans les années 1970 (Keohane et Nye, 1972, 1977). Les théoriciens de ces courants ont présenté des hypothèses postulant que le monde était devenu plus pluraliste, c'est-à-dire que les acteurs engagés dans des interactions internationales étaient désormais plus dépendants les uns des autres. L'interdépendance complexe décrivait un monde affichant les quatre caractéristiques suivantes : le resserrement des liens entre les États et les **acteurs non étatiques** ; un nouvel ensemble de questions internationales sans distinction de hiérarchie politique ; l'existence de multiples voies d'interaction pour les acteurs de part et d'autre des frontières nationales ; et le déclin de l'efficacité de la force militaire en tant qu'instrument d'action politique. Les tenants de l'interdépendance complexe suggéreraient que la globalisation accroît la densité des liens et des voies d'interaction, ainsi que le nombre d'interrelations.

L'institutionnalisme néolibéral, ou théorie institutionnelle, partage plusieurs hypothèses avec le néoréalisme, dont le statocentrisme et l'anarchie fondamentale du système international. Toutefois, ses adeptes estiment que les néoréalistes mettent un accent excessif sur les conflits et la rivalité et qu'ils minimisent les possibilités de coopération même dans un système international anarchique. Les institutionnalistes néolibéraux considèrent l'ensemble des institutions comme le médiateur et le moyen de consolider la coopération entre les acteurs du système. À l'heure actuelle, ils concentrent leurs travaux de recherche sur les questions liées à la **gouvernance globale** et sur la création et le maintien d'institutions associées à la gestion des processus de globalisation.

De l'avis des institutionnalistes néolibéraux, les intérêts mutuels dépassent les aspects relatifs au commerce et au **développement**. Après la fin de la guerre froide, les États ont dû s'attaquer à de nouvelles questions de sécurité, comme la menace du terrorisme, la prolifération des **armes de destruction massive** et le nombre croissant des conflits intra-étatiques qui mettaient en danger la sécurité régionale et mondiale. Graham Allison (2000), un spécialiste des sciences politiques, affirme que la globalisation des questions de sécurité, comme le terrorisme, le trafic de stupéfiants et des épidémies telles que le sida ou la grippe A H1N1, a démontré sans équivoque que les menaces contre la sécurité de tout pays ne peuvent être enrayées de façon unilatérale. Pour pallier efficacement ces menaces, il faut instaurer des **régimes** régionaux et mondiaux qui favoriseront la coopération entre les États et la **coordination** des politiques publiques adoptées en réponse à ces nouveaux défis imposés à la sécurité.

Robert Keohane (2002b) est d'avis que les attaques terroristes commises le **11 septembre 2001** contre les États-Unis ont entraîné, entre autres effets, la mise sur pied d'une très large coalition contre le terrorisme, qui a réuni un grand nombre d'États et d'importantes institutions mondiales et régionales. Les néolibéraux appuient le **multilatéralisme** coopératif et s'opposent généralement au recours préventif et unilatéral à la force que préconisait la doctrine Bush en 2002. Toujours en matière de politiques publiques, le gouvernement Obama a choisi de rétablir en priorité le rôle dirigeant des États-Unis dans la réforme des institutions de gouvernance globale. Il met l'accent sur le multilatéralisme et souhaite que les États-Unis participent à l'instauration d'un ordre mondial et à la résolution des problèmes globaux. L'importance accordée à la coopération globale et au multilatéralisme était visible dans les efforts que le président Obama a déployés avec le **G20** pour gérer la crise économique globale et dans les démarches diplomatiques qu'il a entreprises pour la conclusion d'un accord lors des négociations sur les changements climatiques qui se sont déroulées à Copenhague. Dans l'allocution qu'il a prononcée au moment de recevoir le prix Nobel de la paix 2009, le président Obama a clairement exprimé son engagement en faveur des institutions régionales et globales :

> La paix fait appel au sens des responsabilités. La paix nécessite des sacrifices. C'est pourquoi l'OTAN demeure indispensable. C'est pourquoi nous devons renforcer l'ONU et les mécanismes qui favorisent le maintien de la paix régionale plutôt que de laisser cette tâche à quelques pays. (http://nobel prize.org)

La plupart des néolibéraux estimeraient que la guerre déclenchée par les États-Unis en Iraq a surtout miné la légitimité et l'influence des institutions de sécurité globales et régionales qui ont connu tant de succès lors de la première guerre du Golfe (1990-1991) et qui poursuivent leur travail en Afghanistan. Le gouvernement Obama a toutefois nettement indiqué que les États-Unis ne peuvent pas agir seuls et ne le feront pas.

Les principes fondateurs de l'institutionnalisme néolibéral peuvent se résumer comme suit :

- Les États sont les acteurs-clés des relations internationales, mais d'autres protagonistes jouent également un rôle important. Les États sont des acteurs rationnels ou participatifs qui cherchent toujours à optimiser leurs intérêts dans tous les domaines et en ce qui concerne toutes les questions.

- Dans un milieu marqué par la rivalité, les États s'efforcent de maximiser les gains absolus au moyen de la coopération. L'adoption d'un comportement rationnel amène les États à valoriser la coopération. Les États se préoccupent moins des gains ou des avantages obtenus par d'autres acteurs dans le cadre d'ententes de coopération.

- Le non-respect, par certains États, des accords conclus représente le plus grand obstacle sur la voie d'une coopération fructueuse.

- La coopération n'est jamais exempte de problèmes, mais les États vont accorder leur **loyauté** et des ressources à des institutions s'ils jugent que celles-ci jouent un rôle bénéfique pour tous et qu'elles leur offrent de nouvelles possibilités de satisfaire leurs intérêts internationaux.

Le courant institutionnel néolibéral est plus pertinent en ce qui a trait aux domaines et aux questions pour lesquels les États ont des intérêts mutuels à défendre. Par exemple, la plupart des dirigeants politiques dans le monde croient que tous les pays tirent parti d'un système de libre-échange, et beaucoup de ces dirigeants prônent l'application de règles commerciales qui contribuent à la protection de l'environnement. Des institutions ont d'ailleurs été mises sur pied afin d'encadrer le comportement des États en matière commerciale et environnementale. Toutefois, les hypothèses néolibérales sont peut-être moins pertinentes dans les domaines où les États n'ont pas d'intérêts mutuels à préserver. Ainsi, la coopération à des fins militaires ou en matière de sécurité nationale, soit autant de domaines où on considère que le gain d'un acteur représente une perte pour un autre (perspective à somme nulle), constitue sans doute un objectif plus difficile à atteindre que la question des changements climatiques, par exemple.

À RETENIR

- Le néolibéralisme contemporain a été façonné par les thèses du libéralisme commercial, du libéralisme républicain, du libéralisme sociologique et du néolibéralisme institutionnel.

- Le libéralisme commercial et le libéralisme républicain forment l'assise de la pensée néolibérale actuelle qui s'est imposée dans les pays occidentaux. Ces derniers favorisent le libre-échange et la démocratie dans le cadre de leur politique extérieure respective.

- L'institutionnalisme néolibéral, le participant au débat « néo-néo » avec le néoréalisme, a ses origines dans les travaux théoriques de l'intégration fonctionnelle datant

des années 1950 et 1960 et dans les études sur le transnationalisme et l'interdépendance complexe effectuées dans les années 1970 et 1980. Il considère l'ensemble des institutions comme le médiateur et le moyen propices à l'instauration d'une coopération au sein du système international.

- Les régimes et les institutions contribuent à la gestion d'un système international marqué par la rivalité et l'anarchie. Ils encouragent, et parfois imposent, le recours au multilatéralisme et à la coopération pour défendre les intérêts nationaux.

- Les institutionnalistes néolibéraux reconnaissent que la coopération peut être plus difficile à instaurer dans des domaines où les dirigeants politiques estiment qu'ils n'ont pas d'intérêts mutuels à protéger.

- Les néolibéraux croient que les États coopèrent pour obtenir des gains absolus et que le plus grand obstacle à la coopération est la tricherie ou le non-respect, par les autres États, des ententes conclues.

LE DÉBAT « NÉO-NÉO »

Il devrait désormais être clair que le débat dit « néo-néo », entre néoréalistes et néolibéraux, n'est pas particulièrement acrimonieux et que les divergences intellectuelles entre les deux théories ne sont pas très prononcées. Comme on l'a signalé dans une section précédente, les tenants des deux approches partagent une même épistémologie, s'intéressent aux mêmes questions et sont d'accord sur un bon nombre de postulats au sujet de l'être humain, de l'État et du système international. L'encadré « Pour en savoir plus », à la page 131, présente un aperçu des principaux éléments de désaccord entre eux.

En fait, les travaux récents des institutionnalistes néolibéraux semblent indiquer que ceux-ci s'efforcent de démontrer qu'ils font partie de la famille réaliste et néoréaliste. Comme le dit Robert Jervis (1999, p. 43), il n'y a pas un grand écart entre les deux théories. Pour l'illustrer clairement, il cite Robert Keohane et Lisa Martin (1999, p. 3) : « Pour le meilleur ou pour le pire, l'institutionnalisme est le demi-frère du néoréalisme. »

La section qui suit passe en revue les principaux éléments de ce débat. En ce qui a trait à l'anarchie, les deux courants de pensée partagent plusieurs postulats. D'abord, ils conviennent que l'anarchie évoque l'absence d'une autorité commune capable d'imposer le respect de règles ou de lois encadrant le comportement des États ou d'autres acteurs. Les institutionnalistes néolibéraux

et les néoréalistes soulignent également que l'anarchie incite les États à agir unilatéralement et à adopter un comportement marqué par l'**autosuffisance**. L'anarchie rend aussi plus difficile la mise en œuvre de la coopération. Les néoréalistes ont toutefois tendance à être plus pessimistes et à considérer que le monde se caractérise principalement par la rivalité et les conflits. Aux yeux de la plupart des néoréalistes, les relations internationales sont le théâtre d'une lutte pour la survie, et toute inter-action laisse planer le risque d'une perte de puissance qui profite à un futur rival ou ennemi. Selon les institutionnalistes néolibéraux, les relations internationales sont d'abord marquées par la rivalité, mais la présence d'institutions ainsi que les possibilités de coopération dans les domaines favorisant la poursuite d'intérêts mutuels peuvent atténuer les effets de l'anarchie.

Certains auteurs suggèrent que la véritable différence entre les néoréalistes et les néolibéraux réside dans le fait qu'ils étudient des objets différents. Les institutionnalistes néolibéraux axent leurs travaux sur l'économie politique, l'environnement et les droits humains. Pour leur part, les néolibéraux scrutent les questions relatives à la sécurité humaine et à une bonne vie pour les citoyens.

Les néoréalistes occupent généralement plus de terrain dans le domaine des études sur la sécurité. Ils examinent surtout les aspects liés à la sécurité internationale. Maints néoréalistes estiment que la distinction entre l'étude des relations internationales et la science politique se situe dans la grande importance accordée aux questions de survie.

D'après les institutionnalistes néolibéraux, la politique extérieure porte désormais sur la gestion de l'interdépendance complexe et sur les divers mécanismes de la globalisation. Elle s'emploie aussi à résoudre les problèmes qui menacent le bien-être économique, voire la survie des populations dans le monde. Les dirigeants chargés de la politique extérieure de leur pays respectif doivent trouver des moyens de gérer les marchés financiers afin que l'écart entre les riches et les pauvres ne devienne pas insurmontable. Ils doivent également faire en sorte que cesse l'accumulation des déchets toxiques qui menacent les sources d'eau potable dans les pays en développement. Les institutionnalistes néolibéraux sont d'avis que la solution consiste à établir des institutions pour encadrer les domaines à propos desquels les États partagent des intérêts mutuels. Ils ajoutent que la mise sur pied, le maintien et l'essor de ces institutions constituent les grandes tâches de l'avenir incombant à la politique extérieure.

POUR EN SAVOIR PLUS

Les principaux éléments du débat entre les néoréalistes et les néolibéraux

1. Les deux théories conviennent que le système international est anarchique. Les néoréalistes considèrent que l'anarchie est plus contraignante pour la politique extérieure et que les néolibéraux minimisent l'importance de la survie en tant qu'objectif poursuivi par tous les États. Les néolibéraux affirment que les néoréalistes minimisent l'importance de l'interdépendance internationale, de la globalisation et des régimes internationaux créés pour assurer la gestion de ces interactions.

2. Les néoréalistes croient que la coopération internationale ne se déploiera que si les États s'y emploient activement. Ils estiment qu'elle est difficile à instaurer et à maintenir et qu'elle est fonction de la puissance des États. Les néolibéraux pensent que la coopération est facile à établir dans les domaines où les États ont des intérêts mutuels à défendre.

3. Les néolibéraux croient que les acteurs ayant des intérêts communs s'efforcent de maximiser les gains absolus. Les néoréalistes considèrent que les néolibéraux négligent l'importance des gains relatifs. Les néolibéraux veulent maximiser le volume total des gains de toutes les parties concernées, tandis que les néoréalistes pensent que l'objectif fondamental des États, dans le cadre de relations de coopération, consiste à empêcher les autres d'obtenir plus de gains.

4. Les néoréalistes affirment que l'anarchie oblige les États à se soucier de la puissance relative, de la sécurité et de la survie dans un système international marqué par la rivalité. Les néolibéraux insistent davantage sur le bien-être économique ou les questions d'économie politique internationale, ainsi que sur d'autres questions non militaires, comme les problèmes environnementaux à portée internationale.

5. Les néoréalistes mettent l'accent sur les capacités (la puissance) de l'État plutôt que sur ses intentions et ses intérêts. Les capacités sont essentielles pour assurer la sécurité et l'indépendance. Les néoréalistes affirment que l'incertitude d'un État au sujet des intentions des autres États l'oblige à maintenir ses propres moyens. Les néolibéraux privilégient les intentions et les préférences.

6. Les néolibéraux considèrent que les institutions et les régimes constituent d'importantes forces dans les relations internationales. Les néoréalistes croient que les néolibéraux exagèrent l'incidence des institutions et des régimes sur le comportement des États. Les néolibéraux affirment que les institutions et les régimes facilitent la coopération, alors que les néoréalistes estiment que ceux-ci n'atténuent pas les effets contraignants de l'anarchie sur la coopération.

(Adaptation de Baldwin, 1993, p. 4–8)

Les néoréalistes ont une conception de la politique extérieure qui est davantage centrée sur l'État. Ils reconnaissent que les relations internationales forment un univers marqué par la coopération et les conflits. Ils jugent néanmoins, en raison de leur enracinement dans le réalisme traditionnel, que la politique extérieure est dominée par des questions de sécurité nationale et de survie. L'instrument politique le plus efficace demeure toujours le recours à la force ou la menace d'y avoir recours, et, même en cette époque de globalisation, les États doivent continuer à défendre eux-mêmes leurs propres intérêts. Comme le disent les néoréalistes, tous les gouvernements sont des égoïstes qui ne font que maximiser leurs intérêts.

Les néoréalistes acceptent la présence d'institutions et de régimes et reconnaissent leur utilité en tant qu'instruments politiques. Dans une perspective néoréaliste, les États établissent ces institutions et ces régimes à condition que ceux-ci favorisent leurs intérêts (gains absolus), et ils maintiennent leur appui à ces mêmes institutions et régimes si les activités de coopération que ceux-ci mettent en œuvre ne procurent pas un avantage indu à d'autres États (gains relatifs). Les néoréalistes conviendraient aussi que les institutions peuvent définir la teneur et l'orientation de la politique extérieure dans certains domaines, pour certaines questions et lorsque l'enjeu n'est pas au cœur des intérêts en matière de sécurité d'un État donné.

Les néolibéraux s'accordent pour dire que, une fois mises sur pied, les institutions peuvent faire davantage que simplement orienter ou influencer la politique extérieure des États : elles peuvent en déterminer les grandes lignes en apportant aux gouvernements une information et une expertise cruciales. Les institutions peuvent également faciliter la définition des politiques et stimuler la coopération à l'échelle locale, nationale et internationale. Elles jouent souvent un rôle de catalyseur dans l'édification de coalitions réunissant des États et des acteurs non étatiques. À la lumière de travaux de recherche menés sur des institutions environnementales, celles-ci pourraient susciter un changement des politiques nationales et même encourager l'adoption de politiques nationales et internationales qui s'attaquent aux problèmes d'ordre écologique.

Le débat a fait apparaître une importante controverse concernant la notion selon laquelle les institutions revêtent désormais une grande importance dans les relations internationales. De plus, elles peuvent exercer une influence déterminante en contribuant à la résolution de problèmes à caractère régional ou mondial et en préparant le terrain à la coopération plutôt qu'au conflit. Les institutionnalistes néolibéraux prévoient que les institutions deviendront plus nombreuses et que les comportements coopératifs vont se répandre. Ils s'attendent à ce qu'elles jouent un rôle accru dans la gestion des mécanismes de la globalisation et à ce que les États finissent par comprendre que toute action unilatérale ou tout rejet d'un comportement coopératif n'est pas propice à la gestion ou à la solution des graves problèmes mondiaux actuels.

Les néoréalistes reconnaissent que ces institutions, en tant qu'acteurs sur la scène politique internationale, vont probablement acquérir une importance grandissante dans des domaines d'intérêts mutuels, là où la sécurité nationale n'est pas un enjeu. Toutefois, l'accent que les États mettent sur les gains relatifs limitera la croissance de ces institutions et rendra toujours difficile la coopération. Aux yeux des néoréalistes, la question importante n'est pas de savoir si tous tireront avantage de la coopération, mais plutôt qui y gagnera plus que les autres.

Qu'a-t-on omis dans ce débat ?

On pourrait penser, avec raison, que le débat « néo-néo » laisse de côté un grand nombre de questions. Peut-être à dessein, il restreint le champ d'études des relations internationales. Il ne s'agit pas d'un débat sur les questions les plus cruciales qui soient, comme : « Pourquoi y a-t-il des guerres ? » ou « Pourquoi y a-t-il des inégalités dans le système international ? » Il faut se rappeler que ce débat anime les courants de pensée dominants dans le champ d'études des relations internationales. Les néoréalistes et les institutionnalistes néolibéraux s'entendent déjà sur les questions à formuler ; ils leur apportent simplement des réponses différentes. Certains éléments importants sont ainsi laissés de côté et des postulats sur les relations internationales peuvent être négligés. Les lecteurs doivent être en mesure de cerner les forces et les faiblesses d'une théorie. Pour les aider en ce sens, nous allons aborder brièvement trois sujets de discussion : le rôle de la politique nationale, la capacité de tirer des leçons du passé et la globalisation politique.

Les deux théories avancent que les États cherchent à maximiser leurs intérêts et que l'anarchie contraint leur comportement. Mais qu'en est-il des forces nationales susceptibles de préconiser une stratégie plus coopérative pour régler les questions morales ou éthiques ? Les thèses néoréalistes laissent croire à une unicité en politique extérieure qui ne s'avère peut-être pas réelle. Comment peut-on rendre compte des aspects moraux de la politique extérieure, comme l'aide au développement donnée à des États pauvres qui n'ont aucune valeur stratégique ou économique pour le pays donateur ? Ou comment peut-on expliquer que des intérêts nationaux prônent des politiques isolationnistes aux États-Unis, à un moment où les transformations du système laissent penser qu'une action internationale plus volontariste pourrait se traduire par des gains absolus et des gains relatifs ? Il faut peut-être remettre en question la position de Waltz (voir la section intitulée «Le réalisme structurel») et supposer que la configuration intérieure d'un État compte aussi. Toute politique a aujourd'hui un caractère à la fois local et global, et les néoréalistes en particulier, et même les néolibéraux, doivent prêter attention à la situation intérieure d'un État. Les questions relatives à la culture politique, à l'**identité** et au jeu politique intérieur doivent être prises en considération.

Il faut également tenir pour acquis que les dirigeants tout comme les citoyens tirent quelques enseignements des expériences qu'ils ont vécues. Les leçons apprises de deux guerres mondiales ont incité les Européens à mettre de côté les questions de souveraineté et de nationalisme et à édifier une communauté économique. S'il est vrai que certains institutionnalistes néolibéraux reconnaissent l'importance de tirer des leçons du passé, pas plus le néoréalisme que le néolibéralisme n'explore la possibilité que les États puissent y parvenir pour donner la priorité à l'intérêt commun et abandonner ainsi leur perspective traditionnelle fondée sur leur propre intérêt. Il peut exister un élan vers la coopération et l'édification d'institutions communes que sous-estiment les deux théories. Peut-on supposer que les institutions et la coopération ont eu quelque incidence sur les conditions sous-tendant l'anarchie ?

Tant les néoréalistes que les néolibéraux négligent la possibilité que les activités politiques soient de moins en moins centrées sur l'État. Divers chercheurs ont émis l'hypothèse que l'émergence de **réseaux** d'action politique mondiaux ou transnationaux représente l'une des plus importantes conséquences de la globalisation (Keck et Sikkink, 1998). Les institutions mises en avant essentiellement par ces réseaux d'action ont eu une incidence profonde sur des questions liées à la promotion des droits humains, comme le travail des enfants et la sécurité.

À RETENIR

- Le débat «néo-néo» ne met pas en scène deux conceptions antagonistes du monde. Les deux théories en présence partagent une même épistémologie, scrutent les mêmes questions et ont en commun plusieurs thèses sur la politique internationale. Il s'agit plutôt d'un débat se déroulant au sein d'un même paradigme.

- Les institutionnalistes néolibéraux et les néoréalistes n'étudient pas les mêmes dimensions de la politique internationale. Les néoréalistes s'arrêtent aux questions de sécurité et aux questions militaires, tandis que les institutionnalistes néolibéraux mettent l'accent sur l'économie politique, l'environnement et, depuis peu, les droits humains.

- Les néoréalistes affirment que tous les États doivent se concentrer sur les gains absolus et les gains relatifs qui résultent des accords internationaux conclus et des efforts de coopération déployés. Les institutionnalistes néolibéraux s'intéressent moins aux gains relatifs et estiment que tous vont tirer parti des gains absolus.

- Les néoréalistes sont plus circonspects au sujet de la coopération et rappellent que le monde demeure marqué par la rivalité et la primauté que chaque État accorde à ses propres intérêts.

- Les institutionnalistes néolibéraux croient que les États et d'autres acteurs peuvent coopérer lorsqu'ils deviennent convaincus que tous les États respecteront les règles établies et que la coopération apportera des gains absolus.

- Ce débat tait de nombreuses questions importantes qui remettent en cause quelques-unes des thèses fondamentales de chacune des deux théories en présence. Par exemple, le néoréalisme ne parvient pas à expliquer des comportements en politique extérieure qui sont contraires à l'hypothèse voulant que les intérêts nationaux l'emportent sur les intérêts humains.

- En raison de la globalisation, l'activité politique passe de moins en moins par l'État. Des mouvements sociaux transnationaux ont obligé des États à se pencher sur d'importantes questions internationales et, dans plusieurs situations, ont appuyé la mise sur pied d'institutions qui favorisent une coopération plus poussée ; ce faisant, on remet fondamentalement en question la puissance des États.

LA GLOBALISATION VUE PAR LES NÉOLIBÉRAUX ET LES NÉORÉALISTES

Comme on l'a vu précédemment, la plupart des néoréalistes estiment que la globalisation ne change pas vraiment les règles du jeu de la politique internationale. Les États ont peut-être besoin de plus de ressources et d'expertise pour préserver leur souveraineté, mais les néoréalistes croient que la plus grande partie des données disponibles indiquent que les États augmentent leurs dépenses et élargissent leurs champs de compétence dans un vaste éventail de domaines. En fin de compte, tous les citoyens se tournent encore vers l'État pour résoudre les problèmes qu'ils affrontent, et l'État conserve toujours le monopole du recours légal à la coercition. La plupart des néoréalistes considèrent que l'anarchie et la rivalité accentuent la recherche de gains absolus et de gains relatifs. Comme Waltz l'a suggéré dans un article publié à ce sujet, «les conditions de la rivalité politique, économique et militaire sont définies par les plus grandes entités du système politique international» (Waltz, 2000, p. 53). Cet auteur reconnaît que la globalisation impose aux États-nations de nouveaux défis à relever en matière de politiques publiques, mais il ne croit pas que de nouveaux acteurs mondiaux soient en train de marginaliser l'État. Celui-ci demeure la force prédominante dans les relations internationales, et il a accru sa puissance pour mieux gérer la globalisation.

Les néoréalistes sont surtout préoccupés par les nouvelles entraves à la sécurité découlant de la globalisation. En voici deux exemples.

La première concerne les inégalités du système international. Elles représentent peut-être la plus grave menace à venir contre la sécurité, selon les néoréalistes, qui observent avec inquiétude le caractère inégal de la globalisation économique. Les populations subissant des pénuries alimentaires s'efforcent généralement d'améliorer leur situation, et ces efforts prennent souvent une tournure violente. La seconde a trait aux conflits potentiels. La globalisation économique peut accentuer les différences déjà présentes au sein des sociétés, être

---

POUR EN SAVOIR PLUS

Critique et défense du néolibéralisme

Les voix critiques

« Les théoriciens du libre-échange ont affirmé que la marée montante allait soulever tous les bateaux et apporter d'importants bienfaits économiques à tous les niveaux de la société. Les faits observés jusqu'à maintenant démontrent clairement qu'elle soulève uniquement les yachts. »

(Barker et Mander, 1999, p. 4.)

Après avoir respecté à la lettre pendant 20 ans des règles économiques internationales telles que le libre-échange, la déréglementation des prix et la privatisation, selon les recommandations du **consensus de Washington** néolibéral, plusieurs pays latino-américains ont élu de nouveaux gouvernements qui se préoccupent davantage du déséquilibre de la croissance économique et de l'augmentation des inégalités au sein de leur société respective. Le Venezuela, la Bolivie et l'Équateur ont porté au pouvoir des dirigeants qui rejettent les projets de privatisation et qui ne craignent pas de nationaliser des entreprises étrangères en vue d'étoffer les programmes sociaux essentiels dans leur pays. Beaucoup de ces gouvernements socialistes comptent sur l'appui de peuples autochtones ou de groupes indigènes qui déplorent le fait que des ressources naturelles comme le charbon, le pétrole et le gaz naturel appartiennent à des entreprises étrangères. Dani Rodrik (1997), professeur d'économie politique, affirme que la globalisation accentue la mobilité du capital et rend très difficile la tâche des autorités nationales qui souhaitent prélever un impôt sur les profits. Ainsi, les bénéfices dégagés par l'exploitation des ressources énergétiques ne sont pas accessibles aux gouvernements qui voudraient instaurer des programmes sociaux et, par le fait même, favoriser les soins de santé, la scolarisation et la lutte contre la pauvreté. Le chef de file de cette révolution socialiste au XXIe siècle est Hugo Chavez, le président du Venezuela. Il s'applique à mettre sur pied une coalition latino-américaine pour contrer l'hégémonie politique et militaire des États-Unis et l'orthodoxie néolibérale en Amérique latine et ailleurs dans le monde.

Les défenseurs néolibéraux

Les partisans du libre marché néolibéral estiment que les bienfaits de la globalisation sont indubitables ; ils croient que leurs opposants souffrent de « globalophobie » et évaluent mal les avantages fondamentaux d'une économie mondiale. D'abord, plus l'économie se globalise, plus les fabricants et les producteurs dans un État donné peuvent tirer parti des produits de base, des procédés de production et des marchés dans d'autres pays. Ensuite, la globalisation favorise la diffusion du savoir et des technologies, ce qui accroît les possibilités de croissance économique dans le monde entier. Puis, les États riches et les entreprises du Nord possèdent des capitaux qu'ils prêtent aux pays en développement pour faciliter leur croissance économique, si ces pays acceptent les règles du système économique néolibéral. Enfin, s'il y a peu de barrières commerciales et que les gouvernements jouent un rôle mineur dans la gestion de l'économie des pays en développement, les risques de corruption gouvernementale et d'ingérence politique sont alors fortement réduits. La plupart des néolibéraux ont une foi inébranlable dans le marché et croient que la globalisation va accentuer l'intégration économique des acteurs publics et privés de l'économie. L'intégration économique du secteur privé s'accélère partout dans le monde. Les banques, les sociétés de placement et les entreprises industrielles multiplient les fusions et donc les liens entre l'Europe et les États-Unis, la Chine et l'Afrique, la Russie et l'Amérique latine. Les néolibéraux prévoient que l'essor de la globalisation s'intensifiera en raison de la baisse des coûts du transport, des technologies et des communications. Les distances sont en voie de disparition.

(Adaptation de Burtless et al., 1998)

une source d'instabilité dans des régions stratégiques et ainsi menacer l'ordre mondial.

La plupart des néoréalistes affirmeraient volontiers que les forces de la globalisation remettent en cause la souveraineté. Les États n'ont cependant pas perdu leur autorité et leur emprise sur les sociétés. Il n'en demeure pas moins que la globalisation a eu une forte incidence sur la politique intérieure des États et sur les structures de pouvoir en place. Les **mouvements sociaux** transnationaux et les réseaux d'action politique mondiaux ont réussi à éloigner maintes questions politiques du champ d'action de l'État. Par exemple, certains néoréalistes craignent que la puissance et la sécurité de l'État ne soient minées par des mouvements politiques cherchant à obliger les gouvernements à établir de nouvelles règles pour régir l'emploi des armes classiques et nucléaires. Ces mouvements se servent habilement de la presse, d'Internet et des réseaux de militants pour contester bon nombre des thèses fondamentales de la perspective réaliste et néoréaliste dominante en matière de politiques publiques. Les réalistes et les néoréalistes privilégient des modèles élitistes de prise de décisions, notamment en ce qui concerne la sécurité. Certains néoréalistes ont exprimé leur crainte que la globalisation puisse contribuer à une démocratisation non souhaitée des choix politiques relativement à des questions de sécurité cruciales (voir le chapitre 14). Ainsi, les réactions émotives de l'opinion publique finiraient par devenir plus prépondérantes que l'expertise accumulée sur le sujet.

La plupart des débats entre néolibéraux autour de la globalisation se situent dans l'un ou l'autre des deux cadres suivants : un néolibéralisme commercial axé sur le libre marché, qui domine les milieux politiques partout dans le monde, ou un institutionnalisme néolibéral universitaire, qui considère les régimes internationaux et les institutions de gouvernance globale comme les meilleurs moyens de gérer la globalisation.

La fin de la guerre froide a mis un terme à l'expérience soviétique en matière d'économie planifiée, si bien que le capitalisme et le libre marché se sont trouvés devant très peu d'opposants au sein des institutions économiques internationales et des gouvernements. Les néolibéraux partisans du libre marché croient que les gouvernements ne devraient pas tenter de combattre ni de ralentir la globalisation. Ils préconisent une intervention gouvernementale minimale dans les marchés nationaux ou mondiaux. À leur avis, les institutions devraient favoriser l'adoption de règles et de normes qui dissuaderaient les États d'entraver les forces du marché et préserveraient l'ouverture des marchés. Des néolibéraux de tendance plus sociale-démocrate appuient les institutions et les régimes qui gèrent la dynamique économique de la globalisation de façon à prévenir une circulation inégale du capital et d'autres ressources, ce qui serait autrement susceptible d'élargir le fossé entre les pays riches et les pays pauvres.

Des manifestations organisées aux États-Unis et en Europe contre les institutions économiques mondiales ont bien montré que nombreux sont ceux qui croient que le marché est loin d'être équitable. Les foules ayant défilé dans les rues de Seattle (1999), de Londres (2009), ou de Toronto (2010) ont réclamé des institutions internationales qui apportent un bien-être économique à tous et des réformes politiques qui mettent en valeur la justice sociale, un équilibre écologique et les droits humains (voir l'encadré «Pour en savoir plus», à la page 134). Les voix qui critiquent la globalisation économique affirment que, pour y parvenir, les gouvernements devront élargir leurs champs de compétence et intervenir plus vigoureusement dans les marchés. Ils devront aussi ouvrir les marchés et les possibilités qui en découlent à ceux qui en sont aujourd'hui tenus à l'écart. Étant donné la pensée néolibérale actuelle, de tels changements radicaux demeurent improbables.

À RETENIR

- Les néoréalistes pensent que les États demeurent les principaux acteurs de la politique internationale. La globalisation remet en question l'emprise et l'autorité de l'État dans certains domaines, mais la politique reste toujours internationale.

- Les néoréalistes se préoccupent des nouveaux défis à la sécurité qui découlent d'une globalisation inégale, c'est-à-dire les inégalités et les conflits.

- La globalisation offre des possibilités et des ressources aux mouvements sociaux transnationaux qui contestent l'autorité de l'État dans divers domaines politiques. Les néoréalistes ne donnent leur appui à aucun mouvement qui s'efforce de porter sur la place publique des questions cruciales de sécurité.

- Les néolibéraux partisans du libre marché estiment que la globalisation est une force positive et que, à la longue, tous les États bénéficieront de la croissance économique qui résultera de son action. Ils croient que les États ne devraient pas tenter de combattre ou d'infléchir la globalisation par des interventions politiques allant à contresens.

- Certains néolibéraux considèrent que les États devraient promouvoir un capitalisme à visage humain ou rendre les marchés plus sensibles aux besoins et aux intérêts de tous les citoyens. La mise sur pied de nouvelles institutions internationales et la réforme des plus anciennes contribueraient à prévenir une circulation inégale du capital, à préserver l'environnement à long terme et à protéger les droits des citoyens.

CONCLUSION: LA RÉDUCTION DU CHAMP D'ÉTUDES DES RELATIONS INTERNATIONALES

Le néoréalisme et l'institutionnalisme néolibéral sont des théories rationalistes du statu quo. Ce sont des approches auxquelles adhèrent fermement des chercheurs établis et d'importants dirigeants politiques dans de nombreux pays. Il existe quelques différences entre ces deux courants de pensée, mais elles sont mineures par rapport à celles qui opposent les théories réflectivistes et rationalistes aux théories critiques et de résolution de problèmes.

Dans les milieux intellectuels, le néoréalisme représente généralement une tentative de rendre le réalisme plus rigoureux sur le plan théorique. Lorsqu'on constate à quel point Waltz met en relief la structure du système et ses répercussions sur le comportement des États, on en conclut que ce n'est pas en examinant le fonctionnement de l'État qu'on arrivera à mieux comprendre les relations internationales. Les néoréalistes qui réduisent la politique internationale à des choix rationnels microéconomiques ou à une pensée accessoire minimisent également les caractéristiques propres aux décideurs eux-mêmes, ainsi que les différents facteurs culturels et historiques qui façonnent la politique au sein d'un État. Ces versions plus scientifiques et plus parcimonieuses du néoréalisme offrent aux chercheurs de puissantes explications au comportement des États. Par contre, ces explications dressent-elles un portrait complet d'un événement donné ou d'un choix politique? Les travaux néoréalistes restreignent-ils le champ de la recherche? Des chercheurs néoréalistes ont récemment été critiqués pour leur incapacité à expliquer la fin de la guerre froide et d'autres transformations profondes du système international. Les néoréalistes accordent peu d'importance à la culture, aux traditions et au sentiment identitaire, soit autant de facteurs qui ont déterminé l'émergence de nouvelles collectivités qui se sont dissociées de l'ancien empire soviétique.

Les contributions des néoréalistes aux études sur la sécurité ont eu une grande portée dans le domaine politique. Tant les néoréalistes défensifs que les néoréalistes offensifs affirment que le monde demeure marqué par la rivalité et l'incertitude et que la structure du système international fait de la politique de puissance l'élément central en matière de politiques publiques. Une telle conception du monde correspond bien aux intérêts et aux convictions de la plupart des stratèges militaires et des responsables de la politique extérieure qui occupent des postes de pouvoir dans le monde actuel. Elle s'inscrit directement dans la tradition réaliste qui domine la politique internationale depuis des siècles et elle laisse penser que l'origine des critiques formulées contre la tradition réaliste et néoréaliste se cantonne peut-être dans les milieux intellectuels. Toutefois, des points de vue critiques, émanant de l'intérieur et de l'extérieur de ces milieux, incitent certains réalistes et néoréalistes à réexaminer leurs postulats sur le fonctionnement du monde. Il est certain que les tenants du néoréalisme défensif forment un groupe de penseurs et de conseillers politiques potentiels qui comprennent l'importance du multilatéralisme et la nécessité de mettre sur pied des institutions efficaces chargées de prévenir des courses aux armements porteuses de conflits guerriers. Il y a des changements, mais le champ d'études demeure centré sur l'État et sur des questions de sécurité militaire.

Le néolibéralisme – tant la variante axée sur les politiques publiques que l'institutionnalisme néolibéral plus théorique – exprime un rejet des versions plus utopique ou plus cosmopolitique du libéralisme. Depuis la fin de la guerre froide, la politique extérieure des États-Unis s'est appuyée sur un recours à la force plus précautionneux, selon certains, pour répandre une version américaine de la démocratie libérale: la paix par le commerce et l'investissement. Au cours des dernières années, elle a mis au premier plan les affaires et les marchés aux dépens des droits humains, de l'environnement et de la justice sociale. La mouture du néolibéralisme adoptée par Washington a été entérinée par un bon nombre de grandes puissances et de petits pays commerçants. La philosophie dominante qui sous-tend l'action de l'État a pris la forme d'un «méliorisme pragmatique», grâce auquel les marchés et les institutions démocratiques occidentales sont devenus les moyens de prédilection utilisés pour améliorer les conditions de vie des citoyens. Encore une fois, il y a là une réduction des choix, des questions et des idées qui définissent l'étude des relations internationales.

Parce qu'il met l'accent sur la coopération, les institutions et les régimes internationaux, l'institutionnalisme néolibéral propose peut-être la plus vaste gamme de questions et d'idées aux chercheurs et aux dirigeants politiques. Les tenants de cette perspective s'interrogent maintenant sur l'importance réelle des institutions pour de multiples domaines et de nombreuses questions. Des chercheurs formulent des questions vitales à propos de l'incidence des institutions et des **régimes internationaux** sur la politique nationale et de la capacité des institutions à promouvoir des règles et des normes qui favorisent à long terme la préservation de l'environnement, la protection des droits humains et la promotion du développement économique. Il est intéressant de voir que maints institutionnalistes néolibéraux aux États-Unis jugent nécessaire de souligner leurs liens intellectuels avec les réalistes et de passer sous silence leur proximité avec l'École anglaise des relations internationales et avec des versions plus cosmopolitiques du libéralisme (voir le chapitre 6). L'accent mis sur les thèses partagées avec le néoréalisme entraîne une nouvelle réduction du champ d'études de la politique internationale. Une perspective institutionnaliste néolibérale centrée sur la nature de la société ou de la collectivité internationale et sur l'importance des institutions qui font la promotion de normes et de valeurs est peut-être plus pertinente pour expliquer et comprendre la politique mondiale contemporaine.

Toute théorie laisse de côté certains éléments. Aucune ne peut prétendre offrir une description exhaustive du monde. Aucune, non plus, n'a l'apanage de la vérité. Les théories en politique internationale jettent une lumière sur le comportement des États. Les réalistes et les néoréalistes formulent des idées très intéressantes au sujet de la puissance, des conflits et de la politique de survie. Le néoréalisme ne contribue cependant pas à la compréhension des effets de l'interdépendance économique sur le comportement des États ou de l'incidence possible des institutions et des régimes sur la politique nationale. C'est ici qu'intervient l'institutionnalisme néolibéral pour dresser un portrait de la politique internationale. Les courants de pensée mettent au premier plan quelques acteurs et stratégies politiques et en écartent d'autres. Le néoréalisme et l'institutionnalisme néolibéral sont des théories du statu quo qui étudient des questions liées au maintien du fonctionnement du système. Ces théories ne soulèvent pas de questions à propos du système de valeurs dominant ni de la répartition du pouvoir, pas plus qu'elles ne scrutent les liens possibles entre ces deux derniers facteurs et des situations marquées par la **pauvreté** et la violence. Dans l'étude de la politique internationale, toute théorie doit être assujettie à une réflexion critique. Quels courants de pensée expliquent le plus grand nombre de faits observés? Quelle perspective rend le monde plus intelligible? Qu'est-ce qu'une théorie laisse à l'écart? Qui ou quelle perspective une théorie met-elle au premier plan? Qui ou quelle conception du monde sont ignorés?

QUESTIONS

1. Quelles sont les similitudes entre le réalisme classique ou traditionnel et le néoréalisme ou réalisme structurel?

2. Quels sont les fondements intellectuels de l'institutionnalisme néolibéral?

3. Quelles prémisses sont partagées par le néoréalisme et le néolibéralisme?

4. Qu'est-ce qui différencie ces deux théories?

5. Que penser de ceux qui considèrent que le débat «néo-néo» est au plus une vue de l'esprit?

6. Laquelle des deux théories est la plus apte à analyser la globalisation? Le néoréalisme ou le néolibéralisme?

7. Quel est l'enjeu entre les réalistes défensifs et offensifs?

8. Comment les néoréalistes et les néolibéraux conçoivent-ils la différence entre gains relatifs et gains absolus?

9. Quels sont les enjeux de politique mondiale privilégiés par ces deux courants de pensée?

10. Quelles sont les principales questions omises par les néoréalistes et les néolibéraux?

Lectures utiles

Andréani, G., « Gouvernance globale : origines d'une idée », *Politique étrangère*, vol. 66, n° 3, 2001, p. 549-568. Une généalogie de ce concept libéral, depuis les internationalistes de l'entre-deux-guerres jusqu'à l'institutionnalisme néolibéral de Joseph Nye.

Baldwin, D. (dir.), *Neo-realism and Neo-liberalism: The Contemporary Debate*, New York, Columbia University Press, 1993. Un ouvrage fondamental pour creuser davantage la question des dissensions et des accords théoriques entre ces deux courants de pensée, avec des chapitres rédigés par Joseph Grieco et Robert Keohane.

Doyle, M., *Ways of War and Peace,* New York, W. W. Norton, 1997. Une généalogie intellectuelle complète du néolibéralisme et du néoréalisme.

Jervis, R., « Le débat sur les notions de dissuasion et de sécurité », *Études internationales,* vol. 20, n° 3, 1989, p. 557-575. Une traduction française d'un texte de l'un des fondateurs du réalisme défensif qui se penche sur le rôle stabilisant des armes nucléaires durant la guerre froide.

MacLeod, A., « Le néoréalisme », dans A. MacLeod et D. O'Meara (dir.), *Théories des relations internationales. Contestations et résistances*, Montréal, Athéna Éditions, 2007, p. 61-88. Une excellente introduction à l'épistémologie du néoréalisme.

Massie, J. et M. E. Desrosiers, « Le néolibéralisme et la synthèse " néo-néo " », dans A. MacLeod et D. O'Meara (dir.), *Théories des relations internationales. Contestations et résistances*, Montréal, Athéna Éditions, 2007, p. 111-132. Une autre excellente introduction à l'épistémologie du néolibéralisme.

Mearsheimer, J., *The Tragedy of Great Power Politics*, New York, W. W. Norton, 2001. L'ouvrage-clé du néoréalisme offensif.

Nye, J. et J. Donahue (dir.), *Governance in a Globalizing World*, Washington D. C., Brookings Institution Press, 2000. Une analyse néolibérale de la globalisation du point de vue des gouvernements ainsi qu'une mise en lumière des défis de gestion commune qu'ils ont à relever.

Smith, S., K. Booth et M. Zalewski, *International Relations Theory and Beyond*, Cambridge, Cambridge University Press, 1996. Une introduction fondamentale aux théories critiques en relations internationales, suivie d'une remise en question efficace des approches rationalistes.

Vennesson, P., « Idées, institutions et relations internationales », *Revue française de science politique*, vol. 45, n° 5, 1995, p. 857-866. Une évaluation comparative des thèses néoréalistes et néolibérales, qui souligne notamment leurs différences et leurs faiblesses.

Chapitre 8

LES THÉORIES MARXISTES DES RELATIONS INTERNATIONALES

Stephen Hobden • Richard Wyn Jones

GUIDE DE LECTURE

Aucune analyse de la globalisation ne saurait être complète sans prendre en considération la perspective marxiste. C'est pourquoi, dans les pages qui suivent, nous allons faire l'exposé et l'évaluation de la contribution du marxisme à l'étude des relations internationales. Après un survol de quelques traits fondamentaux communs aux différentes démarches marxistes, nous traiterons des grands courants du marxisme contemporain qui enrichissent plus particulièrement la compréhension de la politique mondiale : la théorie du système-monde, la théorie gramscienne, la théorie critique et le néomarxisme. Puis, nous verrons que, dans une certaine mesure, Karl Marx (1818-1883) a été le tout premier théoricien de la globalisation, puisque, dans l'optique du marxisme, les éléments souvent décrits comme des caractéristiques marquantes de la globalisation n'ont rien de nouveau et constituent plutôt les manifestations modernes des tendances à long terme, propres au développement du capitalisme.

INTRODUCTION: LA CONSTANTE PERTINENCE DU MARXISME

Après la fin de la **guerre froide** et avec le triomphe du capitalisme de libre marché dans le monde entier, beaucoup ont tenu pour acquis que les idées de Marx et de ses nombreux disciples pouvaient être tranquillement reléguées aux poubelles de l'histoire. La grande expérience tentée avait échoué. Si des partis communistes se maintenaient au **pouvoir** en Chine, au Vietnam et à Cuba, ils ne représentaient plus aucune menace désormais pour l'**hégémonie** du système capitaliste global. En fait, dans l'espoir de continuer à exercer leur pouvoir, ces partis ont été obligés de se soumettre à la logique apparemment invincible du marché et de reproduire maints traits fondamentaux des sociétés capitalistes contemporaines. L'une des leçons essentielles du xxᵉ siècle semblerait donc indiquer que la pensée marxiste aboutit simplement à une impasse historique. L'avenir est libéral et capitaliste.

Malgré tout, Marx et la pensée marxiste en général refusent de quitter la scène. La fin de l'expérience soviétique et l'absence apparente de solution de rechange crédible au capitalisme ont peut-être déclenché une crise au sein du marxisme, mais, une vingtaine d'années plus tard, on peut constater un certain retour en force de cette théorie. Deux raisons expliquent sans doute cette résurgence ainsi que la vigueur renouvelée avec laquelle les marxistes se font entendre aujourd'hui.

Premièrement, l'expérience communiste tentée en Union soviétique avait fini par engendrer un profond malaise chez de nombreux marxistes. Dans les décennies ayant suivi la révolution russe de 1917, la plupart d'entre eux avaient éprouvé une allégeance envers l'Union soviétique en tant que premier État des travailleurs. Par la suite, leur **loyauté** a cependant été minée au-delà du point de non-retour par les abus du stalinisme et par le comportement de l'Union soviétique dans les pays satellites est-européens après la Seconde Guerre mondiale. Ce qui a parfois été appelé «socialisme réel» ne correspondait clairement pas à l'utopie communiste à laquelle beaucoup rêvaient et que Marx avait apparemment promise. Certains de ses partisans exprimaient ouvertement leurs critiques à l'endroit de l'Union soviétique. D'autres se tenaient cois et espéraient que la situation en général et l'état des droits humains en particulier s'amélioreraient.

L'effondrement du bloc soviétique a, en quelque sorte, remis les compteurs à zéro. Il a relancé la possibilité de préconiser les idées de Marx sans pour autant devoir défendre les mesures prises par des gouvernements qui se justifiaient en évoquant ces idées. En outre, la disparition de l'Union soviétique a eu pour effet de délester l'appréciation des travaux de Marx du poids que représentait le marxisme-léninisme en tant qu'idéologie d'État. Cet allégement acquiert toute son importance dès qu'on s'aperçoit qu'une foule de concepts et de pratiques souvent considérés comme des préceptes du marxisme ne figurent même pas dans les écrits de Marx, tels que le «parti d'avant-garde», le «centralisme démocratique» et l'«économie planifiée» par un pouvoir central.

La deuxième raison est peut-être encore plus importante. La théorie sociale de Marx conserve toujours son remarquable regard analytique sur le monde contemporain. La majeure partie de ses efforts théoriques ont été consacrés à une analyse méticuleuse du **capitalisme** en tant que mode de production, et les éléments fondamentaux de son étude n'ont jamais été surpassés. En fait, compte tenu de l'expansion croissante des mécanismes de marché dans tous les aspects de la vie, on pourrait même prétendre que l'examen minutieux du dynamisme extraordinaire et des contradictions intrinsèques du capitalisme qu'a effectué Marx est encore plus pertinent de nos jours qu'à son époque. L'une des forces particulières des travaux de Marx se situe dans l'analyse des crises. Les études libérales du capitalisme indiquent que les marchés libres finissent par atteindre un état d'équilibre et demeurer foncièrement stables. L'expérience quotidienne vécue aujourd'hui infirme un tel diagnostic. Le lundi noir boursier en octobre 1987 et la crise financière mondiale de 2008 ont bien montré que le capitalisme global continue d'être secoué par de puissantes convulsions, qui ont d'énormes répercussions sur la vie des citoyens partout dans le monde. Selon Marx, de telles convulsions, et leurs sinistres conséquences humaines, sont des traits inhérents et incontournables du système capitaliste lui-même.

Par rapport au **réalisme** et au **libéralisme** (voir les chapitres 5, 6 et 7), le marxisme dresse un portrait des relations internationales qui est assez peu familier. Si les deux premiers courants de pensée dépeignent la politique mondiale de façon à refléter ce que décrivent les pages des nouvelles internationales dans les principaux journaux et magazines, les théories marxistes, quant à elles, cherchent à exposer une réalité sous-jacente, voire plus profonde: les événements familiers de la politique mondiale, comme les guerres, les traités et les opérations d'aide internationale, se déroulent tous au sein de structures exerçant sur ceux-ci une puissante **influence**. Ces structures sont celles du système capitaliste global. Tout effort de compréhension de la politique mondiale doit s'appuyer sur une compréhension plus large des processus qui se déploient au cœur du capitalisme global.

En plus d'offrir un portrait inhabituel de la politique mondiale, les théories marxistes sont aussi quelque peu dérangeantes, car elles affirment que le capitalisme global veille à perpétuer la prospérité des riches et des forts au détriment des pauvres et des faibles. Tous savent qu'il existe des inégalités flagrantes dans le monde. Les statistiques sur les coûts humains de la **pauvreté** sont véritablement déconcertantes et laissent pantois (la question de la pauvreté globale est analysée en détail dans le chapitre 27). Les théories marxistes postulent que la prospérité relative d'une petite minorité découle de l'appauvrissement des masses. Comme Marx lui-même l'a écrit, l'accumulation de richesses à un pôle entraîne en même temps une manifestation accrue de misère, de labeur harassant, d'esclavage, d'ignorance et de brutalité au pôle opposé.

La section suivante esquisse les principaux éléments de la méthode marxiste, souvent dénommée **matérialisme** historique. Puis, les sections subséquentes traitent de quelques-uns des plus importants courants de pensée contemporains s'inspirant de Marx et présentent leurs propos sur la politique mondiale. Il faut toutefois préciser ici que, étant donné la richesse et la diversité de la pensée marxiste concernant la politique mondiale, l'exposé à cet égard sera inévitablement partiel et, dans une certaine mesure, arbitraire. L'objectif consiste à donner un premier aperçu de cette perspective afin d'inciter les lecteurs à approfondir davantage les travaux de Marx et de ceux qui ont ajouté leur pierre à l'édifice du marxisme.

À RETENIR

- Les travaux de Marx conservent leur pertinence malgré l'effondrement du régime qu'avait instauré le Parti communiste dans l'ex-Union soviétique.

- L'analyse du capitalisme qu'a effectuée Marx revêt une importance particulière et n'a jamais été surpassée.

- Les analyses marxistes des relations internationales visent à révéler les rouages cachés du capitalisme global, qui constituent le cadre dans lequel s'inscrivent les événements internationaux.

LES ÉLÉMENTS ESSENTIELS DES THÉORIES MARXISTES DE LA POLITIQUE MONDIALE

Dans son discours inaugural prononcé à Londres, en 1864, devant l'Association internationale des travailleurs, Karl Marx a dit à son auditoire que l'histoire avait enseigné aux classes ouvrières le devoir d'élucider elles-mêmes les mystères de la politique internationale. Pourtant, si Marx lui-même a énormément traité des questions internationales, la plupart de ses écrits ont plutôt un caractère journalistique. Il n'a pas intégré la dimension internationale à sa description théorique des constituants du capitalisme. Cette omission n'est toutefois pas des plus étonnantes. L'ampleur même de l'entreprise théorique dans laquelle il s'est lancé, ainsi que la nature de sa propre méthodologie, a eu pour conséquence inévitable que son travail sur cette dimension resterait marginal et inachevé.

Marx fut un auteur extrêmement prolifique dont les idées changèrent et évoluèrent au fil du temps. Il n'est donc pas étonnant que son œuvre ait fait l'objet de nombreuses interprétations. De plus, les événements survenus dans le monde ont également donné lieu à une révision de ses idées à la lumière de l'expérience vécue. On a assisté à l'apparition de diverses écoles de pensée qui se réclament directement de Marx ou dont les travaux peuvent être rattachés à son œuvre. Le présent chapitre s'intéresse particulièrement à quatre courants de la pensée marxiste contemporaine, qui ont tous apporté une contribution d'envergure à la réflexion sur la politique mondiale. Avant de préciser ce qui distingue ces perspectives les unes des autres, il importe d'examiner les éléments essentiels qu'elles ont en commun : la perception du monde social, la conception matérialiste de l'histoire, la notion de classe et l'émancipation.

D'abord, tous les théoriciens présentés dans ce chapitre partagent avec Marx la conviction que le monde social doit être analysé en tant que totalité. La division intellectuelle du monde social en champs d'études distincts – l'histoire, la philosophie, l'économie, les sciences politiques, la sociologie, les relations internationales, etc. – est à la fois arbitraire et peu utile. Aucun d'eux n'est intelligible sans une certaine compréhension des autres : c'est pourquoi le monde social doit être étudié comme un tout. Vu l'ampleur et la complexité de ce monde, une telle prémisse impose clairement de grandes exigences à l'analyste. Néanmoins, les théoriciens marxistes considèrent que les frontières entre les disciplines qui caractérisent les sciences sociales contemporaines doivent être transcendées afin qu'il soit possible de produire un savoir adéquat sur la dynamique animant la politique mondiale.

Il existe un autre élément-clé de la pensée marxiste qui vient souligner davantage l'importance accordée aux interrelations et au contexte : la conception matérialiste de l'histoire. Le postulat essentiel ici est que les processus sous-tendant les changements historiques sont, en dernière analyse, le reflet du développement économique des sociétés. En d'autres termes, le développement économique constitue véritablement le moteur de l'histoire. Au cœur de la dynamique définie par Marx se trouve la tension entre les **moyens de production** et les **rapports de production**, qui forment ensemble l'infrastructure économique d'une société donnée. À mesure que les moyens de production se développent, par exemple grâce aux progrès technologiques, les rapports de production antérieurs deviennent caducs et finissent même par entraver la meilleure utilisation possible des nouvelles capacités de production. Il s'ensuit alors un processus de changements sociaux suscitant une transformation des rapports de production qui facilite un déploiement plus efficace de la nouvelle configuration des moyens de production. Les développements qui surviennent dans l'infrastructure économique jouent un rôle catalyseur dans la transformation plus générale de la société dans son ensemble. Il en est ainsi parce que, selon les propos de Marx dans sa préface à la *Contribution à la critique de l'économie politique*, « le mode de production de la vie matérielle détermine les conditions de la vie sociale, politique et intellectuelle en général ». Conséquemment, les **institutions** et les pratiques juridiques, politiques et culturelles d'une société donnée reflètent et renforcent, de façon plus ou moins modérée, les structures de pouvoir dans l'économie. Il en résulte donc logiquement que des changements touchant l'infrastructure économique vont, en fin de compte, entraîner des changements dans la superstructure juridique et politique (la figure 8.1 représente graphiquement ce modèle infrastructure-superstructure). Le rapport entre l'infrastructure et la superstructure forme l'un des principaux débats au sein du marxisme et parmi les critiques des approches marxistes. Ce sont surtout les travaux des sociologues historiques, inspirés de l'œuvre de Max Weber, qui ont apporté une contribution-clé à ces débats (voir l'encadré « Pour en savoir plus » ci-contre).

La notion de classe joue un rôle-clé dans l'analyse marxiste. Contrairement aux libéraux, qui croient en l'existence d'une harmonie d'intérêts essentielle entre les divers groupes sociaux, les marxistes affirment que la société est systématiquement prédisposée aux conflits de classes. D'ailleurs, dans le *Manifeste du Parti communiste* qu'il a rédigé avec Friedrich Engels (1820-1895), Marx a écrit ceci : « L'histoire de toute société jusqu'à nos jours est l'histoire de la lutte des classes » (p. 19). Dans une société capitaliste, le principal axe de conflit oppose la bourgeoisie (les capitalistes) et le prolétariat (les travailleurs).

FIGURE 8.1   Le modèle infrastructure-superstructure

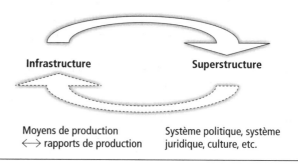

Moyens de production
⟷ rapports de production

Système politique, système juridique, culture, etc.

POUR EN SAVOIR PLUS
La sociologie historique

L'un des principaux débats au sein du marxisme porte sur le rapport entre l'infrastructure et la superstructure. Les marxistes ont traditionnellement mis l'accent sur l'infrastructure et considéré les éléments de la superstructure comme un reflet des rapports économiques. Dans sa formulation la plus stricte, une telle position est souvent décrite comme le « déterminisme économique » ; cela signifie que les rapports sociaux (par exemple, le droit et la politique) peuvent être expliqués à la lumière du mode de production sous-jacent. Les théoriciens critiques de l'École de Francfort et les chercheurs néo-gramsciens ont élargi cette position et concentré leur analyse sur la superstructure et son rôle dans le maintien de l'infrastructure économique.

Il est également possible d'examiner ces questions sous l'angle des travaux des sociologues historiques. L'expression « sociologie historique » est quelque peu intimidante et peut même être trompeuse si on ne sait de quoi il s'agit. Elle désigne essentiellement une conception de l'étude du monde social qui considère l'histoire comme sa principale source de faits. Les sociologues historiques s'intéressent aux changements qui marquent la vie sociale au fil du temps et cherchent à les expliciter. Ainsi, dans son ouvrage intitulé *États et révolutions sociales* (1985), l'universitaire Theda Skocpol s'est employée à formuler une théorie de la révolution et a ensuite tenté de la confirmer en examinant les révolutions française, russe et chinoise.

La sociologie historique se présente sous de nombreuses formes distinctes (voir Hobden et Hobson, 2002), dont l'une est le marxisme lui-même, qui a d'ailleurs proposé une théorie de l'histoire. Dans la discipline des relations internationales, elle est toutefois devenue indissociable des travaux de chercheurs néo-wébériens. Ceux-ci ont retenu l'attention des théoriciens de cette discipline en raison de l'intérêt qu'ils ont manifesté pour les relations internationales ; leur analyse des changements sociaux, et notamment de la formation de l'État, s'est avérée plus nuancée que celle qu'ont développée les réalistes. Par exemple, selon l'analyse théorique de Skocpol, ce sont les relations interétatiques (c'est-à-dire la participation des États à la guerre) qui ont contribué à l'éclatement des révolutions et ont influé sur la direction que celles-ci ont prise. De même, le sociologue Charles Tilly (1975 ; voir aussi Tilly, 1992), dans son analyse du développement de l'État, établit un lien direct entre la guerre et l'édification de l'État lorsqu'il affirme que la guerre fait l'État et l'État fait la guerre.

Le plus influent des néo-wébériens est peut-être Michael Mann. Dans son ouvrage principal, intitulé *The Sources of Social Power* (1986, 1993), il a tenté de réécrire l'histoire du monde en adoptant une perspective multicausale sur les changements sociaux. Alors que les marxistes situent dans le domaine économique l'explication fondamentale des changements sociaux, Mann, pour sa part, distingue quatre types de pouvoir social : idéologique, économique, militaire et politique. Au lieu de postuler qu'une source du pouvoir social est plus importante que les autres (comme le font les marxistes), Mann soutient que différentes sources du pouvoir social ont exercé une grande influence à différentes époques historiques. Par exemple, il considère que, au cours des derniers siècles, c'est le pouvoir économique qui a été dominant, tandis que c'est le pouvoir idéologique (surtout la religion) qui l'avait été davantage auparavant. De plus, les sources du pouvoir social peuvent s'associer les unes aux autres selon diverses combinaisons. Si on applique la thèse de Mann, on peut prétendre que, étant donné la place croissante qu'occupe la religion en politique internationale, ce sont l'économie et l'idéologie qui constituent les principales sources du pouvoir social à l'époque actuelle.

Nonobstant son parti pris pour la rigueur intellectuelle, Marx croyait qu'il n'était ni possible ni souhaitable que l'analyste reste un observateur détaché ou neutre de ce grand choc entre le capital et la force de travail. Il avançait que les philosophes n'avaient fait qu'interpréter le monde de diverses façons et qu'il fallait plutôt le changer. Marx s'était engagé pour la cause de l'émancipation, une perspective normative qui demeurera marquante chez les marxistes. Il ne cherchait pas à rendre compréhensible la dynamique de la société capitaliste pour le simple plaisir de la chose. Il espérait plutôt qu'une telle compréhension faciliterait le renversement de l'ordre établi et son remplacement par une société communiste, soit une société où le salariat et la propriété privée seraient abolis et où les relations sociales en seraient métamorphosées.

Il est important de souligner que les éléments essentiels de la pensée marxiste, trop brièvement abordés dans cette section, sont aussi fortement remis en question, c'est-à-dire qu'ils font l'objet de nombreux débats et désaccords, même parmi les auteurs contemporains ayant été influencés par les écrits marxistes. Les désaccords portent tant sur l'interprétation que sur l'application des idées et des concepts de Marx. Les analystes divergent également d'opinion en ce qui concerne les éléments de la pensée marxiste qui sont les plus pertinents, ceux qui se sont révélés être erronés et ceux qui devraient aujourd'hui être radicalement redéfinis ou considérés comme caducs. De plus, ils se distinguent considérablement

---

Quelques données sur les inégalités dans le monde

- Plus de 1,2 milliard de personnes disposent de moins de 1 dollar américain par jour pour vivre.

- En 1990, l'Américain de classe moyenne était 38 fois plus riche que la moyenne des Tanzaniens. En 2005, ce même rapport était passé à 61.

- Plus de 1,1 milliard de personnes n'ont pas accès à de l'eau potable.

- Par rapport à 1990, le revenu moyen dans plus de 50 pays en développement est aujourd'hui plus faible, une plus grande proportion des habitants de 21 pays souffrent de la faim, une plus forte proportion des enfants dans 14 pays meurent avant l'âge de 5 ans et l'espérance de vie a diminué dans 34 pays.

- Les tarifs douaniers appliqués aux biens fabriqués dans les pays en développement sont quatre fois plus élevés que ceux qui s'appliquent aux biens fabriqués dans les pays de l'OCDE.

- Un sixième des adultes dans le monde est illettré (les deux tiers d'entre eux sont des femmes).

- Dans le monde développé, les subventions versées aux producteurs agricoles sont six fois plus élevées que l'aide au développement des pays pauvres.

- Plus de 10 millions d'enfants meurent chaque année de maladies faciles à prévenir.

- Un enfant né en Zambie aujourd'hui est moins susceptible d'atteindre l'âge de 30 ans qu'un enfant né en Angleterre en 1840.

- En Afrique, seulement un enfant sur trois termine ses études primaires.

- En Afrique subsaharienne, une femme est 100 fois plus susceptible de mourir en accouchant qu'une femme vivant dans un pays de l'OCDE où les revenus sont élevés.

- Les pays africains consacrent 40 millions de dollars américains par jour au remboursement de leurs dettes.

(Sources : Banque mondiale, Programme des Nations Unies pour le développement, Jubilee Research.)

par leurs positions au sujet de l'évolution des idées marxistes. Les travaux des néomarxistes s'inspirent beaucoup plus directement des idées originelles de Marx que les travaux des adeptes de la théorie critique, dont l'École de Francfort. En fait, ces derniers préféreraient sans doute être qualifiés de postmarxistes plutôt que simplement de marxistes. Ainsi, même à leurs yeux, comme le terme « postmarxiste » l'indique bien, les idées de Marx demeurent des prolégomènes fondamentaux.

À RETENIR

- Marx lui-même a consacré très peu d'écrits à une analyse théorique des relations internationales.

- Ses idées ont fait l'objet d'interprétations et d'appropriations variées et contradictoires, ce qui a entraîné l'apparition de courants de pensée marxistes rivaux.

- Ces différents courants partagent néanmoins plusieurs éléments communs, dont l'origine se trouve dans les écrits de Marx.

MARX INTERNATIONALISÉ : DE L'IMPÉRIALISME À LA THÉORIE DU SYSTÈME-MONDE

Si Marx était conscient du caractère international et expansionniste du capitalisme (ce facteur est réexaminé dans la conclusion), son ouvrage essentiel, *Le Capital*, est toutefois axé sur les traits et le développement du capitalisme britannique au XIXe siècle. Au début du XXe siècle, plusieurs auteurs se sont employés à formuler des analyses qui tenaient compte des conséquences des aspects transfrontaliers du capitalisme, et particulièrement de l'**impérialisme** (voir Brewer, 1990). Au premier plan de ces analyses se trouvaient la thèse de Léon Trotski sur le développement combiné et inégal ainsi que les propos de Rosa Luxemburg sur les relations entre des États capitalistes plus développés et moins développés. Trotski affirmait que le degré de développement de tout État (il pensait surtout à la Russie prérévolutionnaire) serait influencé par ses relations avec d'autres États. Ce développement serait combiné parce qu'aucun État ne pourrait se développer de façon indépendante au sein d'un **système d'États** capitaliste. Il serait aussi inégal parce que le rythme de développement ne serait pas uniforme : certains États évolueraient forcément plus vite que d'autres.

Dans son ouvrage intitulé *L'accumulation du capital* et publié en 1913, Rosa Luxemburg a également élargi l'analyse d'une économie nationale spécifique qu'avait formulée Marx. Elle y soutient que le capitalisme, en tant que mode de production en Europe occidentale, est apparu au sein et aux côtés d'ensembles précapitalistes de relations. En outre, la croissance constante du capitalisme ne serait en fait possible que grâce à l'existence de sociétés précapitalistes qui représentent des marchés pour les biens produits dans les pays capitalistes développés ainsi que des sources de main-d'œuvre bon marché.

L'ouvrage le plus connu et le plus influent qui ait émergé de ce débat demeure toutefois *L'impérialisme, stade suprême du capitalisme*, écrit par Lénine et paru en 1917. Lénine adhérait à la plus grande partie de la thèse fondamentale de Marx, mais il affirmait aussi que le caractère du capitalisme avait changé depuis que Marx avait publié le premier volume du *Capital*, en 1867. Le capitalisme était entré dans une nouvelle phase – sa phase la plus avancée, et finale – à partir du moment où il était devenu monopolistique. Dans le capitalisme monopolistique, une structure à deux niveaux s'était formée au sein de l'économie mondiale, où un centre dominant exploitait une périphérie moins développée. L'apparition d'un centre et d'une périphérie a eu pour effet de supprimer l'**harmonie des intérêts** de tous les travailleurs qu'avait postulée Marx. La bourgeoisie dans les pays du centre pouvait se servir des profits tirés de l'exploitation de la périphérie pour améliorer le sort du prolétariat de ces pays. Autrement dit, les capitalistes des pays du centre pouvaient pacifier leur propre classe ouvrière en exploitant davantage la périphérie.

Les thèses de Lénine ont été développées par l'école de la dépendance en Amérique latine, dont les tenants ont approfondi les notions de centre et de périphérie. Plus particulièrement, l'économiste argentin Raúl Prebisch a soutenu que les pays de la périphérie subissaient les conséquences de ce qu'il a appelé « la détérioration des termes de l'échange » et que le prix des biens manufacturés y augmentait plus rapidement que celui des matières premières. Ainsi, il faut produire chaque année plus de tonnes de café pour acheter un réfrigérateur. Parce qu'ils fournissent surtout des matières premières, les pays de la périphérie s'appauvrissent par rapport au centre. D'autres auteurs, notamment l'économiste André Gunder Frank et le sociologue Henrique Fernando Cardoso, ont poussé plus loin cette analyse afin de montrer que le développement des pays moins industrialisés était directement dépendant des sociétés capitalistes plus développées. C'est à partir du cadre élaboré par de tels auteurs qu'a pris forme la théorie contemporaine du système-monde.

La théorie du système-monde est étroitement associée aux travaux d'Immanuel Wallerstein. Selon ce sociologue, l'histoire du monde a été marquée par l'essor et la chute d'une suite de systèmes-monde. Le système-monde moderne est apparu en Europe au début du XVIe siècle, puis il a pris de l'expansion et a fini par englober le monde entier. La force motrice de ce processus apparemment ininterrompu d'expansion et d'intégration a été le capitalisme, que Wallerstein a défini comme un système fondé sur la production de biens vendus à profit dans un marché et sur l'appropriation individuelle ou collective de ce profit (1979, p. 66). Dans ce système, toutes les institutions du monde social sont constamment créées et recréées. Cependant, un autre facteur revêt une importance cruciale : non seulement les éléments de ce système changent, mais le système lui-même est historiquement déterminé, car il a eu un début et, s'il existe encore, il aura une fin.

En matière de géographie du système-monde moderne, Wallerstein a étoffé la distinction centre/périphérie en lui ajoutant une semi-périphérie intermédiaire, qui affiche certains traits propres au centre et d'autres traits typiques de la périphérie. Bien qu'elle soit dominée par les intérêts économiques du centre, la semi-périphérie possède sa propre infrastructure industrielle relativement dynamique (voir la figure 8.2). En raison de sa nature

hybride, elle joue d'importants rôles économiques et politiques au sein du système-monde moderne. En particulier, elle offre une source de main-d'œuvre qui vient contrecarrer toute pression à la hausse s'exerçant sur les salaires dans les pays du centre ; elle peut aussi accueillir les industries devenues moins rentables dans le centre (par exemple, la fabrication d'automobiles et le textile). La semi-périphérie remplit également une fonction vitale de stabilisation dans la structure politique du système-monde.

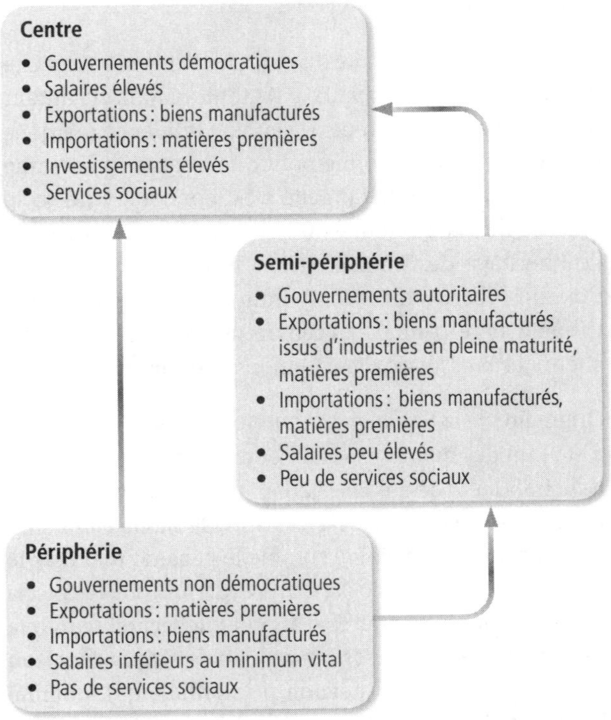

D'après les théoriciens du système-monde, les trois zones de l'économie mondiale sont liées mutuellement par des rapports d'exploitation qui consistent à extraire la richesse de la périphérie pour la diriger vers le centre. Il s'ensuit que les positions relatives des trois zones deviennent toujours plus profondément ancrées : les riches s'enrichissent pendant que les pauvres s'appauvrissent.

Ensemble, le centre, la semi-périphérie et la périphérie forment la dimension géographique de l'économie mondiale. Cependant, décrits isolément, ils brossent un portrait plutôt statique du système-monde. Un élément-clé de l'analyse de Wallerstein réside dans sa description du cycle de vie distinctif des systèmes-monde : chacun a un début, un apogée et une fin. En ce sens, le système-monde capitaliste n'est aucunement différent de tous les systèmes qui l'ont précédé. Wallerstein a soulevé une certaine controverse quand il a présenté son point de vue sur la fin de la guerre froide : celle-ci, plutôt que de marquer le triomphe du libéralisme, a indiqué que le système actuel entrait dans sa phase finale, soit une période de crise qui s'achèvera seulement après qu'il aura été remplacé par un autre système (Wallerstein, 1995). Selon Wallerstein, une telle période ouvre également la voie à de multiples possibilités. Lorsqu'un système fonctionne en douceur, le comportement individuel est fortement déterminé par sa structure. En période de crise, par contre, les acteurs disposent d'une marge de manœuvre beaucoup plus grande pour définir le caractère de la structure de remplacement. Dans ses travaux plus récents, Wallerstein s'est surtout efforcé de mettre au point un programme politique qui fait la promotion d'un nouveau système-monde plus équitable et plus juste que celui dans lequel nous vivons (Wallerstein, 1998, 1999, 2006). Dans cette optique, mettre l'accent sur la **globalisation** équivaut à fermer les yeux sur les traits véritablement inédits de l'époque contemporaine : un système-monde en déclin majeur. En fait, d'après Wallerstein, le discours actuel sur la globalisation représente une gigantesque erreur d'interprétation de la réalité d'aujourd'hui (Wallerstein, 2003, p. 45). Ainsi,

---

FIGURE 8.2 **Interrelations dans l'économie-monde**

Centre
- Gouvernements démocratiques
- Salaires élevés
- Exportations : biens manufacturés
- Importations : matières premières
- Investissements élevés
- Services sociaux

Semi-périphérie
- Gouvernements autoritaires
- Exportations : biens manufacturés issus d'industries en pleine maturité, matières premières
- Importations : biens manufacturés, matières premières
- Salaires peu élevés
- Peu de services sociaux

Périphérie
- Gouvernements non démocratiques
- Exportations : matières premières
- Importations : biens manufacturés
- Salaires inférieurs au minimum vital
- Pas de services sociaux

les phénomènes associés à la globalisation sont les manifestations d'un système-monde qui est apparu en **Europe** au xvɪᵉ siècle et qui a peu à peu gagné le monde entier : c'est un système-monde arrivé à la phase terminale de son déclin.

Divers auteurs ont étoffé le cadre établi par Wallerstein (Denemark *et al.*, 2000). Le sociologue américain Christopher Chase-Dunn, par exemple, insiste particulièrement sur le rôle du système interétatique. Il affirme que le mode de production capitaliste est régi par une logique unique dans laquelle les relations politico-militaires et les relations économiques d'exploitation jouent des rôles fondamentaux. En un sens, il tente de combler l'écart entre les travaux de Wallerstein et ceux des néomarxistes (voir plus loin la section qui leur est consacrée) en mettant l'accent sur l'influence que la production exerce sur le développement et la trajectoire future de l'économie-monde (Chase-Dunn, 1998).

André Gunder Frank, l'un des plus importants auteurs associés à l'École de la dépendance latino-américaine, a formulé une vive critique des travaux de Wallerstein et de la théorie sociale occidentale en général. Il considère que le système-monde est non seulement beaucoup plus ancien que ne l'indique Wallerstein (Frank et Gills, 1996), mais aussi qu'il est une ramification d'un système originaire de l'Asie (Frank, 1998). Ses travaux prolongent ceux de la sociologue américaine Janet Abu-Lughod, qui a remis en question la thèse de Wallerstein sur l'émergence du système-monde moderne au xvɪᵉ siècle et qui postule que, durant le Moyen-Âge, l'Europe était une région périphérique d'une économie-monde centrée sur le Moyen-Orient (Abu-Lughod, 1989). Frank ajoute que la source de l'économie-monde capitaliste ne se situait pas en Europe et que la montée de ce continent s'est produite dans le cadre du système-monde alors existant. Ainsi, la théorie sociale, y compris le marxisme, qui tente d'élucider l'exceptionnalisme occidental, erre lorsqu'elle cherche en Europe les causes de la croissance de continent, car elle devrait plutôt se tourner vers le contexte général plus large dans lequel il a pris son essor.

Des marxistes féministes ont aussi joué un rôle important dans la théorisation du développement d'un système capitaliste international. S'inspirant souvent de l'ouvrage de Friedrich Engels intitulé *L'origine de la famille, de la propriété privée et de l'État* et publié en 1884, des féministes se sont penchées sur le rôle des femmes tant dans le monde du travail salarié que dans l'univers du travail domestique, nécessaire à la reproduction du capitalisme. Maria Mies (1998 [1986]), par

exemple, a affirmé que les femmes remplissent une fonction essentielle au maintien des rapports capitalistes. Selon elle, il existe une division sexuelle du travail : dans le monde développé, les femmes accomplissent les travaux ménagers, pour lesquels elles ne sont pas rémunérées, mais qui sont indispensables au maintien et à la reproduction de la force de travail ; dans le monde en développement, elles constituent une main-d'œuvre bon marché (voir le chapitre 15). Elle est aussi d'avis que les femmes représentent la «dernière colonie» (Mies *et al.*, 1988), un point de vue dont les origines remontent à la thèse de Rosa Luxemburg sur le rôle des colonies dans le capitalisme international.

À RETENIR

- Les théoriciens marxistes ont analysé des aspects globaux du capitalisme international, aspects que Marx connaissait, mais qu'il n'a pas approfondis dans *Le Capital*.

- La théorie des systèmes-monde peut être considérée comme un prolongement direct de la pensée léniniste sur l'impérialisme et des travaux de l'école de la dépendance, qui s'est surtout développée en Amérique latine.

- Certaines féministes ont élargi l'analyse du capitalisme international en mettant l'accent sur le rôle spécifique des femmes dans l'économie.

LE GRAMSCIANISME

La présente section traite du courant de pensée marxiste qui a émergé des travaux d'Antonio Gramsci, auteur marxiste italien. Son œuvre a eu une influence marquée sur l'étude de l'économie politique internationale, une discipline au sein de laquelle s'est épanouie une école appelée néogramscienne ou italienne. Il est ici question de l'héritage de Gramsci et des travaux de Robert W. Cox, un théoricien contemporain qui a beaucoup contribué à faire connaître l'œuvre de Gramsci aux chercheurs intéressés par les relations internationales.

Originaire de la Sardaigne, Antonio Gramsci (1891-1937) a été l'un des membres fondateurs du Parti communiste italien. Il a été arrêté en 1926 en raison de ses activités politiques et a ensuite passé le reste de sa vie en prison. S'il est souvent considéré comme le penseur marxiste le plus original du xxᵉ siècle, il n'a toutefois rédigé aucun traité théorique général. Son apport intellectuel se trouve essentiellement dans ses remarquables *Lettres de prison* (Gramsci, 1971). La question primordiale qui a animé l'œuvre théorique de Gramsci est la suivante : pourquoi s'est-il avéré si difficile de promouvoir la révolution en Europe occidentale? Après tout, Marx avait prédit que la révolution et la **transition** vers le socialisme se produiraient d'abord dans les sociétés capitalistes les plus développées. Pourtant, ce sont les bolcheviks, dans la Russie relativement peu avancée, qui ont réalisé la première percée, alors que tous les efforts subséquents déployés par les présumés révolutionnaires en Europe occidentale et centrale pour imiter leurs camarades russes ont échoué les uns après les autres. L'histoire du début du xxᵉ siècle a donc laissé entendre qu'il y avait une faille dans l'analyse marxiste classique. Où donc résidait cette faille?

Gramsci répond à cette question avec son concept d'hégémonie. Chez lui, l'hégémonie reflète sa conceptualisation du pouvoir dont il approfondit même la représentation qu'en entretenait Machiavel : un centaure, mi-homme, mi-animal, soit un mélange de coercition et de consentement. Dans leur analyse des moyens utilisés pour maintenir l'ordre établi, les marxistes s'étaient arrêtés presque exclusivement sur les **capacités** et les pratiques coercitives de l'État. Selon cette analyse, c'était simplement la coercition, ou la crainte de la coercition, qui empêchait la majorité exploitée et aliénée au sein de la société de se soulever et de renverser le système qui causait leurs souffrances. Gramsci a compris que, si cette analyse pouvait être juste à propos des sociétés moins développées comme la Russie prérévolutionnaire, elle ne pouvait pas s'appliquer aux pays plus avancés en Occident, où le système se maintenait aussi au moyen du consentement.

Le consentement, tel que défini par Gramsci, est créé et recréé par l'hégémonie de la classe dominante dans la société. C'est cette hégémonie qui fait en sorte que les valeurs morales, politiques et culturelles de cette classe sont largement diffusées au sein de toute la société et ensuite adoptées par les classes et les groupes dominés. La diffusion et l'adoption s'effectuent par l'entremise des institutions de la **société civile**, soit le **réseau** des organismes et des regroupements (par exemple, les médias, le système scolaire, les Églises, les groupes de bénévoles, etc.) qui disposent d'une certaine autonomie par rapport à l'État, grâce auquel les groupes et les individus s'organisent, se représentent et s'expriment mutuellement et à l'intention de l'État.

Plusieurs conséquences importantes découlent de l'analyse qui précède. D'abord, la théorie marxiste doit prendre au sérieux les phénomènes superstructurels, car, si la structure de la société peut être en fin de compte le reflet des rapports sociaux de production dans l'infrastructure économique, la nature des rapports au sein de la superstructure compte également beaucoup lorsqu'il s'agit de déterminer dans quelle mesure cette société est susceptible de changer et de se transformer. Gramsci a utilisé l'expression «bloc historique» pour désigner les rapports réciproques et mutuellement fortifiants entre la base socio-économique (l'infrastructure) et les pratiques politiques et culturelles (la superstructure) qui sous-tendent ensemble un ordre donné. Selon Gramsci et les gramsciens, il est profondément erroné de réduire l'analyse à la prise en considération des rapports économiques uniquement ou des facteurs politiques et des idées exclusivement. Ce sont leurs interactions qui comptent.

Une autre conséquence cruciale concerne la pratique politique. Si le maintien de l'hégémonie de la classe dominante est un élément-clé, alors la société ne pourra être transformée que si cette position dominatrice est fortement ébranlée, auquel cas il s'ensuivra une lutte contre-hégémonique dans la société civile, qui minera l'hégémonie existante et favorisera l'édification d'un nouveau bloc historique.

Les écrits de Gramsci sont le reflet d'une époque particulière et d'un ensemble de circonstances spécifique et, à bien des égards, unique, ce qui a amené plusieurs auteurs à remettre en question l'applicabilité générale de ses idées (voir Burnham, 1991 ; Germain et Kenny, 1998). Le plus important, bien sûr, consiste à établir à quel point les idées et les concepts tirés des travaux de Gramsci s'avèrent utiles lorsqu'on les extrait de leur contexte original et qu'on les applique à d'autres questions et problèmes. C'est précisément là l'objet de la prochaine section.

Robert Cox et l'analyse de l'ordre mondial

C'est un intellectuel canadien, Robert W. Cox, qui a le plus étroitement associé la pensée de Gramsci à l'étude de la politique mondiale. Il a mis au point, d'une part, une démarche gramscienne qui comporte une critique des principales théories des relations internationales ainsi que de l'économie politique internationale et, d'autre part, un nouveau cadre d'analyse de la politique mondiale.

La meilleure façon d'aborder les idées de Cox consiste à examiner une phrase particulière, extraite de l'article fondateur publié en 1981 et intitulé «Social Forces, States, and World Orders : Beyond International Relations Theory» («Forces sociales, États et ordres mondiaux : au-delà de la théorie des relations internationales»). Cette phrase, qui est devenue l'une des plus souvent citées dans toute la théorie contemporaine des relations internationales, se lit comme suit : Une théorie est toujours pour quelqu'un et pour quelque chose (Cox, 1981, p. 128). Elle exprime une conception du monde qui découle logiquement des thèses gramsciennes, et de la pensée marxiste en général, que nous examinons ici. Si les idées et les valeurs sont, en dernière analyse, le reflet d'un ensemble spécifique de rapports sociaux et se transforment en même temps que ces rapports eux-mêmes, alors il s'ensuit que toute connaissance au sujet du monde social, à tout le moins, doit être le reflet d'un certain contexte, d'une certaine époque, d'un certain lieu. En d'autres termes, le savoir ne peut être objectif et intemporel dans le sens où le soutiennent certains réalistes contemporains.

Ainsi, il ne saurait être possible de faire une distinction simple entre les faits et les valeurs. De façon consciente ou non, les valeurs de tout théoricien vont donc colorer son analyse, ce qui incite Cox à affirmer qu'il est nécessaire d'examiner attentivement les théories, les idées et les analyses qui prétendent à l'objectivité ou à l'absence de jugement de valeur. Il faut considérer que les théories sont toujours pour quelqu'un et pour quelque chose, c'est-à-dire qu'elles servent des intérêts et des objectifs qui sont souvent autres que purement scientifiques. À cet égard, il soumet le réalisme et surtout sa variante contemporaine, le **néoréalisme**, à une critique détaillée. Selon Cox, ces théories sont destinées à ceux qui prospèrent grâce à l'ordre établi, et elles protègent les intérêts des citoyens des pays développés et plus particulièrement des élites dirigeantes, dont le but, avoué ou non, est de consolider et de légitimer le statu quo. Pour y parvenir, ces élites s'appliquent à donner un vernis naturel et immuable à la configuration actuelle des relations internationales. Lorsque les réalistes prétendent – à tort – qu'ils décrivent le monde tel qu'il est, tel qu'il était et tel qu'il sera toujours, ils ne font, en réalité, que renforcer l'hégémonie dominante au sein de l'ordre mondial actuel.

Cox fait ressortir le contraste entre la théorie pour la résolution de problèmes – soit une approche qui accepte les paramètres de l'ordre actuel et qui contribue donc à la légitimation d'un système profondément inique – et la théorie critique, qui vise à remettre en cause l'ordre prédominant en cherchant à définir, à analyser et, le cas échéant, à favoriser des processus sociaux susceptibles d'aboutir à des changements émancipateurs.

Une théorie peut susciter de tels changements émancipateurs grâce à une explication étayée de l'ordre mondial qui décrit tant les sources de stabilité d'un système donné que la dynamique des processus de transformation. Dans ce contexte, Cox s'inspire de la notion gramscienne d'hégémonie, la transpose dans le domaine international et affirme que l'hégémonie y est aussi importante que dans le domaine national pour le maintien de la stabilité et de la continuité. Cox est d'avis que les puissances dominantes successives dans le système international ont façonné un ordre mondial qui convient bien à la défense de leurs intérêts et qu'elles y sont parvenues non seulement en raison de leurs capacités coercitives, mais encore parce qu'elles ont réussi à faire apparaître un consentement général pour cet ordre, même chez ceux qui en sont pénalisés.

Dans le cas des deux pays hégémoniques (le Royaume-Uni et les États-Unis) dont Cox analyse la domination, le fil conducteur de l'hégémonie a été le libre-échange. L'affirmation selon laquelle celui-ci est bénéfique pour tous a été si largement acceptée qu'elle est maintenant considérée comme l'expression même du bon sens. Pourtant, il s'avère que, si le libre-échange favorise beaucoup les intérêts du pays hégémonique (qui, en tant que producteur le plus efficient de l'économie mondiale, peut produire des biens concurrentiels dans tous les marchés à condition qu'ils y soient disponibles), ses bienfaits pour les États et les régions périphériques sont beaucoup moins visibles. En fait, nombreux sont ceux qui diraient que le libre-échange constitue une entrave à leur développement économique et social. Le degré avec lequel un État peut réussir à produire et à reproduire son hégémonie donne un bon indice de sa puissance. Le succès des États-Unis à faire accepter le néolibéralisme partout dans le monde montre bien toute l'ampleur de sa domination hégémonique (voir l'étude de cas, page ci-contre).

Malgré la force de l'ordre mondial actuel, Cox ne croit pas que celui-ci demeurera incontesté. Comme Marx, il pense plutôt que le capitalisme est un système intrinsèquement instable, en proie à des contradictions inévitables. Des crises économiques incontournables serviront de catalyseurs à des mouvements contre-hégémoniques, c'est-à-dire allant à l'encontre de l'ordre établi, mais dont le succès est loin d'être assuré. En ce sens, des penseurs comme Cox envisagent l'avenir en s'appuyant sur une devise qu'a popularisée Gramsci : il s'agit de combiner le pessimisme de l'intellect et l'optimisme de la volonté.

Les écrits gramsciens récents

Des écrits gramsciens plus récents, y compris des contributions notables de Mark Rupert (1995, 2000 ; Rupert et Solomon, 2005) et W. I. Robinson (1996, 2004), continuent de promouvoir cette combinaison typiquement

gramscienne de pessimisme et d'optimisme. Dans le cas de ces deux professeurs, ils se concentrent sur la recherche d'un avenir plausible différent au sein d'un système capitaliste qu'ils voient comme de plus en plus globalisé ainsi que sur une réflexion approfondie sur l'hégémonie. L'ouvrage le plus récent de Robinson

---

La politique du néolibéralisme

Un très bon exemple de la puissance hégémonique des États-Unis, diraient de nombreux marxistes, s'observe dans les efforts fructueux de ce pays pour faire en sorte que les politiques néolibérales deviennent la norme partout dans le monde. L'ensemble des politiques les plus étroitement liées au projet néolibéral (notamment la réduction des dépenses de l'État, la dévaluation de la monnaie, les privatisations et la promotion du libre marché) a reçu le nom très révélateur de **consensus de Washington**. Beaucoup prétendraient que de telles politiques économiques relèvent du bon sens et que les pays en développement les ayant adoptées ont simplement compris qu'elles favorisent de manière optimale leurs intérêts. Les marxistes rétorqueraient cependant qu'une analyse des intérêts du pays hégémonique, ainsi que l'emploi de la coercition, expliqueraient de façon plus convaincante les raisons ayant mené à l'adoption de ces politiques.

La mise en œuvre de politiques néolibérales par des pays en développement a eu de multiples conséquences. Ces pays ont dû réduire leurs dépenses consacrées aux soins de santé et à l'éducation et recourir davantage à l'exportation de matières premières. De plus, leurs marchés ont été envahis par des biens manufacturés en provenance des pays industrialisés. Il n'est pas nécessaire de voir des complots partout pour penser que ces politiques néolibérales favorisent les intérêts des capitalistes dans les pays développés, surtout dans trois domaines en particulier. Il y a d'abord celui du libre-échange. Il ne s'agit pas ici de débattre de ses bienfaits, mais bien de rappeler clairement que le pays hégémonique aura toujours intérêt à promouvoir le libre-échange,

parce que, dans la mesure où il est le producteur le plus efficient, ses biens coûteront moins cher que partout ailleurs dans le monde. Ce n'est que si des pays élèvent des barrières tarifaires ou autres en matière de commerce, afin de protéger leur propre production, que les produits du pays hégémonique coûteront plus cher que les leurs. Puis, il y a le domaine des matières premières. Lorsque des pays du Sud s'emploient à être concurrentiels en situation de libre-échange, il s'ensuit généralement qu'ils deviennent plus dépendants de l'exportation de matières premières, parce que, dans cette situation, leurs produits industriels ne peuvent soutenir la concurrence de ceux des pays développés. Le résultat est de nouveau favorable au pays hégémonique, car l'augmentation de l'offre de matières premières exportées entraîne une chute de leurs prix. De plus, lorsque des pays en développement procèdent à une dévaluation de leur monnaie dans le cadre d'une politique néolibérale, le prix de leurs matières premières exportées baisse dans la même mesure. Enfin, quand des gouvernements de pays du Sud privatisent des industries, des investisseurs nord-américains et européens parviennent souvent à mettre la main sur des compagnies aériennes, des entreprises de télécommunications et des sociétés pétrolières à des prix dérisoires. Dans l'un de ces ouvrages, Duncan Green (1995) donne une description révélatrice des répercussions du néolibéralisme sur différents pays latino-américains.

Si les politiques néolibérales semblent produire des résultats négatifs dans les pays du Sud, pourquoi ont-elles alors été si massivement adoptées ? C'est ici que la question de la coercition entre en jeu. Depuis les années

1970 et 1980 jusqu'à aujourd'hui, une grave crise d'endettement a marqué les rapports entre les pays occidentaux et les pays pauvres. Cette crise a résulté essentiellement du trop grand nombre de prêts malavisés auxquels ont consenti les banques occidentales. Face à la hausse vertigineuse des taux d'intérêt, les pays du Sud ayant reçu ces prêts ont ensuite été incapables de rembourser les intérêts, et encore moins le capital. Ils se sont alors tournés vers les grandes institutions financières internationales, comme le Fonds monétaire international (FMI), pour obtenir de l'aide. (Bien que le FMI fasse partie de l'ONU, il demeure fortement sous l'emprise des pays occidentaux et surtout des États-Unis. Ce pays y possède 18 % des voix, alors que le Mozambique n'en a que 0,07 %. Ensemble, les dix nations les plus industrialisées y disposent de plus de 50 % des voix.) En échange de l'aide obtenue, les pays pauvres étaient tenus de mettre en œuvre des politiques néolibérales sous le couvert des programmes d'ajustements structurels. Ce n'était qu'après l'entrée en vigueur de ces politiques, et moyennant l'engagement de les maintenir, que le FMI acceptait d'accorder son aide pour le remboursement de la dette.

Voilà pourquoi les marxistes affirment qu'il est nécessaire de procéder à une analyse plus approfondie de l'adoption de politiques néolibérales. Une telle analyse indiquerait que l'acceptation globale du néolibéralisme favorise entièrement les intérêts des pays développés et qu'elle a nécessité un recours fréquent à des moyens coercitifs. Le fait que de telles politiques semblent être naturelles et relever du bon sens donne un aperçu représentatif de la puissance hégémonique des États-Unis.

(2004) postule la formation d'une classe capitaliste transnationale et décrit l'émergence d'un État transnational, aux côtés d'États-nations plus traditionnels qui, aux yeux de l'auteur, deviennent de plus en plus dépassés. D'ailleurs, selon Robinson, et contrairement à l'analyse des périodes antérieures qu'a effectuée Cox, c'est cette classe capitaliste transnationale, plutôt que tout **État-nation** en particulier, qui, au XXIᵉ siècle, manifeste toujours plus vivement sa puissance hégémonique.

Gramsci a également inspiré une école de pensée dite subalterne, fondée en 1983 par les historiens indiens Ranajit Guha et Partha Chatterjee. Ce courant postcolonialiste propose notamment de relire l'histoire officielle des États-nations issus de la décolonisation comme un récit de l'hégémonie occidentale dans le monde en développement, hégémonie remise en question à l'aide des différentes perspectives subalternes existantes.

À RETENIR

- S'inspirant des travaux d'Antonio Gramsci, des auteurs faisant partie d'une école italienne des relations internationales ont apporté une contribution considérable à la réflexion sur la politique mondiale.

- Gramsci a surtout orienté l'analyse marxiste vers les phénomènes superstructurels. Il a examiné plus particulièrement les mécanismes assurant la production et la reproduction du consentement au sein d'un système social et politique spécifique, dans le cadre de l'hégémonie établie. L'exercice de l'hégémonie a pour effet que les idées et les idéologies de la classe dominante sont largement diffusées et acceptées dans toute la société.

- Des penseurs comme Robert W. Cox ont tenté de donner un caractère international à la pensée de Gramsci en transposant au domaine mondial plusieurs de ses concepts essentiels, notamment celui de l'hégémonie. D'autres, de l'école subalterne, ont repris ce concept pour analyser les relations Nord-Sud ou celles qui existaient entre l'Europe impérialiste et le monde colonial.

LA THÉORIE CRITIQUE

Il y a certainement de nombreux chevauchements entre la théorie critique et les travaux d'inspiration gramscienne sur la politique mondiale. Comme on l'a vu, Robert W. Cox considère sa propre démarche gramscienne comme relevant de la théorie critique. De plus, tant le gramscianisme que la théorie critique ont leurs origines dans l'Europe occidentale des années 1920 et 1930, soit un lieu et une époque où le marxisme a dû prendre acte non seulement de l'échec d'une suite de soulèvements révolutionnaires, mais aussi de l'essor du fascisme. Il existe néanmoins des différences entre ces deux courants de pensée. La théorie critique contemporaine et les thèses gramsciennes sur les relations internationales s'appuient sur les idées de plusieurs penseurs privilégiant différentes positions intellectuelles. En outre, ces deux courants ne placent pas les mêmes questions au cœur de leur objet d'étude. Ainsi, les gramsciens portent une attention beaucoup plus soutenue aux considérations relatives au sous-domaine de l'économie politique internationale, tandis que les adeptes de la théorie critique mettent davantage l'accent sur les questions liées à la **société internationale**, à l'éthique internationale et à la **sécurité**. La présente section donne un aperçu de la théorie critique et de la pensée de l'un de ses principaux tenants dans le domaine des relations internationales, Andrew Linklater. Par ailleurs, on y aborde brièvement les études critiques sur la sécurité, qui font appel à la fois à la théorie critique et aux thèses gramsciennes.

La théorie critique est issue des travaux de l'École de Francfort, qui a réuni un groupe de penseurs remarquablement talentueux et qui ont commencé à collaborer dans les années 1920 et 1930. En tant que Juifs allemands nourrissant des idées de gauche, les membres de l'École de Francfort ont été contraints de s'exiler quand les nazis ont pris le pouvoir au début des années 1930, et la plus grande partie de leur œuvre originale a été produite aux États-Unis. Parmi les figures dominantes de la première génération de l'École de Francfort, on trouve Max Horkheimer, Theodor Adorno et Herbert Marcuse. La génération suivante s'est inspirée de l'héritage laissé par ces penseurs et l'a sensiblement étoffé de manière novatrice. Le représentant le mieux connu de cette deuxième génération est Jürgen Habermas, considéré par beaucoup comme le plus influent de tous les théoriciens sociaux contemporains. Compte tenu de l'ampleur considérable des travaux qu'a produits la théorie critique, la présente section se limite à en présenter quelques-uns des plus importants.

Il faut d'abord signaler ici que les priorités intellectuelles des théoriciens de l'École de Francfort étaient assez différentes de celles de la plupart des autres marxistes, c'est-à-dire qu'ils ne se sont pas beaucoup consacrés à analyser en profondeur l'infrastructure économique de la société. Ils ont plutôt mis l'accent sur les questions relatives à la culture, à la bureaucratie, à la nature et à la base sociale de l'autoritarisme, à la structure de la famille, ainsi que sur l'examen détaillé des théories

de la connaissance et de concepts tels que la raison et la **rationalité**. Ils ont été particulièrement novateurs dans leur analyse du rôle des médias et de ce qu'ils ont dénommé l'industrie de la culture. On peut donc dire, pour employer la terminologie marxiste classique, que la théorie critique s'est penchée presque exclusivement sur la superstructure de la société.

Il importe également de souligner que les tenants de la théorie critique ont toujours douté fortement de l'affirmation de Marx voulant que ce soit le prolétariat, dans la société contemporaine, qui incarne pleinement l'aspiration à une transformation émancipatrice. Les penseurs de l'École de Francfort estimaient plutôt que, en raison de l'essor de la culture de masse et de la marchandisation croissante de tous les éléments de la vie sociale, la classe ouvrière a simplement été absorbée par le système et ne représente désormais plus une menace pour celui-ci. Comme l'a si bien dit Marcuse, on peut alors parler d'une société unidimensionnelle, à laquelle la grande majorité des citoyens ne peuvent tout bonnement pas commencer à envisager une solution de rechange.

Enfin, quelques-unes des plus importantes contributions des adeptes de la théorie critique résident dans leur examen fouillé du concept d'émancipation. Celle-ci, comme on l'a vu, est un objet d'étude principal chez les penseurs marxistes, mais la signification qu'ils lui attribuent est souvent très ambiguë. De plus, l'histoire est malheureusement truffée d'exemples d'entreprises absolument barbares qui ont été justifiées au nom de l'émancipation, dont l'impérialisme et le stalinisme, parmi tant d'autres. Traditionnellement, les marxistes ont vu dans l'émancipation un effort de l'humanité visant à maîtriser toujours mieux les forces de la nature, grâce à la mise au point de techniques de plus en plus poussées et à leur utilisation au profit de tous. Les premiers tenants de la théorie critique affirmaient, cependant, que la domination croissante de l'humanité sur la nature avait été lourde de conséquences négatives, plus importantes que ses bienfaits, puisque les dispositions de l'esprit nécessaires pour conquérir la nature dérivent trop souvent vers la domination d'autres êtres humains. Ils estimaient plutôt que l'émancipation devait être conçue comme une réconciliation avec la nature, proposition évocatrice, mais assez vague. Par contraste, Habermas associait l'émancipation davantage à la communication qu'aux rapports humains avec le monde naturel. Abstraction faite de ses diverses circonvolutions, la thèse politique principale d'Habermas à ce sujet peut se résumer ainsi : la voie vers l'émancipation passe par une démocratie radicale, c'est-à-dire un système dans lequel la plus grande participation possible est encouragée non seulement en paroles (comme c'est le cas dans beaucoup de démocraties occidentales), mais aussi en actes ; il s'agit alors d'identifier activement les barrières sociales, économiques ou culturelles entravant cette participation et de les éliminer. Aux yeux d'Habermas et de ses nombreux disciples, la participation ne doit pas être confinée à l'intérieur des frontières d'un État souverain particulier. Les droits et les obligations s'étendent au-delà des frontières étatiques. Sa réflexion l'a bien entendu mené directement aux questions liées aux relations internationales, et ses écrits récents portent d'ailleurs de plus en plus nettement sur le domaine international. Toutefois, c'est à Linklater qu'on doit la tentative la plus systématique, jusqu'à maintenant, de scruter, selon une perspective résolument habermassienne, quelques-unes des questions-clés en politique mondiale.

Linklater s'est appuyé sur quelques-uns des **principes** et des préceptes fondamentaux figurant dans les travaux d'Habermas pour avancer l'idée que l'émancipation, dans le domaine des relations internationales, doit être comprise comme un élargissement des frontières morales de la **communauté politique**. En d'autres termes, il définit l'émancipation comme un processus selon lequel les frontières de l'État souverain perdent leur importance éthique et morale. À l'heure actuelle, les frontières étatiques représentent la portée maximale du sens du devoir et des obligations des citoyens ou, au mieux, le point où ce sens du devoir et des obligations se transforme radicalement et ne se prolonge que sous une forme très atténuée. De l'avis des partisans de la théorie critique, une telle situation est simplement indéfendable. L'objectif consiste donc à parvenir à une situation où les citoyens ont les mêmes devoirs et obligations envers les non-citoyens qu'envers leurs propres concitoyens.

L'instauration d'une telle situation nécessiterait, bien sûr, une métamorphose totale des institutions de gouvernance actuelles. Un élément important de la méthode propre à la théorie critique vise à cerner et, si possible, à encourager les tendances qui vont dans le sens d'une émancipation. À cet égard, Linklater considère que le développement de l'Union européenne illustre une tendance progressiste ou émancipatrice en politique mondiale contemporaine. Le cas échéant, il s'avérerait qu'une partie importante du système international amorcerait une phase dans laquelle l'État souverain, qui a si longtemps proclamé son emprise exclusive sur les citoyens, commencerait à voir sa prééminence s'effriter. Compte tenu du pessimisme notoire des penseurs de l'École de Francfort, l'optimisme prudent de Linklater, dans un tel contexte, est assez frappant.

Les études critiques sur la sécurité

L'expression «études critiques sur la sécurité» désigne une tendance qui a beaucoup gagné en visibilité au fil des ans, notamment grâce aux travaux de penseurs contemporains comme Keith Krause et Mike Williams (1997), Ken Booth (1991, 2004) et Richard Wyn Jones (1995, 1999). Les études critiques sur la sécurité s'inspirent du gramscianisme et de la théorie critique, d'une part, et de travaux de recherche pour la paix ainsi que d'une pensée autre en matière de sécurité, d'autre part. Contrairement à une grande partie du courant dominant concernant la sécurité (en Occident, tout au moins), les études critiques sur ce sujet refusent de faire de l'État leur objet d'analyse naturel et ajoutent que, pour la majorité de la population mondiale, les États font partie des causes des problèmes de sécurité plutôt que d'être les entités chargées de veiller à la sécurité. Les tenants des études critiques en cette matière affirment généralement qu'il incombe aux analystes de placer les êtres humains au cœur de leurs études. À l'instar de Linklater, ils situent leurs travaux dans un cadre d'appui et d'encouragement aux tendances émancipatrices, car c'est uniquement grâce à l'émancipation que la sécurité peut être véritablement assurée. Les chapitres 14 et 28 explicitent davantage ce que les études critiques sur la sécurité proposent.

À RETENIR

- Les origines de la théorie critique se trouvent dans les travaux de l'École de Francfort.

- Habermas a affirmé qu'il existe un potentiel émancipateur dans l'univers de la communication et que la démocratie radicale est le moyen par excellence de concrétiser ce potentiel.

- Andrew Linklater s'est appuyé sur des thèses de la théorie critique pour préconiser un élargissement des frontières morales de la communauté politique, et il voit dans l'Union européenne un exemple d'institution de gouvernance globale dans laquelle les États abdiquent une partie de leur souveraineté au bénéfice de la communauté qu'ils forment.

LE NÉOMARXISME

Dans cette section, nous allons nous pencher sur les travaux d'auteurs dont les idées découlent plus directement des écrits de Marx. Les néomarxistes se sont tournés vers les principes fondamentaux de la pensée marxienne et ont voulu se réapproprier des idées qui, à leur avis, avaient été négligées ou quelque peu mal interprétées par les générations subséquentes. Dans cette optique, ils se sont employés à considérer d'autres orientations au sein du marxisme et à proposer des contributions théoriques originales pour mieux comprendre les tendances contemporaines. Il est question ici des travaux de deux auteurs associés à ce courant de la pensée marxiste: Justin Rosenberg et Benno Teschke, qui ont repris des éléments-clés des écrits de Marx pour critiquer d'autres démarches théoriques concernant les relations internationales et la globalisation.

Justin Rosenberg, le capitalisme et les relations sociales globales

Au cœur de l'analyse de Rosenberg figurent la nature du système international et ses rapports avec le caractère évolutif des relations sociales. À partir d'une critique générale de la théorie réaliste des relations internationales, Rosenberg rejette la prétention suivante: donner une explication anhistorique et foncièrement intemporelle aux relations internationales par une analyse des différences entre les cités-États grecques et italiennes, du point de vue de leurs relations internationales. On sait que la similitude de ces cas historiques est une pierre de touche de la théorie réaliste. Or, Rosenberg considère plutôt comme une gigantesque illusion d'optique les présumées ressemblances entre ces deux cas. Son analyse indique que la nature du système international différait complètement d'une période à l'autre. Rosenberg avance également que les tentatives de formuler une explication uniquement interétatique des événements historiques survenus durant ces périodes successives (comme l'a fait la théorie réaliste dans le cas de la guerre du Péloponnèse, par exemple) sont vouées à l'échec. Enfin, il affirme que la démarche réaliste visant à dépeindre les systèmes internationaux sous les traits d'entités autonomes strictement politiques est tout à fait bancale, parce que, dans les cas grec et italien, cette autonomie externe se fondait sur la nature d'ensembles internes – et différents dans chaque cas – de relations sociales.

Rosenberg propose plutôt de formuler une théorie des relations internationales qui soit sensible au caractère changeant de la politique mondiale. Cette théorie devrait aussi reconnaître que les relations internationales font partie d'un ensemble plus vaste de relations sociales. Son point de départ réside dans l'observation suivante qu'avait énoncée Marx (Rosenberg, 1994, p. 51):

> C'est toujours le rapport direct entre les propriétaires des moyens de production et les producteurs eux-mêmes [...] qui révèle la base cachée, le fondement même de toute

la structure sociale, et donc la forme politique des rapports de souveraineté et de dépendance, c'est-à-dire la forme spécifique correspondante de l'État.

En d'autres termes, la nature des rapports de production imprègne la société dans sa totalité, y compris les relations entre États. La forme de l'État varie en fonction du mode de production de sorte que les caractéristiques des relations interétatiques changent tout autant. Ainsi, pour bien comprendre le *modus operandi* des relations internationales à une époque donnée, il faut d'abord procéder à l'examen du mode de production et notamment des rapports de production qui prévalaient durant cette période.

Dans son ouvrage le plus récent, Rosenberg a jeté un regard critique sur la théorie de la globalisation (Rosenberg, 2000, 2006). Il y affirme que cette dynamique est une catégorie descriptive qui désigne l'élargissement géographique de processus sociaux. Il ne fait aucun doute que de tels processus sont devenus un phénomène mondial, si bien qu'une théorie de la globalisation est nécessaire pour expliciter les modalités et les causes de ce phénomène. Selon Rosenberg, une telle thèse devrait être enracinée dans la théorie sociale classique. Pourtant, ce qui a en fait émergé, c'est plutôt une théorie de la globalisation fondée sur le postulat suivant : la présumée contraction du temps et de l'espace qui caractérise la globalisation requiert la formulation d'une théorie sociale entièrement inédite qui soit en mesure de rendre intelligibles les événements contemporains. De l'avis de Rosenberg, toutefois, cette théorie a peu expliqué les processus sociaux en question. En outre, les événements survenus au début du XXIe siècle ne sont pas ceux qu'avait prévus la théorie de la globalisation. Il s'ensuit donc que celle-ci doit être comprise comme le produit des changements qui ont marqué les dernières années du XXe siècle, notamment le vide politique et économique qu'a engendré l'effondrement de l'Union soviétique, et non comme une véritable explication de ces mêmes changements. Une interprétation adéquate, fondée sur la théorie sociale classique, devrait prendre en compte la dynamique des relations sociales sous-jacentes qui a favorisé l'expansion graduelle du système capitaliste jusqu'à ce qu'il domine le monde entier.

Benno Teschke et les relations sociales de propriété

Dans la contribution majeure qu'il a apportée à la littérature marxiste sur les relations internationales, Benno Teschke (2003) propose non seulement une critique des théories actuelles des relations internationales, mais également, grâce au concept de relations sociales de propriété, un moyen d'analyser les changements dans la constitution et la pratique des acteurs au sein du système international. On peut considérer que l'ouvrage de Teschke fait fond sur l'observation suivante de Rosenberg : les relations sociales offrent le point de départ d'une analyse des relations internationales, notamment au moyen d'une réflexion sur les modalités de transformation du système et d'une description des grandes transitions survenues au cours du dernier millénaire.

Une théorie des relations sociales de propriété examine en quoi les rapports de classe, les formes d'exploitation et le contrôle des moyens de production ont changé au fil des différentes époques de l'histoire. Teschke affirme qu'une telle théorie peut s'appliquer à tous les ordres géopolitiques (2003, p. 47). L'une des hypothèses fortes de son analyse peut être formulée ainsi : il y a eu deux transformations majeures, et non une seule, entre le système féodal et le système international moderne, soit une entre le système féodal et le système prémoderne (dominé par des monarchies absolutistes) et une autre entre le système prémoderne et le système moderne (les États capitalistes). C'est leur déroulement graduel commun qui caractérise d'abord ces deux transformations, pendant lesquelles le système international englobait plus d'un type d'acteurs : des États féodaux et des États absolutistes durant la première transformation, des États absolutistes et des États capitalistes durant la seconde.

Au cours de chacune de ces trois périodes, la pratique des relations internationales a été menée de façon distinctive et a reflété le type dominant des relations sociales de propriété. L'analyse de Teschke permet de conclure que l'importance des **traités de Westphalie**, considérés par la plupart des théoriciens des relations internationales comme le moteur de la transition vers la modernité, a été surévaluée. Ces traités ont plutôt cristallisé le moment où les États absolutistes, et non les États capitalistes, sont devenus les acteurs-clés du système international. Le système international moderne n'a commencé à apparaître qu'après la formation du premier État capitaliste (la Grande-Bretagne). Ce dernier reflétait alors le développement en cours des relations capitalistes de propriété. Depuis le XVIIe siècle, l'État capitaliste est devenu le type d'État prééminent. Le statocentrisme a donc émergé dans la pratique comme dans la théorie des relations internationales, traduisant, selon Teschke, l'évolution des relations sociales de propriété.

À RETENIR

- Le néomarxisme se caractérise par une réappropriation directe des concepts et des catégories que Marx avait élaborés.

- Justin Rosenberg s'appuie sur les idées de Marx pour critiquer les théories réalistes des relations internationales et de la globalisation. Il s'emploie à formuler une théorie différente qui postule que les changements historiques en politique mondiale reflètent les transformations bouleversant les rapports de production prédominants.

- Selon Benno Teschke, l'étude des relations sociales de propriété offre les moyens d'analyser les éléments-clés des relations internationales ainsi que les transitions entre un système international et le suivant.

CONCLUSION: LES THÉORIES MARXISTES DES RELATIONS INTERNATIONALES ET LA GLOBALISATION

Comme le souligne le premier chapitre du présent ouvrage, le terme «globalisation» désigne le processus par lequel les transactions sociales de tout type se déroulent de plus en plus sans égard aux frontières nationales ou étatiques, de sorte que le monde est devenu une sphère sociale relativement exempte de frontières. Parmi les tendances spécifiques censées caractériser la globalisation, on trouve l'**intégration** croissante des économies nationales, une prise de conscience plus aiguë de l'interdépendance en matière environnementale, la prolifération des entreprises, des mouvements sociaux et des organisations intergouvernementales actives à l'échelle mondiale, ainsi qu'une révolution des communications ayant favorisé le développement d'une conscience globale.

Les théoriciens marxistes ne nieraient certainement pas la réalité ni l'importance de ces tendances, mais ils rejetteraient toute affirmation laissant entendre qu'elles seraient le moindrement inédites. Il s'agit plutôt, comme l'a dit Chase-Dunn, de la poursuite de tendances qui accompagnent depuis longtemps l'expansion du capitalisme (1994, p. 97). Marx connaissait très bien non seulement la portée globale du capitalisme, mais aussi son potentiel de transformation sociale. Dans une section particulièrement presciente du *Manifeste du Parti communiste* (p. 23), il affirme ce qui suit:

> Par l'exploitation du marché mondial, la bourgeoisie donne un caractère cosmopolitique à la production et à la consommation de tous

les pays. [...] Les anciennes industries nationales ont été détruites, et le sont encore tous les jours.

Elles sont supplantées par de nouvelles industries dont l'adoption devient, pour toutes les nations civilisées, une question de vie ou de mort; ces industries n'emploient plus des matières premières indigènes, mais des matières premières venues des régions les plus lointaines et dont les produits se consomment non seulement dans le pays même, mais dans toutes les parties du monde.

Selon les théoriciens marxistes, la planète a longtemps été dominée par une seule entité politique et économique intégrée, un système capitaliste global, qui a peu à peu amené toute l'humanité sous sa férule. Tous les éléments de ce système ont toujours été interreliés et interdépendants. Les économies nationales sont depuis longtemps intégrées, et ce, à un degré tel que leur nature même a été fonction de leur position respective au sein d'une économie-monde capitaliste. Ce qui est nouveau, c'est la conscience plus aiguë de toutes ces interrelations. De façon analogue, les processus environnementaux n'ont jamais été touchés par les frontières étatiques, mais ce n'est que récemment que les citoyens, au vu de la détérioration de l'environnement, ont enfin commencé à prendre conscience de cette réalité.

La croissance des entreprises multinationales n'annonce certainement pas le moindre changement important dans la structure du système capitaliste moderne. Au contraire, elle relève en fait d'une tendance à long terme vers l'intégration accrue de l'économie globale. Par ailleurs, les contacts internationaux mutuels que maintiennent les mouvements opposés à l'ordre politique et économique établi n'ont rien de nouveau non plus. En réalité, même l'examen le plus sommaire du passé atteste amplement que de tels mouvements, à caractère socialiste, nationaliste ou environnemental, se sont beaucoup inspirés de l'action de groupes similaires présents dans d'autres pays et ont toujours noué des liens avec eux. Enfin, la révolution des communications tant vantée ne serait que la manifestation la plus récente d'une tendance à long terme.

Si l'intensité des déplacements transfrontaliers augmente, elle ne signale pas pour autant le changement fondamental de la nature de la politique mondiale que proclament un si grand nombre de ceux affirmant qu'une ère de globalisation s'est amorcée. Les théoriciens marxistes soulignent que la seule façon de déterminer l'importance véritable des phénomènes contemporains consiste à les replacer dans le contexte de la dynamique structurelle plus profonde qui est à l'œuvre aujourd'hui. Il est alors possible de découvrir des indices qui laissent croire que d'importants changements se préparent. Par exemple, de nombreux marxistes estiment que la délégitimation de l'État souverain représente un phénomène contemporain très important. Toutefois, la première étape essentielle à franchir en vue de comprendre les tendances interprétées comme autant de manifestations de la globalisation doit se résumer à esquisser le profil du capitalisme global lui-même. Dans le cas contraire, toute tentative d'évaluer la véritable portée des changements en cours sera inévitablement vouée à l'échec.

L'adoption d'une position anhistorique et non critique à l'égard de la globalisation comporte un autre risque : ne pas voir à quel point les allusions à la globalisation s'inscrivent toujours plus fermement dans l'arsenal idéologique des élites du monde contemporain. La globalisation est désormais régulièrement évoquée comme une raison de promouvoir des mesures visant à restreindre les droits des travailleurs et à atténuer les contraintes imposées au monde des affaires. De telles justifications idéologiques données à des politiques favorisant les intérêts du monde des affaires ne peuvent être contrées que par une meilleure compréhension des rapports entre les structures politiques et économiques du capitalisme. Comme on l'a vu, la thèse formulée par les théoriciens marxistes indique qu'il n'y a rien de naturel ou d'inévitable dans un ordre mondial fondé sur un marché global. Plutôt que d'accepter l'ordre établi, il faut définir les fondements d'une réorganisation de la société pour en édifier une qui soit plus juste et plus humaine que la société d'aujourd'hui.

QUESTIONS

1. Quels sont les concepts principaux qui caractérisent la théorie marxiste des relations internationales ?

2. Quelles en sont les principales variantes ? Expliquez leurs différences fondamentales.

3. Expliquez la constante pertinence de la pensée marxiste.

4. En quoi la façon de Lénine d'aborder les relations internationales différait-elle de celle de Marx ?

5. La notion de semi-périphérie évoquée par Wallerstein est-elle utile ?

6. Commentez la critique que fait Gunder Frank de la théorie du système-monde de Wallerstein.

7. Expliquez la critique que fait Rosenberg de la globalisation.

8. Dans quelle mesure la notion d'hégémonie employée par Gramsci diffère-t-elle de celle des réalistes ?

9. Comment les marxistes conçoivent-ils la globalisation ?

10. La distinction que propose Robert Cox entre la théorie pour la résolution de problèmes et la théorie critique est-elle éclairante ?

Lectures utiles

Brenner, R., « La base sociale du développement économique », *Actuel Marx*, n° 7, 1990, p. 65-93. Un article de l'un des pionniers de la théorie des relations sociales de propriété (qui a inspiré Benno Teschke), traitant des différences entre sociétés précapitalistes et capitalistes.

Cox, R., *Production, Power, and World Order: Social Forces in the Making of History*, New York, Columbia University Press, 1987. Un ouvrage essentiel sur le néogramscianisme en relations internationales.

Dufour, F. G., « Approches néomarxistes : la théorie néogramscienne et le marxisme politique », dans A. Macleod et D. O'Meara (dir.), *Théories des relations internationales. Contestations et résistances*, Montréal, Athéna Éditions, 2007, p. 207-229. Une excellente introduction au marxisme politique (théorie des relations sociales de propriété) et aux concepts-clés du néogramscianisme.

Marx, K. et F. Engels, *Manifeste du Parti communiste*, Paris, Flammarion, 2008 [1848]. Version française du classique de la pensée marxiste.

O'Meara, D., « La théorie marxiste et l'analyse des conflits et des relations de pouvoir mondiaux », dans A. Macleod et D. O'Meara (dir.), *Théories des relations internationales. Contestations et résistances*, Montréal, Athéna Éditions, 2007, p. 133-158. Une introduction complète au marxisme classique, de Marx et Lénine à Wallerstein.

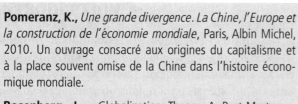

Pomeranz, K., *Une grande divergence. La Chine, l'Europe et la construction de l'économie mondiale*, Paris, Albin Michel, 2010. Un ouvrage consacré aux origines du capitalisme et à la place souvent omise de la Chine dans l'histoire économique mondiale.

Rosenberg, J., « Globalization Theory. A Post-Mortem », *International Politics*, vol. 42, n° 1, 2005, p. 2-74. Un résumé des idées maîtresses comprises dans *The Follies of Globalization Theory*, du même auteur, proposant une analyse marxiste de la politique internationale contemporaine.

Teschke, B., *The Myth of 1648: Class, Geopolitics and the Making of Modern International Relations*, Londres, Verso, 2003. Une solution de rechange intéressante aux écrits réalistes habituels sur l'histoire du système international.

Wallerstein, I., « L'Occident, le capitalisme et le système-monde moderne », *Sociologie et sociétés,* vol. 22, n° 1, 1990, p. 15-52. Une analyse de l'émergence et des caractéristiques du capitalisme moderne en tant que système-monde.

Wallerstein, I. et C. Horsey, *Comprendre le monde : introduction à l'analyse des systèmes-monde*, Paris, La Découverte, 2009. Version française d'un ouvrage publié en 2004, et qui propose une introduction accessible aux écrits de Wallerstein.

Chapitre 9

LE CONSTRUCTIVISME

MICHAEL BARNETT

GUIDE DE LECTURE

Le présent chapitre donne un aperçu des thèses constructivistes concernant la théorie des relations internationales. Les origines du constructivisme remontent aux années 1980 et se situent dans un contexte où un ensemble de critiques a été formulé en opposition aux théories des relations internationales qui prévalent toujours en Amérique du Nord, soit le néoréalisme et l'institutionnalisme néolibéral. Alors que ces deux théories mettent l'accent sur la répartition de la puissance et sur la quête incessante de puissance et de richesse de la part des États et qu'elles minimisent la force des idées, le constructivisme réplique en soulignant à contrario que les idées définissent l'organisation de la politique mondiale et peuvent la transformer ainsi que façonner l'identité et les intérêts des États et déterminer ce qu'est une action légitime. Accueilli assez froidement à ses débuts, le constructivisme a rapidement acquis une crédibilité et une popularité réelles durant les années 1990, en raison de la fin de la guerre froide, des nombreux apports de la théorie critique et de la théorie sociologique et aussi parce qu'elle propose de nouvelles interprétations de la politique mondiale. Si les constructivistes diffèrent sensiblement d'opinion sur certaines questions, ils partagent néanmoins plusieurs principes qui soutiennent une démarche distinctive permettant de comprendre la façon dont le monde est construit et reconstruit par l'action humaine.

INTRODUCTION

Après des débuts modestes, le **constructivisme** a vite pris de l'envergure et est devenu l'une des principales écoles de pensée en relations internationales. Il est aujourd'hui largement reconnu comme un moyen privilégié d'expliciter les traits marquants de la politique globale et est considéré comme une importante théorie des relations internationales. Bien qu'il y ait diverses versions de ce courant de pensée, elles partagent toutes le même questionnement sur la manière dont les idées définissent la **structure** internationale, dont cette structure façonne l'identité, les intérêts et la politique extérieure des États et dont les **acteurs étatiques** et **non étatiques** produisent et reproduisent cette structure en la transformant parfois. L'intérêt que le constructivisme porte à l'édification et à la réédification de la politique mondiale met en relief la grande importance qu'il accorde aux changements globaux. Si le constructivisme s'est penché sur divers éléments de ces changements, deux d'entre eux vont ici retenir notre attention : d'abord, l'isomorphisme institutionnel, soit la convergence des États vers le recours à des moyens similaires en vue d'organiser leur vie nationale et internationale, ensuite, le processus par lequel les **normes** s'internationalisent et s'institutionnalisent. Ce chapitre traite du fait que ces normes deviennent acceptées partout dans le monde, au point où elles restreignent l'action des acteurs étatiques ou non étatiques et influencent leur perception de ce qu'est un comportement légitime. Les thèses constructivistes facilitent ainsi la compréhension de quelques traits élémentaires de la globalisation de la politique mondiale.

LES GRANDS PRINCIPES DU CONSTRUCTIVISME

Avant de définir les principes du constructivisme, il convient de préciser la nature de cette théorie et à quelle autre elle peut se comparer. Le constructivisme est une théorie sociale, et non une théorie substantive, de la politique internationale. Une théorie sociale vise généralement à conceptualiser les rapports entre les agents et les structures ; elle étudie, par exemple, la manière d'envisager les rapports entre les États et la structure anarchique de la politique internationale. Une théorie substantive propose des hypothèses et des affirmations spécifiques au sujet de tendances et de récurrences observables en politique mondiale ; elle cherche, par exemple, à comprendre pourquoi les États démocratiques tendent à ne pas entrer en guerre les uns contre les autres. À cet égard, le constructivisme peut être comparé à la **théorie du choix rationnel**. Cette approche sociale explique pourquoi des acteurs agissent à partir de préférences fixes qu'ils tentent de maximiser en présence d'un ensemble de contraintes. Elle n'affirme rien sur le contenu de ces préférences qui peuvent concerner tant la richesse que le salut religieux, ni sur la teneur de ces contraintes qui peuvent être tant des armes que des idées. Elle ne postule rien non plus quant aux tendances réelles caractérisant la politique mondiale. Ainsi, le néoréalisme et le néolibéralisme souscrivent à la théorie du choix rationnel, mais ils aboutissent à des affirmations rivales sur la configuration des périodes de conflit et de **coopération** en politique mondiale, parce qu'ils s'appuient sur des prémisses différentes à propos des effets de l'**anarchie**. À l'instar du constructivisme, la théorie du choix rationnel est une théorie sociale – et non substantive – qui porte généralement sur les rapports entre les agents et les structures. Par exemple, les constructivistes avancent différents arguments concernant l'essor de la souveraineté et l'incidence des droits humains sur les États. En revanche, afin d'établir des postulats substantifs, les penseurs doivent identifier les principaux acteurs, déterminer leurs intérêts et leurs capacités et cerner la teneur des **structures normatives**.

Il existe de nombreuses variantes du constructivisme, chacune adhérant à des prémisses distinctes. Certaines, dans la lignée conventionnelle ou « mince », s'appuient sur les idées de James March, de John Meyer et de la théorie des organisations, d'autres, dans la lignée la moins conventionnelle ou « dense », sur celles de Michel Foucault et de l'analyse du discours. Certaines donnent la priorité aux agents, d'autres, aux structures. Certaines insistent sur la politique interétatique, d'autres, sur le transnationalisme. Chacune jette un regard différent sur les possibilités d'interprétations qu'offrent les sciences sociales. Différentes difficultés empiriques mènent à différentes démarches. De telles lignes de faille ont fait apparaître un grand nombre de dénominations qualificatives : néoclassique, moderniste, postmoderne, naturaliste, dense, mince, linguistique, narratif, faible, fort, systémique, holistique. Rien de cela n'est surprenant, puisque toutes les écoles de pensée sont traversées par des rivalités internes.

Il y a néanmoins une cohérence dans toute cette diversité : le constructivisme traite de la conscience humaine et de son rôle dans la vie internationale (Ruggie, 1998, p. 856). La place centrale accordée à la conscience humaine révèle un engagement pour l'idéalisme et l'holisme, qui, selon le théoricien constructiviste Alexander

Wendt (1999), sont au cœur du courant de pensée qu'il défend. Ainsi, l'**idéalisme** de l'entre-deux-guerres exige que le rôle des idées en politique mondiale soit pris au sérieux. Le monde se définit par la présence de forces matérielles et idéelles. Pour les constructivistes, les idées ne s'apparentent pas à des croyances ou à des états psychologiques propres à l'esprit humain; elles sont plutôt sociales. La cartographie mentale de chacun est déterminée par des facteurs à caractère collectif ou intersubjectif, tels que des connaissances, des symboles, une langue et des règles. Les idéalistes ne rejettent pas la réalité matérielle, mais ils considèrent que la construction et le sens de cette réalité reposent sur des idées et des interprétations. L'**équilibre des puissances** n'a pas une existence objective qu'il ne resterait plus qu'à découvrir; non, ce sont les États qui débattent de la nature et du sens de l'équilibre des puissances et de la façon dont ils devraient réagir à cet équilibre. Le constructivisme accueille aussi une certaine forme d'**holisme** ou de **structuralisme**. Le monde est intrinsèquement social et ne peut être décrit qu'à partir des seules propriétés des acteurs existants. Les tenants de l'holisme ne nient pas l'action individuelle, mais ils reconnaissent plutôt que les agents disposent d'une certaine autonomie et que leurs interactions contribuent à l'édification, à la reproduction et à la transformation des structures. Si la structure de la guerre froide a semblé enfermer les États-Unis et l'Union soviétique dans une lutte à mort, les dirigeants de ces deux pays ont su transformer leurs relations et, par voie de conséquence, la structure même de la politique globale.

Cet engagement pour l'idéalisme et l'holisme a d'importantes répercussions sur la façon dont les constructivistes conçoivent et étudient la politique mondiale. Pour mieux en apprécier la portée heuristique, il importe de maîtriser le vocabulaire conceptuel du constructivisme. Au cœur de cette approche, on trouve le concept de la construction sociale de la réalité, qui comporte un certain nombre d'éléments associés, dont ces trois principaux: la nature socialement construite des acteurs, de leur identité et de leurs intérêts. Les acteurs ne sont pas nés avant la société et à l'extérieur d'elle, contrairement à ce que prétend l'**individualisme**. Ils sont le produit et la création de leur milieu culturel. La culture, et non la nature. Par exemple, ce qui détermine le caractère *arabe* d'un État n'est pas le fait que la population parle l'arabe, mais ce sont les règles associées à l'arabité et façonnant l'identité, les intérêts et la politique extérieure des États arabes qui définissent cette spécificité. Un autre de ces éléments réside dans l'ampleur avec laquelle les connaissances, c'est-à-dire les symboles, les règles, les concepts et les catégories, influencent la

manière dont chacun construit et interprète son monde. La réalité n'existe pas là, objectivement, et en attente d'être découverte; ce sont plutôt les connaissances historiquement produites et culturellement délimitées qui permettent aux individus de construire la réalité et de lui donner un sens.

Cette réalité construite apparaît souvent aux individus sous les traits d'une réalité objective, qui est liée au concept de faits sociaux. Il y a des choses dont l'existence repose sur la volonté humaine, d'autres, non. Les faits bruts, tels que les pierres, les fleurs, la gravité et les océans, existent indépendamment de la volonté humaine et perdureront même si les êtres humains devaient disparaître ou en nier l'existence. Les faits sociaux, cependant, relèvent de la volonté humaine et sont tenus pour acquis par tous. L'argent, les réfugiés, le terrorisme, les droits humains et la souveraineté sont des faits sociaux: leur existence dépend de la volonté humaine. Ces faits ne peuvent subsister que moyennant le maintien de cette volonté. De plus, ils déterminent la façon dont chacun se représente le monde et agit. Par contre, la signification de ces faits sociaux est socialement construite. La construction sociale de la réalité donne également forme à ce qui est considéré comme une action légitime. Ne choisit-on que l'action la plus efficace? Est-ce que la fin justifie les moyens? Ou bien certaines actions sont-elles tout simplement inacceptables? La distinction entre des règles constitutives (qui définissent et rendent même possibles les comportements) et des règles régulatrices (qui régissent ces mêmes comportements) est analogue à la distinction conceptuelle entre la logique des conséquences et la logique de l'adéquation. La logique des conséquences attribue l'action choisie aux coûts et aux avantages anticipés, compte tenu du fait que d'autres acteurs font exactement la même chose. La logique de l'adéquation, pour sa part, souligne dans quelle mesure les acteurs, soucieux de la légitimité de leur action, se conforment aux règles. Les deux logiques ne sont pas forcément distinctes ou rivales. Ce qui est considéré comme adéquat et légitime peut influer sur les coûts possibles de différentes actions: plus une action paraît illégitime, plus ses coûts pour ceux qui agissent de leur propre chef seront élevés. La décision des États-Unis d'envahir l'Iraq sans l'aval du Conseil de sécurité de l'ONU a amené d'autres États à juger cette action illégitime et à ne pas l'appuyer, ce qui a haussé les coûts du déploiement des forces américaines en territoire iraquien.

Le fait de se concentrer sur la construction sociale de la réalité permet également de remettre en question ce qui est fréquemment tenu pour acquis. Cet exercice comporte plusieurs volets, dont l'un porte sur les origines des constructions sociales qui semblent aujourd'hui aller de soi et font maintenant partie du vocabulaire social de tout un chacun. La souveraineté, par exemple, n'a pas toujours existé ; elle a résulté de forces historiques et d'interactions humaines qui ont produit de nouvelles distinctions concernant les détenteurs de l'autorité politique. Le concept d'**armes de destruction massive** est une invention moderne. S'il est vrai que, depuis des temps immémoriaux, des individus ont dû fuir leur foyer pour rester en vie, le concept politique et juridique de réfugié ne date pourtant que d'un siècle à peine (voir l'étude de cas ci-dessous). Pour bien comprendre les origines de ces concepts, il faut

porter attention aux interactions caractérisant les institutions et les idées existantes, aux calculs politiques de dirigeants nourrissant des motifs sous-jacents et aux acteurs ayant des intentions morales quant au sort de l'humanité. Les autres voies possibles forment un autre volet à considérer. Si l'histoire est liée aux voies spécifiques qu'elle emprunte, elle n'est pas pour autant à l'abri de contingences, d'accidents, d'une conjonction de forces matérielles et idéelles et d'interventions humaines qui la réorientent dans de nouvelles directions. Les événements du **11 septembre 2001** et la réaction du gouvernement Bush ont sans doute donné une nouvelle orientation à la politique mondiale. L'intérêt porté aux mondes possibles et contraires aux faits avérés s'oppose

La construction sociale des réfugiés

Qu'est-ce qu'un réfugié ? Pourquoi la notion de réfugié est-elle importante ? En quoi a-t-elle changé ? Il y a de nombreuses façons de catégoriser les personnes qui quittent leur foyer : migrants, ouvriers temporaires, personnes déplacées ou réfugiés. Avant le xxᵉ siècle, la catégorie juridique « réfugié » n'existait pas. C'est seulement lors de la Première Guerre mondiale que les États ont reconnu à des personnes le statut de réfugiés et leur ont accordé des droits. Qui était alors considéré comme un réfugié ? Si beaucoup de gens ont été déplacés à cause de cette guerre, les États occidentaux ont restreint l'expression de leur compassion aux Russes qui fuyaient les bolcheviks (il était plus facile d'accuser un État rival de persécuter son propre peuple), et qui furent ainsi les seuls à avoir droit à l'aide de certains États et du Haut-Commissariat pour les réfugiés, qui venait d'être créé. À partir du mandat qui lui avait été confié, le Haut-Commissariat a toutefois commencé à l'élargir pour en faire bénéficier d'autres Européens qui s'étaient également enfuis de leur pays et avaient besoin d'assistance. Bien que les États aient fréquemment autorisé cette organisation à couvrir d'autres régions et à venir en aide à d'autres populations, ils ont aussi montré de la résistance dans d'autres

cas et ont refusé d'apporter une aide ou une reconnaissance internationale à beaucoup de personnes en danger, par exemple dans le cas notoire des Juifs voulant échapper à l'Allemagne nazie. Après la Seconde Guerre mondiale et à la suite de déplacements massifs de populations, les États ont entrepris de réexaminer la définition de la catégorie « réfugié » et l'assistance que ces personnes pouvaient recevoir. Étant donné que les États occidentaux craignaient d'avoir des obligations envers des millions d'individus dans le monde, ils ont défini un réfugié comme une personne se trouvant à l'extérieur de son pays d'origine parce qu'elle appréhende à juste titre d'être persécutée à la suite des événements qui se sont produits en Europe avant 1951. En d'autres termes, cette définition ne prenait pas en considération les personnes à l'extérieur de l'Europe qui avaient été déplacées à cause de la guerre, de catastrophes naturelles ou d'événements postérieurs à 1951. Opposé à cette définition arbitraire qui excluait un si grand nombre d'individus, le nouvel organisme d'aide aux réfugiés, appelé le Haut-Commissariat des Nations Unies pour les réfugiés, en collaboration avec d'autres organismes d'aide et des États plus permissifs, a mis en lumière des événements survenus à l'extérieur de

l'Europe pour affirmer qu'aucune raison de principe ne permettait de refuser à d'autres ce qui était accordé à des Européens. À la longue, la définition politique de « réfugié » a fini par inclure toute personne obligée de fuir son foyer en traversant une frontière internationale. Par la suite, les États ont modifié la définition juridique internationale du statut de réfugié afin qu'elle reflète les nouvelles réalités politiques. À l'heure actuelle, la notion juridique de réfugié désigne toute personne contrainte de quitter son foyer à cause d'événements d'origine humaine, qu'elle doive ou non traverser une frontière internationale. Dans le cas des individus qui doivent fuir leur foyer, mais qui demeurent à l'intérieur des frontières de leur pays, c'est l'expression « personnes déplacées » qui les désigne. Si les États ont tenu à distinguer les réfugiés statutaires des personnes déplacées, c'est parce qu'ils ne voulaient pas élargir leurs obligations juridiques internationales à des millions d'autres personnes, ni être mêlés de trop près aux affaires intérieures de certains États. Tout de même, la catégorie « réfugié » a pris beaucoup d'ampleur au cours des 100 dernières années, de sorte que des millions de personnes ont aujourd'hui droit à différentes formes d'aide qui revêtent souvent une importance vitale pour elles.

au déterminisme historique. Lorsque Alexander Wendt (1992) affirme que l'anarchie est ce que les États en font, il invite ses lecteurs à réfléchir aux croyances et aux pratiques qui donnent lieu à des configurations et à des organisations distinctes de la politique mondiale (voir l'encadré «Pour en savoir plus», ci-dessous). Un monde peuplé de Mahatma Gandhi serait très différent d'un monde habité par des Oussama Ben Laden.

POUR EN SAVOIR PLUS

Alexander Wendt et les trois cultures de l'anarchie

Wendt soutient que la structure anarchique du système international est d'ordre idéel plus que matériel. Il considère que les États se font trois types de représentations de soi et de l'autre : l'ennemi, le rival et l'ami. Celles-ci correspondent plus largement à une culture internationale hobbesienne, lockienne et kantienne. «La structure hobbesienne est bien connue : c'est la guerre de tous contre tous […] et le système d'autosuffisance où les acteurs ne peuvent ni compter sur l'aide d'autrui ni se retenir […] La survie dépend seulement de la puissance militaire […] La sécurité est profondément compétitive […] Même si ce que les États souhaitent vraiment est la sécurité, leur croyance collective les amène à agir comme s'ils étaient en quête incessante de pouvoir […] Parce qu'elle est basée sur le principe de rivalité plutôt que d'animosité, la culture lockienne répond à une logique différente […] À la différence des ennemis, les rivaux comptent sur le fait que chacun reconnaît le droit d'autrui à la vie, à la liberté et à la souveraineté, et donc qu'aucun ne tentera de dominer ou de conquérir l'autre. Contrairement aux amis, par contre, les rivaux ne sont pas exempts de violence dans leurs disputes. Le troisième type de culture, la culture kantienne, est fondé sur une attribution de rôles amicaux […] selon lesquels chaque État s'attend à ce que les disputes soient résolues sans recourir à la guerre ou à la menace de guerre, et à lutter avec d'autres États contre un tiers si la sécurité de l'un ou de l'autre est menacée. »

(Wendt, 1999, p. 43, 279, 251, 298, 299. Traduction libre)

Les constructivistes examinent aussi le sens que les acteurs donnent à leurs activités. Dans le sillage de l'affirmation du sociologue allemand Max Weber (1864-1920), selon laquelle nous sommes des êtres culturels ayant la capacité et la volonté d'adopter une position résolue envers le monde et de lui attribuer une signification (1949, p. 81), les constructivistes s'efforcent de cerner le sens que les acteurs donnent à leurs pratiques et aux objets qu'ils construisent. Ce sens ne découle pas de convictions personnelles, mais plutôt de la culture ou plus précisément des significations intersubjectives.

Contrairement aux rationalistes qui présument que la culture ne fait jamais plus que restreindre l'action, les constructivistes estiment que la culture anime le sens que les individus attribuent à leur action. Les constructivistes ont parfois supposé que ce sens provient d'une culture figée. Cependant, parce que la culture est fragmentée et que la société recouvre différentes interprétations de ce qu'est une activité sensée et utile, les penseurs doivent prendre en compte ces lignes de faille culturelles et considérer la détermination du sens comme un accomplissement qui se situe au cœur de la politique. Certains des plus importants débats en politique mondiale portent sur la définition à donner à des activités spécifiques. Le **développement**, les droits humains, la **sécurité**, l'**intervention humanitaire** et la **souveraineté** sont autant de concepts fondamentaux qui peuvent acquérir d'innombrables sens. Les acteurs étatiques et les acteurs non étatiques entretiennent des interprétations rivales du sens que revêtent ces notions et vont déployer tous les efforts possibles pour faire accepter par la collectivité la signification qu'ils privilégient.

Le simple fait qu'un sens est défini par des moyens politiques et que, une fois fixé, il a une incidence sur la capacité des individus à déterminer leur sort incite à penser qu'il existe une autre façon de se représenter la **puissance**. La plupart des théoriciens des relations internationales considèrent que la puissance désigne la capacité d'un État à en obliger un autre à faire ce qu'il n'aurait pas fait autrement. À cet égard, ils mettent surtout l'accent sur les moyens matériels, comme la puissance de feu militaire et la force économique, qui sont susceptibles d'avoir un effet persuasif. Les constructivistes ont proposé deux importants ajouts à une telle conception de la puissance. Premièrement, ses éléments constitutifs ne sont pas seulement matériels, mais ils peuvent aussi être idéels. Prenons l'exemple de la légitimité. Les États, y compris les grandes puissances, ont une soif inextinguible de légitimité, c'est-à-dire la croyance qu'ils agissent conformément aux valeurs de la communauté internationale et qu'ils consolident ces valeurs. Il existe un lien direct entre la légitimité d'un État et les coûts d'une action envisagée : plus sa légitimité est reconnue, plus il lui sera facile de convaincre les autres États de coopérer avec lui ; moins sa légitimité est acceptée, plus l'action envisagée sera coûteuse. Il s'ensuit que même les grandes puissances éprouveront souvent le besoin de modifier leurs politiques afin que celles-ci soient considérées comme légitimes, sous peine d'en subir les conséquences dans le cas contraire. Une autre manifestation de la capacité restrictive de la légitimité s'observe chez les défenseurs des droits humains qui s'emploient à dénoncer certains États aux pratiques douteuses. Si les États ne se souciaient aucunement de leur réputation et ne cherchaient pas à montrer qu'ils respectent les normes internationales en vigueur, alors de telles dénonciations auraient peu d'effets visibles. S'il est possible d'amener des gouvernements enfreignant les droits humains à modifier leurs pratiques en la matière, c'est uniquement parce qu'ils tiennent à donner l'impression d'agir conformément aux normes internationales. Deuxièmement, les effets de la puissance ne se limitent pas à la capacité de changer des comportements. Ils s'étendent aussi à la façon dont le savoir, la définition du sens et la construction des identités permettent d'obtenir différents résultats. Si le développement est défini en fonction du revenu par habitant, alors certains acteurs, comme les États, et certaines activités, telles que l'industrialisation, seront privilégiés. Par contre, si le développement est déterminé à partir des besoins essentiels, ainsi d'autres acteurs, tels que les agriculteurs et les femmes, et d'autres activités, comme les initiatives agricoles à petite échelle et le travail artisanal, seront mis au premier plan. Voici un autre exemple : le droit humanitaire international tient généralement pour acquis que les combattants sont des hommes et que les civils sont des enfants, des femmes et des personnes âgées. Il est alors possible que les hommes et les femmes ne bénéficient pas de la même protection en vertu des lois de la guerre.

Si le débat entre les constructivistes continue de faire rage au sujet de leur conception des sciences sociales, ils n'en partagent pas moins certaines idées. Ainsi, ils rejettent la thèse de l'unité de la science, c'est-à-dire l'affirmation suivant laquelle les méthodes employées en sciences naturelles sont appropriées pour l'étude du monde social. Ils estiment plutôt que les objets d'étude du monde naturel et ceux du monde social présentent une différence cruciale : dans le monde social, le sujet se connaît lui-même grâce à une réflexion sur ses actions qu'il mène en tant que sujet d'expériences et d'actions intentionnelles. Les êtres humains réfléchissent à leurs expériences et s'en servent pour mieux comprendre les motivations de leurs comportements. À ce qu'on sache, les atomes ne le font pas. Une science axée sur l'humain est donc nécessaire, car elle naît du besoin de comprendre de quelle façon les individus donnent un sens et une importance à leurs actions. C'est seulement ainsi qu'il devient possible d'expliquer l'action humaine. Par conséquent, les sciences humaines requièrent des méthodes qui peuvent élucider les interprétations que les acteurs donnent à leurs activités. Max Weber, l'un des fondateurs de cette démarche, a invité les chercheurs à recourir au *Verstehen* (mot allemand qui signifie «compréhension») pour recréer le processus par lequel les individus comprennent et interprètent le monde. Pour y parvenir, les chercheurs doivent faire preuve d'empathie et situer la pratique étudiée au sein de la collectivité afin de connaître l'importance que revêt cette pratique, puis unifier les expériences individuelles pour en rendre compte de façon objective, bien que ponctuelle (Ruggie, 1998, p. 860).

La plupart des constructivistes demeurent attachés aux concepts de causalité et d'explication, mais ils insistent sur une définition de ces concepts qui diffère quelque peu de la définition courante. Une interprétation très populaire de la causalité considère que les variables indépendantes ne sont pas liées aux variables dépendantes et qu'une cause se manifeste lorsque la variation d'une variable précède et suscite la variation d'une autre variable. Les constructivistes ajoutent toutefois que des structures peuvent avoir une incidence causale, parce qu'elles rendent possibles certains types de comportements et engendrent donc diverses tendances au sein du système international. La souveraineté ne prédétermine pas les États à adopter un comportement spécifique ; en fait, elle les constitue et leur accorde des capacités qui rendent possibles certains types de comportements. Le caractère souverain d'un État signifie que cet État dispose d'un éventail de droits et de privilèges que ne possèdent pas d'autres acteurs en politique mondiale. Un État est autorisé à recourir à la violence (dans un cadre bien défini, toutefois), tandis que les acteurs non étatiques qui font usage de violence sont, par définition, des terroristes ou des criminels. Posséder un certain savoir sur la structure révèle donc une importante partie de la causalité à l'œuvre. Les constructivistes sont aussi attachés aux théories explicatives, mais ils ne croient pas que pour formuler une explication il faille découvrir des lois intemporelles. En fait, il est pratiquement impossible d'en trouver en politique internationale. L'absence de telles lois ne découle pas d'une quelconque caractéristique étrange de la politique internationale. Elle représente plutôt un trait commun à l'ensemble des sciences humaines. Comme l'a fait remarquer le philosophe britannique des sciences Karl Popper (1902-1994), la recherche de lois intemporelles en sciences humaines sera toujours peine perdue, en raison de la capacité des êtres humains à accumuler des connaissances sur leurs activités, à réfléchir sur leurs pratiques, à acquérir de nouvelles connaissances et à ainsi modifier leurs pratiques en conséquence. Les constructivistes rejettent donc la recherche de telles lois et privilégient les généralisations conjecturales (Price et Reus-Smit, 1998).

Les constructivistes ont recours à des méthodes variées. Ils adoptent des techniques ethnographiques et interprétatives en vue de recréer le sens que les acteurs attribuent à leurs pratiques ainsi que les liens entre ces pratiques et le monde social qu'ils investissent. Ils se servent d'études quantitatives impliquant maintes variables afin de démontrer l'émergence d'une culture mondiale qui diffuse des pratiques, des valeurs et des modèles spécifiques. Ils emploient des méthodes généalogiques pour cerner les facteurs conjecturaux ayant produit les catégories conceptuelles de la politique mondiale qui sont ensuite tenues pour acquises. Ils procèdent à des comparaisons nettement définies et structurées pour mieux comprendre les conditions menant à la diffusion des normes d'un contexte à un autre. Ils effectuent même des simulations informatiques pour établir un modèle des propriétés émergentes de la politique mondiale.

De façon générale, néanmoins, les constructivistes se sont efforcés d'interpréter les faits avérés à la lumière d'explications autres. S'ils ont justifié leurs positions contre le néoréalisme et l'institutionnalisme néolibéral, ils ont aussi clarifié les différences entre le constructivisme et la théorie du choix rationnel. La présomption est donc que ce sont là des théories sociales rivales, ce qui est exact à maints égards. La théorie du choix rationnel qualifie les acteurs de présociaux, alors que le constructivisme les qualifie de sociaux. La première approche considère que les intérêts sont fixes, tandis que la seconde estime qu'ils sont construits par le milieu et les interactions sociales. La théorie du choix rationnel soutient que le milieu ne fait rien d'autre que restreindre et régir les actions d'acteurs déjà constitués, tandis que le constructivisme avance que ce sont les pratiques et les interactions qui constituent le milieu, lequel peut, en outre, définir les identités et les intérêts des acteurs. Les rationalistes postulent que les acteurs sociaux agissent rationnellement pour optimiser leurs gains et minimiser leurs pertes, tout en s'appuyant sur la logique des conséquences pour expliquer les comportements, alors que les constructivistes font appel à la logique de l'adéquation à cette même fin.

Étant donné que les rationalistes et les constructivistes inscrivent dans des cadres si différents leur réflexion respective sur la politique mondiale, certains chercheurs affirment que ces théories sociales sont incommensurables, c'est-à-dire qu'elles ne peuvent être associées ou conciliées parce qu'elles comprennent des postulats mutuellement opposés et portent sur des éléments de réalité distincts. Par conséquent, le seul type de rapport possible est une certaine forme de pluralisme, et toute tentative de grande synthèse, mère de toutes les théories

sociales, va donner soit un mutant théorique, soit un **impérialisme** théorique.

D'autres chercheurs, cependant, essaient de repérer des points de rencontre et évaluent les forces relatives de ces deux théories dans le but de voir si elles peuvent être combinées pour étoffer notre compréhension du monde. Une voie possible est celle de la construction sociale stratégique (Finnemore et Sikkink, 1998). Les acteurs tentent de changer les normes qui, par la suite, orientent et constituent l'identité et les intérêts respectifs des États. Les défenseurs des droits humains, par exemple, s'efforcent de favoriser le respect des normes en cette matière non seulement en dénonçant ceux qui les enfreignent, mais aussi en incitant les États à adopter ces normes parce que c'est leur devoir de le faire. Une autre voie possible consiste à examiner le rapport entre la structure normative et le comportement stratégique. Certains partent du constructivisme pour déterminer en quoi l'identité façonne les intérêts de l'État et ils se tournent ensuite vers la théorie du choix rationnel pour comprendre le comportement stratégique. Par exemple et dans cette optique, l'identité américaine façonne les **intérêts nationaux**, puis la structure du **système international** oriente les moyens à prendre pour favoriser ces intérêts. Certains chercheurs vont plus loin encore et affirment que le contexte culturel façonne non seulement l'identité et les intérêts des acteurs, mais aussi les moyens mêmes qu'ils peuvent utiliser pour optimiser leurs intérêts. En d'autres termes, si les métaphores sur le jeu sont surtout associées à la **théorie des jeux** et à la théorie du choix rationnel, certains constructivistes estiment également que la structure normative donne forme à d'importants éléments du jeu, y compris l'identité des joueurs et les moyens qui s'avèrent appropriés. Tout n'est pas toujours juste en amour, dans la guerre ou dans toute autre entreprise sociale. Pendant des décennies, le nationalisme arabe a façonné l'identité et les intérêts des États arabes, il a produit des normes qui ont encadré les choix à la disposition des dirigeants de ces États pour participer au jeu de la politique arabe et il a encouragé ces dirigeants à s'inspirer des symboles de cette politique pour tenter de déjouer leurs rivaux et favoriser leurs propres intérêts. Ce sont les normes de la politique arabe qui ont structuré les décisions des dirigeants arabes au cours de leurs jeux régionaux. De très intenses rivalités opposaient ces dirigeants, qui, pour rehausser leur prestige et leur image, se sont fréquemment accusés les uns les autres de trahir la nation arabe ou de nuire à la cause de panarabisme. Pourtant, ils ont rarement eu recours à la force militaire. Jusqu'à la fin des années 1970, toute évocation de relations avec Israël représentait un véritable tabou, qu'a néanmoins transgressé Anouar el-Sadate, le président égyptien à l'époque, lorsqu'il s'est rendu à Jérusalem en 1977 et qu'il a signé un traité de paix avec Israël en 1979. Les autres États arabes ont réagi non pas en recourant à la force militaire, mais en expulsant l'Égypte de la Ligue des États arabes. Puis, en 1981, Sadate a subi le châtiment suprême à la suite de son hérésie : il a été assassiné pendant un défilé militaire.

En général, ces exemples de liens entre le constructivisme et la théorie du choix rationnel constituent un rappel utile : chacun doit faire preuve d'ouverture et considérer autant d'approches que possible afin d'étoffer sa compréhension du monde actuel.

À RETENIR

- Les constructivistes s'intéressent à la conscience humaine, ils considèrent les idées comme des facteurs structurels. À leurs yeux, le rapport dynamique entre les idées et les forces matérielles résulte de l'interprétation que les acteurs donnent à leur réalité matérielle, et ils étudient comment les agents produisent des structures et inversement.

- Le savoir oriente la façon dont les acteurs interprètent et construisent leur réalité sociale.

- La structure normative façonne l'identité et les intérêts d'acteurs tels que les États.

- Les faits sociaux, tels que la souveraineté et les droits humains, résultent de la pratique humaine, tandis que les faits bruts, telles les montagnes, existent indépendamment de la pratique ou de la volonté humaine.

- Les règles sociales sont régulatrices, parce qu'elles régissent des activités existantes, et constitutives, car elles définissent et rendent possibles ces mêmes activités.

- Une construction sociale dénaturalise ce qui est tenu pour acquis, elle suscite des questions sur les origines de ce qui est maintenant accepté comme une réalité de la vie et elle prend en considération les voies autres qui auraient pu et peuvent engendrer des mondes autres.

- La puissance peut être entendue non seulement comme la capacité d'un acteur à amener un autre acteur à faire ce qu'il n'aurait pas fait autrement, mais aussi comme la production d'identités et d'intérêts qui limitent la capacité des acteurs à prendre leur sort en main.

LE CONSTRUCTIVISME ET LES CHANGEMENTS GLOBAUX

Puisque le constructivisme s'intéresse principalement à ce qui tient le monde ensemble, au fait que les structures normatives construisent l'identité et les intérêts des acteurs et que les acteurs se conforment à des règles, ce courant de pensée pourrait sembler parfaitement apte à expliquer l'état des choses, mais impuissant à justifier leur caractère changeant. Or, il n'en est rien. Le constructivisme postule que ce qui existe aurait très bien pu ne pas exister et il invite chacun à imaginer des mondes autres ainsi que les conditions qui les rendent plus ou moins possibles. Les partisans de cette théorie ont même reproché aux tenants du néoréalisme et de l'institutionnalisme néolibéral leur incapacité à expliquer les transformations globales contemporaines. La paix de Westphalie a contribué à l'instauration de la souveraineté et du principe de non-ingérence, mais, depuis quelques dizaines d'années, divers phénomènes ont contré la mise en œuvre de ce principe et laissent entrevoir que la souveraineté de l'État est aussi fonction du traitement que celui-ci réserve à sa population. Un **ordre mondial** s'établit et se maintient non seulement du fait qu'il résulte des préférences des grandes puissances, mais également parce qu'il transforme la conception de ce qui constitue un **ordre international** légitime. Avant la Seconde Guerre mondiale, la notion d'un monde organisé à partir d'**empires** n'était pas du tout illégitime, alors qu'aujourd'hui elle l'est. À l'heure actuelle, les questions les plus pressantes et les plus importantes en matière de changements globaux sont celles de la **fin de l'histoire** et de l'homogénéisation apparente de la politique mondiale, c'est-à-dire la tendance des États à organiser de façons similaires leur vie nationale et internationale ainsi que l'acceptation croissante de certaines normes internationales concernant la définition d'une bonne vie pour les citoyens et des moyens permettant de la concrétiser. Voici d'abord une analyse de deux concepts situés au cœur des changements globaux : la diffusion ainsi que l'**internationalisation**, incluant toutes deux l'**institutionnalisation** des normes (voir également l'encadré « Pour en savoir plus », à la page 167).

La diffusion constitue un thème fondamental de toute réflexion sur les changements globaux. Elle renvoie à la façon dont des modèles, des pratiques, des normes, des moyens ou des croyances spécifiques se répandent dans une population. À cet égard, les constructivistes ont fait ressortir un important concept, celui de l'isomorphisme institutionnel, qui se définit par le fait que des organisations partageant un même milieu finissent par se ressembler. En d'autres termes, lorsqu'une diversité de modèles règne au sein d'une population, cette diversité fait graduellement place à une conformité et à une convergence vers un seul modèle. Il y avait auparavant plusieurs façons distinctes d'organiser la structure d'un État, l'activité économique, un accord de libre-échange, etc. Aujourd'hui, l'organisation du monde gravite désormais autour de l'**État-nation** ; de plus, les États privilégient une gouvernance démocratique et une économie de marché, et la plupart des organisations internationales présentent un caractère multilatéral. Si une telle convergence se produit, c'est peut-être parce que les États se rendent maintenant compte que certaines institutions sont simplement supérieures à d'autres. Il est également possible que les États se ressemblent parce qu'ils sont à la recherche d'une reconnaissance, d'une légitimité et d'une stature. Par exemple, la récente vague de démocratisation et d'élections dans les pays en développement, notamment, pourrait s'expliquer par le fait que les États considèrent désormais que la tenue d'élections démocratiques est un meilleur moyen d'organiser la vie politique. Toutefois, il se peut aussi que beaucoup d'États aient décidé d'adopter la démocratie et de tenir des élections non pas parce qu'ils croyaient aux vertus intrinsèques de ces dernières, mais pour la bonne raison qu'ils voulaient être considérés comme des acteurs du monde moderne et bénéficier des avantages découlant du statut d'État légitime.

Comment les choses se diffusent-elles ? Pourquoi sont-elles acceptées à de nouveaux endroits ? La coercition est l'un des facteurs explicatifs à cet égard. En effet, le colonialisme et la volonté imposée des grandes puissances ont été des causes fondamentales de l'expansion du capitalisme. La rivalité stratégique est un autre de ces facteurs. Des rivaux acharnés sont susceptibles de choisir des systèmes d'armement similaires dans l'espoir de maintenir l'équilibre sur le champ de bataille. De plus, les États adoptent des idées et des organisations semblables pour au moins quatre autres raisons.

D'abord, des pressions officielles et officieuses exercées sur des États peuvent les amener à se rallier à des idées analogues lorsque cela leur permet d'acquérir ensuite des ressources qui leur sont nécessaires. Les États veulent avoir des ressources et, pour les attirer vers eux, ils étoffent ou réforment leurs institutions afin d'indiquer à diverses collectivités qu'ils font partie du groupe et qu'ils emploient des techniques modernes. En d'autres termes, ils valorisent ces institutions non pas parce qu'ils estiment qu'elles sont préférables, mais bien pour la raison qu'ils voient en elles des symboles qui vont attirer des ressources. Les pays de l'Europe de l'Est qui souhaitent adhérer à l'Union européenne ont procédé à différentes réformes non seulement parce qu'ils croyaient en la valeur supérieure de ces dernières, mais aussi parce que ces réformes cons-

tituent le prix à payer pour devenir membre de l'Union européenne.

Ensuite, en période d'incertitude, lorsque les États ne savent pas très bien comment relever les défis qui se présentent, ils sont susceptibles d'adopter les modèles qui semblent fructueux ou légitimes. Les candidats à des postes électifs dans des pays nouvellement démocratiques réorganisent leur parti et leur appareil électoral respectifs afin d'être en meilleure position de gagner les élections. À cette fin, ils s'inspirent généralement de modèles ayant apporté du succès dans un contexte occidental, non pas tellement parce qu'ils ont la preuve que le modèle américain ou allemand de campagne électorale est véritablement meilleur que les autres, mais plutôt parce que ce modèle est perçu comme moderne, raffiné et supérieur.

De plus, des États adoptent fréquemment un modèle spécifique en raison de son statut symbolique. De nombreux gouvernements dans des pays en développement ont fait l'acquisition de systèmes d'armement très coûteux ayant une très faible utilité militaire dans le but de signaler aux autres pays qu'ils sont modernes et font partie du groupe. Les ambitions nucléaires de l'Iran s'expliquent peut-être par son désir d'exercer une domination régionale, mais sans doute aussi par sa volonté d'acquérir une stature internationale.

Enfin, des associations professionnelles et des groupes d'experts diffusent également des modèles organisationnels. La plupart des associations ont établi des techniques, des codes de conduite et des méthodologies en vue de résoudre les problèmes et les difficultés qui surgissent dans leur domaine d'expertise. Elles apprennent ces techniques grâce à des interactions officieuses et dans des cadres officiels comme ceux qu'offrent les universités. Une fois que ces techniques sont bien implantées, elles deviennent des normes industrielles et constituent les moyens reconnus de régler des problèmes dans un domaine donné. L'une des tâches des associations professionnelles et des **réseaux** d'experts consiste à communiquer ces normes à d'autres, ce qui en fait ainsi des agents de diffusion. Des économistes, des avocats, des responsables militaires, des experts en contrôle des armements et d'autres font connaître des pratiques, des normes et des modèles par l'entremise de réseaux et d'associations. Si le modèle américain de campagne électorale, par exemple, se répand de plus en plus dans le monde, c'est en partie parce que des consultants électoraux professionnels se sont ralliés à un ensemble de techniques reconnues et s'emploient à vendre leur salade à des clients désireux de l'acheter.

La réflexion sur la diffusion permet d'aborder la question des normes. Celles-ci sont des règles qui définissent le comportement approprié des acteurs dotés d'une identité donnée. Les normes – en matière d'aide humanitaire, de **citoyenneté**, d'intervention militaire, de droits humains, de commerce, de maîtrise des armes et d'environnement – non seulement régissent ce que font les États, mais elles peuvent également être liées à leur identité et ainsi révéler comment ils définissent leur caractère propre et leurs intérêts. Les normes restreignent les comportements répréhensibles parce que les acteurs se soucient des coûts associés au comportement choisi, et aussi parce que celui-ci est associé à l'image de soi qui est ainsi projetée. Si on s'attend à ce que les États dits civilisés évitent de régler leurs différends par la violence, ce n'est pas parce que la guerre ne donnerait pas le résultat escompté, mais bien parce qu'elle est contraire au comportement auquel on s'attend des États civilisés. Les défenseurs des droits humains visent à réduire les violations de ces droits en dénonçant les auteurs de ces transgressions, bien entendu, mais surtout en persuadant les auteurs potentiels de violations que les droits humains sont liés à leur identité en tant qu'États modernes responsables. Les débats intérieurs sur les traitements infligés par les États-Unis aux combattants ennemis dans le cadre de la lutte contre le terrorisme portaient non seulement sur l'efficacité de la torture, mais aussi sur la légitimité d'une telle pratique de la part d'États civilisés.

De telles attentes à propos de ce qui constitue un comportement approprié peuvent se diffuser au sein de la population jusqu'à ce qu'elles soient tenues pour acquises. Les normes ne surgissent donc pas *ex nihilo*, mais elles évoluent plutôt au fil d'un processus politique, ce qui fait apparaître ainsi le deuxième concept fondamental au cœur des changements globaux : l'internationalisation et l'institutionnalisation des normes, ou ce qui est maintenant dénommé le cycle de vie des normes (voir l'encadré « Pour en savoir plus », page ci-contre, en haut). Si de multiples normes internationales sont désormais tenues pour acquises, elles ont néanmoins toutes dû d'abord se frayer un chemin politique pour s'établir, et ce chemin est presque toujours difficile et parsemé d'obstacles. Alors que la plupart des États reconnaissent aujourd'hui que les prisonniers de guerre ont certains droits et ne peuvent être exécutés sommairement sur le champ de bataille, il n'en a toutefois pas toujours été ainsi. Ces droits ont découlé de l'apparition du droit humanitaire international à la fin du XIXe siècle, puis ils se sont graduellement répandus et ont été de plus en plus acceptés au cours des décennies suivantes, à la suite de nombreux débats sur les mesures à prendre pour réduire les horreurs de la guerre. Aujourd'hui, la plupart des États reconnaissent aux prisonniers de guerre des droits, bien que ces derniers ne soient pas toujours pleinement respectés. Il y a quelques décennies, de nombreux chercheurs et juristes s'opposaient à la notion même d'intervention humanitaire en disant qu'elle empiéterait sur le principe de souveraineté et permettrait aux grandes puissances de jouer au loup déguisé en mouton pour s'introduire dans la bergerie. Au cours des vingt dernières années, toutefois, on a constaté une acceptation croissante du **principe d'intervention humanitaire** et de la **responsabilité de protéger**, qui incombe à la communauté internationale lorsqu'un État ne peut pas ou ne veut pas protéger ses citoyens. Ce principe révolutionnaire a émergé par à-coups et en réaction à des tragédies comme celle survenue au Rwanda ; il a ensuite été mis en avant par différents États et de nombreuses organisations humanitaires.

Parmi les diverses conséquences de l'isomorphisme institutionnel et de l'internationalisation et de l'institutionnalisation des normes, il y en a trois qui ressortent davantage que les autres. Alors qu'il existait auparavant d'innombrables façons d'organiser les activités humaines, une telle diversité a lentement mais sûrement fait place à la conformité. Pourtant, ce n'est pas parce que des États partagent des similitudes qu'on peut en déduire que leurs actes se ressemblent aussi. Après tout, de nombreux États se rapprochent d'un modèle spécifique non pas parce qu'ils croient vraiment que ce modèle est meilleur que les autres, mais pour la raison qu'ils veulent accentuer leur légitimité. On peut donc s'attendre à ce que ces États agissent d'une façon qui n'est pas toujours conforme aux exigences du modèle. Par exemple, si un gouvernement adopte des formes démocratiques de gouvernance et d'élections uniquement pour des motifs symboliques, on peut alors anticiper que des institutions démocratiques coexisteront avec des pratiques autoritaires et antilibérales. La deuxième conséquence est le sentiment de plus en plus profond qu'il existe une communauté internationale. L'internationalisation des normes porte à croire que les acteurs acceptent de mieux en mieux des normes de comportement parce qu'ils projettent ainsi dans la communauté internationale une bonne image d'eux-mêmes. En d'autres termes, ces normes sont étroitement liées aux valeurs de la communauté internationale. Dans la mesure où ces valeurs sont partagées, il devient alors possible d'évoquer l'existence d'une communauté internationale. La troisième conséquence prend la forme de

Finnemore et Sikkink, à propos des trois phases du cycle de vie des normes

L'émergence d'une norme

Cette phase se caractérise par les efforts que déploient les promoteurs de normes pour convaincre le plus d'États possible […] d'adopter de nouvelles normes. Ces promoteurs attirent l'attention sur des enjeux, ou en créent même de nouveaux, en tenant un discours qui les nomme, les interprète et les dramatise. Les promoteurs de normes tentent d'établir des cadres de référence […] qui sont au diapason d'une représentation publique plus importante et qui deviendront de nouveaux moyens de parler de certains enjeux et de les comprendre. Ils ont besoin d'une tribune pour faire valoir leurs normes et c'est pourquoi ils travaillent souvent à partir d'organismes non gouvernementaux et au sein d'organisations internationales et d'États. Dans la plupart des cas, pour qu'une norme émergente parvienne à un certain seuil et passe à la deuxième phase, elle doit s'institutionnaliser dans des ensembles spécifiques de règles et d'organisations internationales. […] Après que des promoteurs de normes ont persuadé un nombre déterminant d'États de devenir des leaders en matière de normes et d'en adopter de nouvelles, […] la norme atteint un seuil critique ou un point de non-retour.

La diffusion d'une norme

La deuxième phase se caractérise davantage par une dynamique d'imitation, alors que les promoteurs d'une norme s'efforcent d'amener d'autres États à l'adopter. La motivation exacte au cours de cette phase, pendant laquelle la norme fait son chemin parmi le reste de la population (ici, des États), peut varier, mais […] la présence combinée d'un penchant pour la conformité, d'un désir d'accentuer une légitimité internationale et de la volonté des dirigeants politiques d'accroître leur estime de soi favorise l'adoption de la norme. Une telle dynamique est analogue à la socialisation. Dans la mesure où les États et les élites de l'État se dotent d'une identité politique en rapport avec la communauté internationale, le concept de socialisation laisse penser que l'effet cumulatif menant à l'adoption de nouvelles normes par de nombreux pays d'une région peut être assimilé à la pression des pairs.

L'internalisation d'une norme

La troisième phase est celle de l'internalisation des normes […]. Les normes finissent par être tenues pour acquises et ne font plus l'objet […] de débats, si bien qu'elles deviennent automatiquement respectées. Par exemple, peu nombreux sont ceux aujourd'hui qui discutent du bien-fondé de l'attribution du droit de vote aux femmes, de l'utilité de l'esclavage ou de la question de savoir si le personnel médical devrait bénéficier de l'immunité en situation de guerre.

(Finnemore et Sikkink, 1998, p. 894-905. Traduction libre)

la socialisation, soit le processus par lequel des États et des sociétés adoptent l'identité et les intérêts du groupe dominant au sein de la société internationale. La diffusion se déploie rarement à partir des pays en développement vers l'Occident ; elle se manifeste habituellement dans la direction inverse. La société internationale des États a d'abord eu le caractère d'une société européenne avant de prendre de l'expansion à l'extérieur des frontières européennes. L'internationalisation de cette société et de ses normes a façonné l'identité et la politique extérieure de ses nouveaux membres. Cependant, la convergence vers des modèles similaires, l'internationalisation des normes et l'émergence possible d'une communauté internationale ne doivent pas créer l'illusion d'un monde exempt de puissance et de hiérarchie. En général, la réflexion constructiviste sur la diffusion internationale et le cycle de vie des normes se concentre essentiellement sur les changements globaux, en raison de l'intérêt qu'elle porte à un monde en mouvement et en transformation.

Les concepts-clés du constructivisme

Problème agents-structures : L'orientation de la réflexion sur le rapport entre les agents et les structures peut poser problème. Selon une conception de ce rapport, les agents possèdent d'emblée une identité et des intérêts déjà formés ; ainsi, ils considèrent les autres agents et la structure générale produite par leurs interactions comme une contrainte qui nuit à leurs intérêts. Cette conception laisse croire que les agents sont présociaux, si on suppose qu'ils manifestent peu d'intérêt pour leur identité ou qu'ils ne seront pas enclins à redéfinir leurs intérêts par suite de leurs interactions avec les autres. Selon une autre conception, il s'agit de traiter la structure non pas comme une contrainte, mais comme le facteur qui définit les agents eux-mêmes. Les agents seraient alors vus comme des dupes culturels parce qu'ils ne seraient rien de plus que de simples maillons de cette structure. La solution proposée pour résoudre le problème agents-structures consiste à comprendre la façon dont les agents et les structures se constituent mutuellement.

Constructivisme : Conception de la politique internationale qui met l'accent sur le caractère fondamental des idées et de la conscience humaine. Elle s'appuie sur une représentation holiste et idéaliste des structures et pose trois postulats principaux : la structure construit l'identité et les intérêts des agents ; les interactions des agents sont organisées et contraintes par cette structure ; ces interactions ont pour effet de reproduire cette structure ou de la transformer.

Holisme : Conception selon laquelle une structure ne peut être décomposée en ses unités et leurs interactions, parce qu'elle est davantage que la somme de ses parties et qu'elle est intrinsèquement sociale. De plus, une structure ne fait pas que contraindre les agents ; elle les façonne également.

Idéalisme : S'il est souvent associé à l'affirmation selon laquelle il est possible de créer un monde de paix, l'idéalisme, en tant que théorie sociale, soutient par ailleurs que la conscience sociale est le trait le plus fondamental d'une société. Les idées façonnent tout : la représentation que chacun se fait de soi et de ses intérêts ; le savoir qu'on utilise pour catégoriser les individus et les choses ainsi que pour comprendre le monde ; les convictions qu'on a au sujet d'autrui ; les solutions possibles ou non à apporter aux problèmes et aux menaces. L'idéalisme ne néglige pas les forces matérielles comme la technologie. Cependant, il affirme que le sens et les effets de ces forces, plutôt que d'être donnés par la nature, sont en fait déterminés par les interprétations humaines.

Identité : Compréhension de soi par rapport à un « autre ». L'identité est sociale et se forme donc toujours en fonction des relations avec autrui. Les constructivistes estiment généralement que l'identité façonne les intérêts : on ne peut savoir ce qu'on veut sans d'abord savoir qui on est. L'identité peut se modifier parce qu'elle est sociale et se construit au fil des interactions.

Individualisme : Selon cette conception, une structure peut se réduire à la somme des individus et de leurs interactions. Les théories des relations internationales souscrivant à l'individualisme postulent que la nature des unités et de leurs intérêts correspond généralement aux États et à la recherche de puissance ou de richesse. Les théoriciens examinent de quelle façon la structure générale, qui est habituellement la répartition de la puissance, contraint l'action des États et produit certaines configurations en politique internationale. L'individualisme s'oppose à l'holisme.

Matérialisme : Conception d'après laquelle les forces matérielles, y compris la technologie, constituent l'assise de la société. Selon des chercheurs en relations internationales, il en découle différentes formes de déterminisme technologique qui, par exemple, insistent exagérément sur la répartition de la puissance militaire pour comprendre la politique extérieure d'un État et les configurations de la politique internationale.

Structure normative : La théorie des relations internationales définit traditionnellement une structure en fonction d'éléments matériels, comme la répartition de la puissance, et considère ensuite cette structure comme une contrainte pour les agents. Contrairement à une structure matérialiste, une structure normative valorise les idées partagées collectivement, telles que le savoir, les règles, les croyances et les normes. Non seulement ces idées contraignent les agents, mais elles leur permettent aussi d'établir des catégories de sens, de construire leur identité, de cerner leurs intérêts et de définir des normes de conduite appropriée. Le concept de norme joue ici un rôle crucial ; il s'agit d'une norme de comportement adéquat pour des agents qui ont une identité donnée. Les agents adhèrent à des normes en raison des avantages et des coûts qui leur sont rattachés et aussi parce qu'elles se reflètent sur la conscience de soi.

Choix rationnel : Conception qui met l'accent sur la façon dont les agents cherchent les meilleurs moyens de maximiser leurs intérêts. Elle vise également à expliquer les résultats collectifs à la lumière des efforts que déploient les agents pour atteindre leurs objectifs malgré un ensemble de contraintes. Issue essentiellement de théories économiques, la conception du choix rationnel a exercé une très forte influence sur la politique et les relations internationales et a été appliquée à un large éventail de questions.

À RETENIR

- La reconnaissance du fait que le monde est une construction sociale amène les constructivistes à creuser la question des transformations et des changements globaux.

- Toute étude des changements globaux doit scruter la question de la diffusion, associée à l'isomorphisme institutionnel et au cycle de vie des normes.

- Si la diffusion résulte parfois de l'impression que le modèle concerné est supérieur, il arrive plus souvent que les acteurs adoptent un certain modèle parce que des pressions externes sont exercées ou en raison de la légitimité symbolique de ce modèle.

- L'isomorphisme institutionnel ainsi que l'internationalisation et l'institutionnalisation des normes soulèvent des questions liées à l'homogénéisation croissante de la politique mondiale, à l'affirmation grandissante de la communauté internationale et aux processus de socialisation.

CONCLUSION

Des forces globales historiques, intellectuelles et disciplinaires ont fait du constructivisme un moyen particulièrement intéressant à considérer pour réfléchir à la politique internationale. Le constructivisme invite les lecteurs à imaginer les transformations de la politique internationale et ses continuités. Il examine les raisons ayant mené à l'organisation actuelle du monde, il étudie les différents facteurs qui déterminent les formes durables de la politique mondiale et il tente d'envisager des mondes autres. Ce faisant, il réexamine les idées reçues et ouvre de nouvelles pistes de réflexion. Si beaucoup de personnes actives dans la discipline ont jugé étrange l'affirmation selon laquelle les idées peuvent orienter le fonctionnement du monde, ce qui est vraiment étrange, c'est plutôt la conception d'un monde dénué d'idées. Après tout, est-il même possible d'imaginer un monde animé uniquement par des forces matérialistes? À quoi ressemblerait-il?

Le constructivisme a remis en cause le courant dominant de la discipline en intervenant sur son propre terrain et en s'attaquant à des questions qui étaient au cœur de ses travaux de recherche. Son succès a parfois donné l'impression que le constructivisme est une théorie substantive et non la théorie sociale qu'il est vraiment. En fait, il offre à la fois beaucoup plus et beaucoup moins que l'impression qu'il laisse de prime abord. Beaucoup moins, parce que ce n'est pas véritablement une théorie pouvant être considérée comme une rivale de bon nombre des courants de pensée présentés dans cet ouvrage. Il ne propose aucune prédiction au sujet des récurrences ou des tendances de fond en politique mondiale mais suggère plutôt des moyens de les étudier. Beaucoup plus, par conséquent, parce qu'il offre des façons autres de réfléchir à un large éventail de concepts et de questions: la puissance, la formation d'alliances, l'arrêt de la guerre et l'intervention militaire, la paix libérale et les organisations internationales.

Quel est l'avenir du constructivisme? Tout dépend de la variante dont on parle. Les constructivistes sont généralement d'accord en ce qui concerne notamment l'idéalisme, l'holisme et leur intérêt pour les rapports entre les agents et les structures. Ils acceptent également certaines affirmations fondamentales, comme la construction sociale de la réalité, l'existence et l'importance des faits sociaux, la constitution de l'identité, des intérêts et de la subjectivité des acteurs et l'importance de saisir le sens que les acteurs donnent à leurs activités. Ils affichent aussi d'énormes différences. S'il arrive parfois que celles-ci semblent relever d'une prétention intellectuelle, d'une recherche de stature et d'un certain narcissisme, il peut aussi y avoir beaucoup plus en jeu. Ces différences se maintiendront aussi longtemps que le constructivisme lui-même continuera d'exister, ce qui est une excellente chose, car ce courant de pensée contribue à prévenir la complaisance et à enrichir notre compréhension du monde.

QUESTIONS

1. De quoi le néoréalisme et l'institutionnalisme néolibéral font-ils abstraction, contrairement au constructivisme?

2. Qu'est-ce que la construction sociale de la réalité en politique mondiale?

3. Est-il utile de comprendre comment les acteurs donnent un sens à leurs comportements en politique mondiale, ou l'examen de leurs seuls comportements suffit-il?

4. Quelle est la relation entre la théorie du choix rationnel et le constructivisme?

5. Expliquez ce que sont les normes et les structures normatives.

6. Quels sont les principaux facteurs expliquant la diffusion des normes dans le monde?

7. Quelles sont les trois conséquences principales de l'isomorphisme institutionnel et de l'internationalisation des normes?

8. Quelle est la différence entre les faits sociaux et les faits bruts?

9. Les pays en développement influencent-ils l'émergence de nouvelles normes? Pourquoi pas?

10. Quels types d'enjeux surgissent lorsqu'on réfléchit à la notion de socialisation en politique mondiale?

Lectures utiles

Barnett, M., *Dialogs in Arab Politics: Negotiations in Regional Order,* New York, Columbia University Press, 1998. Un bon exemple de la manière dont les constructivistes conceptualisent l'influence des normes sur l'action stratégique, ici dans le cas du Proche-Orient.

Battistella, D., « Le projet constructiviste », dans *Théories des relations internationales,* Paris, Presses de Sciences Po, 2009, p. 315-353. Une introduction de base au constructivisme. Voir aussi du même auteur *Retour de l'état de guerre,* publié en 2006 chez Armand Collin ; l'ouvrage interprète la guerre américaine en Iraq selon une perspective constructiviste.

Fearon, J. et A. Wendt, « Rationalism *v.* Constructivism », dans W. Carlneas, B. Simmons et T. Risse (dir.), *Handbook of International Relations,* Thousand Oaks, Sage, 2003. Un exposé fort utile sur les connivences théoriques entre la théorie du choix rationnel et le constructivisme (dans sa version « mince »).

Hollis, M. et S. Smith, *Explaining and Understanding International Relations,* New York, Oxford University Press, 1990. Un ouvrage incontournable en théorie des relations internationales, illustrant brillamment le contraste entre les méthodes interprétatives et explicatives en sciences sociales.

Keck, M. E. et K. Sikkink, « Les réseaux de militants dans la politique internationale et régionale : aspects sociaux et culturels de l'intégration à l'échelle régionale », *Revue internationale des sciences sociales,* n° 159, 1999, p. 97-110. Un résumé fort réussi de l'important ouvrage de ces mêmes auteurs, *Activists Beyond Borders,* illustrant l'influence des groupes de défense de l'environnement et des droits humains ou de la femme sur des changements normatifs majeurs en politique mondiale.

Klotz, A. et C. Lynch, « Le constructivisme dans la théorie des relations internationales », *Critique internationale,* n° 2, 1999, p. 51-62. Une discussion des origines du constructivisme et de ses contributions principales au champ d'études des relations internationales, expliquant en outre les concepts d'agents, de structure et d'identité.

Macleod, A., « Les études de sécurité : du constructivisme dominant au constructivisme critique », *Cultures & Conflits,* 2004 [en ligne]. [http://conflits.revues.org/index1526.html] Une analyse de la particularité du constructivisme dans le domaine des relations internationales, se concentrant sur les distinctions entre les variantes mince et dense du constructivisme dans les études sur la sécurité.

Mérand, F. et V. Pouliot, « Le monde de Pierre Bourdieu : éléments pour une théorie sociale des relations internationales », *Canadian Journal of Political Science,* vol. 41, n° 3, 2008, p. 603-625. Une étude constructiviste sur la contribution du sociologue Pierre Bourdieu au champ des relations internationales.

O'Meara, D., « Le constructivisme : sa place, son rôle, sa contribution et ses débats », dans A. MacLeod et D. O'Meara (dir.), *Théories des relations internationales. Contestations et résistances,* Montréal, Athéna Éditions, 2008, p 191-206. Une excellente introduction à l'ontologie, à l'épistémologie et à la normativité du constructivisme, avec, en conclusion, une analyse constructiviste de la guerre en Iraq.

Wendt, A., *A Social Theory of International Politics,* Cambridge, Cambridge University Press, 1999. L'un des ouvrages fondateurs du constructivisme en relations internationales, rédigé par son défenseur le plus influent.

Chapitre 10

LE POST-STRUCTURALISME

Lene Hansen

GUIDE DE LECTURE

Le poststructuralisme est l'une des perspectives théoriques les plus éloignées des deux courants dominants que sont le néoréalisme et le néolibéralisme. Les poststructuralistes, en relations internationales, s'appuient sur un vaste corpus de textes philosophiques. Ils affirment que l'État se situe au centre de la politique mondiale et qu'il doit être compris comme une forme particulière de communauté politique. Ils remettent ainsi en question une conception trop simpliste de l'État, telle que préconisée par le néoréalisme et le néolibéralisme, qui considèrent celui-ci comme un acteur purement rationnel recherchant l'autonomie et l'acquisition d'un avantage relatif ou absolu. Selon le poststructuralisme, cette conception dominante de l'État est anhistorique et marginalise les acteurs non étatiques et transétatiques, les peuples sans État et les peuples persécutés par leur propre État. Les poststructuralistes soutiennent que les politiques extérieures comportent toujours une représentation particulière de l'identité de soi et de l'identité d'autrui, que ces identités n'ont pas une signification immuable et qu'elles se constituent plutôt dans les discours et le langage.

INTRODUCTION

À l'instar du **constructivisme**, le poststructuralisme est apparu en relations internationales au cours des années 1980 (voir le chapitre 9). Tout comme les constructivistes, les poststructuralistes ont subi l'influence de la théorie sociale et philosophique qui a joué un rôle primordial en sciences humaines à partir des années 1970. Sur le plan politique, le début et le milieu des années 1980 ont été dominés par la deuxième **guerre froide**; un tel contexte a eu une incidence certaine sur les poststructuralistes, qui craignaient que les deux grands blocs ne se détruisent mutuellement dans un **holocauste** nucléaire (voir le chapitre 3). Les tenants du poststructuralisme soutenaient que la clé de la compréhension de la guerre froide se trouvait dans la construction de l'ennemi que l'Est et l'Ouest mettaient respectivement en avant. Bien entendu, la guerre froide a pris fin il y a longtemps, mais le poststructuralisme demeure fortement centré sur la **haute politique** (les questions prioritaires en politique extérieure, comme la guerre, la sécurité et les forces armées) et continue d'observer attentivement la manière dont les différents États fabriquent les menaces et les ennemis.

Les poststructuralistes examinent deux éléments importants de la politique mondiale. Ils critiquent, d'une part, la façon dont la majorité des États mettent en œuvre leur politique extérieure respective et, d'autre part, la manière dont la plupart des théories des relations internationales proposent d'étudier l'action des États. Ils rejettent la thèse du **réalisme** (voir le chapitre 5) selon laquelle on doit considérer l'État comme un acteur **autonome** ou comme une entité qui reste sensiblement la même tout au long de l'histoire. Ils soutiennent plutôt que l'État représente un moyen particulier de comprendre la **communauté politique**, c'est-à-dire l'ensemble de ceux en qui on peut avoir confiance et avec lesquels on estime avoir des affinités (voir aussi le chapitre 24). De même, si le **système international** est **anarchique**, c'est parce que les États et d'autres acteurs reproduisent ce système, et non parce qu'il est voué à demeurer ainsi pour toujours. Les poststructuralistes proposent de prendre au sérieux ce qui est exclu et marginalisé par les théories et les politiques existantes et de réfléchir avec un esprit critique sur la façon dont le monde est construit. Selon eux, il n'existe aucun critère objectif qui permet de définir les menaces, les dangers, les ennemis ou même le sous-développement. C'est pourquoi il est nécessaire de comprendre de quelle manière les constructions du monde, ainsi que les peuples et les lieux qui le constituent, réussissent à faire paraître naturelles, donc légitimes, des politiques particulières. Le poststructuralisme souligne que l'État et la **puissance** doivent être pris très au sérieux, mais il aborde ces concepts sous un angle qui le distingue des autres théories de la politique mondiale étudiées jusqu'à maintenant (voir les chapitres 5 à 9). Par ailleurs, le poststructuralisme est, à bien des égards, le précurseur des diverses approches critiques en théorie des relations internationales qui se sont développées à partir du milieu des années 1980. Depuis, il ne se présente pas toujours sous une seule forme; souvent, il est combiné avec d'autres théories, notamment le féminisme, le constructivisme et le postcolonialisme.

L'ÉTUDE DU MONDE SOCIAL

Parce qu'ils adoptent une attitude critique envers la politique mondiale, les poststructuralistes soulèvent des questions à propos de l'**ontologie** (ce qui est dans le monde) et de l'**épistémologie** (comment étudier le monde). Comme le montrent les chapitres précédents, il n'y a jamais eu de consensus ontologique en relations internationales. Les réalistes soutiennent que l'État souverain constitue le noyau central de ces relations et que la recherche de puissance ou de sécurité fait en sorte qu'il est impossible de s'affranchir du risque de la guerre (voir le chapitre 5). Quant aux libéraux (voir le chapitre 6), ils sont d'avis que les États peuvent établir un système plus coopératif et plus pacifique. Tant les réalistes que les libéraux considèrent que l'État représente la principale unité d'un tel système.

Si les prémisses ontologiques sont au cœur même de la réflexion sur le monde, les chercheurs et les étudiants s'emploient souvent à analyser la politique mondiale sans se soucier beaucoup de l'ontologie, et ce, parce que les prémisses ontologiques d'une théorie ne transparaissent que lorsqu'elles sont confrontées à des théories qui sont ontologiquement distinctes. Tant que la réflexion s'inscrit au sein d'un même **paradigme ontologique**, il n'est pas nécessaire de débattre des prémisses fondamentales en présence, si bien que la réflexion peut alors porter sur l'évaluation d'hypothèses concurrentes, sur la comparaison entre des explications plus anciennes et plus récentes ou sur la compilation de données. La force du poststructuralisme découle en partie du fait qu'il a attiré l'attention sur l'importance réelle des prémisses ontologiques relatives à l'État.

Le poststructuralisme place aussi l'épistémologie au premier plan et défend une position non causale qui est surtout d'orientation postmoderne, postpositiviste et **antifondationnaliste**. Par conséquent, il est considéré comme l'une des approches les plus radicales en relations internationales (voir la figure 10.1 et les chapitres 11 et 16).

FIGURE 10.1 **Les théories des relations internationales au début du XXIᵉ siècle**

Rationalisme
Néoréalisme
Néolibéralisme
Marxisme

Constructivisme

Approches critiques
Poststructuralisme
Féminisme
Postcolonialisme

Comme l'indique le chapitre 7, les approches dominantes reposent sur une épistémologie positiviste. Elles visent à établir les relations causales qui régissent la politique mondiale et analysent des variables dépendantes ou indépendantes. Dans le cas de la théorie de la **paix démocratique**, par exemple, la démarche de recherche a pour but d'évaluer l'incidence du type d'État (démocratique ou non démocratique) sur le comportement adopté en politique extérieure (faire la guerre ou non) (voir aussi les chapitres 6 et 14). Les postpositivistes affirment que le monde social est si éloigné du monde naturel et des sciences pures, d'où proviennent les épistémologies traditionnelles (causales et explicatives), qu'il est impossible de le comprendre dans le cadre de relations causales. Alors que les constructivistes (voir le chapitre 9) utilisent le concept de causalité en tant que pression structurelle, les poststructuralistes soutiennent que la causalité elle-même est inadéquate, non pas en raison de l'absence de **structures**, mais parce que l'action humaine constitue les structures. Celles-ci ne peuvent donc pas être des variables indépendantes. Comme nous allons le voir, les **théories constitutives** demeurent toujours des théories et non des descriptions factuelles ou récits neutres ou objectifs à propos du monde. Il s'ensuit qu'il n'est pas plus facile ni moins rigoureux de mettre au point des théories constitutives non causales; il s'agit simplement d'une démarche autre qui s'appuie sur une représentation différente et non matérielle de la réalité.

La distinction entre les théories causales et les théories non causales est également mise en relief par la différence entre les **théories explicatives** et les théories constitutives. La lecture d'ouvrages sur la politique mondiale révèle l'existence d'autres termes désignant les mêmes notions, dont les plus courants sont «causal» et «constitutif» ainsi que «**fondationnaliste**» et «antifondationnaliste». Ces distinctions ne sont pas exactement les mêmes, mais elles convergent dans une certaine mesure, puisque les théories causales, explicatives et positivistes sont toujours fondationnalistes, alors que les théories non causales, constitutives et non

positivistes sont habituellement antifondationnalistes (voir l'encadré «Pour en savoir plus» ci-dessous).

POUR EN SAVOIR PLUS
Les distinctions épistémologiques

- **Fondationnalisme**: théorie qui soutient que toutes les revendications de vérité peuvent être jugées vraies ou fausses, le plus souvent en s'appuyant sur des faits empiriques.

- **Antifondationnalisme**: perspective selon laquelle chaque théorie pose des questions différentes. Ainsi, ce qui est considéré comme des faits ou des vérités diffère d'une théorie à l'autre.

- **Théorie explicative**: elle énonce des affirmations causales sur les relations entre des variables dépendantes et des variables indépendantes.

- **Théorie constitutive**: elle théorise le rapport entre des variables en postulant qu'elles se constituent mutuellement. Ainsi, des variables ne peuvent être considérées comme liées par une relation de cause à effet, la cause survenant nécessairement avant l'effet.

Il faut noter ici que des différences épistémologiques ne peuvent être simplement éliminées par l'invocation de faits. Diverses épistémologies privilégient le choix de types de faits distincts et les traitent aussi de façon différente. Dans le cas d'une guerre ethnique, par exemple, des chercheurs réalistes et des chercheurs libéraux tentent de relever les facteurs qui font comprendre pourquoi une telle guerre se produit. Les facteurs pertinents ici sont les suivants: le nombre de guerres ethniques, l'endroit et le moment où chacune a eu lieu et les faits susceptibles de les expliquer, tels que le type de gouvernement ou les **capacités** économiques. Pour leur part, les poststructuralistes se demandent dans quelle mesure le fait de qualifier un événement de «guerre ethnique» peut orienter la compréhension de cette guerre et des politiques qui ont concouru à la produire comme à y mettre un terme. Dans ce cas, les faits proviennent de discours qui documentent la caractérisation d'une guerre par les différents acteurs. Ces discours offrent des représentations de la réalité qu'il est possible d'analyser.

À RETENIR

- Les poststructuralistes soulèvent des questions au sujet de l'ontologie et de l'épistémologie.

- Le poststructuralisme critique l'étatisme et refuse de tenir pour acquis la nature anarchique du système international.

- Le poststructuralisme repose sur une épistémologie constitutive.

- Ce qui est considéré comme des faits est fonction des prémisses ontologiques et épistémologiques qui fondent toute théorie.

LE POSTSTRUCTURALISME EN TANT QUE PHILOSOPHIE POLITIQUE

Comme nous l'avons mentionné dans l'introduction, les poststructuralistes recourent à des idées et à des concepts philosophiques pour étudier la politique mondiale. Ces idées et ces concepts sont parfois assez complexes et difficiles à expliquer. En voici quatre qui sont particulièrement importants : le discours, la déconstruction, la généalogie et l'intertextualité. Ils sont examinés ici en détail.

Le discours

Le poststructuralisme soutient que le langage est essentiel pour rendre le monde intelligible à l'esprit humain. Le langage est social, car tout individu ne peut rendre sa pensée compréhensible pour autrui sans un ensemble de codes partagés. C'est précisément ce à quoi renvoie le concept de discours, que Michel Foucault, un éminent philosophe et historien français, a défini comme un système linguistique ordonnant les affirmations et les concepts. En matière politique, le langage est important parce que les politiciens, ainsi que d'autres acteurs en politique mondiale, doivent légitimer leur politique extérieure respective dans leur pays et ailleurs. Les mots utilisés pour décrire un objet ne sont pas neutres, et le choix d'un terme plutôt qu'un autre a des répercussions politiques. Par exemple, si les événements au Darfour (Soudan) étaient considérés comme un «génocide», de fortes pressions morales s'exerceraient sur la **communauté internationale** pour qu'elle «fasse quelque chose», alors que ce ne serait pas le cas si ces mêmes événements étaient plutôt décrits comme une «**guerre tribale**».

Comme le montre bien ce dernier exemple, le poststructuralisme ne voit pas le langage comme un intermédiaire neutre, mais comme un producteur de sens. Les choses n'ont pas une signification objective ni indépendante de la façon dont le langage les constitue. Le chapitre 9 signale que les constructivistes font une distinction entre les faits sociaux et les faits bruts. Les poststructuralistes poussent le raisonnement et affirment que même les faits bruts sont socialement construits. Ils ne nient pas que les événements se produisent dans le monde réel – par

exemple, si un coup de feu atteint un individu, celui-ci sera réellement blessé –, mais ils soutiennent qu'une chose ou un événement n'ont pas une signification donnée. Le coup de feu tiré résulte-t-il d'un accident, d'une attaque ou d'un châtiment divin punissant un méfait commis par l'individu atteint ? Les significations qu'on peut attribuer à un événement particulier sont donc fonction des discours qu'on entend à son sujet. On peut considérer qu'un événement fâcheux comme une crise cardiaque est la conséquence du mode de vie (mauvaise alimentation, manque d'exercice physique, habitudes de vie malsaines), de l'activité des gènes (qu'il est très difficile de prévenir) ou d'un châtiment divin. À l'aide du concept de discours, on peut dire qu'une crise cardiaque est constituée différemment selon le type d'argument privilégié : le mode de vie, la génétique ou la religion. Chaque discours propose une représentation distincte du corps, de ce qui peut être fait pour prévenir les maladies et donc des politiques qui devraient être adoptées pour les éviter. Les poststructuralistes soulignent qu'un discours n'est pas la même chose qu'une idée et que la matérialité, ou le monde réel, n'est pas abandonnée (voir l'encadré «Pour en savoir plus» ci-dessous). Prendre au sérieux la matérialité signifie, par exemple, que les progrès accomplis dans les technologies de la santé peuvent changer la façon dont les discours construisent les individus qui subissent une crise cardiaque ou qui sont atteints d'une autre maladie, comme le cancer ou le VIH/sida.

> **POUR EN SAVOIR PLUS**
>
> ## Ernesto Laclau et Chantal Mouffe, sur la matérialité du discours
>
> « Le fait que chaque objet est constitué comme un objet de discours n'a rien à voir avec l'opposition entre le réalisme et l'idéalisme [en philosophie et en épistémologie] ou avec la question de savoir s'il existe un monde extérieur à la pensée. Un tremblement de terre ou la chute d'une brique est un événement certainement réel, dans le sens où il se produit ici et maintenant, indépendamment de notre volonté. Toutefois, que sa spécificité comme objet soit construite en tant que phénomène naturel ou expression de la colère de Dieu est fonction de la structuration d'un champ discursif. Ce qui est nié ici n'est pas que de tels objets ont une existence extérieure à la pensée, mais plutôt qu'ils pourraient se constituer eux-mêmes en tant qu'objets en dehors de toute condition discursive d'émergence [...]. Nous affirmerons le caractère de toute structure discursive. Supposer le contraire revient à accepter la dichotomie très classique opposant un champ objectif constitué séparément de toute intervention discursive et un discours qui consiste en l'expression pure de la pensée. »
>
> *(Laclau et Mouffe, 1985, p. 108)*

La déconstruction

Considérer le langage comme un ensemble de codes signifie que les mots (ou les signes) n'ont un sens que par rapport à d'autres mots (ou d'autres signes). On ne peut savoir ce que *cheval* veut dire si ce mot n'est pas associé à d'autres, tels que «animal», «pelage», «sabot» et «rapidité». De plus, on sait ce qu'est une chose seulement si on la compare à ce qu'elle n'est pas. Un *cheval* **n'est pas** «humain», «doté de plumes», «sans pattes» ou «lent». Considérer le langage comme un ensemble de signes associés met en relief le caractère *structurel* du post*structuralisme* (voir l'encadré «Pour en savoir plus» ci-dessous).

POUR EN SAVOIR PLUS

Le postmodernisme et le poststructuralisme

«Le poststructuralisme n'est pas un "antistructuralisme", mais une position philosophique issue du structuralisme […], une position qui, à maints égards, a plus de points communs avec le structuralisme qu'avec ses opposants.»

(Wæver, 2002, p. 23)

Le postmodernisme renvoie à une période historique (située généralement après la Seconde Guerre mondiale) et à une tendance en art, en littérature et en architecture. Il sert à décrire de nouveaux phénomènes empiriques tels que la guerre postmoderne ou l'État postmoderne (voir le chapitre 13), deux notions qui soulignent notamment les incidences profondes de la globalisation sur les représentations existantes des conflits comme de l'État. Le poststructuralisme désigne un courant de pensée non confiné à une période historique précise. Malgré ces différences de base, les non-poststructuralistes en relations internationales font, par ailleurs, peu de distinctions entre le poststructuralisme et le postmodernisme, ce qui suscite le plus souvent des confusions inutiles (Campbell, 2007, p. 211-212).

Le *post*structuralisme se différencie du structuralisme (ou, plus précisément, de la linguistique structurale) en ce qu'il considère les structures des signes comme instables, parce que les associations entre les mots ne sont jamais fixées une fois pour toutes et peuvent varier au fil du temps. Par exemple, un *cheval* peut être «un animal», mais, dans de nombreuses situations, il est perçu comme plus «humain» qu'un «véritable animal», un «porc» ou un «ver de terre». Son «animalité» est elle-même instable et est énoncée au moyen d'autres signes à un moment et en un lieu donnés. Ce qui précède peut sembler assez éloigné de la politique mondiale, mais cet exemple démontre que la façon de décrire des événements, des lieux, des peuples et des États n'est ni neutre ni inhérente aux faits eux-mêmes. Ainsi, lorsque le président George W. Bush a soutenu en 2002 qu'un **axe du mal** menaçait le monde occidental, il affirmait à travers ce choix de mots l'existence d'une différence radicale entre les États-Unis et les pays faisant partie de cet axe (Iraq, Iran et Corée du Nord). Il proposait une redéfinition de la réalité de la politique mondiale.

La théorie de la déconstruction qu'a avancée Jacques Derrida, un philosophe français, ajoute que le langage est logocentrique ; il repose sur des dichotomies qui opposent par exemple le monde développé et sous-développé, moderne et prémoderne, civilisé et barbare. Ces dichotomies ne sont pas neutres, parce qu'un terme est supérieur à l'autre. Il existe une hiérarchie nette entre les termes développé, moderne et civilisé, d'une part, et sous-développé, prémoderne et barbare, d'autre part. La déconstruction montre en quoi de telles dichotomies font paraître un énoncé sur le degré de développement d'un pays comme une description objective, alors qu'il s'agit en fait d'un ensemble de valeurs structuré. Les poststructuralistes ne sont pas tous d'accord pour dire que la déconstruction peut être décrite comme une méthodologie (voir l'encadré «Pour en savoir plus» ci-dessous), mais ils conviennent qu'il est essentiel de problématiser les dichotomies, d'en révéler le fonctionnement et d'ouvrir ainsi la voie à de nouvelles façons de comprendre la politique mondiale.

POUR EN SAVOIR PLUS

Considérations sur la méthodologie poststructuraliste

Les poststructuralistes ne portent pas tous le même jugement sur la question de savoir si une méthodologie poststructuraliste est possible, voire souhaitable.

Certains estiment que bon nombre des questions méthodologiques que soulève l'analyse de discours poststructuraliste sont celles-là mêmes qui concernent tout travail de recherche : que doit être l'objet de l'analyse ? Comment établir un plan de recherche à partir de cet objet ? Comment choisir un ensemble de matériaux et de données qui facilitent l'obtention d'une réponse qualitativement et quantitativement fiable ? En mettant l'accent sur des discours tels que formulés dans des textes écrits et parlés, le poststructuralisme invite aussi à accorder une attention particulière à la méthodologie de la lecture (comment cerner les identités dans des textes sur la politique extérieure et comment étudier le rapport entre des discours opposés) et à la méthodologie du choix des textes (quels corpus et quels types de textes, et combien en retenir) (Hansen, 2006, p. 2).

D'autres, y compris Rita Floyd, spécialiste en approches critiques de la sécurité, sont plus sceptiques et croient que Derrida aurait été foncièrement opposé à cette possibilité même de définir une méthodologie propre au poststructuralisme (Floyd, 2007, p. 216).

La généalogie

La **généalogie** est un autre concept formulé par Foucault et qui se définit comme une histoire du présent, une histoire des enjeux qui sont les nôtres au présent. Elle part d'un fait contemporain, comme les changements climatiques (voir le chapitre 21), et pose deux questions : quelles pratiques politiques ont formé le présent et quels discours et interprétations ont été marginalisés et souvent oubliés ? Une généalogie des changements climatiques pourrait notamment soulever les questions suivantes : d'où vient ce problème qu'on nomme le réchauffement climatique ? Qui est autorisé à intervenir et à prendre des décisions concernant des événements comme le sommet de Copenhague sur le climat, en 2009 ? Puis, on poursuivrait avec ces deux questions-ci : quelles constructions du climat et de la responsabilité globale sont dominantes ? En quoi ces constructions sont-elles liées aux discours antérieurs ? En examinant le passé, on repère des façons différentes de conceptualiser le rapport des êtres humains avec le climat et on acquiert une compréhension des structures matérielles et discursives qui sous-tendent les enjeux qui sont aujourd'hui les nôtres.

Le concept de pouvoir

Les concepts de généalogie et de discours orientent l'attention vers la conception du pouvoir qu'a élaborée Foucault. Selon lui, le pouvoir est productif : il se manifeste quand les discours constituent des positions particulières sur des sujets en tant que positions naturelles. Les acteurs n'existent donc pas à l'extérieur d'un discours ; ils sont produits par un discours. Lorsque des États et des **institutions** parviennent à s'établir en tant que détenteurs du savoir et, par le fait même, à régir un enjeu particulier, il s'agit, là aussi, d'une manifestation de pouvoir. Non seulement le savoir n'est pas opposé au pouvoir – comme dans l'adage classique : *Dire la vérité aux détenteurs du pouvoir* –, mais il en fait même partie intégrante. À titre d'exemple concret, on peut évoquer la façon dont des chercheurs occidentaux ont acquis un savoir sur des peuples non occidentaux en les décrivant comme des peuples inférieurs, rétrogrades, sous-développés et parfois menaçants. Les tenants d'une telle position tiennent pour acquis qu'il existe

une **identité** étrangère et qu'elle peut être étudiée (voir le chapitre 11). Plus généralement, parler à partir d'une position de savoir revient à exercer son autorité sur une question donnée. Les poststructuralistes en relations internationales ont également repris l'une des conceptualisations plus particulières du pouvoir qu'a formulée Foucault, soit celle du biopouvoir. Le biopouvoir se déploie sur deux plans : sur le plan individuel, les citoyens sont incités à discipliner et à contrôler leur corps, tandis que, sur le plan collectif, on constate que les gouvernements et les autres institutions de pouvoir s'efforcent de gérer les individus et les populations. Le contrôle de la population est un bon exemple de biopolitique par laquelle les États font la promotion de pratiques de discipline du corps, comme l'abstinence avant le mariage et l'emploi de contraceptifs en vue de réduire le nombre de naissances ou de prévenir une grossesse chez des groupes déterminés de femmes. Des pratiques centrées sur l'individu découlent du principe selon lequel il existe « une » population pouvant être étudiée et orientée dans une direction particulière (voir l'étude de cas, page ci-contre, pour une réflexion sur le recours aux concepts de discours et de biopolitique afin de mieux comprendre la politique globale concernant le VIH/sida). Il est clair que le concept de pouvoir a une plus grande portée dans le poststructuralisme que dans le réalisme en théorie des relations internationales, où le pouvoir renvoie strictement aux capacités matérielles (voir le chapitre 5). Comparativement au constructivisme, qui s'intéresse également au savoir et aux identités (voir le chapitre 9), le poststructuralisme jette un regard plus critique sur la façon dont les acteurs sont d'abord constitués en tant qu'acteurs dotés d'une identité particulière.

L'intertextualité

La théorie sur l'**intertextualité** a été développée notamment par Julia Kristeva, théoricienne de la sémiotique. Elle soutient qu'on peut comprendre le monde social comme un ensemble de textes, parce que ceux-ci forment un intertexte, c'est-à-dire qu'ils sont liés à des textes antérieurs. Dans certains cas, c'est l'évidence même, à l'exemple des documents publiés par des institutions internationales telles que l'**Organisation du traité de l'Atlantique Nord (OTAN)**, l'**Union européenne (UE)** et l'ONU, où sont citées des déclarations parfois antérieures de certains pays membres. Des relations intertextuelles sont également établies de façon plus abstraite. Ainsi, affirmer que les Balkans sont « pétris de haine ancestrale » revient à puiser dans un corpus de textes qui décrivent les Balkans comme prémodernes et barbares. L'intertextualité peut

Les discours sur le VIH/sida

Le VIH/sida s'est trouvé au cœur même des débats sur la **globalisation** depuis la découverte de cette maladie, dans les années 1980 (voir aussi l'encadré «Quelques faits essentiels au sujet des maladies», à la page 493 du chapitre 28). Certains États ont tenté de se soustraire à l'exposition au virus en empêchant les personnes atteintes du VIH/sida d'entrer et de séjourner dans leur pays respectif. Ainsi, les États-Unis leur ont imposé une interdiction de séjour à partir de 1987 et l'ont maintenue jusqu'en janvier 2010. Le Programme commun des Nations Unies sur le VIH/sida (ONUSIDA) a combattu de pareilles discriminations parce que, comme l'a bien dit son directeur exécutif, Michel Sidibé, une telle attitude est inacceptable dans le monde actuel où se multiplient les déplacements (ONUSIDA, 2010).

D'un point de vue poststructuraliste, les politiques relatives au VIH/sida ne visent pas simplement à résoudre un problème matériel, mais elles constituent aussi la maladie et les personnes qui en sont touchées. Les politiques qui interdisent aux personnes atteintes du VIH/sida d'entrer dans un pays véhiculent un discours de danger : si ces personnes y entraient, elles exposeraient à un risque les résidants, c'est-à-dire la population nationale (voir Epstein, 2007). Or, pourquoi les personnes atteintes du VIH/sida représentent-elles un

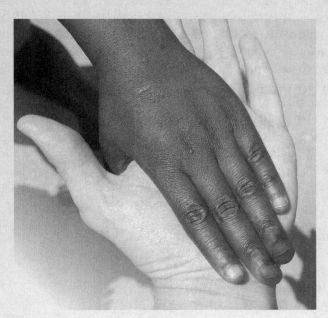

danger ? De toute évidence, certains individus pourraient être dangereux s'ils se comportaient de façon irresponsable, comme avoir des relations sexuelles non protégées ou partager des aiguilles, mais même ceux qui ne sont pas irresponsables n'ont pas le droit d'entrer dans certains pays. À partir du concept de biopolitique, on pourrait dire que le danger provient du corps infecté lui-même, que le corps a une vie – et un caractère non fiable – indépendamment du comportement discipliné que peut adopter son propriétaire (Elbe, 2009). Et si l'individu ne peut discipliner son propre corps, les États sont en droit de contrôler un groupe entier de personnes infectées. On constate ici que la biopolitique et le discours traditionnel centré sur l'État se rejoignent ; ils nous permettent de voir cette légitimation se produire et obéir à une logique du pouvoir sur la vie : certains États ont le droit de fermer leurs frontières aux individus provenant d'autres États. Le discours opposé, sur le droit de se déplacer, comporte une représentation très différente des porteurs du virus. Plutôt que de menacer les populations locales, ces personnes ont les mêmes droits que les autres êtres humains, y compris celui de se déplacer. Puisqu'il met l'accent sur les droits humains plutôt que sur les dangers, ce discours reflète une position normative qui rompt avec un mode de pensée statocentriste (voir les chapitres 5, 12 et 29).

aussi comporter des images ou l'interprétation d'événements qui ne sont pas exclusivement écrits ou oraux. Par exemple, lorsque des présidents se réunissent devant des caméras de télévision et expriment leur engagement à résoudre la crise financière, on n'observe pas seulement ce qui est dit, mais aussi ce que signifie la tenue d'une telle rencontre. En d'autres termes, la conférence de presse présidentielle est un important signe dans le texte plus général qui définit les relations **diplomatiques**. L'intertextualité sous-entend également que certaines choses sont tenues pour acquises parce que des textes antérieurs ont énoncé une affirmation si souvent qu'il n'est plus nécessaire de la répéter. Lorsqu'on consulte des documents de l'OTAN datant de l'époque de la guerre froide, on s'aperçoit qu'ils mentionnent parfois assez peu l'Union soviétique, car tous savaient à cette époque que l'objectif principal de l'OTAN consistait à dissuader l'Union soviétique d'attaquer des pays membres de cette organisation. Dans un cadre d'intertextualité, on doit donc s'interroger sur les éléments qu'un texte donné ne mentionne pas, soit parce qu'ils sont tenus pour acquis, soit parce qu'ils sont implicites.

Si l'intertextualité souligne le fait qu'un texte cite toujours des textes antérieurs, elle soutient aussi que chaque texte est unique. Aucun texte n'est la reproduction exacte d'un texte précédent. Même lorsqu'un texte en englobe un autre en le citant dans son intégralité, le nouveau contexte modifie le texte plus ancien. Il s'agit là d'un facteur important dans l'étude de la politique mondiale, parce qu'il indique clairement que la signification change quand un texte est cité dans un autre. Par exemple, les caricatures de Mahomet parues dans le journal danois *Jyllands-Posten* en septembre 2005 ont ensuite été reproduites dans de nombreux autres quotidiens et sur Internet, et de multiples interprétations en ont été proposées. Lorsqu'on examine ces caricatures aujourd'hui, on ne peut pas les aborder de la même façon qu'on l'aurait fait au moment de leur publication initiale.

La culture populaire

L'affirmation selon laquelle on doit comprendre la politique mondiale sous l'angle de l'intertextualité a amené les poststructuralistes à s'intéresser à des types de texte que n'analysent généralement pas les théoriciens des relations internationales. James Der Derian a étudié l'intertexte de romans d'espionnage populaires, du journalisme et de l'analyse en milieu universitaire (Der Derian, 1992). D'autres, y compris Michael J. Shapiro (1988, 1997) et Cynthia Weber (2006), se sont penchés sur des émissions de télévision, des films et des photographies. Les poststructuralistes estiment qu'il existe plusieurs bonnes raisons d'examiner la culture populaire. D'abord, les États la prennent réellement au sérieux, même s'il s'agit seulement d'œuvres de fiction. En 2006, le gouvernement kazakh a lancé une campagne publicitaire aux États-Unis pour modifier l'image du Kazakhstan véhiculée dans le film *Borat*. En 2010, le ministère des Affaires extérieures d'Israël a envoyé un message de protestation à l'ambassadeur turc à cause du portrait des forces de sécurité israéliennes que dépeignait une série dramatique à la télévision turque. Une autre raison pour laquelle on doit prendre au sérieux la culture populaire, et qui explique pourquoi les États aussi le font, c'est qu'un très grand nombre de personnes sur la planète écoutent de la musique et regardent des films, des émissions de télévision et des vidéos. À mesure que le monde devient de plus en plus globalisé, la culture populaire se répand rapidement d'un endroit à l'autre. L'apparition de nouveaux moyens de communication, comme les téléphones cellulaires, a fondamentalement transformé l'éventail des personnes qui peuvent produire les textes de la politique mondiale. On peut penser ici aux vidéos réalisées par des soldats sur les guerres en Iraq et en Afghanistan et qui ont été téléversés vers Internet, ainsi qu'aux photos d'Abou Ghraïb qui ont été diffusées. Enfin, la culture populaire peut annoncer des événements à venir dans le monde réel et proposer des interprétations complexes, critiques et stimulantes de la politique mondiale.

À RETENIR

- Quatre concepts de la philosophie poststructuraliste ont servi à produire un nouveau savoir sur la politique mondiale : le discours, la déconstruction, la généalogie et l'intertextualité.

- Envisager la politique mondiale comme un discours, c'est étudier les structures linguistiques qui permettent à la matérialité d'acquérir une signification.

- La déconstruction soutient que le langage est un système de dichotomies instables dans lequel un terme est valorisé au détriment d'un autre.

- La généalogie vise à cerner les pratiques politiques qui ont formé le présent ainsi que les discours et les interprétations qui ont été marginalisés et oubliés.

- Selon l'intertextualité, on peut considérer que le monde politique est fait de textes. Tout texte renvoie à d'autres textes, mais chacun est unique. L'intertextualité attire l'attention sur les silences et sur les prémisses tenues pour acquises.

- La culture populaire joue un rôle important dans la constitution de la politique mondiale.

LA DÉCONSTRUCTION DE LA SOUVERAINETÉ DE L'ÉTAT

Les poststructuralistes font appel aux quatre concepts-clés (discours, déconstruction, généalogie et intertextualité) décrits ci-dessus pour répondre à de grandes questions fondamentales en relations internationales : quel est le statut de l'État ? Le système international est-il condamné à subir des conflits récurrents et la politique de puissance, comme le prétendent les réalistes ? Ou est-il possible d'instaurer des mécanismes plus coopératifs, comme l'affirment les libéraux ?

La distinction entre intérieur et extérieur

Les poststructuralistes conviennent avec les réalistes que l'État tient une place absolument centrale en politique mondiale. Toutefois, contrairement aux réalistes,

qui le tiennent pour acquis, les poststructuralistes déconstruisent la place de l'État ainsi que le rôle qu'il joue en politique mondiale et dans le champ d'études des relations internationales. Le professeur R. B. J. Walker (1990) affirme que l'État, sans être une unité ayant la même essence en tout temps et en tout lieu, constitue une forme d'organisation de la communauté politique. La question de la communauté politique revêt une importance cruciale en politique tant nationale qu'internationale, parce qu'elle explique pourquoi les formes de gouvernance en vigueur sont légitimes et révèle qui est digne de confiance, qui sont ceux avec lesquels on a quelque chose en commun et qui sont ceux qu'on doit aider s'ils sont attaqués, s'ils souffrent ou s'ils ont faim (voir le chapitre 24). L'État territorial souverain occupe une place sans égale du fait qu'il représente *la* communauté politique, mais il se trouve dans cette position uniquement en raison d'une suite d'événements et de processus qui se sont amorcés avec la conclusion des **traités de Westphalie** (voir le chapitre 2).

Walker ajoute qu'on peut tirer d'importants enseignements de la transition entre le système d'États médiéval et le système d'États moderne, parce qu'elle illustre deux façons distinctes d'organiser la communauté politique. Dans le monde médiéval, il y avait deux sources d'autorité qui se chevauchaient, ce qui signifie que l'autorité religieuse et l'autorité politique – c'est-à-dire le pape et les empereurs ainsi que leurs subalternes – étaient interreliées et qu'il n'existait pas d'institution unique qui pouvait prendre des décisions souveraines. Comme l'indique le chapitre 2, les traités de Westphalie ont mis fin à une telle situation, puisque chaque État a acquis l'autorité souveraine sur son propre territoire et dans ses relations avec les autres États. En ce qui a trait à la façon de concevoir les relations entre les peuples, le monde médiéval était régi par ce que Walker dénomme le «principe de subordination hiérarchique». Celui-ci attribuait à chaque individu une position déterminée au sein de la société. Au sommet se trouvaient le pape et l'empereur, suivis des évêques et des rois, puis des prêtres et de la noblesse locale, et enfin de ceux qui ne possédaient rien et qui n'avaient aucun droit. Les traités de Westphalie ont lancé une dynamique qui a établi des liens plus étroits entre le peuple et l'État, puis, après la Révolution française (1789), tous les citoyens ont acquis le même statut. Cela ne signifie pas que tous les individus étaient des citoyens ou que tous les citoyens avaient accès à la même quantité d'argent ou de biens, à la même richesse ou à la même scolarité. Cependant, contrairement à ce qu'imposait le principe de subordination hiérarchique, il n'y avait désormais plus rien dans la nature d'un individu qui le rendait intrinsèquement supérieur ou inférieur aux autres.

La **souveraineté de l'État** a pour conséquence, selon Walker, de diviser le monde entre l'intérieur de l'État (où règnent l'**ordre**, la confiance, la **loyauté** et le progrès) et l'extérieur de l'État (où prévalent le conflit, la suspicion, l'autarcie et l'anarchie). Walker s'appuie ensuite sur la démarche de la déconstruction pour démontrer que la distinction entre le national et l'international n'est pas simplement une donnée objective du fonctionnement du monde réel. La distinction n'est pas maintenue par un facteur extérieur, mais par la façon dont les deux éléments de la dichotomie se renforcent mutuellement : on ne connaît l'international qu'à partir de ce qu'il n'est pas (le national) et, de même, on ne connaît le national qu'à partir de ce qu'il n'est pas (l'international). Non seulement le monde à l'intérieur d'un État est différent du domaine international, mais chacun des deux se constitue en opposition à l'autre. La dichotomie intérieur-extérieur est stabilisée par un vaste ensemble d'autres dichotomies, y compris celles qui contrastent la guerre et la paix, la raison et le pouvoir, l'ordre et l'anarchie.

Les poststructuralistes ont montré que la dichotomie intérieur-extérieur, intrinsèquement instable comme toutes les dichotomies, se maintient en place parce qu'elle est sans cesse recréée. Les États reproduisent la souveraineté de l'État, et les textes universitaires font de même. Le professeur de sciences politiques Richard K. Ashley signale, par exemple, la double démarche du réalisme (Ashley, 1987, p. 413-418). La première consiste à postuler qu'on ne peut comprendre la **communauté** que d'une seule façon, soit celle qu'on connaît à partir de la politique nationale. Lorsqu'on pense à la communauté internationale, celle-ci est construite sur ce qu'on sait a priori de l'État. La deuxième démarche permet d'affirmer qu'une telle communauté ne peut exister qu'au sein de l'État territorial. L'harmonie, la raison et la **justice** qui sont possibles à l'intérieur des États ne peuvent s'étendre jusqu'au domaine international, car celui-ci est constitutivement marqué par l'anarchie, la répétition et la politique de puissance. Le chercheur réaliste doit donc inciter les gouvernements à ne pas fonder leur politique extérieure respective sur l'éthique et la justice. L'encadré «Le réalisme contre la guerre : alliance improbable ?» présenté dans le chapitre 5 (page 101) aborde l'opposition des réalistes à la guerre lancée en Iraq en 2003. Leur objection découlait d'une évaluation de l'**intérêt national** des États-Unis, et non de préoccupations morales.

La force de la souveraineté de l'État

Il faut noter ici que, lorsque les poststructuralistes traitent de la dichotomie intérieur-extérieur, ils ne prétendent pas que le monde fonctionne exactement ainsi. Il existe maints États dont la politique nationale ne correspond pas à la description d'un intérieur fondé sur le progrès, la raison et la justice, mais la dichotomie national-international régit tout de même de grands pans de la politique mondiale. De plus, on pourrait dire que le succès de la dichotomie intérieur-extérieur se mesure à sa forte capacité à passer sous silence de nombreux faits et événements qui devraient, en réalité, la miner. Par exemple, on peut voir la dichotomie national-international à l'œuvre lorsqu'un État décide de ne pas intervenir dans les affaires d'un autre État qui poursuit en justice ses propres citoyens. On peut aussi songer aux pays qui déportent des enfants avec leurs parents, parce que ces derniers se sont vu refuser le statut de réfugié, même si leurs enfants sont nés dans le pays où la demande de ce statut a été présentée.

L'un des points forts du poststructuralisme est qu'il montre bien que la souveraineté de l'État est souvent à la fois remise en question et valorisée. Le chapitre 5 illustre jusqu'où les attaques du **11 septembre 2001** et la **guerre contre le terrorisme** ont ébranlé la souveraineté de l'État, en même temps que les États occidentaux ont observé ces événements à la lumière de la territorialité fondée sur l'État : la terre américaine a été attaquée et le régime des talibans en Afghanistan a été tenu responsable de ce qui s'est produit sur ce **territoire**. On peut aussi penser aux pirates somaliens qui agissent d'une façon qui échappe à l'emprise de l'État. Des États occidentaux ont réagi en envoyant des navires de guerre de l'OTAN patrouiller dans les eaux au large des côtes somaliennes, dans l'espoir de rétablir l'ordre dans la région. Depuis que les pirates transgressent la souveraineté de l'État, des États se sont également employés à protéger leurs bateaux contre les attaques de ces pirates. Plutôt que de proclamer la disparition de la distinction entre l'intérieur et l'extérieur, on doit garder à l'esprit la souplesse et la résilience dont elle fait preuve (voir aussi l'étude de cas de la page ci-contre).

Des solutions de rechange universelles

Les poststructuralistes rappellent que la déconstruction de la souveraineté de l'État, qui remet notamment en question l'idée qu'elle serait un fait objectif, n'est pas facile à transcender ; elle ne peut être aisément remplacée par l'idée d'une **communauté globale**. Comme l'a soutenu R. B. J. Walker, l'État est une catégorie politique dont ne fait pas partie le monde, le globe, la planète ou l'humanité (Walker, 1997, p. 72). Pour s'attaquer à une dichotomie, il ne suffit donc pas de simplement ren-

verser la hiérarchie des termes (c'est-à-dire remplacer «État» par «global»), mais il faut aussi repenser toutes les dichotomies complexes autour desquelles gravite cette hiérarchisation. Si on délaisse l'État en faveur du global, une question cruciale se pose alors : comment prévenir un retour au modèle connu depuis l'époque médiévale, soit celui d'une communauté globale où les individus sont classés et se font attribuer une valeur distincte ? Les poststructuralistes soutiennent que l'invocation de solutions globales ou universelles sous-entend invariablement que quelque chose d'autre est différent et particulier. Et ce qui est différent risque presque toujours de changer pour se conformer à ce qui est universel. Les poststructuralistes ne cachent donc pas leur scepticisme à l'égard des idéalistes ou des réalistes, qui défendent des principes universels, mais qui négligent le pouvoir associé à la capacité de définir ce qui est universellement bien et juste (voir le chapitre 29).

Les dangers – et le pouvoir – d'un discours universel sont mis en lumière lorsqu'on analyse le discours des gouvernements occidentaux qui ont envoyé des troupes en Iraq et en Afghanistan au milieu et à la fin des années 2000 (voir le chapitre 6). Dans le cadre de ce discours, l'idée de lutte contre le **terrorisme** a été propagée pour défendre la «liberté», la «sécurité» et la «démocratie». Si, de prime abord, cela peut sembler aller de soi, voire paraître attrayant, un problème subsiste : cet ensemble de catégories considérées comme universellement valides est évoqué et défini non pas par une voix véritablement globale, mais par un groupe d'États précis. Les catégories universelles étaient destinées à ceux qui ne faisaient pas encore partie de ce projet universel ou qui en avaient toujours été exclus. Aussi le discours universel a-t-il consolidé l'Occident dans la position de celui qui pouvait définir le «véritable» universalisme. Dans l'esprit de plusieurs auteurs, et pas seulement des poststructuralistes (voir le chapitre 11, sur le postcolonialisme), cette situation rappelle l'époque où l'Occident colonialiste avait le pouvoir, le droit et l'obligation de déterminer ce qui était bon pour le reste du monde.

En critiquant ainsi l'universalisme, les poststructuralistes contestent certaines positions du réalisme, mais ils conviennent aussi avec les réalistes qu'il est nécessaire de prendre au sérieux le pouvoir et l'État. De nombreux poststructuralistes attribuent une forte valeur au réalisme classique parce que celui-ci a historiquement accordé beaucoup d'attention aux grandes questions politiques et normatives de la politique mondiale. Le **néoréalisme,** pour sa part, est critiqué en raison de sa conception anhistorique de l'État, de sa réification de la structure internationale et de son épistémologie positiviste.

Territorialité, identité et traite des femmes

Les ONG, les médias, les États et des institutions internationales comme l'Union européenne accordent de plus en plus d'attention à la question de la traite des femmes. Le mot *traite* désigne un déplacement au-delà des frontières d'un État, et les femmes qui en font l'objet sont envoyées d'un pays à un autre, et non déplacées au sein d'un même pays. Elles entrent illégalement dans un pays soit clandestinement, soit pour des motifs frauduleux (avec un visa de tourisme ou pour faire du travail domestique, par exemple). La traite signifie un passage illégal des frontières territoriales, mais les femmes faisant l'objet de cette traite ont aussi une visibilité politique que n'ont pas celles qui effectuent le même type de travail à l'intérieur d'un pays.

Les femmes qui se trouvent dans un réseau de traite sont définies comme des victimes. Le *Rapport du Groupe d'experts sur la lutte contre la traite des êtres humains*, publié par la Commission européenne en 2004, affirme ce qui suit:

> Les aspects fondamentaux de la traite, selon la définition figurant dans le Protocole [de l'ONU], sont la coercition, les mauvais traitements et la tromperie. La définition englobe tous les types

de traite liés à l'exploitation sexuelle, à l'esclavage, au travail forcé et à l'asservissement. De plus, elle établit une distinction nette entre la traite et la prostitution [...], laissant chaque État déterminer le statut qu'il accordera à la prostitution dans ses lois nationales (p. 6).

Cette citation montre bien la frontière politique établie entre les questions au sujet desquelles les États devraient coopérer (ici, la traite) et celles pour lesquelles ils ne devraient pas le faire (la prostitution). Elle révèle également que les femmes subissant cette traite sont contraintes et

trompées, et que ce ne sont pas des personnes qui savent et qui agissent. Des féministes poststructuralistes signalent que les dichotomies entre tromperie et savoir et entre victime et agent sont problématiques. De nombreuses femmes impliquées dans cette traite se décrivent d'une façon qui ne correspond pas à ces dichotomies: elles possèdent un certain savoir et ne sont pas contraintes. Si toutefois elles s'y reconnaissent, elles apparaissent alors dans la catégorie des «travailleuses du sexe» et des «immigrants illégaux», qui ne disposent pas du même type de protection que les «victimes» (Aradau, 2008; Penttinen, 2008).

À RETENIR

- La souveraineté de l'État est une pratique qui constitue l'identité et l'autorité d'une façon particulière.

- Les poststructuralistes déconstruisent la distinction entre le national et l'international en montrant que les deux notions se stabilisent mutuellement et s'appuient sur un vaste ensemble d'autres dichotomies.

- Le global n'est pas une catégorie politique comme l'État et ne peut donc pas le remplacer.

- Les poststructuralistes soulignent les défauts d'un discours universel, car celui-ci est toujours établi à partir d'une position de pouvoir.

L'IDENTITÉ ET LA POLITIQUE EXTÉRIEURE

Après s'être intéressés à l'étude générale de la souveraineté de l'État, les poststructuralistes se sont tournés vers la question suivante: comment devrait-on comprendre la politique extérieure? Selon l'analyse traditionnelle qu'on en fait, les diverses politiques extérieures visent à défendre l'État (politiques de sécurité), à lui apporter un soutien financier (politiques économiques) ou à l'amener à faire le bien dans le monde (politiques de développement). Les poststructuralistes affirment par contre qu'il n'existe aucun objet stable – l'État – à partir duquel dérivent les politiques extérieures, mais que ces dernières s'appuient sur des interprétations particulières de l'État tout en les produisant également. Les politiques extérieures constituent l'identité du soi à travers la construction de menaces, de dangers et de difficultés qu'incarnent les «Autres». Comme le soutient Michael J. Shapiro, la politique de représentation devient alors absolument cruciale. La façon de présenter les autres influe sur la représentation de soi, et celle-ci joue un rôle décisif dans le choix des politiques extérieures (Shapiro, 1988). Par exemple, les débats au sein de l'Union européenne au sujet de l'adhésion de la Turquie cherchent à déterminer si la Turquie est un pays européen et s'il est possible d'être à la fois européen et musulman. Les réponses que les membres de l'Union européenne donnent à ces questions ont des conséquences sur la construction de l'identité non seulement de la Turquie, mais de l'**Europe** aussi. Les politiques extérieures protègent donc non pas une identité existante et reconnue, mais bien des discours par lesquels les identités sont (re)produites.

L'identité performative

Sur le plan théorique, le poststructuralisme conceptualise l'identité comme étant relationnelle et performative. Formulé par Judith Butler, le concept de performativité établit que les identités n'ont pas d'existence objective, mais qu'elles sont liées à des pratiques discursives (Campbell, 1992). Les identités sont socialement réelles, mais elles ne peuvent maintenir leur caractère réel que si des pratiques particulières les reproduisent. Pour un poststructuraliste, l'existence des identités n'est pas indépendante des politiques extérieures qui les façonnent. C'est pourquoi on ne peut pas dire que les identités sont à l'origine des politiques extérieures, car toutes deux se constituent mutuellement. Dans l'exemple de l'Union européenne et de la Turquie, il n'existe pas d'identité européenne objective qui amènerait a priori ses tenants vers telle décision au détriment d'une autre concernant l'adhésion de la Turquie. C'est plutôt au cours des débats sur la demande d'adhésion de la Turquie que l'identité européenne se définit davantage. Est-ce que cela signifie alors que les politiques extérieures sont à l'origine des identités? Non, parce que, en même temps, les politiques extérieures se définissent en fonction des interprétations de l'identité qui, dans une certaine mesure, sont déjà connues. Dans le cas de l'Union européenne, le discours sur la Turquie n'est pas improvisé, mais il s'appuie sur des constructions historiquement prédominantes de l'Europe, qui la présentent comme blanche, chrétienne, civilisée et moderne. En somme, les identités sont simultanément un produit des politiques extérieures et de leur justification. Si on

retourne à l'analyse de l'épistémologie figurant au début du présent chapitre, on constate qu'on ne peut théoriser en termes de causalité le rapport entre l'identité et la politique extérieure. Il s'agit plutôt d'un rapport constitutif. Cela signifie également que le poststructuralisme ne théorise pas l'identité de la même manière que le fait le libéralisme. Comme l'indique le chapitre 6, les libéraux font une place à l'identité et affirment même qu'elle pourrait déterminer l'orientation extérieure des États. En d'autres termes, l'identité a une incidence causale sur la politique extérieure, une notion que les constructivistes explorent en détail (voir le chapitre 9).

Le plus important développement en matière de théorie performative de l'identité et de la politique extérieure se trouve sans doute dans l'ouvrage de David Campbell, professeur de géographie culturelle et politique, intitulé *Writing Security : United States Foreign Policy and the Politics of Identity* et publié en 1992. Campbell présente une conception large de ce qu'est la politique extérieure et opère une distinction entre la «Politique extérieure» avec un grand P (les politiques qu'appliquent les États sur la scène internationale) et la «politique extérieure» (toutes les pratiques discursives qui constituent quelque chose d'extérieur par rapport au soi). La politique extérieure pourrait bien se déployer tout autant au sein des États qu'entre eux. Par exemple, elle pourrait concerner les relations de **genre,** notamment lorsque les femmes sont jugées inaptes à faire partie des forces armées d'un pays parce qu'elles n'auraient pas l'état d'esprit approprié (et qu'il serait donc dangereux pour les soldats de combattre à leurs côtés), ou quand les homosexuels sont considérés comme étrangers au sentiment national de soi. Puisqu'il scrute non seulement la Politique extérieure, mais également la politique extérieure, le poststructuralisme jette une lumière sur les frontières symboliques qui sont constituées à l'intérieur des États et entre eux.

Une grande partie du travail du poststructuralisme a été consacrée à ce que Campbell dénomme «les discours du danger». Parce que ces discours s'appuient sur des dichotomies très claires, il est facile de voir comment l'autre définit le soi. Les poststructuralistes examinent aussi les identités qui ne sont pas si radicalement différentes du soi. Lorsqu'on va au-delà de la construction soi simple-autre radical, on trouve des constellations d'identités plus complexes qui peuvent en comprendre plusieurs autres. Ces autres peuvent se menacer mutuellement plutôt que de menacer le soi et peuvent être constituées par différents types d'altérité. Un cas qui met en relief de telles constellations plus complexes est celui de la guerre survenue en Bosnie dans les années 1990, alors qu'un autre (les musulmans bosniaques) a été menacé par un deuxième autre (les Serbes de Bosnie). Cette situation a poussé la communauté internationale à lancer une **intervention humanitaire** (voir le chapitre 29), et les poststructuralistes ont montré que cette action a été légitimée dans le cadre d'un discours qui a divisé l'autre entre les «civils innocents» et les «gouvernements des Balkans» (Campbell, 1998). Comme la responsabilité occidentale n'a profité qu'aux seuls «civils innocents», une interprétation plus complète et plus politique de l'engagement occidental a ainsi été évitée.

Les positions de sujet

Lorsque les poststructuralistes affirment que les **identités** sont constituées par le discours, ils emploient généralement les termes «subjectivité» ou «position de sujet» pour souligner que l'identité n'est pas un trait que l'individu possède, mais plutôt une position qu'on lui attribue par construction. Les individus et les institutions naviguent entre différentes positions de sujet et peuvent, à un degré plus ou moins prononcé, s'identifier aux positions que les autres leur assignent. On peut penser, par exemple, à la façon dont la position de sujet des musulmans a fini par être utilisée en Europe de l'Ouest. Certains d'entre eux adoptent cette position de sujet et cherchent à lui donner un caractère positif en montrant, par exemple, que les organisations musulmanes sont aussi démocratiques que les organisations françaises, danoises ou autrichiennes que la majorité perçoit comme normales. D'autres musulmans répliquent qu'ils ne se considèrent pas du tout comme tels, mais plutôt comme des femmes, des Suédois ou des athlètes. Comme on peut le constater, il est crucial de déterminer quelles positions de sujet sont définies comme importantes, puisque ce sont elles qui établissent le contexte du paysage d'identité auquel on se reporte (voir l'encadré «Pour en savoir plus» ci-contre). Il faut donc chercher à savoir non seulement quelles constructions des musulmans sont véhiculées, mais aussi pourquoi il est devenu si important de construire leur identité.

Il est clair que certaines positions de sujet sont plus désirables que d'autres, car elles se situent à un échelon supérieur à celui d'autres identités. On peut prendre pour exemple la position des musulmans dans les discours occidentaux. Le point de départ ici est que le musulman est discursivement infériorisé par rapport au sujet européen, occidental ou danois. Ainsi, lorsque les institutions et les individus tentent de présenter les musulmans sous un jour plus positif, ils le font pour apporter une réponse cruciale à un discours courant af-

Les positions de sujet et les images

Les positions de sujet sont aussi constituées à travers les images. Voici deux représentations différentes des musulmans. Quelles en sont les différences et les ressemblances ?

Femme d'affaires musulmane

Au Pakistan, des musulmans célèbrent l'anniversaire de naissance du Prophète.

firmant que les musulmans ne sont pas tout à fait aussi bons que les «vrais» Européens. On observe qu'une position de sujet privilégiée procure habituellement au sujet une plus grande marge de manœuvre pour agir. Si on se rappelle que le poststructuralisme considère que le pouvoir est productif, on s'aperçoit alors que le pouvoir est très actif dans la construction des positions de sujet.

La position critique du poststructuralisme à propos de la subjectivité amène ses tenants à poser deux questions : *qui* peut prendre la parole au sein de ce discours et *comment* le sujet peut-il s'exprimer. Ces questions attirent aussi l'attention sur ceux qui ne peuvent pas parler ou qui ne peuvent le faire qu'avec une autorité et une latitude limitées. L'étatisme que privilégie l'ONU est un exemple de l'exclusion et de la marginalisation que produisent les discours. L'Assemblée générale des Nations Unies réunit 192 membres, qui sont tous des États. Puisque la Palestine n'est pas reconnue comme un État, elle n'y a accès qu'à titre d'observatrice. Dans la mesure où un discours centré sur l'État régit la politique mondiale, les **acteurs non étatiques**, les individus et les peuples **sans État** ont souvent beaucoup de difficultés à faire entendre leur voix. Le discours sur le développement dans lequel ceux qui reçoivent de l'aide sont perçus comme moins bien informés que les donateurs occidentaux offre un autre exemple de la subjectivité à propos de qui peut parler et comment. Par conséquent, le sujet des politiques d'aide au développement n'a pas la compétence pour dire quel type d'aide il devrait recevoir ; il doit plutôt écouter et apprendre.

Comme l'indique la définition du concept de discours, les discours sont aussi matériels. La constitution de la subjectivité se produit donc non seulement en tant que processus linguistique, mais encore dans l'interaction de chacun avec son milieu physique. Des poststructuralistes tels que Charlotte Epstein (2007) et Mark Salter (2006) ont étudié la manière dont les passeports biométriques, les restrictions associées aux visas et le contrôle de l'accès aux aéroports sont, en fait, des mesures qui déterminent quel individu est autorisé à franchir les frontières, quelle impression il doit donner et comment il doit agir. Les moyens technologiques, tels que les puces intégrées aux passeports, les formulaires électroniques de demande d'entrée dans un pays et les grandes bases de données contenant d'énormes quantités d'information s'ajoutent aux discours et aux politiques qui se répercutent de diverses façons sur la vie quotidienne des personnes.

À RETENIR

- Conformément à l'ontologie non fondationnelle qu'adoptent les poststructuralistes, il n'existe pas d'identités naturelles ou objectives, mais seulement des identités qui sont produites dans le discours.

- Les termes « subjectivité » et « position de sujet » soulignent le fait que l'identité n'est pas un attribut qu'un individu possède, mais plutôt une position qui est constituée par construction.

- La relation entre l'identité et la politique extérieure est performative et mutuellement constitutive.

- Le poststructuralisme cherche à déterminer qui peut parler et comment le sujet peut s'exprimer. La constitution courante de la subjectivité produit des silences et une marginalisation qui sont également révélateurs du discours.

CONCLUSION

Les idées et les concepts fondamentaux du poststructuralisme attirent particulièrement l'attention sur le fait que les acteurs, les entités et les objets qu'on tient pour acquis sont en réalité fonction de la façon dont ils sont construits. Les perspectives des chercheurs jouent un rôle important dans la reproduction de certaines conceptions particulières de la politique mondiale. Si on entend dire inlassablement que l'État ne se préoccupe que de son intérêt national, de sa politique de puissance et de sa **survie**, on finit alors par agir conformément à cette description de l'État qui nous apparaît comme naturelle et allant de soi. Les poststructuralistes rappellent également qu'il n'y a pas de solution de rechange facile à la souveraineté de l'État et que la défense des droits de l'homme, de la liberté et de la démocratie que préconisent les libéraux passe inévitablement par des constructions de pouvoir et des exclusions. S'ils voient d'un œil favorable la thèse de la théorie critique concernant les structures qui produisent des inégalités globales, les poststructuralistes doutent néanmoins que l'émancipation puisse s'attaquer au pouvoir tout en évitant les pièges du discours universaliste (voir le chapitre 8).

Le poststructuralisme n'offre peut-être pas de solutions toutes faites, mais il a un impact significatif sur la politique mondiale. En fait, la déconstruction des discours sur les politiques ainsi que les positions dominantes néo-néo impose un réexamen des prémisses ontologiques fondamentales qui orientent nos manières de penser. Par ailleurs, les poststructuralistes ont toujours été prompts à mettre en évidence les façons de construire la responsabilité. Plus récemment, certains poststructuralistes, dont David Campbell, James Der Derian et Cynthia Weber, ont analysé la production de films documentaires et d'expositions de photographies afin de sensibiliser un plus vaste public au discours par des moyens autres que la publication de textes universitaires.

Comme toutes les autres théories des relations internationales, le poststructuralisme a bien sûr fait l'objet de critiques. Ses détracteurs lui ont reproché d'utiliser un vocabulaire philosophique tellement dense que les propos en deviennent presque incompréhensibles ou que, si on réussit à filtrer son langage sophistiqué, les arguments ne sont pas si substantiels. D'autres soutiennent que le poststructuralisme ne parvient pas à rendre compte adéquatement des processus matériels et donc d'une grande partie de ce qui se passerait au-delà du discours. D'autres encore ont mis en évidence les différences épistémologiques et méthodologiques. Ceux qui, à l'instar du courant de pensée dominant en Occident, affirment que les théories doivent avancer des explications causales n'acceptent tout simplement pas l'adhésion des poststructuralistes aux épistémologies constitutives. Comme pour les autres perspectives théoriques décrites dans le présent ouvrage, il importe de procéder à une réflexion critique sur le poststructuralisme.

QUESTIONS

1. Pensez-vous que toutes les théories devraient proposer des explications causales ?

2. En quoi le poststructuralisme propose-t-il une critique fondamentale des explications causales ?

3. Discutez des facteurs matériels et technologiques qui influencent le discours sur les changements climatiques.

4. Comment un poststructuraliste définit-il le discours ?

5. En choisissant un cas historique ou issu de l'actualité mondiale, définissez le concept de généalogie.

6. Comparez la façon dont les néoréalistes et les poststructuralistes voient la crise financière globale.

7. Établissez des liens entre la culture populaire et la politique mondiale selon une perspective poststructuraliste.

8. Quelles formes de communautés politiques pourraient remplacer l'État ?

9. Quelle serait la perspective poststructuraliste sur le déclin de l'État ? Sur la globalisation ? Sur le terrorisme ?

10. À l'aide des quatre concepts-clés de l'approche poststructuraliste, faites une analyse de l'invasion américaine de l'Iraq en 2003.

Lectures utiles

Anouilh, P. et E. Puig, « Les relations internationales à l'épreuve du poststructuralisme : Foucault et le troisième "grand débat" épistémologique », dans S. Meyet, M.-C. Naves et T. Ribémont (dir.), *Travailler avec Foucault : retours sur le politique*, Paris, L'Harmattan, 2005, p. 141-160. Un chapitre, tiré d'un manuel de qualité, qui traite de l'influence de Michel Foucault sur la discipline, du point de vue des débats théoriques entre le positivisme et le postpositivisme.

Bigo, D., « La mondialisation de l'(in)sécurité ? », *Cultures & Conflits*, nº 58, 2005, p. 53-101, [en ligne]. [http://conflits.revues.org/index1813.html] Depuis une perspective bourdieusienne et foucaldienne, l'auteur analyse les discours sur l'insécurité globale qui s'est accentuée après le 11 septembre 2001.

Campbell, D., *Writing Security: United States Foreign Policy and the Politics of Identity*, Manchester, Manchester University Press, 1998. Un manuel-clé pour mieux comprendre l'analyse poststructuraliste de la construction de l'autre en politique extérieure, en particulier celle des États-Unis.

Colonomos, A., « Raison et justification morales dans les relations internationales », *Revue internationale des sciences sociales,* nº 191, 2007, p. 123-135. Illustration, par une analyse généalogique, des discours sur la politique étrangère en tant que régimes de vérité.

Der Derian, J., « Foucault et les Autres : rencontres critiques dans le domaine des relations internationales », *Revue internationale des sciences sociales,* nº 191, 2007, p. 77-82. Un article qui porte sur l'utilité des concepts de généalogie et de discours dans l'analyse théorique en relations internationales.

Foucault, M., *« Il faut défendre la société ». Cours au Collège de France, 1976,* coll. Hautes Études, Paris, Gallimard et Seuil, 1997. Une analyse du modèle de la guerre et de l'évolution des relations de pouvoir, selon une perspective généalogique.

Hansen, L. et O. Wæver (dir.), *European Integration and National Identity: The Challenge of the Nordic States,* Londres et New York, Routledge, 2002. Les auteurs décortiquent des discours sur l'intégration européenne, depuis la perspective des États nordiques.

Labranche, S., « L'apport de Foucault aux relations internationales : une critique du postmodernisme anglo-saxon », dans S. Meyet, M.-C. Naves et T. Ribémont (dir.), *Travailler avec Foucault : retours sur le politique*, Paris, L'Harmattan, 2005, p. 119-140. Une réflexion critique sur la contribution de Michel Foucault aux théories postpositivistes en relations internationales.

Thibault, J.-F., *Entre intériorité et extériorité. L'aporie constitutive de la pensée politique moderne,* Québec, Presses de l'Université Laval, 2009. Une application de la déconstruction à l'opposition entre l'ordre interne et l'ordre externe, dans la théorie politique et la théorie internationale.

Walker, R. B. J., « L'international, l'impérial, l'exceptionnel », *Cultures & Conflits*, nº 58, 2005, p. 13-51. Version française d'un texte de ce chef de file du mouvement postmoderniste en relations internationales, qui offre une réflexion sur l'origine des concepts dominants, tant dans la discipline que dans le monde politique.

Chapitre 11

LE POSTCOLONIALISME

Christine Sylvester

GUIDE DE LECTURE

Le postcolonialisme est un nouveau courant de pensée qui consiste à examiner les relations internationales à la lumière de l'histoire tant coloniale que postcoloniale. À cette fin, ses tenants présentent le contexte dans lequel vivent quotidiennement les peuples autrefois colonisés et ils l'analysent au moyen de théories formulées en réponse aux versions européennes et nord-américaines de l'histoire qui sont axées sur les grandes puissances et leurs interactions. S'inspirant de l'histoire sociale, des études littéraires, de la philosophie et de la psychanalyse, l'analyse postcoloniale s'emploie à combler les nombreuses lacunes caractéristiques des constructions eurocentriques du monde afin que les idées et les peuples issus des anciennes colonies deviennent plus visibles et plus audibles et soient ainsi mieux connus. Les récentes théories sur l'identité hybride et sur les tendances de l'époque postcoloniale dans le système international abordent également la question des hiérarchies propres aux relations interétatiques et transnationales qui prévalent encore maintenant dans les relations internationales globalisées, mais qui offrent néanmoins aux peuples des possibilités de s'associer au sein de nouveaux regroupements politiques et identitaires.

INTRODUCTION : LA PENSÉE POSTCOLONIALE DANS L'ÉTUDE DES RELATIONS INTERNATIONALES

Le postcolonialisme constitue une grille d'analyse relativement nouvelle dans le champ d'études des relations internationales. Il n'est apparu qu'à la fin des années 1990, soit peu après les théories féministe et poststructuraliste appliquées à ce domaine (voir les chapitres 10 et 16). Comme celles-ci, le postcolonialisme s'est manifesté à ce moment-là dans la discipline en raison de l'incapacité des théories dominantes à prédire quelques-uns des événements fondamentaux survenus à la fin du XXᵉ siècle : les luttes pour la décolonisation, la chute du mur de Berlin, l'effondrement de l'Union soviétique et la fin de la **guerre froide**. Avant les années 1990, la discipline des relations internationales ne s'appuyait que sur quelques grandes théories, notamment le réalisme (voir le chapitre 5), le libéralisme (voir les chapitres 6 et 7) et le marxisme (voir le chapitre 8). Ces théories n'étaient pas sensibles à ce qui a été dénommé le «pouvoir du peuple», c'est-à-dire les efforts déployés par de simples citoyens pour mettre fin au pouvoir colonial ou aux divisions qui ont découlé de la guerre froide, telle celle des résidants de Berlin, les uns à l'Est, les autres à l'Ouest. Lorsque l'étude des relations internationales a été affaiblie par les insuffisances des théories alors reconnues, les conceptions auxquelles on avait refusé toute légitimité auparavant ont enfin pu exercer une influence réelle sur la réflexion dans le domaine. Les nouvelles théories ont rejeté le postulat selon lequel les **États-nations**, et plus particulièrement les grandes puissances, étaient toujours les acteurs-clés des relations internationales. Elles ont choisi de mettre l'accent sur les multiples lieux et relations qui pouvaient être considérés comme pertinents dans la discipline et permettaient ainsi d'élargir cette dernière. Le postcolonialisme est justement l'une de ces nouvelles théories.

Les trois principales contributions de l'analyse postcoloniale à l'étude des relations internationales sont les suivantes : intégrer les relations historiques entre les puissances coloniales et les colonies ; offrir des points de vue et des théories sur ces relations qui découlent aussi des perspectives propres aux peuples colonisés plutôt que de celles des grandes puissances seulement ; encourager le recours aux romans, aux poèmes, aux journaux personnels et aux témoignages en tant que sources d'information utiles pour l'analyse du présent comme celle du passé.

Le postcolonialisme met en évidence le maintien des hiérarchies coloniales fondées sur l'ethnie, la classe sociale et le genre, malgré la fin de la période coloniale. Il dénonce aussi la tendance que manifeste l'étude des relations internationales (et beaucoup d'individus en Occident) à accorder plus d'attention à la politique extérieure respective des États-Unis et des pays européens qu'à celle de la plupart des anciennes colonies, telles que la Zambie, le Botswana, la Jamaïque, le Bangladesh, les Philippines ou la Bolivie. Le présent chapitre retrace également le développement de la pensée postcoloniale comme un champ d'études à part entière. Précisons d'ailleurs que, dans ces pages, le terme «postcolonial» renvoie à la fois à l'analyse du colonialisme et de l'anticolonialisme et au plus récent virage amorcé dans les années 1990 vers la perception, en relations internationales, que l'époque actuelle constitue une période résolument distincte de l'ère coloniale, puisque la majorité des États colonisés ont recouvré leur indépendance. Ce terme fait aussi référence à la réflexion et à la théorisation sur les nombreuses façons dont les conditions coloniales du passé, comme les préjugés liés à l'origine ethnique, à la classe sociale et au genre, se sont maintenues jusqu'à aujourd'hui et influencent les relations internationales contemporaines axées sur la globalisation, la guerre, l'empire, les migrations et les politiques identitaires.

À RETENIR

- Le postcolonialisme est une nouvelle théorie dans la discipline des relations internationales. Il s'agit d'une approche allant du bas vers le haut plutôt que du haut vers le bas, c'est-à-dire qu'elle s'appuie sur le point de vue du peuple et non de l'État.

- Outre les sources plus traditionnelles utilisées dans l'étude des relations internationales, le postcolonialisme fait appel aux œuvres de fiction et aux témoignages personnels comme sources d'information sur les situations et les peuples coloniaux et postcoloniaux.

- Il constitue une approche assez vaste pour inclure les relations internationales pendant et après les colonies, ainsi que la notion suivant laquelle l'époque actuelle est définie comme postcoloniale.

LES ANCIENNES COLONIES ET LA DISCIPLINE DES RELATIONS INTERNATIONALES

La discipline des relations internationales n'a traditionnellement pas accordé beaucoup d'attention à l'examen des rapports de domination et de subordination dans le monde. Elle s'est plutôt développée autour de l'étude des États souverains et de leurs interactions. Par définition, les colonies n'étaient ni indépendantes ni souveraines et beaucoup d'entre elles ont dû lutter, avec ou sans violence, selon le cas, pour briser le joug de leur puissance coloniale respective et accéder ainsi à l'égalité souveraine. Elles ont ensuite été obligées d'assumer les responsabilités incombant aux États nouvellement constitués, qui consistent à protéger la population nationale, prendre en charge le développement économique et offrir des services sociaux tels que la scolarisation. Plus la colonisation et l'indépendance ont été tardives, plus les luttes et les difficultés inhérentes à la gouvernance postcoloniale semblent avoir été grandes. Les anciens empires coloniaux ont vu leur puissance s'effriter peu à peu, mais ils ne voulaient pas renoncer aux colonies qui leur procuraient un certain prestige et un avantage économique considérable. Les pays les plus pauvres du monde aujourd'hui étaient jusqu'à tout récemment des colonies; de nombreuses guerres et des conditions qui favorisent l'instabilité sociale et le sous-développement pèsent maintenant sur leur destinée. Parce qu'elle a longtemps mis l'accent sur les relations entre les grandes puissances, la discipline des relations internationales n'a pas vu la nécessité d'ajouter à ses objets d'étude les groupes, les cultures, les mouvements, les connaissances, les lieux et les relations qui englobent les peuples des anciennes colonies. Elle ne possédait d'ailleurs pas les outils nécessaires pour le faire. Son champ d'action se limitait implicitement à l'Europe et à l'Amérique du Nord. Pour intégrer les rapports liés au genre, à l'origine ethnique, à la culture, à l'inégalité, à l'exploitation et à la colonisation, la discipline a dû s'intéresser aux relations historiques des États et des groupes, plutôt que de les esquisser sommairement en toile de fond de ses travaux de recherche.

Rétrospectivement, il peut sembler que l'indifférence à l'égard de l'histoire coloniale et des relations sociales en tant que relations internationales a été le produit d'un entêtement ou d'un aveuglement. Après la fin de la Seconde Guerre mondiale, une grande part des activités en relations internationales ont gravité autour de la **décolonisation** (c'est-à-dire les processus en vue de mettre un terme aux régimes coloniaux). Au milieu des années 1960, plus de 60 colonies, dont 50 en Afrique seulement, avaient acquis leur indépendance et été admises comme États membres de l'ONU. Cette vague d'accession à l'indépendance dans les colonies a coïncidé avec la guerre froide, pendant laquelle les deux superpuissances ont rivalisé pour imposer leur domination idéologique, économique et technologique. Certains nouveaux États se sont alors transformés en champs de bataille (le Vietnam, la Corée), tandis que

d'autres ont accepté de devenir de nouveaux alliés des superpuissances en se modernisant rapidement et en se dotant de l'armement nécessaire pour résister aux offres de ralliement provenant du bloc opposé (voir le chapitre 3).

Un tel ordre de priorités reflétait les hiérarchies de pouvoir et de savoir dans le monde, mais il était entièrement inacceptable aux yeux des dirigeants à Cuba, en Chine et en Indonésie qui croyaient que les anciennes colonies devaient définir leur propre destinée respective. En 1955, 29 États, surtout asiatiques et africains, ont établi les fondations d'un bloc international à la fois postcolonial et non aligné lors de la **Conférence de Bandung,** en Indonésie. Bien que plus favorable au socialisme qu'au capitalisme, ce nouveau bloc issu du tiers-monde s'est efforcé d'obtenir des ressources auprès des deux superpuissances, plutôt que de se rallier à l'un des deux camps qui ont dominé la guerre froide. Toute l'aide d'origine extérieure allait être mise au service de projets et de politiques définis par les nouveaux États eux-mêmes, et non par les superpuissances. Une telle tendance s'est intensifiée lors de la **Conférence tricontinentale,** tenue en 1966 à La Havane, à Cuba, et qui a réuni 500 délégués provenant d'États indépendants ou en voie de décolonisation, situés en Amérique latine, dans les Antilles, en Asie et en Afrique. Parmi les principaux orateurs présents figurait Ernesto «Che» Guevara, théoricien et praticien militant de la libération nationale par la lutte armée. Il a tiré parti de l'occasion pour exposer sa théorie de la guérilla, qu'il estimait être le meilleur moyen dont disposaient les dernières colonies pour mener leur lutte d'indépendance contre les puissances coloniales européennes. Il prônait aussi la lutte armée populaire contre tous les régimes latino-américains **néocoloniaux** corrompus que mettaient en place les États-Unis, dont le seul souci pour la région résidait dans le maintien au pouvoir, à tout prix, de dirigeants anticommunistes et favorables au monde des affaires. La Chine et Cuba représentaient des modèles à suivre pour le tiers-monde. Dans le cas de Cuba, la guérilla a chassé le régime corrompu de Fulgencio Batista à la fin des années 1950 et a permis l'accession au pouvoir de Fidel Castro dans un pays situé à quelque 150 kilomètres des côtes de la Floride.

Fortement influencée par les politiques extérieures qu'ont adoptées différents pays occidentaux pendant la guerre froide, la discipline des relations internationales s'est faite largement complice des efforts américains visant à isoler les penseurs tricontinentaux, traités de dangereux agitateurs antiaméricains et procommunistes. La très modérée Conférence de Bandung n'avait attiré l'attention des étudiants en relations internationales que parce qu'elle avait présenté le mouvement des pays non alignés, en plus de populariser la notion d'un tiers-monde qui se positionnait stratégiquement entre l'Occident (le premier monde) et le bloc soviétique (le deuxième monde), mais qui puisait des ressources dans ces deux mondes. Par contraste, les études postcoloniales ont rappelé que la Conférence tricontinentale a donné vie, quoique brièvement, au journal *Tricontinental*, qui a été l'une des premières sources de diffusion des idées de penseurs comme Frantz Fanon, Albert Memmi ou Ho Chi Minh. Ces derniers ont exercé une réelle influence sur la vie politique dans le tiers-monde et leurs travaux allaient former l'assise de la pensée postcoloniale naissante. Si les collaborateurs du journal étaient issus de continents, de cultures et de milieux sociaux différents, ils ont tous souvent écrit sur la domination renforcée par la politique, l'histoire et la puissance euro-américaines. Toutefois, plusieurs l'ont fait en déformant ou effaçant d'autres savoirs présents dans les livres d'histoire. Quelques-uns de ces penseurs ont affiché leur volonté de retourner contre les colonialistes intransigeants les mêmes moyens violents que ceux-ci avaient employés pour soumettre les sociétés colonisées. Cette attitude reflétait la colère de ces auteurs devant la subordination automatique que leur pays, leur peuple et leurs idées avaient subie dans les relations internationales depuis la période coloniale, puis durant la guerre froide et jusqu'à l'époque postcoloniale.

Frantz Fanon est l'un des premiers analystes à avoir préconisé le renversement violent du colonialisme et des rapports de domination et de subordination dans les nouveaux États (voir l'encadré «Pour en savoir plus» ci-contre). Psychiatre formé en Martinique et en France, Fanon s'est heurté, durant et après sa formation en médecine, à un racisme constant qui l'a poussé à quitter le poste important qu'il occupait dans les Antilles et à joindre la lutte anticoloniale algérienne contre la France. Ses livres intitulés *Peau noire, masques blancs* (1952) et *Les damnés de la terre* (1961) ont lancé un long débat, dans le milieu des études postcoloniales alors naissantes, sur les mécanismes du contrôle colonial. Contrairement à la discipline des relations internationales, qui mettait l'accent sur les rapports de pouvoir objectifs et qui indiquait que la France était plus puissante que sa colonie algérienne sur les plans militaire, économique et culturel, les ouvrages de Fanon soulignaient davantage l'étonnante capacité des discours des empires à coloniser l'esprit de tous les individus concernés. Cela signifiait que les colonisateurs européens considéraient comme justifié l'exercice de leur puissance dominante et que les so-

ciétés colonisées avaient fini par accepter et intérioriser le statut inférieur et subordonné qui leur avait été imposé. L'instrument au service d'une telle différenciation de statut n'était pas uniquement la force des armes, mais bien celle du langage : les mots, les épithètes raciales et les insultes quotidiennes lancés au visage de la population. Fanon s'est inspiré des ouvrages de poètes et d'écrivains anticoloniaux, tels qu'Aimé Césaire et Jean-Paul Sartre, pour promouvoir l'importance d'édifier une conscience nationale qui ne reflète pas la réalité européenne.

Les damnés de la terre décrivent en détail les étapes du processus par lequel la violence devient le seul moyen de contrer les messages insultants et de libérer les colo-

POUR EN SAVOIR PLUS

Frantz Fanon lance un appel au rejet des méthodes européennes

« Le jour nouveau qui déjà se lève doit nous trouver fermes, avisés et résolus. Il nous faut quitter nos rêves, abandonner nos vieilles croyances et nos amitiés d'avant la vie. Ne perdons pas de temps en stériles litanies ou en mimétismes nauséabonds. Quittons cette Europe qui n'en finit pas de parler de l'homme tout en le massacrant partout où elle le rencontre, à tous les coins de ses propres rues, à tous les coins du monde. Voici des siècles que l'Europe a stoppé la progression des autres hommes et les a asservis à ses desseins et à sa gloire ; des siècles qu'au nom d'une prétendue aventure spirituelle elle étouffe la quasi-totalité de l'humanité. Regardez-la aujourd'hui basculer entre la désintégration atomique et la désintégration spirituelle. Et pourtant, chez elle, sur le plan des réalisations on peut dire qu'elle a tout réussi. L'Europe a pris la direction du monde avec ardeur, cynisme et violence. Et voyez combien l'ombre de ses monuments s'étend et se multiplie. Chaque mouvement de l'Europe a fait craquer les limites de l'espace et celles de la pensée. L'Europe s'est refusée à toute humilité, à toute modestie, mais aussi à toute sollicitude, à toute tendresse. Elle ne s'est montrée parcimonieuse qu'avec l'homme, mesquine, carnassière homicide qu'avec l'homme. Alors, frères, comment ne pas comprendre que nous avons mieux à faire que de suivre cette Europe-là. Cette Europe qui jamais ne cessa de parler de l'homme, jamais de proclamer qu'elle n'était inquiète que de l'homme, nous savons aujourd'hui de quelles souffrances l'humanité a payé chacune des victoires de son esprit. Allons, camarades, le jeu européen est définitivement terminé, il faut trouver autre chose. Nous pouvons tout faire aujourd'hui à condition de ne pas singer l'Europe, à condition de ne pas être obsédés par le désir de rattraper l'Europe. »

(Fanon, 1961, p. 311-312)

nisés afin qu'ils développent une conscience nationale et une identité qu'ils ont définie eux-mêmes. Cette liberté demeure souvent insaisissable même après l'indépendance, alors que les élites locales – des intellectuels du pays – utilisent les atouts de classe et de pouvoir qu'ils ont obtenus de l'Europe et ne font que défendre leurs propres intérêts. La lutte pour une conscience nationale est donc culturellement et politiquement complexe et se poursuit bien après l'indépendance nouvellement acquise par un État. Néanmoins, l'identité des dépositaires de la conscience nationale dont parle Fanon est une question ouverte, car, dans ses textes, ce sont les hommes qui sont présentés comme les chefs naturels de la résistance. Fanon fait l'éloge des femmes pour leur rôle dans les luttes nationalistes, mais il les place à l'arrière-plan par rapport aux hommes qui, eux, planifient les actions et occupent les postes de pouvoir au niveau national.

À l'époque où ces écrits ont été publiés, la discipline des relations internationales, comme l'explique Arlene Tickner, de l'Universidad de los Andes, à Bogotá, en Colombie (2003, p. 296), maintenait son manque de correspondance entre sa terminologie, ses catégories et ses théories traditionnelles, d'une part, et les réalités du tiers-monde, d'autre part. Centrée sur les relations stables des États et sur les organisations que ceux-ci avaient créées, la discipline s'est intéressée aux nouveaux États apparus dans les années 1960 et 1970, non pas par l'intermédiaire des travaux d'intellectuels du tiers-monde, mais souvent par une analyse des revendications que les États du Sud imposaient alors en relations internationales. Ces revendications revêtaient des formes différentes. Un bloc de pays en développement dénommé le **Groupe des 77 (G77)** s'est formé à l'ONU pour favoriser la solidarité du tiers-monde au moment de soulever des questions ou de prendre position à leur sujet. L'**Organisation des pays exportateurs de pétrole (OPEP)** a commencé à exercer son emprise sur des ressources naturelles, comme le pétrole, que prisait l'Occident. Des voix se sont aussi élevées à l'ONU pour exiger l'instauration d'un **nouvel ordre économique international** qui serait plus favorable aux sociétés postcoloniales et qui leur offrirait une amélioration des conditions de l'échange, une plus grande aide et une meilleure allocation des ressources dans un système où tous les États seraient des partenaires égaux dans la gouvernance économique globale. Les guerres et les conflits qui opposaient les alliés des deux protagonistes de la guerre froide ont mis au premier plan des pays de l'Asie du Sud-Est et de l'Amérique centrale ainsi que des questions liées à l'aide extérieure. On peut dire que les chercheurs en relations internatio-

nales ont commencé à accorder plus d'attention aux États postcoloniaux dans les années 1970, mais qu'ils ont strictement limité l'objet de leurs travaux aux menaces soit contre l'ordre mondial établi que géraient les États développés, soit contre l'équilibre entre l'Est et l'Ouest.

Le fait que les priorités des pays du tiers-monde ont été définies par les superpuissances et par des chercheurs en relations internationales qui vivaient en Occident, ou bien par des dirigeants et des intellectuels issus des sociétés postcoloniales, se traduisait notamment par un savoir orienté du haut vers le bas. Les divers écrits traitaient peut-être de la société en général, mais la vie quotidienne ne faisait pas l'objet d'études ni de réflexions qui pouvaient brosser un tableau plus juste de l'expérience coloniale et des perspectives postcoloniales du point de vue des citoyens. Ce n'étaient donc pas les initiatives allant du bas vers le haut qui étaient à l'ordre du jour, mais bien les politiques d'avant-garde. De plus, les notables associés aux premiers temps de la pensée postcoloniale et aux réactions que celle-ci a suscitées en Europe et en Amérique du Nord étaient surtout des hommes. Ceux-ci étaient d'avis que les besoins des États postcoloniaux correspondaient à ceux des dirigeants ou aux arrangements que ces hommes pouvaient établir. Ce n'est que lorsque le postcolonialisme a acquis le statut de champ d'études à part entière, dans les années 1980, que les activités et les écrits initiaux des penseurs anticolonialistes ont pu être envisagés dans un contexte plus large. Plusieurs éléments ont permis de mieux cerner ce contexte : les thèmes de la résistance, de l'instabilité et des possibilités engendrées par l'édification d'un empire ; des flux réciproques de savoir et de culture en provenance et à destination des colonies ; la vie et l'action politique des simples citoyens, notamment des femmes, dans des milieux postcoloniaux. Jusqu'alors, tant la discipline des relations internationales que la pensée anticolonialiste avaient mis l'accent sur les États plutôt que sur les individus et avaient subi la forte influence des courants idéologiques prônés durant la guerre froide.

À RETENIR

- La discipline des relations internationales s'intéresse aux relations coloniales et postcoloniales, mais seulement sous l'angle des intérêts des grandes puissances.

- Pendant la guerre froide, les grandes puissances ont aussi mené une guerre d'influence auprès et au sein des États nouvellement indépendants.

- Refusant de choisir entre l'appui de l'Occident et celui du bloc soviétique, certains États postcoloniaux se sont réunis lors de conférences et ont formé le mouvement des pays non alignés pour créer le bloc du tiers-monde.

- Le tiers-monde a été en mesure de faire preuve d'une certaine force envers les grandes puissances en mettant sur pied l'OPEP et en exigeant un nouvel ordre économique international.

- Les priorités du tiers-monde et l'intérêt qu'on lui manifestait ne prenaient toutefois pas en compte la vie quotidienne des simples citoyens dans les milieux postcoloniaux.

RÉVISER L'HISTOIRE POUR COMBLER LES LACUNES

Le postcolonialisme a également été fortement influencé par les tendances de la recherche en Inde, où un groupe d'historiens se sont concentrés sur des études sociales qu'ils ont dénommées études **subalternes**. Ne voulant pas aborder le pays tel que le voyaient son ancienne puissance coloniale ou les dirigeants locaux, ces chercheurs ont entrepris l'examen de l'histoire et de la culture des personnes situées aux plus bas échelons de la société indienne, les subalternes. C'est Antonio Gramsci, un marxiste italien, qui a le premier utilisé ce terme pour désigner des groupes qui subissaient un joug et même un mépris si profondément ancrés dans leur société qu'ils avaient été exclus des activités nationalistes et de toutes les histoires nationales, locales et internationales (voir le chapitre 8). Le groupe actif en études subalternes s'est appliqué à renverser la position des subalternes dans le savoir. Il les a fait passer du statut de dernier maillon – dans une chaîne d'influence allant des puissances coloniales à l'État postcolonial et ses dirigeants – au statut d'élément le mieux placé pour l'édification du type de savoir qui pourrait apporter une réponse aux récits de la puissance et de la gloire coloniales et de l'héroïsme individuel et national (européen). Ce groupe, qui comprenait Ranajit Guha, Dipesh Chakrabarty et Gayatri Spivak, a aussi beaucoup fait pour mettre un terme à la marginalisation et à l'oppression des classes inférieures. À l'instar des analystes féministes qui ont osé amorcer leur étude des relations internationales par l'examen de la vie des femmes plutôt que de celle des hommes au pouvoir ou des États (voir Enloe, 1990), les études subalternes se sont penchées sur les personnes qui, jusqu'alors, étaient considérées comme des victimes de l'histoire ou des exemples pittoresques d'une culture locale. La

question-clé aux yeux des chercheurs en études subalternes était la suivante : à quoi ressemblent l'histoire et la vie contemporaine lorsqu'on les envisage à partir de points de vue subalternes, soit du bas vers le haut au lieu du haut vers le bas ?

Pour tenter de répondre à cette question, il fallait explorer un terrain non défriché, les données historiques sur les peuples subalternes étant rares ou inexistantes. Les chercheurs actifs en études subalternes ont dû trouver des façons de travailler auprès de groupes négligés pour mieux connaître leur vie. L'une de ces façons consistait à analyser des œuvres de fiction, des récits de voyage et des journaux personnels des périodes coloniale et postcoloniale. Ces documents dépeignaient la trame de la vie quotidienne pendant la colonisation ainsi que les changements entraînés par le rejet nationaliste du colonialisme et par les efforts que déployaient les États postcoloniaux pour construire une identité nationale. L'analyse littéraire postcoloniale est devenue une pratique méthodologique fondamentale de ce champ d'études. Graeme Turner (1993, p. 1), un chercheur australien, a affirmé que les récits locaux sont en fin de compte créés par la culture et produisent ainsi un sens, revêtent une grande importance et prennent des formes qui expriment les valeurs, les croyances et l'idéologie de la culture. Chenjerai Hove, poète et romancier zimbabwéen dont l'œuvre intitulée *Bones* a obtenu en 1989 le prix Noma pour un livre publié en Afrique, décrit le tout à sa façon : « Je ne veux pas maintenir séparées la réalité et la fiction. Les êtres humains sont des animaux très complexes. Nos décisions, nos sentiments et nos expériences sont déterminés par nos souhaits, nos légendes et le passé. Je crois […] que les individus eux-mêmes sont extraits de l'imagination. Nous sommes inventés. Nous sommes inventés par d'autres personnes » (Hove, 1994, p. 15). Nous nous inventons nous-mêmes aussi, sous des formes qui imitent parfois ce que nous lisons, voyons et entendons, ou qui résistent aux représentations que d'autres se font de nous. Ngugi wa Thiong'o (1986, p. 16), un romancier kényan, a écrit que la façon dont les individus se perçoivent eux-mêmes colore le regard qu'ils posent sur la culture, la politique, la production sociale de la richesse et sur l'ensemble de leurs rapports avec la nature et avec les autres êtres humains.

Edward Saïd, l'un des plus influents auteurs postcolonialistes, a fait un usage extensif de la littérature dans ses écrits. En fait, certains ont soutenu que le champ d'études serait peut-être resté centré sur le militantisme anticolonial et sur les approches marxistes des études subalternes en Inde et ailleurs, si Saïd n'avait pas in-

troduit une perspective culturelle fondamentale dans les débats. Saïd (1935-2003) était un Palestinien chrétien de naissance, mais sa famille a quitté Jérusalem pour s'établir au Caire lorsque la première guerre israélo-arabe a éclaté. Après avoir vécu de nouveau à Jérusalem, puis au Caire et dans d'autres villes du Moyen-Orient, Saïd s'est installé aux États-Unis pour faire des études universitaires et obtenir son doctorat, avant d'accéder à un poste de professeur d'anglais et de littérature comparée à l'Université Columbia, fonction qu'il a exercée jusqu'à sa mort. Il est surtout connu pour ses travaux sur l'**orientalisme** et pour son livre éponyme, publié en 1978, qui a ensuite acquis une notoriété telle que plusieurs estiment que c'est cet ouvrage qui a été le véritable point de départ des études postcoloniales. *L'orientalisme* traite des façons dont le Moyen-Orient et l'Asie sont représentés dans les biographies, les œuvres d'art et les romans occidentaux. Ces œuvres dépeignent souvent des lieux perdus dans des époques révolues, où règne un régime despotique et qui se caractérisent par d'étranges rites culturels pouvant être à la fois une source de plaisir et un symptôme de faiblesse. L'Orient a été inventé sous la forme d'un lieu que les hommes occidentaux pouvaient célébrer pour sa douceur, sa sensualité et ses attraits féminins, et où les hommes et les femmes pouvaient s'abandonner à des comportements considérés comme dégénérés selon les mœurs européennes. Encore aujourd'hui, on entend, par exemple, que les femmes orientales se couvrent le visage, mais portent des vêtements très légers pour mieux envoûter les hommes avec leurs danses suggestives promettant des plaisirs sans complication. Les hommes semblent tantôt minés par la culture du plaisir et faciles à conquérir, tantôt irrationnellement cruels. Cet Orient constitue donc dans la perspective de Saïd un vague lieu largement imaginé et surtout réduit à des stéréotypes évocateurs que les Occidentaux ont cru pouvoir contrôler et apprécier, pénétrer et posséder, et où ils ont aussi longtemps cru pouvoir se cacher pour échapper à la morale victorienne.

Cet imaginaire orientalisant continue d'exercer une influence notable sur la pensée occidentale et sur les relations internationales. Selon Saïd, en effet, l'étrangeté largement construite de la culture orientale (par les récits de voyage et dans la littérature) a acquis une importance singulière en relations internationales. S'il valait la peine de traverser des déserts pour voir les curiosités de l'Orient, ce lieu à la fois attirant et repoussant était également vu comme fondamentalement distant de la morale chrétienne et de la logique européenne. Par conséquent, il était inéluctablement différent et difficile à intégrer dans les schèmes dominants en rela-

tions internationales. Le périple jusqu'en Orient n'était donc pas fondé sur le respect des réalisations et des contributions au savoir ou aux relations internationales d'une région du monde. Saïd a d'ailleurs observé que les orientalistes ont manifesté peu d'intérêt pour les écrits et l'imaginaire des auteurs orientaux. L'objectif implicite, qu'on retrouve à travers toutes les périodes politiques, dans les médias ainsi que dans l'imaginaire populaire, consiste plutôt à réaffirmer la différence culturelle en marginalisant l'Orient par rapport à l'Occident, tout en le subordonnant à la structure de la politique mondiale. Ces schématisations inventées, qui remontent à quelque deux cents ans, façonnent encore aujourd'hui l'image que les Occidentaux ont des pays arabes et musulmans ainsi que de ceux de tradition confucéenne. C'est ce que révèlent les représentations courantes, dans les médias, des musulmans au Moyen-Orient, en les faisant paraître comme à la fois rétrogrades et dangereux pour le monde occidental (Porter, 2009).

Bien que les travaux de Saïd fassent autorité dans les études postcoloniales, ils ont aussi fait l'objet de critiques, notamment d'un point de vue féministe (en particulier de la part de Chandra Mohanty et de Gayatri Spivak). Selon l'une de ces critiques, ces travaux dépeignent les peuples colonisés, certes, mais uniquement à partir de récits écrits par des hommes occidentaux. La construction par Saïd du discours colonial et orientaliste est tellement redevable aux fantasmes masculins occidentaux qu'elle ne peut même pas accommoder les points de vue des femmes occidentales. Celles-ci étaient aussi présentes dans des pays du Moyen-Orient et de l'Asie et leurs écrits remettent parfois en question les représentations masculines dominantes. Saïd a par ailleurs négligé, voire «essencialisé» les femmes du Moyen-Orient qui ne correspondaient pas aux images véhiculées en Occident, en suggérant leur passivité et leur disponibilité sexuelle. S'il défend l'humanisme, l'ouvrage *L'orientalisme* trace des séparations entre colonisés et colonisateurs, comme si les flux du savoir et du pouvoir circulaient tous dans une seule direction. On doit cette dernière critique notamment à Hommi Bhabba, dont il est question plus loin dans ce chapitre.

Dans la discipline des relations internationales, les travaux de recherche qui s'inspirent d'œuvres de fiction demeurent largement minoritaires. En effet, la fiction échappe aux normes qui, en sciences sociales, concernent les données dites appropriées, c'est-à-dire l'information tirée de faits empiriques et analysée selon des méthodes approuvées pour leur caractère observable, comme l'analyse statistique de données secondaires sur les indices de développement des pays du tiers-monde. En outre, puisque la discipline des relations internationales s'est spécialisée dans des théories abstraites et des études axées sur des concepts tels que l'État, le système d'États, la puissance, les marchés, les organisations internationales et la politique étrangère, elle n'a pas forcément développé les outils permettant de saisir en quoi des aspects de la vie quotidienne seraient ou non susceptibles de façonner les relations internationales ou d'être façonnés par celles-ci. Cette discipline s'intéresse d'abord à des événements extraordinaires, comme les guerres. La fiction, par contre, peut tisser des récits au sujet des producteurs actifs dans les marchés internationaux, des consommateurs de produits internationaux, des voyageurs, des migrants, des réfugiés, des employés d'ambassade ou des entreprises touristiques (voir l'encadré «Pour en savoir plus» ci-contre). Elle peut aider les chercheurs à comprendre les différences, mais aussi les affinités culturelles et leurs incidences sur les relations internationales. La culture est un autre sujet que le domaine des relations internationales appréhende difficilement. Pendant les années de guerre froide, la culture était synonyme d'idéologie, de politique et d'économie plutôt que de littératures, de croyances religieuses, de langues et d'histoire. Dans un même ordre d'idées, le politologue Francis Fukuyama (1989) s'est penché sur les pays qui laissaient des traits de leur culture influer sur les relations internationales comme s'ils vivaient dans le passé. Samuel Huntington (1996) a, pour sa part, distingué sept ou huit civilisations, ou ensembles de cultures dans le monde, et a noté que beaucoup d'entre elles étaient hostiles à l'Occident. Il a aussi affirmé que, après la guerre froide, ce seraient les chocs entre civilisations, plutôt qu'entre États, qui causeraient les problèmes les plus graves en relations internationales. Les civilisations définies par Huntington et les cultures anachroniques de Fukuyama ont surgi comme des totalités qui n'étaient marquées par aucune différence de classe sociale, d'origine ethnique ou de genre, ou qui étaient faussement présentées comme entités repliées sur elles-mêmes, alors que les flux migratoires régionaux et transnationaux montrent l'inverse. Encore très récemment, dans son analyse des fissures qui apparaissent dans les relations internationales en Europe et aux États-Unis, l'historien Robert Kagan (2003) s'est intéressé à ce qu'il appelle les «cultures stratégiques divergentes», soit les facteurs culturels qui influenceraient les choix des décideurs, ainsi qu'au sentiment que tous les Occidentaux entretiennent au sujet de ceux qui ont des opinions opposées aux leurs à propos des problèmes qu'affronte le monde.

Dans les travaux portant sur les relations internationales, les individus des anciennes colonies étaient aussi

La nouvelle littérature postcoloniale

Les récentes théories postcoloniales proposent des récits plus nuancés et plus à jour des sociétés en cette ère de globalisation. La puissance est multidimensionnelle et se déploie dans diverses directions, parfois en faveur, parfois à l'encontre des sociétés du tiers-monde. Une partie de cette théorisation s'inspire encore de la littérature de fiction postcoloniale. En fait, il existe aujourd'hui un large éventail d'écrivains dont les œuvres prennent prétexte du passage de l'époque coloniale à l'époque postcoloniale pour motiver une exploration de la texture des sociétés et de la vie quotidienne. Parmi les auteurs de fiction les plus fermement établis et reconnus qui vivent ou ont vécu la plupart du temps dans d'anciennes colonies, notons Arundhati Roy, Chinua Achebe, Yvonne Vera, Jean Rhys, Aimé Césaire, Ngugi wa Thiong'o, Tsitsi Dangarembga et Édouard Glissant. D'autres auteurs postcolonialistes résident en Occident et racontent la vie éclatée de personnages qui naviguent entre la culture postcoloniale de leur pays natal, ou du pays natal de leurs parents, et les aléas de leur quotidien en Occident. Les nombreux poètes et romanciers mondialement connus faisant partie de ce dernier groupe comprennent, entre autres, Jamaica Kincaid, V. S. Naipaul, Salman Rushdie et Hanif Kureishi. Non seulement des chercheurs en études littéraires analysent les œuvres de ces écrivains, comme on peut s'y attendre, mais plusieurs spécialistes des sciences sociales le font également, dont Veena Das (2007, p. 39). Pour cette anthropologue, certaines réalités doivent être fictionnalisées pour pouvoir être saisies. Dans son étude sur la violence qui a marqué les déplacements des femmes lors de la partition de l'Inde et du Pakistan, Das décrit des scènes en recourant à des termes de fiction pour mieux définir la recherche qu'elle a entreprise dans cette région.

invisibles que d'autres ailleurs dans le monde, sauf que leur invisibilité découlait de l'indifférence coloniale et des représentations associées à l'orientalisme. Ces individus y apparaissaient dans des rôles de figuration sous les traits de guérilleros exotiques, de terroristes et de victimes. C'étaient des êtres qui devaient être tués ou rescapés, et leur sort laissait croire qu'ils avaient subi une sorte de dégénérescence par rapport à la perfection originale de Dieu (Inayatullah et Blaney, 2004, p. viii). La recherche postcoloniale a contribué à la remise en question de ces représentations en partie grâce à l'apport de notions littéraires, critiques, interprétatives et culturelles à l'étude des relations internationales. Certains chercheurs se sont interrogés sur la façon dont les imaginaires littéraires, les savoirs et les voix réfléchies issues des espaces postcoloniaux pouvaient modifier la théorisation en relations internationales (Sylvester, 1994). D'autres se sont penchés sur des sujets de recherche fondamentaux, comme la sécurité, la guerre et les différents aspects de l'économie politique internationale, en effectuant un travail sur le terrain auprès de groupes qui ont rarement, voire jamais été considérés comme importants dans la discipline. Citons les exemples des universitaires suivantes : Bina D'Costa (2006) a interviewé des femmes qui ont été violées durant la guerre d'indépendance du Bangladesh. Swati Parashar (2009) a examiné d'autres façons d'envisager la guerre et l'identité de genre à partir d'entrevues réalisées avec des militantes au Cachemire et au Sri Lanka. Megan MacKenzie (2009) a interrogé d'anciennes combattantes de la guerre en Sierra Leone. D'autres, telles Katharine Moon (1997) et Christine Chin (1998), ont mis en lumière les relations économiques et les rapports de genre à l'échelle internationale en s'intéressant aux travailleuses du sexe dans les bases militaires américaines situées en Corée du Sud et aux travailleuses domestiques malaisiennes dans le contexte de l'économie politique internationale. Ces chercheuses ne se considèrent peut-être pas toutes comme activement engagées dans une analyse plus postcoloniale que féministe des relations internationales. Plusieurs reconnaissent toutefois à quel point il est parfois difficile, sur les plans méthodologique et personnel, d'écouter les récits troublants et émotionnellement chargés que relatent des femmes vivant en milieu postcolonial. Pour celles-ci, l'intensité de l'expérience vécue s'accroît souvent en raison de la pauvreté qui les entoure et des rigidités culturelles qui déterminent ce qu'elles peuvent et ne peuvent pas faire. Das (2007, p. 38) fait ainsi remarquer le caractère insaisissable des langages de la douleur par l'entremise desquels les sciences sociales peuvent observer, toucher ou devenir les corps textuels sur lesquels cette douleur s'inscrit.

Gayatri Spivak (1988), éminente chercheuse féministe et analyste littéraire postcoloniale, a soulevé cette question connexe : l'acteur subalterne devrait-il même parler aux chercheurs occidentaux ? Est-il possible, demande-t-elle, qu'un chercheur occidental, ou un chercheur du Sud issu d'une classe autre que subalterne, entende cet acteur subalterne sans inscrire ses paroles et ses expériences dans un contexte qui lui est familier, c'est-à-dire occidental ? Paradoxalement, même des chercheurs bien intentionnés peuvent renforcer les structures néocoloniales de domination, d'exploitation et d'effacement social au détriment des groupes mêmes qu'ils s'efforcent d'affranchir. Ceux qui vivent à l'extérieur des sociétés qu'ils étudient, en Amérique du Nord ou en Europe, par exemple, peuvent dépeindre les subalternes des sociétés postcoloniales depuis une vision de privilégiés. Ils pourraient regrouper les personnes économiquement défavorisées dans une seule catégorie subalterne, comme si la différenciation sociale ne caractérisait pas les subalternes tout autant que les autres groupes économiques. Le chercheur pourrait croire qu'il est attentif au subalterne ; or, il lui est peut-être impossible d'éviter de faire de l'Occident et de ses façons de comprendre les autres le sujet véritable – bien que dissimulé – d'une étude subalterne.

Spivak met en lumière des questions fondamentales au sujet des interactions interculturelles et des différences de classe sociale, d'origine ethnique, de genre, de génération, de langue, etc. Ces questions ont suscité de vifs débats dans les milieux rattachés aux études postcoloniales. Il faut cependant envisager la possibilité que le subalterne puisse parler et que, dans certaines conditions, le chercheur puisse écouter. Le **voyage global** est une méthodologie postcoloniale associée à des chercheuses féministes d'origine latino-américaine – Maria Lugones (1990), Norma Alarcón (1990), Gloria Anzaldúa (1990) – et à Christine Sylvester (1995, 2002). Le voyageur global s'efforce de créer un espace de compréhension mutuelle en faisant preuve d'empathie, c'est-à-dire cette capacité d'accéder à la signification d'une expérience différente et d'y reconnaître l'écho d'une partie de soi. Il peut ne jamais quitter le lieu physique de son foyer, mais il peut apprendre à voyager consciemment dans son propre répertoire d'identités et d'expériences. C'est un savoir-faire que de nombreux subalternes ont déjà dû apprendre parce qu'ils se trouvent dans des contextes où il leur est vital de connaître le colonisateur (sa langue ou ses habitudes culturelles en matière de comportement, par exemple) pour gagner leur vie, acheter et vendre des biens, traiter avec des fonctionnaires ou se déplacer en autobus pour aller voir des membres de la famille. Une chercheuse postcolonialiste, par contre, connaîtra sans doute moins bien les savoir-faire qu'elle n'est pas tenue de maîtriser pour gérer les difficultés au quotidien. Elle doit faire des efforts pour se souvenir de facettes de son passé et de sa propre identité qui vont se réverbérer dans l'esprit des personnes avec lesquelles elle interagit dans un contexte postcolonial. Alarcón (1990, p. 363) affirme que la voyageuse globale occidentale doit aussi apprendre à être discrète, modeste, infiniment patiente, tout en demeurant prête à tirer tous les enseignements possibles de son expérience, car ces enseignements vont l'aider à communiquer avec les autres, plutôt que de les maintenir à distance. Le subalterne peut alors parler, et les mots exprimés peuvent graduellement amener la discipline à s'élargir et à s'intéresser véritablement aux groupes qui ont été historiquement négligés en tant que participants aux relations internationales.

À RETENIR

- Les études postcoloniales se sont initialement penchées sur la vie et le savoir des personnes qui ont un statut de subalternes en Inde.

- Possédant peu d'information sur la vie des subalternes, les premiers auteurs postcolonialistes se sont tournés vers la littérature de fiction postcoloniale pour en connaître davantage à leur sujet.

- La discipline des relations internationales a traditionnellement évité d'aborder la fiction en tant que source de données témoignant de la vie au sein de cultures particulières.

- Des groupes actifs dans la discipline des relations internationales, notamment les féministes, ont toutefois intégré à leurs travaux l'étude de la fiction et de la culture postcoloniales.

- Tout comme Gayatri Spivak, il faut se demander si le subalterne peut parler ou si le chercheur occidental ne finit pas par transposer les paroles des subalternes dans les schèmes occidentaux dominants.

- La méthodologie du voyage global incite les chercheurs et les subalternes à déterminer des points de rencontre qui amènent le chercheur occidental à se rapprocher du monde subalterne, plutôt que l'inverse.

L'INFLUENCE DU POSTCOLONIALISME

Le postcolonialisme a pris plusieurs directions durant les années 1990. L'une des voies stables était l'analyse littéraire, dont le champ d'intérêt original s'est élargi pour inclure des œuvres occidentales campées dans un contexte colonial. L'histoire d'hommes occidentaux vaincus par l'Afrique et les Africains que raconte Joseph Conrad dans *Au cœur des ténèbres* présente un certain intérêt. C'est aussi le cas de *Jane Eyre*, roman de Charlotte Brontë, où une créole jamaïcaine est enfermée dans un grenier par un Britannique qui a acquis une petite fortune à la suite de son mariage avec elle, mais qui cherche à cacher cette union pour pouvoir épouser Jane. Dans ce courant d'analyse postcoloniale, les chercheurs s'emploient à déterminer si les récits comportent une allégorie de l'exploitation impériale ou offrent une critique du colonialisme. De plus, de telles œuvres illustrent les choix limités qui se présentent aux femmes dans toutes les sociétés, qu'elles aient un conjoint occidental ou non.

Une autre voie se caractérise par une théorisation vigoureuse du moment présent dans l'histoire. Bien que les travaux en relations internationales nous situent généralement à l'ère de la globalisation, il est également possible d'affirmer que la période actuelle est postcoloniale, car les structures coloniales du commerce, de la gouvernance et des relations sociales persistent même à l'époque contemporaine. Les travaux d'Homi Bhabha portent notamment sur ce moment postcolonial. À l'instar d'Edward Saïd, Bhabha étudie la façon dont les discours coloniaux construisent le colonisé, ce qui est reconnu comme une question de pouvoir fondamentale dans le postcolonialisme. Bhabha soutient que le colonialisme n'est jamais vraiment parvenu à définir et à restreindre la vie des sujets coloniaux et postcoloniaux. S'inspirant davantage de la psychanalyse (en écho à la démarche de Fanon) que de la théorie littéraire, Bhabha maintient que le discours colonial a toujours été ambivalent à propos des personnes qu'il colonisait. Celles-ci sont successivement dépeintes comme passives et faciles à conquérir, irrationnelles et imperméables aux codes moraux modernes. Parce que le sujet colonial ne peut être cerné, il s'ensuit une répétition de stéréotypes destinés à masquer l'ambivalence. Cette répétition anxieuse, comme la qualifie Bhabha, est assortie d'efforts qui visent à amener certains indigènes à parler une langue européenne et à aspirer à une culture et à des valeurs européennes. Bhabha souligne que ces personnes ne se comportent pas forcément comme des perroquets entraînés à imiter le discours de leur propriétaire, mais qu'elles acquièrent plutôt une **identité hybride**, mi-locale mi-occidentale, qui accentue l'anxiété coloniale et entrave les efforts faits pour remettre les indigènes à leur place. Les colonisateurs intensifient les stéréotypes dans l'espoir d'obliger les colonisés à demeurer à la place que leur a assignée le colonialisme, mais il en résulte ainsi une résistance plus qu'une complaisance envers l'entreprise coloniale. De tels courants agissent à l'encontre de la dominance incontestée du colonisateur : l'hybridité ouvre de nouvelles avenues à l'histoire, à l'identité et à la politique.

La théorie de Bhabha sur la formation de l'identité dans un contexte colonial s'oppose aux généalogies de l'origine qui aboutissent à des revendications de suprématie culturelle et de priorité historique (1994, p. 157). Il devient difficile de maintenir la notion selon laquelle l'Occident est complètement différent et au-dessus des anciennes régions coloniales du monde, alors que son savoir est repris de façon hybride par ceux qui ont été considérés comme pouvant être conquis ou passifs. Comme l'évoque le titre un peu provocateur d'un livre de Dipesh Charkrabarty, *Provincialiser l'Europe* (2009),

POUR EN SAVOIR PLUS

Anne McClintock et les problèmes causés par le terme « postcolonialisme »

« Peut-on dire, en un quelconque sens positif ou théoriquement rigoureux, que la plupart des pays du monde partagent un passé commun unique, ou une condition commune unique qualifiée de " postcoloniale " ou caractérisée en termes de " postcolonialité " ? L'histoire de la colonisation africaine est certainement, en partie, l'histoire des chocs entre les empires européen et arabe, d'une part, et la myriade d'États et de cultures de lignage africain, d'autre part. Faut-il maintenant comprendre que ces pays ont été façonnés exclusivement par l'expérience prétendument commune de la colonisation européenne ? En fait, de nombreuses cultures africaines, latino-américaines, antillaises et asiatiques contemporaines, bien que profondément influencées par la colonisation, ne sont pas forcément essentiellement préoccupées par leurs premiers contacts avec l'Europe. Par ailleurs, le terme " postcolonialisme " est, dans bien des cas, prématurément louangeur. L'Irlande peut, à la limite, être qualifiée de " postcoloniale ", mais aux yeux des habitants de l'Irlande du Nord sous occupation britannique, ou des Palestiniens qui vivent dans les territoires occupés par Israël à Gaza et en Cisjordanie, il n'y a peut-être absolument rien de " post " dans le colonialisme [...] [et] aucun État " postcolonial " dans le monde n'a accordé aux femmes et aux hommes un accès égal aux droits et aux ressources de l'État-nation [...]. Ce qui s'avère nécessaire, c'est plutôt une prolifération de théories et de stratégies historiquement nuancées qui pourraient nous permettre de mieux nous engager dans la politique de l'affiliation [...]. Un danger nous guette cependant, car nous pourrions nous trouver immobilisés dans un espace historiquement vide, et le présent perpétuel ne serait plus compris que comme postérieur à une période supposément révolue. »

(McClintock, 1992, p. 4, 8, 13)

ceux qu'on qualifiait autrefois de subordonnés au savoir occidental peuvent acquérir la force nécessaire pour renverser la vapeur et entreprendre de provincialiser l'Europe. On peut en trouver un exemple en relations internationales dans l'émergence de la puissante OPEP, dont la plupart des membres sont d'anciennes colonies qui ont pris le contrôle de la production du pétrole dans leur pays respectif. Ils vendent désormais l'or noir selon leurs propres conditions à un Occident assoiffé de produits pétrochimiques. Bhabha (1994) exprime également des idées liées à la méthodologie politique fondée sur le voyage global décrit précédemment. Par exemple, il traite des **dissémiNations** qui se produisent lorsque des individus à l'identité et à la culture hybrides

forment une **diaspora**, c'est-à-dire qu'ils se déplacent personnellement du Sud au Nord pour y vivre. Cette tendance réfute la notion étroitement associée aux relations internationales selon laquelle les nations sont cohérentes et fixes et se rattachent à des lieux territoriaux d'identité et de pouvoir. Les idées peuvent aussi circuler par les diverses voies de la révolution de l'information et se rencontrer directement ou à travers le cinéma, la mode, le livre, l'art, etc. Les croisements sont si nombreux qu'il peut être difficile de concevoir une identité majoritaire apte à en dominer une autre n'importe où. Des dynamiques à la fois perturbatrices et émancipatrices nous projettent dans de tiers espaces qui, d'après Bhabha, ne sont ni coloniaux ni postcoloniaux et qui ne sont pas forcément tiers-mondistes non plus. Ce sont plutôt des dissémiNations postcoloniales.

Lorsque dans les travaux postcoloniaux l'accent est mis sur la période contemporaine, il survient une mutation plus significative que le passage d'un état politique de colonialité à un autre de postcolonialité. Alors que les individus étaient autrefois identifiés en fonction du lieu territorial qu'ils occupaient dans la hiérarchie issue de l'imagination coloniale, le déplacement physique des populations partout sur la planète signifie qu'aucun groupe n'est désormais confiné à un lieu ni légitimement dominé par un autre, contrairement à ce qui prévalait à l'époque coloniale. Il existe un **Sud global** qui revêt des formes variées au sein et au-delà des anciennes puissances coloniales, ainsi que dans les anciennes colonies. Des individus originaires du Sud migrent aujourd'hui en grand nombre vers les pays du Nord, ce qui représente un renversement des flux observés durant la période coloniale. L'information circule plus facilement vers le Sud et les cultures s'interpénètrent, si bien qu'il devient difficile de repérer un ensemble de traits qui distinguent clairement une culture d'une autre.

Pourtant, le terme «postcolonialisme» renvoie aussi à un moment de l'histoire qui est encore redevable, à d'importants égards, aux hiérarchies de type colonial (voir l'encadré «Pour en savoir plus» ci-dessus). On peut penser aux guerres du début du XXIᵉ siècle qui mettent aux prises de puissants États occidentaux faisant appel à des moyens technologiques très poussés avec des pays beaucoup plus pauvres qu'eux, comme l'Afghanistan et l'Iraq. Les entreprises impérialistes du passé étaient souvent dirigées par des forces militaires européennes. Les armées d'aujourd'hui acquièrent une influence analogue sur la politique des pays où elles interviennent, ce qui évoque le spectre d'un empire démocratique s'imposant à des États et à des populations qui, aux yeux de l'Occident, doivent être contrôlés. En même temps, des discontinuités par rapport au passé se profilent : Bhabha croit que le monde est en train de se déconstruire lui-même, alors que des individus et des idées surgissent là où ils ne sont pas attendus et où ils n'auraient pas pu se manifester à des époques précédentes (voir le chapitre 10). De telles tendances complexifient les relations internationales elles-mêmes et poussent cette discipline à formuler des théories et des méthodologies qui puisent dans les contradictions de l'époque actuelle.

La pensée postcoloniale suggère d'autres indications de ces contradictions. Elle étend la portée spatiale de la sphère postcoloniale jusqu'à des régions du monde dont les relations temporelles avec le colonialisme sont fortement différentes. Plusieurs pays colonisés ont acquis leur indépendance juridique ou politique dans la foulée du XIXᵉ siècle (le Canada et une grande partie des pays de l'Amérique latine), tandis que d'autres ont subi le colonialisme à partir des années 1800 (l'Australie, la Nouvelle-Zélande et la plupart des pays de l'Afrique et de l'Asie). Dans le cas de l'Australie et du Canada, les liens étroits entretenus avec la mère patrie sont encore célébrés plutôt que rejetés. Il est également important de se rappeler que certains pays n'ont pas été colonisés par l'Occident : c'est le Japon qui a colonisé la Corée. La réflexion postcoloniale s'intéresse aussi aux conflits internes qui surviennent dans certains États avec des groupes indigènes à propos du territoire et des droits, ainsi qu'aux situations coloniales qui perdurent et qui n'ont pas pleinement de raison d'être dans le cadre d'une réalité présumément postcoloniale.

En tant qu'outil pour étudier les relations internationales, l'analyse postcoloniale a été reconnue dans divers ouvrages par des chercheurs en relations internationales (Ling, 2002 ; Sylvester, 2002 ; Chowdhry et Nair, 2002 ; Inayatullah et Blaney, 2004) et dans des articles parus dans des revues comme *Alternatives*, *Feminist International Journal of Politics* et *Borderlands*. Elle a aussi fait l'objet de discussions comme celle que *Millennium* (2008) a consacrée à l'influence de Saïd. En plus des auteurs postcolonialistes les plus connus, l'étude encore récente des relations internationales en tant que relations postcoloniales s'inspire des travaux d'autres penseurs éminents. Arjun Appadurai (1996), anthropologue socioculturel, a converti la globalisation en langage et en processus postcoloniaux. Il distingue cinq types de flux culturels de l'imaginaire : les ethnoscapes, les médiascapes, les technoscapes, les financescapes et les idéoscapes, qui se déploient globalement et échappent au contrôle des États, peut-être même au risque de les remplacer un jour. Trinh

Minh-ha, cinéaste vietnamo-américaine, a également été influente à cet égard. Dans *Women, Native, Other* (1989, p. 1-2), elle décrit les forces de la diplomatie de village dans un lieu non identifié du tiers-monde, où, dit-elle, il n'est pas nécessaire d'avoir une trajectoire linéaire qui donne l'illusion réconfortante qu'on sait où on va. Chandra Mohanty (1988) invite à bon escient les féministes occidentales à ne pas évoquer les femmes du tiers-monde comme si elles représentaient *la* femme du tiers-monde, une image fourre-tout qui peut entraver les liens féministes transnationaux. Ien Ang (1995, p. 57) se considère comme féministe, mais elle ne veut pas s'associer à un projet à caractère occidental visant à créer, affirme-t-elle, une destination politique naturelle, aussi multiculturelle soit-elle, pour toutes les femmes. Tous ces penseurs postcolonialistes ont exercé une influence sur la recherche dans le domaine des relations internationales, notamment sur les thèses poststructuralistes (voir le chapitre 10) et sur la conception féministe des relations internationales (voir le chapitre 16).

À RETENIR

- Certains travaux postcoloniaux édifient une théorie qui étoffe et élargit les idées sur la colonisation et la résistance qu'avaient énoncées des intellectuels anticolonialistes comme Frantz Fanon.

- Edward Saïd a exercé une grande influence sur la théorie grâce à son analyse de l'orientalisme.

- Homi Bhabha, un autre important penseur dans le domaine, affirme que les colonisateurs ont construit l'Orient à partir de leurs propres désirs et fantasmes, mais qu'ils n'ont pu saisir ni maîtriser les dissémiNations et les identités coloniales hybrides.

- Pour la plupart des théoriciens contemporains, l'époque actuelle est postcoloniale et elle présente des continuités et des discontinuités par rapport au colonialisme.

CONCLUSION : LE POSTCOLONIALISME DANS LA DISCIPLINE DES RELATIONS INTERNATIONALES

Le postcolonialisme ne constituait pas, au départ, une branche de la discipline des relations internationales et ne lui était pas associé non plus. Ses récits différents, ses explorations subalternes et ses déplacements théoriques de la pensée coloniale et anticoloniale vers la pensée postcoloniale ont pris forme au moyen d'emprunts à de nombreuses disciplines universitaires, allant des études littéraires à l'histoire sociale, en passant par la philosophie française et la psychanalyse. Le postcolonialisme ne s'est donc pas inspiré de la discipline des relations internationales ni n'a été façonné par celle-ci. Ce n'est que très récemment qu'il a été intégré à cette discipline à titre de sous-domaine de connaissances. L'indifférence à l'égard de sujets maintenant qualifiés de postcoloniaux montre le peu d'intérêt historiquement accordé à la politique qui ne relève pas des grandes puissances. Celles-ci possédaient des colonies, mais les études portant sur ces colonies ne les considéraient pas comme des centres de pouvoir et d'action, sauf lorsqu'elles causaient des difficultés à l'une ou l'autre des grandes puissances. L'histoire, les peuples et les cultures de ce qu'on a longtemps appelé les pays du tiers-monde (aujourd'hui dénommés pays du Sud ou en développement) sont passés en quelque sorte inaperçus dans les courants dominants de la discipline jusque dans les années 1980. Avec la contribution de l'analyse féministe et du poststructuralisme, les études postcoloniales ont apporté des moyens de combler d'importantes lacunes dans le savoir en relations internationales et ont redéfini la place de l'État comme étant l'un des multiples lieux où se déroulent la politique et les rapports dans ce domaine.

Le postcolonialisme met en lumière les relations internationales dans lesquelles s'inscrivent les actions coloniales dans le tiers-monde, la continuité toujours pertinente entre ce passé et le présent, ainsi que les moyens qui, à l'avenir, permettront aux simples citoyens d'influencer et d'orienter les flux transnationaux de savoir, de culture, d'identité et de l'imaginaire collectif. Par ailleurs, il le fait dans le cadre d'une mission qui vise entre autres à affranchir les subalternes dans le monde actuel. Y parvenir constituerait certainement une réponse définitive aux discours et aux actions qui maintiennent les relations de domination et de subordination en matière de politique mondiale. Stimulant et convaincant, le postcolonialisme fait néanmoins l'objet de maintes critiques. Celles-ci déplorent, entre

autres, le fait qu'il dirige généralement son analyse vers le passé colonialiste plutôt que vers l'avenir, qu'il attaque seulement l'Occident plutôt que de décrier aussi la mauvaise gouvernance actuelle dans les États du tiers-monde, qu'il se concentre tellement sur le langage et l'identité, ou encore qu'il laisse aux agences de développement occidentales le soin de résoudre la question de l'approvisionnement adéquat des subalternes en produits alimentaires (Sylvester, 1999). En d'autres termes, le postcolonialisme peut sembler ésotérique, trop littéraire et étrangement peu enclin à aider ceux qu'il défend d'une manière abstraite. Ainsi, dans *A Critique of Postcolonial Reason* (1999), Gayatri Spivak, pourtant adepte du postcolonialisme, en rejette certains aspects ; elle le considère entre autres comme le produit d'un raisonnement qui s'est attardé sur des questions du passé et sur des nationalismes postcoloniaux. Elle soutient qu'il est temps de se concentrer plus pragmatiquement sur des enjeux contemporains, notamment la domination résultant des politiques de la Banque mondiale et du Fonds monétaire international (voir l'étude de cas). Elle dénonce en outre l'incapacité de nombreux États du Sud à améliorer la vie des femmes, des paysans et des travailleurs, comme le font aussi d'ailleurs des analystes tels que Robert Young, Arif Dirlik, ou Jean-Loup Amselle.

Il ne faut toutefois pas perdre de vue que tous les sous-domaines ou les courants de pensée en relations internationales font l'objet de critiques constantes. La force de cette discipline provient aujourd'hui du fait qu'elle a accueilli de nouvelles préoccupations concernant la politique mondiale telle qu'elle se déroule au quotidien, plutôt que de s'arrêter aux seuls épisodes héroïques ou tragiques. Parce qu'elle souligne avec insistance que les États et les peuples qui ont déjà connu un régime colonial peuvent apporter une importante contribution au savoir et à l'histoire contemporains, l'analyse postcoloniale rend un grand service à la discipline des relations internationales. Elle enrichit un domaine qui a lui-même des antécédents marqués au sceau d'une myopie impériale.

ÉTUDE DE CAS

Le Zimbabwe : un dilemme postcolonial en relations internationales

Que se passe-t-il lorsqu'un État postcolonial se met à terroriser la population qu'il a cherché à libérer du colonialisme ? La communauté internationale peut-elle et doit-elle faire quelque chose ? Dans le cas de l'Iraq, les États-Unis et le Royaume-Uni ont déterminé que ce pays postcolonial était dirigé par

un dangereux tyran, Saddam Hussein, qui devait être évincé du pouvoir par la force. Hussein s'était déjà servi d'un gaz toxique, soit une arme de destruction massive, contre les Kurdes, un groupe ethnique établi à l'intérieur des frontières de l'Iraq. Aussi les États-Unis et le Royaume-Uni croyaient-ils que le tyran

possédait un vaste arsenal d'armes similaires qui pouvaient être utilisées contre l'Occident. Ils l'ont également accusé d'avoir collaboré avec al-Qaïda dans les jours qui ont précédé les attaques lancées contre le World Trade Center, le 11 septembre 2001. Une coalition de pays volontaires a mené une intervention militaire, évincé Hussein et renversé son gouvernement autoritaire, mais les résultats de cet effort controversé demeurent encore incertains.

On peut contraster ce cas avec l'indifférence de la communauté internationale envers Robert Mugabe, le président du Zimbabwe postcolonial, en Afrique australe, qui tyrannise sa population et la maintient au bord de la famine depuis le début des années 2000 dans le but de consolider son emprise sur elle. Élu en 1980, lorsque la colonie de Rhodésie du Sud a acquis son indépendance après une lutte armée qui a duré 10 ans, Mugabe a d'abord énoncé des ambitions marxistes pour le pays. Il a adopté un modèle libéral-capitaliste pragmatiste qui mettait en avant d'importants éléments de l'économie politique coloniale qui paraissaient acceptables aux yeux de ses partenaires commerciaux internationaux. Par la suite, il a manifesté des tendances autoritaires qui se sont traduites par une intolérance envers des politiques démocratiques, par du racisme et par la volonté d'infliger de brutales représailles policières et militaires aux groupes et aux individus qui s'opposaient à lui ou qui étaient dépeints comme des opposants. Au fil des ans, les éléments marxistes de l'idéologie de Mugabe se sont estompés et le Zimbabwe a alors semblé se diriger vers un avenir postcolonial solidement libéral, capitaliste et généralement démocratique. Beaucoup de ses voisins avaient même qualifié le Zimbabwe de « fierté de l'Afrique » parce qu'il avait su se concilier les colons blancs (les Rhodésiens) qui possédaient et cultivaient les meilleures terres agricoles du pays et qu'il avait adhéré aux principes libéraux de la croissance économique avec équité. Pendant un certain temps, Mugabe a été le meneur des pays non alignés, un groupe qui occupe une place prééminente dans l'analyse postcoloniale.

Mugabe détient toujours le pouvoir aujourd'hui, mais sa réputation est ternie et son pays, autrefois prospère,

est en ruine. À partir de 2000, alors que sa popularité déclinait et que sa détermination à se maintenir au pouvoir s'accentuait davantage, Mugabe a tourné le dos à l'économie et à la majorité des Zimbabwéens et s'est fermement appliqué à instaurer un régime autoritaire vindicatif et sans pitié en s'appuyant sur l'armée et de jeunes brutes qui répandaient la terreur au sein de la population. L'économie s'est mise à stagner et le Zimbabwe s'est retrouvé avec un nombre considérable de problèmes aigus : la plus forte inflation du monde ; l'un des taux de VIH/sida les plus élevés ; un taux de chômage de 80 % ; une espérance de vie inférieure à 40 ans ; une corruption généralisée ; des violations des droits humains qui ont pris la forme d'attaques physiques contre les opposants au régime et d'une stratégie raciale visant à chasser les fermiers blancs afin de saisir leurs terres sans leur offrir aucune indemnisation. Mugabe s'est vu obligé de gouverner avec le Mouvement pour un changement démocratique (MDC) dirigé par Morgan Tsvangirai, mais il s'est montré particulièrement hostile à ce partage du pouvoir. L'ONU a maintes fois exprimé ses inquiétudes concernant la famine et la sous-alimentation dans un pays qui exportait autrefois des produits alimentaires. Les fermes sont passées aux mains de hauts fonctionnaires qui ne savent pas cultiver la terre ni ne souhaitent l'apprendre. Pour justifier ses actions, Mugabe soutient qu'il tente de remédier à l'état dans lequel le colonialisme britannique a laissé le Zimbabwe, alors que les meilleures terres agricoles ont été données aux colons blancs et que les fermiers noirs expérimentés ont été contraints de s'installer dans des régions aux sols plus pauvres. Mugabe proclame constamment que le Zimbabwe ne redeviendra jamais une colonie et que le pays agira à sa guise.

La position anticolonialiste de Mugabe s'est clairement concrétisée au détriment de la population même du pays. La réponse internationale et régionale aux politiques de Mugabe a

toutefois été très discrète, en partie parce que l'homme est encore vu dans toute l'Afrique comme un des derniers dirigeants anticolonialistes encore vivants aujourd'hui qui aient su mener leur pays à l'indépendance. En effet, on accorde à son combat contre l'ordre colonial une importance historique telle que les États voisins font preuve d'une patience extraordinaire dans leurs relations avec lui, malgré le flot incessant de Zimbabwéens qui déferlent chez eux. Sensible à la récente histoire coloniale de l'Afrique australe, l'Occident ne veut pas donner l'impression d'être enclin à répéter l'invasion coloniale, ni d'insister sur la nécessité d'un changement de régime (intrusion), ni encore de poursuivre indirectement son influence historique. Par ailleurs, les cyniques font remarquer que le Zimbabwe est un pays enclavé qui ne possède pas de pétrole. En conséquence, aucun État n'a réagi à l'action de Mugabe comme certains l'ont fait à l'action d'Hussein. Les États-Unis ont gelé, certes, les actifs du gouvernement du Zimbabwe détenus par les banques et les sociétés de placement américaines et l'Union européenne refuse de laisser Mugabe et son entourage entrer en Europe. Aucune de ces sanctions internationales ne semble toutefois préoccuper Mugabe, qui a simplement déménagé ses placements et ses activités de loisir dans des endroits comme Hong-Kong.

Cette question épineuse en relations internationales a été étudiée dans des ouvrages fascinants écrits par des chercheurs associés à la théorisation et à l'analyse postcoloniales, tels que Stephen Chan (2003), qui traite des paris risqués et des manœuvres calculées que fait Mugabe afin de conserver le pouvoir. L'imaginaire littéraire issu de la plume de la plus récente génération de Zimbabwéens révèle les répercussions quotidiennes du règne de ce dictateur sur les simples citoyens ; Petina Gappah (2009), par exemple, a publié un excellent recueil de récits qui décrivent la vie dans le Zimbabwe contemporain.

QUESTIONS

1. Qu'est-ce que le postcolonialisme ?

2. Expliquez les liens entre le colonialisme, la décolonisation et le postcolonialisme.

3. Comment les relations internationales ont-elles étudié les colonies et les relations coloniales dans le passé ? Qu'apporte aujourd'hui le postcolonialisme ?

4. Commentez l'importance de Frantz Fanon et d'Edward Saïd pour la théorie postcoloniale.

5. Qu'est-ce qu'un subalterne ? En quoi est-il lié au postcolonialisme ?

6. L'acteur subalterne peut-il parler pour lui-même ?

7. Que pensez-vous des propositions de Hommi Bhabha au sujet de l'identité hybride et des relations coloniales ?

8. Illustrez la question précédente par un récit plus personnel.

9. Analysez un événement terroriste de votre choix, selon une perspective postcoloniale.

10. Trouvez les traits communs entre le postcolonialisme, le féminisme et le poststructuralisme.

Lectures utiles

Appadurai, A., *Géographie de la colère : la violence à l'âge de la globalisation,* Paris, Payot, 2007. L'auteur s'interroge sur le rôle du nouveau primordialisme identitaire dans la recrudescence des conflits dans les pays en développement depuis la fin de la guerre froide. Un ouvrage accessible au non-spécialiste, représentatif d'une perspective postcoloniale sur les conflits ethnonationalistes dans le monde.

Bhabha, H., *Les lieux de la culture : une théorie postcoloniale*, Paris, Payot, 2009 [1994]. Version française d'un classique de la littérature postcoloniale en études culturelles, explicitant les concepts d'hybridité, d'ambivalence et de parodie qui caractérisent la relation culturelle coloniale. Bhabha n'est certes pas l'auteur le plus facile à lire de ce courant, mais il est d'une importance fondamentale. À lire avec patience, surtout dans sa version française.

Chakrabarty, D., *Provincialiser l'Europe. La pensée postcoloniale et la différence historique*, Éditions Amsterdam, Paris, 2009 [2000]. Un ouvrage qui illustre bien la démarche de relecture historique de l'école subalterne ; il s'attaque aux disjonctions entre la conception eurocentriste de la formation de l'État-nation, du développement du capitalisme et de la société civile libérale, d'une part, et l'expérience indienne, d'autre part. On y découvre de multiples récits qui racontent autrement l'histoire coloniale indienne.

Chowdry, G. et S. Nair (dir.), *Power, Postcolonialism and International Relations: Reading Race, Gender and Class*, Londres, Routledge, 2002. Un excellent livre sur l'importance théorique et pratique de croiser le marxisme, le féminisme et le postcolonialisme dans l'analyse des relations internationales. On lira surtout les chapitres d'Anna Aganthangelou, de Geeta Chowdry et de L. H. M. Ling ; cette dernière propose une lecture postcoloniale fort habile de la crise financière en Asie.

Darby, P., *Postcolonizing the International: Working to Change the Way We Are*, Honolulu, University of Hawaii Press, 2006. Un intéressant plaidoyer pour la fiction littéraire comme source de données pertinente dans l'analyse des relations internationales, ainsi que pour l'ouverture de la discipline à d'autres perspectives théoriques. En outre, une bonne illustration de la tendance littéraire postcoloniale.

Escobar, A., *Encountering Development*, Boulder, Westview Press, 1992. Avec l'anthropologue James Ferguson (auteur de l'excellent *Antipolitics Machine*, Milwaukee, University of Minnesota Press, 1990), Escobar représente l'un des rares auteurs d'orientation postcoloniale à offrir une recherche à la fois historique et ethnographique de la production des stéréotypes associés à la figure de l'acteur social non occidental, tel que l'autochtone

Harding, S., *Is Science Multicultural ? Postcolonialisms, Feminisms and Epistemologies,* Bloomington et Indianapolis, Indiana University Press, 1998. Un ouvrage incontournable pour s'initier à la réflexion épistémologique et méthodologique postcoloniale ; il est écrit dans un langage merveilleusement clair.

Newman, S. (dir.), *International Relations Theory and the Third World*, New York, St. Martin's Press, 1998. L'une des premières monographies collectives en relations internationales portant sur le postcolonialisme. Étonnamment peut-être, les chapitres les plus intéressants sont rédigés par des non-postcolonialistes, comme Barry Buzan et Kal Holsti.

Paolini, A. J., *Navigating Modernity: Postcolonialism, Identity and International Relations*, Boulder et Londres, Lynne Rienner Publishers, 1999. Une vision africaniste du système international, avec un superbe chapitre sur la mondialisation – abordée fort autrement depuis des localités périphériques – considérée non pas comme une connexion ou une expansion spatiale, mais comme une pénétration et une réduction spatiale.

Smouts, M.-C. (dir.), *La situation postcoloniale : les postcolonial studies dans le débat français,* Paris, Presses de Science Po, 2007. En raison de l'expérience mitigée de la France en matière de décolonisation, l'intérêt pour le post-colonialisme dans les relations internationales françaises est étonnamment récent. Cet ouvrage est l'un des seuls dans le domaine ; de bonne facture, mais sans originalité parti-culière.

Tickner, A. et O. Wæver (dir.), *International Relations Scholarship Around the World*, New York, Routledge, 2009. Responsables du projet des épistémologies géoculturelles à l'International Studies Association, Arlene Tickner et Ole Wæver livrent ici le premier volume d'une collection sur la production théorique et les pratiques tant pédagogiques qu'investigatrices en relations internationales, depuis une multitude de sites dans le monde.

Young, R. J. C., *Postcolonialism: A Very Short Introduction*, Oxford, Oxford University Press, 2003. Un livre à parcourir pour mieux comprendre le postcolonialisme autrement que par l'abstraction, à l'aide d'illustrations pratiques et biogra-phiques tirées de la vie quotidienne de migrants dans le monde. À lire absolument : un régal de simplicité et d'intelligence.

Chapitre 12

L'ÉTHIQUE INTERNATIONALE

Richard Shapcott

GUIDE DE LECTURE

La globalisation densifie non seulement la trame des relations politiques et économiques, mais elle accentue aussi la portée et l'intensité des obligations éthiques de chacun. Elle rend également plus difficile l'établissement de distinctions éthiques claires entre les nationaux et les étrangers et soulève ainsi la question d'une collectivité humaine cosmopolitique. Dans ce contexte, comment doit-on envisager l'éthique et quels principes devraient guider les politiques des États, des organisations non gouvernementales et des entreprises ? Comment gérer la conduite des individus dans leurs relations avec les autres ? Le présent chapitre examine les réponses que différents penseurs et acteurs en politique mondiale donnent à ces questions. L'éthique est l'étude évaluative de ce que les acteurs devraient faire, plutôt que l'analyse descriptive de ce qu'ils font ou ont fait. L'éthique internationale occupe une place importante dans l'étude de la politique internationale, parce qu'elle traite des objectifs fondamentaux de cette discipline et oriente l'action qui pourrait être entreprise à la lumière du savoir acquis. Ce chapitre aborde aussi les trois enjeux les plus importants et les plus difficiles en matière d'éthique, en cette ère de globalisation : les frontières, la justice distributive et la tradition de la guerre juste.

INTRODUCTION

Selon le dictionnaire *Petit Larousse*, l'éthique est la «partie de la philosophie qui envisage les fondements de la morale; l'ensemble des principes moraux qui sont à la base de la conduite de quelqu'un». Depuis que les êtres humains ont commencé à former des groupes sociaux, ils ont dû se pencher sur la question du traitement à accorder aux étrangers. La plupart des communautés ont établi des distinctions morales fortes entre leurs membres et les étrangers, et elles ont défini des règles qui différaient en fonction de ces distinctions. Il s'est aussi avéré que de nombreuses communautés, ainsi que des personnes, n'ont pas transformé ces différenciations en un code absolu et ont plutôt offert leur hospitalité, leur aide et la charité aux étrangers avec lesquels elles entraient en contact. L'éthique internationale désigne l'étude de la nature des devoirs s'étendant au-delà des limites de la communauté. Elle s'intéresse à la façon dont les membres de collectivités apparemment délimitées, généralement des **États-nations**, devraient traiter les étrangers et à la question de savoir s'il est juste de faire une distinction entre les nationaux et les étrangers. Deux questions se trouvent donc au cœur de l'éthique internationale en tant que champ d'études. La première question consiste à déterminer si les étrangers doivent être traités selon les mêmes principes que ceux qui régissent les nationaux, ou, en d'autres termes, si les étrangers doivent être traités comme des égaux moraux. La deuxième question porte sur les formes concrètes que peut revêtir cette égalité morale.

L'éthique internationale vise à déterminer s'il est possible d'accorder un traitement égal aux étrangers dans un monde où prévalent deux conditions: l'**anarchie** internationale et le **pluralisme** moral. L'anarchie internationale est souvent considérée comme une source de difficultés réelles, parce qu'elle entrave l'accomplissement d'une action efficace et renforce les tendances égoïstes, plutôt qu'altruistes, déjà présentes chez les individus et les États. Pour sa part, le pluralisme moral comporte un problème à la fois pratique et éthique: il est plus difficile d'accomplir une action efficace en l'absence de tout accord, car choisir l'éthique qui devrait s'appliquer et déterminer s'il existe ou non des règles universelles constituent déjà un problème d'éthique.

L'avènement de la **globalisation** suscite un réexamen de ces questions et amène à se demander si les êtres humains devraient être considérés comme une seule collectivité morale à laquelle s'appliqueraient certaines règles (**cosmopolitisme**), ou comme un groupement de collectivités séparées fonctionnant chacune selon ses propres normes, mais n'ayant aucune moralité commune (**réalisme**), ou encore comme un groupement de collectivités séparées qui respectent quelques normes communes (pluralisme). La plupart des chercheurs en éthique internationale se situent en un point quelconque du spectre que recouvrent ces trois positions, à l'analyse desquelles est consacrée la première partie de ce chapitre.

L'IMPORTANCE ÉTHIQUE DES FRONTIÈRES: LE COSMOPOLITISME ET LES AUTRES PERSPECTIVES

La plupart des débats sur les questions d'éthique internationale s'inspirent des traditions occidentales en théorie morale. À cet égard, l'éthique **déontologique** et **conséquentialiste**, et notamment le kantisme et l'**utilitarisme**, ont eu une importance particulière. La déontologie renvoie ici à la nature des obligations ou des devoirs humains. Les conceptions déontologiques définissent des règles qu'on intime à tous de respecter en tout temps, contrairement aux règles qui pourraient produire un bon résultat pour un individu ou pour la société dont celui-ci fait partie. Aux yeux des déontologues, les règles doivent être respectées en raison de leur justesse intrinsèque, et non des conséquences qu'elles peuvent avoir. Les conceptions kantiennes mettent en valeur des règles qui sont justes parce qu'elles peuvent, en principe, rallier l'accord de tous; autrement dit, elles sont susceptibles d'être universalisées. Ce sont les conceptions les plus importantes dans le domaine international en matière d'éthique déontologique.

En revanche, les conceptions conséquentialistes évaluent toute action en fonction du caractère souhaitable de ses résultats. Par exemple, le réalisme (voir le chapitre 5) juge que les actions d'un dirigeant politique sont justes ou non selon qu'elles favorisent ou non les intérêts de l'**État**. L'utilitarisme, quant à lui, accorde une valeur à une action en fonction de son résultat prévu concernant le bien-être humain et le plus grand bien pour le plus grand nombre. Ces théories proposent différents moyens d'évaluer toute action et de déterminer ce qui est effectivement éthique.

Si la compréhension des distinctions entre ces conceptions est importante, ce qui compte encore davantage en éthique internationale, ce sont les conclusions auxquelles elles aboutissent au sujet de l'importance des frontières nationales. Il existe une différenciation plus pertinente entre les positions cosmopolitiques, ou universalistes, et les positions anticosmopolitiques, parfois

désignées sous le nom de communautarisme ou particularisme. Les cosmopolitistes, y compris les déontologues et les utilitaristes, affirment que la moralité elle-même est universelle, c'est-à-dire qu'un code véritablement moral est applicable à tous, auquel cas les frontières nationales sont donc moralement sans objet. Par contre, les anticosmopolitistes avancent que les frontières nationales font apparaître d'importantes contraintes éthiques. Ils adhèrent généralement au réalisme ou au pluralisme. Les réalistes (voir le chapitre 5) postulent que l'anarchie internationale et la **souveraineté** ont pour effet que la seule éthique viable repose sur l'égoïsme et la survie. Quant aux pluralistes, ils estiment que l'anarchie n'empêche pas les États de se rallier à un noyau minimal de normes pour favoriser leur **coexistence**. Tant le réalisme que le pluralisme se fondent sur la prémisse selon laquelle la moralité a un caractère localisé qui est lié à une culture, à une époque et à un lieu particuliers. Puisque l'éthique revêt ce caractère localisé, la moralité découle alors de la culture spécifique – ou «dense», comme la qualifie le théoricien Michael Walzer – dont chacun fait partie et dont elle tire aussi sa signification. Chaque culture est assortie de sa propre éthique et il est alors impossible, contrairement à ce qu'affirment les cosmopolitistes, de formuler une définition unique de la moralité. Le réalisme et le pluralisme rejettent donc le concept de moralité universelle unique, qu'ils considèrent être un produit culturel sans légitimité globale. Ils ajoutent que le cosmopolitisme est à la fois impossible (irréaliste) et non souhaitable en raison de l'état de nature international, et parce qu'un pluralisme culturel profond signifie une absence de consensus au sujet d'une éthique spécifique qui devrait avoir une application universelle.

Le cosmopolitisme, le réalisme et le pluralisme se reflètent dans les pratiques actuelles des États et d'autres acteurs. Ainsi, depuis la fin de la Seconde Guerre mondiale, de nombreux acteurs internationaux ont fait appel au vocabulaire universaliste des droits humains pour affirmer l'existence de normes de traitement cosmopolitiques que tous les individus peuvent réclamer et que tous les États reconnaissent. En d'autres termes, les droits humains devraient avoir la priorité sur les droits souverains des États, et la communauté internationale a la responsabilité d'en imposer le respect, au prix d'une intervention armée, s'il y a lieu. Par contre, d'autres ont soutenu que l'existence de menaces contre la **sécurité nationale** oblige les États à recourir à des pratiques jugées inconcevables, comme la torture ou des bombardements systématiques (voir l'étude de cas à la page 213), qui l'emportent sur l'éthique traditionnelle. Par ailleurs, d'autres encore ont signalé que, en l'absence

de toute entente véritable sur un éventail de normes spécifiques, il s'avère indéfendable de contraindre à respecter les droits humains ceux qui, comme certains États asiatiques ou africains, ne partagent pas les prémisses culturelles sous-tendant ces droits. Dans une telle optique, il incombe aux États eux-mêmes, et non à la communauté internationale, de définir les droits humains et de veiller à les respecter. Ainsi, s'il existe effectivement un discours commun et apparemment universel sur les droits humains, il n'y a toutefois pas d'entente claire sur leur mise en application.

La globalisation met davantage en relief ces différentes positions concernant l'éthique et, aux yeux de beaucoup, offre le plus solide motif justifiant l'application de normes universelles. Parce qu'elle accentue les interrelations qu'entretiennent les collectivités, la globalisation multiplie également les façons dont elles peuvent se faire du tort, volontairement ou non. Par exemple, il est de plus en plus difficile de faire fi de l'incidence sur l'environnement et sur l'économie globale des choix quotidiens individuels, comme conduire une voiture ou acheter des vêtements neufs. La gouvernance accrue de l'économie globale soulève aussi des questions d'éthique en matière d'équité associées aux règles régissant les **institutions** internationales. La globalisation exacerbe de tels dilemmes éthiques, car elle approfondit les effets que différents individus et diverses communautés produisent les uns sur les autres. Elle favorise une conscience beaucoup plus aiguë de l'existence d'étrangers dans des pays lointains, voire de leur souffrance. Dans de telles conditions, le cadre éthique défini par la **souveraineté** westphalienne, qui n'attribue qu'une faible importance morale à la souffrance des étrangers, semble moins adéquat. Dans un monde globalisé, les collectivités sont mises au défi de se doter de nouveaux principes ou d'améliorer les anciens afin de mieux régir leurs interactions. Cependant, l'absence de toute norme unique d'équité et de justice entre les États rend cette tâche nettement plus difficile, parce qu'il faudrait d'abord déterminer quels principes d'un État donné devraient être mis en application. Ainsi, dans un monde en voie de globalisation, l'une des grandes questions d'éthique à résoudre est la suivante : «Est-il possible de définir des principes que tous seraient susceptibles d'accepter?»

Le cosmopolitisme

Bien que le monde actuel se caractérise par une **interdépendance** très étroite, chacun tend encore à mener une vie dictée par les contraintes morales, dans laquelle les frontières nationales ont une grande importance éthique. Les cosmopolitistes affirment néanmoins que, malgré la division des êtres humains en collectivités séparées et historiquement constituées, il demeure possible de s'identifier à l'humanité et d'entretenir des préoccupations morales à son sujet. Le cosmopolitisme s'appuie sur la notion suivant laquelle l'humanité doit être conçue comme une seule communauté morale à laquelle est accordée la priorité morale, plutôt qu'aux diverses collectivités nationales. Par conséquent, le cosmopolitisme se fonde sur l'idée que les individus possèdent une dignité qu'aucune communauté ne peut leur enlever.

Dans un premier temps, la pensée cosmopolite souligne qu'il n'y a aucune bonne raison d'exclure une personne du champ des considérations éthiques. Dans un deuxième temps, elle tente de définir exactement les règles et les obligations qui devraient régir la collectivité universelle. Les efforts visant à donner un fondement étoffé à l'inclusion de tous relèvent généralement de la pensée déontologique et, plus spécifiquement, kantienne. Les déontologues avancent que non seulement on doit considérer les étrangers comme moralement égaux à soi, mais aussi que, par conséquent, on est moralement tenu d'agir d'une certaine façon.

Selon l'une des thèses courantes du cosmopolitisme, accorder un traitement égal à tous exige un examen impartial des affirmations de chaque personne (Beitz, 1992, p. 125). Pour formuler des arguments sur l'impartialité, il faut généralement défendre le principe de justice distributive globale. Puisqu'il n'y a pas de différences moralement importantes entre les personnes en tant qu'êtres humains, les intérêts de chacun devraient être jugés à partir d'une position désintéressée. L'impartialité requiert que les affiliations particulières, comme l'identité nationale, soient évaluées en fonction du bien de tous, car elles ne sont pas forcément justes ou défendables. La plupart des cosmopolistes conviennent que l'appartenance nationale et les frontières entre les pays ne sont pertinentes que dans la mesure où elles satisfont les besoins des individus et leur procurent un sentiment d'appartenance, une identité et la stabilité nécessaire pour qu'ils s'épanouissent en tant qu'êtres humains à part entière. Certains se sont appuyés sur ce qui précède pour prétendre que le favoritisme national, ou la priorité donnée aux nationaux, peut être justifié à partir d'une position impartiale. En d'autres termes, l'impartialité ne mène pas forcément à une conception cosmopolitique de la justice globale (Goodin, 1988). Toutefois, les cosmopolistes maintiennent toujours que nos principes moraux fondamentaux découlent de notre condition commune en tant qu'êtres humains et donc que les loyautés nationales n'ont, au mieux, qu'un statut moral dérivé.

Kant et le cosmopolitisme

Longtemps avant l'apparition des États et des télécommunications modernes, Diogène, un philosophe stoïcien de la Grèce antique, a affirmé qu'il était un citoyen du monde. À l'époque moderne, le cosmopolitisme a trouvé sa plus grande source d'inspiration dans les travaux d'un philosophe allemand du siècle des **Lumières**, Emmanuel Kant. Selon ce dernier, le plus important problème philosophique et politique qu'affrontait alors l'humanité consistait à éradiquer la guerre et à établir une communauté universelle régie par un droit cosmopolitique rationnel. Le concept situé au cœur de la pensée de Kant – et le fondement même de son projet de paix perpétuelle entre les États (voir le chapitre 6) – est celui de l'impératif catégorique (voir l'encadré «Pour en savoir plus», ci-dessous).

Plus particulièrement, Kant recommande à chacun ce qui suit : «Agis uniquement d'après la maxime qui fait que tu peux vouloir en même temps qu'elle devienne une loi universelle» (Kant, 2001, p.111). Cela signifie que, pour se comporter moralement, une personne rationnelle doit agir conformément à un principe qu'on

> **POUR EN SAVOIR PLUS**
>
> ## L'impératif catégorique de Kant
>
> L'impératif catégorique énonce qu'un être rationnel doit agir conformément à des lois universelles pour que son action soit morale. Plus spécifiquement, Kant exhorte chacun comme suit : «Agis uniquement d'après la maxime qui fait que tu peux vouloir en même temps qu'elle devienne une loi universelle» (Kant, 2001, p. 111). Cela signifie que, pour agir moralement, une personne rationnelle doit agir conformément à un principe qui puisse s'appliquer à tous. Aux yeux de Kant, l'expression la plus importante de cet impératif réside dans le principe que tout être humain doit être traité comme une fin en soi : «Agis de telle sorte que tu traites l'humanité, aussi bien dans ta personne que dans la personne de tout autre, toujours en même temps comme une fin, et jamais simplement comme un moyen» (Kant, 2001, p. 91). L'esclavage en est un contre-exemple : les esclaves sont des êtres humains réduits à la propriété d'autres êtres humains. Ils n'ont aucun droit et leurs intérêts ne sont pas pris en compte en vue des décisions qui les concernent. La guerre entre États constitue une autre violation de l'impératif catégorique : elle réduit tant les citoyens que les non-citoyens au seul statut de moyens employés pour parvenir à certaines fins (celles des États). Selon Kant, il s'agit là d'une loi morale qui découle à la fois de la nature de la raison elle-même et de la nature humaine, qu'il conçoit comme égoïste et raisonnable, et qui rend les êtres humains capables de se comporter en diables rationnels.

pourrait souhaiter appliquer à tous. Aux yeux du philosophe, la plus importante expression de cet impératif réside dans le principe que tout être humain doit être traité comme une fin en soi : « Agis de telle sorte que tu traites l'humanité, aussi bien dans ta personne que dans la personne de tout autre, toujours en même temps comme une fin, et jamais simplement comme un moyen » (Kant, 2001, p. 91). L'impératif catégorique a pour effet d'accorder à tout individu une stature morale égale à celle de toute autre personne. La plus grande partie de la pensée kantienne est axée sur la nature des obligations qui accompagnent la croyance en l'égalité et en la liberté. C'est ce principe qui sous-tend directement et indirectement presque toute l'éthique internationale contemporaine, notamment les débats sur la justice globale. L'argument le plus fondamental demeure toutefois le suivant : traiter chaque individu comme une fin en soi impose à chacun de penser en termes universels. Restreindre la portée de ses préoccupations morales aux citoyens de son propre État ou aux membres de sa propre nation rend incomplète toute croyance en l'égalité.

La pensée kantienne a donné naissance à plusieurs ramifications. Ainsi, une distinction est souvent faite entre le cosmopolitisme moral, qui renvoie aux actes qui sont dictés aux individus, et le cosmopolitisme institutionnel, qui fait appel aux règles gouvernant les sociétés. Le devoir cosmopolitique de reconnaître l'égalité individuelle s'applique tant aux individus qu'à l'ordre institutionnel et juridique global.

En somme, les tâches essentielles du cosmopolitisme consistent à défendre l'universalisme moral, à explorer ce que peut signifier le respect de l'impératif catégorique dans un monde divisé en États distincts et à mettre au point un nouveau projet d'ordre politique qui soit fondé sur les travaux de Kant (voir le chapitre 1). La plus grande partie de la réflexion sur l'éthique internationale porte sur les dilemmes devant lesquels les États et d'autres acteurs se trouvent lorsqu'ils s'efforcent de rendre leurs politiques et leurs pratiques conformes à ces obligations.

On entend souvent dire que le cosmopolitisme exige la formation d'un État mondial ou le rejet total des loyautés nationales. Les tenants de ce courant affirment cependant que des principes universels peuvent être institutionnalisés de diverses façons sans pour autant qu'il soit nécessaire d'instaurer un État mondial ou de cesser de reconnaître l'importance de l'identité nationale. À l'appui de cette affirmation, ils invoquent deux principes : l'humanitarisme et la volonté de ne pas causer de tort.

L'humanitarisme et les torts

Le plus souvent, les débats sur les obligations cosmopolitiques entourent les devoirs positifs ou négatifs. Les devoirs positifs comprennent ceux d'agir, de faire quelque chose, et ils sont fréquemment exprimés sous forme d'obligations humanitaires. L'humanitarisme comporte une obligation d'intervenir en faveur de ceux qui ont des besoins urgents à combler ou qui souffrent sans raison, où qu'ils soient et quelle que soit la cause de leur détresse. Il peut s'agir d'apporter de l'aide aux victimes d'une famine ou d'une catastrophe naturelle, mais également à ceux qui souffrent en temps de guerre, comme les non-combattants et les soldats retirés des champs de bataille. Ce ne sont pas là des dispositions charitables, mais bien des devoirs moraux, et ce serait non seulement mal, mais aussi moralement incorrect de tourner le dos à ces personnes. La notion de devoir positif sous-tend une déclaration de l'ONU, adoptée en 2005, sur la **responsabilité de protéger** à l'échelle internationale (voir le chapitre 30) ; cette déclaration énonce les responsabilités qui incombent à chaque État de respecter les droits humains à l'intérieur et à l'extérieur de ses propres frontières. Les droits des États dépendent aussi grandement du respect du devoir qui découle de ce principe de responsabilité de protéger.

Les devoirs négatifs comprennent le devoir de cesser de faire quelque chose et généralement celui d'éviter de faire du tort à autrui sans raison. Les États ont traditionnellement reconnu un devoir négatif de non-intervention qui leur impose de s'abstenir d'agir de certaines façons. Des problèmes apparaissent dans les débats sur les devoirs négatifs, du fait que ceux-ci relèvent d'une chaîne causale assez évidente : si un État inflige du tort à un autre État, alors il doit cesser de le faire. Toutefois, la nature du tort infligé et l'identité de l'auteur et de la victime du tort ne sont pas toujours claires. Il arrive parfois que les effets d'une action soient diffus ou que plus d'une partie cause un tort spécifique, comme dans le cas du réchauffement climatique (voir l'étude de cas, page suivante).

Dans l'esprit des citoyens, les devoirs positifs, comme l'aide à apporter aux victimes d'un tsunami ou d'un génocide, sont prioritaires et exigent une plus vive attention. Dans les milieux intellectuels, toutefois, on accorde au moins autant d'attention aux devoirs négatifs et particulièrement aux devoirs imposant de ne pas faire de tort à autrui.

Les devoirs positifs peuvent donner lieu à des devoirs négatifs et vice-versa, bien que de façon plus controversée. Le devoir positif de reconnaître les droits humains pourrait faire apparaître un devoir négatif de cesser certaines pratiques. Cependant, alors qu'un devoir négatif de cesser de faire du tort implique seulement l'arrêt d'une action, certains soutiennent qu'il existe également un devoir positif de prévenir d'autres torts, ainsi que des devoirs de compensation ou de réparation.

Andrew Linklater affirme que les devoirs cosmopolitiques consistant à ne pas faire de tort se répartissent généralement en trois catégories. D'abord, les relations bilatérales : ce que nous faisons aux autres, et

L'éthique du réchauffement climatique

S'il y a une question inscrite à l'ordre du jour international qui suscite des réflexions éthiques véritablement globales, c'est bien celle du réchauffement climatique, parce qu'elle est susceptible d'avoir des répercussions sur tous les habitants de la planète. L'écosystème de la Terre en général et son atmosphère en particulier sont considérés comme des biens communs (voir le chapitre 20) pour la bonne raison qu'ils sont partagés par tous les habitants. L'éthique des biens communs globaux est clairement cosmopolitique, dans le sens où elle traite l'écosystème de la Terre comme une seule communauté biologique qui engendre une collectivité humaine d'interdépendance. Elle souligne que les gains ou les avantages nationaux doivent être sacrifiés ou amoindris afin que les problèmes écologiques puissent être réglés et qu'une nouvelle version de la tragédie des biens communs (concernant les ressources) soit évitée.

Le réchauffement climatique offre un bon exemple de devoirs positifs et de devoirs négatifs. À première vue, il semble raisonnablement clair que les pays qui ont le plus fortement contribué au réchauffement climatique et qui continueront à l'amplifier ont un devoir négatif de cesser de le faire. La plupart des individus conviendraient qu'on doit tous assumer la responsabilité du tort qu'on a causé à autrui, surtout si on en a tiré un avantage. Dans le cas du réchauffement climatique, cela signifie que les pays industriels avancés, notamment les États-Unis, l'Europe et le Canada, ont la responsabilité de réduire leurs émissions de gaz à effet de serre et d'assumer les conséquences finan-

cières des torts que leurs émissions passées et futures ont causés et causeront à d'autres. Les États les plus riches ont aussi un devoir positif d'appuyer ceux qui ont la plus faible capacité de faire face aux coûts qu'entraîne le réchauffement climatique, et ce, quelle que soit la part des torts des pays riches à l'origine de ce réchauffement. Il existe donc un devoir positif d'aider les États et les populations les plus pauvres, qui seront touchées de façon disproportionnée et qui auront aussi le moins contribué au réchauffement climatique. On peut songer, par exemple, à des pays comme le Bangladesh, dont la plus grande partie du territoire se situe au niveau de la mer ou en dessous, et aux États insulaires du Pacifique, qui sont à peine industrialisés, mais qui seront probablement les premiers à disparaître. Il semble clair que, sur le plan des devoirs positifs comme négatifs, ceux qui peuvent apporter leur aide ont la responsabilité de le faire. En outre, il y a aussi un devoir positif qui découlerait en quelque sorte du devoir négatif : il existe non seulement un devoir négatif de réduire ou de cesser la production de gaz à effet de serre, mais aussi un devoir positif de réparer les torts causés. C'est une question de justice redistributive.

Ces arguments sont étayés par d'autres considérations relatives à la capacité de payer des pays riches et aux deux types de coûts que devront sans doute assumer tous les pays. Il y a d'abord le coût de la baisse de production des gaz à effet de serre, puis le coût des conséquences probables de la hausse du niveau de la mer et des autres répercussions écologiques. Les pays pauvres sont désa-

vantagés en ce qui a trait à ces deux types de coûts. Bien entendu, cette question devient encore plus complexe lorsqu'on se rappelle que la production de gaz à effet de serre est au cœur même de la croissance économique, notamment dans les pays en voie d'industrialisation. Toute tentative de réduire la production de ces gaz a pour corollaire des perspectives restreintes de croissance économique dans les pays où celle-ci est peut-être la plus nécessaire. En fait, on peut même arguer que les pays en développement doivent augmenter leurs émissions de gaz à effet de serre afin que leur peuple puisse atteindre un niveau de vie minimalement convenable (Singer et Gregg, 2004, p. 57). Ainsi, le coût total des efforts destinés à enrayer le réchauffement climatique est proportionnellement plus faible pour les pays riches que pour les pays pauvres. Parce qu'ils sont plus riches, certains pays ont davantage de moyens à consacrer à cette fin. Les coûts que pourraient devoir acquitter les pays riches seront sans doute d'une nature différente d'un point de vue qualitatif. En effet, dans les pays riches, régler les problèmes issus des changements climatiques pourrait bien avoir une incidence uniquement sur les éléments de luxe ou les facteurs non nécessaires de la qualité de vie, comme la possibilité d'acheter une plus grosse voiture ou un système de climatisation pour la maison, tandis que, pour les pays pauvres, une diminution des émissions de gaz à effet de serre fera plus probablement sentir ses effets sur les moyens permettant de survivre ou de satisfaire les besoins essentiels de la population.

inversement. Ensuite, les relations entre des tierces parties : ce que l'une fait à l'autre. Enfin, les relations globales : ce que nous faisons tous aux autres (Linklater, 2002, 2005). À titre d'exemple de la première catégorie, il y a les cas où une collectivité exporte vers une autre des pratiques, des biens ou des sous-produits nuisibles. Dans ce cas, les États ont le devoir de tenir compte des effets négatifs qu'ils ont les uns sur les autres, ainsi que l'obligation de prévenir et de sanctionner les actions nuisibles d'**acteurs non étatiques** et d'individus dont ils se portent directement garants. Par exemple, certains États ont adopté des lois punissant les citoyens qui pratiquent le tourisme sexuel à l'étranger. Cela signifie que les États ne doivent pas agir pour leur propre avantage national sans prendre en considération le tort qu'ils peuvent ainsi infliger à d'autres. Parmi les exemples de la deuxième catégorie se trouve le cas d'un État qui cause du tort aux membres de sa propre collectivité ou à ceux de ses voisins, comme dans les cas de génocides. Les États tiers et la communauté internationale ont également le devoir de prévenir ou de faire cesser les actes nuisibles ou encore de punir les auteurs de ces actes. La troisième catégorie comprend les pratiques ou les actes nuisibles auxquels participent de nombreuses collectivités, souvent à des degrés divers, notamment dans le cas du réchauffement climatique, comme on l'a vu dans l'étude de cas. Les États ont le devoir négatif de ne pas exporter de facteurs nuisibles ailleurs dans le monde et le devoir positif de contribuer au règlement des problèmes découlant de ces facteurs nuisibles. La présente description des devoirs cosmopolitiques globaux met l'accent sur les obligations tant individuelles que collectives, sans pour autant mentionner la nécessité de créer un État mondial ou de nier l'identité nationale. L'engagement cosmopolitique visant à éviter de faire du tort s'appuie seulement sur la notion selon laquelle l'identité nationale et le bien-être d'une partie ne doivent pas être maintenus au détriment des étrangers. Les obligations envers les amis, les voisins et les concitoyens sont assorties de responsabilités envers les étrangers et l'humanité.

À RETENIR

- La globalisation vient appuyer la théorie éthique cosmopolitique.
- Le cosmopolitisme met en avant la notion d'une communauté humaine universelle dans laquelle tous reçoivent un traitement égal.
- Le plus important penseur cosmopolitique est Emmanuel Kant.

- Le cosmopolitisme a une portée à la fois morale et politique.
- Le cosmopolitisme n'exige pas la mise sur pied d'un État mondial.
- Les cosmopolitistes insistent sur l'importance des devoirs positifs et des devoirs négatifs, qui prennent généralement la forme d'obligations de ne pas faire de tort et d'offrir l'hospitalité ou de l'aide humanitaire.

LES CRITIQUES DU COSMOPOLITISME : LES RÉALISTES ET LES PLURALISTES

Si le cosmopolitisme, sous une forme ou l'autre, tend à s'imposer dans les débats théoriques sur l'éthique internationale, les arguments contre ce courant pèsent généralement plus lourd dans la balance de la pratique des États. Les critiques s'expriment d'ailleurs avec virulence au sujet de certaines prémisses et faiblesses de la pensée cosmopolitique. Ils expliquent également pourquoi l'applicabilité du cosmopolitisme à l'ordre international contemporain demeure assez limitée.

L'éthique réaliste

Selon les réalistes, en raison de l'anarchie et du statisme, la seule éthique viable est centrée sur l'égoïsme. Nombreux sont ceux qui ont qualifié leur éthique, au mieux, d'amorale et, au pire, de machiavélique. L'éthique réaliste semble contredire une éthique universelle telle que celle des droits humains. Cela dit, des réalistes, comme Hans J. Morgenthau et George F. Kennan, affirment souvent que l'âpreté du réalisme recouvre une moralité différente et plus pragmatique. Le devoir d'un dirigeant politique est d'assurer la survie de son État dans les conditions incertaines de l'anarchie internationale. S'il agissait autrement, il mettrait alors en danger la vie et les intérêts de ses propres concitoyens. Ainsi, l'**autosuffisance** est un devoir moral, et pas seulement une nécessité pratique. Les réalistes suggèrent donc aux États de donner la priorité aux résultats matériels et stratégiques plutôt qu'à la moralité, au sens traditionnel du terme, de leurs actions. Par exemple, un réaliste comme Henry Kissinger peut suggérer de bombarder un État neutre, comme le Laos, si une telle attaque sert l'objectif militaire consistant à vaincre l'ennemi, le Vietnam du Nord. D'autre part, une éthique réaliste peut aussi se traduire par un appui donné à des gouvernements peu respectueux des droits humains, comme celui du Chili pendant la dictature militaire d'Augusto Pinochet ou celui du Pakistan aujourd'hui, afin d'obtenir un avantage sur un adversaire militaire, tel que l'URSS et al-Qaïda respectivement, dans notre exemple. Si des voix critiques font remarquer qu'une telle position ouvre la porte à l'opportunisme et permet de justifier presque toute action par des motifs éthiques, les réalistes maintiennent que les dirigeants politiques ont d'abord des devoirs envers leur propre peuple et que le refus de prendre en compte cette réalité, au nom d'un idéal kantien, constituerait un manquement à ces devoirs (Morgenthau, 1948).

Maints réalistes considèrent qu'une telle éthique égoïste est vertueuse et ils partagent le scepticisme d'E. H. Carr (1939) envers les individus et les États qui prétendent agir au nom d'une moralité universelle. Ainsi, des réalistes contemporains, dont John Mearsheimer, ont manifesté leurs doutes à propos, d'une part, de l'intention de l'ex-président américain George W. Bush de promouvoir la démocratie au Moyen-Orient et, d'autre part, de l'affirmation, qu'on peut lire dans la Stratégie nationale de sécurité des États-Unis (SNS, 2001, p. 5), selon laquelle les valeurs américaines sont universelles. Les réalistes estiment que de telles déclarations relèvent généralement d'un faux-semblant cynique ou d'une illusion entretenue à des fins intéressées. En réalité, il n'existe pas de telles valeurs universelles, et même si elles existaient, l'anarchie empêcherait les États d'agir conformément à celles-ci.

L'éthique réaliste perd aussi de son intérêt devant le constat suivant : les États ne sont pas toujours contraints de choisir entre la survie et la destruction, les choix peuvent aussi se faire entre un avantage et un inconvénient, par exemple. Il ne s'impose pas à la raison que la recherche d'un avantage permet à un dirigeant politique de renoncer à la moralité traditionnelle au même titre qu'un acte visant à assurer la survie. Le fait que la plupart des auteurs réalistes favorisent simplement l'**intérêt national** aux dépens des intérêts des étrangers illustre l'une des limites de leur thèse. En d'autres termes, les réalistes affichent une préférence pour le statu quo, le système des États et le **nationalisme**, ce qui n'est pas pleinement défendable d'un point de vue cosmopolitique. Cette préférence rappelle que le réalisme est tout autant normatif que descriptif et explicatif.

L'éthique pluraliste de la coexistence

L'autre expression principale des thèses communautariennes provient du pluralisme. Parce que les communautariens privilégient la communauté et la diversité,

ils reconnaissent que les nombreuses façons dont les individus sont façonnés dans différentes cultures représentent une bonne chose en soi. Ils estiment donc que la meilleure éthique est celle qui préserve la diversité plutôt que l'homogénéité. Le pluralisme convient que les États, bien qu'ils ne valorisent pas tous la même éthique, peuvent s'entendre sur un cadre d'action dans lequel ils se tolèrent mutuellement, n'imposent pas leurs propres vues aux autres et acceptent certains principes limités en matière de tort. De tels devoirs trouvent leur meilleure expression par l'entremise d'une éthique de tolérance et de coexistence entre des **collectivités politiques**. Cette éthique permet à ces dernières de se sentir raisonnablement en sécurité et de poursuivre leurs activités dans une paix relative. Dans cette optique, la souveraineté est un principe éthique qui rend possible la coexistence des États et des différentes cultures qu'ils abritent.

Selon les pluralistes, les devoirs de chacun envers ses compatriotes sont plus importants et plus spécifiques que ses devoirs envers les étrangers. Tout devoir à l'égard de l'humanité est au mieux atténué et filtré par les États. Le pluralisme se distingue du solidarisme, lequel postule que les États ont le devoir d'agir contre d'autres États lorsque des valeurs humaines fondamentales sont bafouées par des pratiques comme le génocide. Les pluralistes rejettent les tentatives d'instaurer un monde plus solidariste dans lequel l'**intervention humanitaire**, par exemple, est institutionnalisée. La fonction générale de la société internationale est de séparer et d'amortir, et non d'agir (Vincent, 1986, p. 123).

Les pluralistes sont sceptiques quant à l'invocation des droits humains en diplomatie, car cette démarche donne à certains États la possibilité de nier à d'autres leur souveraineté (Bull, 1977 ; Jackson, 2000). De même, ils ne croient pas en une justice distributive universelle, comme possibilité pratique ou comme bien moral en soi, parce qu'elle impose à d'autres cultures une conception spécifique, habituellement libérale, de la justice. Selon les pluralistes, qu'une collectivité soit contrainte d'adhérer à toute éthique ou valeur spécifique est nuisible tant pour cette collectivité que pour l'**ordre international** dans son ensemble (Walzer, 1994 ; Jackson, 2000 ; Miller, 2002). La responsabilité éthique première d'un dirigeant politique réside dans le maintien de l'ordre et de la paix entre les États, et non dans la mise au point d'une conception globale de la justice.

La conception la plus détaillée d'une éthique pluraliste est celle que John Rawls a définie dans son ouvrage intitulé *Le droit des peuples et la raison publique* (2003) (voir l'encadré «Pour en savoir plus», ci-dessous). Selon ce philosophe américain, les États libéraux n'ont aucun devoir cosmopolitique de globaliser leur propre conception de la justice distributive. Il faut plutôt admettre que les sociétés n'ont qu'une incidence minimale les unes sur les autres. Rawls estime que les conditions requises pour l'instauration d'une justice distributive globale ne sont pas réunies, si bien que le mieux qu'on peut espérer est un droit des peuples, qui englobe des règles en matière d'autodétermination, de guerre juste, de reconnaissance mutuelle (souveraineté), de non-intervention et d'aide mutuelle.

POUR EN SAVOIR PLUS

Le droit des peuples et la raison publique, de John Rawls

1. Les peuples sont libres et indépendants; leur liberté et leur indépendance doivent être respectées par les autres peuples.

2. Les peuples doivent respecter les traités et leurs engagements.

3. Les peuples sont égaux et ils sont les auteurs des accords qui les lient.

4. Les peuples doivent respecter un devoir de non-intervention.

5. Les peuples ont un droit à la légitime défense, mais ils n'ont aucun droit de déclencher une guerre pour des raisons autres que la légitime défense.

6. Les peuples doivent honorer les droits humains.

7. Les peuples doivent se conformer à certaines restrictions spécifiques dans la conduite de la guerre.

8. Les peuples ont le devoir d'aider les autres peuples vivant dans des conditions défavorables qui les empêchent de disposer d'un régime politique et social juste et convenable (aide mutuelle).

(Rawls, 2003)

Les pluralistes font néanmoins appel à un principe universel selon lequel il est incorrect d'infliger un tort à quiconque. Les cosmopolitistes se demandent, pour leur part, si une éthique à géométrie variable est suffisante dans les conditions actuelles de la globalisation. Ils affirment qu'une stricte éthique de coexistence est tout simplement dépassée et peut même être néfaste, dans la mesure où la capacité des collectivités de se nuire mutuellement s'est accrue de manière exponentielle.

À RETENIR

- Le réalisme et le pluralisme représentent les deux oppositions les plus fortes à une éthique cosmopolitique et à la possibilité d'un universalisme moral.

- Les réalistes affirment que la nécessité exige une éthique étatique qui restreint la portée des obligations morales à l'État-nation.

- Le pluralisme est une éthique de coexistence, fondée sur la souveraineté.

LES ENJEUX INTERNATIONAUX EN MATIÈRE D'ÉTHIQUE

La section suivante traite de deux enjeux internationaux importants en matière d'éthique : un nouveau (la justice distributive globale) et un autre plus ancien (la tradition de la guerre juste) qu'exacerbe la globalisation en cours. L'un des plus durables ensembles de normes éthiques pour les États, en ce qui concerne leur comportement envers les étrangers, est issu de la tradition de la guerre juste. Par contre, la notion de justice distributive globale n'a été abordée avec sérieux que depuis une quarantaine d'années. Ces deux enjeux mettent en évidence la nature des défis éthiques que doivent relever les États dans un monde où les conséquences de leurs actions sont susceptibles d'avoir une portée globale.

La tradition de la guerre juste

La tradition de la guerre juste (souvent désignée à tort comme la théorie de la guerre juste) est un ensemble de lignes directrices à l'aide desquelles on peut déterminer et juger si un État peut recourir à la guerre et comment il peut la mener. Cette tradition impose des limites morales au recours à la guerre par les États et restreint les torts que des États peuvent infliger à d'autres États, aux forces armées et aux civils. Elle comprend deux éléments : le ***jus ad bellum*** (la justice de la guerre) et le ***jus in bello*** (la justice dans la guerre). Alors que le *jus ad bellum* renvoie à la possibilité de déclencher une guerre, le *jus in bello* a trait aux moyens, aux armes et aux tactiques employés par une armée au cours d'une guerre (voir l'encadré «Pour en savoir plus» à la page 212, et l'étude de cas à la page 213).

L'objectif de la tradition de la guerre juste n'est pas l'avènement d'un monde juste. De même, la notion de guerre juste ne doit pas être confondue avec celle de guerre sainte ou de croisade, qui sont deux types de conflits servant à répandre une foi ou un système politique particulier. La tradition de la guerre juste vise seulement à limiter l'ampleur des guerres par l'imposition de restrictions à l'éventail des justifications acceptables. Les origines de la tradition européenne de la guerre juste se situent dans les travaux de théologiens chrétiens, notamment ceux de saint Augustin. La réflexion sur la guerre juste est aussi importante dans l'islam (voir l'encadré « Pour en savoir plus », page ci-contre), où elle est souvent associée, à tort, à la notion de **djihad**.

La tradition de la guerre juste présente des éléments tant cosmopolitiques que pluralistes. Au sens large, le *jus ad bellum* est généralement associé au pluralisme, ou à ce que Michael Walzer appelle la tradition légaliste. Dans cette perspective, ce qui est acceptable ou non, ce sont des règles relatives aux États et qu'ils peuvent appliquer. Ces règles concernent les obligations que les États ont les uns envers les autres et définissent les circonstances

dans lesquelles il est légitime pour un État de déclencher une guerre. Les justifications d'une guerre sont formulées à l'intention non pas de Dieu ou de l'humanité, mais des autres États. Les seules raisons acceptables sont la défense de la souveraineté d'un État donné, la légitime défense d'un État contre une agression extérieure et, éventuellement, la défense du principe même d'une **société d'États**.

On peut comparer ce qui précède aux éléments plus cosmopolitiques du *jus in bello*, qui portent clairement sur les civils et sur l'obligation de réduire au minimum les torts qui leur sont causés. Le principe du *jus in bello* sert de base au droit humanitaire international, notamment aux conventions de Genève, et à divers traités limitant le déploiement et l'utilisation de certaines armes, dont les armes chimiques, les mines terrestres et les **armes de destruction massive**. L'humanité est la référence fondamentale ; aussi les règles relatives à

POUR EN SAVOIR PLUS

La guerre juste

Jus ad bellum

- La cause juste : elle désigne habituellement la légitime défense ou la défense d'une tierce partie.

- L'autorité légitime : seuls les États peuvent mener une guerre légitime. Les criminels, les entreprises et les individus ne détiennent pas d'autorité légitime à cette fin.

- L'intention légitime : le dirigeant de l'État doit s'efforcer de corriger une injustice ou de contrer une agression, plutôt que de rechercher la gloire, favoriser une expansion territoriale ou piller les biens d'autrui.

- Le dernier recours : les dirigeants doivent avoir exploré à fond toutes les voies de solution raisonnables ou n'avoir aucune issue devant une attaque imminente.

- L'espoir de succès raisonnable : les États ne doivent pas déclencher une guerre qu'ils ne peuvent pas raisonnablement espérer gagner.

- Le rétablissement de la paix : il est juste de mener une guerre, si l'objectif visé est le rétablissement de la paix ou le retour au statu quo.

- La proportionnalité des moyens et des fins : les moyens employés pour faire la guerre, y compris la guerre elle-même, doivent être proportionnels aux fins recherchées. Les États doivent recourir à une force minimale pour atteindre leurs objectifs. Il n'est pas justifiable d'annihiler les forces ennemies ou leur population civile pour les chasser de leur propre territoire.

Jus in bello

- La proportionnalité des moyens : les États doivent employer une force et des armements minimaux ou proportionnels. Il n'est donc pas justifiable d'anéantir l'ennemi, si on peut utiliser une force suffisante pour simplement le vaincre. Par exemple, un État ne doit pas recourir à une arme nucléaire lorsqu'une arme classique peut produire le résultat recherché.

- L'immunité des non-combattants : les États ne doivent pas viser directement des non-combattants, y compris des soldats retirés des champs de bataille, ou des civils et des infrastructures civiles qui ne sont pas mobilisés dans le cadre de l'effort de guerre. L'immunité des non-combattants est un élément fondamental de la tradition de la guerre juste, sans lequel cette tradition perd une grande partie de sa cohérence. Comment une approche considérant la guerre comme un instrument de justice peut-elle accepter l'injustice découlant de la suppression systématique des droits des non-combattants ? (Coates, 1997, p. 263)

- La règle du double effet : une action peut causer des pertes chez les non-combattants à condition que ces pertes soient une conséquence non voulue (mais prévisible) de l'action entreprise, comme dans le cas de civils habitant près d'une usine d'armements. Cependant, la véritable question consiste à savoir si des décès peuvent véritablement être non voulus, lorsqu'ils sont prévisibles. Le dilemme qu'affrontent les théoriciens de la guerre juste est de déterminer si la responsabilité des décès non voulus est de même nature que la responsabilité des morts voulues.

la proportionnalité, à l'immunité des non-combattants et à la discrimination concernent-elles toutes le droit des civils à ne pas subir de torts.

Du point de vue du réalisme, la tradition de la guerre juste prévoit l'imposition de limites à l'action des États. La politique internationale est le royaume de la nécessité et, en temps de guerre, l'État doit employer tous les moyens pour parvenir à ses fins. La nécessité l'emporte sur l'éthique lorsque la survie de l'État ou des forces armées est en jeu. L'État doit déterminer lui-même le moment le plus approprié pour déclencher une guerre et les moyens à mobiliser pour remporter la victoire. Du point de vue du pacifisme, la doctrine rattachée à la tradition de la guerre juste ne fait que favoriser la guerre, car elle énonce les arguments qui la justifient. Selon les pacifistes et d'autres voix critiques, non seulement il est toujours inacceptable de tuer, mais encore la tradition de la guerre juste n'est en rien éthique, puisqu'elle donne au conflit un vernis de légitimité.

ÉTUDE DE CAS

Jus in bello: les bombardements systématiques

Un exemple qui illustre plusieurs questions liées au *jus in bello* est celui des bombardements systématiques de certaines villes durant la Seconde Guerre mondiale. Pendant ce conflit, tant les puissances alliées que les pays de l'Axe ont soumis des villes de l'ennemi à des bombardements aériens de grande ampleur. Dans leurs efforts pour vaincre Hitler, les Britanniques ont procédé à des bombardements massifs contre l'Allemagne qui ont détruit beaucoup de villes et tué des centaines de milliers de civils. Le cas le plus connu est celui de Dresde, dont les bombardements ont suscité de vives controverses parce que cette ville allemande ne revêtait absolument aucune importance militaire. Au moins 100 000 personnes ont trouvé la mort dans le gigantesque brasier allumé par les Alliés. De façon analogue, les Américains, lors des derniers moments de la guerre menée contre le Japon, ont bombardé à répétition Tokyo et d'autres grandes villes nipponnes, dans le cadre d'attaques qui visaient spécifiquement des villes plutôt que des sites militaires. Il fallait briser la volonté des populations de poursuivre les combats; c'était là le principal argument invoqué à l'époque pour justifier ces violations manifestes du principe de discrimination. Certains ont aussi ajouté, pour défendre de telles pratiques guerrières, qu'il n'était plus possible alors de faire la distinction entre les civils et les non-civils en raison du recours à la guerre totale. D'autres ont prétendu que la guerre contre Hitler était une urgence suprême, car la survie de la Grande-Bretagne en dépendait. Dans la plupart des arguments avancés, les stratèges faisaient appel à la doctrine du double effet: la mort de civils était prévisible, mais non voulue.

Cela dit, les militaires britanniques avaient mis au point la tactique des bombardements systématiques avant le début de la guerre, conformément à un plan stratégique d'ensemble. De plus, les campagnes de bombardement se sont poursuivies bien après la fin du danger immédiat pour la survie de la Grande-Bretagne qu'a représenté la bataille de l'Angleterre. Il est donc clair que la mort de civils avait été anticipée et planifiée dans le cadre d'une stratégie guerrière. À cet égard, la plupart des auteurs conviennent aujourd'hui que cette pratique a enfreint les principes fondamentaux de la guerre juste.

POUR EN SAVOIR PLUS

La tradition islamique de la guerre juste

L'éthique de la guerre est un trait fondamental de l'islam. Le prophète Mahomet lui-même a mené ses troupes au combat au nom de l'islam. Le Coran et les enseignements (hadiths) de Mahomet indiquent clairement que, à certains moments (limités), il incombe aux musulmans de faire la guerre. C'est pourquoi on entend souvent dire que, si l'objectif essentiel de l'islam est d'apporter la paix par la soumission universelle à Allah, il n'y a toutefois pas de tradition pacifiste au sein de l'islam. Parfois, certaines autorités musulmanes ont approuvé le devoir de répandre l'islam par la guerre, comme ce fut le cas durant les siècles ayant suivi la mort de Mahomet, avec l'établissement du califat. D'autres musulmans, majoritaires en fait, ont soutenu que le Coran n'autorise la guerre qu'à des fins de légitime défense. Des groupes intégristes comme al-Qaïda invoquent ce dernier motif pour justifier leurs campagnes menées contre les États-Unis et leurs alliés, tant sur le territoire des États-Unis qu'en Iraq et en Afghanistan. Cependant, la plupart des autorités musulmanes rejettent tout autant l'interprétation du concept de défense adoptée par al-Qaïda que les attaques lancées par ce groupe contre des cibles civiles situées à l'extérieur du territoire menacé ou occupé du *dâr al-Islam* (voir le chapitre 2). La plupart des interprètes estiment qu'il existe des équivalents musulmans de la cause juste, de l'autorité légitime, de l'intention légitime et de certaines dispositions du *jus in bello*, y compris l'immunité des civils.

La justice globale, la pauvreté et la famine

La globalisation de l'économie mondiale, surtout depuis la Seconde Guerre mondiale, a indubitablement été la source de fortes inégalités dans le monde. Elle a également été à l'origine d'une augmentation de la population humaine et, par le fait même, de la proportion de personnes qui souffrent de **pauvreté** absolue et de famine (voir le chapitre 27). Des cosmopolitistes comme Pogge soulignent que la globalisation apporte aussi la possibilité de mettre fin à la pauvreté dans le monde assez rapidement et à un coût relativement faible. La globalisation soulève la question de la justice distributive universelle et de la nature des devoirs moraux que les riches de la planète ont envers les pauvres. L'existence de grandes inégalités ainsi que d'une faim et d'une famine massives dans certaines régions suscite une réflexion sur l'identité de ceux à qui incombe la responsabilité de réduire les inégalités ou de mettre fin à la famine absolue, d'autant plus qu'une richesse extrême existe.

La solution de Singer

Selon le philosophe Peter Singer, la globalisation signifie que nous devons valoriser l'égalité entre les sociétés, à l'échelle mondiale, autant que nous valorisons l'égalité politique au sein d'une société (2002, p. 190). Singer affirme qu'une conception impartiale et universaliste (et utilitariste) de la moralité suppose que ceux qui peuvent apporter leur aide doivent le faire, qu'ils soient responsables ou non de la pauvreté. Il ajoute que, si on a la capacité de prévenir un événement fâcheux, sans pour autant sacrifier quelque chose ayant une importance morale comparable, on est alors moralement tenu de le faire (1985, p. 231). Les citoyens des pays riches, et ceux qui habitent les zones riches des pays pauvres, sont moralement obligés d'aider ceux qui risquent de mourir à cause de leur indigence.

Pour justifier sa position, Singer propose de réfléchir à la situation suivante : si on marche près d'un lac et qu'on voit un enfant en train de s'y noyer, on doit se lancer à l'eau et sauver cet enfant. Nos vêtements vont alors être mouillés et sales, mais c'est sans importance, tandis que la mort de cet enfant serait, selon toute vraisemblance, très dramatique (1985, p. 231).

La persistance de la faim ainsi que la pauvreté aiguë dans le monde représentent une situation qui nous place devant le même choix moral. Si on estime qu'il est incorrect de laisser un enfant se noyer par crainte de salir son propre pantalon, alors on doit aussi croire qu'il est incorrect de laisser un enfant, ou des millions d'autres personnes, mourir de faim et de pauvreté, alors qu'on a la capacité de prévenir cette situation fatale sans subir une perte importante. Par conséquent, ceux qui peuvent apporter leur aide ont un devoir positif de porter secours aux personnes dans le besoin (voir l'encadré « Pour en savoir plus », ci-dessous).

POUR EN SAVOIR PLUS

Peter Singer et la justice distributive

« Chacun de nous disposant d'un surplus de richesse, après avoir satisfait ses besoins essentiels, devrait en donner la plus grande partie aux personnes qui souffrent d'une pauvreté si aiguë qu'elles risquent d'en mourir. En termes clairs, je dis que vous ne devez pas acheter cette nouvelle voiture, faire cette croisière, redécorer la maison ou acquérir ce complet plutôt cher. Après tout, les 1000 $ que coûte un complet neuf pourraient sauver la vie de cinq enfants. »

(Singer, 1999)

Selon Singer et le philosophe Peter Unger, les citoyens des pays riches devraient donner tout l'argent qui leur reste après avoir payé leurs biens de première nécessité afin d'atténuer la pauvreté dans les pays en développement. Il s'agit là d'un devoir moral et non d'un geste de charité : lorsqu'on ne soutient pas les plus pauvres, on agit de façon incorrecte. D'un point de vue kantien, si on évite aujourd'hui de traiter les pauvres dans le monde comme des fins en soi, c'est parce qu'on accorde, en réalité, moins de valeur à leur vie qu'à notre propre plaisir matériel.

Le cosmopolitisme institutionnel libéral

Les cosmopolitistes institutionnels libéraux, comme Charles Beitz, Darrel Moellendorf et Thomas Pogge, affirment que l'interdépendance globale exige qu'on mette au point une structure institutionnelle globalement juste. Selon Beitz et Moellendorf, la conception de la justice substantive qu'a énoncée John Rawls offre les critères d'une justice à l'échelle globale.

Rawls (1971) soutient que la justice part de la structure de base de la société, c'est-à-dire de la façon dont les principales institutions sociales répartissent les droits et les devoirs fondamentaux et déterminent la division des avantages tirés de la coopération sociale (Rawls, 1971, p. 7). Pour être juste, la société doit s'appuyer sur des prémisses fondamentales justes à l'égard de ceux qui ont des droits, ou sur un statut moral égal et des devoirs imposés à ceux qui tirent des avantages matériels de la production de biens et services. La théorie de Rawls est une conception de la justice à la fois procédurale et substantive, qui traite de la répartition de la richesse et des bienfaits. Comme on l'a mentionné dans la section précédente, Rawls rejette la possibilité qu'une justice distributive globale soit définie à partir de sa théorie. La plupart des rawlsiens estiment toutefois que les conclusions du philosophe ne découlent pas de ses propres postulats.

Les cosmopolitistes concernés par la justice globale s'intéressent principalement, mais pas exclusivement, à la trame de fond de la société globale, c'est-à-dire aux façons dont les règles de l'ordre global répartissent les droits, les devoirs et les avantages de la coopération sociale. La trame de fond de l'ordre international devrait être régie par des principes cosmopolitiques axés sur les inégalités entre les individus plutôt qu'entre les États. Ce qui compte essentiellement, c'est de comprendre à quel point une personne est pauvre ou en mauvaise posture dans le monde, et pas seulement dans son propre pays.

Ainsi, alors que Beitz et Moellendorf ne sont pas entièrement d'accord au sujet des mécanismes spécifiques permettant d'aplanir les inégalités, ils se rallient néanmoins à Thomas Pogge lorsque celui-ci affirme que le principe de différence devrait s'appliquer globalement. Selon ce principe, les termes de la coopération internationale devraient être conçus de façon telle que les inégalités sociales parviennent à optimiser la pire part individuelle représentative (Pogge, 1989, p. 251). En pratique, cela revient à dire que la position originale globale pourrait impliquer non seulement une redistribution de la richesse en vue de corriger les inégalités relatives aux ressources naturelles, mais aussi une certaine compensation pour contrebalancer la répartition inégale des ressources naturelles ou pour réparer des injustices passées. Par conséquent, une partie du produit global réellement attribuable à la coopération sociale globale (par opposition à nationale) devrait être redistribuée (Beitz, 1979, p. 169).

La solution de Pogge

Contrairement à Singer et Beitz, Thomas Pogge met l'accent sur la relation causale entre la richesse des riches et la pauvreté des pauvres. Il affirme que les règles du **système** et la structure de base de la **société internationale** causent un préjudice à certains secteurs de l'économie ou les minent activement, ce qui contrevient directement aux principes de justice rawlsiens. Les riches ont le devoir d'aider les pauvres, parce que ce sont surtout les nantis qui ont instauré l'**ordre international** actuel, principale cause de la pauvreté dans le monde. Pogge précise aussi que les pays riches sont collectivement responsables, chaque année, d'environ 18 millions de décès imputables à la pauvreté.

Pogge ajoute que du devoir négatif de chacun de ne pas faire de tort aux autres émerge un devoir positif de leur porter assistance. Ainsi, ceux qui bénéficient le plus de l'ordre actuel ont l'obligation de le modifier dans l'intérêt des plus démunis. La structure du commerce international et de l'interdépendance économique devrait faire en sorte que, malgré la répartition inégale des ressources matérielles dans le monde, personne ne devrait être dans l'incapacité de satisfaire ses besoins fondamentaux ni souffrir indûment d'un manque de ressources matérielles. Enfin, les tenants du pluralisme tiennent compte, néanmoins, de cette obligation. Ils sont d'avis qu'une injustice marque le système économique et que les participants les mieux nantis auraient tort de la perpétuer, et ce, peu importe qu'un lien unisse ou non les riches et les affamés (Pogge, 1994, p. 97).

POUR EN SAVOIR PLUS

Rawls et la position originelle

Le contrat social de Rawls est issu d'une expérience, en deux sessions, dans laquelle les membres d'une société fermée devaient en définir les règles de base. La difficulté ici, c'est qu'aucune de ces personnes ne pouvait savoir où elle finirait par se trouver au sein de cette société. Chacun pourrait être un Noir, un Blanc, un homme, une femme, et être riche, pauvre, talentueux, intelligent, etc. Tout ce que chacun savait sur lui-même, c'était qu'il possédait la capacité de concevoir ce qu'est le bien, de penser rationnellement aux fins et de comprendre qu'il a certains besoins physiques fondamentaux. Rawls considérait que cette situation imposait la prise de décisions derrière un voile d'ignorance. Il croyait que des personnes raisonnables ainsi contraintes établiraient une société où chacun aurait un droit égal au plus large éventail de libertés fondamentales qui soit compatible avec une gamme de libertés semblables pour les autres (1971, p. 60). Il pensait également qu'il y aurait une certaine égalité de résultats et de possibilités. C'est ce qu'il a dénommé le principe de différence, d'après lequel l'inégalité est injuste, sauf lorsqu'elle représente un moyen nécessaire d'améliorer la condition des membres les plus démunis de la société. Dans le domaine international, une deuxième session de discussions réunissait les représentants des peuples et se terminait par la conclusion d'un contrat qui s'apparentait aux règles traditionnelles de la société internationale : autodétermination, guerre juste, reconnaissance mutuelle et non-intervention. En d'autres termes, les membres de l'expérience établissaient des règles de coexistence, et non la justice. Les interprètes cosmopolitistes de Rawls rejettent une telle conclusion ainsi que la nécessité de cette deuxième session.

Thomas Pogge et l'ordre international

« Les pays riches et leurs citoyens continuent à imposer un ordre économique global dont les conséquences se traduisent par le fait que des millions de personnes meurent chaque année de causes liées à la pauvreté, alors que ces décès pourraient être évités. Pourtant, l'imposition d'un tel ordre économique au sein d'une société nationale serait considérée comme une grave injustice. »

(Pogge, 2001b, p. 44)

À RETENIR

- La tradition de la guerre juste comporte deux éléments : le *jus ad bellum* et le *jus in bello*.

- Une guerre juste est différente d'une guerre sainte.

- La tradition de la guerre juste comprend des éléments tant cosmopolitiques que pluralistes.

- Les débats sur la justice globale sont dominés par les théories utilitariste et rawlsienne.

- Que l'inégalité constitue un problème moral en soi ne fait pas l'unanimité.

- Les cosmopolitistes affirment qu'il incombe aux riches d'aider les pauvres et que cette responsabilité découle de devoirs positifs et négatifs.

CONCLUSION

Le présent chapitre a dressé les grandes lignes des principales conceptions de l'éthique internationale et de quelques-uns des enjeux les plus importants en matière d'éthique, qui caractérisent la globalisation. Ces questions interpellent tous les acteurs sur la scène internationale et notamment les États les plus en mesure d'aider les autres ou de leur causer du tort. Le pluralisme moral et l'anarchie politique qui se manifestent dans le domaine international représentent le plus grand défi pour les États et d'autres acteurs. En effet, une telle situation rend la prise de décisions plus difficile et la réflexion plus complexe, mais elle ne supprime pas pour autant les obligations de chacun envers les étrangers. Dans le contexte de la globalisation, le cosmopolitisme pose deux questions cruciales au réalisme et au pluralisme. Premièrement, est-il encore possible de justifier le refus d'aider les autres lorsqu'on peut leur porter assistance sans se nuire soi-même ? Deuxièmement, et de façon plus problématique, peut-on encore esquiver

le devoir d'instaurer un monde où la souffrance évitable est réduite au minimum et où l'égalité de tous se concrétise dans des institutions politiques ? La plupart des penseurs en éthique internationale rejettent tant un réalisme intégral qu'un pluralisme strict. Pour la majorité d'entre eux, étant donné l'ampleur de l'interdépendance actuelle qu'engendre la globalisation, la question n'est pas de savoir s'il faut avoir un comportement éthique dans le domaine international, mais bien de définir ce comportement devenu nécessaire.

Le cosmopolitisme, peut-être davantage maintenant qu'à tout autre moment dans l'histoire de l'humanité, est présent tant dans les discours que dans les actes d'un grand nombre d'États, d'institutions internationales et d'individus, y compris dans la Déclaration universelle des droits de l'homme et à la Cour pénale internationale. Un engagement cosmopolitique visant à prévenir un tort évitable apparaît dans les conventions de Genève et dans les traités interdisant l'utilisation de mines terrestres individuelles. De plus, la notion cosmopolitique de citoyenneté du monde se reflète parfaitement dans une **société civile** globale composée d'individus et d'**organisations non gouvernementales**, qui invite les États à rendre compte de leur action ou de leur inaction par rapport à des questions urgentes comme la pauvreté globale (par exemple, la campagne Abolissons la pauvreté, lancée par Bob Geldof et Bono). Bon nombre de ces acteurs agissent conformément à la conviction que tous les êtres humains devraient être traités de manière égale. Ils invoquent les principes de base qui déterminent ce dont les êtres humains doivent disposer en tant que personnes, y compris leurs droits fondamentaux d'avoir de la nourriture, un toit et d'être protégés de toute souffrance évitable.

Si des éléments du cosmopolitisme sont présents dans l'ordre international, la plupart des pratiques étatiques et la majorité des individus continuent d'accorder la priorité à leurs concitoyens. Encore aujourd'hui, la pratique des États favorise les nationaux aux dépens des étrangers, notamment en ce qui a trait à des enjeux comme le réchauffement climatique, qui remet en cause des activités fondamentales. Le déclenchement de la **guerre contre le terrorisme** a exacerbé les tensions entre nationaux et étrangers depuis quelques années. Craignant pour leur **sécurité**, des États ont centré leur attention sur cette question, au détriment de celles qui traitent particulièrement des droits humains. De même, l'échec du cycle de Doha – des négociations menées par l'**Organisation mondiale du commerce**, en juillet 2006 – a démontré l'incapacité des États à s'attaquer concrètement aux sources des problèmes dans les pays les plus pauvres et à renoncer aux règles commerciales inéquitables qui causent tellement de tort à ces derniers. Il est vrai que même les obligations éthiques de base envers une foule d'individus ne sont toujours pas respectées. Cependant, l'éthique cosmopolitique soulève la possibilité de devoirs plus spécifiques. Bien que des désaccords subsistent, il existe, parmi les théoriciens comme les praticiens du droit international et de l'éthique, un consensus important en faveur tant de droits fondamentaux, comme le fait d'être à l'abri de la pauvreté et de la famine, que de la notion selon laquelle les frontières nationales ne doivent pas empêcher quiconque de traiter tous les autres avec respect.

QUESTIONS

1. Quelles sont les idées fondamentales du cosmopolitisme ?

2. Quelles sont les principales implications éthiques de la globalisation ?

3. Expliquez les oppositions les plus tenaces au cosmopolitisme.

4. Les frontières nationales ont-elles une signification éthique ?

5. Que sont les devoirs positifs ? Les devoirs négatifs ?

6. Qu'est-ce que l'éthique réaliste ?

7. Quelle critique les tenants du cosmopolitisme font-ils du réalisme et du pluralisme ?

8. En prenant la guerre contre le terrorisme comme référence, expliquez la différence entre le *jus ad bellum* et le *jus in bello*.

9. Les pays riches ont-ils la responsabilité de mettre fin à la pauvreté dans le monde ?

10. Une approche éthique de la globalisation est-elle nécessaire ?

Lectures utiles

Ceyhan, A., « Le communautarisme et la question de la reconnaissance », *Cultures & Conflits*, nº 12, 1993, p. 169-184. Une introduction aux thèses communautaristes à l'ère de la globalisation, y compris une critique de l'universalisme par Charles Taylor.

Kymlicka, W., *Les théories de la justice : une introduction*, Paris, La Découverte, 1999. Cet ouvrage de ce philosophe et politologue canadien offre une introduction de qualité aux théories de la justice prônées par de nombreux courants théoriques, dont le libertarisme, le communautarisme, le marxisme, le féminisme et l'utilitarisme.

Lacroix, J. et N. Kalypso, « Quelle justice au-delà de l'État-nation ? Deux paradigmes pour l'Europe », *Mouvements*, nº 35, 2004, p. 105-113. Une analyse du potentiel de l'Union européenne en tant qu'exemple d'une structure institutionnelle, dans laquelle une éthique globale hors du cadre de l'État-nation est possible.

Linklater, A., « Le principe de non-nuisance et l'éthique mondiale », *Études internationales*, vol. 37, nº 2, 2006, p. 277-300. Cet auteur cosmopolitique propose une réflexion sur le devoir de ne pas causer de préjudice à autrui.

Pogge, T., *World Poverty and Human Rights: Cosmopolitan Responsibilities and Reforms*, Cambridge, Cambridge University Press, 2002. Un ouvrage qui propose des arguments exhaustifs et rigoureux en faveur d'une conception cosmopolitique de la justice redistributive dans le monde.

Taguieff, P.-A., « Figures de la pensée raciale », *Cités*, vol. 4, nº 36, 2008, p. 173-197. Un article qui traite de différentes formes de racisme à travers l'histoire et de leurs incidences sur la politique.

Thibault, J.-F., « Le tournant éthique », dans A. MacLeod et D. O'Meara (dir.), *Théories des relations internationales. Contestations et résistances*, Montréal, Athéna Éditions, 2007, p. 377-397. Un survol, enrichi d'arguments bien étayés, des principales positions théoriques en matière d'éthique des relations internationales.

Rawls, J., *La justice comme équité : une reformulation de Théorie de la justice*, Montréal, Boréal, 2004. Un exposé sur l'éthique libérale comme importante solution de rechange à l'utilitarisme singerien.

Rawls, J., *Le droit des peuples et la raison publique*, Paris, La Découverte, 2006. Le philosophe libéral américain se penche sur le droit des peuples.

Singer, P., *Sauver une vie. Agir maintenant pour éradiquer la pauvreté*, Paris, Michel Lafon, 2009. Ce philosophe utilitariste australien analyse les impératifs éthiques engendrés par la pauvreté mondiale.

Walzer, M., *De la guerre et du terrorisme*, Paris, Bayard, 2004. Cet ouvrage porte sur la tradition de la guerre juste, par rapport aux conflits récents au Kosovo, en Afghanistan et en Iraq. Du même auteur, voir aussi *Guerres justes et injustes*, Paris, Gallimard, 2006.

LES STRUCTURES ET LES DYNAMIQUES

Cette partie de l'ouvrage présente les principales structures et dynamiques sous-jacentes à la politique mondiale contemporaine. Il y a assurément un certain chevauchement entre cette partie et la suivante, puisque la distinction entre les structures et les dynamiques, d'une part, et les questions internationales, d'autre part, repose surtout sur la perspective adoptée. Dans le contexte actuel, les structures et les dynamiques correspondent à des éléments relativement stables de la politique mondiale qui sont plus durables et plus constants que les questions abordées dans la quatrième partie. Dans cette troisième partie, on vise deux objectifs : premièrement, donner un bon aperçu de quelques-unes des plus importantes structures et dynamiques en politique mondiale au début du XXIe siècle. À cette fin, on décrit diverses réflexions sur la politique mondiale qui mettent l'accent sur les éléments sous-jacents. Il est bon de noter ici que la nature même d'une structure ou d'une dynamique fait l'objet de nombreux débats, mais il est utile de souligner dès maintenant que les structures et les dynamiques constituent, ensemble, le cadre dans lequel vont se déployer les questions traitées dans la prochaine partie. Tous les éléments examinés dans la présente partie jouent un rôle important dans l'analyse des questions abordées ultérieurement, car ils comprennent tant les structures les plus importantes de la politique mondiale qui suscitent ces questions que les principales dynamiques qui en influencent l'orientation. Deuxièmement, l'étude de ces structures et de ces dynamiques favorise la réflexion sur la globalisation, et plus particulièrement sur la question de savoir si celle-ci représente ou non un type de politique mondiale qui est qualitativement différent de celui qui a prévalu jusqu'à maintenant. La globalisation nécessite-t-elle ou signifie-t-elle un renversement des structures et des dynamiques qui ont été au cœur de la politique mondiale jusqu'ici ?

Chapitre 13

LE CARACTÈRE CHANGEANT DE LA GUERRE

Michael Sheehan

GUIDE DE LECTURE

La guerre est l'une des institutions-clés de la pratique et de l'étude des relations internationales. Après la **guerre froide**, de nombreux observateurs ont laissé entendre que des changements profonds bouleversaient la nature de la guerre ou même que, dans certaines parties du monde, à tout le moins, la guerre était devenue caduque. Par suite de l'interdépendance économique accrue qu'a entraînée la **globalisation** et de l'expansion de la démocratie, certains groupes d'**États** semblent avoir formé des communautés de sécurité au sein desquelles la guerre n'est plus possible.

Ailleurs, cependant, la guerre est demeurée présente et revêt des formes toujours différentes. Dans le cas de certains pays, comme les États-Unis, le recours à des moyens technologiques de pointe pour obtenir des victoires spectaculaires contre des armées classiques donne l'impression qu'une **révolution dans les affaires militaires** est en cours. Dans d'autres cas, certaines régions du monde sont plutôt le théâtre de guerres dans lesquelles des **acteurs non étatiques** jouent un rôle prééminent, et où les moyens militaires employés sont relativement simples et les atrocités commises, monnaie courante. Ces nouvelles guerres, selon maints analystes, sont la conséquence directe de la dynamique propre à la globalisation.

INTRODUCTION

Basil Liddell Hart, expert britannique en stratégie, a déjà écrit que, si on veut la paix, on doit comprendre la guerre, alors que Léon Trotski (1879-1940), révolutionnaire marxiste bien connu, a un jour déclaré avec assurance qu'on peut ne pas s'intéresser à la guerre, mais que la guerre s'intéresse à tout le monde. Cette affirmation demeure pertinente dans le monde contemporain. Quelque 14 400 conflits ont éclaté au cours de l'histoire consignée et ont coûté la vie à environ 3,5 milliards de personnes. Depuis 1815, il y a eu de 224 à 559 guerres, selon la façon dont on définit la guerre (Mingst, 2004, p. 198). La guerre en tant que forme de comportement social est toujours présente et ne donne aucun signe qu'elle disparaîtra bientôt, bien qu'elle ne soit pas forcément un type inévitable de comportement social et qu'elle semble s'être réellement volatilisée dans certaines régions du monde. Depuis la fin de la guerre froide, le nombre annuel de conflits, le nombre de morts au combat et le nombre de massacres de guerre ont tous diminué fortement par rapport aux données correspondantes colligées durant la guerre froide (voir l'encadré «Pour en savoir plus», ci-contre). De 1989 à 1992, près d'une centaine de guerres ont pris fin. Quant aux décès sur les champs de bataille, les années 1990 ont été la décennie la moins meurtrière depuis la fin de la Seconde Guerre mondiale (Université de la Colombie-Britannique, Centre de la sécurité humaine, 2005, p. 17). Malgré le déclin général de la fréquence de conflits, la guerre demeure néanmoins très présente dans beaucoup de régions et affiche certains traits nouveaux par rapport à ceux qui la caractérisaient durant la guerre froide.

Dans le monde contemporain, de puissantes pressions engendrent des changements se répercutant sur les sociétés et les économies nationales. Si certains de ces changements reflètent l'incidence de la globalisation, d'autres résultent des conséquences plus étendues de la postmodernité, mais ils ont tous eu pour effet cumulatif de produire d'importants bouleversements sociaux et politiques, qui ont à leur tour modifié les perceptions de la nature des menaces provenant du monde extérieur. Cette modification a elle-même eu une influence notable sur les perceptions relatives à l'utilité de la force en tant qu'instrument politique, ainsi qu'aux formes et aux fonctions de la guerre. Au cours des deux derniers siècles, soit l'époque dite moderne de l'histoire, la guerre a traditionnellement été vue sous trois perspectives principales : comme une forme brutale de la politique, comme un moyen utilisé par les États pour résoudre certaines questions en relations interna-

POUR EN SAVOIR PLUS

L'obsolescence de la guerre

L'un des traits marquants de la guerre est son absence dans certaines parties du monde contemporain. La région de l'Atlantique Nord a déjà été décrite comme une **communauté de sécurité**, c'est-à-dire un groupe d'États d'où la guerre a disparu en tant que moyen de régler les litiges entre eux, ce qui ne les empêche toutefois pas d'y recourir contre des adversaires situés à l'extérieur de cette communauté. Ces États ont tous en commun d'être des démocraties, et certains ont avancé l'idée que, si les démocraties vont faire la guerre dans certaines situations, elles ne sont pas disposées à engager des combats contre une autre démocratie. La prémisse de cette thèse de la **paix démocratique** repose sur le fait que, si une région abrite des groupes de démocratie, la guerre va disparaître de cette région et se raréfier à mesure que la démocratie va se répandre dans le monde entier. Il existe cependant un risque que des guerres éclatent si les démocraties tentent de renverser les régimes non démocratiques en vue d'élargir la zone démocratique de paix, si bien que ces guerres seraient alors menées au nom de la paix. De plus, certains observateurs estiment que même des non-démocraties seraient réticentes à se lancer dans une guerre si elles-mêmes et leurs puissants rivaux possédaient des armes nucléaires.

tionales et comme un résultat de leur volonté d'accumuler une puissance militaire à des fins de défense et de dissuasion et de projeter cette puissance pour étayer leurs politiques extérieures et de défense. Les deux guerres mondiales au XXe siècle ont été le reflet fidèle de cette conception de l'instrumentalisation de la guerre. La guerre moderne a été une guerre entre États qui, malgré tout, respectaient des règles précises. Dans l'après-guerre froide, les types de menaces qui ont alimenté l'accumulation de puissance militaire dans les pays développés ne s'apparentaient pas à la rivalité militaire traditionnelle entre États ; la puissance a plutôt constitué une réponse à d'autres dangers plus informes et moins prévisibles, comme le **terrorisme**, des insurrections et des crises internes dans d'autres pays, dont le règlement semble nécessiter la mobilisation de la force militaire.

Selon certains observateurs, l'époque actuelle a permis une évolution profonde de la structure des relations internationales, qui s'est traduite par de spectaculaires changements politiques consécutifs à la fin de la guerre froide et à la dissolution de l'Union soviétique. Des changements d'une telle ampleur et qui modifient le **système international** ne sont pas courants dans l'histoire et ont généralement une incidence très forte

sur les mécanismes régissant son fonctionnement. En même temps, et en partie par suite de l'évolution de la situation internationale, des changements se produisent aussi dans les traits nationaux de beaucoup d'États qui composent le système international. Par exemple, on constate une hausse notable du nombre d'États ayant adopté un système politique démocratique, mais, simultanément, bien d'autres se sont désintégrés dans le sillage d'une insurrection et d'une guerre civile. En outre, les acteurs-clés en relations internationales ne sont plus les mêmes depuis la fin de la guerre froide. Le monde est devenu momentanément sujet au contrôle hégémonique d'un seul État, les États-Unis, de sorte que la globalisation est désormais synonyme d'américanisation dans l'esprit d'un grand nombre de personnes qui ont réagi à cette tendance en manifestant une vigoureuse résistance culturelle et politique.

Karl von Clausewitz (1780-1831), influent stratège du XIXᵉ siècle, affirmait que la nature fondamentale de la guerre est immuable. La forme particulière que revêt la guerre peut varier d'une époque à l'autre, mais pas sa nature essentielle. Selon Clausewitz, les nouvelles caractéristiques de la guerre ne sont pas attribuables à des inventions, mais plutôt à de nouvelles idées et conditions sociales. Il ne serait donc pas surprenant de constater que les dynamiques de la postmodernité et de la globalisation à l'œuvre dans un système international, marqué par des changements ininterrompus et même croissants, soient caractérisées par des transformations dans la façon de faire la guerre au sein du système. On peut s'attendre à ce que la manière générale de mener une guerre ait évolué en raison des nouvelles perceptions de menaces qu'a suscitées l'après-guerre froide. S'il s'avère que les guerres prennent des formes distinctives et peut-être même nouvelles depuis la fin de la guerre froide, on peut certainement penser qu'un tel phénomène est la conséquence de changements plus vastes dans le système international, et non la cause première de ces changements. Une guerre est une forme socialement construite de comportements humains collectifs à grande échelle et doit être replacée dans le contexte plus large de son milieu politique et culturel.

POUR EN SAVOIR PLUS
La guerre informatique

Lorsque les États comptent de plus en plus sur des systèmes de commandement et des techniques complexes de collecte de l'information et de guidage des armes, ils deviennent vulnérables à la guerre informatique. Le cyberespace désigne « l'espace où se déploie l'interconnexion totale des êtres humains au moyen de réseaux d'ordinateurs et de télécommunications ». Dans le cadre d'une guerre informatique, l'issue dépend de la capacité d'un État de s'attaquer aux réseaux informatiques d'un autre État dans le cyberespace et de protéger ses propres réseaux contre des attaques ennemies. Il s'agit là d'un élément crucial de la guerre technologique de pointe. De nos jours, les États-Unis, par exemple, cherchent à dominer si totalement le monde de l'information en période de conflit qu'ils pourraient mener leurs opérations militaires sans opposition véritable. Les attaques peuvent être limitées à des cibles strictement militaires ou dirigées contre l'ensemble du système économique et politique de l'ennemi. Un grand nombre d'États, comme l'Inde, seraient en train d'acquérir les moyens de lancer une guerre informatique. En prévision d'une telle éventualité, plusieurs États, y compris les États-Unis, Israël, la Chine et le Royaume-Uni, ont intégré la guerre informatique à leur doctrine militaire respective.

En cette époque de prolifération sans précédent de techniques modernes de communication, de nouveaux moyens de livrer une lutte armée ne cessent d'émerger. Des acteurs non étatiques se sont employés, durant l'après-guerre froide, à transformer le cyberespace et les médias globaux en champs de bataille de première importance, en plus de mener des opérations militaires terrestres et terroristes, si bien que la guerre se déroule désormais simultanément sur différents plans de la réalité. De plus, pour justifier la guerre avec les moyens dont on dispose, la réalité elle-même est falsifiée par des méthodes raffinées, fondées sur la désinformation et la supercherie électronique. Le champ de bataille du passé s'est transformé en un **espace de bataille** qui est à la fois tridimensionnel, avec l'emploi de la puissance aérienne et de satellites en orbite, et, à certains égards, non dimensionnel, avec l'utilisation du cyberespace et de la bande passante.

Du même coup, la capacité tangible de guerroyer s'est accrue. Des moyens techniques militaires comportant une énorme capacité destructrice sont maintenant à la disposition d'un nombre croissant d'États : non seulement les techniques de production et d'utilisation des **armes de destruction massive** se répandent de plus en plus, mais c'est aussi le cas de moyens militaires classiques très avancés. La fin de la guerre froide a déclenché, entre autres effets, un désarmement massif de ceux qui étaient des ennemis déclarés durant cette période. Le marché des armes mondial a alors été inondé par de l'armement devenu excédentaire, dont une grande partie était composée de matériel militaire de pointe vendu relativement peu cher.

À RETENIR

- La guerre est un élément fondamental de l'histoire humaine.

- Depuis la fin de la guerre froide, tant la fréquence que la létalité des guerres interétatiques ont connu un vif déclin.

- La guerre entre les grandes puissances, en particulier, est devenue beaucoup plus improbable aujourd'hui que durant les époques précédentes.

- Les changements qui se répercutent sur le système international sont peut-être en voie de transformer le caractère de la guerre.

QUELQUES DÉFINITIONS

Parce que la guerre est un concept variable, elle a été définie de nombreuses façons, parfois contradictoires. Beaucoup de définitions sont tellement générales qu'elles n'en favorisent pas vraiment la compréhension. Certains auteurs ont décrit la guerre comme toute forme de conflit physique armé et organisé, alors que, selon Quincy Wright, expert en sciences politiques, la guerre est un contact violent entre des entités distinctes, mais similaires (cité dans Freedman, 1994, p. 69). Des définitions si générales n'apportent pas tellement d'éclaircissements sur la guerre contemporaine : la première n'est pas assez spécifique et pourrait tout aussi bien s'appliquer aux luttes violentes opposant deux clans, alors que la deuxième s'appuie sur une hypothèse déraisonnable émise sur la nature des combattants. La criminalité violente est un important facteur d'insécurité humaine globale, car elle fait plus de victimes chaque année que la guerre et le terrorisme mis ensemble ; or, il ne s'agit pas de guerre. La formule proposée par Clausewitz s'avère plus utile : la guerre est à la fois un recours à la force visant à obliger un ennemi à se plier à notre volonté et la continuation de la politique par d'autres moyens. Dans ses travaux, ce théoricien précise sa définition en contexte ; il suppose aussi que le lecteur comprend qu'il est question d'affrontements militaires de grande ampleur entre les représentants des États impliqués. *Le Petit Robert de la langue française* abonde dans le même sens : « Guerre : lutte armée entre groupes sociaux, et particulièrement entre États ». Malheureusement, aujourd'hui, une telle définition est pour le moins réductrice, puisque des groupes non étatiques sont devenus des acteurs de premier plan dans la guerre contemporaine. Hedley Bull, un professeur de relations internationales, a proposé une définition plus

utile à cet égard : « Violence organisée que des entités politiques déploient les unes contre les autres » (Bull, 1977, p. 184). Il souligne que la violence n'est pas la guerre, sauf lorsqu'elle est utilisée par une entité politique et dirigée contre une autre entité politique.

Il est possible de dire que la guerre correspond simplement à toute forme de violence armée, utilisée par un groupe de personnes contre un autre, mais il est alors utile de déterminer la nature des objectifs ainsi que le degré de violence qui est nécessaire pour qu'un affrontement armé soit considéré comme une guerre. Un affrontement entre deux gangs de rue où plusieurs personnes trouvent la mort relève-t-il vraiment du même phénomène qu'un conflit militaire entre plusieurs États, pendant lequel des millions de personnes sont délibérément tuées ? Fixer un seuil spécifique peut aussi sembler arbitraire, à l'instar de la définition influente qu'ont formulée les auteurs J. David Singer et Melvin Small : un conflit est considéré comme une guerre lorsque les combats font au moins 1000 morts par année. Pourtant, la guerre des Malouines entre l'Argentine et le Royaume-Uni en 1982 franchit à peine le seuil établi, bien que rares soient ceux qui prétendraient que ce ne fut pas une guerre. Un certain ordre de grandeur est clairement nécessaire, mais la formule moins spécifique de Quincy Wright s'avère peut-être raisonnable en fin de compte : la guerre est un conflit entre des groupes politiques, notamment des États souverains, opposant des forces armées d'une ampleur considérable pendant une longue période de temps (Wright, 1965).

À RETENIR

- La guerre, à l'époque contemporaine, n'est pas toujours facile à définir.

- La guerre est une forme d'action politique.

LA NATURE DE LA GUERRE

Si, comme certains l'ont affirmé, la guerre a effectivement revêtu de nouvelles formes depuis la fin de la guerre froide ou si sa nature profonde a peut-être même évolué, il est alors nécessaire de comparer ces exemples récents aux formes et aux interprétations traditionnelles de la guerre, afin de déterminer, le cas échéant, ce qui a changé et ce qui ne sont que des manifestations contemporaines d'un phénomène ancien (voir l'encadré « Pour en savoir plus », page ci-contre). Cet exercice n'est pas aussi simple qu'il y paraît de prime abord. La guerre est un type de violence humaine organisée et elle est relativement facile à reconnaître lorsqu'elle est menée par des États mobilisant de grandes quantités de personnes et de matériel ainsi qu'une importante puissance de feu. Cependant, à l'extrémité inférieure du spectre de la violence, elle commence à chevaucher d'autres formes de conflits, comme le terrorisme, l'insurrection et la violence criminelle, et il est alors plus difficile de maintenir des définitions et des distinctions claires. La guerre comporte toujours de la violence, tandis que toute forme de violence ne peut être assimilée à une guerre. La violence est un facteur nécessaire, mais insuffisant pour qu'un conflit soit considéré comme une guerre.

Les guerres éclatent pour des raisons précises. Selon l'interprétation occidentale de la guerre, inspirée de Clausewitz, on y voit un moyen de parvenir à une fin donnée. De ce point de vue, une guerre n'est pas une manifestation de violence imprévisible, mais elle découle plutôt d'une décision consciente de s'y engager pour un motif politique rationnel. Ceux qui la déclenchent s'appliquent à la justifier au nom de leur système de valeurs.

POUR EN SAVOIR PLUS

Thucydide et la guerre

À certains égards, la guerre a peu changé au fil des époques. Il y a 2500 ans, Thucydide (v. 460-v. 400 avant l'ère chrétienne), le célèbre historien grec, formulait cette réflexion : « La guerre est un mal que nous connaissons tous, et il serait inutile de s'employer à énumérer tous les inconvénients qu'elle comporte. Personne n'est obligé de faire la guerre par ignorance ni, s'il croit qu'il pourra en tirer parti, d'en demeurer à l'écart parce qu'il la craint. Il s'avère qu'une partie pense que les avantages à en tirer surpassent les risques à courir, alors que l'autre partie est prête à affronter le danger plutôt que d'accepter une perte immédiate. »

(Thucydide, 1972, livre IV)

La guerre est un type de comportement social et politique. C'était l'un des arguments principaux de Clausewitz, qui demeure valable au début du XXIe siècle, mais seulement à condition de privilégier une interprétation souple de ce qui constitue la politique. Puisque la notion de politique, ainsi que les formes qu'elle prend, a sensiblement évolué à l'époque postmoderne, on doit s'attendre à ce qu'il en soit ainsi de la nature de la guerre, qui est elle-même une forme de politique.

La nature politique de la guerre s'est transformée depuis quelques dizaines d'années sous l'effet de la globalisation qui n'a pas cessé d'éroder l'autonomie économique, politique et culturelle de l'État. La guerre contemporaine se déroule localement, mais elle se déploie aussi sur des terrains plus vastes et subit l'influence d'**organisations non gouvernementales**, d'**organisations intergouvernementales**, de médias régionaux et globaux et d'internautes. À maints égards, la guerre contemporaine est partiellement menée à la télévision, et les médias y tiennent ainsi un rôle de premier plan, parce qu'ils proposent un cadre d'interprétation aux observateurs de cette guerre. La couverture permanente de la violence internationale par les médias a peut-être pour effet d'affaiblir graduellement les contraintes juridiques, morales et politiques entravant le recours à la force, car elle fait apparaître celui-ci comme une action banale et empêche les spectateurs de remettre en cause l'aspect moral de la guerre qui a caractérisé la deuxième moitié du XXe siècle. L'émergence d'une sorte de sentiment de lassitude envers la guerre pourrait attribuer au recours à la guerre les traits de la normalité la plus banale.

La guerre est une activité extrêmement paradoxale. Les êtres humains ont la capacité de pratiquer une violence intense, mais aussi une **coopération** complexe. En un sens, la guerre est très clairement constituée d'actes d'inimitié plutôt que de coopération, de contraintes plutôt que de négociations, d'exécutions sommaires plutôt que de procédures judiciaires équitables, de destruction plutôt que de création (Francis, 2004, p. 42). Ou, comme l'a dit l'auteur américain de science-fiction Robert A. Heinlein (dans Porter, 1994, p. xiii), l'armée est une organisation permanente chargée de la destruction de la vie et des biens. Pourtant, d'un autre point de vue, la guerre est certainement une activité profondément sociale, un exemple de l'énorme capacité de coopération amicale que possède l'humanité (Bigelow, 1969, p. 3). Le philosophe et historien français Michel Foucault a vu dans la guerre la dimension militaire de la société (1996, p. 415), parce que la conduite d'un conflit armé impose la coopération au sein d'une société afin que celle-ci puisse accomplir des tâches complexes de grande envergure. Une société peut mener une guerre du fait qu'elle est capable de pratiquer la coopération sur le plan intérieur. Par ailleurs, elle se sent parfois obligée de combattre une autre société, pour la raison que la coopération sur le plan extérieur lui paraît souvent difficile. L'acte même de lutter contre des étrangers facilite parfois la coopération intérieure. Mis à part lorsqu'une guerre est extrêmement impopulaire au sein d'une société, on peut dire qu'un État en guerre est aussi un État en paix.

La guerre est un phénomène à la fois très organisé et très organisateur. Comme le dit Charles Tilly (1975, p. 42), sociologue, la guerre a engendré l'État et l'État a engendré la guerre. L'appareil d'État est historiquement le produit des exigences organisationnelles de la guerre, et les États modernes doivent leur origine et leur développement, dans une grande mesure, aux effets des guerres antérieures. L'État moderne est apparu lors de la Renaissance, soit durant une période de violence sans précédent. L'intensité des conflits armés à cette époque a déclenché une première révolution dans le domaine militaire, qui a entraîné un accroissement prononcé de la taille des armées, de leur puissance de feu et des coûts de la guerre. La nécessité de survivre à des temps aussi marqués par la rivalité et la violence a favorisé la constitution d'unités politiques plus grandes et plus centralisées, qui ont pu contrôler de vastes territoires, maîtriser des techniques militaires complexes et mobiliser les immenses ressources humaines indispensables aux victoires militaires.

La modernité et la guerre

Le point culminant d'une telle évolution a été atteint lors de la guerre de Trente Ans, qui a ravagé l'Europe de 1618 à 1648. À la fin de ce conflit, l'**Europe** a entamé une nouvelle phase de développement historique, la modernité, qui allait dominer l'histoire internationale au cours des trois cents années subséquentes, avant de céder sa place à la postmodernité à la fin du XXᵉ siècle. La modernité a présenté des traits multiples, et, comme l'a observé Clausewitz, chaque époque produit une forme de guerre dominante qui la caractérise et qui la reflète, même s'il existe aussi d'autres formes illustrant certaines réalités culturelles et géographiques. Il y a donc eu une forme de guerre représentative de la modernité.

La période de la modernité comporte quatre caractéristiques fondamentales : l'essor du **nationalisme** et d'États de plus en plus centralisés et bureaucratiques abritant des populations croissantes ; des révolutions scientifiques et industrielles ; la montée d'idéologies laïques, affichant une vision messianique et une intolérance envers les grands récits ; et de grandes idéologies totalisantes comme le marxisme. La guerre qui singularisait cette période reflétait les forces et les énormes effets transformateurs de la modernité. Les États ont mobilisé des armées massives grâce à des bureaucraties centralisées et à la puissance du nationalisme. Chaque État a doté son armée des produits de l'industrialisation et s'attendait à ce que sa population se sacrifie pour l'État et ne montre aucune pitié pour le peuple rival, qui lui-même était appelé à se sacrifier aussi pour sa patrie. Il en a résulté des guerres massives à caractère industriel, pendant lesquelles tant les civils que les soldats ennemis étaient considérés comme des cibles légitimes, selon une dynamique qui a abouti, notamment, aux attaques nucléaires contre le Japon en 1945.

Parallèlement, un autre trait propre à la guerre durant la période moderne a fait son apparition : la guerre, ou du moins les conflits entre les pays développés, était désormais régie par des **règles**. Un corpus de droit international a été mis au point en vue de restreindre et de réglementer le recours à la violence en temps de guerre. Quincy Wright affirme que la guerre comporte toujours une dimension juridique qui la distingue d'un simple combat et même d'un combat organisé. C'est une condition inhérente à l'époque selon laquelle prévalent des règles spéciales autorisant et encadrant la violence entre des gouvernements (Wright, 1965, p. 2). Il s'agit là d'un facteur important qui différencie la guerre des autres formes de violence. C'est un type particulier de relations entre des groupes ayant des motivations politiques. D'après Wright, on ne peut pas dire qu'il y a une guerre lorsque les protagonistes ne se reconnaissent pas mutuellement comme des participants et considèrent plutôt l'adversaire comme un obstacle entravant l'atteinte de certains objectifs, à l'instar d'une barrière géographique, par exemple.

L'intensité d'une guerre déchaîne ou stimule souvent de nombreuses forces de changement qui suscitent des transformations fondamentales et permanentes au sein de l'industrie, de la société et du gouvernement. Lorsque la guerre affaiblit ou détruit des structures traditionnelles ou qu'elle impose des réformes intérieures, elle peut créer des conditions propices aux changements sociaux et à la modernisation politique. L'intention de vaincre les forces adverses peut donner lieu à des développements technologiques dans des domaines comme le transport, le traitement et le stockage des aliments, les communications, etc., et ces progrès peuvent s'étendre bien au-delà du seul secteur militaire. C'est en ce sens que le penseur grec Héraclite (v. 540-v. 475 avant l'ère chrétienne) affirmait que la guerre est la mère de tout et la reine de tout.

Historiquement, au cours de la modernité, la conduite de la guerre a obligé les gouvernements à centraliser le pouvoir afin de mobiliser les ressources nécessaires à la victoire. La bureaucratie et le fardeau fiscal ont pris du volume pour soutenir l'effort de guerre. Toutefois, les tensions découlant de la préparation et du déclenchement de la guerre peuvent aussi déboucher sur l'affaiblissement ou la désintégration de l'État, comme l'ont montré les événements survenus au Vietnam du Sud en 1975 et, dans une certaine mesure, en Union soviétique en 1991.

Néanmoins, la guerre – tant sa préparation que sa conduite – constitue un puissant agent catalyseur de changement. Cela dit, une modernisation technologique ou même politique n'est pas forcément un vecteur de progrès moral. L'évolution de la guerre, y compris dans ses formes contemporaines, peut entraîner des changements moralement problématiques, comme c'est le cas plus généralement pour les forces de la globalisation. La guerre est un puissant agent de changement historique, mais ce n'est pas la force motrice essentielle de l'histoire.

À RETENIR

- La guerre contemporaine subit l'influence de la globalisation.

- La guerre n'est possible que si les sociétés sont fortement organisées.

- La guerre peut être un puissant agent catalyseur de changement.

- La nature de la guerre demeure constante, mais sa forme reflète l'époque et le milieu particuliers où elle se déroule.

LA RÉVOLUTION DANS LES AFFAIRES MILITAIRES

Si de nombreux observateurs ont estimé que le caractère de la guerre subit des changements marqués, les raisons qu'ils ont invoquées pour appuyer une telle affirmation sont assez variées. Un courant de pensée met l'accent sur la présumée **révolution dans les affaires militaires (RAM)**. La notion de RAM a gagné en popularité après la spectaculaire victoire américaine lors de la guerre du Golfe en 1991. La façon dont la doctrine militaire et la technologie supérieure des États-Unis ont contribué à les faire triompher facilement a fait croire au monde que ce serait la possession d'avantages technologiques, comme des satellites et des armes téléguidées perfectionnées, qui déterminerait les vainqueurs des futurs conflits. La popularité subséquente de la notion de RAM n'a toutefois pas abouti à un consensus clair concernant la nature exacte de cette notion ou de ses conséquences possibles. Alors que les analystes conviennent qu'une telle révolution engendre un changement radical ou un type quelconque de discontinuité dans l'histoire de la guerre, ils ne sont pas tous d'accord sur la teneur du changement ou de la discontinuité, ni sur le moment où ceux-ci se produisent et sur leurs causes.

William Cohen, ancien secrétaire à la Défense des États-Unis, est d'avis qu'on peut parler de RAM lorsque l'armée d'un pays saisit l'occasion de transformer sa stratégie, sa doctrine, sa formation, son organisation, son équipement, ses opérations et ses **tactiques** en vue d'obtenir des résultats militaires décisifs selon des façons essentiellement nouvelles (cité dans Gray, 2002, p. 1).

Les partisans de la thèse d'une révolution dans les affaires militaires affirment que les récentes percées et les probables progrès futurs en technologie militaire montrent que les opérations militaires seront conduites avec une vitesse, une précision et une efficacité destructrice telles que le caractère même de la guerre va changer. Cet état de fait aura une incidence profonde sur la façon de diriger les affaires militaires et politiques au cours des prochaines décennies. La plus grande partie de la littérature sur la RAM se concentre sur les répercussions de l'évolution technologique. Dans les conflits survenus au Koweït (1991), au Kosovo (1999) et en Iraq (2003), la technologie américaine s'est révélée considérablement supérieure à celle de chacun des adversaires des États-Unis. Plus particulièrement, le recours à la technologie informatique et spatiale a permis aux forces américaines d'obtenir des renseignements sur l'ennemi d'une précision jamais vue dans l'histoire de la guerre et de viser les systèmes d'armements ennemis. Grâce aux moyens de communication de pointe dont ils disposaient, les généraux ont pu exercer un contrôle immédiat et détaillé sur les batailles en cours et réagir rapidement à la tournure que celles-ci prenaient. Grâce à leur vitesse, à leur puissance et à leur précision, les armes utilisées ont pu détruire précisément les cibles cruciales visées sans que les populations civiles soient inutilement touchées, quoiqu'une précision et une fiabilité absolues se soient avérées impossibles à obtenir. Les opposants incapables de contrer ces moyens technologiques se sont trouvés impuissants devant l'écrasante supériorité américaine. L'accent mis, à juste titre, sur la technologie et les tactiques militaires risque toutefois de brosser un portrait trop simple d'un phénomène extrêmement complexe, où les facteurs non technologiques peuvent jouer un rôle fondamental dans l'obtention du résultat visé.

En outre, la plus grande partie des travaux et des débats portant sur la révolution dans les affaires militaires se font aux États-Unis et tiennent généralement pour acquise la domination accordée au détenteur d'une technologie supérieure. L'actuelle RAM se fonde sur une conception particulièrement occidentale des opérations guerrières et pourrait bien n'être utile que dans certaines situations bien définies. Beaucoup moins de débats ont porté sur les réactions non traditionnelles ou asymétriques que pourraient avoir ceux qui sont déterminés à combattre vigoureusement un adversaire disposant de moyens technologiques avancés (voir l'encadré «Pour en savoir plus», ci-contre). L'asymétrie se trouve d'ailleurs dans les deux camps. Depuis 1990, des coalitions de volontaires dirigées par les États-Unis ont mené des guerres asymétriques contre l'Iraq (en 1991 et en 2003), la Yougoslavie et l'Afghanistan. En raison de la supériorité totale des coalitions en matière de puissance de combat, les batailles ayant marqué ces guerres ont été assez brèves et ont causé relativement peu de morts, comparativement à la période de la guerre froide. Toutefois, lors des phases d'insurrection en Iraq et en Afghanistan, l'asymétrie s'est traduite par des opérations de guérilla lancées contre la supériorité technologique des forces coalisées. C'est là une importante dimension de la guerre asymétrique contemporaine. Des moyens comme la guérilla et le terrorisme qui, à des époques antérieures, constituaient des éléments mineurs dans le cadre d'une stratégie classique plus générale, sont aujourd'hui employés en tant que stratégies proprement dites.

Un protagoniste habile s'efforcera toujours de tirer parti de ses forces et de réduire au minimum celles de son ennemi. Dans toute guerre, c'est la puissance relative des adversaires qui oriente les moyens utilisés dans les combats et qui détermine largement l'issue. Certains combattants peuvent même ne pas tenter de vaincre les forces armées ennemies, mais simplement recourir à la violence dans le but de les démoraliser et de les amener à faire des concessions. Par ailleurs, les auteurs qui traitent de la RAM s'appuient souvent sur un modèle westphalien centré sur l'État, qui exagère l'importance de l'affrontement traditionnel et qui n'est peut-être pas particulièrement utile dans l'analyse des guerres d'insurrection intra-étatique qui prévalent depuis 1991.

Le conflit qui fait rage en Iraq depuis 2003 (voir l'étude de cas, page ci-contre) a soulevé des questions cruciales au sujet du type de guerre probable qui apparaîtra dans le sillage de la révolution dans les affaires militaires. Qui sont les futurs opposants les plus probables des États susceptibles d'adopter les techniques propres à cette révolution? Cette dernière fait-elle sentir son influence sur tous les types de guerre ou seulement sur les guerres interétatiques traditionnelles à grande échelle? Qu'en est-il de la guerre en milieu urbain ou menée avec des armes nucléaires? Quelle est la réaction probable d'opposants, comme des terroristes, des insurgés et des forces armées, qui sont incapables d'acquérir eux-mêmes les moyens technologiques découlant de cette révolution en matière militaire?

La guerre asymétrique, selon Lawrence Freedman

La guerre est dite asymétrique «lorsque deux combattants diffèrent tellement par leur caractère et par les domaines où ils ont un avantage stratégique comparatif qu'un affrontement entre eux s'orientera en fonction de la capacité d'une partie à obliger l'autre à combattre dans des conditions qu'elle aura déterminées elle-même. [...] La stratégie que les faibles ont constamment adoptée contre les forts consiste souvent à attaquer tant la base politique nationale de l'ennemi que ses capacités militaires offensives. Essentiellement, il s'agit d'infliger des souffrances sur une longue période de temps sans subir de représailles intolérables.»

(L. Freedman, «Britain and the Revolution in Military Affairs», Defense Analysis, nº 14, 1998, p. 58)

L'accent mis sur les facteurs technologiques, au cœur des travaux publiés sur la RAM, risque d'entraîner une sous-estimation des dimensions politiques et sociales de la guerre. Un large éventail de facteurs, et non les seuls moyens technologiques, influent sur l'issue d'une guerre. Aujourd'hui, dans la plupart des régions du monde, les moyens technologiques découlant de cette révolution que possèdent seulement une poignée d'États n'influencent aucunement les guerres actuelles et potentielles. Toutefois, des éléments de cette révolution, comme des moyens techniques spécifiques, jouent un rôle dans le déroulement de certains conflits. La **guerre classique** ayant opposé l'Inde et le Pakistan à la fin des années 1990 a mobilisé des systèmes d'armements très avancés et, dans le cas de l'Inde, des moyens technologiques satellitaires.

Si certains auteurs ont remis en question l'existence d'une véritable révolution dans les affaires militaires (RAM), il est néanmoins possible de considérer cette dernière comme une conséquence inévitable de l'ère de globalisation et de la postmodernité. Les auteurs et futurologues américains Alvin et Heidi Toffler (1993) affirment que la façon dont une société fait la guerre reflète la manière dont elle produit de la richesse. Depuis l'apparition de l'agriculture, chaque révolution survenue dans le système utilisé pour créer de la richesse a déclenché une révolution correspondante dans le système employé pour faire la guerre. Ainsi, dans la mesure où une nouvelle économie de l'information est en train d'émerger, elle suscitera une révolution parallèle dans la façon de faire la guerre. À l'ère actuelle, c'est l'information qui constitue la ressource essentielle pour la puissance et la production de richesse. Par conséquent, la RAM est le résultat inévitable de transformations fondamentales des modes de production économique (voir le chapitre 15).

Si la notion de RAM exerce un tel attrait au sein des sociétés occidentales, c'est parce qu'elle évoque la possibilité d'utiliser de présumées armes intelligentes pour

La guerre en Iraq, 2003-2007

Le 20 mars 2003, les forces de la coalition dirigée par les États-Unis ont envahi l'Iraq dans le but de localiser et de neutraliser les armes de destruction massive qui s'y trouvaient vraisemblablement. Elles ont mené une campagne rapide et extrêmement fructueuse qui a abouti à la prise de Bagdad et à la capitulation des forces armées iraquiennes. Le président des États-Unis, George W. Bush, a officiellement proclamé la fin des principales opérations militaires le 2 mai 2003. Si le bilan des victimes, durant cette phase traditionnelle des combats, a été exceptionnellement faible pour une guerre moderne d'envergure, les affrontements se sont rapidement transformés en une lutte insurrectionnelle marquée par une incessante guérilla et des attaques terroristes répétées contre les forces de la coalition et les civils iraquiens. Au printemps 2007, les pertes subies par la coalition s'élevaient à 3500 morts et 24 000 blessés. Les estimations du nombre total de décès causés par la guerre oscillaient entre 60 000 et 650 000.

La guerre en Iraq répond à diverses questions se trouvant au premier plan des débats relatifs à l'évolution possible de la guerre. La victoire rapide de la coalition est attribuable, entre autres, à la supériorité technologique des systèmes d'armements et d'information perfectionnés qu'ont utilisés les forces armées américaines et qui leur ont permis d'écraser l'armée iraquienne. Cette victoire a ainsi donné l'impression qu'une révolution en matière militaire était en cours.

La doctrine des forces américaines a également joué un rôle crucial. Leur

succès s'explique non seulement par leur supériorité technologique, mais aussi par une meilleure stratégie opérationnelle axée sur les manœuvres. La victoire rapide et relativement peu sanglante de la coalition alliée a confirmé que, dans le cadre stratégique de l'après-guerre froide, les États-Unis n'hésitaient pas à recourir à la force. Une fois oublié le traumatisme de la guerre du Vietnam, la guerre est devenue rapide, décisive et peu coûteuse pour les États-Unis. La fin de la guerre froide a supprimé la menace qu'un conflit régional dégénère en conflit nucléaire avec une autre superpuissance.

Au cœur du conflit, la domination américaine sur la guerre de l'information, tant sur le plan militaire – en ce qui concerne la capacité d'utiliser des systèmes satellitaires à des fins de reconnaissance, de communication et de repérage des armes ennemies – que sur le plan postmoderne – en ce qui a trait à la manipulation des communications civiles et à la transmission globale des images médiatiques de la guerre –, vise à donner une interprétation internationale des

combats qui reflète ce que le gouvernement américain souhaitait que le monde perçoive.

Cependant, le conflit n'a pas pris fin avec la capitulation des forces armées iraquiennes; cette situation a confirmé certains des arguments qu'ont avancés les auteurs des thèses sur les guerres nouvelles et postmodernes. La capacité des insurgés à agir au moyen de réseaux militaires complexes non officiels leur a permis de mener une guerre asymétrique efficace, malgré la supériorité écrasante de la technologie militaire américaine. En outre, les insurgés ont su se servir des médias globaux pour manipuler les perceptions du caractère et des répercussions de la stratégie fondée sur le terrorisme et la déstabilisation. Les techniques qu'ont employées les insurgés étaient brutales et cruelles et visaient la population civile, dans le cadre d'une campagne soutenue par des forces et des ressources financières extérieures. Elles s'appuyaient aussi sur une propagande à caractère ouvertement identitaire, qui constitue un autre trait propre à la conception postmoderne des nouvelles guerres.

remporter une victoire rapide et nette dans une guerre. Les moyens technologiques issus de cette révolution offrent un degré de maîtrise du champ de bataille qui n'était pas possible auparavant, de sorte que le rythme des combats peut être orchestré et que la victoire peut être obtenue sans pertes humaines massives. Dans la mesure où une telle révolution est bel et bien en cours, elle sera essentiellement menée par les États-Unis dans un avenir prévisible, car elle reflète à la fois la manière et les raisons de ce pays de conduire ses affaires militaires. La démarche américaine a consisté à gagner rapidement toute guerre par le recours à une force écrasante et à mobiliser la puissance industrielle et technologique des États-Unis pour réduire au minimum les pertes humaines. Pourtant, les guerres ne sont jamais propres ni exemptes d'effusion de sang. Même à l'ère des armes intelligentes et de la technologie spatiale, la guerre demeure une entreprise brutale et sanglante dont les objectifs politiques ne sont atteints qu'au prix de très vives souffrances humaines.

À RETENIR

- Des progrès technologiques spectaculaires signifient qu'une révolution dans les affaires militaires (RAM) est peut-être en cours.

- Peu d'États détiennent aujourd'hui les moyens technologiques découlant d'une telle révolution.

- Les protagonistes ayant un accès limité ou nul aux moyens technologiques issus d'une telle révolution sont susceptibles de mener une guerre asymétrique pour influencer la nature des combats.

LA GUERRE POSTMODERNE

La société globale est en train de passer de la modernité à la postmodernité. En cours depuis plusieurs dizaines d'années, cette transition résulte d'une vaste gamme de changements économiques, culturels, sociaux et politiques qui modifient le sens de l'État et de la **nation**. Les économies avancées ne sont désormais plus axées sur la production, mais bien sur l'information, ce qui aura des répercussions sur le caractère de la guerre. Dans certaines régions du monde, l'État transfère délibérément certaines fonctions, militaires entre autres, à des autorités et entreprises privées. Dans d'autres régions, ces fonctions sont soustraites à l'État par d'autres acteurs politiques. Parallèlement, la globalisation a affaibli l'aspect national de l'**identité** qui a dominé les relations internationales depuis deux cents

ans et elle a ravivé des formes anciennes d'identité et d'organisation politiques, telles que les loyautés religieuse, ethnique et clanique.

Le rôle nettement plus déterminant des médias est un trait de l'évolution en cours. Les médias ont acquis une très grande importance dans la formulation ou l'orientation des interprétations données à des guerres spécifiques. La place des médias a apparemment rendu la guerre plus transparente. Chaque partie déploie maintenant beaucoup d'efforts pour manipuler les images médiatiques d'un conflit, et les journalistes n'en sont dorénavant plus de simples observateurs, mais bien des participants actifs qui affrontent à peu près autant de dangers que les soldats et qui contribuent à façonner le cours d'une guerre par leurs reportages. Ce phénomène illustre un changement plus profond : tout comme la modernité et ses guerres étaient fondées sur le mode de production, la postmodernité et ses guerres, pour leur part, reflètent le mode d'information.

La sous-traitance accrue de la guerre est un autre facteur propre à la postmodernité. Depuis une dizaine d'années, de plus en plus d'États ont sous-traité des activités militaires essentielles avec des entreprises privées. Des firmes militaires privées vendent aux États un grand assortiment de services qui relèvent presque uniquement de la logistique et de la sécurité plutôt que des combats directs. Des centaines de ces entreprises ont été actives dans plus d'une cinquantaine de pays depuis la fin de la guerre froide. Leur croissance s'inscrit dans une tendance globale plus générale à la privatisation des biens publics. Au moyen de la formation et de l'équipement qu'elles offrent, les firmes militaires privées ont eu une influence sur l'issue de plusieurs guerres récentes, y compris en Afghanistan, en Angola, en Croatie et en Sierra Leone. Elles ont également joué un rôle notable dans l'invasion de l'Iraq, dirigée par les États-Unis en 2003.

Avec le XXe siècle est apparue la **guerre totale**, c'est-à-dire la mobilisation intégrale des ressources humaines, économiques et militaires de l'État à la recherche de la victoire, qui comportait peu ou pas de restrictions morales concernant la nature des cibles visées, tant que la destruction de celles-ci rendait la victoire plus probable. Les effets de la révolution industrielle se sont ajoutés à l'avènement de la démocratie populaire et de la bureaucratie moderne pour nationaliser la guerre et y engager l'ensemble de la société. Le philosophe et journaliste français Raymond Aron a parlé à ce sujet de guerre hyperbolique (1954, p. 19), où l'ampleur et l'intensité croissantes de la guerre découlent de la pression qu'exercent les progrès industriels et technologiques.

Si la Seconde Guerre mondiale a pris fin après une frappe nucléaire contre le Japon, les armes nucléaires n'ont cependant jamais été utilisées dans un conflit subséquent. La chercheuse Nina Tannenwald affirme qu'un puissant **tabou nucléaire** interdisant l'emploi des armes nucléaires a pris forme dans le système global (2007, p. 2). Il s'agit là d'un fait important. En raison de leur longue portée et de leurs effets dévastateurs, les arsenaux nucléaires des grandes puissances offrent autant d'exemples de globalisation militaire, ce que reflète d'ailleurs la prolifération nucléaire (voir le chapitre 23). Pourtant, ces armes – les plus redoutables qu'on ait mis au point – n'ont paradoxalement jamais eu aucune utilité pour leurs détenteurs en tant qu'instruments de guerre ; elles n'ont représenté qu'un moyen de dissuasion. Cette situation a ainsi mis en relief l'importance des capacités classiques et non classiques de faire la guerre.

Non seulement la brutalité et l'épuration ethnique propres à maintes guerres contemporaines n'ont rien d'historiquement nouveau, mais, à bien des égards, elles représentent une simple variation de la même mentalité totalisante qui a dominé la conduite de la guerre par l'Occident durant l'ère moderne. Comme l'a noté Foucault, les guerres interétatiques occidentales modernes sont menées au nom de l'existence de tous ; des populations entières sont mobilisées en vue de tueries systématiques commises au nom des nécessités de la vie ; les massacres ont acquis une importance cruciale (Foucault, 1990, p. 137). Pour sa part, le professeur de relations internationales et de sciences politiques Martin Shaw utilise l'expression « guerres dégénérées » pour évoquer la continuité unissant les guerres contemporaines et les guerres totales génocidaires au XXe siècle (2003, p. 23).

À RETENIR

- L'ère de l'information se reflète de plus en plus dans la guerre de l'information.

- À l'ère postmoderne, la guerre a pris de nombreuses formes variées.

- La plupart des conflits récents ont déchaîné une férocité typique de la guerre moderne, mais le nombre total des victimes a été beaucoup moins élevé.

- La guerre virtuelle, qui ferait peu de victimes, est une option intéressante, mais extrêmement difficile, voire impossible à appliquer sur le terrain.

LES NOUVELLES GUERRES

Mary Kaldor, professeur à la London School of Economics, considère qu'une catégorie de nouvelles guerres a fait son apparition depuis le milieu des années 1980. La force motrice animant ces guerres est la globalisation, une dynamique contradictoire associant intégration et fragmentation, homogénéisation et diversification, globalisation et localisation (Kaldor, 1999, p. 3) (voir l'encadré « Pour en savoir plus », à la page 232). Ces conflits découlent généralement de la désintégration de certains États et des combats subséquents pour s'emparer de l'appareil d'État. Ils opposent des groupes ennemis qui tentent en même temps d'imposer leur propre définition de l'identité nationale de l'État et de sa population. Tout comme les guerres antérieures étaient liées à l'émergence et à la création d'États, les nouvelles guerres relèvent de la désintégration et de l'effondrement d'États. Une grande partie de la pression exercée sur ces États s'explique par les effets de la globalisation sur le système international. Depuis une dizaine d'années, 95 % des conflits armés ont été intraétatiques plutôt qu'interétatiques. Les nouvelles guerres se produisent là où l'économie nationale est complètement anémique, ou même détruite, de sorte que les recettes fiscales et la puissance de l'État déclinent massivement, ce qui favorise la corruption et la criminalité. À mesure que l'État s'effrite, l'accès aux armes et la capacité de recourir à la violence se privatisent davantage, les groupes paramilitaires prolifèrent, le crime organisé prospère et la légitimité politique est anéantie. Tous ces phénomènes illustrent le fait que la distinction traditionnelle entre les soldats et les civils devient floue ou disparaît entièrement. En même temps, toutefois, on observe que, souvent, les nouvelles guerres ne se déroulent pas comme un conflit classique entre des soldats ennemis. On voit plutôt une armée faire usage de la violence systématique contre une population civile non armée, soit pour procéder à l'épuration ethnique d'une région, soit pour extorquer des ressources économiques ou sexuelles.

Selon Kaldor, un trait marquant de ces conflits réside dans l'importance que les combattants accordent aux questions d'identité, ce qu'elle estime être le résultat des pressions qu'exerce la globalisation. Le monde postmoderne se caractérise par une érosion des clivages traditionnels fondés sur l'appartenance de classe et l'idéologie ainsi que par une montée en puissance de l'identité et de la culture. Dans la mesure où la guerre est la poursuite de la politique par d'autres moyens, il s'avère qu'elle gravite de plus en plus autour de questions liées justement à l'identité et à la culture.

La globalisation et la guerre, selon Mary Kaldor

« Les effets de la globalisation sont visibles dans bon nombre de nouvelles guerres. Ils peuvent se manifester par la présence de journalistes provenant de divers pays, de troupes de mercenaires, de conseillers militaires, de volontaires issus de diasporas ainsi que d'une véritable " armée " d'organismes internationaux, qu'il s'agisse d'organisations non gouvernementales, comme Oxfam, Aide à l'enfance (Save the Children), Médecins sans frontières, Human Rights Watch et le Comité international de la Croix-Rouge, ou d'organisations internationales, comme le Haut-Commissariat des Nations Unies pour les réfugiés, l'Union européenne, le Fonds des Nations Unies pour l'enfance, l'Organisation pour la sécurité et la coopération en Europe, l'Union africaine et l'Organisation des Nations Unies elle-même, y compris des troupes chargées du maintien de la paix. »

(Kaldor, 1999, p. 4)

Les rapports entre l'identité et la guerre se transforment aussi en ce qui a trait au **genre** et à l'âge des combattants. La féminisation de la guerre s'est accrue à mesure que les femmes se sont mises à jouer des rôles plus visibles et plus importants : de fonctions auxiliaires, à la fin de la période moderne, à des fonctions de premier plan, durant la période postmoderne, de combattantes militaires en uniforme à kamikazes. Les enfants, traditionnellement des non-combattants, sont aussi devenus plus visibles en tant que participants aux guerres. Spécialiste des relations internationales, Helen Brocklehurst a mis en relief sur de nombreux plans la signification et les répercussions de la visibilité accrue des enfants en tant que victimes de la guerre. Il y a des enfants soldats sur tous les continents, mais ils ont été particulièrement présents dans les récents conflits en Afrique. Durant la guerre civile en Sierra Leone, près de 70 % des combattants avaient moins de 18 ans. Des enfants participent aux combats dans les trois quarts des conflits armés actuels et représentent jusqu'à 10 % des combattants armés aujourd'hui (Brocklehurst, 2007, p. 373). Près d'un tiers des forces armées qui enrôlent des enfants soldats comptent des filles dans leurs rangs.

Mark Duffield, professeur de politiques de développement, affirme que la dimension non étatique de maintes guerres contemporaines est frappante et qu'il est trompeur de qualifier ces guerres d'internes ou d'intraétatiques, puisque, souvent, les combattants ne tentent pas d'imposer une autorité politique, contrairement à ce qui se faisait traditionnellement auparavant. Il considère

donc que l'emploi d'une terminologie étatiste est trop restrictif et il propose plutôt l'expression «conflit postmoderne» (Duffield, 1998, p. 76), bien que son sens soit assez limitatif également. À la différence d'une menace interétatique, une menace subétatique ne déclenche pas la pleine mobilisation de l'armée et des autres ressources de l'État. Parce qu'elle brouille souvent les dimensions politique et militaire, elle est plus difficile à contrer dans le cadre de la stratégie interétatique traditionnelle.

Le postulat selon lequel la guerre oppose des États entre eux découle de l'acceptation du **système d'États** westphalien en tant que **norme**. Ce système a prévalu durant la période moderne de l'histoire, soit du milieu du XVIIIe siècle jusqu'à la fin du XXe siècle. C'est pendant cette période que le système d'États a été le plus clairement défini, et il y a toujours eu un lien très étroit entre la nature du système international existant et le mode de guerre dominant. La guerre interétatique ayant caractérisé l'ère moderne était donc typique de cette période historique spécifique. La guerre était un conflit armé entre des États adverses et les combats opposaient des groupes organisés d'hommes en uniforme. Elle était régie par des actes juridiques officiels, y compris des déclarations de guerre, des lois de neutralité et des traités de paix. À mesure que le système d'États se modifie sous l'effet de la postmodernité et de la globalisation, on peut s'attendre à ce que les formes habituelles de la guerre se transforment également. Il n'est donc pas étonnant d'entendre des commentateurs parler de guerre post-westphalienne. Les aspects subétatiques de nombreuses guerres sont prééminents, car les protagonistes sont de plus en plus souvent des milices, des groupes paramilitaires, des armées de seigneurs de la guerre, des bandes criminelles, des entreprises de sécurité privées et des groupes tribaux. Ainsi, le monopole de la violence que détient l'État westphalien est plus que jamais remis en question, tant de l'extérieur que de l'intérieur, comme l'illustrent notamment les conflits survenus en République démocratique du Congo, au Soudan et en Bosnie. Les groupes paramilitaires comprennent des policiers armés, des gardes-frontières, des forces de sécurité intérieures, des escouades spéciales, des milices et des armées privées. Ils sont souvent plus lourdement armés que les forces policières, mais moins bien équipés que les soldats de carrière. C'est pourquoi ils peuvent être rapidement mis sur pied, équipés et entraînés, ce qui les a rendus très présents dans des conflits récents. La prolifération des groupes paramilitaires est l'un des aspects les plus notables de la guerre sur la scène globale.

Les rapports entre les campagnes de terrorisme et la guerre sont étroits. La **guerre contre la terreur** peut être vue simplement comme la métaphore d'un engagement national intensif contre al-Qaïda ; or, on peut aussi reconnaître le fait qu'une campagne terroriste militaire à long terme et les contre-mesures prises par le groupe visé constituent une sorte de guerre telle que Clausewitz l'a décrite : une forme violente de politique.

Les relations complexes entre acteurs non traditionnels ne sont pas le seul fait d'insurgés ou de bandes criminelles. Par suite de la prévalence des **interventions humanitaires** et de la croyance que le développement économique contribue à prévenir la guerre, les actions des organismes d'aide, des institutions de l'ONU, des forces armées et des entreprises privées de sécurité sont de plus en plus concertées dans des régions comme les Balkans, l'Afrique et le Moyen-Orient. Les causes des conflits internes sont souvent liées à la pauvreté et au sous-développement, si bien que les questions relatives à la **pauvreté**, à la stabilité, au développement et à la paix semblent être toutes associées à une situation générale d'insécurité. Par conséquent, les États développés sont plus disposés à considérer, d'une part, la guerre comme un problème de sous-développement et d'insécurité politique et, d'autre part, la présence d'une insécurité sociale et économique comme une justification pour une guerre d'intervention, ou ce que le sociologue Ulrich Beck appelle « le nouvel humanisme militaire » (Chomsky, 1999, p. 4).

Bon nombre des caractéristiques des nouvelles guerres ne sont pas inédites, puisqu'elles ont été très présentes à des périodes antérieures de l'histoire, lors de guerres ethniques et religieuses, par exemple, ou de conflits particulièrement brutaux. Le pillage a été un trait commun à la plupart des guerres dans l'histoire. De plus, les combats de faible intensité ont, en fait, constitué le type de conflit armé le plus courant depuis la fin des années 1950. On peut toutefois dire que ceux qui ont déclenché les nouvelles guerres ont été encouragés à le faire par les nouvelles conditions issues de la globalisation, qui ont affaibli les États, engendré des économies parallèles et privatisé la protection. Ces nouvelles guerres sont rendues possibles par l'incapacité d'un grand nombre de gouvernements à bien s'acquitter des principales fonctions associées à l'État westphalien traditionnel. Elles se produisent généralement dans des **États défaillants**, soit des pays dont le gouvernement ne parvient plus à imposer son autorité sur d'importantes régions du territoire national et ne dispose pas des ressources nécessaires pour la rétablir. Steven Metz, professeur d'études de sécurité nationale aux États-Unis, considère que les pays dans cette situation sont les États de troisième catégorie

du système politique global (voir l'encadré « Pour en savoir plus », ci-dessous).

POUR EN SAVOIR PLUS

Les États de troisième catégorie

Steven Metz répartit les États du monde en trois catégories dans le but de prédire les types probables de conflits. La première catégorie réunit les États ayant une économie et un système politique qui fonctionnent bien et qui affichent une grande stabilité intérieure et un comportement extérieur conforme aux règles du droit. Les démocraties de l'Atlantique Nord sont représentatives de ce groupe. Les États faisant partie de la deuxième catégorie présentent une instabilité sporadique et sont parfois aux prises avec une situation où le gouvernement n'affirme pas sa souveraineté sur certaines parties du territoire national. L'État ne risque toutefois pas de s'effondrer. Les États appartenant à la troisième catégorie sont marqués par des crises. Il y a de grandes régions au sein de ces pays où le gouvernement central a perdu le contrôle et où des groupes armés non gouvernementaux sont actifs. Les seigneurs de la guerre ou les autres groupes qui dominent ces régions n'y exercent cependant pas un plein contrôle et ne contribuent pas à la stabilité du pays dans son ensemble, qui est ainsi foncièrement ingouvernable. La guerre dans de telles régions oppose généralement des groupes subétatiques qui combattent pour la gloire personnelle de leur dirigeant respectif, ou pour l'acquisition de richesses, de ressources, de territoires, d'une sécurité ethnique, ou encore dans le but de venger des injustices passées réelles ou perçues. Des conflits peuvent aussi impliquer des groupes représentant différentes ethnies ou communautés, et les combattants utilisent habituellement des armes simples, mais font preuve d'un acharnement tel que le nombre des victimes est parfois plus élevé que dans une guerre traditionnelle, notamment parmi les civils qui écopent de la proximité des combats.

(C. Snyder et J. Johan Malik, « Developments in Modern Warfare », dans C. Snyder (dir.), Contemporary Security and Strategy, *Londres, Macmillan, 1999, p. 204)*

Cette faiblesse de l'État modifie sensiblement l'appui économique donné aux nouvelles guerres par rapport aux guerres de l'époque moderne. La nouvelle économie globalisée est assez différente des économies centralisées, typiques durant la Seconde Guerre mondiale. Les nouvelles économies de guerre sont décentralisées et comptent beaucoup sur les actifs extérieurs. La participation de la population à la guerre est généralement faible, alors que le nombre de chômeurs est fréquemment élevé ; ces derniers se transforment facilement en recrues militaires à la recherche d'un revenu quelconque. Les unités combattantes se financent donc elles-mêmes par le pillage et le marché noir ou grâce à une aide extérieure, mais pas par la fiscalité publique, comme c'était le cas lors des anciennes guerres. Des activités criminelles, comme la prise d'otages, le trafic d'armes, de stupéfiants et d'individus et le blanchiment d'argent, contribuent également au financement de l'effort de guerre. Lorsqu'une aide extérieure parvient à la zone de conflit, le vol ou l'extorsion de cette aide servira aussi les combats. La globalisation a un autre effet: les combattants ne fabriquent pas eux-mêmes leurs armes, contrairement à ce qui caractérisait la guerre moderne, mais ils les acquièrent directement ou indirectement, par des intermédiaires actifs sur le marché des armes ou à la suite de la désintégration des structures étatiques, comme en Moldavie et en Tchétchénie.

D'après certains observateurs, c'est la logique économique, et non la politique, qui anime les nouvelles guerres de sorte que le conflit armé équivaut désormais à la poursuite de l'économie par d'autres moyens. C'est la recherche de l'enrichissement personnel, plutôt que l'acquisition de puissance politique, qui motive les combattants. Ainsi, dans certains cas, la guerre est devenue une fin plutôt qu'un moyen.

À RETENIR

- Les nouvelles guerres, qui surviennent à la suite de l'effondrement de l'État, sont souvent des conflits dont l'enjeu est autant identitaire que territorial.

- Les nouvelles guerres relèvent d'une tendance aux conflits intra-étatiques, qui se répand depuis la fin des années 1950.

- De tels conflits se produisent habituellement dans des pays où le développement est absent et où il règne une forte insécurité économique.

CONCLUSION

La fin de la guerre froide n'a pas beaucoup modifié les tendances dominantes de la guerre, qui se sont maintenues au cours des cinquante dernières années. Les nouvelles formes de conflits ne sont pas, dans l'ensemble, véritablement nouvelles, mais elles ont davantage attiré l'attention de l'Occident depuis la fin de la guerre froide. Bien que ces formes se caractérisent souvent par une grande brutalité, l'absence d'armes lourdes et d'un appui de la part d'une superpuissance se traduit par un nombre de victimes nettement moindre que durant la guerre froide. Les moyens technologiques issus de la révolution dans les affaires militaires offrent un potentiel considérable, mais ils ont eu très peu d'incidence jusqu'à maintenant, sauf lors d'opérations menées par les États-Unis. Même si la guerre est moins fréquente et moins meurtrière que pendant la période entre 1945 et 1992, elle demeure tout de même une forme de politique brutale et inhumaine.

QUESTIONS

1. Quels sont les liens entre la globalisation et la guerre ?

2. Des comportements coopératifs peuvent-ils se manifester pendant une guerre ?

3. Pourquoi certains auteurs pensent-ils qu'une guerre entre les grandes puissances actuelles est improbable ?

4. Quelle est la différence entre la nature et le caractère de la guerre ?

5. Qu'est-ce qu'un conflit postmoderne ?

6. Qu'est-ce que la guerre asymétrique ?

7. Que signifie l'expression « nouvelles guerres » employée par Mary Kaldor ?

8. Quelle place occupent les enfants dans la guerre contemporaine ?

9. L'analyse de genre est-elle utile pour comprendre la guerre ?

10. La guerre est-elle devenue plus brutale depuis la fin de la guerre froide ?

Lectures utiles

David, C.-P., « Des conflits post-modernes aux guerres pré-modernes » et « Des stratégies modernes aux stratégies post-modernes », dans *La guerre et la paix. Approches contemporaines de la sécurité et de la stratégie*, Paris, Presses de Sciences Po, 2000, p. 125-164 et p.199-232. Une introduction aux nouvelles problématiques des guerres post-guerre froide, des conflits identitaires à la révolution en matière militaire.

Fortmann, M., *Les cycles de Mars,* Paris, Éditions Economica, 2010. Un examen historique de l'hypothèse de Charles Tilly, selon laquelle l'État fait la guerre et la guerre fait l'État.

Gray, C. S., *La guerre au xxie siècle, un nouveau siècle de feu et de sang*, Paris, Éditions Economica, 2008. Un ouvrage qui porte sur la révolution dans les affaires militaires et sur les guerres du futur.

Huyghebaert, P., « Les enfants dans les conflits armés : une analyse à l'aune des notions de vulnérabilité, de pauvreté et de " capabilités " », *Mondes en développement*, vol. 2, n° 146, 2009, p. 59-72. Une étude sur la problématique des enfants-soldats, depuis leur motivation jusqu'aux possibles solutions pour prévenir leur mobilisation.

Ignatieff, M., *L'honneur du guerrier : guerre ethnique et conscience moderne*, Québec, Presses de l'Université Laval, 2000. Cet auteur se penche sur les opérations de maintien de la paix et les guerres postmodernes.

Kaldor, M., *New and Old Wars. Organized Violence in a Global Era* (2e édition), Stanford, Stanford University Press, 2007. Une évaluation des éléments classiques et novateurs des guerres post-guerre froide.

Kalyvas, S., « Les guerres civiles après la guerre froide », dans P. Hassner et R. Marchal (dir.), *Guerres et sociétés. État et violence après la guerre froide*, Paris, Khartala, 2003, p. 108-135. Une étude sur les guerres civiles et intraétatiques, tant classiques que postmodernes, qui analyse notamment leur rapport à l'identité.

Metz, S., « La guerre asymétrique et l'avenir de l'Occident », *Politique étrangère*, vol. 68, n° 1, 2003, p. 25-40. Une discussion sur l'origine des pratiques de guerre asymétrique ainsi que sur les défis qui en découlent.

Münkler, H., *Les guerres nouvelles*, Paris, Éditions Alvik, 2003. Une analyse exhaustive des nouvelles formes de guerre.

Von Clausewitz, C., *De la guerre*, Paris, Gallimard, 1972. Version française de l'ouvrage classique de ce théoricien militaire prussien sur la définition de la guerre.

Chapitre 14

LA SÉCURITÉ INTERNATIONALE ET LA SÉCURITÉ GLOBALE

John Baylis

GUIDE DE LECTURE

La fin de la guerre froide a eu divers effets sur la sécurité dans le monde, et il se peut que les relations internationales, notamment en cette ère de globalisation croissante, continuent d'être aussi violentes à l'avenir qu'elles l'ont été dans le passé. Portant d'abord sur les désaccords concernant les causes de la guerre, ce chapitre se penche ensuite sur les perspectives réalistes classiques et néoréalistes plus contemporaines au sujet de la sécurité internationale, puis sur d'autres approches en la matière. Il se termine par l'examen de la tension persistante entre la sécurité nationale et la sécurité internationale et conclut que, malgré les importants changements associés à la globalisation, peu de signes laissent croire qu'un paradigme fondamentalement différent et plus pacifique émergera en politique internationale ou même qu'un paradigme nouveau puisse surgir.

INTRODUCTION

Les étudiants en politique internationale s'attaquent à certaines des questions les plus complexes qu'il est possible d'examiner dans ce domaine. Parmi les plus importantes figure celle-ci : la sécurité internationale peut-elle être instaurée dans le monde actuel ? Depuis les tout débuts de la réflexion sur cette question, un débat fait rage au sujet des causes de la guerre. Selon certains auteurs, surtout des historiens, les causes de chaque guerre sont uniques. D'autres estiment qu'il est possible de fournir une explication plus vaste et plus générale. Par exemple, quelques analystes considèrent que ces causes résident dans la nature humaine, d'autres, dans l'organisation interne des **États**, et d'autres encore, dans l'**anarchie** internationale. Dans un ouvrage fondamental portant sur les causes de la guerre, le néoréaliste Kenneth Waltz étudie ce qu'il appelle les trois images de la guerre (l'homme, l'État et le **système international**), à la lumière de ce que des penseurs ont écrit sur les origines des conflits au fil de l'histoire de la civilisation occidentale (Waltz, 1954). Waltz lui-même s'intéresse particulièrement à la nature de l'anarchie internationale (les guerres se produisent parce que rien ne les empêche de se produire, affirme-t-il), mais il reconnaît également que toute explication exhaustive doit s'appuyer sur la compréhension de ces trois images. Ainsi, la troisième image trace le cadre de la politique mondiale, mais, sans les première et deuxième images, il est impossible de connaître les forces qui définissent la politique ; les deux premières images décrivent les forces présentes en politique mondiale, mais, sans la troisième image, il est impossible d'évaluer leur importance ou de prédire leur incidence (Waltz, 1954, p. 238).

Dans ce débat toujours en cours, comme le fait remarquer Waltz, une divergence de vues fondamentale oppose les philosophes politiques quant à déterminer si les conflits peuvent être transcendés ou atténués. Il existe notamment un désaccord particulier à ce sujet entre les penseurs réalistes et idéalistes, qui ont respectivement fait preuve de pessimisme et d'optimisme dans les réponses qu'ils ont données à cette question cruciale (voir le chapitre 5). Après la Première Guerre mondiale, l'**idéalisme** pensait avoir le vent dans les voiles, car la Société des Nations semblait offrir l'espoir d'un meilleur **ordre international**. En revanche, au cours de la **guerre froide** qui s'est déroulée après 1945, le **réalisme** est devenu le courant de pensée dominant. La guerre et les conflits violents étaient alors considérés comme des traits permanents des relations interétatiques, qui s'étaient manifestés tout au long de l'histoire humaine. Au terme de la guerre froide, toutefois, le débat a repris.

D'après certains, la fin de l'affrontement idéologique intense entre l'Est et l'Ouest a constitué un véritable tournant dans l'histoire internationale. Un nouveau paradigme s'est alors dessiné, selon lequel la violence interétatique serait graduellement reléguée aux oubliettes et de nouvelles valeurs cosmopolitiques favoriseraient une plus grande **coopération** entre les individus et les diverses collectivités humaines, y compris les États. Il s'agissait là d'une vision plus optimiste du développement d'une société globale pacifique. D'autres penseurs étaient cependant d'avis que le réalisme offrait toujours le meilleur cadre de réflexion au sujet de la **sécurité** internationale. Ils estimaient que les événements de 1989 avaient produit très peu de changements de fond. La fin de la guerre froide a initialement donné lieu à une nouvelle ère de coopération entre les superpuissances, mais cette phase plus harmonieuse des relations internationales a été de courte durée. Après la première guerre du Golfe (1990-1991) et les attaques commises le **11 septembre 2001**, il est devenu évident que les États et les **acteurs non étatiques** (y compris des groupes terroristes globaux) continuaient à considérer le recours à la force comme un bon moyen d'atteindre leurs objectifs.

Nous allons nous concentrer sur ce débat et mettre en relief les différentes tendances animant ces deux écoles de pensée, l'une, optimiste, et l'autre, pessimiste. Auparavant, il faut toutefois définir ce qu'est la sécurité et scruter les rapports entre la sécurité nationale et la sécurité internationale. Nous traiterons ensuite des conceptions traditionnelles en matière de sécurité nationale et de leur influence sur la pensée contemporaine. Puis, nous recenserons les idées nouvelles et différentes qui ont surgi parmi les travaux publiés ces dernières années. Nous conclurons par une évaluation de ces idées, avant de revenir à notre question fondamentale : une amélioration de la sécurité internationale est-elle probable au cours du prochain siècle ?

QUE SIGNIFIE LE CONCEPT DE SÉCURITÉ ?

La plupart des auteurs conviennent que la sécurité est un concept contesté. Ils sont généralement d'accord pour dire que la notion de sécurité sous-entend une absence de menaces contre des valeurs fondamentales (aux yeux des individus comme des groupes), mais ils sont en profond désaccord lorsqu'il s'agit de déterminer si le principal objet d'étude doit être la sécurité individuelle, nationale ou internationale (voir l'encadré «Pour en savoir plus», page ci-contre). Pendant la plus

grande partie de la guerre froide, la plupart des écrits à ce sujet étaient axés sur la notion de sécurité nationale, essentiellement définie en termes militaires. Le principal champ d'intérêt des chercheurs et des dirigeants politiques était celui des **capacités** militaires que les États devraient acquérir pour contrer les menaces qu'ils subissent. Plus récemment, toutefois, cette notion de sécurité a fait l'objet de critiques en raison de son caractère ethnocentrique, culturellement marqué, et restrictif (la sécurité se trouve réduite à la sécurité nationale dans le cadre de l'État-nation, c'est-à-dire une institution foncièrement européenne à l'origine). Divers auteurs contemporains ont mis en avant une conception élargie de la sécurité, qui déborde des limites étroites de la sécurité nationale et englobe un ensemble d'autres facteurs. Dans son étude intitulée *People, States and Fear* (1983), le professeur de relations internationales Barry Buzan propose une conception de la sécurité qui comprend des aspects politiques, économiques, sociaux, environnementaux et militaires et qui est aussi définie en termes internationaux plus vastes, plutôt que strictement nationaux. Dans cet ouvrage, il soulève des questions intéressantes et importantes sur la compatibilité entre les plans national et international de la sécurité et sur la capacité des États à adopter des comportements internationaux et globaux plus coopératifs, compte tenu de la nature du système international.

Ce ne sont pas tous les auteurs s'intéressant à la sécurité qui reconnaissent la pertinence de mettre l'accent sur la tension entre la sécurité nationale et la sécurité internationale. Certains estiment que cette dimension passe sous silence les changements fondamentaux qui ont marqué la politique mondiale, notamment depuis la fin de la guerre froide. À leur avis, en raison de la double dynamique d'**intégration** et de fragmentation qui caractérise le monde contemporain, il devient nécessaire d'accorder beaucoup plus d'attention à la sécurité sociétale. Ils considèrent que l'intégration en cours dans des régions comme l'**Europe** est en train de miner l'ordre politique classique reposant sur les **États-nations** pour y substituer un cadre politique plus étendu, comme l'**Union européenne** (voir le chapitre 25). Parallèlement, la fragmentation de quelques États, par exemple l'Union soviétique et la Yougoslavie, a causé de nouveaux problèmes relatifs aux frontières, aux minorités et aux idéologies ; ces problèmes engendrent à leur tour une instabilité régionale croissante (Waever *et al.*, 1993, p. 196). Certains en ont alors conclu que les groupes ethnonationaux, plutôt que les États, devraient désormais mobiliser l'attention des analystes en matière de sécurité.

> **POUR EN SAVOIR PLUS**
> ## Différentes perspectives sur la sécurité
>
> « Un pays est en sécurité dans la mesure où il n'a pas à sacrifier des valeurs essentielles pour éviter la guerre et où il peut, en cas de menace, les préserver en gagnant une telle guerre. »
>
> *(Walter Lippmann)*
>
> « La sécurité, d'un point de vue objectif, correspond à l'absence de menaces contre des valeurs acquises et, de manière subjective, à l'absence de crainte que de telles valeurs soient attaquées. »
>
> *(Arnold Wolfers)*
>
> « Dans le cas de la sécurité, le débat porte sur la recherche d'une protection contre les menaces. Lorsque ce débat a lieu dans le contexte du système international, la sécurité renvoie à la capacité des États et des sociétés à préserver leur identité indépendante et leur intégrité fonctionnelle. »
>
> *(Barry Buzan)*
>
> « Les peuples et les groupes ne peuvent profiter d'une sécurité stable que s'ils ne privent pas les autres de leur propre sécurité ; ils peuvent y parvenir si la sécurité est conçue comme une dynamique d'émancipation. »
>
> *(Wheeler et Booth)*

Par ailleurs, d'autres auteurs déclarent que l'importance donnée à la sécurité nationale et à la sécurité internationale est moins pertinente depuis l'émergence progressive d'une société globale après la guerre froide. À l'instar des théoriciens de la sécurité sociétale, ils soulignent la fragmentation de l'État-nation, mais ajoutent qu'il importe d'accorder plus d'attention non pas à la société sur le plan ethnonational, mais à la société globale. Ils affirment aussi que la dynamique générale de la **globalisation** qui se déploie actuellement constitue l'une des plus importantes tendances contemporaines. Ils reconnaissent que cette dynamique est porteuse de risques et de dangers inédits, y compris de dangers découlant du **terrorisme** international, d'un effondrement du système monétaire international, du réchauffement climatique ou d'accidents nucléaires. Ces menaces contre la sécurité, à l'échelle planétaire, donnent l'impression qu'elles échappent largement au contrôle des États-nations. Seule la mise sur pied d'une **communauté** globale, selon ces auteurs, peut apporter une réponse adéquate à de telles menaces. C'est dans cette perspective qu'il convient d'utiliser également la notion de sécurité globale plutôt que celle de sécurité internationale.

En même temps, d'autres penseurs qui traitent aussi de la globalisation mettent en relief la transformation de l'État (plutôt que son effritement) et s'intéressent aux nouvelles questions de sécurité qui ont surgi dans les premières années du XXIe siècle. Dans le sillage des événements survenus le 11 septembre 2001 et de la nouvelle ère de violence qui a suivi, l'anthropologue américain Jonathan Friedman affirme que nous vivons dans un monde où la polarisation, tant verticale qu'horizontale, tant des classes sociales que des ethnies, est devenue dominante. La violence est dorénavant à la fois plus globalisée et plus fragmentée et ne relève plus de guerres entre États, mais de conflits subétatiques, aux ramifications et au financement globaux, dans lesquels chaque État est réduit à un simple acteur, de plus en plus privatisé, parmi plusieurs autres (Friedman, 2003, p. ix). Bon nombre de ceux qui adhèrent à une telle vision des choses considèrent que l'époque amorcée après le 11 septembre 2001 représente une période nouvelle et extrêmement dangereuse de l'histoire mondiale. La question de savoir si le monde actuel est tellement différent du monde passé fait l'objet de maints débats aujourd'hui. Afin de préparer l'examen de cette question, la prochaine section passe en revue la façon traditionnelle de concevoir la sécurité.

À RETENIR

- La sécurité est un concept contesté.

- La signification du concept de sécurité a été élargie pour englober différents aspects politiques, économiques, sociaux, environnementaux et militaires.

- Diverses prises de position ont été énoncées à propos de la tension entre la sécurité nationale et la sécurité internationale.

- Plusieurs points de vue ont aussi été exprimés au sujet de l'incidence des événements du 11 septembre 2001 sur l'avenir de la sécurité internationale.

LA CONCEPTION TRADITIONNELLE DE LA SÉCURITÉ NATIONALE

Comme on l'a illustré dans le chapitre 2, depuis les **traités de Westphalie** en 1648, les États sont considérés comme les plus puissants acteurs au sein du système international. Ils représentent la norme universelle de la légitimité politique en tant que détenteurs de l'autorité suprême pour régir leurs relations mutuelles. Par conséquent, la sécurité est devenue l'obligation prioritaire

que les gouvernements des États doivent assumer. Ils ont jugé qu'ils n'avaient d'autre choix que de veiller à leur propre protection dans ce qui est perçu comme un monde international où prédomine le principe d'**autosuffisance.**

Dans le débat historique sur la meilleure façon d'assurer la sécurité nationale, des auteurs comme Nicolas Machiavel (1469-1527), Thomas Hobbes (1588-1679) et Jean-Jacques Rousseau (1712-1778) ont généralement brossé un portrait sombre des conséquences de la

---

POUR EN SAVOIR PLUS

Quelques définitions importantes

« Une **communauté de sécurité** est un groupe intégré de personnes. " Intégration " signifie ici l'instauration, sur un territoire, d'un sens de la communauté ainsi que d'institutions et de pratiques suffisamment bien enracinées et répandues, pour que la population ait [...] des attentes raisonnables par rapport à un changement pacifique. Quant à l'expression " sens de la communauté ", elle renvoie à la conviction [...] que les problèmes sociaux courants peuvent et doivent être réglés par des moyens menant à un changement pacifique. »

(Karl Deutsch)

« Un **régime de sécurité** se met en place lorsque les États faisant partie d'un groupe coopèrent pour résoudre leurs différends et éviter la guerre et qu'ils s'efforcent d'atténuer le dilemme de sécurité par leurs propres actions et leur anticipation de ce que seront les comportements des autres. »

(Robert Jervis)

« Un **complexe de sécurité** désigne un groupe d'États dont les grandes priorités en matière de sécurité sont assez étroitement interreliées pour que la sécurité nationale de l'un de ces États ne puisse pas être envisagée séparément de celle des autres membres de ce groupe. »

(Barry Buzan)

« L'acceptation de la **sécurité commune**, en tant que principe organisateur des efforts visant à réduire les risques de guerre, à limiter la prolifération des armes et à favoriser le désarmement, signifie en principe que la coopération va se substituer à l'affrontement pour le règlement des conflits d'intérêts. Il ne faut pas s'attendre, toutefois, à ce que les différends entre les pays disparaissent pour autant. [...] Il s'agit seulement de s'assurer que ces différends ne se manifestent pas par des actes ou des préparatifs de guerre. Ainsi, les pays doivent finir par comprendre que le maintien de la paix dans le monde doit avoir la priorité sur l'affirmation de leurs propres positions idéologiques ou politiques. »

(Rapport Palme, 1992)

souveraineté de l'État. Le système international était vu comme un milieu assez brutal où les États tenteraient d'imposer leur sécurité au détriment de leurs voisins. Les relations interétatiques étaient considérées comme une lutte de pouvoir dans laquelle chaque État s'efforçait de profiter des faiblesses des autres États. De ce point de vue, il était improbable de parvenir à une paix durable. Les États n'avaient plus qu'à essayer de contrebalancer la puissance des autres États pour empêcher l'un ou l'autre d'entre eux d'asseoir son **hégémonie**. C'était là une conception des choses que partageaient des théoriciens comme E. H. Carr et Hans J. Morgenthau, qui ont développé un courant de pensée, connu sous le nom de réalisme (ou réalisme classique) après la Seconde Guerre mondiale. Des efforts récents visant à actualiser leurs idées peuvent être observés dans les travaux d'Alastair J. H. Murray (1997), Thomas Christensen (1996), Randall Schweller (1998), William Wohlforth (1993) et Fareed Zakaria (1998). Leur démarche générale est parfois désignée sous l'expression «**réalisme néoclassique**» (voir le chapitre 5). Alastair J. H. Murray, Anatol Lieven et John Hulsman ont également élaboré une théorie qui a reçu le nom de réalisme éthique. Selon Lieven et Hulsman:

> Le réalisme éthique [...] souligne la nature profondément tragique de la condition humaine. Une telle conception des choses n'est cependant pas que tragique, car le réalisme éthique tient aussi compte de la capacité des humains et des nations à dépasser en esprit leur condition et à s'efforcer de faire le bien, quoique dans les faits ils n'y arrivent pas pleinement. À cet égard, cette approche diffère fondamentalement du réalisme traditionnel ou classique, dont les adeptes, bien qu'ils éprouvent également le tragique de l'existence, négligent trop souvent les facteurs moraux et la possibilité de progrès nationaux. Ces deux variantes réalistes postulent de plus, contrairement au réalisme éthique, que les États et leur puissance relative respective sont les seuls impératifs véritablement importants sur la scène internationale.

> *(Lieven et Hulsman, 2006, p. 58)*

La conception pessimiste réaliste des relations internationales est partagée par d'autres auteurs contemporains, dont Kenneth Waltz et John Mearsheimer. Le pessimisme de ces **néoréalistes** repose sur divers postulats-clés qu'ils ont énoncés à propos du fonctionnement du système international (voir le chapitre 5) et que nous résumons ici.

Les postulats-clés des néoréalistes

- Le système international est anarchique. Les néoréalistes ne veulent pas dire ici que ce système est forcément chaotique, mais plutôt qu'il ne comporte aucune autorité centrale capable de contrôler le comportement des États.

- Les États qui proclament leur souveraineté acquerront inévitablement des capacités militaires offensives afin de se défendre et d'accroître leur puissance, de sorte qu'ils deviendront potentiellement dangereux les uns pour les autres.

- L'incertitude, qui mène à un manque de confiance, est inhérente au système international. Les États ne peuvent jamais connaître avec certitude les intentions de leurs voisins et doivent donc toujours être sur leurs gardes.

- Les États veulent préserver leur indépendance et leur souveraineté. Par conséquent, c'est la **survie** qui constituera la force motrice essentielle de leur comportement.

- Bien que les États soient rationnels, il y aura toujours des possibilités d'erreurs de jugement. Dans un monde où l'information disponible est imparfaite, des antagonistes potentiels auront généralement avantage à ne pas dévoiler leurs propres capacités afin de maintenir leurs adversaires dans l'incertitude. Il peut alors s'ensuivre des méprises sur les véritables intérêts des États.

Les néoréalistes affirment que ces postulats réunis font naître, au sein de chaque État, une tendance à privilégier l'agressivité envers les autres États.

Selon le néoréalisme, la sécurité (ou l'insécurité) nationale résulte essentiellement de la **structure** du système international; c'est d'ailleurs pourquoi ces auteurs sont parfois décrits comme des réalistes structurels. La structure de l'anarchie étant considérée comme très durable, il en découle que la politique internationale future est susceptible d'être aussi violente que par le passé. Dans un important article écrit en 1990 et intitulé «Back to the Future», John Mearsheimer affirmait que la fin de la guerre froide allait probablement susciter un retour à la politique multilatérale traditionnelle de l'**équilibre des puissances** qui prévalait autrefois, alors que le nationalisme extrême et les rivalités ethniques engendreraient de multiples conflits et une instabilité très répandue. Aux yeux de Mearsheimer, la guerre froide a été une période de paix et de stabilité, inhérente à la configuration bipolaire de la puissance alors en place. Il prévoyait, après l'effondrement de cette structure, un retour des rivalités entre grandes puissances, qui avaient dominé les relations internationales depuis le XVIIᵉ siècle.

Selon des auteurs néoréalistes comme Mearsheimer, la politique internationale ne se caractérise peut-être pas par des guerres constantes, mais elle met toutefois en scène une rivalité implacable en matière de sécurité, où la guerre, à l'égal de la pluie, demeure toujours possible. Il est reconnu qu'une coopération entre États s'instaure parfois, mais cette collaboration a des limites. Elle est restreinte par la logique dominante de la rivalité en matière de sécurité, dont aucune coopération, aussi étroite soit-elle, ne peut faire abstraction (Mearsheimer, 1994-1995, p. 9). Une paix véritablement durable, ou encore un monde dans lequel les États ne rivalisent pas de puissance, est donc très improbable. Dans l'optique néoréaliste, la structure de puissance unipolaire contemporaine, marquée par la prééminence des États-Unis, va sans doute céder sa place à une nouvelle structure internationale, en raison de l'essor d'États comme la Chine, l'Inde et le Brésil.

À RETENIR

- Les débats sur la sécurité ont traditionnellement mis l'accent sur le rôle des États dans les relations internationales.

- Les réalistes et les néoréalistes insistent sur le problème persistant de l'insécurité, à leurs yeux source principale de conflits entre États.

- Pour certains auteurs, c'est le dilemme de sécurité qui est la source principale de conflits entre les États.

LES DIFFICULTÉS DE LA COOPÉRATION ENTRE LES ÉTATS

D'après la plupart des auteurs néoréalistes contemporains, rien ne laisse présager une modification importante de la nature de la sécurité dans le monde de l'après-guerre froide. Compte tenu de la guerre du Golfe en 1991, de la violente désintégration de l'ex-Yougoslavie et de certaines régions de l'ex-Union soviétique, de la poursuite de la violence au Moyen-Orient et de la guerre en Iraq depuis 2003, il semble bien qu'on vive toujours dans un monde de méfiance et de rivalité permanente en matière de sécurité. La coopération entre États s'observe dans certains cas, mais elle est difficile à établir et encore plus ardue à maintenir. Deux facteurs principaux nuisent à cette coopération, même après les bouleversements survenus en 1989: la possibilité du non-respect des accords conclus et l'intérêt des États pour les **gains relatifs**.

Le problème du non-respect des accords conclus

Des auteurs comme Waltz et Mearsheimer ne nient pas que les États coopèrent souvent ou que, depuis la fin de la guerre froide, ceux-ci ont eu plus de possibilités de travailler ensemble que par le passé. Ils ajoutent toutefois que des limites précises restreignent une telle coopération, parce que les États ont toujours craint et craignent encore aujourd'hui que d'autres ne respectent pas les accords conclus et tentent d'en tirer profit à leurs dépens. Ce risque est considéré comme particulièrement important, puisque la technologie militaire moderne est en mesure de causer de très rapides changements dans l'équilibre de puissance entre les États. Selon Mearsheimer, une telle situation pourrait donner à la partie qui ne se conforme pas aux accords l'occasion d'infliger une défaite décisive à l'État victime (1994-1995, p. 20). Aussi les États comprennent-ils bien la nature de cette situation et, même après avoir adhéré à des alliances et signé des accords de réduction des armements, ils demeurent prudents et conscients de la nécessité d'assurer, en dernier recours, leur propre sécurité nationale.

Le problème des gains relatifs

La coopération est aussi entravée, d'après maints auteurs néoréalistes, par le fait que les États s'intéressent souvent davantage aux gains relatifs plutôt qu'aux **gains absolus**. Au lieu de rechercher la coopération parce qu'elle profitera aux deux partenaires concernés, chaque État demeure toujours attentif à l'ampleur de ses gains par rapport à ceux de l'État avec lequel il coopère. Puisque tous les États tentent de maximiser leurs gains dans un milieu international marqué par la rivalité, la méfiance et l'incertitude, la coopération est toujours très difficile à instaurer et à maintenir.

Ce ne sont cependant pas tous les auteurs qui partagent une telle vision des problèmes liés à la coopération dans le monde de l'après-guerre froide. Il existe un important courant d'opinions, parmi les chercheurs (et les dirigeants politiques), suivant lequel la conception néoréaliste des relations internationales doit être modifiée ou même remplacée par une autre. L'opposition au néoréalisme revêt les formes les plus variées. Les sections suivantes présentent diverses autres façons d'aborder la sécurité internationale contemporaine. Malgré les différences d'opinions entre les chercheurs à l'œuvre dans ce domaine, beaucoup d'entre eux partagent la conviction qu'une meilleure sécurité internationale est possible à l'avenir.

À RETENIR

- Selon les réalistes et les néoréalistes, il est souvent difficile d'établir la confiance entre les États à cause du non-respect des accords conclus.

- Les réalistes et les néoréalistes soulignent aussi le problème des gains relatifs, qui résulte du fait que chaque État compare ses gains avec ceux des autres États au lieu de les considérer de manière globale, avant de prendre ses décisions en matière de sécurité.

LES POSSIBILITÉS DE COOPÉRATION ENTRE LES ÉTATS

L'institutionnalisme néolibéral

L'un des principaux traits de la conception néoréaliste de la sécurité internationale réside dans la conviction que les institutions internationales ne jouent pas un rôle important dans la prévention de la guerre. Ces institutions sont considérées comme le produit des intérêts des États et des contraintes qu'impose le système international lui-même. Ce sont précisément ces intérêts et ces contraintes, plutôt que les institutions dont font partie les États, qui déterminent si ces derniers privilégieront la coopération ou la rivalité.

De telles conceptions ont été remises en question tant par des dirigeants politiques que par divers spécialistes des relations internationales, notamment après la fin de la guerre froide. Ainsi, Douglas Hurd, ancien ministre des Relations extérieures de la Grande-Bretagne, a souligné en juin 1992 que les institutions elles-mêmes avaient joué et continuaient à jouer un rôle crucial dans l'amélioration de la sécurité, surtout en Europe. Il a indiqué que l'Occident avait mis sur pied un groupe d'institutions internationales qui a démontré son utilité pour la résolution d'un ensemble de problèmes. Il a aussi affirmé que le principal défi à relever durant l'après-guerre froide consistait à veiller à ce que ces institutions s'adaptent afin qu'elles puissent faire face à la nouvelle situation (Hurd, cité dans Mearsheimer, 1994-1995).

L'opinion exprimée par Douglas Hurd reflétait la conviction, largement répandue parmi les dirigeants politiques occidentaux, qu'un cadre d'institutions complémentaires se renforçant mutuellement – l'Union européenne, l'**OTAN**, l'Union de l'Europe occidentale et l'Organisation pour la sécurité et la coopération en Europe – pourrait être défini afin de favoriser désormais un système de sécurité européen plus durable et plus stable. Cette opinion est également partagée par un groupe distinct de chercheurs qui s'est constitué depuis les années 1980. Ceux-ci sont d'avis que la tendance à la coopération institutionnalisée entre les États ouvre des possibilités inédites d'instaurer une meilleure sécurité internationale au cours des prochaines années. Si le passé a été marqué par des guerres et des conflits incessants, les importants changements qui se produisent dans les relations internationales depuis le début du XXIe siècle offrent une occasion d'apaiser la rivalité traditionnelle entre les États en ce qui concerne la sécurité.

Dénommée institutionnalisme néolibéral, cette approche s'inscrit essentiellement dans le cadre du réalisme, mais elle postule aussi que les institutions internationales jouent un rôle beaucoup plus déterminant dans l'instauration de la coopération et de la stabilité que ne le pensent les réalistes structurels (voir le chapitre 7). Selon Robert Keohane et Lisa Martin (1995, p. 42), les institutions peuvent donner de l'information, réduire les coûts de transactions, rendre les engagements plus crédibles, établir des points de convergence pour la coordination et, en général, faciliter la réciprocité. Les défenseurs de ces idées soulignent l'influence qu'exercent des institutions économiques et politiques européennes sur l'apaisement de l'hostilité traditionnelle des États européens. Ils font également remarquer que l'évolution en cours, depuis la fin de la guerre froide, au sein de l'Union européenne et de l'OTAN, démontre que les États eux-mêmes croient en l'importance de ces institutions, ce que confirment d'ailleurs les nombreuses ressources qu'ils leur consacrent.

À cet égard, certains affirment que, dans un monde qui subit les contraintes de la puissance des États et d'intérêts divergents, les institutions internationales actives dans un cadre de réciprocité représenteront au moins un facteur favorisant une paix durable. En d'autres termes, les institutions internationales elles-mêmes n'éradiqueront probablement pas la guerre du système international, mais elles pourront offrir des conditions propices à une plus grande coopération entre les États.

POUR EN SAVOIR PLUS

La théorie de la paix démocratique

Une autre conception libérale de la sécurité internationale, qui a pris un essor dans le monde de l'après-guerre froide, repose sur l'hypothèse selon laquelle les États démocratiques ont tendance à ne pas attaquer d'autres États démocratiques. La démocratie est donc considérée comme un facteur de paix très important (voir le chapitre 8). À l'instar de l'institutionnalisme néolibéral, cette conception a reçu un large appui dans les milieux politiques et universitaires occidentaux. Dans le discours sur l'état de l'Union que le président Bill Clinton a prononcé en 1994, il a soigneusement pris la peine de souligner l'absence de guerre entre les démocraties pour justifier les politiques américaines favorisant la démocratisation. Pour soutenir cette conception, les pays occidentaux ont adopté une politique faisant la promotion de la démocratie en Europe centrale et orientale depuis la fin de la guerre froide et offrant aux États de cette région la possibilité d'adhérer à l'Union européenne.

La théorie de la paix démocratique a surtout été associée aux travaux de Michael Doyle (1995a) et de Bruce Russett (1995). Tout comme les réalistes contemporains ont été influencés par les ouvrages de Thomas Hobbes, Jean-Jacques Rousseau et Nicolas Machiavel, Doyle souligne l'importance des propos que tient Emmanuel Kant dans son essai *La paix perpétuelle*, publié en 1795. Doyle soutient que, ensemble, la représentation démocratique, un engagement idéologique en faveur des droits humains et l'interdépendance transnationale offrent une explication des tendances favorables à la paix qu'affichent les États démocratiques (1995a, p. 180-184). De même, l'absence de ces facteurs, selon lui, constitue une raison pour laquelle les États non démocratiques tendent à être favorables à la guerre. Sans ces valeurs et ces contraintes nationales, la logique de puissance se substitue à la logique d'accommodement libérale.

À RETENIR

- Les néoréalistes nient que les institutions internationales jouent un rôle déterminant dans l'instauration de la paix et de la sécurité, qui est l'affaire exclusive des États.

- Les dirigeants politiques et les chercheurs contemporains qui se réclament de l'institutionnalisme néolibéral estiment que les institutions constituent un important mécanisme favorisant la sécurité internationale.

- Les adeptes de l'institutionnalisme néolibéral acceptent maints postulats du réalisme concernant le rôle toujours déterminant de la puissance militaire dans les relations internationales, mais ils ajoutent que les institutions peuvent offrir un cadre de coopération propice à l'élimination des risques que comporte la rivalité entre les États en matière de sécurité.

D'AUTRES CONCEPTIONS DE LA SÉCURITÉ INTERNATIONALE ET DE LA SÉCURITÉ GLOBALE

La théorie constructiviste

La prémisse selon laquelle non seulement la politique de puissance, mais aussi les idées orientent les relations internationales est également partagée par des auteurs qui se considèrent eux-mêmes comme des théoriciens constructivistes. Ces derniers sont d'avis que les structures essentielles de la politique internationale sont sociales plutôt que strictement matérielles. Les partisans du constructivisme social concluent que des changements touchant la nature des interactions sociales entre les États peuvent amorcer un virage fondamental vers une sécurité internationale accrue (voir le chapitre 9).

En un sens, de nombreux constructivistes, tel Alexander Wendt, partagent plusieurs postulats de base avec le réalisme à propos de la politique internationale. Par exemple, certains conviennent que les États sont les principaux objets d'études dans le domaine de la politique internationale et de la sécurité internationale, que la politique internationale est anarchique, que les États possèdent souvent des capacités offensives, que chaque État ne peut pas connaître avec certitude les intentions des autres États, que les États entretiennent un désir fondamental de survivre et qu'ils s'efforcent d'adopter un comportement rationnel. Quelques-uns, comme Wendt, se considèrent aussi comme des structuralistes, c'est-à-dire qu'ils croient que les intérêts de chaque État sont, dans une large mesure, le produit de la structure du système international.

Toutefois, les constructivistes envisagent la politique internationale sous un angle très différent de celui que privilégient les néoréalistes. En effet, ces derniers estiment généralement que les structures résultent uniquement de la répartition des capacités matérielles, tandis que les constructivistes pensent plutôt qu'elles sont issues des relations sociales. Les structures sociales deviennent possibles par le partage des connaissances, des ressources matérielles et des pratiques, ce qui signifie qu'elles sont en partie définies par des compréhensions, des attentes ou des connaissances communes. À titre d'exemple, Wendt affirme que le dilemme de sécurité est une structure sociale composée de significations intersubjectives qui rendent chaque État si méfiant qu'il émet les hypothèses les plus pessimistes possible sur les intentions des autres États et, par conséquent, détermine ses intérêts selon une logique d'autosuffisance. Par contre, une communauté de sécurité représente une

structure sociale assez différente qui est fondée sur des significations partagées, grâce auxquelles les États se font mutuellement confiance de manière à résoudre les différends sans recourir à la guerre.

L'accent mis sur la structure d'un savoir partagé est un élément important de la pensée constructiviste. Les structures sociales comprennent des objets matériels comme des chars d'assaut et des ressources économiques, mais ces objets n'acquièrent un sens que par l'entremise du savoir partagé auquel ils sont intégrés. La notion de politique de puissance, ou réalpolitik, prend un sens dans la mesure où les États l'acceptent en tant que règle fondamentale de la politique internationale. Certains auteurs prônant le constructivisme social estiment que cette notion influe effectivement sur le comportement des États, mais qu'elle ne rend pas compte de tous les comportements interétatiques. Les États sont aussi perméables à l'influence qu'exercent sur eux d'autres idées et **normes**, dont la primauté du droit et l'importance de la coopération et de la contrainte institutionnelles. Dans son étude intitulée *Anarchy is What States Make of It* (1992), Wendt affirme qu'on peut considérer que les dilemmes de sécurité et les guerres résultent en partie de prévisions se confirmant elles-mêmes. La logique de réciprocité signifie que les États acquièrent un savoir partagé concernant le sens de la puissance et agissent en conséquence. De même, ajoute-t-il, les politiques visant à rassurer ou les mesures de confiance peuvent aussi faciliter l'édification d'une structure de savoir partagé qui est susceptible d'amener les États à se rallier à une communauté de sécurité plus pacifique (voir Wendt, 1999).

Si l'ensemble des constructivistes estime que les dilemmes de sécurité ne sont pas des événements aléatoires, ils ne croient cependant pas tous qu'il est possible d'y échapper. Selon certains d'entre eux, le fait que les structures sont socialement construites ne signifie pas forcément qu'elles puissent être modifiées, comme l'illustre bien cette observation de Wendt : parfois, les structures sociales restreignent tellement l'action que toute démarche transformatrice devient impossible (1995, p. 80). Maints auteurs constructivistes se montrent toutefois plus optimistes et soulignent à cet égard les nouvelles idées proposées par l'homme d'État soviétique Mikhaïl Gorbatchev durant la deuxième moitié des années 1980, et qui ont engendré un savoir partagé au sujet de la fin de la guerre froide. Lorsque les deux parties concernées ont accepté que la guerre froide était terminée, celle-ci a véritablement pris fin. Dans une telle optique, il importe de comprendre le rôle crucial des structures sociales dans la mise au

point de politiques et de dynamiques d'interaction qui favorisent la coopération plutôt que l'affrontement. Du point de vue des optimistes, une marge de manœuvre suffisante au sein du système international permet aux États de mettre en œuvre des politiques facilitant des changements sociaux pacifiques, plutôt que de s'engager dans une lutte agressive perpétuelle pour acquérir de la puissance. Si des occasions de promouvoir un changement social se manifestent, la plupart des constructivistes jugent qu'il serait irresponsable de ne pas les saisir.

À RETENIR

- Les constructivistes fondent leur pensée sur deux grands postulats : d'abord, les structures fondamentales de la politique internationale et l'identité des acteurs sont socialement construites ; ensuite, transformer la manière dont nous concevons les relations internationales peut mener à une plus grande sécurité internationale.

- Certains penseurs constructivistes acceptent de nombreux postulats du néoréalisme, mais ils rejettent la thèse selon laquelle une structure se limite à des capacités matérielles. Ils soulignent l'importance de définir une structure sociale en fonction tant des significations et des pratiques partagées que de ces capacités matérielles.

- Les constructivistes affirment que les objets matériels n'acquièrent un sens que par l'entremise de la structure de significations partagées à laquelle ils sont intégrés.

- Les pratiques relevant de la politique de puissance et de la réalpolitik que décrivent les réalistes sont considérées comme le produit de significations partagées pouvant se confirmer elles-mêmes.

LES ÉTUDES CRITIQUES FÉMINISTES ET DISCURSIVES SUR LA SÉCURITÉ

Malgré que les constructivistes et les réalistes ne soient pas d'accord à propos des rapports entre les idées et les facteurs matériels, ils le sont généralement quant au rôle central de l'État, dans leurs débats sur la sécurité internationale. D'autres théoriciens jugent cependant qu'une trop grande importance a été accordée à l'État. Keith Krause et Michael C. Williams ont décrit comme suit les études critiques sur la sécurité : les débats contemporains sur la nature de la sécurité flottent souvent sur une mer de prémisses inexprimées et de questions théoriques plus profondes concernant à qui et à quoi renvoie le terme « sécurité ». La plupart des contributions à ces débats comportent ainsi deux éléments interreliés : la nature de la sécurité et la façon de l'étudier (Krause et Williams, 1997, p. 34). Les études critiques sur la sécurité se caractérisent aussi par le désir de ne plus se concentrer sur le rôle de l'État et par la nécessité de reconceptualiser la sécurité. Elles font toutefois appel à des démarches variées, dont la théorie critique, des démarches féministes et aussi postmodernes (voir le chapitre 15). Puisque ces démarches sont étudiées dans d'autres chapitres, elles ne sont que brièvement exposées ici.

Le spécialiste canadien des relations internationales Robert Cox distingue les théories de résolution de problèmes des théories critiques. Les adeptes des théories de résolution de problèmes travaillent à partir du système en place. Ils analysent d'abord les institutions et les relations sociales et politiques existantes, puis ils examinent les façons possibles de résoudre les problèmes qui en résultent. Pour leur part, les tenants des théories critiques portent leur attention sur la dynamique ayant favorisé l'émergence de ces institutions et de ces relations et sur les moyens permettant de les modifier (voir le chapitre 8). Selon les théories critiques de la sécurité, les États ne doivent pas être l'objet principal de l'analyse, parce qu'ils ont un caractère extrêmement diversifié et font souvent partie des causes de l'insécurité dans le système international. Ils peuvent, certes, être une source de sécurité, mais ils peuvent également constituer une menace pour leur propre population. Dans une telle optique, l'attention doit donc se concentrer sur l'individu plutôt que sur l'État. C'est précisément pourquoi une importance accrue a été accordée à ce qui a été dénommé la sécurité humaine (voir le chapitre 29). Il en a découlé un nouvel élargissement de la conception de la sécurité, qui comprend désormais des questions telles que la sécurité en matière de santé (McInnes et Lee, 2006).

Les théories féministes remettent aussi en question l'importance traditionnellement attribuée au rôle central de l'État dans les études relatives à la sécurité internationale. S'il existe des différences majeures entre les théories féministes, toutes sont cependant d'avis que les travaux sur la politique internationale, en général, et sur la sécurité internationale, en particulier, reflètent un point de vue masculin (voir le chapitre 15). Ann Tickner (1992, p. 191) affirme que les femmes ont rarement été reconnues dans la littérature sur la sécurité, bien que les conflits se répercutent sur elles autant, sinon plus, que les hommes. La grande majorité des victimes et des réfugiés en temps de guerre sont des femmes et des enfants, et, comme l'ont confirmé la guerre en Bosnie et le génocide au Rwanda, le viol constitue souvent une arme de guerre.

Dans son influente étude féministe sur la sécurité, intitulée *Bananas, Beaches and Bases* (1989), Cynthia Enloe attire l'attention sur la structure patriarcale de privilège et de contrôle présente à tous les niveaux qui, selon elle, légitime véritablement toutes les formes de violence. Tout comme Tickner, elle souligne l'exclusion systématique des femmes dans le domaine des relations internationales et mentionne qu'elles y ont pourtant une importance cruciale en pratique ; or, c'est dans l'appareil de sécurité plus qu'ailleurs que l'État réserve aux hommes l'attribution des responsabilités (Terriff *et al.*, 1999, p. 91). Elle conteste aussi le concept de sécurité nationale et affirme que l'emploi de telles expressions vise souvent à préserver l'**ordre** à domination masculine plutôt qu'à protéger l'État contre une attaque d'origine extérieure.

Les féministes croient que si l'**identité de genre** était plus ouvertement présente dans les études sur la sécurité, non seulement de nouvelles considérations enrichiraient la réflexion sur la question, mais encore il en résulterait une vision foncièrement différente de la nature de la sécurité internationale. Selon Jill Steans, repenser la sécurité signifie qu'il faut aussi prendre en compte tous les aspects suivants : le militarisme et le patriarcat, le développement mal orienté et la dégradation de l'environnement, les rapports entre la pauvreté, la dette et la croissance démographique, les ressources et leur répartition (Steans, 1998 ; voir aussi Smith, 1999, p. 72-101).

Les dernières années ont vu apparaître des conceptions postmodernes des relations internationales, qui ont donné lieu à l'ouverture d'une perspective vraiment à part sur la sécurité internationale. Les auteurs postmodernes estiment tous que les idées, les discours et la logique de l'interprétation revêtent une importance cruciale pour la compréhension de la politique et de la sécurité internationales. À l'instar d'autres penseurs qui adoptent une démarche critique, les postmodernistes considèrent que le réalisme est l'un des problèmes de l'insécurité internationale. La raison en est que le réalisme est un discours de pouvoir et d'autorité qui a occupé une position dominante en politique internationale dans le passé et qui a favorisé la rivalité entre les États en matière de sécurité. La politique de puissance est vue comme une image du monde qui encourage des comportements propices à la guerre. À cet égard, la tentative d'équilibrer la puissance fait elle-même partie des comportements qui suscitent la guerre. Dans cette optique, les alliances n'engendrent pas la paix, mais débouchent en fait sur la guerre. Aux yeux de nombreux postmodernistes, l'objectif consiste donc à remplacer le discours du réalisme ou de la puissance par un discours différent et des interprétations autres des menaces contre la sécurité nationale. Ainsi, lorsqu'une nouvelle stratégie fondée sur des normes de coopération se sera substituée à celle du réalisme qui est aujourd'hui présente dans l'esprit de chacun, les individus, les États et les régions apprendront alors à travailler ensemble et la politique globale deviendra plus pacifique.

> **POUR EN SAVOIR PLUS**
>
> ## La théorie de la sécurisation
>
> Selon cette théorie, la « sécurité » est un acte de parole, car en désignant politiquement comme un enjeu de sécurité une question donnée, celle-ci a tendance à le devenir. Un auteur a résumé la théorie de la façon suivante : un acteur de sécurisation affirmant qu'une menace plane sur l'existence d'un objet de référence revendique le droit de prendre des mesures extraordinaires pour en assurer la survie. La question échappe alors à la sphère de la politique courante pour se trouver dans l'univers de la politique de l'urgence, où elle peut être traitée rapidement et sans égard aux règles et réglementations démocratiques qui s'appliquent habituellement à la définition des politiques publiques. Il s'ensuit que plus aucun sens préétabli n'est rattaché à la sécurité et que celle-ci peut acquérir toute signification que lui attribue l'acteur de sécurisation. Comprise de cette façon, la sécurité est une construction sociale dont le sens est fonction de l'utilisation qui en est faite.
>
> *(Taureck, 2006)*

À RETENIR

- Les tenants des théories critiques sur la sécurité déclarent que la plupart des conceptions reconnues exagèrent l'importance accordée à l'État.

- Certains de ces tenants souhaitent que l'individu soit désormais au premier plan et ils estiment qu'il est la clé d'une meilleure sécurité nationale et internationale.

- Les féministes affirment que l'identité de genre est généralement passée sous silence dans la littérature sur la sécurité internationale, malgré les conséquences de la guerre sur les femmes.

- Elles disent également qu'une attention portée aux questions liées au genre entraînera une reconceptualisation de l'étude de la sécurité internationale.

- Les postmodernistes s'efforcent de reconceptualiser le débat sur la sécurité globale en procédant à l'examen de nouvelles questions que les approches traditionnelles ont laissées à l'écart.

- Les auteurs postmodernes croient que la nature de la politique internationale peut être modifiée grâce à une réorientation de la réflexion et du discours sur la sécurité.

LA SOCIÉTÉ GLOBALE ET LA SÉCURITÉ INTERNATIONALE

La perspective de voir apparaître des changements dans le système international est partagée par des chercheurs qui observent que de nouvelles tendances se manifestent déjà en politique mondiale. Dans le passé, l'État a été au cœur de la réflexion sur les relations internationales. Or, cette conception statocentrique est de plus en plus remise en question. Des auteurs associés au courant de pensée de la société globale affirment que, au début du XXIᵉ siècle, la dynamique de la globalisation (qui se déploie depuis des siècles) a connu une accélération telle que les contours d'une société globale se distinguent désormais clairement. L'émergence d'un système économique international, de communications globales et d'éléments propres à une culture globale a contribué à la mise en place d'un vaste réseau de relations sociales qui transcendent les frontières étatiques et regroupent des individus partout dans le monde. Par conséquent, les guerres territoriales entre les grandes puissances sont peu à peu devenues obsolètes. Parallèlement, selon la thèse de ces auteurs, de nouveaux risques liés à l'environnement, à la **pauvreté** et à l'existence d'**armes de destruction massive** pèsent sur l'humanité, au moment même où l'État-nation est en crise.

Les partisans du courant de pensée de la société globale reconnaissent que la globalisation est une dynamique inégale et contradictoire. La fin de la guerre froide a favorisé non seulement une conscience planétaire plus vive et la création d'un éventail de mouvements sociaux transnationaux, mais aussi la fragmentation des États-nations. Ce dernier phénomène a été particulièrement visible parmi les anciens États communistes, notamment en Union soviétique, en Yougoslavie et en Tchécoslovaquie. Cette fracture des États a entraîné une baisse des conflits entre les grandes puissances et l'apparition de nouvelles formes d'insécurité, causées par des rivalités nationalistes, ethniques et religieuses au sein des États et de part et d'autre des frontières nationales. Il s'en est suivi des guerres civiles brutales en Bosnie, en Tchétchénie, en Somalie, au Rwanda, au Yémen et au Kosovo durant les années 1990 (voir l'étude de cas, page suivante). Mary Kaldor, qui enseigne à la London School of Economics, a décrit ces conflits comme des nouvelles guerres qu'on peut comprendre seulement dans le contexte de la globalisation.

L'intensification des interrelations, dit-elle, se traduit par le fait que les clivages idéologiques ou territoriaux de l'époque précédente ont de plus en plus fait place à un clivage politique naissant entre le cosmopolitisme, fondé sur des valeurs multiculturelles d'ouverture, et la politique des identités particularistes (Kaldor, 1999, p. 6). Le clivage entre ceux qui font partie de la dynamique globale et ceux qui en sont exclus provoque des guerres qui se caractérisent par l'expulsion de populations de diverses façons, telles que les tueries, les déplacements forcés et de multiples techniques d'intimidation à caractère politique, psychologique et économique (Kaldor, 1999, p. 8).

De tels conflits placent la communauté internationale devant un grave dilemme : faut-il ou non intervenir dans les affaires intérieures des États souverains pour protéger les droits des minorités et les droits humains individuels (voir les chapitres 28 et 29) ? Ce dilemme,

ÉTUDE DE CAS

L'insécurité dans le monde de l'après-guerre froide : le cas de la république démocratique du Congo

Les événements survenus en République démocratique du Congo (RDC) depuis la fin de la guerre froide illustrent bien la complexité des conflits contemporains et les dangers de fournir des explications simples sur les causes de la guerre. De 1996 à 2006, dans cette guerre oubliée (parfois appelée guerre mondiale de l'Afrique), près de quatre millions de personnes ont perdu la vie par suite des tensions ethniques, de la guerre civile, des interventions étrangères, de la famine et de maladies. Voici quels en ont été les faits marquants.

En 1996, le conflit et le génocide survenus au Rwanda voisin (où 800 000 personnes ont trouvé la mort en 1994) se sont étendus à la RDC (le Zaïre, à cette époque). Les forces hutues rwandaises, qui s'étaient enfuies après l'accession au pouvoir d'un gouvernement dirigé par les Tutsis, ont établi des bases dans l'est du pays en vue de lancer des attaques contre le Rwanda. Des milices rwandaises ont alors envahi la RDC dans l'intention de chasser le gouvernement de Mobutu Sese Seko et de confier le pouvoir à leur propre gouvernement sous la direction de Laurent-Désiré Kabila, ce qui fut réalisé en mai 1997. Cependant, Kabila a perdu l'appui de ses mentors en août 1998, puis le Rwanda et l'Ouganda ont suscité une rébellion dans le but de le renverser. Il s'en est suivi d'autres interventions extérieures, cette fois de la part du Zimbabwe, de l'Angola, de la Namibie, du Tchad et du Soudan, pour soutenir le gouvernement de Kabila. Bien qu'un cessez-le-feu ait été conclu en 1999, les combats se sont poursuivis dans l'est du pays. En janvier 2001, Kabila a été assassiné et remplacé par son fils, Joseph Kabila. Les batailles ont continué à faire rage jusqu'en janvier 2003, en partie à cause des divisions ethniques (la RDC regroupe 250 groupes ethniques parlant 242 langues), mais aussi en raison de la présence constante de troupes d'occupation étrangères (qui pratiquaient souvent l'extraction illégale de minéraux et de diamants). Ces troupes étrangères ont fréquemment formé des alliances avec des milices locales pour combattre leurs ennemis sur le territoire de la RDC. Les négociations menées pour conclure un accord de paix ont abouti à la signature de l'accord de Pretoria en avril 2003. Une partie des troupes étrangères ont alors quitté la RDC, mais les hostilités et les massacres se sont poursuivis, notamment dans l'est du pays. Des milices rivales appuyées par le Rwanda et l'Ouganda ont continué à se battre et à piller les ressources de la RDC.

Le 18 juillet 2003, un gouvernement transitoire a été mis sur pied à la suite de la conclusion de ce qui a été dénommé l'accord général et complet. Cet accord exhortait les parties en présence à contribuer à réunifier le pays, à désarmer les parties en guerre et à les intégrer, puis à organiser des élections. En raison de l'instabilité permanente, cependant, le scrutin n'a eu lieu qu'en juillet 2006, et la paix est toujours très fragile même après ces élections.

Ce conflit en RDC illustre bien l'utilité d'une définition plus large de la sécurité et l'importance de formuler de nouvelles idées concernant la sécurité humaine et sociétale (voir le chapitre 28). Il démontre aussi que les guerres interétatiques font désormais place à des conflits intraétatiques impliquant des milices ethniques et se produisant dans ce qui est parfois appelé des États défaillants. Néanmoins, cette guerre révèle également la persistance tant des conflits qui se déploient de part et d'autre des frontières étatiques que des rivalités régionales traditionnelles liées à l'équilibre de puissance.

d'après les théoriciens de la société globale, reflète la transformation historique que connaît la société humaine en ce début du xxie siècle. Bien que les États se maintiennent encore tant bien que mal, de nombreux tenants de la société globale soutiennent qu'il est nécessaire, aujourd'hui plus que jamais, de réfléchir à la sécurité des individus et des groupes dans le cadre de la société globale émergente.

Ce ne sont cependant pas tous les auteurs qui traitent de la globalisation qui partagent cet avis. Certains d'entre eux croient que, si l'État se transforme (de l'intérieur comme de l'extérieur) effectivement sous l'effet de la dynamique de la globalisation, il demeure tout de même un élément-clé dans les débats contemporains sur la sécurité. C'est, d'ailleurs, l'un des arguments de fond que formule Ian Clark dans son étude intitulée *Globalization and International Relations Theory* (1999). Selon Clark, la globalisation peut susciter, en matière de sécurité, une prise de conscience de phénomènes systémiques très répandus, sans qu'il ne soit nécessaire pour autant de minimiser le rôle de l'État ou de le condamner à la désuétude (1999, p. 125). Clark s'intéresse particulièrement à la façon dont la globalisation redéfinit la sécurité et aux changements qui en découlent dans les priorités des États en matière de sécurité. D'après cet auteur, le fait que les États sont de moins en moins aptes à remplir leurs fonctions traditionnelles a ouvert la voie à la présente renégociation des contrats sociaux nationaux qui tiennent compte de ce que les citoyens sont prêts à sacrifier dans l'intérêt de l'État. On peut en voir le reflet dans le type d'activités de sécurité que les États consentent à déployer et dans leur volonté plus ou moins affirmée de les mettre en œuvre unilatéralement. Selon cette conception de la globalisation, les États ne sont pas en train de disparaître, mais ils se transforment par suite des efforts qu'ils consacrent à relever toute une gamme de nouveaux défis, y compris ceux qui sont liés à la sécurité (voir le chapitre 31).

À RETENIR

- Les partisans du courant de pensée de la société globale affirment que la dynamique de la globalisation a connu une accélération notable à la fin du xxe siècle.

- La globalisation est visible dans les domaines du développement économique, des communications et de la culture. Les mouvements sociaux globaux constituent aussi une réponse aux nouveaux risques liés à l'environnement, à la pauvreté et à la présence d'armes de destruction massive.

- La fracture des États fait apparaître de nouveaux types de conflits au sein des États, plutôt qu'entre eux, auxquels

le système des États est incapable de faire face, ce qui a favorisé l'émergence d'une politique de responsabilité globale.

- Il existe des désaccords quant à savoir si la globalisation contribuera à l'affaiblissement de l'État ou simplement à sa transformation, d'une part, et, d'autre part, s'il est possible d'instaurer une société globale qui inaugurera une nouvelle ère de paix et de sécurité.

CONCLUSION : LES TENSIONS PERSISTANTES ENTRE LES PLANS NATIONAL, INTERNATIONAL ET GLOBAL DE LA SÉCURITÉ

Au cœur du débat contemporain sur la sécurité globale et la sécurité internationale, on trouve la question de la continuité et du changement. Celle-ci stimule la réflexion sur la façon d'interpréter le passé et de déterminer si la politique internationale est ou non dans une phase de transformation profonde découlant de la dynamique de la globalisation, notamment depuis le 11 septembre 2001. Il ne fait aucun doute que la sécurité nationale est remise en cause par les forces de la globalisation, dont certaines ont un effet positif puisqu'elles rapprochent mutuellement les États. Comme l'ont dit les auteurs Charlotte Bretherton et Geoffrey Ponton, l'intensification des relations globales, associée à la globalisation économique, à l'interdépendance écologique et aux menaces que représentent les armes de destruction massive, signifie que la coopération entre les États est plus que jamais nécessaire (1996, p. 100-101). Certains ont également soutenu que l'interdépendance accrue découlant de la globalisation facilitera le dialogue entre les décideurs des États et fera faire des progrès notables à la sécurité globale (Lawler, 1995, p. 56-57). En même temps, toutefois, la globalisation semble avoir des effets négatifs sur la sécurité internationale. Elle est souvent associée à une fragmentation, à des changements sociaux rapides, à une hausse des inégalités économiques et à une remise en cause des identités culturelles ; ce sont là des facteurs qui, chacun à sa façon, alimentent les conflits au sein des États et entre eux. Cette ambivalence de la globalisation vient à son tour renforcer la recherche de sécurité nationale, l'unilatéralisme et les stratégies préventives, tout en incitant des États moins puissants à chercher des solutions plus multilatérales et plus globales, parce qu'ils sont moins aptes à assurer la sécurité de leurs citoyens.

Ainsi, dans les premières années du xxie siècle, l'ambiguïté traditionnelle concernant la sécurité internationale demeure présente, malgré les importants changements que connaît aujourd'hui la politique mondiale. À certains égards, le monde est désormais beaucoup plus sûr, en raison de la fin de la guerre froide et parce que l'affrontement nucléaire n'est plus au cœur des relations Est-Ouest. On peut penser que certains mécanismes de la globalisation et la tendance à la coopération que favorisent les institutions internationales ont beaucoup contribué à atténuer la rivalité entre les États en ce qui a trait au dilemme de sécurité. Ces effets positifs sont cependant amoindris dans une grande mesure par l'instabilité persistante au Moyen-Orient, par les guerres en Afghanistan et en Iraq et par la **guerre contre la terreur** qui les a suivies. Il est évident que la force militaire demeure un important arbitre des différends entre les États et surtout au sein de certains d'entre eux. Elle constitue aussi une arme utilisée par des mouvements terroristes qui rejettent le statu quo, comme le montrent clairement le conflit actuel au Darfour, la guerre au Liban en 2006 et la violence en Iraq depuis 2003. En outre, des courses aux armements classiques se poursuivent dans différentes régions du monde. Les armes nucléaires, chimiques et bactériologiques exercent toujours une puissante influence sur les scénarios de sécurité qu'envisagent de nombreux États ; la mise au point d'une entente globale sur plusieurs enjeux importants est freinée par des politiciens ambitieux et mégalomanes qui se maintiennent à la tête de certains gouvernements, par les différences culturelles, les divers systèmes de valeurs et les tensions inhérentes à la globalisation elle-même. Les ressources en eau et en énergie représentent aussi des causes possibles de conflits qui pourraient éclater au cours des prochaines années. En cette ère de globalisation croissante, l'insécurité des individus et des sociétés est de plus en plus manifeste, alors que les forces de fragmentation et d'intégration déstabilisent les identités traditionnelles et compliquent ainsi les relations au sein des États et entre eux.

Il est donc beaucoup trop tôt pour conclure qu'une transformation paradigmatique vers un monde plus pacifique est en cours en matière de politique internationale et de sécurité globale conséquemment à la fin de la guerre froide, ou même qu'une telle inflexion permanente est possible. Les données historiques empiriques et les événements actuels invitent à la prudence. Des périodes de relations plus coopératives entre les États (et entre les groupes) ont souvent suscité un optimisme non fondé qui laissait croire que la paix éternelle était imminente. La structure du système international, certains types spécifiques de systèmes politiques et la nature humaine imposent de fortes contraintes aux comportements des individus, des États et des institutions internationales. Il en va de même de la prédominance, chez un grand nombre des dirigeants politiques dans le monde, de leur attitude, empreinte du courant réaliste, envers la sécurité internationale et la sécurité globale.

> **POUR EN SAVOIR PLUS**
>
> ## L'incidence de la globalisation sur la sécurité
>
> « Dans les conditions de globalisation, l'objet traditionnel de la sécurité et de l'État-nation devient problématique : l'État pourvoyeur de sécurité n'est plus au cœur des préoccupations de sécurité, car il perd la capacité d'offrir exclusivement une assurance contre les imprévus, puisque la portée des questions de sécurité se modifie. Elle n'est plus limitée à l'échelle strictement nationale et s'étend désormais à tous les niveaux, du local au mondial. De plus, les fonctions de l'État sont intégrées dans des institutions situées à d'autres niveaux. Les répercussions sur la structure de l'ordre international ou mondial s'avèrent importantes, étant donné que des aspects fonctionnels des États s'intègrent davantage à l'échelle internationale et globale. »
>
> *(Mabee, 2009, p. 145)*

Il ne s'agit pas de nier la possibilité de changements pacifiques ni de prétendre que de nouvelles idées et de nouveaux discours sur la politique mondiale ne favorisent aucunement la compréhension du caractère complexe de la sécurité et de l'insécurité globales contemporaines. Il existera toujours des possibilités d'améliorer la sécurité internationale et globale. Il faut noter à cet égard que le risque de conflit aigu à la suite de la crise financière globale en 2008-2009 ne s'est pas encore matérialisé, en partie, au moins, grâce aux efforts de coopération qu'ont déployés les dirigeants politiques dans le monde. En un sens plus large, toutefois, cette crise a engendré une insécurité très prononcée et un risque d'instabilité sociale, politique et économique. De façon analogue, d'encourageants signes de démarches qui visent la marginalisation des armes nucléaires en politique mondiale sont apparus en 2010. Il n'est pas encore clair, cependant, si ces démarches suffiront à freiner la tendance à la prolifération nucléaire et à éliminer les dangers du terrorisme nucléaire.

Dans un monde où règnent la diversité, la méfiance et l'incertitude, il est probable que la volonté d'instaurer une société globale plus coopérative continuera de se heurter aux fortes pressions exercées pour que les États et d'autres communautés politiques veillent à assurer ce qu'ils estiment être leur propre sécurité sectorielle,

religieuse, nationale ou régionale contre des menaces provenant de l'extérieur ou de l'intérieur. Cela semble particulièrement visible à la lumière du degré de violence qui prévaut dans le monde depuis les attentats commis le 11 septembre 2001. Comme l'a déjà souligné l'historien Herbert Butterfield, établir s'il est possible ou non d'amé-liorer la sécurité internationale et globale et déterminer les moyens à employer pour y parvenir demeurent, pour les étudiants en relations internationales et les praticiens de la discipline, les questions sur lesquelles il est le plus difficile de prendre position. C'est ce qui rend l'étude de la sécurité globale si fascinante et si importante.

QUESTIONS

1. Que signifie l'affirmation selon laquelle la sécurité est un concept contesté ?

2. Pourquoi les réalistes mettent-ils l'accent sur la sécurité nationale ?

3. Pourquoi les guerres surviennent-elles ?

4. Comment les néoréalistes définissent-ils la notion de structure ? Et les constructivistes ?

5. Qu'est-ce qui explique la difficulté des États à coopérer ?

6. Les États démocratiques seraient-ils plus pacifiques ? Pourquoi ?

7. Que sont les théories critiques de la sécurité ?

8. Comment les constructivistes abordent-ils la notion de sécurité internationale ?

9. La globalisation accentue-t-elle ou réduit-elle la sécurité dans le monde ?

10. Qu'entend l'auteur de ce chapitre par la notion de tension entre la sécurité nationale et globale ?

Lectures utiles

Balzacq, T., « Qu'est-ce que la sécurité nationale ? », *Revue internationale et stratégique*, nº 52, 2003-2004, p. 33-50. Un survol des problématiques soulevées par les définitions de la sécurité et de la sécurité nationale.

Basty, F., « La sécurité humaine : un renversement concep-tuel pour les relations internationales », *Raisons politiques*, nº 32, 2008, p. 35-57. Une étude sur la pertinence du concept de sécurité humaine à l'ère de la globalisation, notamment en ce qui concerne les États défaillants.

Bigo, D., « La mondialisation de l'(in)sécurité ? », *Cultures & Conflits*, nº 58, 2005, p. 53-101. Un point de vue critique sur la perception d'une insécurité globale consécutive à la fin de la guerre froide ; l'auteur souligne notamment la construction sociale des menaces perçues.

Buzan, B., *People, States and Fear: An Agenda for International Security Studies in the Post-Cold War Era*, 2e édition, Londres, Harvester Wheatsheaf, 1992. Cet ou-vrage définit, selon une perspective sectorielle intégrée, les différents types de sécurité, en alliant efficacement le néo-réalisme au constructivisme.

Ceyhan, A., « Analyser la sécurité : Dillon, Waever, Williams et les autres », *Cultures & Conflits*, nº 31-32, 1998, p. 39-62. Un survol des différentes conceptions de la sécurité, dont la sécurité sociétale, en études critiques sur la sécurité.

de Jerphanion, M., « Vers un rapprochement de la morale et de la *Realpolitik* ? », *Revue internationale et stratégique*, nº 67, 2007, p. 127-134. Une analyse des enjeux que sou-lève le réalisme éthique dans le contexte de la fin de la guerre froide.

Gervais, M. et S. Roussel, « De la sécurité de l'État à celle de l'individu : l'évolution du concept de sécurité au Canada (1990-1996) », *Études internationales*, vol. 29, nº 1, 1998, p. 25-51. Une discussion sur les différentes conceptions théoriques de la sécurité après la guerre froide et dans un contexte canadien.

Katzenstein, P. J., *The Culture of National Security, Norms and Identity in World Politics,* New York, Columbia University Press, 1996. Une excellente introduction aux conceptions non traditionnelles de la sécurité, avec de nombreuses études de cas sur la construction sociale de l'insécurité et du nationalisme.

Lindemann, T., « Les guerres américaines dans l'après-guerre froide. Entre intérêt national et affirmation identitaire », *Raisons politiques*, nº 13, 2004, p. 37-57. Une discussion com-parative sur les conceptions réaliste et constructiviste des me-naces contre la sécurité américaine, à l'ère de l'après-guerre froide.

Zakaria, F., « À notre façon. De la difficulté d'être la seule superpuissance au monde », *Revue internationale et straté-gique*, nº 50, 2003, p. 25-34. Cet auteur offre une réflexion sur l'insécurité des États-Unis en tant que superpuissance hégémonique à une époque unipolaire.

Chapitre 15

L'ÉCONOMIE POLITIQUE INTERNATIONALE À L'ÈRE DE LA GLOBALISATION

Ngaire Woods

GUIDE DE LECTURE

En 2008, l'économie mondiale a failli s'effondrer. Une crise financière s'est déclenchée aux États-Unis et s'est rapidement propagée dans le monde. Elle a mis en lumière les tensions entre les États et les marchés, les difficultés liées à la globalisation et le rôle des différentes institutions dans l'économie mondiale. Le présent chapitre examine les motivations des intervenants et explique certains événements qui ont marqué l'économie internationale. La première section décrit brièvement l'évolution des relations économiques internationales après la Seconde Guerre mondiale et la création d'institutions dans ce domaine. La deuxième section présente trois conceptions traditionnelles de l'économie politique internationale qui contribuent à mieux cerner les acteurs-clés, les dynamiques fondamentales et les principaux niveaux d'analyse : les conceptions libérale, mercantiliste et marxiste. Plus récemment, l'économie politique internationale a été l'objet d'une controverse au sujet du recours (parfois abusif) à l'analyse des choix rationnels. Ces divers moyens d'étudier l'économie politique internationale servent aussi à rendre intelligibles tant la globalisation que son incidence sur l'économie mondiale. Qu'est-ce que la globalisation ? Impose-t-elle de nouveaux défis à tous les États (et à d'autres acteurs) dans l'économie mondiale ? On tient souvent pour acquis que les institutions internationales relèveront ces défis. Aussi tenterons-nous, en reprenant les théories de l'économie politique internationale, de répondre à la question suivante : quel rôle ces institutions sont-elles susceptibles de jouer dans la gestion de la globalisation ?

INTRODUCTION

La notion d'économie politique internationale renvoie aux interactions entre l'économie et la politique dans les affaires mondiales. La question au cœur de cette notion peut se formuler ainsi : qu'est-ce qui détermine et explique les événements qui se produisent dans l'économie mondiale ? Selon certains, le tout se résume à une lutte entre les États et les marchés. Il s'agit là d'une interprétation trompeuse. Les marchés dans l'économie mondiale ne ressemblent en rien aux foires commerciales de quartier où tous les articles offerts sont achetés et vendus de façon ouverte et concurrentielle. Les politiciens, même s'ils le voulaient, ne sont pas non plus en mesure de diriger l'économie globale. Les marchés mondiaux et les pays, les entreprises locales et les sociétés multinationales qui y mènent leurs activités commerciales et effectuent leurs investissements sont tous influencés par un ensemble de **règles**, de **normes**, de lois, d'organisations et même d'habitudes. Les politologues aiment bien qualifier d'**institutions** tous ces éléments du système. Le champ d'études de l'économie politique internationale tente d'expliquer tant les origines et le maintien des institutions que leur incidence sur l'économie mondiale.

La faillite d'un important établissement financier américain, Lehman Brothers, a déclenché une crise économique mondiale en 2008-2009 (voir l'étude de cas, à la page 265). Elle a révélé que certaines banques recouraient au crédit de manière excessive. Celles-ci s'étaient ainsi engagées dans une spirale de rentabilité étourdissante, mais aussi affreusement risquée en fin de compte, sans qu'interviennent les institutions compétentes pour prévenir une possible catastrophe. Des économistes de renom ont alors déclaré que le monde était au bord d'une dépression d'une ampleur jamais vue depuis les années 1930. Les gouvernements américain et britannique ont dû renflouer les banques en difficulté et injecter des fonds publics dans l'ensemble de l'économie afin d'empêcher des pertes massives d'emplois, une chute des ventes et un écroulement des marchés. D'autres pays en ont aussi subi les conséquences. En Europe, les pays dont le système financier était lié à celui des États-Unis ou du Royaume-Uni, tels que l'Ukraine, la Hongrie, l'Islande et la Lettonie, ont promptement demandé l'aide du **Fonds monétaire international (FMI)**. Ailleurs dans le monde, une situation d'urgence plus générale est rapidement apparue lorsque la chute de la demande de produits de base et de biens et services dans les grandes économies les plus riches du monde s'est répercutée sur tous les pays fournisseurs. Les dimensions mondiales de ce problème ont amené des dirigeants politiques à créer une nouvelle instance, le **G20**, qui réunit les chefs d'État ou de gouvernement des plus grandes économies dans le monde, afin de coordonner les réponses à apporter à cette crise.

Les chocs économiques survenus en 2008-2009 ont jeté un vif éclairage sur des thèmes connus de l'économie politique internationale. Les rapports entre les États et les marchés ont été marqués par l'absence d'intervention de certains États (mais pas tous) pour restreindre les activités de leurs marchés financiers. Ces États ont laissé les banques amasser d'énormes profits aux dépens des sociétés et d'autres pays, et ce sont ces derniers qui ont fini par assumer les coûts de la faillite de ces établissements bancaires. Toute la question de la globalisation et de l'identité de ses principaux bénéficiaires a fait l'objet d'un réexamen dans le sillage de la crise, notamment de la part des pays qui ont tiré peu d'avantages de la libéralisation financière, mais qui ont néanmoins été durement frappés par la crise. La primauté du modèle économique américain a de nouveau été remise en cause, alors que les économies émergentes ont fièrement affiché la réussite de leurs politiques plutôt centrées sur l'État pour amortir les effets de la crise. Les relations

POUR EN SAVOIR PLUS

Planifier l'économie de l'après-guerre pour éviter une autre grande dépression

La grande dépression a été nettement aggravée, voire causée, par des politiques économiques protectionnistes. À la fin des années 1920 et durant les années 1930, les gouvernements partout dans le monde ont tenté de protéger leur pays respectif contre la crise économique en élevant des barrières commerciales et en dévaluant leur devise. Chaque pays croyait qu'il réussirait ainsi à maintenir son économie à flot pendant que celle de tous les pays voisins s'enfoncerait dans le marasme. La grande dépression a bien prouvé qu'une telle stratégie était vaine. À la fin de la Seconde Guerre mondiale, le défi à relever consistait à créer un système qui préviendrait une pareille situation, notamment en assurant :

- un mécanisme de taux de change stable ;

- le maintien d'un actif de réserve ou d'une unité de compte (comme l'étalon-or) ;

- la maîtrise des flux de capitaux internationaux ;

- la disponibilité de prêts à court terme pour des pays dont la balance des paiements traverse une crise temporaire ;

- l'application de règles qui permettent aux économies de rester ouvertes aux échanges commerciaux.

entre le Nord (les pays industrialisés) et le Sud (les pays en développement) ont été transformées lorsque les économies émergentes ont commencé à occuper une nouvelle position dans les institutions internationales, y compris au sein du nouveau G20, bien que d'autres pays en développement soient demeurés marginalisés. Il peut sembler étonnant que les instances économiques internationales appelées à gérer cette crise aient été exactement les mêmes que celles qui ont été créées après la Deuxième Guerre mondiale, malgré l'existence d'un consensus sur la nécessité de les voir s'adapter à la situation contemporaine.

L'ÉCONOMIE MONDIALE DE L'APRÈS-GUERRE

Les institutions et le cadre de l'économie mondiale tels que nous les connaissons aujourd'hui sont le produit des efforts de planification d'un nouvel ordre économique, qui ont été déployés durant la phase finale de la Seconde Guerre mondiale. En 1944, les dirigeants politiques se sont réunis à Bretton Woods, aux États-Unis, pour déterminer la meilleure façon de résoudre deux problèmes très graves. D'abord, ils voulaient prévenir tout retour de la **Grande Dépression** des années 1930 ; pour y arriver, ils devaient définir des moyens d'instaurer un système monétaire global stable et un système commercial mondial ouvert (voir l'encadré «Pour en savoir plus», page ci-contre). Ensuite, ils devaient reconstruire les économies européennes ruinées par la guerre.

Ainsi, à Bretton Woods, la mise sur pied de trois institutions a été prévue afin de favoriser un nouvel ordre économique mondial (voir les encadrés «Pour en savoir plus», ci-contre et à la page 256). Le Fonds monétaire international a été créé en vue d'assurer un régime de taux de change stable et d'offrir une aide d'urgence aux pays touchés par une crise temporaire dans leur balance des paiements. La Banque internationale pour la reconstruction et le développement (l'actuelle Banque mondiale) a été instituée pour faciliter l'investissement privé et la reconstruction en Europe. Elle a aussi reçu le mandat de contribuer au **développement** dans d'autres pays, mandat qui est devenu par la suite sa principale raison d'être. Enfin, l'**Accord général sur les tarifs douaniers et le commerce (GATT)** a été signé en 1947 et a servi de point de référence pour les négociations sur la **libéralisation** du commerce.

Les projets formulés en 1944 pour l'économie mondiale ont cependant été rapidement mis de côté lorsque, en 1945, les États-Unis ont décidé d'accorder la priorité ab-

POUR EN SAVOIR PLUS

Les organisations issues des accords de Bretton Woods : le FMI et la Banque mondiale

Le Fonds monétaire international (FMI) et la Banque mondiale ont tous deux été mis sur pied en 1946, après des négociations tenues à Bretton Woods, aux États-Unis, durant la guerre ; les sièges sociaux, situés l'un en face de l'autre, se trouvent à Washington D. C. Le FMI a été institué pour promouvoir la coopération monétaire internationale et résoudre les problèmes économiques de l'entre-deux-guerres (voir l'encadré «Pour en savoir plus» à la page 254). Toutefois, plusieurs des tâches qui lui avaient été confiées ont pris fin lorsque le système de Bretton Woods s'est effondré en 1971 (voir l'encadré «Pour en savoir plus» à la page 256). Le FMI regroupe aujourd'hui 185 pays membres, dont chacun lui verse une contribution financière proportionnelle à la taille de son économie. Cette contribution détermine le pourcentage de droits de vote qui revient à chaque membre, ainsi que l'ampleur de l'aide financière à laquelle il a automatiquement accès. Depuis les années 1980, le FMI est devenu une institution qui offre de l'aide financière et technique aux économies en développement ou en transition. Pour recevoir une telle assistance, ces pays doivent s'engager à respecter des conditions spécifiques ou à entreprendre des réformes politiques dans le cadre de la conditionnalité (voir le site suivant : www.imf.org/external/french/index.htm).

Quant à l'institution aujourd'hui appelée Banque mondiale, elle a été fondée sous le nom de Banque internationale pour la reconstruction et le développement (BIRD) ; elle était chargée de donner une impulsion à la reconstruction de l'Europe ravagée par la guerre, ainsi qu'au développement dans le reste du monde. Depuis, elle est devenue la plus grande source d'aide au développement dans le monde et offre des prêts totalisant quelque 16 milliards de dollars par année aux pays membres admissibles par l'entremise de ses institutions, soit la BIRD, l'Association internationale de développement (IDA), la Société financière internationale et l'Agence multilatérale de garantie des investissements. À l'instar du FMI, la Banque mondiale exige des pays membres recevant ses prêts qu'ils entreprennent des réformes spécifiques de leur économie. Plus récemment, elle a instamment invité les gouvernements emprunteurs à manifester concrètement leur engagement à réduire la pauvreté dans leur pays. À l'exception de l'IDA (financée par des dons), les ressources de la Banque mondiale proviennent des obligations qu'elle émet sur les marchés des capitaux. Ces obligations sont garanties par les gouvernements des pays membres (voir le site suivant : www.banquemondiale.org).

solue à l'**endiguement** de l'Union soviétique. Craignant l'essor du communisme dans une Europe ravagée par la guerre, les États-Unis se sont donné un rôle beaucoup plus direct que prévu dans la reconstruction de l'Europe et dans la gestion de l'économie mondiale. Ils ont annoncé dès 1947 la mise en œuvre du plan Marshall, qui allait apporter une aide financière massive à l'Europe et permettre à Washington d'en déterminer les conditions afférentes. L'étalon-or qui avait été convenu a été remplacé par l'étalon-dollar, que les États-Unis ont géré eux-mêmes, en garantissant le dollar par l'or. Sans surprise, lorsque le FMI, la Banque mondiale et le GATT sont entrés en fonction dans les années 1950, ils représentaient déjà distinctement des organisations du bloc de l'Ouest, qui dépendaient étroitement des États-Unis.

L'appui de ce pays au système de Bretton Woods a pris de nouvelles formes lorsque sont apparues des faiblesses dans l'économie américaine. Après 1965, les États-Unis ont accentué leur coûteux engagement militaire au Vietnam et ont également consacré plus de ressources financières à l'enseignement public et aux programmes de réaménagement urbain (les programmes relevant de la Grande Société du président Johnson), le tout sans procéder à aucune hausse d'impôts. L'ampleur des conséquences négatives a été énorme. À mesure que les prix s'élevaient au sein de l'économie nationale, le caractère concurrentiel des biens et services américains sur le marché international s'est amoindri. De même, la confiance dans le dollar américain s'est effritée. Des entreprises et des pays ont tourné le dos au dollar, et la capacité des États-Unis à garantir sa devise par l'or a été remise en question. Entre-temps, d'autres pays de l'économie mondiale amélioraient leur position. Les alliés européens bénéficiaient de la croissance et de l'approfondissement de l'**intégration** économique en Europe. À la fin des années 1960, la mise sur pied de la Communauté économique européenne (CEE) a ouvert aux dirigeants politiques européens une voie leur permettant de s'écarter des positions américaines, au sujet notamment de l'**OTAN**, des exercices militaires et de l'appui donné à l'étalon-or. En Asie, en particulier au Japon et dans des pays nouvellement industrialisés comme la Corée du Sud et Taïwan, le succès phénoménal de la croissance fondée sur les exportations a lancé un nouveau défi à la capacité concurrentielle du commerce américain et a instauré un nouveau cadre pour les négociations commerciales.

Devant ces pressions nouvelles, les États-Unis ont décidé de changer les règles du système monétaire international en 1971. Ils ont alors annoncé leur décision de renoncer à la convertibilité du dollar en or au prix de 35 $ l'once

POUR EN SAVOIR PLUS

Le système de Bretton Woods et son effondrement

En quoi consistait le système de Bretton Woods ?

Lors de la conférence de Bretton Woods, tenue en 1944, il a été convenu que la devise de chaque pays serait fixée à une valeur déterminée. En fin de compte, cette valeur a été établie par rapport au dollar américain, et le gouvernement des États-Unis a promis de convertir tous les dollars en or au taux de 35 $ l'once. En d'autres termes, les taux de change ont été arrimés à un étalon dollar-or. Selon le système de Bretton Woods, tout pays souhaitant modifier la valeur de sa devise devait obtenir l'autorisation du FMI. Il en est résulté des taux de change très stables et constants.

Comment s'est produit l'effondrement du système ?

En août 1971, le gouvernement des États-Unis a abandonné la convertibilité du dollar en or au taux de 35 $ l'once, ce qui a eu pour effet d'éliminer l'étalon or-dollar ; les principales devises se sont alors mises à flotter plutôt que de se maintenir à une valeur fixe. Les États-Unis ont également annoncé, en août 1971, qu'ils haussaient de 10 % les droits d'importation. Le but était de restreindre les importations qui les inondaient afin de redresser la balance commerciale et d'endiguer l'afflux de dollars vers le reste du monde. Ils renonçaient ainsi à l'objectif établi à Bretton Woods qui consistait à poursuivre les échanges commerciaux en période de difficultés économiques.

S'agissait-il là d'un signe de déclin de l'hégémonie américaine ?

Plus d'une dizaine d'années après l'écroulement du système de Bretton Woods, d'éminents chercheurs ont voulu savoir si cet effondrement reflétait un amoindrissement de la puissance américaine ou constituait plutôt une manifestation de cette puissance. Selon certains, cette décision a été l'expression du leadership des États-Unis : le géant hégémonique a écrasé le système de Bretton Woods afin d'accroître sa propre liberté d'action économique et politique (Gowa, 1983). D'autres ont soutenu que les États-Unis avaient perdu leur capacité de préserver ce système, mais qu'un régime pouvait néanmoins se maintenir sans la présence d'une puissance hégémonique (Keohane, 1984). Le débat était fondé sur un désaccord concernant la coopération au sein de l'économie politique internationale : dépendait-elle de la capacité d'un seul État à établir les règles du jeu et à les appliquer, et de sa volonté de le faire, grâce aux pouvoirs qu'il détenait pour abroger ou modifier ces règles ? Ce débat sur la nature de la coopération se poursuit encore aujourd'hui et oppose des analyses rivales au sujet des institutions internationales (voir la dernière section du présent chapitre).

et d'imposer une surtaxe de 10 % sur les droits d'importation. Ils espéraient ainsi améliorer leur balance commerciale, par une diminution des importations qui inondaient les États-Unis à l'époque, et endiguer la sortie massive de dollars vers le reste du monde. Cette décision a fait s'effondrer le système de Bretton Woods (voir l'encadré de la page ci-contre). Or, ce ne fut pas là le seul changement ayant marqué l'économie mondiale durant les années 1970.

C'est justement dans ces années-là qu'a pris abruptement fin la période de croissance soutenue consécutive à la Seconde Guerre mondiale ; cette prospérité a alors cédé sa place à une très forte inflation. La situation s'est encore aggravée avec la première crise du pétrole en 1973, qui a plongé l'économie mondiale dans la stagflation (une combinaison de stagnation économique, ou de faible croissance, et d'inflation élevée). En ce qui a trait au système monétaire, le rôle du FMI a perdu sa raison d'être lorsque le système de Bretton Woods a cessé de fonctionner en 1971 et que les grands pays industrialisés ont été incapables de coordonner leurs politiques de taux de change selon les politiques du FMI. Les principales devises ont alors commencé à flotter et les pays industrialisés ont entamé des discussions entre eux sur les questions monétaires, dans le cadre, notamment, du Groupe des sept (les États-Unis, le Japon, l'Allemagne, le Royaume-Uni, la France, l'Italie et le Canada), l'ancêtre de l'actuel G8, qui s'est réuni pour la première fois en 1975.

Quant au système commercial, la **coopération** n'avait cessé de s'accentuer dans les négociations menées sous l'égide du GATT (voir l'encadré ci-contre). Toutefois, durant les années 1970, les gains enregistrés auparavant grâce à l'abaissement des barrières tarifaires, particulièrement au sein des pays industrialisés, ont été annulés par suite de l'adoption de politiques de néoprotectionnisme. Parmi les pays aux prises avec la stagflation, beaucoup ont dressé de nouveaux types de barrières (dites barrières non tarifaires), surtout pour freiner les nouvelles importations concurrentielles en provenance de pays en développement qui devenaient prospères. L'Accord multifibres, signé en 1973, qui imposait des restrictions à toutes les importations de textiles et de vêtements provenant des pays en développement – ce qui contrevenait de façon flagrante au principe de **nondiscrimination** défini par le GATT –, offre un exemple patent de ce néoprotectionnisme.

Le néoprotectionnisme dans les pays industrialisés a eu pour effet d'alimenter la colère des pays en développement, qui, dans les années 1970, ont lancé une campagne concertée à l'Assemblée générale de l'ONU dans l'intérêt d'un nouvel ordre économique international.

> **POUR EN SAVOIR PLUS**
> ## Le système commercial de l'après-guerre, le GATT et l'OMC
>
> L'Accord général sur les tarifs douaniers et le commerce (GATT) est un traité intérimaire signé en 1947 qui devait préparer le terrain à la mise sur pied d'une organisation commerciale internationale. Cette organisation commerciale permanente n'a été créée qu'en 1994, si bien que le GATT intérimaire s'est maintenu pendant près de 50 ans à titre d'arrangement entre les parties contractantes. Il disposait d'un très petit secrétariat à Genève et d'un budget minuscule. Le GATT était essentiellement un forum de négociations commerciales, qui a connu de nombreux cycles de pourparlers ayant abouti au très fructueux cycle Kennedy de 1964 à 1967, qui a entraîné un abaissement des barrières commerciales pour les pays industrialisés. Toutefois, lorsque le protectionnisme a eu le vent dans les voiles dans les années 1970, le GATT s'est avéré incapable d'empêcher de puissants pays membres, comme les États-Unis et des pays européens, de restreindre les échanges commerciaux (par exemple, au moyen de l'Accord multifibres de 1973, qui limitait les importations de textiles) et d'invoquer abusivement les multiples exceptions et clauses de sauvegarde stipulées dans l'accord. Le GATT a également servi de forum pour le règlement des litiges concernant le respect des règles commerciales. Il s'est montré cependant lent et impuissant à cet égard, car il était assujetti à l'obligation de recueillir un consensus pour toute décision relative aux litiges soumis. Le GATT a été remplacé par l'Organisation mondiale du commerce (OMC) à la suite d'ententes signées lors du dernier cycle de pourparlers du GATT, soit celui de l'Uruguay (1986-1994). Établie le 1er janvier 1995, l'OMC remplit les fonctions suivantes : gérer les accords commerciaux conclus sous son égide, servir de forum aux négociations commerciales, régler les litiges commerciaux, contrôler les politiques commerciales nationales, offrir une aide et une formation techniques aux pays en développement et coopérer avec d'autres organisations internationales. Siégeant à Genève, elle dispose d'un secrétariat qui emploie quelque 500 personnes (voir le site suivant : www.wto.org/indexfr.htm).

La détermination que montraient les pays du Sud pour modifier les règles du jeu a été raffermie par le succès qu'ont remporté les pays en développement membres de l'OPEP, lorsqu'ils ont haussé le prix du pétrole en 1973. Le champ d'action du nouvel ordre économique international englobait le commerce, l'aide, l'investissement, le système financier et monétaire international et la réforme des institutions. Les pays en développement voulaient obtenir une meilleure représentation dans les institutions économiques internationales, un système d'échanges commerciaux plus équitable, une aide au développement accrue, une réglementation de l'investissement étranger, la protection de la **souveraineté** économique et des réformes débouchant sur un système financier et monétaire plus stable et plus juste.

Les années 1970 ont également été le théâtre d'une sorte de **diplomatie des sommets** entre le Nord (les pays industrialisés) et le Sud (les pays en développement). Ces négociations relevaient d'une conception différente de l'économie politique internationale et d'un autre type de réflexion à son sujet. Les pressions exercées par les pays en développement au profit d'une réforme du système économique international s'inscrivaient dans le cadre de la théorie de la dépendance et des théories structuralistes des relations économiques internationales qui mettaient en relief les aspects négatifs de l'**interdépendance**. Plus précisément, les tenants de ces théories tentaient de cerner les éléments de l'économie et des institutions internationales qui entravaient les possibilités de développement dans le Sud. Ils cherchaient d'abord et avant tout à déterminer pourquoi tant de pays au sein de l'économie mondiale demeuraient sous-développés, en dépit des promesses de modernisation et de croissance globale. La réponse officielle la plus positive que le Nord ait donnée à cette question a été formulée dans le rapport Brandt publié en 1980. Ce document était issu des travaux d'un groupe de hauts dirigeants politiques qui avaient été chargés d'étudier pourquoi et comment la communauté internationale devait relever les défis de l'interdépendance et du développement.

La campagne pour un nouvel ordre économique international a toutefois été un échec, et ce, pour plusieurs raisons. L'Assemblée générale de l'ONU constituait clairement une instance appropriée devant laquelle les pays en développement pouvaient défendre leur cause puisque, contrairement au FMI et à la Banque mondiale, chaque pays y possède un droit de vote. Cependant, l'Assemblée générale n'a aucun pouvoir de mettre en œuvre les mesures préconisées par les pays en développement. De plus, si de nombreux pays industrialisés étaient favorables à la cause des pays revendicateurs durant les années 1970, leur gouvernement n'a pas agi concrètement en ce sens. Puis, au cours des années 1980, des gouvernements nettement moins bien disposés envers les pays en développement ont accédé au pouvoir aux États-Unis, au Royaume-Uni et en Allemagne de l'Ouest.

Les années 1980 se sont amorcées par un virage de la politique économique américaine. En 1979, la réserve fédérale des États-Unis a fortement haussé ses taux d'intérêt dans le but d'enrayer l'inflation au moyen d'une contraction de l'activité économique au pays. Les répercussions sur le reste de l'économie mondiale ont toutefois été immédiates et massives. Durant les années 1960 et 1970, les politiques américaines et européennes avaient facilité la croissance rapide des marchés financiers globaux et des flux financiers. Dans les années 1970, ces flux se sont encore enrichis par suite des investissements des pays producteurs de pétrole, qui cherchaient des voies pour canaliser les énormes profits tirés de la hausse des prix du pétrole en 1973. Ces fonds ont été acheminés vers les gouvernements des pays en développement qui se voyaient offrir des prêts à des taux irrésistibles. L'augmentation des taux d'intérêt survenue en 1979 a abruptement réveillé tant les emprunteurs que les prêteurs (dont beaucoup de banques américaines), qui ont soudainement compris que bon nombre des prêts consentis ne pourraient pas être remboursés. Le FMI a immédiatement été prié d'intervenir pour empêcher tout pays en développement d'en arriver à devoir cesser le remboursement de ces prêts, car on craignait alors qu'une telle situation ne déclenche une crise financière globale.

Cette crise de la dette a modifié le rôle du FMI dans l'économie mondiale : cette institution devait désormais s'assurer que les pays endettés procèdent à un ajustement structurel de leur économie respective. Un tel ajustement comprend des mesures immédiates visant à réduire l'inflation, les dépenses gouvernementales et le rôle de l'État dans l'économie, y compris la libéralisation du commerce, diverses privatisations et une **déréglementation**. Ces politiques néolibérales contrastaient fortement avec la position keynésienne qui avait prévalu jusque dans les années 1980, soit durant les décennies de croissance de l'économie mondiale. Les keynésiens (les partisans des thèses de l'économiste John Maynard Keynes) croient que les gouvernements doivent jouer un rôle actif et interventionniste dans l'économie afin d'assurer à la fois la croissance et l'équité. Par contre, le néolibéralisme s'efforçait d'amoindrir la taille de l'État et le rôle du gouvernement et de laisser aux marchés les décisions à prendre concernant la production et la répartition des richesses dans l'économie. À la fin des années 1980, on employait l'expression **consensus de Washington**, parfois d'une façon péjorative, pour laisser entendre que les politiques néolibérales reflétaient surtout les intérêts américains.

Les années 1990 ont apporté la fin de la guerre froide et un nouveau défi à relever : l'intégration des pays de l'Europe centrale et orientale ainsi que de l'ex-Union soviétique dans l'économie globale. Le FMI et la Banque mondiale se sont profondément engagés en ce sens.

Les deux organisations ont alors adopté une conception plus large et plus détaillée de la conditionnalité en vue de promouvoir la bonne gouvernance dans les pays membres. Beaucoup ont jugé toutefois que la conditionnalité a été exagérée lorsque, dans le sillage de la crise financière asiatique en 1997, le FMI a imposé des conditions à long terme trop draconiennes à des pays comme la Corée du Sud. Le résultat a pris la forme, durant les années subséquentes, d'un déclin du rôle prêteur du FMI dans la plupart des économies de marché émergentes. Pendant ce temps, la Banque mondiale s'est efforcée d'attirer davantage les regards sur elle par l'amélioration de ses relations avec les gouvernements et les **organisations non gouvernementales**. Sa légitimité semblait moins contestée. En même temps, la nouvelle Organisation mondiale du commerce, entrée en fonction en 1995, a tenu un forum sur un large éventail de négociations internationales, qui comprenaient non seulement les traditionnelles questions commerciales, mais aussi les **droits de propriété intellectuelle**, les mesures d'investissements liées au commerce et les normes de sécurité alimentaire.

Une inflexion de la puissance économique globale s'est manifestée durant la première décennie du XXIᵉ siècle. En septembre 2003, lors de négociations commerciales globales tenues au Mexique, un groupe de vingt pays – dont le Brésil, l'Afrique du Sud, l'Inde et la Chine – a résisté aux propositions en matière de libéralisation économique des États-Unis et de l'Union européenne ; ce groupe a aussi refusé de s'engager, à moins que certaines de ses demandes ne soient satisfaites. Au FMI et à la Banque mondiale, une modification du poids des votes a été consentie en 2006 en faveur de la Chine, du Mexique, de la Turquie et de la Corée du Sud. Peu croyaient toutefois que cela suffirait pour que ces pays s'engagent pleinement au sein de ces deux organisations. Plusieurs pays émergents, dont la Chine en premier lieu, sont devenus des donateurs à proprement parler. Par ailleurs, la croissance de la consommation d'énergie dans le monde a fait augmenter la puissance des pays qui offrent des ressources énergétiques, comme le Venezuela, où la rhétorique tiers-mondiste a atteint une ampleur jamais vue depuis les années 1970. Entre-temps, dans la plupart des pays industrialisés, des appels pour favoriser des efforts supplémentaires visant à réduire les émissions de gaz à effet de serre, responsables du réchauffement climatique, ont été lancés avec une vigueur renouvelée. Selon les chercheurs en relations internationales, le XXIᵉ siècle a fait surgir d'importantes questions sur la façon dont les institutions internationales pourraient contribuer non seulement à relever les nouveaux défis dans l'économie globale, mais aussi à négocier le virage qui s'amorce en matière de répartition de la puissance entre les États membres des institutions existantes dont le fonctionnement est assuré par ces mêmes États.

À RETENIR

- Dès la fin de la Seconde Guerre mondiale, des institutions internationales ont été mises sur pied afin de faciliter la coopération dans l'économie mondiale.

- Le début de la guerre froide a mis en veilleuse ces institutions, lorsque les États-Unis ont décidé de gérer directement la reconstruction de l'Europe et le fonctionnement du système monétaire international fondé sur le dollar américain.

- Le système de taux de change et de flux de capitaux issu des accords de Bretton Woods est demeuré en vigueur jusqu'à son effondrement en 1971, lorsque les États-Unis ont annoncé que le dollar ne serait plus convertible en or.

- Les années 1970 ont été marquées par un manque de coopération économique internationale entre les pays industrialisés, qui ont laissé flotter leur taux de change respectif et ont appliqué de nouvelles formes de protectionnisme commercial.

- L'insatisfaction des pays en développement envers le système international a atteint un sommet durant les années 1970, lorsqu'ils ont fait campagne, sans succès, pour l'instauration d'un nouvel ordre économique international.

- Les négociations commerciales ont été élargies afin d'inclure un grand nombre de nouvelles questions, mais les économies émergentes ont alors manifesté leur résistance à cet égard.

- À partir de 2007, on a observé un rééquilibrage des puissances au sein de l'économie globale, alors que des économies émergentes, comme la Chine et l'Inde, ont commencé à jouer un rôle plus important dans les négociations en matière de commerce, de finances et d'aide au développement.

LES CONCEPTIONS TRADITIONNELLES ET MODERNES DE L'ÉCONOMIE POLITIQUE INTERNATIONALE

Les conceptions traditionnelles de l'économie politique internationale

Une manière quelque peu ancienne de décrire les différentes conceptions de l'économie politique internationale consiste à distinguer les perspectives libérale, mercantiliste et marxiste. De telles dénominations qualifient bien, encore aujourd'hui, différentes traditions économiques, dont chacune offre une vision morale et analytique particulière des relations économiques globales (voir l'encadré «Pour en savoir plus», page ci-contre).

La tradition libérale

La tradition libérale est axée sur le libre marché et souligne que le rôle des échanges volontaires et des marchés est à la fois efficace et moralement souhaitable. Elle s'appuie sur la prémisse selon laquelle le libre-échange et la libre circulation du capital garantissent que les investissements sont dirigés là où ils sont le plus rentables, par exemple, vers les régions sous-développées où des rendements maximaux sont possibles. Le libre-échange revêt une importance cruciale, car il permet aux pays de tirer parti de leur avantage comparatif respectif. En d'autres termes, chaque pays peut exploiter ses propres ressources, richesses et avantages naturels et profiter de sa spécialisation. Le bon fonctionnement des rouages de l'économie est assuré par des devises librement échangeables et des marchés ouverts; ensemble, ceux-ci forment un système global de prix qui, comme une main invisible, assure une répartition efficace et équitable des biens et services au sein de l'économie mondiale. L'ordre dans cette économie est assez minimal. Le rôle optimal des gouvernements et des institutions consiste à encourager le fonctionnement harmonieux et relativement libre des marchés. Dans ce système mondial, les tenants de cette approche tiennent pour acquis que les gouvernements disposent d'un large éventail de choix, à l'instar des possibilités qu'ils ont par rapport à leur propre population. Il s'ensuit que si un gouvernement n'applique pas une bonne politique économique, c'est parce que ses dirigeants politiques sont trop corrompus ou trop peu conscients des choix économiques adéquats qu'ils pourraient faire.

La tradition mercantiliste

La tradition mercantiliste offre un contraste frappant avec la tradition libérale. Les mercantilistes partagent les thèses des **réalistes** en matière de relations internationales. Ils ne tournent pas leur attention vers les dirigeants politiques eux-mêmes et leurs choix politiques, mais considèrent plutôt que l'économie mondiale est un lieu de concurrence entre des États qui cherchent à maximiser leur force et leur puissance relatives respectives. Décrit en termes simples, le **système international** est comparable à une jungle où chaque État doit faire son possible pour survivre et doit donc avoir pour objectif de tirer le meilleur parti de sa richesse et de son indépendance. Pour ce faire, les États assureront leur autosuffisance industrielle pour les produits stratégiques de base et auront recours au protectionnisme commercial (barrières tarifaires et autres limites imposées aux importations et aux exportations), au versement de subventions et à des investissements sélectifs dans l'économie nationale. De toute évidence, certains États auront une puissance et des capacités supérieures à celles d'autres États dans un tel système. Les États les plus puissants définissent les règles et les limites du système, au moyen de l'**hégémonie**, d'alliances et de divers **équilibres des puissances**. En fait, la stabilité et l'ordre ne s'instituent que lorsqu'un État peut jouer le rôle de puissance hégémonique, c'est-à-dire qu'il peut et veut établir des règles de base, les préserver et les appliquer. Dans un tel cadre, les politiques économiques de tout État seront toujours assujetties à ses efforts pour assurer sa souveraineté à l'intérieur et à l'extérieur de ses frontières.

La tradition marxiste

La tradition marxiste estime aussi que l'économie mondiale est un lieu de concurrence, mais pas entre les États. Le **capitalisme** est la force motrice de cette économie. En termes marxistes, cela signifie que les relations économiques mondiales doivent être conçues dans la perspective d'une lutte entre les oppresseurs et les opprimés. Les oppresseurs ou les capitalistes sont les propriétaires des **moyens de production** (le commerce et l'industrie). Les opprimés sont ceux qui appartiennent à la classe ouvrière. La lutte entre ces deux groupes découle du fait que les capitalistes s'efforcent d'augmenter leurs profits en accentuant toujours l'exploitation de la classe ouvrière. En relations internationales, cette description des rapports de classe au sein d'un système capitaliste s'est appliquée aux relations entre le centre (les pays industrialisés) et la périphérie (les pays en développement) ainsi qu'aux échanges inégaux entre les deux. Les théoriciens de la dépendance (qui se sont surtout concentrés sur l'Amérique latine) décrivent les façons dont les classes et les groupes sociaux du centre sont liés à la périphérie. Le sous-développement et la pauvreté qui sévissent de manière aussi répandue résultent des structures économiques, sociales et politiques présentes dans des pays ayant subi les conséquences profondes de leurs relations économiques internationales. L'ordre capitaliste global dans lequel ces sociétés ont émergé reflète, après tout, les intérêts des propriétaires des moyens de production.

Lorsqu'on compare les discours de ces courants de pensée traditionnels sur les relations économiques in-

Les conceptions traditionnelles de l'économie politique internationale

La conception libérale

L'économie mondiale a la capacité d'être un marché global unifié où le libre-échange et la libre circulation du capital orientent les politiques des gouvernements et des acteurs économiques. L'ordre est assuré par l'action de la main invisible de la concurrence sur le marché global.

La conception mercantiliste

En tant qu'arène de la concurrence interétatique, l'économie mondiale est le lieu où les États s'efforcent de maximiser leur richesse et leur indépendance envers les autres États. L'ordre ne s'établit que là où prévaut un équilibre des puissances ou une hégémonie.

La conception marxiste

L'économie mondiale est vue comme une arène de concurrence capitaliste où les classes sociales (les capitalistes et les travailleurs) et les groupes sociaux luttent constamment. Les capitalistes (et les États où ils se situent) sont motivés par la recherche de profits, et l'ordre ne s'établit que là où ils parviennent à obtenir la soumission de tous les autres.

ternationales, il devient clair que chacun met l'accent sur différents acteurs et forces motrices de l'économie mondiale et entretient une conception distincte de ce qu'est l'ordre et de ce qui est nécessaire pour l'instaurer. Cette comparaison de perspectives fait également ressortir trois niveaux d'analyse différents : la structure du système international (qu'il s'agisse du capitalisme international ou des rapports de pouvoir entre les États du système), la nature d'un gouvernement particulier ou la rivalité entre ses institutions, et le rôle des groupes d'intérêts et des forces sociales au sein d'un pays. Pour chacun de ces niveaux d'analyse, il faut poser les questions suivantes : quelles motivations animent les acteurs concernés ? Comment peut-on expliquer leurs préférences, leurs actions et les conséquences qui en découlent ? Les réponses à ces questions font appel à d'autres préoccupations méthodologiques, qui divisent aujourd'hui les théoriciens de l'économie politique internationale.

Les nouvelles conceptions de l'économie politique internationale

L'économie politique internationale est divisée par les différents facteurs normatifs et les questions analytiques que prônent les courants de pensée traditionnels.

Aujourd'hui, pareillement, la discipline fait l'objet d'un débat méthodologique animé sur la manière dont les chercheurs pourraient expliquer de façon optimale les politiques et leurs résultats dans l'économie politique internationale (voir l'encadré « Pour en savoir plus » à la page 262. L'essentiel des discussions porte sur la possibilité ou non de déterminer les préférences et les intérêts des États (et des autres acteurs). S'il est possible de les définir, alors les conceptions de l'économie politique internationale fondées sur l'analyse des choix rationnels (ou « néo-utilitariennes ») sont utiles. Toutefois, si à cela s'ajoute la question de savoir pourquoi et comment les États et les autres acteurs en viennent à développer ces préférences, il faut plutôt s'orienter vers des conceptions qui sont souvent associées aujourd'hui au constructivisme (voir le chapitre 9).

L'économie politique : l'application aux groupes dans l'État de la conception fondée sur la théorie des choix rationnels

Aux États-Unis, l'étude de l'économie politique internationale est maintenant dominée par la conception fondée sur la théorie des choix rationnels, dite néo-utilitariste, qui emprunte des concepts économiques pour expliquer des faits politiques. Plutôt que de se pencher sur les idées, les personnalités, les idéologies ou les traditions historiques des politiques et des organisations, la conception fondée sur la théorie des choix rationnels se concentre sur la structure d'incitation devant laquelle se trouvent les dirigeants. Les tenants de cette perspective tiennent pour acquis que les préférences et les intérêts des acteurs sont connus ou établis et que les acteurs peuvent faire des choix stratégiques quant à la meilleure façon de favoriser leurs intérêts. L'expression « choix rationnel » décrit bien cette conception, car celle-ci sous-entend que, même si une politique spécifique peut paraître stupide ou erronée, elle peut très bien être le fruit d'une décision rationnelle. « Rationnel » signifie ici que, pour l'acteur ou le groupe concerné, il s'agit du choix optimal, compte tenu des incitations particulières ainsi que des contraintes et des possibilités organisationnelles qui existaient au moment de prendre la décision (voir le chapitre 7).

La théorie des choix rationnels a été appliquée aux groupes d'intérêts et à leur influence sur l'économie politique internationale dans ce qui a été considéré comme une approche fondée sur l'économie politique, découlant d'analyses de politiques commerciales axées sur les groupes d'intérêts. Des applications plus récentes expliquent pourquoi les pays s'adaptent de façon spécifique aux changements qui se produisent dans l'économie mondiale. La théorie part de l'hypothèse que les gouvernements et leurs politiques sont importants, mais que les politiques et les préférences des gouvernements reflètent les actions de certains groupes d'intérêts dans l'économie. Ces groupes peuvent se former sur la base de facteurs de classe ou de secteur. En fait, les prémisses de la conception fondée sur la théorie des choix rationnels servent à expliquer la façon dont émergent des groupes particuliers au sein de l'économie, d'une part, et la nature des objectifs et des politiques qu'ils privilégient, d'autre part. En outre, cette conception offre un cadre permettant de comprendre les origines des coalitions que forgent ces groupes et leurs interactions avec d'autres organisations. Par exemple, pour expliquer la raison pour laquelle les banques ont pu exposer la population à de tels risques en ayant recours au crédit de manière excessive, certains chercheurs soulignent les méthodes employées par le secteur financier pour contourner le système de réglementation. Le secteur financier privé détenait davantage d'information et beaucoup plus de ressources et de moyens de pression que d'autres intervenants concernés. De plus, les législateurs étaient peu enclins, pour des motifs institutionnels ou personnels, à faire appliquer la réglementation en vigueur (Mattli et Woods, 2009).

POUR EN SAVOIR PLUS

Quelques exemples de conceptions modernes de l'économie politique internationale

La conception institutionnaliste

Les institutionnalistes considèrent l'économie mondiale comme un espace de coopération interétatique. Ils estiment, d'une part, que les principaux acteurs sont les gouvernements et les organisations auxquelles ils délèguent un certain pouvoir et, d'autre part, que les forces motrices essentielles résident dans les choix rationnels qu'effectuent les États en fonction des gains potentiels à tirer de la coopération. Selon les institutionnalistes, l'ordre résulte d'abord de la présence d'organisations internationales permettant la poursuite de la coopération.

La conception fondée sur l'économie politique

Selon les tenants de cette conception, l'économie mondiale se caractérise par la rivalité entre des intérêts bien établis dans différents types d'États, et les principaux acteurs sont des groupes d'intérêts formés au sein des économies nationales. En procédant à des choix rationnels pour répondre aux changements qui se produisent dans l'économie internationale, ces groupes donnent lieu à une force motrice essentielle. Les tenants de cette conception ne proposent aucune théorie sur les conditions nécessaires pour assurer un ordre international.

Constructivisme et néogramscianisme

Les constructivistes mettent l'accent sur les idées, le savoir et les circonstances historiques qui forgent l'identité et les préférences dans l'économie mondiale, de même que sur les limites qui circonscrivent les relations économiques internationales. Ceux qui étudient les intérêts et les idées qui s'incarnent dans les règles et les normes du système utilisent le concept d'**hégémonie**. Les néogramsciens soutiennent que la puissance dominante au sein du système atteindra ses objectifs non seulement en recourant à la coercition, mais aussi en s'assurant le consentement d'autres acteurs dans le système. À cette fin, les puissances dominantes vont fonder des institutions et promouvoir des idéologies et des idées qui aideront à convaincre d'autres acteurs que leurs intérêts et les leurs convergent.

L'institutionnalisme : l'application aux États de la conception fondée sur la théorie des choix rationnels

Une application différente de la conception fondée sur la théorie des choix rationnels se trouve dans l'approche institutionnaliste de l'économie politique internationale. Les partisans de ce courant de pensée appliquent aux États, dans leurs interactions avec d'autres États, les prémisses de la conception fondée sur la théorie des choix rationnels. En s'appuyant sur les théories de la délégation et de l'agence, cette approche offre une explication de la raison d'être des organisations et de leurs objectifs. Ses tenants postulent essentiellement que les États créent des organisations internationales et leur délèguent un certain pouvoir afin de maximiser l'utilité, eu égard aux contraintes de la politique et des marchés mondiaux. Le tout se résume fréquemment à la nécessité de résoudre des problèmes liés à l'action collective. Par exemple, les États se rendent compte qu'ils ne peuvent atteindre leurs objectifs, dans des domaines comme le commerce ou l'environnement, à moins que tous les autres États n'adoptent un ensemble de mesures particulier. Des organisations sont alors mises sur pied afin de prévenir toute défection et tout resquillage ; ainsi, l'objectif collectif est atteint.

Le constructivisme et le néogramscianisme

Contrairement à la conception fondée sur la théorie des choix rationnels, d'autres perspectives sur l'économie politique internationale considèrent que les politiques au sein de l'économie mondiale sont influencées par des facteurs historiques et sociologiques. Leurs adeptes

accordent beaucoup plus d'attention aux façons dont les acteurs formulent leurs préférences, ainsi qu'aux processus menant à la prise de décisions et à leur mise en œuvre. En d'autres termes, au lieu de tenir pour acquis que les préférences d'un État ou d'un dirigeant politique reflètent des choix rationnels faits à la lumière de possibilités et de contraintes données, les analystes adhérant à une conception plus large de l'économie politique internationale examinent les croyances, les rôles, les traditions, les idéologies et les structures d'**influence** qui orientent les préférences, les comportements et les résultats.

Les intérêts, les actions et les comportements dans l'économie mondiale se déploient au sein d'une structure d'idées, de culture et de savoir. On ne peut simplement supposer que les préférences des acteurs de ce système traduisent objectivement des intérêts concurrents définissables. En fait, la façon dont les acteurs comprennent leurs propres préférences est étroitement liée aux croyances et aux modes de pensée qui prévalent dans l'économie mondiale, dont beaucoup s'incarnent dans des organisations. Il en découle une question importante : qui sont ceux dont les intérêts et les idées sont cristallisés dans les règles et les normes du système ?

Certains répondent à cette question en évoquant l'hégémonie. La puissance dominante dans le système atteindra ses objectifs non seulement par la coercition, mais aussi par l'obtention du consentement d'autres acteurs présents dans ce système. Pour y parvenir, la puissance dominante met en avant des organisations, des idéologies et des idées qui servent à persuader d'autres acteurs que leurs intérêts et les siens convergent. Les néogramsciens estiment, par exemple, que la domination du néolibéralisme depuis les années 1980 reflète les intérêts des États-Unis dans l'économie globale. Ces intérêts se projettent efficacement par l'entremise de structures du savoir (le néolibéralisme est devenu le paradigme dominant dans les programmes de recherche des plus grandes universités), d'organisations (comme le FMI, qui est un partisan acharné de politiques néolibérales contraignantes) ainsi que d'interprétations et de croyances culturelles plus répandues (le discours même du libre marché offre un vif contraste avec l'existence de régimes répressifs ou autoritaires).

Les nouvelles conceptions de l'économie politique internationale mettent en relief le vigoureux débat qui est en cours sur la question suivante : les intérêts et les préférences des États sont-ils donnés, voire permanents ? Nous reviendrons sur cette question dans la dernière section, qui traite tant des raisons pour lesquelles les États créent des organisations que du rôle que ces organisations pourraient jouer dans la gestion de la globalisation. Tout d'abord, il faut définir la nature de la globalisation et ses répercussions sur l'économie mondiale.

À RETENIR

- Selon la conception fondée sur la théorie des choix rationnels, la situation qui prévaut en économie politique internationale résulte des choix des acteurs qui sont toujours censés viser la maximisation de la puissance ou de l'utilité, compte tenu des contraintes organisationnelles et des incitations particulières données.

- Les institutionnalistes appliquent aux États, dans leurs interactions avec d'autres États, les conceptions fondées sur la théorie des choix rationnels afin d'expliquer la coopération internationale dans les affaires économiques.

- Les conceptions constructivistes accordent plus d'attention à la façon dont les gouvernements, les États et d'autres acteurs établissent leurs préférences. À cet égard, leurs tenants soulignent plus particulièrement le rôle des identités, des croyances, des traditions et des valeurs.

- Les néogramsciens affirment que les acteurs définissent et favorisent leurs intérêts au sein d'une structure d'idées, de culture et de savoir, qui est elle-même façonnée par les puissances hégémoniques.

LE DÉBAT SUR LA GLOBALISATION DU POINT DE VUE DE L'ÉCONOMIE POLITIQUE INTERNATIONALE

La nature et les incidences de la globalisation font l'objet d'un débat de fond en économie politique internationale (comme, d'ailleurs, dans d'autres domaines des relations internationales qui sont analysés dans le présent ouvrage). Le terme « globalisation » renvoie à au moins quatre ensembles de forces ou de dynamiques qui sont à l'œuvre dans l'économie mondiale (voir l'encadré « Pour en savoir plus à la page 264). L'**internationalisation** désigne l'augmentation des transactions économiques transfrontalières qui s'observe depuis le début du siècle dernier, mais qui, selon certains, a fait un bond prodigieux depuis quelques dizaines d'années. La **révolution technologique** évoque l'incidence des nouveaux moyens de communication électroniques qui permettent aux entreprises et à d'autres acteurs de déployer leurs activités à l'échelle mondiale, sans avoir à se préoccuper tellement des questions d'emplacement, de distance et de frontières. La révolution technologique a pour effet d'accélérer la **déterritorialisation**, c'est-à-dire la diminution de l'influence que les distances, les frontières et les emplacements territoriaux exercent sur la façon dont les citoyens s'identifient collectivement, agissent et s'efforcent d'obtenir une représentation ou une reconnaissance politiques. Enfin, la libéralisation renvoie aux politiques que les États ont mises en œuvre et qui ont rendu possible une nouvelle économie globale. Elle comprend les règles et les organisations qu'ont établies les États puissants pour faciliter le passage à une nouvelle échelle d'activités économiques transnationales dans certains secteurs (mais pas dans tous) de l'économie mondiale, incluant la libéralisation du commerce, de l'investissement et de la production.

POUR EN SAVOIR PLUS

Quatre aspects de la globalisation

- L'**internationalisation** désigne la hausse des transactions entre les États, que traduisent les flux d'échanges commerciaux, d'investissements et de capitaux (certains affirment que ces flux n'ont pas augmenté autant qu'on le prétend : voir PNUD, 1997). Les mécanismes de l'internationalisation ont été facilités et sont aussi orientés par les accords interétatiques sur le commerce, les investissements et les capitaux, ainsi que par des politiques nationales permettant au secteur privé de transiger à l'étranger.

- La **révolution technologique** renvoie au fait que les communications modernes (Internet, satellites de communications, ordinateurs puissants), fruits des progrès technologiques récents, ont diminué l'importance que des facteurs, comme la distance et l'emplacement, revêtaient autrefois, non seulement pour les gouvernements (y compris aux niveaux régional et local), mais également pour d'autres acteurs, dont les entreprises (dans le choix de leurs investissements) et les **mouvements sociaux** (dans la réalisation de leurs activités).

- La **déterritorialisation**, qu'a accélérée la révolution technologique, évoque la diminution de l'influence que l'emplacement territorial, la distance et les frontières exercent sur la façon dont les collectivités s'identifient elles-mêmes ou recherchent une reconnaissance politique. Il en résulte une expansion de la société civile globale, et aussi des réseaux terroristes ou criminels globaux.

- La **libéralisation** décrit des politiques gouvernementales qui restreignent le rôle de l'État dans l'économie, entre autres par le démantèlement des barrières commerciales et des tarifs douaniers, par la déréglementation du secteur financier et son ouverture aux investisseurs étrangers et par la privatisation des sociétés d'État.

En économie politique internationale, plusieurs affirmations rivales ont été formulées au sujet de la globalisation. Alors que certains chercheurs soutiennent que cette dernière n'a rien de nouveau, d'autres estiment qu'elle amoindrit fortement le rôle de l'État (voir le chapitre 1). D'autres encore croient qu'elle accentue les inégalités et ouvre la voie à un monde plus injuste. Pour bien comprendre ces différentes thèses et les faits invoqués à leur appui, il est utile de faire appel aux conceptions de l'économie politique internationale décrites dans les sections précédentes, car elles résument les principales différences argumentatives donnant lieu à des interprétations conflictuelles de la globalisation. Par exemple, les sceptiques qui nient que cette dynamique transforme la politique mondiale mettent généralement l'accent sur la dimension d'internationalisation de la globalisation. Ils peuvent ensuite exposer des faits qui remettent en cause l'affirmation selon laquelle le nombre des transactions entre les États a augmenté (PNUD, 1997), et ainsi soutenir qu'il n'y a rien de nouveau dans l'interdépendance croissante des États. Par contre, les partisans libéraux enthousiastes de la globalisation insistent sur les innovations technologiques et les forces objectives non politiques qui rapprochent les composantes de l'économie mondiale. Ils estiment qu'il en résulte un ordre mondial moins politique, plus efficace et plus unifié. Ceux qui mettent en évidence la déterritorialisation soulignent que la globalisation a néanmoins des effets négatifs. Si les innovations technologiques rendent possible une société civile globale plus active, elles favorisent aussi la croissance d'une société incivile : les réseaux terroristes et criminels transnationaux étendent facilement leurs activités grâce à elles et sont plus difficiles à combattre à l'ère de la globalisation. Ainsi, en donnant plutôt la priorité au rôle que jouent les États puissants dans l'orientation de cette dynamique, les opposants aux libéraux freinent l'enthousiasme de ces derniers. Plusieurs analystes qui traitent de la libéralisation soulignent la capacité des États puissants à définir les règles de la nouvelle économie internationale globalisée, ainsi qu'à influencer de plus en plus les États moins puissants. La crise de 2008-2009 a toutefois montré l'existence de certaines limites à cet égard. Ce sont les États-Unis, les plus grands créanciers du monde à l'époque de l'après-guerre, qui ont créé en 1945 l'ordre et les institutions économiques internationales contemporains. Ils avaient beaucoup à gagner de la libéralisation de la finance mondiale et du commerce dans certains secteurs. Pourtant, ils étaient devenus en 2008 les plus grands débiteurs au monde. Il aura fallu tenir compte des économies émergentes telles que la Chine, le Brésil et l'Inde dans l'adoption d'une solution commune. Le gouvernement intervient davantage dans l'économie de ces pays qu'aux États-Unis. Par ailleurs, à mesure que vont se multiplier les secteurs touchés par l'internationalisation de l'économie de ces pays, ceux-ci vont se montrer plus intéressés par la libéralisation mondiale.

LES ORGANISATIONS INTERNATIONALES DANS L'ÉCONOMIE MONDIALE GLOBALISANTE

En plus d'accentuer l'interdépendance des États, la globalisation accroît aussi la nécessité des États de se coordonner entre eux. Les crises financières des années 1990, notamment en Asie du Sud-Est, ont amené certains

ÉTUDE DE CAS

La crise financière internationale en 2008-2009

En septembre 2008, une grande banque d'affaires américaine, Lehman Brothers, a fait faillite, ce qui a déclenché une crise financière majeure. Le même mois, le gouvernement des États-Unis a rapidement été obligé d'aller à la rescousse de la plus grande compagnie d'assurance américaine, American International Group (AIG), pendant que le gouvernement britannique et d'autres gouvernements européen intervenaient pour sauvegarder d'autres établissements financiers. Un an plus tard, on a estimé à 11 900 milliards de dollars américains les coûts totaux des opérations de sauvetage consécutives à la crise, tandis que, au quatrième trimestre de 2008, les pays industrialisés ont subi un recul économique sans précédent de 7,5 %.

Dans les riches pays industrialisés, la crise financière a révélé l'existence de failles dans la gestion des entreprises, au sein des agences de notation et en matière de réglementation. En raison de la mauvaise gestion d'entreprise, des fournisseurs de services financiers ont pris des risques excessifs. L'offre de primes mal conçues, sous forme de salaires et de bonis, a encouragé la prise de risques à court terme. Les agences de notation qui auraient dû signaler les fragilités perçues dans certains établissements financiers étaient peu incitées à le faire. Ce que la crise financière a surtout rendu visible, c'est l'énorme et coûteuse garantie implicite que les États accordaient aux entreprises de services financiers parce

qu'ils estimaient qu'elles étaient tout simplement trop grosses pour faire faillite.

Dans les pays en développement plus pauvres, la crise a provoqué ce que le FMI et la Banque mondiale ont décrit en 2009 comme une « situation d'urgence en matière de développement ». Les échanges commerciaux ont chuté parce que la demande des pays riches s'est contractée, et même lorsque l'économie mondiale s'est redressée en 2010, le FMI a néanmoins prédit une nouvelle chute de 16 % des exportations de biens et services de la part des pays à faible revenu. Les travailleurs occupant un emploi dans un pays étranger ont brusquement diminué l'envoi de fonds dans leur pays d'origine et l'ont réduit de 10 % de plus en 2010. Les flux d'investissements directs à l'étranger se sont taris. Les montants consacrés à l'aide

au développement sont devenus encore moins prévisibles et n'ont jamais été à la hauteur des engagements des pays donateurs. En somme, la crise a démontré que la participation des pays en développement à une économie mondiale interdépendante est très risquée pour eux en raison de l'absence de réglementation de la finance mondiale, un secteur d'activité duquel la plupart de ces pays ne bénéficient pour ainsi dire pas.

Les dirigeants politiques à l'échelle tant nationale qu'internationale ont convenu de la primauté des pouvoirs publics pour imposer une réglementation restreignant la prise de risques excessifs. Ils se sont également entendus pour dire que les organismes nationaux de réglementation doivent harmoniser leurs politiques afin d'instaurer une stabilité financière mondiale.

dirigeants politiques à réclamer des organisations internationales plus fortes et plus efficaces pour qu'elles aient les moyens de diffuser une meilleure information, de procéder à une surveillance plus serrée, de pratiquer une coopération plus étendue et de renforcer la réglementation dans l'économie mondiale. En même temps, toutefois, d'autres voix ont affirmé que la crise avait dévoilé les problèmes et les défauts des organisations internationales existantes ainsi que les partis pris et les intérêts qu'elles reflètent. Ces diverses positions font écho à un débat plus vaste, en économie politique internationale, au sujet de la nature et de l'incidence des organisations dans l'économie mondiale. Cet important débat peut contribuer à définir le rôle que les organisations internationales pourraient jouer dans la gestion des problèmes et des défis nouveaux qui découlent de la globalisation.

Les points de vue rivaux sur les organisations révèlent les différences entre les conceptions de l'économie politique internationale que nous avons examinées. Les institutionnalistes (ou les institutionnalistes néolibéraux évoqués au chapitre 7) affirment que les États créent des organisations afin de maximiser leurs gains au moyen de la coopération et de la **coordination** des politiques. Plusieurs conditions préalables doivent toutefois être réunies à cette fin. Les institutionnalistes soutiennent que les États acceptent, à certaines conditions, de respecter diverses règles, normes ou décisions arrêtées par des **organisations internationales**. Cela ne signifie pas pour autant que les États les plus puissants du système se conforment toujours aux règles en vigueur. En fait, ces organisations influencent la politique internationale de différentes façons : elles proposent de nouvelles raisons de coopérer, permettent aux États de définir leurs intérêts d'une manière plus collégiale et favorisent les négociations entre les États ainsi que le respect des règles et des normes mutuellement convenues.

Les thèses institutionnalistes rendent possible un certain optimisme quant au rôle que les organisations internationales jouent dans la gestion de la globalisation. Ces organisations pallient de nombreux problèmes et échecs dans le fonctionnement des marchés et veillent à ce que les États prennent des décisions véritablement rationnelles et optimales en matière de coopération. La globalisation est gérée par les organisations et les institutions existantes, et de nouvelles organisations vont même probablement apparaître. Une telle gestion de la globalisation fait en sorte que l'économie mondiale s'orientera plus directement vers le modèle libéral et que les États forts au même titre que les États faibles en tireront des avantages. Si les organi-

sations internationales ont souvent été critiquées, c'est parce que les protestataires ne comprennent pas bien les avantages du libre-échange et de la libre circulation du capital dans l'économie mondiale.

Les réalistes (et notamment les **néoréalistes**) sont en désaccord avec les institutionnalistes (voir les chapitres 5 et 7). Ils rejettent l'affirmation selon laquelle les organisations sont mises sur pied pour résoudre des problèmes universels ou remédier aux échecs des marchés. Ils estiment que les institutions et les organisations internationales reflètent toujours les intérêts des États dominants au sein du système. Lorsque ces États souhaitent coordonner leurs politiques avec celles d'autres États, ils créent alors des organisations. Cependant, une fois établies, celles-ci ne transformeront pas (contrairement à ce que disent les institutionnalistes) la façon dont les États définissent et favorisent leurs intérêts. Elles ne demeurent efficaces que dans la mesure où elles n'amoindrissent pas la puissance des États dominants par rapport aux autres États.

Qu'est-ce que cela signifie en pratique ? Prenons le cas d'un État qui doit décider s'il signe un nouvel accord commercial ou s'il appuie la décision qu'a prise une organisation internationale. Les institutionnalistes soutiennent que les dirigeants politiques examineront les **gains absolus** à tirer de l'accord, y compris les gains potentiels à plus long terme, comme la mise au point d'un système de règles plus stable et plus crédible. Par contre, les néoréalistes affirment que les dirigeants politiques se soucieront surtout des **gains relatifs**. En d'autres termes, ces dirigeants vont se poser la question suivante : En tirerons-nous plus de gains que les autres États ? (Plutôt que : En tirerons-nous des gains ?) Si d'autres États sont susceptibles d'obtenir plus de gains, alors les avantages de signer l'accord commercial ne compensent pas la future diminution de la puissance de cet État (voir le chapitre 7).

Selon les réalistes, la coopération et les organisations sont fortement entravées par les calculs sous-jacents au sujet de la puissance. Même après avoir signé un accord ou créé une organisation internationale, un État puissant ne se sentira pas toujours obligé de respecter l'un ou l'autre. En fait, si une telle organisation devait heurter les intérêts (définis selon une optique réaliste) d'un État puissant, celui-ci lui tournerait simplement le dos. En revanche, les conséquences, concernant la globalisation et son influence sur les États faibles, sont assez sombres. Les institutions internationales, y compris des organisations comme le FMI, la Banque mondiale, l'OMC, le G8, le G20 et l'Union européenne, gèrent la globalisation au profit de leurs membres les plus puissants. Elles satisfont les besoins des États plus faibles et favorisent leurs intérêts uniquement si, ce faisant, elles n'affaiblissent pas la position dominante des États puissants. D'un point de vue réaliste, il s'ensuit que les manifestants opposés à la globalisation ont raison de dire que les institutions internationales ne défendent pas les intérêts des pays pauvres et des pays en développement. Les réalistes demeurent néanmoins tout aussi convaincus que les protestations de ces manifestants auront peu d'effets.

Une telle vision des institutions internationales est rejetée non seulement par les institutionnalistes, mais également par ceux qui scrutent l'influence des idées, des convictions et des interactions sur le comportement des États. Comme nous avons déjà traité de la conception néogramscienne, nous allons maintenant examiner la conception constructiviste.

Les **constructivistes** rejettent la notion suivant laquelle les organisations reflètent les calculs rationnels que les États effectuent soit dans le cadre de la rivalité entre les États (selon les réalistes), soit pour déterminer les bienfaits et les avantages économiques à plus long terme de la coopération (selon les institutionnalistes). En fait, les constructivistes nient la possibilité que les intérêts des États soient objectivement définissables et constants. Ils affirment plutôt que les intérêts de tout État sont teintés par son **identité** en tant qu'État ; de plus, ses intérêts tout comme son identité subissent l'influence d'une structure sociale d'interactions, d'idées normatives et de croyances. Un État a une identité ou des intérêts particuliers avant d'avoir des interactions avec d'autres

États ; c'est pourquoi les institutionnalistes ont tort de croire que la mise sur pied d'organisations constitue une réponse rationnelle aux besoins des marchés, du commerce, des milieux financiers, etc. De leur côté, les réalistes ont tort de supposer que les organisations ne sont que des reflets de la politique de puissance. Comme l'a dit Alex Wendt, un constructiviste, l'anarchie est ce que les États en font (1992). Autrement dit, les identités et les intérêts sont plus fluides et plus changeants que ce qu'en pensent les réalistes. Par suite de leurs interactions et de leur discours, les États connaissent des transformations qui peuvent se percevoir dans les institutions.

Le constructivisme et la conception néogramscienne mettent en avant les acteurs et les dynamiques à l'œuvre dans la globalisation, qui sont négligés dans les thèses réalistes et institutionnalistes, mais qui ont d'importantes répercussions sur les organisations. Par exemple, les manifestants dénonçant l'OMC, le FMI et la Banque mondiale peuvent être considérés comme les interlocuteurs d'un dialogue en cours qui concerne les États à plusieurs égards. Grâce à l'attention internationale accordée à leurs questions, celles-ci figurent à l'ordre du jour des réunions internationales et des travaux des organisations internationales. Cette attention exerce aussi une pression sur les dirigeants politiques et encourage la formation de groupes d'intérêts au sein de l'État. Il s'ensuit que les croyances, les idées et les conceptions en matière d'intérêts dans les relations internationales se transforment, ce qui peut réorienter l'attention, la nature et les fonctions des institutions internationales. Dans cette optique, la globalisation n'est pas simplement une

---

TABLEAU 15.1 **Le débat sur les organisations**

	INSTITUTIONNALISME (OU INSTITUTIONNALISME NÉOLIBÉRAL)	RÉALISME (OU NÉORÉALISME)	CONSTRUCTIVISME
À quelles conditions les États créent-ils des organisations internationales ?	Les États doivent pouvoir en tirer des gains mutuels (qu'ils déterminent eux-mêmes rationnellement).	La position relative d'un État par rapport aux autres États ne doit pas en être affaiblie.	Les organisations émergent en tant que reflet des identités et des intérêts des États et des groupes, qui sont eux-mêmes façonnés par le processus d'interactions.
Quelle est l'incidence des organisations sur les relations internationales ?	Les gains possibles à tirer de la coopération s'en trouvent multipliés.	La coordination des politiques et des mesures adoptées devient plus facile, mais seulement si le mécanisme de l'équilibre des puissances entre les États n'est pas modifié.	Des modes d'interactions spécifiques déjà existants sont renforcés et d'autres, nouveaux, sont pris en considération.
Quelles sont les conséquences des organisations sur la globalisation ?	Les organisations peuvent gérer la globalisation pour assurer une transition vers une économie plus libérale.	Les organisations gèrent la globalisation selon les intérêts des États puissants et dominants.	La transformation des modes d'interactions et de discours influence les réactions des organisations envers la globalisation.

dynamique qui change les États qui la gèrent. Plusieurs autres acteurs concernés, au sein des sociétés et parmi elles, y compris des institutions internationales, y jouent un rôle actif. La gouvernance ou la gestion de la globalisation est façonnée par un ensemble d'intérêts, de croyances et de valeurs au sujet du monde tel qu'il est et tel qu'il devrait être. Les institutions existantes reflètent indubitablement les intérêts des États puissants, mais ces intérêts sont le produit des interactions des États et sont susceptibles d'être réinterprétés et modifiés.

À RETENIR

- Les institutionnalistes affirment que les institutions internationales jouent un rôle positif important afin que la globalisation apporte des bienfaits largement répandus dans l'économie mondiale.

- Les réalistes et les néoréalistes rejettent la thèse institutionnaliste en disant qu'elle n'explique pas la réticence des États à sacrifier une partie de leur puissance par rapport à celle d'autres États.

- Les constructivistes accordent plus d'attention à la façon dont les gouvernements, les États et d'autres acteurs établissent leurs préférences. Ils soulignent le rôle que jouent en ce sens l'identité des États, les croyances dominantes ainsi que les débats et contestations en cours.

CONCLUSION

La globalisation hausse la barre des défis que doivent relever tous les acteurs de l'économie mondiale, soit les États, les entreprises, les **acteurs transnationaux** et les organisations internationales. Les États forts tentent d'édifier des organisations qui sauront gérer les crises financières et influencer les puissantes organisations non gouvernementales ainsi que les entreprises globalisantes. Les États faibles s'efforcent de survivre dans des conditions économiques de plus en plus précaires et changeantes. Cela dit, tous les États cherchent à instaurer une stabilité et une prévisibilité accrues, bien que les gouvernements ne soient pas tous d'accord sur les modalités d'application à cet égard. Dans ce chapitre, nous avons passé sous silence un niveau de gouvernance : les organisations et institutions régionales (voir le chapitre 25). Le fait que, ces dernières années, presque tous les États du monde ont adhéré à au moins un regroupement commercial régional souligne les efforts déployés pour mettre au point de nouveaux moyens de gérer la globalisation. En même temps, le **régionalisme** illustre le scepticisme de nombreux États envers les institutions internationales, ainsi que leur crainte que ces institutions ne soient trop fortement sous l'emprise des États puissants ou trop peu susceptibles de leur imposer des contraintes. Il en résulte l'émergence d'une gouvernance à niveaux multiples dans l'économie mondiale. Pour analyser chaque niveau (international, régional et étatique), il convient de soulever les questions de fond examinées ici : qui sont ceux dont les intérêts sont favorisés par les organisations ? Quelles forces les façonnent ? Qui y a accès ? Qui sont ceux dont les valeurs se reflètent dans ces organisations ? La globalisation jette un éclairage sur ces niveaux, étant donné la puissante influence que ceux-ci exercent sur les transformations en cours dans l'économie mondiale.

QUESTIONS

1. Le système économique international établi par les institutions de Bretton Woods a-t-il abordé les problèmes économiques de l'entre-deux-guerres ?

2. Qu'est-ce que l'échec du système de Bretton Woods ?

3. Quel rôle les États-Unis y ont-ils joué ?

4. Sur quels enjeux les mercantilistes s'accordent-ils avec les libéraux ?

5. Les mercantilistes et les marxistes envisagent-ils la notion de pouvoir sous le même angle ?

6. Expliquez la théorie du choix rationnel.

7. Expliquez l'approche néogramscienne de l'économie politique internationale.

8. Comparez la perspective des constructivistes sur les relations internationales avec celle des néoréalistes.

9. Comment peut-on expliquer les différentes incidences de la globalisation sur divers États ?

10. Que disent les institutionnalistes au sujet des institutions et du comportement des États ?

Lectures utiles

Aglietta, M., « Architecture financière internationale : au-delà des institutions de Bretton Woods », *Économie internationale*, n° 100, 2004, p. 61-83. Une analyse marxiste (école de la régulation) portant sur les écueils que les institutions internationales rencontrent de nos jours.

Battistella, D., « L'économie politique internationale », dans *Théories des relations internationales*, Paris, Presses de Sciences Po, 2009, p. 467-505. Une introduction de base aux théories qui ont cours en économie politique internationale.

Coussy, J., « Économie politique des intégrations régionales : une approche historique », *Mondes en développement*, n° 115-116, 2001, p. 15-26. Une discussion théorique comparative sur la problématique de l'intégration régionale en économie politique internationale.

Cox, R. W., « Au-delà de l'Empire et de la terreur : réflexions sur l'économie politique de l'ordre mondial », *A contrario*, vol. 2, n° 2, 2004, p. 167-188. Traduction d'un article de cet auteur néo-gramscien sur les configurations actuelles du pouvoir dans le cadre de l'économie politique internationale.

Guilhot, L., « L'impact de la crise de 1997 sur l'ASEAN+3 : les apports de l'économie politique internationale », *Mondes en développement*, n° 147, 2009, p. 123-138. Un plaidoyer pour l'institutionnalisme néolibéral, dans le contexte de la crise asiatique de 1997 et du régionalisme.

Hall, P. et R. Taylor, « La science politique et les trois néoinstitutionnalismes », *Revue française de science politique*, vol. 47, n° 3-4, 1997, p. 469-496. Une discussion sur les trois formes de néoinstitutionnalismes : l'institutionnalisme historique, l'institutionnalisme des choix rationnels et l'institutionnalisme sociologique.

Knafo, S., « L'économie politique internationale », dans A. MacLeod et D. O'Meara (dir.), *Théories des relations internationales. Contestations et résistances*, Montréal, Athéna Éditions, 2007, p. 329-349. Une introduction aux concepts-clés et aux approches principales en économie politique internationale (économie politique classique, institutionnalisme et marxisme).

Petiteville, F., « L'hégémonie est-elle soluble dans le multilatéralisme ? », *Critique internationale*, n° 22, 2004, p. 63-76. Un article qui oppose les perspectives réaliste, libérale et critique sur le multilatéralisme.

Vanel, G., « Les nouvelles figures de l'hégémonie américaine : le rôle des pratiques dans la consolidation de l'ordre économique globalisé », *Études internationales*, vol. 38, n° 4, 2007, p. 559-577. Une évaluation du rôle hégémonique que jouent les États-Unis à l'ère de la globalisation.

Vennesson, P., « Idées, institutions et relations internationales », *Revue française de science politique*, vol. 45, n° 5, 1995, p. 857-866. Une discussion comparative à propos des perspectives réaliste et libérale appliquées à la relation entre les États et les institutions internationales.

Chapitre 16

L'IDENTITÉ DE GENRE EN POLITIQUE MONDIALE

J. Ann Tickner[1]

GUIDE DE LECTURE

Afin de démontrer en quoi l'identité de genre contribue à structurer la politique mondiale, nous allons faire appel aux perspectives féministes sur les relations internationales, en en donnant d'abord un aperçu, puis en proposant une définition féministe du genre, ou de l'identité de genre (employés comme synonymes). Pour les féministes, le genre correspond à un rapport de pouvoir qui est structurellement inégal. Les féministes partent du genre, ainsi défini, pour tenter de comprendre pourquoi les femmes sont désavantagées par rapport aux hommes dans toutes les sociétés. Pour ce faire, elles s'appuient sur diverses perspectives théoriques, qui sont analysées dans la deuxième partie du présent ouvrage. Nous allons aussi aborder les théories féministes sur la sécurité et l'économie globale. En examinant le caractère masculin de la guerre et de la sécurité nationale, nous verrons que les politiques de sécurité nationale des États sont légitimées selon des critères masculins. C'est ce qui explique pourquoi les femmes détiennent si peu de postes de pouvoir dans le monde politique international et dans les forces armées, milieux où elles sont sous-représentées. Les féministes estiment que la sécurité des individus est aussi importante que celle des États. Elles sont aussi d'avis que les structures économiques de l'inégalité fondées sur l'identité de genre sous-tendent largement le fait que les femmes constituent la majorité des pauvres dans le monde. Ainsi, nous terminerons par une brève description de certaines pratiques politiques qui favorisent une réduction des inégalités entre les femmes et les hommes.

INTRODUCTION

Les perspectives féministes sont apparues dans le champ d'études des relations internationales à la fin des années 1980, à peu près au moment où a pris fin la **guerre froide**. Et ce n'est pas une coïncidence. Au cours des quarante années précédentes, le conflit entre les États-Unis et l'Union soviétique avait dominé l'ordre du jour des relations internationales (voir le chapitre 3). La décennie qui succéda à la guerre froide (1989-2000) a été marquée par une paix relative entre les grandes puissances (voir le chapitre 4). Maintes questions nouvelles ont alors surgi en relations internationales. Les relations économiques ont davantage suscité l'attention. Des débats animés ont mobilisé les tenants de la globalisation économique et ceux qui affirmaient que celle-ci ne contribuait pas à la réduction de la pauvreté dans le monde. La signification de la notion de sécurité a été élargie pour englober tant la sécurité des individus que celle des États (voir le chapitre 28). La réflexion en relations internationales s'est tournée vers les conflits ethnonationaux et le grand nombre de civils tués ou blessés durant ces luttes (voir le chapitre 14). Une attention accrue a également été accordée aux **organisations internationales**, aux **mouvements sociaux** et aux **acteurs non étatiques** (voir le chapitre 20). Comme le montre bien le thème de la globalisation, la politique internationale est loin de se limiter aux relations interétatiques.

Ce vaste éventail de questions semble être le plus compatible avec les approches féministes. Les féministes ne se satisfont pas d'une analyse des relations internationales reposant uniquement sur les rapports politiques entre les États. Si les femmes ont toujours été présentes en politique internationale, leur participation s'est le plus souvent fait remarquer dans des cadres non gouvernementaux, comme les mouvements sociaux, plutôt que dans le monde de la politique interétatique. Les femmes prennent part à la politique internationale à d'autres titres : épouses de diplomates, domestiques à l'étranger, qui font vivre leur propre famille dans leur pays d'origine, ou travailleuses de l'industrie du sexe, exploitées par des réseaux de prostitution et des camps militaires partout dans le monde. La voix des femmes a rarement été entendue dans les lieux où s'exerce le pouvoir de l'État ou dans les hautes sphères militaires. Pourtant, les femmes subissent profondément les conséquences des décisions que prennent les dirigeants politiques. Dans les guerres contemporaines, les civils constituent quelque 90 % des victimes dont la majorité sont des femmes et des enfants. Les femmes forment la majorité de la population la plus pauvre du monde.

Mises au point dans des centres de pouvoir éloignés, les politiques économiques influent sensiblement sur la répartition des ressources dans les collectivités locales. Des cadres globaux plus larges conviennent mieux à la réflexion sur de telles questions. Avant d'examiner la place qu'occupe l'identité de genre dans ces questions, nous allons d'abord présenter brièvement la théorie féministe et définir la notion de **genre** comme l'envisagent les féministes.

LES THÉORIES FÉMINISTES

Le **féminisme** en tant que champ d'études est issu d'un mouvement social qui existait depuis longtemps, mais qui s'est mieux défini durant les années 1960 et 1970, en se consacrant à l'égalité politique, sociale et économique entre les femmes et les hommes. De nombreuses féministes associent la production de connaissances à la pratique politique. Une telle production donne lieu à un **savoir émancipateur**, parce qu'elle diffuse des connaissances pouvant alimenter des pratiques qui améliorent la vie des femmes. L'objectif le plus important de la théorie féministe consiste à expliquer la subordination des femmes, présente à divers degrés dans toutes les sociétés, et à trouver des moyens d'y mettre un terme. Les féministes ne sont toutefois pas toutes d'accord entre elles quant aux causes de cette subordination et aux mesures à prendre pour la faire disparaître.

Il existe de nombreux courants distincts au sein de la théorie féministe ; tous donnent des raisons différentes pour comprendre la subordination des femmes. Ce sont les courants libéral, marxiste, socialiste, postcolonialiste et poststructuraliste. Les féministes libérales croient que la suppression des obstacles juridiques peut mettre fin à la subordination des femmes. Tous les autres courants – dénommés ici postlibéraux – postulent cependant l'existence de structures de **patriarcat** profondément enracinées dans toutes les sociétés, qui ne peuvent être éliminées seulement par des moyens juridiques. Les féministes marxistes et les féministes socialistes attribuent les causes de la subordination des femmes au marché du travail, qui offre plus d'avantages et de prestige pour les tâches rémunérées dans la sphère publique que pour celles qui sont non rémunérées et réalisées au foyer. De plus, les femmes accomplissent la plus grande partie du travail non rétribué, même lorsqu'elles ont un emploi, ce qui leur impose ce que les féministes appellent une **double tâche**. Les féministes postcolonialistes et les féministes postmodernistes estiment, quant à elles, qu'il n'est pas pertinent de faire des généralisations qui s'appliqueraient à toutes les

femmes. Les femmes vivent la subordination de multiples façons, parce qu'elles occupent des positions différentes au sein des sociétés, selon leur classe sociale, leur origine ethnique et leur genre. Toutes les théories féministes postlibérales font de l'identité de genre une importante catégorie d'analyse.

À RETENIR

- Le féminisme est un mouvement voué à la promotion de l'égalité politique, sociale et économique entre les femmes et les hommes.

- La théorie féministe a pour objectif d'expliquer les causes de la subordination des femmes. Les féministes croient que le savoir ne peut être séparé de la pratique politique et que le savoir féministe doit améliorer la vie des femmes.

- La théorie féministe se divise en plusieurs courants : libéral, marxiste, socialiste, postmoderniste et postcolonialiste. Chacun propose des explications différentes de la subordination des femmes.

LES FÉMINISTES DÉFINISSENT L'IDENTITÉ DE GENRE

Dans la langue courante, l'identité de genre (ou le genre) désigne notamment le sexe biologique des individus. Les féministes définissent toutefois le genre d'une autre façon, soit comme un ensemble de traits socialement et culturellement construits qui varient dans le temps et dans l'espace. Le terme «sexe», quant à lui, demeure employé pour décrire le type biologiquement féminin ou masculin des individus. Lorsqu'il est question de traits socialement construits comme la **puissance**, l'autonomie, la **rationalité** et la sphère publique, ils sont associés à la masculinité ou à ce que signifie le fait d'être un «vrai homme». Les traits opposés, comme la faiblesse, la dépendance ou les liens avec autrui, l'émotivité et la sphère privée, sont associés à la féminité. Des études ont démontré que les femmes et les hommes accordent une valeur plus positive aux traits masculins. Ces définitions de la **masculinité** et de la **féminité** sont d'ordre relationnel, c'est-à-dire qu'elles sont interdépendantes. En d'autres termes, être un vrai homme consiste à ne pas afficher les faiblesses féminines. Puisque ces traits sont des constructions sociales et non biologiques, il est tout à fait possible que des femmes semblent se comporter, aux yeux de beaucoup, comme de «vrais hommes». C'est notamment le cas de celles qui occupent des postes de pouvoir, comme Condoleezza Rice, ex-secrétaire d'État des États-Unis, et Margaret Thatcher, ancienne première

ministre du Royaume-Uni. En fait, de l'avis de certaines féministes, tant les femmes que les hommes doivent agir ainsi, s'ils et elles veulent connaître le succès dans le dur monde de la politique internationale (Cohn, 1993, p. 230, 231, 237 et 238).

Parfois, le genre est considéré comme synonyme du monde des femmes. Toutefois, les féministes croient que le genre concerne tant les hommes et la masculinité que les femmes. Étant donné que la politique internationale de haut niveau est un monde masculin, il convient de porter une attention particulière à diverses formes de masculinité souvent invoquées pour légitimer les politiques extérieure et militaire des États. Ainsi, des traits comme la puissance, l'autonomie et la rationalité, qualifiés de masculins, sont les plus valorisés dans la politique extérieure des États.

Cependant, le genre ne se limite pas à des caractéristiques personnelles. Puisque les traits de l'identité de genre sont généralement inégaux, c'est-à-dire que les individus des deux sexes accordent une valeur plus positive aux caractéristiques masculines, le genre est également une structure de sens qui indique des rapports de pouvoir. Si les traits de l'identité de genre révèlent une inégalité, le genre devient ainsi un mécanisme de la répartition inégale des coûts et des avantages sociaux. Il joue alors un rôle crucial dans l'analyse de la politique et de l'économie globales, notamment en ce qui concerne les questions d'inégalité, d'insécurité et de justice sociale. Les féministes croient qu'il est nécessaire de rendre visibles les inégalités structurelles de genre pour parvenir à s'en affranchir.

Le genre constitue donc un outil d'analyse, et pas seulement une catégorie descriptive. La prochaine section examine comment les féministes qui s'intéressent aux relations internationales se servent du genre en tant que catégorie d'analyse.

À RETENIR

- Les féministes distinguent le genre du sexe. L'identité de genre est un ensemble de traits socialement construits (et non biologiquement déterminés) qui définissent le sens donné à la masculinité et à la féminité. Il est possible que des femmes affichent des traits masculins, et inversement.

- Le genre est un système de hiérarchie sociale dans lequel les traits masculins sont plus valorisés que les traits féminins.

- Le genre constitue une structure qui établit des rapports de pouvoir inégaux entre les femmes et les hommes.

LA POLITIQUE GLOBALE VUE SOUS L'ANGLE DU GENRE

Les féministes qui s'intéressent à la politique internationale ont recours à l'analyse selon le **genre** pour répondre à diverses questions sur la politique globale (voir les propos de V. Spike Peterson et Anne Sisson Runyan dans l'encadré ci-dessous). Voici quelques-unes de ces questions ainsi abordées.

POUR EN SAVOIR PLUS

Envisager le monde selon l'angle du genre

« Envisager le monde selon l'angle du genre permet de voir de quelle manière il est façonné par des concepts, des pratiques et des institutions qui se fondent sur le genre […].

« Toute question faisant l'objet d'une réflexion est envisagée sous un angle qui oriente cette réflexion de façon spécifique. Parce qu'elle filtre ou catégorise cette question, la perspective adoptée révèle certaines choses d'une manière plus détaillée ou plus précise et éclaire plus nettement ses rapports avec certains autres éléments.

« […] Toute perspective théorique offre différents points de vue et oriente les présomptions de chacun et chacune à propos de l'identité des acteurs importants, […] de leurs attributs, […] de la catégorisation des dynamiques sociales […] et des résultats souhaitables […]. »

(Peterson et Runyan, 1999, p. 1-2)

Quelques questions de nature féministe

Dans le monde, moins de 10 % des chefs d'État sont des femmes et la plus grande partie du personnel militaire est constituée d'hommes. Pour mieux comprendre l'absence des femmes dans les hautes sphères du pouvoir, il peut être utile de chercher à savoir où sont les femmes. Cynthia Enloe (1989, p. 8) soutient que, pour ce faire, il faut tourner son regard vers des endroits inhabituels qu'on n'associe pas, généralement, à la politique globale. Elle se demande si les rôles des femmes (secrétaires, employées de bureau, domestiques et épouses de diplomates) sont directement liés à la conduite de la politique internationale. Elle démontre que ces rôles sont essentiels au déploiement de la politique extérieure des États et au fonctionnement de l'économie globale.

Le fait de rendre les femmes visibles n'explique toutefois pas pourquoi elles occupent de façon dispropor-

tionnée des fonctions peu ou pas rémunérées, et loin des centres de pouvoir (voir l'encadré « Pour en savoir plus » ci-dessous). Il faut plutôt aborder cette question sous l'angle du genre et analyser la place des femmes au sein de structures et de dynamiques globales qui sont fondées sur l'identité de genre et qui restreignent leur sécurité et leurs possibilités économiques. À cet égard, d'autres considérations s'avèrent pertinentes. Comment se perpétuent les types de pouvoir nécessaires au maintien des inégalités structurelles de genre ? Le fait que la politique extérieure et la politique de sécurité des États sont souvent légitimées par l'invocation de différents types de masculinité a-t-il une incidence quelconque sur les pratiques politiques des États ? Quelle importance faut-il accorder au fait que ce sont surtout des hommes qui déclenchent et mènent les guerres ? Les réponses données à ces questions aident à mettre ceci en lumière : ce qu'on tient généralement pour acquis dans l'organisation du monde favorise, en réalité, la préservation de certains arrangements sociaux et structures institutionnelles qui contribuent à la subordination des femmes et d'autres groupes désavantagés.

Pour éclaircir ces questions, les féministes qui s'intéressent aux relations internationales font appel à différentes perspectives théoriques qui s'appuient sur la théorie féministe dans son ensemble. En voici quelques-unes.

POUR EN SAVOIR PLUS

Les femmes et le pouvoir

Pourcentage des femmes membres d'un parlement dans le monde (2009) : 18,6 %

Pourcentage des femmes membres de la chambre haute d'un parlement ou d'un sénat (2009) : 17,6 %

Pourcentage des femmes membres d'un parlement unicaméral ou de la chambre basse d'un parlement (2009) : 18,8 %

Pourcentage des femmes occupant un poste dans la haute direction d'une entreprise (2000) : de 1 % à 3 %

Le féminisme libéral

Les féministes libérales étudient divers aspects de la subordination des femmes. Elles se sont penchées sur les problèmes des réfugiées, sur les inégalités de revenu entre les femmes et les hommes et sur les violations spécifiques des droits humains que subissent les femmes de façon disproportionnée, comme la traite des femmes et le viol en temps de guerre. Elles repèrent les femmes au sein des institutions et des pratiques de la politique globale et examinent en quoi leur présence (ou leur absence) se répercute sur l'élaboration de politiques dans le domaine de la politique internationale, et inversement. Elles s'interrogent sur ce que serait un monde dans lequel un plus grand nombre de femmes occuperaient des postes de pouvoir. Les féministes libérales estiment que l'égalité peut être instaurée par la suppression des obstacles juridiques et autres qui ont empêché les femmes de disposer des mêmes droits et des mêmes possibilités que les hommes.

Cela dit, de nombreuses féministes, actives en relations internationales, sont en désaccord avec le féminisme libéral. Les féministes postlibérales soulignent que les inégalités entre les femmes et les hommes persistent dans les sociétés où l'égalité juridique a été formellement instituée depuis longtemps. Elles ajoutent qu'il faut approfondir l'analyse des hiérarchies fondées sur l'identité de genre afin de comprendre ces inégalités. Elles s'inspirent de diverses conceptions des relations internationales telles que le marxisme, le constructivisme et le postmodernisme, sans toutefois s'y limiter. Ces conceptions féministes ont ceci d'unique qu'elles font appel au genre en tant que catégorie d'analyse. En voici quelques exemples.

La théorie critique féministe

La théorie critique féministe a des racines dans le marxisme gramscien (voir le chapitre 8). Elle examine les manifestations tant idéelles que matérielles des **identités** et de la puissance fondées sur les rôles attribués au genre en politique globale. Théoricienne critique féministe, Sandra Whitworth affirme, dans son ouvrage intitulé *Feminism and International Relations* (1994), que la compréhension du genre ne s'appuie qu'en partie sur les conditions de vie matérielles des femmes et des hommes dans des circonstances particulières. Elle soutient que le genre est aussi déterminé par le sens assigné à ces conditions, c'est-à-dire par les idées que les femmes et les hommes entretiennent au sujet de leurs rapports mutuels. Elle a étudié les différentes interprétations que la Fédération internationale pour la planification familiale et l'Organisation internationale du travail (OIT) ont données, au fil du temps, à la notion de genre. Elle a montré que les sens successifs attribués à cette notion ont eu des effets distinctifs sur les politiques démographiques de ces organismes à différents moments de leur histoire.

Le constructivisme féministe

Le **constructivisme** féministe fait fond sur le constructivisme (voir le chapitre 9). Les constructivistes féministes étudient les dynamiques qui sous-tendent les rapports mutuels entre la politique globale et les idées sur l'identité de genre. Dans son ouvrage intitulé *The Global Construction of Gender* (1999), Elisabeth Prügl s'appuie sur le constructivisme féministe pour analyser le traitement accordé au travail à domicile en droit international. Puisque la plupart des personnes qui réalisent du travail à domicile sont des femmes, le débat sur la réglementation de ce type d'activité revêt une importance particulière pour les féministes. Souvent, pour justifier les faibles salaires et les mauvaises conditions de travail qui prévalent dans ce domaine, on allègue que le travail à domicile ne serait pas un vrai travail, étant donné qu'il est effectué dans le milieu reproducteur privé du foyer, plutôt que dans la sphère publique plus valorisée de la production salariée. Prügl illustre en quoi les idées sur la féminité ont orienté les débats au sein de la communauté internationale à propos de l'institutionnalisation des droits de ces travailleuses à domicile. Ces débats se sont conclus en 1996 par l'adoption de la Convention de l'OIT sur le travail à domicile.

Le poststructuralisme féministe

Les poststructuralistes insistent sur le sens donné aux mots tels qu'ils sont codifiés dans la langue. Elles affirment que chaque personne comprend le réel par son utilisation de la langue. Elles s'intéressent particulièrement aux rapports entre le savoir et le pouvoir: ceux qui construisent le sens et produisent le savoir acquièrent par le fait même un pouvoir étendu. Les poststructuralistes féministes soulignent que les hommes sont généralement perçus comme les détenteurs du savoir et que ce qui est reconnu comme le savoir est le plus souvent fondé sur la vie des hommes dans la sphère publique. Les femmes ne sont habituellement pas considérées comme des détentrices ou des sujets du savoir.

L'ouvrage de Charlotte Hooper intitulé *Manly States* (2001) constitue un exemple d'analyse textuelle poststructuraliste. Hooper soutient qu'on peut comprendre les relations internationales seulement si on admet d'abord que des conséquences découlent du fait que ces relations sont essentiellement conduites par des hommes. Elle s'interroge sur la possibilité que les relations internationales façonnent les hommes autant que ceux-ci façonnent celles-là. Pour illustrer son propos, elle procède à une analyse de la masculinité, associée à une analyse textuelle de *The Economist*, un prestigieux hebdomadaire britannique qui traite du monde des affaires et des questions politiques. Elle en conclut que *The Economist* est rempli de signifiants de masculinité et de messages d'identité de genre codifiés, quelles que soient les intentions de son éditeur ou de ses journalistes.

Il s'agit là d'un exemple montrant à quel point la politique fondée sur l'identité de genre déteint sur notre compréhension de la politique mondiale.

Le féminisme postcolonialiste

Les tenants du postcolonialisme mettent en relief les rapports de domination et de subordination qu'a instaurés l'**impérialisme** européen aux XVIIIᵉ et XIXᵉ siècles. Ils affirment que ces rapports de domination persistent encore aujourd'hui et qu'ils sont inscrits dans le portrait que le savoir occidental contemporain trace des peuples et des pays du Sud. Le féminisme postcolonialiste énonce des affirmations analogues sur la façon dont le féminisme occidental a produit un savoir concernant les femmes non occidentales. Tout comme les féministes ont jugé défavorablement le savoir occidental parce qu'il a été produit surtout à partir de la vie des hommes, les féministes postcolonialistes voient des problèmes similaires dans le fait que le savoir féministe repose largement sur les expériences de vie des Occidentales relativement favorisées. Chandra Mohanty (1988) soutient que la subordination de tout groupe de femmes doit être analysée dans le contexte culturel spécifique de ce groupe, plutôt que selon une quelconque définition générale des besoins des femmes. Elle critique les féministes occidentales qui dépeignent les femmes dans les pays en développement comme des personnes pauvres, sous-scolarisées, en position de victimes et passives. Mohanty pense que ces femmes devraient plutôt être considérées comme des agentes.

Les féministes qui s'intéressent aux relations internationales tout en privilégiant une perspective de genre cherchent à comprendre les raisons pour lesquelles les femmes sont désavantagées par rapport aux hommes, et réinterprètent la politique globale en conséquence. Toujours dans cette même perspective, nous allons nous pencher dans la prochaine section sur deux questions importantes en politique globale : la sécurité et la globalisation économique.

À RETENIR

- Les féministes qui s'intéressent aux relations internationales privilégient la perspective de genre pour mieux répondre à diverses questions concernant le rôle subordonné que les femmes jouent souvent en politique globale. Elles s'appuient à cette fin sur d'autres théories des relations internationales, comme le libéralisme, la théorie critique, le constructivisme, le poststructuralisme et le postcolonialisme. Elles ne se limitent cependant pas à ces théories et font appel au genre en tant que catégorie d'analyse.

- Les féministes libérales croient que l'égalité peut être instaurée par l'élimination des obstacles juridiques qui privent les femmes des mêmes possibilités que celles dont disposent les hommes.

- Les féministes postlibérales sont en désaccord avec les féministes libérales. Elles affirment qu'il faut approfondir davantage l'analyse des inégalités structurelles de genre afin de comprendre la subordination des femmes.

- La théorie critique féministe examine en quoi tant les idées que les structures matérielles déterminent la vie des individus. Les tenants de cette théorie des relations internationales révèlent de quelle façon les modifications du sens de l'identité de genre ont réorienté au fil du temps les pratiques des organisations internationales.

- Les constructivistes féministes décrivent les diverses façons dont la politique globale et les idées sur l'identité de genre s'influencent mutuellement.

- Les féministes poststructuralistes mettent l'accent sur les liens entre le savoir et le pouvoir. Elles soutiennent que les hommes sont généralement considérés comme les détenteurs et les sujets du savoir, ce qui se reflète sur la façon dont on envisage la politique globale.

- Les féministes postcolonialistes critiquent les féministes occidentales qui fondent le savoir féministe sur la vie des Occidentales et qui considèrent que les femmes dans les pays en développement sont passives. Elles estiment que la subordination des femmes doit être analysée spécifiquement en fonction de leur origine ethnique, de leur classe sociale et de leur situation géographique et que toutes les femmes doivent être vues comme des agentes plutôt que comme des victimes.

LA SÉCURITÉ ET LE GENRE

La remise en question du mythe de la protection

Souvent, les hommes sont considérés comme des protecteurs, et les femmes et les enfants, comme ceux qui requièrent une protection. Dans les histoires transmises de génération en génération depuis des siècles, on raconte que les hommes font la guerre pour protéger les femmes et les enfants. Dans les guerres contemporaines, le nombre considérable de victimes civiles, soit environ 90 % de toutes les victimes, indique qu'il serait approprié de remettre en cause ces histoires. Les femmes et les enfants constituent une grande proportion des victimes, ainsi que la majorité des réfugiés dans le monde[2]. Lorsque les femmes, souvent chefs de famille, sont obligées de s'installer dans des camps de réfugiés, elles deviennent alors plus vulnérables, tout comme leurs enfants. En temps de guerre, les femmes sont particulièrement exposées au viol et à la prostitution (voir l'encadré «Pour en savoir plus», page suivante). Le viol n'est pas une simple conséquence accidentelle de la guerre et relève fréquemment d'une tactique militaire systématique. On estime que de 20 000 à 35 000 femmes ont été agressées sexuellement durant la guerre en Bosnie-Herzégovine. Le viol faisait partie d'ailleurs d'une politique d'épuration ethnique comprenant la pratique des grossesses forcées : des Serbes violaient des Bosniaques musulmanes pour qu'elles mettent au monde des enfants serbes et qu'ainsi la Bosnie se transforme en État serbe (Pettman, 1996, p. 101).

Ces récits sur les femmes en situation de conflit déboulonnent le **mythe de la protection**. Pourtant, des mythes de ce genre ont joué un rôle important dans les efforts de légitimation de la guerre. Envisager ses effets sur les femmes selon l'angle du genre favorise une meilleure compréhension de l'inégalité des rapports entre les femmes et les hommes, tels que le rapport entre protecteur et protégée, qui légitiment les activités militaires et masquent une partie des effets négatifs de la guerre sur les civils. Nous allons maintenant examiner plus en détail ce que les constructions de l'identité de genre révèlent au sujet de la **sécurité** nationale et internationale.

Le genre et la guerre

La notion de genre éclaire l'association établie entre la guerre et la masculinité. Les forces armées font beaucoup d'efforts pour transformer les hommes en soldats qui doivent aller combattre. L'entraînement militaire passe par le dénigrement de tout ce qui est considéré comme féminin : agir comme un soldat signifie que l'homme ne doit pas se comporter en femme. Une telle image est associée au mythe de la protection, selon lequel le soldat est un guerrier juste qui se sacrifie pour assurer la protection des femmes, des enfants et des autres personnes vulnérables. L'affirmation selon laquelle de jeunes hommes font la guerre pour protéger les groupes vulnérables qui ne seraient pas capables de se défendre eux-mêmes a été un important facteur de motivation pour le recrutement militaire. Elle a aussi contribué à rallier les femmes et les hommes autour de la guerre. En temps de guerre, le guerrier juste, qui affiche des traits masculins héroïques, est souvent contrasté avec un ennemi présenté comme dangereux, fréquemment sous des traits féminins et parfois raciaux, ce qui sert à justifier davantage le besoin de protection. Par exemple, la guerre menée par les

États-Unis et d'autres États occidentaux en Afghanistan a été partiellement légitimée en tant qu'intervention héroïque effectuée au nom des Afghanes vraisemblablement sans défense. Les talibans se sont aussi appuyés sur des justifications liées à l'identité de genre en vue de mettre «leurs» femmes à l'abri de toute influence extérieure. Les deux parties impliquées dans ce conflit ont également légitimé leurs actions en dépeignant l'adversaire au moyen de clichés féminins (Tickner, 2002).

Pour que ces images de la masculinité de la guerre produisent l'effet recherché, il faut rendre invisible le rôle des femmes en temps de conflits ou faire d'elles des mères, des épouses et des filles patriotiques et solidaires. Même dans des circonstances exceptionnelles, comme pendant la Seconde Guerre mondiale, alors que les femmes se sont mises à travailler en usine pour remplacer les hommes partis au front, on s'attendait à ce que les femmes reprennent leur rôle traditionnel après le conflit. Aujourd'hui, puisque les femmes sont désormais acceptées en nombre croissant dans les forces armées de certains États, la situation est toutefois devenue plus complexe. La présence des femmes au sein des armées suscite la controverse, notamment en ce qui a trait aux situations de combat. En mettant les soldates dans une telle position, on engendre de vives tensions qui opposent la représentation culturelle collective d'un guerrier et l'identité véritable des personnes qui ont besoin de protection. Dans certains cas, la décision d'envoyer les femmes au combat a provoqué une forte résistance de l'armée concernée elle-même, car on prétextait que cette décision aurait un effet négatif sur la volonté de combattre. Il s'agit là d'une question controversée pour les féministes, dont la plupart estiment que, au nom de l'égalité, les femmes doivent avoir la possibilité de s'enrôler dans une armée. Certaines féministes croient cependant que celles-ci devraient refuser de combattre dans les guerres des hommes.

Il est intéressant de noter à quel point l'importance de la masculinité militarisée varie dans le temps et dans l'espace et en quoi les variations observées influent sur la prise de décisions à l'échelle internationale. Au cours des années 1990, soit une époque de paix relative, du moins dans les pays du Nord, des modèles de masculinité moins militarisée se sont répandus peu à peu. Des hommes d'affaires partis à la conquête du monde avec des mallettes plutôt qu'avec des armes sont devenus les nouveaux héros du moment. Bill Gates, fondateur et ex-président de Microsoft Corporation, est un héros bourgeois qui n'a aucunement l'allure d'un guerrier et qui stocke des dollars plutôt que des armes. Et, en 1992, Bill Clinton a été élu président des États-Unis, même s'il avait auparavant refusé de participer à la guerre du Vietnam.

Aux États-Unis, de telles images plus douces de la masculinité ont soudainement disparu à partir du **11 septembre 2001**. Après cette date, la masculinité militarisée est revenue en vogue. À la suite des attaques lancées contre le World Trade Center, les pompiers et les policiers de New York sont devenus les nouveaux héros masculins. Les femmes se sont effacées des bulletins de nouvelles pendant que des experts masculins informaient les téléspectateurs au sujet de la nouvelle guerre des États-Unis. Cette guerre inédite, dénommée **guerre contre la terreur**, était assortie de multiples images d'identité de genre. Les Américains voyaient de nouveaux ennemis sous les traits de jeunes hommes musulmans, qui faisaient l'objet d'un profilage à la fois ethnique et de genre, sous prétexte que les États-Unis étaient en guerre. La masculinité militarisée a notamment influé sur la campagne présidentielle américaine en 2004, tandis que les deux principaux candidats, le républicain George W. Bush et le démocrate John Kerry, ne cessaient de répéter que leur enrôlement passé dans l'armée ou la Garde nationale les rendait aptes à assumer la présidence de leur pays. Malgré tout, les élections de mi-mandat en 2006 ont permis à Nancy Pelosi, représentante au Congrès, de devenir la première femme à occuper le poste de leader de la majorité à la Chambre des représentants. Il n'en demeure pas moins qu'une seule des onze principales candidates du Parti démocrate a accédé à cette institution à l'issue des élections législatives en 2006, contre neuf de leurs onze homologues masculins. Beaucoup d'entre eux ont insisté, pendant leur campagne électorale respective, sur leur fermeté de caractère et leur capacité de faire face aux menaces contre la sécurité[3]. Les tendances alors observées portaient à croire que, en temps de guerre, tant les électeurs que les électrices manifestent un appui plus soutenu aux dirigeants qui font preuve d'une masculinité militarisée plus visible.

Il est clair que, malgré le mythe de la protection, les civils ne sont pas protégés dans les guerres contemporaines et que, dans certains cas, comme dans la prostitution militaire, la sécurité des individus peut être sacrifiée à la sécurité nationale (voir l'encadré ci-dessus). Les qualifications requises pour obtenir un poste de direction en politique extérieure sont souvent liées à ce que signifie le fait d'être un vrai homme. C'est en partie ce qui explique pourquoi relativement peu de femmes occupent un tel poste ou sont membres des forces armées. La présente section se conclut par une réflexion sur une redéfinition possible de la sécurité envisagée selon l'angle du genre.

POUR EN SAVOIR PLUS

La prostitution militaire en tant que question de sécurité

Aux alentours d'un grand nombre de bases militaires, des femmes sont enlevées et vendues à des réseaux de prostitution. Cette pratique n'est pas nouvelle. L'universitaire Katharine Moon a écrit un ouvrage (*Sex among Allies*) sur la prostitution militaire dans les environs de bases américaines situées en Corée du Sud, au cours des années 1970. Dans le but d'offrir aux troupes américaines un milieu plus accueillant, le gouvernement sud-coréen a adopté une politique relative à l'encadrement de la santé sexuelle et au comportement professionnel des prostituées. Le travail de Moon dévoile les interactions dans les hautes sphères entre la prostitution militaire et les politiques de sécurité américano-coréennes. Au nom de la sécurité nationale, l'État sud-coréen a appliqué des politiques qui exploitaient ces citoyennes. Des livres comme celui de Moon mettent en lumière la vie des femmes dans des endroits qui ne sont habituellement pas jugés pertinents en politique globale. Parce qu'ils associent les expériences de vie de ces femmes à des dynamiques plus amples, ils illustrent le fait que la sécurité nationale peut être une source d'insécurité personnelle pour certains individus.

(Adaptation de Moon, 1997)

Les définitions féministes de la sécurité

En raison des tensions possibles entre la **sécurité nationale** et la sécurité individuelle, les féministes préfèrent formuler une définition plus large de la sécurité, qui évoque la diminution de toutes les formes de violence, y compris la violence physique, économique et environnementale. Elles proposent d'aborder la sécurité du bas vers le haut plutôt qu'en sens inverse, c'est-à-dire de partir de la sécurité de l'individu ou de la **collectivité** plutôt que de la sécurité de l'**État** ou du **système international**. Il devient alors possible de jeter un regard critique sur le rôle des États en tant que pourvoyeurs adéquats de sécurité. Dans certains États déchirés par un conflit, plus le gouvernement se préoccupe de la sécurité nationale, moins les citoyens, surtout les femmes, bénéficient de la sécurité physique. Si la violence de l'État représente un problème particulier dans certains cas, de nombreux États officiellement en paix maintiennent un énorme budget militaire tout en sabrant les dépenses consacrées aux programmes sociaux, qui revêtent plus d'importance pour les femmes que pour les hommes.

Nous avons déjà souligné que la priorité accordée à la sécurité par les États est légitimée par son association à certains types de masculinité. Il en résulte une gamme plus étroite d'actions acceptables de la part de l'État et peut-être même des probabilités moindres de mettre fin à un conflit au moyen d'un règlement pacifique. Des gestes conciliants sont souvent considérés comme des signes de faiblesse contraires à l'**intérêt national**, ce qui peut aussi alimenter la perception d'un manque d'authenticité chez les femmes qui s'expriment en matière de politiques publiques.

Nous avons également dit que la plupart des victimes de la guerre aujourd'hui sont des civils, surtout des femmes et des enfants. Il est important, toutefois, de ne pas considérer les femmes uniquement comme des victimes. Pour pouvoir définir la sécurité de façon plus large, il faut d'abord voir les femmes ainsi que les hommes comme des pourvoyeurs de sécurité. À mesure que s'accroît le nombre des victimes civiles de la guerre, les responsabilités des femmes s'accentuent. Quand les hommes partent vers les champs de bataille, les femmes demeurent chez elles et assument les rôles de mère de famille et de pourvoyeuse. Plutôt qu'à un guerrier patriote, il serait peut-être utile de songer à un citoyen défenseur lorsqu'il s'agit de donner la définition d'un pourvoyeur de sécurité qui pourrait englober tout un chacun, les civils comme les soldats. Il pourrait aussi en découler une notion de sécurité qui serait moins militarisée.

Comme on l'a déjà mentionné, les définitions féministes de la sécurité comprennent également la notion de sécurité économique. La section suivante se penche sur cette notion, ainsi que sur quelques enjeux généraux reliés au genre dans l'économie globale.

À RETENIR

- Les histoires traditionnelles sur la guerre dépeignent les hommes comme des protecteurs et les femmes et les enfants, comme ceux qui sont protégés. Par contre, dans les guerres contemporaines, le nombre de femmes et d'enfants qui sont tués ou blessés est très élevé, ce qui brise le mythe de la protection.

- La guerre est associée à la masculinité. L'image traditionnelle d'un soldat est celle d'un héros masculin. Cette image est remise en question par suite du nombre croissant de femmes au sein de diverses forces armées dans le monde. Un débat est en cours parmi les responsables politiques et militaires, et même entre certaines féministes, sur l'envoi des femmes dans les zones de combat.

- La masculinité militarisée est populaire lorsque les États doivent faire face à des menaces contre la sécurité nationale. D'importantes conséquences s'ensuivent : les options conciliantes en matière de politiques publiques sont généralement laissées de côté et les femmes ont de la difficulté à faire valoir la légitimité des positions qu'elles défendent, notamment en ce qui concerne la politique de sécurité.

- Les féministes formulent une définition plus large de la sécurité, qui comprend une diminution de toutes les formes de violence (physique, économique et écologique). Définie selon un point de vue masculin axé sur la force militaire, la sécurité nationale des États peut avoir pour effet de mettre en péril la sécurité physique et économique des individus.

LE GENRE DANS L'ÉCONOMIE GLOBALE

Le statut socio-économique des femmes varie considérablement en fonction de leur origine ethnique, de leur classe sociale, de leur nationalité et de leur situation géographique. Néanmoins, dans toutes les sociétés, elles se trouvent de façon disproportionnée au bas de l'échelle socio-économique. Les femmes et les filles représentent les trois cinquièmes du milliard d'habitants les plus pauvres dans le monde (Programme des Nations Unies pour le développement, 2006b, p. 20). En moyenne, les femmes gagnent les deux tiers du revenu des hommes[4], bien qu'elles travaillent pendant un plus grand nombre d'heures, dont beaucoup sont consacrées à des tâches non rémunérées comme les soins donnés aux enfants. Même les femmes qui atteignent le sommet de la hiérarchie dans le monde du travail empochent presque toujours moins que les hommes.

La quantité disproportionnée de femmes ayant une activité économique sous-rémunérée et marginale ne saurait être imputable à la seule présence de restrictions juridiques et de barrières économiques. Les femmes n'ont pas encore acquis l'égalité avec les hommes dans les sociétés où les restrictions juridiques en matière d'emploi et de rémunération ont été supprimées depuis longtemps. Si la situation est envisagée selon l'angle du genre, il est alors pertinent de poser la question suivante : dans quelle mesure de telles disproportions troublantes résultent-elles d'inégalités structurelles de genre dans l'économie globale ? Les féministes affirment que ces structures relèvent d'une **division du travail selon le genre**.

Les origines de la division du travail fondée sur l'identité de genre

Les origines de l'actuelle division du travail fondée sur l'identité de genre se situent dans l'**Europe** du XVIIe siècle. À cette époque, les notions de «masculinité» et de «féminité» étaient en train de se polariser conformément à la séparation croissante entre le travail et le foyer qu'imposait le **capitalisme** naissant. L'industrialisation et l'accroissement du travail salarié, largement exécuté par les hommes, ont amené un déplacement du travail hors du foyer et vers l'atelier. Le terme «ménagère», qui est alors apparu pour désigner le travail des femmes dans la sphère domestique privée, a renforcé les dimensions de ce déplacement liées au genre. Des constructions qui découlent de l'identité de genre, comme celles de **soutien de famille** et de ménagère, ont été au cœur des définitions occidentales modernes de la masculinité, de la féminité et du capitalisme. Bien que de nombreuses femmes occupent un emploi salarié à l'extérieur du foyer, le lien établi entre les femmes et les rôles domestiques (ménagère et pourvoyeuse de soins) s'est institutionnalisé au point qu'il est jugé **naturel** qu'elles accomplissent le travail domestique. Placer le fardeau des tâches ménagères sur les épaules des femmes limite leur autonomie et leur sécurité économique.

Une telle répartition des rôles a des conséquences pour les femmes sur le marché du travail. Elles y sont présentes de façon disproportionnée dans les domaines liés aux soins, comme les techniques infirmières, les services sociaux et l'enseignement primaire, ainsi que dans l'**industrie légère** (travail réalisé avec de la machinerie légère). Les femmes choisissent ces types d'emploi non seulement à cause de la rationalité des marchés et de la maximisation des profits, mais aussi en raison des valeurs et des attentes au sujet des mères et des pourvoyeuses de soins, qui sont mises en avant dans la socialisation des jeunes filles. Les emplois occupés de façon disproportionnée par des femmes sont généralement les moins bien rétribués. Étant donné les présomptions à propos des rôles appropriés à chaque sexe, les femmes sont fréquemment considérées comme les pourvoyeuses d'un salaire d'appoint qui s'ajoute à celui du chef de ménage. Cependant, certaines estimations indiquent qu'un tiers de tous les ménages dans le monde sont dirigés par une femme, un fait souvent masqué par les présomptions à propos des rôles qui découlent des notions de soutien de famille masculin et de ménagère.

Les conséquences de la division du travail fondée sur le genre

Les présomptions au sujet des rôles qui devraient être appropriés aux femmes contribuent au maintien de leurs faibles salaires et de leur double tâche. La faible rémunération des femmes prédomine particulièrement dans les industries du textile et de l'électronique. Les entreprises de ce secteur privilégient l'embauche de jeunes femmes célibataires qui peuvent offrir une forte productivité pour un salaire peu élevé. Il arrive fréquemment qu'elles soient congédiées lorsqu'elles se marient ou tombent enceintes. Les présomptions associées aux rôles traditionnels de genre ont ancré une croyance selon laquelle les femmes ont les doigts agiles, possèdent la patience nécessaire pour faire des tâches pénibles et sont naturellement de bonnes couturières. Puisque les femmes sont considérées comme naturellement douées pour ces tâches, il s'ensuit que ces types d'emplois ne sont pas qualifiés de spécialisés et qu'ils sont rémunérés à l'avenant. En outre, l'activité politique n'est pas compatible avec la respectabilité féminine. Lorsque des employeurs embauchent des femmes, ils présument qu'elles formeront une main-d'œuvre docile, peu susceptible de s'organiser pour obtenir de meilleures conditions de travail (voir l'encadré «Pour en savoir plus», page ci-contre).

Les présomptions à propos des rôles appropriés aux femmes se sont introduites dans un autre secteur de travail présent partout dans le monde, soit le travail à domicile. Depuis que, dans toutes les régions du monde, les entreprises se sont tournées vers une **main-d'œuvre précaire** (qui reçoit moins d'avantages sociaux et doit compter sur une sécurité d'emploi moindre) afin de réduire leurs frais d'exploitation, elles font davantage appel à des personnes travaillant à domicile, qui peuvent donc être embauchées et congédiées sans difficulté. Non protégées par les normes du travail en vigueur dans leur propre pays, les personnes travaillant à domicile sont généralement moins bien rétribuées que les ouvriers en usine et ne touchent rien en cas de manque de travail. Puisque les femmes préfèrent occuper, souvent par nécessité, un emploi qui se concilie mieux avec leurs responsabilités familiales, ce sont surtout elles qui travaillent à domicile. Ainsi, la division du travail fondée sur l'identité de genre qui définit les femmes comme des ménagères, censées faire un travail non rémunéré, légitime le versement de salaires inférieurs au minimum vital (Prügl, 1999, p. 198).

Même lorsque les femmes entrent sur le marché du travail, elles demeurent assujetties à un double fardeau, car, en plus d'avoir un travail salarié, elles s'occupent

La remise en question des présomptions sur l'identité de genre : des travailleuses s'organisent

Au début des années 1980, des fabricants américains de chaussures de sport souhaitaient augmenter leurs profits ; ils ont conclu des ententes de sous-traitance avec des propriétaires d'usines en Corée du Sud et à Taïwan, où les coûts de la main-d'œuvre étaient plus faibles. Les entreprises occidentales ont ainsi tiré parti d'un climat politique ayant entraîné la suppression des droits syndicaux et elles se sont servies à leur avantage de la socialisation culturelle des femmes, qui les pousse à travailler avec acharnement pour de faibles salaires afin de rendre service à leur pays, à leur mari et à leur père. Faisant mentir leur réputation de docilité, les Sud-Coréennes ont entrepris de fonder des syndicats et de lutter pour faire valoir leur droit à la syndicalisation, à de meilleures conditions de travail et à un salaire équitable. Après avoir cons-

taté que les efforts de ces femmes s'avéraient fructueux, les fabricants de chaussures de sport ont résilié leurs contrats et ont amorcé d'autres négociations avec des firmes situées en Chine, en Indonésie et en Thaïlande. Dans ces pays, les entreprises ont pu maintenir des marges bénéficiaires plus élevées en exploitant des travailleuses qui avaient moins de droits et étaient donc plus dociles. La description de cette situation montre bien à quel point les entreprises tirent parti des présomptions culturelles à propos des femmes afin d'augmenter leurs profits. Aujourd'hui, les femmes s'organisent dans de nombreux pays et tentent de s'affranchir de l'insécurité d'emploi qu'accentuent les multinationales mobiles.

(Adaptation d'Enloe, 2004)

ÉTUDE DE CAS

Le microcrédit : renforcer l'autonomie des femmes par l'investissement

En 1976, un économiste bangladais, Mohammed Yunus, a fondé la Banque Grameen. Cette banque offre à sa clientèle largement féminine des prêts peu élevés afin que celle-ci investisse dans de petites entreprises. Ces prêts, qualifiés de microcrédit, sont destinés aux femmes parce qu'elles se sont avérées plus fiables que les hommes en matière d'investissement et de remboursement de prêt. En effet, elles sont plus susceptibles d'investir la somme reçue, plutôt que de la dépenser tout d'un coup, et aussi de la rembourser par la suite. Le taux de remboursement des prêts oscille entre 96 % et 100 %. Les sommes prêtées aux femmes sont également considérées comme un moyen de favoriser leur autonomie et de leur donner accès à des ressources, à une sécurité économique et à un meilleur statut dans leur famille. Chaque année, près de 5 % des emprunteuses parviennent à échapper à la pauvreté. Elles améliorent aussi la scolarisation et la situation alimentaire au sein de leur famille.

Au Bangladesh, en 2006, la Banque Grameen a accordé un prêt à 6 830 000 personnes – dont 97 % étaient des femmes – dans 73 609 villages. En plus de financer de petites en-

treprises, la construction de maisons et la scolarisation, la banque encourage l'émancipation des femmes en favorisant l'esprit d'entreprise et la planification familiale. Les emprunteuses possèdent désormais 94 % de la banque et les 6 % restants sont entre les mains de l'État. La banque dégage des bénéfices et est autosuffisante depuis 1995. Depuis les années 1970, ce modèle de microcrédit a été adopté dans 40 pays, et les organisations qui l'utilisent se comptent maintenant par milliers. En 2006, la Banque Grameen et son fondateur ont conjointement reçu le prix Nobel de la paix.

Le microcrédit est amplement considéré comme un modèle fructueux pour le développement et aussi pour l'autonomie des femmes, ce qui se révèle juste dans une large mesure. Quelques voix critiques, cependant, affirment que l'offre sexospécifique des prêts peut renforcer les hiérarchies sociales fondées sur le genre. Ainsi, pendant que les femmes ont accès au microcrédit, les hommes continuent à dominer le véritable marché du crédit. De plus, bien que les femmes effectuent elles-mêmes les emprunts, ce sont les hommes qui gèrent encore l'argent dans certains cas.

habituellement des tâches ménagères. Il est facile de penser que les femmes ne «travaillent» pas lorsqu'elles effectuent les tâches ménagères. Pourtant, dans les faits, l'accomplissement de ces tâches est essentiel à la reproduction de ceux qui occupent un emploi salarié et à leurs soins. Cependant, elles restreignent souvent les possibilités d'occupations rémunérées qui s'offrent aux femmes. L'actuelle définition réductrice du travail (un emploi salarié) rend généralement invisibles bon nombre des contributions que les femmes apportent à l'économie globale.

La division du travail fondée sur le genre a aussi une incidence sur le travail des femmes en agriculture, un gagne-pain qui revêt une grande importance, notamment dans maintes régions de l'Afrique. Si les femmes sont parfois présentes dans la production agricole commerciale, elles accomplissent plus fréquemment un travail non rétribué dans de petites unités familiales assurant une production indépendante ou à forfait. Par conséquent, les hommes sont plus en mesure d'occuper un emploi rémunéré, d'acquérir de nouvelles compétences et d'accéder aux nouveaux moyens techniques de production. Lorsque la production agricole vient s'insérer dans l'économie monétarisée, les femmes sont le plus souvent reléguées au secteur de subsistance (non salarié), où la production sert uniquement à satisfaire les besoins familiaux.

La présente section démontre que la division du travail fondée sur le genre désavantage les femmes par rapport aux hommes. Le manque relatif de possibilités économiques offertes aux femmes ne s'explique pas seulement par le jeu des forces du marché, mais aussi par des dynamiques qui résultent de présomptions à propos des types d'emplois qui conviendraient le mieux aux femmes. Par ailleurs, le fait que des femmes occupent des postes salariés mine la légitimité de la domination des hommes, qui découle de leur rôle traditionnel en tant que pourvoyeurs de famille. Pour les femmes, avoir un emploi peut être préférable à l'absence de tout travail, et le revenu qu'elles en tirent améliore sensiblement le niveau de vie des familles pauvres et accentue leur propre indépendance financière (voir l'étude de cas à la page 281).

Il est difficile de généraliser quant aux incidences de la globalisation économique sur le genre. Néanmoins, il est incontestable que le monde actuel se caractérise par une inégalité économique entre les femmes et les hommes. Le fonctionnement de l'économie globale s'appuie non seulement sur les forces du marché, mais aussi sur une division du travail qui valorise moins l'apport des femmes que celui des hommes. De plus, une grande partie du travail non rémunéré des femmes contribue à l'économie globale, mais demeure invisible. Dans la section portant sur la sécurité, nous avons vu à quel point les valeurs masculines influencent la politique de sécurité nationale des États, et ce, au détriment des possibilités d'action politique pour les femmes. L'analyse de la théorie féministe a fait ressortir clairement l'un des objectifs du féminisme: produire un savoir susceptible d'améliorer la vie des femmes. La section suivante offre un aperçu des améliorations qui ont résulté des efforts déployés en ce sens par les femmes, et en leur nom, un peu partout dans le monde.

À RETENIR

- Dans toutes les sociétés, les femmes sont désavantagées par rapport aux hommes en ce qui concerne le bien-être matériel. Il faut envisager une telle situation selon une perspective de genre pour en expliquer les causes. La réflexion menée sous cet angle révèle dans quelle mesure le désavantage relatif des femmes est imputable à la division du travail fondée sur l'identité de genre.

- L'actuelle division du travail fondée sur le genre est apparue en Europe au XVIIᵉ siècle et découle de la séparation survenue alors entre le travail rémunéré dans la sphère publique et le travail non rémunéré dans la sphère privée. La distinction entre le rôle des travailleurs dans la sphère publique et celui des travailleuses dans la sphère privée a une incidence sur le type de travail qu'accomplissent les femmes dans la sphère publique.

- Les femmes détiennent de façon disproportionnée des emplois peu rétribués dans l'industrie du vêtement et dans le secteur des services. Les personnes qui travaillent à domicile sont surtout des femmes. Par ailleurs, elles pratiquent plus que les hommes une agriculture de subsistance, alors que le travail des hommes s'appuie davantage sur des techniques agricoles modernes.

- En plus d'occuper un emploi salarié, les femmes assument la plus grande partie du travail de reproduction et des soins dans la sphère privée. Elles portent donc le fardeau d'une double tâche, qui limite les choix qu'elles peuvent faire dans la sphère publique. Lorsqu'il n'est pas rémunéré, le travail domestique demeure invisible dans les analyses économiques.

- Il est tentant de généraliser les effets négatifs de la division du travail fondée sur le genre, mais il faut s'en abstenir. Effectivement, lorsque les possibilités d'occuper un emploi salarié s'élargissent pour les femmes, celles-ci voient leur autonomie augmenter d'autant. Toutefois, les femmes touchent souvent un salaire inférieur à celui des hommes pour effectuer les mêmes tâches qu'eux.

LE SAVOIR AU SERVICE DE LA PRATIQUE POLITIQUE

Les inégalités structurelles de genre entre les femmes et les hommes contribuent à la subordination des femmes. Or, celles-ci déploient des efforts pour amoindrir les effets négatifs de ces structures dans les domaines politique et économique. Un grand nombre des améliorations apportées à leur vie sont le produit du travail des femmes elles-mêmes au sein des organisations non gouvernementales et des mouvements sociaux. Leur action s'appuie fréquemment sur le savoir émancipateur féministe (il pourrait être utile ici de revoir la section qui aborde le savoir émancipateur).

En 1975, l'ONU a organisé à Mexico une conférence officielle sur les femmes, qui a d'ailleurs inauguré la Décennie des Nations Unies pour la femme (1976-1985). Ce fut là la première d'une série de conférences intergouvernementales officielles sur les femmes, qu'a parrainées l'ONU. C'est surtout grâce au travail d'organisation des femmes dans le monde que l'ONU a inscrit à son ordre du jour des questions qui les concernent. Au début de cette décennie, les femmes des pays du Nord ont pris en main le travail d'organisation et ont donné la priorité aux questions économiques liées à l'emploi et à la rémunération. À la fin de la décennie, les femmes des pays du Sud ont commencé à se mobiliser pour faire face aux conséquences de la crise économique des années 1970 ; cette crise résultait de la hausse des prix des aliments et du pétrole sur les marchés internationaux et d'un repli de l'économie globale. Leur travail a abouti à la mise sur pied d'un réseau de femmes du Sud dénommé *Development Alternatives with Women for a New Era* (DAWN), qui s'applique à exercer des pressions politiques tout en s'appuyant sur le savoir féministe pour publier des analyses de l'incidence des politiques économiques globales sur les pays du Sud et plus particulièrement sur les femmes qui les habitent.

Des organisations non gouvernementales ont également tenu des conférences parallèles à l'occasion de chacune des conférences officielles de l'ONU sur les femmes. La participation à ces conférences est passée de 5000 personnes à Mexico, en 1975, à quelque 25 000 à Pékin, en 1995 (Jaquette, 2003, p. 336). C'est à la suite des pressions exercées par des groupes de femmes que l'ONU a accepté de ventiler ses données (par exemple, les indicateurs de qualité de vie) selon le sexe. La disponibilité des données est un facteur important qui favorise l'inscription de questions spécifiques à l'ordre du jour politique. L'adoption, en 1995, de l'indicateur sexospécifique de développement humain par le Programme des Nations Unies pour le développement (PNUD) a beaucoup contribué à l'amélioration du bien-être des femmes. De même, l'adoption, par l'ONU et d'autres **organisations intergouvernementales** internationales, d'une politique dite d'intégration de la dimension de genre (*gender mainstreaming,* en anglais) représente une autre mesure importante en faveur de l'égalité entre les femmes et les hommes. Les organisations qui appliquent cette politique sont tenues d'évaluer les effets sexospécifiques de tous les aspects de leurs prises de décisions (voir l'encadré « Pour en savoir plus », ci-dessous).

En 1996, l'Organisation internationale du travail a adopté une convention qui définit des normes internationales applicables au travail à domicile. L'adoption de ces normes a été l'aboutissement du travail d'organisation réalisé par la Self-Employed Women's Association (SEWA) et des pressions qu'elle a exercées. La SEWA est un syndicat établi en Inde qui regroupe des femmes

---

POUR EN SAVOIR PLUS

L'indicateur sexospécifique de développement humain et l'intégration de la dimension de genre

L'indicateur sexospécifique de développement humain mesure le développement des pays au moyen des indicateurs de l'indice de développement humain (l'alphabétisation, l'espérance de vie, la fréquentation scolaire et le revenu). Ces données sont ventilées selon le genre pour brosser un portrait du développement d'un pays, après ajustement des degrés d'inégalité entre les femmes et les hommes. Cet indice s'appuie sur la prémisse fondamentale suivante : plus le degré d'inégalité entre les femmes et les hommes est élevé, plus ce déséquilibre a un effet négatif sur la qualité du développement d'un pays. Il révèle également que certains États dont l'indice de développement humain est élevé peuvent néanmoins présenter une forte inégalité entre les femmes et les hommes.

À titre de stratégie globale visant à instaurer l'égalité entre les femmes et les hommes, l'intégration de la dimension de genre a été établie en 1995, dans le cadre du Programme d'action de Pékin, et ratifiée par tous les États membres de l'ONU. Elle constitue la politique officielle de l'ONU, de l'Union européenne, de l'Organisation des États américains et de diverses autres organisations gouvernementales et intergouvernementales. Elle prévoit l'examen et la révision des processus politiques dans tous les domaines gouvernementaux en vue d'éliminer les disparités fondées sur le genre que comportent la formulation et la mise en œuvre des politiques publiques.

(True, 2003)

travaillant à domicile et pratiquant des activités commerciales à petite échelle.

Grâce au travail des groupes de femmes présents lors des diverses conférences de l'ONU, certaines des idées analysées ici se sont trouvées au centre de différentes propositions féministes. Entre autres, le militantisme des femmes a remis en question les **structures** politiques hiérarchiques. Par la suite, des organisations non gouvernementales ont mis en pratique certaines formes de démocratie participative et fait entrer des idées féministes dans les débats politiques de fond tenus au sein de plusieurs organisations internationales. En s'appuyant sur le savoir féministe, les femmes actives dans les organisations non gouvernementales et dans les mouvements sociaux jouent un rôle important, car elles incitent les organisations internationales et les gouvernements nationaux à adopter des politiques qui favorisent l'égalité des femmes et des hommes.

POUR EN SAVOIR PLUS

Les faits marquants dans l'histoire de l'organisation des femmes

1975	Première conférence mondiale des Nations Unies sur les femmes, Mexico, Mexique.
1976-1985	Décennie des Nations Unies pour la femme.
1979	La Convention sur l'élimination de toutes les formes de discrimination à l'égard des femmes est adoptée par l'Assemblée générale de l'ONU.
1980	Deuxième conférence mondiale des Nations Unies sur les femmes, Copenhague, Danemark.
1985	Conférence mondiale chargée d'examiner et d'évaluer les résultats de la Décennie des Nations Unies pour la femme, Nairobi, Kenya.
1995	Quatrième conférence mondiale des Nations Unies sur les femmes, Pékin, Chine.
1996	L'intégration de la dimension de genre devient la politique officielle des Nations Unies à la suite de son adoption par l'Assemblée générale.
2000	Session extraordinaire: «Les femmes en l'an 2000: égalité entre les sexes, développement et paix pour le XXIᵉ siècle», siège de l'ONU, New York, États-Unis.
2005	Examen et évaluation de la conférence mondiale de 1995 sur les femmes à Pékin et de la session extraordinaire tenue en 2000, Commission de la condition de la femme, 49ᵉ session, ONU, New York, États-Unis.

À RETENIR

- Une grande partie du succès obtenu sur la voie de l'égalité de genre est attribuable à des femmes qui œuvrent au sein d'organisations non gouvernementales et de mouvements sociaux. Elles sont ainsi parvenues à inscrire des questions concernant les femmes à l'ordre du jour politique de l'ONU et d'autres organisations intergouvernementales.

- Les féministes estiment que le savoir féministe contribue utilement à l'amélioration de la vie des femmes. De nombreux mouvements sociaux féministes s'appuient sur un tel savoir émancipateur.

- L'ONU a commencé à ventiler ses données selon le genre, ce qui représente une importante mesure pour l'amener à inscrire à son ordre du jour des questions concernant les femmes. Les données jouent un rôle crucial dans les efforts déployés pour cerner des problèmes et obtenir des changements. L'adoption de l'indicateur sexospécifique de développement humain a contribué à mettre en lumière les problèmes les plus graves et à repérer les améliorations apportées.

- L'intégration de la dimension de genre (communément connue en anglais sous le nom de *gender mainstreaming*) est une politique d'évaluation des lois qui détermine si celles-ci sont susceptibles de favoriser ou non l'égalité des sexes. Cette politique a été adoptée par diverses organisations intergouvernementales, comme l'ONU, et par certains gouvernements nationaux signataires de la Convention sur l'élimination de toutes les formes de discrimination à l'égard des femmes (CEDEF), élaborée par l'ONU.

CONCLUSION

À partir de quelques conceptions féministes, on a pu voir comment le genre structure la politique mondiale. On a d'abord situé la place que les approches féministes en relations internationales occupent dans la théorie féministe en général, puis on a proposé une définition féministe de l'identité de genre. Les féministes qui s'intéressent aux relations internationales tentent de mieux comprendre pourquoi les femmes ne sont pas visibles en politique globale et pourquoi elles sont économiquement désavantagées par rapport aux hommes dans toutes les sociétés. Elles étudient également des questions plus vastes qui traitent de l'influence que l'identité de genre et la politique globale exercent l'une sur l'autre. L'adoption du genre comme catégorie d'analyse révèle bien à quel point les traits associés à la masculinité sont particulièrement valorisés en politique globale, notamment en ce qui concerne la sécurité nationale. Les féministes proposent une définition plus large de la sécurité, qui ne se limite pas à la sécurité de l'État et qui englobe aussi la sécurité physique et économique des individus. Les faits observés indiquent que les femmes, en tant que groupe, éprouvent une certaine insécurité économique simplement parce qu'elles sont des femmes. Selon les féministes qui s'intéressent aux relations internationales, l'explication d'une telle situation réside dans la division du travail fondée sur le genre. Des présomptions différentes à propos du sens du travail des femmes et de celui des hommes se traduisent par le fait que les femmes occupent des emplois peu rétribués et assument une plus grande partie des tâches non rémunérées à la maison.

Le féminisme en relations internationales apporte une contribution originale à la réflexion sur la formulation de politiques globales et sur le fonctionnement de l'économie globale. Cela ne signifie pas que le féminisme est en mesure d'énoncer tout ce qu'il importe de savoir au sujet de la politique globale; cependant, il faut certainement noter que, puisque tous les acteurs globaux ont une identité de genre, celle-ci est dès lors présente dans toutes les dynamiques globales. C'est pourquoi, alors qu'il est possible de séparer le **réalisme** du **libéralisme** ou du **marxisme**, il est difficile de séparer de la même façon les conceptions féministes des autres approches en relations internationales. Le féminisme en relations internationales fait néanmoins fond sur différentes conceptions théoriques dont on tient compte dans ce domaine, comme le libéralisme, le constructivisme et le postmodernisme. À cet égard, une autre question mérite réflexion : dans quelle mesure le fait d'envisager ces autres conceptions selon une perspective de genre nous aide-t-il à les comprendre différemment ?

QUESTIONS

1. Que signifie la différence établie par les théories féministes entre l'identité sexuelle et l'identité de genre ?

2. Expliquez ce qu'entendent les féministes par la notion de construction sociale du genre.

3. Quelles questions fondamentales soulèvent les analyses féministes en relations internationales ?

4. Pensez-vous que le rôle des femmes (en tant qu'épouses de diplomates et de soldats, femmes de ménage, travailleuses du sexe, femmes au foyer et travailleuses à domicile) est pertinent dans l'analyse de la politique internationale ?

5. Le mythe sur la guerre conduite pour défendre les femmes et les enfants vous convainc-t-il ?

6. Quelle critique en font les féministes ?

7. Donnez quelques exemples d'une analyse féministe de la guerre.

8. Définissez la notion de sécurité selon une perspective féministe.

9. Comment la division internationale du travail fondée sur le genre accentue-t-elle la subordination des femmes dans le monde ? Comment contribue-t-elle au succès relatif des hommes ?

10. Le féminisme représente-t-il une théorie à part en relations internationales ?

Lectures utiles

Bilge, S., « Théorisations féministes de l'intersectionnalité », *Diogène*, n° 225, 2009, p. 70-88. Une présentation de la notion d'intersectionnalité, soit l'entrelacement du genre, de l'ethnie et de la classe selon la perspective féministe.

Chung, R., « Perspectives féministes en éthique des relations internationales », *La revue du CREUM*, vol. 3, n° 2, 2008, p. 104-117. Cet article inspiré des travaux d'Ann J. Tickner défend une plus grande justice globale.

Curiel, O., « Critique postcoloniale et pratiques politiques du féminisme antiraciste », *Mouvements*, n° 51, 2007, p. 119-129. Un panorama historique du féminisme postcolonial et des questions théoriques qu'il soulève.

D'Aoust, A.-M., « Les approches féministes en relations internationales », dans A. MacLeod et D. O'Meara (dir.), *Théories des relations internationales. Contestations et résistances*, Montréal, Athéna Éditions, 2007, p. 281-304. Une introduction substantielle aux principales variantes du féminisme, suivie d'une analyse féministe de la guerre en Iraq.

Desai, M., « Le transnationalisme : nouveau visage de la politique féministe depuis Beijing », *Revue internationale des sciences sociales*, n° 184, 2005, p. 349-361. Une étude sur la transnationalisation des mouvements féministes actuels.

Guérin, I., J. Palier et B. Prévost (dir.), *Femmes et microfinance : espoirs et désillusions de l'expérience indienne*, Paris, Archives contemporaines, 2009. Une analyse de la problématique du microcrédit, notamment selon la notion d'*empowerment* (autonomisation des femmes), dans le contexte indien.

Jacquot, S., « La fin d'une politique d'exception. L'émergence du *gender mainstreaming* et la normalisation de la politique communautaire d'égalité entre les femmes et les hommes », *Revue française de science politique*, vol. 59, n° 2, 2009, p. 247-277. Cet article aborde la problématique de l'intégration de la notion de genre dans le cas de l'Union européenne.

Jenson, J. et É. Lépinard, « Penser le genre en science politique », *Revue française de science politique*, vol. 59, n° 2, 2009, p. 183-201. Une analyse des différentes facettes de la notion de genre, allant de son usage dans les mobilisations féministes à ses incidences politiques.

Rioux, J.-S. et J. Gagné (dir.), *Femmes et conflits armés. Réalités, leçons et avancement des politiques*, Québec, Presses de l'Université Laval, 2005. Un ouvrage collectif sur les divers rôles des femmes en situation de guerre, que ce soit en tant que combattantes, militantes pacifistes ou gardiennes de la famille et de la communauté.

Robinson, L. S., « " Sex and the City " : la prostitution à l'ère des migrations mondiales », *Recherches féministes*, vol. 15, n° 2, 2002, p. 41-63. Une étude sur les motivations économiques des prostituées migrantes à l'ère de la globalisation ainsi que sur le tourisme sexuel.

Notes

1. Je tiens à remercier Angela McCracken pour son aide précieuse dans la recherche effectuée pour mettre au point ce chapitre et l'étude de cas.

2. Près de la moitié du nombre total des personnes déplacées dans le monde sont des femmes. Les enfants âgés de moins de 18 ans représentent 44 % des réfugiés et des demandeurs d'asile, alors qu'environ 10 % des réfugiés, des demandeurs d'asile ou des personnes déplacées à l'intérieur d'un pays sont des enfants âgés de moins de 5 ans (Haut-Commissariat des Nations Unies pour les réfugiés, *Tendances mondiales en 2008 : réfugiés, demandeurs d'asile, rapatriés, personnes déplacées à l'intérieur de leur pays et apatrides*, 2009 ; voir le rapport complet à l'adresse suivante : http://www.unhcr.fr/4af93d346.html).

3. Ce phénomène est signalé dans Lizza, R., « The Invasion of the Alpha Male Democrat », *The New York Times*, 7 janvier 2007.

4. Cette moyenne mondiale est approximative. Voir le document de l'OIT, « Facts on Women at Work », sans date, disponible à l'adresse suivante : www.ilo.org/public/english/region/eurpro/budapest/download/womenwork.pdf.

Chapitre 17

LE DROIT INTERNATIONAL

Christian Reus-Smit

GUIDE DE LECTURE

Le présent chapitre porte sur la pratique du droit international moderne et sur les débats concernant sa nature et son efficacité. Nous examinerons d'abord les raisons pour lesquelles les sociétés dans le monde se donnent des institutions, lesquelles sont apparues dans divers contextes historiques et sous différentes formes. Nous exposerons ensuite l'origine et la nature de l'institution moderne du droit international, ses liens étroits avec la pratique du multilatéralisme ainsi que la récente cosmopolitisation de l'ordre juridique global. Enfin, après une brève analyse des lois de la guerre, nous donnerons un aperçu des principales conceptions théoriques du droit international.

INTRODUCTION : LE PARADOXE DU DROIT INTERNATIONAL

En général, les étudiants en relations internationales estiment a priori que le **droit international** a peu d'influence sur les rouages de la politique internationale. Pour beaucoup, ce sont la **puissance** et les intérêts des **États** qui importent vraiment, alors que le droit est soit un outil aux mains des puissants, soit un simple objet de curiosité. Bien qu'un tel scepticisme à l'égard du droit soit très répandu, il est souvent contredit par le comportement des États. Si le droit international ne compte pas, pourquoi les États et d'autres acteurs consacrent-ils autant d'efforts à négocier de nouveaux régimes juridiques et à améliorer les régimes existants ? Pourquoi y a-t-il autant de débats internationaux sur la légalité du comportement des États, sur l'applicabilité des règles juridiques et sur les obligations juridiques qui incombent aux États ? Et pourquoi le respect du droit international est-il si répandu ?

Le présent chapitre traite de la pratique du droit international moderne et des débats sur sa nature et son efficacité. Il s'adresse surtout aux étudiants en politique internationale, mais il devrait aussi susciter l'intérêt des étudiants en droit qui souhaitent mieux connaître les fondements politiques du droit international. On s'appuie ici sur la prémisse selon laquelle le droit international doit être compris comme une **institution** internationale centrale, un ensemble de **normes**, de **règles** et de pratiques, que les États et d'autres acteurs ont créées afin de faciliter l'atteinte de divers objectifs sociaux, allant de l'**ordre** et de la **coexistence** à la justice et au développement humain. Il s'agit toutefois d'une institution aux racines historiques particulières qu'il est essentiel de comprendre pour bien en saisir les caractéristiques institutionnelles uniques.

L'ORDRE ET LES INSTITUTIONS

Les réalistes dépeignent les relations internationales comme une lutte pour la puissance ; ils les conçoivent comme un espace où les États se préparent constamment à des actes de violence organisés sous la forme d'une guerre, où ils sont activement engagés ou se remettent des suites de tels actes (Morgenthau, 1985, p. 52). Si la guerre a certainement constitué un trait récurrent de la vie internationale, elle n'en demeure pas moins un moyen brutal et profondément dysfonctionnel qu'emploient les États pour assurer leur **sécurité** ou favoriser leurs intérêts. C'est pourquoi les États ont consacré autant d'efforts à s'affranchir de la guerre qu'à s'y engager.

La création d'un minimum d'**ordre international** a été au cœur des préoccupations communes de la plupart des États, et ce, la plupart du temps, malgré tout (Bull, 1977, p. 8).

Afin d'instaurer un ordre international, les États ont créé des institutions dont la portée est globale. Nombreux sont ceux qui confondent souvent les institutions et les organisations et qui utilisent à tort les deux termes de façon interchangeable. Les institutions internationales sont habituellement définies comme des ensembles de normes, de règles et de pratiques qui prescrivent des comportements, restreignent les activités et orientent les attentes (Keohane, 1989a, p. 3). Les **organisations internationales**, comme l'ONU, sont des corps constitués ayant leur propre siège social, leur personnel et du papier à en-tête. Une institution internationale peut remplir son rôle sans pour autant être pourvue d'une **structure** organisationnelle : la Convention d'Ottawa sur l'interdiction des mines antipersonnel est une institution créée en 1997 pour laquelle aucun siège social n'a été établi. De nombreuses institutions disposent toutefois des dimensions organisationnelles. L'Organisation mondiale du commerce (autrefois dénommée Accord général sur les tarifs douaniers et le commerce) est une institution dotée d'une structure organisationnelle très ferme. Alors que les institutions peuvent se maintenir sans une telle structure, les organisations internationales ne peuvent exister sans un cadre institutionnel, car leur existence même s'appuie sur la présence préalable d'un ensemble de normes, de règles et de principes qui les autorisent à agir et qu'elles sont chargées de défendre. Si les États n'avaient jamais négocié la Charte des Nations Unies, l'ONU n'aurait jamais vu le jour.

Dans la **société internationale** moderne, les États ont créé des institutions selon trois niveaux. Il y a d'abord des institutions constitutionnelles fondamentales, comme le principe de **souveraineté**, qui définissent les conditions d'un État légitime. Sans l'institution de la souveraineté, le monde actuel des États indépendants, ainsi que la politique internationale qui en découle, n'existeraient tout simplement pas. Les États ont également créé des institutions fondamentales, comme le droit international et le **multilatéralisme**, qui leur procurent les règles et les pratiques de base façonnant la manière de résoudre les problèmes de **coopération** et de **coordination**. Il s'agit de structures, de techniques et de normes institutionnelles que les États et d'autres acteurs invoquent et emploient pour atteindre des objectifs communs ou concilier des intérêts contradictoires. Enfin, les États ont mis au point des institutions ou des **régimes** à vocation spécifique, comme le Traité sur la non-prolifération des armes nucléaires (TNP), qui promulgue des pratiques institutionnelles fondamentales dans des domaines particuliers des relations entre les États. Le TNP est une expression concrète des pratiques du droit international et du multilatéralisme en matière de contrôle des armements.

POUR EN SAVOIR PLUS
Les trois niveaux d'institutions internationales

Les institutions constitutionnelles

Les institutions constitutionnelles englobent les normes et les règles primordiales de la société internationale, sans lesquelles la coexistence d'États souverains serait impossible. La plus couramment reconnue de ces normes est celle de la souveraineté, qui stipule que, à l'intérieur de l'État, le pouvoir et l'autorité sont centralisés et hiérarchisés et que, à l'extérieur de l'État, il n'existe aucune autorité supérieure. La norme de souveraineté s'appuie sur une gamme de normes auxiliaires, comme le droit à l'autodétermination et la norme de non-intervention.

Les institutions fondamentales

Les institutions fondamentales reposent sur les assises qu'offrent les institutions constitutionnelles. Elles représentent les normes et les pratiques de base que les États souverains utilisent pour faciliter la coexistence et la coopération en situation d'anarchie internationale. Ce sont les pratiques rudimentaires vers lesquelles se tournent les États lorsqu'ils cherchent à collaborer ou à coordonner leur action. Les institutions fondamentales ont varié d'un système d'États historique à l'autre, mais, dans le système international moderne, les pratiques institutionnelles fondamentales les plus importantes sont le droit international et le multilatéralisme.

Les institutions ou régimes à vocation spécifique

Les institutions ou régimes à vocation spécifique sont les plus visibles ou les plus tangibles de toutes les institutions internationales. Elles représentent les ensembles de règles, de normes et de **processus de prise de décisions** que les États établissent pour définir l'identité des acteurs légitimes et la nature d'une action légitime dans un domaine donné de la vie internationale. Parmi de tels régimes figurent le Traité sur la non-prolifération des armes nucléaires, la Convention-cadre des Nations Unies sur les changements climatiques, la Convention d'Ottawa sur l'interdiction des mines antipersonnel et le Pacte international relatif aux droits civils et politiques. Il importe de noter que les institutions ou régimes à vocation spécifique constituent des applications concrètes, dans des domaines spécifiques, de pratiques institutionnelles fondamentales, comme le droit international et le multilatéralisme.

Ainsi, pour faciliter la coopération, les États mettent sur pied des institutions internationales qui relèvent de trois niveaux dans la société internationale moderne : les institutions constitutionnelles, les institutions ou régimes à vocation spécifique et les institutions fondamentales, dont il sera particulièrement question ici (voir l'encadré ci-contre). Les institutions fondamentales sont les règles élémentaires de fonctionnement que les États établissent afin de résoudre les problèmes de coordination et de **collaboration** qu'entraîne la coexistence au sein de l'**anarchie** (Reus-Smit, 1999, p. 14). La société internationale moderne se caractérise par l'existence d'un large éventail de ces institutions, dont le droit international, le multilatéralisme, le bilatéralisme, la **diplomatie** et la gestion assurée par les grandes puissances. Depuis le milieu du XIXe siècle, ce sont spécifiquement le droit international et le multilatéralisme qui ont édifié le cadre général dans lequel s'inscrivent la coopération internationale et la recherche de l'ordre.

À RETENIR

- Les États sont fortement incités à gérer les sources d'insécurité issues de l'anarchie par la mise sur pied d'institutions internationales.

- Les États affrontent des problèmes de coordination et de collaboration qui leur sont communs, mais la coopération demeure difficile dans l'anarchie.

- L'une des institutions fondamentales les plus importantes est le droit international.

L'INSTITUTION MODERNE DU DROIT INTERNATIONAL

Les origines

Le système juridique international contemporain est un artefact historique, ce qui signifie non pas qu'il est inadéquat dans la situation actuelle, mais bien qu'il est profondément structuré par les conditions sociales et politiques de la modernité. À l'instar de la plupart des institutions d'aujourd'hui, il porte la marque des révolutions de la pensée et de la pratique sociales qui, à partir du XVIIIe siècle – et plus particulièrement de la Révolution française en 1789 –, ont transformé le paysage politique en Europe et ensuite dans le reste du monde. D'éminents penseurs, comme Hugo Grotius (1583-1645) et Emerich de Vattel (1714-1767), sont souvent appelés les pères du droit international. Quant à la paix d'Augsbourg (1555) et aux traités de Westphalie (1648) et d'Utrecht (1713), ils sont considérés comme des jalons dans le développement du droit public international (voir l'encadré ci-dessous). Néanmoins, malgré l'importance de ces figures et de ces moments historiques, le système juridique international moderne n'a acquis bon nombre de ses traits distinctifs qu'au XIXe siècle.

L'actuel système international puise ses origines en **Europe**. Avant le XIXe siècle, la grande majorité des États européens étaient des monarchies. Les rois et les reines qui dirigeaient ces États justifiaient leur pouvoir en invoquant la doctrine du droit divin, selon laquelle les monarques étaient investis de leur autorité par la volonté directe de Dieu (Bodin, 1967, p. 40). À cette époque, le droit était généralement compris comme la prérogative d'un supérieur légitime : l'humanité dans son ensemble,

---

Les grands traités juridiques constitutifs

Au cours des cinq derniers siècles, la nature et l'ampleur de la société internationale ont été façonnées par une suite d'instruments juridiques internationaux qui ont défini la nature du statut d'État légitime, la portée de l'autorité souveraine et les limites de l'action étatique juste, tant nationale qu'internationale. Voici quelques-uns de ces instruments les plus importants.

La paix d'Augsbourg, 1555

Elle mit fin, en Allemagne, aux hostilités entre les catholiques et les protestants, déclenchées à la suite de la Réforme. Cette paix donna à tous la liberté de choisir entre les deux religions et en assura la coexistence pacifique pendant plus d'une cinquantaine d'années.

Les traités de Westphalie, 1648

Les traités signés à Osnabrück et à Münster, qui forment ensemble la paix de Westphalie, ont mis fin à la guerre de Trente Ans (1618-1648) et ont joué un rôle crucial dans la délimitation de l'autorité et des droits politiques des monarques européens. Ils ont accordé à ces derniers le droit de maintenir une armée permanente, de construire des fortifications et de prélever des impôts.

Les traités d'Utrecht, 1713

Les traités d'Utrecht, qui ont mis un terme à la guerre de Succession d'Espagne (1701-1714), ont consolidé le passage à la souveraineté territoriale en Europe. Les traités de Westphalie avaient peu contribué à la définition de la dimension territoriale des droits souverains, soit le domaine géographique auquel ces droits pouvaient s'appliquer. En établissant que des frontières territoriales fixes, plutôt que l'étendue des liens familiaux, devaient déterminer la portée de l'autorité souveraine, les traités d'Utrecht ont rempli une fonction vitale dans la création d'un rapport entre l'autorité souveraine et les frontières territoriales.

Le traité de Paris, 1814

Le traité de Paris a mis fin aux guerres napoléoniennes (entre 1799 et 1815) et a préparé le terrain pour le congrès de Vienne (1814-1815). Il a ensuite défini la nature du règlement post-guerres napoléoniennes et, en fin de compte, a donné lieu au Concert européen. Ce dernier a souvent été considéré comme le principal artisan de l'endiguement des guerres entre les grandes puissances pendant la majeure partie du XIXe siècle. Il a aussi joué un rôle notable en tant qu'institution ayant maintenu l'autorité monarchique et combattu les mouvements libéraux et nationalistes en Europe.

Le traité de paix de Versailles, 1919

Le traité de Versailles a officiellement mis un terme à la Première Guerre mondiale (1914-1918). Il a mené à la création de la Société des Nations, a précisé les droits et les obligations des puissances victorieuses et défaites (y compris le régime de réparations imposé à l'Allemagne) et a instauré le système des mandataires. Par ce système, les pays avancés se sont vu confier une tutelle juridique qu'ils pouvaient exercer sur les peuples coloniaux.

La Charte des Nations Unies, 1945

La Charte des Nations Unies est le régime juridique qui a mis sur pied l'ONU en tant que seule organisation supranationale dans le monde. Elle définit la structure de l'ONU, les pouvoirs de ses institutions constitutives ainsi que les droits et les obligations des États souverains qu'elle vise par la Charte. Elle représente le document juridique fondamental qui prévoit que le recours à la force est limité aux seuls cas de légitime défense et d'imposition collective de la paix, telle qu'autorisée par le Conseil de sécurité de l'ONU.

La Déclaration sur l'octroi de l'indépendance aux pays et aux peuples coloniaux, 1960

Bien que ce ne soit pas un document juridiquement contraignant, la résolution 1514 (xv) de l'Assemblée générale de l'ONU a marqué la délégitimation normative du colonialisme européen. Elle a joué un rôle vital dans l'établissement du droit à l'autodétermination, qui a lui-même facilité la décolonisation générale des **empires** européens.

y compris les monarques, était assujettie à la loi de Dieu et à la loi naturelle, qui incarnaient toutes deux le commandement de Dieu. Les sujets d'un État particulier étaient aussi régis par la loi municipale, qui relevait du commandement des monarques, eux-mêmes se trouvant au-dessus de cette loi. De telles idées au sujet de la divinité, de l'autorité et de la loi ont exercé une profonde **influence** sur le droit international à ses débuts. Dérivé de la loi naturelle, le droit international était compris comme un ensemble de principes de source divine encadrant la conduite des États et accessible à tous ceux qui étaient doués de raison. Les monarques européens étaient obligés de respecter le droit international, non pas parce qu'ils avaient conclu ensemble une entente contractuelle en ce sens – du moins, ce n'était pas la raison première –, mais bien par fidélité à Dieu (Grotius, 1925, p. 121).

À la fin du XVIIIe siècle et au début du XIXe siècle, la légitimité de l'État absolutiste a été remise en cause par les principes du **libéralisme** et du **nationalisme**. Durant la deuxième moitié du XIXe siècle, les États européens ont subi de profondes transformations internes, alors que les principes du constitutionnalisme et de la souveraineté populaire ont affaibli l'autorité des monarques, accordé plus de pouvoirs aux institutions parlementaires et élargi le droit de vote. Ces transformations ont donné lieu à une nouvelle conception de la loi, soit la loi en tant qu'accord réciproque. La loi était considérée comme légitime dans la mesure où elle était formulée par les personnes qui lui étaient assujetties, ou par leurs représentants, et où elle s'appliquait également à tous les citoyens dans toutes les circonstances analogues. Après que les principaux États européens furent parvenus à établir fermement une telle conception de la loi, celle-ci a commencé à s'insinuer dans les relations entre les États et a ainsi favorisé l'apparition du droit international contractuel, ou de ce qui est souvent dénommé le droit positif. Le droit international était désormais vu comme le produit de négociations entre des États souverains, et non comme le commandement de Dieu. Ainsi, les États étaient tenus de respecter ce droit, non pas par fidélité à Dieu, mais parce qu'ils avaient conclu des accords mutuellement contraignants avec d'autres États et que le droit international représentait la volonté réciproque des pays concernés (Von Martens, 1795, p. 47-48).

Déterminée par ces forces historiques, l'institution moderne du droit international a acquis quatre traits distinctifs : une forme multilatérale de législation, une forme d'obligation juridique fondée sur le consentement, un langage particulier de raisonnement et d'argumentation ainsi qu'un vigoureux discours sur l'autonomie institutionnelle (voir l'encadré ci-contre).

POUR EN SAVOIR PLUS

Quelques caractéristiques de l'institution moderne du droit international

La législation multilatérale

Le principal mécanisme qu'utilisent les États modernes pour légiférer en matière de droit international est la diplomatie multilatérale, couramment définie comme une coopération entre au moins trois États, qui vise la formulation de règles de conduite mutuellement contraignantes ou qui se fonde sur ces règles.

Le consentement et l'obligation juridique

Une norme du système juridique international moderne prévoit que les États sont obligés d'observer des règles juridiques, parce qu'ils ont consenti à les adopter. Un État qui n'a pas donné son consentement à l'adoption des règles d'un traité juridique spécifique n'est pas tenu de les respecter. La seule exception à cet égard concerne les règles du droit coutumier international ; cependant, même dans ce cas, un consentement indirect ou tacite joue un rôle important dans la détermination des règles particulières ayant un statut coutumier.

Le langage et la pratique de la justification

Le droit international moderne se caractérise par une forme distinctive d'argumentation, de justification ou de raisonnement. Cette pratique fait appel à la fois à la rhétorique et à l'analogie.

Le discours sur l'autonomie institutionnelle

Durant maintes périodes historiques et dans de nombreux milieux sociaux et culturels, les domaines politique et juridique ont été étroitement liés. La conception absolutiste de la souveraineté, par exemple, a réuni ces deux domaines dans la personne du souverain. À l'époque moderne, par contre, les domaines politique et juridique sont considérés comme radicalement différents, chacun ayant sa propre logique et son propre cadre institutionnel. Sur le plan national, cette situation anime les idées formulées au sujet de la séparation constitutionnelle des pouvoirs, alors que, sur le plan international, elle favorise la notion selon laquelle la politique internationale et le droit international sont des sphères d'action sociale distinctes. Elle a eu une incidence sur l'évolution non seulement des relations internationales et du droit international en tant que champs d'études, mais aussi des pratiques des États.

La législation multilatérale

Si la législation fait l'objet d'une définition large, en tant que formulation et promulgation de normes ou de règles juridiquement contraignantes, alors il en découle que la législation du droit international évolue d'une manière officielle et officieuse. De nouvelles normes et règles apparaissent constamment par l'entremise des arguments non officiels, de l'apprentissage social et des pratiques répétées des États et des **acteurs non étatiques**. Par exemple, un grand débat est en cours au sujet de l'apparition de nouvelles normes juridiques qui viendraient restreindre la **souveraineté de l'État** et autoriser une **intervention humanitaire**. Ces normes changent, certes, mais les dynamiques en cause sont loin d'avoir abouti à leur conclusion. Si elles parviennent à se consolider, ce sera moins le résultat d'une codification juridique officielle que d'un débat normatif persistant et d'une réinterprétation des normes juridiques existantes. Des processus comme ceux-là revêtent une importance cruciale, car ils représentent l'un des principaux moyens par lesquels les normes coutumières du droit international se transforment. Les normes coutumières constituent une catégorie particulière du droit international. Elles jouissent d'un statut normatif si élevé dans la communauté des États qu'elles sont considérées comme contraignantes pour tous, peu importe qu'ils aient donné leur consentement ou non. Un grand nombre des règles qui régissent la compétence territoriale, la liberté des mers et l'immunité diplomatique des États sont coutumières, et la plupart d'entre elles sont issues de processus non officiels (Byers, 1999, p. 3).

En plus de ces moyens d'élaborer des lois, les États ont également mis au point des méthodes législatives plus officielles, dont la plus distinctive est la pratique du multilatéralisme. Avant les guerres napoléoniennes (entre 1799 et 1815), le multilatéralisme était une institution relativement marginale. Les États adoptaient certainement des pratiques qui liaient au moins trois d'entre eux. Toutefois, ces pratiques résultaient souvent de la mise en commun d'accords bilatéraux (comme les traités de paix de Westphalie et d'Utrecht) et s'appuyaient rarement sur des règles de conduite mutuellement contraignantes, qui constituent la marque d'un véritable multilatéralisme (Ruggie, 1993). Ce n'est qu'au XIXe siècle, alors que le libéralisme a commencé à transformer les constitutions nationales des grandes puissances européennes, que le multilatéralisme est devenu le mode privilégié de législation internationale. Or, la loi était légitime uniquement dans la mesure où les personnes qui lui étaient assujetties l'avaient établie et où elle s'appliquait également à tous les sujets dans toutes les circonstances. Il fallait donc trouver un moyen international de légiférer, qui se conformerait à de telles conditions. Ce fut dans ce contexte que le multilatéralisme s'est imposé. Ainsi, les nouvelles conceptions du droit international sont étroitement liées à l'essor du multilatéralisme, et il n'est pas étonnant que les XIXe et XXe siècles aient favorisé une multiplication spectaculaire des traités multilatéraux.

Le consentement et l'obligation juridique

Grotius a écrit que les États sont obligés de respecter la loi des pays – en sus de la loi naturelle et de la loi de Dieu – même s'ils n'ont fait aucune promesse en ce sens (1925, p. 121). La fidélité à Dieu était la source suprême de toutes les obligations juridiques à l'ère de l'absolutisme, et le consentement, bien qu'important, en était une source auxiliaire. La situation à cette époque présente un vif contraste avec celle qui prévaut aujourd'hui, où le consentement est vu comme la principale source des obligations juridiques internationales (Henkin, 1995, p. 27). Le consentement est prépondérant dans une grande partie du discours contemporain sur le droit international. Les dirigeants politiques invoquent souvent leur consentement, ou son absence, pour manifester leurs droits souverains. De plus, des voix critiques s'appuient sur l'existence du consentement d'un État pour reprocher au gouvernement de cet État de ne pas avoir respecté ses obligations en vertu du droit international.

Deux facteurs viennent toutefois complexifier le statut du consentement en tant que principale source des obligations juridiques internationales modernes. Tout d'abord, les États sont, en réalité, contraints par des règles auxquelles ils n'ont pas donné leur consentement officiel, surtout les règles du **droit international coutumier**. Lorsqu'ils veulent déterminer si une norme constitue un élément du droit coutumier, les chercheurs et les juristes s'emploient à repérer le respect général de la norme et de l'*opinio juris*, soit la reconnaissance par les États du fait qu'ils appliquent la norme, parce qu'elle fait partie du droit (Price, 2004, p. 107). Il s'agit là de deux indications présumées d'un consentement tacite. Toutefois, comme les critiques du libéralisme le disent depuis longtemps, un consentement tacite n'est pas identique à un consentement explicite, et déduire un consentement tacite à partir d'un comportement conforme à une norme est un exercice parsemé d'obstacles. Ensuite, la notion suivant laquelle le consentement est la principale source des obligations juridiques internationales pose problème sur le plan philosophique (Reus-Smit, 2003). Comme l'a fait remarquer H. L. A. Hart, un éminent théoricien du droit, le consentement ne peut être une source d'obligation que s'il existe une règle préalable stipulant que la promesse de respecter des règles juridiques est contraignante. Cependant, puisque ce serait cette règle qui attribuerait au consentement son caractère normatif, le consentement ne peut être lui-même la source de la force impérative de cette règle préalable (1994, p. 225).

Le langage et la pratique de la justification

Outre ses formes distinctives de législation et d'obligation juridique, l'institution moderne du droit international se caractérise par une pratique et un langage particuliers de la justification. Au regard du rôle que le droit international joue dans la vie globale, il est clair que celui-ci constitue davantage qu'un impeccable ensemble de règles que des interprètes juridiques autorisés appliquent calmement et logiquement à des situations bien définies. Le droit international est très présent dans les débats politiques fondamentaux de la société internationale, où il structure les arguments avancés concernant ce qui est approprié et inapproprié, les limites de l'action légitime, l'autorité et l'appartenance, ainsi que toute la gamme des enjeux internationaux, allant de la gestion des pêches au recours à la force. Examinés de plus près, ces débats et cette argumentation révèlent leur forme distinctive.

D'abord, l'argumentation juridique internationale est rhétorique. Il est tentant de croire qu'une telle argumentation est strictement logique, qu'elle porte sur l'application objective et directe d'une règle dans une situation donnée. Cela reviendrait toutefois à fermer les yeux sur le rôle fondamental et inévitable que l'interprétation joue dans la détermination des règles à appliquer, de leur sens et de la nature de la cause en jeu. En fait, l'argumentation juridique semble aussi rhétorique qu'elle est logique. Comme l'a affirmé Friedrich Kratochwil, un expert en relations internationales :

> Les arguments juridiques portent sur l'identification et l'interprétation des normes et des procédures applicables, ainsi que sur la présentation des faits pertinents et sur leur évaluation. Les deux questions gravitent autour de la démarche visant à déterminer si une interprétation particulière d'un fait récurrent est acceptable plutôt que vraie. Par conséquent, la logique stricte joue un rôle mineur dans l'établissement de la loi.

> *(1989, p. 42)*

Ensuite, l'argumentation juridique internationale procède par analogie, c'est-à-dire qu'elle consiste à établir des similarités entre différents cas ou objets, en présence de dissemblances (frappantes) (Kratochwil, 1989, p. 223). Les acteurs internationaux raisonnent à partir d'analogies, et ce, de trois façons distinctes. Ils les utilisent pour interpréter une règle donnée (la règle A a été interprétée d'une façon particulière et, compte tenu de la logique appliquée, la règle B devrait être considérée de la même façon). Ils relèvent des similarités entre une catégorie d'action et une autre afin d'affirmer que la première est, ou non, régie par une règle (le cas C obéit à une règle et, compte tenu des similarités avec le cas D, celui-ci devrait aussi obéir à cette règle). Et ils invoquent des analogies pour déterminer le statut d'une règle par rapport à d'autres règles (la règle E a un statut coutumier et, puisque le même degré d'accord et de désaccord est manifeste dans le cas de la règle F, celle-ci devrait acquérir un statut coutumier également).

Le discours sur l'autonomie institutionnelle

Le dernier trait distinctif de l'institution moderne du droit international réside dans son vigoureux discours sur l'autonomie institutionnelle. Les étudiants en relations internationales sont habitués à considérer la politique et le droit comme des champs sociaux séparés, comme des domaines d'action humaine marqués chacun par une logique et des pratiques qui lui sont propres. De récentes études révèlent un fait intéressant : les acteurs politiques parlent et agissent régulièrement comme si, à un certain moment des négociations engagées ou à une certaine étape d'une crise, l'action passait du domaine politique au domaine juridique, où d'autres types d'arguments et de pratiques prévalent. Dans le domaine politique, la défense de ses propres intérêts et le recours à des pratiques coercitives à peine déguisées sont jugés légitimes bien que désagréables ; dans le domaine juridique, ce sont le raisonnement et l'argumentation juridiques qui deviennent la forme d'action légitime. Il suffit de comparer, par exemple, la stratégie des États-Unis à l'égard de l'Iraq, en 2003, selon qu'elle se déployait à l'intérieur ou à l'extérieur du Conseil de sécurité de l'ONU. Dans le premier cas, les arguments de Washington ont été circonscrits par les justifications juridiques disponibles ; dans le deuxième cas, les affirmations des États-Unis favorisaient davantage leurs propres intérêts et leurs pratiques étaient plus ouvertement coercitives.

Deux choses doivent être notées au sujet de ce discours sur l'autonomie institutionnelle. D'abord, considérer que les domaines politique et juridique sont séparés et distincts est un phénomène moderne. À l'époque des monarchies absolues en Europe, la politique et le droit fusionnaient dans la personne du souverain. L'un des traits de la

Le droit international est-il une expression de la domination occidentale ?

Selon une certaine perspective, le droit international est facilement dépeint comme une institution occidentale, voire impériale. Comme nous l'avons vu, ses sources se trouvent dans les mouvements intellectuels européens qui ont surgi aux XVIe et XVIIe siècles. Non seulement les idées qui circulaient alors s'inspiraient de conceptions de la loi naturelle, issues de la pensée grecque et romaine antique, mais elles établissaient aussi une distinction nette entre les lois internationales appropriées chez les peuples chrétiens et celles qui devaient régir les relations entre les chrétiens et les peuples du monde musulman, de l'Amérique et, plus tard, de l'Asie. Celles-là étaient fondées sur des présomptions relatives à l'égalité inhérente entre les peuples chrétiens et à la supériorité des chrétiens sur les non-chrétiens.

Une autre manifestation d'un tel parti pris occidental s'observe dans la norme de civilisation que les puissances européennes ont codifiée dans le droit international au XIXe siècle (Gong, 1984). Selon cette norme, les entités politiques non occidentales ne bénéficiaient d'une reconnaissance de souveraineté que si elles affichaient certaines caractéristiques politiques nationales et étaient disposées et aptes à participer aux pratiques diplomatiques qui avaient cours. La norme était fortement en faveur des institutions politiques et juridiques occidentales en tant que modèle accepté. À partir de cette norme, les puissances européennes ont procédé à une division des peuples du monde en sociétés dites « civilisées », « barbares » et « sauvages », division qui leur a servi à justifier une tutelle occidentale à divers degrés.

Nombreux sont ceux qui soutiennent que des a priori occidentaux caracté-risent encore aujourd'hui l'ordre juridique international. On évoque ici la domination anglo-européenne sur les institutions juridiques de pointe, dont le Conseil de sécurité des Nations Unies en particulier, et sur les droits humains internationaux. Cette domination imposerait un ensemble de valeurs occidentales concernant les droits individuels à des sociétés non occidentales étrangères à ces valeurs. Ces a priori convergeraient vers la question des interventions humanitaires. Les puissances occidentales sont accusées de se servir de leur position privilégiée au Conseil de sécurité et de brandir des normes en matière de droits humains dans le but d'intervenir dans la politique nationale de pays en développement plus faibles qu'eux.

Toutes ces critiques contiennent leur part de vérité. Cependant, la nature et le rôle du droit international en politique mondiale contemporaine sont plus complexes qu'il n'y paraît à première vue. Ainsi, au cœur du système juridique international moderne se trouve un ensemble de normes coutumières qui confirme l'égalité juridique de tous les États souverains ainsi que leur droit à l'autodéter-mination et à la non-intervention. Les États non occidentaux ont été les plus fervents partisans et défenseurs de ces normes juridiques essen-tielles ; leur survie en tant qu'entités politiques indépendantes repose sur le maintien ferme de ces prin-cipes. Ensuite, les peuples non occi-dentaux ont été plus étroitement as-sociés à la mise au point du régime international des droits humains qu'on ne le reconnaît généralement. La Déclaration universelle des droits de l'homme a résulté d'un dialogue interculturel résolu et systématique auquel ont participé des repré-sentants de toutes les principales cultures du monde (Glendon, 2002). Et le Pacte international relatif aux droits civils et politiques, souvent dépeint comme un reflet des valeurs occidentales, a été élaboré dans une large mesure par les États postco-loniaux nouvellement indépendants (Reus-Smit, 2001a). En outre, les droits humains internationaux sont devenus d'importantes ressources pour de nombreux peuples assu-jettis, dans leur lutte contre des gouvernements répressifs et des institutions comme le colonialisme.

pensée moderne, surtout libérale, réside dans la notion selon laquelle il faut dissocier le pouvoir politique et le pouvoir juridique. Pour ce faire, il faut confiner la politique aux pouvoirs exécutif et législatif et en restreindre l'interprétation et l'application des lois au domaine juridique. C'est ce trait qui sous-tend le principe constitutionnel moderne de la séparation des pouvoirs. Ensuite, admettre l'existence de domaines politique et juridique séparés en relations internationales renforce l'ordre international et est donc politiquement utile pour les États. Dans des conditions d'anarchie stricte, les relations internationales ne pourraient jouir d'une certaine discipline, d'une structure et d'un caractère prévisible sans les consensus suivants : la perception d'un domaine proprement juridique, la reconnaissance du fait qu'une gamme de questions, de pratiques et de processus sont régis par des règles et des procédures juridiques et la compréhension mutuelle du fait que certaines formes d'action sont favorisées ou inaccessibles dans le domaine juridique.

À RETENIR

- Le droit international moderne est un artefact historique, c'est-à-dire le produit des révolutions de la pensée et de la pratique qui ont transformé la gouvernance des États européens après la Révolution française (1789).

- Avant la Révolution française, soit à l'époque de l'absolutisme, la loi était principalement comprise comme le commandement d'un supérieur légitime et le droit international était vu comme un commandement de Dieu, issu de la loi naturelle. Au cours de la période moderne, le droit est peu à peu considéré comme l'objet d'un contrat liant des sujets de droit, ou leurs représentants, alors que le droit international est perçu comme l'expression de la volonté mutuelle des pays.

- En raison de ses origines historiques, l'institution moderne du droit international se caractérise par divers traits distinctifs, qui relèvent sensiblement des valeurs du libéralisme politique.

- Les traits les plus distinctifs de l'institution moderne du droit international résident dans sa forme multilatérale de législation, ses obligations juridiques fondées sur le consentement, son langage et sa pratique de la justification ainsi que son discours sur l'autonomie institutionnelle.

DU DROIT INTERNATIONAL AU DROIT SUPRANATIONAL ?

Dans la mesure où le droit international a surtout été conçu pour faciliter le maintien de l'ordre international, soit pour protéger les libertés négatives des États souverains – les libertés négatives étant l'absence de contraintes –, il est demeuré une institution relativement circonscrite, bien qu'essentielle. Cet état de fait s'est manifesté dans quatre caractéristiques du droit international, du moins jusqu'à il y a une trentaine d'années. Premièrement, les États étaient les principaux sujets du droit international, les principaux détenteurs de droits et d'obligations. Selon la conception classique, le droit international ne concerne que les États (Higgins, 1994, p. 40). Signée en 1933, la Convention de Montevideo sur les droits et les devoirs des États établit l'État comme un sujet du droit international, définit ce qui constitue un État et énonce les principaux droits et obligations des États (Weston *et al.*, 1990, p. 12). Deuxièmement, les États étaient les principaux agents du droit international, les seuls acteurs habilités à définir, à promulguer et à appliquer le droit international. Ce dernier était ainsi considéré comme un artefact de la pratique des États, et non comme la législation d'une **communauté** de l'humanité. Troisièmement, le droit international visait la réglementation des relations interétatiques. La façon dont les États interagissaient relevait des dispositions du droit international, mais pas leur action à l'intérieur des frontières territoriales, selon une distinction consacrée dans les deux normes internationales de l'**autodétermination** et de la non-intervention. Quatrièmement, la portée du droit international était (censément) circonscrite aux questions relatives à l'ordre et non à la justice. L'objectif essentiel du droit international était le maintien de la paix et de la stabilité, moyennant le respect mutuel de l'intégrité territoriale et de la compétence nationale de chaque État, tandis que les questions de justice distributive et la protection des droits humains fondamentaux échappaient à son emprise.

Au cours des dernières décennies, les États se sont efforcés d'aller au-delà de la simple recherche de l'ordre international et se sont tournés vers un objectif ambitieux, mais diffus : la **gouvernance globale**. Le droit international a alors connu quelques changements assez fascinants. D'abord, bien que les États demeurent au cœur du système juridique international (Higgins, 1994, p. 39), des individus, des groupes et des organisations sont de plus en plus reconnus comme des sujets du droit international. L'instauration d'un vaste corpus de droits humains internationaux, étayé par des mécanismes d'application en évolution, a conféré aux individus et à certaines collectivités, comme des groupes minoritaires et des peuples autochtones, des droits manifestes en vertu du droit international. Et les récentes décisions de tenir des individus criminellement responsables de violations de ces droits révèlent bien les obligations nettes qui incombent à chacun en ce qui concerne le respect des droits humains fondamentaux. Pensons à la mise sur pied des cours pénales chargées de juger les crimes de guerre perpétrés au Rwanda et dans l'ex-Yougoslavie, à la création d'une nouvelle Cour pénale internationale et à l'arrestation à Londres d'Augusto Pinochet, l'ancien dictateur chilien accusé d'avoir commis des crimes contre l'humanité. Puis, les acteurs non étatiques deviennent d'importants agents du processus juridique international. Bien que ces acteurs ne puissent pas formellement appliquer le droit international et que leurs pratiques ne contribuent pas au développement du droit international coutumier, ils jouent néanmoins souvent un rôle crucial. Ainsi, ils mettent au point un cadre normatif au sein duquel les États sont incités à codifier des règles juridiques spécifiques, ils apportent aux gouvernements nationaux une information encourageant la redéfinition des intérêts de l'État et la convergence des politiques de différents États, et ils rédigent même des conventions et des traités internationaux. Ce dernier rôle s'est initialement manifesté lorsque le Comité international de la Croix-Rouge a mis par écrit la Convention de Genève de 1864 (Finnemore, 1996b, p. 69-88) et, plus récemment, quand des acteurs non étatiques ont participé à la préparation de la Convention d'Ottawa sur l'interdiction des mines antipersonnel (Price, 1998) et à la mise sur pied de la Cour pénale internationale.

Ensuite, le droit international touche de plus en plus à la réglementation globale plutôt qu'à la simple réglementation internationale. Autrefois, les principes d'autodétermination et de non-intervention délimitaient une frontière essentielle entre les domaines juridiques national et international. Aujourd'hui, cette frontière est mise en question par de nouvelles règles internationales qui réglementent le comportement des États sur leur territoire respectif. Parmi les exemples notables figurent le droit commercial international, le corpus croissant du droit environnemental international et le corpus des droits humains fondamentaux, que nous avons déjà abordé. L'infiltration de ces droits à travers les frontières des États souverains est rendue plus facile par la tendance croissante des tribunaux nationaux à s'inspirer des préceptes du droit international pour prononcer leurs jugements. Enfin, les règles, les normes et les principes du droit international ne se cantonnent plus au maintien de l'ordre international, défini étroitement. Le développement du droit humanitaire international révèle désormais un élargissement du droit international, qui l'amène à se pencher sur des questions de justice globale. De récentes décisions du Conseil de sécurité des Nations Unies, qui ont autorisé des interventions internationales dans des endroits comme le Timor oriental, ont fait en sorte que des violations flagrantes des droits humains commises par des États souverains ont été traitées comme des menaces contre la paix et la sécurité internationales. Par conséquent, une action au titre des dispositions du chapitre 7 de la Charte des Nations Unies est devenue légitime. En agissant ainsi, le Conseil de sécurité laisse entendre que l'ordre international repose sur le respect de normes minimales de justice globale.

En raison de ces changements, d'aucuns ont estimé que le droit international est peut-être en voie de se transformer en un système de droit supranational, c'est-à-dire en un système allant au-delà de l'international (entre les États) pour éventuellement instaurer des nouvelles sources d'autorité juridique au-dessus des États. À partir du moment où les États ne sont plus les seuls sujets et agents du droit international, où ce dernier est associé à la réglementation globale et où sa portée a été étendue pour englober des questions de justice et d'ordre, le droit international a alors franchi les limites de sa vocation initiale et de sa pratique originelle. Si de tels changements n'ont pas encore entraîné la réécriture des textes juridiques internationaux et que tant les avocats internationaux que les chercheurs en relations internationales ont réagi avec prudence, l'évolution actuelle a toutefois instillé une fébrilité et une énergie nouvelle dans le domaine du droit international, que beaucoup jugeaient auparavant moribond. Elle a également amené ces chercheurs à jeter un regard neuf sur le rôle des normes juridiques dans l'orientation de la politique mondiale, une possibilité qui était souvent écartée en raison de son apparence idéaliste.

À RETENIR

- Dans la mesure où le droit international a été conçu pour faciliter le maintien de l'ordre international, il était circonscrit de façon spécifique : les États étaient les principaux sujets et agents du droit international, celui-ci traitait de la réglementation des relations interétatiques et sa portée était cantonnée aux questions relatives à l'ordre.

- La recherche d'une gouvernance globale pousse le droit international dans de nouvelles directions et soulève des questions sur la possible transformation de ce droit en une forme de droit supranational.

- Les individus et, dans une certaine mesure, les collectivités acquièrent peu à peu des droits et des responsabilités en vertu du droit international, ce qui en fait tant des sujets que des agents de ce droit.

- Des acteurs non gouvernementaux gagnent en importance dans la mise au point et la codification de normes juridiques internationales.

- Le droit international a une incidence croissante sur les pratiques et les régimes juridiques nationaux. De plus, les règles du système juridique international ne sont plus confinées à des questions relatives à l'ordre. Par suite de la transformation du droit humanitaire international, les questions de justice globale s'insinuent dans l'ordre juridique international.

LES LOIS DE LA GUERRE

Le droit international régissant le recours à la force est considéré, à juste titre, comme le cœur du système juridique international moderne. Il est traditionnellement réparti en deux catégories : le *jus ad bellum* et le *jus in bello*. La première correspond au droit qui détermine dans quelles conditions un État peut recourir à la force ou faire la guerre ; la seconde concerne le droit qui gouverne la conduite de la guerre après son déclenchement (voir le chapitre 12). Ces aspects des lois de la guerre suscitent deux remarques. D'abord, ils ont toujours été interreliés. Ainsi, dans l'ouvrage en trois volumes de Grotius, *Droit de la guerre et de la paix*, un volume complet est consacré au *jus ad bellum* et un autre au *jus in bello*. Ensuite, la teneur du *jus ad bellum* et du *jus in bello* a connu d'importantes modifications, tandis que d'anciennes normes essentielles ont été complètement inversées dans certains cas. Les lois de la guerre ont donc un caractère évolutif et se sont adaptées peu à peu aux profonds changements sociaux et technologiques qui ont marqué le système international au cours des cinq derniers siècles.

La transformation la plus notable réside dans les préceptes fondamentaux du *jus ad bellum*. Les premiers écrits sur la guerre juste soulignaient l'importance d'une cause juste ; c'est à dire que la guerre menée par un État était justifiée, sur les plans moral et juridique, si cet État se défendait contre une attaque non motivée ou cherchait à obtenir des réparations pour des dommages subis. Cependant, la situation a été rendue beaucoup plus complexe par la présence de normes qui semblaient s'orienter dans la direction opposée. On a longtemps considéré, par exemple, qu'il était légitime d'acquérir des droits souverains par la conquête. En d'autres termes, si un dirigeant parvenait à assurer son emprise sur un territoire et sur le peuple qui y vivait, il détenait alors l'autorité souveraine sur ce territoire et ce peuple. Au XIXᵉ siècle, la notion de guerre juste

fondée sur une cause juste a fait place à la notion beaucoup plus permissive suivant laquelle une guerre était justifiée si elle favorisait les intérêts nationaux vitaux d'un État, intérêts dont la définition était du ressort exclusif de cet État. Cette époque a été l'âge d'or du principe stipulant que faire la guerre était un droit souverain fondamental, un privilège qui définissait l'essence même de la souveraineté. Les conséquences tragiques de ce principe ont été bien visibles durant les Première et Seconde Guerres mondiales. Après 1945, la portée d'une guerre juridiquement justifiable a été considérablement restreinte. La Charte des Nations Unies limite à deux situations le recours à la force : soit en situation de légitime défense (chapitre 7, article 51), qui est demeurée un droit souverain inconditionnel, soit dans le cadre d'une mesure d'imposition de la paix approuvée par le Conseil de sécurité (chapitre 7, article 42).

Parallèlement à ces changements, les préceptes du *jus in bello* ont également connu une certaine évolution. Dans ce cas-ci, ce n'est pas tellement un changement radical des principes de base qui s'est produit, mais plutôt un élargissement graduel de la portée des contraintes juridiques internationales concernant la conduite acceptable en temps de guerre. On note trois principales catégories de contraintes. La première a trait aux types d'armes qui sont juridiquement autorisées. Les conférences de La Haye tenues en 1899 et en 1907 ont posé des jalons à cet égard, alors que des conventions ont été établies pour interdire l'emploi de balles expansives, le largage de bombes à partir d'un ballon et l'utilisation de projectiles diffusant des gaz. Depuis lors, un nombre grandissant d'accords qui prohibent le recours à certaines armes, telles que les mines anti-personnel (ou terrestres) ou les armes chimiques, ont fait leur apparition. La deuxième catégorie porte sur le traitement à accorder aux combattants. Ce sont les quatre Conventions de Genève, de 1864, 1906, 1929 et 1949, ainsi que leurs trois protocoles ajoutés en 1977 (les deux premiers) et 2005 (le troisième), qui revêtent la plus grande importance à ce sujet. La troisième catégorie concerne le traitement réservé aux non-combattants, à propos duquel les Conventions de Genève sont aussi cruciales. Il est interdit depuis longtemps de prendre délibérément pour cibles des non-combattants, mais de nouveaux efforts ont été déployés au cours des dernières années pour rendre encore plus sévère une telle interdiction. Il faut souligner ici la décision bien inspirée de criminaliser le viol en temps de guerre.

L'évolution des lois de la guerre est l'un des exemples les plus nets du passage d'un droit international à un droit supranational. Ce passage est devenu particulièrement visible, depuis la fin de la **guerre froide**, avec la mise sur pied des tribunaux pénaux internationaux chargés de juger les crimes commis dans l'ex-Yougoslavie et au Rwanda, puis de la Cour pénale internationale. Cette dernière représente l'expérience judiciaire la plus ambitieuse qui ait été entreprise depuis la fin de la Seconde Guerre mondiale. Elle a pour tâche d'intenter des poursuites relativement à des crimes contre l'humanité, à des crimes de génocide, de guerre et aussi d'agression (que la Cour n'a pas encore définis).

À RETENIR

- Imposer des limites au recours légitime à la force est l'un des grands défis que doit relever la communauté internationale et, pour y parvenir, elle s'est dotée de lois de la guerre.

- Les lois de la guerre ont été traditionnellement réparties en deux catégories : le *jus ad bellum*, qui définit et régit le recours légitime à la force, et le *jus in bello*, qui détermine la conduite de la guerre.

- Les lois qui définissent les conditions dans lesquelles la guerre est juridiquement autorisée se sont considérablement modifiées au fil de l'histoire du système international. La différence la plus notable oppose la conception qui prévalait au XIXe siècle, selon laquelle faire la guerre était un droit souverain, et celle qui s'est imposée après 1945, suivant laquelle la guerre est justifiée uniquement à des fins de légitime défense ou dans le cadre d'une mesure d'imposition de la paix autorisée par l'ONU.

- Les lois régissant la conduite de la guerre se répartissent en trois grandes catégories qui visent respectivement les armes, les combattants et les non-combattants.

LES CONCEPTIONS THÉORIQUES DU DROIT INTERNATIONAL

Comme pour la plupart des aspects des relations internationales, plusieurs conceptions théoriques ont été élaborées en vue d'expliquer la nature du droit international, sa fonction et sa prépondérance. La présente section offre un bref aperçu des principales conceptions théoriques du droit international, qui forment ensemble les grands axes des débats contemporains à ce sujet.

Le réalisme

Les réalistes sont très sceptiques au sujet du droit international. Ils sont aussi profondément hostiles à la notion libérale-idéaliste de « paix par le droit ». George Kennan, éminent diplomate et penseur réaliste, affirmait que cela représentait indubitablement, en partie, une tentative de transposer dans le domaine international le concept anglo-saxon de droit individuel et de l'imposer aux gouvernements de la même façon qu'on l'applique aux individus aux États-Unis (1996, p. 102). L'absence d'une autorité centrale habilitée à légiférer, à trancher les litiges et à faire respecter le droit international incite les réalistes à douter que le droit international soit une véritable forme de droit. Au mieux, d'après Morgenthau, il s'agit d'une forme de droit primitif, analogue à celui qui existait dans les sociétés non alphabétisées, comme chez les aborigènes australiens et les Yuroks du nord de la Californie (1985, p. 295). Selon les réalistes, l'obligation juridique internationale est au mieux ténue. À l'échelle de l'État, les citoyens sont obligés d'obéir à la loi et des sanctions sont imposées à ceux dont le comportement ne s'y conforme pas. Or, les sanctions sont rares en relations internationales et les mécanismes d'application de la loi y sont rudimentaires. Considérer que les États ont de fermes obligations juridiques internationales est donc un non-sens aux yeux des réalistes.

Si une telle position sur le droit international rallie de nombreux adeptes, elle n'est cependant pas sans failles. Tout d'abord, les réalistes ont de la difficulté à expliquer la croissance de l'ordre juridique international immensément complexe et dense dans le cadre duquel se déploie actuellement la politique internationale. Des régimes juridiques sont en vigueur dans tous les domaines, des télécommunications aux pêcheries, de la maîtrise des armements au commerce mondial, des droits humains au trafic des espèces menacées. D'ailleurs, les dispositions de ces régimes sont généralement bien respectées. De plus, les régimes tendent à être toujours plus étoffés juridiquement, à mesure que les règles gagnent en précision, que les obligations sont clarifiées et que les jugements rendus par une tierce partie deviennent plus fréquents (Abbott *et al.*, 2000). Ensuite, les réalistes peinent à expliquer de quelle façon le droit international pourrait imposer des contraintes aux États forts. Si leur point de vue était juste, il faudrait s'attendre à ce que les États puissants enfreignent impunément le droit international. Pourtant, ceux-ci font le plus souvent des efforts considérables pour inscrire leur action dans le cadre du droit en vigueur (Wheeler, 2004b). Et lorsqu'ils contreviennent à ce droit, sans l'appui de la communauté internationale, ils cherchent à justifier leur action en proclamant sa conformité au droit applicable. Quand la justification qu'ils invoquent n'est pas convaincante, ce sont souvent leur réputation et leur légitimité perçue qui en pâtissent le plus durement. Enfin, les réalistes font fi des cas où des acteurs étatiques et non étatiques matériellement faibles ont eu recours au droit international pour obtenir un résultat avantageux, même en dépit de l'opposition manifestée par des États forts. L'incapacité de Washington d'obtenir gain de cause dans les négociations qui ont mené à la mise sur pied de la Cour pénale internationale offre un bon exemple de ce phénomène (Wippman, 2004).

L'institutionnalisme néolibéral

Encore récemment, les néolibéraux évitaient toute discussion directe sur le droit international, même si leur conception des régimes présentait une étroite affinité avec ce dernier (voir les chapitres 6 et 7). Cela s'explique par le fait qu'une grande partie de leur inspiration provenant de la théorie économique plutôt que du droit. De plus, dans le domaine des relations internationales dominé par le réalisme à l'époque de la guerre froide, employer le langage des régimes et des institutions suscitait moins la controverse qu'employer celui du droit international. Depuis la fin de la guerre froide, toutefois, les néolibéraux ne cessent de lancer des appels pour favoriser un dialogue plus productif entre les relations internationales et le droit international. Il n'est néanmoins pas étonnant de constater que leur conception de ce dialogue, et les initiatives qu'ils ont prises pour le promouvoir, ont été fortement influencées par leurs postulats théoriques rationalistes (voir le chapitre 9 à propos des critiques formulées à cet égard). Les États sont considérés comme des sujets égoïstes rationnels, tandis que le droit est vu comme une variable intermédiaire située entre les objectifs des États et les résultats politiques et comme une institution régulatrice, plutôt que comme une institution constitutive qui détermine l'identité et les intérêts des États (voir Goldstein *et al.*, 2000).

Puisqu'ils acceptent la logique de l'anarchie et la nature égocentrique des États et affirment ensuite que le droit international a son importance, les néolibéraux contribuent beaucoup à la compréhension des sources stratégiques de ce droit. Leur point de vue n'est cependant pas exempt de faiblesses. Il s'avère, certes, pertinent dans les domaines où les États privilégient clairement leurs propres intérêts, comme le commerce et la sécurité. Or, il semble moins approprié lorsqu'il s'agit de rendre compte de l'élaboration et du fonctionnement du droit international dans des domaines où les intérêts des États sont mis à rude épreuve ou contrariés. Ensuite, les néolibéraux ont de la difficulté à expliquer les origines de l'institution moderne du droit international elle-même. Dans différents systèmes historiques, les États ont mis au point plusieurs types d'institutions pour faciliter la coopération et la coexistence. Les différences institutionnelles entre le système absolutiste et le système moderne ont d'ailleurs été décrites plus haut. Pourtant, les néolibéraux disposent de peu de ressources théoriques pour expliquer les variations des principales pratiques institutionnelles. Enfin, parce que les néolibéraux font ouvertement l'impasse sur la formation des préférences, ils ont peu à dire sur la façon dont le droit international peut constituer l'identité et les intérêts des États. D'éminents penseurs comme Robert Keohane font remarquer que des régimes peuvent prescrire des rôles comportementaux (1989a, p. 3), mais la possibilité que le droit international puisse faire de même est simplement laissée de côté.

Le constructivisme

Comme le précise le chapitre 9, les constructivistes sont d'avis que les structures normatives et idéelles sont aussi importantes, voire plus, que les structures matérielles. Ils ajoutent que, pour cerner le comportement des acteurs, il est essentiel de comprendre d'abord de quelle manière leur identité façonne leurs intérêts et leurs stratégies. Ils estiment également que les structures sociales ne se maintiennent que grâce aux pratiques humaines routinières. De telles idées débouchent sur l'étude du droit international, et il n'est pas étonnant que les constructivistes aient établi un vaste terrain d'entente avec les théoriciens du droit. Pour favoriser la compréhension de la politique du droit international, les constructivistes proposent des ressources qui sont absentes tant de la pensée réaliste que de la pensée néolibérale. Ils préconisent d'élargir la politique jusqu'aux questions d'identité, de motivation et de stratégie. De plus, ils estiment que les règles, les normes et les idées sont constitutives, et pas seulement contraignantes, et ils soulignent l'importance du discours, de la communication et de la socialisation dans l'interprétation du comportement des acteurs.

À l'instar des autres théories, le **constructivisme** a aussi ses limites. La plus importante, pour notre propos, réside dans le fait que l'approche constructiviste du droit international est insuffisamment développée et spécifique. Cette limite se manifeste surtout dans les arguments constructivistes à propos de la différence entre les normes sociales et juridiques. Les constructivistes ont tendance à traiter des normes en général et glissent souvent, presque inconsciemment, d'une catégorie de normes (sociales, juridiques, politiques ou morales) à une autre. C'est là une pratique relativement peu problématique aux fins de maintes théoriques, mais elle entrave la mise au point d'une thèse constructiviste cohérente sur la nature et le fonctionnement du droit international. Cela ne signifie pas pour autant que les constructivistes ont complètement négligé les différences – et les rapports – entre les normes sociales et les normes juridiques, mais ils ne sont pas parvenus, jusqu'à maintenant, à prendre une position commune à ce sujet. Certains constructivistes s'interrogent sur l'existence de toute distinction utile entre ces deux types de normes (Finnemore, 2000). D'autres insistent fortement sur ces différences et affirment que les normes juridiques sont plus codifiées et plus influentes (Katzenstein, 1996). D'autres encore rejettent toute différenciation entre catégories, mais soulignent les types de raisonnement propres à chaque type de norme (Kratochwil, 1989 ; Reus-Smit, 2004). Tant que les constructivistes ne s'affranchiront pas d'une telle ambiguïté, ils éprouveront de la difficulté à expliquer de manière systématique ou convaincante le rôle social du droit en relations internationales.

Le nouveau libéralisme

Le nouveau libéralisme en relations internationales s'inspire de courants de la pensée libérale, décrits dans les chapitres 6 et 7. Il vise à redéfinir le libéralisme pour en faire un paradigme positif en sciences sociales, dans une forme non idéologique et non utopique qui soit appropriée pour les sciences sociales empiriques (Moravcsik, 1997, p. 513). Il repose, selon le professeur de sciences politiques Andrew Moravcsik, sur trois prémisses fondamentales. La première avance que les acteurs principaux en politique internationale sont des individus et des groupes privés, dont la plupart sont rationnels et évitent les risques (1997, p. 516). La deuxième affirme que l'État ou d'autres institutions politiques représentent un sous-ensemble de la société nationale et que les dirigeants politiques établissent les préférences en fonction des intérêts de l'État et agissent en conséquence en politique mondiale (1997, p. 518). La troisième énonce que, dans le domaine des relations internationales, la configuration des préférences étatiques interdépendantes détermine le comportement des États (1997, p. 520). En somme, le nouveau libéralisme est une théorie de la deuxième image (voir le chapitre 14) qui accorde la priorité analytique aux sources nationales des relations internationales.

À partir des trois prémisses fondamentales de Moravcsik, Anne-Marie Slaughter, qui enseigne le droit international, a proposé une conception du droit international comportant trois volets. Il importe toutefois de noter qu'elle écarte de façon plus radicale que Moravcsik la représentation de l'État en tant qu'acteur unitaire. Alors que Moravcsik ne fait que souligner la primauté des individus et des groupes privés, dont les plus prééminents façonnent les préférences étatiques, Slaughter, quant à elle, désagrège l'État lui-même et se concentre sur les liens transnationaux qui unissent les entités exécutives, législatives, administratives et judiciaires de différents États. Les trois volets de sa conception du droit international sont les suivants : le droit volontaire des individus et des groupes dans la société transnationale, le droit des institutions gouvernementales transnationales et le droit des relations interétatiques (Slaughter, 1995). L'influence de la pensée libérale sur la théorie de Slaughter ne s'arrête cependant pas à un point de vue schématique. Parce que la théorie libérale insiste sur le rôle primordial des individus et des groupes privés dans la détermination des résultats politiques et juridiques, la hiérarchie traditionnelle du droit international, qui privilégie le droit public international des relations interétatiques, est entièrement renversée ; ainsi, c'est le droit régissant directement les individus et les groupes (le premier volet) qui prend le dessus. En outre, au sein du droit public international, la priorité est accordée au droit qui influe le plus directement sur les relations entre les individus et l'État, ce qui place les droits humains au cœur du droit international (Slaughter, 2000).

Les mérites explicatifs de cette vision du droit international sont manifestes dans les écrits de Slaughter sur la Cour européenne de justice (Mattli et Slaughter, 1995, 1998), mais cette vision comporte, elle aussi, d'importantes limites. D'abord, puisque le nouveau libéralisme se fonde sur les mêmes postulats rationalistes concernant l'action sociale que ceux du néolibéralisme, on lui associe les mêmes faiblesses. Plus particulièrement, il est également peu prolixe sur la façon dont le droit, national ou international, pourrait former l'identité et les intérêts des acteurs (Reus-Smit, 2001a, p. 584). Ensuite, si les nouveaux libéraux tirent un avantage analytique de l'accent qu'ils mettent sur la politique nationale, ils sont cependant désavantagés par leur tendance à négliger la politique, les dynamiques et les structures présentes sur le plan international. La question de savoir comment la politique du droit international permet de déterminer les modalités de la politique intérieure (et

de la politique extérieure) des États reste sans réponse. Enfin, la quête par Moravcsik d'une conception libérale non idéologique et non utopique des relations internationales entrave les efforts de Slaughter pour élaborer une théorie libérale du droit international. Comme tous les juristes en droit international, Slaughter veut qu'une théorie soit à la fois normative et descriptive, c'est-à-dire qu'elle soit en mesure de proposer tant des recommandations pour un changement normatif que des explications empiriques. Parce que Moravcsik a tenté de dépouiller le libéralisme de sa teneur normative, Slaughter ne dispose donc pas des ressources théoriques ou philosophiques qui lui permettraient de formuler les prescriptions en vue d'un changement juridique (Reus-Smit, 2001a, p. 585-589).

Les études juridiques critiques

Jusqu'ici, il a été question de diverses théories portant la marque du libéralisme politique. Durant les années 1980 est apparue une théorie juridique internationale critique qui a remis en cause le libéralisme intrinsèque de la pensée juridique internationale moderne et de sa pratique. Les tenants de cette théorie, souvent dénommée études juridiques critiques ou nouveau courant, affirment que le libéralisme enlève toute valeur à la théorie juridique internationale et la pousse vers les positions stériles que sont l'apologie et l'utopie. L'apologie est la rationalisation de l'ordre souverain établi, et l'utopie, la croyance naïve que le droit international peut civiliser le monde des États (Koskenniemi, 1989). Ils formulent en quatre propositions une critique du libéralisme en droit international (voir Purvis, 1991). D'abord, ils soutiennent que la logique qui lui est sous-jacente est incohérente. Ce libéralisme nie l'existence de toute valeur objective se situant au-delà des valeurs particulières des États pris individuellement et prétend que les conflits internationaux peuvent être résolus à partir de règles objectives et neutres. Puis, les chercheurs en études juridiques critiques estiment que la pensée juridique internationale se déploie au sein d'une structure intellectuelle restreinte, dont les deux piliers sont l'idéologie libérale et l'argumentation juridique internationale publique. Celle-là s'applique à naturaliser l'ordre souverain et à mettre à l'abri de la réflexion critique les principes de souveraineté et d'égalité souveraine, alors que celle-ci confine l'argumentation juridique légitime à l'intérieur de certaines limites. Selon l'homme politique Nigel Purvis, l'argumentation juridique internationale traditionnelle doit être comprise comme une constante

recherche autoréférencée sur les origines, l'autorité et la cohérence (1991, p. 105). Ensuite, ces chercheurs remettent en cause le prétendu caractère déterminé des règles juridiques internationales. Le positivisme juridique postule qu'une règle possède une signification singulière et objective, d'où découle la notion d'«établissement du droit». Aux yeux des critiques, un tel postulat est clairement faux. Purvis estime d'ailleurs que toute doctrine juridique internationale peut justifier des résultats multiples et concurrents dans tout débat juridique (Purvis, 1991, p. 108). Enfin, les chercheurs en études juridiques critiques affirment que l'autorité du droit international ne peut jamais faire autrement que de se valider elle-même ; ce n'est qu'au moyen de ses propres rituels internes qu'elle peut acquérir la légitimité nécessaire pour bénéficier du respect et de l'engagement des États (Purvis, 1991, p. 109-113).

À première vue, ces critiques paraissent dévastatrices, mais, paradoxalement, les études juridiques internationales critiques manifestent quelques-uns des mêmes défauts dont pâtissent des conceptions plus traditionnelles. Tout d'abord, l'argument selon lequel le droit international est intrinsèquement indéterminé offre une ressemblance frappante avec la thèse réaliste suivant laquelle les puissants peuvent toujours infléchir le droit comme bon leur semble. La difficulté propre à cet argument est que le droit, en pratique, n'est pas complètement indéterminé. Les États préconisent certainement des interprétations rivales des mêmes règles, mais toutes les interprétations ne jouissent pas de la même plausibilité. Par des mécanismes fondés sur l'argumentation et peut-être le jugement, les États parviennent généralement à déterminer de façon socialement acceptable la signification et les conséquences d'une règle. Une autre lacune réside dans l'incapacité des chercheurs en études juridiques critiques à voir le potentiel émancipateur du droit international contemporain. Il ne fait aucun doute que le droit international public traditionnel a servi à étayer l'ordre souverain et beaucoup de ses effets malsains, mais ce même droit, grâce à ses fondements libéraux, a été une ressource propice à des changements sociaux internationaux positifs. Le régime international des droits humains est le produit de l'ordre juridique international libéral moderne. Sans ce régime, bon nombre des peuples les plus faibles et les plus vulnérables dans le monde ne disposeraient d'aucune ressource institutionnelle pour se protéger contre les excès de leurs dirigeants. En insistant sur l'aspect conservateur de l'ordre libéral, les chercheurs en études juridiques critiques en négligent l'aspect plus émancipateur.

À RETENIR

- Les réalistes affirment que le droit international est important seulement lorsqu'il sert les intérêts des États puissants.

- Les néolibéraux expliquent de quelle façon les États qui favorisent leurs propres intérêts édifient de denses réseaux de régimes juridiques internationaux.

- Les constructivistes considèrent le droit international comme une partie des structures normatives qui conditionnent l'action étatique et non étatique en relations internationales. Ils soulignent la manière dont le droit, comme d'autres normes sociales, façonne l'identité, les intérêts et les stratégies des acteurs.

- Les nouveaux libéraux mettent en relief les origines nationales des préférences des États et du droit international. En ce qui a trait au droit international, ils insistent sur la nécessité de désagréger l'État pour comprendre l'interaction et l'intégration juridiques transnationales. Ils accordent aussi la priorité au droit humanitaire international.

- Les études juridiques critiques se concentrent sur le fait que le libéralisme intrinsèque du droit international entrave fortement son potentiel radical.

CONCLUSION

Nous avons amorcé ce chapitre avec la description du paradoxe du droit international : alors que les chercheurs minimisent souvent la valeur et l'efficacité du droit international, les États souverains consacrent énormément de temps et d'énergie à mettre sur pied des régimes juridiques toujours plus complexes. Nous avons ensuite traité du rôle que jouent les institutions pour faciliter la coexistence et la coopération des États, ainsi que des origines historiques de l'institution moderne du droit international. Nous avons indiqué que le droit international s'adapte aux besoins d'un système international toujours plus complexe, mais qu'il est aussi profondément ancré dans les idées sur le pouvoir légitime qui ont accompagné l'essor du libéralisme politique. Après l'examen de tendances susceptibles de transformer le droit international en une forme de droit supranational, ou transnational, nous avons conclu notre analyse par un survol des principales théories sur la nature et l'efficacité du droit international ; chacune présente un ensemble distinctif de points de vue sur le paradoxe du droit international.

QUESTIONS

1. En plus des facteurs abordés dans ce chapitre, pouvez-vous en suggérer d'autres qui contribuent à expliquer l'émergence du droit international au cours des deux derniers siècles ?

2. Qu'est-ce que le paradoxe du droit international ? À votre avis, y en a-t-il vraiment un ?

3. L'idée selon laquelle les États créent des institutions pour consolider l'ordre international vous paraît-elle convaincante ? Quelle critique pourriez-vous en faire ?

4. Quelles sont les principales approches théoriques du droit international ?

5. Comparez les approches constructiviste et libérale du droit international.

6. Laquelle des théories présentées dans ce chapitre vous semble la plus convaincante ?

7. Quelles sont les forces et les faiblesses du système juridique international ?

8. Le droit international est-il une forme de droit supranational ? Qu'en est-il de son avenir ?

9. En quoi le droit international contraint-il la souveraineté des États ?

10. Quelle est la relation entre le droit international, la justice et l'éthique en relations internationales ?

Lectures utiles

Berkovicz, G., *La place de la Cour pénale internationale dans la société des États,* Paris, L'Harmattan, 2005. Une étude sur la mise sur pied de la Cour pénale internationale, de ses fondements à sa légitimité actuelle.

Cassese, A., *Le droit international dans un monde divisé,* Paris, Berger-Levrault, 1986. Un ouvrage qui entrecroise l'his-toire des relations internationales et celle du droit international.

Duplessis, I., « Le vertige et la *soft law* : réactions doctrinales en droit international », *Revue québécoise de droit international*, 2007 (hors-série), p. 245-268. Une étude sur les incidences en matière de droit international d'acteurs non

explicitement reconnus par le droit international, comme l'Assemblée générale des Nations Unies, les acteurs non étatiques et les organisations internationales.

Goldsmith, J. L. et E. A. Posner, *The Limits of International Law,* New York, Oxford University Press, 2006. Une critique rigoureuse des limites qui empêchent le droit international de régir la société internationale.

Grotius, H., *Le droit de la guerre et de la paix*, Paris, Presses universitaires de France, 2005. Une récente réédition de l'ouvrage classique du fondateur du droit international.

Heintze, H.-J., « Recoupement de la protection des droits de l'Homme et du droit international humanitaire (DIH) dans les situations de crise et de conflit », *Cultures & Conflits*, nº 60, 2005, p. 123-147. Une analyse de la tendance à la prédominance du droit international humanitaire sur les droits humains.

Kratochvil, F., *Rules, Norms and Decisions*, Cambridge, Cambridge University Press, 1989. L'une des analyses constructivistes les plus poussées du droit international.

La Brosse, R., « Les trois générations de la justice pénale internationale : tribunaux pénaux internationaux, Cour pénale internationale et tribunaux mixtes », *Annuaire français de relations internationales*, vol. 6, 2005, p. 154-166. Une étude sur les facteurs politiques qui expliquent les résultats mitigés en matière de justice pénale internationale.

Reus-Smith, C. (dir.), *The Politics of International Law*, Cambridge, Cambridge University Press, 2004. Un ouvrage collectif d'une facture constructiviste sur le droit international, avec des études de cas empiriques.

Sacriste, G. et A. Vauchez, « Les " bons offices " du droit international : la constitution d'une autorité non politique dans le concert diplomatique des années 1920 », *Critique internationale*, nº 26, 2005, p. 101-117. Un panorama historique et politique de la consolidation du droit international après la Première Guerre mondiale.

Chapitre 18

LES RÉGIMES INTERNATIONAUX

Richard Little

GUIDE DE LECTURE

On entend par « régimes » des domaines spéci-fiques d'activité régis par des règles. Les institu-tionnalistes néolibéraux et les néoréalistes sont engagés dans un important débat sur le rôle dévolu aux régimes dans le système international. Ces deux courants de pensée reconnaissent que, si le sys-tème international a une structure anarchique (sans autorité supraétatique), il n'a jamais été anomique (sans règles). C'est dans les années 1970 qu'ont commencé à se manifester un intérêt pour les régimes ainsi qu'une préoccupation au sujet de la capacité des États-Unis à maintenir les régimes économiques formés après la Seconde Guerre mondiale. Quels sont les traits essentiels des régimes ? Il n'existe aucune réponse simple à cette question. Le présent chapitre donne de ce concept une définition, une typologie et des exemples pour en illustrer la complexité. Dans quelles circonstances les régimes font-ils leur appa-rition ? Cette question est au cœur du débat évoqué. Bien que les institutionnalistes néolibéraux et les néoréalistes utilisent des instruments d'analyse très semblables, tirés de l'analyse microéconomique et de la théorie des jeux, ils en arrivent à des con-clusions très différentes. Sont-elles compatibles ? La question reste ouverte.

INTRODUCTION

L'instauration de **régimes** globaux, c'est-à-dire des activités régies par des règles dans le cadre du **système international**, représente une dimension importante de la **globalisation** en cours. Si des règles internationales sont apparues avant l'émergence de l'**État** moderne, c'est toutefois seulement au XXᵉ siècle que les régimes sont devenus un phénomène global. Les États se sont trouvés alors imbriqués au sein d'ensembles de plus en plus complexes de règles et d'**institutions** qui régissaient les relations internationales partout dans le monde. Aujourd'hui, il n'y a plus de domaines des relations internationales qui soient exempts de régimes, où l'action des États n'est pas circonscrite par l'existence de règles mutuellement acceptées. En fait, de nombreux régimes sont si étroitement liés au système qu'ils sont presque tenus pour acquis. La plupart des individus ne s'étonnent pas, par exemple, de pouvoir déposer une enveloppe dans une boîte aux lettres en sachant qu'elle sera livrée en tout point du globe, de l'Antarctique au Zimbabwe, ou de monter dans un avion et de se rendre sans encombre à n'importe quelle destination dans le monde. La situation change lorsque survient un imprévu tragique, comme en 1983, quand les forces de défense soviétiques ont abattu un avion civil sud-coréen (le vol 007 de la compagnie KAL) et tué les 269 personnes à bord. L'attention se porte soudainement sur le fait que les relations internationales sont, en pratique, largement régies par des régimes complexes que les États ont négociés et supervisent. Le **terrorisme** international s'avère donc particulièrement troublant, parce que les terroristes ne se sentent pas liés par quelque régime que ce soit.

Il peut sembler banal, à première vue, que les États aient établi des régimes pour s'assurer que le courrier soit livré partout dans le monde et que les avions puissent voler en toute sécurité d'un pays à l'autre. Les avantages de ces régimes sont si évidents qu'on imagine difficilement qu'ils aient pu ne pas exister. Leur existence devient toutefois un peu plus étonnante lorsqu'on sait à quel point la formation de régimes peut être controversée, dans quelle mesure les régimes mis en place peuvent être litigieux et à quelle fréquence les tentatives de former un régime peuvent échouer. En fait, ce qui requiert une explication, c'est le fossé entre, d'une part, la difficulté d'instaurer des régimes et, d'autre part, les avantages que ceux-ci semblent apporter pour atteindre divers objectifs, allant du contrôle des armements à l'amélioration du bien-être économique global. Malheureusement, il n'y a pas d'explication consensuelle sur cette problématique. Bien que peu nombreux soient ceux qui doutent que les régimes constituent un élément im-

portant du système international contemporain – c'est ce que le présent chapitre vise à démontrer –, les théoriciens en relations internationales sont profondément divisés quant aux causes et aux modalités de la formation et du maintien des régimes.

À partir des années 1970, une suite d'événements globaux, analysés plus loins, ont incité les théoriciens en relations internationales à examiner de près l'expansion rapide des régimes dans le système international. Les théoriciens des régimes ont produit une littérature abondante (Levy *et al.*, 1995), et les travaux de recherche effectués dans le monde sont de plus en plus complexes et diversifiés (Rittberger, 1993).

Les théoriciens des régimes se répartissent entre les deux écoles de pensée suivantes : le **néoréalisme** et le **néolibéralisme** (voir les chapitres 5 et 6). Si les spécialistes en la matière Andreas Hasenclever, Peter Mayer et Volker Rittberger (1997 ; Hasenclever, 2000) estiment qu'une telle répartition constitue une simplification, celle-ci permet tout de même de tracer les paramètres généraux du débat déclenché par les efforts pour comprendre les régimes. Nous verrons que, dans leur tentative d'expliquer la croissance des régimes, tant les néoréalistes que les néolibéraux ont dû élargir leurs cadres de référence.

Les néoréalistes font généralement preuve de scepticisme ou d'indifférence envers le **droit international**, mais ils ont formulé une importante position au sujet des régimes. Parallèlement, les théoriciens des régimes faisant partie du camp libéral, soit les institutionnalistes néolibéraux, ont accepté des prémisses-clés énoncées par les néoréalistes, ce qui, avec leurs références aux sciences sociales, les a amenés à se situer au-delà de la tradition libérale établie (voir le chapitre 7). Néanmoins, malgré leurs prémisses théoriques communes, les institutionnalistes néolibéraux et les néoréalistes adoptent des conceptions différentes des régimes (voir l'encadré « Pour en savoir plus », page ci-contre). Les institutionnalistes néolibéraux scrutent la façon dont les régimes permettent aux États de surmonter les obstacles à la **collaboration** qu'impose la structure anarchique du système international. Quant aux néoréalistes, ils s'intéressent davantage à la manière dont les États utilisent leurs **capacités de puissance** dans des situations qui nécessitent une **coordination** pour influencer la nature des régimes, ainsi qu'à la répartition des coûts et des avantages qui découlent de la formation des régimes. La collaboration et la coordination constituent ici des façons différentes d'envisager la **coopération**.

POUR EN SAVOIR PLUS

Les analyses institutionnelle néolibérale et néoréaliste des régimes

Les prémisses générales

1. Les États agissent dans un système international anarchique.

2. Les États sont des acteurs rationnels et unitaires.

3. Les États sont les unités responsables de l'instauration des régimes.

4. Les régimes établis s'appuient sur la coopération dans le système international.

5. Les régimes favorisent l'ordre international.

L'institutionnalisme néolibéral

1. Les régimes permettent aux États de collaborer.

2. Les régimes favorisent le bien commun.

3. Les régimes sont le plus fructueux lorsqu'un pays hégémonique bienveillant assure leur promotion et leur maintien.

4. Les régimes favorisent la globalisation et un ordre mondial libéral.

Le néoréalisme

1. Les régimes permettent aux États de coordonner leurs activités.

2. Les régimes produisent des bienfaits différenciés pour les États.

3. La puissance est le trait fondamental de la formation des régimes et de leur maintien.

4. La nature de l'ordre mondial est fonction des normes des régimes et de leurs principes sous-jacents.

S'il y a d'importantes différences entre ces deux écoles de pensée, celles-ci présentent aussi de fortes similarités (voir le chapitre 7). Elles estiment toutes deux que les régimes sont produits par des acteurs rationnels qui favorisent leurs propres intérêts. Par conséquent, elles abordent l'établissement de règles selon une perspective très différente de celle que préconisent les constructivistes. Ces derniers sont d'avis que l'existence de règles peut influencer la façon dont les acteurs définissent leur **identité** et leurs intérêts et démontrer que ceux-ci partagent une vision commune du monde (voir les chapitres 9 et 16). Si la littérature sur les régimes demeure dominée par le rationalisme, les voix qui critiquent cette approche insistent désormais sur les régimes plus difficiles à expliquer d'un point de vue rationaliste, comme celui de la protection internationale des droits des minorités (Cronin, 2003).

Pourquoi les théoriciens des relations internationales ont-ils accordé autant d'attention à la formation des régimes dans les années 1970 ? Un élément de réponse réside dans la prise de conscience, à cette époque, du fait que, à l'extérieur de la sphère d'influence soviétique, les États-Unis sont devenus une **puissance hégémonique** après la Seconde Guerre mondiale. (Le terme « hégémonique » provient d'un mot grec signifiant « chef » ; on doit cependant sa popularisation en théorie des relations internationales aux travaux inspirés du théoricien marxiste italien Antonio Gramsci.) Les États-Unis ont pu agir ainsi en raison de leur puissance prépondérante dans le système international. À cette époque, ils ont été en mesure, grâce à leur position hégémonique, d'établir et de maintenir un ensemble complexe de régimes économiques en Occident. Ces régimes ont ensuite joué un rôle fondamental dans la prospérité croissante qui a succédé à la Seconde Guerre mondiale. Dans les années 1970, toutefois, la capacité des États-Unis à conserver leur statut hégémonique a été peu à peu mise en doute, en partie en raison des succès économiques de l'**Europe** et du Japon, et aussi à cause de la désastreuse politique américaine au Vietnam.

Les institutionnalistes néolibéraux et les néoréalistes ont alors réagi bien différemment à tous ces événements. Les institutionnalistes néolibéraux étaient préoccupés parce qu'ils estimaient que la disparition du statut hégémonique des États-Unis allait rendre de plus en plus difficile l'instauration de régimes, qui devenait nécessaire et toujours plus urgente. Pour leur part, les néoréalistes affirmaient que, si les États-Unis perdaient effectivement leur statut hégémonique, la modification de l'**équilibre des puissances** qui en résulterait aurait l'effet suivant : les **principes** libéraux régissant les régimes établis par les États-Unis seraient remis en question par des États du **tiers-monde** qui souhaitent l'établissement de nouveaux régimes fondés sur d'autres **normes** et principes. Malgré les différences entre leurs analyses respectives, les institutionnalistes néolibéraux et les néoréalistes reconnaissaient néanmoins qu'une compréhension théorique plus raffinée des régimes était de mise.

Depuis la fin de la **guerre froide**, les États-Unis sont devenus plus hégémoniques que par le passé. Beaucoup craignent désormais que cette puissance ne se désintéresse de la mise sur pied de nouveaux **régimes internationaux**. Par exemple, en 2004, le président George W. Bush a annoncé que les États-Unis n'appuieraient plus le protocole de Kyoto à la convention-cadre des Nations Unies sur les changements climatiques, qui avait déjà été signé ou ratifié par plus de 120 États. En 2009, toutefois, sous la présidence de Barack Obama, les

États-Unis souhaitaient vivement la conclusion d'un accord universel à la conférence de Copenhague sur le climat. Or, la position hégémonique de ce pays était désormais remise en question, en raison de la montée en puissance de la Chine et de la volonté du **G77** de ne pas se laisser imposer une entente qui favoriserait particulièrement les pays développés. La possibilité d'instaurer un régime international qui pourrait rallier toutes les parties a alors semblé devenir de plus en plus mince.

Comme le montre le présent chapitre, la thèse libérale sur les causes du problème des changements climatiques est centrée sur l'affaiblissement de la puissance américaine et sur son incapacité à établir un consensus à propos d'un ensemble optimal de solutions à apporter à cet enjeu. Pour leur part, les réalistes mettent l'accent sur l'aggravation du conflit d'intérêts entre les pays développés et les pays en développement. Ces derniers soutiennent que le problème a été catalysé par les pays développés et qu'il leur incombe donc d'assumer la plus grande partie des coûts afférents à la solution. Maintenant que la Chine a entériné cette position, les pays en développement se trouvent dorénavant dans une situation nouvelle et très différente de la précédente. Ces deux positions théoriques ne sont pas incompatibles et, ensemble, elles offrent une solide explication aux raisons pour lesquelles il s'avère de plus en plus difficile de mettre au point des régimes efficaces. Il est aussi plus que jamais nécessaire d'établir un cadre théorique favorisant la compréhension des régimes internationaux.

À RETENIR

- Les régimes représentent une dimension importante de la globalisation.

- Les régimes mondiaux deviennent de plus en plus nombreux.

- La notion de « régimes » et l'analyse qu'en font les sciences sociales sont récentes, mais elles relèvent d'une réflexion de longue date sur le droit international.

- Les institutionnalistes néolibéraux et les néoréalistes ont mis au point des démarches rivales en ce qui concerne l'analyse des régimes.

LA NATURE DES RÉGIMES

Avant de présenter les conceptions théoriques des institutionnalistes néolibéraux et des néoréalistes, nous allons voir plus en détail leur conceptualisation d'un régime international et l'illustrer au moyen d'exemples issus de quelques-uns des principaux domaines de la politique mondiale où des régimes sont aujourd'hui en vigueur.

La conceptualisation des régimes

S'il peut être utile, de prime abord, d'envisager les régimes comme des comportements régis par des règles, il vaut toutefois la peine de s'arrêter à la conceptualisation plus complexe qu'ont mise au point des théoriciens qui travaillent dans le domaine des relations internationales. Cette conceptualisation s'appuie sur une définition et une typologie des régimes.

La définition des régimes

Il existe de nombreuses définitions de ce qu'est un régime ; celle que le professeur de relations internationales Stephen Krasner a formulée au début des années 1980 demeure aujourd'hui la définition de référence et révèle très clairement la complexité du phénomène (voir l'encadré ci-dessous). Selon cette définition, un régime est davantage qu'un ensemble de règles et il comporte un degré d'**institutionnalisation** assez élevé. En fait, les théoriciens des régimes ont même essuyé des critiques pour n'avoir rien fait de plus que proposer une nouvelle terminologie qui désigne une réalité apparentée à la notion familière d'**organisation internationale**. Ils reconnaissent qu'une théorie des régimes peut s'étendre jusqu'aux organisations internationales, mais ils estiment que leur démarche ratisse encore plus large. La distinction que l'auteur Reus-Smit (voir le chapitre 17) a établie entre les institutions et les organisations va dans le même sens. Les paramètres d'un régime peuvent être illustrés au moyen d'une typologie.

> POUR EN SAVOIR PLUS
> ## La définition des régimes
>
> Stephen Krasner (1983, p. 2) définit les régimes comme des ensembles de principes, de normes, de règles et de processus de prise de décisions implicites et explicites vers lesquels convergent les attentes des acteurs dans un domaine donné des relations internationales.
>
> ### Un exemple de régime
>
> Il s'agit d'une définition complexe qui doit être décortiquée. Afin d'illustrer son propos, Krasner se sert de l'**Accord général sur les tarifs douaniers et le commerce (GATT)**. Le GATT a d'abord été le fruit d'une entente conclue en 1947, qui reflétait la nécessité, pour ses signataires, de mettre sur pied une organisation chargée de réglementer

le commerce international. En fait, il s'est avéré impossible de créer une telle organisation à cette époque, et le GATT a fait office de substitut. Il a été doté d'un secrétariat et d'un directeur général qui avait pour tâche de mener à bien les travaux préparatoires en vue d'une suite de conférences réunissant les signataires du GATT, qui y ont conclu des ententes destinées à favoriser le commerce international. En 1994, après le cycle de négociations de l'Uruguay, le moment était venu d'aller au-delà du GATT et de fonder officiellement l'Organisation mondiale du commerce (OMC), conformément à l'intention originale. Les propos de Krasner sont antérieurs à la création de l'OMC, mais l'utilisation du GATT en tant qu'illustration de ce qu'est un régime reste tout à fait pertinente.

Les quatre éléments déterminants d'un régime

1. Les principes sont représentés par des corpus cohérents de propositions théoriques à propos du fonctionnement du monde. L'action du GATT s'appuie sur des principes libéraux postulant que le libre-échange maximise le bien-être global.

2. Les normes renvoient aux modèles de comportement généraux et précisent les droits et obligations des États. Ainsi, dans le cas du GATT, la norme de base stipule que les tarifs douaniers et les barrières non tarifaires doivent être abaissés et, ultérieurement, supprimés. Ensemble, les normes et les principes définissent le caractère essentiel d'un régime et ils ne peuvent être modifiés sans que soit transformée en même temps la nature du régime.

3. Les **règles** entrent en jeu à un niveau de généralité inférieur à celui des principes et des normes et elles sont souvent conçues pour apaiser les conflits possibles entre celles-ci et ceux-là. Les États du tiers-monde, par exemple, veulent que les règles établissent une différenciation entre les pays développés et les pays sous-développés.

4. Les **processus de prise de décisions** désignent des prescriptions spécifiques en matière de comportement, comme le système électoral, qui changent régulièrement au fur et à mesure qu'un régime se consolide et s'élargit. Les règles et procédures régissant le GATT, par exemple, ont subi d'importantes modifications au cours de son histoire. En fait, l'objectif des conférences successives consiste à modifier les règles et les processus de prise de décisions.

(*Krasner, 1985, p. 4 et 5*)

La classification des régimes

Une classification simple, mais utile, établit une typologie des régimes selon deux dimensions (Levy *et al.*, 1995). La dimension verticale met en relief le caractère officiel d'un régime (voir le tableau 18.1, ci-dessus). Celui-ci peut être associé à un accord pleinement offi-

TABLEAU 18.1   **Une typologie des régimes**

CONVERGENCE DES ATTENTES		CARACTÈRE OFFICIEL
Faible	Élevée	
Aucun régime	Régimes tacites	Faible
Régimes inopérants	Régimes à part entière	Prononcé

Source : Adaptation de Levy *et al.*, 1995.

cialisé ou même à l'émergence d'une organisation internationale. Cependant, à l'autre extrême, un régime peut aussi apparaître en l'absence de tout accord officiel. Historiquement, des accords officiels entre des États ont été établis en fonction de leurs priorités. La dimension horizontale est ainsi axée sur le degré auquel les États prévoient que sera contraint leur comportement par leur adhésion à un ensemble d'accords implicites ou explicites.

En l'absence d'accords officiels et de convergence vers l'espoir que les règles seront respectées, il est alors clair qu'il n'existe aucun régime. Par ailleurs, même en l'absence de règles officielles, il est possible de s'attendre à ce que des règles officielles soient observées, ce qui laisse croire à l'existence d'un régime tacite. Par contre, il peut y avoir des situations où des règles officielles ont été énoncées en l'absence de tout espoir qu'elles seront respectées, ce qui révèle un régime inopérant. Enfin, il y a des régimes à part entière, à propos desquels on attend fermement que les règles officielles soient appliquées (voir le tableau 18.1). Voyons maintenant quelques exemples de ces différents types de régime.

La globalisation et les régimes internationaux

À mesure qu'avance le XXIe siècle, il apparaît de plus en plus clairement que ce ne sont pas tous les aspects de la globalisation qui ont un effet bénéfique. Les moyens technologiques font en sorte qu'il est maintenant possible de communiquer visuellement et verbalement avec des personnes situées de l'autre côté de la planète et de remplir les supermarchés – du moins, ceux qui se trouvent dans les secteurs riches de l'économie globale – avec des marchandises toujours plus exotiques en provenance des quatre coins du monde. Cependant, ils ont également rendu possible la mise au point d'armes susceptibles de semer la destruction partout sur la Terre et d'engendrer une pollution atmosphérique irréversible. Il devient de plus en plus manifeste que, pour que tous les êtres humains puissent profiter de la globalisation plutôt que d'en pâtir, il est indispensable de bien en gérer le développement. Personne ne pense que ce sera facile, et les pessimistes doutent même que ce soit possible. Les théoriciens des régimes, pour leur part, voient des signes encourageants. Ils croient que la **survie** dépend de la capacité humaine à réglementer les activités globales au moyen de régimes. Et, comme nous allons le voir, les faits avérés indiquent que les États peuvent instaurer des régimes pour une vaste gamme d'activités.

Les régimes de sécurité

Si les **régimes de sécurité** représentent surtout un phénomène propre au XXe siècle et qu'ils ont permis aux États d'échapper au dilemme de la sécurité (voir le chapitre 14), il est néanmoins possible d'en repérer des exemples antérieurs. Le Concert européen constitue un régime formé par les États conservateurs de l'Europe postnapoléonienne en vue de contrer de futurs conflits et révolutions. À la même époque, mais en Amérique du Nord, les Britanniques et les Américains ont conclu, en 1817, l'accord Rush-Bagot, qui prévoyait la démilitarisation des Grands Lacs. Tandis que le régime régional tacite en Europe s'est mis à battre de l'aile peu après sa formation, le régime bilatéral à part entière en Amérique du Nord a constamment pris de la vigueur jusqu'à ce que, ultérieurement, la longue frontière entre le Canada et les États-Unis ait été démilitarisée en permanence.

Les tentatives régulières d'établir des régimes de sécurité à part entière n'ont cependant commencé à se multiplier que durant le XXe siècle, surtout après le début de la guerre froide. Toutefois, l'efficacité de ces régimes a souvent été remise en question. Le chercheur Robert Jervis (1983), par exemple, affirme que certains des principaux régimes, comme SALT I (1972) et SALT II (1979), conçus pour mettre un frein à la course aux armements entre les États-Unis et l'Union soviétique, étaient en fait des régimes inopérants. En dépit des longues négociations menées et des accords détaillés conclus, rien n'indique que ceux-ci ont effectivement ralenti cette course, parce qu'aucune des deux **superpuissances** ne croyait que l'autre s'abstiendrait de mettre au point de nouvelles armes technologiques. Cela dit, des accords sur la maîtrise des armements peuvent néanmoins établir des régimes de sécurité fragiles : ainsi, le Traité sur l'interdiction partielle des essais nucléaires conclu en 1963 a certainement favorisé l'interdiction des essais nucléaires dans l'atmosphère.

Les régimes environnementaux

Depuis que les scientifiques ont pris conscience de la gravité des problèmes environnementaux dans le monde, l'importance accordée aux régimes dans ce domaine n'a cessé de prendre de l'ampleur (voir le chapitre 21). La pollution par les hydrocarbures, le réchauffement de la planète et les dommages causés à la couche d'ozone sont les questions qui ont le plus fortement mobilisé l'attention des citoyens. Cependant, des régimes ont été instaurés dans un large éventail de domaines en vue de protéger l'environnement. Les premières conventions internationales sur la protection des espèces animales et végétales menacées sont apparues dans les années 1970, alors que la Convention sur la diversité biologique est entrée en vigueur en décembre 1993. D'autres tentatives faites depuis le milieu des années 1980 pour réglementer les mouvements transfrontaliers des déchets dangereux ont abouti à la convention de Bâle, qui a décrété l'interdiction totale, en mars 1993, du transport à destination des pays en voie de développement de déchets dangereux générés dans les pays développés.

Les régimes économiques

On entend souvent dire que les régimes dans le domaine économique sont plus fermement enracinés que ceux qui sont présents dans tout autre domaine. Il faut toutefois se rappeler que l'économie internationale ne pourrait pas fonctionner en l'absence des infrastructures offertes par les régimes de communication. Ces deux ensembles de régimes sont inextricablement liés. En fait, depuis une dizaine d'années, alors que les régimes encadrant l'économie internationale sont devenus plus fermement établis que jamais, les principes libéraux qui sous-tendent ces régimes ont commencé à empiéter sur les régimes de communication. On le voit dans les tentatives de plus en plus fréquentes d'ouvrir les services postaux, les télécommunications et le transport aérien à une concurrence plus vive. Il en résulte une modification du principe fondamental sur lequel s'appuient ces régimes, principe qui, par le passé, a toujours favorisé la régulation étatique des règles régissant ces activités (Zacheret, 1996).

Il n'est pas possible de donner même un bref aperçu des régimes économiques complexes établis après la Seconde Guerre mondiale. De façon générale, ceux-ci reflètent l'effort résolu des États-Unis, notamment, pour consolider un ensemble de régimes fondés sur des principes libéraux. Plus particulièrement, les États-Unis ont voulu instaurer un régime d'échanges commerciaux qui repose sur les principes du libre-échange, et c'est à cette fin que le GATT, devenu aujourd'hui l'**Organisation mondiale du commerce (OMC)**, a été créé. Parallèlement, toutefois, les États-Unis ont reconnu que la stabilité des économies nationales et du système monétaire était indispensable à l'essor des échanges commerciaux. Un ensemble d'organisations internationales, comme le **Fonds monétaire international** et la Banque internationale pour la reconstruction et le développement, ont été mises sur pied après 1945 pour créer un climat favorable au commerce. Même si on craignait, quand les faiblesses de l'économie américaine sont devenues visibles à la fin des années 1960, que les régimes économiques établis par les États-Unis s'effondrent, les régimes économiques apparus après 1945 se sont avérés étonnamment résistants (voir le chapitre 15).

À RETENIR

- La théorie des régimes a été proposée par des chercheurs en sciences sociales dans les années 1970 afin d'expliquer l'existence de comportements régis par des règles dans le système international anarchique.

- Les régimes ont été définis selon les principes, les normes, les règles et les processus de prise de décisions qui leur sont propres.

- Les régimes peuvent être catégorisés en fonction du caractère officiel des accords sous-jacents et de la probabilité que ces accords soient respectés. Il existe trois types de régimes : à part entière, tacites et inopérants.

- Les régimes contribuent aujourd'hui à la régulation des relations internationales dans maintes sphères d'activité (par exemple, la sécurité, l'environnement, l'économie, etc.).

LES DIFFÉRENTES THÉORIES CONCERNANT LA FORMATION D'UN RÉGIME

Tant les institutionnalistes néolibéraux que les néoréalistes reconnaissent que les régimes constituent un élément important des relations internationales contemporaines. Ils se fondent également sur la même prémisse théorique : un régime représente la réponse des acteurs rationnels qui évoluent dans la structure anarchique du système international (voir le chapitre 7). En dépit de ce point de départ commun, les néoréalistes et les institutionnalistes néolibéraux proposent toutefois des évaluations théoriques des régimes qui sont très différentes les unes des autres.

La conception institutionnaliste néolibérale

Les institutionnalistes néolibéraux estiment que les régimes contribuent à résoudre le problème de l'**anarchie**.

Ils s'inspirent d'idées théoriques élaborées dans d'autres disciplines que les relations internationales afin d'expliquer, d'une part, les raisons pour lesquelles l'anarchie empêche la collaboration et, d'autre part, les moyens de favoriser la formation des régimes.

Les obstacles à la formation des régimes

Dans le but d'expliquer pourquoi l'anarchie empêche la formation des régimes, les institutionnalistes néolibéraux font appel à la **microéconomie** et à la **théorie des jeux**. Les spécialistes en microéconomie étudient les unités économiques qui sont actives dans des conditions de concurrence parfaite et qui se situent, en théorie, au sein du marché. Puis les institutionnalistes néolibéraux effectuent une analogie entre le marché économique et le système international, parce que tous deux sont dotés de structures anarchiques. Selon les spécialistes en microéconomie, l'absence d'institutions centralisées constitue une importante qualité du marché. Non contraintes par une ingérence d'origine extérieure, les unités économiques rationnelles adoptent une stratégie concurrentielle favorable à leurs propres intérêts ; par conséquent, les biens s'achètent et se vendent au prix optimal, comme le démontre la théorie microéconomique.

Cette image simpliste du marché économique peut sembler apporter très peu à la conception des institutionnalistes néolibéraux mais la vision microéconomique devient plus pertinente lorsque l'attention se tourne vers le concept de **défaillance du marché**. Bien que les spécialistes en microéconomie répètent qu'un marché non entravé constitue le meilleur mécanisme de production des biens économiques, on sait que le marché n'est pas efficace quand il s'agit de produire des **biens publics**, comme des routes et des hôpitaux. En fait, dans certaines circonstances, une concurrence débridée peut même engendrer des **nuisances publiques**, la pollution en étant un exemple manifeste. Les spécialistes en microéconomie affirment que l'insuffisance des biens publics ou la prolifération des nuisances publiques survient parce que, parfois, les acteurs économiques se font concurrence dans des situations où ils devraient plutôt collaborer. Le principal mécanisme propice à la collaboration, souvent accepté avec réticence, prend la forme d'une intervention de l'État. L'État peut, lorsque c'est nécessaire, intervenir dans le marché et obliger les acteurs économiques à collaborer. Par exemple, si les eaux d'un fleuve sont devenues polluées par suite du rejet de déchets industriels, l'État peut adopter une loi qui impose à tous les acteurs économiques en cause d'utiliser d'autres moyens d'éliminer leurs déchets industriels. Ici, la structure anarchique du marché cède devant la structure hiérarchique de l'État.

Au sein du système international, par contre, il n'existe aucune autorité mondiale habilitée à promulguer des lois qui obligent les États souverains à souscrire à une politique commune. Par conséquent, l'absence de collaboration entre les États souverains et la persistance visible de problèmes globaux qui en résultent n'ont rien d'étonnant. La pollution globale, l'épuisement des ressources, les courses aux armements et les barrières commerciales sont autant d'exemples clairs de défaillances du marché qui se sont accentuées pendant que les États ont préféré rivaliser plutôt que collaborer. Néanmoins, l'existence de régimes indique que la colla-

boration est certainement possible dans le milieu anarchique. L'anarchie n'empêche pas la collaboration ; elle la rend seulement plus difficile. La théorie des jeux vise à expliquer pourquoi il en est ainsi.

Les théoriciens des jeux sont des mathématiciens qui s'intéressent à des jeux à somme non nulle et qui se concentrent sur l'interaction stratégique d'acteurs rationnels susceptibles d'adopter une stratégie de rivalité ou de collaboration. Cette interaction engendre une situation beaucoup plus complexe que celle qui découle d'un marché strictement concurrentiel. Si les institution-

---

POUR EN SAVOIR PLUS

Le dilemme du prisonnier

Le directeur d'une prison avait la garde de deux prisonniers présumés complices qu'il ne pouvait pas exécuter par pendaison sans avoir obtenu au préalable les aveux volontaires de l'un d'eux ou des deux. Il convoqua un des prisonniers et lui offrit de le remettre en liberté et de lui accorder une certaine somme d'argent en échange d'aveux au moins une journée avant que l'autre prisonnier ne fasse de même. Ainsi, un acte d'accusation serait préparé pour que le deuxième homme soit pendu. Le directeur ajouta toutefois que, si celui-ci passait aux aveux au moins une journée avant le premier, c'est le deuxième qui serait remis en liberté et recevrait la somme d'argent, et son complice serait alors pendu. « Et qu'arriverait-il si nous faisions des aveux tous les deux la même journée, monsieur le directeur ? », lui demanda l'homme. « Dans ce cas, vous resterez en vie tous les deux, mais vous écoperez d'une peine de dix ans d'emprisonnement. » « Et si aucun de nous deux ne parle ? » « Dans ce cas, vous serez tous les deux remis en liberté, mais vous ne recevrez aucune somme d'argent, bien entendu. Mais allez-vous risquer votre vie en faisant le pari que votre complice, ce bandit, ne s'empressera pas de tout avouer et d'empocher la somme d'argent ? Retournez dans votre cellule et réfléchissez à votre réponse jusqu'à demain. » Le directeur de prison répéta la même chose au deuxième prisonnier, puis chacun des deux bandits passa la nuit seul devant son dilemme (Deutsch, 1968, p. 120).

Les deux acteurs doivent choisir entre deux stratégies, ce qui donne lieu à une situation aboutissant à quatre résultats possibles. Puisqu'ils sont rationnels, les prisonniers peuvent classer ces quatre résultats selon un ordre de préférence. La matrice ci-dessus révèle l'ordre de préférence de chacun des deux hommes. Chacun adoptera la stratégie qui optimisera sa situation à la lumière des stratégies qui s'offrent à l'autre prisonnier. Pour échapper à la pendaison, les deux complices vont passer aux aveux et écoper de dix ans d'emprisonnement, ce qui démontre bien que la **rationalité** individuelle débouche sur l'irrationalité collective. Le

résultat sous-optimal n'aurait pu être évité que si les deux prisonniers avaient disposé d'un mécanisme qui leur aurait permis de collaborer.

| | **A** | |
	Silence	Aveux*
B Silence	3, 3‡	4, 1
B Aveux*	1, 4	2, 2†

Dans cette figure, les chiffres dans les cases désignent les préférences classées dans l'ordre suivant : 4 = meilleur choix, 1 = pire choix. Le premier chiffre dans chaque case indique la préférence de A et le deuxième chiffre correspond à la préférence de B.

Légende

* Stratégie dominante : les deux joueurs ont une stratégie dominante plutôt que contingente. Une stratégie devient dominante si elle est préférable à la stratégie de rechange, quelle que soit celle qu'adopte l'autre joueur.

† Dénote un résultat d'équilibre.

‡ Optimum de Pareto : Vilfredo Pareto (1848-1923), un sociologue et un économiste italien, a défini un critère servant à déterminer le moment où un échange entre deux parties atteint son point optimal. Il affirmait, en résumé, que les parties arrivent à ce point lorsque l'une est en meilleure situation et que l'autre n'est pas en moins bonne posture qu'avant l'échange en question. Une conséquence de ce point optimal est analysée dans l'encadré « Pour en savoir plus » sur la bataille des sexes, à la page 315.

nalistes néolibéraux en évitent généralement les dimensions mathématiques, ils se sont inspirés d'une partie de l'appareil conceptuel mis au point par les théoriciens des jeux pour étoffer leur compréhension théorique des raisons pour lesquelles l'anarchie entrave la collaboration. Pour édifier une théorie, il faut réduire la situation étudiée à ses éléments essentiels. La théorie des jeux est, à cet égard, particulièrement parcimonieuse. Cette théorie est axée sur l'interaction de deux acteurs, dont chacun dispose seulement de deux stratégies possibles : la coopération ou la rivalité. L'interaction stratégique produit quatre résultats possibles. À l'aide de cet appareil conceptuel très simple, on arrive alors à modéliser une vaste gamme de situations sociales. Grâce à l'élimination des détails, il devient plus facile de comprendre la dynamique sous-jacente à la situation. Ainsi, d'aucuns soutiennent que tous les cas de défaillance du marché peuvent être modélisés au moyen du jeu connu sous le nom de **dilemme du prisonnier** (voir l'encadré « Pour en savoir plus », page ci-contre).

Aux yeux des institutionnalistes néolibéraux, la logique associée au dilemme du prisonnier explique pourquoi un large éventail de résultats irrationnels sur la scène internationale peut être compris d'un point de vue rationnel. Elle rend compte des raisons pour lesquelles les États ont persisté à pratiquer la surpêche en mer, à polluer l'atmosphère, à vendre des armes à des régimes indésirables et à promouvoir des politiques qui entravent le commerce. Ce sont là autant de cas de défaillance du marché, résultant du fait que les États ont choisi d'appliquer une stratégie de rivalité plutôt que de concurrence. Ils refusent d'adopter une stratégie de collaboration parce qu'ils anticipent que les autres membres du **système anarchique** auront recours à une stratégie de rivalité. Par exemple, il serait irrationnel qu'un État oblige son industrie de la pêche à respecter des quotas de prises, s'il croit que les industries de la pêche actives dans d'autres États ont l'intention de faire fi de ces quotas. Il s'ensuit que les États évitent un résultat optimum de Pareto (voir l'encadré « Pour en savoir plus » à la page 315) et sont poussés, par un calcul rationnel, à mettre en œuvre une stratégie qui, par suite d'une interaction stratégique, donne un résultat sous-optimal.

Si le dilemme du prisonnier rend précisément compte d'une telle situation, alors non seulement il explique pourquoi l'anarchie entrave la collaboration, mais il indique aussi que les États reconnaissent les avantages de la collaboration. Si les États s'abstiennent d'adopter une stratégie de collaboration, c'est uniquement parce qu'ils s'attendent à ce que d'autres États n'honorent pas leur engagement envers une telle stratégie. Le dilemme du prisonnier démontre l'importance de définir un mécanisme qui persuade tous les acteurs qu'il n'y a aucun risque qu'un tel engagement ne soit pas respecté. Les institutionnalistes néolibéraux estiment que l'instauration de régimes témoigne du fait que des mécanismes de ce type doivent être mis au point.

Faciliter la formation de régimes

Les institutionnalistes néolibéraux ont suivi deux voies différentes dans leurs efforts visant à expliquer l'émergence de régimes. D'abord, ils se sont inspirés des travaux en microéconomie selon lesquels l'intervention de l'État ne constitue pas le seul mécanisme disponible qui permette la production de biens publics. Ils laissent entendre que, s'il existe un acteur dominant ou hégémonique actif au sein du marché, cet acteur peut alors être disposé à assumer le coût de production d'un bien public (Olson, 1965). Les institutionnalistes néolibéraux n'ont eu aucune difficulté à étendre jusqu'à la scène internationale leur raisonnement en la matière. Au cours du XIXᵉ siècle, par exemple, on a établi un régime qui a proclamé l'illégalité du trafic international des esclaves. Des États ont accepté de respecter le principe humanitaire qui sous-tendait ce régime, pour la bonne raison qu'ils s'attendaient à ce que les autres États en fassent autant. Une telle attente a vu le jour parce qu'il était alors reconnu que la Grande-Bretagne avait l'intention de superviser le régime et qu'elle possédait la capacité navale de le faire. Le régime a donc été consolidé grâce au statut hégémonique de la Grande-Bretagne au sein du système international.

Il est aujourd'hui largement accepté que les régimes économiques mis en place après la Seconde Guerre mondiale doivent leur existence à l'intervention des États-Unis en tant que puissance hégémonique. De plus, après avoir examiné les conséquences du déclin de l'hégémonie, les institutionnalistes néolibéraux en ont conclu que les régimes établis allaient persister. Le dilemme du prisonnier indique que les défaillances du marché se produisent parce que, dans un système anarchique, les acteurs s'attendent à ce que les États rivalisent entre eux au lieu de collaborer. Or, une fois que les États ont renoncé au résultat sous-optimal qui découle de l'application de stratégies de rivalité mutuelle, il n'existe plus aucune incitation à abandonner les stratégies de collaboration mutuelle et à viser le résultat sous-optimal. Ainsi, même en l'absence d'une puissance hégémonique, les institutionnalistes néolibéraux affirment que les régimes établis vont se maintenir (Keohane, 1984).

L'examen d'une deuxième voie, de la part des institutionnalistes néolibéraux, permet de renforcer une telle conclusion. Si le jeu du dilemme du prisonnier n'est exécuté qu'une seule fois, il amplifie la difficulté de produire une collaboration. Il est toutefois plus réaliste de penser que le jeu sera répété. L'**ombre de l'avenir** plane alors sur les joueurs et influence leurs calculs stratégiques. Puisque le jeu sera repris en des occasions ultérieures, il devient utile de courir un risque et d'appliquer une stratégie de collaboration afin d'obtenir le résultat optimal. S'il est possible de persuader tous les États d'agir ainsi, aucun d'entre eux ne sera incité à se soustraire à la stratégie de collaboration par la suite, car si un État devait y renoncer, tous les autres feraient de même. Ce n'est donc pas l'existence d'une puissance hégémonique qui constitue le principal mécanisme menant à l'établissement et au maintien d'un régime, mais bien le principe de **réciprocité**. Les institutionnalistes néolibéraux ont mis un accent de plus en plus prononcé sur les facteurs qui renforcent la réciprocité au sein du système. Des dispositifs d'inspection et de surveillance acquièrent une grande importance, lorsqu'il s'agit de s'assurer que les États agissent selon les modalités d'un régime. La mise au point d'une surveillance par satellite, par exemple, a été un facteur-clé ayant amené les États-Unis et l'Union soviétique à conclure des accords de maîtrise des armements. Le développement du savoir scientifique a également contribué à favoriser le principe de réciprocité. Les États ne sont pas prêts à restreindre leurs activités en se fondant sur des facteurs hypothétiques, et ils réagissent d'une façon beaucoup plus positive quand les scientifiques conviennent de l'importance de leurs découvertes. Grâce à l'ouverture croissante des États et à l'expansion constante du savoir scientifique, la scène internationale tendra à être de plus en plus riche en information. C'est une telle tendance, de l'avis des institutionnalistes néolibéraux, qui favorisera le plus l'instauration de régimes à l'avenir (Keohane, 1984).

La conception néoréaliste

Sans surprise, les néoréalistes contestent la conception des institutionnalistes néolibéraux. D'abord, ils rejettent l'analogie établie entre une puissance hégémonique qui apporte des biens publics au système international et un État qui intervient dans une situation nationale marquée par une défaillance du marché. Ensuite, ils ne croient pas que l'apparition des régimes résulte des efforts déployés par les États pour surmonter les pressions favorables à la rivalité dans des conditions d'anarchie. Selon les néoréalistes, les régimes se forment dans des situations où l'interaction de stratégies non coordonnées donne des résultats sous-optimaux.

La puissance et les régimes

Même s'ils étaient conscients, dans les années 1970 et 1980, de la remise en question du statut hégémonique des États-Unis, les néoréalistes n'en ont pas pour autant conclu qu'elle rendrait le monde anomique. Ils se sont plutôt penchés sur les exigences énoncées par les pays en développement afin qu'un nouvel ensemble de principes et de normes sous-tende les régimes associés à l'économie mondiale. Les régimes existants semblaient miner les intérêts des États du Sud et exposer ceux-ci à une concurrence déloyale ainsi qu'à des forces économiques pernicieuses. Les néoréalistes ont pris au sérieux les exigences du tiers-monde, mais ils ont indiqué que les principes et les normes que réclamait ce dernier ne pourraient entrer en vigueur que si l'équilibre de puissance devenait défavorable à l'Occident (Tucker, 1977 ; Krasner, 1985). Un tel jugement s'opposait directement à l'image institutionnaliste néolibérale des États-Unis en tant que pays bienfaiteur et bienveillant, garant d'un ensemble de régimes qui permettaient aux membres du système international anarchique d'échapper à un résultat sous-optimal et d'atteindre un résultat optimum de Pareto. Les États-Unis constituaient plutôt un pays hégémonique qui se servait de sa puissance pour soutenir un régime qui favorisait ses propres intérêts à long terme. Les institutionnalistes néolibéraux font fi du statut contesté des normes et des principes libéraux.

Ainsi, d'un point de vue néoréaliste, les États-Unis ont fait en sorte que les régimes s'appuient sur un ensemble particulier de principes et de normes. Pour bien comprendre la position des néoréalistes, il faut reconnaître qu'une puissance hégémonique peut effectivement imposer son veto à la formation d'un régime. Par exemple, en 1972, lorsque les États-Unis ont mis en orbite leur premier satellite de télédétection, ils ont suscité l'inquiétude d'un grand nombre de pays. Un tel satellite est en mesure d'obtenir d'importantes données stratégiques et commerciales confidentielles sur des pays dans toutes les régions du monde. Non seulement peut-il repérer l'emplacement de matériel militaire, mais il peut aussi déterminer la taille d'une culture agricole et localiser des minéraux. Plusieurs tentatives ont été faites en vue d'établir un régime qui limiterait le droit des États à acquérir des données sur un État sans son autorisation (Brown *et al.*, 1977). De nombreux États ont estimé qu'ils tireraient avantage d'un tel régime. Cependant, puisque l'équilibre de puissance penchait du côté de ceux qui possédaient un tel satellite et que ceux-ci comprenaient bien qu'un tel régime ne leur serait pas favorable, ces États ont opposé leur veto au régime alors proposé.

Les régimes et leur coordination

La conception néoréaliste des régimes doit aussi expliquer pourquoi des États adhèrent aux principes et aux normes d'un régime auquel ils s'opposent. Pour comprendre un tel phénomène, les néoréalistes, à l'instar des institutionnalistes néolibéraux, font appel à la théorie des jeux. Ils affirment que les États souhaitant former un régime se trouvent devant le problème de la coordination, comme l'illustre la **bataille des sexes** (voir l'encadré ci-contre), et non devant le problème de la collaboration, que reflète le dilemme du prisonnier. Ici, le problème est associé non pas au risque que la collaboration soit abandonnée au profit d'une stratégie de rivalité, mais à la possibilité que l'absence d'une coordination des stratégies adoptées entraîne l'échec involontaire de l'objectif mutuel.

Les spécialistes en stratégie connaissent très bien la nature des problèmes de coordination. L'économiste Thomas Schelling (1960) donne l'exemple d'un homme et d'une femme mariés qui se perdent de vue dans un grand magasin. Les deux souhaitent se retrouver rapidement, mais il existe un risque que chacun attende le retour de l'autre au mauvais endroit ; les situations de ce genre donnent lieu à un problème de coordination. En l'absence de communication, la résolution d'un problème de coordination peut s'avérer difficile, voire impossible. Cependant, si la communication est possible, il y a une solution simple et incontestable. Par exemple, alors qu'un pilote d'avion et un contrôleur aérien peuvent s'exprimer dans toute langue mutuellement convenue, il est clairement inacceptable qu'ils ne soient pas en mesure de parler une langue commune. En vertu des règles de l'Organisation de l'aviation civile internationale, tout pilote international et un certain nombre d'employés dans toute tour de contrôle doivent pouvoir communiquer en anglais. Il s'agit là d'un équilibre très stable, et la règle favorise certainement la sécurité aérienne. Ce n'est qu'une seule des règles d'un vaste ensemble formant le régime qui réglemente l'aviation civile internationale. Cette règle a d'importantes répercussions sur la formation du personnel compétent en la matière et ne peut pas faire l'objet de négociations à répétition. Elle doit s'inscrire dans le cadre d'un régime stable que toutes les parties concernées peuvent considérer comme prévisible.

La décision de choisir l'anglais, dans ce cas, peut avoir été relativement non controversée. Il ne s'ensuit pas forcément qu'une aversion commune pour certains résultats (un pilote qui ne parle que l'allemand et un contrôleur aérien qui ne s'exprime qu'en japonais) suscitera un intérêt commun pour un résultat particulier

---

La bataille des sexes et la frontière de Pareto

La bataille des sexes

Un homme et une femme qui sont amoureux depuis peu décident de partir ensemble en vacances. Il y a toutefois un petit problème : il veut aller faire de la randonnée en montagne et elle souhaite voir les expositions dans les galeries d'art et les musées. Chacun des deux préfère nettement être en compagnie de l'autre plutôt que de passer ses vacances seul. Une fois la matrice déterminée, deux équilibres stables émergent de ce scénario.

	A (homme)	
	Vacances en ville	Vacances à la montagne
B (femme) Vacances en ville	4, 3*	1, 2
Vacances à la montagne	2, 1	3, 4*

Dans cette figure, les chiffres dans les cases désignent les préférences classées dans l'ordre suivant : 4 = meilleur choix, 1 = pire choix. Le premier chiffre dans chaque case indique la préférence de A et le deuxième chiffre correspond à la préférence de B.

Légende

* Dénote un résultat d'équilibre et une stratégie optimale de Pareto.

La frontière de Pareto

Puisqu'ils souhaitent trouver un compromis, l'homme et la femme pourraient décider de partager leur semaine de vacances entre la ville et la montagne. Étant donné que les deux positions extrêmes représentent un optimum de Pareto, il en va de même de toutes les combinaisons possibles, et celles-ci peuvent être reportées sur un graphique pour tracer la frontière de Pareto.

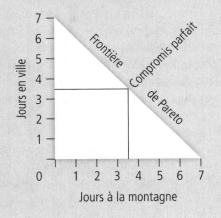

(tous parlent l'anglais). C'est précisément là la leçon à tirer du jeu de la bataille des sexes : il peut y avoir plus d'un résultat reflétant l'optimum de Pareto. En fait, de nombreuses positions peuvent correspondre à un optimum de Pareto et se situer sur ce qui est dénommé la frontière de Pareto (voir l'encadré de la page précédente). Ainsi, dans le contexte de l'aviation civile, chaque langue peut être localisée sur la frontière parce que, en principe, toute langue pourrait être choisie, à condition que tous la parlent. Et le recours à n'importe quelle langue commune est préférable à la situation qui se produirait en l'absence de coordination et de langue commune.

Les néoréalistes soutiennent qu'une telle analyse permet de comprendre pourquoi des États se conformeraient à un régime, même s'ils souhaitaient en modifier les principes sous-jacents : c'est parce qu'ils se situent déjà sur la frontière de Pareto. Ils respectent le régime parce qu'ils se trouvent en situation de coordination et que l'absence de coordination les placerait dans un contexte moins avantageux. Les Français peuvent tempêter contre l'utilisation de l'anglais en aviation civile, mais ils n'ont d'autre choix que de continuer à recourir à cette langue. Le même argument s'applique aux pays en développement : ils souhaitent avoir des échanges commerciaux avec l'Occident, mais ils aimeraient le faire à des conditions plus avantageuses. L'application de nouveaux principes en matière de commerce représenterait un autre point sur la frontière de Pareto. Toutefois, puisque l'équilibre des puissances demeure favorable à l'Occident, peu de signes portent à croire que de nouveaux principes économiques plus profitables au tiers-monde émergeront.

La situation est quelque peu différente en ce qui a trait aux régimes de communication. Tous les types de communication électronique reposent sur l'émission d'ondes électromagnétiques situées en différents points du spectre électromagnétique. La coordination est essentielle ici, car il se produit de l'interférence lorsque plusieurs usagers adoptent la même fréquence du spectre au même moment et dans la même région. Il n'est donc pas possible que les États agissent de façon unilatérale, si bien que l'instauration d'un régime est indispensable. De plus, puisque le spectre électromagnétique constitue une ressource limitée, il faut définir des principes et des règles pour en assurer la répartition. Initialement, les États ont convenu que le spectre devait être réparti en fonction des besoins. Ainsi, l'application de ce principe a donné pour résultat que, en 1980, l'Union soviétique et les États-Unis se partageaient la moitié des fréquences disponibles

et que 90 % du spectre attribué profitait à 10 % de la population mondiale (Krasner, 1985). Il n'est pas étonnant qu'un tel résultat ait été remis en cause par des pays en développement, qui soutenaient le principe selon lequel une partie du spectre devait être réservée à des usages futurs. Il est plus surprenant de constater que ce nouveau principe a été accepté. Les néoréalistes considèrent toutefois qu'il ne s'agit pas d'un signe d'altruisme de la part des pays développés, mais bien de la conséquence du fait que les pays en développement peuvent causer une interférence dans les signaux en provenance de pays voisins. Cette situation a donné aux pays en développement un levier de négociation, sur lequel ils n'auraient pas pu compter autrement (Krasner, 1991).

À RETENIR

- Les institutionnalistes néolibéraux établissent une analogie entre le marché et le système international anarchique.

- Un cadre de marché international se caractérise par la sous-production de biens publics et la surproduction de nuisances publiques.

- Les institutionnalistes néolibéraux s'inspirent du dilemme du prisonnier pour rendre compte des entraves structurelles à la formation d'un régime.

- Une puissance hégémonique, l'ombre du futur et un milieu riche en information favorisent la collaboration et offrent une issue au dilemme du prisonnier.

- Les néoréalistes affirment que les institutionnalistes néolibéraux font fi de l'importance de la puissance dans leur analyse des régimes.

- Les néoréalistes se servent de la bataille des sexes pour illustrer la nature de la coordination et ses liens avec la puissance dans un milieu anarchique.

CONCLUSION

Bien que les institutionnalistes néolibéraux et les néoréalistes reconnaissent l'importance des régimes dans le système international et qu'ils recourent à des outils d'analyse semblables, ils tirent des conclusions très différentes quant aux circonstances dans lesquelles les régimes se forment. Selon les institutionnalistes néolibéraux, les régimes apparaissent parce qu'il existe toujours un risque, dans le système international anarchique, que les stratégies de rivalité triomphent des stratégies de coopération. Par contre, les néoréalistes estiment que l'émergence des régimes découle de si-

tuations où prévaut une volonté mutuelle de coopération, mais où l'anarchie engendre un problème de coordination.

Les conséquences de la puissance ne sont pas non plus les mêmes aux yeux des tenants des deux conceptions. D'après les institutionnalistes néolibéraux, un État hégémonique peut se servir de sa puissance pour inciter d'autres États à collaborer et à se conformer à un régime. Cependant, il est également reconnu que des États peuvent établir et maintenir des régimes en l'absence d'un État hégémonique. Des stratégies de collaboration sont appliquées et perpétuées en raison de l'ombre de l'avenir. Celle-ci se définit par la reconnaissance mutuelle du fait que, si un État renonce à un régime, il s'ensuivra des abandons massifs, dans l'esprit de l'adage *Œil pour œil, dent pour dent*; le résultat auparavant optimal pour les États deviendra sous-optimal. Par ailleurs, les néoréalistes sont d'avis que la puissance joue un rôle crucial non pas pour menacer d'une sanction les États qui abandonnent un régime de collaboration, mais bien pour déterminer, dans le cadre des négociations menées, la forme d'un régime en vertu duquel tous les États coordonneront leurs actions.

Le théoricien des relations internationales Arthur Stein (1983) – qui a établi la distinction entre les jeux de collaboration et les jeux de coordination dans la littérature sur les régimes – n'a cependant jamais considéré qu'ils représentent des conceptions mutuellement incompatibles de la formation des régimes. En pratique, les deux jeux que nous avons examinés pour illustrer cette distinction révèlent simplement des aspects différents des dynamiques complexes associées à la formation des régimes.

Le moratoire international sur la chasse à la baleine montre bien la complexité propre à l'analyse des régimes. Les 15 principaux pays qui pratiquent cette chasse ont mis en place un régime, parce qu'ils reconnaissaient la nécessité de réglementer cette activité. Le jeu du dilemme du prisonnier facilite la compréhension du type de problèmes que ces pays voulaient résoudre. Ces problèmes étaient liés à l'incertitude au sujet de ce que les autres États allaient faire. À partir du moment où ces pays ont accepté de collaborer, l'imposition de quotas s'est révélée être une tâche relativement simple, car ils comprenaient que le régime s'effondrerait s'ils dépassaient leur quota respectif.

Au fil du temps, toutefois, des problèmes ont surgi, non pas à cause de difficultés associées à la supervision du régime, mais en raison de différends apparus

entre les membres à propos de l'objectif fondamental du régime. Au départ, les membres de la Commission baleinière internationale convenaient tous que l'objectif consistait à éliminer le risque de tuer un trop grand nombre de baleines chaque année. À partir des années 1970, cet objectif a été contesté par des écologistes qui ne voyaient aucune justification satisfaisante à la poursuite de cette activité, vu qu'il existe des moyens plus efficaces et plus humains de nourrir les individus. Par suite de ces positions divergentes, la question est maintenant devenue très politisée. La difficulté de maintenir ce régime à l'heure actuelle est très bien illustrée par le jeu de la bataille des sexes : un camp veut un régime qui assure une réglementation efficace de la chasse à la baleine et l'autre camp réclame un régime qui interdit cette activité.

Le moratoire sur la chasse à la baleine est entré en vigueur, au moins en partie, en raison du statut hégémonique des États-Unis. De nouveaux membres de la commission n'ayant aucun intérêt national pour cette chasse ont décidé de se rallier à la position des États-Unis, ce qui a renforcé le camp des opposants. Toutefois, dès l'entrée en vigueur du moratoire, le Japon a entrepris de remettre en cause la politique défendue par les États-Unis, en risquant ainsi de subir les foudres de ce pays et même l'opprobre international, en plus de prolonger un litige devenu une source d'amertume toujours plus vive. L'insistance du Japon à obtenir l'abrogation du moratoire est souvent jugée étonnante, parce que la consommation de viande de baleine par les Japonais a dégringolé et qu'elle ne représente plus qu'une faible partie de leur alimentation. Par conséquent, l'opposition au moratoire s'est transformée en une question de principe et on assiste aujourd'hui à un refus de céder à des pressions qui, selon les Japonais, n'ont aucune légitimité scientifique et sont surtout dictées par des considérations émotives.

Les États du Sud, bien qu'ils n'aient aucun intérêt reconnu pour la chasse à la baleine, ont été les bénéficiaires inattendus du litige. Le Japon, qui ne voulait pas abandonner le régime encadrant cette activité, s'est servi de son influence sur ces États pour tenter de prendre le dessus sur le camp des opposants à cette chasse. En raison de l'influence hégémonique constante des États-Unis, il est peu probable que le Japon parvienne à faire abroger le moratoire (McNeill, 2006), mais l'impasse à laquelle il a abouti en 2006 suffit à menacer le maintien du régime. Aucun des principaux acteurs ne souhaite, cependant, la disparition de ce régime, et le jeu de la bataille des sexes laisse entrevoir qu'ils chercheront et adopteront un compromis à son sujet.

QUESTIONS

1. Qu'est-ce qu'un régime ? Quels en sont les éléments essentiels ?

2. Expliquez l'émergence de la théorie des régimes dans les années 1970.

3. Expliquez et illustrez les notions de régime horizontal et de régime vertical.

4. Identifiez les points communs entre la conception institutionnaliste néolibérale et la conception néoréaliste des régimes.

5. Discutez des divergences entre ces conceptions. Sont-elles significatives ?

6. Ces deux conceptions sont-elles compatibles ?

7. Quelles sont les conséquences du dilemme du prisonnier dans l'analyse des régimes ?

8. Illustrez la bataille des sexes par un exemple tiré de l'histoire ou de l'actualité internationale.

9. Qu'est-ce que la frontière de Pareto ? Utilisez un exemple pertinent.

10. De quelle autre science sociale s'inspirent les théoriciens des régimes dans la construction de leurs prémisses théoriques ?

Lectures utiles

Axelrod, R., *Donnant, donnant. Théorie du comportement coopératif*, Paris, Odile Jacob, 1992. Une présentation analytique complète de la pertinence du dilemme du prisonnier pour analyser des enjeux de coopération internationale.

Battistella, D., « La coopération », dans *Théories des relations internationales*, Paris, Presses de Sciences Po, 2009, p. 431-465. Une introduction aux différentes variantes de la théorie des régimes.

Keohane, R. O., *After Hegemony: Cooperation and Discord in the World Political Economy*, Princeton, Princeton University Press, 1984. L'un des ouvrages les plus influents sur la théorie néolibérale des régimes.

Kindleberger, C., *La grande crise mondiale. 1929-1939*, Paris, Éditions Economica, 1973. Version française d'un classique néoréaliste, qui défend la théorie de la stabilité hégémonique et du despote bienveillant.

Krasner, S. D. (dir.), *International Regimes,* Ithaca, Cornell University Press, 1983. L'un des textes fondateurs de la théorie néoréaliste des régimes.

Morin, J.-P., « Une réplique du Sud à l'extension du droit des brevets : la biodiversité dans le régime international de la propriété intellectuelle », *Droit et société*, n° 58, 2004, p. 633-653. Une discussion sur le rôle des pays en développement et des organisations non gouvernementales dans la transformation des régimes internationaux.

Nye, J. S., « Défense et illustration du régime de la non-prolifération », *Politique étrangère*, vol. 45, n° 4, 1980, p. 925-948. Version française d'un article éclairant sur l'avenir du régime international de non-prolifération nucléaire.

Roberge, I., « Le Canada et le régime international de lutte contre le blanchiment d'argent et le financement du terrorisme : un exemple de coordination verticale et horizontale », *International Journal*, vol. 59, n° 3, 2004, p. 635-654. Une analyse empirique de régimes internationaux récemment édifiés par la communauté internationale.

Snyder, J., « Mythes d'empire et stratégies d'hégémonie », *Critique internationale*, n° 26, 2005, p. 59-78. Version française d'une analyse néoréaliste de l'actuelle situation de puissance dans laquelle se trouvent les États-Unis et des possibilités qui en découlent, notamment celle d'un retour à une position hégémonique où serait favorisée la coopération.

Young, O. R. et R. Bouyssou, « Gérer les biens communs planétaires. Réflexions sur un changement d'échelle », *Critique internationale*, n° 9, 2000, p. 147-160. Version française d'une étude de mouvance néolibérale sur l'environnement, illustrant la question des biens publics mondiaux dans la théorie des régimes.

Chapitre 19

L'ORGANISATION DES NATIONS UNIES

PAUL TAYLOR • DEVON CURTIS

GUIDE DE LECTURE

Depuis sa fondation en 1945, l'Organisation des Nations Unies (ONU) a connu nombre de transformations et de difficultés. En tant que regroupement d'États, l'ONU illustre l'idée selon laquelle les États constituent les unités fondamentales du système international. Les organes de l'ONU reflètent un métissage délicat des traditions de consensus entre grandes puissances, d'une part, et des traditions d'universalisme reposant sur l'égalité des États, d'autre part. En outre, si l'ONU a été créée pour réunir des États souverains, ce chapitre s'emploie à souligner que les organes de l'ONU ont constamment élargi l'éventail de leurs fonctions et sont de plus en plus présents au sein des États. De plus, la justice pour les individus est désormais considérée comme un corollaire de l'ordre international. Des manquements graves au respect des droits humains ou au bien-être économique engendrent parfois des tensions internationales. Cela a permis, toutefois, de remettre en question des conceptions traditionnelles en matière d'intervention dans les affaires intérieures des États. Il a aussi été possible d'élargir la gamme d'activités des organes de l'ONU et de mieux les coordonner pour qu'ils puissent s'attaquer à un plus grand nombre de questions économiques et sociales.

INTRODUCTION

L'Organisation des Nations Unies (ONU) regroupe un ensemble d'**organisations internationales**, qui comprend le siège (situé à New York), les **organismes spécialisés**, comme l'Organisation mondiale de la santé (OMS) et l'Organisation internationale du travail (OIT), ainsi que les **programmes et les fonds**, comme le Programme des Nations Unies pour le développement (PNUD) et le Fonds des Nations Unies pour l'enfance (UNICEF). Lors de sa création en 1945, au lendemain de la Seconde Guerre mondiale, l'ONU cristallisait l'espoir que soit formée une communauté mondiale juste et pacifique. Elle représente la seule institution mondiale qui dispose de la légitimité reconnue par l'adhésion universelle et dont le mandat englobe la **sécurité**, le développement économique et social, le respect des droits humains et la protection de l'environnement. Il n'en demeure pas moins qu'elle a été mise sur pied par des **États** pour satisfaire leurs propres besoins ; les rapports entre la **souveraineté des États** et la protection des besoins et des intérêts des peuples n'ont pas encore été clairement définis. Les questions sur le sens de la **souveraineté** et sur les limites de l'action de l'ONU revêtent toujours une importance essentielle. Depuis sa création, ses activités ont graduellement été élargies en vue d'améliorer la situation au sein des États, et sa capacité d'action en matière économique et sociale s'est accrue, tout comme la tendance à lui accorder un statut moral. Les menaces contre la sécurité dans le monde que s'efforce de contrer l'ONU comprennent aujourd'hui les conflits interétatiques, les menaces proférées par des **acteurs non étatiques** ainsi que les conditions politiques, économiques et sociales qui prévalent au sein des États. Pourtant, malgré la croissance des activités de l'ONU, des questions se posent toujours au sujet de sa pertinence et de son efficacité. Ainsi, lorsque les États-Unis et le Royaume-Uni n'ont pas obtenu l'autorisation du Conseil de sécurité de l'ONU pour envahir l'Iraq en 2003, de vives critiques se sont élevées contre l'ONU, notamment de la part des néoconservateurs américains, et une crise dans les relations internationales s'en est suivie. Néanmoins, les conséquences houleuses de l'invasion et les questions persistantes sur la légitimité d'une guerre non autorisée par l'ONU démontrent bien que cette organisation a acquis un important statut moral dans la **société internationale**.

Dans ce chapitre, nous allons d'abord décrire les principaux organes de l'ONU, puis exposer le rôle changeant de cette organisation en ce qui a trait aux enjeux de paix et de sécurité et aux questions de développement économique et social. Nous verrons que ce rôle n'a jamais cessé d'évoluer, en réaction aux changements survenus dans le contexte politique mondial, et nous aborderons quelques-uns des problèmes encore à l'ordre du jour pour l'ONU.

UNE BRÈVE HISTOIRE DE L'ONU ET DE SES PRINCIPAUX ORGANES

L'Organisation des Nations Unies a été fondée par 51 pays le 24 octobre 1945, à la suite des initiatives qu'avaient prises en ce sens les gouvernements des États qui ont mené la guerre contre l'Allemagne et le Japon. En 2006, 192 pays étaient membres de l'ONU, soit la quasi-totalité des États dans le monde. Pour adhérer à cette organisation, un État doit s'engager à respecter les obligations énoncées dans la **Charte des Nations Unies**, un traité international définissant des principes fondamentaux en matière de relations internationales. Selon cette Charte, l'ONU vise quatre grands objectifs : maintenir la paix et la sécurité internationales, développer des relations amicales entre les nations, réaliser la coopération internationale en résolvant les problèmes internationaux et en encourageant le respect des droits de l'homme, et être un centre où s'harmonisent les efforts des nations vers ces fins communes. À l'ONU, chaque État membre – grand ou petit, riche ou pauvre, sans égard à son orientation politique ni à son système social – a voix au chapitre et peut voter en la matière. Il est intéressant de noter que, si l'ONU a clairement pris la forme d'un regroupement d'États, sa Charte évoque, quant à elle, tant les besoins et les intérêts des peuples que ceux des États (voir l'encadré « Pour en savoir plus », page ci-contre).

À maints égards, l'ONU a été créée afin de corriger les insuffisances de son prédécesseur, la Société des Nations. Celle-ci avait été instituée après la Première Guerre mondiale (par le traité de Versailles, en 1919) dans le but de rendre impossible toute guerre future, mais elle fut vite paralysée par son manque de **pouvoir** effectif. Il n'y avait pas de répartition claire des responsabilités entre son principal comité exécutif (le Conseil de la SDN) et l'Assemblée de la SDN, qui comprenait tous les États membres. Ni l'Assemblée ni le Conseil de la SDN ne pouvaient adopter de résolutions contraignantes. Leur rôle se limitait à formuler des recommandations qui devaient résulter d'un vote unanime et tout gouvernement était libre de les rejeter. De plus, la SDN ne comptait sur aucun mécanisme pour assurer la coordination des mesures militaires ou économiques prises contre les États voyous, ce qui a ajouté à sa faiblesse. Des États importants, comme les États-Unis, n'ont jamais adhéré à la SDN. Avant même que n'éclate la Seconde Guerre mondiale, la SDN s'était montrée incapable de contrer de nombreux actes d'agression.

L'ONU s'est dotée d'une **structure** destinée à lui éviter certains des problèmes qu'a dû affronter la SDN. Elle comprend six organes principaux : le Conseil de sécurité, l'Assemblée générale, le Secrétariat, le Conseil économique et social, le Conseil de tutelle et la Cour internationale de justice (voir la figure 19.1, à la page 322).

Le Conseil de sécurité

Contrairement à la Société des Nations, l'ONU a reconnu des prérogatives aux grandes puissances au sein du Conseil de sécurité. Ce dernier a hérité de la responsabilité essentielle du maintien de la paix et de la sécurité internationales. Composé initialement de 11 États membres, et de 15 depuis 1965, il comprend cinq membres permanents, soit les États-Unis, le Royaume-Uni, la France, la Russie (auparavant l'Union soviétique) et la Chine, et dix membres non permanents. Les décisions du Conseil de sécurité sont contraignantes et doivent être adoptées par une majorité de neuf des quinze États membres, y compris les cinq membres permanents. Ces derniers disposent d'un droit de veto sur toutes les décisions du Conseil. Il s'est peu à peu établi une convention selon laquelle l'abstention d'un membre permanent à un vote n'équivaut pas à l'expression d'un veto.

Les cinq membres permanents du Conseil de sécurité étaient considérés comme les grandes puissances au moment de la fondation de l'ONU ; ainsi, un droit de veto leur a été octroyé parce qu'on estimait alors que cette organisation ne fonctionnerait tout simplement pas, si les grandes puissances ne recevaient pas un statut privilégié. Une telle conception des choses découle de la théorie réaliste. En fait, cette organisation est marquée par la tension qui existe entre la reconnaissance de la politique de puissance, par un veto au Conseil de sécurité, et les idéaux universels sous-tendant l'ONU. Des appels nombreux et fréquents ont été lancés en faveur d'une réforme du Conseil de sécurité, mais il s'agit là d'une tâche très difficile (voir l'encadré « Pour en savoir plus » à la page 323).

Lorsque le Conseil de sécurité examine une situation qui survient en raison d'une menace contre la paix internationale, il envisage d'abord les moyens pacifiques possibles de la régler, conformément aux dispositions du chapitre VI de la Charte des Nations Unies (voir l'encadré ci-contre). Il peut suggérer les **principes** d'un règlement ou le recours à la médiation. Quand un affrontement armé est déclenché, le Conseil de sécurité tente d'obtenir un cessez-le-feu. Il peut envoyer sur place une mission de **maintien de la paix** afin d'aider les parties en cause à préserver la trêve conclue et de séparer les forces belligérantes (voir plus loin la section intitulée « L'ONU et le maintien de la paix et de la sécurité internationales »). Il peut également adopter des

Organes principaux

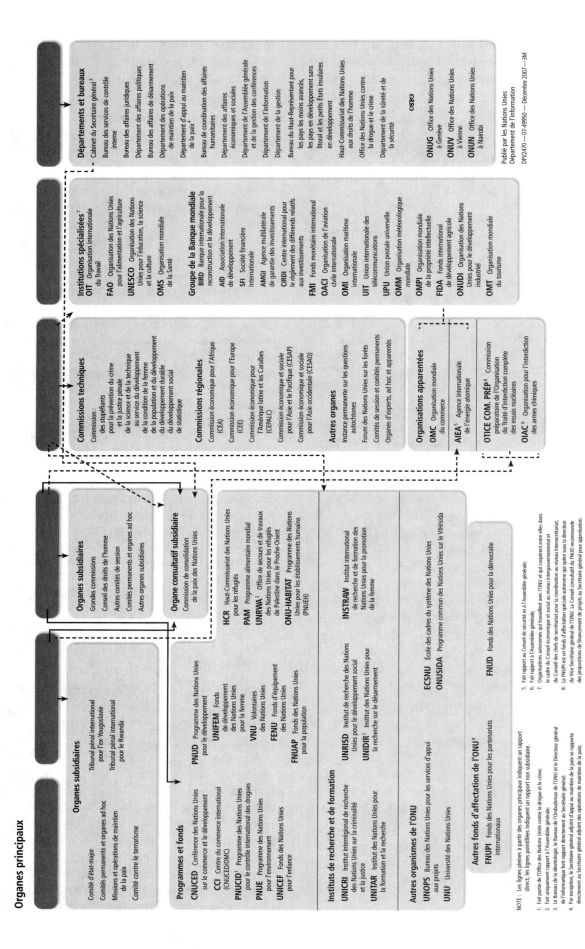

FIGURE 19.1 La structure du système des Nations Unies

Source : http://www.un.org/fr/aboutun/structure/index.shtml (cliquer sur Organigramme).

mesures qui imposent la mise en œuvre de ses décisions en vertu des dispositions du chapitre VII de la Charte. Ainsi, il peut, par exemple, appliquer des sanctions économiques ou décréter un embargo sur les armes. En de rares occasions, le Conseil de sécurité a autorisé des États membres à utiliser tous les moyens nécessaires, y compris une action militaire collective, pour faire en sorte que ses décisions soient exécutées.

Le Conseil de sécurité envoie aussi ses recommandations à l'Assemblée générale en vue de la nomination d'un nouveau secrétaire général et de l'admission de nouveaux membres à l'ONU.

L'Assemblée générale

On peut établir un contraste entre la reconnaissance de la politique de puissance par le droit de veto des membres du Conseil de sécurité et les principes universalistes sous-tendant les autres organes de l'ONU. Tous les États membres de l'ONU sont représentés à l'Assemblée générale – un parlement des États –, qui se réunit pour débattre des problèmes les plus pressants dans le monde. Chaque État membre dispose d'un vote. La majorité des deux tiers des voix à l'Assemblée générale est requise pour entériner des décisions sur des questions-clés comme la paix et la sécurité internationales, l'admission de nouveaux membres et le budget de l'ONU. Pour les autres questions, la majorité simple suffit. Toutefois, les décisions que prend l'Assemblée générale constituent seulement des recommandations et n'ont aucun caractère contraignant. L'une des rares exceptions à cette règle réside dans la Cinquième Commission de l'Assemblée générale, dont les décisions concernant le budget ont force exécutoire pour tous les membres.

L'Assemblée générale peut examiner tout sujet qui relève de la Charte des Nations Unies. Il y avait 156 questions inscrites à l'ordre du jour de la soixante et unième session de l'Assemblée générale (2006-2007), dont la mondialisation, le rôle du commerce des diamants dans le prolongement des conflits, la **coopération** internationale dans les utilisations pacifiques de l'espace extra-atmosphérique, les opérations de maintien de la paix, le développement durable et les migrations internationales. Puisque les résolutions de l'Assemblée générale sont non contraignantes, elles ne peuvent imposer de mesures à aucun État ; cependant, ses recommandations offrent d'importantes indications sur l'opinion mondiale et représentent l'autorité morale de la communauté des nations.

POUR EN SAVOIR PLUS

La réforme du Conseil de sécurité

Étant donné que le Conseil de sécurité est le principal organe exécutif de l'ONU et que sa responsabilité première est le maintien de la paix et de la sécurité internationales, il n'est pas étonnant que maints débats sur une réforme de l'ONU aient été axés sur le Conseil de sécurité et son fonctionnement. Les fondateurs de cette organisation ont volontairement mis sur pied une Assemblée générale universelle et un Conseil de sécurité restreint dont les décisions devaient être prises à l'unanimité des grandes puissances. L'attribution d'un siège permanent et d'un droit de veto aux grandes puissances de l'époque – soit les États-Unis, l'Union soviétique (aujourd'hui la Russie), la France, le Royaume-Uni et la Chine – était un élément essentiel de la structure alors établie.

La composition du Conseil de sécurité et son processus de prise de décisions ont été de plus en plus souvent remis en question à mesure que l'adhésion à l'ONU s'est accrue, notamment après la décolonisation. Pourtant, la seule réforme importante du Conseil de sécurité s'est produite en 1965, lorsque le nombre de membres du Conseil est passé de onze à quinze et que la majorité requise a été haussée de sept à neuf voix. Le droit de veto des cinq membres permanents est toutefois demeuré intact.

Le Conseil de sécurité ne reflète ni la répartition actuelle de la puissance militaire ou économique ni un équilibre géographique. L'Allemagne et le Japon ont lancé de vibrants plaidoyers pour leur accession au statut de membre permanent. Des pays en développement ont exigé une meilleure représentation au sein du Conseil de sécurité, notamment l'Afrique du Sud, l'Inde, l'Égypte, le Brésil et le Nigéria. À ce jour, aucun accord n'a cependant été conclu quant à la nomination de nouveaux membres permanents. Est-ce que l'Union européenne devrait y être représentée, plutôt que le Royaume-Uni, la France et l'Allemagne séparément ? Comment le Pakistan réagirait-il à la candidature de l'Inde ? Que dirait l'Afrique du Sud au sujet de l'attribution d'un siège au Nigéria ? Que penser de la possibilité d'accorder une représentation à un pays musulman ? Ce sont là autant de questions difficiles à trancher. De même, il est très improbable que les cinq membres permanents acceptent de renoncer à leur droit de veto.

Bien qu'une réforme de grande envergure se soit révélée impossible jusqu'à maintenant, des changements apportés au fonctionnement du Conseil de sécurité l'ont tout de même rendu plus transparent et plus responsable.

Le Secrétariat

Le Secrétariat exécute le travail de fond et le travail administratif de l'ONU selon les orientations que lui donnent l'Assemblée générale, le Conseil de sécurité et les autres organes. Il est dirigé par le secrétaire général, qui en assume la gestion administrative dans son ensemble. En décembre 2006, Ban Ki-moon, de la Corée du Sud, est devenu le huitième secrétaire général de l'histoire de l'ONU. Le Secrétariat comprend des services et des bureaux où travaillent plus de 40 000 employés issus de divers départements et bureaux dans le monde.

Sur la recommandation d'autres organes, le Secrétariat effectue aussi divers travaux de recherche et remplit certaines fonctions quasi administratives. Le Secrétariat joue surtout un rôle de gestionnaire et ne dispose ni du pouvoir politique ni du droit d'initiative que possède la Commission de l'Union européenne, par exemple. La seule exception réside dans le pouvoir du Secrétaire général, en vertu de l'article 99 de la Charte, d'attirer l'attention du Conseil de sécurité sur toute affaire qui pourrait mettre en danger le maintien de la paix et de la sécurité internationales. Cet article, qui peut sembler anodin à première vue, a constitué le fondement juridique de l'élargissement remarquable du rôle diplomatique du secrétaire général, par rapport à celui de son prédécesseur à la Société des Nations. Le secrétaire général est ainsi habilité à intervenir dans un large éventail de situations qui peuvent être interprétées de près ou de loin comme des menaces contre la paix, y compris des problèmes économiques et sociaux et des crises humanitaires.

Le Conseil économique et social

Le Conseil économique et social (ECOSOC), sous l'autorité globale de l'Assemblée générale, est chargé de coordonner le travail économique et social de l'ONU et de l'ensemble de ses organes et institutions. Il procède aussi à des consultations auprès d'**organisations non gouvernementales** et maintient donc un lien vital entre l'ONU et la **société civile**. Les organes associés à l'ECOSOC comprennent des commissions techniques, comme la Commission de la condition de la femme, des commissions régionales, comme la Commission économique pour l'Amérique latine et les Caraïbes (CÉPALC), et d'autres organes encore (voir la figure 19.1, à la page 322).

En partenariat avec le Secrétariat et l'Assemblée générale, l'ECOSOC a pour fonction de superviser les activités d'un grand nombre d'autres organismes formant le système des Nations Unies, dont les institutions spécia-lisées, les programmes et les fonds (voir la figure 19.1, à la page 322). Chaque institution spécialisée, telles l'Organisation mondiale de la santé et l'Organisation internationale du travail, a sa Constitution, son budget régulièrement évalué, son directeur général et son assemblée de représentants des États, en plus d'être autonome sur les plans constitutionnel, financier et politique et de ne pas être assujetti à la gestion qu'exerce le système central.

Les programmes et les fonds sont beaucoup plus étroitement liés au système central, dans la mesure où leurs mécanismes de gestion relèvent directement de la supervision de l'Assemblée générale. Ils peuvent être modifiés par une résolution de l'Assemblée et sont largement financés sur une base volontaire. Depuis la création de l'ONU en 1945, de nombreux enjeux sont apparus à l'ordre du jour international : les droits et les intérêts des femmes, les changements climatiques, l'épuisement des ressources, la croissance démographique, le **terrorisme** et la propagation du VIH et du sida. Ces questions ont souvent entraîné une réorganisation des programmes et des fonds, parmi lesquels figurent le Programme des Nations Unies pour le développement (PNUD) et le Fonds des Nations Unies pour l'enfance (UNICEF).

Alors que la Société des Nations avait confié à l'Assemblée la responsabilité des questions économiques et sociales, la Charte des Nations Unies a attribué à l'ECOSOC la tâche de superviser les institutions économiques et sociales. Un tel changement a résulté d'une réorientation vers une démarche plus fonctionnaliste. Des organisations ont été établies pour s'attaquer à des problèmes économiques et sociaux spécifiques, mais l'ECOSOC n'a pas reçu les pouvoirs de gestion nécessaires à cette fin. Il ne peut qu'émettre des recommandations et prendre connaissance des rapports que publient les organes spécialisés. Par conséquent, les organisations économiques et sociales de l'ONU sont sans cesse à la recherche de meilleurs moyens d'assurer une gestion efficace de leur travail (voir plus loin la section intitulée « Le processus de réforme des activités économiques et sociales de l'ONU »).

Le Conseil de tutelle

Lors de la fondation de l'ONU, le Conseil de tutelle a été mis sur pied pour superviser les 11 territoires sous tutelle administrés par sept États membres et pour veiller à ce que des mesures adéquates soient prises afin de préparer ces territoires à l'autonomie ou à l'indépendance. En 1994, tous les territoires sous tutelle étaient devenus autonomes ou indépendants, soit en tant qu'États distincts, soit dans le cadre de leur union avec un pays indépendant voisin. Le dernier à ce titre a été le territoire sous tutelle des Palaos, dans les îles du Pacifique, administré jusqu'alors par les États-Unis. Son travail étant achevé, le Conseil de tutelle ne comprend plus désormais que les cinq membres permanents du Conseil de sécurité. Il a modifié ses **règles** de procédure pour pouvoir se réunir lorsque les circonstances l'exigent.

La Cour internationale de justice

La Cour internationale de justice est le principal organe judiciaire de l'ONU. Réunissant 15 juges élus conjointement par l'Assemblée générale et le Conseil de sécurité, elle tranche les litiges entre les pays. La participation des États aux procédures est volontaire, mais tout État qui accepte de le faire est ensuite tenu d'appliquer le jugement prononcé. La Cour internationale de justice émet également des avis consultatifs à la demande des autres organismes et organes spécialisés de l'ONU.

À RETENIR

- L'Organisation des Nations Unies a été mise sur pied pour préserver la paix entre les États après la Seconde Guerre mondiale.

- De diverses façons, le fonctionnement des organes de l'ONU s'inspire des enseignements tirés du sort qu'a connu son prédécesseur, la Société des Nations.

- Les agences et les mécanismes de l'ONU reflètent à la fois les exigences de la politique de grande puissance (par exemple, le droit de veto au sein du Conseil de sécurité) et les principes universalistes. Ils se font aussi l'écho des demandes formulées pour satisfaire les besoins et les intérêts des peuples ainsi que ceux des États. Les tensions entre ces différentes réclamations caractérisent l'évolution de l'ONU.

L'ONU ET LE MAINTIEN DE LA PAIX ET DE LA SÉCURITÉ INTERNATIONALES

L'efficacité de l'ONU en matière de paix et de sécurité est déterminée par le contexte politique mondial. Il est indubitable que certains changements survenus dans la société internationale depuis la fondation de cette organisation en 1945 ont eu une incidence sur le système des Nations Unies. La **guerre froide** entre les États-Unis et l'Union soviétique a certainement entravé le fonction-

nement du Conseil de sécurité, car chacun de ces deux pays pouvait exercer son droit de veto dès qu'il jugeait que ses principaux intérêts nationaux étaient lésés. De 1945 à 1990, un veto sur une question de fond a été enregistré à 193 reprises au Conseil de sécurité, comparativement à seulement 19 fois pendant la période allant de 1990 à 2007. En outre, à la suite d'un accord entre le Conseil de sécurité et les États consentants, une disposition de la Charte des Nations Unies prévoit l'établissement d'une armée permanente, mais la rivalité issue de la guerre froide entre l'Est et l'Ouest en a rendu impossible la mise en œuvre. Par conséquent, le Conseil de sécurité n'a jamais pu fonctionner conformément aux attentes des fondateurs de l'ONU.

Puisque les États membres n'ont pu s'entendre sur l'application des dispositions énoncées dans le chapitre VII de la Charte, notamment en ce qui a trait à la formation d'une armée onusienne, on a pu observer une suite d'improvisations dans le traitement des questions de paix et de sécurité. Une procédure a d'abord été instaurée pour permettre au Conseil de sécurité de confier un mandat à un représentant chargé d'agir en son nom. Une telle démarche a été adoptée lors du conflit coréen en 1950 et de la guerre du Golfe en 1990, tandis qu'une intervention a été entreprise principalement par les États-Unis et leurs alliés.

Ensuite, il y a eu de nombreux cas de maintien de la paix classique. La Charte des Nations Unies ne comporte aucune disposition relative au maintien de la paix, mais les mandats et les mécanismes qui sous-tendent de telles missions se fondent sur les dispositions du chapitre VI de la Charte. Une opération de maintien de la paix classique consiste à mettre sur pied une force de l'ONU sous commandement onusien qui sera déployée entre les parties en conflit après un cessez-le-feu. Une telle force est constituée avec l'accord de l'État hôte, ne comprend aucune unité issue des grandes puissances et ne peut utiliser ses armes qu'en situation de légitime défense. Le mécanisme en question ici a été appliqué pour la première fois en 1956, alors qu'une force de l'ONU a été envoyée en Égypte pour faciliter le retrait des forces armées britanniques et françaises présentes dans la région du canal de Suez, puis pour s'interposer entre les armées égyptienne et israélienne. Depuis la crise de Suez, il y a eu diverses autres missions de maintien de la paix classique, près de la ligne verte à Chypre et sur le plateau du Golan (occupé par Israël), par exemple.

Enfin, un nouveau type de maintien de la paix, parfois dénommé maintien de la paix multidimensionnel ou **imposition de la paix**, est apparu après la guerre froide.

Ces missions sont plus susceptibles de recourir à la force pour atteindre leurs objectifs humanitaires. Les nouveaux mandats de maintien de la paix s'appuient en certains cas sur les dispositions du chapitre VII de la Charte des Nations Unies. Les forces issues de ces mandats se déploient après l'effondrement de l'ordre public au sein d'un État ; aussi visent-elles à mettre fin tant à une guerre civile qu'à un conflit international. Elles ont cependant de plus en plus de difficultés à conserver une position de neutralité et sont parfois prises pour cibles par les belligérants, comme l'ont illustré les interventions en Somalie et dans l'ex-Yougoslavie, respectivement au début et au milieu des années 1990.

Les opérations de maintien de la paix de l'ONU ont connu une expansion rapide au début des années 1990. En 1994, elles mobilisaient quelque 80 000 soldats et officiers dans divers pays du monde, soit sept fois plus qu'en 1990 (Pugh, 2001, p. 115). À la fin de 2009, les forces militaires et policières chargées du maintien de la paix dans le cadre des 19 opérations de l'ONU alors en cours regroupaient un peu plus de 98 000 personnes.

Une attention accrue est accordée à la situation intérieure des États

Le nouveau type de maintien de la paix est le fruit d'une meilleure préparation en vue d'interventions au sein des États. Il remet en question la croyance traditionnelle selon laquelle les diplomates ne doivent pas tenir compte des affaires intérieures des États afin de préserver la stabilité internationale. Toujours plus nombreux sont ceux qui estiment que la communauté internationale, par l'intermédiaire de l'ONU, devrait prendre en considération les droits civils et politiques individuels, en plus du droit d'accès à des biens essentiels comme la nourriture, l'eau, les soins de santé et un logement. Dans cette optique, les violations des droits des individus constitueraient une cause fondamentale de tensions dans les relations entre les États : l'absence de justice au sein d'un État risque de causer des troubles internationaux. L'ONU a renforcé une nouvelle perception selon laquelle la recherche de la justice pour les individus, ou la garantie de la sécurité humaine, représente un aspect de l'**intérêt national**.

Dans certains États, les contributions à des activités comme le maintien de la paix sont justifiées en fonction de l'intérêt national. En fait, des États comme le Canada dépeignent leurs contributions comme une démarche à caractère moral, bien qu'elles relèvent également de leur intérêt national. Le Canada a d'ailleurs gagné le respect de la communauté internationale grâce à ces mêmes contributions. Les Japonais ont aussi réagi à des pressions morales fondées sur l'intérêt national lorsqu'ils ont décidé d'acquitter une grande partie des coûts de la participation britannique à la guerre du Golfe en 1990-1991. Cette décision peut s'expliquer comme un acte moral combiné avec l'intérêt bien compris. Pour certains États, leur réputation au sein de l'ONU est devenue un important bien national.

Ces actions reflètent l'attention croissante accordée aux questions de justice pour les individus et à la situation qui prévaut au sein des États. Pourtant, par le passé, l'ONU a favorisé la primauté traditionnelle de l'**ordre international** entre les États davantage que la justice pour les individus, si bien que l'accent nouvellement mis sur les droits individuels représente un changement majeur. Comment s'explique-t-il ?

D'abord, l'environnement international s'est transformé. En raison de l'impasse dans laquelle l'Est et l'Ouest se sont engagés pendant la guerre froide, les États membres ont préféré ne pas remettre en cause les conditions de la souveraineté des États. Le célèbre rapport de Jeane Kirkpatrick (1979), alors professeure de sciences politiques, qui recommandait la tolérance envers les dictatures en Amérique latine afin de combattre le communisme, est un bon exemple de ce contexte. Les **régimes** dictatoriaux de droite en Amérique latine étaient tolérés du fait qu'ils s'opposaient à l'Union soviétique. De plus, l'ingérence dans la sphère d'influence de l'autre risquait d'aggraver tout conflit (Forsythe, 1988, p. 259-260).

Ensuite, le processus de décolonisation a privilégié le statut d'État plutôt que la justice. L'ONU se faisait le relais des revendications des colonies qui souhaitaient accéder à l'indépendance étatique et éleva le droit au statut d'État au-dessus de toute démonstration de viabilité, telle que l'existence d'une nation, une situation économique adéquate, la capacité de se défendre ou la perspective d'instaurer la justice pour les citoyens. Le droit inconditionnel à l'indépendance a été énoncé dans la Déclaration sur l'octroi de l'indépendance aux pays et aux peuples coloniaux en 1960, adoptée dans le cadre de la résolution 1514(xv) de l'Assemblée générale. Il s'est établi une convention selon laquelle les revendications des élites, dans les États putatifs, suffisaient à démontrer l'enthousiasme populaire pour l'autonomie, même lorsque ces élites étaient corrompues et que leurs revendications étaient trompeuses.

Le professeur de sciences politiques Charles Beitz a été l'un des premiers à remettre en cause une telle conception des choses. Il a conclu que le statut d'État ne devrait pas avoir un caractère inconditionnel et qu'une attention particulière devait être portée à ce que serait la situation des individus après l'indépendance (Beitz, 1979). Le philosophe Michael Walzer et le professeur Terry Nardin ont formulé des arguments aux conclusions similaires : les États sont des entités conditionnelles, c'est-à-dire que leur droit d'exister doit être lié à un critère d'efficacité concernant les intérêts des citoyens (Walzer, 1977 ; Nardin, 1983). Leurs thèses ont contribué à modifier la teneur morale de la **diplomatie**.

POUR EN SAVOIR PLUS

Agenda pour la paix

Au début des années 1990, soit peu après la guerre froide, le mandat de l'ONU pour la paix et la sécurité s'est rapidement élargi. Boutros Boutros-Ghali, secrétaire général à cette époque, a évoqué, dans son rapport fondateur intitulé *Agenda pour la paix* (1992), le rôle plus ambitieux qui s'annonçait pour l'ONU. Le rapport décrit les tâches interreliées, concernant le maintien de la paix et de la sécurité, qui incomberaient désormais à l'ONU dans le contexte de l'après-guerre froide. En voici quelques-unes.

- **Diplomatie préventive :** mesures de confiance, établissement des faits et déploiement préventif des forces autorisées de l'ONU.

- **Instauration de la paix :** les parties en conflit sont amenées à conclure un accord, essentiellement par des moyens pacifiques. Cependant, lorsque tous ces moyens ne donnent aucun résultat, il peut s'avérer nécessaire d'imposer la paix en vertu du chapitre VII de la Charte. Cela peut se faire sans le consentement des parties.

- **Maintien de la paix :** déploiement d'une présence de l'ONU sur le terrain, avec le consentement de toutes les parties en vue du maintien de la paix par des moyens classiques.

- **Consolidation de la paix après un conflit :** mise sur pied d'une infrastructure sociale, politique et économique dans le but de prévenir un retour à la violence et de consolider la paix.

Les nouveaux rapports entre l'**ordre** et la **justice** sont donc le produit de circonstances particulières. Après la guerre froide, on estimait que les menaces contre la paix et la sécurité internationales ne provenaient pas uniquement d'actes d'agression interétatiques, mais aussi de conflits civils (y compris les flux de réfugiés et l'instabilité régionale), de situations d'urgence humanitaire, de violations des normes mondiales relatives aux droits humains et d'autres facteurs comme la **pauvreté** et l'inégalité. En 1992, Boutros Boutros-Ghali,

alors secrétaire général de l'ONU, a mis en avant un nouveau programme ambitieux pour la paix et la sécurité, dans un rapport intitulé *Agenda pour la paix* (voir l'encadré ci-contre). Plus récemment, d'autres types de menaces d'origine non étatique, comme le terrorisme et la prolifération des armes légères et des **armes de destruction massive**, ont occupé une place plus importante à l'ordre du jour de l'ONU en matière de sécurité. En raison des attaques terroristes commises contre les États-Unis en 2001 et de l'impasse survenue au sein du Conseil de sécurité de l'ONU à propos de l'Iraq en 2003, Kofi Annan, secrétaire général de l'ONU à cette époque, a mis sur pied un groupe de haut niveau chargé d'examiner la nature des principales menaces contre la paix dans le monde. Publié en 2004, le rapport de ce groupe établit des liens entre ces grandes menaces et insiste sur le fait que le développement, la sécurité et les droits humains se renforcent mutuellement. Si bon nombre des recommandations du rapport sont restées sans suite, quelques-unes ont néanmoins été mises en œuvre, notamment la création de la nouvelle Commission de consolidation de la paix (voir l'encadré ci-dessous).

POUR EN SAVOIR PLUS

La Commission de consolidation de la paix de l'ONU

La Commission de consolidation de la paix de l'ONU a été créée en décembre 2005 en tant qu'organe consultatif subsidiaire de l'Assemblée générale et du Conseil de sécurité. Sa mise sur pied a d'abord été proposée en décembre 2004 par le Groupe de haut niveau sur les menaces, les défis et le changement, puis de nouveau en mars dans le rapport du secrétaire général intitulé *Dans une liberté plus grande* (ONU, 2005). Les mécanismes existants de l'ONU étaient alors jugés insuffisants pour répondre aux besoins particuliers des pays qui se remettaient d'un conflit. De nombreux États, dont le Libéria, Haïti et la Somalie dans les années 1990, avaient signé des accords de paix et accueilli des missions de maintien de la paix de l'ONU, mais ont ensuite été replongés dans un conflit violent. La Commission de consolidation de la paix est chargée d'apporter un appui ciblé aux pays qui se trouvent dans la phase instable de l'après-conflit afin de prévenir la reprise du conflit. Elle propose des priorités et des stratégies intégrées pour la reconsolidation des pays éprouvés dans le but d'améliorer la coordination entre l'ensemble des acteurs participant aux activités de l'après-conflit. La création de la Commission de consolidation de la paix illustre la tendance croissante de l'ONU à coordonner les mesures de sécurité et de développement.

Le comité d'organisation de la Commission de consolidation de la paix réunit 31 États membres, et sa session inaugurale a eu lieu en juin 2006. Avec un budget prévu de 250 millions de dollars américains, le Fonds de consolidation de la paix vient appuyer les activités de la Commission. Des réunions sont aussi organisées pour étudier les stratégies, les priorités et les projets de l'après-conflit dans des pays spécifiques. Les deux premiers sur lesquels s'est penchée la Commission ont été la Sierra Leone et le Burundi.

À RETENIR

- La guerre froide et le processus de décolonisation ont dissuadé l'ONU d'intervenir plus activement au sein des États.

- Après la guerre froide, les États et les diplomates ont eu plus de mal à accepter que les événements qui se produisaient à l'intérieur des États ne concernaient en rien les tierces parties.

- Au milieu des années 1990, l'ONU travaillait pour le maintien de la paix et de la sécurité internationales de plusieurs façons : elle s'opposait aux actes d'agression entre États, s'efforçait de régler les conflits au sein des États (les guerres civiles) et insistait sur l'importance des conditions qui régnaient à l'intérieur des États, y compris les conditions économiques, sociales et politiques.

L'ONU ET L'INTERVENTION AU SEIN DES ÉTATS

À mesure que les questions relatives à la paix et à la sécurité ont paru englober davantage la justice et la **sécurité humaines**, on s'attendait à ce que l'ONU joue un rôle plus influent pour assurer le respect des normes qui protègent les individus au sein des États. L'exécution des nouvelles tâches ainsi définies se heurtait toutefois à une difficulté : elle semblait contraire à la doctrine de la non-intervention. L'intervention était traditionnellement définie comme une incursion délibérée d'une entité extérieure à l'intérieur d'un État sans le consentement de ce dernier. Cela avait pour but de modifier le fonctionnement, les politiques et les objectifs de son gouvernement et d'obtenir des résultats favorables à l'entité en question (Vincent, 1974 ; voir le chapitre 30).

Lors de la fondation de l'ONU, la souveraineté était considérée comme un principe fondamental du système des États. Les États étaient des membres égaux de la société internationale et des sujets égaux en **droit international**. Le concept de souveraineté signifiait aussi que les États ne reconnaissaient aucune autorité supérieure à la leur et qu'il n'existait aucune juridiction supérieure. Les gouvernements détenaient la compétence exclusive à l'intérieur des frontières de leur État respectif, selon un principe consacré dans l'article 2(7) de la Charte des Nations Unies. Une intervention, au sens traditionnel du terme, était donc contraire aux principes de la société internationale et ne pouvait être tolérée qu'à titre d'exception à la règle.

À des époques antérieures, cependant, des États étaient intervenus dans les affaires d'autres États et ils estimaient qu'ils avaient le droit d'agir ainsi. Les États-Unis ont refusé jusqu'en 1933, année de la septième conférence internationale des États américains, que soit restreint leur droit d'intervention dans les affaires intérieures des autres États de leur hémisphère. Si on fait un saut dans le temps d'une quarantaine d'années, on peut comparer la position américaine à la **doctrine Brejnev** appliquée dans les années 1970, suivant laquelle l'Union soviétique avait le droit d'intervenir dans les affaires intérieures des États membres du pacte de Varsovie afin de préserver les principes du socialisme.

Longtemps auparavant, les Britanniques ont insisté sur l'abolition de l'esclavage dans le cadre de leurs relations avec d'autres États. Ils ont même arraisonné des navires en haute mer et imposé l'abolition de cette pratique comme condition à la signature de traités (Bethell, 1970). En d'autres occasions, des États ont tenté d'en obliger d'autres à respecter certains principes dans leurs affaires intérieures. Certains États en **Europe** de l'Est, comme la Hongrie et la Bulgarie, étaient tenus de reconnaître les droits des minorités vivant à l'intérieur de leurs frontières, conformément aux accords conclus par les grandes puissances à la conférence de Berlin, en 1878. En pratique, donc, l'intervention était un trait courant de la politique internationale, parfois à de nobles fins.

Dans les années 1990, certains estimaient qu'il fallait reprendre la pratique en vigueur à une époque antérieure où l'intervention était justifiée, mais ils ajoutaient que le recours à une plus vaste gamme d'instruments s'imposait afin d'assurer le respect de normes généralement acceptées. Ils insistaient sur l'attribution d'un rôle-clé à l'ONU pour autoriser une intervention, le cas échéant. Ils soulignaient que la Charte des Nations Unies ne définissait pas seulement les droits des États, mais aussi les droits des peuples : on pouvait considérer que le maintien du statut d'État était lié au respect de ces droits. La Charte comporte maintes dispositions justifiant l'interprétation selon laquelle, en cas de violations extrêmes des droits humains, une intervention de la communauté internationale est légitime.

Les prises de position fondamentales de l'Assemblée générale de l'ONU concernant l'aide humanitaire renvoient à la responsabilité primordiale de chaque État de résoudre les crises complexes qui éclatent à l'intérieur de ses propres frontières. Une résolution de l'Assemblée générale adoptée en 1991 évoque toutefois un certain assouplissement de ce principe : «La souveraineté, l'intégrité territoriale et l'unité nationale des États doivent être pleinement respectées en conformité avec la Charte des Nations Unies. Dans ce contexte, l'aide humanitaire devrait être fournie avec le consentement du pays touché et en principe sur la base d'un appel du pays touché» (A/RES/46/182). La présence de l'expression «en principe» et du verbe au conditionnel «devrait» laisse croire que, en certaines occasions, une intervention pourrait être nécessaire même s'il n'est pas possible d'obtenir le consentement du pays touché. Dans le document définitif du Sommet mondial de 2005, l'Assemblée générale affirme que, si «les autorités nationales n'assurent manifestement pas la protection de leurs populations contre le génocide, les crimes de guerre, le nettoyage ethnique et les crimes contre l'humanité» et si les moyens pacifiques s'avèrent inadéquats, la communauté internationale pourrait alors mener une action collective par l'entremise du Conseil de sécurité de l'ONU, conformément aux dispositions du chapitre VII de la Charte (A/RES/60/1, paragraphes 138 et 139). Ce document reprend des recommandations qui figurent dans le rapport de la Commission internationale de l'intervention et de la souveraineté des États publié en 2001 et intitulé *La responsabilité de protéger* (voir le chapitre 30).

Ceci étant dit, les cas où une résolution de l'ONU a servi à justifier une intervention à la suite de violations flagrantes des droits des individus restent peu nombreux. La justification de l'intervention au Kosovo représente une rupture avec le passé, étant donné que cette intervention comportait clairement une dimension humanitaire. C'est sans doute au Kosovo qu'a eu lieu la première opération menée par des forces internationales contre la volonté d'un État souverain, et ce, afin d'assurer le respect de normes humanitaires. En mars 1999, l'OTAN a lancé une campagne aérienne au Kosovo contre la République de Yougoslavie sans avoir reçu un mandat en ce sens du Conseil de sécurité, puisque la Russie avait déclaré qu'elle y opposerait son veto. Néanmoins, les États membres de l'OTAN ont noté que, en intervenant pour mettre fin au nettoyage ethnique et aux crimes contre l'humanité commis au Kosovo, ils agissaient conformément aux principes énoncés dans la Charte des Nations Unies.

La guerre déclenchée en Iraq au début de 2003 constitue selon certains un autre cas. Toutefois, la légalité de cette intervention en vertu des résolutions existantes du Conseil de sécurité est contestée, notamment parce qu'une deuxième résolution du Conseil de sécurité attribuant un mandat précis à cette intervention n'a jamais été adoptée (voir l'étude de cas à la page 330). L'action entreprise par les États-Unis contre l'Afghanistan en 2001 tient lieu de cas exceptionnel où le Conseil de sécurité de l'ONU a reconnu à un État ayant été attaqué – en l'occurrence les États-Unis, lors des événements survenus le **11 septembre 2001** – le droit de réagir pour assurer sa propre défense.

Certains considèrent que les cas précédents d'intervention n'ont pas constitué des violations de souveraineté nettes. La résolution du Conseil de sécurité adoptée en 1991 pour autoriser l'intervention en Iraq (S/RES/688) à la fin de la guerre du Golfe n'a pas enfreint la souveraineté iraquienne dans la mesure où sa mise en œuvre était liée au consentement de Saddam Hussein. La résolution du Conseil de sécurité approuvée en 1992 (S/RES/733), qui a initialement prévu la présence de l'ONU en Somalie, a fait suite à une demande en ce sens de ce pays lui-même. Une résolution ultérieure (S/RES/794) qui a permis aux États-Unis d'intervenir en Somalie ne mentionnait pas le consentement des autorités somaliennes, mais il n'y avait alors plus de gouvernement central dans le pays.

Il ne faut pas sous-estimer la difficulté propre à l'assouplissement du principe de non-intervention. Par exemple, l'ONU a été réticente à envoyer une force de maintien de la paix au Darfour sans le consentement du gouvernement soudanais. Après d'intenses négociations diplomatiques internationales sur la nature de la force d'interposition, le Soudan a donné son accord et la force a été officiellement déployée en juillet 2007 (S/RES/1769). Certains craignent que l'assouplissement du principe de non-intervention encourage des États à entreprendre une action militaire sans l'autorisation de l'ONU. On pourrait ainsi affirmer que l'intervention contre l'Iraq en 2003 illustre précisément ce danger (voir l'étude de cas à la page 330). De nombreux acteurs extérieurs à l'ONU, y compris des organisations régionales, participent à des opérations de maintien de la paix, et plusieurs pays se méfient de ce qui semble être un permis de s'immiscer dans leurs affaires.

En résumé, une volonté accrue, de la part de l'ONU, d'intervenir au sein des États afin de promouvoir la justice pour les individus indiquerait l'existence d'un mouvement favorable à la **gouvernance mondiale** et défavorable à la souveraineté inconditionnelle. Des signes d'un tel mouvement se sont manifestés, mais les principes de la souveraineté de l'État et de la non-intervention demeurent importants. Il n'existe pas de consensus clair à ce sujet. Certains continuent d'appuyer une interprétation stricte des dispositions de l'article 2(7) de la Charte des Nations Unies : aucune intervention dans un État ne peut avoir lieu sans le consentement explicite du gouvernement de cet État. D'autres estiment qu'une intervention effectuée dans un pays pour favoriser le respect des droits humains est justifiable uniquement s'il existe une menace contre la paix et la sécurité internationales. Une telle menace pourrait se révéler par l'apparition d'un grand nombre de réfugiés ou par la probabilité que d'autres États procèdent à un affrontement militaire. Certains penseurs libéraux affirment qu'une telle condition est suffisamment souple pour justifier une intervention qui assure la protection des droits humains dans tous les cas où c'est possible.

Dans l'ensemble, donc, le bilan de l'ONU concernant le maintien de la paix et de la sécurité internationales est partagé. D'une part, on a assisté à une affirmation plus vigoureuse de la responsabilité d'agir qui incombe à la société internationale, représentée par l'ONU, en cas d'infractions flagrantes commises contre les populations (voir l'encadré « Pour en savoir plus », page ci-contre). D'autre part, la pratique en la matière a été inégale. Les annonces relativement à l'instauration d'un nouvel **ordre mondial** à la suite de la guerre du Golfe en 1991 ne se sont pas concrétisées. Elles ont rapidement fait place à un désabusement, devant ce qui a été considéré comme des échecs en Somalie, au Rwanda, dans d'autres pays africains et en ex-Yougoslavie, et à un désaccord croissant à propos du rôle approprié de

---

ÉTUDE DE CAS

L'intervention en Iraq en 2003

En mars 2003, une coalition dirigée par les États-Unis a déclenché une guerre très controversée contre l'Iraq, qui a entraîné le renversement de Saddam Hussein. On a justifié cette guerre en alléguant la présence d'armes de destruction massive en Iraq, un fait supposé qui violait des résolutions antérieures de l'ONU. Contrairement au cas du Kosovo,

la violation flagrante de droits humains n'a été avancée qu'a posteriori comme justification principale pour l'invasion. Or, l'absence d'armes de destruction massive en Iraq ainsi que la guerre civile qui se poursuit toujours dans ce pays ont alimenté les critiques qui affirment que cette intervention militaire était injustifiée.

Il n'y a pas eu d'accord quant à savoir si le Conseil de sécurité avait préalablement autorisé une action militaire en Iraq. Des diplomates américains et britanniques ont évoqué la résolution 687 du Conseil de sécurité, en date de 1991, qui exigeait l'élimination, sous la supervision de l'ONU, des armes de destruction massive iraquiennes, ainsi que la résolution 1441 du Conseil de sécurité, en date de 2002, qui menaçait l'Iraq de « graves conséquences » s'il n'y renonçait pas. Cependant, les efforts déployés durant l'hiver de 2003 pour l'adoption d'une résolution du Conseil de sécurité qui autoriserait explicitement le recours à la force contre l'Iraq n'ont pas été fructueux. La France et la Russie ont affirmé qu'elles opposeraient leur veto à une seconde résolution du Conseil de

sécurité qui permettrait l'emploi de la force.

La crédibilité de l'ONU a été minée tant par l'absence d'accord relativement à une seconde résolution du Conseil de sécurité que par la décision des gouvernements américain et britannique, ainsi que d'un petit nombre de leurs alliés, d'utiliser la force contre l'Iraq sans avoir obtenu une autorisation claire de l'ONU en ce sens. D'aucuns craignent que les États-Unis soient davantage portés à intervenir sans l'autorisation de l'ONU. La stratégie de sécurité nationale qu'a adoptée le gouvernement Bush en septembre 2002 affirme que « nous sommes prêts à agir seuls lorsque nos intérêts et nos responsabilités exceptionnelles l'exigent » (SSN, 2002, p. 31).

Néanmoins, les suites de l'invasion et les difficultés constantes liées à l'instauration de la sécurité en Iraq font ressortir la nécessité d'une coopération internationale. L'ONU accentue la légitimité d'une action militaire et peut aussi contribuer au partage des risques, des tâches et des stratégies propres à la reconstruction.

Quelques documents relatifs au rôle changeant du système des Nations Unies

Le développement des organisations économiques et sociales

- A/32/197, décembre 1977, qui constitue la première grande résolution de l'Assemblée générale sur la réforme des organisations économiques et sociales.

- A/48/162, décembre 1993, qui marque une étape très importante de la réforme des organisations économiques et sociales de l'ONU, notamment l'ECOSOC.

L'amplification du rôle de l'ONU dans le maintien de la paix et de la sécurité internationales

- Résolution 678 du Conseil de sécurité, novembre 1990, qui autorise le recours à la force contre Saddam Hussein.

- Résolution 816 du Conseil de sécurité, avril 1993, qui impose une zone d'interdiction de vol au-dessus de la Bosnie et permet aux avions militaires de l'**OTAN** d'intercepter les appareils des forces serbes de Bosnie qui pénétreraient dans cette zone.

- Résolutions 1160, 1199 et 1203 du Conseil de sécurité, qui portent sur l'action menée au Kosovo. La résolution 1244 du Conseil de sécurité énonce l'accord conclu à la fin des bombardements.

L'élargissement de l'action humanitaire par l'entremise de l'ONU

- Résolution 688 du Conseil de sécurité, avril 1991, qui autorise une intervention à la fin de la guerre du Golfe en vue de protéger les Kurdes dans le nord de l'Iraq.

- A/RES/46/182 de l'Assemblée générale, décembre 1991, qui est le document fondamental sur le renforcement de la coordination de l'aide humanitaire d'urgence.

- Résolution 733 du Conseil de sécurité, janvier 1992, qui autorise une intervention de l'ONU en Somalie.

- Résolution 794 du Conseil de sécurité, décembre 1992, qui autorise une intervention américaine en Somalie en vertu des dispositions du chapitre VII de la Charte des Nations Unies. La Somalie n'avait alors plus aucun gouvernement, selon les États membres du Conseil de sécurité.

- Résolution 1441 du Conseil de sécurité, novembre 2002, qui prévoit de graves conséquences en Iraq, si Saddam Hussein empêche l'équipe d'inspecteurs de l'ONU d'examiner le territoire iraquien pour y trouver les armes de destruction massive.

l'ONU au Kosovo et en Iraq. Les débats et les désaccords survenus au moment de la guerre en Iraq en 2003 nous éloignent beaucoup de l'enthousiasme manifesté à l'égard des possibilités qui se présentaient à l'ONU au début des années 1990. Les débats visant à déterminer les institutions et les acteurs les plus aptes à mener des missions de paix ont été relancés, et un éventail d'acteurs non onusiens, y compris des organisations régionales et des coalitions ponctuelles, ont participé à de récentes opérations militaires.

À RETENIR

- De nouvelles justifications pour une intervention au sein des États ont été envisagées dans les années 1990.

- La plupart des opérations de l'ONU ont été considérées de façon traditionnelle, c'est-à-dire comme réponses à une menace contre la paix et la sécurité internationales.

L'ONU ET LES QUESTIONS ÉCONOMIQUES ET SOCIALES

Comme nous l'avons mentionné, selon une tendance croissante, on considère que les menaces contre la paix et la sécurité englobent plus que les menaces traditionnelles, comme les actes d'agression d'un État contre un autre; elles concernent aussi les conflits civils à l'intérieur des États, les menaces proférées par des acteurs non étatiques et les dangers liés aux conditions économiques et sociales qui prévalent au sein des États. Toujours selon cette tendance, la situation générale d'un État, y compris en ce qui a trait aux droits humains, à la justice, au développement et à l'égalité, a une incidence réelle sur la paix dans le monde. Ainsi, en raison du contexte global plus intégré, les problèmes économiques et sociaux dans une région du monde peuvent avoir des répercussions sur d'autres régions. Par ailleurs, la promotion du développement économique et social constitue en soi un important objectif de l'ONU. Le préambule de la Charte des Nations Unies mentionne la volonté de «favoriser le progrès social et [d']instaurer de meilleures conditions de vie dans une liberté plus grande», ainsi que la nécessité de «recourir aux institutions internationales pour favoriser le progrès économique et social de tous les peuples».

Le nombre d'institutions du système des Nations Unies qui traitent des questions économiques et sociales a augmenté considérablement depuis la fondation de l'ONU. Par contre, les principaux États contributeurs ne cessent de réduire leur appui financier à ces institutions. C'est ainsi que, au milieu des années 1990, une grave crise financière a frappé tant le budget courant de l'ONU que celui consacré aux opérations de maintien de la paix. Cette crise ne s'est atténuée que lorsque les États-Unis ont accepté, à certaines conditions, de verser les sommes qu'ils devaient à l'ONU et d'acquitter pleinement leur quote-part à partir de décembre 2002.

Paradoxalement, malgré le manque de fonds, l'ONU a acquis diverses compétences et ressources pour mieux aborder d'importants problèmes économiques et sociaux. Au cours des années 1990, de nouveaux enjeux sont apparus à l'ordre du jour international. Plusieurs conférences mondiales ont été organisées pour l'examen de problèmes pressants: les questions écologiques à Rio de Janeiro en 1992, les droits humains à Vienne en 1993, les questions démographiques au Caire en 1994

et les questions relatives aux femmes à Pékin en 1995. Ces conférences ont toutes donné naissance à une commission chargée du suivi des travaux. Elles reflétaient une prise de conscience plus aiguë de l'**interdépendance** et de la **globalisation** des problèmes humains. Elles ont également relancé l'intérêt pour la mise sur pied de programmes plus spécifiques et plus souples en ce qui a trait aux grands problèmes socio-économiques (voir l'encadré ci-dessous). Des conférences de suivi ont été tenues dix ans plus tard pour faire le bilan des progrès accomplis.

En 2000, l'ONU a organisé le Sommet du millénaire, au cours duquel les chefs d'État se sont engagés à poursuivre un ensemble d'objectifs et de cibles, réuni sous le vocable d'Objectifs du millénaire pour le développement (OMD). Ces objectifs, censés être atteints en 2015, comprennent la diminution de moitié du nombre

---

POUR EN SAVOIR PLUS

La Conférence des Nations Unies sur les changements climatiques à Copenhague : COP15

La Conférence des Nations Unies sur les changements climatiques tenue à Copenhague en 2009 est la plus récente conférence onusienne mondiale qui ait porté spécifiquement sur des questions environnementales. La première Conférence des Nations Unies sur l'environnement humain avait eu lieu à Stockholm en 1972. Elle avait entraîné la création de ministères de l'Environnement nationaux dans de nombreux pays du monde et abouti à la mise sur pied du Programme des Nations Unies pour l'environnement (PNUE).

Vingt ans plus tard, la Conférence des Nations Unies sur l'environnement et le développement, aussi dénommée le « Sommet de la Terre », a été organisée à Rio de Janeiro. La Convention-cadre des Nations Unies sur les changements climatiques (CCNUCC) a été l'une des trois conventions qu'ont signées de nombreux gouvernements présents à ce sommet. Ajouté à la CCNUCC en 1997, le protocole de Kyoto a fixé des cibles contraignantes en vue de la réduction des émissions de gaz à effet de serre.

Une série de rencontres intergouvernementales au plus haut niveau ont ensuite été organisées pour qu'on évalue les progrès accomplis quant à la diminution des émissions de gaz à effet de serre et qu'on mette au point un accord qui ferait suite au protocole de Kyoto. Elles se sont conclues en décembre 2009 à Copenhague par la réunion des représentants de 192 pays qui devaient discuter de l'adoption d'un nouvel ensemble d'accords contraignants sur la limitation de ces émissions. Cette réunion a reçu le nom de COP15, puisqu'il s'agissait alors de la quinzième rencontre du Comité

des parties au protocole de Kyoto. Les démarches diplomatiques qui l'ont précédée ont été particulièrement complexes, mais nombreux étaient ceux qui nourrissaient de grands espoirs à l'égard des résultats de ces négociations. Les États participants n'ont cependant pu parvenir à s'entendre sur un ensemble d'objectifs juridiquement contraignants pour la réduction des émissions de gaz à effet de serre, et ce qu'il adviendra à l'expiration du protocole de Kyoto, en 2012, n'est toujours pas clair.

Plusieurs aspects de la COP15 sont néanmoins intéressants. Celle-ci a révélé un nouveau degré de coopération multilatérale entre les États africains qui se sont opposés à l'adoption de limites juridiquement contraignantes, étant donné l'absence de transferts financiers suffisants en provenance des pays développés. La Conférence de Copenhague a ainsi perpétué une ancienne tradition de conférences onusiennes qui se sont achevées par un accord sur des principes, mais aussi par le rejet d'ententes juridiquement contraignantes, à l'instar de la Conférence mondiale sur la population en 1974. À Copenhague, on a clairement montré que les questions environnementales demeurent une priorité à l'ordre du jour de l'ONU, et cette conférence a illustré l'importance de l'ONU en tant que cadre favorisant l'adoption d'un accord mondial. Cela dit, les pays présents n'ont pu s'entendre ni sur les détails techniques, ni sur un engagement juridique ni sur des mécanismes spécifiques de vérification de l'application des accords envisagés. La Chine, en particulier, s'est fermement opposée à toute tentative de faire entrer sur son territoire des inspecteurs internationaux.

de personnes dont le revenu est inférieur à un dollar américain par jour, la scolarisation de niveau primaire pour tous les enfants du monde et l'enraiement de la propagation du VIH, du sida et du paludisme (A/55/L.2). Depuis 2000, l'ONU a intégré les OMD à toutes les dimensions de son travail effectué dans les différents pays du monde, mais les progrès accomplis pour l'atteinte de ces objectifs restent très inégaux jusqu'à maintenant.

À RETENIR

- Le nombre d'institutions du système des Nations Unies qui traitent des questions économiques et sociales a beaucoup augmenté. Plusieurs programmes et fonds ont été créés après la tenue de conférences mondiales.

- Malgré un manque de fonds et des problèmes de coordination, l'ONU a réalisé un travail fondamental dans d'importants domaines économiques et sociaux.

- Les Objectifs du millénaire pour le développement ont mobilisé l'attention sur des cibles socio-économiques concrètes et ont favorisé une meilleure intégration du travail de l'ONU dans les différents pays du monde. Les progrès accomplis pour l'atteinte de ces objectifs demeurent toutefois inégaux.

LE PROCESSUS DE RÉFORME DES ACTIVITÉS ÉCONOMIQUES ET SOCIALES DE L'ONU

À partir du milieu des années 1990, en parallèle avec son intérêt accru pour les questions de développement, l'ONU a entrepris des réformes en deux volets de ses activités économiques et sociales : d'abord, des réformes relatives aux activités déployées sur le terrain dans différents pays, ensuite, des réformes touchant l'organisation des activités au Siège de l'ONU.

Les réformes à l'échelle des pays

Les organisations non gouvernementales ont fréquemment adressé des reproches à l'ONU à propos de son travail peu efficace sur le terrain. Ces critiques ont donné une puissante impulsion au travail de réforme. L'adoption des notes de stratégie par pays a constitué un élément-clé des réformes à l'échelle des pays (sur le terrain). Ces notes exposent le processus de développement d'ensemble correspondant aux besoins spécifiques des pays concernés. Elles ont été rédigées à partir des discussions tenues entre les institutions spécialisées, les programmes et les fonds, les donateurs et le pays hôte et elles décrivent les projets des divers donateurs et institutions dans un pays particulier. Le mérite de ces notes réside dans le fait qu'elles définissent clairement des objectifs, des rôles et des priorités.

Une autre réforme à l'échelle des pays a porté sur la consolidation du travail du coordonnateur résident, généralement un membre du personnel du Programme des Nations Unies pour le développement (PNUD). Ce coordonnateur est devenu l'administrateur responsable à l'échelle des pays et a reçu une formation supplémentaire pour remplir les fonctions afférentes. Les administrateurs sur le terrain se sont aussi vu confier une autorité accrue afin qu'ils soient habilités à prendre des décisions sur le redéploiement des ressources financières au sein d'un programme sans devoir obtenir l'autorisation du Siège. Des efforts ont également été consacrés à l'amélioration des moyens de communication et du partage de l'information. Les activités des divers organes de l'ONU ont été réunies sous un même toit, les Maisons de l'ONU, qui facilitent la collégialité et les communications entre ces organes. La nouvelle démarche à l'échelle des pays a reçu le nom de Programmes intégrés. L'adoption des Objectifs du millénaire pour le développement a, en outre, permis au personnel sur le terrain d'appliquer une stratégie de développement plus cohérente. Cette nouvelle façon de faire peut être avantageusement comparée aux précédentes, alors que chaque institution travaillait séparément à des projets distincts, souvent sans égard à la présence d'autres organes dans le même pays.

Les réformes à l'échelle du Siège

Pour que l'ONU joue un rôle efficace dans les affaires économiques et sociales à l'échelle des pays, des réformes s'avéraient aussi nécessaires au sein du Siège. La famille des organisations économiques et sociales de l'ONU a toujours formé un système polycentrique. Historiquement, aucune organisation ou institution faisant partie de ce système n'était en mesure de gérer le large éventail d'activités économiques et sociales déployées sous l'égide de l'ONU. Les réformes lancées dans les années 1990 par Kofi Annan, alors secrétaire général, ont été axées sur la réorganisation et la rationalisation du Conseil économique et social (ECOSOC).

En vertu de la Charte des Nations Unies, les pouvoirs dévolus à l'Assemblée générale et à l'ECOSOC étaient modestes. L'ECOSOC ne pouvait qu'émettre des recommandations et recevoir des rapports. Cependant, la réforme entreprise à partir du milieu des années 1990 a permis à l'ECOSOC de s'affirmer davantage et de jouer un rôle de premier plan dans la coordination du système des Nations Unies. L'ECOSOC allait dorénavant veiller à ce que les résolutions de l'Assemblée générale soient adéquatement mises en œuvre à l'échelle de tout le système. Il a été habilité à prendre les décisions définitives concernant les activités de ses organes subsidiaires ainsi que d'autres questions relatives à ses fonctions de coordination à l'échelle du système dans les domaines économique et social et les domaines connexes (A/50/227, paragraphe 37).

L'une des responsabilités de l'ECOSOC consistait à passer en revue les thèmes communs dans les travaux des neuf commissions techniques, telles que la Commission des stupéfiants, la Commission du développement durable et la Commission de la condition de la femme (voir la figure 19.1, à la page 322). La réforme visait à éliminer les chevauchements dans les travaux des commissions techniques. L'ECOSOC allait intégrer les travaux de ses commissions techniques et en transmettre les conclusions à l'Assemblée générale, responsable de l'établissement des politiques générales en matière économique et sociale. Les conseils d'administration des programmes et des fonds ont aussi fait l'objet d'une réforme destinée à en améliorer la gestion courante.

Dans l'ensemble, la réorganisation économique et sociale a suscité une meilleure coordination des deux pôles du système : le pôle où les intentions sont précisées au moyen de conférences et d'ordres du jour généraux et celui où les programmes sont mis en œuvre. Les programmes sont mieux intégrés et le personnel sur le terrain dispose d'une plus grande marge de manœuvre. La réforme de l'ECOSOC a accentué sa capacité à transformer des accords étendus en programmes intersectoriels dotés d'objectifs bien définis. En même temps, l'ECOSOC s'est trouvée en meilleure posture pour agir en tant que courroie de transmission par laquelle les résultats de la supervision sur le terrain peuvent être dirigés vers les commissions techniques. Ces réformes ont eu pour effet de renforcer les **normes** du système multilatéral.

À RETENIR

- À partir du milieu des années 1990, sous la direction de Kofi Annan, alors secrétaire général, l'ONU a amorcé un vaste processus de réforme.

- La réforme des activités économiques et sociales de l'ONU visait l'amélioration de la coordination, l'élimination des chevauchements et la clarification des sphères de responsabilité.

- Cette réforme a renforcé les normes du système multilatéral.

CONCLUSION

Les modifications apportées au rôle de l'ONU reflètent les changements survenus dans les perceptions de la société internationale et de la nature des États souverains. Au cours des 60 dernières années, les règles qui régissent le **système international** sont devenues plus nombreuses et plus spécifiques et couvrent maintenant une vaste gamme d'activités liées aux relations interétatiques. Les domaines concernés se sont élargis et comprennent la protection non seulement des droits des États, mais aussi des droits des individus. Néanmoins, obtenir l'accord des gouvernements pour le respect des droits des individus ne constitue que la première étape de l'édification d'un monde plus ordonné et plus juste. Il faut également disposer d'instruments cohérents et fiables pour prendre des mesures pertinentes lorsque des normes sont enfreintes.

Le Conseil de sécurité de l'ONU est l'instrument le plus utile dans le cadre des efforts déployés pour mener à bien ces changements. Malgré les ratés du Conseil de sécurité, il est manifeste que même les États les plus puissants préfèrent recevoir son autorisation avant de mener toute action qu'ils proposent. Au Kosovo, les États qui participaient à l'intervention de l'OTAN ont voulu démontrer qu'ils agissaient en conformité avec la Charte des Nations Unies et les résolutions pertinentes du Conseil de sécurité. En Iraq, les gouvernements des États-Unis et du Royaume-Uni ont consacré beaucoup d'énergie diplomatique en vue d'obtenir une seconde résolution du Conseil de sécurité qui appuierait une action militaire. Ils ont échoué, mais ce n'est pas faute d'avoir essayé.

La participation aux travaux de l'ONU confère aux gouvernements un certain statut dans le système international. Le fait d'être membre de l'ONU et d'y connaître du succès est maintenant considéré comme une légitimation de l'**autonomie de l'État.** Ainsi, l'exercice du pouvoir, la prise d'initiatives, la dotation en personnel et l'application de normes sont valorisés parce qu'ils consolident à la fois l'estime de soi et le pouvoir de l'État. L'ONU est devenue le lieu de rassemblement incontournable des États.

Les capacités de l'ONU, en ce qui concerne ses activités économiques et sociales, son travail en faveur du développement et sa gestion du maintien de la paix et de la reconstruction après un conflit, se sont élargies depuis les années 1990. Toutefois, plusieurs facteurs indiquent que d'autres changements et adaptations au sein du système des Nations Unies seront nécessaires. Citons, entre autres cas, la prédominance de la puissance militaire

des États-Unis, la possibilité que ce pays agisse encore sans l'autorisation explicite de l'ONU, l'inquiétude avivée au sujet du terrorisme et des armes de destruction massive, l'incapacité de réagir adéquatement à la crise au Darfour et la persistance des inégalités et de l'injustice dans le monde.

QUESTIONS

1. Décrivez la mise sur pied de l'Organisation des Nations Unies (ONU) ainsi que son mandat principal.

2. En quoi l'ONU diffère-t-elle de la Société des Nations, l'organisation qui l'a précédée ?

3. De quelle façon l'ONU tente-t-elle de maintenir l'ordre international ?

4. Pourquoi les adhésions à l'ONU ont-elles augmenté depuis 1945 ?

5. Établissez les contradictions qui règnent au sein de l'ONU depuis sa création.

6. Présentez les arguments qui sont en faveur d'une réforme du Conseil de sécurité.

7. L'activité accrue de l'ONU mine-t-elle la souveraineté des États ?

8. À quoi ressemble la relation entre l'ONU et les États-Unis ?

9. Comment les opérations de maintien de la paix de l'ONU se sont-elles transformées au fil du temps ?

10. Quelles leçons l'ONU devrait-elle tirer de la guerre en Iraq ?

Lectures utiles

Ambrosetti D. et M. Cathelin, « Les enjeux du leadership au Conseil de sécurité : responsabiliser ou contrôler les opérations de paix de l'ONU ? », *Revue internationale et stratégique*, n° 68, 2007, p. 69-77. À l'heure de la multiplication des missions de paix, une étude sur le leadership américain au sein de l'ONU.

Archer, C., *International Organizations,* 3e édition, Londres, Routledge, 2001. Une bonne introduction aux principales organisations internationales qui existent actuellement.

Bertrand, M., « L'ONU et la sécurité à l'échelle planétaire », *Politique étrangère*, n° 2, 2000, p. 375-387. Une discussion sur des propositions envisageables en vue de réformer l'ONU.

Buhler, P., « La guerre d'Irak : paysage après la bataille », *Critique internationale*, n° 19, 2003, p. 6-16. Un article qui porte sur les conséquences de l'intervention américaine en Iraq du point de vue de la légitimité de l'ONU.

Coulon, J., *Guide du maintien de la paix 2010*, Montréal, Athéna Éditions, 2010. Guide des opérations de maintien de la paix de l'ONU.

de Durand, É., « Des Balkans à l'Afghanistan : les opérations de stabilisation complexes », *Politique étrangère*, n° 2,

2005, p. 327-342. Une étude sur les opérations de maintien de la paix durant les années 1990 et sur les nouveaux défis que l'ONU doit relever.

Desforges, D., « Une ONU de l'environnement ? », *Regards croisés sur l'économie*, vol. 2, n° 6, 2009, p. 258-260. Une critique du Programme des Nations Unies pour l'environnement.

Ghébali, V.-Y., « Les efforts d'organisation mondiale au XXe siècle : mythes et réalités », *Politique étrangère*, n° 3-4, 2000, p. 613-623. Une analyse politique qui compare la création de la Société des Nations (SDN) et celle de l'ONU.

Malone, D. M., « Le Conseil de sécurité dans les années 90 : essor et récession ? », *Politique étrangère*, n° 2, 2000, p. 403-421. Une réflexion sur les nouveaux défis qui se présentent au Conseil de sécurité, dont la multiplication des conflits intraétatiques.

Novosseloff, A., « L'ONU après la crise irakienne », *Politique étrangère*, n° 3-4, 2003, p. 701-714. Une discussion sur les effets de l'intervention américaine en Iraq du point de vue de la légitimité de l'ONU.

Chapitre 20

LES ACTEURS TRANSNATIONAUX ET LES ORGANISATIONS INTERNATIONALES EN POLITIQUE MONDIALE

Peter Willetts

GUIDE DE LECTURE

Initialement, le domaine des relations internationales n'englobait que les rapports entre les États. En tant qu'acteurs non étatiques, les entités économiques et les groupes sociaux – comme les banques, les entreprises industrielles, les étudiants, les écologistes et les groupes de femmes – se voyaient attribuer une importance moindre. Une telle conception des relations internationales, où certains objets d'étude sont marginalisés au profit d'autres, a par la suite été remise en question, notamment à la lumière des effets de la globalisation. D'abord, les ambiguïtés propres au sens donné au concept d'« État », ainsi que son manque de concordance avec la réalité du monde contemporain, ont fait en sorte que ce concept est moins utile qu'autrefois. Pour brosser un portrait plus représentatif de la situation, il convient désormais d'analyser les relations intergouvernementales et les relations entre les sociétés sans présumer qu'un facteur est plus important qu'un autre. Puis, on peut reconnaître que les gouvernements perdent une partie de leur souveraineté en raison des activités économiques des entreprises transnationales et de la menace sérieuse que représentent les criminels, les terroristes et les groupes de guérilla. Ensuite, les organisations non gouvernementales entretiennent un réseau de relations planétaires si étendu, tout en participant aux activités diplomatiques, que l'indépendance politique des gouvernements en est sapée. Enfin, les événements qui surviennent dans tout domaine de la politique mondiale doivent, par conséquent, être compris dans le cadre de systèmes complexes englobant les gouvernements, les entreprises et les organisations non gouvernementales, ainsi que leurs interactions dans diverses organisations internationales.

INTRODUCTION

En **diplomatie**, en **droit international**, en journalisme et dans les milieux universitaires, on postule généralement que les relations internationales sont celles qu'entretiennent les entités cohérentes nommées **États**. Le présent chapitre vise à démontrer que l'analyse des relations entre les gouvernements et de nombreux autres acteurs actifs dans chaque pays favorise une meilleure compréhension des changements politiques qui se produisent au fil du temps. Dans la **politique mondiale** entrent également en jeu les entreprises et les **organisations non gouvernementales**. Ainsi, les cinq grandes catégories d'acteurs politiques qui font partie du système mondial sont les suivantes :

- près de 200 gouvernements dans le système mondial, y compris ceux des 192 États membres de l'ONU ;

- 82 100 **entreprises transnationales**, telles que Virgin, Ford, Shell, Microsoft et Nestlé, qui possèdent un peu plus de 807 400 filiales étrangères ;

- plus de 9500 organisations non gouvernementales (ONG) dont le siège est établi dans un seul pays, telles que Canadian University Service Overseas (CUSO) (Canada) et Sierra Club (États-Unis), qui déploient d'importantes activités transnationales ;

- 240 **organisations intergouvernementales**, telles que l'ONU, l'**OTAN**, l'Union européenne et l'Organisation internationale du café ;

- 7600 ONG internationales, telles qu'Amnistie internationale, OXFAM et la Chambre internationale du transport maritime, en plus d'un nombre semblable de regroupements internationaux et de **réseaux** d'ONG moins officiels.

De plus, un nombre beaucoup plus élevé d'entreprises et d'ONG ne déploient leurs activités que dans un seul pays, tout en ayant les capacités de les étendre à d'autres pays[1]. Tous ces acteurs jouent un rôle établi en politique mondiale et chaque gouvernement interagit avec une gamme variée d'**acteurs non étatiques**. Il arrive que des groupes de guérilla contestent l'autorité de certains gouvernements. De plus, bien que des terroristes et d'autres bandes criminelles ne soient pas considérés comme des participants légitimes du système mondial, ils ont néanmoins une certaine incidence, souvent faible, mais parfois plus prononcée, sur l'activité politique.

Personne ne peut nier le grand nombre de ces organisations ni l'ampleur de leurs activités. Les questions controversées sont plutôt d'un autre ordre : les acteurs non étatiques ont-ils ou non une importance intrinsèque ? Leur importance réelle influe-t-elle ou non sur l'analyse

des relations interétatiques ? On peut définir les relations internationales en disant qu'il s'agit des relations entre les États, comme le fait la conception statocentrée, c'est-à-dire le **réalisme**. Affirmer que les acteurs non étatiques ont une importance secondaire ne constitue alors qu'une simple tautologie (un énoncé qui est vrai par définition). Une approche plus ouverte, connue sous le nom de **pluralisme**, présume que tous les types d'acteurs peuvent orienter plus ou moins fortement les situations politiques. Les termes mêmes de l'expression « acteurs non étatiques » laissent entendre que les États jouent un rôle dominant et que les autres acteurs remplissent des fonctions accessoires. C'est pourquoi des chercheurs ont désormais recours à l'expression « acteurs transnationaux » pour indiquer clairement que, à leur avis, les relations internationales ne sont pas le seul fait des gouvernements et que d'autres acteurs agissent de part et d'autre des frontières des différents pays dans le monde.

C'est faire preuve d'un a priori inacceptable que de postuler, avant même le début d'un travail de recherche, que seuls les États exercent une **influence** quelconque. Jusqu'à preuve du contraire, on doit présumer que les gouvernements interagissent aussi avec les ONG, les entreprises et les **organisations internationales**. Nous allons donc examiner en quoi les prémisses relatives aux États entravent l'analyse portant sur les acteurs transnationaux et les organisations internationales. Nous décrirons ensuite la nature des différents types d'acteurs. Enfin, nous ferons valoir la nécessité et l'utilité de toujours prendre en compte les activités d'un large éventail d'acteurs politiques.

LE CARACTÈRE PROBLÉMATIQUE DE LA CONCEPTION STATOCENTRÉE

La conception centrée sur l'État (ou statocentrée) a pour grand avantage de se concentrer sur l'analyse parcimonieuse des interactions entre moins de 200 entités censément similaires qui évoluent dans la complexité étourdissante de la politique mondiale. Cette simplification, si pratique soit-elle, entraîne cependant de la confusion, et c'est pourquoi de cette conception découlent les quatre grands problèmes décrits ci-dessous.

L'ambiguïté des différents sens donnés au mot « État »

Les auteurs qui traitent de l'État manquent souvent de cohérence et de rigueur intellectuelle lorsqu'ils confondent trois concepts différents. L'État, en tant que personne juridique, est une fiction particulièrement abstraite, que l'on confond facilement avec le concept plus concret de pays, c'est-à-dire le système politique distinct d'un peuple qui partage des valeurs communes. Comme nous le voyons aussi plus loin, la nation, comprise comme un cadre de loyauté identitaire, n'est pas non plus synonyme d'État. Il a existé des cités-États, il existe des nations sans États, des nations appartenant à plusieurs États (comme les Mayas), et des États recouvrant plusieurs nations (le Canada, par exemple). Il y a aussi le concept très dissemblable de l'État en tant qu'appareil de gouvernement. Malheureusement, aucune méthode établie ne permet de dissiper de telles ambiguïtés. Dans le présent chapitre, le mot «État» renvoie donc au concept juridique abstrait évoqué ci-dessus, tandis que les concepts de «pays» et de «gouvernement» servent à l'analyse des comportements politiques.

Dans la recherche traditionnelle en relations internationales, la **société civile** est considérée comme une partie de l'État, alors que les philosophes et les sociologues, qui privilégient le concept d'État en tant que gouvernement, estiment que cette société est distincte de l'État. Ainsi, en droit international ou dès que l'État correspond à un pays tout entier, il devient très difficile de reconnaître l'existence d'acteurs transnationaux distincts. Par ailleurs, lorsque le concept d'État désigne le gouvernement et n'englobe pas la société civile, la réflexion peut porter tant sur les relations intergouvernementales que sur les relations entre des acteurs transnationaux.

L'absence de similarité entre les États

Le deuxième problème est le suivant : attribuer à tous les États le même statut juridique laisse croire que tous relèvent essentiellement du même type d'entité, alors que, dans les faits, ils ne présentent pas la moindre similarité. Il est vrai que l'analyse orthodoxe reconnaît des différences de taille entre les **superpuissances** et les petites ou moyennes **puissances**. Toutefois, elle ne permet pas d'établir des rapports d'ordre économique. À la fin de la **guerre froide**, l'économie des États-Unis était deux fois plus importante que celle de l'Union soviétique ; au début du XXIe siècle, elle était huit fois plus forte que celle de la Chine, 64 fois plus que celle de l'Arabie saoudite, 1400 fois plus que celle de l'Éthiopie et 100 000 plus que celle du Kiribati. En matière de démographie, les écarts sont encore plus prononcés. Les petits pays insulaires des Antilles et du Pacifique, qui ont une population de quelques dizaines de milliers d'habitants, ne forment pas des entités comparables aux petits pays habituels et encore moins à la Chine et à l'Inde : ce sont plutôt de véritables micro-États. Par ailleurs, la comparaison entre les différents gouvernements dans le monde révèle l'existence d'un ensemble varié de démocraties, de régimes féodaux, d'oligarchies ethniques, d'oligarchies économiques, de régimes populistes, de théocraties, de dictatures militaires et de combinaisons particulières. Tout ce que les pays ont en commun, c'est de pouvoir compter sur la reconnaissance générale de leur droit de disposer de leur propre gouvernement. Ils sont juridiquement égaux, mais politiquement et économiquement très différents les uns des autres.

En examinant les différences économiques, on voit bien que les acteurs transnationaux les plus imposants sont beaucoup plus riches que bon nombre de pays. Ainsi, en 2004, les 50 plus grandes entreprises industrielles transnationales, selon leur chiffre d'affaires, ont touché des recettes annuelles supérieures au PNB de 133 pays membres de l'ONU. Dans un même ordre d'idées, le nombre des membres de maintes ONG (notamment des syndicats, des Églises et des groupes actifs dans les domaines des droits humains, des droits des femmes et de l'environnement) atteint plusieurs millions, alors que 42 des 192 pays membres de l'ONU ont une population inférieure à un million, dont 12 comptent moins de 100 000 habitants[2]. Par conséquent, la complexité variable des économies et des sociétés dans différents pays se répercute sur l'ampleur de leur participation aux relations transnationales.

Les systèmes d'États et les systèmes internationaux

Troisièmement, une incohérence analytique sous-tend l'hypothèse selon laquelle les États évoluent dans un **système international anarchique**. Qu'il désigne une entité juridique, un pays, une nation ou un gouvernement, l'État est considéré comme une entité cohérente qui agit suivant certaines finalités et qui représente davantage que la simple somme de ses parties constitutives (les individus). En même temps, la plupart des partisans de la conception statocentrée rejettent la possibilité que de telles entités puissent aussi exister à l'échelle globale. Autrement dit, ils réfutent le fait que le système international est lui-même une entité cohérente qui représente davantage que la simple somme de ses composantes (les États). Ils dépouillent ainsi l'expression **système international** de sa pleine signification spécialisée, soit une collectivité dont les composantes (les États pris individuellement) perdent une partie de leur indépendance. Aucune explication philosophique n'a été avancée pour rendre compte de l'incohérence des prémisses formulées au sujet des différents niveaux d'analyse. Par conséquent, exagérer la cohérence des

États tout en minimisant celle de la politique mondiale entraîne une sous-estimation des relations transnationales et des relations intergouvernementales.

La différence entre l'État et la nation

Quatrièmement, il existe une prémisse comportementale selon laquelle la politique au sein des États est nettement différente de la politique entre eux, parce que la loyauté des individus envers leur **nation** serait plus intense que toute autre loyauté. Il est certain que le **nationalisme** et l'**identité** nationale éveillent de vifs sentiments chez la plupart des personnes, mais il faut apporter diverses précisions au sujet de leur pertinence politique. Les identités communautaires forment une hiérarchie allant du niveau local à la nation et à de plus vastes regroupements. Ainsi, tant des collectivités locales que des organismes intergouvernementaux, telle l'Union européenne, peuvent se réclamer de la loyauté d'un individu.

L'étymologie même des mots qu'on emploie depuis longtemps porte à croire que la loyauté nationale est centrée sur l'**État-nation**. Tant les relations inter*nationales* que les relations trans*nationales* désignent des relations qui s'étendent au-delà des frontières entre les États, même si, logiquement, ces adjectifs renvoient à des relations entre des groupes nationaux, comme les Écossais et les Gallois. Dans le monde actuel, seuls quelques pays, comme l'Islande, la Pologne et le Japon, peuvent raisonnablement prétendre que leur peuple respectif est issu d'une seule nation. Or, il ne faut pas oublier que, dans tous ces cas, un grand nombre de membres du groupe national résident dans d'autres pays. La plupart des pays sont plurinationaux et de nombreux groupes nationaux sont présents dans plusieurs pays. Ainsi, la loyauté nationale est, en fait, assez différente de la loyauté envers un pays.

À RETENIR

- Le concept d'État a trois significations différentes : il peut désigner personne juridique, une collectivité politique ou un gouvernement. Le mot « nation » n'est pas toujours synonyme d'État.

- Si les pays et les gouvernements dans le monde sont égaux en droit, ils présentent cependant peu de similarités politiques. L'emprise de nombreux gouvernements sur les ressources est moindre que celle de maints acteurs transnationaux.

- On ne peut tenir pour acquis que tous les systèmes politiques fondés sur un pays sont plus cohérents que des systèmes mondiaux, notamment lorsqu'on sait que les loyautés nationales ne se rapportent pas toujours aux pays selon leurs frontières actuelles.

- Après avoir tiré au clair les concepts d'État et d'acteurs non étatiques, on peut admettre la possibilité de théoriser sur un grand nombre d'acteurs de la politique mondiale. Si on établit une distinction entre gouvernement et société, d'une part, et entre société et nation, d'autre part, on peut alors déterminer si des groupes privés, des entreprises et des minorités nationales dans chaque pays s'engagent dans des relations transnationales.

LES ENTREPRISES TRANSNATIONALES EN TANT QU'ACTEURS POLITIQUES

Toutes les entreprises qui pratiquent l'importation ou l'exportation prennent part à des activités économiques transnationales. Lorsqu'elles exercent des pressions sur des gouvernements étrangers à des fins commerciales, elles deviennent des acteurs politiques transnationaux. Elles sont toutefois désignées comme des entreprises transnationales seulement si elles ont des filiales à l'extérieur de leur pays d'origine. Les premières entreprises qui ont ainsi élargi leurs aires d'activités dirigeaient leurs efforts dans les domaines de l'agriculture, des mines et du pétrole, au sein des **empires** européens. On les retrouve aujourd'hui dans tous les secteurs de l'économie. C'est également le cas des pays industrialisés qui n'ont jamais eu d'empire, et de la plupart des pays en développement (voir l'encadré « Pour en savoir plus », page ci-contre) ; tous ces pays ont vu certaines de leurs entreprises prendre une expansion transnationale. La CNUCED (Conférence des Nations Unies sur le commerce et le développement) a compilé, en 2009, des statistiques éloquentes : sur les 100 firmes transnationales qui avaient le plus fort volume d'actifs à l'extérieur de leur pays d'origine, 57 provenaient de 12 pays de l'Europe occidentale, 19 des États-Unis, quatre possédaient un double siège social dans les pays occidentaux, dix au Japon, trois en Corée du Sud, une en Australie, une au Canada, une en Chine, une en Malaisie, une au Mexique, une à Singapour, une à Hong-Kong. Seuls des pays développés, des pays de l'Asie orientale et de l'Asie du Sud-Est, quelques pays latino-américains, l'Inde et l'Afrique du Sud abritent de grandes entreprises transnationales. Il s'agit de firmes basées dans plus de 131 pays membres de l'ONU, soit 39 pays européens, nord-américains ou autres pays développés, d'une part, et la Chine ainsi que 91 autres pays en développement ou en transition, dont 30 pays africains, d'autre part, en plus de sept autres territoires (CNUCED, 2009, tableau A.I.8).

Les firmes transnationales issues des pays en développement

L'image classique d'une firme transnationale montre une grande entreprise originaire d'un pays riche qui a étendu sa production et ses ventes dans des pays pauvres, qui domine un marché mondial et qui exploite une main-d'œuvre bon marché. Depuis le XXIe siècle, cependant, les firmes transnationales issues de pays en développement ont pris une importance considérable.

- Plus du quart de toutes les firmes transnationales ont maintenant leur siège social dans un pays en développement.

- Les 100 premières entreprises transnationales dans les pays en développement se trouvent dans 14 pays : en Chine, à Hong-Kong, à Taïwan, en Inde, en Malaisie, à Singapour, en Corée du Sud, aux Philippines, en Thaïlande, au Brésil, au Mexique, au Venezuela, en Afrique du Sud et en Égypte. Le total des actifs à l'étranger de toutes ces entreprises en 2004 est toutefois inférieur au volume des actifs d'une entreprise américaine, General Electric, la plus grande entreprise transnationale du monde.

- La plupart des entreprises transnationales issues des pays en développement sont de petite taille, mais certaines deviennent des acteurs importants dans des industries spécifiques, telles que l'automobile, l'électronique, l'acier et le transport par conteneurs. Lenovo, une entreprise transnationale chinoise, est maintenant propriétaire de la marque PC d'IBM, tandis que Tata, une entreprise indienne, a fait l'acquisition de Corus, le grand fabricant d'acier européen.

- Les entreprises transnationales qui ont leur siège social dans un pays en développement sont plus susceptibles d'investir dans les pays voisins, mais elles s'implantent aussi de plus en plus dans les pays développés. Elles possèdent plus de 500 filiales aux États-Unis et à peu près autant en Grande-Bretagne.

- Au Congrès des États-Unis, ceux qui s'opposent à ces entreprises sont parvenus à empêcher l'acquisition d'UNOCAL (société pétrolière américaine) par une firme chinoise et à obliger Dubai Ports World à se départir de six ports américains.

Deux exemples illustrent bien ce nouveau monde dans lequel des firmes transnationales issues des pays en développement connaissent le succès : Marcopolo, une entreprise brésilienne, fabrique des autobus dans plusieurs pays sud-américains et les vend dans plus de 80 pays. Hikma Pharmaceuticals, une entreprise jordanienne, a des usines dans deux autres pays arabes et au Portugal ; son chiffre d'affaires en Asie occidentale et en Afrique du Nord est élevé et elle a récemment pris de l'expansion en Europe et aux États-Unis.

Source : CNUCED, *Rapport sur l'investissement dans le monde 2006*, 2006b.

Les flux financiers et la perte de souveraineté

Les conséquences de la transnationalisation poussée des grandes entreprises sont vastes et profondes. Il n'est plus possible de considérer que chaque pays possède sa propre économie distincte. Deux des caractéristiques les plus fondamentales de la **souveraineté**, soit le contrôle de la devise nationale et la maîtrise du commerce extérieur, ont été fortement minées au fil des dernières années, ce qui signifie que les gouvernements ont perdu l'emprise qu'ils exerçaient autrefois sur les flux financiers. Dans le cas de la devise nationale, les crises successives qu'ont connues le dollar américain, le peso argentin, l'euro et le yen au cours des dix dernières années ont bien montré que même les gouvernements disposant des plus grandes ressources financières sont impuissants à s'opposer aux activités des banques transnationales et des autres spéculateurs.

Les effets du commerce sur la finance sont moins visibles. Les déplacements de biens d'un pays à l'autre sont généralement considérés comme des activités commerciales entre les pays concernés, mais ils peuvent aussi résulter du **commerce intra-firme**. Puisque la logique de ce dernier diffère de celle du commerce entre des pays, les gouvernements ne peuvent s'attendre à ce que leur politique financière et fiscale ait des effets précis sur les firmes transnationales. Une firme peut réagir à une hausse des taux d'imposition en modifiant ses **prix de cession interne** afin de réduire son fardeau fiscal. Plusieurs autres raisons peuvent l'inciter à déguiser ses prix de cession interne, dont la volonté de se soustraire à des mécanismes de contrôle des déplacements transfrontaliers des profits ou des capitaux.

La triangulation du commerce et la perte de souveraineté

Les gouvernements ont beaucoup de difficulté à réglementer les transactions internationales. Même le gouvernement des États-Unis est incapable d'empêcher des citoyens américains de se rendre à Cuba, malgré l'interdiction officielle toujours en vigueur depuis 1963. Il est parfois possible de prévenir l'importation ou l'exportation directes de certains biens, mais il n'existe aucune méthode infaillible afin d'entraver le commerce indirect entre deux pays, une pratique qualifiée de **triangulation**. Seule une résolution du Conseil de sécurité de l'ONU obligeant tous les pays du monde à imposer des sanctions permettrait à un gouvernement déterminé de faire en sorte que des entreprises transnationales n'échappent pas à ces sanctions. Toutefois, dans une telle situation, c'est le Conseil de sécurité, et non des gouvernements nationaux, qui exercerait son autorité sur les activités commerciales visées.

L'arbitrage réglementaire et la perte de souveraineté

Les gouvernements peinent à réglementer les activités commerciales des entreprises présentes dans leur pays respectif, parce que celles-ci peuvent toujours recourir à un **arbitrage réglementaire**. Si une entreprise s'oppose à une politique gouvernementale donnée, elle peut alors menacer de restreindre ou de cesser sa production locale et d'augmenter sa production dans un autre pays. Le gouvernement qui impose les normes les moins contraignantes en matière de santé, de sécurité, de bien-être ou de protection de l'environnement offre ainsi un avantage concurrentiel aux entreprises qui sont moins responsables socialement. On observe également une forte tendance à la réduction des impôts sur les bénéfices des corporations dans le monde. Il devient donc plus ardu pour tout gouvernement de réguler normativement les corporations et de leur prélever des impôts. Dans le secteur bancaire, les risques politiques inhérents à l'éventualité qu'une banque se déclare en faillite à la suite d'activités imprudentes ou criminelles sont si élevés que les gouvernements des grands pays ont établi des normes communes relatives aux capitaux, dans le cadre des **règles** du Comité de Bâle. Quel qu'il soit, le degré de contrôle atteint ne constitue pas, dans les faits, un fructueux exercice de souveraineté sur les entreprises, mais plutôt un transfert de souveraineté partiel vers un organisme intergouvernemental.

L'extraterritorialité et la souveraineté

Les entreprises transnationales sont à l'origine de conflits de souveraineté entre différents gouvernements. Par exemple, dans le cas d'une entreprise ayant son siège social aux États-Unis et possédant une filiale au Royaume-Uni, il existe trois sources d'autorité (voir la figure 20.1). Le gouvernement des États-Unis peut exercer son autorité sur l'entreprise mère et le gouvernement du Royaume-Uni peut imposer la sienne à la filiale. Dans chacun de ces deux cas, il s'agirait de l'exercice habituel de la souveraineté d'un gouvernement sur ses affaires intérieures. De plus, les deux gouvernements accepteraient que l'entreprise transnationale puisse, dans une certaine mesure, déterminer seule ses politiques concernant ses achats, sa production et ses ventes. Dans des circonstances normales, ces trois sources d'autorité peuvent coexister d'une façon harmonieuse. Cependant, lorsque les décisions du gouvernement des États-Unis s'appliquent aux

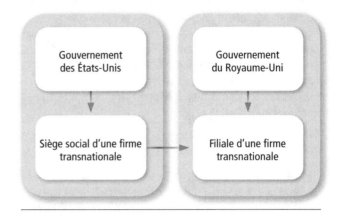

FIGURE 20.1 De quel gouvernement relèvent les activités de la filiale britannique d'une firme transnationale américaine ?

activités mondiales de l'entreprise transnationale, il se produit un conflit de souveraineté. La filiale doit-elle se conformer aux prescriptions du gouvernement du Royaume-Uni ou aux ordres de celui des États-Unis tels que relayés par son siège social ? Ce problème d'**extraterritorialité** découle de la structure même de toutes les entreprises transnationales.

En ce qui a trait à la mise en œuvre courante des politiques adoptées, des conflits doivent désormais être réglés dans la foulée des décisions prises par différents pays en matière de concurrence commerciale, de fusions et acquisitions, de méthodes comptables et de mesures anticorruption. Les normes comptables américaines s'appliquent-elles aux entreprises européennes parce qu'une partie de leurs activités se déploient aux États-Unis ? Le directeur d'une entreprise transnationale mère peut-il être poursuivi en justice si une filiale outre-mer de cette entreprise a versé des pots-de-vin ? Selon la tendance à long terme observée à cet égard, le règlement de ce genre de problèmes passe par l'uniformisation mondiale des politiques nationales. À titre d'exemple, l'**OCDE** a mis au point la Convention sur la lutte contre la corruption d'agents publics étrangers dans les transactions commerciales internationales.

De la déréglementation nationale à une nouvelle réglementation globale

Les intérêts de la plupart des entreprises coïncident généralement avec les politiques gouvernementales de création d'emplois et de promotion de la croissance économique. Il arrive que des conflits surgissent à propos de la réglementation des marchés, qui vise à éviter les risques de mauvais fonctionnement des marchés ou d'externalisation des coûts sociaux et environnementaux de la production. En raison de la déréglementation à l'échelle nationale et de la **globalisation** de l'activité économique, la réglementation est maintenant définie à l'échelle mondiale plutôt qu'au sein de chaque pays concerné. Trois facteurs liés aux entreprises transnationales favorisent la globalisation de l'action politique. D'abord, les gouvernements ne peuvent réaffirmer leur emprise que par une action collective. Ensuite, les pressions des consommateurs se traduisent par l'adoption de codes de conduite mondiaux de la part des entreprises qui les appliquent en **collaboration** avec des ONG. Enfin, des efforts sont déployés pour que les entreprises mondiales soient assujetties à une vérification de leur conformité aux normes sociales et écologiques. Ces facteurs se trouvent réunis dans le cadre de la collaboration entre les gouvernements, les ONG et le Secrétariat de l'ONU en vue de recruter les grandes entreprises transnationales en tant que partenaires d'un pacte mondial pour la mise en œuvre de dix principes relatifs à la responsabilité sociale des entreprises. Ces principes concernent les droits humains, les normes du travail, l'environnement et la lutte contre la corruption.

À RETENIR

- La capacité des firmes transnationales à modifier les prix de cession interne leur permet de se soustraire à la fiscalité ou aux mesures de contrôle gouvernementales qui portent sur leurs transactions financières internationales.

- La capacité des firmes transnationales à déplacer leur production d'un pays à un autre restreint les pouvoirs des gouvernements qui souhaitent réglementer les activités de ces entreprises et prélever des impôts sur leurs bénéfices.

- La structure de l'autorité qui s'exerce sur les firmes transnationales est une source d'importants conflits entre les différents gouvernements, lorsque la compétence juridique d'un gouvernement a des répercussions extraterritoriales sur la souveraineté d'un autre gouvernement.

- Dans certains domaines de la politique économique, les gouvernements ont perdu une partie de leur souveraineté, de sorte que les mesures de réglementation doivent maintenant être adoptées à l'échelle mondiale plutôt que par des gouvernements qui agissent isolément.

LES GROUPES NON LÉGITIMES ET LES MOUVEMENTS DE LIBÉRATION EN TANT QU'ACTEURS POLITIQUES

Différents groupes recourent à la violence ou commettent des actes criminels dans un cadre transnational. On peut faire ici une distinction entre les actes considérés comme criminels partout dans le monde, notamment le vol, la fraude, les actes de violence, la piraterie et le trafic de stupéfiants, et ceux que leurs auteurs justifient par des motifs politiques légitimes. Dans les faits, toutefois, ces deux types d'actes se chevauchent parfois, lorsque des malfaiteurs prétendent agir pour des motifs politiques ou que des groupes politiques perpètrent des crimes relevant du terrorisme, de la torture ou de la violence infligée aux enfants. Aux yeux de tous les gouvernements, aucune activité criminelle ni aucun acte de violence politique ne peuvent être légitimes dans le pays où s'exerce leur autorité respective, ni même dans d'autres pays.

Les criminels transnationaux et leur incidence politique

Sur le plan politique, le trafic de stupéfiants et le commerce illicite des armes représentent les plus importantes industries criminelles. D'autres activités illégales prospèrent aussi : le trafic des êtres humains s'est sensiblement accru, facilité par la plus grande fréquence des déplacements dans le monde. Un nouveau commerce des esclaves a fait son apparition, surtout axé sur l'exploitation sexuelle de jeunes femmes. Les entreprises transnationales ne s'en soucient guère, car elles se préoccupent d'abord et avant tout de prévenir le commerce des produits de contrefaçon et le vol de la propriété intellectuelle, notamment les œuvres musicales, les films et les logiciels. Les criminels peuvent être perçus comme des bandes locales qui exercent leur domination sur des parties précises de grandes villes, mais ils forment aussi des réseaux implantés à l'échelle nationale et transnationale qui leur permettent de pratiquer un commerce illicite. Tant l'approvisionnement en drogue que la demande d'armes proviennent principalement d'États défaillants et de régions qui échappent à l'emprise d'un gouvernement central. L'éloignement de leur territoire et la facilité à produire de l'héroïne ou de la cocaïne ont parfois incité les populations pauvres des pays en développement à se tourner vers le commerce de la drogue. Ce sont quelquefois les dirigeants d'une rébellion politique qui encouragent la culture des drogues comme moyen de financer leur lutte. Dans de telles situations, les barons de la drogue et les chefs de guerre peuvent prendre le contrôle réel d'un vaste territoire et même assumer certaines fonctions gouvernementales. Des ONG ont joué un rôle important dans la mise en place d'une coopération politique mondiale qui vise à restreindre le commerce illégal des diamants, à l'aide du processus de Kimberley, et le commerce de l'ivoire, au moyen de la Convention sur le commerce international des espèces de faune et de flore sauvages menacées d'extinction. La lutte contre les barons de la drogue n'a donné que très peu de résultats, surtout parce que la demande de drogues et l'approvisionnement en armes provenant des pays développés n'ont pas encore été endigués.

Freiner ces activités illégales n'est pas simple. À l'instar de la réglementation qui encadre les activités des firmes transnationales, la lutte contre les criminels se heurte à quatre problèmes liés à la souveraineté de l'État. D'abord, les flux financiers d'origine criminelle peuvent être massifs et le blanchiment d'argent menace l'intégrité des banques et des autres établissements financiers. Puis, les activités commerciales criminelles se sont tellement diversifiées au moyen de la triangulation qu'aucun gouvernement ne peut prétendre avec assurance que son propre pays ne sert pas de lieu de transit pour des stupéfiants ou des armes. Ensuite, comme dans le cas de l'arbitrage réglementaire par des firmes transnationales, l'action policière dans un pays peut simplement pousser des groupes bien organisés à s'installer dans un autre pays plutôt que de mettre fin à leurs activités. Enfin, la lutte contre le trafic de stupéfiants et contre le blanchiment d'argent soulève des questions de juridiction extraterritoriale. Contrairement à la réglementation qui régit les activités des entreprises transnationales, cependant, l'action transnationale des forces policières passe par une **coopération** très soutenue.

Les terroristes, les groupes de guérilla et les mouvements de libération nationale

La définition de ce qu'est un terroriste est profondément controversée. Le terme «terroriste» a généralement été utilisé par des personnes qui dénoncent les groupes adoptant des comportements violents et qui s'opposent aussi à leurs objectifs. Le droit américain définit le terrorisme d'une manière à la fois plus précise et plus abstraite : «recours illégal à la force ou à la violence contre des personnes ou des biens à des fins d'intimidation ou de coercition à l'encontre d'un gouvernement, d'une population civile ou des membres de ces derniers, en vue d'atteindre des objectifs politiques ou sociaux» (FBI, 1999, p. i). Cette définition ne précise pas si la notion de terrorisme inclut les attaques commises par des gouvernements contre des civils ni si elle exclut l'usage de la force par des dissidents contre des cibles militaires.

La violence politique éclate le plus souvent lorsqu'une minorité ethnique ou un mouvement nationaliste bien implanté rejette la légitimité d'un gouvernement. Un tel mouvement porte plusieurs noms : il est appelé groupe terroriste par ceux qui désapprouvent son action, groupe de guérilla par ceux qui sont plus neutres ou mouvement de libération nationale par ceux qui l'appuient. La violence politique est plus susceptible d'être légitime lorsqu'un groupe peut compter sur un large soutien, que les moyens d'action politique lui sont inaccessibles, que le gouvernement visé est exceptionnellement tyrannique et que cette violence est dirigée uniquement vers des cibles militaires. En l'absence de ces quatre facteurs, les groupes qui recourent à la violence n'obtiennent qu'un appui transnational très limité.

L'équilibre politique s'est considérablement modifié depuis le **11 septembre 2001**, lorsque 19 pirates de l'air ont simultanément détourné quatre avions civils pour en faire autant d'armes dirigées contre les villes de New York et de Washington. L'ampleur de la destruction causée ce jour-là par al-Qaïda a grandement contribué à délégitimer tous les groupes qui ont recours à la violence à des fins politiques. Historiquement, le terrorisme a surtout été utilisé dans le cadre d'un conflit sévissant au sein d'une seule société, mais al-Qaïda a soudainement fait planer sur le monde une nouvelle menace liée à un **réseau mondial** transnational. En quelques années, al-Qaïda a lancé des attaques au Kenya, en Tanzanie, au Yémen, en Arabie saoudite, en Angleterre, aux États-Unis, en Tunisie, en Indonésie, en Turquie, en Espagne et en Grande-Bretagne. Pourtant, le terrorisme contemporain n'est pas le fait d'un seul groupe. Les conflits basque, palestinien, cachemirien, tamoul et tchétchène résultent clairement de causes totalement indépendantes les unes des autres et ils ont peu ou pas de liens avec al-Qaïda. Des dynamiques transnationales différentes sont à l'œuvre dans les conflits qui alimentent le terrorisme. Même al-Qaïda est une coalition disparate de groupes intégristes anti-américains, plutôt qu'une organisation cohérente et disciplinée. Le chapitre 22 offre une analyse détaillée des fondements non religieux d'autres groupes terroristes contemporains.

Encore dans les années 1970, la violence politique à grande échelle qu'utilisaient les gouvernements contre leurs concitoyens était courante et demeurait à l'abri de la critique diplomatique. Cependant, la volonté plus affirmée de mettre fin à l'impunité des dirigeants gouvernementaux, des soldats et des autres responsables des horreurs causées par l'emploi de cette violence politique a déclenché, à la fin du xxe siècle, une révolution en droit international. D'abord, des tribunaux temporaires ont été établis pour juger les auteurs des atrocités perpétrées en ex-Yougoslavie et au Rwanda. Puis, une Cour pénale internationale (CPI) permanente a été mise sur pied en

2002 pour traduire en justice ceux qui commettent des actes de génocide, des crimes de guerre ou des crimes contre l'humanité. La CPI, qui assume la responsabilité souveraine de poursuivre en justice des criminels, reflète une modification du système des États : elle résulte d'une campagne politique menée par des ONG de défense des droits humains. De plus, elle a triomphé de la vigoureuse opposition que lui a manifestée la seule superpuissance (les États-Unis) lors de sa création. En 2010, les États-Unis, la Russie, la Chine et l'Arabie Saoudite comptent parmi les États qui n'ont pas encore ratifié le statut de Rome ayant donné naissance à la CPI.

En septembre 2005, l'ONU est allée plus loin en matière de droits humains et a substitué à la **souveraineté de l'État** une **responsabilité de protection** collective lorsque les autorités nationales sont clairement défaillantes (résolution de l'Assemblée générale 60/1).

L'importance des criminels, des terroristes et des groupes de guérilla

Avant septembre 2001, l'analyse des activités des criminels et des groupes de guérilla transnationaux ne contredisait pas particulièrement la théorie orthodoxe centrée sur l'État. Les criminels semblaient être marginaux, parce qu'ils n'avaient aucune légitimité et qu'ils étaient exclus des transactions internationales normales. Les groupes violents qui avaient acquis un certain statut militaire, politique et diplomatique sur une base transnationale pouvaient être dépeints comme des groupes nationalistes qui cherchaient à occuper une place au sein du système des États. Une telle interprétation des faits ne tient toutefois pas compte des changements qu'ont connus les méthodes de gouvernement et la nature de la souveraineté, par suite de la globalisation. Les activités des criminels et d'autres groupes non légitimes sont devenues plus complexes, s'étendent sur une plus grande aire géographique et ont pris de l'envergure, car les innovations en matière de communications ont grandement facilité les transferts de personnes, de ressources financières, d'armes et d'idées à l'échelle transnationale. Les gouvernements se butent conséquemment à de nouvelles difficultés dans leurs efforts pour endiguer ces activités. Le concept juridique de souveraineté existe toujours en théorie, mais la pratique politique s'est sensiblement transformée. Aujourd'hui, presque tous les gouvernements estiment qu'ils doivent faire appel à une aide extérieure afin d'exercer leur compétence nationale respective sur les activités des criminels. Le démantèlement d'al-Qaïda sera le fruit non pas du travail du contre-terrorisme militaire, mais bien de changements politiques mondiaux qui vont délégitimer l'**intégrisme**

et la violence. Les mesures gouvernementales oppressives sont sujettes à un examen détaillé en fonction des mécanismes mondiaux de défense des droits humains et, dans certaines situations, elles peuvent faire l'objet de démarches judiciaires devant la CPI.

À RETENIR

- Les mêmes raisons expliquent les difficultés qu'ont les gouvernements à prendre des mesures efficaces contre les groupes criminels transnationaux, d'une part, et à exercer un certain contrôle sur les firmes transnationales, d'autre part.
- Les groupes qui ont recours à la violence pour atteindre des objectifs politiques n'acquièrent généralement aucune légitimité, mais, dans de rares cas, ils peuvent être reconnus en tant que mouvements de libération nationale et participer à des démarches diplomatiques.
- Les activités transnationales des criminels et des groupes de guérilla font apparaître, dans le domaine de la politique mondiale, des problèmes qui relevaient auparavant de la politique nationale respective des différents pays concernés.
- Le terrorisme peut être un problème propre à certains pays donnés, revêtir un caractère transnational ou être le fait de groupes appartenant à un réseau transnational, mais il ne représente pas, en soi, une force politique.
- Les gouvernements ne peuvent agir isolément pour combattre le terrorisme, ni recourir eux-mêmes à des méthodes terroristes pour y répondre.

LES ORGANISATIONS NON GOUVERNEMENTALES EN TANT QU'ACTEURS POLITIQUES

On ne peut comprendre la politique d'un pays en particulier si on ne connaît ni l'identité des groupes qui font pression sur son gouvernement, ni les débats qui ont cours dans les médias. De même, la diplomatie internationale ne se déploie pas sur une autre planète, en faisant abstraction de la société civile mondiale.

Le statut consultatif des ONG à l'ONU

À la suite des pressions exercées surtout par des groupes américains, la Charte des Nations Unies a été assortie de l'article 71, qui autorise le Conseil économique et social (ECOSOC) à consulter des ONG. En 1950, l'ECOSOC a officiellement codifié une telle pratique et défini un statut particulier pour les ONG ; depuis, leur nombre n'a pas cessé d'augmenter (voir la figure 20.2). Il reconnaît trois catégories de groupes : un petit groupe d'ONG à statut plus élevé, qui s'intéressent à la plupart des questions qu'examine l'ECOSOC ; des ONG spécialisées, qui se concentrent sur quelques domaines d'activité dans lesquels elles jouissent d'une réputation enviable ; un ensemble d'autres ONG, qui sont susceptibles d'apporter des contributions occasionnelles aux travaux de l'ECOSOC[3]. Depuis, le terme ONG désigne, aux yeux des diplomates, tout groupe pouvant obtenir un statut consultatif auprès de l'ECOSOC.

La définition onusienne d'une ONG acceptable

Le statut consultatif, que l'ECOSOC a défini, se fonde sur les six principes suivants.

1. Une ONG doit appuyer les objectifs et les travaux de l'ONU. Il est cependant très rare que des objections soient soulevées à l'encontre des fins politiques visées par les ONG.

2. Officiellement, une ONG doit être un organisme représentatif, avoir un siège social identifiable et compter sur des responsables ayant des comptes à rendre à une assemblée démocratique chargée de définir les politiques à suivre. En pratique, de nombreuses ONG très prestigieuses, notamment dans le domaine du développement et de l'environnement, ne sont pas des organisations qui regroupent des adhérents.

3. Une ONG ne peut être un organisme à but lucratif. Une entreprise ne peut obtenir le statut consultatif, mais une fédération qui défend des intérêts commerciaux est reconnue en tant qu'ONG.

4. Une ONG ne peut recourir à la violence ni la préconiser.

5. Une ONG doit respecter la norme qui prévoit la non-ingérence dans les affaires intérieures des États. Cela signifie qu'une ONG ne peut être en même temps un parti politique, mais des partis peuvent, à l'instar des entreprises, former une fédération internationale. De plus, les ONG qui veillent au respect des droits humains ne doivent pas limiter leurs activités à un groupe, à une nationalité ou à un pays spécifiques.

6. Une ONG internationale ne peut être le produit d'une entente intergouvernementale.

De nombreux militants d'ONG estiment que l'ONU devrait être plus stricte et reconnaître seulement les groupes qui constituent de véritables ONG, c'est-à-dire celles qui contribuent à des **mouvements sociaux** progressistes. Des écologistes sont souvent irrités lorsqu'ils constatent que des fédérations d'entreprises obtiennent le statut d'ONG, et les ONG à l'ONU ont manifesté leur mécontentement quand l'Association nationale des

---

FIGURE 20.2   **La croissance des ONG à l'ONU**

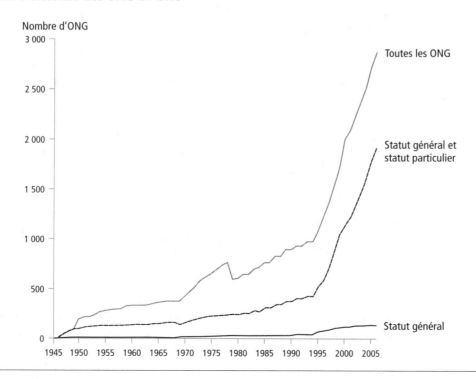

propriétaires d'armes à feu des États-Unis (National Rifle Association) y a été admise en tant qu'ONG, en novembre 1996.

La globalisation et l'expansion des ONG

L'instauration d'une économie mondiale complexe a fait sentir ses effets bien au-delà du commerce international des biens et services. La plupart des entreprises, dans chaque domaine d'activité, ont fondé des organisations afin de faciliter la communication, d'harmoniser les normes et de gérer leur adaptation aux changements complexes contemporains. De façon analogue, les employés se sont aperçus qu'ils affrontaient des problèmes communs dans différents pays et, ainsi, les syndicats et les associations professionnelles ont établi leurs propres liens transnationaux. Tout type de **régime international** destiné à élaborer une politique pour une industrie, qu'il soit non gouvernemental ou intergouvernemental, favorise le renforcement des liens mondiaux entre les ONG concernées par ses activités.

Des ONG ont aussi apporté leur propre contribution à la globalisation en facilitant l'accès à Internet, le système de communication qui sous-tend tous les processus de la globalisation. Elles ont mis à la disposition de la population la nouvelle technologie qu'utilisaient surtout les universités et les gouvernements (Willetts, 2010). Dans les années 1980, bien avant la démocratisation d'Internet, des militants pour la paix, le développement, les droits humains et l'environnement ont mis sur pied les premiers fournisseurs de services Internet et ont ainsi mis le courrier électronique, des banques de documents et des forums de discussion électroniques à la portée des ONG et des individus. L'accès à l'ONU et à la Banque mondiale par Internet a été initialement rendu possible grâce aux serveurs de certaines ONG. À partir du moment où Internet est devenu accessible à tous, en 1993, des ONG ont aussi joué un rôle de pionniers dans la création de sites Web. Les changements survenus dans le domaine des communications ont entraîné une modification fondamentale de la structure de la politique mondiale. Par conséquent, les gouvernements ont perdu une partie de leur souveraineté sur les relations transnationales de leurs citoyens. Ils peuvent bien tenter d'encadrer ou de surveiller les communications transfrontalières, mais la fermeture des frontières n'est tout simplement plus possible sur le plan technologique.

Les ONG: du local au global

La globalisation des communications a permis à de petits groupes de personnes d'établir et de maintenir une coopération mutuelle sur les plans matériel et financier, même lorsqu'ils se trouvent à des milliers de kilomètres les uns des autres. Il est donc très facile pour des ONG de se déployer à l'échelle transnationale, mais ce ne sont pas toutes ces organisations qui fonctionnent à ce niveau. Certaines ONG ne sont actives que dans une petite ville, alors que d'autres comptent sur d'importants effectifs présents dans de nombreux pays du monde.

Lorsque des ONG pratiquent la coopération transnationale, elles peuvent choisir parmi quatre types de **structure**, soit la forme traditionnelle, soit selon l'un de trois types de réseaux. Auparavant, une organisation commune officielle, dénommée ONG internationale, était généralement mise sur pied et dotée d'un siège social, d'un secrétariat et d'un calendrier de réunions régulier. Depuis l'avènement d'Internet, il est désormais tout aussi probable qu'un réseau moins officiel soit constitué, dans lequel une seule ONG se charge souvent d'offrir le soutien technique nécessaire pour les communications par courriel et l'utilisation d'un site Internet commun. Il existe trois types de réseaux. Parmi les réseaux de groupes de pression les plus connus, citons Jubilee 2000, la Coalition pour une cour pénale internationale et la Campagne internationale pour interdire les mines. Ils se sont développés pour défendre une seule cause et, à cette fin, ils ont rassemblé des centaines d'ONG provenant de partout dans le monde et ont obtenu d'importants changements politiques malgré la résistance opposée par maints gouvernements. Par ailleurs, des ONG peuvent se réunir en caucus pendant des assemblées qu'organisent les organisations intergouvernementales. Il s'agit alors d'un réseau temporaire constitué uniquement dans le but d'exercer des pressions au sujet des questions inscrites à l'ordre du jour d'une réunion spécifique. Enfin, il y a les réseaux de gouvernance que forment des ONG afin de préserver et d'approfondir leurs droits de participation aux réunions intergouvernementales. Ils se distinguent des réseaux de groupes de pression et des caucus par le fait qu'ils n'ont pas d'objectifs politiques communs autres que de défendre leur intérêt collectif à participer au processus de prise de décisions politiques.

À RETENIR

- À l'exception des entreprises, des criminels et des groupes violents, la plupart des acteurs transnationaux peuvent compter sur l'obtention du statut d'ONG auprès de l'ONU, à condition qu'ils n'aient pas pour seule raison d'être leur opposition à un gouvernement donné.

- La Charte de l'ECOSOC déclare formellement que les ONG ont une place légitime qui leur revient au sein de la diplomatie intergouvernementale.

- L'instauration d'une économie mondiale a entraîné la globalisation des syndicats, des organismes commerciaux, des professions et des sciences dans les ONG internationales qui participent aux régimes internationaux pertinents.

- Des ONG ont fait d'Internet un système public de communication mondiale.

- Les gouvernements ne sont plus en mesure de maîtriser les flux d'information qui traversent les frontières de leur pays respectif.

- Des ONG issues de différents pays peuvent s'associer de quatre façons : former une ONG internationale, un réseau de groupes de pression, un caucus ou un réseau de gouvernance.

LES ORGANISATIONS INTERNATIONALES EN TANT QUE STRUCTURES DE LA POLITIQUE MONDIALE

Les organisations internationales sont un foyer de la politique mondiale. La nouvelle infrastructure matérielle des communications mondiales facilite beaucoup leurs activités. Ainsi, pendant la tenue des sessions de ces organisations, elle offre des moyens distincts qui servent les communications politiques. Bien entendu, une rencontre en personne ne donne pas les mêmes résultats qu'une communication téléphonique ou écrite. De même, il est certain que les discussions multilatérales et les interactions dans les réseaux de communications bilatérales ne produisent pas les mêmes effets non plus.

Les organisations internationales en tant que systèmes

Il a été dit plus haut qu'il n'est pas logique de considérer les États comme des entités cohérentes et d'affirmer en même temps que l'**anarchie** est présente à l'échelle mondiale. En toute rigueur, il faudrait accepter l'existence de systèmes à tous les niveaux de la politique mondiale. Dans le monde moderne, les groupes humains ne sont jamais cohérents au point de former des systèmes fermés et indépendants (à l'exception peut-être des ordres monastiques). Également, lorsque des processus organisationnels distincts sont établis, ils ne sont jamais ouverts au point où les frontières deviennent sans importance. Ainsi, les organisations

internationales de tout type dépassent les frontières nationales et exercent une forte influence sur les acteurs gouvernementaux et transnationaux qui les constituent.

Pour qu'un système existe, il doit y avoir une densité minimale d'interactions, pour chacun de ses éléments. De plus, ces interactions doivent avoir une intensité suffisante pour qu'émergent des propriétés du système dans son ensemble et que s'observe un certain effet constant sur le comportement des éléments. En général, une organisation internationale peut compter sur ceci : des documents fondateurs qui définissent ses objectifs, des règles de procédure qui déterminent les comportements acceptables, un secrétariat qui assure le statut et l'identité de ladite organisation (ou au moins son propre maintien), un ensemble de décisions antérieures qui offre des normes en vue des politiques futures, ainsi que des processus d'interaction pour la socialisation des nouveaux participants. Tous ces éléments au niveau systémique contribueront à rendre compte du comportement des membres de sorte que les résultats politiques ne reflètent pas uniquement les objectifs initiaux des membres. Affirmer que les organisations internationales forment des systèmes revient à dire qu'elles revêtent une importance politique et que la politique mondiale ne peut donc se réduire aux seules relations interétatiques.

Habituellement, on établit une distinction nette entre les organisations intergouvernementales et les ONG internationales, ce qui peut donner l'impression que la diplomatie interétatique et les relations transnationales constituent deux sphères séparées. En pratique, les gouvernements ne maintiennent pas une telle séparation de façon rigide. Un chevauchement des relations se manifeste d'ailleurs aussi dans une autre catégorie d'organisations internationales, les **organisations non gouvernementales internationales hybrides**, où des gouvernements agissent de concert avec des ONG. Parmi les plus importantes figurent le Comité international de la Croix-Rouge, l'Union internationale pour la conservation de la nature, le Conseil international pour la science, l'Association internationale du transport aérien et d'autres organismes économiques qui mettent en rapport des entreprises et des gouvernements.

Pour être considérée comme hybride, une organisation doit accueillir, en tant que membres à part entière, à la fois des ONG, des parties ou des entreprises, et des gouvernements ou des organismes gouvernementaux. Ces deux types de membres doivent disposer de tous les droits de participation pour formuler des politiques, y compris le droit de vote pour participer à la prise des décisions définitives. Lorsque le principe de l'égalité officielle des ONG et des gouvernements est ainsi reconnu par les deux types de membres, il est entendu que ceux-ci renoncent à la prémisse selon laquelle les gouvernements peuvent avoir le dernier mot.

À RETENIR

- Une organisation internationale est à la fois une structure qui sert à la communication politique et un système qui impose des restrictions à ses membres.

- Les gouvernements forment des organisations inter-gouvernementales, alors que les acteurs transnationaux mettent sur pied des ONG internationales. De plus, les gouvernements et les acteurs transnationaux s'attribuent mutuellement un statut égal, lorsqu'ils créent ensemble des ONG internationales hybrides.

- Une organisation internationale ne fait pas que refléter la volonté collective de ses membres. Elle a aussi une incidence marquée sur les autres acteurs mondiaux.

CONCLUSION : LES ENJEUX ET LES POLITIQUES PUBLIQUES EN POLITIQUE MONDIALE

Pour expliquer l'activité transnationale, les auteurs qui accordent la primauté à l'État font une distinction entre la haute politique de paix et de sécurité, débattue au sein des alliances militaires et de la diplomatie onusienne, et la basse politique traitant d'autres enjeux discutés parmi

les organes spécialisés de l'ONU, les autres organisations intergouvernementales et les ONG internationales (voir la figure 20.3). Puis, ils affirment que l'analyse des questions de guerre et de paix est la plus importante et, ce faisant, ils en excluent les acteurs de la basse politique. En pratique, les choses ne sont pas si simples. Des scientifiques, la Croix-Rouge, des groupes religieux et d'autres ONG participent aux négociations sur la maîtrise des armements ; des événements économiques peuvent être traités comme des crises ; une politique sociale peut porter sur des questions de vie ou de mort ; et des chefs de gouvernement accordent parfois la priorité absolue à l'environnement. Une répartition unique entre haute politique et basse politique apparaît problématique.

Pour passer d'un modèle statocentré à un modèle pluraliste, il faut d'abord rejeter toute conception unidimensionnelle et statique du pouvoir. Contrairement à ce que postule la thèse réaliste, les capacités ne déterminent pas à elles seules l'ampleur de l'influence exercée. Pour expliquer les résultats, il convient d'examiner si les ressources des acteurs sont adéquates par rapport aux objectifs, de cerner les divergences entre les objectifs des différents acteurs et d'analyser les modifications de ces objectifs qui résultent des processus d'interaction. L'explication de l'impact des ONG s'inscrit de plus en plus dans une perspective constructiviste (voir le chapitre 9). Comme l'indiquent Martha Finnemore et Kathryn Sikkink (1998), les ONG sont des **entrepreneurs de normes** : elles amorcent et soutiennent des changements dans les débats politiques mondiaux qui influencent les politiques publiques. Les ONG

FIGURE 20.3   **La conception orthodoxe des relations internationales**

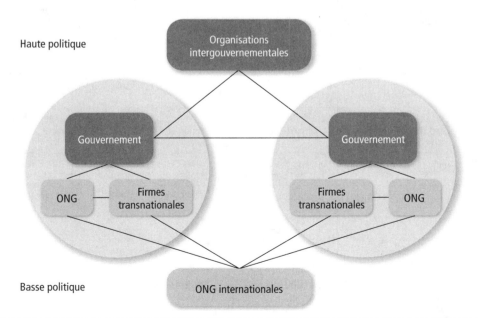

communiquent d'une manière qui commande l'attention et le respect d'autres intervenants. Si la puissance n'est définie qu'en des termes militaires, on s'attend à ce que les gouvernements dominent. Si elle n'est perçue qu'en des termes économiques, ce sont les sociétés transnationales qui devraient dominer. Par contre, si elle comprend la possession d'un statut, d'informations et de compétences en communication, alors les ONG sont en mesure de mobiliser un appui à leurs valeurs et d'exercer une influence sur les gouvernements.

Ainsi, les gouvernements, les sociétés transnationales, les organisations intergouvernementales et les ONG tant locales qu'internationales qui sont en mesure d'exercer une influence sont fonction des enjeux liés au problème politique considéré. Le tableau 20.1 illustre le fait qu'il existe non pas un système international unique comprenant près de 200 États, mais plutôt un ensemble de domaines politiques dans lesquels sont présents des acteurs distincts. Les gouvernements doivent jouer un rôle spécial qui consiste à associer ces différents domaines. L'adhésion à l'ONU les oblige à élaborer une politique et à voter la plupart des enjeux. En pratique, ils sont moins centralisés et moins cohérents que le laissent croire leurs prises de position à l'ONU; il ne faut pas perdre de vue que ce sont des ministères différents au sein d'un gouvernement qui s'occupent des diverses questions politiques examinées. Les acteurs transnationaux et les organisations internationales sont généralement plus spécialisés et traitent d'un ensemble restreint de questions politiques, c'est-à-dire celles qui les concernent. Ainsi, Amnistie internationale s'engage rarement dans les débats sur l'écologie et Greenpeace intervient tout aussi rarement dans les débats sur les droits humains, mais chacune de ces deux organisations occupe une place centrale dans son propre domaine d'intervention. Le fait d'être un spécialiste assure une renommée ainsi qu'une certaine maîtrise de l'information et améliore les capacités de communication. Le détenteur de tels attributs est alors en meilleure position pour remettre en question les politiques des gouvernements qui maîtrisent les ressources militaires et économiques.

En politique nationale comme en politique mondiale, c'est la société civile qui constitue la source des changements. Les empires européens ont été démembrés par suite de l'action de mouvements nationalistes, qui avaient pu compter sur l'appui d'avocats, de journalistes, de

---

TABLEAU 20.1 **La diversité des acteurs politiques engagés dans différents domaines politiques**

	APARTHEID EN AFRIQUE DU SUD	DROITS HUMAINS	PLANIFICATION FAMILIALE	ENVIRONNEMENT
Principaux gouvernements concernés	L'Afrique du Sud, le R.-U. et les États-Unis, les gouvernements africains	Gouvernements démocratiques, gouvernements autoritaires	Tous les types de gouvernement	Ceux qui se sentent menacés par des problèmes, ceux qui ne se sentent pas menacés
Entreprises transnationales	Une vaste gamme, mais surtout les sociétés minières et pétrolières	Toutes celles qui collaborent avec un gouvernement tyrannique	Entreprises médicales, pharmaceutiques ou alimentaires	Surtout des entreprises industrielles, des sociétés d'énergie et de transport
Groupes de guérilla	ANC, PAC et SWAPO	Tous ceux qui prennent des otages	Tout groupe qui contrôle un territoire	Généralement indifférents
ONG de base	Mouvement anti-apartheid	Groupes de défense des droits humains et des opprimés	Groupes religieux, groupes de femmes et de soins de santé	Amis de la Terre, WWF, Greenpeace, etc.
Forum politique intergouvernemental de l'ONU	Comité contre l'apartheid et Conseil de sécurité	Conseil des droits de l'homme de l'ONU	Commission de la population et du développement	Commission du développement durable
Secrétariat de l'ONU	Centre contre l'apartheid	Haut-commissariat aux droits de l'homme de l'ONU	UNICEF, Fonds des Nations Unies pour la population	PNUD, PNUE
Autres organisations intergouvernementales	Organisation de l'unité africaine	Conseil de l'Europe, OÉA et UA	OMS, Banque mondiale	Banque mondiale
ONG internationales	Plusieurs engagées, avec un objectif secondaire	Amnistie internationale et d'autres	Fédération internationale pour la planification familiale	Environment Liaison Centre International et d'autres réseaux
ONG internationales hybrides	Celles qui s'intéressent aux questions commerciales	Organisation internationale du travail	Aucune	Union internationale pour la conservation de la nature (UICN)

Un réseau de groupes de pression

De nombreuses campagnes mondiales ont été menées par des ONG. Celle du Réseau international des groupes d'action pour l'alimentation infantile (International Baby Foods Action Network) en est un bon exemple. Son rôle a consisté à remettre en question la commercialisation du lait en poudre par les grandes entreprises transnationales alimentaires et pharmaceutiques. Au début des années 1970, le personnel médical des pays en développement a pris conscience du fait que le taux de mortalité chez les bébés était en hausse à cause du déclin de l'allaitement maternel. Dans les familles pauvres qui manquaient de lait en poudre, les bébés étaient sous-alimentés. Lorsque le biberon utilisé n'était pas stérilisé ou que l'eau n'était pas potable, les bébés souffraient de maladies gastriques. L'allaitement au biberon est aujourd'hui à l'origine d'environ 1 500 000 décès par année.

La question a d'abord été abordée par la revue *New Internationalist* et par War on Want (WoW) en Grande-Bretagne, en 1973 et 1974. Une ONG suisse, le Groupe d'action pour le tiers-monde (Third World Action Group, ou AgDW), a ensuite publié une traduction révisée du rapport de WoW, intitulée *Nestlé tue les bébés*. Lorsque Nestlé a entrepris des poursuites judiciaires pour diffamation, le Groupe d'action pour le tiers-monde a mobilisé des groupes de partout dans le monde pour obtenir des témoignages qui appuyaient ses affirmations. En décembre 1976, un tribunal suisse a reconnu que ce groupe était coupable de l'un des quatre chefs d'accusation initialement déposés par Nestlé, au motif technique que cette entreprise transnationale n'était qu'indirectement responsable des décès rapportés.

La question s'est déplacée aux États-Unis, où des groupes religieux présents en Amérique latine ont intenté une poursuite contre Bristol-Meyers, qui commercialise aussi du lait pour bébé. À la suite d'une campagne de sensibilisation accrue au problème, un nouveau groupe, l'INFACT (Infant Formula Action Coalition, ou Coalition pour une

action concernant les formules lactées), a organisé un boycottage des produits Nestlé, qui s'est rapidement étendu à de nombreux pays. Dans l'espoir d'atténuer les pressions croissantes, le Conseil international des industries des aliments infantiles (International Council of Infant Food Industries) a accepté une proposition, présentée par le sénateur américain Edward Kennedy, d'inviter l'Organisation mondiale de la santé (OMS) et l'UNICEF à tenir une réunion sur l'alimentation des nourrissons. Cette rencontre a eu lieu en octobre 1979. Plutôt que de dépolitiser la question, les entreprises ont constaté qu'on exigeait d'elles qu'elles restreignent leur marketing. La réunion a aussi montré aux ONG revendicatrices les avantages qu'elles pourraient retirer, si elles travaillaient ensemble dans le cadre d'une stratégie politique commune. Ces ONG ont alors décidé de poursuivre leur coopération et de former le Réseau international des groupes d'action pour l'alimentation infantile.

Ce nouveau réseau est parvenu à mobiliser une importante coalition qui regroupait des membres des professions médicales, des groupes religieux, des militants pour le développement, des groupes de femmes, des organisations communautaires, des groupes de pression pour la défense des consommateurs et les organisateurs du boycottage. Malgré la vive opposition des firmes transnationales et du gou-

vernement des États-Unis, le Réseau international des groupes d'action pour l'alimentation infantile a réussi à faire adopter le Code international de commercialisation des substituts du lait maternel, lors de l'assemblée de l'OMS, tenue en mai 1981. Les dispositions-clés du Code stipulent qu'il ne doit y avoir aucune publicité diffusée ni toute autre forme de promotion destinée au grand public, ni aucune distribution gratuite d'échantillons aux mères.

En 2004, 27 pays avaient procédé à la mise en œuvre du Code par l'entremise d'une loi détaillée, 33 autres pays avaient consigné dans une loi un grand nombre de dispositions (mais pas toutes) du Code et 58 autres encore adoptaient des dispositions juridiques peu contraignantes ou des politiques sur une base volontaire. Le Réseau international des groupes d'action pour l'alimentation infantile poursuit son travail sur deux plans : il note et rapporte les violations du Code de la part des entreprises, y compris dans les pays où la commercialisation est désormais illégale, et il s'efforce de rendre la loi plus sévère dans les pays où le Code n'est appliqué que partiellement.

(Ce compte rendu s'appuie sur A. Chetley, The Politics of Baby Foods, *Londres, Pinter, 2006, et sur des renseignements qui figurent dans www.ibfan.org, le site Internet du Réseau international des groupes d'action pour l'alimentation infantile.)*

syndicats et d'Églises. De plus, la démocratie et les droits humains ont été élargis grâce aux efforts des groupes de femmes, des minorités ethniques et des groupes de dissidents. Si l'environnement s'est hissé au sommet des priorités, c'est en raison de la colère des citoyens devant la dégradation de la nature et de sa beauté, des protestations exprimées contre la multiplication des risques pour la santé et des avertissements lancés par les scientifiques au sujet de l'effondrement imminent des écosystèmes. À la suite de pressions, le droit d'accès aux moyens favorisant la planification familiale a été établi en tant que norme mondiale. Quant à la guerre froide, elle n'a pas simplement signifié la formation d'alliances militaires. Ce fut une lutte politique menée par le communisme en tant que mouvement transnational contre l'attrait qu'exerçaient la démocratie libérale, l'Église catholique et le nationalisme. La course aux armements et la détente ont engendré un conflit entre les fabricants d'armes et les mouvements pour la paix, dans lequel des scientifiques ont joué un rôle crucial pour chacun des deux groupes de protagonistes. La fin de la guerre froide a résulté d'un échec économique dans les pays communistes et d'un échec politique en réponse aux demandes des syndicats, des dissidents exigeant le respect des droits humains, des Églises et des écologistes. En ce qui concerne la réaction aux diverses crises des réfugiés, elle a surtout été le fait des médias, de l'ONU et des ONG. Par ailleurs, si le développement a cessé d'être synonyme de la hausse du PNB d'un pays et qu'il passe désormais par la satisfaction des besoins fondamentaux des simples citoyens et par

l'utilisation durable des ressources, c'est grâce aux efforts des ONG en développement et du mouvement écologiste. Force est de constater que les relations internationales au xxᵉ siècle se sont déployées au sein de systèmes politiques pluralistes et complexes (voir la figure 20.4).

À RETENIR

- La distinction entre haute politique et basse politique marginalise les acteurs transnationaux. Elle est problématique parce que la politique ne se réduit pas à ces deux catégories.

- Une conception réaliste du pouvoir est insuffisante, voire incapable de rendre compte des résultats des processus politiques. Les ressources militaires et économiques ne sont pas les seuls facteurs à prendre en considération afin d'expliquer ces résultats : les capacités de communication, l'information, l'autorité et le statut représentent aussi d'importants atouts politiques. De plus, l'habileté à mobiliser des appuis contribue à orienter la politique.

- Différents domaines politiques regroupent différents acteurs, selon l'importance des enjeux qui font l'objet des débats.

- Les firmes transnationales acquièrent de l'influence grâce à la maîtrise de ressources économiques. Dans le cas des ONG, l'influence découle davantage de l'information, d'un statut privilégié et de l'efficacité des moyens de communication. Les firmes transnationales et les ONG ont été les principales sources de changements politiques et économiques en matière de politique mondiale.

FIGURE 20.4   **L'éventail complet des liens internationaux**

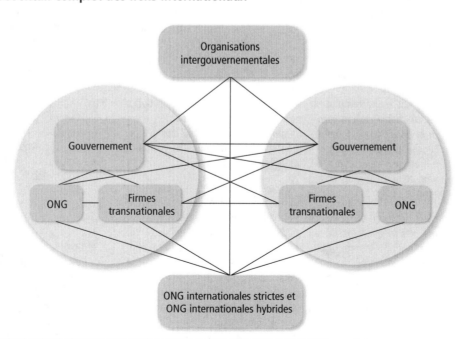

QUESTIONS

1. Quelle est la place de l'État dans le système international ?

2. Décrivez les trois conceptions différentes qui se distinguent de celui d'État.

3. Qu'est-ce qu'un acteur transnational ? Quels en sont les différents types ?

4. Donnez des exemples concrets pour chaque type d'acteur transnational défini dans la question précédente.

5. Pourquoi les notions de nation et d'État ne sont-elles pas équivalentes ?

6. Les firmes transnationales réduisent-elles la souveraineté des États ?

7. Comment les ONG influencent-elles la politique mondiale ?

8. Quels sont les différents types d'ONG ?

9. Comment expliquez-vous l'expansion actuelle du nombre d'ONG transnationales ?

10. Que veut dire l'auteur lorsqu'il affirme qu'il n'est pas logique de concevoir l'État comme une entité cohérente dans un système international anarchique ?

Lectures utiles

Adazzi, I., « Les ONG dans le système onusien : vers un partenariat multi-acteurs ? », *Géostratégiques*, vol. 16, 2007, p. 135-151. Une étude sur le rôle des ONG dans la gouvernance globale ainsi que sur leur statut au sein de l'ONU.

Brunel, S., « L'humanitaire, nouvel acteur des relations internationales », *Revue internationale et stratégique*, n° 41, 2001, p. 93-110. Une étude sur le rôle accru des ONG dans le domaine des droits humains ainsi que sur la recrudescence des interventions humanitaires dans le monde.

Cohen, S., « ONG, altermondialistes et société civile internationale », *Revue française de science politique*, vol. 54, n° 3, 2004, p. 379-397. Une enquête sur les liens entre les ONG et l'ONU, du point de vue de la légitimité des mobilisations contre le néolibéralisme.

Devin, G. (dir.), *Les solidarités transnationales*, Paris, L'Harmattan, 2004. Un ouvrage qui traite principalement du phénomène des solidarités internationales, rassemblant les ONG, les mouvements sociaux transnationaux, les groupes de pression, et divers réseaux de solidarité idéologique ou humanitaire.

Edwards, M. et J. Gaventa (dir.), *Global Citizen Action*, Boulder, Lynne Rienner, 2001. Un ouvrage collectif fort utile qui offre plusieurs études de cas sur les impacts institutionnels de campagnes de la société civile transnationale et sur l'efficacité de campagnes thématiques dans les domaines de l'environnement, du développement et des droits humains.

Keck, M. E. et K. Sikkink, « Les réseaux de militants dans la politique internationale et régionale : aspects sociaux et culturels de l'intégration à l'échelle régionale », *Revue internationale des sciences sociales*, n° 159, 1999, p. 97-110.

Version française abrégée de l'ouvrage classique *Activists Beyond Borders* (Ithaca, Cornell University Press, 1998), des mêmes auteurs. Dans un cadre théorique bien ficelé, voici une analyse historique et contemporaine de l'influence institutionnelle des groupes de pression transnationaux qui agissent dans les domaines de l'environnement, des droits humains et des luttes du mouvement des femmes.

Rioux, M., « Mythes et limites de la gouvernance globale des télécommunications », *A contrario*, vol. 2, n° 2, 2004, p. 116-136. Une exploration du rôle des entreprises transnationales dans le présumé retrait de l'État, illustrée par l'exemple de la gouvernance globale des télécommunications.

Risse-Kappen, T., *Bringing Transnational Relations Back In*, Cambridge, Cambridge University Press, 1995. Même si cet ouvrage n'est plus très récent, il offre néanmoins une introduction plus que pertinente à la transnationalisation théorique et plutôt empirique de la politique mondiale.

Rosenau, J. N., « Le touriste et le terroriste ou les deux extrêmes du continuum transnational », *Études internationales*, vol. 10, n° 2, 1979, p. 219-252. Version française d'une partie des travaux de ce tenant du pluralisme. L'article offre une analyse théorique de l'influence accrue des nouveaux acteurs transnationaux sur la politique mondiale. Du même auteur, on lira aussi l'excellent ouvrage plus récent intitulé *Distant Proximities: Dynamics Beyond Globalization* (Princeton, Princeton University Press, 2003).

Tarrow, S., « La contestation transnationale », *Cultures & Conflits*, n° 38-39, 2000, p. 187-223. Version française d'une étude des rapports entre les institutions internationales, les mouvements sociaux transnationaux, les organisations internationales non gouvernementales et les réseaux de militants transnationaux.

Notes

1. Les données sur les entreprises transnationales figurent dans les rapports annuels que publie l'ONU. Les chiffres cités sont tirés du *Rapport sur l'investissement dans le monde 2006* (CNUCED, 2006b, p. 270 à 273 et 280 à 284). Les nombres respectifs des différents types d'organisations transnationales et internationales proviennent de l'*Annuaire des organisations internationales 2005-2006*, vol. 5, Munich, K. G. Saur, 2006, p. 7.

2. Le *Rapport sur l'investissement dans le monde 2006* énumère les 100 plus grandes entreprises transnationales non financières selon leurs actifs à l'étranger. En 2004, 50 d'entre elles avaient un chiffre d'affaires mondial d'au moins 40 milliards de dollars. Les données sur le PNB et la population de chaque pays figurent dans les *Indicateurs du développement dans le monde, 2006*, Washington, D. C., Banque mondiale, 2006.

3. La résolution 288 B (X) de l'ECOSOC, « Relations aux fins de consultations entre l'Organisation des Nations Unies et les organisations non gouvernementales », a été adoptée en février 1950. Elle a été modifiée et remplacée par la résolution 1296 (XLIV) en mai 1968, puis par la résolution 1996/31 en juillet 1996.

LES ENJEUX INTERNATIONAUX

Cette quatrième partie de l'ouvrage donne un aperçu général des principaux enjeux actuels en politique mondiale. À l'instar des trois parties précédentes, qui forment une base solide sur laquelle s'appuie l'étude des enjeux internationaux contemporains, celle-ci vise aussi deux objectifs : d'abord, favoriser la compréhension de quelques-uns des enjeux les plus pressants que les médias évoquent chaque jour et qui, directement ou indirectement, se répercutent sur la vie de tous les citoyens. Ces enjeux sont au cœur de la globalisation et revêtent des formes variées. Certains d'entre eux, comme l'environnement et la prolifération nucléaire, comportent des risques de catastrophe globale. D'autres, comme le nationalisme, les différences culturelles et les interventions humanitaires, ainsi que le régionalisme et l'intégration, soulèvent d'épineuses questions au sujet de la double dynamique de fragmentation et d'unification qui caractérise le monde actuel. Certains autres enjeux, comme le terrorisme, les finances et le commerce mondiaux, les droits humains, la sécurité humaine, la pauvreté, le développement et la faim, s'imbriquent étroitement dans la globalisation. Ensuite, le deuxième objectif consiste à stimuler la réflexion, à partir des enjeux examinés, sur diverses questions relatives à la nature de la globalisation : représente-t-elle un phénomène nouveau ? Est-elle bénéfique ? Est-elle inévitable ? Favorise-t-elle des intérêts spécifiques ? Rend-elle plus faciles ou plus difficiles les efforts déployés pour résoudre les problèmes décrits dans les prochains chapitres ? Le portrait du monde que nous allons voir montre bien que la globalisation est un processus très complexe dont l'importance et l'incidence suscitent d'importants désaccords entre les analystes. Ainsi, certains auteurs estiment que la globalisation ouvre la voie à une coopération accrue, tandis que d'autres y voient la cause de plus grands risques de conflits, en ce début du XXIe siècle. Qu'en pensez-vous ?

Chapitre 21

LES ENJEUX ENVIRONNEMENTAUX

John Vogler

GUIDE DE LECTURE

À mesure que les problèmes environnementaux s'étendent au-delà des frontières nationales, ils deviennent des enjeux qui relèvent de la politique internationale. Ces défis se sont hissés au sommet des priorités internationales au cours des cinquante dernières années, conséquemment – en partie – aux effets de la globalisation. Ce chapitre décrit les différentes tentatives entreprises par les États pour instaurer une coopération et il passe en revue les formes et les fonctions de cette collaboration, en ce qui concerne certains des principaux régimes internationaux en matière d'environnement. Étant donné l'ampleur du problème que constituent désormais les changements climatiques, une section complète est consacrée aux efforts déployés pour mettre au point un régime international relatif au climat. Le chapitre s'achève par un bref examen des rapports entre certaines parties théoriques du présent ouvrage et la politique internationale à l'égard de l'environnement.

INTRODUCTION

Si l'humanité dans son ensemble paraît vivre aujourd'hui en exploitant la Terre au-delà de ce qu'elle peut véritablement fournir, l'**empreinte écologique** des différents États n'en est pas moins extrêmement variable. Il suffit, par exemple, de jeter un coup d'œil à l'étrange carte du monde présentée ci-dessous, où la taille des pays est proportionnelle au volume de leurs émissions de carbone. On voit ainsi qu'il faudrait disposer des ressources provenant de trois planètes additionnelles, semblables à la nôtre, pour que tous les individus puissent jouir du mode de vie qui prévaut actuellement dans les pays développés.

Cette situation est rendue encore moins viable par la **globalisation** en cours aujourd'hui. La globalisation a entraîné la délocalisation de certaines industries, un exode rural généralisé et une hausse soutenue des niveaux de consommation, laquelle s'accompagne inévitablement d'émissions d'effluents et de gaz résiduaires. Si la libéralisation des échanges commerciaux est souvent à l'origine d'une augmentation des revenus que les pays pauvres tirent de l'exportation de matières premières vers les pays développés, elle a également des conséquences négatives pour l'environnement, lorsqu'elle interfère avec les écosystèmes et les moyens locaux de subsistance. D'ailleurs, les rapports précis entre la dégradation de l'environnement et la surutilisation des ressources, d'une part, et la globalisation, d'autre part, sont complexes et parfois contradictoires.

Cela dit, rien ne porte à croire que cette dynamique entraîne un nivellement par le bas des normes environnementales. D'aucuns ont même affirmé que dans la mesure où la globalisation favorise une hausse générale du niveau de vie, elle se traduit par une meilleure protection locale de l'environnement, tout comme le taux de natalité tend à baisser à mesure qu'une population s'enrichit. Des économistes libéraux soutiennent que l'ouverture des marchés découlant de la globalisation peut accroître l'efficience et amoindrir la pollution, à condition que les dommages écologiques et sociaux qui résultent de la production d'un bien soient correctement pris en compte dans son prix établi pour le marché. De même, la globalisation a encouragé le partage du savoir ainsi que la présence influente des **organisations non gouvernementales (ONG)** dans la politique mondiale en matière d'environnement. Cependant, quel que soit le bilan écologique de la globalisation, il est clair que les ressources indispensables à la survie des êtres humains (eau douce, air pur et climat stable) sont aujourd'hui gravement menacées.

L'aspect global des problèmes actuels impose peut-être l'adoption de solutions à caractère tout aussi global et rend impératif le recours à une **gouvernance**

FIGURE 21.1 **Carte du monde tracée en fonction du volume des émissions de carbone**

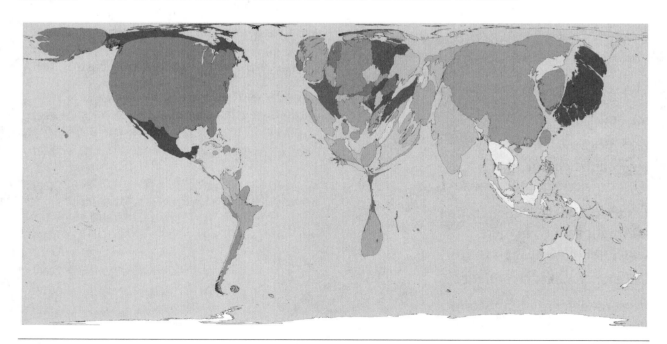

environnementale globale. Pourtant, les solutions apportées à de nombreux problèmes reposent essentiellement sur la mise en œuvre de mesures locales ou régionales. L'un des traits marquants de la politique environnementale réside dans la sensibilisation aux liens qui unissent les niveaux local, régional et mondial et dans la nécessité de penser globalement et d'agir localement. Les ONG ont été très actives à cet égard, comme le montre bien le chapitre 20.

Bien que les changements écologiques se produisent à l'échelle mondiale, toute action efficace en la matière demeure toujours le fait d'un système politique international fragmenté en plus de 190 **États** souverains. Une gouvernance environnementale globale passe donc par la prise en compte des relations interétatiques et du **droit international** et par la mobilisation des **organisations internationales** en vue de résoudre les problèmes écologiques communs. Le recours à la notion de «gouvernance» – à distinguer de celle de «gouvernement» – signifie que des mécanismes de réglementation et de contrôle doivent être appliqués en l'absence d'un gouvernement central et être assortis des types de services qu'un gouvernement mondial offrirait s'il existait. Rappelons ici que le chapitre 18 définit les concepts essentiels qui figurent dans l'analyse des **régimes**, couramment utilisée pour étudier la gouvernance internationale.

À RETENIR

- L'utilisation et la dégradation actuelles des ressources de la Terre ne sont pas viables et sont étroitement liées, de façons parfois contradictoires, à la dynamique de la globalisation.

- D'énormes inégalités entre les riches et les pauvres caractérisent leur utilisation des ressources de la Terre et leur empreinte écologique respectives.

- La démarche appropriée à l'échelle internationale consiste à instaurer une gouvernance environnementale globale, qui, dans un système d'États souverains, devra faire appel à la coopération internationale.

BREF HISTORIQUE DES ENJEUX ENVIRONNEMENTAUX FIGURANT À L'ORDRE DU JOUR INTERNATIONAL

Avant l'ère de la globalisation, deux préoccupations traditionnelles s'imposaient en matière d'environnement: la conservation des ressources naturelles et les dommages causés par la pollution. La pollution,

tout comme la nature, ne s'arrête pas aux frontières internationales, et les mesures prises pour l'atténuer, tout comme les efforts visant à protéger la nature, nécessitaient parfois l'intervention de plus d'un État. De même, de nombreuses tentatives, généralement infructueuses, ont été entreprises pour réglementer l'exploitation des ressources maritimes situées à l'extérieur des limites territoriales nationales, dont la mise sur pied de plusieurs commissions multilatérales sur la pêche. La Convention internationale pour la réglementation de la chasse à la baleine adoptée en 1946 – et qui a permis la création de la Commission baleinière internationale (CBI) – représente une démarche intéressante. Elle s'écarte de l'objectif initial de protéger l'industrie baleinière par la réglementation des prises et favorise plutôt la préservation des grands cétacés par l'imposition d'un moratoire sur la chasse à la baleine. Cette transition est encore aujourd'hui la source de vifs conflits entre certaines ONG et la plupart des membres de la CBI, d'une part, et les quelques pays (le Japon, la Norvège et l'Islande) qui veulent reprendre cette chasse à des fins commerciales, d'autre part.

La relance économique globale qui a suivi la Seconde Guerre mondiale a entraîné dans son sillage une pollution croissante de l'air, des cours d'eau et des mers, notamment de la Méditerranée. Pour y remédier, des accords internationaux ont été signés, dans les années 1950 et 1960, concernant des questions comme les déversements provenant de pétroliers. De telles pratiques bienveillantes n'étaient toutefois pas le produit d'une noble politique de puissance. Les questions dites apolitiques de cette nature relevaient des nouveaux **organismes spécialisés** de l'ONU, comme l'Organisation des Nations Unies pour l'alimentation et l'agriculture. Malgré cela, elles n'étaient pas au cœur de l'action diplomatique menée à l'Assemblée générale de l'ONU, à New York. Cet état de fait se reflétait dans la littérature spécialisée de l'époque – à l'exemple du célèbre texte *Politics among Nations* (1955), du théoricien réaliste Hans J. Morgenthau –, qui ne mentionnait l'environnement qu'à titre de facteur contextuel permanent ou de simple composante de la puissance nationale.

Les considérations écologiques ont toutefois pris beaucoup d'importance dans les années 1960, si bien que, en 1968, l'Assemblée générale de l'ONU a accepté une proposition suédoise en vue de lancer, en 1972, la Conférence des Nations Unies sur l'environnement humain. Celle-ci avait pour but de sensibiliser les gouvernements et l'opinion publique à l'importance et à l'urgence de la question. Cette conférence a débouché sur l'établissement du Programme des Nations Unies pour l'environnement et sur la création d'un ministère de l'Environnement au sein de maints gouvernements nationaux. Aux yeux des pays du Sud, majoritaires à l'Assemblée générale de l'ONU, il était déjà clair, toutefois, que les questions environnementales étaient indissociables de leurs propres exigences à propos du développement, de l'aide sous toutes ses formes et de la restructuration des relations économiques internationales. C'est dans ce contexte politique qu'a émergé la notion de **développement durable** (voir le chapitre 27) telle que l'a formulée la commission Brundtland en 1987. Auparavant, l'environnement avait été relégué

POUR EN SAVOIR PLUS

Jalons en matière d'environnement

1946 Convention internationale pour la réglementation de la chasse à la baleine

1955 Adoption au Royaume-Uni de la loi sur l'air pur pour lutter contre le smog dans les villes britanniques

1958 Convention internationale pour la prévention de la pollution des eaux de la mer par les hydrocarbures

1959 Traité sur l'Antarctique

1962 Rachel Carson publie *Printemps silencieux*

1967 Marée noire catastrophique causée par le *Torrey Canyon*

1969 Fondation de Greenpeace

1971 À la réunion de Founex, en Suisse, des experts provenant des pays du Sud établissent un lien entre l'environnement et le développement

1972 Conférence des Nations Unies sur l'environnement humain à Stockholm ; mise sur pied du Programme des Nations Unies pour l'environnement (PNUE)

1973 Convention internationale pour la prévention de la pollution par les navires (MARPOL) ; Convention sur le commerce international des espèces de faune et de flore sauvages menacées d'extinction

1979 Convention sur la pollution atmosphérique transfrontière à longue distance

1980 Convention sur la conservation de la faune et de la flore marines de l'Antarctique

1982 Convention des Nations Unies sur le droit de la mer (entrée en vigueur : 1994)

1984 Catastrophe causée par une usine de produits chimiques à Bhopal, en Inde

1985 Convention de Vienne pour la protection de la couche d'ozone ; confirmation de l'existence d'un trou dans la couche d'ozone au-dessus de l'Antarctique

1986 Catastrophe nucléaire à Tchernobyl

1987 Rapport de la commission Brundtland ; protocole de Montréal relatif à des substances qui appauvrissent la couche d'ozone

1988 Création du Groupe d'experts intergouvernemental sur l'évolution du climat (GIEC)

1989 Convention de Bâle sur le contrôle des mouvements transfrontaliers de déchets dangereux et de leur élimination

1991 Protocole au traité sur l'Antarctique relatif à la protection de l'environnement, signé à Madrid

1992 Conférence des Nations Unies sur l'environnement et le développement, à Rio de Janeiro ; publication de la déclaration de Rio et d'Action 21 ; signature de la convention-cadre des Nations Unies sur les changements climatiques et de la convention des Nations Unies sur la diversité biologique ; création de la Commission du développement durable

1995 Fondation de l'Organisation mondiale du commerce (OMC)

1997 Adoption du protocole de Kyoto

1998 Convention de Rotterdam sur les produits chimiques et pesticides ; convention d'Aarhus sur l'accès à l'information, la participation du public au processus décisionnel et l'accès à la justice en matière environnementale

2000 Protocole de Cartagena sur la prévention des risques biotechnologiques, relatif à la convention sur la diversité biologique ; mise au point des Objectifs du millénaire pour le développement

2001 Le président des États-Unis, George W. Bush, refuse de ratifier le protocole de Kyoto

2002 Sommet mondial sur le développement durable, à Johannesburg ; plan d'action de Johannesburg

2005 Entrée en vigueur du protocole de Kyoto et mise sur pied du premier système international d'échanges de droits d'émissions par l'Union européenne

2006 Début des discussions internationales sur le régime relatif aux changements climatiques après 2012

2007 Quatrième rapport d'évaluation du GIEC

2008 Début de la première période d'engagement prévue par le protocole de Kyoto

2009 Échec partiel de la conférence de Copenhague sur le climat

tout au bas de l'ordre du jour international à la suite du ralentissement économique mondial survenu dans les années 1970 et du déclenchement de la seconde guerre froide (voir le chapitre 3).

La dégradation de l'environnement s'est ainsi poursuivie. L'apparition de nouveaux types de pollution transnationale, comme les pluies acides, s'est ajoutée aux préoccupations liées à la pollution issue de sources ponctuelles (lorsque l'agent polluant provient d'une source spécifique). Des scientifiques se sont alors rendu compte que certains problèmes écologiques (par exemple, l'amincissement de la couche d'ozone stratosphérique et la possibilité que se produisent d'importants changements climatiques) avaient une ampleur véritablement globale. L'inquiétude des citoyens à ce sujet et l'apaisement des tensions Est-Ouest ont ouvert la voie à la tenue d'une deuxième grande conférence des Nations Unies. Dans le cadre de celle-ci, le lien entre l'environnement et le développement a été clairement établi par l'entremise de la notion de développement durable telle que définie par la commission Brundtland. Bien que cette notion ait fait l'objet de nombreuses interprétations subséquentes, son essence politique réside dans un compromis entre les préoccupations environnementales des États développés et les demandes des États du Sud en matière de développement (voir l'encadré ci-contre). Sans ce compromis, d'ailleurs, le Sommet de la Terre à Rio et ses suites n'auraient jamais vu le jour.

La conférence des Nations Unies sur l'environnement et le développement tenue en 1992, aussi appelée Sommet de la Terre, a été à cette époque la plus grande conférence internationale jamais organisée. Elle a mis au premier plan l'environnement en tant qu'enjeu international et s'est achevée par l'adoption de plusieurs documents et accords importants, comme Action 21 et les conventions internationales sur les changements climatiques et sur la protection de la diversité biologique. Si le caractère politique sous-jacent de la conférence se reflète dans son titre (conférence sur «l'environnement et le développement»), les plus sérieuses divergences de vues ont porté sur les promesses d'aide en vue de financer les mesures de protection de l'environnement alors débattues. L'ONU a ensuite veillé à la mise en œuvre des accords conclus à Rio, entre autres dans le cadre des réunions de la nouvelle Commission du développement durable et par la tenue d'une session extraordinaire de l'Assemblée générale en 1997.

À l'occasion du dixième anniversaire de la conférence de Rio, le Sommet mondial sur le développement du-

---

POUR EN SAVOIR PLUS

Le développement durable

Plus de 50 définitions distinctes de la notion de développement durable ont été recensées. Sa définition classique est tirée du rapport de la commission Brundtland de 1987 :

> Le développement durable est un développement qui répond aux besoins du présent sans compromettre la capacité des générations futures de répondre aux leurs *(Brundtland* et al., *1987).*

Elle comporte une reconnaissance explicite des limites sociales, technologiques et environnementales à imposer à la croissance future. Ces limites sont représentées, d'une part, par l'accent mis sur les besoins et, d'autre part, par la priorité absolue accordée aux besoins des pauvres dans le monde. Au cœur du développement durable se trouve la notion d'équité entre les générations ainsi qu'entre les riches et les pauvres, partout sur la planète.

La notion a ensuite fait l'objet d'une légère modification lors du Sommet mondial de 2002 :

> [...] préserver un équilibre entre le développement économique, le développement social et la protection de l'environnement, qui constituent des éléments solidaires et complémentaires du développement durable *(ONU, A/57/532/add.1, 12 décembre 2002).*

Assurer une protection durable de l'environnement, par l'intégration des principes du développement durable aux processus nationaux de prise de décisions, constitue le septième des huit Objectifs du millénaire pour le développement adoptés en 2000.

---

rable a eu lieu à Johannesburg en 2002. Le nouveau nom donné à l'événement reflétait les transformations qu'ont connues les concepts d'environnement et de développement depuis les années 1970. On reconnaissait désormais dans les débats l'importance de la globalisation et la situation tragique du continent africain. L'accent était clairement mis sur l'éradication de la **pauvreté** et la réalisation de progrès tangibles dans l'approvisionnement en eau potable, le traitement des eaux usées et l'amélioration de la situation agricole. Parmi les questions controversées à cet égard figurait alors le rôle qui devait être dévolu aux partenariats public-privé.

En plus de marquer les étapes successives qui ont permis d'inscrire des questions d'environnement à l'ordre du jour politique international, les conférences de l'ONU ont témoigné de l'évolution tant de la portée que de la perception des problèmes écologiques. Avec le développement des connaissances scientifiques, il est devenu banal, à partir des années 1980, d'évoquer le caractère planétaire des changements environnementaux ; pourtant, cet aspect avait été puissamment révélé par la découverte du trou dans la couche d'ozone et par la prise de conscience troublante que les activités humaines peuvent perturber dangereusement le climat mondial.

Parallèlement à la dégradation effective perceptible de l'environnement et aux progrès des connaissances scientifiques, la politique internationale s'est mise au diapason des cycles d'attention accordée aux différents enjeux dans les pays développés, c'est-à-dire qu'elle est passée par une suite de crêtes et de creux. Les causes du phénomène sont complexes. Dans les années 1960, elles étaient associées aux mouvements contre-culturels et radicaux de cette décennie, ainsi qu'aux réactions publiques à un ensemble de tendances et d'événements. L'un des événements qui ont le plus fortement frappé l'imagination et exercé la plus grande influence à l'époque a peut-être été la publication du livre de Rachel Carson intitulé *Printemps silencieux* (1962). Cet ouvrage mariait les thèses conservationnistes au discours contre la pollution en illustrant clairement à quel point l'emploi d'insecticides industriels, comme le DDT, était nocif pour les oiseaux. L'inquiétude des populations était alimentée par des catastrophes écologiques bien documentées, telles que l'empoisonnement au mercure survenu en 1959 à Minimata, au Japon, et la marée noire causée par l'échouement du pétrolier *Torrey Canyon* en 1967 près d'une plage des Cornouailles, en Grande-Bretagne. Le refus des partis politiques établis de s'attaquer sérieusement à ces problèmes a encouragé la mise sur pied de plusieurs nouvelles ONG avec beaucoup de visibilité, telles que Greenpeace, Équiterre et le Fonds mondial pour la nature ; elles se sont ajoutées aux groupes de pression déjà existants, comme le Sierra Club au Canada et aux États-Unis ainsi que la Société royale britannique pour la protection des oiseaux. L'intérêt pour une action environnementale sur le plan international ainsi que la plus grande partie des pressions exercées à cette fin par les ONG se sont cantonnés presque exclusivement dans les pays développés. L'attention accordée à ces questions par les populations s'est ensuite atténuée jusqu'à la fin de la seconde guerre froide. Cette époque a alors coïncidé avec un renouveau des préoccupations pour les problèmes écologiques mondiaux, renouveau qui a lui-même donné l'élan politique nécessaire à la tenue du Sommet de la Terre en 1992. Puis, l'intérêt à ce sujet a décliné au cours de la décennie suivante, avant de connaître un nouveau sursaut en 2005 et 2006, alors

que l'inquiétude publique à propos de l'incidence des changements climatiques a, encore une fois, propulsé les questions environnementales au premier plan des priorités politiques. Les débats portaient, bien sûr, sur la nécessité d'une gouvernance et d'une action internationales, mais qu'est-ce que cela signifiait au juste ? La prochaine section propose une réponse à cette question, après avoir passé en revue les fonctions de la coopération internationale en matière d'environnement.

À RETENIR

- À la fin du XIXe siècle et au début du XXe siècle, la politique environnementale internationale était très restreinte. Sa portée s'est nettement élargie à partir des années 1960, lorsque les problèmes environnementaux ont acquis un caractère d'abord transnational, puis véritablement global.

- Cette évolution a été à la fois reflétée et stimulée par les trois grandes conférences de l'ONU tenues en 1972, 1992 et 2002, dont le rôle principal a consisté à rendre visible le lien qui unit l'environnement et le développement à l'échelle internationale. C'est au fil de ces conférences que l'important concept de développement durable s'est précisé.

- Depuis les années 1960, la politique environnementale internationale suit les cycles d'attention accordée aux différents enjeux dans les pays développés et s'appuie principalement sur l'acquisition de nouvelles connaissances scientifiques.

LES FONCTIONS DE LA COOPÉRATION INTERNATIONALE EN MATIÈRE D'ENVIRONNEMENT

La **coopération** internationale établit des régimes de gouvernance pour résoudre les problèmes écologiques transfrontaliers et favoriser le bien commun. Un régime englobe non seulement des accords officiels entre États, toujours très importants (voir le chapitre 18), mais aussi d'autres composantes. Par ailleurs, les fonctions et les effets de la coopération internationale ne se limitent pas à la mise en place de régimes.

La recherche de **puissance**, d'un statut et de richesses est rarement absente des délibérations internationales, mais c'est un facteur souvent négligé dans les discussions sur la coopération internationale en matière d'environnement. Beaucoup de grandes rencontres internationales et même certaines réunions moins officielles se font pourtant clairement l'écho des luttes menées pour l'obtention d'un avantage national ou organisationnel. Les organisations s'efforcent de conserver leurs ressources financières et humaines ainsi que leur place au sein du système des Nations Unies. Par exemple, malgré de longs débats sur la pertinence d'accorder au Programme des Nations Unies pour l'environnement (PNUE) le statut plus élevé et plus autonome d'organe spécialisé de l'ONU, il continue d'être, encore aujourd'hui, un simple programme. Certains ont l'impression que la plus grande partie des activités durant les rencontres internationales sur l'environnement se résument à la publication de déclarations destinées à convaincre les citoyens que des efforts sont faits sur le terrain, même si la situation écologique ne cesse de se détériorer.

Le commerce transfrontalier et la lutte contre la pollution

C'est lorsque les problèmes liés aux animaux, aux poissons, à l'eau ou à la pollution traversent les frontières nationales qu'apparaît la nécessité de coopérer sur le plan international. La fonction établie de longue date de cette collaboration consiste à résoudre les problèmes écologiques transfrontaliers, comme le révèlent les centaines d'accords multilatéraux, régionaux et bilatéraux qui définissent les mesures communes à prendre pour assurer la gestion des ressources et pour lutter contre la pollution. Parmi les principaux accords multilatéraux en matière d'environnement se trouvent la Convention sur la pollution atmosphérique transfrontière à longue distance de 1979 et ses divers protocoles, ainsi que les conventions qui réglementent, par exemple, les déplacements transfrontaliers de déchets et de produits chimiques dangereux.

La maîtrise, la taxation et même la promotion du commerce ont toujours fait partie des fonctions les plus importantes de l'État. Or, les restrictions commerciales contribuent aussi à la protection de la nature. La Convention sur le commerce international des espèces de faune et de flore sauvages menacées d'extinction, qui a été signée en 1973, vise précisément à encadrer, maîtriser ou interdire le commerce international des espèces (ou des produits qui en sont dérivés) dont la survie serait compromise par les effets de ce commerce.

Le recours aux sanctions et aux restrictions commerciales prévues par les accords multilatéraux en matière d'environnement demeure problématique lorsqu'il entre en conflit avec les règles du régime commercial du GATT et de l'Organisation mondiale du commerce (OMC) (voir le chapitre 15). Ce problème est apparu au moment où la communauté internationale a voulu s'attaquer à la question controversée des nouvelles biotechnologies et des organismes génétiquement modifiés (OGM), avec la mise au point du protocole de Cartagena sur la prévention des risques biotechnologiques, signé en 2000, dans le cadre de la convention des Nations Unies sur la diversité biologique. Les opposants affirment que les tentatives de réglementer les déplacements des OGM relèvent d'un protectionnisme déguisé plutôt que d'un effort de protection de l'environnement et de la santé humaine. La question de savoir si les règles commerciales de l'OMC devraient l'emporter sur les nouvelles règles de biosécurité a été amplement débattue, jusqu'à ce que les parties s'entendent pour contourner la question en convenant que les deux ensembles de règles doivent se soutenir mutuellement. À l'arrière-plan de ce débat se trouve la préoccupation concrète au sujet des rapports entre le commerce et l'environnement.

La création de normes

La mise au point d'un cadre juridique international en matière d'environnement et de **normes** associées régissant les comportements acceptables s'est faite de manière diligente et novatrice au cours des trente dernières années. Certaines des normes que nous avons mentionnées ont découlé de concepts politiques assez techniques qui ont été largement diffusés et adoptés à la suite de discussions internationales. On a de plus en plus recours au principe de précaution, mais il ne fait pas l'unanimité. D'abord formulé par des dirigeants politiques allemands, il stipule que, s'il est probable qu'une activité cause des dommages écologiques, il n'est pas nécessaire, pour l'interdire, de disposer de preuves scientifiques complètes et définitives (cette question a eu une importance cruciale lors des débats sur les OGM). Une autre norme stipule que les gouvernements doivent donner leur consentement éclairé avant qu'on ne procède à l'importation de produits potentiellement dangereux.

Les Sommets de la Terre organisés par l'ONU ont joué un rôle important dans l'établissement de normes environnementales. Dans la déclaration adoptée à la conférence de Stockholm tenue en 1972, on a consigné le principe 21, qui associe la **souveraineté** sur les ressources nationales à la responsabilité de l'État en cas de pollution extérieure. Ce principe ne doit cependant pas être confondu avec Action 21, un programme publié à l'issue du Sommet de la Terre qui s'est déroulé à Rio en 1992. Ce document complexe de 40 chapitres s'étale sur quelque 400 pages et a nécessité deux ans de négociations au sein du comité préparatoire de la conférence des Nations Unies sur l'environnement et le développement. Action 21 a fréquemment fait l'objet de railleries, surtout en raison de son caractère non contraignant, mais, après l'accord international conclu à son sujet, ce recueil des pratiques écologiques exemplaires a eu une incidence profonde. Il demeure toujours un document de référence. D'ailleurs, de nombreux pouvoirs publics locaux ont ensuite mis au point leur propre programme sur le modèle d'Action 21, mais à leur échelle.

Quelques années plus tard, en vertu de la convention d'Aarhus (1998), les gouvernements nord-américains et

européens se sont engagés auprès de leurs concitoyens à garantir l'application de divers droits en matière d'environnement, y compris celui d'obtenir l'information que possèdent les gouvernements à ce sujet, de participer à la prise des décisions politiques et de recourir aux instances judiciaires.

Le renforcement des capacités

Bien que le développement durable ne représente pas une norme spécifique analogue à celles que nous venons de décrire, il offre un cadre normatif aux accords qui se négocient entre les pays développés et les pays en développement. Depuis le Sommet de Rio, de fréquents débats contradictoires entre le Nord et le Sud, au sujet du volume d'aide et de transfert de technologie qui permettrait aux pays en développement d'instaurer un développement durable, ont abouti à des déceptions répétées et à maints engagements non respectés. Pour remédier à cette situation, en 1991, le PNUE, le PNUD et la Banque mondiale ont créé le Fonds pour la protection de l'environnement (FPE), un mécanisme international spécifiquement destiné au financement de projets écologiques dans les pays en développement. De 2003 à 2006, le FPE a reçu des dons qui s'élèvent à près de trois milliards de dollars américains. La plupart des conventions écologiques sont maintenant axées sur le renforcement des capacités au moyen de dispositions facilitant le transfert de fonds, de technologie et d'expertise, parce que la plupart des États qui ont adhéré à ces conventions n'ont simplement pas les ressources nécessaires pour participer pleinement aux accords internationaux. Les régimes relatifs à l'ozone stratosphérique et aux changements climatiques visent le renforcement des capacités et ne pourraient exister sous leur forme actuelle s'ils ne remplissaient pas une telle fonction.

Le savoir scientifique

La coopération internationale en matière d'environnement s'appuie sur un savoir scientifique partagé, comme le montrent certains importants régimes écologiques contemporains. Une **convention**-cadre initiale révèle une préoccupation, établit des mécanismes propices à la production et au partage de nouvelles données scientifiques et ouvre ainsi la voie à la prise de mesures selon un **protocole** de contrôle. La production et le partage de données scientifiques ont longtemps reposé sur la coopération internationale au sein d'organismes publics, comme l'Organisation météorologique mondiale, et d'une myriade d'organismes de recherche, comme le Conseil international pour l'exploration de la mer et l'Union internationale pour la conservation de la nature. La diffusion internationale de l'information

---

POUR EN SAVOIR PLUS
Le commerce et l'environnement

La question des rapports entre le commerce et la dégradation de l'environnement est loin de se limiter aux litiges sur les relations entre l'Organisation mondiale du commerce (OMC) et des accords multilatéraux spécifiques en matière d'environnement. Les efforts du GATT puis de l'OMC pour ouvrir les marchés protégés et étendre le commerce mondial sont partiellement responsables de la forme que prend la globalisation. De nombreux écologistes soutiennent que le commerce entraîne lui-même des dommages à l'environnement, parce qu'il détruit des pratiques agricoles locales et durables et qu'il favorise le transport des biens sur de longues distances. En effet, la réorganisation des modèles de production et de consommation constitue l'un des traits marquants de la globalisation. Les économistes libéraux et les apologistes de l'OMC soutiennent que le commerce peut être bénéfique pour l'environnement si les externalités, telles que la pollution qu'il cause, sont comptabilisées dans le prix des produits, puisque cela optimiserait l'allocation des ressources. Selon ce point de vue, il serait inacceptable d'utiliser les restrictions commerciales comme autant d'outils pour promouvoir des comportements véritablement écologiques. De fait, les règles de l'OMC ne permettent que de manière très limitée d'invoquer des motifs écologiques pour restreindre le commerce (paragraphe g de l'article XX du GATT de 1994). En particulier, ces motifs ne peuvent pas remettre en cause les méthodes de production et de traitement. Ainsi que le montrent un bon nombre de litiges commerciaux, les restrictions à l'importation ne peuvent pas servir à faire la promotion d'une production plus durable ou plus éthique à l'étranger. À titre d'exemple, dans la célèbre affaire thon-dauphin en 1991, le GATT a donné raison au Mexique et à la CEE, qui s'opposaient aux mesures américaines interdisant l'importation de thon pêché par des méthodes qui entraînaient la capture involontaire de dauphins. Les gouvernements des pays en développement demeurent méfiants à l'égard des restrictions commerciales à saveur écologique, qui seraient, en fait, des mesures déguisées de protection des marchés des pays développés.

scientifique est une activité pertinente, mais elle doit compter sur un financement d'origine gouvernementale parce que, à l'exception des domaines comme la recherche pharmaceutique, rien n'incite le secteur privé à s'en occuper. Les régimes internationaux en matière d'environnement se fient habituellement à des organes subsidiaires et à des comités scientifiques permanents pour soutenir leurs démarches. Si de grands efforts internationaux ont été déployés en vue de produire un nouveau savoir scientifique lié aux changements climatiques, c'est sans doute grâce au Groupe d'experts intergouvernemental sur l'évolution du climat (GIEC) (voir l'encadré « Pour en savoir plus » à la page 368).

La gestion des biens communs

Les biens communs mondiaux désignent généralement les domaines et les ressources qui ne relèvent pas de la compétence souveraine de quiconque, c'est-à-dire qui n'appartiennent à personne. La haute mer et les grands fonds marins en font partie (au-delà de la zone économique exclusive de 200 milles marins), tout comme l'Antarctique (selon le traité sur l'Antarctique de 1959). L'espace extra-atmosphérique représente un autre bien commun de la plus haute importance, car son utilisation est essentielle dans les domaines des télécommunications, de la radiotélévision, de la navigation et de la surveillance. Enfin, l'atmosphère terrestre constitue également un bien commun global.

Ces biens ont tous une dimension environnementale. Par exemple, les stocks de poissons et de baleines en haute mer ont été surexploités sans relâche, au point où certaines espèces ont été exterminées et où des sources de protéines à long terme pour les êtres humains sont désormais en péril. Les océans ont été pollués par des effluents issus du littoral et par des déversements de pétrole et de déchets provenant de cargos. Quant à la faune et la flore uniques de l'Antarctique, il a toujours été ardu de les protéger contre les pressions constantes que les êtres humains exercent sur elles. Même l'espace extra-atmosphérique est aux prises avec un problème écologique, soit les quantités croissantes de débris en orbite autour de la Terre que laissent derrière eux des satellites désuets lancés au fil des décennies. De manière analogue, l'atmosphère terrestre a été altérée de multiples façons très menaçantes, qu'il s'agisse des dommages causés notamment par les CFC à la couche d'ozone stratosphérique ou, pire encore, de l'effet de serre plus prononcé qui est désormais fermement associé aux modifications du climat sur la Terre. La situation est souvent décrite comme la tragédie des biens communs : en l'absence de toute restriction imposée à l'accès à une ressource qui

POUR EN SAVOIR PLUS
La tragédie des biens communs, à l'échelle locale et globale

Maints auteurs, dont Garrett Hardin (1968), à qui on doit l'expression « tragédie des biens communs », ont relevé un conflit inévitable entre l'intérêt et la rationalité, individuels et collectifs, lorsqu'il s'agit de l'utilisation d'un bien commun. Hardin soutient que les actions individuelles visant l'exploitation d'une ressource à accès libre entraînent souvent un désastre collectif, par exemple quand la surexploitation des pâturages, des stocks de poissons (pool commun) ou des rivières (puits commun) cause un effondrement écologique. Bien sûr, aucun problème n'apparaîtra si la capacité du bien commun arrive à combler les besoins de tous, mais c'est rarement le cas de nos jours, en raison du caractère intensif de la production et de l'exploitation modernes. De récentes découvertes scientifiques ont permis à l'humanité de mieux apprécier toute l'ampleur des dégâts infligés aux écosystèmes de la Terre. La solution à ce dilemme que propose Hardin, soit la restriction de l'accès aux biens communs par leur privatisation ou leur nationalisation, est difficilement applicable dans le cas des biens communs globaux, et ce, pour deux raisons principales : l'impossibilité matérielle ou politique d'imposer de telles restrictions et l'absence d'un gouvernement mondial central pouvant réglementer l'utilisation de ces biens.

n'appartient à personne, les individus tentent de s'approprier la plus grande quantité possible. Si la ressource n'est pas infinie, sa surexploitation débouchera sur son épuisement complet, parce que l'intérêt à court terme des utilisateurs l'emporte sur leur intérêt collectif à long terme à assurer le renouvellement de cette ressource (voir l'encadré ci-dessus).

Dans le cadre des champs de compétence des gouvernements, il serait possible de résoudre le problème en transformant les biens communs en propriétés privées ou en les nationalisant, mais une telle solution est, par définition, inenvisageable en ce qui a trait aux biens communs mondiaux. Ainsi, pour éviter que ces derniers soient mal utilisés et fassent l'objet d'un effondrement tragique, la coopération internationale doit donc, dans ce contexte, assumer la fonction absolument nécessaire qui consiste à offrir une solution de rechange à la mise sur pied d'un **gouvernement mondial**. À cette fin, elle a favorisé la création de régimes servant à la gouvernance des biens communs. Affichant des degrés d'efficacité variés, ces régimes remplissent un bon nombre des fonctions que nous avons décrites. Ils ont pour rôle essentiel de réunir un ensemble de règles qui permet aux utilisateurs de parvenir à des ententes mutuelles concernant des normes de comportement et des degrés d'exploitation acceptables pour assurer le renouvellement écologique des biens communs.

L'imposition de nouvelles normes comporte son lot de difficultés. Les utilisateurs des biens communs sont portés à abuser de ces régimes, en prenant davantage que leur juste part de ces biens, ou en refusant d'être liés par les dispositions de ces régimes collectifs. Ces derniers risquent alors de devenir inopérants, parce que les autres parties ne sont aucunement motivées à se restreindre elles-mêmes devant de tels abus. Dans le cadre d'un régime local de biens communs, des voisins inquisiteurs peuvent prévenir les infractions aux règles, comme le font les ONG au niveau international. Il est cependant très difficile d'obliger des États souverains à se conformer à un accord conclu, même lorsqu'ils se sont engagés à le faire ; il s'agit là d'un problème fondamental en droit international qui n'est certainement pas l'apanage des régimes écologiques (voir le chapitre 17). Des mécanismes ont été mis au point pour régler ce problème, mais leur efficacité, et celle des régimes écologiques dont ils relèvent, est difficile à évaluer, car il faut d'abord déterminer dans quelle mesure les gouvernements respectent, sur les plans juridique et technique, leurs obligations internationales. De plus, il faut aussi

---

POUR EN SAVOIR PLUS

Le protocole de Montréal et le régime relatif à l'ozone stratosphérique

L'amincissement de la couche d'ozone stratosphérique se traduit, entre autres conséquences, par une exposition excessive au rayonnement ultraviolet B, ce qui entraîne une augmentation des taux de cancer de la peau et perturbe le fonctionnement du système immunitaire chez les humains. L'appauvrissement de l'ozone stratosphérique résulte d'une cause auparavant insoupçonnée, soit les réactions chimiques entre des produits chimiques artificiels contenant du fluor, du chlore et du brome et les molécules d'ozone situées à haute altitude. Les plus importants de ces produits étaient les CFC (chlorofluorocarbures), élaborés dans les années 1920 pour servir de gaz industriels inertes considérés alors comme sécuritaires. Ils ont été allègrement produits et utilisés pendant plus de cinquante ans à toutes sortes de fins, allant de la réfrigération à la climatisation, et aussi en tant que propulseurs dans les aérosols. Les risques associés à ces produits n'étaient généralement pas reconnus, de sorte que leur production et leur utilisation se sont poursuivies jusqu'à ce que le Congrès des États-Unis décide d'interdire certaines utilisations non essentielles. L'industrie chimique américaine s'est alors vue dans l'obligation coûteuse de mettre au point des produits de rechange. L'accumulation des données sur ce problème a incité le PNUE à convoquer à Vienne une conférence internationale à ce sujet. Celle-ci s'est achevée par la signature d'une convention-cadre en 1985, la convention de Vienne pour la protection de la couche d'ozone, qui conclut à la nécessité probable d'une action internationale en invitant les parties concernées à communiquer davantage entre elles, à poursuivre leurs travaux scientifiques et à s'échanger les résultats obtenus. Ces derniers se sont avérés très convaincants, surtout après qu'a été rendue publique la découverte dramatique du trou dans la couche d'ozone au-dessus de l'Antarctique.

Le protocole de Montréal a été conclu après moins de deux ans de négociations. Il comporte un régime prévoyant l'élimination progressive de la production et du commerce des CFC et d'autres substances qui appauvrissent la couche d'ozone.

Les pays développés ont achevé cette mesure en 1996 dans le cas des CFC, tandis que les réunions des parties se sont poursuivies depuis lors pour parvenir à bannir d'autres substances analogues. Au départ, certains fabricants européens de produits chimiques se sont montrés réticents, mais les États-Unis tenaient beaucoup à obtenir un accord international, sans quoi l'industrie chimique américaine se serait trouvée dans une position commerciale désavantageuse. L'autre problème qu'affrontaient les négociateurs concernait les pays en développement, qui fabriquaient eux-mêmes des produits contenant des CFC. Comme l'a signalé le délégué de l'Inde, ce sont les pays développés qui ont causé les dégâts constatés, et c'est donc à eux de les réparer ! Pourquoi les pays en développement seraient-ils obligés d'adopter des substituts aux CFC, qui sont plus coûteux ? Une réponse en deux volets a été apportée à cette question. D'abord, les pays en développement bénéficient d'une période de sursis définie dans un article du protocole de Montréal. Ensuite, ils peuvent compter sur un fonds établi en 1990 pour financer l'offre de produits de remplacement exempts de CFC qui leur est destinée.

La production et le commerce illégaux des CFC étaient manifestes dans les années 1990, ce qui a mis à l'épreuve les mécanismes de vérification et d'application du protocole, y compris des sanctions commerciales. Le régime s'est néanmoins avéré généralement efficace et n'a cessé d'élargir la portée de ses activités afin d'inclure d'autres catégories de produits chimiques qui appauvrissent la couche d'ozone. Puisque les produits chimiques en question ont une longue durée de vie dans l'atmosphère, les dégâts causés à la couche d'ozone ne pourront pas être réparés avant la fin du XXIe siècle. Toutefois, les activités humaines se sont suffisamment modifiées pour que l'organe scientifique subsidiaire issu du protocole de Montréal puisse faire état d'une diminution mesurable de la concentration atmosphérique des CFC.

établir à quel point les États ont effectivement modifié leur comportement en raison de l'application du régime international concerné. Bien entendu, la mesure la plus incontestable pour juger de l'efficacité des régimes relatifs aux biens communs mondiaux consiste à vérifier si l'état des ressources ou des écosystèmes visés par ces régimes se maintient ou même s'améliore.

Dans le cas de l'Antarctique, un ensemble de règles a été particulièrement bien défini dans le cadre du traité de 1959 pour assurer la préservation de l'intégrité écologique de cet ultime milieu sauvage. Le régime de l'Antarctique concerne un groupe de pays assez restreint : les parties consultatives au traité comprennent les États qui avaient initialement proclamé leur souveraineté sur des parties du territoire, alors que les nouveaux membres du groupe doivent démontrer leur participation aux travaux de recherche scientifique effectués sur ce continent glacé.

La recherche scientifique axée sur l'Antarctique a joué un rôle crucial dans la découverte d'un problème qui a donné lieu à ce qui est peut-être le meilleur exemple d'une action internationale efficace pour la gestion des biens communs. En 1985, un aérostat d'observation britannique survolant l'Antarctique a apporté une preuve incontestable du grave amincissement de la couche d'ozone stratosphérique. L'appauvrissement de la couche d'ozone constitue l'exemple par excellence d'un problème d'envergure mondial, car cette couche protège la Terre et tous ses habitants des effets nocifs du rayonnement ultraviolet B du Soleil. Une convention-cadre à ce sujet a été signée en 1985, à laquelle a été ajouté en 1987 le protocole de Montréal, qui impose des mesures de contrôle internationales concernant les produits chimiques qui détruisent la couche d'ozone (voir l'encadré de la page ci-contre). L'évolution subséquente du régime relatif à la couche d'ozone montre clairement à quel point la coopération internationale peut réussir à résoudre un problème écologique mondial. On a cerné les causes du problème, mobilisé un appui international, pris des mesures compensatoires pour assurer la participation des pays en développement et défini un ensemble de règles et de procédures qui se sont avérées efficaces, sinon pour rétablir pleinement la couche d'ozone stratosphérique, du moins pour réduire la concentration atmosphérique des produits chimiques qui l'amincissent.

À RETENIR

- Les réunions internationales sur l'environnement poursuivent non seulement des objectifs écologiques, mais aussi plusieurs objectifs politiques.

- La mise au point de réglementations transfrontalières est l'une des fonctions essentielles de la coopération internationale, mais les efforts déployés pour la protection de l'environnement peuvent contrevenir aux règles du régime commercial mondial.

- Une action internationale est nécessaire pour favoriser l'adoption de normes écologiques, enrichir le savoir scientifique et promouvoir la participation des pays en développement.

- La coopération internationale est indispensable à l'instauration de régimes qui visent à gérer les biens communs mondiaux.

LES CHANGEMENTS CLIMATIQUES

Contrairement au problème relatif à la couche d'ozone, les changements climatiques et l'accentuation de l'effet de serre font l'objet de débats entre scientifiques depuis longtemps. C'est seulement à la fin des années 1980 qu'est apparu un consensus international suffisamment solide pour susciter une action concrète à cet égard. D'importants désaccords persistaient cependant quant à savoir si les modifications des températures moyennes causées par l'activité humaine avaient ou non des effets négatifs sur le système climatique mondial. L'effet de serre est un facteur essentiel à la vie sur Terre. Les gaz à effet de serre présents dans l'atmosphère (voir la figure 21.2, à la page suivante) isolent la surface de la Terre en y retenant le rayonnement solaire qui y parvient. Avant la révolution industrielle, les concentrations de gaz carbonique dans l'atmosphère s'élevaient à environ 280 parties par million (ppm). Elles ont ensuite connu une hausse exponentielle pour atteindre 379 ppm en 2005, en raison de la consommation massive de combustibles fossiles et de la diminution du nombre de pièges à gaz carbonique, notamment les forêts. Les émissions de méthane ont également augmenté, parallèlement à l'expansion de l'agriculture (GIEC, 2007, p. 11). Les prévisions optimales du GIEC indiquent que, si rien n'est fait pour enrayer les émissions intensives provenant des combustibles fossiles, il se produira probablement une augmentation des températures moyennes de l'ordre de 2,4 à 6,4 °C d'ici 2099. Les conséquences exactes de cette augmentation sont difficiles à prédire à partir des modèles climatiques actuels, mais on s'attend généralement à une hausse du niveau des mers et à une instabilité accrue des conditions météorologiques. Selon l'Union européenne, pour éviter une catastrophe climatique, il serait nécessaire de maintenir les concentrations atmosphériques de CO_2 à moins de 550 ppm pour que la hausse des températures moyennes demeure inférieure à 2 °C. Au cours de la première décennie du xxie siècle, des phénomènes météorologiques inhabituels, des tempêtes répétées et la fonte des calottes polaires ont avivé les préoccupations des populations, qui rejoignent ainsi les craintes déjà exprimées par la communauté scientifique.

En tant que problème nuisant aux biens communs, les changements climatiques se situent à une échelle très différente de celle qui a caractérisé tout ce que le système international a dû affronter jusqu'à maintenant. Ils représentent beaucoup plus qu'un problème écologique international normal, car ils menacent d'imposer de profondes transformations aux présentes conditions de vie et remettent en question les modèles actuels de consommation d'énergie et de sécurité énergétique. Ils font ou feront bientôt sentir leurs effets sur presque toutes les dimensions des relations internationales et sont déjà l'objet de débats en matière de politiques prioritaires aux différents sommets du **G8** et aux réunions entre hauts dirigeants politiques.

Pour faciliter l'examen des multiples dimensions de cet enjeu et des mesures prises au niveau international pour parer aux menaces qui en découlent, on peut procéder à une comparaison entre ce problème et celui de la couche d'ozone stratosphérique, analysé dans la section précédente. Les deux problèmes présentent certainement quelques similarités. Les chlorofluorocarbures (CFC), responsables du trou dans la couche d'ozone, sont eux-mêmes des gaz à effet de serre, et les textes juridiques internationaux relatifs aux changements climatiques indiquent clairement que les mesures de contrôle à leur sujet relèvent du protocole de Montréal. L'expérience acquise après l'adoption des conventions relatives à la couche d'ozone stratosphérique et à d'autres questions connexes a manifestement orienté les efforts déployés pour mettre sur pied un régime concernant les changements climatiques, comme l'a montré l'adoption, dès le début des discussions à ce sujet, du même modèle comprenant une convention-cadre assortie de protocoles.

Ainsi, la convention-cadre des Nations Unies sur les changements climatiques a été signée lors du Sommet de la Terre tenu à Rio en 1992. Elle prévoyait la réduction des émissions de gaz à effet de serre ainsi que leur suppression au moyen de pièges à carbone, dans la mesure où les pays développés s'engageaient à ramener avant 2000 leurs émissions aux niveaux qui prévalaient en 1990. L'année 1992 était une année d'élection présidentielle aux États-Unis et il s'est avéré impossible d'obtenir un tel engagement de la part de ce pays. Les parties présentes à Rio ont dû se contenter d'une déclaration non contraignante indiquant qu'un effort en

POUR EN SAVOIR PLUS

Le Groupe d'experts intergouvernemental sur l'évolution du climat

Mis sur pied en 1988 sous l'égide de l'Organisation météorologique mondiale (OMM) et du PNUE, le Groupe d'experts intergouvernemental sur l'évolution du climat (GIEC) réunit au sein de trois groupes de travail la majorité des scientifiques qui étudient les changements climatiques dans le monde. Ces groupes de travail s'intéressent respectivement à la climatologie, à l'incidence des changements climatiques et à leurs dimensions économiques et sociales. Ils ont présenté des rapports d'évaluation en 1990, 1995 et 2001, qui sont considérés comme les comptes rendus scientifiques faisant autorité en matière de changements climatiques. Ces documents ont été rédigés avec prudence et attention, en collaboration avec divers responsables gouvernementaux, et représentent un point de vue consensuel.

Le quatrième rapport d'évaluation, publié en février 2007, conclut que « le réchauffement du système climatique est sans équivoque. On note déjà, à l'échelle du globe, une hausse des températures moyennes de l'atmosphère et de l'océan, une fonte massive de la neige et de la glace et une élévation du niveau moyen de la mer » (GIEC, 2007, p. 2). La plus grande partie des augmentations de température « est *très probablement* attribuable à la hausse des concentrations de GES [gaz à effet de serre] anthropiques » (*ibid.*, p. 5, en italique dans le texte). Le choix des mots est important ici, car l'expression « très probablement » correspond, aux yeux du GIEC, à un degré de probabilité supérieur à 90 %, alors que les auteurs du rapport précédent avaient estimé que les activités humaines étaient « *probablement* » (ce qui équivaut à une probabilité supérieure à 66 %) responsables des hausses de température.

FIGURE 21.2 **Contributions des gaz à effet de serre au réchauffement de la planète**

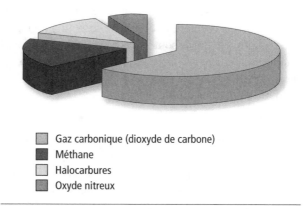

- Gaz carbonique (dioxyde de carbone)
- Méthane
- Halocarbures
- Oxyde nitreux

Source : GIEC, « Composantes du forçage radiatif », 2007, p. 36.

ce sens serait fait. Les parties ont toutefois souscrit à un engagement contraignant pour dresser des inventaires nationaux de sources d'émissions et de pièges à carbone. Puisque cette responsabilité liait aussi les pays en développement, dont beaucoup n'avaient pas les moyens de la respecter, un financement a été prévu pour le renforcement de leurs capacités à ce sujet. Le plus important, c'est que la convention obligeait les parties à tenir une série de conférences annuelles – les **conférences des parties** – afin d'examiner les éventuelles mesures à prendre et de passer en revue la pertinence des engagements existants, à la suite de réunions régulières des organes scientifiques et exécutifs subsidiaires. Lors de la deuxième conférence des parties qui a eu lieu à Kyoto en 1997, celles-ci ont adopté une mesure de contrôle, soit le protocole de Kyoto, qui prévoyait une réduction des émissions, que les pays développés faciliteraient grâce à des mécanismes de souplesse.

Le problème qu'affrontaient les auteurs du protocole de Kyoto était beaucoup plus complexe et plus exigeant que celui auquel leurs homologues s'étaient attaqués avec autant de succès à Montréal en 1987. D'abord, plutôt que de se résumer à des mesures de contrôle relatives à un seul ensemble de gaz industriels pouvant être remplacé par des produits de substitution déjà disponibles, la réduction des émissions de gaz à effet de serre allait toucher les domaines de l'énergie, du transport et de l'agriculture, soit les bases de la vie dans les sociétés modernes. La possibilité qu'une telle réduction passe par une baisse réelle du niveau de vie et par des choix politiques jugés impossibles plaçait les gouvernements dans une situation difficile, bien que la diminution de ces émissions puisse engendrer des bienfaits économiques qui découleraient de la mise au point de technologies énergétiques de rechange.

Ensuite, malgré les efforts scientifiques internationaux sans précédent qui ont été déployés pour aider le GIEC à déterminer les causes et les conséquences du réchauffement climatique, il n'existait pas de consensus scientifique analogue à celui qui avait favorisé la conclusion d'un accord sur les CFC. Des désaccords entre les scientifiques concernés persistaient à propos de l'importance des activités humaines à cet égard et des projections faites quant aux changements futurs (ces désaccords se sont nettement atténués depuis). D'aucuns avaient un intérêt économique à nier ou à déformer les faits scientifiques avérés, y compris des producteurs de combustibles fossiles comme l'Arabie saoudite. À l'autre bout de l'éventail politique, l'Alliance des petits États insulaires, dont certains membres verraient leur territoire simplement disparaître si la hausse prévue du niveau des mers se concrétisait, tenait désespérément à ce que ces projections soient prises au sérieux.

Par ailleurs, un autre problème est apparu : si les effets des changements climatiques ne sont pas encore pleinement bien compris, les faits déjà établis amènent certains pays à croire qu'ils pourraient eux-mêmes bénéficier de ces changements. Par exemple, des régions de la Russie pourraient connaître des conditions climatiques plus douces et plus propices à la production agricole à la suite d'une hausse des températures moyennes. Il est vrai qu'on pourrait tout aussi bien évoquer les effets extrêmement nuisibles du dégel du pergélisol en Sibérie. Une généralisation peut toutefois être avancée avec certitude : ce sont les pays en développement, où l'infrastructure est

---

POUR EN SAVOIR PLUS

Le protocole de Kyoto (1997)

Le protocole de Kyoto à la convention-cadre des Nations Unies sur les changements climatiques engage les pays développés à réduire leurs émissions de gaz à effet de serre de 5,2 % en moyenne, par rapport à leur volume en 1990. Par ailleurs, différents objectifs nationaux ont aussi été fixés : 7 % pour les États-Unis et 8 % pour l'Union européenne, par exemple. Ces objectifs devaient être atteints à la fin de la première période d'engagement, soit 2008-2012.

Trois mécanismes ont été adoptés pour offrir des moyens souples d'atteindre ces objectifs.

Le commerce d'émissions. Il s'agit d'un système qui prévoit la création d'un marché de droits de polluer. Par exemple, des centrales électriques peu polluantes peuvent vendre à d'autres leurs permis d'émissions de gaz carbonique. Une réduction à long terme du nombre des permis disponibles signifie que le prix du carbone augmentera, que les sources d'énergie renouvelables deviendront plus concurrentielles et que la quantité totale de gaz carbonique émis diminuera.

La mise en œuvre conjointe. Grâce à ce mécanisme, un pays développé peut recevoir des crédits, à utiliser pour l'atteinte de ses propres objectifs de réduction, s'il finance des projets dans un autre pays développé. L'utilité d'une somme d'argent donnée est maximisée lorsque cette somme est consacrée à la plus forte diminution possible des émissions mondiales de gaz à effet de serre. Les pays dotés de centrales électriques très peu polluantes seront incités à recourir à ce mécanisme.

Le mécanisme de développement propre. Il applique le même principe aux relations entre les pays développés et les pays en développement. Il a déjà suscité beaucoup d'intérêt en Chine et ailleurs, parce qu'il représente une source de nouveaux fonds et de transferts de technologie.

restreinte et où la population établie au niveau de la mer est très nombreuse, qui sont les plus vulnérables. Une fois que ce dernier fait a été reconnu et qu'il est devenu clair qu'un certain degré de réchauffement est désormais inévitable, l'attention internationale a commencé à se tourner vers les problèmes que sont l'adaptation aux effets inexorables des changements climatiques et la maî-

trise de leurs causes. De nouveau, la simplicité du problème de la couche d'ozone stratosphérique est évidente : les effets de son amincissement s'étendaient à toute la planète et touchaient tant les Européens du Nord que les habitants de l'hémisphère sud.

Au cœur de la question politique internationale que constituent les changements climatiques en tant que pro-

ÉTUDE DE CAS

Des responsabilités communes, mais différenciées ?

L'avenir du régime relatif aux changements climatiques

En 2004, l'Agence internationale de l'énergie a publié des projections soulignant que la globalisation modifiait radicalement la répartition des émissions de gaz carbonique issues de la consommation d'énergie. Elle estimait alors que les émissions augmenteraient de 62 % d'ici 2030, mais aussi — et surtout — que, au cours des années 2020, les émissions des pays en développement dépasseraient celles des pays développés membres de l'OCDE.

Inscrite en 1992 dans la convention-cadre des Nations Unies sur les changements climatiques, la notion de « responsabilités communes mais différenciées » constitue un principe-clé du régime relatif aux changements climatiques. Cette notion signifie que, si tous les pays ont dû accepter une part de responsabilité dans les changements climatiques qui surviennent dans le monde, ce sont les pays développés qui en sont immédiatement responsables ; ce sont eux qui ont bénéficié de l'industrialisation, généralement considérée comme la source des émissions excessives de gaz carbonique qui causent la hausse des températures moyennes (voir la figure 21.1 à la page 358).

Examinons le rapport entre les émissions nationales de gaz carbonique et la proportion de la population mondiale. Les États-Unis sont à l'origine d'environ 25 % de toutes les émissions, alors qu'ils n'abritent que 4,5 % de la population mondiale. Pour sa part, la Chine produit

14 % des émissions et regroupe plus de 20 % de la population mondiale, tandis que les 35 pays les moins développés sont à la source de moins de 1 % des émissions et représentent plus de 10 % de la population de la Terre.

Les pays développés ont donc été inscrits à l'annexe I de la convention, et il a été convenu que c'étaient ces pays, plutôt que les pays en développement, qui devaient être les premiers à limiter leurs émissions.

Cette démarche a aussi été intégrée au protocole de Kyoto, en vertu duquel seuls les pays développés sont tenus de procéder à des réductions de leurs émissions. Avant même l'adoption du protocole, le Sénat des États-Unis a approuvé la résolution Byrd-Hagel. Celle-ci indiquait clairement qu'il refuserait de ratifier tout accord qui n'obligerait pas les pays en développement, devenus des concurrents économiques des États-Unis, à réduire eux aussi leurs émissions.

Il est alors apparu clairement que, pour donner les résultats espérés, le futur régime relatif aux changements climatiques devait inclure les réductions d'émissions de pays comme la Chine et l'Inde. Toutefois, ces derniers n'envisageront même pas cette possibilité, si les États-Unis continuent à rejeter le protocole de Kyoto. La question fondamentale est la suivante : selon quels critères les pays devraient-ils être tenus de réduire leurs émissions ? La réponse la plus radicale et la plus équitable consisterait à attribuer à chaque personne une allocation fixe de carbone, ce qui permettrait sans doute aux riches de maintenir quelque peu leur mode de vie s'ils achetaient les allocations des pauvres. Une solution plus plausible réside dans l'établissement, puis la hausse d'un prix mondial du carbone, afin que le recours à des sources d'énergie autres que les combustibles fossiles offre une voie de développement qui devienne économiquement intéressante.

blème écologique mondial, on retrouve le fossé structurel séparant le Nord et le Sud (voir les chapitres 8 et 26). Dans le cas de l'accord signé à Montréal, une solution était disponible à un prix acceptable, par l'entremise du Fonds multilatéral pour la mise en œuvre du protocole de Montréal. En ce qui concerne les changements climatiques, la situation est encore une fois différente. L'un des plus importants **principes** énoncés dans la convention-cadre des Nations Unies sur les changements climatiques a trait aux responsabilités communes, mais différenciées. En effet, si les changements climatiques représentent un problème général pour tous, ils résultent néanmoins du développement des vieux pays industrialisés, qui doivent donc prendre l'initiative en réduisant leurs émissions de gaz à effet de serre (voir l'étude de cas, page ci-contre).

Les négociations tenues à Kyoto se sont conclues par un accord engageant la plupart des pays développés à procéder à des réductions variables de leurs émissions (voir l'encadré à la page 369), ce qui signifiait qu'une partie des objectifs de l'Union européenne était atteinte. Or, il s'est rapidement avéré que cet accord était tout à fait inadéquat, par rapport à l'ampleur prévue que prendrait le problème du réchauffement de la planète. L'Union européenne a alors accepté la proposition des États-Unis concernant les mécanismes propres au protocole de Kyoto et elle n'a pas cessé depuis de s'en faire un ardent défenseur. Lorsque le gouvernement Bush a refusé de signer le protocole de Kyoto en 2001, en disant que l'adhésion des États-Unis causerait des dommages irréparables à l'économie nationale, c'est l'Union européenne qui a alors hérité d'une grande partie de la tâche de veiller à ce que ce protocole entre en vigueur un jour. Cette tâche a mis à l'épreuve les capacités diplomatiques de cet acteur international d'un nouveau genre ainsi que de ses États membres. L'UE a aussi inauguré le premier système international d'échange d'émissions, à la fois pour diminuer les émissions de 8 % d'ici 2012 et pour encourager d'autres pays à participer à l'effort collectif nécessaire.

Le régime relatif aux changements climatiques pâtit, en fait, du problème du passager clandestin. Lorsque certains pays s'associent et acceptent de procéder à de coûteuses réductions de leurs émissions, les pays qui s'abstiennent de le faire peuvent alors tirer parti des bienfaits écologiques de ces réductions sans pour autant en payer le prix. Ainsi, il a été très difficile d'aller de l'avant dans ce domaine sans la participation des États-Unis, non seulement parce que ce pays produit environ un quart de toutes les émissions de CO_2 dans le monde, mais aussi du fait que son refus de signer le protocole affaiblit la volonté d'agir de certains autres pays, notamment les pays en développement rapide du Sud.

À la Conférence des parties tenue à Bali en 2007, le problème de la participation des États-Unis a été abordé au moyen d'un programme détaillé, dans le cadre duquel l'avenir de la convention et celui du protocole ont fait l'objet de négociations parallèles, auxquelles les États-Unis n'ont pas pris part. L'objectif était alors la conclusion d'une nouvelle entente avant la Conférence des parties prévue à Copenhague en 2009, l'Union européenne ainsi que d'autres pays développés ayant préalablement consenti à procéder à de futures réductions de leurs émissions. L'élection du président Barack Obama et son engagement à faire adopter une loi à caractère climatique aux États-Unis ont fait naître des espoirs. Les pays en développement ont continué d'exiger l'adoption du protocole de Kyoto et le versement d'une aide financière substantielle pour les aider à affronter les conséquences de la nouvelle situation et à s'y adapter. Quant à la Chine et l'Inde, elles ont proposé de veiller à une meilleure utilisation des combustibles fossiles, mais pas à de véritables réductions de leurs futures émissions envisagées. Aucun nouveau traité contraignant relatif au climat n'a été conclu. La conférence a plutôt pris acte de l'accord de Copenhague, adopté à la dernière minute par les États-Unis et les principaux pays en développement. Cet accord reconnaît la nécessité de limiter à moins de 2 °C les augmentations de température moyennes. Il ne représente pas un prolongement du protocole de Kyoto, même si les parties signataires se sont entendues pour amplifier les réductions d'émissions entreprises dans le cadre du protocole. Les pays concernés par l'annexe 1 ont consenti à réduire leurs émissions d'ici 2020 dans les proportions suivantes : de 20 ou 30 % (conditionnellement) pour l'UE et de 25 % pour le Japon, par rapport à 1990 dans ces deux cas, et de 17 % pour les États-Unis et le Canada, par rapport à 2005. Quant aux pays en développement non concernés par l'annexe 1, ils ont pris des engagements à caractère volontaire. La Chine et l'Inde ont promis de tenter de diminuer de 40 à 45 % et de 20 à 25 % respectivement la teneur en carbone de leurs émissions croissantes. Deux éléments positifs ressortent de cet accord : l'adoption d'un plan de réduction des émissions résultant du déboisement et de la dégradation de la forêt ; et la décision connexe d'instaurer un important fonds climatique à l'aide des contributions des pays concernés par l'annexe 1, qui s'élèveraient à 100 milliards de dollars américains par année. Ce fonds aurait pour but d'aider les pays en développement à amoindrir leurs émissions et à s'adapter aux effets des changements climatiques. L'accord de Copenhague, qui sera réexaminé en 2015, fixe un ordre du jour pour la mise au point du régime climatique. La coopération internationale n'a sans doute aucune tâche plus urgente ou plus importante qui l'attend.

À RETENIR

- En raison de leur caractère global et de leur profonde incidence sur les activités humaines essentielles, les changements climatiques constituent un problème prioritaire et de très grande envergure pour la coopération internationale.

- Un premier pas a été accompli grâce au protocole de Kyoto, mais son rejet par les États-Unis entrave la progression sur cette voie. Des accords beaucoup plus exigeants et plus contraignants seront nécessaires pour la période postérieure à 2012 et ils devront associer tant les pays développés que les principaux pays en développement dans le monde.

L'ENVIRONNEMENT ET LA THÉORIE DES RELATIONS INTERNATIONALES

La recherche universitaire sur les rapports entre les relations internationales et l'environnement a bien évidemment tenté de cerner les circonstances dans lesquelles une coopération internationale efficace est susceptible de s'établir. Nous venons de voir que cette question conserve encore toute son importance. La plupart des chercheurs ont fait appel au concept de régime tel que défini dans le chapitre 18. On peut d'ailleurs noter à quel point les traits constitutifs d'un régime – principes, normes, **règles** et **processus de prise de décision** – s'appliquent aux questions environnementales abordées ici (voir aussi le chapitre 9). Ceux qui tentent de faire le bilan des régimes en matière d'environnement adoptent le plus souvent une position institutionnaliste libérale ; ils soulignent, à titre de facteur de motivation essentiel, les gains communs découlant des solutions coopératives apportées au problème de la production de biens publics comme l'air pur (voir les chapitres 6 et 7). Un ajout substantiel à la littérature sur les régimes, effectué par des spécialistes en politique environnementale, reflète l'importance du savoir scientifique et du rôle des ONG dans ce domaine. Alors que les conceptions orthodoxes des régimes postulent que le comportement adopté s'explique par la recherche de puissance ou la défense d'un intérêt, ceux qui étudient la coopération environnementale internationale ont noté le rôle indépendant que joue l'évolution du savoir, en particulier le savoir scientifique. Cette conception cognitive se manifeste dans les études portant sur les façons dont des groupes transnationaux de scientifiques et de dirigeants politiques – souvent qualifiés de **communautés épistémiques** – ont orienté la mise au point de régimes écologiques (voir le chapitre 9).

L'analyse institutionnaliste libérale de la création de régimes représente peut-être encore la thèse prédominante concernant les changements écologiques mondiaux, mais ce n'est pas la seule. Elle s'appuie sur la prémisse importante, mais généralement implicite, selon laquelle le problème à résoudre consiste à instaurer une gouvernance mondiale dans le cadre d'un système fragmenté d'États souverains. Les auteurs d'inspiration marxiste et gramscienne rejettent cet angle de vue (voir le chapitre 8). D'après eux, le **système d'États** fait partie du problème plutôt que de la solution et l'objet d'étude approprié est la façon dont le **capitalisme** mondial reproduit des rapports qui sont profondément nuisibles à l'environnement. L'expansion mondiale des politiques néolibérales donne une forte impulsion aux éléments de la globalisation qui alimentent la crise écologique mondiale. Pensons à la consommation effrénée, à l'impératif de productivité, à la transformation de la nature en marchandise, à la délocalisation de la production dans les pays du Sud et au gaspillage irréfléchi des ressources (voir le chapitre 27). Les tenants de cette thèse soulignent également l'incapacité de l'État à faire autre chose que favoriser les tendances actuelles. Il s'ensuit que les efforts de coopération internationale décrits ici légitiment le statu quo, au pire, et, au mieux, qu'ils apportent quelques améliorations marginales après la destruction causée par le capitalisme mondial. Ces auteurs relèvent le fait que les concepts relatifs au libre marché sont toujours présents dans les discussions sur le développement durable et que les règles de l'OMC entravent souvent les tentatives de mettre au point une réglementation environnementale en matière d'OGM. Ce qui précède s'inscrit dans un débat plus large entre politologues à propos de la possibilité même que l'État puisse acquérir une conscience plus écologique. Pour les institutionnalistes néolibéraux, l'État et la coopération internationale demeurent les seuls mécanismes plausibles qui offrent la gouvernance mondiale nécessaire à une intervention, peu importe le délai, pour parer à une menace aussi immédiate et aussi forte que les changements climatiques ; il faut simplement tirer le meilleur parti possible des présentes structures étatiques et internationales.

L'autre lien théorique qui doit être établi a trait à la préoccupation première de la conception orthodoxe des relations internationales, soit la **sécurité** (voir le chapitre 14). Ce lien peut se représenter de deux façons. D'abord, il est reconnu que les changements écologiques contribuent à l'apparition de conflits internes et même de guerres interétatiques, quoique les rapports de causalité à cet égard soient complexes et comportent de nombreux facteurs. Il est déjà clair que la désertification et la dégradation de ressources vitales sont étroitement liées aux cycles de la pauvreté, de la misère et de la guerre en Afrique. À la lumière de conséquences possibles des changements climatiques – des migrations massives de populations de part et d'autre des frontières internationales et de graves pénuries d'eau et d'autres ressources –, on peut entrevoir les grands traits de conflits futurs éventuels (voir les chapitres 26 et 27).

Le lien mis en évidence entre les changements écologiques et les conflits armés résulte essentiellement d'un prolongement de la pensée stratégique classique, définie en termes de violence collective et d'attaques dirigées contre l'État. Une question plus troublante peut toutefois être posée ici : faut-il maintenant redéfinir le concept de sécurité afin qu'il englobe les menaces contre l'environnement, en plus de celles qui découlent du **terrorisme** et de la guerre (voir le chapitre 13) ? Étant donné que les populations sont plus vivement conscientes de toute l'ampleur des enjeux climatiques, le discours politique a commencé à présenter le problème de l'environnement comme un problème de sécurité. Puisque les gouvernements accordent généralement la priorité aux questions de sécurité, les personnes qui souhaitent mobiliser l'attention et les ressources politiques et qui préconisent une adaptation sociale éventuellement douloureuse seront tentées d'élargir les définitions traditionnelles du concept de sécurité.

À RETENIR

- L'environnement offre un terrain fertile aux spécialistes des relations internationales qui se proposent de définir les conditions propices à l'émergence d'une coopération internationale efficace.

- Les chercheurs n'accordent pas tous la même importance aux différents types de facteurs explicatifs qu'ils évoquent dans leurs analyses des efforts déployés pour instaurer des régimes écologiques internationaux. Parmi ces facteurs figurent des évaluations sommaires de la puissance et des intérêts d'acteurs-clés comme les États, des éléments cognitifs tels que le savoir scientifique partagé, l'incidence des acteurs non gouvernementaux et même la possibilité que le système d'États fasse lui-même partie du problème étudié.

- Les spécialistes en relations internationales cherchent aussi à déterminer dans quelle mesure l'environnement en général et certains problèmes écologiques en particulier sont maintenant présentés comme des questions de sécurité dans le discours universitaire, politique et populaire, d'une part, et à quel point la tendance à dépeindre les enjeux environnementaux comme un risque pour la sécurité est souhaitable, d'autre part.

CONCLUSION

Le présent chapitre montre brièvement que les questions environnementales ont perdu leur caractère marginal et occupent une place de plus en plus importante à l'ordre du jour international. Aujourd'hui, l'enjeu des changements climatiques est devenu au moins aussi important que tout autre problème et est peut-être même considéré comme le plus crucial qu'affronte l'humanité. La prééminence qu'ont acquise les questions environnementales est étroitement liée à la globalisation, en raison des pressions que celle-ci exerce sur la capacité qu'a la Terre de soutenir les niveaux de consommation, l'exploitation intensive des ressources et la hausse des émissions de gaz à effet de serre. La globalisation a également favorisé les politiques vertes transnationales et les interventions des ONG en vue de sensibiliser davantage les populations, d'influencer les conférences internationales et même de surveiller la mise en œuvre des accords conclus par les États.

À tout moment, deux aspects distincts de la politique environnementale internationale ont joué un rôle fondamental. Il y a d'abord les rapports complexes entre le savoir scientifique sur la biosphère, l'action politique et les politiques publiques, comme l'illustre l'interaction entre le GIEC et les mesures prises par les gouvernements qui élaborent le régime relatif au climat. Il y a ensuite le lien entre l'environnement et le développement ; il s'est manifesté dans la signification changeante donnée au concept de développement durable et dont la prise en compte a été nécessaire avant toute action internationale concernant un large éventail de questions écologiques. Plus qu'ailleurs, c'est dans les débats sur l'orientation future du régime relatif au climat que ce lien a été le plus évident.

La réaction internationale aux changements écologiques a pris la forme de tentatives de définir la gouvernance environnementale globale au moyen d'une coopération étendue entre les gouvernements. Le présent chapitre vise à mettre en relief l'ampleur et les fonctions des efforts déployés pour l'instauration de régimes qui offrent à la communauté internationale une base à partir de laquelle elle peut s'attaquer aux problèmes climatiques. La communauté universitaire a généralement participé à une telle entreprise en se concentrant sur la façon dont les régimes peuvent être formés et soutenus. Des théoriciens plus critiques adoptent un point de vue différent sur la signification de la coopération internationale (voir le chapitre 8). De plus, les défis que l'épineuse situation écologique mondiale représente pour la théorie des relations internationales lui imposeront sans aucun doute la nécessité d'examiner en détail les liens entre la sécurité, les changements climatiques et la globalisation.

QUESTIONS

1. La globalisation comporte-t-elle des dimensions environnementales ? Définissez-en les grandes lignes.

2. Quels sont les aspects positifs et négatifs des dimensions environnementales de la globalisation ?

3. Pourquoi parle-t-on d'un changement dans la politique internationale en matière d'environnement dans ce chapitre ?

4. Nommez les principaux jalons historiques d'un tel changement.

5. Qu'est-ce que le développement durable ?

6. Expliquez les recommandations de la commission Brundtland (1987) ainsi que celles du Sommet de la Terre (1992).

7. Le commerce international et la protection de l'environnement sont-ils compatibles ?

8. Établissez les liens entre les enjeux environnementaux, d'une part, et la sécurité nationale et mondiale, d'autre part.

9. Quels sont les principaux problèmes de coopération Nord-Sud posés par les changements climatiques et par la réduction de la couche d'ozone ?

10. Dans quelle mesure l'hégémonie américaine contribue-t-elle à la solution ou au problème dans l'important dossier des changements climatiques ?

Lectures utiles

Andrade, C. et R. Taravella, « Les oubliés de la réforme de la Gouvernance internationale de l'environnement », *Critique internationale*, n° 45, 2009, p. 119-139. Une étude critique qui compare le néogramscianisme et l'institutionnalisme néolibéral quant au rôle des acteurs privés dans la gouvernance globale de l'environnement.

Çoban, A., « Entre les droits de souveraineté des États et les droits de propriété : la régulation de la biodiversité », *A contrario*, vol. 2, n° 2, 2004, p. 138-166. Une analyse de l'économie politique internationale de la biodiversité, qui cherche à démontrer que les droits des États comme ceux des acteurs non étatiques privés concourent à la marchandisation des ressources biologiques.

Damian, M. et J.-C. Graz, « L'Organisation mondiale du commerce, l'environnement et la contestation écologique », *Revue internationale des sciences sociales*, n° 170, 2001, p. 657-670. Une discussion sur l'influence des ONG écologistes au sein de l'OMC, où l'intégration véritable des enjeux environnementaux et commerciaux demeure toutefois limitée.

Dauvergne, P. (dir.), *Handbook of Global Environmental Politics,* Cheltenham, Edward Elgar, 2005. Un ouvrage collectif fort complet renfermant une trentaine de chapitres thématiques qui offrent une très bonne vue d'ensemble de la politique environnementale mondiale et des principaux débats et questions qui l'animent.

de Perthuis, C., « Protocole de Kyoto : les enjeux post-2012 », *Revue internationale et stratégique*, n° 60, 2005, p. 127-138. Une étude sur l'avenir du protocole de Kyoto, notamment sur la notion des droits de polluer dans le cas des États-Unis, de la Russie et de l'Union européenne.

Dufault, É., « Revoir le lien entre dégradation environnementale et conflit : l'insécurité environnementale comme instrument de mobilisation », *Cultures & Conflits*, n° 54, 2004, p. 105-131. L'école de sécurité critique de Copenhague est à la source de cet article qui suggère que l'insécurité en matière environnementale pourrait donner lieu à des mobilisations identitaires qui seraient politiquement manipulées.

Gendron, C., J.-G. Vaillancourt et R. Audet (dir.), *Développement durable et responsabilité sociale. De la mobilisation à l'institutionnalisation,* Montréal, Presses internationales Polytechnique, 2010. Une analyse multidisciplinaire de l'émergence des cadres de réglementation en matière environnementale dans les secteurs privés, intergouvernementaux et gouvernementaux.

Hugon, P., « Environnement et développement économique : les enjeux posés par le développement durable », *Revue internationale et stratégique*, n° 60, 2005, p. 113-126. Une discussion critique sur les modèles de développement économique axés sur la croissance, suivie d'une analyse de l'émergence de réglementations mondiales en matière environnementale.

Le Prestre, P., *Écopolitique internationale*, Québec, Guérin, 1997. Une introduction exhaustive aux enjeux environnementaux dans les relations internationales, notamment la coopération internationale, les relations Nord-Sud, les liens entre l'environnement et le commerce, et la notion de sécurité environnementale.

Trommetter, W., « Biodiversité et mondialisation : défi global, réponses locales », *Politique étrangère*, vol. 68, n° 2, 2003, p. 381-393. Compte tenu de l'interdépendance des écosystèmes, cet article offre un point de vue éclairant sur la distinction fondamentale entre les biens publics globaux et les biens communs.

Chapitre 22

LE TERRORISME ET LA GLOBALISATION

James D. Kiras

GUIDE DE LECTURE

La globalisation a contribué à donner une ampleur mondiale au terrorisme, un phénomène jusqu'alors plutôt régional. La nature exacte de cette contribution demeure cependant difficile à déterminer, en raison de la complexité du terrorisme et des divergences de vues à propos de ce qu'est la globalisation. Les liens entre le terrorisme mondial et la globalisation ont été expliqués en termes culturels, économiques et religieux. Le recours à de tels aspects est nécessaire, mais insuffisant pour comprendre pleinement ces liens. La technologie associée à la globalisation a permis aux groupes terroristes de mener des opérations plus meurtrières, plus vastes et plus difficiles à contrer que par le passé. L'avantage technologique n'est toutefois pas l'apanage d'un seul protagoniste, de sorte que les États peuvent, eux aussi, faire appel à la technologie pour prévenir le terrorisme dans le monde.

INTRODUCTION

Il est difficile de décrire précisément les rapports entre le **terrorisme** et la **globalisation**. Chacun de ces deux phénomènes est lui-même complexe, et leurs tenants et aboutissants ne font pas consensus. Il est faux de prétendre que la globalisation est responsable du terrorisme, mais il est indéniable que les groupes terroristes ont exploité à leur avantage les technologies associées à la globalisation. Grâce à elles, ces groupes sont désormais en meilleure position pour coordonner leurs actions, partager leur information et atteindre des auditoires auparavant inaccessibles. Les technologies ne peuvent cependant pas modifier l'essence du message terroriste ni la nature des luttes menées. Le terrorisme est une arme des faibles qu'utilise une minorité d'individus préconisant une idéologie extrémiste ; il ne parvient pas souvent à imposer des changements politiques.

La communauté mondiale n'est pas impuissante devant la violence terroriste. Pour triompher, elle doit se servir collectivement de toutes les ressources à sa disposition afin de miner l'appui donné aux terroristes et de démontrer le caractère illégitime de leurs aspirations et de leurs messages.

QUELQUES DÉFINITIONS

Le terrorisme et la globalisation partagent au moins un trait commun : ce sont deux phénomènes complexes qui se prêtent à des interprétations subjectives.

Si les définitions du terrorisme varient beaucoup, elles procèdent toutes d'un même point de départ. Le terrorisme se caractérise d'abord et avant tout par le recours à la violence. En tant que tactique, la violence peut revêtir de nombreuses formes et elle vise souvent aveuglément des non-combattants. Ce sont les motivations et les causes profondes de ce recours à la violence qui alimentent la plupart des désaccords à ce sujet. Historiquement, le terme « terrorisme » a désigné la brutalité commise par l'**État** contre les citoyens durant la Révolution française. Au cours des cinquante dernières années, toutefois, la notion de terrorisme a fini par signifier l'emploi de la violence par de petits groupes qui cherchent à imposer des changements politiques. Le terrorisme diffère des actes criminels par son degré de légitimité politique. Les sympathisants des causes que défendent les terroristes affirment que la violence est la seule option disponible qui peut attirer l'attention sur la situation critique des démunis. Parmi ces causes figurent l'exclusion et la persécution idéologiques, ethniques ou religieuses.

S'il est difficile de définir le terrorisme, c'est aussi parce que des groupes expriment souvent de multiples revendications et rivalisent entre eux pour obtenir des ressources et des appuis. De plus, l'importance relative des revendications au sein des groupes se modifie parfois au fil du temps (voir l'encadré « Pour en savoir plus » ci-dessous). Ceux qui sont visés par les terroristes sont peu enclins à justifier, et encore moins à légitimer, des actes conçus pour faire des victimes civiles et ainsi répandre la peur. Le terme « terroriste » a donc graduellement acquis une connotation péjorative qui contribue à dépouiller de toute légitimité ceux qui commettent de tels actes.

Il est ardu de parvenir à un consensus sur ce qu'est le terrorisme, et le principal objet des désaccords observés en la matière réside dans la légitimité des méthodes et des moyens utilisés (voir l'encadré « Pour en savoir plus » de la page ci-contre). Certains considèrent que les actes terroristes sont légitimes seulement s'ils satisfont aux critères associés à la tradition de la guerre juste. Ces critères, qui valent pour l'usage de la force sous toutes ses formes, ont été élargis et comprennent maintenant d'autres éléments : la présence d'une cause juste, un usage proportionné de la violence et le recours à la

> POUR EN SAVOIR PLUS
>
> ## Les types de groupes terroristes
>
> Voici comment Audrey Kurth Cronin, qui enseigne la stratégie, décrit les différents types de groupes terroristes ainsi que leur importance dans l'histoire.
>
> Elle estime que les organisations terroristes actives aujourd'hui dans le monde se répartissent entre quatre types, principalement selon leur source de motivation : les terroristes de gauche, ceux de droite, les terroristes ethnonationalistes ou séparatistes et les terroristes religieux ou du « sacré ». Chacun de ces types a connu une période de prééminence relative à l'époque moderne : le terrorisme de gauche a été étroitement associé au mouvement communiste et celui de droite s'est inspiré du fascisme. La plus grande partie du terrorisme ethnonationaliste ou séparatiste, quant à lui, a accompagné le mouvement de décolonisation, notamment dans les premières années de l'après-guerre. De nos jours, c'est le terrorisme du sacré qui gagne en importance. Bien sûr, ces différents types ne sont pas figés, puisque de nombreux groupes tirent leur motivation d'idéologies variées. Certains groupes ethnonationalistes, par exemple, présentent des caractéristiques ou des revendications à caractère religieux, mais, en général, une idéologie ou une motivation principale domine les autres.
>
> *(Cronin, 2002-2003, p. 39)*

force comme ultime mesure. Les réalistes soutiennent que l'emploi de la violence politique par des groupes terroristes est illégitime parce que seuls les États ont le monopole de l'usage légitime de la force physique.

Pourtant, même en ce qui concerne l'usage de la violence par les États, il existe des désaccords quant à ce que signifie un recours légitime à la force des armes. Par exemple, dans les années 1980, la Libye a parrainé des actes terroristes dans le but d'attaquer indirectement les États-Unis, la France et le Royaume-Uni. Les réactions de ces États ont pris plusieurs formes : une condamnation de ce parrainage libyen contraire aux **normes** internationales, une imposition de sanctions, des poursuites intentées devant des tribunaux internationaux

---

POUR EN SAVOIR PLUS

La légitimité

Une spécialiste des études sur le terrorisme, Martha Crenshaw, propose une démarche à la fois analytique et subjective afin de déterminer la légitimité des actes de violence terroriste.

D'après Crenshaw, l'intérêt de la démarche normative concernant le terrorisme réside dans le fait qu'elle aborde un problème crucial lié à l'analyse du terrorisme et même de toute forme de violence politique : la question de la légitimité. Les terroristes de gauche rejettent la légitimité de l'État et considèrent qu'il est moralement justifié de combattre le pouvoir établi par la violence. Les terroristes de droite contestent la légitimité de toute opposition et soutiennent que les vertus du statu quo autorisent le recours à la violence pour le maintien de l'ordre. La spécialiste est d'avis que la nécessité d'une réflexion fondée sur l'objectivité et l'abstraction ne nous épargne pas l'obligation de porter un jugement moral sur l'usage de la force, que ce soit par l'État ou contre lui.

Elle ajoute qu'il y a deux façons de considérer la moralité.

Il y a la moralité des fins et celle des moyens. On se demandera d'abord si les buts des terroristes sont démocratiques ou non. Autrement dit, est-ce qu'ils cherchent à créer ou à perpétuer un régime de privilèges et d'inégalités, à priver d'autres personnes de leur liberté ou à favoriser l'instauration de la justice, de la liberté et de l'égalité ? Le terrorisme ne doit pas, comme le comprennent bien les terroristes eux-mêmes, engendrer une injustice plus aiguë que celle qu'ils combattent. On peut aussi juger de la moralité des cibles visées. Le choix de ces cibles revêt une importance morale, comme l'illustre la différence entre s'attaquer à des objets matériels et attenter à des vies humaines.

(Crenshaw, 1983, p. 2-4)

---

et des recours occasionnels à la force. Les désaccords relatifs à l'invasion de l'Iraq en 2003, dirigée par les États-Unis, résultent des différentes réponses données à la question de savoir si les conditions propres à une guerre juste étaient présentes ou non avant le début des opérations militaires. Certains sont d'avis que ces conditions étaient absentes et que les actions de la coalition doivent être considérées comme des actes de terrorisme accomplis par des États. Les dirigeants des États-Unis et du Royaume-Uni rejettent une telle opinion, au motif qu'ils ont supprimé un danger plus menaçant. La violation des normes internationales résultant de la lutte menée contre les terroristes risque toujours d'alimenter l'impression que l'État lui-même représente une menace terroriste. Des voix critiques estiment que la politique américaine relative aux détenus accusés de terrorisme et à leur transfert secret mine la crédibilité des États-Unis à titre de pays qui se fait le champion des droits et libertés individuels partout dans le monde.

Comme d'autres formes de guerre irrégulière, le terrorisme cherche à imposer des changements politiques en vue d'acquérir un certain pouvoir pour corriger un préjudice perçu. Il constitue toutefois la plus faible forme de guerre irrégulière employée pour modifier le paysage politique. Cette faiblesse découle du fait que les groupes terroristes peuvent rarement compter sur l'appui général d'une population que rallient plus facilement une insurrection ou une révolution. Les groupes terroristes ne reçoivent pas souvent un fort soutien, parce que leurs objectifs de changement sont fondés sur des idées radicales auxquelles n'adhère pas un vaste auditoire. Pour susciter des changements, les terroristes doivent tenter soit de les catalyser en provoquant des réactions draconiennes soit d'affaiblir la résistance morale de leurs adversaires. À quelques reprises, des actes terroristes ont mené à des changements relativement rapides. Ainsi, les attentats à la bombe commis à Madrid en 2004 ont eu une influence marquée sur les résultats des élections législatives tenues en Espagne peu après ; certains soutiennent que c'était là l'objectif que visaient les auteurs de ces attentats. De nombreux dirigeants terroristes espèrent que leurs actions provoqueront des réactions disproportionnées de la part d'un État de sorte que ces réactions entraînent elles-mêmes un désenchantement de l'opinion publique nationale ou internationale et amplifient l'appui à leur cause. D'aucuns prétendent, par exemple, qu'al-Qaïda a poussé les États-Unis à envahir l'Iraq et à l'occuper et que, par conséquent, le recrutement de terroristes en a été grandement favorisé. Les campagnes terroristes s'étendent toutefois souvent sur des années ou des décennies avant de donner des résultats tangibles, si bien que la nature et l'ampleur de la force employée deviennent parfois problématiques. Les groupes terroristes sont susceptibles de tomber dans l'oubli s'ils cessent d'effrayer les populations ou de lancer des attaques dignes d'être mentionnées dans les médias. Par contre, comme la violence qui sévit en Iraq depuis les événements du 11 septembre le montre bien, des actes poussant l'horreur à son comble – tels que les décapitations annoncées et diffusées sur vidéo – risquent de fragiliser l'appui donné aux causes terroristes.

Pour nos fins, le terrorisme se définit comme suit: emploi de la violence par des groupes sous-étatiques pour susciter la peur, au moyen d'attaques dirigées contre des civils ou des cibles symboliques, en vue d'attirer fortement l'attention sur une revendication, de provoquer une réaction vigoureuse ou d'affaiblir le moral de leurs adversaires, dans l'espoir qu'il s'ensuive des changements politiques.

À l'instar des définitions du terrorisme, il y a au moins un trait de la globalisation qui est consensuel. Les technologies actuelles permettent le transfert rapide et efficace de biens, de services et d'information presque partout dans le monde. Dans le cas de l'information, ce transfert peut être effectué en toute sécurité et d'une façon quasi instantanée. L'ampleur des changements sociaux, culturels et politiques issus de la globalisation, y compris l'homogénéité et les interrelations croissantes du **système international**, demeure néanmoins l'objet de maints débats et désaccords, ainsi que le soulignent d'autres chapitres du présent ouvrage. Ces désaccords orientent eux-mêmes les discussions relatives à l'influence de la globalisation sur l'essor du terrorisme moderne. Il est indubitable que les technologies associées à la globalisation ont aidé les groupes terroristes à étendre leur portée et à rendre leurs opérations plus meurtrières. Le lien entre la globalisation et le terrorisme doit être compris comme la suite logique de l'évolution de la violence politique depuis que le terrorisme est devenu un phénomène transnational, dans les années 1960. C'est pourquoi, dans la prochaine section, on se penche sur la façon dont le terrorisme s'est transformé, après une phase transnationale, en un phénomène mondial.

À RETENIR

- Il demeure difficile de formuler une définition consensuelle du terrorisme, étant donné la vaste gamme d'actes à caractère violent.

- Le terrorisme, c'est-à-dire des actes de violence commis par des groupes sous-étatiques, se distingue des autres

actes criminels en raison de l'objectif pour lequel il recourt à la violence, soit la poursuite de changements politiques.

- Les groupes terroristes parviennent à leurs fins lorsque leurs motivations ou leurs revendications acquièrent une certaine légitimité aux yeux d'un large auditoire. Les réactions disproportionnées ou trop fortes des États à la suite d'actes terroristes contribuent à légitimer les groupes extrémistes violents.

- Si la définition de la globalisation, comme celle du terrorisme, se prête à différentes interprétations, il s'avère que les technologies associées à la globalisation ont accru les capacités d'action des groupes terroristes.

LE TERRORISME: UN PHÉNOMÈNE TRANSNATIONAL DEVENU MONDIAL (1968-2001)

Historiquement, les terroristes se sont servis de moyens facilement accessibles pour aider de petits groupes de personnes à répandre la peur le plus largement possible. À la fin du XIXe siècle et au début du XXe, les anarchistes employaient des armes de poing et de la dynamite. L'incidence des actes terroristes s'étendait alors rarement au-delà des frontières nationales. Trois facteurs ont favorisé l'apparition du terrorisme transnational à compter de 1968: l'expansion du transport aérien commercial, la couverture télévisuelle des événements dans le monde et la convergence des intérêts politiques et idéologiques des extrémistes violents vers une cause commune. À partir de cette époque, le terrorisme a perdu son caractère local et s'est transformé en une menace transnationale. Grâce au transport aérien, les terroristes ont pu profiter d'une mobilité sans précédent. Ainsi, l'armée rouge japonaise s'entraînait dans un pays et passait à l'attaque dans un autre, comme en témoigne le massacre qu'elle a commis, au nom du Front populaire de libération de la Palestine, à l'aéroport de Lod, en Israël, en 1972. D'autres raisons expliquent pourquoi les terroristes ont adopté le transport aérien comme moyen d'action. Les mesures de sécurité dans les aéroports, y compris le contrôle des passeports, étaient presque inexistantes lorsqu'ils ont commencé à détourner des avions civils. La piraterie aérienne convenait bien aux objectifs des terroristes, car elle offrait une mobilité relative et, par le fait même, une certaine **sécurité** aux auteurs d'un détournement d'avion. En outre, les États cédaient aux exigences des terroristes, ce qui encourageait ces derniers à monter de nouvelles opérations. Le succès de la piraterie aérienne a incité d'autres extrémistes, ainsi que des criminels et des réfugiés politiques, à préparer divers détournements d'avion, de sorte que leur nombre s'est rapidement multiplié, passant de cinq en 1966 à 94 en 1969. L'adhésion à des idéologies politiques communes a favorisé la **coopération** et des échanges limités entre des groupes aussi diversifiés que l'armée républicaine irlandaise (IRA) et l'organisation indépendantiste basque Euzkadi Ta Askatasuna (ETA). En plus de partager leurs techniques et leur expérience sur le terrain, des groupes réclamaient la libération de camarades révolutionnaires emprisonnés dans différents pays et donnaient ainsi l'impression de former un réseau terroriste mondial coordonné. En fait, ces organisations nouaient des rapports utilitaires, en matière d'armes, de capacités d'action et de ressources financières, pour tenter d'atteindre leurs objectifs politiques locaux.

La couverture télévisuelle des événements a également contribué à élargir l'auditoire de ceux qui pouvaient observer le spectacle du terrorisme à partir de leur propre foyer. Des personnes n'ayant jamais entendu parler du sort des Palestiniens en ont été un peu mieux informées après la diffusion en direct de la prise d'otages menée par le groupe Septembre noir, pendant les Jeux olympiques de Munich, en 1972. Si la couverture médiatique a été décrite comme l'oxygène qui alimente le terrorisme, les protagonistes ont fini par se rendre compte que les journalistes et le public se désintéressaient peu à peu de la répétition des mêmes actes. Afin de ranimer l'intérêt des téléspectateurs et d'obtenir une meilleure couverture, des groupes terroristes ont lancé des attaques toujours plus spectaculaires, comme la prise en otages, par Carlos le Chacal, des délégués de l'Organisation des pays exportateurs de pétrole qui s'étaient réunis en Autriche en décembre 1975.

Les actes des terroristes n'ont toutefois jamais dépassé certaines limites. Les spécialistes de la question ont supposé que les dirigeants revendicateurs avaient compris qu'ils franchiraient un seuil de violence, s'ils commettaient des attentats horribles faisant d'innombrables victimes. Cela expliquerait pourquoi peu de groupes terroristes ont tenté d'acquérir ou d'utiliser des **armes de destruction massive** à caractère nucléaire, chimique ou biologique.

En 1979, la révolution islamique, en Iran, a été un événement marquant en matière de terrorisme transnational. Divers groupes ont alors commencé à s'en prendre à des citoyens et à des symboles des États-Unis, même si les intérêts israéliens sont demeurés des cibles d'attaque prioritaires, par solidarité avec la cause palestinienne. La décennie du terrorisme (1980-1990),

avec des attentats suicides (au Liban, en 1983) et des détournements d'avion (le vol 847 de TWA, en 1985), a vu émerger trois tendances inquiétantes : des attentats moins nombreux, mais plus meurtriers et plus aveugles, une préparation plus minutieuse des attaques lancées et un plus grand nombre d'attentats suicides.

Avec la fin de la **guerre froide**, le terrorisme a pris une nouvelle orientation. Les groupes marxistes-léninistes transnationaux ont pu constater que leur réseau d'appui s'était effondré. Par ailleurs, les corps policiers et les forces paramilitaires gagnaient toujours en efficacité dans leur **lutte contre le terrorisme**. D'autres groupes terroristes se sont aperçus que les attaques transnationales étaient contre-productives et les éloignaient de leurs objectifs locaux. À titre d'exemple, l'ETA et l'IRA ont cherché à entamer des négociations avec leurs interlocuteurs tout en perpétrant des attentats pour donner plus de poids à leurs arguments et pour demeurer visibles sur le plan national. Puis, tandis que la portée et l'intensité du terrorisme marxiste-léniniste transnational s'atténuaient, le terrorisme islamique militant, symbolisé par le groupe al-Qaïda et aidé par la globalisation, se transformait en un phénomène mondial.

À RETENIR

- Parmi les tendances qui caractérisent le terrorisme depuis 1968, on trouve l'aspect transnational des attaques, une hausse du nombre des victimes, une préparation plus minutieuse des opérations réalisées et le recours aux attentats suicides.

- Depuis 1979, la majorité des attaques terroristes transnationales visent des citoyens et des symboles américains.

- Les groupes marxistes-léninistes transnationaux ont fait place à des groupes terroristes islamiques militants d'une ampleur mondiale.

L'INCIDENCE DE LA GLOBALISATION SUR LE TERRORISME

Al-Qaïda (mots qui signifient «la base») a acquis une notoriété mondiale à la suite des attaques commises à New York et à Washington le **11 septembre 2001**. Mais qu'est-ce qu'al-Qaïda, exactement? Est-ce un groupe terroriste mondial qui menace la civilisation et les valeurs occidentales? Un pourvoyeur sous-étatique de ressources matérielles et financières destinées à des groupes terroristes analogues? Ou simplement le défenseur d'un ensemble de convictions extrémistes qui justifie la violence politique pour nourrir des mythes islamiques militants ? Les spécialistes ne s'accordent pas tous sur la nature d'al-Qaïda, sur ce qu'elle représente et sur la véritable menace qu'elle constitue. Si ces désaccords se maintiennent encore aujourd'hui, c'est en partie parce qu'al-Qaïda, en tant que porte-étendard de l'islam militant, s'est transformée depuis l'invasion de l'Afghanistan. Immédiatement après le 11 septembre 2001, elle a été dépeinte comme le centre d'une mouvance terroriste mondiale ayant des liens avec presque tous les groupes terroristes. Plus récemment, toutefois, cette organisation terroriste est apparue moins comme un groupe et plus comme un mouvement mondial qui exploite et offre son propre modèle d'un islam militant au sein d'un **réseau** approximatif de cellules et de groupes qu'on pourrait qualifier de franchisés (voir l'encadré «Pour en savoir plus» ci-dessous). Quel que soit le jugement porté sur al-Qaïda, il est impossible de nier l'influence et l'attrait que son message exerce dans le monde. Les thèses avancées pour expliquer la vitalité du terrorisme mondial en général, et d'al-Qaïda en particulier, se concentrent

sur trois domaines liés à certaines dimensions de la globalisation : la culture, l'économie et la religion.

Les explications culturelles

Des facteurs culturels peuvent expliquer pourquoi les appels à la lutte armée que lance l'islam militant ont été si bien entendus dans les pays sous-développés. La violence serait perçue comme le seul moyen permettant de protéger les traditions et les valeurs contre l'impérialisme culturel du **matérialisme** et des produits occidentaux. Auparavant recherchées en tant que voies d'accès à la prospérité économique, les valeurs matérialistes et laïques de l'Occident sont de plus en plus rejetées par ceux qui aspirent à retrouver leur propre identité culturelle ou à la préserver. Les changements sociaux associés à la globalisation et à l'expansion du **capitalisme** et du libre marché semblent effacer l'**identité** ou les valeurs de groupes qui se considèrent comme les perdants du nouveau système international. Dans l'espoir de protéger leur identité et leurs valeurs qu'ils sentent menacées, certains groupes se distinguent activement d'autres groupes méprisés. À l'échelle locale, de telles frictions culturelles peuvent engendrer des conflits d'ordre religieux ou ethnique entre des protagonistes qui cherchent à sauvegarder leur identité.

Selon l'une des thèses avancées, les civilisations distinctes seraient toutefois assez peu nombreuses dans le monde : il y aurait les civilisations occidentale, confucéenne, japonaise, musulmane, hindoue, slave orthodoxe et latino-américaine (Huntington, 1993, p. 25). Des facteurs géographiques et une stabilité culturelle relative restreignent les frictions entre certaines de ces civilisations. Lorsque des individus ont le sentiment que la leur est faible, menacée ou stagnante et que les relations entre une civilisation faible et une civilisation forte sont soutenues, un conflit devient parfois inévitable. D'après Samuel Huntington, un profond fossé sépare la civilisation occidentale libérale et une civilisation musulmane incapable de façonner son propre destin. Cette dernière se dit humiliée et indignée par la présence militaire occidentale dans le golfe Persique et par la domination militaire écrasante de l'Occident (1993, p. 32).

Cependant, les critiques des thèses d'Huntington considèrent, entre autres choses, que celui-ci attribue au monde musulman un degré d'homogénéité simplement inexistant. Sur les plans théologique et social, la civilisation musulmane comporte elle-même de profondes dissensions qui entravent la coopération requise pour pouvoir défier l'Occident. La violence sectaire extrêmement sanglante opposant les sunnites et les chiites en Iraq et les appels au meurtre de non-combattants et de

> **POUR EN SAVOIR PLUS**
>
> ## Le mouvement associé à al-Qaïda
>
> Au début de 2006, le bureau du chef d'état-major interarmées, au Pentagone, a publié le *National Military Strategic Plan for the War on Terrorism (Plan stratégique militaire national pour la guerre menée contre le terrorisme)*, qui décrit la nature changeante du terrorisme islamique militant.
>
> Dans ce document, on peut lire qu'il n'existe pas de réseau ennemi monolithique poursuivant un ensemble bien précis d'objectifs. La menace est de nature plus complexe. Dans la guerre internationale contre le terrorisme, l'ennemi principal est un mouvement mondial rassemblant des organisations, des réseaux et des individus extrémistes ainsi que les États et les autres entités qui les appuient. Ceux-ci exploitent tous l'islam et utilisent le terrorisme à des fins idéologiques. Le mouvement associé à al-Qaïda, qui comprend al-Qaïda et des extrémistes affiliés, est la plus dangereuse manifestation actuelle d'un tel extrémisme. L'adaptation ou l'évolution du réseau al-Qaïda s'est traduite par la création d'un mouvement extrémiste, que des analystes du renseignement ont désigné en anglais par l'acronyme AQAM (Al Qaida and Associated Movement). Ce mouvement prolonge l'extrémisme et les tactiques terroristes bien au-delà de l'organisation originale. Cette adaptation a entraîné une décentralisation de l'autorité dans le réseau et une sorte de franchisage des actions extrémistes au sein du mouvement.
>
> (National Military Strategic Plan for the War on Terrorism *[non confidentiel]*, 2006, p. 13)

FIGURE 22.1   La nébuleuse terroriste et ses régions

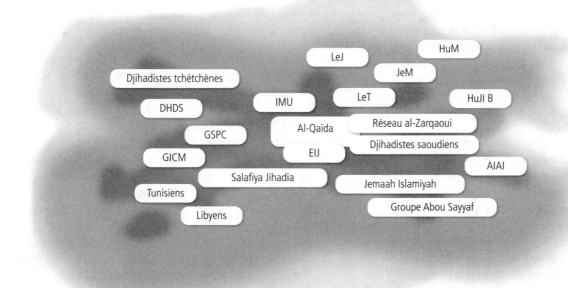

	Al-Qaïda		Groupes étroitement associés		Groupes sympathisants

AIAI	Al-Itihaad al-Islami (Somalie)	HuM	Harakat-ul-Mujahideen (Pakistan et Cachemire)
DHDS	Dhamat Houmet Daawa Salafia (Algérie)	IMU	Mouvement islamique de l'Ouzbékistan
EIJ	Djihad islamique égyptien	JeM	Jaish-e-Mohammed (Pakistan et Cachemire)
GICM	Groupe islamique combattant marocain	LeJ	Lashkar-e-Jhangvi (Pakistan)
GSPC	Groupe salafiste pour la prédication et le combat	LeT	Lashkar-e-Taiba (Pakistan et Cachemire)
HuJI B	Harakat-ul-Jihad Islami Bangladesh		

Source: Rabasa et Chalk, 2006, p. 80.

coreligionnaires musulmans que lancent des islamistes militants constituent autant d'exemples qui révèlent la présence de ces dissensions internes très réelles. Les non-croyants sont placés dans la catégorie des infidèles (les adeptes d'une autre religion) ou des apostats (les musulmans ne partageant pas la même interprétation du Coran). Ainsi, l'appui sans équivoque donné par Oussama Ben Laden à Abou Moussab al-Zarqaoui pour l'exécution de chiites en Iraq en 2005 ne rejoint pas la communauté musulmane modérée, bien plus large en nombre qu'il n'est souvent perçu. Celle-ci remet en cause le caractère moral des moyens utilisés et, par le fait même, la légitimité de Ben Laden et de l'islam militant en tant que défenseurs par excellence des valeurs islamiques.

Les explications économiques

Il existe une thèse selon laquelle la volonté de protéger la culture ou l'identité représente la principale motivation pour recourir à la violence terroriste dans le monde. Or, elle ne fait pas l'unanimité. Certains pensent que le terrorisme à des fins de changement politique est essentiellement motivé par des facteurs qui relèvent davantage de l'économie.

S'il est vrai que la globalisation donne accès à un marché mondial de biens et services, elle a en même temps été perçue comme une forme d'**impérialisme** économique occidental. La théorie marxiste (notamment celle du système-monde de Wallerstein) propose une explication à l'origine de la violence terroriste. Les États-Unis et les États post-industriels de l'Europe occidentale constituent ensemble le Nord mondial ou le centre ; celui-ci domine les instances économiques internationales (comme la Banque mondiale), fixe les taux de change et détermine les politiques fiscales. Les décisions prises et les politiques mises en œuvre sont parfois défavorables aux pays en développement, soit le Sud mondial, qui forment la périphérie. Certaines décisions politiques que prennent aussi les dirigeants de pays en développement – par exemple lorsqu'ils déréglementent ou privatisent des industries pour les rendre plus concurrentielles à l'échelle mondiale – sont parfois la cause de graves troubles économiques et sociaux. Les citoyens des pays ainsi perturbés peuvent décider de se tourner vers des activités illégales comme le terrorisme, quand l'État rompt le contrat social qui le lie à ses concitoyens (Junaid, 2005, p. 143-144).

La richesse est également associée à la sécurité personnelle et à la violence. Si les possibilités d'acquérir une certaine richesse sont très limitées, des individus quittent leur pays pour tenter leur chance ailleurs. Il en résulte un mouvement d'émigration ou une croissance rapide de centres urbains émergents qui font office de carrefours régionaux orientant le flux de ressources mondiales. Un déplacement intérieur ou extérieur des individus ne garantit pas, cependant, que leurs aspirations se concrétiseront. À défaut, certains peuvent alors recourir à la violence pour des motifs criminels (l'obtention de gains personnels) ou politiques (le renversement du système politique existant au moyen d'actes insurrectionnels ou terroristes). Paradoxalement, la hausse du niveau de vie et un plus large accès à la scolarisation que la globalisation a rendu possibles peuvent susciter des espoirs plus vifs. Si ces espoirs sont ensuite déçus, des individus peuvent adhérer à des opinions et à des actions politiques extrémistes dirigées contre le système qui les empêche de réaliser leurs ambitions. D'après une importante étude, la présence d'un sentiment d'aliénation chez certains hommes musulmans et le manque de possibilités s'offrant à eux comptent parmi les facteurs qui les incitent à recourir à l'action violente dans le monde (Sageman, 2004, p. 95-96).

D'autres auteurs proposent une explication plus globale. Plus particulièrement, les écrits du psychiatre et écrivain engagé Frantz Fanon jettent un éclairage révélateur sur l'emploi éventuel de la violence politique dans le but de corriger des injustices économiques (Onwudiwe, 2001, p. 52-56). Dans les années 1960, Fanon a affirmé que la fin du colonialisme ne mettrait pas un terme au conflit entre l'Occident et les opprimés, mais qu'elle ferait plutôt place à un autre affrontement qui se poursuivrait jusqu'à la disparition des inégalités économiques et des déséquilibres de puissance (Fanon, 1952). D'après cet auteur, la violence terroriste est animée par les inégalités propres à l'économie mondiale. Ainsi, les attaques qui ont frappé le World Trade Center en 1993 et en 2001 ont été perpétrées non pas en réaction contre les politiques des États-Unis comme telles, mais bien en vue de détruire un symbole fort du capitalisme mondial. De plus, la globalisation peut parfois inspirer la violence politique, comme le montrent des déclarations émises par des groupes marginaux, y compris des anarchistes et la «nouvelle gauche nouvelle» (Rabasa, Chalk *et al.*, 2006, p. 86-93).

La thèse selon laquelle la violence terroriste récente est une réaction à la globalisation économique est infirmée par divers facteurs; parmi eux, citons le milieu social d'origine, la richesse personnelle de certains membres de groupes terroristes mondiaux, ainsi que les tendances caractérisant les modèles régionaux de recrutement des terroristes. Beaucoup d'anciens dirigeants et membres de groupes terroristes transnationaux, dont la Fraction armée rouge allemande et les Brigades rouges italiennes, étaient issus de familles respectables. C'est également le cas aujourd'hui de maints anarchistes opposés à la globalisation. Au sein des groupes islamiques militants, la plupart des dirigeants et des principaux agents ont fait des études universitaires dans différents pays du monde et dans des domaines variés, allant de l'ingénierie à la théologie. Et ils ne sont ni pauvres ni opprimés (Sageman, 2004, p. 73-74).

Les liens entre terrorisme et **pauvreté** varient aussi nettement d'une région à l'autre. Le taux d'emploi et le revenu de nombreux terroristes islamiques militants en Europe atteignent presque les moyennes européennes pour leur groupe d'âge (Bakker, 2006, p. 41 et 52). On pourrait croire qu'une forte proportion des terroristes provient des régions les plus pauvres du monde, mais ce n'est pas le cas. Bien que les conditions de vie en Afrique subsaharienne favorisent l'émergence d'une violence terroriste contre l'impérialisme économique et le capitalisme mondial, cette région ne s'est pas révélée être un terrain fertile pour le terrorisme.

La religion et le nouveau terrorisme

Dans les dix ans qui ont précédé le 11 septembre 2001, un certain nombre de chercheurs et de spécialistes ont noté que des changements fondamentaux altéraient le caractère du terrorisme. Le recours à la violence à des fins politiques – par exemple, en vue de modifier l'idéologie de l'État ou la représentation de groupes ethniques minoritaires – n'avait pas donné les résultats attendus durant l'époque transnationale et cédait la place à une nouvelle tendance (voir le chapitre 13). Un terrorisme postmoderne ou nouveau se manifestait, et ce, pour des raisons complètement différentes. Encouragés par des promesses de récompenses pour leur âme, certains terroristes ont été poussés, pour des motifs religieux, à tuer le plus grand nombre possible de non-croyants et d'infidèles (Laqueur, 1996, p. 32-33). Même si des

attentats suicides ont été commis au Liban dès 1983, l'islam militant était auparavant considéré seulement comme un phénomène régional cautionné par certains États (Wright, 1986, p. 19-21).

Le nouveau terrorisme, que certains auteurs invoquent pour expliquer le **djihad** mondial, est vu comme une réaction à l'oppression ressentie par les musulmans dans le monde et à la faillite spirituelle de l'Occident. Étant donné l'expansion de la globalisation et la multiplication des relations entre les sociétés, les musulmans sont placés devant une alternative : soit accepter les valeurs occidentales pour favoriser leur intégration, soit préserver leur pureté spirituelle par la rébellion. Les djihadistes estiment que les dirigeants de pays musulmans comme le Pakistan, l'Arabie saoudite et l'Iraq ont renoncé à leurs valeurs afin d'acquérir et de maintenir une **puissance** temporelle fondée sur l'État. La seule réaction qui leur semble possible consiste à lutter contre de telles influences au moyen du djihad. S'il a été interprété par le passé comme une méthode souvent violente servant à établir les fondements d'une guerre juste, certains spécialistes de l'islam contemporain le voient plutôt comme une lutte personnelle intérieure non violente pour la pureté spirituelle. Les extrémistes qui préconisent un islam militant, dont Oussama Ben Laden et Ayman al-Zaouahiri, donnent un autre sens au djihad : dans leur esprit, aucun compromis avec les infidèles ou les apostats n'est possible.

La nature même du système de valeurs des terroristes religieux rend difficiles à déterminer les moyens adéquats à employer pour mettre ces derniers en échec. Les terroristes religieux sont prêts à tuer, même à se sacrifier afin d'obtenir des récompenses pour la vie éternelle. Leur système de valeurs est tel que la prévention de cette forme de terrorisme est difficile, voire impossible, car les États laïques ne peuvent brandir des menaces temporelles crédibles contre ce à quoi les islamistes accordent une valeur spirituelle. Le terrorisme laïc a généralement cherché à acquérir la puissance nécessaire pour corriger les défaillances de la société, tout en conservant les bases du système en place. Pour leur part, les terroristes religieux veulent non pas modifier la structure normative de la société, mais bien en établir une nouvelle (Cronin, 2002-2003, p. 41).

Les explications données au phénomène du terrorisme dans le monde et qui reposent sur des facteurs religieux comportent quelques-unes des mêmes incongruités présentes dans les justifications axées sur les facteurs culturels ou économiques. Aux yeux des observateurs occidentaux, les motifs religieux semblent bien rendre compte du fait que des terroristes en viennent à se persuader qu'il est nécessaire de tuer d'autres personnes et de sacrifier leur propre vie. Une promesse de récompenses financières pour les membres de la famille, la recherche de notoriété au sein d'une collectivité, le désir de venger une injustice passée ou simplement une volonté de réalisation de soi constituent autant de motivations personnelles possibles. Pourtant, rares sont les dirigeants, les organisateurs et les coordonnateurs du terrorisme religieux qui se sacrifient eux-mêmes. La religion procure aux groupes terroristes un avantage crucial : le mandat et l'autorisation de Dieu pour commettre des actes qui seraient autrement illégaux ou immoraux. Il existe une importante différence entre une motivation religieuse en tant que seul facteur poussant des individus à se livrer à des actions terroristes, d'une part, et l'objectif fondamental que vise le recours à la violence, d'autre part. L'opinion des chercheurs diverge sur l'objectif politique fondamental qui anime la violence suicidaire d'inspiration religieuse : il peut s'agir de rivaliser avec d'autres groupes terroristes dans le but d'obtenir la faveur populaire au moyen de la surenchère (Bloom, 2005, p. 77-79) ou d'accéder à l'autodétermination, ou encore d'amener des forces d'occupation étrangères à se retirer (Pape, 2005, p. 45-46). Souvent, dans leurs déclarations, les djihadistes formulent un autre objectif politique : renverser les régimes apostats et exercer le pouvoir politique. Ce pouvoir est nécessaire pour imposer la version islamique militante de la charia au sein d'un État et rétablir la société juste et pure du califat.

À RETENIR

- Les facteurs culturels, économiques et religieux, bien que présents, restent insuffisants pour expliquer les différents actes de violence terroriste dans le monde.

- Les responsables de l'actuelle vague de violence terroriste se servent de la religion pour motiver leur action et justifier le meurtre de non-combattants.

- L'objectif fondamental des militants islamiques contemporains qui ont recours à la violence consiste à acquérir un pouvoir politique permettant d'appliquer des réformes politiques, sociales, économiques et religieuses qui soient conformes à la charia.

LA GLOBALISATION, LA TECHNOLOGIE ET LE TERRORISME

Peu contestent le fait que la présence beaucoup plus active du terrorisme dans le monde est attribuable à la dynamique et au développement technologique propres à la globalisation. Ces facteurs ont accru les **capacités** des groupes terroristes à préparer et à mener des opérations beaucoup mieux coordonnées et plus destructrices que ce que leurs prédécesseurs auraient pu imaginer. Les nouvelles technologies ont ainsi facilité les activités de différents groupes et de cellules en ce qui concerne le recrutement, la coordination, la sécurité, la mobilité et la capacité meurtrière.

Le prosélytisme

Les groupes terroristes ont traditionnellement cherché à rallier la sympathie et les appuis à leur cause à l'intérieur de frontières nationales ou dans des pays voisins pour poursuivre leurs activités. Obtenir un appui à une cause terroriste était par le passé assez difficile, d'autant plus que les messages, les objectifs et les revendications des groupes ont tendance à être plus extrémistes et donc moins attrayants que ceux des insurgés. Par exemple, une réforme agraire, la corruption gouvernementale ou une occupation étrangère sont autant de motifs qui incitent beaucoup d'individus à participer à une insurrection ou à l'appuyer. En revanche, l'idéologie politique radicale de groupes tels que l'armée rouge japonaise et Weather Underground a suscité peu de sympathie dans les sociétés démocratiques très prospères et stables. L'État a toujours été avantagé par sa capacité à maîtriser la circulation de l'information et à utiliser ses ressources afin de gagner la bataille des cœurs et des esprits qu'il mène contre les groupes terroristes. Les dirigeants terroristes comprennent toutefois très bien à quel point Internet a changé la dynamique traditionnelle à cet égard : «Nous sommes engagés dans une bataille, et la plus grande partie de cette bataille se déroule sur le terrain des médias. Et nous menons cette bataille médiatique en vue de rallier les cœurs et les esprits de notre *oumma*», aurait déclaré le dirigeant islamiste al-Zaouahiri à son vis-à-vis al-Zarqaoui (tel que rapporté par le Bureau du directeur du renseignement national des États-Unis, 2005, p. 10).

La prolifération des fournisseurs de services Internet – notamment dans les États appliquant des politiques ou des lois souples ou ambivalentes en matière de contenu – et la grande disponibilité des ordinateurs, des logiciels, des périphériques et des appareils sans fil puissants et peu coûteux ont ensemble donné à des groupes et à des individus la capacité d'afficher des textes ou d'envoyer des messages par Internet. Ils offrent aussi aux individus la possibilité d'établir une présence virtuelle. Si la présence physique de djihadistes renommés peut être contrée par leur emprisonnement ou leur mise à mort, leur existence et leur influence virtuelles deviennent permanentes sur Internet, comme le montre le cas de Mustafa Setmariam Nasar (voir l'étude de cas, page ci-contre).

Les groupes terroristes ont également su se servir de la globalisation pour accroître le volume, la portée et la qualité de leurs outils de propagande. Auparavant, ils se contentaient de publier des manifestes ronéotypés et des communiqués tapés à la machine à écrire. Aujourd'hui, leurs partisans et leurs sympathisants créent leurs propres sites Internet, dont l'un des premiers a appuyé l'action du Mouvement révolutionnaire Tupac Amaru (MRTA), au Pérou. C'est ce site qui a affiché les vidéos et les communiqués du MRTA lors de la prise d'otages qui s'est déroulée à l'ambassade du Japon à Lima, en 1997. Les webmestres favorables aux groupes terroristes déterminent aussi le contenu et l'orientation de l'information diffusée sur leurs sites. Celui des Tigres de libération de l'Eelam tamoul, par exemple, publie des articles présentant le groupe comme une organisation qui est acceptée sur le plan international et qui agit pour la résolution des conflits. Par ailleurs, des messages, des fichiers et des textes polémiques peuvent être envoyés de façon presque instantanée à peu près partout dans le monde par Internet ou par messagerie texte.

Les terroristes ne sont pas tenus d'utiliser uniquement des moyens virtuels quand ils veulent diffuser massivement leurs messages à tous ceux qui n'ont pas accès à Internet ni à la messagerie texte, ou encore lorsqu'une haute vitesse de communication n'est pas nécessaire ou possible pour des raisons de sécurité. Tout ordinateur aux modestes capacités peut être mis à contribution par des membres ou des sympathisants de groupes terroristes pour la mise au point de feuillets et d'affiches de propagande en très grande quantité et à des coûts très faibles. Tandis qu'une presse offset et une photocopieuse se déplacent difficilement, un ordinateur portatif et une imprimante peuvent se transporter dans une simple mallette. Ainsi, la cellule terroriste qui produit des documents devient beaucoup plus mobile et donc plus difficile à localiser.

Des groupes terroristes en Tchétchénie et au Moyen-Orient utilisent également plus souvent des caméras vidéo pour enregistrer les préparatifs et les résultats de leurs attaques, y compris des attentats à la bombe sur des routes et la destruction d'hélicoptères. Avec le logiciel approprié et quelques connaissances pertinentes, des individus ou de petits groupes peuvent télécharger ou obtenir des images et de la musique numériques et produire des vidéos destinées à des groupes spécifiques. Les images vidéo servent de sources d'inspiration pour rallier de nouvelles recrues et inciter les partisans d'une organisation à lui verser des contributions financières. Par exemple, des vidéos montrant des francs-tireurs et les auteurs d'autres attaques lancées contre les forces de la coalition présente en Iraq ont été produites par les maisons al-Furqan et as-Sahab et distribuées par des recruteurs de terroristes. En raison de la concurrence que se livrent les grandes chaînes de télévision dans le monde, les images d'attaques fructueuses ou spectaculaires rejoignent désormais le plus vaste auditoire possible. Ces chaînes disposent d'une source permanente de documents par le truchement de sites comme press-release.blogspot.com, dont la page d'accueil énumère des déclarations et des vidéos (certaines de 70 mégaoctets) provenant de groupes comme Ansar al-Sunna, l'État islamique de l'Iraq et l'organisation Al-Qaïda au Maghreb islamique (AQMI).

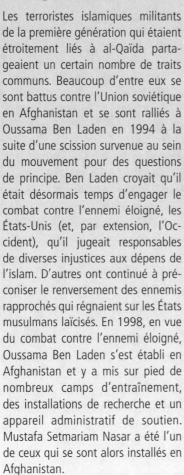

ÉTUDE DE CAS

Trois générations de terroristes islamiques militants

Les terroristes islamiques militants de la première génération qui étaient étroitement liés à al-Qaïda partageaient un certain nombre de traits communs. Beaucoup d'entre eux se sont battus contre l'Union soviétique en Afghanistan et se sont ralliés à Oussama Ben Laden en 1994 à la suite d'une scission survenue au sein du mouvement pour des questions de principe. Ben Laden croyait qu'il était désormais temps d'engager le combat contre l'ennemi éloigné, les États-Unis (et, par extension, l'Occident), qu'il jugeait responsables de diverses injustices aux dépens de l'islam. D'autres ont continué à préconiser le renversement des ennemis rapprochés qui régnaient sur les États musulmans laïcisés. En 1998, en vue du combat contre l'ennemi éloigné, Oussama Ben Laden s'est établi en Afghanistan et y a mis sur pied de nombreux camps d'entraînement, des installations de recherche et un appareil administratif de soutien. Mustafa Setmariam Nasar a été l'un de ceux qui se sont alors installés en Afghanistan.

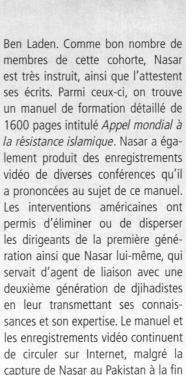

Nasar est mieux connu sous le nom d'Abou Moussab al-Souri, dit le Syrien. Il partage certains traits avec les djihadistes de la première génération, dont l'expérience du combat acquise contre les Soviétiques en Afghanistan et le soutien donné à des groupes de djihadistes en Algérie et ailleurs. On soupçonnait déjà, avant le 11 septembre 2001, que Nasar avait dirigé des camps d'entraînement en Afghanistan et au Pakistan pour le compte d'Oussama Ben Laden. Comme bon nombre de membres de cette cohorte, Nasar est très instruit, ainsi que l'attestent ses écrits. Parmi ceux-ci, on trouve un manuel de formation détaillé de 1600 pages intitulé *Appel mondial à la résistance islamique*. Nasar a également produit des enregistrements vidéo de diverses conférences qu'il a prononcées au sujet de ce manuel. Les interventions américaines ont permis d'éliminer ou de disperser les dirigeants de la première génération ainsi que Nasar lui-même, qui servait d'agent de liaison avec une deuxième génération de djihadistes en leur transmettant ses connaissances et son expertise. Le manuel et les enregistrements vidéo continuent de circuler sur Internet, malgré la capture de Nasar au Pakistan à la fin de 2005.

Younis Tsouli fait partie d'une nouvelle génération de terroristes islamiques manifestant eux aussi des habiletés qui leur sont propres. Si son identité véritable était encore inconnue des autorités à la veille même de son arrestation, on ne peut pas en dire autant de son personnage virtuel, Irhabi 007 (terroriste 007). Celui-ci s'est fait connaître dans les forums de discussion djihadistes par ses grandes connaissances techniques, qu'il a employées pour contourner les systèmes de surveillance en ligne et ainsi s'introduire dans des sites Web afin de diffuser des enregistrements vidéo de propagande et de formation islamiques militantes. La découverte de sites djihadistes et de documents qu'il avait dissimulés dans des serveurs américains a amené les forces de l'ordre à soupçonner qu'Irhabi 007 se trouvait aux États-Unis. Par suite des efforts concertés des autorités britanniques et américaines, Tsouli a été repéré et arrêté dans un logement dans l'ouest de Londres à la fin de 2005. Sa réputation dans les cercles djihadistes en ligne s'était établie en à peine plus d'un an.

La coordination

En cette ère de terrorisme mondial, des groupes planifient et exécutent des attentats isolés ou organisent des attaques multiples à partir d'un lieu unique. Les techniques issues de la globalisation ont donné aux groupes et aux cellules terroristes la possibilité de mener des actions coordonnées dans différents pays. En fait, quelques groupes islamiques militants se distinguent justement par leur capacité à procéder à des attaques multiples dans plusieurs endroits. En voici trois exemples particulièrement probants : les attentats à la bombe perpétrés simultanément contre les ambassades des États-Unis au Kenya et en Tanzanie en 1998 ; l'explosion synchronisée de 10 des 13 bombes placées à bord de trains de banlieue bondés à Madrid en mars 2004 ; et la déflagration de trois des quatre bombes cachées dans le métro de Londres en juillet 2005.

Les moyens technologiques associés à la globalisation, comme les radios et les téléphones portatifs couramment disponibles, ont donné la liberté aux membres de groupes et de cellules terroristes d'agir séparément les uns des autres à de grandes distances et de former des réseaux. Par exemple, la norme du système mondial de communication avec les mobiles (GSM) garantit que tout téléphone compatible fonctionne partout dans le monde aux endroits où a été établi un réseau GSM. Les communications par courriel et par téléphone cellulaire entre les membres d'un groupe ne se trouvant pas au même endroit leur permettent de commettre leurs attaques en des lieux séparés ou de faire converger leur action vers une cible spécifique. Ainsi, les pirates de l'air qui ont perpétré les attentats du 11 septembre 2001 ont tout simplement utilisé des cartes téléphoniques prépayées, bon marché et en vente partout. Ils ont pu communiquer avec les dirigeants des cellules terroristes et ceux de leur organisation et – selon au moins un article de journal – se coordonner pour obtenir l'autorisation finale d'attaquer avant que leurs avions décollent de leur aéroport respectif.

Des groupes terroristes faisant l'objet de mesures répressives vigoureuses se sont servis des techniques modernes et d'autres innovations pour poursuivre leurs activités stratégiques et tactiques. Sur le plan tactique, les artificiers de l'IRA et d'al-Qaïda en Iraq ont démontré leur capacité à réagir rapidement aux contre-mesures électroniques qui les visaient. Sur le plan stratégique, al-Qaïda est demeurée active même après avoir perdu sa base permanente et ses camps d'entraînement en Afghanistan à compter de décembre 2001. Plutôt que de prendre la forme d'une organisation hiérarchisée aux bases d'entraînement fixes, al-Qaïda a revêtu les traits d'une communauté de pratique islamique militante mondiale et virtuelle au sein de laquelle des individus échangent leur information et discutent des meilleures façons de coordonner et de lancer des attaques. Certains analystes occidentaux ont dénommé al-Qaïda 2.0 la version décentralisée actuelle du terrorisme mondial, exempte de toute planification et de tout contrôle centralisés. Des cellules prennent forme autour d'individus favorables aux objectifs islamiques militants, formulés dans des webémissions ou des forums de discussion djihadistes en ligne. À l'heure actuelle, divers services de police estiment que sont actifs plus de 5000 sites de discussion islamiques militants, analogues à l'ancien site Muntada al-Ansar al-Islami. Le mot d'ordre de ces groupes violents peut être considéré comme une variante de la devise *Penser globalement et agir localement*, qui renforce la perception de la profondeur, de la puissance et de la portée mondiales de l'islam militant.

La sécurité

Les cellules terroristes qui ne prennent pas les précautions adéquates pour assurer leur sécurité risquent d'être découvertes ou repérées. Les versions traduites des manuels d'al-Qaïda ayant été saisies démontrent toute l'importance que les auteurs de ces documents accordent à la sécurité, y compris aux techniques de surveillance et de contre-surveillance. Les moyens technologiques propres à la globalisation aident les cellules et les dirigeants terroristes à veiller à leur sécurité de diverses façons, notamment par la répartition d'éléments au sein d'un réseau coordonné, le maintien de la mobilité (voir plus loin) et l'emploi de communications clandestines ou cryptées. Les organisations terroristes préservent leur sécurité depuis longtemps en limitant les échanges d'information et les communications entre les différentes cellules actives. Ainsi, lorsque l'une d'elles est démantelée par les forces policières, les dommages causés à l'ensemble de l'organisation sont réduits au minimum ; les membres de cette cellule ne connaissent que l'identité des membres de leur propre cellule, et non celle des individus qui font partie des autres. La sécurité devient un facteur encore plus important pour les cellules clandestines autonomes qui ne sont pas liées à une organisation centrale. Le recours à des codes alphabétiques et numériques spécifiques, connus de quelques individus seulement, représente un moyen de préserver la sécurité d'une organisation. S'il est vrai que le décryptage des codes est inévitable et que les interrogatoires menés apportent toujours une certaine information, ces activités nécessitent un certain temps, pendant lequel les groupes terroristes peuvent se réinstaller ailleurs et modifier leurs méthodes d'action dans le but de déjouer les efforts des forces contre-terroristes. Les progrès technologiques, y compris la mise au point toujours plus rapide de nouveaux logiciels et l'accélération du traitement de l'information, permettent maintenant aux sympathisants des causes terroristes de leur prêter main-forte au moyen de serveurs situés à des centaines ou à des milliers de kilomètres de distance.

Des groupes terroristes sont parvenus à détourner à leurs fins des moyens technologiques conçus pour mettre l'identité d'un utilisateur à l'abri de toute exploitation privée ou commerciale non autorisée (Gunaratna, 2002, p. 35). Par exemple, pendant les premières années d'existence d'Internet, afin d'apaiser les craintes au sujet d'éventuelles violations de la vie privée et des libertés civiles, des spécialistes ont mis au point des logiciels de cryptage gratuits de 64 et de 128 octets, dont le décryptage est extrêmement coûteux et chronophage. En outre, l'accès à des appareils comme un téléphone cellulaire, un agenda électronique et un ordinateur peut être restreint à l'aide d'un mot de passe. Les générateurs d'adresses IP, les programmes de protection de l'anonymat, le réacheminement des communications et les services de clavardage offrent le partage de fichiers cryptés ou protégés par un mot de passe et sont autant de moyens d'obtenir un certain degré de sécurité. Au sein de la communauté djihadiste virtuelle, de jeunes sympathisants se joignent à des groupes de discussion pour diffuser de l'information sur les moyens de contourner la surveillance électronique. Ils ont recours, notamment, aux techniques d'hameçonnage et de surveillance de téléphone cellulaire ainsi qu'aux lettres mortes électroniques, ce qui consiste à sauvegarder des messages rédigés, mais non envoyés, dans des comptes de courriel partagés, tel Hotmail, sans effectuer d'envoi susceptible d'être intercepté.

La mobilité

La taille réduite des appareils électroniques à usage personnel et leurs capacités accrues donnent aussi aux terroristes une plus grande mobilité. La mobilité a toujours été un facteur crucial tant pour les terroristes que pour les insurgés, étant donné les ressources supérieures dont disposent les États qui les combattent. Dans les sociétés ouvertes et dotées d'infrastructures bien développées, les terroristes sont en mesure de se déplacer rapidement à l'intérieur et au-delà des frontières nationales, si bien que les efforts à déployer pour les repérer deviennent d'autant plus complexes. La globalisation du commerce constitue également un avantage pour les terroristes. Le nombre de déplacements par avion et le volume des biens qui transitent par un port ont connu

une croissance exponentielle par suite de la globalisation. Des mesures ont été prises pour faciliter la circulation des biens, des services et des idées entre les États dans le but d'améliorer l'efficacité et de réduire les coûts des échanges commerciaux. Par exemple, dans le cadre de l'accord de Schengen, les mesures de sécurité à appliquer aux frontières des États membres de l'Union européenne ont été assouplies pour accélérer les livraisons de marchandises. Les demandes du marché pour une plus grande efficience de l'approvisionnement, de la fabrication, de la livraison et des coûts ont compliqué les efforts des États en vue d'empêcher les membres de groupes terroristes d'exploiter à leur avantage les failles que comportent les mesures de sécurité conçues pour prévenir les activités illicites.

L'utilisation du transport aérien par des terroristes avant le 11 septembre 2001 est bien documentée, comme le révèlent les nombreux déplacements que Mohammed Atta a effectués entre l'Égypte, l'Allemagne et le Moyen-Orient. À cet égard, la plus récente génération de terroristes a imité ses prédécesseurs transnationaux qui utilisaient les divers moyens de transport en vue de commettre des attentats. Les terroristes peuvent facilement passer inaperçus dans leurs déplacements, puisque le volume des biens transportés dans le cadre d'une économie globalisée est extraordinairement élevé et difficile à surveiller avec attention. Les douaniers ne peuvent inspecter tous les véhicules et tous les conteneurs qui traversent des frontières ou transitent par des ports. Les États-Unis, par exemple, reçoivent quelque dix millions de conteneurs par année, et le seul port de Los Angeles traite chaque jour l'équivalent de 12 000 conteneurs de six mètres (20 pieds). Les dirigeants des gouvernements occidentaux craignent que des groupes terroristes n'utilisent des conteneurs comme moyen facile et peu coûteux de transporter des armes de destruction massive. Des incidents survenus en Italie en 2001 et en Israël en 2004 ont confirmé que des groupes terroristes sont bien conscients des gains de mobilité que la globalisation des moyens de transport met à leur disposition.

La mobilité accrue des groupes terroristes leur permet aussi d'exporter leur expertise. C'est ce qu'a semblé témoigner l'arrestation, en août 2001, de trois membres de l'IRA soupçonnés de contribuer à la formation de leurs homologues des Forces armées révolutionnaires de Colombie (FARC), à Bogota.

La capacité meurtrière

La globalisation a sans aucun doute eu une influence déterminante sur le terrorisme, mais ce qui préoccupe le plus les experts et les responsables du contre-terrorisme, c'est la bien plus grave perspective de futurs attentats menés à l'aide d'armes de destruction massive. Durant l'époque transnationale, les terroristes auraient pu se procurer des armes de pointe pour lancer des attaques plus meurtrières, y compris des armes radiologiques (mieux connues sous le nom de bombes sales), bactériologiques ou chimiques rudimentaires, mais ils ne l'ont généralement pas fait. Rares ont été ceux qui ont tenté d'en acquérir et, plus rares encore, ceux qui, comme Weather Underground, ont menacé d'en utiliser. Les raisons exactes pour lesquelles les terroristes n'ont pas obtenu ni employé de telles armes à cette époque demeurent obscures. Des experts ont néanmoins supposé que les dirigeants terroristes avaient bien compris que plus leurs attaques seraient meurtrières, plus les États et la communauté internationale seraient portés à déployer tous les efforts possibles pour les traquer et les anéantir.

La globalisation a facilité l'accès aux armes, aux ressources et aux connaissances nécessaires à la réalisation d'attaques bien plus meurtrières qu'auparavant. Différents groupes terroristes, en Tchétchénie, au Sri Lanka et ailleurs, ont partagé leur expertise dans la fabrication d'armes létales activées par des mécanismes de commande à distance de plus en plus perfectionnés et offerts partout dans le monde. Depuis 2003, des groupes terroristes en Iraq ont pu acquérir les connaissances et les ressources pour fabriquer des dispositifs explosifs improvisés. La portée et la complexité de ces engins varient sensiblement. Ainsi, les États-Unis affirment que l'Iran appuie la violence terroriste en Iraq en approvisionnant des groupes en dispositifs explosifs improvisés spécifiques. En réalité, l'aide d'un État pourrait bien ne plus être indispensable en cette ère de globalisation. Certaines vidéos numériques portent à croire que des terroristes pratiquent déjà l'apprentissage en ligne par l'entremise d'une école djihadiste virtuelle. Grâce à cette dernière, de futurs terroristes étudient toutes sortes de techniques, allant de la réalisation d'attaques de guérilla à la fabrication et à l'utilisation de dispositifs explosifs improvisés, afin d'accroître leur efficacité et leur capacité meurtrière.

À RETENIR

- Les facteurs de globalisation qui favorisent de rapides échanges de biens et d'idées peuvent aussi être mis à contribution et exploités par des groupes terroristes.

- Les moyens technologiques associés à la globalisation donnent la possibilité aux terroristes d'agir dans le cadre d'un réseau mondial très étendu qui partage l'information disponible et qui aide de petites cellules à mener des attaques meurtrières solidement coordonnées.

- La globalisation pourrait permettre à certains groupes terroristes d'acquérir, de fabriquer ou d'utiliser des armes de destruction massive afin d'exécuter des attaques dévastatrices.

LA LUTTE CONTRE LE TERRORISME

Durant la guerre froide, les États qui ont subi le terrorisme transnational ont réagi d'une manière tant individuelle que collective pour le combattre. Leurs réactions ont eu une portée et une efficacité variables et se sont traduites par l'adoption de lois contre le terrorisme, la mise en œuvre de mesures de sécurité préventives dans les aéroports et la création de forces spéciales pour les opérations de contre-terrorisme, comme le Grenzschutzgruppe-9 ouest-allemand (GSG-9). Des opérations de sauvetage réussies à Entebbe (1976), à Mogadiscio (1977) et à Londres (1980) ont démontré que des forces nationales de contre-terrorisme pouvaient connaître du succès tant dans leur pays d'origine qu'à l'étranger. Par contre, une conception normative de la solution à apporter au problème, fondée sur les **principes** du **droit international** et de l'action collective, s'est avérée moins fructueuse. Les tentatives de définir et d'interdire le terrorisme transnational à l'ONU se sont enlisées à l'Assemblée générale dans des débats sans fin. D'autres initiatives de coopération, cependant, ont connu du succès, comme l'adoption, par l'Organisation de l'aviation civile internationale, de conventions destinées à améliorer le partage de l'information et la coopération juridique, notamment la Convention pour la répression de la capture illicite d'aéronefs, signée à La Haye en 1970. La création de la Sous-direction de la sécurité publique et de la lutte contre le terrorisme, au sein d'Interpol, en 1985, a également constitué une autre réaction collective visant à favoriser le partage de l'information et la collaboration. Néanmoins, la plupart des initiatives et des mesures prises durant les années 1980 ont généralement eu un caractère unilatéral, régional ou ponctuel.

Aujourd'hui, les dirigeants politiques ne sont pas tous d'accord sur la meilleure façon d'aborder la présente forme de violence terroriste mondiale. Leur désaccord a surtout trait à la nature de la menace actuelle et à la démarche optimale pour la contrer. Certains dirigeants nationaux considèrent que l'islam militant représente

un problème insoluble qui ne se prête à aucune négociation. Les dirigeants des États-Unis, du Canada, du Royaume-Uni et de l'Australie croient que tous les États devraient coopérer dans le cadre d'une **guerre** générale **contre la terreur** en vue d'endiguer cette menace. L'enjeu de cette longue guerre est la préservation des libertés fondamentales et d'un mode de vie. Pour triompher du terrorisme, les États doivent protéger les populations civiles tout en menant leur lutte contre les cellules, les partisans et les sympathisants terroristes qui sont actifs à l'intérieur de leurs frontières respectives. Étant donné le caractère mondial, diffus et adaptable de la menace islamique militante, la meilleure façon de lutter contre le terrorisme consiste à mettre des ressources en commun dans une coalition de bonnes volontés, au sein de laquelle des forces des pays du Nord s'emploient à accroître les capacités d'États partenaires spécifiques du Sud. Le résultat prendra la forme d'un réseau mondial du contre-terrorisme réunissant des États capables de repérer, de traquer et d'éliminer les menaces terroristes, pendant que les efforts non militaires déployés s'attaqueront aux causes profondes du terrorisme.

D'autres dirigeants nationaux sont moins enclins à accepter la notion de guerre contre la terreur. À leur avis, des actions militaires ne peuvent que déclencher des représailles terroristes ou, pis encore, préparer le retour du terrorisme sous sa forme originale, soit le recours licite à la terreur de la part de l'État pour réprimer les citoyens. Dans leur optique, le terrorisme est un crime qui doit être combattu par les moyens utilisés pour imposer les lois. En confiant la tâche aux forces policières, les États respectent la primauté du droit, se mettent à l'abri de tout reproche d'ordre moral, appliquent les principes démocratiques et préviennent l'instauration de la loi martiale. La force militaire ne devrait être mobilisée que dans des circonstances extrêmes et, même dans ce cas, son usage peut avoir des conséquences négatives. Le terrorisme est combattu de façon optimale à l'intérieur des frontières étatiques et par des efforts de coopération internationale pour l'application des lois en vue d'arrêter les suspects et de les traduire en justice selon les procédures officielles prévues en la matière. La méthode de lutte contre le terrorisme fondée sur l'application des lois doit permettre l'adoption de toutes les mesures nécessaires contre les groupes extrémistes violents. Elle ne doit pas pour autant verser dans la justice politique, où les règles et les droits liés au principe du respect des procédures officielles sont soit volontairement mal interprétés, soit complètement négligés (Chalk, 1996, p. 98). Opposer peu de résistance au terrorisme national ou mondial, au nom du maintien de la primauté du droit, risque d'offrir aux terroristes les bénéfices d'un sanctuaire et de la sécurité des droits et des lois.

Un certain nombre d'**organisations non gouvernementales (ONG)**, de blogues et de webmestres ont également formulé des critiques au sujet de la guerre contre la terreur. Ceux qui doutent de la validité des motifs invoqués par l'élite politique des États-Unis se situent dans les horizons les plus diversifiés. Les adeptes des théories du complot qui cherchent à justifier la violation permanente de la vie privée estiment que les guerres menées en Iraq, en Afghanistan et ailleurs sont le prélude à l'instauration d'un système orwellien toujours en conflit avec ce qu'ils appellent l'autre terroriste. Pour leur part, des communautés d'experts et des ONG plus objectives, comme Human Rights Watch, s'occupent régulièrement de surveiller et de rapporter en ligne les violations présumées des droits humains et des libertés civiles que commettent les gouvernements, comme en témoigne l'attention accordée sans relâche à la situation des terroristes détenus par les États-Unis à Guantanamo, dans l'île de Cuba.

Alors que des désaccords persistent toujours quant à la meilleure façon de combattre le terrorisme sur le plan des principes, les problèmes pratiques les plus pressants consistent à repérer les extrémistes violents et à les isoler de leur base d'appui. Le repérage et l'identification des terroristes nécessitent d'abord des efforts répétés et patients en vue de réunir, d'évaluer et d'analyser des renseignements obtenus de sources variées. Les technologies de l'information associées à la globalisation se sont avérées utiles à cette fin. Elles facilitent le repérage des pratiques des terroristes avant et après les attaques commises, grâce à des systèmes capables d'effectuer des calculs comportant des milliers de milliards d'opérations à la seconde. Les organisations et les ressources financières des terroristes sont scrutées à l'aide d'une analyse de leurs liens mutuels, afin que soit esquissé un portrait plus détaillé des interactions des différents éléments terroristes. En outre, de grandes quantités de renseignements peuvent être synthétisées et faire l'objet d'échanges électroniques entre des ministères, des organismes et d'autres gouvernements ; elles peuvent aussi être rendues accessibles par l'intermédiaire de serveurs sûrs dont les capacités se mesurent en téra-octets. La découverte de cellules terroristes dépend néanmoins beaucoup de la chance et de l'examen d'indices non techniques. L'appareil bureaucratique peut affaiblir ou annuler les avantages techniques ou la supériorité en ressources de l'État dans sa lutte contre les groupes terroristes.

Si la communauté internationale veut triompher du terrorisme mondial, elle doit s'attaquer à ses facettes modernes les plus problématiques, dont l'attrait qu'exercent des messages incitant des terroristes à commettre d'horribles actes de violence. L'arrestation ou l'assassinat d'individus ne contribuent pas vraiment à freiner la diffusion d'opinions extrémistes, qui s'effectue sous le couvert de débats et de propos informatifs. La façon exacte dont la dynamique et les technologies de la globalisation peuvent favoriser la délégitimation du discours qui amène les terroristes à passer à l'action continuera pendant des années à représenter l'un des défis les plus épineux que devra relever la communauté internationale.

À RETENIR

- Les États, sur une base tant individuelle que collective, possèdent des avantages politiques, militaires, juridiques, économiques et technologiques pour mener leur lutte contre les groupes terroristes.

- Les divergences de vues entre les États au sujet de la nature et de l'envergure de la menace terroriste actuelle et des meilleurs moyens à employer pour la combattre reflètent des caractérisations subjectives fondées sur des expériences et des inclinations nationales.

CONCLUSION

Le terrorisme demeure un phénomène complexe qui est axé sur le recours à la violence pour l'acquisition d'une certaine puissance politique destinée à corriger des injustices que la globalisation est susceptible d'avoir aggravées. Cette dynamique a accru les capacités techniques des terroristes et leur a donné une portée mondiale, mais elle n'a rien changé au fait fondamental que le terrorisme représente les opinions extrémistes d'une minorité de la population dans le monde. En d'autres termes, la globalisation a modifié la portée du terrorisme, mais pas sa nature. Les avantages que les technologies et la dynamique de la globalisation procurent aux terroristes ne sont ni unilatéraux ni absolus. Ces mêmes atouts offrent également aux États de meilleurs moyens de combattre la menace. Les terroristes dans le monde ne peuvent remporter des succès que par l'entremise de soulèvements populaires ou d'un effondrement physique ou psychologique de leurs adversaires étatiques. Ce sont là toutefois des éventualités peu probables en raison des limites propres aux messages des terroristes et à leurs capacités. Les campagnes de terrorisme et de contre-terrorisme se caractérisent par une lutte prolongée (longue guerre) pour maintenir des avantages de légitimité à l'échelle nationale et internationale. Il incombe à la communauté mondiale de se servir de ses avantages pour gagner la guerre des idées qui motive et anime les responsables de l'actuelle vague de violence terroriste.

QUESTIONS

1. Qu'est-ce que le terrorisme ?

2. Peut-on établir un lien entre le terrorisme et la globalisation ?

3. Quelles sont les trois explications principales de l'émergence transnationale du terrorisme ?

4. Énumérez les principales causes de la globalisation du terrorisme.

5. À qui les nouvelles technologies en matière de transport et de communications profitent-elles le plus ? Aux terroristes ou aux États ?

6. Quels facteurs analysés dans ce chapitre expliquent les motivations des terroristes ?

7. Le terrorisme a-t-il changé en forme et en substance depuis les années 1960 ? Justifiez votre réponse à l'aide d'un exemple.

8. Expliquez les possibilités qu'une plateforme de communication comme Internet offre à un groupe terroriste. Illustrez votre réponse par des cas documentés.

9. Terrorisme et armes de destruction massive : pourquoi cette association est-elle rare, voire inexistante ?

10. La globalisation contribue-t-elle à enrayer certaines causes du terrorisme ?

Le terrorisme et la globalisation

Lectures utiles

Cesari, J., « Islam de l'extérieur, musulmans de l'intérieur : deux visions après le 11 septembre 2001 », *Cultures & Conflits,* n° 44, 2001, p. 97-115. Dans la foulée des thèses de Samuel Huntington, une analyse des représentations de l'islam aux États-Unis à la suite du 11 septembre 2001.

Chaliand, G., *L'arme du terrorisme*, Paris, Louis Audibert, 2002. Un ouvrage explorant l'idée que le terrorisme est parfois la seule arme possible contre l'hégémonie américaine ; comprend aussi une analyse sur les moyens de réfréner le terrorisme mondial.

David, C. P. et B. Gagnon (dir.), *Repenser le terrorisme : concepts, acteurs et réponses*, Québec, Les Presses de l'Université Laval, 2007. Un ouvrage collectif portant sur différents enjeux théoriques et empiriques relativement au terrorisme après le 11 septembre 2001.

Fanon, F., *Les damnés de la terre*, Paris, La Découverte, 1961. Manuel classique sur les mouvements révolutionnaires anticoloniaux et sur le postcolonialisme en général.

Gagnon, B., « Les opérations terroristes réseaucentriques », *Criminologie*, vol. 39, n° 1, 2006, p. 23-42. Une étude des formes d'organisations terroristes actuelles partant du fait qu'elles découlent des nouvelles technologies de l'information et de la globalisation.

Hecker, M., « De Marighella à Ben Laden », *Politique étrangère*, n° 2, 2006, p. 385-396. Une réflexion comparative sur le terrorisme islamique actuel et les mouvements anticolonialistes et anti-impérialistes des années 1950 et 1960.

Mannoni, P. et C. Bonardi, « Terrorisme et Mass Médias », *Topique*, n° 83, 2003, p. 55-72. Une étude sur la scénarisation spectaculaire de la violence employée, entre autres, par les mouvements terroristes.

Marret, J.-L., *Techniques du terrorisme*, Paris, Presses Universitaires de France, 2002. Une analyse pratique de l'éventail des organisations et des méthodes terroristes, depuis le milieu du xxe siècle.

Roy, O., *L'islam mondialisé*, Paris, Seuil, 2002. Une étude défiant les explications traditionnelles (ressentiment culturel, économique ou spirituel) du succès du militantisme islamique dans le monde.

Schmid, A. P. et A. J. Jongman, *Political Terrorism: A New Guide to Actors, Authors, Concepts, Data Bases, Theories, and Literature*, 2e éd., New Brunswick (NJ), Transaction Publishers, 2005. Deuxième édition d'un ouvrage de référence fondamental en matière d'étude du terrorisme.

Chapitre 23

LA PROLIFÉRATION NUCLÉAIRE

Darryl Howlett

GUIDE DE LECTURE

Depuis 1945, plusieurs facteurs ont donné un caractère global à la prolifération nucléaire. Tout au long de l'après-guerre, la nature même des armes nucléaires a peu à peu transformé les rapports politiques et militaires entre les pays. Ainsi, la dissémination des techniques de mise au point de missiles balistiques et nucléaires a permis à un plus grand nombre d'acteurs d'acquérir des capacités nucléaires ainsi que les vecteurs à longue portée qui sont nécessaires pour leur déploiement. Le présent chapitre illustre toute la complexité inhérente à la globalisation de la prolifération nucléaire et à certaines des questions théoriques qui s'y rattachent. Il est difficile de déterminer les motivations sous-jacentes à l'acquisition d'armes nucléaires ainsi que les capacités d'utilisation susceptibles d'en découler. Cette épineuse question s'est accentuée, depuis une vingtaine d'années, avec l'apparition de nouvelles craintes de prolifération. La lutte contre celle-ci passe désormais par l'adoption de mesures qui visent à rendre plus coûteuse l'acquisition d'armes nucléaires, à définir des normes concernant l'emploi de missiles et d'armes de cette nature et à créer les conditions propices à des réductions sûres des arsenaux nucléaires.

INTRODUCTION

La question de la prolifération nucléaire jette un éclairage particulier sur la **globalisation** de la politique mondiale. Si seulement cinq **États** (la Chine, les États-Unis, la France, le Royaume-Uni et la Russie) sont reconnus à titre de détenteurs d'armes nucléaires dans le cadre du Traité sur la non-prolifération des armes nucléaires (TNP), d'autres pays possèdent aussi les moyens nécessaires d'en mettre au point. Ainsi, en mai 1998, l'Inde et le Pakistan, jusqu'alors considérés comme des États quasi nucléaires, ont montré leurs nouvelles capacités respectives en procédant à une série d'essais nucléaires, puis au lancement de missiles balistiques. Ces événements ont révélé un autre aspect de la globalisation nucléaire : l'émergence possible d'un monde régionalement différencié. On constate que certaines parties du globe accorderaient une importance croissante aux armes nucléaires, alors que d'autres régions ont cessé d'y donner la priorité dans le cadre de leur propre stratégie militaire. C'est le cas de l'Amérique latine, l'Asie du Sud-Est, l'Afrique et l'Asie centrale, où la tendance observée favorise l'instauration de **zones dénucléarisées**. Ailleurs, comme en Asie méridionale, elle semble plutôt s'orienter vers l'attribution d'un rôle plus important aux capacités nucléaires. Ce qui demeure incertain, c'est l'influence que la nucléarisation (l'acquisition de ce type d'armes) aura dans certaines régions sur les pays qui emprunteront la voie de la dénucléarisation (l'élimination de ces armes).

La dissolution de l'Union soviétique a également fait surgir des problèmes inédits. Il s'agit là du seul cas où un **État doté d'armes nucléaires** et reconnu comme tel a subi une désintégration politique. À l'époque, rien ne permettait de prévoir les conséquences nucléaires de l'effondrement aussi tumultueux d'un État, et seul le recul qu'apporte le passage des années autorise une évaluation adéquate de toute l'importance de cet effondrement. Ce fut assurément une période de transformation nucléaire sans précédent qui a nécessité l'instauration d'une **coopération** entre des États auparavant hostiles. À cela s'ajoute l'observation moins évidente que cette **transition** a bénéficié tant de la prévoyance de dirigeants politiques situés dans les deux anciens camps ennemis de la **guerre froide** que du cadre offert par les accords de maîtrise des armements et de désarmement alors en vigueur. Le maintien de la stabilité nucléaire à cette époque aurait sans doute été plus difficile en l'absence de mécanismes comme le Programme de réduction concertée des menaces et aussi d'accords tels que le TNP multilatéral et les Traités sur la réduction des armements stratégiques (START) bilatéraux, signés d'abord par les États-Unis et l'Union soviétique, puis par les États-Unis et la Russie (à la suite du démantèlement de l'Union soviétique après la chute du mur de Berlin, en 1989). Une question à ce sujet a d'ailleurs suscité un débat contradictoire fondé sur la thèse selon laquelle il faut souhaiter, plutôt que craindre, la dissémination graduelle d'armes nucléaires au sein d'autres États. Cette thèse s'appuie sur la prémisse suivante : non seulement la **dissuasion** nucléaire a maintenu la stabilité pendant la guerre froide, mais elle pourrait également avoir des effets stabilisateurs analogues dans d'autres situations conflictuelles. Elle est toutefois contestée par ceux qui estiment que la prolifération nucléaire est une source de danger, et non de sécurité, et que l'adoption de mesures destinées à l'enrayer représente la solution optimale à cet égard (Sagan et Waltz, 1995 et 2003 ; voir les deux encadrés de gauche, page ci-contre).

Les réactions à la prolifération nucléaire ont pris la forme de mesures unilatérales, bilatérales, régionales et mondiales qui, ensemble, constituent ce qui a été dénommé le régime de non-prolifération nucléaire (voir les chapitres 17 et 18). Les partisans de ce régime affirment que ce sont précisément ces mesures (des traités comme le TNP, des dispositifs de contrôle des exportations, des garanties internationales, des accords sur l'approvisionnement en matières nucléaires et d'autres accords-cadres de base) qui ont restreint la dissémination nucléaire. Par contre, d'autres voix se sont élevées pour critiquer ce régime, et même certains de ses partisans de longue date reconnaissent qu'il a besoin d'être réformé (Ogilvie-White et Simpson, 2003). Parmi les critiques formulées à l'encontre du régime de non-prolifération nucléaire, on en trouve trois principales. D'abord, le régime est le produit d'une première ère nucléaire révolue (1945-1990) et ne convient pas aux exigences de la deuxième ère nucléaire (1990 à aujourd'hui), susceptible d'être plus dangereuse. Ensuite, il n'est pas en mesure d'atténuer le dilemme de sécurité qu'affrontent de nombreux États et il n'apaise donc pas le souci de sécurité qui motive l'acquisition d'armes nucléaires. Enfin, il est discriminatoire, parce que le TNP stipule uniquement que les cinq États dotés d'armes nucléaires doivent s'efforcer de bonne foi de procéder à un désarmement nucléaire (en vertu de l'article VI) ; quant à toutes les autres parties (les **États non dotés d'armes nucléaires**), elles doivent renoncer à se procurer des armes de cette nature. Il n'a donc jamais été clairement établi si le TNP est essentiellement un dispositif de non-prolifération visant à empêcher d'autres États d'acquérir des armes nucléaires ou s'il représente plutôt un moyen de favoriser le désarmement nucléaire.

Un nouveau débat a aussi porté sur la valeur de ce régime émergent en tant qu'instrument d'une politique nucléaire mondiale. La question est abordée d'une manière inédite depuis des décennies et dans un contexte international qui diffère radicalement de celui des époques antérieures. L'enjeu fondamental de ce débat touche le futur cadre de sécurité mondiale et réside dans des questions relatives aux problèmes de prolifération appelés à surgir durant les prochaines décennies, à la sécurité énergétique, aux changements environnementaux et à l'incidence de la récession économique sur ces facteurs.

POUR EN SAVOIR PLUS
Les armes nucléaires selon Kenneth Waltz

1. Les armes nucléaires sont devenues plus courantes ; elles n'ont pas proliféré. Elles se sont multipliées seulement à la verticale, à mesure que les États dotés d'armes nucléaires ont élargi leur arsenal respectif.

2. Les armes nucléaires se sont répandues lentement à l'horizontale, c'est-à-dire vers d'autres États. Cette lenteur est bénéfique, car des changements rapides dans la situation internationale peuvent être déstabilisants.

3. L'expansion graduelle des armes nucléaires est préférable à une expansion rapide ou à l'absence d'expansion.

4. Les nouveaux États qui se doteront d'armes nucléaires éprouveront les contraintes qu'impose l'acquisition de ces armes et ils seront ainsi animés par un sens des responsabilités et un fort sentiment de prudence concernant leur utilisation.

5. La probabilité d'une guerre diminue à mesure que les capacités de défense et de dissuasion s'accroissent ; utilisées de manière réfléchie, les armes nucléaires rendent difficile le déclenchement d'une guerre.

(Sagan et Waltz, 1995)

POUR EN SAVOIR PLUS
La thèse de Scott Sagan sur le pessimisme en matière de prolifération

1. En raison de leurs partis pris communs, de leurs habitudes figées et de leurs intérêts égoïstes, les organisations militaires professionnelles adoptent des comportements susceptibles de mener à des échecs en matière de dissuasion ou de déclencher une guerre accidentelle ou délibérée.

2. Parce que les prochains États à se doter d'armes nucléaires seront probablement dirigés par un gouvernement militaire ou un gouvernement civil faible, ils ne seront pas assujettis aux mécanismes restrictifs positifs relevant d'un encadrement civil. De plus, des a priori militaires pourraient favoriser le recours aux armes nucléaires, notamment en situation de crise.

(Sagan et Waltz, 1995)

LA NATURE DES ARMES NUCLÉAIRES ET LEURS EFFETS

La base technique des armes nucléaires

À moins qu'une arme nucléaire ou les matériaux nécessaires à sa fabrication soient obtenus clés en main à la suite d'un achat ou d'un vol, tout État ou **acteur non étatique** voulant se doter d'armes de cette nature doit habituellement acquérir d'abord l'infrastructure technologique adéquate. Aussi lui faut-il un ensemble de moyens techniques nucléaires, classiques, informatiques et électroniques, en plus des services d'individus qui possèdent les compétences scientifiques essentielles dans ce domaine (voir l'encadré ci-dessous).

POUR EN SAVOIR PLUS
La technologie des armes nucléaires

Des procédés distincts sont employés pour obtenir les deux matières fissiles nécessaires à la fabrication d'une arme nucléaire : l'enrichissement ou le retraitement. Présent à l'état naturel, l'uranium comprend 99,3 % d'uranium 238 (U-238) et 0,7 % d'uranium 235 (U-235). Doté des mêmes propriétés chimiques que l'U-238, mais pas du même poids atomique, l'U-235 est l'isotope d'uranium utilisé dans la fabrication d'une arme nucléaire. Tout d'abord, on augmente la proportion d'U-235 dans un échantillon d'uranium naturel, grâce à un procédé dénommé enrichissement, jusqu'à ce qu'elle représente plus de 90 % de l'échantillon et soit ainsi de qualité militaire. Lorsque la quantité d'U-235 de qualité militaire atteint une masse critique – que l'Agence internationale de l'énergie atomique (AIEA) a fixée à 25 kilogrammes, mais qui pourrait être inférieure –, il y a alors assez de matières fissiles pour que soit fabriquée une arme nucléaire.

Le plutonium, quant à lui, est inexistant à l'état naturel : il constitue l'un des sous-produits de l'irradiation d'uranium naturel ou très légèrement enrichi (de 2 à 3 %) dans un réacteur nucléaire. Le plutonium 239 (Pu-239) résulte d'une réaction nucléaire contrôlée. Parce que l'uranium et le plutonium sont chimiquement différents, il est possible de les séparer grâce à un procédé dénommé retraitement. La quantité de Pu-239 généralement employée dans la fabrication d'une arme nucléaire est de 6 à 8 kilogrammes, mais elle peut varier selon la conception de l'arme retenue.

La gestion de la réaction nucléaire en chaîne et de l'énergie ainsi générée n'est pas la même pour un réacteur que pour une arme. Alors que l'énergie produite dans un réacteur nucléaire résulte d'un processus constant et bien réglé, l'objectif, dans le cas d'une arme, est d'obtenir une puissante force explosive au moyen d'une masse critique de matière nucléaire soumise à une réaction en chaîne rapide et non contrôlée (Gardner, 1994, p. 6-7). Pour qu'une arme nucléaire renferme l'énergie qui lui permettra potentiellement d'exploser, il faut soit recourir à des techniques conçues pour briser rapidement les atomes et ainsi déclencher une réaction en chaîne (arme à fission), soit utiliser une arme de fission comme amorce initiale pour comprimer et chauffer des atomes d'hydrogène afin qu'ils se combinent ou fusionnent (arme à fusion, dite thermonucléaire). La production d'énergie dans un réacteur nucléaire requiert trois éléments fondamentaux. D'abord, un moyen technique qui règle la réaction en chaîne. Ensuite, un modérateur qui entoure le noyau fissile pour assurer le maintien de la réaction en chaîne. Et enfin, un moyen technique qui permet d'évacuer la chaleur dégagée dans le noyau du réacteur par la réaction en chaîne. Cette chaleur peut aussi engendrer la vapeur qui sert à activer les turbines et à produire de l'électricité.

Les effets des armes nucléaires

Les effets des armes nucléaires sont considérables. C'est dans le but d'établir une distinction nette entre les armes nucléaires et les armes classiques que la Commission des armements classiques de l'ONU a créé en 1948 une nouvelle catégorie, celle des **armes de destruction massive**. Plus récemment, le concept de capacités chimiques, bactériologiques, radiologiques et nucléaires a été mis en avant. Certains analystes ont également soutenu que la notion d'armes de destruction massive devrait être précisée davantage, parce que chaque type d'arme évoqué ici entraîne des effets différents et que seules les armes nucléaires sont de véritables armes de destruction massive (Panofsky, 1998).

L'énergie produite par une arme nucléaire revêt trois formes distinctes : une explosion, accompagnée de chaleur, ou d'un rayonnement thermique, et d'un rayonnement nucléaire. La réalisation d'essais nucléaires a aussi révélé l'existence d'un autre phénomène consécutif à l'explosion d'une arme de cette nature, dénommé impulsion électromagnétique, qui peut gravement perturber le fonctionnement de divers appareils électroniques (Grace, 1994, p. 1).

L'explosion d'une arme nucléaire peut faire énormément de victimes, comme l'ont démontré les deux bombes larguées respectivement sur Hiroshima et Nagasaki à la fin de la Seconde Guerre mondiale. Elles demeurent les seules armes nucléaires utilisées à ce jour. On sait aujourd'hui que les engins qui ont détruit ces villes japonaises étaient relativement peu puissants par rapport à la force de destruction des armes thermonucléaires mises au point par la suite (voir le chapitre 3).

À RETENIR

- La production d'armes nucléaires fait appel à une vaste infrastructure technologique et aux services d'individus qui possèdent des compétences spécifiques fondamentales.

- La gestion de la réaction en chaîne et la nature de l'énergie produite dans un réacteur nucléaire ne sont pas les mêmes que dans une arme nucléaire.

- En 1948, l'ONU a proposé une nouvelle catégorie regroupant les armes de destruction massive.

- Une autre catégorie est ensuite apparue : celle des armes à capacités chimiques, bactériologiques, radiologiques et nucléaires.

- Les armes nucléaires produisent de l'énergie qui se manifeste sous trois formes — une explosion, de la chaleur et un rayonnement nucléaire — et elles engendrent le phénomène dénommé pulsion électromagnétique.

- Des armes nucléaires ont été utilisées à la fin de la Seconde Guerre mondiale, mais, depuis, elles n'ont jamais été employées dans un conflit.

LA DISSÉMINATION DE LA TECHNOLOGIE NUCLÉAIRE ET MISSILIÈRE

La dissémination de la technologie nucléaire

Depuis 1945, la technologie nucléaire à des fins civiles et militaires s'est répandue dans le monde entier. Immédiatement après la fin de la Seconde Guerre mondiale, seuls les États-Unis étaient capables de fabriquer une arme nucléaire ; dès 1964, quatre autres États étaient parvenus à franchir le seuil nucléaire, ce qui signifiait alors faire l'essai d'un dispositif explosif nucléaire. Il s'agissait de l'Union soviétique (1949), du Royaume-Uni (1952), de la France (1960) et de la Chine (1964).

La définition du concept d'«État doté d'armes nucléaires» qui figure dans le TNP s'est singulièrement embrouillée en 1998, lorsque l'Inde et le Pakistan ont fait exploser des dispositifs nucléaires. Puisque ces deux États n'avaient pas signé le TNP, ils n'ont enfreint aucune obligation juridique internationale. Néanmoins, l'Inde et le Pakistan n'étaient désormais plus des États dits du seuil, parce qu'ils avaient clairement démontré leur capacité à faire détoner une arme nucléaire. Non seulement ce fait a remis en question la définition qui avait cours, mais il a aussi soulevé la possibilité que d'autres États signataires du TNP empruntent la même voie.

Des craintes se sont également exprimées au sujet de l'avenir des mécanismes d'approvisionnement en matières nucléaires et du rôle des **réseaux** non étatiques transnationaux. À l'échelle interétatique, il s'est produit un changement structurel dans le commerce nucléaire civil depuis 1945. Après la Seconde Guerre mondiale, les États-Unis étaient le principal fournisseur de matières nucléaires. À partir des années 1970, la France et l'Allemagne d'abord, et le Japon ensuite, ont été en position de les concurrencer dans ce domaine. À l'heure actuelle, la présence de plusieurs fournisseurs et l'existence possible de réseaux transnationaux qui échappent aux mesures de contrôle établies rendent désormais plus facile l'acquisition de capacités nucléaires au moins rudimentaires. Des efforts sont déployés pour renforcer les principes directeurs qui s'appliquent aux fournisseurs, et l'ONU oblige dorénavant les États, par l'entremise de la résolution 1540 du Conseil de sécurité, à adopter et à faire respecter une loi nationale stipulant que les individus et les réseaux qui s'engagent dans des activités transnationales relatives à des armes de destruction massive commettent par le fait même un acte criminel (Bosch et Van Ham, 2007).

Les vecteurs d'armes nucléaires

Dans les années 1950, les armes nucléaires étaient transportées vers leurs cibles à bord de gros avions conçus à cette fin. Puis, avec la mise au point de techniques de fabrication de missiles balistiques (projectiles qui fonctionnent comme des fusées) et d'ogives nucléaires assez compactes pour être insérées dans ces missiles, il est désormais à la portée d'autres États de lancer des armes nucléaires de cette façon.

Les missiles balistiques constituent les vecteurs d'armes nucléaires les plus perfectionnés. Leur acquisition était auparavant réservée à quelques États seulement. Aujourd'hui, étant donné que la dissémination de la technologie nucléaire a acquis un caractère global, un nombre important de pays ont la capacité d'envoyer un missile balistique. Dans l'éventualité où un tel missile serait aménagé de façon à transporter une ogive nucléaire, beaucoup d'États seraient alors en mesure de frapper des cibles très éloignées et, par conséquent, d'accroître leur capacité d'engager un combat stratégique. C'est précisément cette possibilité qui a ramené au premier plan le débat sur les mérites du déploiement d'un système de défense contre les missiles balistiques.

Après l'adoption de la *National Missile Defence Act* (loi nationale sur la défense contre les missiles) en 1999, les États-Unis ont mis en œuvre un programme d'essais et de déploiement d'intercepteurs de missiles balistiques. Ce programme a suscité des inquiétudes en Russie et en Chine en raison de ses conséquences sur la stabilité mondiale. Il y a également eu des débats en Europe à propos des répercussions du déploiement de tels intercepteurs et de l'exacerbation des tensions régionales qui risquent d'en découler.

Étant donné que le traité START 1 a expiré à la fin de 2009 et que celui sur la réduction des armes offensives stratégiques (SORT) viendra à échéance en 2012, les États-Unis et la Russie ont entrepris la négociation d'un nouvel accord de réduction des armes nucléaires stratégiques. En 2010, les présidents Obama et Medvedev ont convenu de restreindre le nombre d'armes stratégiques et d'ogives nucléaires associées que possèdent les États-Unis et la Russie, pour n'en conserver que de 1500 à 1675. Le président Obama avait aussi annoncé auparavant que l'installation de missiles de défense en Europe serait réexaminée et que des systèmes de défense navals, plutôt que terrestres, seraient privilégiés. L'orientation des discussions à ce sujet au sein des différentes régions et entre elles constituera donc un trait essentiel du futur cadre de sécurité mondiale.

D'autres mesures de contrôle des armements et de désarmement pourraient également être envisagées à la lumière de la résolution 1887 (2009) du Conseil de sécurité de l'ONU. Dans ce document, on souligne que le Conseil est déterminé «à œuvrer pour un monde plus sûr pour tous et à créer les conditions pour un monde sans armes nucléaires, conformément aux objectifs énoncés dans le Traité sur la non-prolifération des armes nucléaires, d'une manière qui promeuve la stabilité internationale, et sur la base du principe d'une sécurité non diminuée pour tous».

À RETENIR

- La nature des armes nucléaires et la dissémination, depuis 1945, de la capacité d'en fabriquer illustrent bien la globalisation de la politique.

- La fin de la guerre froide et la dissolution de l'Union soviétique ont engendré de nouveaux problèmes.

- Une attention plus soutenue a été accordée aux aspects théoriques de la question.

- Un débat contradictoire a été lancé au sujet des dangers de la prolifération et de la dissémination des armes nucléaires, mais aussi de l'avantage que celles-ci représentent pour la stabilité dans le monde.

- En raison des nouveaux risques de prolifération apparus avec ce que certains analystes appellent la deuxième ère nucléaire, un débat s'est engagé sur la question de savoir si le régime de non-prolifération nucléaire peut ou non être à la hauteur des exigences à son égard.

- L'acquisition des moyens techniques nécessaires à la production des matières fissiles utilisées pour la mise au point d'une arme à fission (nucléaire) ou d'une arme à fusion (thermonucléaire) est un élément-clé de la prolifération nucléaire.

- Les effets des armes nucléaires sont considérables et se manifestent sous la forme d'une explosion, accompagnée de chaleur et d'un rayonnement nucléaire.

- Depuis 1945, la dissémination de la technologie nucléaire à des fins civiles et militaires a permis à d'autres États, en plus des cinq dotés d'armes nucléaires dès 1964, d'acquérir la capacité de produire des dispositifs nucléaires en assez peu de temps, si ce n'est déjà fait.

- La structure du marché nucléaire civil s'est aussi transformée depuis la fin de la Seconde Guerre mondiale, au point de soulever des inquiétudes à propos de la prolifération, devant le nombre croissant de fournisseurs de matières nucléaires. De même, la technologie relative aux missiles balistiques ainsi qu'au lancement spatial est devenue plus accessible depuis 1945.

- Un débat est en cours à propos des mérites du déploiement d'un système de défense contre les missiles balistiques.

- La résolution 1887 du Conseil de sécurité de l'ONU a été adoptée, puis les États-Unis et la Russie ont conclu un nouvel accord sur la maîtrise des armes nucléaires stratégiques.

LA RÉFLEXION THÉORIQUE SUR LA PROLIFÉRATION ET LA NON-PROLIFÉRATION NUCLÉAIRES

Les enjeux conceptuels

Une question suscite beaucoup d'intérêt: qu'est-ce que la prolifération nucléaire, exactement? Est-ce qu'elle résulte d'une décision ponctuelle de se procurer une arme nucléaire? Ou s'agit-il d'un processus qui peut s'étendre sur plusieurs années et rendre ainsi impossible le repérage d'une décision spécifique en ce sens? La recherche sur ce qui a été dénommé «l'énigme de la prolifération» s'est penchée sur plusieurs enjeux conceptuels à cet égard (Meyer, 1984; Davis et Frankel, 1993; Lavoy, 1995; Ogilvie-White, 1996; Hymans, 2006).

De même, si une grande partie de la littérature dans ce domaine entérine les propositions issues du **réalisme** politique – selon lequel les États se dotent d'armes nucléaires pour améliorer leur sécurité dans un système international anarchique –, les apports provenant d'autres théories sont désormais mieux connus (voir la deuxième partie du présent ouvrage). Certains se sont alors interrogés sur le niveau d'analyse qui devrait être retenu pour l'étude de la prolifération nucléaire. Faut-il mettre l'accent sur l'individu, l'organisation, le groupe culturel, l'État, le **système international** ou encore sur une combinaison de ces éléments? Cette question pourrait même être plus complexe, s'il faut prendre en considération les dispositifs radiologiques.

D'autres ont également affirmé que des **normes**, des tabous et des **communautés épistémiques** ont joué un rôle marquant dans le contexte nucléaire (Adler, 1992; Price et Tannenwald, 1996). Selon l'une des hypothèses avancées, les normes internationales gagnent en importance parce qu'elles contraignent les comportements nucléaires et définissent des normes adéquates pour un ensemble d'acteurs. De façon analogue, les analystes qui favorisent le dialogue sur la non-prolifération nucléaire soulignent la place qu'occupent les facteurs liés à la culture et à l'**identité** (Krause et Williams, 1997). Des chercheurs ont également attiré l'attention sur les **organisations non gouvernementales (ONG)** et les communautés épistémiques, c'est-à-dire des groupes d'individus, souvent issus de disciplines et de pays différents, qui agissent comme courroies de transmission des idées sur la non-prolifération.

Une autre question alimente beaucoup la réflexion: comment expliquer le non-emploi des armes nucléaires depuis 1945? Dès le début de l'ère nucléaire, des auteurs comme Bernard Brodie ont soutenu que l'utilité des armes nucléaires résidait uniquement dans leur non-emploi (Brodie, 1946; Gray, 1996). Au fil des ans, la principale thèse qui éclairait cette situation a été centrée sur la notion de dissuasion nucléaire: la crainte de subir les représailles de l'adversaire a convaincu les États de renoncer à utiliser des armes nucléaires.

Dans leurs efforts pour élucider autrement ce non-emploi, des chercheurs se sont intéressés davantage à la nature même des armes nucléaires et à son incidence sur les jugements normatifs portés. Nina Tannenwald, une spécialiste en la matière, a remis en question les explications fondées sur une analyse rationnelle coûts-avantages de la **puissance**, des **capacités** et des intérêts. Elle s'est plutôt tournée vers d'autres facteurs non matériels, comme l'**influence** contraignante de ce qui est considéré comme le tabou nucléaire (Tannenwald, 1999). Les auteurs Barry Buzan et Eric Herring définissent ce dernier comme une interdiction culturelle stratégique de recourir à des armes nucléaires. Elle découle d'une position de principe selon laquelle ce type d'armes ne doit pas être utilisé, et non d'un calcul précis de leurs coûts et de leurs avantages (1998, p. 165). On a également étudié les prédispositions culturelles stratégiques qui motivent l'acquisition d'armes nucléaires et leur utilisation potentielle (Johnson, Kartchner et Larsen, 2009).

Les motivations nucléaires

L'analyse traditionnelle des causes de la prolifération nucléaire a mis l'accent sur les considérations étatique et interétatique. Pendant la plus grande partie de l'après-guerre, la méthode d'acquisition d'armes nucléaires qu'ont établie les cinq États dotés d'armes de cette nature a paru être celle qu'adopterait très probablement tout autre État par la suite. L'analyse des causes a donc été axée sur les motivations stratégiques, politiques et de prestige qui ont amené ces États à obtenir des armes nucléaires. La motivation stratégique était liée au rôle que ces armes ont joué durant la Seconde Guerre mondiale et immédiatement après, alors qu'elles servaient à faire ou à gagner la guerre. Plus tard, l'attention s'est tournée vers l'effet de dissuasion que produisaient ces armes, si bien qu'on a supposé que l'une des principales motivations des acquéreurs était de dissuader d'autres États de s'en procurer eux aussi. De même, on semblait également attacher de l'importance aux avantages politiques et au prestige que les armes nucléaires donnaient aux États qui avaient les moyens d'en fabriquer. Ces dispositifs étaient considérés comme le type d'armement le plus moderne et leurs détenteurs héritaient automatiquement d'une place dans les hautes sphères de la politique internationale.

Les analyses traditionnelles s'appuyaient toujours sur un certain déterminisme technologique : si un État acquiert l'infrastructure nécessaire, alors il va fabriquer des armes nucléaires. À l'appui de ce postulat, elles ajoutaient que cet État suivrait aussi la voie qu'avaient empruntée les cinq États déjà dotés d'armes nucléaires. Ainsi, on pouvait prédire que tout nouvel État nucléaire mettrait en œuvre un programme nucléaire militaire résolu, effectuerait un essai officiel, produirait un grand nombre d'armes et ferait l'acquisition d'un moyen efficace de lancer ces armes sur les cibles visées. Si une telle explication générale du processus d'acquisition demeure toujours pertinente, les analyses de la dynamique de la prolifération nucléaire ont peu à peu gagné en complexité.

Il est maintenant plus difficile d'expliquer la prolifération nucléaire à la lumière d'un seul élément. D'après certains analystes, il est nécessaire de prendre en compte un ensemble de facteurs susceptibles d'influer sur la décision d'obtenir des armes de cette nature : les facteurs technologiques traditionnels, la disponibilité de la technologie nucléaire et la présence d'une équipe de scientifiques spécialisés en énergie nucléaire qui encourage cette acquisition ; la politique nationale du pays concerné et les impératifs animant un parti politique, c'est-à-dire que la situation politique nationale peut pousser un État à se procurer des armes nucléaires ; les tractations diplomatiques, c'est-à-dire que la possibilité d'acquérir des capacités nucléaires peut être évoquée afin d'influencer des alliés et des ennemis présumés ou en vue de négocier avec eux ; et la non-intervention, c'est-à-dire que la possession de capacités nucléaires peut prévenir une intervention de la part d'autres États.

D'autres éléments de l'énigme de la prolifération doivent aussi être envisagés, tels que la retenue à l'égard du nucléaire, qui incite certains États à délaisser l'option des armes nucléaires, ainsi que l'abandon du nucléaire, qui amène certains États à renoncer à leurs capacités nucléaires (Campbell, Einhorn et Reiss, 2004). Quelques facteurs spécifiques influents doivent alors être examinés dans de tels cas : la situation stratégique peut avoir changé, par exemple lorsqu'un pays a établi une alliance avec un pays doté d'armes nucléaires ; la fabrication d'une arme de cette nature peut avoir été entravée par des problèmes techniques ; ou il peut sembler à la longue que l'acquisition d'armes nucléaires accentue la vulnérabilité. Les événements survenus depuis 1945 ont ainsi remis en cause l'argument du déterminisme technologique.

La question se complexifie lorsque le regard se tourne vers l'aspect sous-étatique ou vers les **acteurs transnationaux**, car les motivations des acteurs non étatiques peuvent différer de celles des acteurs associés aux États. Une grande partie des tenants de la pensée stratégique traditionnelle estimaient que seuls les États possédaient les moyens nécessaires pour acquérir des capacités nucléaires. Le commerce nucléaire s'effectuait entre

États seulement, qui concluaient également des traités sur le désarmement et sur la maîtrise des armements. Aujourd'hui, les États ne sont plus les seuls en cause, car des acteurs non étatiques sont également entrés en scène.

Des études menées sur le terrorisme nucléaire au cours des années 1970 et 1980 ont établi qu'il existait alors des risques que des groupes spécifiques fassent l'acquisition d'un dispositif nucléaire ou menacent d'attaquer des installations nucléaires. Une étude réalisée par l'Équipe de travail international pour la prévention du terrorisme nucléaire a conclu qu'un groupe terroriste serait en mesure de fabriquer un dispositif nucléaire rudimentaire s'il possédait des quantités suffisantes de puissants explosifs chimiques et de matières fissiles utilisables à des fins d'armement. Fait encore plus important, un tel groupe serait davantage porté à proférer une menace nucléaire crédible pour susciter des troubles sociaux, plutôt qu'à faire exploser un dispositif nucléaire pour faire d'innombrables victimes et d'énormes ravages (Leventhal et Alexander, 1987). Des drames plus récents ont imposé une révision de cette dernière conclusion.

Des événements survenus au milieu des années 1990 ont illustré toute l'ampleur des dommages qui pouvaient être infligés, y compris les pertes de vie. Il suffit de penser au premier attentat commis contre le World Trade Center à New York en 1993 et à l'attaque à l'explosif perpétrée contre un édifice du gouvernement fédéral des États-Unis à Oklahoma City en avril 1995. Alors que les auteurs de ces deux attentats ont eu recours à des moyens destructeurs traditionnels, il en a été autrement dans le métro de Tokyo en mars 1995. L'emploi d'agents neurotoxiques (des armes chimiques) y a fait de nombreuses victimes et provoqué une panique massive. Cette agression a été considérée comme un bond en avant dans le choix des moyens utilisés à de telles fins. Les inquiétudes à cet égard se sont accentuées depuis les événements tragiques du **11 septembre 2001**, lorsque le World Trade Center a été détruit par une attaque coordonnée, effectuée au moyen d'avions civils remplis de kérosène et lancés sur les deux tours du complexe. Non seulement cette offensive a fait près de 3000 victimes, mais elle a aussi modifié les hypothèses auparavant retenues quant à l'utilisation d'armes chimiques, bactériologiques, radiologiques ou nucléaires par des terroristes (Wilkinson, 2003).

Les intentions et les capacités nucléaires

Aux problèmes inhérents à l'analyse des motivations des États ou des organisations terroristes s'ajoutent les difficultés à déterminer si ceux-ci disposent réellement de capacités radiologiques ou nucléaires. Le cas de l'Afrique du Sud est représentatif de ces difficultés. Le 24 mars 1993, le président Frederik W. de Klerk a déclaré que son pays avait produit six dispositifs nucléaires avant 1989, mais qu'il les avait démantelés avant de signer le TNP. Si cette annonce a alors confirmé ce que beaucoup avaient déjà présumé (que l'Afrique du Sud avait possédé des capacités nucléaires durant les années 1980), elle a également indiqué qu'un État pouvait acquérir un arsenal nucléaire sans pour autant devoir procéder à des essais. De plus, d'autres États industrialisés se sont dotés d'un vaste programme d'énergie nucléaire qui peut servir à la production de certaines quantités de matières fissiles à des fins militaires, le cas échéant. Dans de telles circonstances, le principal obstacle qui entrave l'acquisition d'armes nucléaires peut être d'ordre politique plutôt que technologique.

Les situations en République populaire démocratique de Corée (voir l'étude de cas, page ci-contre), en Iran et en Iraq ont soulevé d'importantes questions concernant les intentions et les capacités nucléaires. Elles révélèrent les difficultés auxquelles se butent les efforts déployés pour recueillir un consensus sur les tribunes internationales, lorsqu'il s'agit de faire face au non-respect des traités et aux problèmes découlant de la vérification du respect des traités en vigueur, dans les cas où des ententes particulières ont été conclues en matière d'inspection ou de développement nucléaire (voir l'encadré ci-dessous). En ce qui concerne l'Iraq, un dis-

---

POUR EN SAVOIR PLUS

Le respect et le non-respect des traités

Le respect des obligations qui figurent dans les traités internationaux est un enjeu toujours présent dans le contexte de la prolifération nucléaire. Il a soulevé des questions complexes relatives à la nature de toute violation d'un accord et au type de réaction appropriée dans un pareil cas. Une violation peut être simplement mineure et découler d'une mauvaise interprétation des procédures prévues; inversement, elle peut être grave et représenter un manquement à des obligations spécifiques d'un traité. Le type de réaction variera donc en fonction du jugement porté sur la violation commise. Elle pourra prendre la forme d'un simple avertissement officiel, émis par une organisation internationale comme l'AIEA, ou de mesures plus sévères, comme l'emploi de mécanismes d'inspection spéciaux, l'imposition de sanctions ou le recours à la force. La question du respect devra faire l'objet d'une attention constante au cours des années à venir, car ce ne seront pas seulement les réactions aux décisions des États qui seront soigneusement observées, mais aussi celles des acteurs non étatiques.

positif d'inspection spécial, la Commission spéciale des Nations Unies (UNSCOM), a été établi après la guerre du Golfe en 1991 pour superviser le démantèlement du programme d'armes de destruction massive mis au jour durant le conflit. À la fin des années 1990, l'accès à des sites particuliers est devenu problématique et les inspecteurs de l'UNSCOM ont dû se retirer de l'Iraq. Les cinq membres permanents du Conseil de sécurité ont également exprimé des désaccords quant à la mise en œuvre des résolutions de l'ONU adoptées au sujet de l'Iraq depuis 1991. Ces désaccords n'avaient pas encore été résolus au moment de l'intervention menée en Iraq

ÉTUDE DE CAS

La République populaire démocratique de Corée

Compte tenu de l'attention accordée à la République populaire démocratique de Corée (RPDC) de 1991 à 1993, alors que d'aucuns craignaient que ce pays n'applique un programme nucléaire non déclaré, une entente spéciale a été mise au point en 1994. Dénommée « accord-cadre », elle prévoyait une offre de réacteurs à eau légère et de carburant à la RPDC en échange de son engagement à ne pas produire d'armes nucléaires. L'application de cette entente a toutefois été marquée par divers problèmes qui ont ainsi entretenu l'incertitude sur les intentions nucléaires de la RPDC. La situation s'est aggravée en août 1998, lorsque la RPDC a fait l'essai d'un missile lancé au-dessus du territoire du Japon. La tension s'est encore avivée en janvier 2003, après que la RPDC eut annoncé qu'elle allait se retirer du TNP et poursuivre son programme nucléaire. En même temps, des efforts ont été déployés pour apaiser la tension, y compris par la tenue

de plusieurs séances de pourparlers réunissant six pays, soit la Chine, le Japon, la Russie, la République de Corée, la RPDC et les États-Unis. Le 19 septembre 2005, à la quatrième séance de ces pourparlers, les parties ont signé une déclaration commune en vue de la dénucléarisation de la RPDC et de la péninsule coréenne. La déclaration comprenait un ensemble de mesures coordonnées qui liait la dénucléarisation à la coopération pour le développement économique et énergétique, conformément au principe de l'engagement pour l'engagement. Les rencontres subséquentes ont cependant apporté peu de progrès. Les craintes que les dispositions de la déclaration ne soient jamais mises en œuvre se sont aggravées après que la RPDC eut révélé, en octobre 2006, qu'elle avait fait l'essai d'une arme nucléaire. Cet événement a amené le Conseil de sécurité à imposer des sanctions à la RPDC et a suscité une intense activité diplomatique de la part des

cinq autres parties aux pourparlers en vue d'arrêter une position commune à ce sujet. À la suite de négociations concertées, une percée apparemment importante a été effectuée le 15 février 2007 : la RPDC a accepté une entente, fondée sur les conditions de la déclaration commune adoptée en 2005. Selon cette entente, elle amorcerait un processus qui se solderait par la fermeture définitive du complexe nucléaire de Yongbyon et son démantèlement ultérieur, en échange d'une aide énergétique et humanitaire. Cependant, la situation a encore changé en 2008. La RPDC a abandonné son programme de démantèlement et a fait l'essai d'un missile balistique Taepodong-2C/3, de sorte que les pourparlers à six ont alors été interrompus. Le 25 mai 2009, la RPDC a effectué un nouvel essai nucléaire, ce qui a amené le Conseil de sécurité à adopter la résolution 1874 (2009) et à exprimer sa « très vive préoccupation » à ce sujet. Puis, en septembre 2009, la RPDC a reconnu s'être dotée d'un procédé d'enrichissement d'uranium — ce que la communauté internationale soupçonnait déjà —, en plus de maintenir son programme sur le plutonium. Au début de 2010, Kim Jong II, président de la RPDC, a proposé, d'une part, la conclusion d'un traité de paix qui mettrait fin à la situation d'armistice dans la péninsule coréenne en vigueur depuis les années 1950 et, d'autre part, la tenue de pourparlers directs avec les États-Unis. D'aucuns craignent cependant qu'il ne s'agisse là que d'une tactique dilatoire qui permettrait à la RPDC de poursuivre la mise au point de ses programmes de missiles et d'armes nucléaires.

PYONGYANG

en 2003, et les inspections qui y ont été effectuées par la suite n'ont révélé la présence d'aucune arme de destruction massive importante et non déclarée.

La complexité de la question du respect des traités figure aussi au premier plan dans le cas de l'Iran. Ce pays a attiré l'attention de l'Agence internationale de l'énergie atomique (AIEA) en raison de son retard à entériner un protocole additionnel à l'accord de garanties qu'il avait conclu et qui impose aux pays non dotés d'armes nucléaires une transparence accrue en ce qui a trait à leur programme nucléaire respectif. Bien que l'Iran ait ensuite signé ledit protocole, les motifs d'inquiétude se sont multipliés lorsque l'AIEA a découvert l'existence non déclarée d'installations qui se prêtaient à l'enrichissement d'uranium. Afin de trouver une solution au problème, l'Iran et le groupe dit UE-3 (France, Allemagne et Royaume-Uni) ont engagé un dialogue en octobre 2003. Si un accord entre les parties a été conclu à Paris en novembre 2004, le problème n'a toutefois pas été réglé, si bien que le Conseil de sécurité a adopté en 2006 des résolutions, au titre du chapitre VII de la Charte des Nations Unies, exigeant que l'Iran se conforme à ses obligations internationales à propos de son programme nucléaire. Il s'en est suivi de nouvelles discussions entre les cinq membres permanents du Conseil de sécurité de l'ONU et l'Allemagne au sujet des moyens d'assurer le respect de l'entente, en raison de l'incertitude constante relative au programme nucléaire de l'Iran et de l'inquiétude suscitée par l'éventualité que ce pays se dote des moyens de lancer des missiles balistiques et des satellites. Pendant tout ce temps, l'Iran a maintenu que son programme nucléaire visait des fins pacifiques, puis, en novembre 2009, il a annoncé qu'il étendrait ses capacités d'enrichissement d'uranium.

À RETENIR

- Les motivations qui caractérisent l'acquisition d'armes nucléaires sont devenues plus complexes.

- Il est difficile de déterminer s'il y a ou non prolifération nucléaire.

- Certains États ont la capacité de fabriquer des armes nucléaires s'ils le désirent, et quelques-uns ont mis en œuvre un programme nucléaire militaire, puis l'ont abandonné.

- Le rôle des acteurs non étatiques a ajouté une dimension nouvelle à la question de la prolifération nucléaire.

- Les efforts se poursuivent afin que les matières nucléaires soient utilisées en toute sécurité dans le monde.

- La complexité de la question concernant le respect des obligations internationales fait l'objet de vifs débats depuis le début des années 1990.

L'ÉVOLUTION GLOBALE DES MESURES DE CONTRÔLE NUCLÉAIRE ET DE NON-PROLIFÉRATION

Les premiers efforts pour la maîtrise des armes nucléaires, 1945-1970

Les efforts globaux accomplis pour restreindre l'acquisition d'armes nucléaires se sont amorcés peu après 1945. En janvier 1946, l'Assemblée générale de l'ONU a adopté une résolution annonçant la création de la Commission de l'énergie atomique des Nations Unies, chargée de faire des propositions pour l'élimination des armes nucléaires et l'utilisation de l'énergie nucléaire à des fins pacifiques grâce à un contrôle international. En raison de désaccords entre les États-Unis et l'Union soviétique, ces propositions n'ont jamais été mises en œuvre.

La question du contrôle international de l'énergie atomique a refait surface après le discours, intitulé « Atoms for Peace » (« Des atomes pour la paix »), que Dwight Eisenhower, alors président des États-Unis, a prononcé le 8 décembre 1953. Des analystes ont souligné qu'Eisenhower n'avait pas offert un plan de désarmement, mais qu'il avait plutôt proposé de mettre les bienfaits de l'énergie atomique à la disposition de la communauté mondiale. Les négociations menées pour concrétiser la proposition d'Eisenhower se sont achevées par la mise sur pied de l'Agence internationale de l'énergie atomique (AIEA), le 29 juillet 1957. Ce n'est qu'au milieu des années 1960, cependant, que l'AIEA est parvenue à appliquer un système de surveillance étendu (ou système de garanties) pour faire en sorte que les matières utilisées dans les programmes d'énergie nucléaire ne soient pas détournées à des fins militaires.

À la fin des années 1950, des négociations ont aussi été entamées en vue de la signature du Traité d'interdiction complète des essais d'armes nucléaires. Organisées dans le contexte du moratoire sur les essais nucléaires qu'ont alors adopté l'Union soviétique, le Royaume-Uni et les États-Unis, elles avaient pour objectif d'amener ces trois États dotés d'armes nucléaires à s'engager en faveur du désarmement nucléaire. Elles n'ont toutefois pas abouti à la conclusion d'un accord, surtout parce que les trois États n'ont pu surmonter leurs différends en matière de vérification. Ils n'ont pu s'entendre en particulier sur les dispositions relatives à un système qui garantirait la détection de toute violation de l'accord en question, notamment en ce qui a trait aux essais nucléaires souterrains. Ces trois États ont tout de même signé en 1963 le Traité d'interdiction partielle des essais d'armes nucléaires. Cet accord prévoyait l'interdiction de ce type d'essais dans l'atmosphère, dans l'espace extra-atmosphérique et sous l'eau et autorisait les États parties au traité à procéder uniquement à des essais souterrains.

Des mesures destinées à prévenir la nucléarisation d'aires géographiques et de milieux spécifiques ont également été adoptées (Goldblat, 2002). La première zone exempte d'armes nucléaires dans une région habitée a été circonscrite par le traité visant l'interdiction des armes nucléaires en Amérique latine et dans les Caraïbes (traité de Tlatelolco), ouvert à la signature en 1967. De 1958 à 1968, les enjeux liés au nombre croissant d'États dotés d'armes nucléaires ont mobilisé l'attention internationale. En 1961, l'Assemblée générale de l'ONU a approuvé la résolution irlandaise, qui imposait des limitations en vue d'empêcher d'autres États d'acquérir des armes nucléaires et appelait tous les États à s'abstenir de transférer ou de se procurer de telles armes. Une percée dans les négociations pour la signature d'un traité sur la non-prolifération a été effectuée grâce à l'adoption, en 1965, de la résolution 2028 de l'Assemblée générale de l'ONU et au dépôt, le 11 mars 1968, d'un projet de traité américano-soviétique. Après quelques modifications, ce projet a été entériné par l'Assemblée générale le 12 juin 1968 et ouvert à la signature le 1er juillet 1968. Le Traité sur la non-prolifération des armes nucléaires est ensuite entré en vigueur le 5 mars 1970 (Shaker, 1980).

Les mesures de lutte contre la prolifération depuis 1970

Les mesures de lutte contre la prolifération ont continué à évoluer depuis 1970. En mars 1971, l'AIEA a mis en œuvre son accord de garanties INFCIRC/153, qui constitue un modèle pour toutes les garanties négociées avec les États parties au TNP. D'autres dispositions ont aussi été établies pour encadrer le commerce nucléaire international. En 1971, le comité Zangger a adopté des principes directeurs (un seuil d'intervention) conformément au TNP ; ceux-ci autorisent l'application des garanties de l'AIEA aux transferts nucléaires, notamment ceux qui portent sur l'équipement ou le matériel nécessaire pour la production, l'utilisation ou le traitement de matières fissiles spéciales. Toutefois, à la suite de l'expansion mondiale des programmes d'énergie nucléaire, de la hausse du commerce avec des États non signataires du TNP et de l'essai nucléaire que l'Inde a réalisé en 1974 – en le qualifiant de pacifique –, certains fournisseurs nucléaires ont conclu à la nécessité de formuler des principes directeurs plus stricts pour encadrer les exportations. Formé en 1975, le Groupe des fournisseurs nucléaires (GFN) était aussi d'avis que des exportations

nucléaires sensibles, comme la vente d'usines d'enrichissement de l'uranium ou de retraitement, devaient être assujetties à des conditions plus sévères.

En 1978, lors de la première session extraordinaire des Nations Unies sur le désarmement, la Chine, les États-Unis, la France, le Royaume-Uni et l'Union soviétique ont tous émis des déclarations unilatérales portant sur ce qu'ils ont appelé des garanties de sécurité négatives relatives à l'utilisation d'armes nucléaires, ou à la menace d'y recourir, contre des États non dotés de telles armes. Ces garanties étaient assorties de conditions liées à la doctrine nucléaire et aux mécanismes de sécurité propres à chaque État. Seule la Chine a énoncé des garanties inconditionnelles ; elle s'est alors engagée à ne pas utiliser en premier l'arme nucléaire et à ne pas menacer de l'employer contre un État non doté d'armes nucléaires.

Sept pays exportateurs de technologies missilières ont adopté, en 1987, des principes directeurs identiques pour la vente de missiles de croisière ou de missiles balistiques pouvant servir de vecteurs à des armes nucléaires. Formant ensemble le Régime de contrôle de la technologie relative aux missiles (RCTM), ces principes directeurs visent notamment à limiter les risques de prolifération nucléaire par le contrôle des transferts technologiques susceptibles de contribuer à la production de systèmes de vecteurs d'armes nucléaires autres que des avions pilotés (Karp, 1995). Un bon nombre des principaux producteurs de missiles ont adhéré au RCTM, dont les principes directeurs s'appliquent désormais aux systèmes de missiles qui peuvent transporter une charge utile chimique ou bactériologique. Peu à peu, certains ont exprimé des doutes quant à la viabilité à long terme du RCTM. S'ils reconnaissent que le régime a atteint son objectif initial puisqu'il a ralenti la prolifération des missiles, ils préconisent néanmoins l'adoption de nouvelles mesures. La mise au point de systèmes de défense contre les missiles offre un moyen de faire face à cette prolifération. Il est aussi possible de créer des centres mondiaux ou régionaux de notification d'essais balistiques ou de définir des mesures multilatérales de limitation des armements pour les missiles à certaines portées. Le code de conduite de La Haye, rédigé en 2002, est une autre initiative en ce sens (Smith, 2002). Ce code a pour but d'établir des normes de comportement approprié au transfert de missiles ou de composantes de missiles.

Lors de la conférence de prorogation du TNP tenue en 1995, beaucoup espéraient vivement que les documents alors adoptés par consensus formeraient une base solide pour le renforcement du TNP (voir l'encadré « Pour en savoir plus » à la page 404). La suite des événements a déçu ces espoirs, puisque des différends entre les parties sont apparus au sujet de l'interprétation à donner à ces documents. De manière semblable, on attendait beaucoup, en 1995, de la signature et de la mise en œuvre d'un traité d'interdiction complète des essais d'armes nucléaires, mais, une fois de plus, les espoirs se sont avérés prématurés. Le Traité d'interdiction complète des essais d'armes nucléaires a effectivement été ouvert à la signature en 1996, mais il n'est pas encore en vigueur. Il n'aura force de loi que lorsque 44 États (dont les cinq États dotés d'armes nucléaires et d'autres États comme l'Inde, le Pakistan et la République populaire démocratique de Corée) l'auront signé et ratifié. Il s'ensuit que le sort de ce traité est lié à l'évolution de la situation dans plusieurs États. Par ailleurs, il faut noter que, selon certains, cet accord ne constitue pas une mesure efficace. Les défenseurs du traité soutiennent que les restrictions imposées aux essais nucléaires vont limiter tant la **prolifération verticale** que la **prolifération horizontale**. Les opposants au traité estiment cependant qu'il est impossible de vérifier si l'interdiction des essais est respectée et que, par conséquent, le traité ne pourra pas freiner la prolifération (voir l'étude de cas, page ci-contre).

Des problèmes ont aussi surgi dans la négociation d'un traité de seuil sur les matières fissiles, parmi lesquels figure la question de savoir si un tel traité devrait empêcher uniquement la production future de matières fissiles ou s'il devrait être assorti d'une entente pré-

POUR EN SAVOIR PLUS

La conférence d'examen et de prorogation du TNP de 1995

Le 11 mai 1995, la Conférence d'examen et de prorogation du TNP a renouvelé indéfiniment ce traité sans procéder à un vote. Cette décision a été prise en même temps que l'adoption de deux autres documents et d'une résolution qui définissent un ensemble de principes et d'objectifs pour la non-prolifération et le désarmement nucléaires. Ils décrivent de nouvelles procédures pour le renforcement du processus d'examen du traité et appellent à l'établissement d'une zone exempte d'armes nucléaires et d'autres armes de destruction massive au Moyen-Orient, dans le contexte du processus de paix pour cette région. Les parties ont cependant été incapables de convenir d'un document de synthèse sur l'examen du traité et, comme en 1980 et en 1990, la conférence s'est achevée le 12 mai sans qu'une déclaration finale soit adoptée. Malgré tout, la conférence de 1995 sur le TNP a été considérée comme un succès pour trois raisons principales: le traité est devenu permanent, de nouvelles mesures ont été élaborées pour renforcer les futures conférences d'examen du TNP et un plan d'action pour la non-prolifération et le désarmement a été esquissé.

voyant l'élimination des stocks existants. Les dispositions de vérification d'un tel traité ont également fait l'objet de propositions divergentes. Étant donné les grandes quantités de matières fissiles excédentaires, leur élimination la plus sûre et la moins coûteuse possible exigera certainement l'apport d'idées novatrices.

La résolution sur le Moyen-Orient, que les États arabes parties au TNP ont déposée lors de la conférence d'examen de 1995, invite tous les États de la région à adhérer au TNP. Le débat sur cette résolution a bien illustré les problèmes auxquels se heurtent les efforts déployés pour assurer l'adhésion universelle à ce traité. Bien qu'il y ait 191 États parties au TNP en juillet 2010, Israël, l'Inde et le Pakistan refusent toujours de le signer et la République populaire démocratique de Corée s'en est retirée en 2003. On peut donc se demander s'il est possible de donner une portée mondiale à ce traité et, dans l'affirmative, s'interroger sur les moyens appropriés d'y parvenir.

De nouvelles initiatives ont été définies en réponse à la dynamique de prolifération en cours, dont la contre-prolifération, apparue après la guerre froide, et qui met l'accent sur l'emploi de moyens défensifs limités contre les missiles balistiques et sur le recours à de plus vigoureuses mesures de prévention de la prolifération nucléaire. Un autre concept, dénommé «antiprolifération», a aussi fait son apparition. Il devait englober le programme de non-prolifération traditionnel ainsi que de nouveaux éléments découlant des répercussions politiques et militaires de la dynamique de prolifération elle-même (Roberts, 1993, p. 140). On s'attend à ce que, à la fin de la deuxième décennie du XXIe siècle, le contexte en la matière se soit sensiblement transformé. Dans cette perspective, une panoplie de mesures ont été introduites, telles que l'Initiative de sécurité en matière de prolifération, l'Initiative mondiale de lutte contre le terrorisme nucléaire, le nouveau traité START et le Partenariat mondial pour l'énergie nucléaire. De plus, un Sommet sur la sécurité nucléaire a été convoqué en 2010 pour l'amélioration du traitement sécuritaire des matières radiologiques et nucléaires dans le monde entier. La nouvelle doctrine nucléaire des États-Unis, qu'a énoncée le président Obama en 2010, accorde également la priorité absolue à la lutte contre la prolifération nucléaire. Enfin, des appels ont été lancés par certains États pour un réexamen des possibilités qui permettraient de créer de nouveaux centres multilatéraux de combustibles nucléaires (une option envisagée depuis plusieurs décennies). Certaines agences régionales de garanties, comme celle qui a été établie par l'Union européenne (EURATOM), ont aussi été considérées comme de possibles modèles en vue d'améliorer la surveillance régionale des utilisations de l'énergie nucléaire.

ÉTUDE DE CAS

L'accord de coopération nucléaire entre les États-Unis et l'Inde

Le 1er octobre 2008, le Congrès américain a ratifié l'accord de coopération nucléaire avec l'Inde que les deux pays avaient signé en juillet 2005. Avant la conclusion de cet accord, les États-Unis avaient imposé des restrictions aux transferts de technologie nucléaire et autre vers l'Inde, qui n'avait pas adhéré au TNP et s'était dotée de capacités nucléaires militaires et civiles. L'accord entériné en 2005 comportait deux volets. Il allait permettre à l'Inde d'acquérir des moyens technologiques provenant des États-Unis, d'une part, et aux entreprises américaines de construire des réacteurs nucléaires en Inde et d'approvisionner en combustible le programme nucléaire civil de l'Inde, d'autre part. En échange de ces moyens technologiques, l'Inde s'est engagée à ouvrir les portes de ses installations nucléaires civiles (mais pas de ses installations nucléaires militaires) à l'AIEA, à signer un protocole additionnel avec l'AIEA pour l'autoriser à effectuer des inspections plus fouillées concernant l'application des

garanties, à respecter le moratoire sur les essais nucléaires, à améliorer les mécanismes de sécurité pour ses forces nucléaires et à appuyer les mesures de non-prolifération nucléaire. Cet accord a suscité des réactions partagées dans chacun des deux pays et ailleurs dans le monde. Les auteurs de l'accord estiment que celui-ci va faciliter une meilleure collaboration dans des domaines comme la production d'énergie nucléaire et la non-prolifération nucléaire, ainsi que pour d'autres questions liées aux intérêts de sécurité mutuels. Par contre, les opposants à l'entente affirment que celle-ci laisse l'Inde poursuivre le développement de ses forces nucléaires, étant donné que les installations militaires n'en relèvent pas. De plus, elle donne à l'Inde la possibilité, après le début des transferts issus des États-Unis, de rediriger vers son programme militaire des matières nucléaires prévues pour son programme civil. Cet accord pourrait aussi affaiblir le TNP en minant les dispositions de l'article 1, tout en envoyant un mes-

sage contradictoire en matière de non-prolifération puisqu'il fait des concessions aux États qui cherchent à se doter d'armes nucléaires. En Inde, des voix critiques estiment que l'entente confère aux États-Unis une supervision trop étroite du programme nucléaire et de l'avenir économique indiens et que ce système de contrôle sera nuisible à la sécurité à long terme de l'Inde.

À RETENIR

- Les mesures de lutte contre la prolifération nucléaire et de maîtrise des armes nucléaires n'ont cessé d'évoluer depuis 1945.

- L'AIEA a instauré un système de garanties mondial.

- Malgré une période d'intérêt renouvelé après 1995, les tentatives de mettre en œuvre un traité d'interdiction complète des essais d'armes nucléaires et de négocier un traité de seuil sur les matières fissiles ont échoué.

- Un certain nombre de zones exemptes d'armes nucléaires ont été établies.

- En juillet 2010, le TNP regroupait 191 États parties, mais l'Inde, Israël et le Pakistan refusent toujours d'y adhérer, et la Corée du Nord s'est retirée en 2003.

- Le Régime de contrôle de la technologie relative aux missiles est entré en vigueur en 1987 et le code de conduite de La Haye a été instauré en 2002.

- Des conférences d'examen du TNP ont lieu tous les cinq ans depuis 1970.

- Depuis 1995, le TNP a été mis à l'épreuve à différents égards : nouveaux essais nucléaires, tentatives d'instituer l'universalité, élimination des matières fissiles, respect et vérification.

- Certains soutiennent qu'une seconde ère nucléaire s'est amorcée.

- De nouvelles mesures ont été mises en œuvre en raison de la mondialisation constante de la prolifération nucléaire.

CONCLUSION

Au cœur du débat actuel sur la prolifération nucléaire se trouvent des questions complexes liées à l'état futur de la sécurité dans le monde. En voici quelques-unes : quels seront probablement les principaux problèmes en matière de prolifération au cours des dix prochaines années ?

Qu'arrivera-t-il si, à la longue, le TNP s'affaiblit irréversiblement? Quelles sont les conséquences de l'intérêt renouvelé pour la production d'énergie nucléaire, dans le contexte du débat entourant le réchauffement climatique? Une réponse possible à ces enjeux résiderait dans la transformation des initiatives déjà amorcées en une démarche détaillée pour une gouvernance nucléaire mondiale à long terme, qui demeurerait toutefois ancrée dans les traités existants. Le TNP est en vigueur depuis longtemps et comporte de nombreuses limites, mais il offre aussi un cadre juridique international qui permet l'application de mesures collectives en vue de résoudre des questions pressantes de sécurité collective. Cette démarche détaillée pourrait comprendre les éléments suivants: des efforts pour régler les conflits et accroître la confiance sur les plans bilatéral et régional; le renforcement des normes internationales; des mesures novatrices en ce qui a trait au respect, à la vérification, aux garanties, à la collecte de renseignements ainsi qu'à la production, à l'utilisation sûre et à l'élimination des matières fissiles et radiologiques; la mise à contribution d'États non parties au TNP; des efforts renouvelés en faveur du désarmement nucléaire; et l'engagement constant de toutes les parties pour l'atteinte des objectifs du TNP.

POUR EN SAVOIR PLUS

Une chronologie de l'ère nucléaire

1945 Les États-Unis font exploser la première bombe nucléaire dans le monde.

1946-1947 Les États-Unis et l'Union soviétique présentent à la Commission de l'énergie atomique des Nations Unies des plans qui prévoient un contrôle international de l'énergie atomique.

1949 L'Union soviétique fait l'essai de sa première arme nucléaire.

1952 Le Royaume-Uni fait l'essai de sa première arme nucléaire.

1953 Dwight Eisenhower, président des États-Unis, présente sa proposition «Atoms for Peace» à l'Assemblée générale des Nations Unies.

1957 L'Agence internationale de l'énergie atomique (AIEA) est fondée.

1958 La Communauté européenne de l'énergie atomique (EURATOM) amorce ses activités au sein de la Communauté européenne.

1960 La France devient le quatrième État à faire l'essai d'une arme nucléaire.

1961 L'Assemblée générale des Nations Unies adopte la résolution irlandaise, qui prévoit des mesures visant à restreindre la fabrication d'armes nucléaires par d'autres États.

1963 Le Traité d'interdiction partielle des essais d'armes nucléaires entre en vigueur.

1964 La Chine devient le cinquième État à faire l'essai d'une arme nucléaire.

1967 Le traité visant l'interdiction des armes nucléaires en Amérique latine et dans les Caraïbes (traité de Tlatelolco) est ouvert à la signature.

1968 Le Traité sur la non-prolifération des armes nucléaires (TNP) est ouvert à la signature.

1969 Le traité de Tlatelolco entre en vigueur.

1970 Le TNP entre en vigueur.

1971 L'AIEA conclut l'accord de garanties INFCIRC/153 et le comité Zangger adopte un ensemble de principes directeurs sur les exportations nucléaires, conformément au TNP.

1972 Les États-Unis et l'Union soviétique signent le traité sur les missiles antimissiles balistiques (traité ABM).

1974 L'Inde fait exploser un dispositif nucléaire à des fins censément pacifiques et le Groupe des fournisseurs nucléaires est formé.

1975 La première conférence d'examen du TNP a lieu à Genève; à la fin de l'année, 97 États ont adhéré au traité.

1978 La première session extraordinaire des Nations Unies sur le désarmement offre une tribune aux cinq États dotés d'armes nucléaires pour émettre des déclarations unilatérales comportant des garanties de sécurité négatives.

1980 La deuxième conférence d'examen du TNP a lieu à Genève.

1983 Les États-Unis rendent publique leur Initiative de défense stratégique.

1985 La troisième conférence d'examen du TNP a lieu à Genève.

1987 Le Régime de contrôle des technologies missilières est établi.

1990 La quatrième conférence d'examen du TNP a lieu à Genève.

1991 L'ONU met sur pied la Commission spéciale (UNSCOM) chargée de superviser le démantèlement du programme d'armes nucléaires non déclaré de l'Iraq. Les États-Unis rendent public leur programme de démantèlement, de sécurité et de sûreté, après la dissolution de l'Union soviétique.

1993 L'Afrique du Sud déclare qu'elle a produit six dispositifs nucléaires avant 1989 et qu'elle les a démantelés avant de signer le TNP. La République populaire démocratique de Corée annonce son intention de se retirer du TNP, après des allégations relatives à son programme nucléaire.

1995 La conférence d'examen et de prorogation du TNP a lieu à New York; les 179 États parties décident de proroger indéfiniment le TNP et établissent un nouveau processus d'examen du traité ainsi qu'un ensemble de principes et d'objectifs pour la non-prolifération et le désarmement.

1996 Le Traité d'interdiction complète des essais d'armes nucléaires est ouvert à la signature.

1997 Le premier Comité préparatoire du nouveau processus d'examen du TNP se réunit à Genève.

1998	L'Inde et le Pakistan effectuent une série d'essais nucléaires et d'essais de missiles.
1999	Les États-Unis adoptent la *National Missile Defense Act* (loi nationale de défense contre les missiles).
2000	La sixième conférence d'examen du TNP réunit à New York les 188 États parties au traité. Les cinq États dotés d'armes nucléaires réitèrent leur engagement à procéder à l'élimination totale de leurs arsenaux nucléaires.
2002	Cuba devient le 189e État partie au TNP; le code de conduite de La Haye pour les transferts de technologies missilières est mis au point.
2003	La question du non-respect et des réactions à ce non-respect acquiert une grande importance lorsque la République populaire démocratique de Corée annonce qu'elle se retire du TNP. De plus, une intervention est menée en Iraq.
2004	Un réseau transnational non étatique d'approvisionnement en matières nucléaires est découvert et la Libye accepte inconditionnellement de démanteler son infrastructure d'armes de destruction massive, conformément aux accords internationaux; le Conseil de sécurité des Nations Unies adopte la résolution 1540.
2005	La septième conférence d'examen du TNP a lieu à New York.
2006	La République populaire démocratique de Corée annonce qu'elle a fait l'essai d'une arme nucléaire.
2007	L'Iran annonce que son programme d'enrichissement d'uranium a enregistré des progrès. La RPDC indique que l'essai du missile balistique Taepodong-2C/3 a été un succès.
2009	L'Iran place un satellite en orbite à l'aide d'un lanceur associé au missile balistique Taepodong-2C/3 de la RPDC. La RPDC annonce qu'elle a procédé à un deuxième essai nucléaire. Le Conseil de sécurité de l'ONU adopte la résolution 1887.
2010	Les États-Unis et la Russie signent un nouvel accord sur la maîtrise des armes nucléaires stratégiques. Un sommet sur la sécurité nucléaire est organisé. La huitième conférence d'examen du TNP a lieu à New York, à l'occasion du 40e anniversaire du traité.

QUESTIONS

1. Comment distingue-t-on les armes nucléaires des armes classiques?

2. Décrivez l'émergence des armes nucléaires et leurs incidences en matière de sécurité globale.

3. Pourquoi, à l'exception des bombes lâchées sur le Japon pendant la Seconde Guerre mondiale, n'a-t-on jamais plus eu recours à des armes nucléaires dans des conflits militaires?

4. Quelles sont les répercussions mondiales de la prolifération nucléaire?

5. Expliquez le régime en place en matière de prolifération nucléaire.

6. Les acteurs non étatiques constituent-ils un nouveau défi en matière de prolifération nucléaire?

7. En vous référant à Kenneth Waltz, à Scott Sagan et à Mearsheimer, quels sont les arguments pour et contre la prolifération nucléaire?

8. Pourquoi l'auteur affirme-t-il que les efforts en matière de contrôle de la prolifération nucléaire ont échoué?

9. Quelles initiatives doivent être prises pour assurer une gouvernance nucléaire globale au xxie siècle?

10. Comment la fin de la guerre froide a-t-elle marqué un changement dans la problématique de la prolifération nucléaire?

Lectures utiles

Courmont, B., «Après l'Iran: vers une prolifération nucléaire au Moyen-Orient?», *Revue internationale et stratégique*, no 70, 2008, p. 119-128. Une étude sur les risques potentiels liés à la nucléarisation de l'Iran et sur les solutions de rechange envisageables en matière de sécurité régionale.

Fortmann, M., G. Hervouet et A. Legault (dir.), *Les conflits dans le monde 2006: rapport annuel sur les conflits internationaux*, Québec, Presses de l'Université Laval, 2006.

Un aperçu très complet des enjeux actuels en matière de sécurité globale et de prolifération nucléaire. Le chapitre 2, d'Élise de Garie et de Michel Fortmann, est particulièrement intéressant.

Grand, C., «La défense antimissile: un nouveau paradigme stratégique?», *Politique étrangère*, vol. 66, no 4, 2001, p. 811-826. Un historique de la défense antimissile et de son renouvellement sous l'administration de George W. Bush.

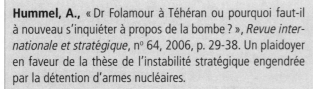

Hummel, A., « Dr Folamour à Téhéran ou pourquoi faut-il à nouveau s'inquiéter à propos de la bombe ? », *Revue internationale et stratégique*, n° 64, 2006, p. 29-38. Un plaidoyer en faveur de la thèse de l'instabilité stratégique engendrée par la détention d'armes nucléaires.

Lee, C. M., « Multipolarité et prolifération en Extrême-Orient : implications pour la sécurité régionale et coréenne », *Politique étrangère*, vol. 60, n° 3, 1995, p. 659-670. À partir du cas de la Corée du Nord, une réflexion sur les répercussions de la fin de la guerre froide sur la prolifération nucléaire.

Le Guelte, G., « La prolifération dans une économie en voie de mondialisation », *Politique étrangère*, vol. 69, n° 3, 2004, p. 625-636. Cet article explore les liens entre la mondialisation et la prolifération nucléaire, notamment sous l'angle du rôle émergent des acteurs non étatiques en matière de détention d'armes de destruction massive.

Nye, J. S., « Défense et illustration du régime de la non-prolifération », *Politique étrangère*, vol. 45, n° 4, 1980, p. 925-948. Version française d'un article critique de cet auteur institutionnaliste néolibéral sur les caractéristiques du régime international de non-prolifération ; il dénonce notamment les thèses sur la fonction stabilisatrice du nucléaire selon John Mearsheimer et d'autres.

Pélopidas, B., « Du fatalisme en matière de prolifération nucléaire : retour sur une représentation opiniâtre », *Swiss Political Science Review*, vol. 15, n° 2, 2009, p. 281-316. Une critique convaincante de la thèse avancée par le réalisme offensif selon laquelle la multiplication mondiale du nombre d'acteurs nucléaires est inévitable.

Sagan, S. et K. Waltz, *The Spread of Nuclear Weapons: A Debate Renewed,* 2e édition, New York, W. W. Norton & Company, 2003. Un ouvrage incontournable pour se familiariser avec les débats entre la sécurité critique et le réalisme défensif.

Tucker, J. B. et C. Caumes, « Armes biologiques : quelques leçons irakiennes », *Politique étrangère*, vol. 70, n° 1, 2005, p. 123-136. Des réflexions à propos du contrôle des armements dans le cadre de la surveillance du programme iraquien.

Chapitre 24

LE NATIONALISME

John Breuilly

GUIDE DE LECTURE

Dans le présent chapitre, nous traitons des rapports entre le nationalisme et la politique mondiale. Nous remettons en question la thèse classique postulant que le nationalisme a engendré un ordre mondial qui repose sur les États-nations et que cet ordre s'est ensuite trouvé menacé par la globalisation. Nous soutenons plutôt que la politique mondiale évolue de concert avec le nationalisme et que l'un des enjeux théoriques les plus importants consiste à mieux comprendre leurs interactions au fil du temps. Nous examinerons d'abord des définitions et des interprétations théoriques du nationalisme. Puis nous décrirons les raisons pour lesquelles la politique mondiale et le nationalisme se sont transformés ensemble, suivant des phases distinctes depuis 1750. Le lien fondamental unissant la politique mondiale et le nationalisme réside – à notre sens, bien évidemment – dans l'État-nation, qui constitue, en outre, le principal lieu de pouvoir dans le monde moderne. D'ailleurs, l'État-nation et les relations entre les divers États-nations se sont aussi développés au cours de chacune des phases de leur évolution. C'est pourquoi un survol de la perspective historique rend plus intelligibles les rapports actuels entre la politique mondiale et le nationalisme.

INTRODUCTION :
LES CONCEPTS ET LES DÉBATS

La conception habituelle des rapports entre le nationalisme, les **États-nations** et la **politique globale** pourrait s'appuyer sur les trois prémisses suivantes. Premièrement, à partir du milieu du XVIIe siècle environ, un ordre fondé sur des **États territoriaux** souverains (le système westphalien) est apparu en Europe (voir le chapitre 2). Deuxièmement, à compter de la fin du XVIIIe siècle, la montée du nationalisme a en quelque sorte nationalisé cet ordre qui s'est ensuite étendu au-delà de l'**Europe**, jusqu'à ce que le monde entier soit structuré en un ensemble d'États-nations (voir l'encadré « Pour en savoir plus » ci-contre). Les relations internationales ont alors pris la forme de relations entre États-nations. Troisièmement, la **globalisation** menace cet ordre politique : elle mine à la fois l'État, puisqu'elle érode la **puissance** territoriale souveraine, et la nation, étant donné qu'elle fait apparaître des identités rivales. Avant de poursuivre notre analyse, il convient de décrire les concepts-clés et les débats relatifs au nationalisme et à l'État-nation.

La définition du **nationalisme** retenue ici est la suivante : le monde se divise en nations qui constituent la source primordiale de la **loyauté** et de l'**identité** politiques, et qui engendrent elles-mêmes l'exigence de l'**autodétermination nationale**. Les trois mots essentiels de cette définition sont importants. Les nationalistes envisagent le terme « **nation** » de différentes façons. L'appartenance nationale d'un même groupe peut être revendiquée par des nationalistes rivaux. Par exemple, les nationalistes turcs déclarent que les Kurdes établis en Turquie sont Turcs, alors que les nationalistes kurdes rejettent une telle affirmation. Il s'avère plus difficile de définir la nation que le nationalisme. Certains auteurs mettent l'accent sur quelques traits objectifs de la nation, d'autres, sur son caractère imaginé et subjectif, tandis que d'autres encore nourrissent des doutes sur la pertinence même d'utiliser ce mot. L'encadré « Pour en savoir plus » de la page ci-contre donne des exemples qui illustrent ces trois points de vue. Pour sa part, le terme « primordial » signifie ici que beaucoup croient que le monde se divise en nations, et non que les nations exigent une loyauté suprême. L'« autodétermination » désigne habituellement le statut d'un État indépendant, mais des nationalistes pourraient se contenter d'un statut moindre, comme l'autonomie au sein d'un État fédéral.

Le nationalisme peut être considéré comme une idéologie, un sentiment d'appartenance ou une politique.

POUR EN SAVOIR PLUS

La formation d'un monde d'États-nations

Date	Nombre approximatif d'États-nations*
1500	2 (Angleterre, France)
1800	10 et plus (la Grande-Bretagne, la France, la Hollande, les États-Unis, l'Espagne, le Portugal)
1900	30 (dont le Brésil, le Mexique, Haïti, la Belgique, l'Allemagne, l'Italie, la Serbie, la Roumanie, la Grèce, l'Argentine, le Japon, le Canada)
1923	45 États sont membres de la Société des Nations
1945	51 États créent l'Organisation des Nations Unies (ONU)
1950	60 membres de l'ONU
1960	99 membres de l'ONU
1970	127 membres de l'ONU
2010	192 membres de l'ONU

* Avant 1923, il s'agit d'une estimation générale découlant d'un jugement porté sur les faits historiques. Par la suite, on dénombre les pays membres de la Société des Nations, puis de l'Organisation des Nations Unies.

Les définitions le présentent généralement comme une idéologie, une conception du monde politique. À moins que l'idéologie n'acquière une grande importance, il est possible de ne pas en tenir compte. Deux cas peuvent alors se produire : le nationalisme en tant que sentiment d'appartenance, quand il façonne le sentiment d'identité des individus, ou le nationalisme en tant que politique, lorsqu'il est préconisé par un mouvement capable de former un État-nation.

Chaque conception du nationalisme peut être subdivisée en différents types. Ainsi l'idéologie peut être civique ou ethnique. Le **nationalisme civique** représente un engagement envers un État et ses valeurs. L'appartenance à un État détermine la nationalité, comme dans la société d'immigrants aux origines multiethniques que constitue le Canada. Pour sa part, le **nationalisme ethnique** représente un engagement envers un groupe aux origines communes (ou imaginées, comme dans le sens donné par Anderson, 1996). Dans cette perspective, la nation précède l'État ; c'est le cas des États ethnonationaux qui se sont formés au sein de l'Europe moderne. Une telle distinction recèle toutefois sa part de problèmes. Chaque type de nationalisme correspond à une culture et à des valeurs, mais celles-ci se transforment et souvent en peu de temps. Des facteurs culturels tels que la religion et la langue ne peuvent être facilement classés dans les catégories ethnique ou civique. Il existe un risque que la distinction soit alors moralisée (le nationalisme civique est bon, le nationalisme ethnique est mauvais). Cette distinction demeure néanmoins importante.

Des sentiments nationalistes peuvent être entretenus par l'élite ou par les masses. Certaines idées nationalistes exercent leur attrait sur une petite couche de la population, tandis que d'autres rallient un assentiment populaire. Sur le plan politique, le nationalisme peut soit consolider soit subvertir l'État. Le nationalisme de consolidation de l'État reconnaît la légitimité générale d'un État existant. Il vise à le consolider, sur le plan intérieur, par l'épuration de la nation et la réforme du gouvernement et, sur le plan extérieur, par la récupération du territoire national et l'accroissement de la puissance. Le nationalisme de subversion de l'État a pour objectif la création d'un nouvel État, généralement au moyen de la partition d'un plus grand, parfois au moyen de l'unification de petits États.

Les liens entre le nationalisme et la politique mondiale varient selon le type de nationalisme considéré. Le nationalisme de masse, qui fait appel à des notions ethniques pour subvertir un État existant, est très différent du nationalisme d'élite, qui recourt à des notions civiques pour consolider un État existant.

POUR EN SAVOIR PLUS
Quelques définitions de la nation

« [La nation] [...] est une communauté politique imaginée, à la fois comme intrinsèquement limitée et souveraine. [...] Elle est imaginée parce que même les membres de la plus petite nation ne connaîtront jamais la plupart de leurs compatriotes, ne les rencontreront jamais et n'entendront même jamais parler d'eux, et pourtant l'image de leur appartenance commune demeurera présente dans l'esprit de chacun d'eux [...]. La nation est imaginée comme *limitée* parce que même la plus grande nation, regroupant jusqu'à un milliard d'êtres humains, se situe à l'intérieur de frontières définies, bien que parfois élastiques, au-delà desquelles se trouvent d'autres nations [...]. Elle est imaginée comme souveraine parce que le concept est apparu à une époque où les Lumières et la Révolution française ont détruit la légitimité de l'univers dynastique, hiérarchique et ordonné selon la volonté de Dieu. »

(Benedict Anderson, 1983/1991, p. 5-6)

« [...] définissons-la [la nation] d'emblée comme un grand groupe social dont l'intégration résulte de la présence non

pas d'une seule catégorie de relations objectives, mais de plusieurs (relations économiques, politiques, linguistiques, culturelles, religieuses, géographiques, historiques), ainsi que de leur reflet subjectif dans la conscience collective. Un bon nombre de ces catégories de relations peuvent se substituer les unes aux autres, c'est-à-dire que certaines jouent un rôle particulièrement important dans une dynamique d'édification de la nation, mais seulement un rôle secondaire dans une autre. Toutefois, trois de ces catégories s'avèrent irremplaçables : d'abord, la " mémoire " d'un passé commun, considéré comme une " destinée " du groupe, ou du moins de ses principaux éléments constitutifs ; ensuite, la densité des liens linguistiques ou culturels, qui permet un plus grand degré de communication sociale au sein du groupe qu'à l'extérieur ; et enfin, le partage d'une conception de l'égalité de tous les membres du groupe organisé en société civile. »

(Miroslav Hroch, 1996, notamment p. 79)

« Ni les définitions objectives ni les définitions subjectives ne sont satisfaisantes, et elles sont toutes trompeuses. Quoi qu'il en soit, l'agnosticisme représente la meilleure attitude initiale que peut avoir un étudiant dans ce domaine, et le présent ouvrage n'adopte aucune définition *a priori* de ce qui constitue une nation. À titre de première hypothèse de travail, on peut affirmer que tout groupe humain qui soit suffisamment important et dont les membres estiment qu'ils font partie d'une " nation " sera considéré comme une nation. Toutefois, pour déterminer si un tel groupe humain se voit effectivement comme une nation, on ne peut se contenter de consulter des auteurs ou des porte-parole politiques d'organisations revendiquant le statut de " nation " pour ce groupe. La présence d'un groupe de porte-parole d'une certaine " idée nationale " n'est pas dénuée d'importance, mais l'utilisation du terme " nation " est aujourd'hui si répandue et si imprécise que le recours au vocabulaire du nationalisme s'avère parfois très peu pertinent. »

(Eric Hobsbawm, 1990)

Il est généralement reconnu que le nationalisme est moderne, dans le sens historique du terme. Les explications relatives à ses origines et à sa croissance gravitent autour de quatre questions-clés : le nationalisme procède-t-il de l'existence antérieure de nations ? Les nations sont-elles d'origine moderne ou ont-elles une histoire ancienne ? Les explications du nationalisme doivent-elles privilégier la culture, l'économie ou la politique ? Quel est le rôle respectif des facteurs intérieurs (comme une culture commune) et des facteurs extérieurs (comme des menaces ou un appui provenant d'États puissants) dans l'orientation que prend le nationalisme ? Le tableau 24.1 (page suivante) schématise les positions possibles à ce sujet.

TABLEAU 24.1   **Les débats sur le nationalisme**

ANTÉRIORITÉ (NATION OU NATIONALISME)	ÉPOQUE (PRÉMODERNE/ MODERNE)	TYPE (IDÉOLOGIE, POLITIQUE, SENTIMENT D'APPARTENANCE)	FACTEUR-CLÉ (CULTURE, ÉCO- NOMIE, POLITIQUE)	THÉORIE (UN VOCABLE)	THÉORICIEN (EXEMPLE)
Nation	Moderne	Sentiment d'appartenance	Culture (croyance en tant qu'identité)	Primordialisme	Walker Connor
Nation	Prémoderne (ethnie)	Sentiment d'appartenance	Culture (mythes et souvenirs)	Ethnosymbolisme	Anthony Smith
Nation	Prémoderne	Sentiment d'appartenance	Culture (croyances en tant que credos)	Pérennialisme	Adrian Hastings
Nationalisme	Moderne	Sentiment d'appartenance	Économie (industrie)	Modernisme	Ernest Gellner
Nationalisme	Moderne	Sentiment d'appartenance	Culture (communication)	Modernisme	Benedict Anderson
Nationalisme	Moderne	Idéologie	Culture (intellectuels)	Modernisme	Elie Kedourie
Nationalisme	Moderne	Politique	Politique (élites)	Modernisme	Paul Brass, Charles Tilly, Michael Mann

L'utilisation même des termes «nation» et «État» n'est pas sans équivoque. La principale **organisation internationale** aujourd'hui est l'Organisation des Nations Unies, mais le terme «nations» présent dans son nom désigne soit les États, selon les conceptions dominantes, soit les peuples, selon les conceptions dites «alternatives». Dans maints États, la diversité culturelle est si prononcée qu'il est impensable de les considérer comme des États ethnonationaux. Dans de nombreux autres États, l'absence de démocratie fait en sorte qu'il ne pourrait s'agir d'États civiques nationaux. Que signifie donc le terme «État-nation»? Tenter de déterminer ce que sont des États dits nationaux n'est pas une mince affaire, parce que les critères utilisés à cet égard sont très imprécis et qu'il faudrait accepter la prémisse nationaliste fondamentale, selon laquelle la nation précède l'État, qui n'en constituerait donc que la cristallisation. Aux fins du présent chapitre seront considérés comme des États-nations les États qui affirment avoir un caractère national – peu importe la définition du concept de «nation» –, qui ne se heurtent pas à une puissante opposition visant la subversion de l'État et qui sont reconnus par la communauté internationale.

À RETENIR

- Le nationalisme soutient que la nation existe et qu'elle devrait constituer la base de l'ordre politique.

- Le nationalisme peut être perçu en tant qu'idéologie, sentiment d'appartenance ou politique.

- Il y a différents types de nationalisme: ethnique ou civique, d'élite ou de masse, de consolidation ou de subversion de l'État.

- Les plus importants débats au sujet du nationalisme portent sur la question de savoir si celui-ci est la source ou la conséquence de la nation, sur l'importance relative de la culture, de l'économie et de la politique et sur les rôles respectifs des facteurs intérieurs et extérieurs.

- Il est impossible de définir en termes objectifs ce qu'est un «État-nation» sans accepter les prémisses du nationalisme. Dans le présent ouvrage, l'État-nation se définit en fonction de sa propre description de lui-même et du fait qu'il est reconnu par la communauté internationale.

LE NATIONALISME, LES ÉTATS-NATIONS ET LA POLITIQUE MONDIALE DANS L'HISTOIRE

Il est question ici des liens historiques entre le nationalisme et l'expansion mondiale des États-nations. Les rapports entre les êtres humains à l'échelle globale remontent à des milliers d'années. Par convention historique, toutefois, on considère les vagues impérialistes européennes des années 1492-1500 comme un moment charnière de ces migrations, alors que les Amériques sont intégrées à un réseau d'échanges avec l'Eurasie et l'Afrique. Certains historiens soutiennent que les premières traces du nationalisme et de l'État-nation datent au moins de cette époque. Il est aussi généralement reconnu que le nationalisme a acquis une certaine importance à partir de 1750 environ. Cette époque coïncide avec le premier conflit d'envergure mondiale qui a opposé des États-nations manifestant leur nationalisme. À ce moment, on peut voir émerger, comme conséquence de la globalisation, les premiers conflits politiques mondiaux d'envergure entre États invoquant des arguments nationalistes.

Ces conflits se concentrent sur le rapport entre le nationalisme et le pouvoir, notamment le pouvoir organisé par l'État et, en particulier, sur les processus qui ont conduit à l'émergence de l'État-nation comme forme dominante du pouvoir étatique, ainsi qu'au nationalisme en tant qu'idéologie politique dominante. La globalisation a été définie de bien des façons et il faut donc clarifier le sens de ce terme. Celui-ci renvoie ici à l'ensemble des configurations de l'interaction politique que façonnent les relations entre les États les plus puissants, relations qui se sont déployées fréquemment, significativement et simultanément en Europe, en Asie, en Afrique et dans les Amériques. Il s'agit d'une définition pragmatique qui omet délibérément des éléments non étatiques tels que les communications, le transport et les interactions économiques et sociales, même s'il est clair que ces aspects influent sur les configurations des interactions étatiques.

La rivalité franco-anglaise, vers 1750-1815

La puissance mondiale

En Europe et au-delà de ses frontières, la France et la Grande-Bretagne ont déployé des forces terrestres et maritimes pour combattre l'une contre l'autre. À cette fin, elles se sont servies de tierces parties sur au moins trois continents (en Europe, en Asie et en Amérique du Nord). Elles se sont toutes les deux efforcées de dominer le commerce mondial des produits de base (coton, tabac, sucre), qui s'est superposé aux anciens **réseaux** d'échanges des produits de luxe. Les Européens expliquaient leur puissance et la justifiaient par leurs réalisations civilisationnelles supérieures à celles des autres pays du monde qui étaient alors considérés comme des foyers de cultures primitives ou de civilisations en déclin.

Le conflit mondial et le nationalisme

À cette époque, le nationalisme de type civique, d'élite et de consolidation de l'État dominait les autres formes de nationalisme. En France et en Grande-Bretagne, certains réclamaient l'abolition des privilèges et exigeaient que les gouvernements rendent des comptes à la nation. Cette nation civique était liée aux intérêts d'une classe de commerçants en expansion, qui était elle-même façonnée par la globalisation. Le conflit entre la Grande-Bretagne et la France a fait apparaître un ennemi spécifique (soit l'autre État : la France pour la Grande-Bretagne et la Grande-Bretagne pour la France) aux yeux de l'opinion publique dans chacun de ces deux États. Cette situation a frappé la France plus durement que l'Angleterre et y a précipité une révolution. C'est de la Révolution française qu'est née l'affirmation selon laquelle l'État existe pour la nation. Après avoir déclenché la guerre en Europe, la France révolutionnaire a lancé aux autres nations un appel les invitant à se soulever contre leur gouvernement respectif. Les gouvernements visés ont alors répliqué au moyen d'une rhétorique nationaliste.

Le nationalisme, la formation d'États-nations et les relations internationales

Si le nationalisme est devenu important au sein de la politique britannique et de la politique française, dans le reste de l'Europe il a surtout conservé un caractère théorique. Les diverses rébellions dans les Amériques ont libéré plusieurs territoires de l'emprise espagnole, britannique, portugaise ou française et les élites y ont adopté la langue de l'indépendance nationale civique. Les conséquences de la défaite de Napoléon à Waterloo en 1815 ont laissé le champ libre à une seule grande puissance mondiale en Amérique du Nord : la Grande-Bretagne.

La *pax britannica*, vers 1815-1914

La puissance mondiale

Les États en Europe et en Amérique se préoccupaient d'abord et avant tout des questions régionales. La Grande-Bretagne, pour sa part, exerçait ailleurs une puissance d'envergure mondiale. En plus de compter sur la **diplomatie** pour se rallier ses opposants ou les diviser, elle s'appuyait sur sa suprématie navale. Au lieu de combiner sa puissance coercitive et sa puissance économique sous la forme impériale traditionnelle, elle en a proclamé la séparation. De plus, elle a aboli les tarifs douaniers, cessé la pratique du commerce mercantile reposant sur l'attribution de monopoles dans le transport outre-mer et lié les principales devises au prix de l'or. Ces mesures étaient inspirées de l'industrialisation alors en cours, qu'accompagnaient de grandes transformations dans les domaines des communications (télégraphe) et des transports (machine à vapeur). Ce contexte a grandement stimulé les courants migratoires.

La Grande-Bretagne attribuait ses succès au christianisme, à sa tradition parlementaire et au libre-échange. Son pouvoir, cependant, ne pouvait pas être directement imposé aux autres en raison du caractère indirect de la domination britannique. En Europe, dans les Amériques et en Asie, ce sont les États en voie de modernisation qui ont gagné les guerres menées principalement au xixe siècle. Après quoi ils ont tourné leur regard vers l'extérieur pour défier les **hégémonies** espagnole, britannique, française et portugaise. Les liens étroits unissant la technologie et la puissance ont favorisé une intervention de l'État. De plus, le fait que les États croyaient que leur puissance résultait de la maîtrise des ressources outre-mer a provoqué l'éclatement de conflits impérialistes.

Le conflit global et le nationalisme

Les nationalistes ont souvent imité les formes civiques que projetaient les empires français et britannique pour trois motifs principaux : le succès engendre le succès, les nouvelles idées influencent des idées similaires et les nationalistes espéraient obtenir l'appui de ces deux puissances. Ces nationalistes faisaient fi des nationalités dites non historiques (roumaine, slave) et déclaraient qu'elles devaient s'assimiler aux nations dont la culture était considérée comme supérieure. Ces attitudes méprisantes ont favorisé l'essor d'un contre-nationalisme qui, lui, mettait l'accent sur la culture folklorique, la religion populaire et la langue orale, mais qui a initialement connu peu de succès.

Le nationalisme n'a pas bénéficié d'un élan quelconque au-delà de l'Europe, étant donné que la domination britannique revêtait un caractère indirect et ne se reflétait pas sous des formes apparemment nationalistes. Des réactions se sont fort évidemment manifestées contre le christianisme et la modernité laïque, dont les valeurs n'étaient pas toujours acceptées (à l'instar des conversions au christianisme). Il arrivait parfois qu'elles fassent l'objet d'une résistance plus silencieuse ou qu'elles soient même balayées assez violemment. Les cas les plus importants ont été ceux où se sont combinés une acceptation apparente et un rejet partiel, mais réel. On peut citer deux exemples : la codification de l'hindouisme en Inde, qui a rejeté le christianisme, mais qui a attribué des traits chrétiens à des croyances hindoues (voir l'étude de cas à la page 418), et les nombreuses pratiques spirituelles autochtones syncrétiques dans les Amériques, qui ont perfectionné le même procédé à l'encontre des colons européens. Ainsi, ils ont renommé dans des termes chrétiens des personnages et des forces à qui ils ont continué de croire. Dans d'autres cas, la résistance à la domination britannique s'est traduite par l'adoption par le pouvoir impérial de politiques soit d'assimilation forcée, comme avec le rapport Durham dans la province de Québec (ce rapport sera toutefois rejeté), soit de déportation, comme dans le cas de l'édit d'expulsion des Acadiens.

À mesure que s'aggravaient les contradictions de la globalisation d'origine britannique, de nouvelles formes de nationalisme faisaient leur apparition. Les conflits impérialistes favorisaient le nationalisme populaire de consolidation de l'État et celui-ci s'associait à des conceptions raciales qui se sont substituées aux prétentions civilisationnelles et religieuses soi-disant supérieures. Si ces conceptions se sont surtout projetées dans le monde non européen, elles ont aussi été mises en avant au sein même de l'Europe, comme allait le révéler l'antisémitisme moderne. Le resserrement du contrôle direct des populations dans les empires, justifié à l'aide d'une rhétorique raciale et nationaliste, a donné un élan aux mouvements de libération nationale.

Le nationalisme, la formation d'États-nations et les relations internationales

Le succès du nationalisme civique, d'élite et de consolidation de l'État a été lié au recours à des moyens organisationnels et technologiques modernes pour mener la guerre. Le nationalisme a fini par occuper une place centrale dans les nouveaux États-nations. Ses valeurs libérales ont été abandonnées à mesure que les élites se sont heurtées à des problèmes concernant l'édification de l'État, le développement économique et l'expansion impérialiste. Le nationalisme ethnique de subversion de l'État a connu un succès limité auprès des États multinationaux en déclin. Dans certains cas, l'appui provenant d'États puissants comme la Russie était plus important que la force intrinsèque des mouvements nationalistes. De puissants États-nations ont défié l'hégémonie britannique et la Grande-Bretagne s'est appliquée à leur tenir tête. À partir des années 1880, le monde s'est de plus en plus clairement divisé en sphères d'**influence** formalisées et contrôlées. Les relations internationales étaient dominées par des courses aux armements fondées sur de nouvelles technologies et des alliances officielles. Dans bien des cas, les dirigeants politiques ont cherché à mobiliser l'opinion publique pour la défense des **intérêts nationaux**. Ils se sont ensuite trouvés aux prises avec des sentiments nationalistes qu'ils avaient contribué à faire naître.

Les répercussions sur la politique mondiale

Les Britanniques ont justifié leur hégémonie au moyen d'une rhétorique cosmopolitiste et libre-échangiste. Le nationalisme libéral s'est développé dans des sociétés modernisantes situées à l'extérieur des zones d'influence britanniques. L'industrialisation de la guerre a permis à des nationalistes libéraux de former de nouveaux États-nations qui ont alors établi un modèle inédit : l'État s'est imposé sur un **territoire** délimité

à l'aide d'un appareil administratif, en collaboration avec un secteur industriel dynamique. Armé de conceptions nationalistes, il s'est enraciné dans la société grâce à de nouveaux moyens : l'éducation publique, les médias de masse, des politiques culturelles volontaristes, l'invention de traditions nationales, la protection tarifaire et le versement de subventions. Il a projeté son nationalisme agressif à l'intérieur et à l'extérieur de ses frontières dans le but de constituer un **empire**. À mesure que les conflits politiques ont pris une envergure mondiale, ils se sont aussi nationalisés. Les puissances impériales recherchaient de nouvelles façons d'exercer leur emprise sur d'autres parties du globe. Une contradiction a alors émergé entre les justifications civilisationnelles et la réalité de subordination et d'exploitation que sous-tendaient les conceptions raciales véhiculées par les Européens présents tant en Asie et en Afrique que dans le Nouveau Monde. Les mouvements anti-impérialistes et de libération nationale rejetaient la présence impériale européenne. La concrétisation de ce rejet est devenue possible lorsque les conflits politiques de grande envergure se sont transformés en guerres mondiales. Celles-ci ont touché de nombreuses colonies qui n'avaient, a priori, pas grand-chose à voir avec des conflits qui concernaient principalement des intérêts européens.

L'époque des guerres mondiales, vers 1914-1945

La puissance globale

D'abord concentrée en Europe, la Première Guerre mondiale a ensuite pris une ampleur véritablement mondiale (voir le chapitre 3), notamment lorsque les États-Unis sont intervenus dans le conflit en 1917, après une longue période isolationniste. Dans les pays en guerre, le contrôle de l'État sur la population et l'économie s'est généralisé. Les efforts accomplis dans les années 1920 en vue d'un retour à ce qui était considéré comme la normale ont été balayés par la **Grande Dépression**. De nouvelles technologies (la radio, le cinéma et la télévision, le transport aérien et l'automobile) ont connu une vaste expansion et l'État, surtout en temps de guerre, se les est appropriées. Tandis que l'entre-deux-guerres a favorisé dans les États européens la démilitarisation et un amoindrissement notoire de l'intervention de l'État, la Seconde Guerre mondiale a inversé ces tendances ; elle a eu une portée encore plus universelle et l'intervention de l'État s'est accrue davantage. En raison des communications radiophoniques, de la puissance aérienne, d'une aide économique de grande envergure et de la **coordination** militaire, la guerre de 1939-1945

a acquis un caractère véritablement global. La globalisation militaire a été assortie d'une déglobalisation économique : le libre-échange et les taux de change fixes ont disparu et les migrations transnationales volontaires ont diminué.

Étonnamment, plutôt que de miner le nationalisme, ces dynamiques mondiales sont devenues autant d'éléments constitutifs du nationalisme de consolidation de l'État.

Conflits mondiaux et nationalismes

Durant les deux guerres mondiales, les Alliés ont affirmé qu'ils se battaient pour la cause de la démocratie libérale, et non pour celle d'un nationalisme étroit, même si la démocratie libérale était organisée sous forme d'États-nations civiques. Leur alliance avec la Russie (qui ne défendait par ailleurs aucun nationalisme que ce soit) a cependant contredit cette affirmation, tout comme leur incapacité à généraliser la démocratie libérale après leur victoire. Pour sa part, l'Allemagne a manifesté un nationalisme ethnique sans équivoque en 1914. Ses alliés, soit l'Empire ottoman et l'Empire austro-hongrois dirigé par les Habsbourg, sont entrés en guerre entre autres raisons pour barrer la route aux nationalismes ethniques de subversion qui agitaient leur propre Empire. La victoire des Alliés, en 1918, a symbolisé pour beaucoup le triomphe du **principe** démocratique libéral de l'« autodétermination nationale » qu'incarnaient les **quatorze points** énoncés la même année par le président des États-Unis, Woodrow Wilson. Plusieurs des bénéficiaires, cependant, ont été les opposants ethnonationalistes dans les empires vaincus. Le gouvernement de chaque État exerçait son pouvoir au nom d'une coalition dominante, qui se méfiait des minorités. Les nationalistes qui représentaient les minorités se sont tournés vers leur propre État national pour obtenir son appui et ont invoqué les dispositions des traités de paix relativement aux droits des minorités. Leur nationalisme se caractérisait par un repli sur soi. Jusqu'à la fin de la Première Guerre mondiale, les États-Unis ont également procédé à un apparent repli semblable, puis l'URSS de Staline en a fait autant.

Une forme distincte de nationalisme, le fascisme, n'était toutefois pas insulaire, ni même exceptionnelle. Les fascistes détestaient le communisme et le **libéralisme** et ils rejetaient aussi la vieille politique des élites conservatrices. Ils considéraient la nation comme une entité supra-individuelle qui ne comportait pas de classes sociales et qui nécessitait un État fort, une mobilisation des masses et un dirigeant génial sachant manifester vigoureusement sa présence dans le monde. La Première Guerre mondiale a donné au nationalisme un caractère étatique et militariste sur lequel les fascistes se sont appuyés. Ce régime a ensuite gagné en popularité en raison notoire de la dépression économique et de la désaffection pour la démocratie libérale qui en a résulté. L'idéologie fasciste était à la fois impérialiste et profondément anti-universaliste. Elle préconisait surtout la formation de grandes puissances dont chacune serait dirigée par une nation ou une race supérieure qui imposerait sa domination sur les classes inférieures d'esclaves.

Dans le monde colonial, la mobilisation militaire et les efforts de développement économique ont accentué la subordination culturelle, sociale et politique ainsi que l'exploitation économique. La Deuxième Guerre mondiale a rendu bien visibles les divisions et la fragilité des structures de pouvoir alors existantes et a donné un nouvel élan aux désirs nationalistes d'indépendance, justifiés fort stratégiquement au moyen d'arguments socialistes ou libéraux.

Le nationalisme, la formation d'États-nations et les relations internationales

Le nationalisme ne peut pas former à lui seul des États-nations. Ce qui importait davantage, c'était l'anéantissement des États multinationaux au moyen de la guerre. La doctrine de l'autodétermination nationale a été appliquée aux puissances vaincues après 1918, et seulement au sein de l'Europe. La mise sur pied de la Société des Nations (SDN) a transformé les relations internationales. Toutefois, les puissances vaincues n'ont pu en devenir membres. De plus, le Sénat américain a voté contre l'adhésion des États-Unis à la SDN que le président Wilson avait pourtant encouragée. Cette guerre avait été menée par la France et la Grande-Bretagne et avait aussi été considérée comme un instrument au service de leurs intérêts. La SDN a permis de définir des notions de **droit international** et de gestion collective, mais elle a été incapable d'atteindre son objectif ambitieux : l'instauration d'un nouvel **ordre** pacifique.

Les relations internationales sont alors devenues plus violentes et se sont incarnées dans une rivalité directe entre plusieurs idéologies opposées (entre autres libérale, socialiste ou communiste, fasciste, et bien sûr nationaliste). Dans chaque État, de vifs conflits ont éclaté et la vie politique n'était plus monopolisée par de petites élites. Les idéologies communiste et fasciste préconisaient des politiques extrémistes qui postulaient

que la force de la volonté pouvait l'emporter sur la réalité. Alors que les fascistes aspiraient à un ordre mondial fondé sur des super empires et une hiérarchie raciale, les communistes envisageaient un monde où la conscience des classes finirait par dominer les consciences nationales. Les États communistes ont par la suite reconnu l'existence de limites, ce qui leur a permis de se maintenir et de survivre à cette époque, tandis que le IIIe Reich s'est enfermé dans un radicalisme toujours plus prononcé qui a abouti à sa déroute totale (voir l'étude de cas sur l'Allemagne, page ci-contre).

Dans le monde colonial, on se préoccupait d'abord et avant tout de survivre à un conflit meurtrier entre les grandes puissances et surtout d'y trouver sa place. Certains des nationalistes ont notamment cherché à exploiter cette situation à leur avantage, mais les États impériaux qui n'avaient pas perdu la guerre ont longtemps tenté de conserver leur emprise sur leurs colonies. Ce conflit a probablement donné au nationalisme la possibilité de s'enraciner, de prendre de la vigueur et d'étendre sa popularité (voir l'étude de cas sur l'Inde, à la page 418).

Les répercussions sur la politique globale

La Seconde Guerre mondiale a nécessité l'adoption de stratégies politiques tout aussi globales et a miné la **souveraineté de l'État**. Elle a inversé le cours qu'avait pris la globalisation économique antérieurement. La démocratie libérale était menacée par le conflit et s'est trouvée en position défensive, aux prises avec le communisme et le fascisme. En 1941, la vision fasciste du monde a semblé être sur le point de se concrétiser. Ceux qui ont d'abord cru que les puissances fascistes leur offraient des moyens de se débarrasser de l'autorité impériale existante se sont alors aperçus qu'ils subiraient la loi d'un nouveau maître pire que l'ancien. Le nationalisme ne pouvait l'emporter que si l'ancienne puissance impériale était démantelée, et non remplacée par une nouvelle puissance fasciste. Comment en était-on arrivé là ? En 1941-1942, les États-Unis ont abandonné une fois de plus la politique isolationniste qu'ils avaient rétablie après 1918 et se sont engagés dans le conflit mondial. Leurs dirigeants ont dû aborder la question de la guerre selon une perspective globale et intégrée. En moins de deux ans, la victoire militaire est apparue probable. La stratégie globale a fait place à l'élaboration de la structure de la politique globale qui allait être mise en œuvre après la guerre. Le nationalisme et les États-nations allaient occuper un rôle prépondérant dans cette nouvelle ère.

Nationalisme et politique mondiale en Allemagne

Ce cas va servir à illustrer de quelle façon les interactions du nationalisme et de la politique mondiale, décrites jusqu'ici en termes généraux, se manifestent dans des situations précises. Dans cet exemple, on peut associer l'émergence et les formes changeantes du nationalisme aux diverses phases qu'a connues la politique mondiale. Le facteur essentiel d'une telle corrélation est la formation de l'État-nation. Le nationalisme lui-même est tellement diversifié qu'il est difficile à comprendre, mais il devient plus intelligible lorsqu'il est replacé dans un contexte global.

L'Allemagne

En 1750, les territoires allemands étaient fragmentés et les grandes puissances (l'Autriche et la Prusse) qui les contrôlaient s'affaiblissaient constamment par rapport à la Grande-Bretagne, la France et la Russie. Les guerres entre l'Autriche et la Prusse (guerre de Succession d'Autriche, 1740-1748, guerre de Sept Ans, 1756-1763) relevaient aussi du conflit franco-britannique. Ces deux États germanophones ont essuyé de lourdes pertes dans les guerres menées contre Napoléon jusqu'en 1809. Des intellectuels se sont alors enthousiasmés pour des conceptions ethniques et romantiques du nationalisme particulièrement en vogue à l'époque (Herder, Hegel), mais le rétablissement des deux pays a surtout été le fruit d'une large alliance qui s'est formée contre la France, après l'échec de Napoléon en Russie en 1812. Après 1815, la Grande-Bretagne s'est aperçue que les grandes puissances européennes s'équilibraient mutuellement, à l'ins-

tar de l'Autriche et de la Prusse; elle avait ainsi le champ libre dans le reste du monde. La mouvance nationaliste y a pris une tournure constitutionnelle et libérale, sous l'influence de la Grande-Bretagne et de la France, mais elle n'a jamais été en mesure d'exercer un attrait populaire et unifié; elle s'est aussi heurtée à la résistance des grands États. En Prusse, la situation s'est métamorphosée lorsque le nationalisme libéral s'est mis à favoriser la consolidation de l'État. Les débuts de l'industrialisation, qui ont permis l'essor des transports (chemins de fer) et des communications (télégraphe) ainsi que la production en usine (charbon, fer, acier), ont eu des conséquences militaires inattendues: la Prusse a remporté des victoires rapides et spectaculaires contre l'Autriche en 1866 et contre la France en 1870-1871.

L'industrialisation rapide de l'Allemagne, l'émigration massive des Allemands en Amérique et la volonté de contrer l'hégémonie britannique ont entraîné la montée d'un nationalisme foncièrement populiste, intolérant et impérialiste. Un tournant est survenu lorsque l'Allemagne a entrepris de se doter d'une marine de guerre moderne, ce que la Grande-Bretagne a perçu comme une menace directe contre ses intérêts. Il en est résulté une émergence du nationalisme populaire dans les îles britanniques et la formation d'alliances avec la Russie et la France. Éclate alors la Première Guerre mondiale. La défaite allemande a donné naissance à un nationalisme ethnique extrémiste qu'a aiguisé la Grande Dépression, et qui pour plusieurs a ensuite orienté les rênes du pouvoir

vers Hitler. Le nazisme s'est employé à instaurer un empire racial en Europe et à atteindre au moins la parité avec ce qui allait être, selon Hitler, les deux autres puissances mondiales: l'Empire britannique et les États-Unis.

Une coalition mondiale s'est avérée nécessaire pour vaincre l'Allemagne nazie, l'Italie et le Japon. Il s'en est suivi une partition *de facto* de l'Allemagne, que la guerre froide a divisée en un État capitaliste et un État communiste. Le nationalisme ethnique a été rejeté au nom du libéralisme et du socialisme (le troisième État germanophone, l'Autriche, s'est déclaré neutre et surtout pas allemand). Les nouvelles générations nées dans chaque État ont fini par s'identifier à leur État respectif plutôt qu'à la nation allemande. Pour certains, la réunification allemande a contredit ce rejet du nationalisme, pour d'autres, elle symbolisait le triomphe de l'Occident. Aucune revendication nationaliste puissante pour l'unité ne semble s'être manifestée avant la réunification elle-même. Si l'effondrement du communisme a été une surprise totale, la réunification a offert aux Allemands de l'Est une voie rapide pour adhérer à l'Union européenne et pour adopter, s'ils le souhaitaient, le style de vie dont l'Allemagne de l'Ouest (RFA) faisait la promotion. L'engagement démocratique libéral de la RFA pour s'unir à ses compatriotes moins fortunés a rendu presque impossible le refus ou le report de la réunification. En fait, il serait plus juste de considérer celle-ci comme la première étape de l'expansion de l'Union européenne vers l'est, plutôt que comme un retour au nationalisme.

L'époque de la guerre froide, 1945-1990

La puissance globale

Les principaux acteurs de l'après-guerre ont été les États-Unis et l'URSS (voir le chapitre 2). Staline estimait que l'expansion soviétique constituait un rempart défensif contre le bloc capitaliste libéral plutôt qu'un tremplin agressif vers la domination du monde. Néan-

moins, cette politique, jumelée à la victoire communiste en Chine en 1949, a donné l'impression, à certains, que le communisme représentait une menace d'envergure mondiale. La puissance communiste s'est organisée de la même façon que l'autorité territoriale traditionnelle, mais elle s'est assortie d'institutions et d'idéologies inédites. Les États-Unis envisageaient l'hégémonie autrement. Leur monopole des armes nucléaires a d'abord laissé planer la possibilité que leur puissance puisse se

Les interactions entre le nationalisme et la politique mondiale en Inde

Dans le cas de l'Inde, les formes successives de nationalisme et les différentes phases de la politique mondiale sont liées à la formation de l'État impérial.

L'Inde

Avant 1750, l'Inde avait noué des liens multiples avec le reste du monde. L'Empire moghol était lié aux réseaux commerciaux islamiques, impériaux et plus éloignés qui s'étendaient vers l'est jusqu'en Chine et vers l'ouest, à travers l'Asie Mineure et le Moyen-Orient, jusqu'en Afrique du Nord et en Afrique de l'Ouest. Par ses liens avec les puissances européennes, elle entretenait des relations avec les Amériques et l'Asie du Sud-Est, et même avec le nord de l'Australie. Ainsi, la Compagnie anglaise des Indes orientales s'est appuyée sur les réseaux commerciaux et politiques existants et a innové en développant des plantations de tabac, de thé, de café, d'opium et de coton en Inde. Peu d'efforts ont alors été faits pour imposer la culture ou les religions européennes ou encore l'autorité impériale directe. La Grande-Bretagne et la France rivalisaient d'influence dans la péninsule indienne, mais c'est la Grande-Bretagne qui a fini par dominer à partir de 1815. La période subséquente a été marquée par le libre-échange et a revêtu un caractère impérial officieux. La Compagnie des Indes orientales a affirmé son autorité, mais sous l'œil des pouvoirs publics. La pression des chrétiens s'est accentuée. Les réactions contre la christianisation ont mené à la codification de l'hindouisme et à son adaptation aux coutumes locales.

Le sentiment général antibritannique a atteint son apogée lors du grand soulèvement de 1857, dont l'écrasement a été suivi par l'imposition officielle de l'autorité impériale. Ces événements, en conjonction avec l'exploitation accrue de l'Inde en plus d'autres défis impérialistes, ont donné un élan aux idées nationalistes. Le Parti du Congrès de l'Inde, à caractère élitiste et civique et qui favorisait initialement un renforcement de l'État, a été fondé en 1885. À partir de 1914, les Britanniques ont répliqué en instituant des électorats communaux et des conseils locaux qui ont conféré aux hindous et aux musulmans des identités politiques distinctes.

La Première Guerre mondiale a fait comprendre à beaucoup d'Indiens qu'ils faisaient partie d'un système qui les entraînait malgré eux dans un conflit mondial. Un nationalisme de masse est apparu dans les années 1920. La dépression économique a exacerbé le mécontentement populaire, pendant que le Parti du Congrès est peu à peu parvenu à dominer les gouvernements provinciaux et à exercer les pouvoirs qui leur avaient été dévolus. Aux prises avec des opposants dans toutes les régions du monde, le Royaume-Uni a dû faire des concessions. En 1939, l'accession à l'indépendance ne semblait désormais plus qu'une question de temps. L'éclatement de la Seconde Guerre mondiale a incité le Royaume-Uni à resserrer son emprise, à emprisonner les dirigeants nationalistes et à coopter des politiciens musulmans. L'échec britannique devant le Japon a galvanisé les espoirs nationalistes en Inde. Après la guerre, le Royaume-Uni n'a pu étouffer ces aspirations et l'indépendance a été proclamée en 1947. Cependant, la décolonisation rapide et l'héritage des politiques du temps de la guerre se sont traduits par une partition plutôt que par l'établissement d'un État postcolonial unique.

L'Inde indépendante a tenté de se soustraire à la polarisation issue de la guerre froide en agissant comme chef de file du mouvement des pays non alignés. Le Parti du Congrès a pratiqué un nationalisme territorial civique avec beaucoup de succès, mais il s'est heurté à une forte résistance religieuse au laïcisme, qui s'est exprimée sous la forme de revendications nationalistes hindoues et sikhes. Quant au Pakistan, État à la fois laïque et musulman lors de sa fondation, il a été incapable d'empêcher la sécession du Pakistan-Oriental (devenu le Bangladesh) et a vu l'islam s'implanter de plus en plus profondément sur son territoire actuel.

Depuis la fin de la guerre froide et avec l'essor actuel de la globalisation, l'Inde a commencé à afficher un taux de croissance économique spectaculaire. Il est clair que la perception traditionnelle de l'Inde en tant que pays du «tiers-monde» est aujourd'hui dépassée.

---

déployer d'une manière concertée plutôt qu'unilatérale (sauf en Allemagne et au Japon occupés). C'est à cette époque que les fondations d'un ordre mondial libéral ont été mises en place : **souveraineté** nationale, faibles tarifs douaniers, taux de change stables et reconstruction massive. La première vague de décolonisation, de 1947 à 1949, a laissé présager une expansion mondiale de cet ordre libéral.

L'URSS s'est toutefois rapidement dotée d'armes nucléaires et de systèmes crédibles de déploiement de missiles, ce qui a intensifié la perception mutuelle d'une menace adverse et donné aux capacités militaires une portée véritablement mondiale. Le parapluie nucléaire a favorisé des initiatives de la part de différents États qui se présentaient comme de bons clients de l'une ou l'autre des deux **superpuissances**, dont chacune disposait de sa propre sphère d'influence. Les régions contestées au Moyen-Orient, en Asie du Sud-Est et en Afrique ont offert autant de terrains potentiels, voire propices, à l'épanouissement du nationalisme. L'hégémonie des États-Unis a contribué à la globalisation économique et culturelle, qui s'est manifestée sous les traits de la consommation et des médias de masse. L'aide américaine, les investissements privés, les faibles tarifs douaniers, les taux de change stables et les sources d'énergie peu coûteuses ont tous engendré des taux de croissance élevés et favorisé l'intégration des régions développées du monde libre. Un nombre toujours croissant d'États-nations a vu le jour, surtout après la reprise du mouvement de décolonisation à la fin des années 1950.

La politique globale et le nationalisme

En Europe, la stabilisation des États-nations dans un cadre supranational (voir le chapitre 25) s'est trouvée à l'avant-plan. L'homogénéisation ethnique a pour le moins questionné le nationalisme ethnique et a surtout facilité l'acceptation du nationalisme civique, une idéologie qui pouvait s'adapter aux doctrines américaines du libre marché et de la souveraineté nationale. L'URSS a accordé une souveraineté officielle à ses satellites européens. À l'extérieur de l'Europe, les nationalistes dans les colonies exigeaient l'indépendance nationale, un principe consacré dans les **conventions** et les déclarations de l'ONU. Pour ceux qui estimaient que le nationalisme ne pouvait être qu'ethnique, la fin du nationalisme approchait. Cependant, les États indépendants dont les institutions politiques, l'économie et la culture étaient peu intégrées ont dû affronter de graves problèmes. La souveraineté de l'État ou de l'État-nation constituait le principe dominant. L'ONU n'a défini aucune disposition relative aux droits des minorités, qui semblaient alors menacer la souveraineté de l'État et encourager le nationalisme ethnique. Les États-nations étaient fortement inégaux et généralement associés à l'une ou l'autre des deux superpuissances, mais l'ordre politique était présenté sous les traits d'un ensemble d'États-nations souverains.

Le nationalisme, la formation d'États-nations et les relations internationales

Dès sa formation, l'ONU a accueilli les deux grandes puissances, puis les puissances vaincues ont joint ses rangs. La décolonisation s'est ensuite traduite par l'adhésion de beaucoup de nouveaux États. Le principe de la souveraineté de l'État s'est adapté à la décolonisation. Le nationalisme anticolonial était généralement axé sur l'acquisition d'une légitimité internationale plutôt que sur une libération nationale obtenue par des moyens violents. C'est précisément cela, en plus du maintien de la dépendance économique, qui explique l'apparition de problèmes postcoloniaux, comme des coups d'État militaires, la corruption et les politiques ethniques, car la solidarité nationale n'a pas été forgée dans la lutte pour l'indépendance. Ces problèmes ont fait apparaître de nouvelles formes de nationalisme, dont certaines revendiquaient la séparation, alors que d'autres réclamaient des réformes qui, l'espérait-on, aboutiraient à une « véritable » indépendance. L'opposition nationaliste pouvait précipiter l'effondrement de l'État, mais l'ordre bipolaire et le sacro-saint principe de la souveraineté de l'État empêchaient que l'effondrement d'un État donne naissance à de nouveaux États. Le système préférait conserver des États dysfonctionnels.

Les répercussions sur la politique mondiale

L'État-nation a été réaffirmé et s'est répandu partout dans le monde, mais sous une forme civique plutôt qu'ethnique. Les États tiraient leur légitimité de valeurs non nationales (la démocratie, le communisme, ou autres) présentes au sein de blocs dominés par les États-Unis ou l'URSS, et leur souveraineté, voire leur statut d'État, était le plus souvent fictive. Le nationalisme civique de consolidation de l'État s'imposait. Tant l'URSS que les États-Unis reconnaissaient la diversité ethnique à condition qu'elle s'inscrive dans le cadre de la souveraineté de l'État et de l'identité nationale civique. Le nationalisme de subversion de l'État usait d'une rhétorique civique et exigeait seulement un transfert de pouvoirs. Le nationalisme ethnique, le sécessionnisme et l'irrédentisme, quant à eux, n'allaient réapparaître qu'après la fin de la **guerre froide**.

Ce qui précède ne donne qu'un bref aperçu d'une histoire complexe, mais c'est l'une des façons les plus simples, et surtout accessibles, d'illustrer les rapports compliqués entre le nationalisme et la politique mondiale. Le fil de cette histoire ne suit pas une trajectoire linéaire qui mène de la montée du nationalisme à l'apparition de la globalisation. On peut observer de nombreuses tendances au sein de ces courants et seulement quelques-unes viennent d'être évoquées. Il incombe aux lecteurs eux-mêmes de déterminer si les faits historiques confirment ou non la présence de ces tendances. On voit se manifester des interactions en évolution constante où le nationalisme, l'État-nation et la politique mondiale revêtent chacun des formes différentes et interreliées. Le nombre des États-nations augmente lors du passage d'une phase à la suivante. L'idéologie du nationalisme devient la principale façon de justifier l'existence d'États spécifiques. Elle associe le principe démocratique (une nation = un peuple), la revendication de la souveraineté (l'autodétermination nationale) et le sentiment d'une identité distincte. Elle est suffisamment souple pour accommoder différentes configurations sociales et politiques.

Le nationalisme est une notion modulaire qui évolue en fonction des modifications de l'ordre politique mondial. Les acteurs qui le mobilisent adaptent leurs revendications aux interactions changeantes des États. À partir de la prémisse selon laquelle le monde est subdivisé en nations distinctes ayant chacune son territoire défini, la vision nationaliste reflète la constitution actuellement dominante d'un monde formé d'États souverains qui occupent des territoires bien délimités et recouvrent par la même occasion des populations qui s'y identifient clairement.

Ce chapitre ne vise pas à présenter le nationalisme en général, car cette vaste notion n'est pas unique, mais bien plurielle. La démarche privilégiée consiste plutôt à envisager les rapports contemporains entre la politique mondiale et le nationalisme comme un ensemble d'interactions relativement souple et malléable. La connaissance de l'histoire permet de jeter un éclairage utile sur les multiples éléments qui entrent en jeu dans ces interactions et d'y identifier toute tendance nouvelle.

À RETENIR

- Il n'y a pas de trajectoire linéaire qui mène du nationalisme à la formation d'États-nations, puis à des modifications de l'ordre politique mondial, ou inversement.

- Il n'existe pas de forme dominante ou unique de nationalisme.

- Le meilleur point de départ pour comprendre le nationalisme réside dans l'étude des principaux acteurs politiques, c'est-à-dire le ou les États les plus importants durant chaque phase de l'histoire.

- L'idéologie politique des États importe davantage que tout autre facteur, parce que les États sont les acteurs les plus puissants et que les autres acteurs réagissent ensuite au déploiement de la puissance et de l'idéologie des différents États.

- Une fois la dynamique amorcée, elle acquiert son autonomie. La victoire de la Grande-Bretagne contre la France a popularisé son nationalisme constitutionnaliste libéral, que des élites dans d'autres pays ont repris en l'adaptant à leurs propres besoins et à leur propre contexte.

- Les États-nations ont créé de nouvelles formes de nationalisme et les nations subordonnées se sont alors opposées à ces nouveaux nationalismes d'État. Ces États-nations ont préconisé un nationalisme impérialiste et intolérant pour refuser de se soumettre plus longtemps à l'hégémonie britannique. Ce mouvement a été naturellement défié par le contre-nationalisme européen qui était présent dans les sociétés coloniales.

- À lui seul, le nationalisme de subversion de l'État ne peut généralement pas vaincre une puissance impériale.

- La capacité du nationalisme de subversion de l'État à former un État-nation relève notamment de la présence combinée d'une base sociale et d'une organisation politique qui lui sont propres, de la puissance et de la politique de l'État qu'il affronte, ainsi que d'une situation internationale favorable.

LE NATIONALISME, LES ÉTATS-NATIONS ET LA POLITIQUE GLOBALE CONTEMPORAINE

Les formes de la politique globale

L'effondrement de l'URSS a suscité une nouvelle vague de formation d'États-nations. À l'extérieur de l'Europe, la fin de la guerre froide a permis l'émergence d'un nationalisme de subversion de l'État. La fin des taux de change fixes et la déréglementation des marchés financiers ont sapé la puissance de l'État. Parallèlement, la concentration régionale du développement économique a rendu possible une coordination supraétatique dans certaines régions, surtout en Europe. Alors que les capitaux, les biens et l'information circulent librement et rapidement à travers le monde, ce n'est pas le cas de la main-d'œuvre, et encore moins des travailleurs non qualifiés dans les pays pauvres. La révolution informatique, qui a entraîné une très forte hausse de la capacité de stockage et de la vitesse de traitement de l'information, a élargi les perspectives d'une culture mondiale, qu'elle soit unique et globale ou formée de plusieurs cultures plus spécifiques, y compris de cultures nationales issues des diasporas. Tout cela ouvre la voie à des possibilités inédites de nouvelles formes de nationalisme.

La politique globale et le nationalisme

Sur le plan politique, on retient surtout qu'à l'issue de la guerre froide un ensemble déterminé d'États perçus comme des États-nations pratiquant le nationalisme civique ont vu leur identité et leur intégrité s'effriter. Cette situation a facilité l'émergence rapide de nouvelles formes de nationalisme qui n'étaient pas liées au système d'États existant.

Le nationalisme ethnique de subversion de l'État était déjà présent dans l'ex-Union soviétique et dans l'ex-

Yougoslavie. Pour le contrer, la communauté internationale et le nouveau gouvernement russe ont rapidement accepté la formation de nouveaux États de sorte que le nationalisme de subversion de l'État s'est curieusement transformé en nationalisme de consolidation de l'État. De plus, ces nouveaux États ont été reconnus en tant qu'entités territoriales civiques qui s'appuyaient sur les républiques fédérales des anciens États. Cependant, contrairement à ce qui avait antérieurement caractérisé le processus de décolonisation, ces républiques étaient officiellement fondées sur des identités ethniques, si bien que des conflits mettant en cause des minorités ethniques sont apparus au sein des nouveaux États. Ces conflits sont demeurés assez contenus en ce qui concerne les russophones vivant dans les nouveaux États non russes ; par contre, ils ont dégénéré en des guerres et en de violentes épurations ethniques dans certaines parties de l'Europe orientale, en particulier dans l'ex-Yougoslavie. Trois facteurs principaux ont mené à la violence ethnonationaliste haineuse dans quelques **États défaillants** : la présence d'un conflit intraétatique entre nationalités ethniques, le manque d'appui international pour la souveraineté de l'État et aussi pour une intervention étrangère, comme l'ont démontré les événements survenus au Rwanda et dans la région avoisinant les Grands Lacs africains, y compris au Burundi et au Zaïre (renommé République démocratique du Congo en 1997).

Une telle résurgence du nationalisme ethnique a suscité des réactions d'opposition au sein de la communauté internationale. Contrairement à ce qui s'était produit durant la guerre froide, on a observé un nombre croissant d'interventions dans les affaires intérieures des États de la part de l'ONU, d'organisations politico-militaires régionales comme l'**OTAN**, d'autres États et d'**organisations non gouvernementales (ONG)**. Pour justifier ces interventions, on a invoqué des principes universels – les droits humains, la promotion de la démocratie – plutôt que la protection des minorités, ce qui a eu pour effet de favoriser le développement du nationalisme. Étant donné que la communauté internationale désapprouve le nationalisme ethnique, qu'il soit appliqué par un État contre des minorités ou par des minorités contre un État, le nationalisme s'est adapté. C'est pourquoi, au lieu de revendiquer la formation d'un État indépendant, il se montre dorénavant sous les traits d'un mouvement global de défense des droits humains, qui tient compte des principes de la reconnaissance et de diversité culturelles, allant de pair avec des changements surtout constitutionnels, tels que des transferts de pouvoirs.

Le nationalisme, la formation d'États-nations et les relations internationales

La période d'instabilité qu'a connue l'ordre international après 1990 a suscité l'émergence rapide du nationalisme ethnique et la formation de nouveaux États-nations. Puis, après cette phase, la communauté internationale (les États-Unis en tête) a réagi contre le nationalisme ethnique et le démembrement de certains États en autorisant de nouvelles formes d'intervention dans les affaires intérieures d'États plus faibles. Plusieurs mouvements nationalistes se sont adaptés en conséquence et ont mis une sourdine à leurs revendications traditionnelles que cristallise la formule «un État, une nation ethnique». Désormais, les partisans du nationalisme juxtaposent fréquemment des liens sous-étatiques et transnationaux, ce qu'on peut voir dans la façon dont l'Union européenne fait la promotion de l'autonomie régionale au sein et au-delà des différents États. Ces liens n'empêchent pas, par ailleurs, la construction d'une identité autre que nationale.

La politique nationaliste est souvent présentée de nouveau comme étant ethnique, mais elle exige maintenant une reconnaissance culturelle et une action positive, plutôt que l'indépendance politique. On peut considérer que l'État-nation cesse d'être le lieu de pouvoir suprême qu'il était dans les phases antérieures de la politique mondiale. Il est possible qu'émerge un certain nationalisme de consolidation de l'État conçu pour résister à l'affaiblissement de l'État-nation. On peut songer ici à la montée de la droite radicale, qui met notamment l'accent sur la maîtrise de l'immigration.

Par ailleurs, l'érosion même du pouvoir de l'État-nation peut aussi amener le nationalisme à délaisser la consolidation ou la subversion de l'État pour se tourner vers d'autres types de politiques. Celles-ci peuvent également chercher à établir des liens avec des acteurs politiques mondiaux ou transnationaux autres que les États, telles les organisations diverses de la diaspora. Il reste à déterminer s'il est pertinent ou non de regrouper sous le vocable «nationalisme» ces politiques axées sur des groupes ethniques ou culturels.

Les répercussions sur la politique mondiale

L'émergence rapide de nouveaux types de nationalisme, la formation de nouveaux États-nations et les conflits violents qui en ont parfois découlé ont modifié la configuration de la politique mondiale. Ils ont aussi catalysé de nouvelles interventions de la part de divers États et **acteurs non étatiques**. Ces interventions ont été justifiées au nom de principes universels, tels que les droits humains et la démocratie (voir le chapitre 29). Cette situation est inédite : à l'époque des guerres mondiales, on se permettait d'intervenir au nom des droits des minorités (ethnonationales), tandis que, durant la guerre froide, le principe de la souveraineté de l'État entravait toute action. Les diverses ingérences semblent à première vue miner les États-nations sur les plans culturel, politique, économique et militaire. Les répercussions en sont néanmoins clairement variées et certainement plus prononcées pour les États les plus faibles. Il faut garder à l'esprit que le nationalisme diffère de l'État-nation. C'est souvent lorsqu'un État-nation est le plus fortement menacé que le nationalisme, en réaction contre cette menace, devient le plus vigoureux. Parallèlement, la globalisation même de la politique peut donner un élan à de nouvelles formes de politiques sous-nationales et transnationales, y compris celles de nationalisme.

À RETENIR

- Le principe de la souveraineté de l'État a été affaibli par suite de la fin de la guerre froide, de la formation de nouveaux États-nations et de l'apparition de nouvelles formes économiques et culturelles de la globalisation.

- Il s'en est suivi une première vague de nationalismes ethniques de subversion de l'État, qui ont notamment provoqué une éruption de violence ainsi que des épurations ethniques.

- La reconnaissance internationale accordée à de nouveaux États en tant qu'entités territoriales civiques en plus de nouvelles formes d'intervention et de pression a toutefois poussé le nationalisme à délaisser son caractère ethnique et sa propension à la subversion de l'État.

- Il existe un nationalisme de consolidation de l'État qui dénonce les menaces que la globalisation fait peser sur les États-nations. Ce nationalisme peut paradoxalement se renforcer à mesure que les États-nations s'affaiblissent.

- Peut-être plus important encore est le fait que le nationalisme est de moins en moins centré sur l'État et qu'il préconise davantage un transfert de pouvoirs, une reconnaissance culturelle et l'établissement de liens transnationaux. Le nationalisme montre ainsi à quel point il sait s'adapter aux changements qui surviennent dans la nature même de la politique mondiale.

CONCLUSION

Il va sans dire que les origines de la politique mondiale remontent à une époque bien antérieure à la montée du nationalisme et à la formation des États-nations (voir les chapitres 1 et 2). On peut sommairement diviser l'histoire de la politique mondiale en trois périodes : celle de ses antécédents historiques (jusqu'à 1500 environ), où les réseaux politiques étaient vastes, mais pas d'envergure mondiale ; celle de sa phase prénationale (vers 1500-1750), où ces réseaux s'étendaient au monde entier, mais où les États n'étaient pas encore des États-nations et où le nationalisme ne représentait pas une importante force politique ; et sa période moderne (de 1750 jusqu'à aujourd'hui), là où la politique mondiale, le nationalisme et les États-nations semblent en interaction constante.

Les diverses phases historiques qui se sont succédé de 1750 jusqu'à la fin de la guerre froide ont été marquées par une tendance à l'augmentation du nombre des États-nations puis, vers 1970, par l'acceptation généralisée du fait que l'identité nationale et l'État-nation forment la base même de l'ordre politique mondial. Il est cependant difficile de déterminer à quel point cette tendance est attribuable à ce qu'on peut appeler « la montée du nationalisme ». Cette idéologie a reflété l'évolution de l'ordre politique mondial autant qu'il l'a orientée. Les principaux points de liaison entre le nationalisme et l'ordre politique mondial ont été la formation des États-nations et leurs relations mutuelles. En outre, le type d'État-nation et la structure des relations internationales se sont modifiés d'une phase à l'autre, pendant que le nationalisme s'est transformé lui aussi. Il est certain que le nationalisme recèle une histoire interne, fondée sur un sentiment d'appartenance et un sens de l'identité préexistants, sur des luttes de pouvoir entre des groupes sociaux et sur des changements dans le fonctionnement des États et dans leurs relations avec leur société respective. L'étude du nationalisme tend cependant à s'arrêter presque exclusivement sur cette histoire interne et néglige le fait que cette idéologie évolue en fonction des formes changeantes de la politique mondiale en même temps qu'elle les façonne. C'est précisément cet aspect du nationalisme que le présent chapitre met en évidence.

La phase contemporaine des rapports entre la politique mondiale et le nationalisme se caractérise par le maintien d'une seule superpuissance et par des formes accélérées de globalisation fondées sur des économies ouvertes et de nouvelles technologies de transport et de communication. Le dégel des relations internationales provoqué par la chute du mur de Berlin en 1989 a donné lieu à des types de nationalisme multiples, diversifiés et conflictuels. Certains d'entre eux visent à subvertir les États-nations existants, d'autres, à les consolider, et ce, par des moyens analogues à ceux qui avaient cours dans les formes historiques du nationalisme. Ainsi, les nationalistes qui prônent des mesures de protection contre l'immigration ou l'imposition artificielle d'une homogénéité culturelle aux citoyens suivent les traces laissées par un type antérieur et encore réel de nationalisme ethnique. Les nationalistes qui réclament une expansion au nom de la revendication d'un territoire national font de même, tout comme ceux qui s'affairent à réaliser la sécession d'un territoire faisant partie d'un État existant. La rhétorique utilisée peut différer d'un cas à l'autre, comme en attestent les mouvements séparatistes qui mettent l'accent sur les droits humains et la démocratie, plutôt que sur l'identité ethnique, pour mieux s'inscrire dans la situation politique mondiale actuelle. Cela dit, la politique qui la sous-tend n'en demeure pas moins similaire. Il se peut aussi que ces mouvements ne s'arrêtent pas là, compte tenu de l'affaiblissement général de l'engagement pour le principe de la souveraineté de l'État.

Il y a un phénomène encore plus intéressant : les facteurs d'érosion de la souveraineté de l'État-nation peuvent contribuer à l'apparition de nouvelles formes de nationalisme. D'autres chapitres du présent ouvrage indiquent que la globalisation transforme la souveraineté de l'État-nation : elle ne la détruit pas ni ne la laisse intacte. L'État-nation devient une institution qui offre d'autres possibilités dans un ensemble de réseaux internationaux, transnationaux ou mondiaux. Le cas échéant, on peut penser qu'il donnera naissance à de nouveaux types de nationalisme. Certains de ces types vont avoir pour objectif de résister à cette transformation de l'État-nation, par exemple en s'opposant à la conclusion d'accords supranationaux sur le libre déplacement des populations ou à la mise sur pied d'institutions militaires multilatérales. D'autres chercheront à exploiter cette transformation de l'État-nation, par exemple en réclamant un transfert de pouvoirs et l'instauration du multiculturalisme ou de l'interculturalisme pour établir des liens entre les mêmes groupes nationaux situés de part et d'autre des frontières d'un État et à l'intérieur de ce même État. De nouveaux types de nationalisme de diaspora sont en train d'émerger et ils recourent aux nouveaux moyens de communication pour maintenir les liens tissés par le quotidien, la mémoire ou l'imaginaire. Des notions comme celle d'une « Europe des régions » ou celle d'une américanité dans le sens continental du terme peuvent également étayer de nouveaux types de mouvement national. Le changement le plus important, dans une perspective historique, c'est que le nationalisme met de moins en moins l'accent sur l'État-nation indépendant et se tourne davantage vers d'autres objectifs politiques ou culturels. En fait, il ne se sert souvent plus de ce terme pour se désigner lui-même. Dès qu'on croit l'avoir circonscrit, il se transforme en autre chose. Ce n'est qu'en le replaçant dans son contexte historique ou contemporain particulier qu'on peut en saisir les mutations.

Les auteurs qui s'intéressent au nationalisme ont constamment annoncé l'imminence de sa fin. Les premiers credos laïques de la modernité, soit le libéralisme et le socialisme, ont postulé que la multiplication des liens planétaires engendrerait un monde cosmopolite, fondé sur un **capitalisme** de libre-échange ou un communisme sans classes sociales. Un nationalisme « étroit » n'avait aucune place dans un tel monde globalisé. Certains des tenants de ces credos ne se sont pas nécessairement rendu compte que l'État territorial souverain serait le principal lieu de pouvoir où on allait gérer les nouvelles dynamiques mondiales. Cet État s'est servi des nouvelles technologies pour créer une puissance militaire supérieure. En outre, il a encadré le développement économique et a de plus en plus fortement déterminé le profil de sa population en imposant une scolarisation massive, en maîtrisant les configurations des interactions et, enfin, en se chargeant d'offrir un bon nombre des services sociaux autrefois assurés par les familles et les petites collectivités. En même temps, la formation d'une société mobile et participative a mis de côté les légitimations de l'autorité de l'État qui reposaient sur les privilèges, l'hérédité et la religion.

Le nationalisme apporte une nouvelle légitimation à de tels États. Il a établi une correspondance entre le développement de l'État souverain exerçant son autorité sur un territoire délimité, d'une part, et la notion selon laquelle le monde était divisé en nations distinctes et diverses, d'autre part. Il a substitué la nation aux privilèges et à la religion en tant que source de légitimité. Le nationalisme a également été en mesure de susciter une solidarité émotive pour mobiliser de vastes sociétés composées d'individus diversifiés qui étaient étrangers les uns aux autres, alors que le libéralisme et le socialisme n'y sont pas parvenus.

Les raisons pour lesquelles le nationalisme a été en mesure de le faire font l'objet de vifs débats. À un extrême, des auteurs considèrent le nationalisme comme l'expression d'un fort sentiment de solidarité préexistant (nations, ethnies) et affirment que c'est seulement à partir d'une telle solidarité qu'il est possible de créer les liens modernes du nationalisme. À l'autre extrême, des spécialistes estiment que le nationalisme est un outil qu'utilisent les élites politiques modernes pour concentrer le pouvoir au sein de l'État. Dans le premier cas, la thèse proposée soutient généralement que l'honneur et les émotions jouent un rôle important dans les relations internationales et les rendent instables. Par contre, dans le deuxième cas, la thèse avancée correspond bien à l'affirmation selon laquelle les relations internationales sont le fait d'États qui agissent assez rationnellement en fonction de stratégies et d'intérêts clairement définis.

La thèse privilégiée dans le présent chapitre est quelque peu différente. Elle postule que le nationalisme est une idée, une construction et une pratique politiques qui reflètent l'émergence résolument nouvelle d'un ordre d'États territoriaux souverains (les États-nations) et qui en modifient le caractère à mesure que se succèdent ses différentes phases historiques. En présence de valeurs partagées, le nationalisme les exploite en tant qu'expressions d'une identité nationale (par exemple, l'«indianisation» de l'hindouisme), mais dans certains cas il ne peut le faire adéquatement que dans le contexte de la formation d'États modernes et de l'existence de conflits politiques à l'échelle mondiale. Puisque cette thèse et d'autres peuvent être interreliées de multiples façons, on peut douter que le débat à ce sujet soit sur le point d'aboutir à un consensus.

À mesure que les États-nations ont embrassé des valeurs nationalistes – quelles qu'aient été les causes de leur apparition –, ils ont étendu leur domination sur le monde entier, surtout par l'intermédiaire de conflits impérialistes-nationalistes. Les populations vivant dans les régions qui se sont trouvées sous leur domination ont été à leur tour poussées à recourir aux pratiques nationalistes. Ces pratiques sont assez malléables, bien qu'elles se fondent toujours sur des prémisses fondamentales relatives à l'existence des nations et à leur droit de disposer de leur propre État respectif. Le nationalisme fait toutefois appel à des coutumes, à des récits, à des valeurs et à des modes de vie distinctifs pour justifier ces prémisses de sorte qu'il paraît toujours très différent d'un endroit à l'autre. C'est d'ailleurs pourquoi il est inutile de prétendre, par exemple, que le nationalisme s'oppose, s'associe ou se substitue à la religion. Les trois cas sont possibles dans la mesure où une nationalisation, pour ainsi dire, de la religion sert les objectifs politiques du nationalisme. On peut alors mieux comprendre que chaque nationalisme considère qu'il est unique et que ce sont ses qualités nationales particulières qui expliquent son attrait et sa force. Pourtant, un examen plus attentif montre bien que les différents types de nationalisme se ressemblent beaucoup en fin de compte.

Malgré la capacité des nationalistes à former des organisations et même à rallier un appui populaire, le nationalisme de subversion de l'État, s'il veut connaître du succès, doit généralement compter sur une situation internationale favorable qui affaiblit la résistance de l'État. Cette situation détermine également si le nationalisme prendra des formes civiques ou ethniques, car il importe autant pour le mouvement nationaliste d'obtenir l'appui d'États extérieurs puissants que de mobiliser un soutien populaire.

Dans la plus récente phase de globalisation, l'État-nation en tant que base de l'ordre politique mondial s'est vu remis en question. Quels que soient les pronostics formulés sur son sort, cette question ne doit pas être confondue avec celle du nationalisme. Le nationalisme de consolidation de l'État pourrait bien se porter à la défense d'un État-nation menacé. Le nationalisme de subversion de l'État, quant à lui, pourrait bien exploiter la nouvelle détermination des États-Unis et des organes internationaux à intervenir dans les affaires intérieures des États et exiger d'eux qu'ils appuient ses revendications pour un État séparé. Au-delà de ces scénarios plus connus, le nationalisme pourrait même revêtir de nouvelles formes non plus axées sur le rôle central de l'État-nation souverain, mais sur des exigences telles que le transfert de pouvoirs ou la reconnaissance culturelle, qui affaiblissent véritablement le concept de l'État souverain. Après avoir acquis autant de puissance en tant qu'idéologie, sentiment d'appartenance et politique, le nationalisme va probablement s'adapter à la nouvelle configuration politique mondiale comme il l'a toujours fait depuis plus de deux siècles. Étant donné que, tout au long de l'histoire, il a su demeurer à la hauteur de l'ordre politique mondial fondé sur l'État-nation souverain, il pourrait fort bien se mettre au diapason d'un nouvel ordre politique en attribuant un rôle moins crucial à l'État-nation souverain. Quoi qu'il en soit, il est certainement trop tôt pour rédiger la notice nécrologique du nationalisme.

QUESTIONS

1. La nation précède-t-elle le nationalisme ?

2. Le nationalisme constitue-t-il un facteur déclencheur dans la formation des États-nations ?

3. Expliquez pourquoi le nationalisme s'est répandu dans le monde au cours des deux derniers siècles.

4. En quoi est-il utile de distinguer le nationalisme civique du nationalisme ethnique ? À quoi et à qui cette distinction profite-t-elle ?

5. Expliquez et analysez le type de nationalisme le plus pertinent pour comprendre le Québec d'aujourd'hui (ou un pays de la francophonie de votre choix).

6. Établissez des liens entre le nationalisme et l'impérialisme.

7. Comment justifiez-vous la montée du nationalisme dans les pays en développement ? Choisissez un cas précis pour mieux étayer votre réponse. Êtes-vous d'accord avec les affirmations de l'auteur sur l'apparition dans le Sud d'un mimétisme motivé par le Nord ? Pourquoi ?

8. Le nationalisme permet-il de préserver l'identité culturelle contre l'homogénéisation globalisante ? Choisissez un exemple concret pour justifier votre réponse.

9. Le nationalisme, selon certains, est plus utile pour renforcer l'État que pour le subvertir. Développez cette affirmation.

10. Selon l'auteur, quelle direction prennent la globalisation et le nationalisme ? D'après vous ?

Lectures utiles

Anderson, B., *L'imaginaire national. Réflexions sur l'origine et l'essor du nationalisme*, Paris, La Découverte, 1996. Un ouvrage aujourd'hui incontournable sur la montée du nationalisme dans les Amériques et sur la nation en tant que communauté politique imaginée.

Brubaker, R., *Ethnicity Without Groups*, Cambridge, Harvard University Press, 2004. Une collection d'interventions analytiques sur les théories du nationalisme et de l'ethnicité par l'un des chercheurs contemporains les plus importants dans le champ d'études sur le nationalisme.

Delannoi, G. et P. Taguieff (dir.), *Théories du nationalisme. Nation, nationalité, ethnicité*, Paris, Kimé, 1991. Un recueil collectif fort intéressant qui remonte jusqu'aux débats sur l'identité nationale entre les philosophes Emmanuel Kant et Johann Gottfried Herder. Il passe également en revue de nombreuses perspectives théoriques sur le nationalisme, dont celles de Benedict Anderson, Anthony Smith et Ernest Gellner.

Dieckhoff, A. et C. Jaffrelot, « La résilience du nationalisme face aux régionalismes et à la mondialisation », *Critique internationale*, nº 23, 2004, p. 125-139. Cet article remet en question la résilience du nationalisme dans le contexte de la globalisation et des migrations accélérées.

Dufour, F. G., « Social-Property Regimes and the Uneven and Combined Development of Nationalist Practices », *European Journal of International Relations*, vol. 13, nº 4, 2007, p. 583-604. Une exploration de la relation entre le développement sociohistorique des régimes d'appropriation et les pratiques nationalistes.

Gellner, E., *Nations et nationalisme*, Paris, Payot, 1989. Un livre classique d'influence wébérienne sur le nationalisme, identifiant une relation de causalité entre l'industrialisation, l'éducation publique standardisée et le nationalisme.

Hobsbawm, E., *Nations et nationalisme depuis 1780 : programme, mythe, réalité*, Paris, Gallimard, 2001. Version française d'un ouvrage très prisé de ce théoricien marxiste, dans lequel il analyse l'Europe nationaliste du XIXᵉ siècle ainsi que les différents types de nationalisme dans le monde à la suite de la Première Guerre mondiale.

Özkirimli, U., *Theories of Nationalism. A Critical Introduction*, Londres, Palgrave, 2000. Une introduction concise et pertinente aux principaux débats portant sur les théories du nationalisme.

Renan, E., *Qu'est-ce qu'une nation ?*, Paris, Presses Pocket, 1989. Une étude classique sur le nationalisme et la nation, publiée pour la première fois en 1869.

Smith, A., *Nationalism and Modernism: A Critical Survey of Recent Theories of Nations and Nationalism*, Londres, Routledge, 1998. Les travaux de cet éminent politologue anglais sur le nationalisme n'ont malheureusement jamais été traduits au français. Smith est connu pour ses thèses primordialistes sur l'identité nationale, ainsi que pour son anti-constructivisme virulent.

Chapitre 25

LE RÉGIONALISME DANS LES RELATIONS INTERNATIONALES

Edward Best • Thomas Christiansen

GUIDE DE LECTURE

Différentes ententes régionales ont été conclues dans le monde depuis une cinquantaine d'années. Les auteurs vont d'abord préciser les concepts et les définitions utilisés à cet égard, puis décrire les principales dynamiques responsables de l'essor du régionalisme au cours des dernières décennies. Ils examineront ensuite les événements survenus en matière de régionalisme dans les Amériques, en Afrique, en Asie et dans l'Union européenne, tout en faisant ressortir les similitudes et les différences qui caractérisent les diverses ententes régionales. Ce chapitre s'appuie sur un double postulat : l'existence d'une tendance mondiale favorisant les accords de coopération et d'intégration, d'une part, et l'absence de contradiction entre la globalisation et le régionalisme, d'autre part. Ainsi, la conclusion d'ententes régionales est l'un des moyens que les différents États emploient pour relever les défis de la globalisation.

INTRODUCTION

Le **régionalisme** est désormais un trait dominant des relations internationales. En juillet 2005, l'**Organisation mondiale du commerce (OMC)** indiquait que, sur la totalité de ses 330 membres, un seul (la Mongolie) n'était signataire d'aucune entente commerciale régionale. Sur le plan de la sécurité, des forces régionales chargées du **maintien de la paix** sont présentes sur le terrain dans certaines parties du monde. Depuis plusieurs décennies, d'ailleurs, le régionalisme est devenu l'une des dynamiques qui remettent en question la centralité traditionnelle des **États** dans les relations internationales.

Si le mot «région» et ses dérivés désignent bien une partie distincte d'une entité géographique plus vaste, ils sont néanmoins utilisés dans au moins deux sens. Ainsi, une région est généralement un **territoire** au sein d'un État, mais elle déborde aussi parfois les frontières de cet État. Par ailleurs, une région se définit également comme une zone spécifique du monde qui englobe plusieurs États souverains. Les enjeux soulevés dans les deux cas, en ce qui a trait aux relations internationales, comportent certains éléments communs. Le présent chapitre ne traite toutefois que du régionalisme dans le contexte international. Il s'arrête à l'ensemble des relations particulières entre pays voisins qui vont au-delà des relations diplomatiques normales, mais dans le cadre desquelles les entités constitutives conservent leur personnalité juridique en vertu du **droit international**.

La première section expose un certain nombre de concepts, de facteurs et de débats fondamentaux. La deuxième section situe la **coopération** régionale dans son contexte mondial et, sans prétendre à l'exhaustivité, passe en revue l'état de la situation dans les Amériques, en Afrique et en Asie. La dernière section présente l'Union européenne (UE), où – cas unique dans le monde – l'**intégration** a dépassé le stade d'une organisation régionale pour engendrer une nouvelle forme de gouvernance régionale.

LE RÉGIONALISME : COOPÉRATION ET INTÉGRATION

Le régionalisme comporte des dimensions variées de sorte qu'il est essentiel de clarifier les termes utilisés. Le terme «**régionalisation**» sert fréquemment à évoquer la croissance de l'intégration sociétale dans une région et les processus, souvent non dirigés, propres aux interactions sociales et économiques (Hurrell, 1995, p. 39). Ces processus produisent une **interdépendance**

et peuvent aussi donner lieu à une perception plus aiguë d'une identité et d'intérêts communs, y compris une conscience de soi en tant que région. Cependant, la nature même d'une région et ses effectifs peuvent être contestés, alors que les interactions inhérentes aux dimensions et aux dynamiques variées du régionalisme peuvent prendre des formes très différentes les unes des autres. Les accords régionaux concernent des ensembles diversifiés de questions économiques, sociales, politiques et de **sécurité**. De plus, les diverses politiques de promotion de la cohésion régionale qu'appliquent les États donnent des résultats distincts. Dans certains cas, les mesures gouvernementales adoptées ont produit un plus grand nombre de véritables interactions. Dans d'autres cas, la multiplication des liens a davantage découlé d'une intégration par le marché.

En ce qui concerne les différents types d'ententes que peuvent conclure les pays, on opère souvent une distinction entre «coopération» et «intégration».

La coopération régionale prend des formes variées : elle peut être fonctionnelle, économique, politique ou liée à la politique extérieure et à la sécurité. La coopération fonctionnelle renvoie à des ententes limitées que des États signent en vue d'agir de concert dans des domaines spécifiques, comme le transport, l'énergie ou la santé. Quant à la coopération économique, elle résulte d'ententes qui prévoient un certain traitement préférentiel en matière commerciale, mais aucune harmonisation des lois et des règlements nationaux, ni aucune obligation d'agir de concert dans les affaires internationales. La coopération politique, pour sa part, vise un appui mutuel et un engagement pour la mise en œuvre d'un ensemble de valeurs et de pratiques dans les pays concernés. Et enfin, la coopération liée à la politique extérieure et à la sécurité signifie que les gouvernements sont tenus de s'informer et de se consulter systématiquement, s'efforcent d'adopter des positions communes au sein des **organisations internationales** et peuvent même appliquer des mesures conjointes à d'autres égards. Ces différents domaines de coopération ne sont pas forcément liés entre eux, pas plus qu'ils n'ont une incidence quelconque sur le statut international des pays participants, outre les obligations normales qui leur incombent en vertu du droit international.

L'intégration régionale formelle désigne les processus amenant des États non seulement à éliminer les entraves à leurs propres interactions, mais aussi à établir un espace régional sujet à des règles communes distinctes. En ce qui concerne l'intégration économique, on distingue habituellement plusieurs degrés : zone de libre-échange, union douanière, marché commun, union économique et monétaire. Dans les trois derniers cas, les pays doivent supprimer les barrières freinant leurs échanges commerciaux mutuels, adopter des mesures d'intégration positive, telle l'harmonisation des **règles**, et agir à l'unisson sur le plan international, à tout le moins en matière tarifaire. Si de telles décisions peuvent mener à un nouveau niveau de gouvernance apparemment au-dessus des **États-nations**, elles n'entraînent toutefois pas la création d'un nouveau super-État.

Il est certain que la distinction faite ici entre «coopération» et «intégration» évoque des choix fondamentaux clairs, mais elle sous-entend aussi bien des nuances et des chevauchements. Il serait faux de croire que la coopération et l'intégration représentent des démarches générales mutuellement exclusives dans le domaine de la gouvernance régionale. En réalité, elles constituent plutôt des options susceptibles d'être retenues pour les divers secteurs et dimensions des relations régionales. Tous les systèmes régionaux, y compris l'UE aujourd'hui, comportent d'ailleurs à la fois des volets de coopération et d'intégration.

Les mécanismes institutionnels officiels d'un système régional ne donnent pas un reflet fidèle de la dynamique ni de la profondeur véritable d'un processus d'intégration régionale. Lorsque les objectifs régionaux sont complexes et ne peuvent être atteints qu'à long terme (par exemple, la création d'un marché commun à part entière), les États concernés procèdent parfois à la mise sur pied d'«institutions d'engagement» afin d'en favoriser la réalisation dans les délais prévus (Mattli, 1999). Les États acceptent alors une mise en commun de leur **souveraineté** (c'est-à-dire qu'ils renoncent à une action autonome ou au veto), une délégation de certains pouvoirs à des organes supranationaux ou une légalisation (Moravscik, 1998; Abbott *et al.*, 2000). C'est précisément ce qui s'est produit en **Europe**. Par la suite, la **structure** institutionnelle de la Communauté européenne a souvent été imitée ailleurs. Dans certains cas, des organes supranationaux officiels ont été constitués, mais ils interviennent très peu dans les affaires nationales ou transnationales. Inversement, des engagements officiels fermes ne donnent pas toujours des résultats importants dans certains domaines et dans certaines conditions. Les pays nordiques, par exemple, ont établi une union des passeports et un marché du travail commun dans les années 1950 sans avoir conclu une quelconque entente supranationale (Best, 2006).

Pourquoi des États décident-ils de procéder à une intégration régionale? Quelle dynamique peut expliquer l'évolution d'une entente régionale? On peut avancer

La dynamique du régionalisme

Gestion de l'indépendance

Stabilisation des États nouvellement indépendants dans leurs relations entre eux, avec l'ancienne puissance coloniale et avec les autres puissances.

Gestion de l'interdépendance

Mécanismes régionaux garantissant la paix et la sécurité; réactions à la régionalisation; promotion de la coopération ou de l'intégration dirigée par l'État.

Gestion de l'internationalisation

Négociations régionales au sein du système multilatéral; maintien de la paix assuré par l'ONU ou une organisation régionale; réactions régionales à la globalisation.

trois raisons principales, toutes touchant la gestion (voir l'encadré «Pour en savoir plus» ci-dessus). Historiquement, un premier enjeu important a été la gestion de l'indépendance, soit le besoin qu'éprouvent des États nouvellement indépendants de stabiliser leurs relations entre eux, avec l'ancienne puissance coloniale et avec d'autres puissances, parfois rivales. On peut parler ici d'un processus de consolidation de l'**identité** et du statut d'acteur sur le plan international. De quelle façon des ensembles de sociétés veulent-ils participer à la gestion des affaires internationales? Dans certains cas, cette participation est confiée à une union fédérale. Dans d'autres cas, c'est une organisation régionale qui reçoit le mandat de prendre part à cette gestion, souvent conflictuelle.

Un deuxième ensemble de considérations relève de la gestion de l'interdépendance. Il est partiellement question ici des interactions économiques et sociales – qu'il s'agisse de l'adoption de projets d'intégration d'origine étatique en vue d'accroître ces interactions ou de mesures propices à la stabilité dans le cas d'une intégration par le marché –, mais aussi d'**enjeux** liés à la paix et à la sécurité. Une organisation régionale peut favoriser une communauté de sécurité, c'est-à-dire une communauté transnationale qui offre à des peuples des espoirs légitimes de changement pacifique. Pour ce faire, elle encourage la coopération, établit des **normes** de comportement et sert de lieu de socialisation et d'apprentissage (Adler et Barnett, 1998b).

Troisièmement, la gestion de l'**internationalisation**, soit les rapports entre des organes régionaux et le reste du monde. «Pierre d'assise ou pierre d'achoppement»: c'est ainsi que l'économiste Jagdish Bhagwati (1991) résume le débat au sujet des répercussions du régionalisme sur les processus multilatéraux de libéralisation. Ceux qui voient le régionalisme comme une pierre d'assise avancent les cinq arguments suivants : les instances régionales stimulent les dynamiques nationales et internationales qui améliorent les perspectives du **multilatéralisme** ; le régionalisme peut avoir d'importants effets probants qui permettent d'habituer les acteurs aux conséquences de la libéralisation ; un nombre accru d'instances régionales peut affaiblir l'opposition à la libéralisation multilatérale, car chaque nouvelle instance vient amoindrir la valeur de la marge de préférence ; les instances régionales ont souvent plus à voir avec des alliances stratégiques ou politiques qu'avec la libéralisation du commerce ; et le régionalisme produit plus d'effets politiques positifs que négatifs.

Par contre, ceux qui considèrent le régionalisme comme une pierre d'achoppement expriment les cinq craintes suivantes : les accords préférentiels peuvent avoir pour résultat net un détournement des échanges commerciaux ; il peut survenir un détournement d'attention, si les pays participants se désintéressent du système multilatéral, ou encore simplement une absorption des ressources de négociations disponibles ; des ententes rivales peuvent faire surgir des normes et des structures réglementaires incompatibles ; la création de multiples cadres juridiques et mécanismes de règlement des litiges peut porter atteinte à la discipline et à l'efficacité ; et le régionalisme peut aviver les tensions internationales entre des blocs rivaux (Bergsten, 1997 ; Banque mondiale, 2005).

Le contexte historique dans lequel s'inscrivent ces tensions a connu des changements considérables. La première vague de régionalisme de l'après-guerre, notamment en Amérique latine, a surtout été marquée par les efforts qu'ont déployés les États pour amoindrir la dépendance envers les exportations de produits de base et faciliter l'industrialisation par la substitution des importations. La méfiance générale à l'égard des investissements directs étrangers définit aussi cette vague.

Depuis la fin des années 1980, on voit se pratiquer un nouveau régionalisme. Il a été, en fait, une réponse aux nouvelles formes de la globalisation et s'est développé dans un monde plus multipolaire après la fin de la **guerre froide**. Divers éléments communs pouvaient déjà s'observer dans les années 1990. Les ententes régionales se caractérisaient par leur plus grande ouverture à l'intégration économique et par leur portée plus englobante. Le nouveau régionalisme ouvert a ainsi semblé perdre quelques-uns des traits déterminants du régionalisme. Selon Björn Hettne, ce mouvement présente les caractéristiques d'une transformation structurelle mondiale par laquelle les **acteurs non étatiques** sont actifs et se manifestent à plusieurs niveaux du système global, si bien que le régionalisme ouvert ne peut être compris à partir du point de vue d'une seule région (Hettne, 1999, p. 7-8).

Le régionalisme peut néanmoins aussi être vu comme l'un des rares instruments dont disposent des États enclins à gérer les effets de la **globalisation**. Si chaque État n'est plus véritablement en mesure d'appliquer sa propre réglementation en raison des flux de capitaux incontrôlés, alors le régionalisme peut être considéré comme un moyen d'exercer une certaine emprise sur les forces mondiales du marché et de contrer les conséquences sociales les plus négatives de la globalisation. Quoi qu'il en soit, le débat à ce sujet est loin d'être clos.

À RETENIR

- Le régionalisme présente des dimensions variées et revêt différentes formes dans le monde.

- Certains processus d'intégration régionale résultent surtout d'une action de l'État, alors que d'autres sont davantage orientés par le marché.

- Il existe une différence fondamentale entre une entente de coopération et un processus d'intégration, mais ces deux mécanismes peuvent être conjointement mis en œuvre dans un système régional.

LA COOPÉRATION RÉGIONALE DANS UN CONTEXTE GLOBAL

Le régionalisme dans les Amériques

Les Amériques ont affiché des niveaux de régionalisme multiples et souvent concurrents. Les tensions les plus profondes remontent à l'époque de l'accession à l'indépendance des différents pays qui les forment aujourd'hui. Les anciennes colonies britanniques en Amérique du Nord ont fini par constituer deux acteurs internationaux : une union fédérale en 1865, soit les États-Unis d'Amérique, et une confédération en 1867, soit le Canada. Quant au Brésil, il est devenu une république fédérale en 1889. Par contre, les efforts accomplis dans les anciens territoires espagnols pour former une union ont échoué. Deux républiques fédérales ont connu une brève existence : la République fédérale de la Grande Colombie (1819-1831) et la République fédérale de l'Amérique centrale (1823-1839).

L'unité de l'Amérique espagnole a été au cœur du combat mené par Simón Bolívar ; en 1826, il a convoqué le Congrès de Panama pour proposer un traité d'union, ligue et confédération perpétuelle, assorti de la formation d'une armée commune, d'un pacte de défense mutuelle et d'une assemblée parlementaire supranationale. L'idéal de Bolívar n'était pas antiaméricain, mais le Libertador préférait ne pas y associer les États-Unis. Et, à l'instar des républiques fédérales, cet idéal a rapidement succombé aux guerres civiles et aux rivalités entre les caudillos alors au pouvoir.

Le régionalisme latino-américain a ainsi évolué dans le contexte de la consolidation conflictuelle des États actuels, où la souveraineté nationale est devenue un facteur essentiel du statut d'acteur et où on a également entretenu des rapports d'amour-haine avec les États-Unis. Il s'est traduit par une acceptation partielle d'une identité continentale sous le vocable « Amériques », mais aussi par la perception largement répandue d'une identité américaine dans le sens continental du terme, et ce, souvent en opposition aux États-Unis.

Le régionalisme hémisphérique s'est amorcé lors de la première Conférence panaméricaine tenue à Washington en 1889-1890. Neuf autres conférences semblables ont suivi et ont donné lieu, dans les années 1930 et 1940, après des décennies d'interventionnisme de la part des États-Unis, à la conclusion de plusieurs accords sur la paix et la sécurité. L'Union panaméricaine est ensuite devenue l'Organisation des États américains (OEA) en 1948. Un système interaméricain s'est mis en place, dont font partie la Banque interaméricaine de développement et la Cour interaméricaine des droits de l'homme. Durant la guerre froide, ce système a toutefois suscité la méfiance de nombreux pays des Amériques parce qu'il était alors considéré comme un instrument au service de la politique extérieure des États-Unis.

La politique des États-Unis relativement aux accords régionaux s'est infléchie vers la fin des années 1980. Les États-Unis ont entamé en 1986 des négociations avec le Canada en vue d'un accord de libre-échange (ALE), entré en vigueur en 1989. Le Mexique s'est ensuite joint aux pourparlers qui ont débouché, en 1994, sur l'Accord de libre-échange nord-américain (ALENA). L'ALENA a une portée plus vaste que la plupart des accords analogues signés par les États-Unis en matière de commerce et d'investissement, puisqu'il englobe les questions agricoles et s'accompagne d'ententes parallèles concernant la main-d'œuvre et l'environnement, sans toutefois comporter d'éléments à caractère supranational (contrairement à l'Union européenne, dont il est question plus loin). Un premier Sommet des Amériques a eu lieu à Miami en 1994 en vue de l'établissement éventuel d'une Zone de libre-échange des Amériques (ZLEA), qui poursuit plusieurs objectifs : l'élargissement de la coopération contre le trafic des stupéfiants, la corruption et le **terrorisme,** ainsi que la sécurité hémisphérique, le **développement durable** et la protection de l'environnement. Les années qui se sont écoulées jusqu'au quatrième sommet, tenu en Argentine en 2005, ont cependant donné lieu à un changement notable au sein du contexte politique interaméricain, alors qu'une volonté de la part des pays sud-américains de s'unir s'est peu à peu manifestée.

Dans les décennies de l'après-guerre, le régionalisme latino-américain s'est inspiré du modèle de l'industrialisation dirigée par l'État et fondée sur la substitution des importations. Le recours à la planification et l'adoption de mesures de protection devaient rendre possible une diminution des importations de biens manufacturés et éliminer ainsi la dépendance envers les exportations de produits de base. L'intégration régionale est apparue comme une réaction visant à repousser les limites qui restreignent une telle démarche à l'échelle nationale. La première vague de cette intégration a donné naissance au Marché commun centre-américain (MCCA, 1960), à l'Association latino-américaine de libre-échange (ALALE, 1961) et au Pacte andin (1969). Ces trois regroupements n'ont connu que peu de succès.

Un nouveau régionalisme a vu le jour dans les années 1980 et a véritablement pris son essor dans les années 1990. Le Système d'intégration centre-américain (SICA) a été mis sur pied en 1991, soit l'année où l'Argentine, le Brésil, le Paraguay et l'Uruguay ont créé le Marché commun du Sud (Mercosur). Le Mercosur n'a pas adopté un système institutionnel supranational, mais il présente tout de même d'importantes dimensions politiques. À ses débuts, il a concrétisé un appui mutuel des pays pour la consolidation de la démocratie et pour l'élimination de la rivalité entre l'Argentine et le Brésil.

En 1990, les présidents des pays andins ont eux aussi relancé un processus d'intégration. Le Tarif extérieur commun a été mis au point en 1994, puis le Pacte andin est devenu la Communauté andine des nations (CAN) en 1997, dont l'objectif était alors la consolidation d'un marché commun pour 2005. Le système institutionnel s'inspirait de la Communauté économique européenne et comprenait des éléments **supranationaux** officiels : des normes andines devaient être directement applicables et primer les lois nationales, et la supervision de leur mise en œuvre devait être assurée par des instances communes, y compris un tribunal.

Les organisations régionales dans le monde, en 2009 (liste non exhaustive)

AMÉRIQUES	Organisation des États américains	OEA
	Accord de libre-échange nord-américain	ALENA
	Système d'intégration centre-américain	SICA
	Marché commun centre-américain	MCCA
	Communauté des Caraïbes	CARICOM
	Communauté andine des nations	CAN
	Marché commun du Sud	Mercosur
	Communauté sud-américaine des nations	CSN
	Association latino-américaine d'intégration	ALADI
	Union des nations sud-américaines	UNASUR
AFRIQUE	Union africaine	UA
	Union du Maghreb arabe	UMA
	Communauté des États sahélo-sahariens	CEN-SAD
	Communauté économique des États de l'Afrique de l'Ouest	CEDEAO
	Union économique et monétaire ouest-africaine	UEMOA
	Communauté économique et monétaire de l'Afrique centrale	CEMAC
	Communauté économique des pays des Grands Lacs	CEPGL
	Communauté économique des États de l'Afrique centrale	CEEAC
	Communauté de l'Afrique de l'Est	CAE
	Marché commun de l'Afrique australe et orientale	COMESA
	Autorité intergouvernementale pour le développement	IGAD
	Union douanière de l'Afrique australe	UDAA
	Communauté de développement de l'Afrique australe	SADC
ASIE	Conseil de coopération du Golfe	CCG
	Association des nations de l'Asie du Sud-Est	ANASE
	Forum régional de l'ANASE	FRA
	Association pour la coopération régionale en Asie du Sud	SAARC
	Organisation de coopération de Shanghai	OCS
	Organisation de coopération économique	ECO
ASIE-PACIFIQUE	Forum de coopération économique Asie-Pacifique	APEC
	Conseil de coopération économique du Pacifique	PECC
	Forum des îles du Pacifique	
EURASIE	Communauté des États indépendants	CEI
	Communauté économique eurasienne	EURASEC
	Organisation de coopération économique de la mer Noire	OCEMN
EUROPE	Union européenne	UE
	Conseil de l'Europe	
	Conseil nordique et Conseil nordique des ministres	
	Union économique Benelux	Benelux
	Groupe de Visegrad	V4
EURO-ATLANTIQUE	Organisation du traité de l'Atlantique Nord	OTAN
	Organisation pour la sécurité et la coopération en Europe	OSCE

Dans les années 1990, les nouvelles formes d'intégration dans les Amériques étaient considérées comme foncièrement différentes et faisaient partie de profondes réformes structurelles visant l'enchâssement d'engagements dans un contexte de libéralisation tant unilatérale que multilatérale. Il semblait aussi que se profilait une nouvelle convergence d'initiatives hémisphériques et latino-américaines.

L'évolution de la situation dans les années 2000 est cependant venue semer le doute à cet égard. Des propositions en vue d'associer l'intégration andine et le Mercosur à un projet continental ont été formulées dans les années 1990 et ont suscité plus d'intérêt en 2000 après l'adoption de l'Initiative d'intégration régionale sud-américaine, qui appuyait de grands projets dans les domaines du transport, de l'énergie et des communications. Des sommets sud-américains ont été organisés en 2000 et 2002, puis la création de la Communauté sud-américaine des nations a été annoncée en 2004, puis rebaptisée Union des nations sud-américaines (UNASUR) en 2008. En 2005, la CAN a accordé le statut de membre associé aux pays faisant partie du Mercosur, et celui-ci a fait de même pour les membres de la CAN. En 2006, le Venezuela, sous la présidence d'Hugo Chávez, a quitté la CAN et s'est joint au Mercosur. Le tout a laissé planer de gros doutes sur la viabilité d'une Zone de libre-échange des Amériques (ZLÉA). En fait, une solution de rechange radicale a été proposée par le Venezuela et Cuba, auxquels se sont ensuite joints la Bolivie, l'Équateur et quelques pays de l'Amérique centrale et des Antilles, qui ensemble forment depuis 2009 l'Alliance bolivarienne pour les peuples de notre Amérique (ALBA).

Le régionalisme en Afrique

Le régionalisme contemporain en Afrique a émergé avec la politique d'anticolonialisme, mais souvent sur la base d'ententes coloniales préexistantes. L'Afrique-Occidentale française a formé une fédération de 1904 à 1958, puis une monnaie commune, le franc CFA, a été créée en 1945. Après plusieurs transformations d'ordre organisationnel, le Bénin, le Burkina Faso, la Côte-d'Ivoire, la Guinée-Bissau, le Mali, le Niger, le Sénégal et le Togo sont devenus membres de l'actuelle Union économique et monétaire ouest-africaine (UEMOA).

En Afrique centrale, une union monétaire garantie par la France et une union douanière officielle ont été établies en 1964, auxquelles a succédé la Communauté économique et monétaire de l'Afrique centrale (CEMAC), active à part entière depuis 1999. Si la CEMAC constitue une union monétaire utilisant le franc CFA (aujourd'hui lié à l'euro) et appliquant une politique monétaire commune, elle forme officiellement une union douanière et vise la création d'un marché unique d'ici 2014.

Pour sa part, l'Union douanière de l'Afrique australe (UDAA) a été créée en 1910, puis un accord a été signé en 1969 avec les pays indépendants suivants : l'Afrique du Sud, le Botswana, le Lesotho et le Swaziland (la Namibie en est automatiquement devenue membre dès son indépendance en 1990). Cet accord a instauré un tarif extérieur commun, un mécanisme de partage des revenus ainsi qu'une zone monétaire commune (à l'exclusion du Botswana), où les devises étaient liées au rand sud-africain. Un nouveau traité est entré en vigueur en 2004.

À l'époque coloniale, le Kenya et l'Ouganda ont formé une union douanière en 1917, à laquelle a adhéré la Tanzanie (alors dénommée Tanganyika) en 1927. Après l'indépendance, la coopération entre ces pays s'est poursuivie dans le cadre de l'East African Common Services Organization (Organisation des services communs de l'Afrique orientale). La Communauté de l'Afrique orientale a été créée en 1967, avant de disparaître en 1977 à cause de différends politiques. Les efforts de réintégration qui ont été déployés dans les années 1990 ont abouti à la mise sur pied de l'actuelle Communauté de l'Afrique de l'Est en 2000, puis à l'établissement d'une union douanière officielle en 2005 qui a mené à la signature d'un protocole en novembre 2009.

Dans les années 1970 et 1980, diverses autres organisations régionales sont apparues, et leurs activités recoupaient souvent celles des organismes plus anciens. Créée sous la direction du Nigeria en 1975, la Communauté économique des États de l'Afrique de l'Ouest (CEDEAO) regroupe les pays francophones membres de l'UEMOA et les pays anglophones ouest-africains. Une zone commerciale préférentielle couvrant l'Afrique orientale et l'Afrique australe a été instituée en 1981 et remplacée en 1994 par le Marché commun de l'Afrique australe et orientale (COMESA), qui en 2006 réunissait 19 États membres, de la Libye à Madagascar. En 1983, les pays de l'Afrique centrale francophone, avec les membres de la Communauté économique des pays des Grands Lacs (fondée en 1976) et São Tomé-et-Principe, ont mis sur pied la Communauté économique des États de l'Afrique centrale (CEEAC). Enfin, établie en 1998, la Communauté des États sahélo-sahariens (CEN-SAD) traverse le continent africain, du Sénégal à l'Érythrée.

Certaines organisations ont revêtu des traits politiques particuliers dès leur fondation. Ainsi, à l'origine de la création de la Conférence de coordination pour le développement de l'Afrique australe (SADCC) en 1980, on trouve la volonté des États de la ligne de front de réduire leur dépendance envers le régime d'apartheid en Afrique du Sud. La SADCC est devenue la Communauté de développement de l'Afrique australe (SADC) en 1992, à laquelle s'est jointe l'Afrique du Sud après la fin de l'apartheid.

D'autres organisations se sont donné un mandat spécifique à leur naissance, avant de l'élargir par la suite. Par exemple, l'Autorité intergouvernementale pour le développement (IGAD), en Afrique de l'Est, a reçu le mandat, à sa création en 1986, de lutter contre la sécheresse et la désertification. Elle a toutefois accompli peu de choses en raison des tensions entre ses membres et de la situation politique fragile en Somalie. En 1996, on lui a confié un mandat plus large englobant la prévention et la gestion des conflits.

L'identité culturelle sous-régionale a joué un rôle particulier, notamment dans le cas de l'Union du Maghreb arabe (UMA), fondée en 1989.

La première phase des démarches faites en vue d'implanter une organisation panafricaine a surtout été de nature politique. Créée en 1963, l'Organisation de l'unité africaine (OUA) était vouée au démantèlement du colonialisme et à la libération politique. Les objectifs continentaux ont subséquemment été élargis. Le traité d'Abuja, signé en 1991 et entré en vigueur en 1994, a établi la Communauté économique africaine (CEA). Puis, en 2002, l'OUA et la CEA se sont regroupées pour former l'Union africaine (UA), officiellement constituée selon le modèle de l'Union européenne.

On a également assisté à un mouvement vers la **coordination** continentale des nombreuses ententes régionales qui se sont succédé. Il en a découlé un protocole convenu en 1997 pour conférer un cadre officiel aux relations entre la CEA et 14 communautés économiques régionales, c'est-à-dire les diverses organisations décrites ci-dessus. Ces communautés économiques régionales ont connu certains succès en matière de coopération fonctionnelle, mais elles pâtissent de différentes faiblesses institutionnelles que la multiplicité des organisations existantes a exacerbées. Cette situation a suscité la formulation récente de propositions en vue d'une rationalisation. En outre, les facteurs essentiels à une intégration en profondeur sont loin d'avoir été réunis. Les économies des pays africains sont très peu complémentaires et les points de convergence régionaux solides restent peu nombreux. L'intégration ne mobilise que de rares partisans à l'échelle nationale, qu'il s'agisse d'entreprises ou de la **société civile**. Et on observe une réticence générale envers le partage de la souveraineté

(Commission économique pour l'Afrique et Union africaine, 2006).

Une certaine évolution s'est néanmoins dessinée à ce sujet, que reflète le Nouveau Partenariat pour le développement de l'Afrique (NEPAD) adopté en 2001, qui comprend le Mécanisme africain d'évaluation par les pairs (MAEP). De plus, des organisations régionales ont contribué à la gestion des conflits. Le cas le plus connu est celui du Groupe d'observateurs militaires de la CEDEAO, créé en 1990 pour intervenir au Liberia. Il a également été dépêché en Sierra Leone et en Guinée-Bissau dans les années 1990, avant qu'on lui fournisse une base officielle en 1999. Depuis lors, il a été mobilisé en Côte-d'Ivoire en 2002 et au Liberia en 2003. À partir du moment où l'UA s'est dotée d'un Conseil de paix et de sécurité (CPS), en 2003, elle a déployé des missions de paix au Burundi, au Soudan, en Somalie et aux Comores.

Le régionalisme en Asie

Le régionalisme en Asie a emprunté des voies assez différentes. L'Asie du Sud-Est est une région qui ne possède pas une identité historique nette. L'expression elle-même, «Asie du Sud-Est», semble avoir été d'abord utilisée dans le monde pour désigner les régions situées au sud de la Chine et qui ont été occupées par le Japon durant la Seconde Guerre mondiale. Les premières organisations apparues après la guerre, comme l'Organisation du traité de l'Asie du Sud-Est (OTASE) en 1954, ont été formées sous l'égide des États-Unis et réunissaient un éventail international des puissances concernées. La Malaisie, les Philippines et l'Indonésie se sont brièvement regroupées au sein de l'Association de l'Asie du Sud-Est (ASA, 1961) et de Maphilindo (1963) afin de promouvoir la solidarité régionale, mais ces deux organisations ont cessé leurs activités à la suite de conflits intrarégionaux, notamment à propos du statut de Bornéo. Comme ailleurs, la Grande-Bretagne voyait dans la constitution de fédérations un moyen de faciliter son retrait des territoires coloniaux. Créée en 1948, la Fédération de Malaisie est devenue la Malaisie en 1963, comprenant Singapour (jusqu'en 1965), Sarawak et le Bornéo du Nord britannique (Sabah). Il s'en est suivi une période d'affrontement entre la Malaisie et l'Indonésie, pendant que les Philippines revendiquaient la souveraineté sur Sabah. Ce conflit a pris fin en 1966.

La mise sur pied de l'Association des nations de l'Asie du Sud-Est (**ANASE**) en 1967 a réuni l'Indonésie, la Malaisie, les Philippines, Singapour et la Thaïlande. Ce regroupement n'est pas attribuable à l'apparition d'un sentiment d'identité commune, mais bien à une prise de conscience devant une évidence: l'incapacité de prévenir les conflits dans la région ouvrirait la porte à des interventions d'origine extérieure, qui ne feraient, à leur tour, qu'aviver les tensions intrarégionales. Aucun élément supranational n'avait alors été prévu et la coopération régionale devait s'édifier d'une manière propre à l'ANASE, c'est-à-dire fondée sur les consultations, la prise de décisions consensuelles et la souplesse mutuelle. Plutôt que de prendre des engagements politiques ambitieux, l'ANASE devait adopter des mesures ponctuelles, officieuses et facultatives, susceptibles d'acquérir par la suite un caractère plus contraignant et plus institutionnalisé.

Si la coopération économique avait initialement été envisagée, l'évolution de l'ANASE a surtout été orientée par des préoccupations politiques et de sécurité. La première nouvelle mesure a été mise en œuvre dans le contexte des incertitudes régionales ayant suivi la chute de Saïgon, à la fin de la guerre du Vietnam, en 1975, et les victoires communistes au Laos et au Cambodge la même année. Les dirigeants de l'ANASE ont tenu leur premier sommet en 1976 et ont alors signé la Déclaration de la concorde de l'ANASE et le Traité d'amitié et de coopération en Asie du Sud-Est, qui a réaffirmé les **principes** du respect mutuel, de la non-ingérence et du règlement pacifique des litiges. Le moment décisif subséquent est survenu au début des années 1990 lorsque l'ANASE s'est employée à affirmer son identité et son importance centrale. En matière de sécurité et dans le contexte du retrait vietnamien du Cambodge ainsi que de la fin de la guerre froide, l'ensemble des propositions présentées a mené à la création du Forum régional de l'ANASE (FRA). Entré en vigueur en 1994, le FRA a pour objectif de favoriser les mesures d'édification de la confiance, la diplomatie préventive et, le cas échéant, la résolution des conflits. D'autres mesures ont ensuite été prises dans le sillage de la mise sur pied du Forum de coopération économique Asie-Pacifique (APEC).

L'APEC a été établi en 1989 en application du principe de régionalisme ouvert. Il ne doit pratiquer aucune discrimination envers d'autres pays. Il ne reflète pas non plus une quelconque identité régionale distinctive, mais bien, selon l'universitaire Richard Higgott, la volonté des États non asiatiques de la région de consolider leurs liens avec les économies de marché de l'Asie orientale (Higgott, 1995, p. 377). En 1990, par la voix de son premier ministre Mohamad Mahathir, l'un des principaux défenseurs des valeurs asiatiques dans le régionalisme asiatique, la Malaisie a proposé la création d'un caucus économique est-asiatique dont seraient exclus l'Australie, le Canada, la Nouvelle-Zélande et les États-Unis. Ceux-ci ont alors exercé des pressions sur le Japon et la Corée du Sud pour qu'ils en demeurent à l'écart. Parallèlement, il a été convenu en 1992 d'établir la zone de libre-échange de l'ANASE. La crise financière asiatique en 1997-1998 a donné une nouvelle impulsion à la coopération régionale ; elle a aussi facilité une nouvelle forme de coopération avec la Chine, le Japon et la Corée du Sud, dénommée «ANASE plus trois», que certains ont vue comme la concrétisation du principe sous-tendant le caucus économique est-asiatique.

En 2003, les États membres ont convenu de créer avant 2020 la communauté de sécurité de l'ANASE, la communauté économique de l'ANASE et la communauté socioculturelle de l'ANASE. La communauté économique doit être une zone de libre-échange bonifiée qui vise la constitution d'un seul grand marché, mais sans tarif extérieur commun et avec une circulation restreinte de la main-d'œuvre. Sans pour autant mettre en avant le supranationalisme, cette entente économique doit s'employer à renforcer les diverses instances institutionnelles de l'ANASE. Plusieurs autres décisions importantes ont été prises cette année-là : adoption d'un nouveau mécanisme officiel de règlement des litiges, consolidation du rôle du secrétariat, établissement du Fonds de développement et promotion de la participation institutionnelle du monde des affaires. L'écart de développement entre les anciens et les nouveaux membres (Vietnam, Myanmar, Laos et Cambodge) a aussi suscité de nouveaux efforts pour la solidarité, par l'intermédiaire de l'initiative pour l'intégration de l'ANASE et de la stratégie de coopération économique.

Le régionalisme asiatique au milieu des années 2000 a donc évolué sur deux plans. D'une part, l'ANASE privilégie l'enracinement de ses institutions afin de maintenir sa propre position. Convenu au sommet de 2007, l'approfondissement de l'intégration de l'ANASE par l'instauration accélérée d'une communauté de l'ANASE d'ici 2015 vise clairement à étoffer le rôle et la place centrale de l'ANASE dans l'élaboration de la configuration régionale en cours (ANASE, 2007). La nouvelle Charte de l'ANASE, signée en novembre 2007, comprend des références spécifiques à l'identité de l'ANASE. D'autre part, les accords régionaux se font l'écho de la rivalité constante entre les grandes puissances. Dans les années 2000, la Chine, le Japon et l'Inde ont conclu différents accords de coopération économique exhaustifs. La Chine a privilégié le cadre de «l'ANASE plus trois», tandis que les propositions que le Japon a formulées depuis 2002 en faveur d'une Communauté de l'Asie orientale s'appuient sur «l'ANASE plus six», qui englobe aussi l'Inde, l'Australie et la Nouvelle-Zélande et qui représente les pays se réunissant aux Sommets de l'Asie orientale tenus chaque année depuis 2005. Les États-Unis se sont également rapprochés de la région en 2009 : ils ont signé le Traité d'amitié et de coopération en Asie du Sud-Est et ont participé pour une première fois à une réunion des dirigeants de l'ANASE.

L'Eurasie et les États post-soviétiques

Une configuration complexe et changeante d'accords régionaux a émergé des efforts de stabilisation de la part des anciennes républiques satellites de l'Union soviétique, dans une zone de coopération et de rivalité entre la Russie, la Chine et l'Union européenne. La Communauté des États indépendants (CEI) a été établie en 1991 par toutes les anciennes républiques soviétiques, sauf les trois États baltes et la Géorgie (qui y a ensuite adhéré, puis s'en est retirée). Un traité de sécurité collective a été signé en 1992, à la suite de quoi la Russie, le Bélarus et le Kazakhstan ont mis sur pied une union douanière en 1995. En 2002, cet accord a donné naissance à l'Organisation du traité de sécurité collective, qui regroupe encore aujourd'hui la Russie, le Bélarus, l'Arménie, le Kazakhstan, le Kirghizistan et le Tadjikistan, et à laquelle s'est joint l'Ouzbékistan en 2006.

Les cinq républiques d'Asie centrale (le Kazakhstan, le Kirghizistan, l'Ouzbékistan, le Tadjikistan et le Turkménistan) avaient auparavant créé une communauté de l'Asie centrale, en 1991. Une série d'organismes ayant porté différents noms et réuni divers États ont donné lieu à deux organisations qui ont fusionné en 2006 sous le nom de Communauté économique eurasienne et qui ont associé les républiques d'Asie centrale (sauf le Turkménistan) à la Russie et au Bélarus. L'Ouzbékistan s'en est retiré en 2008. Les effectifs changeants de ces organisations sous-régionales ne reflètent pas seulement l'état évolutif des relations entre des États nouvellement indépendants et la Russie, ancienne puissance dominante. Ils doivent aussi être considérés dans le contexte de la rivalité entre la Russie et la Chine et des préoccupations partiellement partagées de ces deux puissances à propos du rôle des États-Unis, de la présence militaire de ce dernier pays dans le cadre des opérations menées en Afghanistan et de sa volonté apparente de contrebalancer l'influence russe et chinoise dans la région élargie de l'Asie centrale.

Le « mécanisme des Cinq de Shanghai » a été institué par la Chine, la Russie, le Kazakhstan, le Kirghizistan et le Tadjikistan en 1996, avant de devenir en 2002 (avec la participation de l'Ouzbékistan) l'Organisation de coopération de Shanghai (OCS) qui a alors accordé le statut d'observateur à l'Iran, à la Mongolie, à l'Inde et au Pakistan. L'OCS préconise l'adoption de mesures d'édification de la confiance et l'application de différents types de coopération, entre autres pour lutter contre le terrorisme, le trafic de stupéfiants, le blanchiment d'argent et le trafic d'armes. Quant à l'Organisation de coopération économique (ECO), elle a été relancée par l'Iran, le Pakistan et la Turquie en 1985 et a accueilli dans ses rangs les républiques d'Asie centrale ainsi que l'Afghanistan en 1992.

Dans la région englobant l'Ukraine et le Caucase, l'évolution des accords sous-régionaux a surtout été liée aux efforts de consolidation de la démocratie et à la gestion des conflits locaux, dans le contexte d'une certaine lutte d'influence entre la Russie et l'Union européenne. L'Organisation pour la démocratie et le développement économique (GUAM), qui réunit la Géorgie, l'Ukraine, l'Azerbaïdjan et la Moldavie, a été créée en 1997 à titre de forum pour la coopération (sans la Russie) et a été étoffée grâce à l'adoption d'une nouvelle charte en 2006. Fondée à Kiev en décembre 2005, la Communauté du choix démocratique s'est donnée pour objectif de promouvoir la démocratie, les droits humains et la primauté du droit. En font partie la Géorgie, la Macédoine, la Moldavie, l'Ukraine ainsi que cinq États membres de l'Union européenne (UE), soit les trois États baltes, la Roumanie et la Slovénie ; le statut d'observateur a été attribué à l'Azerbaïdjan, à quatre autres États membres de l'UE (la Bulgarie, la République tchèque, la Hongrie et la Pologne), à l'Union européenne elle-même, aux États-Unis et à l'Organisation pour la sécurité et la coopération en Europe (OSCE). Enfin, l'Organisation de coopération économique de la mer Noire associe depuis 1992 l'Arménie, l'Azerbaïdjan, la Géorgie, la Russie et l'Ukraine à la Turquie, à l'Albanie, à la Bulgarie, à la Grèce, à la Moldavie, à la Roumanie et à la Serbie.

À RETENIR

- Le régionalisme peut être considéré comme un niveau spécifique au sein d'un système de gouvernance mondiale en émergence, mais les rapports entre le régionalisme et le multilatéralisme font l'objet de débats en ce qui concerne tant la libéralisation économique que la sécurité internationale.

- Les expériences régionalistes effectuées sur chaque continent ont suivi des trajectoires différentes qui reflètent le contexte historique et culturel propre à chacun d'eux.

- Les premières vagues de régionalisme se sont manifestées dans un contexte de restructuration postcoloniale, de protectionnisme économique ou de recherche d'une sécurité régionale. Une nouvelle vague de régionalisme ouvert est apparue vers 1990, dans le sillage de l'après-guerre froide et de la globalisation croissante.

LE PROCESSUS D'INTÉGRATION EUROPÉENNE

En Europe, le régionalisme après 1945 a pris la forme d'un processus d'intégration graduel qui a abouti à l'actuelle Union européenne. Cette dynamique a été amorcée par les six premiers États qui ont formé le Marché commun («l'Europe des Six») pour concrétiser la volonté de réconciliation mutuelle de la France et de l'Allemagne, dans le cadre de projets fédéralistes ambitieux. Elle a ensuite évolué sous les traits de la construction progressive d'un édifice institutionnel, d'un cadre juridique et d'un large éventail de politiques qui, en 2010, concernaient 27 États européens.

Avant d'en arriver là, plusieurs étapes ont été franchies (voir le tableau 25.1). La Communauté européenne du charbon et de l'acier a été instituée en 1951 et lancée en 1952, puis la Communauté économique européenne et la Communauté européenne de l'énergie atomique ont été créées en 1957 et ont officiellement entrepris leurs activités en 1958. Ces organisations se sont vu confier des compétences communautaires dans divers domaines : la gestion supranationale du charbon et de l'acier, la création et la réglementation d'un marché intérieur et l'application de politiques communes en matière de commerce, de concurrence, d'agriculture et de transport. Depuis, ces compétences ont été élargies et comprennent de nouveaux pouvoirs législatifs dans des domaines comme l'environnement. Depuis l'adoption du traité de Maastricht sur l'Union européenne, en vi-

gueur depuis 1993, le processus d'intégration a également suscité le recours à différentes mesures : des moyens d'unification plus vigoureux, notamment une union monétaire, d'autres formes de coopération, comme une coordination non contraignante concernant la politique économique et la politique d'emploi, et une collaboration intergouvernementale accrue relativement à la politique extérieure et de sécurité.

Après des débuts très modestes, tant par le nombre de ses membres que par sa portée, l'Union européenne est peu à peu devenue un important acteur politique et économique dont la présence a aujourd'hui une forte incidence sur les plans national et international.

Le processus graduel de l'intégration européenne s'est déployé à plusieurs niveaux. Il y a eu d'abord la signature et la réforme des traités fondamentaux, qui ont résulté des travaux de conférences intergouvernementales où les représentants des gouvernements nationaux ont négocié le cadre juridique dans lequel s'inscrit le fonctionnement des institutions de l'UE. La réforme d'un traité doit être ratifiée par chaque pays membre et représente le grand compromis dans l'évolution de l'UE. À la longue, des questions politiquement plus délicates, comme la politique monétaire et la sécurité intérieure et extérieure, ont fini par relever du champ d'action de l'Union européenne.

Dans ce cadre, les institutions européennes ont reçu de larges pouvoirs leur permettant de prendre des décisions et de gérer les politiques adoptées, quoique la

TABLEAU 25.1 **Accords importants dans l'histoire de l'Union européenne**

ANNÉE	TRAITÉ	PRINCIPAUX DOMAINES
1951	Traité de Paris	Réglementation par traité de la production de charbon et d'acier des États membres ; création d'institutions supranationales.
1957	Traités de Rome	Communauté économique européenne : création d'une union douanière (élimination de tous les droits intra-union et création d'un tarif douanier commun) ; projets en vue d'un marché commun et de politiques communes ; Euratom : coopération en matière d'énergie atomique.
1986	Acte unique européen	Élimination de toutes les barrières non tarifaires entravant la circulation des personnes, des biens, des services et des capitaux (le « programme de 1992 ») ; la coopération en politique extérieure est inscrite dans les dispositions du traité.
1992	Traité de Maastricht	Création de l'Union européenne qui englobe la Communauté économique européenne et deux piliers parallèles relatifs à la politique extérieure et de sécurité commune et aux questions intérieures et de justice ; union économique et monétaire (l'euro).
1997	Traité d'Amsterdam	Diverses réformes institutionnelles ; nomination d'un haut représentant de la politique étrangère de sécurité commune ; dispositions accentuant la coopération.
2001	Traité de Nice	Réforme de la Commission et du Conseil (poids du vote) ; élargissement du vote à la majorité.
2009	Traité de Lisbonne	Élargissement de la majorité votante et des pouvoirs du Parlement européen ; création d'un poste de président du Conseil de l'Union européenne ; nomination du haut représentant de la politique étrangère de sécurité commune au poste de vice-président de la Commission, qui cumule les deux fonctions et qui est également à la tête d'un service d'action externe européen ; Charte européenne des droits fondamentaux légalement exécutoire.

TABLEAU 25.2 **Institutions de l'UE**

INSTITUTIONS DE L'UE	RESPONSABILITÉS	EMPLACEMENT	
Commission européenne	Effectuer, gérer et encadrer la mise en œuvre des politiques et des lois de l'UE.	Bruxelles et Luxembourg	
Parlement européen	Députés, directement élus par les citoyens de l'UE, qui ont pour tâche de superviser le fonctionnement des autres institutions et qui, dans certains domaines, partagent avec le Conseil le pouvoir d'adopter les lois de l'UE.	Strasbourg (sessions plénières) ; Bruxelles (bureaux des députés européens, réunions des comités et quelques sessions plénières) ; Luxembourg (administration)	
Conseil des ministres	Représenter les positions des gouvernements nationaux et approuver dans de nombreux domaines, en collaboration avec le Parlement européen, la version définitive des lois de l'UE.	Bruxelles (certaines réunions au Luxembourg)	
Conseil de l'Union européenne	Sommets réguliers réunissant les chefs d'État ou de gouvernement et le président de la Commission, pour établir le programme général des travaux de l'UE ; instance de dernier recours pour la conclusion d'un accord sur les questions conflictuelles (à ne pas confondre avec le Conseil de l'Europe, dont le siège est à Strasbourg).	Bruxelles	
Cour de justice des communautés européennes	Instance judiciaire suprême de l'UE, s'appuyant sur un tribunal de premier degré. Principaux champs d'intervention : procédures pour l'abrogation de lois communautaires, procédures contre les États membres qui ne respectent pas leurs obligations et jugements préliminaires sur la validité ou l'interprétation des lois de l'UE, à la demande des tribunaux nationaux.	Luxembourg	
Banque centrale européenne	Fixer les taux d'intérêt et contrôler la masse monétaire de la devise européenne unique, l'euro.	Francfort-sur-le-Main	
Cour des comptes européenne	Bureau chargé de vérifier les recettes et les dépenses inscrites au budget de l'UE.	Luxembourg	

dynamique inhérente à la prise de décisions varie beaucoup selon les domaines concernés (voir le tableau 25.2). Il existe d'importantes différences entre les secteurs plus intégrés de la réglementation économique, d'une part, et les piliers plus intergouvernementaux de la politique extérieure et de la coopération policière ou judiciaire pour les affaires criminelles, d'autre part. Dans certains domaines, un pays peut être tenu d'accepter des décisions que lui impose la majorité (qualifiée) des États membres. Dans d'autres domaines, il peut avoir le loisir de rejeter les décisions prises.

Pour bien comprendre le processus d'intégration, il faut tenir compte du rôle respectif que jouent les États membres et les institutions supranationales. De plus, les États membres ne sont pas uniquement représentés par les gouvernements nationaux, puisqu'un grand nombre d'**acteurs étatiques**, non étatiques et **transnationaux** participent aux processus de formation des préférences nationales ou de représentation directe des intérêts à Bruxelles. En raison de la transparence relative de la dynamique politique européenne, les groupes politiques et ceux qui défendent les intérêts économiques tentent d'influencer les décisions que prend l'UE s'ils estiment que leurs positions ne sont pas suffisamment bien défendues par les gouvernements nationaux. C'est

là l'une des raisons pour lesquelles l'UE est de plus en plus considérée comme un système de gouvernance multidimensionnelle mobilisant de nombreux acteurs qui interviennent à différents niveaux territoriaux : supranational, national et sous-étatique.

La complexité du dispositif institutionnel de l'UE, associée aux changements successifs qui le caractérisent, a suscité un vif débat parmi les théoriciens de l'intégration (Rosamond, 2000 ; Wiener et Diez, 2004). Certaines perspectives proposées découlent de théories plus générales des relations internationales : la littérature traitant du **réalisme** et de l'interdépendance a contribué à la théorisation de l'intégration. D'autres analystes estiment que l'Union européenne constitue elle-même une catégorie distincte des autres et qu'il est donc nécessaire de mettre au point des théories de l'intégration qui lui sont propres. La plus visible de ces théories est le néofonctionnalisme, qui s'emploie à expliquer l'évolution de l'intégration en invoquant l'effet d'entraînement allant d'un secteur à un autre, à mesure que les ressources et les loyautés des élites se transfèrent au niveau européen. Plus récemment, alors que des volets de la politique européenne ressemblent de plus en plus aux politiques nationales des différents États, des chercheurs se sont tournés vers des conceptions tirées de la politique comparative.

Ce sont toutefois les conceptions «supranationales» et «intergouvernementales» qui ont eu la plus forte incidence sur l'étude de l'intégration européenne. Les conceptions supranationales traitent l'émergence d'institutions supranationales en Europe comme un phénomène distinct et font d'elles leur principal objet d'analyse. Les spécialistes accordent beaucoup d'importance aux politiques émanant du niveau situé au-dessus des États, si bien que ce sont les acteurs et les institutions politiques à l'échelle européenne qui reçoivent la plus grande attention. Pour leur part, les conceptions intergouvernementales continuent de faire des États le facteur le plus important du processus d'intégration et, par conséquent, se concentrent davantage sur l'étude des rapports politiques au sein des États et entre eux (voir l'encadré à la page 429). Quelles que soient les préférences théoriques de chacun, la plupart des chercheurs conviendraient cependant qu'aucune analyse de l'UE ne serait complète sans être assortie d'une étude du fonctionnement et de l'évolution des institutions principales et de l'apport des acteurs politiques issus des États membres. Plus récemment, la réflexion dans le cadre d'études portant sur l'UE a aussi été centrée sur une ligne de faille plus importante en sciences sociales : la différence entre les conceptions rationalistes et constructivistes. Les constructivistes ont remis en cause le rationalisme implicite qu'on trouve à la base de la plupart des travaux sur l'intégration effectués jusqu'aux années 1990 (voir le chapitre 9). Ils critiquent surtout la tendance des études rationalistes à privilégier la prise de décisions au détriment de l'établissement des priorités d'action, ainsi que les résultats aux dépens des processus. Les recherches des partisans du constructivisme, quant à elles, portent plutôt sur la mise en contexte des enjeux avant qu'ils fassent l'objet de décisions. Elles soulignent donc le rôle des idées, des discours et de l'interaction sociale dans la détermination des intérêts (Christiansen, Jørgensen et Wiener, 2001).

La perspective d'un élargissement continu de l'Union européenne a soulevé de vives questions sur la nature et l'orientation du processus d'intégration. De 2004 à 2007 se sont ajoutés à l'UE 12 membres, qui sont des pays situés en Europe centrale, orientale ou méridionale. Cette situation a généralement été considérée comme un bond prodigieux de la part de l'UE, et les demandes d'adhésion provenant de l'Islande, de la Turquie et de plusieurs États issus du démembrement de l'ex-Yougoslavie sont encore à l'étude. Toutefois, sans une réforme approfondie, l'UE risquait de rencontrer des difficultés relativement à la prise de décisions et à la préservation d'un cadre juridique fiable. C'est principalement ce qui a motivé les efforts de rationalisation de la structure institutionnelle et des processus de prise de décisions de l'UE. Au début des années 2000, une vaste réforme institutionnelle ainsi qu'une ambitieuse réorientation de la rhétorique d'intégration ont été amorcées avec la mise au point d'une convention constitutionnelle en 2002 et la signature, en 2004, du Traité établissant une Constitution pour l'Europe. Une telle tentative de reconnaître et de favoriser officiellement la nature constitutionnelle des traités de l'UE a cependant été rejetée par les électeurs lors de référendums tenus en France et aux Pays-Bas. Après quelques années de réflexion, les dirigeants de l'UE ont signé à Lisbonne, en 2007, un nouveau traité qui vise la mise en œuvre d'un grand nombre des réformes prévues : renforcement de la personnalité juridique de l'UE, accroissement des pouvoirs du Parlement européen et des Parlements nationaux, et amélioration des processus de prise de décisions par un recours accru au vote majoritaire. Le traité de Lisbonne est entré en vigueur le 1er décembre 2009. C'est en s'appuyant sur sa structure institutionnelle réformée que l'UE s'efforce désormais de relever les défis économiques et politiques de la globalisation.

À RETENIR

- Le processus d'intégration de l'Europe de l'après-guerre a été lancé dans le contexte de longs débats sur la création d'un système fédéral, mais l'Europe, en fin de compte, a privilégié une évolution graduelle menant à une union toujours plus étroite.

- L'intégration a pris la forme, dans maints secteurs économiques, d'un transfert de compétences vers des institutions supranationales habilitées à prendre des décisions contraignantes pour les États membres.

- Les réformes successives des traités régissant l'UE ont visé à accroître la légitimité et l'efficacité de l'UE, qui comptait 27 États membres en 2010. La plus récente réforme est l'entrée en vigueur du traité de Lisbonne à la fin de 2009.

CONCLUSION

Trois brèves observations concluent cet aperçu de l'évolution des mécanismes de coopération et d'intégration régionales. D'abord, le régionalisme est un phénomène véritablement mondial. Cela ne signifie pas pour autant que le monde entier soit animé par une seule dynamique de globalisation ou qu'il se divise selon des fractures idéologiques ou civilisationnelles. En fait, différentes parties du monde examinent diverses façons de s'adapter à l'**ordre mondial** globalisé, et les ententes régionales représentent une importante façon d'y parvenir. Les rapports entre le régionalisme et la globalisation ne sont donc pas forcément de nature oppositionnelle ni même contradictoire. Le régionalisme constitue plutôt une facette de la globalisation : les événements qui surviennent dans une région éclairent et reflètent parfois ceux qui se produisent dans d'autres régions. Ensuite, la tendance globale au régionalisme n'empêche en rien la grande diversité des types d'organisations qui sont mises sur pied. Selon la portée et la profondeur que les États membres donnent aux mécanismes créés pour traiter les questions de gouvernance transnationale, l'éventail va d'ententes assez souples et non contraignantes à la structure institutionnelle complexe qu'a établie l'Union européenne. Enfin, il n'existe pas de voie simple ou unique vers le régionalisme. Les trajectoires que prennent les différents mécanismes régionaux varient en fonction d'une multitude de facteurs, tant intérieurs qu'extérieurs. Les forces motrices qui poussent vers une coopération et une intégration régionales accrues, tout comme les obstacles pouvant entraver celles-ci, revêtent des formes diversifiées d'un continent à l'autre. Le régionalisme en tant que phénomène mondial est sans doute bien enraciné, au même titre que les différences entre les types d'ententes régionales qui ont été conclues dans les diverses régions du monde.

À RETENIR

- Le régionalisme (la création de structures de gouvernance régionale) ne vient pas contrecarrer la globalisation, mais il reflète plutôt des tentatives locales d'adaptation à celle-ci et de gestion de ses effets.

- En dépit de la tendance mondiale à un régionalisme accru, d'importantes différences caractérisent toujours la portée et la profondeur des institutions régionales qui émergent dans les diverses parties du monde.

- La coopération et l'intégration régionales ne constituent pas des processus linéaires et varient selon les facteurs qui offrent des possibilités et imposent des limites dans le contexte propre aux différentes régions.

QUESTIONS

1. Comment différenciez-vous l'internationalisation de la globalisation et de la régionalisation ?

2. En vous appuyant sur un exemple précis, quelles sont les motivations à l'origine de l'intégration régionale ?

3. Qu'est-ce que le nouveau régionalisme ?

4. Décrivez les différents regroupements régionaux en fonction de la typologie offerte dans ce chapitre (union douanière, marché commun, etc.).

5. L'intégration régionale met-elle en péril de quelque manière que ce soit la pérennité du système westphalien ?

6. Comparez le processus d'intégration régionale nord-américain (ALENA) avec tout autre regroupement régional de votre choix. Cernez les différences, mais aussi les similitudes.

7. Discutez des différents modèles d'intégration régionale qui existent actuellement dans les Amériques : de l'ALENA au Mercosur en passant par le bolivarisme.

8. Distinguez les conceptions supranationales et intergouvernementales dans le cadre des études sur l'Union européenne.

9. Établissez une comparaison entre l'intégration régionale en Afrique et celle qui s'est déployée en Asie ; commencez par un rappel de leur contexte politique respectif durant l'après-guerre (décolonisations).

10. À partir d'un exemple régional de votre choix, commentez l'aspect formel ou juridique des processus et des institutions d'intégration régionale.

Lectures utiles

Auroi, C., «Tentatives d'intégration économique et obstacles politiques en Amérique latine dans la seconde moitié du xxe siècle », *Relations internationales,* vol. 1, no 137, 2009, p. 91-113. Une analyse des processus d'intégration régionale en Amérique latine depuis 1945, allant des stratégies d'industrialisation par substitution à la Prebisch (de l'économiste Raúl Prebisch), au Mercosur et à l'ALENA.

Bussière, É., «Premiers schémas européens et économie internationale durant l'entre-deux-guerres », *Relations internationales,* vol. 3, no 123, 2005, p. 51-68. Une étude historique sur la constitution stratégico-politique internationale de l'Union européenne.

Deblock, C., «Le bilatéralisme commercial américain », dans B. Remiche et H. Ruiz-Fabri (dir.), *Le commerce international entre bi- et multilatéralisme*, Bruxelles, Larcier, 2010, p. 115-173. Ce chapitre porte sur la place du bilatéralisme et du régionalisme dans la politique commerciale américaine. Il en retrace l'histoire et dresse un tableau actuel. Il s'agit du seul texte en français qui porte sur le sujet.

Deblock, C. et H. Regnault, *Nord-Sud : la reconnexion périphérique*, Montréal, Athéna Éditions, 2006. Cet ouvrage, dirigé par deux grands spécialistes du régionalisme économique, pose un regard sans complaisance sur le nouveau régionalisme et les accords d'intégration régionale Nord-Sud.

Hugon, P., *Les économies en développement à l'heure de la régionalisation*, Paris, Karthala, 2003. Une discussion sur les théories du régionalisme économique à la lumière des cas de l'Afrique et de l'Asie.

Kauppi, N. et M. Rask Madsen, « Institutions et acteurs : rationalité, réflexivité et analyse de l'UE », *Politique européenne,* vol. 2, no 25, 2008, p. 87-113. Une perspective à la fois néoréaliste et constructiviste sur la construction de l'Union européenne.

Mérand, F. et S. Saurugger, «Les approches sociologiques de l'intégration européenne : perspectives critiques », *Comparative European Politics,* vol. 8, no 1, 2010, p. 1-18. Une analyse bourdieusienne (du sociologue Pierre Bourdieu) des processus d'intégration régionale de l'UE.

Quermonne, J.-L., *Le système politique de l'Union européenne,* 6e édition, Paris, Montchrestien, 2005. Un bon manuel sur l'histoire de l'Union européenne.

Sachwald, F., «La mondialisation comme facteur d'intégration régionale », *Politique étrangère*, vol. 62, no 2, 1997, p. 257-264. À partir des cas comparés de l'Europe et de l'Asie, une analyse des régionalismes montants comme stratégie de résistance à la superpuissance américaine post-guerre froide.

Saurugger, S., «État de la littérature. Conceptualiser l'intégration européenne : état de l'art théorique », *Revue internationale et stratégique*, vol. 2, no 54, 2004, p. 165-176. Une bonne revue de la littérature sur les perspectives théoriques en matière d'intégration régionale européenne, de l'économie politique internationale et l'institutionnalisme au constructivisme, en passant par la gouvernance et les approches françaises.

Chapitre 26

LE COMMERCE MONDIAL ET LA FINANCE GLOBALE

Jan Aart Scholte

GUIDE DE LECTURE

Divers aspects économiques caractérisent l'ère actuelle de globalisation. Parmi les trois conceptions distinctes de la globalisation économique que nous allons décrire, nous accorderons une importance particulière à la dernière : la notion supraterritoriale d'un accroissement de la production, des marchés et des investissements transfrontaliers. Cette dimension globale du commerce mondial contemporain sera ensuite exposée plus en détail dans les sections relatives au commerce mondial et à la finance globale. La quatrième section du chapitre vise à corriger les affirmations exagérées au sujet de la globalisation économique et à rétablir les faits quant à sa nature et à son ampleur. Enfin, nous passerons en revue les liens entre la globalisation du commerce et plusieurs graves problèmes d'injustice et d'insécurité découlant de la politique globale contemporaine.

INTRODUCTION

La **globalisation** de la politique mondiale est associée, entre autres choses, à une globalisation de l'économie. Comme Ngaire Woods le souligne dans le chapitre 15, la politique et l'économie sont indissociables dans le cadre des rapports sociaux. L'économie n'explique pas tout, mais aucune description de la politique mondiale n'est adéquate si elle passe sous silence la dimension économique. Ceci vaut également pour toute analyse de la globalisation en tant que facteur-clé de l'histoire mondiale contemporaine.

D'innombrables débats sur la globalisation ont mis en relief ses aspects économiques. Par exemple, Milton Friedman, Prix Nobel de sciences économiques 1976, a fait remarquer qu'il est désormais possible, «pour une entreprise située n'importe où dans le monde, de fabriquer un produit n'importe où, avec des ressources prises n'importe où, et de le vendre n'importe où» (cité dans Naisbitt, 1994, p. 19). Un chercheur éminent chez American Express a affirmé que l'intégration financière mondiale en cours depuis quelques dizaines d'années marque la fin de la géographie (O'Brien, 1992). Des organismes de **gouvernance globale** comme la **Banque des règlements internationaux (BRI)**, le **Groupe des Huit (G8)**, le **Fonds monétaire international (FMI)**, l'**Organisation de coopération et de développement économiques (OCDE)**, la **Conférence des Nations Unies sur le commerce et le développement (CNUCED)**, le **Groupe de la Banque mondiale (GBM)** et l'**Organisation mondiale du commerce (OMC)** ont tous placé la globalisation économique en tête de leurs priorités (voir l'encadré «Pour en savoir plus», page ci-contre). Dans l'ensemble, ces organismes officiels ont entériné et encouragé la globalisation, tout comme la plupart des gouvernements nationaux. De leur côté, de nombreux **mouvements sociaux** ont axé leurs critiques de cette dynamique sur ses aspects économiques. Leurs analyses dépeignent la globalisation contemporaine du commerce et de la finance comme la cause fondamentale de nombreux maux : hausse du chômage, déclin général des normes du travail, accroissement des inégalités et de la **pauvreté** chez certains (voir le chapitre 27), crises financières récurrentes et dégradation à grande échelle de l'environnement (voir le chapitre 21).

Au-delà de leurs différences, tous ces points de vue confirment que la globalisation économique constitue une tendance propre à l'histoire contemporaine. Il est vrai que son ampleur et son incidence sont souvent exagérées, mais il est tout simplement erroné de prétendre, comme certains sceptiques l'avancent dans leur thèse, que la nouvelle économie globalisante ne repose sur aucune base concrète. Il est plus juste de dire que, à l'instar de la plupart des grands phénomènes historiques, la globalisation économique procède d'une dynamique complexe alliant continuités et changements.

UNE ÉCONOMIE GLOBALISANTE

L'une des causes fondamentales des désaccords au sujet de l'ampleur et de l'importance de la globalisation économique réside dans les définitions contrastées de la notion de globalité qu'ont formulées différents analystes. En fait, qu'y a-t-il de «global» dans l'économie mondiale ? Les sous-sections suivantes présentent trois façons distinctes de définir la globalisation du commerce et de la finance, soit relativement au franchissement des frontières, à l'ouverture des frontières et à la disparition des frontières. Bien que ces trois notions se chevauchent quelque peu, elles comportent néanmoins d'importantes différences inhérentes à ce qu'elles mettent en relief. La plupart des débats sur la globalisation économique ont opposé les sceptiques, qui adoptent la première notion, aux enthousiastes, qui privilégient la deuxième. Cependant, la troisième notion de globalisation propose une démarche distinctive plus représentative de la réalité, de sorte que nous en approfondirons les liens avec le commerce et la finance.

Les transactions transfrontalières

L'importance accordée à la globalisation économique contemporaine suscite souvent le scepticisme lorsque les analystes la définissent en fonction des mouvements transfrontaliers accrus des personnes, des biens, des capitaux, des investissements, des messages et des idées. Dans cette optique, la globalisation est considérée comme un équivalent de l'**internationalisation**. Aucune distinction sérieuse n'est établie entre les entreprises mondiales et les entreprises internationales, entre le commerce mondial et le commerce international, entre les capitaux mondiaux et les capitaux internationaux, entre la finance globale et la finance internationale.

Vue sous cet angle, en effet, la globalisation économique ne représente rien de particulièrement nouveau. Le commerce entre des entités politico-territoriales différentes est pratiqué depuis des siècles et même, dans certains cas, depuis quelques millénaires. Ainsi, Babylone et l'Empire romain recouraient à diverses formes de commerce et de prêts avec des partenaires lointains. Le transport de marchandises entre l'Arabie et la Chine,

Les principaux organismes publics de gouvernance mondiale en matière de finance et de commerce

BRI Banque des règlements internationaux. Elle a été fondée en 1930 et son siège est à Bâle. En 2010, elle regroupait 56 banques centrales actionnaires, mais beaucoup d'autres établissements financiers publics font appel à ses services. Elle favorise la coopération entre les banques centrales et offre différents services relativement aux opérations financières mondiales. Par exemple, le Comité de Bâle sur le contrôle bancaire, formé par la BRI en 1974, a été le fer de lance des efforts déployés pour la réglementation multilatérale des activités bancaires mondiales.

G8 Groupe des Huit. Il a été lancé en 1975 sous le nom de G5 (France, Allemagne, Japon, Royaume-Uni et États-Unis). Il est ensuite devenu le G7, avec l'ajout du Canada et de l'Italie, et le G8 en 1998 après l'entrée de la fédération de Russie. Les membres du G8 pratiquent une collaboration semi-officielle pour résoudre les problèmes économiques mondiaux. Les dirigeants gouvernementaux se réunissent lors des sommets annuels du G8, tandis que les ministres des Finances et leurs principaux représentants organisent périodiquement d'autres consultations.

GATT Accord général sur les tarifs douaniers et le commerce. Il a été conclu en 1947 et les bureaux de son secrétariat étaient à Genève. Cette organisation comptait 122 pays membres lorsqu'elle a été intégrée à l'OMC en 1995. Elle a coordonné huit cycles de négociations multilatérales destinées à atténuer les restrictions étatiques imposées au commerce transfrontalier des biens.

FMI Fonds monétaire international. Il a été instauré en 1945 et son siège est à Washington, D. C. Il regroupait 187 États membres en 2010. Le FMI supervise les paiements transfrontaliers à court terme et les positions de change. Lorsqu'un pays affiche un déséquilibre chronique dans ses comptes d'opérations extérieures, le FMI met en avant une politique de réforme visant à corriger ce déséquilibre, politique souvent dénommée « programme d'ajustement structurel ». Depuis 1978, le FMI assure une supervision détaillée de la performance économique de ses États membres et de l'économie mondiale dans son ensemble. Il offre aussi une aide technique élargie. Récemment, il a lancé diverses initiatives destinées à promouvoir l'efficience et la stabilité des marchés financiers mondiaux.

OICV Organisation internationale des commissions de valeurs. Elle a été créée en 1983, son siège est à Montréal et son secrétariat se trouve maintenant à Madrid. En 2010, elle regroupait 199 organismes officiels de réglementation des valeurs mobilières, associations professionnelles (sans droit de vote) et autres organismes. L'OICV s'emploie à promouvoir des normes de réglementation strictes sur les marchés des valeurs mobilières, à établir une supervision efficace des opérations supraterritoriales sur les valeurs mobilières et à favoriser la collaboration entre les marchés des valeurs mobilières en ce qui a trait à la détection des délits et à l'imposition de sanctions à leurs auteurs.

OCDE Organisation de coopération et de développement économiques. Elle a été fondée en 1962 et son siège est à Paris. En 2007, elle regroupait 30 États à l'économie fortement industrialisée et entretenait des relations avec quelque 70 autres États. Elle constitue un forum de consultations intergouvernementales multilatérales portant sur presque toutes les politiques publiques, sauf les questions militaires. Les mesures prises par l'OCDE ont notamment trait aux questions écologiques, à la fiscalité et aux entreprises transnationales. À intervalles réguliers, le secrétariat de l'OCDE produit une évaluation de la performance macro-économique de chaque État membre, y compris des suggestions concernant des changements à apporter aux politiques publiques.

CNUCED Conférence des Nations Unies sur le commerce et le développement. Elle a été créée en 1964 et ses bureaux sont à Genève. Elle regroupait 193 États membres en 2010. Elle supervise les effets du commerce et des investissements mondiaux sur le développement économique, notamment dans les pays du Sud. Dans les années 1970, elle a offert à ces pays une importante tribune pour les discussions sur un nouvel ordre économique international.

GBM Groupe de la Banque mondiale. Il regroupe cinq organismes, dont le premier a été constitué en 1945, et son siège est à Washington, D. C. Il offre des prêts pour divers projets, des programmes d'ajustement structurel et différents services consultatifs afin de favoriser le développement dans les pays à revenus moyens ou faibles.

OMC Organisation mondiale du commerce. Elle a été formée en 1995 et son siège est à Genève. Elle regroupait 153 États en 2008. Elle constitue l'organisme permanent qui a remplacé le GATT, une entité provisoire. Elle supervise le secteur des services, les questions de propriété intellectuelle, les investissements et le commerce des biens. Elle dispose de pouvoirs élargis pour l'application de ses règles, par l'entremise du mécanisme de règlement des différends. L'organe d'examen des politiques commerciales de l'OMC supervise les mesures commerciales qu'appliquent les États membres.

par l'Asie du Sud et l'Asie du Sud-Est, s'effectuait avec une certaine régularité, il y a plus d'un millénaire. Des pièces de monnaie circulaient couramment le long du littoral de l'Asie du Sud-Est au xe siècle, dans le cadre d'une sorte d'ébauche d'un régime monétaire international. De l'autre côté du globe, parmi les monnaies utilisées dans le monde méditerranéen prémoderne, le *solidus* byzantin a eu cours à partir du ve siècle, et le *dinar* musulman, du viiie au xiiie siècle. Des banques établies dans les cités-États italiennes maintenaient dès le xiie siècle des bureaux temporaires le long des grands circuits commerciaux. La Hanse, au xive siècle, et des compagnies basées à Amsterdam, Copenhague, Londres et Paris, exploitaient, au xviie siècle, des comptoirs commerciaux outre-mer. Les premières maisons de courtage à proposer des activités transfrontalières sont apparues au xviiie siècle, telles que Hope & Co., à Amsterdam, et Barings, à Londres.

En fait, à certains égards (mais pas à tous, loin de là), l'activité économique transfrontalière a atteint à la fin du xixe siècle un volume analogue à celui qu'elle aura cent ans plus tard. Par rapport à la population mondiale de l'époque, le flux de la migration permanente était même beaucoup plus fort durant ces décennies qu'aujourd'hui. Mesurés à l'aune de la production globale, les investissements transfrontaliers dans les installations de production s'établissaient à peu près au même niveau à la veille de la Première Guerre mondiale qu'au début des années 1990. Les marchés internationaux des prêts et des valeurs mobilières étaient également florissants durant les beaux jours du système de l'étalon-or, de 1870 à 1914. À cette époque, la livre britannique, dont le cours correspondait à une certaine valeur en or, servait de devise mondiale et facilitait ainsi beaucoup les paiements transfrontaliers. Toujours à la lumière de données proportionnelles plutôt que d'agrégats, plusieurs chercheurs (dont Zevin, 1992) ont affirmé que les flux de capitaux entre les pays ont été plus importants durant ces années qu'à la fin du xxe siècle. Par ailleurs, le volume du commerce international a augmenté d'environ 3,4 % par année au cours de la période allant de 1870 à 1913, pendant que sa valeur atteignait l'équivalent de 33 % de la production globale (Barraclough, 1984, p. 256 ; Hirst et Thompson, 1999, p. 21). D'après ce calcul spécifique, le commerce transfrontalier était plus actif au début du xxe siècle qu'à la fin.

Aux yeux des sceptiques, donc, l'économie globalisante contemporaine ne constitue rien de nouveau. Les dernières décennies ont simplement représenté une phase d'accroissement des activités commerciales et financières transfrontalières, à l'égal de celle qui s'est produite une centaine d'années auparavant. De plus, selon eux, de la même façon que l'accentuation de l'**interdépendance** internationale à la fin du xixe siècle a été nettement inversée par la vague de protectionnisme qui a déferlé pendant 40 ans à partir de 1914, la globalisation économique actuelle pourrait tout aussi bien s'avérer temporaire. Les gouvernements peuvent interrompre les flux transfrontaliers s'ils le souhaitent, disent les sceptiques. Le souci de défendre l'**intérêt national** pourrait bien inciter les États à imposer de nouvelles restrictions au commerce, aux déplacements, aux opérations de change et aux mouvements de capitaux internationaux. La globalisation économique contemporaine ne laisse pas présager l'effondrement imminent de l'**État**, l'affaiblissement des loyautés nationales et la fin de la guerre. Ainsi, les sceptiques se plaisent à répéter que la plupart des entreprises dites globales mènent encore la plus grande partie de leurs activités dans leur pays d'origine, maintiennent des allégeances et un caractère nationaux fermes, et continuent de dépendre fortement des États pour assurer leur rentabilité.

Les transactions dans une économie à frontières ouvertes

Contrairement aux sceptiques, les partisans de la globalisation contemporaine du commerce et de la finance considèrent généralement que cette dynamique s'inscrit dans une évolution à long terme menant à l'instauration d'une société mondiale. Ils estiment que la globalisation entraîne non pas un élargissement de l'internationalisation, mais plutôt l'élimination progressive des restrictions officielles frappant les transferts de ressources entre les pays. Il en résulte une ouverture des frontières grâce à laquelle les entreprises mondiales remplacent les entreprises internationales, le commerce mondial remplace le commerce international, les capitaux mondiaux se substituent aux capitaux internationaux, et la finance globale, à la finance internationale. Dans cette optique, la globalisation est liée à la **libéralisation**, c'est-à-dire à la facilité accrue avec laquelle les biens, les communications, les produits financiers, les actifs immobilisés et les personnes peuvent circuler au sein de l'économie mondiale sans être assujettis à des mesures de contrôle étatiques. Alors que les sceptiques fondent généralement leur thèse de la répétition de l'histoire sur des données proportionnelles, les défenseurs de la globalisation brandissent des données globales, dont un grand nombre sont effectivement assez frappantes (voir le tableau 26.1, page ci-contre), pour étayer leur thèse d'un changement historique.

TABLEAU 26.1　Quelques indicateurs de la globalisation économique contemporaine
(en milliards de USD et en pourcentage du PIB mondial)

	1990	2000	2009	2009
	(MILLIARDS DE USD)			(%)
Investissements étrangers directs (stock entrant)	2 082	8 147	17 743	30,7
Exportations de biens et services	4 414	7 799	15 547	26,9
Production brute des filiales étrangères	1 477	3 167	5 812	10,0
Exportations des filiales étrangères (en pourcentage des exportations mondiales)	1 498	3 572	5 186	9,0
Employés dans les filiales étrangères (en millions)	[33,9]	[45,8]	[33,4]	
Réserves officielles (quatrième trimestre 2009)	24,5	31,9	79,8	
Transactions sur les marchés des changes (volume quotidien, avril 2001 et avril 2010)	892	1 738	8 169	14,1
Capitalisation boursière	nd	1 239	3 981	6,9
Actifs bancaires	nd	nd	47 189	81,6
Titres de créance	nd	nd	92 970	160,7
Pour mémo	nd	nd	92 082	159,2
PIB mondial (aux prix courants)	22 121	31 493	57 844	

Source : OMC, Statistiques du commerce international en 2009 ; BRI, Triennial Central Bank Survey of Foreign Exchange and Derivatives Market Activity in April 2010. Preliminary Results, décembre 2010 ; FMI, Currency Composition of Official Foreign Exchange Reserves (COFER) ; FMI, Global Financial Stability Report. Sovereigns, Funding, and Systemic Liquidity, octobre 2010 ; FMI, Rapport annuel, 2001 et 1996 ; CNUCED, World Investment Report, 2010 et 2001.

Les partisans de la globalisation considèrent les quarante ans de l'interlude protectionniste (vers 1910-1950) comme une pause au sein de la tendance historique à plus long terme qui mène à une seule économie mondiale intégrée. À leur avis, le resserrement des mesures de contrôle aux frontières au cours de la première moitié du XXe siècle a été l'une des principales causes des dépressions économiques, des **régimes** autoritaires et des conflits internationaux, comme les deux guerres mondiales, qui ont marqué cette période. Par contraste, l'économie mondiale ouverte en émergence (toujours selon la thèse globaliste) apportera la prospérité, la liberté, la **démocratie** et la paix à toute l'humanité. Vue sous cet angle – qui est souvent considéré comme celui du néolibéralisme –, la globalisation économique contemporaine poursuit la mise en œuvre du projet universalisant de la modernité lancé il y a plusieurs centaines d'années.

L'histoire récente a effectivement favorisé une large ouverture des frontières dans l'économie mondiale. Ainsi, un ensemble d'accords successifs entre États, par l'entremise de l'**Accord général sur les tarifs douaniers et le commerce (GATT)**, a imposé depuis 1948 de fortes réductions des tarifs douaniers, des quotas et d'autres dispositifs qui entravaient auparavant la circulation transfrontalière des marchandises. Les tarifs moyens sur les produits manufacturés dans les pays du Nord sont passés de plus de 40 %, dans les années 1930, à moins de 4 %,

en 2005 (OMC, 2007). À la fin du cycle de l'Uruguay des négociations commerciales multilatérales (1986-1994), le GATT a été intégré à la nouvelle Organisation mondiale du commerce. L'OMC a alors été dotée de pouvoirs élargis lui permettant d'appliquer les accords commerciaux existants et d'ouvrir de nouvelles voies à la libéralisation, en ce qui a trait par exemple au transport, aux télécommunications et aux flux d'investissements. Parallèlement, comme l'indique le chapitre 25, des organisations régionales un peu partout dans le monde ont procédé, à des degrés divers, à la suppression des restrictions officielles frappant le commerce entre les pays concernés. Stimulé par une telle libéralisation, le commerce transfrontalier a enregistré, de 1950 à 2005, une hausse annuelle moyenne de plus de 6 %, soit près de deux fois plus élevée qu'à la fin du XIXe siècle (OMC, 2007, p. 264). Le volume du commerce international total a été multiplié par vingt-sept en termes réels au cours de cette période, pendant que celui du commerce des produits manufacturés a plus que doublé (OMC, 2007).

Les frontières se sont aussi considérablement ouvertes aux flux de capitaux depuis 1950. Supervisé par le FMI, le système de l'étalon-or est devenu pleinement opérationnel en 1959 avec le retour à la convertibilité des monnaies. Dans le cadre d'un tel système, les principales devises pouvaient circuler dans le monde entier (sauf dans les pays communistes, c'est-à-dire à économie planifiée) et être converties en devises nationales selon un taux de change fixe officiel. L'étalon-or basé sur le dollar américain a donc reproduit la situation qui prévalait lorsque le tout premier système de l'étalon-or basé sur la livre sterling était en vigueur à la fin du XIXe siècle. En 1971, le gouvernement des États-Unis a mis un terme à la convertibilité du dollar en or sur demande. Contrairement aux craintes que plusieurs avaient formulées, ce changement n'a pas entraîné l'imposition de nouvelles restrictions sur les paiements transfrontaliers. Un régime de taux de change flottants s'est plutôt mis en place *de facto* dès 1973, avant d'être officialisé par l'entremise du FMI en 1976. De plus, à partir du milieu des années 1970, la plupart des États ont assoupli ou éliminé les restrictions relatives à l'importation et à l'exportation des devises nationales. En raison de cette mesure, le volume moyen des transactions quotidiennes sur les grands marchés des changes dans le monde est passé de 15 milliards de dollars américains, en 1973, à 4000 milliards, en 2010[1].

En plus de la libéralisation des flux commerciaux et monétaires entre les pays, les dernières décennies ont également été marquées par une ouverture générale des frontières aux flux d'investissements. Ces derniers englobent tant les investissements directs (c'est-à-dire les immobilisations telles que des centres de recherche et des usines) que les placements de portefeuille (c'est-à-dire les liquidités comme des prêts, des obligations et des actions).

À l'exception d'une série d'expropriations dans des pays du Sud au cours des années 1970 (dont beaucoup ont ensuite été annulées), les États ont généralement bien accueilli les investissements étrangers directs dans leur pays respectif à l'époque contemporaine. De nombreux gouvernements ont même activement appâté des capitaux étrangers au moyen d'une baisse du taux d'imposition sur les bénéfices des sociétés, d'une atténuation des restrictions relatives au rapatriement des profits, d'un relâchement des normes du travail et de la réglementation écologique, etc. On a assisté, depuis 1960, à une prolifération d'entreprises dites internationales, multinationales, transnationales, mondiales ou globales. Le nombre de ces entreprises est passé de 3500, en 1960, à 82 000, en 2008. Le volume global des investissements étrangers directs dans le monde a connu une hausse parallèle. Tandis qu'il atteignait à peine 14 milliards en 1914, puis 68 milliards de dollars en 1960, il dépassera certainement les 2000 milliards de dollars en 2012, et cela, même malgré une forte contraction pendant la crise de 2008-2009 (CNUCED, 1996, p. ix et 4 ; CNUCED, 2006b ; CNUCED, 2010). Dans ce monde aux frontières

plus ouvertes, divers partisans de la globalisation ont qualifié les entreprises multinationales de «sans-attaches» et «apatrides».

Une libéralisation massive des placements de portefeuille transfrontaliers s'est aussi déployée depuis les années 1970. Par exemple, plusieurs États autorisent désormais des non-résidents à détenir un compte bancaire. Des mesures de **déréglementation** ont supprimé les contraintes juridiques qui restreignaient l'achat et la vente d'actions et d'obligations par des investisseurs non résidents. D'autres lois passées à l'échelle nationale ont adouci les mesures de contrôle qu'un pays donné exige des banques, des courtiers et des gestionnaires de fonds d'origine étrangère qui sont présents sur ses marchés financiers. Par suite de toute cette déréglementation (notamment la réforme, en 1986, de la bourse de Londres appelée le «Big Bang»), des institutions financières du monde entier ont convergé vers des villes d'envergure mondiale comme Hong-Kong, New York, Paris et Tokyo. L'ampleur des activités bancaires et du commerce transfrontalier des valeurs mobilières a connu une forte hausse depuis les années 1960, à la suite d'une telle libéralisation, comme le montrent plusieurs données du tableau 26.1. Les indicateurs correspondants pour la période allant de 1870 à 1914 affichent des valeurs sans commune mesure avec les données globales de l'époque contemporaine.

En somme, les obstacles juridiques qui entravent les transactions économiques entre les pays sont devenus beaucoup moins nombreux dans le monde contemporain. En même temps, les flux transfrontaliers de marchandises, de services, de capitaux et d'investissements ont atteint des niveaux sans précédent, du moins en volume global. À cet égard, les partisans de la globalisation en tant que libéralisation peuvent affirmer, en opposition aux sceptiques, que les frontières sont plus ouvertes que jamais auparavant. Toutefois, d'importantes restrictions officielles s'appliquent encore aux activités économiques transfrontalières, y compris d'innombrables restrictions commerciales et des mesures de contrôle des capitaux imposées dans beaucoup de pays. Si, dans leur ensemble, les États ont bien accueilli les investissements étrangers directs, il n'existe toujours aucun régime multilatéral permettant une libéralisation des flux d'investissements qui soit comparable à celui de l'OMC dans le domaine commercial ou à celui du FMI dans le domaine financier. Les négociations relatives à un Accord multilatéral sur l'investissement (AMI) ont été abandonnées à la fin de 1998, mais les États ont conclu des centaines de traités bilatéraux de libéralisation des investissements. En outre, si de nombreux gouvernements ont récemment assoupli les restrictions en matière de visas et de déplacements des personnes, dans l'ensemble, les mesures de contrôle de l'immigration, ou ce que certains auteurs appellent la «sécuritisation de l'immigration», n'ont absolument rien perdu de leur rigidité, et nombre d'entre elles sont même devenues beaucoup plus strictes, particulièrement après le **11 septembre 2001** (Bourbeau, 2011). Cette réalité conforte les sceptiques dans l'idée que les frontières internationales demeurent solidement en place et peuvent être ouvertes ou fermées au gré des États concernés.

Les transactions supraterritoriales

Comme nous l'avons démontré, la plupart des débats sur la globalisation économique mettent en scène deux opposants : les sceptiques, qui voient dans la situation actuelle une expansion limitée et réversible des transactions transfrontalières, et les partisans, qui considèrent plutôt qu'une tendance inexorable favorise une économie mondiale ouverte. Ces deux positions très répandues ne couvrent cependant pas toutes les interprétations possibles. En fait, aucune de ces deux perspectives traditionnelles ne tient compte d'un aspect propre à la globalisation. Les deux ne font que ressusciter des arguments invoqués avec une autre terminologie bien avant que, dans les années 1990, le terme «globalisation» soit sur toutes les lèvres.

Selon une troisième thèse, la globalisation désigne des processus par lesquels les relations sociales acquièrent des propriétés qui accordent relativement peu d'importance aux distances et aux frontières. Par conséquent, la vie des êtres humains se déploie de plus en plus dans le monde en tant qu'espace commun. En ce sens, le terme «globalisation» renvoie à une transformation de la géographie provoquée par l'effritement des liens qui rattachent un ensemble de conditions sociales à des espaces territoriaux (voir le chapitre 1).

Ainsi, une économie est globalisante lorsque les modèles de production, d'échanges et de consommation se détachent progressivement d'une géographie fondée sur les distances et les frontières territoriales. Une activité économique mondiale s'étend simultanément sur des territoires très dispersés et se déplace, souvent instantanément, sur toute la planète. Si la configuration de l'interdépendance économique internationale est fortement orientée par les distances entre les territoires et par le découpage de ces territoires en États-nations, la configuration de la finance et du commerce d'envergure mondiale relève rarement des distances et des frontières étatiques. Avec l'essor du transport aérien, des liaisons satellitaires, des télécommunications, des organisations transnationales, d'une conscience mondiale (c'est-à-dire un état

d'esprit où la planète est conçue comme un espace commun), etc., une grande partie de l'activité économique contemporaine transcende les frontières. Selon cette troisième thèse, influencée par les travaux des premiers sociologues de la globalisation tels que Roland Roberston (Roberston, 1990), la tendance actuelle se caractérise par la croissance d'une économie sans égard aux frontières (supraterritoriale) par opposition à une économie transfrontalière ou à frontières ouvertes.

La montée de la **supraterritorialité** se reflète, entre autres, dans la hausse des transactions entre les pays. Un tel changement qualitatif signifie que les statistiques contemporaines sur le commerce, les capitaux et les investissements internationaux ne peuvent qu'être approximativement comparées aux données qui concernent les époques antérieures. Ce n'est donc pas tellement le volume du commerce entre les pays qui importe ici, mais bien le fait que ce commerce s'inscrit dans des processus de production globale et dans des **réseaux** mondiaux de mise en marché. Il ne s'agit pas seulement du volume des capitaux qui circulent d'un pays à l'autre, mais aussi de l'instantanéité du transfert de la plupart des fonds. La question ne se limite pas au nombre de transactions internationales portant sur des valeurs mobilières ; elle englobe surtout les émissions d'actions et d'obligations auxquelles participent simultanément des protagonistes situés dans différents pays du monde. En résumé, si cette troisième thèse sur la globalisation est juste, alors le facteur-clé des changements dans l'histoire échappe largement à l'attention des sceptiques et des partisans.

À RETENIR

- La globalisation de l'activité économique peut être interprétée de plusieurs façons.

- Les sceptiques soutiennent que les volumes actuels du commerce transfrontalier, des mouvements de capitaux et des flux d'investissements n'ont rien d'inédit et n'ont pas l'ampleur que certains leur prêtent.

- Les défenseurs de la globalisation affirment que le relâchement massif des mesures de contrôle aux frontières a favorisé un essor sans précédent de l'activité économique internationale.

- La troisième thèse de la globalisation met en relief la prolifération des transactions économiques auxquelles les distances et les frontières territoriales n'imposent que des contraintes limitées, voire nulles. Les défenseurs de cette thèse avancent ainsi l'idée d'une économie supraterritoriale par opposition à une économie transfrontalière ou à frontières ouvertes.

LE COMMERCE MONDIAL

Quelques illustrations permettent de mieux saisir le caractère distinctif des relations économiques supra-territoriales et transfrontalières. Dans cette section, nous donnons des exemples relatifs au commerce mondial, alors que des exemples en matière de finance globale figurent dans la section suivante. Dans chaque cas, il apparaît clairement que leur importance marque surtout l'époque contemporaine, compte tenu du fait que plusieurs dimensions du phénomène ont déjà été observées auparavant.

La production globale

On parle de production globale lorsqu'un seul processus de production se déroule dans des emplacements très dispersés tant au sein d'un même pays que parmi plusieurs. En pareil cas, une **coordination** mondiale peut relier des centres de recherche, des unités chargées de la conception, des services d'approvisionnement, des centres de traitement des matériaux, des usines de fabrication, des lieux de finition, des chaînes de montage, des services de contrôle de la qualité, des services de publicité et de mise en marché, des bureaux de traitement des données, des services après-vente, etc.

Ce type de production se distingue de la production territoriale, dans laquelle toutes les phases d'un processus de production donné (de la recherche initiale au service après-vente) se succèdent au sein des mêmes installations locales ou nationales. Dans le cas de la production globale, par contre, les phases sont menées à bien dans plusieurs pays qui sont souvent très éloignés les uns des autres. Chacun des divers maillons de la chaîne transnationale se spécialise dans l'exécution d'une ou de plusieurs fonctions, ce qui engendre des économies d'échelle ou permet d'exploiter les différentiels de coûts entre plusieurs emplacements. Grâce à un approvisionnement global, l'entreprise se procure des matériaux, des composants, des machines, des ressources financières et des services partout dans le monde. La distance et les frontières territoriales n'ont qu'une importance secondaire, voire nulle, dans le choix des lieux retenus. En fait, une entreprise peut déplacer certaines phases de la production à plusieurs reprises et en peu de temps afin de maximiser ses profits.

Ce qu'on a dénommé «usines mondiales» n'existait pas avant les années 1940. Ces usines ont émergé dans les années 1960 et elles se sont surtout multipliées à partir des années 1970. La production globale s'est répandue essentiellement dans les secteurs des textiles, des vêtements, des véhicules motorisés, des articles en cuir, des articles de sport, des jouets, des produits optiques, du matériel électronique grand public, des semi-conducteurs, des avions et de la machinerie lourde.

Avec la croissance globale de la production, une grande partie des transferts dits internationaux de biens et services ont entraîné un **commerce intra-firme** parmi les firmes transnationales. Lorsque les intrants intermédiaires et les produits finis passent d'un pays à un autre, ils sont officiellement répertoriés dans le commerce international, bien que, en fait, ils se déplacent généralement au sein d'une entreprise mondiale plutôt qu'entre des économies nationales. Traditionnellement, les statistiques ne mesurent pas les transferts intra-firmes, mais on estime que ces échanges représentent de 25 % à plus de 40 % de tout le commerce transfrontalier.

Une grande partie de la production globale a bénéficié de la création de zones économiques spéciales, de zones de transformation pour l'exportation ou de zones franches de production. Dans ces zones, le gouvernement national ou provincial compétent exempte du paiement des droits d'importation et d'exportation habituels les usines d'assemblage et d'autres installations de production transfrontalières. Il leur accorde aussi parfois des crédits d'impôt ou des subventions ou encore il les dispense de l'obligation de respecter certaines normes du travail ou réglementations écologiques. Si la première zone de ce genre a été établie en 1954 en Irlande, la plupart d'entre elles sont apparues après 1970, surtout en Asie, dans les Antilles et dans la région des *maquiladoras*, le long de la frontière entre le Mexique et les États-Unis. Il existe aujourd'hui plusieurs milliers de zones de transformation pour l'exportation dans plus d'une centaine de pays. Ces lieux de production se caractérisent, entre autres, par une importante main-d'œuvre féminine.

Les produits mondiaux

Une grande partie de la production globale et de la production nationale se trouve sur tous les marchés de la planète dans l'économie globalisante contemporaine. Ainsi, une forte proportion du commerce international relève désormais de la distribution et de la vente de biens globaux, qui portent souvent un nom de marque mondiale. Des consommateurs situés dans toutes les régions du monde achètent les mêmes biens en même temps. Le pays d'origine de l'acheteur potentiel d'un photocopieur Xerox, d'un CD de Britney Spears ou d'une boîte de céréales Kellogg's n'a qu'une importance secondaire. La conception, l'emballage et la publicité d'un produit en déterminent le marché bien plus que les frontières territoriales et les distances entre les pays.

À l'instar d'autres dimensions de la globalisation, l'histoire des marchés supraterritoriaux est beaucoup plus ancienne que ce qu'en disent de nombreux observateurs contemporains. Par exemple, des ménages situés aux quatre coins du monde consommaient déjà les soupes Campbell et les produits Heinz au milieu des années 1880, grâce à l'apparition de la mise en conserve automatisée. Dès le départ, Henry Ford a considéré sa première automobile, le modèle T (1909), comme une voiture universelle. La boisson Coca-Cola était embouteillée dans 27 pays et vendue dans 78 pays à compter de 1929 (Pendergrast, 1993, p. 174). Dans l'ensemble, toutefois, le nombre de biens, de clients et de pays qu'englobaient ces premiers marchés mondiaux était relativement faible.

En revanche, les biens globaux sont présents partout dans l'économie globalisante contemporaine. Ils correspondent à un large éventail de produits alimentaires préemballés, de boissons embouteillées, de produits du tabac, de vêtements griffés, d'articles ménagers, d'enregistrements musicaux, de productions audiovisuelles, de publications, de communications interactives, de matériel de bureau et d'hôpital, d'armements, de véhicules de transport et de services de voyage. Dans tous ces secteurs et dans bien d'autres, les produits mondiaux revêtent un air familier aux yeux de chaque consommateur, peu importe l'endroit où il se trouve sur la planète. Parmi les innombrables exemples, citons le café Nescafé (vendu en 200 variétés dans le monde entier), la bière Heineken (présente dans plus de 170 pays), la cire à chaussure Kiwi (en vente dans près de 200 pays), les téléphones cellulaires Nokia (utilisés dans plus de 130 pays), les bureaux touristiques Thomas Cook (ouverts dans 140 pays), les polices d'assurance d'American International Group (offertes dans plus de 130 pays), les émissions de télévision de Globo au Brésil (distribuées dans 128 pays) et le journal The Financial Times (imprimé dans 19 villes réparties dans le monde). S'adressant aux fumeurs dans 170 États et territoires, le «pays Marlboro» forme un empire clairement mondial.

À l'heure actuelle, nombreux sont les commerces qui vendent surtout des produits mondiaux. En outre, beaucoup de chaînes de magasins se sont répandues sur toute la planète à partir des années 1970, à l'exemple de Benetton (dont le siège est en Italie), 7-Eleven (Japon), IKEA (Suède), Body Shop (Royaume-Uni) et Toys «R» Us (États-Unis). À la suite de la prolifération des «mégamarques» et des magasins internationaux, les centres commerciaux au XXIᵉ siècle sont devenus des complexes réunissant de grands magasins d'envergure mondiale.

D'autres marchés supraterritoriaux se sont formés depuis les années 1990 par l'intermédiaire du commerce électronique. Muni d'une carte de crédit et d'un téléphone, d'un téléviseur ou d'une connexion Internet, le consommateur peut aujourd'hui magasiner partout dans le monde sans quitter le confort de son foyer. Les points de vente par commande postale et les centres de télévente ont connu une croissance exponentielle, tandis que le commerce électronique via Internet a pris une expansion remarquable.

Grâce à la production globale et à la multiplication des biens mondiaux, le commerce mondial fait désormais partie intégrante de la vie quotidienne d'une proportion notable d'entreprises et de consommateurs dans le monde. Un tel phénomène pourrait d'ailleurs expliquer le fait que les récessions à l'époque contemporaine n'ont pas suscité une vague de protectionnisme, malgré les craintes maintes fois exprimées au sujet de l'éclatement de guerres commerciales. Lors des longues périodes antérieures d'instabilité commerciale et de difficultés économiques (par exemple, au cours des années 1870 à 1890 et des années 1920 et 1930), la plupart des États ont imposé d'importantes restrictions protectionnistes au commerce transfrontalier. Les réactions consécutives aux périodes de récession contemporaines se sont toutefois avérées plus complexes qu'auparavant (voir Milner, 1988). Si maintes entreprises aux intérêts territoriaux ont exercé des pressions pour des mesures protectionnistes, les entreprises aux intérêts commerciaux mondiaux ont généralement su leur résister. D'ailleurs, bon nombre d'entreprises globales ont activement soutenu le cycle de négociations de l'Uruguay et ont, dans l'ensemble, vigoureusement appuyé l'OMC.

À RETENIR

- La production globale et le commerce intra-firme qui lui est associé se sont accrus dans diverses industries depuis le milieu du XXᵉ siècle.

- Beaucoup d'États ont créé des zones économiques spéciales afin d'y attirer des usines mondiales.

- Une bonne partie du commerce contemporain repose sur la mise en marché supraterritoriale de produits de marque mondiale.

- La croissance d'une dimension fortement globale du commerce mondial peut avoir dissuadé les États de recourir au protectionnisme.

LA FINANCE GLOBALE

La finance occupe une place importante dans le cadre des débats contemporains sur la globalisation, notamment depuis une série de crises survenues en Amérique latine (1994-1995), en Asie (1997-1998), en Russie (1998), au Brésil (1999), en Argentine (2001-2002), et plus récemment aux États-Unis, en Grèce et en Irlande (2008-2010). L'essor de la supraterritorialité s'est répercuté à la fois sur les formes que prend le capital et sur les façons dont celui-ci se répartit entre les activités bancaires, les valeurs mobilières, les produits dérivés et les marchés de l'assurance (que nous n'abordons pas ici). En tant qu'activités transfrontalières internationales, des transactions dans ces domaines s'effectuent depuis longtemps dans l'histoire. Par contre, en tant qu'activités commerciales réalisées par téléphone et au moyen de réseaux informatiques faisant du monde une seule grande place financière, la finance globale connaît sa plus forte croissance seulement depuis les années 1980.

Le capital global

Le développement de la production globale et la croissance des marchés financiers ont autant favorisé l'expansion des grandes devises dans le monde qu'ils ont été facilités par cette expansion. Comme nous l'avons précisé, les régimes de taux de change fixes puis flottants qui ont été appliqués par l'intermédiaire du FMI ont instauré une utilisation mondiale de certaines monnaies nationales. Les panneaux d'affichage dans les bureaux de change le montrent bien : ces commerces de détail proposent, dans beaucoup de pays, l'achat et la vente sur demande d'un grand nombre de devises.

Aucune monnaie nationale n'a eu, dans ce contexte, une portée aussi globale que celle du dollar américain. Il y a aujourd'hui à peu près autant de dollars américains en circulation à l'extérieur qu'à l'intérieur des États-Unis. En fait, lors de quelques crises financières, cette devise globale s'est substituée à la monnaie qui avait cours dans un pays donné et a été utilisée dans les activités quotidiennes de son économie. Une telle « dollarisation » s'est produite, entre autres, dans certaines parties de l'Amérique latine et de l'Europe de l'Est. Depuis les années 1970, le mark allemand (remplacé en 2002 par une devise régionale, l'euro), le yen japonais, le franc suisse et d'autres grandes devises ont également acquis un caractère véritablement global. Ainsi, d'énormes volumes de devises théoriquement nationales sont dorénavant utilisés pour d'innombrables transactions qui se déroulent hors de leur sol national.

Les transactions de devises constituent maintenant un domaine d'affaires entièrement supraterritorial. Ce marché actif en permanence et partout dans le monde ne se concentre en aucun lieu géographique précis. Les opérations s'effectuent souvent indépendamment des pays où les devises concernées sont initialement émises ou ultérieurement utilisées. Les transactions elles-mêmes se font sans égard à la distance qui sépare les acheteurs et les vendeurs : ceux-ci les concluent généralement par téléphone et les confirment par télex ou par courriel. Grâce aux systèmes de communication modernes, les fluctuations des taux de change sont affichées de façon instantanée et simultanée sur des écrans dans les principaux services des changes à travers le monde.

Le capital global revêt aussi d'autres formes que celles des devises. L'or circule déjà sur toute la planète depuis plusieurs centaines d'années, avec lenteur, certes, dans l'espace territorial, mais instantanément par des lignes de transmission. D'autre part, le FMI émet depuis 1969 une devise de type supraterritorial, dénommée « droit de tirage spécial (DTS) ». Cependant, les droits de tirage spéciaux se trouvent uniquement dans la mémoire des ordinateurs et non dans les portefeuilles qui servent aux transactions quotidiennes.

Par ailleurs, d'autres types de devises supraterritoriales sur support plastique sont utilisés couramment. Par exemple, de nombreuses cartes bancaires autorisent des retraits en monnaie locale à partir de guichets automatiques installés partout dans le monde. De plus, plusieurs modèles de cartes à puce (comme Mondex) peuvent comporter simultanément des sommes d'argent numérique libellées en plusieurs devises. Des cartes de crédit comme Visa et MasterCard sont acceptées à des millions d'endroits de par le monde pour des achats faits dans la monnaie du pays où se trouvent les détenteurs de ces cartes.

En somme, à la suite de l'expansion globale qu'ont connue les devises distinctement supraterritoriales, les portefeuilles numériques ainsi que les cartes de crédit et de débit, la globalisation contemporaine a profondément modifié le visage de la monnaie. Celle-ci n'est plus limitée à sa forme liée à l'État national territorial qui a prévalu du XIXe siècle jusqu'au milieu du XXe siècle.

Les activités bancaires mondiales

La globalisation a fait sentir ses effets sur les activités bancaires surtout en ce qui concerne la croissance des dépôts transfrontaliers, l'avènement des prêts bancaires transfrontaliers, l'expansion des réseaux de succursales internationaux et l'émergence des transferts de fonds interbancaires internationaux et instantanés.

Les dépôts dits en **eurodevises** sont des actifs bancaires libellés en une devise différente de la monnaie officielle du pays où se trouvent les fonds déposés. Par exemple, le terme « euroyen » désigne les yens japonais déposés dans un pays comme le Canada. Les comptes en eurodevises sont apparus dans les années 1950, mais ils se sont répandus notablement après 1970, en raison de l'afflux des **pétrodollars** qui a suivi les fortes hausses du prix du pétrole survenues en 1973-1974 et en 1979-1980. Les eurodevises sont supraterritoriales, c'est-à-dire qu'elles ne se rattachent pas étroitement à la masse monétaire d'un pays et qu'elles ne font pas non plus l'objet d'une régulation systématique de la part de la banque centrale nationale qui les a émises.

La globalisation a également fait son entrée du côté des prêts bancaires. L'offre de crédit reposant sur des dépôts en eurodevises est apparue en 1957, lorsque le bureau britannique d'une banque soviétique a octroyé un prêt libellé en dollars américains. Les europrêts ne se sont toutefois vraiment multipliés qu'après 1973, à la suite du déluge de pétrodollars. Aujourd'hui, il arrive couramment qu'un prêt soit émis dans un pays, libellé dans la devise d'un deuxième pays (ou parfois en fonction d'un panier de devises), destiné à un emprunteur situé dans un troisième pays et consenti par une banque ou un groupe de banques ayant pignon sur rue dans un quatrième pays.

Les transactions bancaires mondiales se déroulent non seulement sur les plus anciennes places financières du monde, comme Londres, New York, Tokyo et Zurich, mais aussi par l'entremise de multiples **centres financiers extraterritoriaux**. À l'instar des zones de transformation pour l'exportation dans le domaine de la fabrication, les centres financiers extraterritoriaux offrent aux investisseurs des taux d'imposition peu élevés et des dispositifs réglementaires peu contraignants. Si quelques-uns de ces centres, notamment le Luxembourg et l'île de Jersey, sont antérieurs à la Seconde Guerre mondiale, la plupart ont ouvert leurs portes à compter de 1960 et on les trouve aujourd'hui dans plus d'une quarantaine de pays. Par exemple, grâce à la législation que leur gouvernement a mise en œuvre en 1967, les îles Caïmans accueillaient déjà au début des années 90 plus de 500 banques extraterritoriales dont le total des dépôts atteint quelque 442 milliards de dollars américains (Roberts, 1994 ; BRI, 1996, p. 7).

Le caractère supraterritorial d'une grande partie des transactions bancaires contemporaines réside également dans la nature instantanée des transferts de fonds interbancaires. Des messages électroniques ont généralement remplacé les transferts effectués par chèque ou lettre de change d'un territoire à un autre, et ce, à un coût nettement moindre. La plus grande société qui offre de tels transferts est la Société de télécommunications financières interbancaires mondiales (SWIFT). Fondée en 1977, elle reliait en 2010 plus de 9000 établissements financiers situés dans 209 pays du monde et exécutait en moyenne 16,3 millions de transferts par jour (octobre 2010).

Le caractère supraterritorial des valeurs mobilières

La globalisation a transformé non seulement les activités bancaires, mais aussi les marchés des valeurs mobilières. D'abord, une certaine partie des obligations et des actions elles-mêmes sont devenues relativement détachées d'un quelconque espace territorial spécifique. Ensuite, de nombreux portefeuilles d'investisseurs ont acquis un caractère supraterritorial. Enfin, les liens électroniques entre les sites d'échanges ont créé des conditions propices à la réalisation de transactions en tout temps et en tout lieu.

En ce qui a trait aux obligations et aux actions, la globalisation contemporaine a favorisé l'émergence de plusieurs grands instruments de valeurs mobilières à caractère supraterritorial. Ainsi, les émetteurs d'obligations et d'actions, les devises utilisées, les courtiers et les Bourses peuvent se situer dans autant de pays différents. Par exemple, une **euro-obligation** est libellée dans une devise autre que celle du pays d'origine d'un grand nombre des parties concernées : l'emprunteur qui l'émet, les placeurs qui la distribuent, les investisseurs qui la détiennent et la ou les Bourses qui l'affichent. Cet instrument financier supraterritorial est donc différent d'une obligation étrangère, qui est négociée dans un pays pour un emprunteur extérieur. Les obligations de ce dernier type existent depuis plusieurs centaines d'années, mais les euro-obligations n'ont fait leur apparition qu'en 1963. Cette année-là, les pouvoirs publics en Italie ont émis des obligations libellées en dollars américains, par l'intermédiaire de gestionnaires résidant en Belgique, en Grande-Bretagne, en Allemagne et aux Pays-Bas, en vue d'une cotation subséquente à la Bourse de Londres.

De façon similaire, une émission d'**euro-actions** est effectuée par un syndicat de courtiers international qui vend un nouveau bloc d'actions en vue d'une cotation simultanée auprès des Bourses de plusieurs pays. Un tel procédé supraterritorial se distingue d'une offre internationale, dans le cadre de laquelle une entreprise située dans un pays émet des **actions** dans un deuxième pays. À l'égal des obligations étrangères, l'histoire des cotations d'actions internationales est presque aussi ancienne que celle des marchés des valeurs mobilières eux-mêmes. Par contre, la première émission d'actions internationale n'a eu lieu qu'en 1984. Cette année-là, 15 % des actions issues de la privatisation de British Telecommunications ont été offertes sur les marchés boursiers au Japon, en Amérique du Nord et en Suisse, en même temps que le reste de ces actions était mis à la disposition des acheteurs au Royaume-Uni. Les placements mondiaux de nouvelles actions ont été moins fréquents que les émissions d'euro-obligations. Il est cependant devenu assez courant que les grandes firmes internationales proposent leurs actions dans différents marchés des valeurs mobilières, ouverts simultanément dans plusieurs fuseaux horaires, notamment en Asie, en **Europe** et en Amérique du Nord.

Non seulement divers instruments de valeurs mobilières, mais aussi de nombreux portefeuilles d'investisseur ont acquis un caractère supraterritorial dans le cadre de la globalisation financière contemporaine. Ainsi, un investisseur résidant dans un pays peut confier des actifs à un gestionnaire de fonds installé dans un deuxième pays, qui va alors les placer sur des marchés situés dans plusieurs pays tiers. En d'autres termes, même lorsque des valeurs mobilières spécifiques ont un caractère territorial, elles peuvent être regroupées dans un bloc d'investissement supraterritorial. De fait, un certain nombre de caisses de retraite, de compagnies d'assurance et de fonds communs de placement ont créé des fonds internationaux réunissant des valeurs mobilières qui proviennent des quatre coins du monde. Beaucoup d'investisseurs institutionnels globaux se sont aussi inscrits dans des places financières extraterritoriales afin de bénéficier d'avantages fiscaux et de diverses réductions des coûts. Par exemple, l'Africa Emerging Markets Fund a effectué ses investissements en Afrique, s'est inscrit en Bourse en Irlande et a ouvert des bureaux de gestion aux États-Unis. En 1995, le Luxembourg accueillait des fonds d'investissement extraterritoriaux d'une valeur de quelque 350 milliards de dollars, qui échappaient largement au pouvoir de réglementation des gouvernements des pays où se trouvaient les gestionnaires de ces fonds.

Enfin, les marchés des valeurs mobilières ont acquis une portée mondiale en raison du caractère supraterritorial croissant d'un bon nombre de Bourses depuis les années 1970. Les transactions de vive voix effectuées sur les parquets boursiers d'autrefois ont généralement fait place aux transactions électroniques par téléphone et réseaux informatiques. Ces moyens de télécommunication offrent l'infrastructure nécessaire aux opérations réalisées sans égard à la distance (appelées «transactions à distance»), pour lesquelles les courtiers peuvent en principe

se trouver n'importe où sur la planète. La plupart des grandes banques d'affaires (Daiwa Securities, Dresdner Kleinwort, Merrill Lynch, etc.) coordonnent les activités de leurs bureaux situés dans plusieurs fuseaux horaires et négocient des obligations et des actions 24 heures sur 24 dans le monde entier. Le premier routage informatisé est entré en fonction en 1976 et reliait instantanément au parquet du New York Stock Exchange des courtiers situés dans tous les États-Unis. Un système analogue relie, depuis 1996, des courtiers actifs dans toute l'Union européenne aux principales places boursières de celle-ci. Pour sa part, le système entièrement informatisé de la National Association of Securities Dealers Automated Quotations (Nasdaq) ne dispose tout simplement d'aucun lieu central depuis son inauguration, en 1971. Ce réseau virtuel et global est devenu le plus grand marché boursier du monde, où sont cotées quelque 3200 entreprises dont la capitalisation boursière combinée s'élève à plus de 4100 milliards de dollars et où se sont échangées 580 milliards d'actions en 2006. Par ailleurs, divers marchés de valeurs mobilières, dont les premiers ont été le Toronto Stock Exchange et l'American Stock Exchange en 1985, ont établi des liens électroniques pour procéder à des opérations transfrontalières entre eux.

Cet élan soutenu vers la supraterritorialité des marchés des valeurs mobilières explique pourquoi un événement comme le krach boursier survenu en octobre 1987 à Wall Street a eu des répercussions mondiales en quelques heures à peine.

Tout comme le système bancaire mondial, la plupart des transactions supraterritoriales de valeurs mobilières sont effectuées au moyen de systèmes informatisés. Les homologues de la Société de télécommunications financières interbancaires mondiales (SWIFT) sont le réseau Euroclear, mis sur pied en 1968, et l'organisme Cedel (maintenant Clearstream), lancé en 1971. Euroclear a, à lui seul, traité un volume d'une valeur de plus de 500 000 milliards d'euros en 2010.

Les marchés mondiaux des produits dérivés

La globalisation domine un quatrième secteur de la finance : l'industrie des produits dérivés. Un produit dérivé est un contrat dont la valeur découle du prix d'un actif sous-jacent (comme une matière première ou une action) ou d'un taux de référence particulier (comme un taux d'intérêt ou un indice boursier). Les produits dérivés liés à des actifs tangibles comme du minerai ou des terres remontent au milieu du XIXe siècle, tandis que les produits dérivés rattachés à des indicateurs financiers ont proliféré depuis leur apparition en 1972.

Les contrats portant sur des produits dérivés se répartissent en deux types principaux. Les contrats à terme obligent un acheteur et un vendeur à conclure à un moment prédéterminé une transaction selon un prix convenu à la signature dudit contrat. Les options donnent aux parties contractantes un droit (sans obligation) d'achat ou de vente à un prix spécifique pendant une période de temps définie qui s'achève à la date d'échéance du contrat. Parmi les autres types de produits dérivés figurent l'échange financier ou swap, le bon de souscription et d'autres instruments financiers qui paraissent tous plus obscurs les uns que les autres.

Nous ne décrirons pas plus en détail les aspects techniques et les diverses logiques sous-tendant les produits dérivés. Limitons-nous à souligner l'ampleur de cette industrie financière. Les échanges publics de produits dérivés se sont multipliés depuis 1982, en même temps qu'ont proliféré encore davantage les marchés hors cote. En 1995, le volume des échanges sur les marchés mondiaux de ces produits représentait une somme totale de 1200 milliards de dollars américains par jour. La valeur notionnelle des contrats en cours portant sur les produits dérivés financiers hors cote atteignait 583 000 milliards de dollars américains au milieu de 2010 comparativement à 370 000 milliards en 2006 (BRI, 1996, p. 27 ; BRI, 2006 ; BRI, 2010).

Tout comme le secteur bancaire et les valeurs mobilières, une grande partie du secteur des produits dérivés s'est affranchie des distances et des frontières. Par exemple, un certain nombre des contrats concernent des indicateurs supraterritoriaux, comme le prix mondial du cuivre, le taux d'intérêt sur les dépôts libellés en eurofrancs suisses, etc. De plus, une importante part des transactions de produits dérivés sont effectuées par l'intermédiaire de maisons internationales de courtage de valeurs mobilières et de systèmes de télécommunications mondiaux. Différents instruments de produits dérivés s'échangent simultanément 24 heures sur 24 dans plusieurs marchés boursiers du monde. Ainsi, des contrats portant sur les taux d'intérêt à trois mois calculés en eurodollars ont été négociés concurremment sur Liffe (un marché boursier paneuropéen de produits dérivés du groupe NYSE Euronext), New York Futures Exchange (NYFE), Sydney Futures Exchange (SFE) et Singapore Exchange (SGX).

En raison de ces étroits liens mutuels à l'échelle internationale, de fortes pertes frappant les marchés des produits dérivés peuvent avoir des répercussions mondiales immédiates. Par exemple, le déficit de 1,3 milliard de dollars américains qu'avait accumulé Nick Leeson, un opérateur de contrats à terme basé à Singapour, a provoqué l'effondrement global de la très respectable banque d'affaires Barings en 1995. Une suite de pertes similaires survenues dans d'autres secteurs a amené certains analystes à craindre que les transactions mondiales de produits dérivés ne déstabilisent gravement le système financier global dans son ensemble.

À RETENIR

- La globalisation a modifié les formes de la monnaie, par suite de l'expansion des grandes devises, des billets de banque distinctement supraterritoriaux, de l'argent numérique et des cartes de crédit mondiales.

- La croissance des dépôts, des prêts, des réseaux de succursales et des transferts de fonds supraterritoriaux a redéfini les activités bancaires.

- Les marchés des valeurs mobilières ont acquis une envergure mondiale, grâce à la multiplication des obligations et des actions internationales, des portefeuilles mondiaux et des transactions électroniques à l'échelle planétaire.

- La globalisation a également fait sentir ses effets sur les méthodes et les instruments de transaction utilisés au sein des marchés des produits dérivés.

LA CONTINUITÉ ET LES CHANGEMENTS PROPRES À LA GLOBALISATION ÉCONOMIQUE

Ce qui précède a permis d'analyser le développement de la dimension supraterritoriale de l'économie mondiale contemporaine (voir le résumé chronologique dans l'encadré «Pour en savoir plus», page suivante) et d'illustrer sa grande importance. Il convient maintenant de se pencher sur les éléments de continuité qui ont accompagné les changements survenus et d'en évaluer les conséquences. Dans cette perspective, nous allons explorer quatre facteurs déterminants : le caractère inégal de l'expansion qu'a connue la globalisation du commerce et de la finance ; l'importance de la **territorialité** dans l'économie globalisante contemporaine ; le maintien du rôle-clé de l'État au fil de ces changements ; et la constance du sentiment d'appartenance nationale et, plus généralement, de la diversité culturelle en cette ère de globalisation économique.

Les irrégularités dans l'expansion de la globalisation

La globalisation n'a pas été ressenti de la même façon partout et par tous. En général, la finance globale et le commerce mondial se sont développés davantage en Asie orientale, en Amérique du Nord et en Europe occidentale, dans les régions urbaines ainsi que dans les milieux professionnels et mieux nantis. Cela dit, peu d'individus et d'endroits demeurent aujourd'hui complètement à l'abri de la globalisation économique.

La finance et le commerce supraterritoriaux se sont répandus à un rythme extraordinaire dans les pays du Nord et plus particulièrement dans les villes. Si McDonald's offre ses services de restauration rapide dans 30 000 établissements répartis entre 119 pays, les plus grands consommateurs de ces repas se trouvent dans seulement quelques-uns de ces pays.

Contrairement aux devises émises dans les pays du Nord, la convertibilité mutuelle des monnaies nationales des pays africains est presque inexistante. Encore

POUR EN SAVOIR PLUS

Chronologie des événements marquants en matière de finance globale et de commerce mondial

1929 Instauration des premiers dispositifs financiers extra-territoriaux (au Luxembourg).

1944 La conférence de Bretton Woods ébauche les Constitutions du FMI et de la Banque mondiale.

1954 Établissement de la première zone de transformation pour l'exportation (en Irlande).

1954 Lancement du cow-boy de Marlboro, symbole commercial mondial.

1955 Ouverture du premier restaurant McDonald's (chaîne présente dans 119 pays 50 ans plus tard).

1957 Émission du premier prêt en eurodevise.

1959 L'étalon-or devient pleinement opérationnel.

1963 Émission de la première euro-obligation.

1965 Début du programme des *maquiladoras* au Mexique.

1968 Lancement, à l'échelle mondiale, par Euroclear du règlement informatisé des opérations sur les valeurs mobilières.

1969 Introduction des droits de tirage spéciaux.

1971 Établissement du premier marché boursier entièrement électronique (Nasdaq).

1972 Inauguration des marchés de produits dérivés financiers, dont les premiers sont les contrats à terme sur devises.

1973 Après le quadruplement des prix du pétrole, les pétrodollars inondent les euromarchés.

1974 Formation du Comité de Bâle sur le contrôle bancaire, après la faillite de deux banques très actives dans les opérations de change.

1974 Le gouvernement des États-Unis assouplit le contrôle des changes (d'autres États vont lui emboîter le pas quelques années plus tard).

1976 La réunion du FMI en Jamaïque rend officiel le régime des taux de change flottants.

1977 Inauguration de la Société de télécommunications financières interbancaires mondiales, qui assure les transferts de fonds interbancaires électroniques partout dans le monde.

1982 Le risque que le Mexique ne rembourse pas les emprunts arrivés à échéance déclenche une crise de la dette dans les pays en développement.

1983 Formation de l'Organisation internationale des commissions de valeurs.

1984 Première émission d'actions internationale (par British Telecommunications).

1985 Premier lien électronique transfrontalier entre des marchés boursiers.

1987 Le krach boursier à Wall Street se répercute dans le monde entier en quelques heures.

1994 Conclusion du cycle de l'Uruguay des négociations du GATT.

1995 Inauguration de l'Organisation mondiale du commerce.

1995 L'affaire Leeson illustre l'instabilité des marchés mondiaux des produits dérivés.

1997-2002 Des crises en Asie, en Russie, au Brésil et en Argentine suscitent des inquiétudes au sujet de la sous-réglementation de la finance globale.

2003 Le cycle de Doha des négociations commerciales multilatérales est interrompu et les accords commerciaux bilatéraux se multiplient.

aujourd'hui, les trois quarts des investissements directs étrangers, des transactions par cartes de crédit, de la capitalisation boursière, du commerce des produits dérivés et des prêts internationaux s'effectuent dans les pays du Nord.

La marginalisation des pays du Sud est cependant loin d'être absolue. Ainsi, certains produits fabriqué dans ces pays ont une présence marquée sur les marchés mondiaux (tels que les vins du Chili, l'orfèvrerie du Mexique ou les films en provenance du nord de l'Inde). Des services bancaires électroniques sont maintenant offerts dans certaines régions rurales de la Chine. Divers centres financiers extraterritoriaux et un grand volume des dettes bancaires globales se trouvent dans des pays

ÉTUDE DE CAS

La dette des pays du Sud et la finance globale

Les difficultés que de nombreux pays à revenus moyens ou faibles ont éprouvées pour rembourser leurs énormes dettes internationales illustrent bien le caractère global de la finance contemporaine. Les problèmes à cet égard sont apparus dans les années 1970, lorsque l'explosion des prix du pétrole a engendré de faramineuses recettes d'exportations en pétrodollars et que ceux-ci ont surtout été déposés dans des comptes bancaires. Les banques se devaient alors de prêter tous ces capitaux, mais la demande de prêts dans les pays de l'OCDE était faible à cette époque, en raison de la récession qui y sévissait. Les banques ont donc consenti d'importants prêts aux pays du Sud, qui, dans certains cas, contractaient des emprunts afin de faire face à la hausse du coût des importations de pétrole. Les prêteurs ont souvent fait preuve d'imprudence dans l'octroi de ces prêts et les emprunteurs ont fréquemment dépensé avec insouciance les capitaux reçus. À partir d'août 1982, le Mexique ainsi qu'un grand nombre d'autres pays du Sud emprunteurs se sont trouvés dans l'incapacité de rembourser leurs dettes internationales.

Devant une telle masse de sommes non remboursables, des mesures d'urgence ont été prises pour chaque pays qui se trouvait en situation de crise financière. Le calendrier de remboursement initial a été étalé sur une plus longue période et de nouveaux prêts ont été accordés pour permettre le paiement des intérêts arrivés à échéance. Malheureusement, de telles mesures ponctuelles n'ont généra-

lement fait qu'aggraver la situation. À partir de 1987, un ensemble de plans détaillés pour l'allègement de la dette des pays en développement ont été adoptés, puis, au cours des dix années suivantes, les prêts bancaires commerciaux non remboursables ont graduellement été annulés ou convertis en obligations à long terme. De nombreux prêts bilatéraux consentis par des pays du Nord à des pays du Sud ont également été annulés. Cependant, au milieu des années 1990, des pays à faibles revenus éprouvaient encore de graves problèmes à rembourser leurs dettes à des prêteurs multilatéraux comme le FMI et la Banque mondiale. Lancée en 1996 et prorogée en 1999, une mesure fortement publicisée appelée l'Initiative en faveur des pays pauvres très endettés (PPTE) a permis un remboursement lent et limité de leurs dettes. En 2005, le sommet du G8 tenu à Gleneagles, en Écosse, a annulé les dettes que 18 de ces pays avaient contractées auprès des organismes prêteurs multilatéraux.

Tout au long de ces vingt ans, les programmes d'allègement de la dette pour les pays à faibles revenus ont reçu un appui sans relâche de la part de groupes de citoyens dans le monde. Des militants, au Royaume-Uni, ont mis sur pied le Debt Crisis Network, un premier réseau de crise de la dette, au milieu des années 1980. Puis des coalitions régionales, comme le Réseau européen sur la dette et le développement, ont fait leur apparition au début des années 1990. Les efforts déployés en ce sens se sont intensifiés et ont donné naissance, à la fin des années 1990, à la campagne mondiale Jubilé 2000. Entre autres manifestations, ce mouvement a réuni 70 000 personnes qui ont formé une chaîne humaine sur les lieux du sommet du G8 tenu à Birmingham, au Royaume-Uni, en 1998. La plupart des observateurs estiment que de telles mobilisations mondiales de citoyens ont nettement favorisé la multiplication des programmes d'allègement de la dette.

du Sud (voir l'étude de cas à la page 457). Des porte-feuilles mondiaux ont joué un rôle important, depuis le milieu des années 1980, dans le développement des nouveaux marchés de valeurs mobilières qui se déploient à partir de métropoles de l'Afrique, de l'Asie, de l'Europe de l'Est et de l'Amérique latine. La Singapore Exchange (SGX) et la BM&FBovespa à São Paulo, par exemple, ont contribué à l'expansion des marchés des produits dérivés au cours des dernières décennies.

En fait, la participation aux activités de finance globale et de commerce mondial est souvent liée tant aux classes sociales qu'à la division entre le Nord et le Sud. Une écrasante majorité de la population mondiale, y compris beaucoup de citoyens dans les pays du Nord, n'a pas les moyens d'acheter la plupart des produits qui circulent dans le monde. De même, la capacité d'effectuer des investissements sur les marchés financiers mondiaux est fonction de la richesse disponible, dont la répartition ne correspond pas toujours exactement à la disparité entre le Nord et le Sud. Par exemple, de grandes quantités de pétrodollars se trouvent entre les mains des élites des pays exportateurs de pétrole situés en Afrique, en Amérique latine et au Moyen-Orient.

Il n'est pas possible de dresser ici un bilan exhaustif de la situation, mais il est certain que les marchés et les investissements supraterritoriaux ont fortement contribué à la croissance des écarts de richesse au sein des pays ainsi qu'entre les pays du Nord et ceux du Sud (Scholte, 2005, chapitre 10). La mobilité mondiale des capitaux, notamment en direction des installations de production à bas salaires et des centres financiers extraterritoriaux, a incité beaucoup d'États à réduire les taux d'imposition appliqués aux tranches supérieures de revenu et à limiter l'étendue des programmes sociaux. De telles mesures ont accentué les inégalités dans une grande partie du monde contemporain. Aujourd'hui, la pauvreté persiste en raison des inégalités structurelles et transversales liées aux classes sociales, au **genre,** aux processus de racialisation ainsi qu'au pays de résidence (voir les chapitres 15 et 27).

L'importance du territoire

Le poids de l'espace territorial dans l'économie mondiale contemporaine ne doit pas être sous-estimé. Il est vrai que les propos formulés au début du chapitre indiquent que les distances et les frontières n'ont plus l'influence déterminante sur la géographie économique qu'elles avaient auparavant. Cela ne signifie toutefois pas que la territorialité n'a plus d'importance dans l'organisation actuelle de la production, du commerce et de la consommation.

Au contraire, après plusieurs décennies de globalisation accélérée, le caractère supraterritorial d'une grande partie de l'activité commerciale n'est encore qu'accessoire, voire nul. Ainsi, alors que certaines industries se distinguent par leur production globale dans des usines situées aux quatre coins du monde, la plupart des cycles de fabrication demeurent circonscrits dans un seul pays. Même de nombreux produits distribués dans le monde entier (le café mexicain, les eaux embouteillées San Pellegrino, les avions du constructeur américain Boeing, les thés du Sri Lanka) sont issus d'un seul pays.

Plusieurs types de monnaie restent aussi limités à un secteur national ou local. De même, la majeure partie des services bancaires offerts aux particuliers ont conservé leur caractère territorial, de sorte que les clients font généralement affaire avec une succursale près de chez eux. S'il est vrai que les ventes supraterritoriales d'actions ont connu une forte croissance depuis les années 1980, elles représentent toujours une petite proportion des ventes totales d'actions. De plus, la grande majorité du volume total des transactions sur la plupart des marchés boursiers ne porte que sur les actions de firmes dont les sièges sociaux se trouvent dans le même pays.

Ainsi, la plupart des activités commerciales mondiales demeurent encore liées, du moins partiellement, à la géographie territoriale. La situation qui prévaut à l'échelle locale influence beaucoup les entreprises au moment où elles déterminent l'emplacement des installations de production globale. Sur les marchés des changes, les opérateurs sont surtout regroupés dans une demi-douzaine de villes, bien que leurs transactions soient essentiellement virtuelles et puissent avoir des conséquences immédiates partout dans le monde. Il arrive rarement qu'une entreprise internationale émette une grande partie de ses actions à l'extérieur de son pays d'origine.

Il est vrai que la globalisation a mis un terme au monopole de la territorialité en tant que facteur déterminant du caractère spatial de l'économie mondiale, mais elle n'a certainement pas éliminé cette territorialité. La dimension globale du commerce mondial contemporain s'est accrue à mesure que ses aspects territoriaux ont pris de l'ampleur et que les relations entre le commerce et les territoires sont devenues plus complexes. La globalisation n'a pas occulté le **territoire**; en fait, elle a reconfiguré la géographie, parallèlement aux processus concomitants de la **régionalisation** et de la localisation.

La continuité de l'État

De façon analogue, la globalisation a redéfini l'État territorial sans en causer l'effondrement, comment certains l'anticipaient. L'expansion de la finance globale et du commerce mondial a rendu caduques les revendications pour le statut d'État souverain westphalien, mais les États eux-mêmes conservent encore toute leur importance. Tant par des décisions unilatérales qu'au moyen de politiques multilatérales coordonnées, les États ont beaucoup facilité la globalisation économique et en ont grandement orienté l'évolution.

Ils ont encouragé la globalisation du commerce entre autres par l'adoption de diverses politiques de libéralisation et par la création de zones économiques spéciales et de centres financiers extraterritoriaux. En même temps, certains gouvernements ont aussi réfréné cette tendance dans leur pays respectif par le maintien de certaines restrictions appliquées aux activités transfrontalières. La plupart des États ont cependant réagi à un moment ou à un autre aux pressions fermes exercées pour la libéralisation. Quoi qu'il en soit, les gouvernements n'ont souvent pas disposé de moyens efficaces pour faire respecter pleinement leurs mesures de contrôle territorial qui visaient les mouvements de capitaux à l'échelle globale. Ce n'est que par des restrictions imposées à l'immigration que les États sont parvenus à préserver leurs frontières contre la globalisation économique et, même dans ce cas, d'importants flux migratoires illégaux se maintiennent.

Pourtant, les États ne sont clairement pas impuissants devant la globalisation économique. Il faudrait d'ailleurs nuancer l'affirmation courante selon laquelle la finance globale échappe à l'emprise de l'État. Après tout, les gouvernements et les banques centrales ont toujours une influence déterminante sur la masse monétaire et les taux d'intérêt, même s'ils ne possèdent plus le monopole de la création d'argent et n'exercent pas un contrôle ferme sur les euromarchés. De surcroît, les États, en particulier s'ils coopèrent, peuvent fortement orienter les taux de change, même s'ils ont perdu la capacité de fixer les coefficients de conversion et si les cambistes ont parfois le dernier mot à leurs dépens. Les gouvernements ont également instauré une certaine réglementation collective des activités bancaires mondiales par l'intermédiaire du Comité de Bâle sur le contrôle bancaire, mis sur pied par la BRI en 1974. Le maintien des centres financiers extraterritoriaux relève aussi, dans une grande mesure, de la bonne volonté des gouvernements, tant ceux des pays hôtes que les autres. Les consultations intergouvernementales en vue d'une supervision resserrée des activités financières extrater-ritoriales ont pris de l'ampleur au cours des dernières années, notamment par l'entremise de l'OCDE. En outre, les organismes nationaux chargés de la réglementation des marchés des valeurs mobilières coordonnent leurs efforts depuis 1984 au sein de l'Organisation internationale des commissions de valeurs (OICV).

En résumé, rien n'indique que le commerce mondial et l'État ne puissent aller de pair. Au contraire, ils ont plutôt affiché une grande dépendance mutuelle. Les États ont largement défini le cadre qui réglemente la finance globale et le commerce mondial, sauf qu'ils ont partagé leurs compétences en la matière avec d'autres organismes de réglementation.

La constance de la diversité culturelle

De nombreux faits contredisent la thèse courante postulant que la globalisation économique engendre une homogénéisation culturelle et encourage les orientations cosmopolitiques au détriment des **identités** nationales. La croissance de la production globale, la prolifération des produits mondiaux, la multiplication des devises supraterritoriales et l'expansion des flux financiers globaux n'ont aucunement signalé la fin des différences culturelles dans l'économie mondiale.

Il est vrai que la finance globale et le commerce mondial sont animés par beaucoup de forces autres que les loyautés nationales. Les consommateurs ont constamment fait la sourde oreille aux appels les exhortant à acheter des produits issus de leur propre pays et ils continuent de se procurer des produits mondiaux. Les actionnaires et les gestionnaires ont rarement préféré leurs sentiments nationaux à la marge bénéficiaire. Par exemple, Rupert Murdoch, magnat de la presse mondiale, n'a pas hésité à renoncer à sa **citoyenneté** australienne pour devenir américain en 1985 et favoriser ainsi l'atteinte de ses objectifs commerciaux. Quant aux cambistes, ils abandonnent rapidement leur monnaie nationale respective afin de récolter des gains financiers.

Toutefois, à d'autres égards, les identités et les solidarités nationales ont survécu et se sont même parfois consolidées dans l'économie globalisante contemporaine. La plupart des entreprises transnationales ont conservé une affiliation nationale facile à reconnaître. La majorité des firmes actives dans la finance globale et le commerce mondial ont encore un conseil d'administration exclusivement national. De plus, les activités d'un grand nombre de ces firmes reflètent toujours un style national de gestion des affaires qui s'inspire du pays d'origine. Différentes **conventions** nationales ont aussi été préservées dans le cadre de la finance globale. C'est pourquoi, en Allemagne, par exemple, la globalisation a surtout concerné les banques et les marchés des obligations, car les actions ont traditionnellement occupé une place modeste dans les milieux financiers de ce pays.

La diversité culturelle a également persisté dans la mise en marché supraterritoriale. Les particularités locales ont souvent exercé une influence notable sur la façon de vendre et d'utiliser un produit mondial dans différents pays. La publicité doit fréquemment être adaptée aux préférences locales pour que son efficacité soit maximisée.

En somme, ni la globalisation en général ni sa dimension économique en particulier n'ont acquis une ampleur universelle, pas plus que l'essor de la finance globale et du commerce mondial n'a provoqué la fin de l'espace territorial, la disparition de l'État ou une homogénéisation culturelle massive. De plus, la prise en compte de ces considérations n'entraîne pas un rejet des notions liées à la globalisation, contrairement à ce que font les sceptiques. Au-delà des exagérations et des sophismes, on peut affirmer que la présence d'une tendance globale demeure un phénomène très important dans l'économie mondiale contemporaine.

À RETENIR

- La finance globale et le commerce mondial se sont répandus de façon inégale parmi différentes régions et divers groupes de personnes.

- Jusqu'à maintenant, le commerce transfrontalier a souvent accentué les inégalités matérielles au sein des pays et entre eux.

- La territorialité garde son importance dans l'économie globalisante contemporaine.

- Même s'ils n'ont plus leurs pouvoirs souverains westphaliens, les États exercent encore une influence marquée sur la finance globale et le commerce mondial.

- Si la globalisation économique a appauvri la diversité culturelle et effacé la loyauté nationale dans certains cas, elle les a favorisées dans d'autres cas.

CONCLUSION

Le présent chapitre montre, entre autres choses, que la globalisation de la politique mondiale est une question éminemment économique. La croissance de la finance globale et du commerce mondial a fortement orienté la situation générale décrite dans le chapitre 1, tout autant qu'elle résulte largement de cette situation. La globalisation économique a fait sentir ses effets sur beaucoup de personnes, en des endroits variés et dans des mesures différentes. Elle n'a certainement pas supprimé les éléments structurels plus anciens de la politique globale, soit le territoire, l'État et la **nation.** En revanche, elle a déjà redessiné de nombreux traits de la territorialité, de la gouvernance et des **collectivités** et va sans doute continuer de se déployer davantage à l'avenir.

QUESTIONS

1. Distinguez les différentes définitions de la globalisation économique.

2. La globalisation économique est-elle entrée dans une nouvelle phase ?

3. Différenciez la production globale de la production territoriale.

4. Qu'est-ce qu'un centre financier extraterritorial ?

5. La globalisation économique signifie la fin de la géographie. Commentez cette affirmation.

6. Quels sont les liens entre les capacités de régulation de l'État et la globalisation financière et économique ?

7. Les produits mondiaux influencent-ils positivement ou négativement la diversité culturelle ?
Appuyez votre argumentation à l'aide d'exemples concrets.

8. Le capital global fait fi de toute allégeance. Commentez cette affirmation.

9. Y a-t-il une relation entre la globalisation économique et la pauvreté ou les inégalités de revenus, à l'échelle mondiale ?

10. Comment le commerce mondial devrait-il être réformé en vue d'une plus grande justice redistributive ?

Lectures utiles

Aglietta, M., «Architecture financière internationale : au-delà des institutions de Bretton Woods », *Économie internationale*, vol. 4, n° 100, 2004, p. 61-83. Une analyse historique de la mise sur pied des principales institutions internationales, inspirée de l'école de la régulation.

Badie, B., « L'adieu au gladiateur ? », *Relations internationales*, vol. 4, n° 124, 2005, p. 95-106. Une discussion sur les transformations de l'État à l'ère de la globalisation, dans le contexte des débats entre mondialistes et sceptiques.

Bourbeau, P., *The Securitization of Migration. A Study of Movement and Order,* Londres, Routledge, 2011. Une étude constructiviste qui compare les pratiques de pouvoir en France et au Canada en ce qui a trait à la mobilité migratoire dans le monde actuel. L'auteur aborde, entre autres, les angoisses que cette mobilité génère et les nouvelles surveillances institutionnelles qui en découlent.

Deblock, C. (dir), *L'organisation mondiale du commerce : où s'en va la mondialisation ?*, Québec, Fides, 2002. Un ouvrage collectif d'inspiration institutionnaliste sur l'émergence, le fonctionnement et le rôle de l'OMC dans la régulation croissante des échanges mondiaux.

Dimitrova, A., « Le " jeu " entre le local et le global : dualité et dialectique de la globalisation », *Socio-anthropologie*, n° 16, 2005, [en ligne]. [http://socio-anthropologie.revues.org/index440.html] (20 septembre 2010) Une réflexion sur l'émergence des produits mondiaux dans le contexte d'une globalisation croissante marquée par l'instantanéité, l'interconnection, l'interchangeabilité et l'interdépendance.

Harvey, D., *La géographie de la domination*, Paris, Les Prairies ordinaires, 2008. Version française d'un ouvrage de ce géographe politique d'allégeance marxiste ; il se penche sur la spatialisation politique du capitalisme global.

Michalet, C.-A., *Mondialisation, la grande rupture*, Paris, La Découverte, 2007. Une revue de certaines des dimensions économiques et financières de la globalisation.

Roberston, R., « Mapping the Global Condition : Globalization as the Central Concept », *Theory, Culture & Society,* vol. 7, 1990, p. 15-30. Un article incontournable pour mieux comprendre les changements théoriques d'envergure qu'a apportés à l'étude de la globalisation la sociologie culturelle globale (Fetherstone, Beck, Hannertz, etc.). Cette discipline se penche sur la conscience qu'ont les individus de vivre dans un monde de plus en plus interconnecté.

Sapir, J., « Fin d'un cycle de mondialisation et nouveaux enjeux économiques », *Revue internationale et stratégique*, n° 72, 2008, p. 93-108. Un exposé de la crise financière déclenchée dès 2007-2008, suivi d'un plaidoyer pour la réforme du système monétaire et financier global.

Verschuur, C. et F. Reysoo (dir.), *Genre, mondialisation et pauvreté*, coll. Cahiers genre et développement, n° 3, Paris, L'Harmattan, 2002. Une introduction aux dimensions axées sur le genre de la globalisation économique.

Note

1. Selon les données de la Banque des règlements internationaux (BRI), *Triennal Central Bank Survey of Foreign Exchange and Derivatives Market Activity in April 2010. Preliminary Results,* Bâle, Département monétaire et économique, avril 2010. On peut consulter la version intégrale de ce document sur le site de la BRI à www.bis.org.

Chapitre 27

LA PAUVRETÉ, LE DÉVELOPPEMENT ET LA FAIM

Caroline Thomas • Tony Evans

GUIDE DE LECTURE

Dans ce chapitre, nous allons nous pencher sur la nature polémique de plusieurs concepts importants en relations internationales. D'abord, nous décrirons l'approche dominante de la pauvreté, du développement et de la faim, puis une approche critique de ces mêmes enjeux en cette ère de globalisation. Nous établirons ensuite dans quelle mesure l'approche dominante a réussi à intégrer certaines idées de l'approche critique et, par conséquent, à la neutraliser. Le chapitre se termine par une brève réflexion sur le défi que représentent la pauvreté, le développement et la faim au XXIᵉ siècle.

INTRODUCTION

Depuis 1945, le monde a été témoin à la fois d'une succession sans précédent de politiques officielles de développement et d'une importante croissance économique. Malgré les sommes colossales versées en aide et les nombreuses mesures mises en avant, les inégalités continuent de s'accroître de façon dramatique dans le monde, à mesure que s'élargit le fossé économique entre les riches et les pauvres. Alors que, dans les 20 États les plus riches, le PIB par habitant a augmenté de près de 300 % entre le début des années 1960 et 2002, il ne s'est accru que de 20 % dans les 20 États les plus pauvres (Indicateurs de développement de la Banque mondiale, 2009).

La **pauvreté**, la faim et la maladie demeurent très répandues, alors que les femmes constituent toujours et partout la majorité des plus démunis parmi les plus pauvres dans le monde. De plus, cette situation générale n'est pas confinée aux pays du Sud ou à ce qu'on appelle également le **tiers-monde**. L'encadré «Pour en savoir plus», page ci-contre, montre que le champ d'études

des relations internationales a tardé à prendre position sur ces **enjeux**.

La promotion, à l'échelle mondiale, de politiques économiques néolibérales (regroupées sous le nom de **consensus de Washington**) par des institutions de **gouvernance globale** s'accompagne, surtout depuis les années 1980 et 1990, d'inégalités croissantes au sein des États et entre eux. Pendant cette période, les pays du deuxième monde qui faisaient partie de l'ancien bloc de l'Est se sont trouvés dans le groupe d'États formant le tiers-monde. La **transition** de ces pays vers une économie de marché a jeté dans la pauvreté des millions de personnes qui, jusque-là, avaient été protégées par l'État. Dans les pays développés, c'est l'accroissement des inégalités sociales qui a caractérisé le paysage social dans les années 1980 et 1990. L'incidence négative de la globalisation s'est fait vivement sentir dans les pays en développement lorsque ceux-ci ont été obligés d'adopter des politiques de libre marché en vue d'obtenir un rééchelonnement de leur dette et d'attirer de nouveaux investissements pour stimuler leur développement. Si certaines conséquences de ces politiques

---

FIGURE 27.1   **La pauvreté selon différents niveaux de faible revenu**

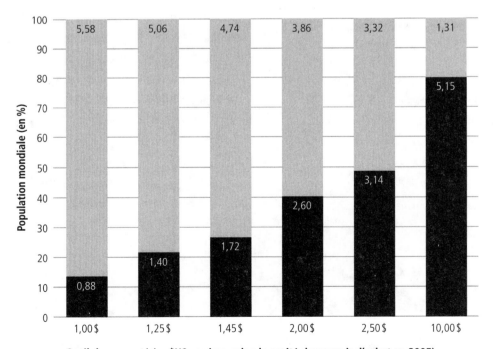

Seuil de pauvreté (en $US par jour selon la parité du pouvoir d'achat en 2005)

(Les nombres sur les colonnes indiquent la population mondiale, en milliards, correspondant à cet indicateur.)

■ Sous le seuil de pauvreté   ▧ Au-dessus du seuil de pauvreté

Source: Banque mondiale, *Rapport de suivi mondial 2008*.

économiques néolibérales se sont répercutées plus spécifiquement sur les femmes, il s'avère que la situation générale est très hétéroclite, alors que les

POUR EN SAVOIR PLUS

La théorie des relations internationales et la marginalisation des questions prioritaires pour le tiers-monde

- Traditionnellement, la discipline s'est surtout intéressée aux questions relatives aux conflits interétatiques et a considéré la sécurité et le développement comme des domaines distincts.

- Les chercheurs associés aux courants de pensée réaliste ou libérale ont négligé les obstacles au bien-être humain, que dresse le sous-développement dans le monde.

- Les théoriciens de la dépendance se sont penchés sur la question des inégalités persistantes ou croissantes dans les relations entre le Nord et le Sud, mais leurs propos n'ont pas eu d'écho notable dans la discipline.

- Les débats se sont multipliés durant les années 1990 et ont suscité l'émergence de plusieurs sous-champs d'études traitant, parfois indirectement, de questions liées à la pauvreté, au développement et à la faim (par exemple, la politique écologique dans le monde, la situation des femmes, l'économie politique internationale).

- Au cours des années 1990, les théoriciens postcolonialistes, les théoriciens marxistes (Hardt et Negri), les experts préconisant une démarche axée sur la **sécurité humaine** (Nef, Thomas) et les quelques chercheurs qui ont étudié directement le développement (Saurin, Weber) ont fortement contribué à mettre au premier plan de la discipline les préoccupations d'une grande partie de l'humanité et des États.

- L'avènement de la globalisation a permis de diriger l'attention sur la pauvreté, le développement et la faim.

- Plus récemment, la diplomatie a connu un regain en raison des troubles sociaux qui s'accentuent dans maintes régions du monde et de la crainte du terrorisme.

(Thomas et Wilkin, 2004)

conséquences à l'échelle locale ont aussi découlé de facteurs tels que la classe sociale ou l'origine ethnique (Buvinic, 1997, p. 39).

L'ONU a officiellement reconnu l'ampleur des défis actuels lorsqu'elle a adopté, en 2000, les **Objectifs du millénaire pour le développement** (www.undp. org/french/mdg/). Ces objectifs sont assortis de cibles quantifiables à atteindre selon des échéances précises, et ce, dans huit domaines, dont la pauvreté, la santé, les inégalités entre les hommes et les femmes, l'éducation, l'environnement et le développement. Le premier de ces objectifs consiste à réduire l'extrême pauvreté et la faim, en diminuant concrètement de moitié, d'ici 2015, le nombre des personnes ayant un revenu inférieur à un dollar américain par jour. La figure 27.1 (voir page ci-contre) montre l'incidence persistante de la pauvreté selon différents niveaux de faible revenu.

Les efforts que la majorité des gouvernements des pays développés, des **organisations intergouvernementales** et des **organisations non gouvernementales (ONG)** ont déployés depuis 1945 pour s'attaquer au problème de la faim et de la pauvreté dans le monde peuvent se classer en deux grandes catégories. Celles-ci sont établies en fonction de ce que ces acteurs considèrent être les causes d'un tel problème et les solutions adéquates pour le régler. Ainsi, l'approche dominante propose et valorise un corpus de connaissances spécifiques en matière de développement, tandis que l'approche critique intègre des interprétations plus marginales du processus et des problèmes de développement (voir le tableau 27.1, ci-dessous). La majeure partie de ce chapitre est consacrée à l'examen des différences entre ces deux approches en ce qui concerne les trois questions interreliées que sont la pauvreté, le développement et la faim dans le contexte de la globalisation. Cet examen s'intéresse plus particulièrement à la question du développement. Le chapitre se termine par une réflexion, toujours selon deux conceptions contrastées, sur l'ampleur du défi à relever pour que s'améliorent les conditions de vie d'un si grand nombre de personnes dans le monde.

TABLEAU 27.1 **Approche dominante et approche critique de la pauvreté, du développement et de la faim**

	PAUVRETÉ	DÉVELOPPEMENT	FAIM
Approche dominante	Les besoins matériels ne sont pas satisfaits.	La voie est linéaire, d'un mode de vie traditionnel à moderne.	Il n'y a pas assez de nourriture pour tous.
Approche critique	Les besoins matériels et non matériels ne sont pas satisfaits.	Les voies sont diverses, chacune ayant sa propre origine.	Il y a assez de nourriture pour tous, mais le problème est lié à la distribution et aux droits sociaux.

LA PAUVRETÉ

L'approche dominante et l'approche critique du développement s'appuient sur des définitions différentes de la pauvreté. Bien que les aspects matériels de la pauvreté, tels que le manque de nourriture, d'eau potable et d'installations sanitaires, fassent l'objet d'un consensus général, il n'en va pas de même pour le degré d'importance accordé aux aspects non matériels. Des distinctions notables caractérisent aussi la manière de satisfaire les besoins matériels et, par conséquent, d'atteindre l'objectif même du développement.

La plupart des gouvernements, des **organisations internationales** et des citoyens en Occident, ainsi que de nombreux autres acteurs ailleurs, adhèrent à l'approche dominante de la pauvreté. Celle-ci renvoie à une situation où les individus ne possèdent pas l'argent nécessaire pour acheter leur nourriture ou pour combler d'autres besoins élémentaires et où ils sont généralement sans emploi ou en situation de sous-emploi. Cette conception dominante de la pauvreté fondée sur l'argent est issue de la globalisation de la culture occidentale et de l'expansion du marché qui l'accompagne. Ainsi, on considère comme pauvre une collectivité qui subvient à ses besoins sans recourir aux transactions monétarisées ni au travail salarié, telle une tribu de pygmées chasseurs-cueilleurs.

Cette définition de la pauvreté est devenue quasi universelle depuis 1945. La pauvreté est vue comme une condition économique qui ne peut changer en mieux qu'au moyen de transactions effectuées en argent comptant sur le marché. Ces transactions elles-mêmes ne sont possibles que dans le cadre d'un développement synonyme de croissance économique. C'est donc un étalon économique qui sert à mesurer et à évaluer toutes les sociétés.

La pauvreté est souvent décrite comme une caractéristique marquante des pays en développement et elle revêt des traits plus féminins que masculins. Dans les pays développés, il s'est répandu un point de vue selon lequel il incombe aux États bien nantis d'aider le tiers-monde à éliminer la pauvreté et, de plus en plus, de s'attaquer au problème de la pauvreté des femmes. En février 2000, James Wolfensohn, alors directeur général de la Banque mondiale, a déclaré que cette institution s'était engagée à placer l'égalité entre les hommes et les femmes au centre de son combat contre la pauvreté (Banque mondiale, 2000). La solution préconisée pour venir à bout de la pauvreté dans le monde réside dans l'**intégration** croissante de l'économie mondiale (Thomas, 2000) et dans la participation des femmes à ce

processus (Pearson, 2000 ; Weber, 2002). Avec l'intensification de la globalisation, la pauvreté définie en termes économiques en est toutefois venue à caractériser d'importants groupes de la population dans des pays développés comme les États-Unis (voir Bello, 1994).

Il existe différentes conceptions critiques de la pauvreté. On en trouve chez d'autres cultures qui ne mettent pas l'accent seulement sur l'argent, mais aussi sur des valeurs spirituelles, des liens communautaires et la disponibilité des ressources communes. Lorsque des méthodes de subsistance traditionnelles sont employées, une stratégie courante de **survie** consiste à approvisionner sa famille et soi-même à même les ressources communes en eau, en terre et en fourrage selon des règles d'accès établies par la **collectivité**. Les valeurs occidentales axées sur l'individualisme et la surconsommation sont considérées comme néfastes pour la nature et moralement condamnables. Beaucoup d'individus dans les pays en développement accordent davantage de valeur à la capacité de subvenir à ses propres besoins et à ceux de sa famille, ainsi qu'à l'autonomie caractéristique des modes de vie traditionnels. La dépendance envers un marché imprévisible ou un gouvernement non fiable ne représente donc pas nécessairement pour eux une solution de rechange intéressante.

Certaines **institutions** mondiales ont joué un rôle important dans la promotion d'une conception de la pauvreté qui ne se limite pas aux indicateurs matériels. Le travail qu'effectue le Programme des Nations Unies pour le développement (PNUD) depuis le début des années 1990 a contribué à établir la distinction entre la pauvreté financière (une condition matérielle) et la pauvreté humaine (qui englobe la dignité humaine, l'action humaine, les possibilités d'amélioration de la qualité de vie et les choix).

La question de la pauvreté et le problème de la réduction de ce fléau se sont hissés aux premiers rangs de l'ordre du jour politique mondial à la fin du xxᵉ siècle, comme en témoignent les premiers Objectifs du millénaire pour le développement de l'ONU évoqués plus haut. Si certains progrès ont été observés durant les premières années du millénaire, la crise financière survenue en 2008-2009 menace toujours de les entraver. Comme l'a mentionné le secrétaire général de l'ONU, Ban Ki-Moon, dans le rapport sur les Objectifs du millénaire pour le développement publié en 2009, «nous sommes confrontés à une crise économique dont les répercussions ne se sont pas encore fait complètement sentir» (www.un.org/fr/millenniumgoals/). Alors qu'en 2005 on estimait que 1,4 milliard de personnes vivaient dans une pauvreté extrême, soit avec moins de 1,25 dollar américain par jour, le rapport anticipe que ce nombre a augmenté de quelque 90 millions en 2009.

La prochaine section, divisée en trois parties, aborde l'importante question du développement. La première partie présente l'approche dominante (ou orthodoxe) du développement et évalue son incidence sur le développement dans le tiers-monde après la Deuxième Guerre mondiale. La deuxième expose d'abord l'approche critique du développement, puis son application à des questions telles que l'autonomisation et la démocratie. La troisième partie porte sur la façon dont les tenants de l'approche dominante du développement ont réagi à certaines des remises en question qu'ont formulées les défenseurs de l'approche critique du développement.

À RETENIR

- La quasi-totalité des gouvernements et des organisations internationales en Occident ont adopté dès 1945 l'approche dominante de la pauvreté.

- Cette conception définit la pauvreté comme la condition que subissent les personnes, en majorité des femmes, qui n'ont pas un revenu suffisant pour satisfaire leurs besoins matériels essentiels dans une économie de marché.

- Les pays développés considèrent la pauvreté comme un phénomène extérieur à eux et un trait marquant des pays en développement. Ils y voient une justification pour aider ces pays à se développer en favorisant leur intégration accrue au marché mondial.

- Une telle pauvreté est toutefois le lot d'une partie croissante de la population des pays du Nord et du Sud, ce qui remet en cause la pertinence des catégories traditionnelles.

- Une conception critique de la pauvreté met davantage l'accent sur l'importance des ressources communes gérées par la collectivité, sur les liens communautaires et sur les valeurs spirituelles.

- La pauvreté s'est élevée aux premiers rangs de l'ordre du jour politique mondial au début du XXIᵉ siècle, mais la crise financière globale de 2008-2009 a certainement déjà annulé certaines améliorations à cet effet.

LE DÉVELOPPEMENT

Lorsqu'il est question de développement, il importe de bien comprendre que toutes les approches en la matière reflètent inévitablement un ensemble particulier de valeurs sociales et politiques. En fait, il est juste de dire qu'on ne peut concevoir le développement que dans un cadre idéologique (Roberts, 1984, p. 7).

Depuis la Seconde Guerre mondiale, l'approche dominante, préconisée par la majorité des gouvernements des pays développés et des organisations multilatérales, a rendu le développement synonyme de croissance économique dans le contexte d'une économie de marché internationale. La croissance économique est perçue comme une nécessité pour la lutte contre la pauvreté. Ici, la pauvreté est définie comme l'incapacité de certaines personnes à satisfaire leurs besoins matériels essentiels au moyen de transactions en argent comptant. C'est ce que disent les rapports influents de la Banque mondiale, où les pays sont classés selon leur revenu. On considère que les pays ayant un plus faible revenu national par habitant sont moins développés que ceux qui ont un revenu plus élevé. On estime aussi qu'une intégration plus prononcée dans le marché mondial leur serait bénéfique.

Au cours des dernières décennies, une conception critique du développement a cependant été formulée par quelques gouvernements, des agences de l'ONU, des mouvements citoyens, des organisations non gouvernementales et certains chercheurs universitaires. Elle est centrée essentiellement sur les notions de droits sociaux et de répartition. La pauvreté y est décrite comme l'incapacité d'une personne à satisfaire ses propres besoins matériels et ceux de sa famille par la subsistance ou au moyen de transactions en argent comptant. À cela s'ajoute l'absence d'un milieu propice au bien-être humain, défini largement en termes spirituels et communautaires. Les voix qui préconisent cette conception critique résonnent de plus en plus fort parmi les opinions qui se sont élevées devant l'apparent triomphe universel du **libéralisme** économique. Dans leur discours, les opposants au libéralisme tiennent compte désormais de différentes dimensions de la **démocratie**, comme l'autonomisation politique, la participation, l'**autodétermination** réelle de la majorité, la protection des ressources communes et l'importance d'une croissance favorable aux pauvres. Les différences fondamentales entre l'approche dominante et l'approche critique du développement sont schématisées dans l'encadré «Pour en savoir plus», à la page 468, et précisées davantage dans l'étude de cas, à la page 474, qui illustre les notions rivales du développement mises en avant aujourd'hui dans le secteur du café. Cependant, les prochaines sous-sections sont consacrées à un

Le développement : un concept contesté

L'approche dominante

Pauvreté : Situation que subissent les personnes n'ayant pas l'argent nécessaire pour acheter leur nourriture et satisfaire d'autres besoins matériels essentiels.

Objectif : Transformation des économies de subsistance traditionnelles, qualifiées d'arriérées, en économies marchandes industrielles, considérées comme modernes ; production de surplus ; les individus offrent leur force de travail en échange d'une rémunération au lieu de produire afin de satisfaire les besoins de leur famille respective.

Prémisses et idées principales : Possibilité d'une croissance économique illimitée dans un système de marché ; les économies atteindraient un point dit de décollage, après quoi la richesse se répandrait jusqu'à ceux qui se trouvent au bas de l'échelle ; supériorité du modèle et du savoir occidentaux ; conviction que le processus, à la longue, profiterait à tous ; exploitation de la nature.

Mesure : Croissance économique ; produit intérieur brut (PIB) par habitant ; industrialisation, y compris en agriculture.

Processus : Du haut vers le bas ; confiance accordée au savoir des experts, généralement occidental et toujours extérieur ; investissements massifs dans de grands projets ; technologie de pointe ; expansion du secteur privé.

L'approche critique

Pauvreté : Situation que subissent les personnes incapables de satisfaire leurs besoins matériels et non matériels par leurs propres moyens.

Objectif : Création d'un bien-être humain par l'instauration de sociétés durables sur les plans social, culturel, politique et économique.

Prémisses et idées principales : Autonomie ; valeur intrinsèque de la nature, de la diversité culturelle et des ressources communes gérées par la collectivité (eau, terre, air, forêt) ; activité humaine en équilibre avec la nature ; autosuffisance ; inclusion de tous et participation démocratique (par exemple, tribune réservée aux groupes marginalisés, comme les femmes et les autochtones) ; contrôle local.

Mesure : Satisfaction des besoins matériels et non matériels essentiels de tous ; état de l'environnement ; autonomisation politique des groupes marginalisés.

Processus : Du bas vers le haut ; participation ; confiance accordée à la technologie et au savoir appropriés (souvent locaux) ; petits investissements dans de petits projets ; protection des ressources communes.

---

examen de l'approche dominante du développement telle qu'appliquée à l'échelle mondiale et à une évaluation de ses résultats.

Le libéralisme économique et l'ordre économique international après 1945 : soixante ans de développement orthodoxe

Durant la Seconde Guerre mondiale, les puissances alliées croyaient fermement que les politiques commerciales protectionnistes mises en œuvre au cours des années 1930 avaient beaucoup contribué à l'éclatement de la guerre. Les États-Unis et le Royaume-Uni ont ébauché des projets prévoyant l'instauration, après la guerre, d'un **ordre international** stable. Les piliers institutionnels en seraient l'Organisation des Nations Unies (ONU), le **Fonds monétaire international (FMI)** et le **Groupe de la Banque mondiale**, ainsi que l'**Accord général sur les tarifs douaniers et le commerce (GATT)**, qui a mené à la création de l'Organisation mondiale du commerce (OMC) en 1995. Les trois dernières institutions ont constitué les fondements d'un **ordre** éco-

nomique international libéral qui serait axé sur l'élargissement du libre-échange, mais qui consentirait un rôle à l'État pour qu'il intervienne dans le marché afin de consolider la **sécurité nationale** et la stabilité nationale et mondiale (Rapley, 1996). Cet ordre a reçu le nom de libéralisme intégré. Les **processus de prise de décisions** de ces institutions économiques internationales ont favorisé un petit groupe d'États occidentaux développés, dont les relations avec les autres membres de l'Assemblée générale de l'ONU n'ont pas toujours été cordiales.

Durant les premières années de l'après-guerre, la priorité a été accordée à la reconstruction des États développés qui avaient été dévastés par les conflits, plutôt qu'à l'aide aux États en développement. Cette reconstruction a véritablement pris son élan dans le contexte de la **guerre froide**, sous la forme d'un transfert massif de capitaux américains vers l'**Europe** dans le cadre d'une aide bilatérale, le plan Marshall, adopté en 1947. En ce qui a trait aux pays du tiers-monde, dans les années 1950 et 1960, la progression de la décolonisation a amené la Banque mondiale et l'ONU dans son ensemble à centrer davantage leur attention sur les besoins apparents de ces pays. Les États-Unis ont joué un rôle-clé à cet égard à titre du plus important contributeur au budget de la Banque mondiale et de l'ONU, et grâce aussi à leur aide bilatérale.

Les pays occidentaux développés, les gestionnaires des grandes institutions multilatérales et l'ONU dans son ensemble étaient tous convaincus que le tiers-monde était économiquement arriéré et devait «se développer». Ils étaient d'avis que, pour y parvenir, une intervention dans l'économie de ces pays était nécessaire. C'était d'ailleurs un point de vue que partageaient largement les élites de ces pays, formées en Occident. Dans le contexte des mouvements pour l'indépendance, l'impératif du développement a également été adopté par nombre de citoyens des pays du tiers-monde. Beaucoup souscrivaient à la prémisse que le modèle d'organisation économique libéral et le mode de vie à l'occidentale étaient supérieurs aux autres et que tous devaient y aspirer.

La guerre froide a été le théâtre d'une âpre rivalité entre l'Occident et le bloc de l'Est pour s'adjoindre des alliés dans le tiers-monde. Les États-Unis croyaient que la voie de la croissance économique libérale mènerait au développement et que l'industrialisation susciterait une hostilité envers les idéaux socialistes. L'URSS, par contre, a présenté son système économique comme le moyen qui permettrait aux États nouvellement indépendants de stimuler le plus rapidement possible leur industrialisation et leur développement. La recherche de l'industrialisation sous-tendait les conceptions du développement privilégiées tant en Occident que dans le bloc de l'Est. Si le marché constituait le moteur de la croissance dans le monde capitaliste, c'est plutôt la planification centralisée par l'État qui devait animer la croissance dans le monde socialiste.

La majorité des États du tiers-monde ont vu le jour dans le giron capitaliste occidental et ont accepté d'y prendre place, tandis que quelques autres États se sont trouvés, par choix ou à défaut d'autres options disponibles, dans le camp socialiste. Néanmoins, au début de l'après-guerre et pendant les décennies postcoloniales, tous les États – que ce soit en Occident, dans le bloc de l'Est ou dans le tiers-monde – ont réservé un important rôle à l'État en matière de développement. De nombreux pays du tiers-monde ont mis en œuvre une stratégie d'industrialisation par substitution des importations en vue de mettre fin à leur état de dépendance dans l'économie-monde en tant que producteurs périphériques de produits de base destinés aux pays développés du centre.

Cette stratégie, qui reconnaissait le rôle déterminant de l'État dans le développement, a été amenée à relever de grands défis dès le début des années 1980. Les pays pauvres avaient emprunté massivement dans les années 1970 à la suite de la hausse des prix du pétrole. Les mesures prises par les pays riches pour faire face à la deuxième augmentation des prix du pétrole, survenue en 1979, ont provoqué une hausse brutale des taux d'intérêt et une chute vertigineuse des prix des produits de base au début des années 1980. Les pays en développement se sont alors trouvés dans l'incapacité de rembourser leurs dettes galopantes et le Mexique a même menacé de ne pas payer sa dette en 1982. Cette attitude a représenté une dissidence sans précédent au sein du système économique mondial instauré en 1945. Le Groupe des Sept (G7), qui réunissait les principaux pays occidentaux développés de l'époque, a décidé de s'attaquer au problème de la dette en traitant chaque pays concerné isolément afin d'assurer le maintien du remboursement de la dette et d'éviter ainsi l'effondrement du système bancaire international. À cet égard, le FMI et la Banque mondiale ont appliqué une vigoureuse politique de crédit conditionnelle à des ajustements structurels dans l'ensemble du monde en développement. Pour ce faire, ils ont pratiqué une collaboration sans précédent avec les pays du Sud en vue de les encourager à mettre en œuvre une stratégie de marché consistant à atténuer la capacité d'intervention de l'État et à ouvrir leur économie aux investissements étrangers. Ces pays ont été incités à privilégier les exportations afin d'obtenir les devises étrangères nécessaires au maintien du remboursement de leurs dettes.

Après la fin de la guerre froide et avec l'écroulement du bloc de l'Est en 1989, une telle conception économique et politique néolibérale s'est rapidement reflétée dans l'application des programmes de développement partout dans le monde. La primauté accordée aux valeurs économiques libérales sans compromis a fortement catalysé la dynamique de globalisation. Il s'agissait là d'un important virage idéologique. Le libéralisme intégré des premières décennies de l'après-guerre a cédé sa place à des politiques économiques strictement néoclassiques qui favorisaient un État minimaliste et attribuaient un rôle accru au marché, conformément au consensus de Washington. Le tout découlait de la prémisse selon laquelle la **libéralisation** du commerce, de la finance et des investissements, la restructuration des économies nationales et l'instauration de conditions attrayantes pour le capital maximiseraient le bien-être général et assureraient le remboursement de la dette. Les pays de l'ancien bloc de l'Est se trouvaient en position de transition entre leur ancienne économie planifiée et une nouvelle économie de marché, pendant que, dans l'ensemble des pays en développement, l'État était en recul et le marché devenait le principal moteur de la croissance et du développement. Une telle conception des choses était présentée comme l'expression du sens commun, et certains ajoutaient même qu'il n'y avait pas d'autre solution (Thomas, 2000). Elle servait de fondement aux stratégies mises en avant par le FMI et la Banque mondiale et, dans la foulée du cycle de l'Uruguay des négociations commerciales menées sous l'égide du GATT entre 1986 et 1994, elle a formé la pierre d'assise de l'**Organisation mondiale du commerce (OMC)**.

À la fin des années 1990, le G7 (puis le **G8**) et des institutions financières internationales associées ont privilégié une version légèrement modifiée de l'orthodoxie économique néolibérale, dénommée **post-consensus de Washington**. On voulait plutôt mettre l'accent sur une croissance favorable aux démunis et sur une diminution de la pauvreté grâce à la poursuite des réformes politiques nationales et de la libéralisation du commerce. Dorénavant, les documents de stratégie nationale pour la réduction de la pauvreté allaient être au cœur du financement (Cammack, 2002). Ils ont rapidement représenté le facteur déterminant du financement provenant d'un éventail de plus en intégré d'institutions financières et de donateurs mondiaux.

Les réalisations de l'ordre économique international selon des perspectives orthodoxes et critiques

Les pays en développement ont obtenu certains gains après la guerre, mesurés en fonction des critères orthodoxes de la croissance économique que sont le PIB par habitant et l'industrialisation. Ces gains ne se sont toutefois pas répartis de manière uniforme parmi tous les pays en développement (voir les figures 27.2 et 27.3). Alors que certains États asiatiques, comme la Chine et l'Inde, ont enregistré des progrès véritables, les pays africains s'en sont beaucoup moins bien tirés (PNUD, 2003). La crise financière survenue au début des années 1980 a provoqué un recul économique notable au Mexique, dans les États de l'Asie orientale, au Brésil et en Russie. S'il est trop tôt pour évaluer l'ensemble des effets de la plus récente **contraction du crédit** dans le monde, le rapport sur les Objectifs du millénaire pour le développement publié en 2009 révèle néanmoins déjà d'autres cas de déclin en matière de développement économique (voir la figure 27.4, page 473).

Si on analyse le développement qui a marqué le monde de l'après-guerre jusqu'à aujourd'hui en fonction de

l'approche dominante, on affirmera que les États qui se sont le plus fortement intégrés à l'économie mondiale par la libéralisation du commerce ont connu la croissance la plus rapide. Les défenseurs de ce point de vue félicitent ces nouveaux globalisateurs. Même s'ils reconnaissent que les politiques économiques néolibérales ont engendré de plus grandes inégalités au sein des États et entre eux, ils portent un jugement positif sur les disparités, car ils considèrent qu'elles favorisent la concurrence et l'esprit d'entreprise.

Il était clair, au moins depuis les années 1970, qu'on n'avait pas encore vu se produire l'effet de ruissellement, c'est-à-dire la notion selon laquelle la croissance économique générale, mesurée en fonction des hausses du PIB, apporterait automatiquement des bienfaits aux pauvres. Les impressionnants taux de croissance du PIB par habitant qu'ont enregistrés les pays en développement n'ont pas profité à l'ensemble de leur société respective : une petite minorité d'individus se sont certes beaucoup enrichis, mais le sort de la vaste majorité de la population ne s'est pas amélioré. La concentration accrue de la richesse au cours des dernières décennies n'est pas considérée comme un problème tant et aussi longtemps que le mécontentement social et politique que suscitent les inégalités ne s'aggrave pas au point d'entraver la mise en œuvre du projet de libéralisation lui-même. Pour atténuer ce mécontentement, il a été prévu que soient adoptées des stratégies nationales de réduction de la pauvreté, qui, affirme-t-on, placent les pays et leur peuple aux commandes des politiques de développement, confèrent des pouvoirs de décision aux collectivités locales et assurent une meilleure répartition des bénéfices, comme le souhaitent d'ailleurs les tenants de l'approche critique. La figure 27.4 montre notamment que les Objectifs du millénaire pour le développement, tant vantés, ont eu une incidence négligeable jusqu'à maintenant sur la vie des citoyens dans les pays pauvres.

Les tenants de l'approche critique, quant à eux, mettent l'accent non pas sur la croissance, mais bien sur la répartition des gains dans le monde et au sein de chaque État. Ils estiment que le libéralisme économique qui sous-tend la dynamique de globalisation a constamment eu pour effet d'élargir l'écart économique au sein des pays et entre eux et qu'il en résulte divers problèmes. En outre, ils font remarquer que cette situation a perduré tout au long de la période pendant laquelle les principaux acteurs mondiaux sont intervenus pour favoriser le développement dans le monde entier. Il est vrai que des taux de croissance économique mondiale et des taux de croissance du PIB par habitant considérables se sont maintenus régulièrement, du moins jusqu'en 1990 (Brown et Kane, 1995).

FIGURE 27.2 **PIB des pays en développement et en transition ainsi que des pays développés**

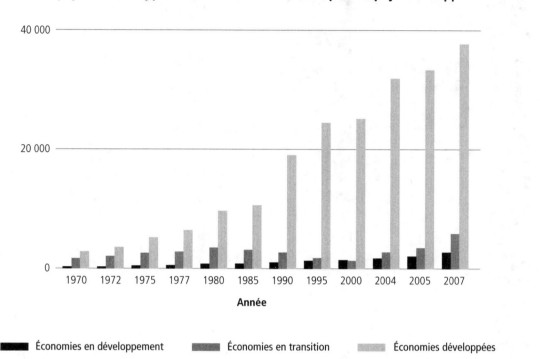

Source : Manuel de statistiques de la CNUCED 2008.

FIGURE 27.3 **PIB par habitant pour une sélection d'États et d'économies en développement**

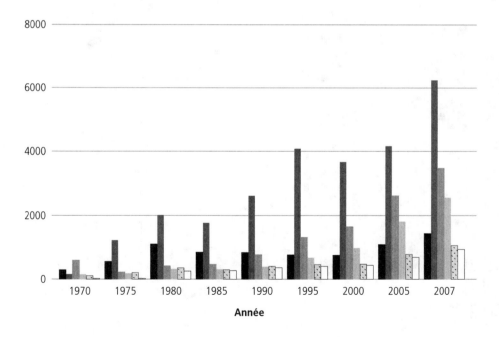

Source : Manuel de statistiques de la CNUCED 2008.

TABLEAU 27.2 Objectifs du millénaire pour le développement: tableau de suivi pour quelques objectifs en 2010

OBJECTIFS	AFRIQUE		ASIE				OCÉANIE	AMÉRIQUE LATINE ET CARAÏBES	COMMUNAUTÉ DES ÉTATS INDÉPENDANTS	
	DU NORD	SUBSAHARIENNE	DE L'EST	DU SUD-EST	DU SUD	DE L'OUEST			EUROPE	ASIE
OBJECTIF 1 | Éradiquer l'extrême pauvreté et la faim										
Réduire l'extrême pauvreté de moitié	pauvreté faible	pauvreté très forte	pauvreté forte	pauvreté forte	pauvreté très forte	pauvreté faible	–	pauvreté modérée	pauvreté faible	pauvreté forte
Emploi productif et décent	très large pénurie de travail décent	très large pénurie de travail décent	large pénurie	très large pénurie de travail décent	très large pénurie de travail décent	très large pénurie de travail décent	très large pénurie de travail décent	pénurie modérée de travail décent	légère pénurie de travail décent	large pénurie
Réduire la faim de moitié	faim faible	faim très forte	faim modérée	faim modérée	faim forte	faim modérée	–	faim modérée	faim faible	faim modérée
OBJECTIF 2 | Assurer l'éducation primaire pour tous										
Scolarité primaire universelle	scolarisation élevée	scolarisation modérée	scolarisation élevée	scolarisation élevée	scolarisation modérée	scolarisation modérée	–	scolarisation élevée	scolarisation élevée	scolarisation élevée
OBJECTIF 3 | Promouvoir l'égalité des sexes et l'autonomisation des femmes										
Scolarisation égale des filles à l'école primaire	proche de la parité	proche de la parité	parité	parité	parité	proche de la parité	presque proche de la parité	parité	parité	parité
Part des femmes dans la main-d'œuvre rémunérée	part faible	part moyenne	part importante	part moyenne	part faible	part faible	part moyenne	part importante	part importante	part importante
Représentation féminine dans les Parlements nationaux	représentation très faible	représentation faible	représentation modérée	représentation modérée	représentation faible	représentation très faible	représentation très faible	représentation modérée	représentation faible	représentation faible
OBJECTIF 4 | Réduire la mortalité infantile										
Réduire de deux tiers la mortalité des moins de cinq ans	mortalité faible	mortalité très élevée	mortalité faible	mortalité modérée	mortalité élevée	mortalité faible	mortalité modérée	mortalité faible	mortalité faible	mortalité modérée
OBJECTIF 5 | Améliorer la santé maternelle										
Réduire de trois quarts la mortalité maternelle*	mortalité modérée	mortalité très élevée	mortalité faible	mortalité élevée	mortalité élevée	mortalité modérée	mortalité élevée	mortalité modérée	mortalité faible	mortalité faible
Accès à la médecine procréative	accès modéré	accès faible	accès élevé	accès modéré	accès modéré	accès modéré	accès faible	accès élevé	accès élevé	accès modéré
OBJECTIF 6 | Combattre le VIH/sida, le paludisme et d'autres maladies										
Stopper le VIH/sida et inverser la tendance actuelle	prévalence faible	prévalence élevée	prévalence faible	prévalence faible	prévalence faible	prévalence faible	prévalence modérée	prévalence modérée	prévalence modérée	prévalence faible
Stopper la tuberculose et inverser la tendance actuelle	mortalité faible	mortalité élevée	mortalité modérée	mortalité élevée	mortalité modérée	mortalité faible	mortalité modérée	mortalité faible	mortalité modérée	mortalité modérée

Légende:

■ A déjà atteint l'objectif ou est très près de l'atteindre

■ Progrès suffisants pour atteindre l'objectif si les tendances actuelles perdurent

□ Progrès insuffisants pour atteindre l'objectif si les tendances actuelles perdurent

□ Ni progrès ni détérioration

■ Données manquantes ou insuffisantes

* Les données disponibles sur la mortalité maternelle ne permettent pas d'analyser les tendances. Les progrès cités ont été évalués par les institutions responsables sur la base d'indicateurs substitutifs.

Pour les regroupements régionaux et les données par pays, consulter mdgs.un.org. Les expériences nationales dans chaque région peuvent s'écarter de la moyenne régionale. En raison des nouvelles données et méthodologies utilisées, ce tableau n'est pas comparable à ceux des années précédentes.

Sources: Nations Unies, sur la base de données et estimations fournies par l'Organisation pour l'alimentation et l'agriculture; Union interparlementaire; Organisation internationale du travail; Union internationale des télécommunications; ONUSIDA; UNESCO; ONU-Habitat; UNICEF; Division de la population des Nations Unies; Banque mondiale; Organisation mondiale de la santé, d'après des statistiques disponibles en juin 2010. Compilé par la Division de la statistique. Département des affaires économiques et sociales, Nations Unies.

Adapté de http://unstats.un.org/unsd/mdg/Resources/Static/Products/Progress/2010/MDG_Report_2010_Progress_Chart_Fr.pdf.

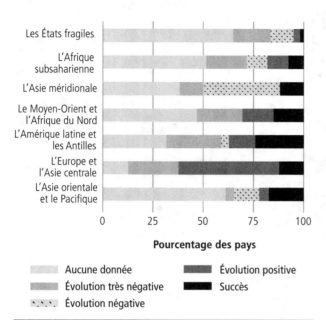

FIGURE 27.4 **Progrès sur la voie des Objectifs du millénaire pour le développement**

Pourcentage des pays

Aucune donnée

Évolution très négative

Évolution négative

Évolution positive

Succès

Source : Banque mondiale, *Rapport de suivi mondial 2009.*

Au début du XXIe siècle, les défenseurs de la conception critique, contrairement aux partisans de l'approche dominante, ont remis en question la valeur des stratégies nationales de réduction de la pauvreté. Ils ont soutenu que, s'il importait de se tourner désormais vers des enjeux comme la santé et la scolarisation, il fallait cesser d'ignorer un aspect fondamental de l'analyse : les liens possibles entre les politiques découlant du consensus de Washington et l'enlisement dans la pauvreté.

Les évaluations du développement selon les approches dominantes et critique procèdent de valeurs différentes et mesurent des facteurs distincts. À cet égard, la voix critique de Glyn Roberts s'avère pertinente : « Les statistiques sur la croissance du PNB sont peut-être importantes aux yeux d'un économiste ou d'un maharajah, mais elles ne nous révèlent absolument rien sur la qualité de vie des pêcheurs dans un village du tiers-monde » (Roberts, 1984, p. 6).

Un point de vue critique sur le développement

Depuis le début des années 1970, beaucoup se sont employés à alimenter le débat sur le développement et à mettre en lumière les désaccords à son sujet. Les thèses critiques formulées en la matière sont synthétisées ici. Elles résultent des réflexions et des travaux d'un grand nombre d'organisations non gouvernementales,

d'associations de citoyens pour le développement, d'individus, d'organismes de l'ONU et de fondations privées. En outre, divers **mouvements sociaux** qui ne se concentrent pas directement sur les questions de développement, tels que le mouvement des femmes, le mouvement pour la paix, les groupes pour la démocratie et les groupes écologistes, ont contribué à la prolifération des points de vue critiques (Thomas, 2000). Il faut signaler à ce propos le rapport *What Now ? Another Development ?*, publié par la Fondation Dag-Hammarskjöld en 1975. Selon l'approche critique qui y est formulée (voir Ekins, 1992, p. 99), le processus de développement doit répondre aux critères suivants :

- être axé sur les besoins (matériels et non matériels) ;
- être endogène (issu de la société elle-même) ;
- être autosuffisant (en ce qui concerne les ressources humaines, naturelles et culturelles) ;
- être écologiquement viable et fondé sur des transformations structurelles (de l'économie, de la société, des rapports hommes-femmes, des rapports de pouvoir).

Depuis lors, plusieurs organisations non gouvernementales, comme le Mouvement pour le développement mondial, se sont mobilisées en faveur d'un type de développement qui prenne en compte les éléments propres à cette conception critique. Des mouvements de citoyens se sont souvent constitués autour de questions spécifiques, comme les barrages (Narmada, en Inde) ou l'accès aux ressources communes. Des exemples de ce dernier cas sont représentés par les récolteurs de caoutchouc en Amazonie brésilienne ainsi que par le mouvement Chipko, mis sur pied par des femmes pour assurer la protection des arbres dans l'Himalaya. Toutes ces initiatives ont grandement profité de l'expansion marquée du mouvement écologiste dans le monde à partir des années 1980. Les travaux préparatoires en vue de la Conférence des Nations Unies sur l'environnement et le développement tenue à Rio, en juin 1992, ont duré deux ans au cours desquels les groupes sans voix (autochtones, femmes et enfants, et autres) ont eu la possibilité d'exprimer leurs points de vue. D'autres groupes ont poursuivi sur cette lancée, si bien que des ONG mettent désormais sur pied des forums critiques parallèlement à toutes les grandes conférences organisées par l'ONU et que le Forum social mondial se réunit maintenant chaque année.

La démocratie, l'autonomisation et le développement

La démocratie est au cœur de l'approche critique du développement. Les mouvements citoyens jouent un rôle important dans la remise en question des structures

La production actuelle du café et le développement

Les débats sur le secteur du café offrent un exemple probant d'idées et de valeurs rivales au sujet du développement, et la pertinence de ces débats est loin de se limiter à ce seul cas. L'instabilité des prix des produits de base et le déclin à long terme de l'échange de matières premières ont de profondes répercussions sur le gagne-pain de millions de ménages ruraux dans les pays les plus pauvres. Dans le cas du café, quelque 25 millions de petits agriculteurs dépendent directement de sa production dans plus d'une cinquantaine de pays. Durant les années 1980, les pays pauvres ont connu une hausse de leur production destinée à l'exportation, surtout en raison des demandes formulées par la Banque mondiale et le Fonds monétaire international. Ces institutions insistaient sur une augmentation des recettes en monnaie forte au moyen d'un accroissement des exportations de produits de base afin que les pays en développement puissent rembourser leur dette sans cesse croissante. La surproduction amorcée au début des années 1980 a provoqué une dégringolade des prix nominaux du café d'environ 70 %, qui ont atteint en 2001 leur plus bas niveau depuis 1971. Cette chute a eu des effets dévastateurs sur le gagne-pain des petits cultivateurs et des ouvriers agricoles. Lors de la deuxième Conférence mondiale du café, tenue à Salvador de Bahia au Brésil en septembre 2005, 12 groupes représentant les agriculteurs et les ouvriers agricoles ont proposé, dans la déclaration de Salvador, une nouvelle démarche concernant la production du café :

« Pour aboutir à un secteur du café véritablement durable, tous ceux qui prennent part à la production doivent en partager les richesses : les petits producteurs, les cultivateurs permanents ou saisonniers, l'industrie et les détaillants.

« Nombreux sont ceux qui disent que les solutions à la crise sont liées aux méthodes de production, y compris un investissement accru dans les produits de substitution aux variétés locales de café, l'utilisation de fertilisants toxiques et de pesticides, et la mécanisation – toutes visent une plus grande productivité. Cette vision [...] permet également la consolidation de la production et de la commercialisation dans les mains d'un petit groupe d'entreprises qui ne pratique pas les principes de responsabilité sociale et prend des décisions qui touchent des millions de personnes tout en se taillant la part du lion des bénéfices commerciaux. Cette vision n'est pas viable.

« Une véritable durabilité du secteur du café ne devrait pas être envisagée uniquement sous un angle économique mais également dans une perspective éthique et politique.

« D'un point de vue éthique, les droits civiques des personnes qui participent à la création de richesse doivent être garantis. Ces droits sont : la stabilité des prix, la reconnaissance des efforts pour protéger la terre et la diversité biologique en améliorant les pratiques de culture et de récolte et la reconnaissance des droits fondamentaux des cultivateurs, dont les

droits d'association et de négociation collective, particulièrement pour les cultivateurs saisonniers [...].

« D'un point de vue politique, il est essentiel que les gouvernements définissent et mettent en place des politiques publiques qui garantissent les droits des producteurs et cultivateurs de café. Il devrait être possible de développer un modèle durable basé sur la sécurité et la souveraineté alimentaire.

« En conclusion, nous attendons de la Conférence mondiale du café qu'elle reconnaisse [...] la question de la durabilité en tenant compte de tous les acteurs impliqués dans la chaîne du café et qu'elle prévoie un espace pour la représentation politique directe des organisations de petits producteurs et de cultivateurs [...], et nous proposons que les pays producteurs s'engagent dans des discussions et une coordination politique visant à établir les bases d'un commerce équitable entre les nations. »

(Oxfam, Des raisons de changer. Faire entendre la voix des petits producteurs dans le prochain Accord international sur le café, 2006, p. 12-13, disponible à http://www.oxfam.org/sites/www.oxfam.org/files/cafe.pdf.)

de pouvoir enracinées dans les sociétés officiellement démocratiques. Devant la globalisation croissante, qui accentue l'érosion de l'emprise communautaire sur la vie quotidienne et amplifie la puissance du marché et des **entreprises transnationales**, les citoyens élèvent la voix pour défendre leurs droits tels qu'ils les définissent. Ils placent le contrôle et l'autonomisation à l'échelle locale au cœur du développement. Ils protègent ce qu'ils estiment être la source immédiate de leur survie, soit l'eau, la forêt et la terre. Ils rejettent les priorités établies dans les sphères privée et publique (c'est-à-dire gouvernementale) et s'en fixent d'autres, comme l'ont fait les habitants du Chiapas (sud-est du Mexique) dans leur soulèvement à compter de 1994 et les agriculteurs indiens qui se mobilisent régulièrement contre les usines de semences détenues par des entreprises étrangères. De plus, les mobilisations transnationales se succèdent régulièrement lors des rencontres annuelles de l'OMC, du FMI et de la Banque mondiale et laissent voir un mécontentement croissant envers la dynamique de globalisation et la répartition de ses bienfaits. Toutes ces manifestations symbolisent la lutte pour une démocratie réelle que souhaitent instaurer des communautés partout dans le monde. Dans un tel contexte, on cherche à faciliter le rôle dirigeant d'une collectivité et sa participation dans la détermination du modèle de développement qui lui est approprié, et non à tenir pour acquis l'utilité du modèle occidental et des valeurs qu'on lui associe. Cette conception critique du développement privilégie ainsi la diversité plutôt que l'universalité et se fonde sur une conception assez différente des droits.

La déclaration de Copenhague sur le développement social, publiée par le Forum des ONG lors du sommet qui s'est déroulé dans la capitale danoise en 1995, a consigné les **principes** de la durabilité, de l'autosuffisance, de l'équité, de l'autonomisation et de la participation des collectivités et a souligné l'importance du rôle des femmes et des jeunes. Elle a rejeté le libéralisme économique adopté par les gouvernements des pays du Nord et du Sud parce qu'il a pour effet d'aggraver la crise sociale qui sévit dans le monde plutôt que de l'atténuer. Elle a lancé un appel pour l'annulation immédiate de toutes les dettes, une amélioration des conditions des échanges, une transparence et une imputabilité accrues du FMI et de la Banque mondiale ainsi qu'une réglementation s'appliquant aux entreprises multinationales. Une définition critique de la démocratie représentait l'élément fondamental de l'approche du développement qu'elle a mise en avant. Des idées analogues ont émané des forums d'ONG parallèles qui ont accompagné toutes les conférences mondiales de l'ONU tenues dans les années 1990.

Selon certains analystes, les stratégies nationales de réduction de la pauvreté ouvrent la possibilité, non encore concrétisée, d'accroître la participation des collectivités à la définition des politiques publiques de développement dans les pays du Sud. Si toutes les parties agissaient conformément aux intentions exprimées, les stratégies de réduction de la pauvreté pourraient donner une meilleure représentation et une voix plus forte aux États et aux peuples du Sud. Elles offrent à ces pays l'espoir le plus réaliste de s'assurer une emprise nationale sur leur politique économique.

Nous allons maintenant traiter des réponses que l'approche dominante a apportées aux propos véhiculés par les défenseurs de l'approche critique du développement.

La cooptation des critiques par l'approche dominante

Dans le cadre du débat actuel dominant, l'objet des discussions n'est plus la croissance, mais bien le développement durable, un concept qu'a vigoureusement défendu l'influente commission Brundtland – officiellement dénommée Commission mondiale sur l'environnement et le développement (Brundtland *et al.*, 1987) – à la fin des années 1980 et qu'a appuyé une série de conférences mondiales de l'ONU tenues dans les années 1990. Au cœur du concept de **développement durable** réside la notion selon laquelle les efforts pour le développement que déploie la présente génération ne doivent pas être nuisibles aux générations suivantes. En d'autres termes, ce concept insiste sur l'équité intergénérationnelle autant que sur l'équité intragénérationnelle. Le rapport Brundtland a souligné l'importance de maintenir la base des ressources écologiques et le fait qu'il existe des limites naturelles à la croissance. Il a indiqué clairement que la poursuite de la croissance est essentielle, mais aussi qu'elle doit devenir écologique. Il n'a pas évoqué, cependant, la conviction répandue parmi de nombreuses ONG que c'est justement l'accent mis sur la croissance qui a causé l'actuelle crise de l'environnement. La Banque mondiale a reconnu jusqu'à un certain point la légitimité des inquiétudes formulées dans le rapport. Lorsque des ONG ont braqué les projecteurs sur les conséquences environnementales négatives de ses projets, la Banque mondiale a entrepris de procéder à des évaluations écologiques plus strictes de ses activités de financement. De même, après s'être attiré les critiques d'ONG concernant la situation des femmes, la Banque mondiale a mis au point des politiques qui visent à réduire les inégalités entre les sexes et à aider les femmes, notamment dans le développement économique de leur pays, en intégrant des mesures d'appui aux femmes dans ses programmes d'aide (www.banquemondiale.org).

La Conférence des Nations Unies sur l'environnement et le développement tenue en juin 1992 (le Sommet de Rio) a consolidé davantage la notion suivant laquelle l'environnement et le développement sont inextricablement liés. Elle s'est toutefois achevée par une légitimation des politiques de développement durable fondées sur le marché et de l'autoréglementation des entreprises transnationales. Par contre, les documents officiels publiés à l'issue du Sommet de Rio, comme *Action 21*, ont reconnu la grande importance du niveau sous-étatique lorsqu'il s'agit de résoudre les questions de durabilité et ont recommandé la participation des groupes marginalisés. Si ces groupes ont contribué aux travaux préparatoires, on ne leur a cependant pas confié un rôle officiel dans le suivi du Sommet de Rio. Puis, la viabilité d'une telle stratégie a été contestée lors du sommet critique ; on y a exprimé des opinions non gouvernementales en nombre sans précédent et on y a vivement remis en cause la possibilité même de conférer un caractère écologique aux politiques d'ajustement structurel.

Le processus de cooptation des critiques s'est poursuivi depuis lors, comme le montre l'apparition de propos sur la réduction de la pauvreté dans les politiques du FMI et de la Banque mondiale. De nouvelles formules telles que « croissance dans l'équité » et « croissance favorable aux pauvres » sont en vogue, mais la politique macroéconomique sous-jacente demeure la même. L'examen du rôle joué par l'approche dominante du développement dans l'accroissement des inégalités dans le monde n'est pas inscrit à l'ordre du jour. Les répercussions des politiques macroéconomiques sur la situation des femmes sont généralement passées sous silence. Malgré le nouveau financement promis à la Conférence des Nations Unies sur le financement du développement, tenue à Monterrey en 2002, les nouveaux transferts financiers effectués par les pays développés vers des pays en développement ont été peu nombreux, de sorte que tous les regards se sont ensuite tournés vers les nouvelles promesses formulées par le G8 lors du sommet de 2006. En plus d'approuver un nouveau financement, le G8 s'est alors engagé à annuler une partie de la somme (40 milliards de dollars américains) que doivent rembourser les pays pauvres lourdement endettés. Cet engagement n'est cependant pas entré en vigueur immédiatement et n'a pas profité à tous les pays dans le besoin. La question des rapports entre le Nord et le Sud a connu peu de progrès depuis le Sommet de Rio en 1992, époque où le développement durable faisait les manchettes. Les progrès accomplis en vue d'atteindre les Objectifs du millénaire pour le développement, dans le sillage de la contraction du crédit dans le monde, ont été qualifiés de lents voire d'inexistants, d'autant plus qu'une

« croissance économique anémique, sinon négative, une diminution des ressources, moins d'opportunités commerciales pour les pays en développement et une possible réduction des flux d'aide en provenance des nations donatrices » menacent les gains obtenus jusqu'à maintenant (Rapport sur les Objectifs du millénaire pour le développement, 2009).

Il importe de noter que certains organismes de l'ONU se sont montrés véritablement sensibles aux critiques opposées au développement traditionnel. Le PNUD s'est démarqué par sa défense d'une mesure du développement qui soit fondée, entre autres, sur l'espérance de vie, l'alphabétisation des adultes et le pouvoir d'achat local moyen, c'est-à-dire l'indice du développement humain (IDH). L'emploi de l'IDH se traduit par une évaluation des réalisations des pays et se distingue de la mesure traditionnelle du développement qui repose sur le PIB par habitant (Thomas *et al.*, 1994, p. 22). Par exemple, la situation en Chine, au Sri Lanka, en Pologne et à Cuba est nettement meilleure selon les évaluations faites avec l'IDH que d'après les évaluations plus orthodoxes, tandis que l'inverse est vrai dans le cas de l'Arabie saoudite et du Koweït.

Bilan : les tenants de l'approche dominante face à la critique

En 2000, une série de miniconférences « + 5 » ont été organisées, telles Copenhague + 5 et Pékin + 5, pour évaluer les progrès accomplis dans des domaines spécifiques depuis les grandes conférences de l'ONU tenues cinq ans auparavant. Les évaluations indiquaient que la communauté internationale n'était pas parvenue à concrétiser les plans d'action issus des conférences et à les insérer au cœur de la **politique mondiale**. Ainsi, une analyse critique de la conférence de Pékin qui a eu lieu en 1995 laisse penser que celle-ci s'est inscrite dans le sillage des tentatives faites dans les années 1970 et 1980 pour intégrer les femmes dans les pratiques de développement en vigueur, c'est-à-dire pour élargir la gamme des possibilités économiques qui leur sont offertes dans le système économique existant. Ces tentatives ne visaient pas une transformation fondamentale du pouvoir social et économique des femmes par rapport à celui des hommes, ce qui aurait nécessité une métamorphose des pratiques de développement en cours par la promotion d'une démarche favorisant l'égalité des femmes et des hommes. En 1996, à la demande de la Banque mondiale, le Groupe de travail sur le développement social a procédé à l'évaluation des efforts de la banque pour promouvoir l'égalité entre les sexes et en a conclu que les questions relatives à la situation des femmes ne sont pas systématiquement intégrées aux projets et sont souvent considérées comme accessoires.

Les voix critiques sont de plus en plus nombreuses et diversifiées. Même parmi les partisans de l'approche dominante, des inquiétudes se font entendre à propos de la mauvaise répartition des bienfaits du libéralisme économique qui semble menacer l'ordre local, national, régional, voire mondial. De plus, certains estiment que le mécontentement social suscité dans plusieurs pays par la globalisation économique pourrait faire obstacle à la réalisation du projet néolibéral. Les adeptes de la globalisation sont ainsi enclins à en tempérer les effets les plus impopulaires en apportant des modifications à quelques politiques néolibérales. Des changements limités mais néanmoins importants ont été introduits. Par exemple, la Banque mondiale s'est dotée de principes directeurs concernant le traitement des peuples autochtones, le repeuplement, l'incidence environnementale de ses projets, l'égalité entre les sexes et l'accès à l'information.

Cette institution met en place des mesures de protection sociale au moment d'appliquer des politiques d'ajustement structurel et elle fait la promotion du microcrédit pour accroître l'autonomisation des femmes. Avec le FMI, elle a mis au point l'Initiative en faveur des pays pauvres très endettés (PPTE) en vue d'alléger le fardeau de la dette des États les moins nantis. Il importe cependant de déterminer si ces principes directeurs et ces préoccupations se traduisent véritablement par une amélioration des politiques appliquées et si les nouvelles politiques et pratiques donnent des résultats concrets qui s'attaquent aux causes fondamentales de la pauvreté. La Banque mondiale a reconnu que les changements observés ont surtout résulté des efforts accomplis par les ONG qui ont supervisé son travail de près et lancé de vigoureuses campagnes internationales pour que la banque redéfinisse son mode de financement des projets et ses procédés opérationnels en général. Toutes ces campagnes, telles que la bataille pour un nouveau Bretton Woods, Cinquante ans ça suffit, Jubilé 2000 et, plus récemment, Abolissons la pauvreté, exhortent les institutions économiques mondiales à adopter des processus de prise de décisions ouverts, transparents et responsables, réclament une participation locale à la planification et à la mise en œuvre des projets et demandent l'annulation de la dette. Aux efforts des ONG s'ajoute le fait que la pression monte également au sein des organismes qui se font les défenseurs de l'orthodoxie néolibérale en matière de développement.

Beaucoup de temps s'écoulera avant que les valeurs essentielles de l'approche critique du développement se taillent une véritable place dans les milieux du pouvoir, à l'échelle tant nationale qu'internationale. Cette conception, si marginale soit-elle, a tout de même enregistré quelques succès notables grâce aux efforts que poursuivent ses défenseurs pour influencer l'approche dominante du développement. Ces succès ne sont pas dépourvus d'intérêt pour ceux dont le sort a été largement déterminé, jusqu'à maintenant, par l'application universelle d'un ensemble restreint de valeurs locales et foncièrement occidentales.

À RETENIR

- Le développement est un concept controversé.

- L'approche dominante et l'approche critique du développement s'appuient sur des valeurs très différentes.

- Les politiques de développement appliquées depuis une soixantaine d'années ont surtout reflété l'approche dominante du développement – soit le libéralisme intégré et, plus récemment, le néolibéralisme –, où l'accent est mis sur la croissance et l'ouverture des marchés.

- C'est au cours des vingt dernières années du XXᵉ siècle que se sont définies des conceptions critiques du développement, qui sont fondées sur l'équité, la participation, l'autonomisation, la durabilité, etc., et qui ont bénéficié d'un apport soutenu des ONG, des mouvements citoyens et de certains organismes de l'ONU.

- L'approche dominante a été légèrement modifiée et intègre désormais des éléments issus des critiques formulées à son égard (par exemple, une croissance favorable aux pauvres).

- Les gains obtenus au cours des deux dernières décennies pourraient disparaître à mesure que se manifesteront pleinement les conséquences de la contraction du crédit dans le monde.

LA FAIM

Lorsqu'il est question de la faim dans le monde, il faut d'abord prendre conscience d'un troublant paradoxe : la production alimentaire en quantité suffisante pour satisfaire les besoins d'une population croissante constitue l'une des réalisations remarquables dans le monde après la guerre ; cependant, en 2010, le nombre de personnes souffrant de malnutrition était de près d'un milliard, et au moins 40 000 personnes meurent chaque jour de causes liées à la faim (IFPRI, 2010, p. 3). L'ampleur actuelle du problème de la faim dans différentes régions

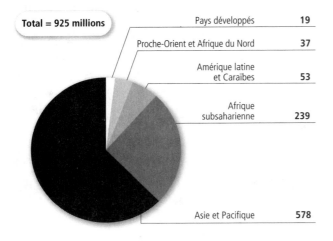

Source : Organisation des Nations Unies pour l'alimentation et l'agriculture, département du développement économique et social, septembre 2010.

FIGURE 27.5 La sous-alimentation en 2010, par région (en millions de personnes)

du globe est illustrée à la figure 27.5. Alors que les famines sont exceptionnelles, la faim, elle, demeure très présente dans le monde. Pourquoi ?

En termes généraux, il existe deux écoles de pensée qui expliquent la faim : l'approche dominante et l'approche fondée sur les droits sociaux. La première estime que la faim est un problème d'origine naturelle et résulte essentiellement de la surpopulation ; la seconde considère que ce fléau a une origine sociale et découle surtout d'une mauvaise distribution des aliments. Ces deux conceptions sont maintenant examinées plus en détail.

L'explication orthodoxe du problème de la faim

Initialement formulée dans ses grandes lignes par l'économiste Thomas Robert Malthus dans son ouvrage intitulé *Essai sur le principe de population* et publié en 1798, l'explication orthodoxe du problème de la faim repose sur les rapports entre la croissance de la population humaine et la production alimentaire. Elle postule que la croissance de la population est naturellement plus forte que la croissance de la production alimentaire, si bien qu'une baisse de la quantité de nourriture disponible par habitant devient inévitable et se poursuit jusqu'à ce que la famine ou une autre catastrophe entraîne une diminution brutale de la population humaine, dont le nombre ne se stabilise que lorsqu'il correspond à la production alimentaire disponible. Cette explication situe donc essentiellement la cause du problème dans la

surpopulation humaine et propose des solutions fondées sur la réduction de la fécondité des êtres humains, ou plutôt des groupes qui semblent se reproduire plus rapidement que les autres, c'est-à-dire les pauvres dans le tiers-monde. Des tenants contemporains de cette explication, comme le professeur de démographie Paul Ehrlich ainsi que ses collaborateurs Dennis et Donella Meadows (1972), affirment qu'il existe des limites naturelles à la croissance de la population, notamment la capacité limite de la Terre, et que le dépassement de ces limites mène directement à une catastrophe.

Les données disponibles sur la croissance de la population humaine dans le monde indiquent que celle-ci a quintuplé depuis le début des années 1800 et que, de presque 7 milliards en 2010, elle devrait atteindre dix milliards en 2050. Plus de 50 % de cette augmentation se concentrera probablement dans sept pays : le Bangladesh, le Brésil, la Chine, l'Inde, l'Indonésie, le Nigeria et le Pakistan. La figure 27.6 présente les données sur la croissance de la population mondiale depuis 1950, assorties de projections jusqu'en 2050, et montre que le taux de croissance de la population mondiale va augmenter au cours des prochaines décennies. Les tableaux 27.3 dressent la liste des pays les plus peuplés, qui sont presque tous des pays en développement d'ailleurs, et dont douze seulement regroupent plus de la moitié de la population mondiale. Ce sont des figures comme celles-là qui ont persuadé de nombreux adeptes de l'explication orthodoxe de la faim dans le monde que les pays en développement doivent appliquer rigoureusement des politiques de planification familiale afin de ralentir leur taux de croissance démographique. D'ailleurs, la plupart des mesures entreprises par la Banque mondiale pour les femmes ont porté, jusqu'à tout récemment, sur la planification familiale.

L'explication fondée sur les droits sociaux

Les critiques de l'explication orthodoxe de la faim dans le monde affirment que celle-ci relève d'une analyse trop simpliste de la situation et qu'elle néglige la question essentielle de la distribution des aliments. Ils soulignent que cette explication ne rend pas compte du paradoxe selon lequel l'énorme hausse de la production alimentaire par habitant qui est survenue depuis la fin de la guerre a très peu profité aux centaines de millions de personnes dans le monde qui souffrent de faim chronique. Il faut noter que cette augmentation fulgurante est surtout attribuable à la mise au point de semences et de techniques agro-industrielles à haut rendement.

L'Organisation des Nations Unies pour l'agriculture et l'alimentation (FAO) estime que, bien que les stocks de céréales soient assez volumineux pour procurer à chaque être humain 3600 calories par jour (soit 1200 de plus que l'apport calorique minimal recommandé par l'ONU), il y a encore plus de 925 millions de personnes qui ne mangent pas à leur faim (IFPRI, 2010), et ce nombre croît chaque jour davantage.

FIGURE 27.6 **Croissance de la population mondiale depuis 1950, avec des projections jusqu'en 2050**

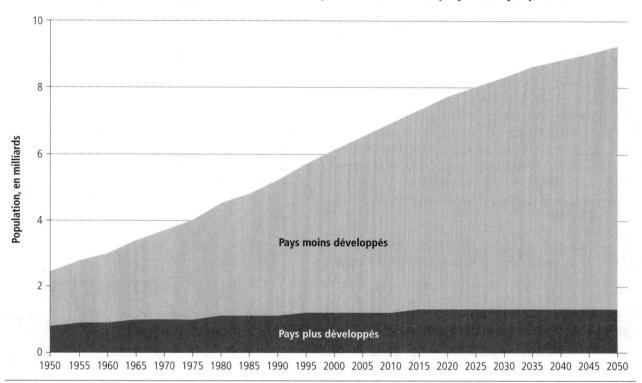

Source : Population Reference Bureau, ONU, *World Population Prospects: The 2008 Revision.*

TABLEAUX 27.3 **Les pays les plus peuplés en 2010, avec des projections pour 2050**

Pays les plus peuplés, 2010

RANG	PAYS	POPULATION (EN MILLIONS)
1	Chine	1 338
2	Inde	1 189
3	États-Unis	310
4	Indonésie	235
5	Brésil	193
6	Pakistan	185
7	Bangladesh	164
8	Russie	142
9	Nigeria	158
10	Japon	127

Pays les plus peuplés, 2050

RANG	PAYS	POPULATION (EN MILLIONS)
1	Inde	1 748
2	Chine	1 437
3	États-Unis	423
4	Pakistan	335
5	Indonésie	309
6	Nigeria	326
7	Bangladesh	222
8	Brésil	215
9	Congo, République démocratique du	166
10	Éthiopie	174

Source : Haub, Carl, *Fiche de données sur la population mondiale 2010.*

De plus, les critiques font remarquer que les pays en développement, où vivent la majorité des personnes éprouvées par la malnutrition, produisent une importante quantité de la nourriture disponible dans le monde, tandis que ceux qui en consomment la plus grande partie résident dans les pays occidentaux. La consommation de viande tend à augmenter parallèlement à la richesse des ménages, alors que le tiers des céréales dans le monde servent à engraisser le bétail. À cela s'ajoute le récent phénomène inquiétant que constitue la réorientation des récoltes de maïs aux États-Unis vers la production de biocarburants, ce qui réduit d'autant les quantités de maïs disponibles pour nourrir les affamés dans le monde. Devant de tels faits, les opposants à l'explication orthodoxe s'empressent de préconiser un examen beaucoup plus attentif des facteurs sociaux, politiques et économiques qui déterminent la distribution de la nourriture et qui font en sorte que celle-ci est accessible à certains et inaccessible à d'autres.

Dans son ouvrage fondateur intitulé *Poverty and Famines* et publié en 1981, l'économiste indien Amartya Sen propose une autre explication, convaincante de surcroît, des causes de la faim. À la lumière des résultats de ses travaux de recherche empiriques sur les famines, il en conclut que la faim est attribuable au fait que les individus ne peuvent pas se procurer assez de nourriture, et non à une production alimentaire insuffisante. Il a découvert que les famines se produisent souvent en l'absence de toute baisse notable de la quantité de nourriture disponible par habitant et même que certaines famines sont survenues durant des années où cette quantité avait atteint des sommets, à l'instar de la famine qui a frappé le Bangladesh en 1974. Les inondations qui ont ravagé le pays cette année-là ont privé de leur emploi des milliers d'ouvriers agricoles ; par conséquent, ils ne disposaient plus de l'argent nécessaire pour acheter la nourriture disponible en abondance et ont dû subir les affres de la famine.

ÉTUDE DE CAS

Les pénuries alimentaires au Kenya

Avec un PIB par habitant d'environ 1240 dollars américains (Rapport de la Banque mondiale, 2007), le Kenya se situe au 144ᵉ rang sur 179 pays en matière de développement humain (PNUD, Rapport mondial sur le développement humain 2007/2008), si bien que les Kényans sont très nombreux à souffrir de la pauvreté. C'est pour ceux qui vivent dans les bidonvilles ainsi que pour les éleveurs et les agriculteurs habitant dans les régions semi-arides ou éloignées que le problème de la pauvreté est le plus grave. On estime que 5,6 millions de Kényans ont connu l'insécurité alimentaire en 2009, alors que les prix mondiaux ont continué d'augmenter à un rythme sans précédent (Programme alimentaire mondial, wfp.org/countries/Kenya). De 2005 à 2008, les prix mondiaux des denrées alimentaires ont connu une hausse globale de 83 %. De nombreux Kényans ont dû se résoudre à réduire le nombre de leurs repas, à acheter des aliments moins chers et à adopter un régime moins bien équilibré, moins nutritif et à forte teneur en glucides. Il en a découlé une augmentation du taux de malnutrition, surtout chez les enfants.

On impute souvent la crise alimentaire au Kenya à l'insuffisance des précipitations durant la saison des pluies en 2007, 2008 et 2009. Le faible rendement des récoltes subséquentes a indubitablement contribué à la pénurie de nourriture, mais d'autres facteurs sont aussi en cause. Selon l'USAID, la récurrence des faibles pluies, la hausse incessante des prix de la nourriture, la dégradation de l'environnement, diverses épidémies et les inondations ont détérioré la sécurité alimentaire partout au Kenya, mis à l'épreuve les mécanismes d'adaptation, exacerbé la pauvreté chronique existante et aggravé les conflits interethniques au sujet de l'accès aux ressources terrestres et aquatiques limitées. La croissance du marché mondial des produits agricoles pour la production de biocarburants est un autre facteur qui a fait empirer la situation.

(http://www.usaid.gov/our_work/humanitarian_assistance/disaster_assistance/countries/kenya/template/fs_sr/fy2009/kenya_fi_sr01_09-02-2009.pdf)

Ainsi, ce qui détermine si une personne pourra manger à sa faim n'est pas tellement la quantité de nourriture qui est disponible pour elle, mais bien la possibilité de faire valoir ou non un droit social à cette nourriture. S'il y en a beaucoup dans les marchés d'alimentation, mais qu'une famille n'a ni les ressources financières suffisantes pour acheter des vivres, ni les moyens matériels de produire ses propres aliments, alors cette famille va probablement souffrir de la famine. Par exemple, dans de nombreuses régions de l'Afrique subsaharienne, les terres agricoles étaient traditionnellement cultivées pour approvisionner en nourriture les marchés locaux. Toutefois, avec la création de marchés mondiaux, une proportion croissante de ces terres sont maintenant consacrées à la culture de produits agricoles exportés vers les pays riches. Ainsi, plusieurs facteurs expliquent pourquoi les éleveurs et les ouvriers agricoles sans terre ne peuvent pas faire valoir leur droit à la nourriture, même lorsque la production mondiale s'accroît: l'accès limité aux terres cultivées pour la production locale, les difficultés à trouver un emploi non agricole et l'effritement des mesures de sécurité sociale consécutif à l'imposition de politiques d'austérité par la Banque mondiale et le FMI dans les années 1980. En somme, la famine perdure dans un monde d'abondance, parce qu'on ne s'attaque pas à ses causes véritables.

La globalisation et la faim

Il est possible d'expliquer le phénomène contemporain de la faim dans le monde en le mettant en relation avec le processus de globalisation. À l'ère de la globalisation, des événements qui se produisent dans un endroit dans le monde peuvent influencer des événements qui surviennent dans d'autres régions éloignées. Les individus sont rarement conscients du rôle qu'ils jouent dans ce processus et ses ramifications. Lorsque, dans les pays développés, on boit une tasse de café ou de thé, ou qu'on mange des fruits et des légumes importés, on ne s'arrête généralement pas pour réfléchir à la production de ces cultures commerciales dans les pays en développement. Il s'avère néanmoins utile d'examiner les effets de l'instauration d'un système mondial, plutôt que local, national ou régional, de production alimentaire. C'est précisément ce qu'ont fait les universitaires David Goodman et Michael Redclift dans leur ouvrage intitulé *Refashioning Nature: Food, Ecology and Culture* (1991).

Ces deux auteurs soutiennent que, depuis le début du XXIe siècle, on assiste à une organisation de plus en plus mondiale de l'approvisionnement alimentaire et de l'accès à la nourriture, dans laquelle les entreprises transnationales jouent un rôle majeur. Cette situation résulte de l'intégration des systèmes locaux de production alimentaire à un système mondial. Autrement dit, des producteurs de subsistance locaux, qui comblaient traditionnellement les besoins alimentaires de leur famille et de leur collectivité respective, pratiquent maintenant des cultures marchandes destinées à des marchés étrangers. Dans d'autres cas, ils ont abandonné la terre et participent désormais à l'industrialisation et à l'urbanisation de leur pays, auquel cas ils sont alors devenus des consommateurs nets plutôt que des producteurs de nourriture.

Le régime mondial de production alimentaire a été instauré et s'est répandu par les interventions d'un acteur principal: les États-Unis, qui, à la fin de la Seconde Guerre mondiale, produisaient de volumineux surplus alimentaires. Ces surplus ont été dirigés vers l'exportation et ont été accueillis à bras ouverts par les pays européens ravagés par la guerre. Ils ont aussi été reçus favorablement par maints pays du tiers-monde, car le modèle de développement alors dominant était axé sur la création d'un bassin de main-d'œuvre bon marché qui serait disponible aux fins de l'industrialisation. Ainsi, pour que les agriculteurs soient amenés à abandonner la terre et la production de subsistance, il fallait leur enlever la motivation qui les incitait à cultiver la terre pour eux-mêmes et leur famille respective. L'accès à des produits alimentaires importés peu coûteux a effectivement découragé cette motivation, d'autant plus que les prix payés pour les produits de subsistance nationaux étaient si faibles que les cultiver n'était plus rentable. En fait, ceux qui continuaient à travailler la terre pour en offrir les produits au marché local, comme ce fut le cas au Soudan, les vendaient à perte (Bennett et George, 1987, p. 78).

Il n'est donc pas étonnant que la production des cultures de subsistance destinées à la consommation locale dans les pays en développement ait si fortement décliné durant l'après-guerre. La production nationale des aliments de base a chuté dans les pays en développement, les goûts des consommateurs se sont modifiés en raison de la disponibilité d'importations bon marché et la mécanisation de l'agriculture a chassé des millions de cultivateurs de leurs terres. De plus, la création d'agro-industries mondiales a encouragé les investissements spéculatifs et aggravé l'instabilité des prix. L'organisme Save the Children a déclaré que, en 2006, le volume des produits financiers agricoles échangés dans le monde, tels que les options et les contrats à terme, a augmenté de près de 30 % (Save the Children, www.savethechildren.org.uk/en/54_5739.htm).

Les dirigeants des États riches reconnaissent souvent qu'un nombre croissant d'individus subissent les affres de l'insécurité alimentaire. Ces mêmes dirigeants font simultanément la promotion des principes du libre marché qui créent les conditions actuelles de la faim dans le monde. De plus, comme l'a démontré le Sommet mondial sur la sécurité alimentaire de 2009, les préoccupations à cet égard ne se traduisent pas toujours par la mise en œuvre de mesures concrètes (http://www.fao.org/wsfs/world-summit/fr).

À RETENIR

- Au cours des dernières décennies, la production alimentaire mondiale a augmenté, mais, paradoxalement, la faim et la malnutrition demeurent largement répandues.

- Selon l'explication orthodoxe de la persistance de la faim dans le monde, celle-ci est attribuable au fait que la croissance de la population est supérieure à l'augmentation de la production alimentaire.

- Une explication critique du problème de la faim met l'accent sur l'absence d'accès ou de droit social à la nourriture. Ce sont des facteurs comme le fossé entre le Nord et le Sud, l'application de politiques nationales particulières, l'écart entre le monde rural et le monde urbain, les classes sociales, le sexe et l'origine ethnique qui influent surtout sur l'accès et le droit social à la nourriture.

- Paradoxalement, la globalisation peut contribuer à la fois à une hausse de la production alimentaire et à un accroissement de la faim dans le monde.

CONCLUSION : PEUT-ON RELEVER LE DÉFI DE L'HUMANISATION DE LA GLOBALISATION ?

Il est clair, lorsqu'on examine les deux conceptions rivales de la pauvreté, du développement et de la faim,

qu'il n'existe aucun consensus sur les définitions, les causes ou les solutions en la matière.

En ce qui concerne le développement, le défi à relever est énorme. Les premières indications montrent que les Objectifs du millénaire pour le développement (OMD) qu'a établis l'ONU ne seront pas réalisés. La plupart des gains observés ont été enregistrés dans quelques rares pays comme la Chine et l'Inde, et même ces deux États abritent encore de multiples poches de pauvreté. Ailleurs, le portrait est plus sombre : si l'Afrique subsaharienne conserve sa trajectoire actuelle et que la faim continue de s'y aggraver, il lui faudra 150 ans pour atteindre l'OMD consistant à réduire de moitié la pauvreté (PNUD, 2003).

Le modèle orthodoxe de développement fait l'objet d'un examen plus attentif, à mesure que ses tenants prennent conscience des risques ainsi que des possibilités que comportent la globalisation et le consensus de Washington. Selon Michel Camdessus, ancien directeur général du FMI, il est manifeste qu'a déjà émergé un nouveau paradigme réformiste du développement qui suscite l'humanisation progressive des concepts économiques fondamentaux (Camdessus, 2000). Toutefois, des voix plus critiques estiment que les réformes en cours ne portent absolument pas sur les questions essentielles de la redistribution, qui requièrent qu'on valorise un système économique seulement s'il apporte des bienfaits aux populations et à la planète.

L'actuelle orthodoxie du développement s'est engagée sur la voie réformiste. L'histoire montrera si ce changement de cap mènera à la fin de cette conception en donnant trop peu de résultats bénéfiques, trop tard, à trop peu de personnes. Les étudiants en relations internationales doivent impérativement orienter la discipline sur les enjeux cruciaux que constituent le développement, la pauvreté et la faim et les placer au cœur des études internationales.

QUESTIONS

1. En vous appuyant sur les deux approches présentées (dominante et critique), définissez le concept de pauvreté.

2. À partir de l'étude de cas de votre choix, quels liens établissez-vous entre la pauvreté, le développement et la faim ?

3. Expliquez l'approche dominante du développement.

4. Évaluez l'approche critique du développement.

5. En vous référant à l'étude de cas sur le café, comparez les approches dominante et critique de cette production.

6. Distinguez les approches dominante et critique de la faim dans le monde.

7. Pourquoi les femmes sont-elles considérées comme les plus démunies parmi les pauvres de la planète ?

8. Que veut dire l'auteure lorsqu'elle avance que l'approche critique a été cooptée par l'approche dominante ? Appuyez votre réponse sur un cas précis que vous documenterez.

9. Quelles sont les perspectives d'une globalisation à visage humain ?

10. Comparez les causes de la famine en fonction de l'explication démographique, d'une part, et des explications sociale et politique, d'autre part.

Lectures utiles

Amin, S., *L'accumulation à l'échelle mondiale : critique de la théorie du sous-développement*, Dakar, IFAN, 1970. Une étude d'inspiration dépendandiste établissant un lien causal entre le sous-développement des périphéries et le développement du centre.

Bisilliat, J. (dir.), *Regards de femmes sur la globalisation : approches critiques*, Paris, Karthala, 2003. Un ouvrage collectif regroupant des contributions qui traitent de la discrimination axée sur le genre que subissent les personnes touchées par la pauvreté dans le monde.

Bryant, C. et C. Kappaz, *Paix et pauvreté : un développement équitable pour réduire les conflits*, Paris, Meyer, 2008. Synthèse sur les relations entre le développement et la pauvreté, et aussi entre les inégalités et les conflits.

Frank, A. G., G. Carle et C. Passadeos, *Capitalisme et sous-développement en Amérique latine*, Paris, Maspéro, 1968. Manuel de base de l'école de la dépendance sur le développement du sous-développement dans le Sud comme corollaire du surdéveloppement dans le Nord.

International Food Policy Research Institute, *Global Hunger Index 2010. The Challenges of Hunger: Focus on the Crisis of Child Undernutrition*, Bonn, Washington et Dublin, octobre 2010. Démonstration exhaustive que la faim et la pauvreté dans le monde se sont accrues de façon considérable depuis 1990. Document intégral disponible à l'adresse suivante : http://www.ifpri.org/sites/default/files/publications/ghi10.pdf.

Prévost, B., « Droits et lutte contre la pauvreté : où en sont les Institutions de Bretton Woods ? », *Mondes en développement*, n° 128, 2004, p. 115-124. Une analyse critique de l'intégration par le FMI et la Banque mondiale des objectifs sociaux de développement mis en avant par les tenants de l'approche critique.

Rahnema, M. et V. Bawtree, *The Post-Development Reader*, Dhaka et Londres, University Press et Zed Books, 1997. On y trouve une série d'interventions critiques sur le développement.

Sen, A., *Poverty and Famines,* Oxford, Clarendon Press, 1981. À lire absolument pour mieux comprendre l'approche critique du développement et du sous-développement ainsi que des causes de la faim dans le monde.

Sen, A., *Un nouveau modèle économique. Développement, justice, liberté,* Paris, Odile Jacob, 2000. Version française d'un ouvrage de ce célèbre économiste indien, où il fait valoir que le bien-être des populations en développement doit passer par l'éducation, la santé et les droits politiques.

Wiesemann, D., *Global Hunger Index 2006 : A Basis for Cross-Country Comparisons,* Washington, D. C., International Food Policy Research Institute, 2006. Première étude de cet institut considéré comme le chef de file dans les études sur le développement, la pauvreté et la faim dans le monde.

Chapitre 28

LA SÉCURITÉ HUMAINE

Amitav Acharya[1]

GUIDE DE LECTURE

Divisé en quatre sections, le présent chapitre examine plusieurs aspects de la notion de sécurité humaine : ses origines, les débats sur sa définition et sa portée, quelques-unes des menaces qui planent sur cet enjeu dans le monde contemporain, ainsi que les efforts internationaux pour promouvoir ce type de sécurité. La première section retrace les origines et l'évolution de la notion de sécurité humaine et analyse les différentes définitions qu'en ont proposées des chercheurs et des dirigeants politiques. Dans la deuxième section, on passe en revue les débats et les controverses qui entourent le concept de sécurité humaine, notamment à propos de sa pertinence analytique et politique, ainsi que les sens large et restreint donnés à la notion de « vivre à l'abri de la crainte et du besoin ». Quelques-unes des menaces contemporaines qui pèsent sur la sécurité humaine sont l'objet de la troisième section, ainsi que les tendances qui caractérisent les conflits armés, les relations entre les conflits et d'autres menaces non violentes contre la sécurité humaine, telles que la pauvreté, la maladie et la dégradation de l'environnement. La quatrième section analyse les efforts entrepris par la communauté internationale pour promouvoir la sécurité humaine et identifie les principaux obstacles qu'il importe de surmonter aujourd'hui pour que tous puissent vivre en sécurité.

INTRODUCTION

Par le concept de **sécurité humaine**, certains chercheurs et dirigeants politiques s'efforcent, malgré la controverse qu'ils soulèvent, de redéfinir et d'élargir la notion de **sécurité**. Traditionnellement, en études des relations internationales, cette notion s'est rapportée à la protection de la **souveraineté** et de l'intégrité territoriale des **États** contre les menaces militaires d'origine étrangère. C'était là l'essentiel de la notion de **sécurité nationale**, qui a dominé l'analyse et la prise de décisions politiques en matière de sécurité durant la guerre froide. L'État était l'objet de la sécurité ou, du moins, l'entité à protéger. Au cours des années 1970 et 1980, par suite de la crise du pétrole au Moyen-Orient et de la sensibilisation accrue à la dégradation de l'environnement dans le monde, les travaux de recherche publiés au sujet de la sécurité ont commencé à proposer une conception plus large de cette notion, souvent dissociée du domaine militaire. Le concept de sécurité humaine, plus précis que la notion plus large de sécurité, remet quant à lui en cause la notion de sécurité centrée sur l'État puisqu'il fait de l'individu le principal objet de la sécurité. Aussi la sécurité humaine concerne-t-elle davantage les individus plutôt que les États ou les gouvernements, et c'est à ce titre qu'elle suscite beaucoup de débats. Des critiques ont évoqué la possibilité que ce concept déborde le cadre des études sur la sécurité et que la sécurisation des individus ne soit pas forcément la meilleure façon de relever les défis que la dynamique de la **globalisation** impose à la communauté internationale. Pour leur part, les partisans du concept de sécurité humaine considèrent que ce concept contribue fortement à mettre

---

La sécurité humaine : un concept contesté

On peut reconnaître [à la sécurité humaine] deux aspects principaux : d'une part, la protection contre les menaces chroniques, telles que la famine, la maladie et la répression, et, d'autre part, la protection contre tout événement brutal susceptible de perturber la vie quotidienne ou de porter préjudice à son organisation dans les foyers, sur le lieu de travail ou au sein de la communauté. Ce type de menace existe indépendamment du niveau de revenu et de développement d'un pays.

(PNUD, 1994, p. 24)

La sécurité humaine ne relève pas d'une préoccupation au sujet des armes, mais bien d'une préoccupation pour la dignité humaine. En dernière analyse, il s'agit d'un enfant qui n'est pas mort, d'une maladie qui ne s'est pas propagée, d'une tension ethnique qui n'a pas éclaté, d'un dissident qui n'a pas été bâillonné, d'un esprit humain qui n'a pas été brimé.

(Mahbub ul-Haq, 1995)

Pour le Canada, la sécurité humaine est relative aux menaces constantes contre les droits, la sécurité ou la vie des individus. [...] Dans le cadre de sa politique extérieure, le Canada a choisi de centrer son action pour la sécurité humaine sur la promotion de la sécurité des individus en les protégeant contre les menaces de violence.

(Ministère des Affaires extérieures et du Commerce international du Canada, 2000)

Le concept de sécurité humaine doit sûrement être confiné à celui de protection contre la crainte de la violence physique *d'origine humaine*, également dénommée violence personnelle directe. Une interprétation plus large de la sécurité humaine en tant que protection contre la violence structurelle minerait la transparence de la notion et rendrait difficiles l'établissement de priorités et la mise au point de politiques efficaces à cet égard.

(Sverre Lodgaard, 2000)

La sécurité humaine peut être définie comme la préservation et la protection de la vie et de la dignité des êtres humains. À l'instar de nombreux autres pays, le Japon est d'avis que la sécurité humaine ne peut être assurée que lorsque les individus savent qu'ils peuvent mener leur vie à l'abri de la crainte et du besoin.

(Représentant officiel du ministère japonais des Affaires extérieures, 2000. On peut lire la version anglaise de son discours à l'adresse suivante : http://www.mofa.go.jp/policy/ human_secu/speech0006.html.)

La sécurité humaine ne peut plus être comprise en des termes strictement militaires. Elle doit désormais englober le développement économique, la justice sociale, la protection de l'environnement, la démocratisation, le désarmement et le respect des droits humains et de la primauté du droit. [...] De plus, tous ces piliers sont interreliés ; les progrès accomplis dans un domaine engendrent des progrès dans un autre.

(Kofi Annan, 2001)

La sécurité humaine a pour ambition de libérer les individus de la peur et du besoin, ainsi que de permettre leur épanouissement.

(Commission des Nations Unies sur la sécurité humaine, 2003)

en lumière les dangers que la **pauvreté**, la maladie, la dégradation de l'environnement, les violations des droits humains et les conflits armés représentent pour la survie et la sécurité des êtres humains. Malgré les désaccords à son sujet, le concept de sécurité humaine démontre bien que la globalisation accélérée a provoqué une prise de conscience telle que la sécurité doit désormais englober un vaste ensemble de questions et de préoccupations; elle ne peut plus se limiter à la simple défense de l'État contre les attaques militaires d'origine étrangère (voir l'encadré «Pour en savoir plus», page ci-contre).

QU'EST-CE QUE LA SÉCURITÉ HUMAINE?

L'origine du concept de sécurité humaine provient d'une publication du Programme des Nations Unies pour le développement (PNUD, 1994): le *Rapport sur le développement humain 1994*. Selon ce document, la sécurité humaine touche les sept domaines suivants:

1. La sécurité économique: assurer aux individus un revenu de base qu'ils obtiennent généralement par un travail productif et rémunéré ou, en dernier recours, par des programmes financés par l'État.

2. La sécurité alimentaire: veiller à ce que tous les individus aient en tout temps un accès matériel et économique à une alimentation de base.

3. La sécurité de la santé: garantir une protection minimale contre les maladies et des conditions de vie insalubres.

4. La sécurité environnementale: protéger les individus contre les ravages à court et à long terme des éléments, contre les dégâts humains infligés à la nature et contre la détérioration des milieux naturels.

5. La sécurité personnelle: protéger les individus contre la violence physique de l'État ou d'États étrangers, contre les entités sous-étatiques et les individus violents, la violence familiale et les adultes prédateurs.

6. La sécurité communautaire: protéger les individus contre la perte des relations et des valeurs traditionnelles et contre la violence sectaire ou ethnique.

7. La sécurité politique: veiller à ce que les individus vivent dans une société où leurs droits humains fondamentaux sont respectés et où leur liberté est protégée contre les tentatives gouvernementales d'exercer un contrôle sur les idées et l'information.

Par le passé, ce sont surtout les politologues qui ont fait de nombreux efforts pour redéfinir la sécurité. Quant au concept de sécurité humaine, il a résulté des travaux d'un groupe d'économistes du développement dont faisait partie le regretté Mahbub ul-Haq, un économiste pakistanais, également auteur du *Rapport sur le développement humain* du PNUD. Ces experts étaient de plus en plus insatisfaits de la notion orthodoxe de développement, qui assujettissait ce dernier à la croissance économique. Ils ont plutôt proposé une conception du **développement humain** axée sur la consolidation des **capacités** humaines à affronter et à vaincre la pauvreté, l'analphabétisme, la maladie, la discrimination, la limitation de la liberté politique et la menace de conflits violents. Grâce à eux, on reconnaît aujourd'hui que «les droits et libertés individuels ont une importance capitale, mais une personne libre a des capacités d'action limitées, malgré cette liberté, si elle est pauvre, malade, analphabète, victime de discrimination, menacée par un conflit violent ou n'a pas le droit d'exprimer ses opinions politiques» (PNUD, 2005, p. 20).

La tentative d'établir une conception plus large du développement est étroitement liée à une préoccupation croissante concernant l'incidence négative des dépenses militaires sur le développement. Comme le souligne la conclusion d'une étude mondiale qu'a dirigée Inga Thorsson, chercheuse suédoise, la course aux armements et le développement rivalisent pour les mêmes ressources financières (Roche, 1986, p. 8). Faisant fond sur cette étude, la Conférence internationale sur la relation entre le désarmement et le développement, tenue à Paris en 1986 et commanditée par l'ONU, a cherché à sensibiliser davantage le monde au fait que, pour assurer la sécurité humaine, il faut consacrer plus de ressources au développement et moins à l'armement.

Le développement du concept de sécurité humaine a aussi bénéficié du travail de plusieurs commissions internationales. Celles-ci ont brossé un portrait élargi de la sécurité qui allait au-delà de l'accent mis sur la rivalité militaire entre l'Est et l'Ouest pendant la **guerre froide**. À cet égard, c'est la commission Palme de 1982 qui s'est le plus démarquée avec son rapport proposant la doctrine de la «sécurité commune». Le rapport souligne que dans les pays du tiers-monde comme ailleurs, la sécurité est indissociable du progrès économique et de l'absence de craintes militaires (commission Palme, 1982). Pour sa part, le rapport de la Commission mondiale sur l'environnement et le développement (aussi dénommée commission Brundtland) publié originellement en 1987 a mis en lumière le lien entre la dégradation de l'environnement et les conflits, les véritables sources de l'insécurité comprenant également un développement non durable, dont les effets peuvent se combiner avec des formes de conflit traditionnelles susceptibles de les élargir et de les approfondir (Brundtland *et al.*, 1989).

Aux tentatives faites pour inclure les menaces non militaires dans la notion de sécurité s'est ajoutée une volonté accrue de faire de l'individu l'objet central de la sécurité. La notion de **sécurité commune** qu'avait lancée la commission Palme est devenue le fondement conceptuel de la Conférence sur la sécurité et la coopération en Europe (CSCE). La CSCE s'est appliquée à intégrer à la **coopération** pour la sécurité entre l'Est et l'Ouest un plus grand respect des droits humains dans l'ancien bloc soviétique. La table ronde Nord-Sud sur l'économie de la paix qui s'est tenue au Costa Rica en 1990 a proposé de délaisser «une préoccupation quasi exclusive pour la sécurité militaire […] et d'accorder une attention plus large à la sécurité globale des individus pour les protéger contre la violence sociale, la misère économique et la dégradation de l'environnement» (Jolly et Ray, 2006, p. 3).

L'importance donnée à la sécurité des individus a gagné en visibilité après la guerre froide, en raison, entre autres, de la fréquence croissante des guerres civiles et des conflits intraétatiques qui ont entraîné d'énormes pertes de vie, une épuration ethnique, des épidémies et le déplacement forcé de personnes à l'intérieur ou à l'extérieur des pays. Les conceptions traditionnelles de la sécurité nationale ne prenaient pas suffisamment en compte les conflits découlant de différences culturelles, ethniques ou religieuses, comme ceux qui se sont produits en Europe de l'Est, en Afrique et en Asie centrale après la guerre froide (Tow et Trood, 2000). L'importance qu'a acquise la sécurité des individus s'explique également par la progression de la démocratisation et par l'accent mis sur les droits humains et l'**intervention humanitaire**. Celle-ci repose sur le principe selon lequel une intervention de la communauté internationale dans les affaires intérieures d'un État est justifiée lorsque cet État est accusé d'avoir commis une violation flagrante des droits humains. Il est alors devenu clair que, si le concept de sécurité nationale n'a pas perdu toute pertinence, il ne peut plus englober à lui seul l'ensemble des dangers qui menacent les sociétés, les États et la communauté internationale. La notion de sécurité humaine a aussi été placée à l'avant-scène par suite des crises qu'a engendrées la globalisation accélérée. Par exemple, la pauvreté généralisée, le chômage et l'instabilité sociale qui ont résulté de la crise financière asiatique en 1997 ont mis en relief la vulnérabilité des citoyens aux effets de la globalisation économique (Acharya, 2004).

À RETENIR

- Le concept de sécurité humaine découle d'une expansion à la fois verticale et horizontale (ou d'un approfondissement et d'un élargissement) de la notion traditionnelle de sécurité nationale, définie comme la protection de la souveraineté et de l'intégrité territoriale de l'État contre les menaces militaires d'origine extérieure.

- Dans son sens le plus large, la sécurité humaine se distingue par trois éléments: son postulat, selon lequel l'individu est l'objet de la sécurité, sa nature multidimensionnelle ainsi que sa portée universelle, qui englobe les États et les sociétés tant du Nord que du Sud.

- Quatre facteurs ont orienté l'évolution du concept de sécurité humaine: le fait que la croissance économique ne peut plus être le principal indicateur du développement et que la notion de «développement humain» doit désormais être axée sur l'autonomisation des individus; l'augmentation du nombre de conflits intraétatiques; la contribution de la globalisation à la multiplication des dangers transnationaux tels que le terrorisme et les pandémies; et l'importance accrue des droits humains et de l'intervention humanitaire après la guerre froide.

LES DÉBATS SUR LA SÉCURITÉ HUMAINE

Les débats sur la sécurité humaine se divisent en deux camps. D'abord, les partisans du concept et les sceptiques à son égard ont des opinions divergentes sur le caractère nouveau ou nécessaire du concept de sécurité humaine, ainsi que sur les coûts et les avantages de l'utiliser en tant qu'outil intellectuel ou cadre politique. Ensuite, certains partisans eux-mêmes se sont penchés sur la portée du concept.

Selon les critiques du concept de sécurité humaine, celui-ci est trop vaste pour avoir une utilité analytique quelconque dans l'élaboration des politiques. D'après Roland Paris, la plupart des définitions existantes de la sécurité humaine sont extrêmement larges et vagues. Elles englobent tout l'éventail allant de la sécurité physique au bien-être psychologique, ce qui aide bien peu les dirigeants politiques à établir des priorités parmi les différents objectifs possibles en matière de politiques publiques et éclaire tout aussi peu les chercheurs lorsqu'ils veulent cerner plus précisément ce qui doit être étudié (Paris, 2001, p. 88).

D'autres voix critiques soulignent qu'un tel concept pourrait bien être plus nuisible qu'utile: parler haut et fort de la sécurité humaine, mais ne rien entreprendre concrètement pour l'améliorer, ne fait que donner de faux espoirs aux victimes de l'oppression et à la communauté internationale (Khong, 2001, p. 3). La définition du concept de sécurité humaine est considérée comme trop moraliste par rapport à la conception traditionnelle de la sécurité, si bien que le concept devient impossible à appliquer (Tow et Trood, 2000, p. 14).

Le plus dur coup porté au concept provient toutefois peut-être d'un troisième groupe de critiques. Selon eux, ce concept fait l'impasse sur le rôle de l'État en tant que responsable de la sécurité. Barry Buzan, professeur à la London School of Economics and Political Science, affirme que les États constituent une condition nécessaire de la sécurité individuelle, parce que, en l'absence de l'État, il ne serait pas facile de déterminer quel autre organisme pourrait agir au nom des individus (Buzan, 2001, p. 589). Son point de vue a d'ailleurs été repris par d'autres analystes, notamment des chercheurs associés au courant de pensée réaliste.

Les défenseurs du concept, quant à eux, n'ont jamais nié l'importance de l'État en tant que garant de la sécurité humaine, comme le reconnaît le rapport de la Commission sur la sécurité humaine (Commission des Nations Unies sur la sécurité humaine, 2003) : «La sécurité humaine contribue à la sécurité des États». Ils n'affirment pas non plus que ce concept s'oppose aux questions de sécurité traditionnelle. Les États faibles sont souvent incapables d'assurer la sécurité et la dignité de leurs propres citoyens. L'éventualité que la sécurité traditionnelle de l'État et la sécurité humaine entrent en conflit est fortement liée à la nature du ré-gime en place dans un État. Dans beaucoup de pays, la sécurité de la population est parfois menacée par l'action même du gouvernement. Ainsi, selon l'expert en sécurité humaine Andrew Mack, bien que l'État demeure le pourvoyeur essentiel de la sécurité, il manque fréquemment à ses obligations en matière de sécurité et devient même, dans certains cas, une source de menaces contre la population du pays. L'État ne peut pas être considéré comme la seule source de protection des individus (Mack, 2004, p. 366).

Un autre débat sur la sécurité humaine a été axé sur la portée du concept : renvoie-t-il seulement au fait de vivre à l'abri de la crainte et du besoin ? D'abord énoncée par l'ancien ministre canadien des Affaires extérieures, Lloyd Axworthy, la notion de vivre à l'abri de la crainte s'intéresse aux mesures qui ont été mises en œuvre pour réduire les coûts humains découlant d'un conflit violent. Parmi ces mesures, citons l'interdiction des mines terrestres, de la mobilisation des femmes et des enfants dans un conflit armé, du recours aux enfants soldats, de l'utilisation d'une main-d'œuvre infantile et de la prolifération des armes légères ainsi que la formation d'un tribunal pénal international et la promulgation des droits humains et du droit humanitaire international (ministère des Affaires extérieures et du Commerce international du Canada, 1999 ; *The Ottawa Citizen*, 28 mai 1998, p. A18). Dans une telle optique, la Charte des Nations Unies, la Déclaration universelle des droits de l'homme et les conventions de Genève représentent les éléments-clés de la doctrine de la sécurité humaine. Quant à vivre à l'abri du besoin, comme le préconise notamment le directeur général du ministère des Affaires extérieures du Japon (2000),

TABLEAU 28.1 **Deux conceptions de la sécurité humaine**

	PROTECTION CONTRE LE BESOIN	PROTECTION CONTRE LA CRAINTE
Origine	Des économistes du développement, comme Mahbub ul-Haq et Amartya Sen.	Des gouvernements occidentaux (Canada, Norvège).
Cause principale	Insatisfaction envers les modèles de développement orthodoxes axés sur la croissance ; priorité à donner à la nourriture plutôt qu'aux armes.	Fin de la guerre froide ; apparition de situations d'urgence complexes ; tensions ethniques ; défaillance de l'État ; intervention humanitaire.
Types de menaces visées	Menaces non traditionnelles et non militaires contre la sécurité : pauvreté, dégradation de l'environnement, maladies, etc.	Conflits armés, violence contre les individus.
Objectif politique principal	Promouvoir le développement humain, défini comme « le renforcement du potentiel humain, c'est-à-dire de ce que les hommes et les femmes sont capables de réaliser et de devenir. [...] Les composantes les plus élémentaires du développement humain sont une vie longue et saine, une éducation et des ressources permettant un niveau de vie décent [...] [ainsi que] la participation sociale et politique à la vie de la société. » Ces capacités d'action sont minées par la pauvreté, la maladie et la mauvaise santé, l'analphabétisme, la discrimination, la menace d'un conflit violent et le déni des libertés civiles et politiques (*PNUD, 2005, p. 20*).	Protéger les populations dans les zones de conflit ; réduire les coûts humains des conflits grâce à l'interdiction des mines terrestres et du recours aux enfants soldats ; protéger les droits humains ; mettre au point des mécanismes de consolidation de la paix.

cette idée se rapproche davantage de la formulation initiale qu'a proposée le PNUD. Elle évoque essentiellement la capacité des individus et des sociétés de se mettre à l'abri d'un vaste ensemble de menaces non militaires, comme la pauvreté, la maladie et la dégradation de l'environnement (voir le tableau 28.1, à la page 489).

Il est cependant possible que les différences entre les deux points de vue sur la sécurité humaine soient exagérées, puisque les deux considèrent l'individu comme l'objet à protéger et reconnaissent que la globalisation et la nature changeante des conflits armés jouent un rôle dans l'apparition de nouvelles menaces contre la sécurité humaine. En outre, les deux conceptions font de la protection contre la violence un objectif fondamental de la sécurité humaine et, pour le promouvoir, estiment qu'il faut redéfinir la souveraineté de l'État (Hubert, 2004, p. 351). Les deux conceptions se chevauchent aussi à maints égards, car le développement est une condition nécessaire de la sécurité humaine, tout comme la sécurité est une condition inhérente au développement humain (University of British Columbia, Human Security Center, 2005, p. 155). Rechercher la protection contre la crainte sans se préoccuper de la protection contre le besoin équivaudrait à s'attaquer aux symptômes d'un problème sans se soucier de ses causes. Comme nous le verrons dans la prochaine section, si les décès résultant des conflits armés sont désormais moins nombreux, d'autres menaces contre la sécurité et le bien-être des individus demeurent présentes et se sont même aggravées dans certains cas.

À RETENIR

- Le concept de sécurité humaine s'est attiré des critiques. D'abord, il serait trop vaste pour être utile à des fins d'analyse ou pour servir d'assise à la formulation de politiques publiques. Ensuite, il créerait de faux espoirs chez les victimes de violence qui s'attendent à une aide que la communauté internationale serait incapable de leur apporter. Enfin, il négligerait la contribution de l'État à la sécurité des individus.

- Même parmi les partisans de la sécurité humaine, il existe des désaccords quant à savoir si elle relève davantage de la protection contre la crainte ou contre le besoin. Dans le premier cas, il s'agit de protéger les individus contre les conflits violents par l'adoption de mesures comme l'interdiction des mines terrestres et du recours aux enfants soldats. Dans le deuxième cas, il est question d'une notion plus large qui comporte l'amoindrissement des menaces d'une autre nature, telles que la pauvreté et la maladie.

- Malgré leurs divergences, les tenants des deux conceptions conviennent toutefois que la sécurité humaine désigne d'abord celle des individus plutôt que celle des États et que, pour se concrétiser, la protection des populations ne doit pas être limitée par les principes traditionnels de la souveraineté de l'État.

- Le Canada et le Japon sont deux des principaux pays ayant donné la priorité à la sécurité humaine dans le cadre de leur politique extérieure nationale. Leur démarche respective illustre par ailleurs le contraste entre la conception de la sécurité humaine fondée sur la « protection contre la crainte » et celle fondée sur la « protection contre le besoin ».

LES DIMENSIONS DE LA SÉCURITÉ HUMAINE

Un rapport novateur publié par le Human Security Center de l'Université de la Colombie-Britannique (2005) souligne plusieurs tendances importantes qui marquent les conflits armés dans le monde. Les principales conclusions de ce document sont résumées dans l'encadré de la page ci-contre.

Il pose notamment la question suivante : comment expliquer la tendance à la baisse du nombre de conflits armés dans le monde[2]? Le rapport énumère plusieurs facteurs à ce sujet : la démocratisation croissante (ce qui sous-entend qu'une démocratie serait généralement plus apte qu'un autre régime à résoudre un conflit d'une façon pacifique), l'accentuation de l'**interdépendance** économique (qui fait augmenter les coûts d'un conflit), le déclin de l'utilité économique de la guerre (parce qu'il est plus facile d'acheter des ressources sur les marchés internationaux que de les acquérir par la force), le plus grand nombre d'**institutions** internationales pouvant offrir leur médiation en cas de conflit, l'incidence des **normes** internationales de prévention des actes de violence (comme les sacrifices humains, l'esclavage, les duels, les crimes de guerre et le génocide), la fin du colonialisme et la fin de la guerre froide. Le rapport évoque aussi d'autres raisons bien précises : l'élargissement notable du rôle de l'ONU dans des domaines tels que la **diplomatie** préventive, les activités de **rétablissement de la paix**, la **consolidation de la paix** après un conflit, la volonté du Conseil de sécurité d'utiliser la force militaire pour appliquer un accord de paix, les effets dissuasifs des procès pour crimes de guerre menés par la Cour pénale internationale et d'autres tribunaux, le recours accru à la réconciliation et les mesures prises pour supprimer les causes fondamentales des conflits. Toujours selon le rapport, la baisse de 80 % des conflits civils les plus meurtriers qui a été enregistrée depuis le début des années 1990 est attribuable à la multiplication spectaculaire des efforts internationaux déployés pour la diplomatie préventive, le rétablissement de la paix et la consolidation de la paix (*Human Security Report*, 2005, partie V).

Pourtant, le bilan n'est pas entièrement positif. Plusieurs aspects de la question restent sombres. La diminution du nombre de conflits armés que mentionne le *Human Security Report* s'est amorcée en 1991, alors que ce nombre n'avait cessé d'augmenter depuis 1960, notamment dans le cas des conflits intraétatiques (dont le nombre est passé de 12, en 1960, à 49, en 1991). De plus, 121 conflits armés ont fait rage pendant la période allant de 1989 à 2005 (dont quelques-uns s'étaient déclenchés avant 1989)[3]. Comme le montre la figure 28.1, à la page 492, les conflits armés sont aujourd'hui aussi nombreux que durant les années 1970 et nettement plus qu'au cours des années 1950 et qu'au début des années 1960.

La fiabilité des données présentées dans le *Human Security Report* de 2005 a été remise en cause par d'autres spécialistes en la matière. Par exemple, dans une étude réalisée aux fins de l'enquête sur la santé dans le monde et qui s'appuie sur des entrevues menées dans 13 pays touchés par un conflit, Ziad Obermeyer conclut que rien n'indique un déclin récent du nombre des décès causés par la guerre (Spielmann, 2009). Le problème s'explique en partie par le fait que les chercheurs se servent de paramètres différents. Certains (comme ceux qui ont collaboré au *Human Security Report*) ne comptabilisent que les décès au combat, tandis que d'autres (comme Milton Leitenberg, de l'Université du Maryland) dénombrent tant les décès sur les champs de bataille que les victimes d'un génocide, d'une famine délibérément provoquée, de camps de la mort et d'autres actions violentes, si bien qu'ils obtiennent un nombre beaucoup plus élevé de décès résultant d'un conflit (Spielmann, 2009).

Tous ces affrontements engendrent également des coûts d'une ampleur considérable. Par exemple, le nombre des décès attribuables, directement ou non, au conflit qui sévit en République démocratique du Congo depuis 1998 est désormais supérieur au total combiné des victimes britanniques des deux guerres mondiales. Le conflit dans la région du Darfour, au Soudan, a causé le déplacement forcé de près de deux millions de personnes (PNUD, 2005, p. 12). En Iraq, une équipe d'épidémiologistes américains et iraquiens a estimé que le taux de mortalité a plus que doublé depuis l'invasion américaine : le nombre de décès par 1000 habitants et par année est passé de 5,5 avant l'invasion à 13,3 après l'invasion. En tout, il y a eu, depuis mars 2003, quelque 655 000 morts de plus que s'il n'y avait pas eu d'intervention militaire (Brown, 2006, p. A12).

La proportion des victimes civiles dans les conflits armés a augmenté depuis la Seconde Guerre mondiale. Il a été établi que les civils ont représenté 10 % des victimes de la Première Guerre mondiale et 50 % de toutes les victimes de la Seconde Guerre mondiale. Toutefois, ils constituent de 80 à 85 % des victimes des guerres les plus récentes, dont un grand nombre sont des enfants, des femmes, des malades et des personnes âgées (*Gendering Human Security*, 2001, p. 18). Bien que le bilan mortel des campagnes organisées contre les civils ait diminué ces dernières années, le nombre de ces expéditions militaires a tout de même connu une hausse de 55 % entre 1989 et 2005 (University of British Columbia, Human Security Center, 2006, p. 3).

POUR EN SAVOIR PLUS

Les tendances en matière de conflit

- Une baisse de 40 % du nombre de conflits armés dans le monde depuis 1991. Il s'agit ici seulement des conflits qui ont causé au moins 25 morts durant les combats et qui ont impliqué au moins un État.

- Une baisse de 80 % du nombre de génocides et de « politicides* » entre 1988 et 2001.

- Une baisse de 70 % du nombre de crises internationales entre 1981 et 2001.

- Une baisse de 45 % du nombre de réfugiés entre 1992 et 2003. Le nombre de personnes déplacées dans leur propre pays a augmenté, mais il est difficile d'obtenir des renseignements précis à ce sujet.

- Une baisse de 98 % du nombre moyen de morts au combat par conflit et par année. En 1950, un conflit armé moyen causait la mort de 38 000 personnes. En 2002, ce nombre était de 600**.

(Source : University of British Columbia, Human Security Center, 2005)

* Le terme « politicide » s'applique à une politique qui vise à détruire des groupes en raison de leurs convictions politiques plutôt que de leur religion ou de leur origine ethnique ; dans ce dernier cas, c'est le terme « génocide » qui convient.

** La plupart des morts au combat à l'époque de la guerre froide ont péri durant la guerre de Corée et la guerre du Vietnam. Si on exclut ces décès, la baisse du nombre de morts au combat est moins marquée.

FIGURE 28.1   **Les différents types de conflits armés, 1946-2009**

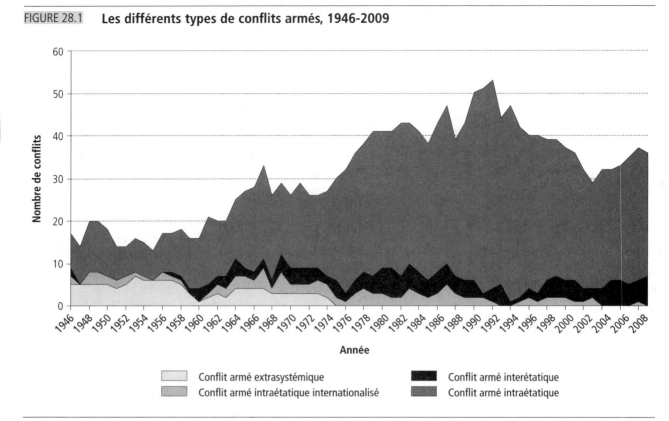

Source : Uppsala Conflict Data Project (UCDP), Université d'Uppsala, [en ligne] [http://www.pcr.uu.se/digitalAssets/20/20864_conflict_types_2009.pdf]. (6 janvier 2011)

Tant les incidents terroristes internationaux que le nombre des victimes se sont accrus dans le monde de 2002 à 2005. La plus grande partie de cette augmentation a résulté de la guerre en Iraq, où le bilan des décès est passé de 1700, en 2004, à environ 3400, en 2005 (Centre national du contre-terrorisme des États-Unis, NCTC, 2005). Si on exclut l'Iraq du bilan, cependant, l'action terroriste a causé moins de décès en 2005, soit 1500, qu'en 2004, soit 3000 (NCTC, 2005).

De plus, certaines des plus graves questions de sécurité humaine dans les conflits armés, comme le recours aux enfants soldats et l'emploi de mines terrestres, n'ont pas encore été résolues. Selon une étude, des enfants soldats font partie des protagonistes dans 75 % des conflits armés actuels (*Human Security Report*, 2005, p. 35). Les mines et les pièces d'artillerie qui n'ont pas explosé font de 15 000 à 20 000 nouvelles victimes chaque année (U.S. Campaign to ban landmines [campagne américaine pour l'interdiction des mines terrestres], site consulté le 3 février 2007). En dépit de l'optimisme justifié qu'a suscité le traité d'Ottawa (examiné plus loin), il y a encore quelque 80 millions de mines non désamorcées et non détectées, et 80 % des victimes de l'explosion de ces mines sont des civils ; un individu marche sur une mine terrestre toutes les 28 minutes (Koehler, 2007).

Enfin, la diminution du nombre de conflits armés dans le monde n'a pas forcément un caractère irréversible. Certains des facteurs à l'origine de cette baisse, comme la tendance à la démocratisation et les missions de maintien de la paix de l'ONU, pourraient cesser de faire sentir leurs effets par suite d'un appui insuffisant de la part des grandes **puissances** et de la communauté internationale. De même, de graves menaces possibles contre la paix et la sécurité internationales risquent toujours de faire beaucoup de victimes, comme un conflit dans la péninsule coréenne ou une guerre entre la Chine et Taïwan.

De plus, le nombre des décès sur les champs de bataille ne constitue pas à lui seul un indicateur fiable des menaces contre la sécurité humaine que représentent les conflits armés, dont beaucoup ont davantage de conséquences indirectes sur la vie et le bien-être des personnes. Les guerres font partie des principales causes d'instabilité économique, de maladie et de destruction de l'environnement, qui à leur tour minent le développement humain et engendrent ainsi un cercle vicieux de conflits et de sous-développement. Dans le *Human Security Report* (PNUD, 2005, p. 12), on peut lire que les conflits nuisent à la nutrition et à la santé publique, mettent fin aux systèmes d'éducation, dévastent les moyens d'existence et retardent les perspectives de croissance économique. Le rapport indique que, sur les 52 pays où les efforts visant à réduire la mortalité infantile ont stagné ou régressé, 30 ont été éprouvés par un conflit depuis 1990. Dans son livre blanc sur le développement international, le gouvernement britannique mentionne que les conflits violents paralysent la croissance économique, engendrent la faim, détruisent les routes, les écoles et les cliniques et obligent les citoyens à fuir leur pays. Les femmes et les jeunes filles sont particulièrement vulnérables parce qu'elles subissent la violence et l'exploitation sexuelles. En outre, les conflits violents et l'insécurité peuvent gagner les pays voisins et offrir une couverture aux terroristes ou aux groupes criminels organisés (Department for International Development, 2006, p. 45).

Les guerres infligent aussi des dommages importants à l'environnement. L'emploi d'un défoliant (l'agent orange) par les États-Unis durant la guerre du Vietnam ainsi que la décision, prise par Saddam Hussein, d'incendier les puits de pétrole koweïtiens lors de la guerre du Golfe en 1990-1991 ont causé une pollution massive de l'air et des sols. Des liens similaires peuvent être établis entre l'éclatement d'un conflit et l'apparition d'une épidémie. En effet, les maladies et la malnutrition résultant d'une guerre font beaucoup plus de victimes que les missiles, les bombes et les balles (*Human Security Report*, 2005, p. 7). Les maladies ont été responsables de la plupart des 3,9 millions de décès survenus au cours du conflit en République démocratique du Congo (PNUD, 2005, p. 45 ; voir aussi l'encadré ci-dessous).

Tout comme les guerres et les conflits violents ont des conséquences indirectes – telles que l'instabilité économique, des dommages causés à l'environnement et des maladies –, la pauvreté et la dégradation de l'environnement exacerbent les conflits et doivent donc être

POUR EN SAVOIR PLUS

Quelques faits essentiels au sujet des maladies

Dans leur définition élargie de la sécurité humaine, les adeptes prennent en compte les menaces contre la survie et la sécurité des individus qui découlent non seulement d'un conflit violent, mais aussi de facteurs non violents, comme les maladies, la dégradation de l'environnement et les catastrophes naturelles. Voici quelques-uns des faits essentiels au sujet des maladies.

- Au cours des trois dernières décennies, au moins trente nouvelles maladies infectieuses sont apparues dans le monde, dont la grippe aviaire, le VIH/sida, le syndrome respiratoire aigu sévère (SRAS), l'hépatite C et le virus du Nil occidental. Vingt maladies antérieurement détectées sont réapparues sous forme de nouvelles souches résistantes aux médicaments. *(Rice, 2006, p. 79)*

- Le sida est la première cause de décès en Afrique et la quatrième dans le monde. Quelque 40 millions de personnes sur la Terre sont infectées par le VIH, dont 95 % vivent dans les pays en développement. En 2004, environ cinq millions de personnes ont contracté ce virus. Le VIH/sida a causé la mort de plus de 20 millions de personnes dans le monde, et 3,1 millions de personnes sont décédées des suites du sida en 2004. On estime que cette maladie a des conséquences directes sur la croissance par habitant dans la moitié des pays de l'Afrique subsaharienne : son taux diminue de 0,5 à 1,2 % par année. En 2010, le PIB par habitant dans quelques-uns des pays les plus durement frappés par le sida aurait chuté de 8 % et la consommation par habitant aurait même baissé davantage. *(Fonds mondial de lutte contre le sida, la tuberculose et le paludisme, http://www.theglobalfund.org/fr/ ?lang=fr)*

- Le paludisme cause de 350 à 500 millions d'infections et de 1 à 3 millions de décès par année chez les êtres humains (Breman, 2001, p. 1-11), ce qui représente environ un décès toutes les 30 secondes (Greenwood *et al.*, 2005, p. 1487-1498). La majorité (de 85 % à 90 %) des décès imputables au paludisme est enregistrée en Afrique subsaharienne. L'incidence économique du paludisme en Afrique s'élèverait à environ 12 milliards de dollars américains par année. *(Organisation mondiale de la santé, sans date)*

- Chaque année, 8 millions d'individus contractent la tuberculose et 2 millions en meurent dans le monde (US Centers for Disease Control and Prevention [centre d'épidémiologie des États-Unis], 2005). À l'heure actuelle, la tuberculose est la maladie infectieuse à l'origine du plus grand nombre de décès chez les femmes en âge de procréer, en plus d'être la principale cause de décès chez les personnes atteintes du VIH/sida. *(PR Newswire Europe, 2002)*

- La pandémie de grippe aviaire H5N1, fortement pathogène, qui s'est amorcée en Asie du Sud-Est au milieu de 2003 et qui s'est ensuite propagée dans certaines régions de l'Europe est la plus répandue et la plus grave jamais enregistrée. Jusqu'à maintenant, neuf pays asiatiques (énumérés ici en ordre chronologique d'apparition de la maladie) ont rapporté la présence de cette maladie sur leur territoire : la République de Corée, le Vietnam, le Japon, la Thaïlande, le Cambodge, le Laos, l'Indonésie, la Chine et la Malaisie. *(Organisation mondiale de la santé, 2006)* prises en compte dans les travaux de recherche sur la sécurité humaine (voir le chapitre 27). D'après une étude britannique, la probabilité qu'une guerre civile éclate d'ici cinq ans dans un pays ayant un PIB par habitant de 250 dollars américains est en moyenne de 15 %, tandis qu'elle est inférieure à 1 % dans un pays dont le PIB par habitant s'élève à 5000 dollars américains (Humphreys et Varshney, 2004, p. 9 ; ministère britannique du Développement international, 2005, p. 8). Si aucun lien direct entre la pauvreté et le terrorisme ne peut être établi, il n'en demeure pas moins que, pour planifier des actes de violence, les terroristes exploitent souvent la pauvreté et le sentiment d'exclusion afin de tirer parti du mécontentement populaire qui couve dans des États fragiles comme la Somalie ou dans des régimes non démocratiques comme en Afghanistan dans les années 1990 (PNUD, 2005, p. 47). L'Orissa, en Inde (voir l'étude de cas à la page 496), offre un exemple clair d'une situation où la pauvreté, le dénuement et l'absence de possibilités économiques peuvent susciter une insurrection et des actes de terrorisme. Cet exemple illustre également les liens entre la protection contre la peur et la protection contre le besoin.

Souvent liée à la pauvreté, la dégradation de l'environnement pourrait servir de déclencheur à des affrontements (Homer-Dixon, 1991, 1994). Selon des analystes, la rivalité entre des adversaires qui convoitent des ressources rares est une source de conflit possible entre Israël et ses voisins arabes, entre l'Inde et le Pakistan, entre la Turquie et la Syrie, entre l'Égypte et l'Éthiopie (Rice, 2006, p. 78). C'est dans les pays les plus pauvres du monde que se situe une importante proportion de la croissance de la population mondiale. En effet, elle a doublé de 1950 à 1998, en partie parce que les familles ont tendance à avoir beaucoup d'enfants pour compenser la mortalité infantile élevée et augmenter le revenu familial potentiel (Rice, 2006, p. 80). La croissance démographique elle-même accentue la rareté des ressources et la dégradation de l'environnement et est ainsi fréquemment à l'origine de conflits. Par exemple, l'Asie méridionale, l'une des régions les plus pauvres et les plus densément peuplées du monde, est le théâtre de rivalités intenses et se trouve devant la possibilité qu'éclatent des affrontements en raison de la rareté des ressources en eau. Parmi les exemples figurent la dispute indo-pakistanaise au sujet du barrage de Wullar, le différend entre l'Inde et le Bangladesh à propos du barrage de Farakka et le litige indo-népalais qui a été réglé par le traité du Mahakali (Power and Interest News Report, 2006). Le risque que des problèmes écologiques entraînent des troubles politiques ou une guerre est manifeste dans de multiples régions pauvres du monde. Pensons à l'Afrique du Nord, à la région subsaharienne du Sahel en Afrique (y compris l'Éthiopie, le Soudan, la Somalie, le Mali, le Niger et le Tchad), aux pays insulaires du Pacifique Ouest, au bassin du Gange (surtout le nord-est de l'Inde et le Bangladesh) et à certaines parties de l'Amérique centrale et de l'Amérique du Sud (Petzold-Bradley, Carius et Vincze, 2001). Le Darfour illustre bien le lien entre la pauvreté, la dégradation de l'environnement et l'apparition d'un conflit. Le conflit intercommunautaire traditionnel découlant de la rareté des ressources et des terres s'est aggravé par suite de la désertification et de l'insuffisance des pluies. Durant les années 1970 et 1980, des sécheresses dans les régions septentrionales du Darfour ont poussé sa population de nomades à se déplacer vers le sud pour y trouver de l'eau et des pâturages pour ses troupeaux, ce qui a tôt fait de provoquer un affrontement avec les tribus locales (*Environmental Degradation and Conflict in Darfur*, 2004).

La question des changements climatiques est devenue un enjeu de sécurité pour les pays occidentaux. La plupart d'entre eux la considèrent d'ailleurs comme un problème de *sécurité nationale*, susceptible de déclencher des actes de violence ou même une guerre interétatique qui déstabiliseraient l'ordre international, plutôt que comme un problème de *sécurité humaine* qui compromettrait le bien-être et la survie des individus. Il ne faudrait toutefois pas perdre de vue que les changements climatiques peuvent bel et bien être liés aux problèmes de sécurité humaine, car ils risquent d'entraîner une hausse de la pauvreté, la défaillance étatique, une pénurie alimentaire, une crise de l'eau et la propagation de maladies, soit autant de problèmes véritables qui mettent en péril la sécurité des individus (Broder, 2009).

Des catastrophes naturelles peuvent également exacerber ou atténuer le déroulement d'un conflit. Le tsunami survenu dans l'océan Indien en décembre 2004 a modifié le cours de deux conflits séparatistes, soit dans l'Aceh, en Indonésie, et au Sri Lanka. Dans la province de l'Aceh, l'annonce, par le gouvernement, d'un cessez-le-feu pour faciliter le travail des secouristes a amélioré les possibilités de réconciliation. Par contre, au Sri Lanka, où les secouristes n'ont pu se rendre dans les territoires aux mains des rebelles, le conflit a été marqué par une escalade de la violence après le tsunami. Ce conflit a abouti à la brutale extermination militaire des Tigres de libération de l'Eelam tamoul par le gouvernement du Sri Lanka, qui a fait de considérables victimes parmi les civils.

FIGURE 28.2 **Conflit et sous-développement : un cercle vicieux**

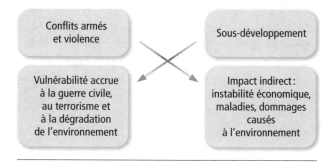

FIGURE 28.3 **Protection et développement : un cercle vertueux**

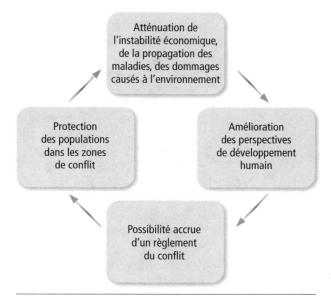

À partir de l'analyse qui précède, il devient possible d'établir un lien conceptuel entre les interprétations plus larges et plus restreintes de la sécurité humaine (voir les figures 28.2 et 28.3).

Les femmes, les conflits et la sécurité humaine

Le rapport entre la situation des femmes et la sécurité humaine comporte de multiples dimensions. Le Réseau inter-agences des Nations Unies sur les femmes et l'égalité entre les sexes a retenu les cinq dimensions suivantes : la violence contre les femmes et les jeunes filles ; les inégalités de genre en ce qui a trait au contrôle des ressources ; les inégalités de genre en ce qui concerne l'exercice du pouvoir et la prise de décisions ; les droits humains des femmes ; et les femmes (et les

hommes) en tant qu'agents plutôt que victimes (Inter-Agency Network on Women and Gender Equality, 1999, p. 1). Dans maints conflits récents, des femmes ont été victimes de viol, de torture et d'esclavage sexuel. Par exemple, de 250 000 à 500 000 femmes ont été violées durant le génocide commis au Rwanda en 1994. De telles atrocités sont désormais reconnues comme des crimes contre l'humanité (Rehn et Sirleaf, 2002, p. 9 ; voir aussi le chapitre 16).

Dans les régions frappées par la guerre, on observe souvent une hausse marquée de la violence conjugale et du nombre de femmes qui sont assujetties au travail forcé ou à l'esclavage sexuel. Les femmes et les enfants représentent aujourd'hui 73 % d'une population moyenne, mais 80 % des réfugiés dans le monde et peut-être une plus forte proportion des personnes déplacées à l'intérieur d'un pays. Le rôle des femmes en tant qu'agents d'un conflit – c'est-à-dire les femmes qui participent aux combats – constitue un autre aspect important de la situation des femmes en matière de sécurité humaine. Lors de la guerre d'indépendance en Érythrée, de 25 à 30 % des combattants étaient des femmes. De même, la proportion des femmes qui étaient actives dans les rangs des Tigres de libération de l'Eelam tamoul était analogue. Les femmes sont encore plus nombreuses à occuper des fonctions de soutien concernant la logistique, les tâches quotidiennes et le travail de renseignement durant un conflit. Il est probable qu'elles deviennent des cibles de viol et de violence sexuelle justement parce qu'elles représentent un symbole social et culturel ; ainsi, les parties à un conflit dirigent délibérément leur violence contre elles afin de fragiliser ou détruire le tissu social de leurs adversaires. Rallier la participation des femmes aux combats peut également s'expliquer par le désir des parties à un conflit d'accentuer la légitimité de leur cause et d'envoyer un message exprimant une solidarité et un consensus social élargis, destiné tant à leur population respective qu'au monde extérieur (*Gendering Human Security*, 2001, p. 18).

Au cours des dernières années, il est apparu toujours plus nécessaire d'obtenir une participation accrue des femmes aux missions internationales de maintien de la paix. Le département des opérations de maintien de la paix de l'ONU a fait remarquer, dans un rapport publié en 2000, ce qui suit :

> La présence des femmes dans les missions de maintien de la paix améliore la situation des femmes dans le pays concerné. Elle favorise la prudence et le sens des responsabilités du personnel masculin chargé

du maintien de la paix. Elle élargit le répertoire des compétences et des habiletés disponibles au sein de la mission, ce qui a souvent pour effet de prévenir les conflits et d'apaiser les tensions. Le paritarisme n'est pas uniquement équitable, il est aussi bénéfique.

(Cité dans Rehn et Sirleaf, 2002, p. 63)

En 2000, le Conseil de sécurité de l'ONU a adopté une résolution (résolution 1325) qui proposait la réalisation d'une étude relative aux effets des conflits armés sur les femmes et au rôle des femmes dans les opérations de maintien de la paix et le règlement des conflits. Cette étude a été publiée en 2002 sous le titre *Women, Peace and Security* (ONU, 2002). Dans l'introduction qu'il a rédigée pour ce document, Kofi Annan, alors secrétaire général de l'ONU, note que les femmes constituent encore la minorité de ceux qui participent aux négociations de paix et de sécurité et qu'elles reçoivent moins d'attention que les hommes en ce qui concerne les accords conclus après un conflit, le désarmement et la

---

ÉTUDE DE CAS

La sécurité humaine en Orissa, en Inde

En matière de sécurité humaine, on peut observer de très grandes disparités tant *entre* des pays qu'*au sein* d'un pays. L'État de l'Orissa, en Inde, offre un bon exemple de ce dernier cas.

Situé sur la côte est de l'Inde, l'Orissa (population estimée en 2008 : 39,9 millions) était l'État le plus pauvre du pays en 2008-2009. Quelque 46,4 % de la population de cet État vit sous le seuil de la pauvreté (soit avec moins de 1 $US par jour), comparativement à 27,5 % dans l'ensemble de l'Inde. L'espérance de vie (2002-2006) en Orissa s'établit à 59,6 ans (la moyenne nationale est de 64,2), le taux de mortalité infantile est de 52 pour 1000 naissances en 2008 (91 en 2001), soit le taux le plus élevé dans toute l'Inde, et le taux d'alphabétisation (en 2001) n'atteint que 63,8 % (50,5 % chez les femmes).

Il est paradoxal que l'Orissa demeure si pauvre alors qu'il renferme des ressources naturelles très abondantes. Il détient 32,9 % du minerai de fer, 50 % de la bauxite, 95 % du nickel, 98 % du minerai de chrome et 24 % des réserves de charbon de l'Inde. En 2009, 45 projets d'aciérie représentant des investissements de 45 milliards de dollars américains étaient en cours en Orissa, en plus de nouveaux projets d'aluminerie d'une valeur de 10 milliards.

Les agriculteurs et les ouvriers agricoles constituent 80 % des personnes pauvres en Orissa. La pauvreté y est un phénomène essentiellement rural et il existe de grands écarts régionaux au sein de l'État. Ainsi, les régions intérieures fortement boisées demeurent extrêmement pauvres en regard des régions côtières.

Par rapport à d'autres États de l'Inde, l'Orissa n'a pas connu de violence sectaire prononcée. La croissance économique a atteint un taux d'environ 10 % au cours de la dernière décennie. Cependant, ses régions intérieures, de même que les régions les plus pauvres des États voisins, ont été le théâtre d'une insurrection maoïste (naxalite) résultant de l'extrême pauvreté, du dénuement et de l'absence de possibilités économiques locales. Selon un article publié dans le *New York Times*, les maoïstes prétendent représenter les démunis de la société indienne, notamment les groupes tribaux autochtones, qui pâtissent de taux de pauvreté, d'analphabétisme et de mortalité parmi les plus élevés du pays (*The New York Times*, 31 octobre 2009). Les maoïstes accusent le gouvernement de tenter de dégrader leurs conditions de vie et de leur enlever leurs terres en vue d'accéder à des ressources naturelles. Un grand projet d'investissement étranger d'une valeur de 52 000 crores[1],

destinés à une aciérie que souhaite construire l'entreprise multinationale sud-coréenne POSCO, a suscité l'opposition des citoyens de la région, qui craignent d'être chassés de leurs terres et de perdre leur gagne-pain habituel si le projet allait de l'avant.

La sécurité humaine en Orissa est également en péril par suite de la dégradation de l'environnement et des catastrophes naturelles récurrentes qui frappent l'État. Depuis 1965, l'Orissa a subi des inondations au cours de 17 années, des sécheresses au cours de 19 années et des cyclones au cours de sept années. Du début des années 1970 jusqu'en 1996, le couvert forestier de l'État est passé de 24 à 17 % de sa superficie totale.

Le cas de l'Orissa indique, premièrement, que la sécurité humaine doit être étudiée non seulement au niveau national, mais aussi aux niveaux sous-national et local ; deuxièmement, que la pauvreté est une puissante cause de conflit ; et troisièmement, que la présence de ressources naturelles ne garantit en rien la prospérité et la stabilité, et peut même avoir l'effet contraire, si aucune mesure n'est prise pour assurer la sécurité humaine.

(Gouvernement de l'Inde, 2009 ; PNUD, 2004 ; gouvernement de l'Orissa, 2007 ; Lepeska, 2008)

---

1. Un crore équivaut à 10 millions de roupies indiennes, somme qui représente quelque 225 000 dollars américains.

reconstruction (ONU, 2002, p. ix). Il reste beaucoup de chemin à parcourir avant que la communauté internationale puisse pleinement tirer parti des bienfaits d'une participation accrue des femmes aux missions de maintien de la paix de l'ONU et à ses activités pour le règlement des conflits.

À RETENIR

- Depuis 1991, on a observé un déclin notable du nombre de conflits armés et de décès causés par les guerres. Parmi les facteurs à l'origine de cette baisse, on trouve l'interdépendance économique accrue des pays, la fin du colonialisme et de la guerre froide ainsi que le rôle plus important qui est dévolu aux institutions internationales et à la communauté internationale dans les missions de paix.

- La situation n'est toutefois pas entièrement positive. Au cours des dernières années, le monde a été témoin d'horribles actes de violence et de génocide dans des endroits comme la République démocratique du Congo, et de nouvelles formes de violence peuvent apparaître. Le nombre croissant d'États faibles ou défaillants, comme l'Iraq, l'Afghanistan, le Myanmar, le Népal, le Bangladesh et le Pakistan, laisse augurer de nouvelles menaces contre la sécurité humaine.

- Il existe une relation interactive entre un conflit armé et des menaces non violentes contre la sécurité humaine, telles que la pauvreté et la maladie. Les guerres et les conflits intraétatiques peuvent susciter l'appauvrissement des individus, des épidémies et la destruction de l'environnement. Inversement, la pauvreté, les inégalités et la dégradation de l'environnement peuvent catalyser l'affaiblissement et même l'effondrement de certains États. La recherche sur la sécurité humaine doit se concentrer non seulement sur les conséquences directes et indirectes des conflits, mais aussi sur tout l'éventail des facteurs socioéconomiques, politiques et écologiques qui contribuent aux conflits. Une telle interprétation de la sécurité humaine ouvre la voie à une conciliation des deux conceptions de la sécurité humaine, envisagées comme la protection soit contre la crainte, soit contre le besoin.

- Les femmes sont présentes dans les conflits armés tant comme victimes que comme agents (dans les combats et dans les fonctions de soutien). Le viol et d'autres formes de violence sexuelle contre elles constituent de plus en plus des armes de guerre et sont désormais reconnus comme des crimes contre l'humanité. La communauté internationale s'efforce d'accroître la participation des femmes aux missions de paix et aux activités de règlement des conflits que déploie l'ONU.

LA PROMOTION DE LA SÉCURITÉ HUMAINE

Le rôle de la communauté internationale

En raison du caractère un peu vague et contesté de la notion de sécurité humaine, il est difficile d'évaluer les politiques que la communauté internationale applique et qui peuvent être considérées spécifiquement comme des mesures propices à la sécurité humaine. Il est néanmoins clair que la mise sur pied de la Cour pénale internationale (CPI) et l'adoption de la Convention sur l'interdiction des mines antipersonnel (traité d'Ottawa) font partie des plus importantes actions multilatérales à ce sujet. La CPI a commencé ses activités le 1er juillet 2002. Son siège est à La Haye, aux Pays-Bas, mais ses travaux peuvent se dérouler ailleurs. Il s'agit d'une instance permanente «qui peut exercer sa compétence à l'égard des personnes pour les crimes les plus graves ayant une portée internationale» (statut de Rome, article 1). Ces crimes comprennent le génocide, les crimes contre l'humanité, les crimes de guerre et d'agression. La CPI ne pourra exercer sa compétence concernant tout crime d'agression que lorsque les États parties auront convenu d'une définition de cet acte et déterminé les conditions dans le cadre desquelles un tel crime pourra faire l'objet d'un procès. La CPI est un tribunal de dernier recours. Elle est «complémentaire des juridictions pénales nationales» (statut de Rome, article 1), c'est-à-dire qu'elle peut exercer sa compétence seulement lorsque les tribunaux nationaux ne veulent pas ou ne peuvent pas enquêter ou entreprendre des poursuites judiciaires. La CPI peut engager des poursuites judiciaires uniquement contre des crimes commis le 1er juillet 2002, date à laquelle son statut est entré en vigueur, ou après. Depuis sa mise sur pied, la CPI a entamé des poursuites contre des criminels de guerre de haut niveau dans l'ex-Yougoslavie, au Liberia et en République démocratique du Congo, y compris contre l'ancien président de la Yougoslavie, Slobodan Milošević (dont le procès s'est achevé sans verdict, après qu'on l'a trouvé mort dans sa cellule en mars 2006), et l'ancien président du Liberia, Charles Taylor.

La Convention sur l'interdiction des mines antipersonnel, signée à Ottawa les 3 et 4 décembre 1997, bannit la mise au point, la production, l'acquisition, le stockage, le transfert et l'emploi des mines terrestres (traité d'Ottawa, article 1, Obligations générales, 1997). Elle oblige également les États signataires à détruire leurs stocks existants. Parmi les pays n'ayant pas encore signé la convention, on trouve la république populaire de Chine, la fédération de Russie et les États-Unis.

La hausse du nombre des missions de consolidation de la paix et de **maintien de la paix** de l'ONU a contribué à la diminution des conflits et à l'amélioration de la sécurité humaine. Depuis sa création, l'ONU a plus que triplé le nombre de ses opérations de maintien de la paix, passant de 13 entre 1945 et 1985 à 51 entre 1985 et 2010 (site Internet du maintien de la paix de l'ONU [http://www.un.org/fr/peacekeeping/list.shtml], sans date). Plus récemment, la Commission de consolidation de la paix de l'ONU a été mise sur pied en 2006. Sa mission consiste à faciliter le redressement et la reconstruction et à favoriser l'établissement d'institutions et le développement durable à l'issue d'un conflit dans un pays. L'ONU a aussi été au cœur de la promotion du concept d'intervention humanitaire, qui constitue un élément fondamental de la sécurité humaine (voir le chapitre 30 ; voir aussi le rapport de la Commission internationale de l'intervention et de la souveraineté des États, 2001). Le concept d'intervention humanitaire a été entériné par deux documents officiels et un sommet : le rapport *Un monde plus sûr : notre affaire à tous*, rédigé par le Groupe de personnalités de haut niveau sur les menaces, les défis et le changement, qu'a mis sur pied le secrétaire général de l'ONU (2004, p. 66, 106), le rapport subséquent du secrétaire général de l'ONU, intitulé *Dans une liberté plus grande* (ONU, mars 2005) et le Sommet de l'ONU tenu en septembre 2005.

Les institutions spécialisées de l'ONU jouent un rôle crucial dans la promotion de la sécurité humaine. Le Programme des Nations Unies pour le développement (PNUD) et l'Organisation mondiale de la santé (OMS), par exemple, sont au premier plan de la lutte contre la pauvreté et les maladies, respectivement. D'autres organismes de l'ONU, tels que le Haut-Commissariat des Nations Unies pour les réfugiés (HCR), le Fonds des Nations Unies pour l'enfance (UNICEF) et le Fonds de développement des Nations Unies pour la femme (UNIFEM), n'ont jamais cessé de soulever des questions spécifiques, comme celles des réfugiés et des droits des enfants et des femmes, et d'offrir des moyens d'information et d'action (MacFarlane et Khong, 2006).

Les **organisations non gouvernementales (ONG)** contribuent à la sécurité humaine de diverses façons. Elles constituent des sources d'information sur les conflits, alertent la communauté internationale sur ce qui se passe, offrent des voies d'acheminement des secours, car elles sont souvent les premières à arriver sur les lieux d'un affrontement ou d'une catastrophe naturelle, et elles appuient les missions de consolidation de la paix et de redressement parrainées par les gouver-

nements ou l'ONU. Les ONG jouent aussi un rôle déterminant dans la promotion du développement durable. Le Comité international de la Croix-Rouge est l'une des principales ONG dont la mission est axée sur la sécurité humaine. Établie à Genève, elle dispose d'une autorité sans égale fondée sur le droit humanitaire international consacré par les conventions de Genève. La Croix-Rouge protège la vie et la dignité des victimes de la guerre et de la violence à l'intérieur d'un pays, y compris les blessés de guerre, les prisonniers, les réfugiés, les civils et d'autres non-combattants, et leur apporte de l'aide. Parmi les autres ONG figurent Médecins sans frontières (aide médicale d'urgence), Save the Children (protection des enfants) et Amnistie internationale (droits humains).

Les difficultés entravant la promotion de la sécurité humaine

Qu'il soit considéré sous l'angle de la protection contre la crainte ou contre le besoin, le concept de sécurité humaine n'a cependant pas remplacé celui de sécurité nationale. Selon le *Rapport mondial sur le développement humain 2005*, les pays riches dans le monde consacrent aux dépenses militaires des ressources financières dix fois plus élevées qu'à l'aide internationale. De plus, les dépenses mondiales actuelles pour la recherche sur le VIH/sida, « une maladie qui cause trois millions de morts chaque année, représentent trois jours de dépenses militaires » (PNUD, 2005, p. 8).

Comment expliquer la priorité accordée à la sécurité nationale ou à la sécurité de l'État, plutôt qu'à la sécurité humaine ? Dans le cas des pays en développement, la souveraineté et l'intégrité territoriale de l'État passent avant la sécurité des individus. De nombreux pays qui font partie du monde en développement sont, en fait, des **États-nations** artificiels parce que leurs frontières ont été tracées arbitrairement par les puissances coloniales, sans égard à la composition ethnique réelle de la région, ni aux liens historiques entre les peuples. Les réponses des États aux mouvements séparatistes ethniques (aujourd'hui amalgamés au terrorisme), issus entre autres du rejet des frontières d'origine coloniale par les populations, ont été assorties des plus terribles violations de la sécurité humaine de la part des gouvernements. Par ailleurs, beaucoup d'États du Sud, ainsi que la Chine, sont encore dirigés par des régimes autoritaires. La sécurité humaine pâtit du manque d'espace politique dont disposent les solutions de rechange aux idéologies étatiques, ainsi que des restrictions imposées aux libertés civiles par des **régimes** autoritaires cherchant à assurer leur propre survie, plutôt qu'à apporter la sécurité aux citoyens.

Dans les pays développés tout comme dans les pays en développement, l'un des plus gros obstacles entravant la sécurité humaine a résulté de la **guerre contre le terrorisme** qu'ont lancée les États-Unis en réaction aux attaques commises le **11 septembre 2001**. Ces attentats ont resserré les mesures que les États prennent traditionnellement en matière de sécurité nationale (Suhrke, 2004, p. 365). Alors que les terroristes visent des civils innocents et menacent ainsi la sécurité humaine, les gouvernements, quant à eux, ont invoqué la guerre contre la terreur pour s'arroger le droit d'imposer des restrictions aux libertés civiles et de les enfreindre. Lorsqu'ils ont décidé de traduire en justice Saddam Hussein devant un tribunal iraquien plutôt que devant la Cour pénale internationale (CPI), les États-Unis ont illustré de nouveau leur méfiance constante envers un instrument essentiel de la sécurité humaine, même si la CPI en privilégie une conception largement occidentale axée sur la protection contre la crainte. Plusieurs autres faits minent la sécurité humaine : la remise en cause par les États-Unis de l'applicabilité des conventions de Genève, l'abandon de leurs engagements sur la question de la torture dans le cadre de la guerre en Iraq, de même que le mépris de la Russie pour un grand nombre de ses engagements internationaux (relevant entre autres des lois de la guerre, de ses obligations envers l'Organisation pour la sécurité et la coopération en Europe et de différentes **conventions** internationales et régionales sur la torture) tout au long de la guerre qu'elle mène en Tchétchénie.

À RETENIR

- La création de la Cour pénale internationale et l'adoption de la Convention sur l'interdiction des mines antipersonnel font partie des plus importantes mesures multilatérales de promotion de la sécurité humaine.

- Des agences de l'ONU telles que le HCR, l'UNICEF et l'UNIFEM jouent un rôle crucial dans diverses questions de sécurité humaine comme celles des réfugiés et des droits des enfants.

- Des organisations non gouvernementales font la promotion de la sécurité humaine de nombreuses façons : en agissant comme source d'information sur les conflits, en lançant des alertes rapides quand éclate la violence, en offrant une voie d'acheminement des secours, en appuyant les missions de consolidation de la paix et de redressement parrainées par les gouvernements ou par l'ONU et en favorisant le développement durable.

- Les attaques lancées le 11 septembre 2001 contre les États-Unis ainsi que la guerre contre la terreur ont ravivé dans bien des pays la conception traditionnellement centrée sur l'État de la sécurité nationale, au détriment des libertés civiles et de la sécurité humaine.

CONCLUSION

Le concept de sécurité humaine reflète une remise en cause de l'idée que la sécurité soit traditionnellement axée sur la protection des États contre une attaque militaire. Ce qui a d'abord pris la forme d'un rejet des notions orthodoxes associées à la croissance économique s'est transformé en une notion plus large du développement humain. Ce nouveau concept a ensuite été renforcé par l'apparition de nouvelles menaces contre la sécurité, telles que les génocides dans les Balkans et en Afrique, la crise financière asiatique en 1997, la crise financière de 2008-2009 et le risque de pandémies mondiales. Il traduit un effort constant qui vise à placer l'individu au cœur des préoccupations nationales et mondiales en matière de sécurité et à approfondir la compréhension de l'ensemble des problèmes susceptibles de menacer la sécurité et le bien-être individuels, y compris les conflits armés et l'action des forces sociales, économiques et environnementales. Il est certain que les gouvernements nationaux et la communauté internationale n'acceptent pas la notion de sécurité humaine en tant que cadre conceptuel ou instrument politique. Néanmoins, il ne fait aucun doute que les menaces contre la sécurité humaine, conçue comme vivre à l'abri de la crainte et du besoin, constituent de réels problèmes mondiaux qui ne peuvent être négligés ou laissés de côté en raison d'un désaccord sur le sens du concept de sécurité humaine. Les liens entre les conflits armés, la pauvreté, la maladie et les problèmes écologiques sont mal compris et il importe de les préciser et de les clarifier. Parallèlement aux débats sur l'utilité et la portée de la sécurité humaine, il est de plus en plus reconnu que la notion traditionnelle de sécurité, axée sur la souveraineté de l'État, n'est plus adéquate et que la communauté internationale doit mettre au point de nouvelles mesures assurant la protection des populations contre les dangers transnationaux en cette ère de globalisation. Le défi que doit relever la communauté internationale consiste à trouver des moyens de promouvoir la sécurité humaine afin de contrer une gamme croissante de dangers transnationaux complexes, dont l'impact sur la vie des peuples est beaucoup plus destructeur que celui des menaces militaires traditionnelles contre les États.

QUESTIONS

1. Donnez la définition traditionnelle de la sécurité.

2. En vos mots, qu'est-ce que la sécurité humaine ?

3. Est-il théoriquement et politiquement utile de redéfinir le concept de sécurité dans une perspective plus centrée sur l'individu ?

4. Décrivez les deux composantes de la sécurité humaine : sont-elles complémentaires ou opposées ?

5. Quels sont les liens entre la pauvreté et les conflits ? Appuyez votre réponse sur une étude de cas précise que vous aurez préalablement documentée à l'aide du site de l'ONU.

6. Pourquoi doit-on prendre davantage en considération les femmes dans les zones de conflit ?

7. En quoi consiste le débat entre les partisans du concept de sécurité humaine et les sceptiques à son égard ?

8. Décrivez le contexte politique et intellectuel dans lequel le concept de sécurité humaine a émergé.

9. Expliquez les facteurs qui ont contribué au déclin du nombre de conflits dans le monde depuis vingt ans.

10. Établissez des liens entre les femmes, le féminisme et la sécurité humaine. Pour ce faire, vous pouvez choisir un auteur féministe en relations internationales (revoir le chapitre 16) et discuter le concept de sécurité humaine selon sa perspective.

Lectures utiles

Abdelhamid, H. *et al.*, *Sécurité humaine et responsabilité de protéger : l'ordre humanitaire international en question*, Paris, Éditions des archives contemporaines, 2009. Cet ouvrage met en contexte la notion de sécurité humaine en établissant des parallèles avec les autres formes plus traditionnelles de sécurité internationale.

Acharya, A., « Human Security: East Versus West », *International Journal*, vol. 56, nº 3, 2001, p. 442-460. À partir du cas de l'Asie, cet article discute les grands débats théoriques sur le concept de sécurité humaine.

Axworthy, L., « La sécurité humaine : la sécurité des individus dans un monde en mutation », *Politique étrangère*, vol. 64, nº 2, 1999, p. 333-342. Une analyse de la sécurité humaine et des obstacles qui empêchent sa mise en application dans les conflits intraétatiques.

Basty, F., « La sécurité humaine : un renversement conceptuel pour les relations internationales », *Raisons politiques*, vol. 4, nº 32, 2008, p. 35-57. L'auteur associe la sécurité humaine à la globalisation, notamment dans le cas des États défaillants.

Commission sur la sécurité humaine, *La sécurité humaine maintenant. Rapport de la Commission sur la sécurité humaine*, Paris, Presses de Sciences Po, 2003. Version française du rapport de l'intéressante commission de l'ONU formée à l'initiative du Japon et menée par l'économiste Amartya Sen ; ce rapport fait le point sur les théories et les pratiques en matière de sécurité humaine dans le monde.

Daudelin, J., « Entre la peur des pauvres et les bonnes intentions : sécurité humaine et politiques de développement au Canada », dans J.-F. Rioux (dir.), *La sécurité humaine : une nouvelle conception des relations internationales*, Paris, L'Harmattan, 2002, p. 301-320. Réflexion critique qui établit un lien entre la logique sécuritaire occidentale centrée sur la peur du Sud et l'émergence du concept de sécurité humaine.

PNUD, *Rapport mondial sur le développement humain 1994*, Oxford, Oxford University Press, 1994 (http://hdr.undp.org/fr/rapports/mondial/rdh1994/). On dit que la notion de sécurité humaine est née de ce rapport publié par cette agence onusienne.

Ramel, F., « La sécurité humaine : une valeur de rupture dans les cultures stratégiques au Nord ? », *Études internationales*, vol. 34, nº 1, 2003, p. 79-104. Une analyse critique des États du Nord qui ont inscrit la sécurité humaine à l'ordre du jour de leurs affaires extérieures.

Rioux, J.-F., « L'héritage de Raoul Dandurand et la sécurité humaine », *Études internationales*, vol. 31, nº 4, 2000, p. 745-762. Contextualisation théorique et politique de la notion de sécurité humaine entrevue selon la perspective idéaliste libérale.

Roussel, S. et C. Robichaud, « L'État postmoderne par excellence ? Internationalisme et promotion de l'identité internationale du Canada », *Études internationales*, vol. 35, nº 1, 2004, p. 149-170. Une discussion sur la notion de sécurité nationale au Canada selon une perspective différente de l'orthodoxie en matière de sécurité.

Notes

1. L'auteur tient à remercier Brian Job, Andrew Mack et Peter Wallensteen pour leurs commentaires sur la version préliminaire du présent chapitre.

2. Pour un compte rendu antérieur des conflits dans le tiers-monde qui ont été précurseurs d'un tel déclin, voir Acharya, 1993 et 1997.

3. Cette estimation provient de l'Uppsala Conflict Data Project (UCDP), Université d'Uppsala. L'auteur remercie Peter Wallensteen et Lotta Harbom, de l'UCDP, de l'avoir informé à ce sujet.

Chapitre 29

LES DROITS HUMAINS

Chris Brown

GUIDE DE LECTURE

Fondé sur la nécessité de défendre les droits humains à l'échelle internationale, le régime international des droits humains a connu depuis soixante ans une croissance remarquable. Celle-ci semble refléter les effets positifs de la globalisation. Toutefois, les lois sur les droits humains ne sont pas respectées partout et les États ne se montrent pas disposés à accorder la priorité à une action internationale visant à les protéger. Par ailleurs, l'élargissement de la notion de droits pour y inclure les droits économiques et les droits collectifs se bute à de sérieux problèmes conceptuels. L'origine occidentale de la doctrine des droits a aussi fini par paraître quelque peu problématique à compter de l'ère postcoloniale. Des événements récents, tels que la mise sur pied de la Cour pénale internationale, ont donné un nouvel élan au régime des droits humains, qui a toutefois été freiné par les conséquences de la guerre contre le terrorisme, puisque certains droits politiques essentiels sont remis en question dans beaucoup d'États occidentaux.

INTRODUCTION

À première vue, les droits humains constituent un objet d'étude idéal pour l'analyse des processus de la **globalisation**. Si les droits étaient autrefois presque toujours associés à des systèmes juridiques et politiques nationaux, un réseau complexe de lois et de pratiques internationales (dénommé le «régime international des droits humains») s'est peu à peu édifié, depuis une soixantaine d'années, autour de la prémisse selon laquelle les individus possèdent des droits simplement parce qu'ils sont des êtres humains et qu'ils partagent une **humanité commune**. Nous allons décrire ce développement, mais aussi et surtout examiner les multiples problèmes découlant de la notion de droits humains universels. Cette introduction sert à établir le cadre général du propos, alors que la prochaine section expose certaines questions fondamentales que soulève la formulation des droits. Notre réflexion portera ensuite sur la position libérale concernant les droits humains, et nous poursuivrons avec une analyse des politiques de défense des droits humains qui ont été élaborées depuis 1945.

Beaucoup de cultures et de civilisations ont formulé des idées sur la valeur et la dignité intrinsèques des êtres humains, mais la notion selon laquelle les humains sont des porteurs de droits est spécifiquement européenne. D'origine médiévale, cette notion s'est incarnée dans le droit positif de quelques pays au début de l'époque moderne. À la fin du XVIIIᵉ siècle, il s'est amorcé un lent processus d'élargissement de la notion de droits de l'homme, qui a entraîné la reconnaissance des droits des travailleurs et des femmes et, grâce aux campagnes ayant dénoncé la traite des esclaves, de ceux des non-Européens. Ces mesures préliminaires ont préparé le terrain aux processus de la globalisation qui se sont déployés après 1945. C'est alors qu'ont été mis au point des déclarations et des traités mondiaux et régionaux sur les droits humains et qu'ont émergé des **organisations non gouvernementales (ONG)** veillant à leur mise en œuvre, nommément Amnistie internationale. De plus, des gouvernements, comme celui des États-Unis, et des **organisations intergouvernementales**, comme le **Fonds monétaire international** et le Commonwealth, se sont peu à peu persuadés que la promotion des droits humains faisait désormais partie de leur mandat, ce qui a suscité bien des controverses.

Il s'est ainsi constitué un impressionnant corpus de lois internationales et de pratiques diplomatiques, qui, à son tour, a favorisé un élargissement et un approfondissement de la notion de droits, souvent conceptualisée (mais quelque peu imparfaitement) en trois générations. Les premières déclarations en la matière se limitaient aux droits (politiques) de première génération, tels que la liberté d'expression et de réunion, et au «droit de prendre part à la direction des affaires publiques de son pays, soit directement, soit par l'intermédiaire de représentants librement choisis» (Déclaration universelle des droits de l'homme, article 21). Cette même déclaration reconnaît aussi des droits de deuxième génération, soit, pour toute personne, les «droits économiques, sociaux et culturels indispensables à sa dignité et au libre développement de sa personnalité» (article 22). Ces droits économiques et sociaux figurent au premier plan dans des documents subséquents de l'ONU, notamment, bien sûr, dans le Pacte international relatif aux droits économiques, sociaux et culturels. Ce sont les individus qui, par essence, possèdent les droits de première et de deuxième génération. Les droits de troisième génération s'appuient sur la dimension collective des droits économiques et sociaux et définissent les droits des peuples. Par exemple, en vertu de la charte de Banjul (voir l'encadré de la page ci-contre), «les peuples ont la libre disposition de leurs richesses et de leurs ressources naturelles» (article 21.1), tandis que chaque individu a le devoir «de servir sa communauté nationale en mettant ses capacités physiques et intellectuelles à son service» et «de veiller, dans ses relations avec la société, à la préservation et au renforcement des valeurs culturelles africaines positives» (articles 29.2 et 29.7).

Le régime international des droits humains offre un assortiment varié et hétérogène d'objets d'analyse et, par conséquent, des perspectives très différentes. Il y a d'abord des questions juridiques concernant la ratification de ces traités, l'interprétation de dispositions particulières, etc. Ces questions juridiques mènent à des considérations politico-juridiques comme le problème épineux du **respect** de ces traités. À leur tour, les considérations politico-juridiques soulèvent des interrogations à l'égard de la politique extérieure, comme la question de savoir s'il est envisageable ou prudent pour un État de faire du respect des droits humains une priorité absolue dans ses relations extérieures. Il est évident que des enjeux moraux, politiques, instrumentaux et stratégiques entrent en ligne de compte dans l'élaboration des compromis entre différentes valeurs : vaut-il la peine de risquer de perdre un contrat commercial parce qu'on veut dénoncer une violation des droits humains ? Les problèmes politiques que cause la politique commerciale du Canada et des États-Unis envers la république populaire de Chine depuis 1989 illustrent bien les difficultés évoquées ici. L'aide étrangère accordée aux pays pauvres devrait-elle être liée à l'établissement de droits humains spécifiques ? Tant les réalistes (qui privilégient l'**intérêt national**) que les tenants des philosophies politiques communautariennes (qui défendent le droit des collec-

POUR EN SAVOIR PLUS

La protection internationale des droits humains : quelques déclarations, conventions et traités fondamentaux

1948	La Déclaration universelle des droits de l'homme (Assemblée générale des Nations Unies)
1948	La Convention pour la prévention et la répression du crime de génocide
1950	La Convention européenne de sauvegarde des droits de l'homme et des libertés fondamentales
1965	La Convention internationale sur l'élimination de toutes les formes de discrimination raciale
1966	Le Pacte international relatif aux droits civils et politiques et le Pacte international relatif aux droits économiques, sociaux et culturels
1979	La Convention américaine relative aux droits de l'homme
1979	La Convention sur l'élimination de toutes les formes de discrimination à l'égard des femmes
1981	La Charte africaine des droits de l'homme et des peuples (charte de Banjul)
1984	La Convention contre la torture et autres peines ou traitements cruels, inhumains ou dégradants
1984	La Convention relative aux droits de l'enfant
1989	La Déclaration des principes (sur les droits des peuples indigènes)
1993	La déclaration et le programme d'action de Vienne

tivités à déterminer leurs propres **règles**) s'opposeront inévitablement à l'universalité cosmopolitiste du régime international des droits humains. Enfin, certaines questions philosophiques ne peuvent être évitées, même si on se limite à une conception des droits humains enracinée dans la réalité concrète. Par exemple, les droits de première, de deuxième et de troisième générations sont-ils mutuellement compatibles ? En fait, les droits de deuxième et de troisième générations sont-ils même vraiment des droits ?

Chacune de ces dimensions des droits humains mérite d'être examinée. Ce sont toutefois ces questions politiques et philosophiques qui se trouvent de plus en plus souvent au premier plan de nos jours, en raison du changement de climat dans les relations internationales, qui a suivi la fin de la **guerre froide**. Jusqu'à récemment, rares étaient ceux qui rejetaient le caractère universel des droits humains. Les esprits pratiques estimaient que la teneur des déclarations et des **conventions** relatives aux droits humains était moins problématique que la question de leur respect. Le problème-clé en matière de droits humains consistait à contraindre les États à se conformer à des normes de comportement raisonnablement acceptables pour tous.

La fin de la guerre froide n'a pas fait disparaître ce problème, mais des progrès ont été accomplis. Il y a un consensus croissant au sein de la communauté internationale sur le fait qu'elle doit porter une attention particulière à tout le moins aux cas extrêmes de violation des droits humains. Par contre, le fait d'associer les droits humains à la **promotion de la démocratie** ainsi que

les dilemmes issus de la **guerre contre le terrorisme** lancée après le **11 septembre 2001** pourraient miner ce consensus (voir l'étude de cas à la page 504).

Quoi qu'il en soit, parallèlement à ces progrès marginaux mais significatifs, il est apparu un autre ensemble de questions qui remettent en cause l'universalité des droits humains. Il est clair que l'un des droits (de troisième génération) d'un peuple doit lui permettre d'être différent des autres peuples, mais une telle différence peut-elle se concrétiser autrement qu'à l'encontre de normes universelles ? Par ailleurs, l'universalité présumée des droits humains ne cache-t-elle pas un favoritisme réel envers une notion essentiellement occidentale de la politique, comme l'affirment, entre autres, les défenseurs des valeurs asiatiques ? De plus, on a souligné qu'un certain masculinisme transpire de la rhétorique des droits humains ; les féministes ont formulé diverses critiques à l'égard des articles qui figurent dans divers pactes et conventions et qui s'appuient sur les rôles traditionnellement établis en fonction du **genre** (voir l'encadré « Pour en savoir plus » à la page 511). Ces nouvelles questions remettent en cause, et même renversent, la conception habituelle du processus de globalisation. Le développement de la pensée concernant les droits, lorsqu'il va du niveau local et national au niveau mondial et universel, est souvent vu comme la grande réalisation, bien qu'incomplète, du mouvement de défense des droits humains. Il se peut toutefois qu'un retour à une conception plus étroite des droits fondamentaux offre au régime sa seule chance de survie.

Le 11 septembre 2001, la guerre contre le terrorisme et les droits humains

Dans les années 1990, la plupart des débats intéressants au sujet des droits humains portaient sur les questions culturelles ou sur le statut des droits économiques. Il était généralement admis que les droits politiques classiques, comme le droit à un procès équitable ou celui de ne pas être torturé, étaient fermement établis dans l'esprit des peuples un peu partout dans le monde et qu'ils n'étaient gravement enfreints que dans des États marginaux. Les événements du 11 septembre 2001 et la guerre contre le terrorisme ont complètement changé la donne. Le meurtre de 3000 civils innocents dans l'effondrement du World Trade Center a évidemment constitué en soi une énorme violation des droits humains, mais la réaction des États-Unis et d'autres États vulnérables devant la menace terroriste a été presque tout aussi problématique. Le gouvernement américain a ouvert à Guantánamo un camp de détention échappant à la compétence de la Cour suprême des États-Unis et y a emprisonné sans procès des centaines d'individus. Il y a redéfini la torture de façon à en exclure des techniques d'interrogation comme le simulacre de noyade (*waterboarding*, en anglais), qui était certainement considéré comme un moyen de torture lorsque la Gestapo l'utilisait. La réaction des États de l'Europe de l'Ouest a été moins dramatique mais tout de même controversée, par exemple lorsque le gouvernement britannique a tenté d'imposer de longues peines de détention sans accusation préalable. Des régimes reconnus pour leur mépris des droits humains, comme celui du Pakistan, ont reçu carte blanche des États-Unis et du Royaume-Uni, parce qu'ils se trouvaient dans le bon camp de la guerre contre le terrorisme. La politique américaine consistant à remettre des prisonniers entre les mains de tels régimes (les « transferts secrets ») vise clairement à faciliter des violations des droits humains. En fait, Alan Dershowitz, professeur à l'Université Harvard, a préconisé l'instauration de mandats de torture afin d'en régulariser et d'en contrôler la pratique (Dershowitz, 2003). De telles positions aussi extrémistes sont en voie de changer. La Cour suprême des États-Unis a affirmé sa compétence pour juger les prisonniers de Guantánamo et a reconnu la nécessité qu'ils su-bissent un procès en bonne et due forme, en partie devant l'insistance des avocats rattachés au service juridique des forces navales des États-Unis (US Navy). En outre, la dernière version des règles d'engagement de l'armée américaine interdit explicitement le recours à des méthodes d'interrogation violentes. Néanmoins, les problèmes que ces mesures étaient censées régler sont toujours présents. Peut-on considérer que les droits humains ont un caractère absolu et doivent être respectés en toutes circonstances, comme le préconisent généralement leurs défenseurs ? Ou peut-on juger que certaines violations mineures constituent un moindre mal, pour ainsi dire, en présence d'une menace extraordinaire, comme l'a affirmé Michael Ignatieff (Ignatieff, 2005) ? Il est à noter qu'en Occident, l'opinion publique a presque toujours donné une réponse affirmative à cette dernière question. C'est là un fait qui revêt une grande importance, puisque, en fin de compte, la vigueur d'un régime de droits humains, sur les plans national et international, dépend de l'appui populaire qu'il rallie.

À RETENIR

- Le régime international des droits humains est un trait bien établi de la société mondiale contemporaine et constitue un bon exemple des processus de globalisation.

- La pensée moderne distingue trois générations de droits : les droits politiques généraux, les droits économiques et sociaux et les droits des peuples.

- Aujourd'hui, l'un des principaux ensembles de problèmes porte sur le respect des normes relatives aux droits humains, en particulier dans le contexte de la guerre contre le terrorisme.

- Plus récemment, le caractère universel des droits humains a été l'objet de critiques de la part de ceux et celles qui en soulignent la nature occidentale, masculine et intolérante.

LES DROITS EN GÉNÉRAL

Puisque la notion de droits ne peut plus être tenue pour acquise, certaines questions fondamentales surgissent alors : quels peuvent être les différents types de droits (voir l'encadré de la page ci-contre) ? Les droits sont-ils nécessairement assortis de devoirs ? La réponse juridique normale apportée à ces deux premières questions consiste à distinguer certaines catégories de droits, dont quelques-uns sont rattachés à des devoirs. Ces mêmes catégories peuvent ensuite servir dans un contexte politique et moral plus large.

Sur quels fondements reposent les droits ? En termes juridiques, ils s'inscrivent d'abord et avant tout dans un système juridique. Mais dans quelle sorte de système juridique, au juste ? Il faut ici remonter à l'origine du concept de droits, c'est-à-dire à la théorie et à la pratique

Les types de droits

Une analyse tirée des propos d'un juriste américain, Wesley Hohfeld (voir Jones, 1994, pour une version moderne), distingue plusieurs types de droits. Les **droits-revendications** sont les plus fondamentaux, voire les seuls qui soient véritables, selon Hohfeld. L'exemple classique d'un droit-revendication est celui qui découle d'un contrat et assorti de devoirs corrélatifs. Les **droits à la liberté** renvoient au droit de faire quelque chose lorsqu'il n'existe aucune obligation de *ne pas* le faire, par exemple, pouvoir s'habiller comme on le veut. Ils ne sont assortis d'aucun devoir corrélatif, sauf peut-être celui de laisser chacun agir à sa guise. Parfois, un droit entraîne l'exercice d'un pouvoir. Par exemple, avoir le droit de vote signifie être habilité à voter, pouvoir voter en vertu de la loi. Enfin, il y a les **droits d'immunité**, qui signifient essentiellement que d'autres n'ont pas le droit de formuler des revendications dans certaines circonstances. Un individu atteint d'aliénation mentale au sens de la loi et une personne d'âge mineur, par exemple, disposent d'une immunité les mettant à l'abri des poursuites judiciaires pénales.

de la politique dans l'Europe médiévale. Au Moyen Âge, la théorie des droits reposait sur la notion de **droit naturel**. Les théoriciens du droit naturel divergeaient d'opinion sur plusieurs questions, mais ils s'entendaient sur une proposition centrale : il existe des normes morales universelles sur lesquelles sont fondés les droits des individus, et tous ont le devoir de les respecter (Finnis, 1980). Le trait le plus important de cet énoncé est le suivant : son application ne se limite pas à un quelconque système juridique, à une **collectivité**, à un **État**, à une ethnie, à une croyance ou à une civilisation spécifiques. C'est d'ailleurs cette proposition qui se trouve à l'origine d'une bonne partie de la rhétorique sur les droits humains universels.

Le droit naturel a fourni la théorie, mais, dans le monde plus brutal de la pratique politique médiévale, les droits comportaient des connotations très différentes. Un droit résultait d'une concession arrachée, probablement par la force, à un supérieur nominal. La Grande Charte (*Magna Carta*, 1215) en est un bon exemple. Les barons anglais ont obligé le roi Jean sans Terre à leur accorder à perpétuité, ainsi qu'à leurs descendants, un ensemble de libertés dont la majorité était très spécifique et se rapportait à des griefs précis. Dans son ensemble, la Grande Charte était fondée sur l'important principe stipulant que les sujets du roi lui doivent obéissance seulement s'il accède à leurs demandes. Manifestement, il s'agissait là d'un contrat ou d'une entente politiques.

Les droits établis par entente politique entre le monarque et ses sujets ne sont pas forcément incompatibles avec les droits issus du droit naturel. Cela dit, il faut se rappeler que les principes respectifs sur lesquels se fondent ces deux sources de la notion de droits ne sont pas simplement différents mais bien opposés. Ainsi, les droits fondés sur le droit naturel relèvent de la raison et de l'épanouissement humain et sont universels dans le temps et dans l'espace. Les droits consacrés par une charte, quant à eux, ne font que décrire en termes juridiques le résultat d'un contrat ou d'une entente politiques et sont, par définition, limités aux parties en cause et donc restreints dans le temps et dans l'espace.

À RETENIR

- Il faut établir le statut des droits, c'est-à-dire déterminer à la fois ce qu'est un droit, quels sont les types de droits que les individus possèdent et si les droits sous-entendent ou non des devoirs.

- La pensée relative aux droits trouve son origine dans la doctrine du droit naturel et dans la pratique politique de l'obtention d'un droit par la force.

- Le droit naturel engendre des droits et des devoirs universels, tandis qu'une charte accorde des libertés locales et particulières. Ces deux sources de la notion de droits sont susceptibles d'entrer en conflit.

LA CONCEPTION LIBÉRALE DES DROITS HUMAINS

La rhétorique complexe de la pensée médiévale à propos des droits s'est maintenue jusqu'à l'époque moderne. Des philosophes politiques comme Hugo Grotius (1583-1645), Thomas Hobbes (1588-1679) et John Locke (1632-1704) ont continué à se référer à des notions de droit naturel, mais d'une façon radicalement différente de celle de leurs prédécesseurs. Des militants politiques, comme les parlementaires durant la guerre civile anglaise, ont évoqué les droits et privilèges qui, selon eux, avaient été accordés à leurs ancêtres pour étayer ce qu'ils estimaient être leur statut d'Anglais libres de naissance. Peu à peu a émergé une synthèse pouvant être considérée comme la conception libérale des droits. Cette conception s'appuie sur deux principes fondamentaux.

1. Les êtres humains possèdent des droits à la vie, à la liberté, à la possession assurée de biens, à l'exercice de la liberté de parole, etc., qui sont inaliénables, c'est-à-dire qui ne peuvent être échangés contre autre

chose, et inconditionnels, c'est-à-dire que le seul motif acceptable de restreindre les droits d'un individu est la protection des droits d'un autre individu.

2. La fonction primordiale d'un gouvernement consiste à protéger ces droits. Les **institutions** politiques doivent être jugées selon leur exécution de ce mandat spécifique, et le devoir politique repose sur leur succès à cet égard. En somme, la vie politique est fondée sur une sorte de contrat implicite ou explicite entre la population et le gouvernement.

D'un point de vue philosophique et conceptuel, il est facile de dénigrer une telle position sous prétexte qu'elle résulte d'un mélange disparate d'idées médiévales mal digérées. Comme l'ont souligné le philosophe allemand G. W. F. Hegel (1770-1831) et de nombreux penseurs communautariens qui l'ont suivi, cette position tient pour acquis que les droits individuels, et même les individus, préexistent à la société. Toutefois, il semble plutôt difficile d'imaginer qu'une personne puisse avoir une existence individuelle sans faire partie d'une société. Selon le juriste britannique Jeremy Bentham (1748-1832), le gouvernement a pour fonction essentielle de promouvoir le bien général (ce qu'il appelait l'utilité). L'idée que des individus puissent avoir le droit de miner cette fonction lui paraissait insensée, surtout que personne n'était en mesure de lui dire d'où provenait un tel droit ; toute cette idée était « une absurdité solennelle ». Par ailleurs, le théoricien socialiste Karl Marx (1818-1883) et de nombreux penseurs majeurs subséquents ont montré en quoi la position libérale privilégie les droits de propriété à l'avantage des riches et des puissants. Tous ces arguments soulèvent des questions cruciales, mais sous-estiment le très fort attrait rhétorique de la position libérale. La plupart des individus vont moins se soucier des insuffisances conceptuelles de cette position sur les droits humains pour davantage retenir les bienfaits manifestes que comporte la vie dans un système politique qui est fondé sur cette position ou qui en est imprégné.

L'un des traits incertains de la position libérale peut être évoqué au moyen de la question suivante : dans quelle mesure les droits qu'elle définit sont-ils considérés comme universels ? Ainsi, la Déclaration des droits de l'homme et du citoyen de 1789, issue de la Révolution française, s'attribue une portée universelle, comme son titre le laisse entendre. Or, même là, l'article I, à vocation universaliste – « Les hommes naissent et demeurent libres et égaux en droits » –, est suivi peu après de l'article selon lequel « le principe de toute Souveraineté réside essentiellement dans la Nation » (article III). Et lorsque la France révolutionnaire et napoléonienne s'est

employée à instaurer les droits de l'homme dans le reste de l'**Europe**, le résultat final a remarquablement revêtu tous les traits, aux yeux de la plupart des contemporains, d'un **empire** français. La position libérale, bien qu'universelle en principe, est particulariste dans son application et tient les frontières de l'État plus ou moins pour acquises.

Au cours des XIXe et XXe siècles, l'humanitarisme et le caractère normatif international des droits humains ont placé ces questions au premier plan. Lors du congrès de Vienne en 1815, les grandes puissances ont accepté l'obligation de mettre fin à la traite des esclaves, que la déclaration de Bruxelles de 1890 a finalement abolie, tandis que l'esclavage lui-même a été formellement déclaré illégal par la Convention relative à l'esclavage de 1926. Les conventions de La Haye de 1907 et les conventions de Genève de 1926 ont été conçues pour intégrer des considérations humanitaires dans la conduite de la guerre. Le Bureau international du travail, fondé en 1901, et son successeur, l'Organisation internationale du travail, se sont efforcés d'établir des normes à appliquer dans les milieux de travail grâce à des mesures comme la Convention concernant le travail forcé ou obligatoire de 1930.

Toutefois, si ces mesures et d'autres ensuite forment, ensemble, un cadre assez bien défini pour un certain type de **gouvernance globale**, elles s'inscrivent dans un contexte où les notions de **souveraineté** et de **non-intervention** sont tenues pour acquises et ne vont être outrepassées qu'avec une forte réticence. Par exemple, l'abolition de la traite des esclaves s'est effectuée beaucoup plus facilement que l'abolition de l'esclavage ; la traite comportait des transactions internationales, tandis que l'esclavage concernait ce que les États font à leurs propres citoyens. D'ailleurs, cette pratique subsiste encore aujourd'hui dans certaines régions de l'Afrique et du Moyen-Orient.

Tant et aussi longtemps que la souveraineté demeure une **norme** du système, les préoccupations humanitaires ne peuvent que prendre la forme d'exhortations et d'une définition de critères. Dans l'Angleterre du XIXe siècle, des libéraux radicaux de l'École de Manchester comme John Bright (1811-1889) et Richard Cobden (1804-1865) critiquaient vigoureusement la diplomatie traditionnelle, mais ils approuvaient néanmoins le principe de non-intervention, au motif que leurs opposants invoquaient des arguments moraux afin d'appuyer des interventions pratiquées, en réalité, pour des raisons liées à la politique de puissance et à la volonté générale de semer le trouble. Il s'agit là d'une thèse bien connue qui est énoncée le plus souvent, au XXIe siècle, en allusion directe aux héritiers américains de l'ancienne position britannique dans le monde.

Cobden a constamment défendu des positions anti-interventionnistes et anti-impérialistes, tandis que d'autres libéraux ont été plus sélectifs. La campagne lancée par Gladstone dans les années 1870 pour chasser de l'Europe l'Empire ottoman avec armes et bagages s'appuyait sur une position plus répandue, selon laquelle les mêmes normes ne pouvaient être appliquées à la fois aux peuples civilisés et aux peuples considérés comme non civilisés. D'après Gladstone, l'Empire ottoman, bien que membre à part entière de la **société internationale** depuis 1856, ne pouvait revendiquer les droits d'un État souverain parce que ses institutions n'étaient pas à la hauteur des normes requises. En fait, cette prise de position de Gladstone a été brièvement consacrée en droit international dans la notion de normes de civilisation (voir l'encadré ci-dessous). Au début du XXIe siècle, cette notion apparaît comme la trace d'une époque heureusement derrière nous, mais la croyance populaire actuelle en matière de droits humains procède d'idées assez similaires.

POUR EN SAVOIR PLUS

La souveraineté et les normes de civilisation

Au XIXe siècle, les Européens qui se rendaient en Chine, au Japon et dans d'autres pays non européens à des fins commerciales étaient réticents à accepter que la compétence des systèmes juridiques locaux s'applique à leurs personnes et à leurs biens. Ils estimaient que ces systèmes enfreignaient souvent ce qu'ils considéraient comme des principes de justice fondamentaux, tels que les systèmes qui autorisaient l'aristocratie et l'élite militaire à rendre une justice sommaire. La souveraineté des États représente cependant un principe essentiel de la société internationale, qui exige le respect des institutions des États en faisant partie ainsi que la non-ingérence dans ces mêmes institutions. Lorsqu'ils avaient la capacité de le faire, les Européens réglaient ce problème en exigeant que les pays concernés respectent les conventions juridiques européennes (les normes de civilisation) avant de pouvoir devenir membres à part entière de la société internationale. Entre-temps, des tribunaux spéciaux étaient mis sur pied par et pour les Européens et ceux qui feraient affaire avec eux. De telles restrictions ont suscité de vifs ressentiments dans les pays concernés parce qu'elles leur conféraient un statut inférieur, de sorte que l'abolition du « régime de capitulations » (ainsi dénommé à l'époque) a constitué une forte revendication nationaliste partout où ces restrictions ont été appliquées.

La volonté des libéraux d'orienter leur pensée sur les droits humains vers un interventionnisme accru a caractérisé la deuxième moitié du XXe siècle. Les horreurs de la guerre de 1914-1918 ont accéléré les tentatives d'instaurer un système de paix fondé sur un certain type de gouvernement international. Si la Société des Nations créée en 1919 ne comptait sur aucun mécanisme relevant directement des droits humains, il était néanmoins tenu pour acquis que ses membres seraient des États régis par la primauté du droit et respectueux des droits individuels. La Charte des Nations Unies adoptée en 1945, à la fin de la Seconde Guerre mondiale, comporte des références directes aux droits humains, qui reflètent l'incidence, sur l'état d'esprit général de l'époque, des atrocités de cette guerre et notamment du massacre de millions de Juifs, de Roms et de Slaves dans les camps d'extermination de l'Allemagne nazie. Dans ce contexte, il apparaissait d'autant plus nécessaire d'affirmer une position universelle, et les conditions étaient ainsi réunies pour que se multiplient les lois internationales sur les droits humains tout au long de l'après-guerre.

À RETENIR

- De la théorie et de la pratique médiévales a émergé une synthèse, c'est-à-dire la position libérale sur les droits humains, qui associe une pensée universelle et une pensée particulariste, soit des droits universels établis dans le cadre d'un contrat liant les dirigeants et les citoyens.

- La position libérale apparaît suspecte sur le plan conceptuel, mais convaincante sur les plans politique et rhétorique.

- Le libéralisme au XIXe siècle prônait une réforme humanitaire internationale, mais s'inscrivait dans les limites imparties par les normes de souveraineté et de non-intervention. Aux yeux de certains libéraux, celles-ci ne s'appliquaient pas lorsqu'il était question de normes de civilisation.

- Au XXe siècle, la pensée sur les droits humains a été moins restrictive, surtout en raison des horreurs des guerres mondiales et de l'holocauste.

1948 ET LA CONCEPTION MODERNE

Les préoccupations humanitaires apparues après 1945 ont donné lieu à la multiplication des lois et des normes, décrite dans l'introduction du présent chapitre. S'il est vrai que les pactes datant de 1966 (voir l'encadré « Pour en savoir plus » à la page 503) font aujourd'hui partie intégrante du droit international et que la Convention européenne de 1950 comporte le dispositif d'application le plus efficace, la Déclaration universelle des droits de l'homme adoptée par l'Assemblée générale de l'ONU en 1948 occupe néanmoins une place déterminante, malgré son ton déclamatoire et son manque de fermeté. Pour la première fois dans l'histoire, la signature de cette déclaration souligne les efforts entrepris par la communauté internationale pour définir un code détaillé régissant le mode de gouvernement des pays membres. À la fin des années 1940, l'ONU était dominée par l'Occident, ce que reflète clairement la teneur de la déclaration, qui met l'accent sur les libertés politiques. Le résultat du vote à l'Assemblée générale a été le suivant : 48 voix pour l'adoption de la déclaration, aucune voix contre, et huit États se sont abstenus, pour les différentes raisons suivantes.

L'Afrique du Sud s'est abstenue. Le régime de la minorité blanche en Afrique du Sud niait tout droit à la majorité de la population sud-africaine et ne pouvait évidemment pas accepter que «tous les êtres humains naissent libres et égaux en dignité et en droits» (article 1). L'Afrique du Sud a prétexté que cet article ne respectait pas la protection de la compétence nationale des États que garantit l'article 2 (7) de la Charte des Nations Unies. Il s'agit là d'un cas clair et simple de droits politiques de première génération.

L'Union soviétique et cinq pays du bloc de l'Est se sont abstenus. Même si l'URSS à l'époque de Staline était certainement une tyrannie, le gouvernement soviétique ne s'opposait pas officiellement aux libertés politiques définies dans la déclaration. Il a plutôt voulu ainsi protester contre l'attention insuffisante accordée aux droits économiques et sociaux, comparativement à la définition détaillée des libertés et des droits de propriété perçus comme bourgeois. L'URSS considérait la déclaration comme un instrument de la guerre froide, conçu pour stigmatiser les régimes socialistes. Ce point de vue représente, en fait, une description passablement juste des motifs des auteurs de la déclaration.

L'Arabie saoudite s'est abstenue. Elle constituait l'un des rares pays non occidentaux membres de l'ONU en 1948 et pratiquement le seul dont le type de gouvernement ne relevait pas, en principe, d'un modèle occidental quelconque. Elle s'opposait à la déclaration pour des motifs religieux et en rejetait spécifiquement l'article 1 (3), qui consacre des libertés fondamentales pour tous sans distinctions, entre autres, de religion. Les dispositions de cet article étaient contraires non seulement à des lois saoudiennes spécifiques, comme celles qui interdisaient (et interdisent toujours) la pratique de la religion chrétienne en Arabie saoudite, mais aussi aux principes fondamentaux de l'islam, qui ne reconnaît aucun droit à l'apostasie. Il s'agit ici d'une affirmation de droits de troisième génération, d'un droit à la différence et d'un rejet de l'universalité de la déclaration.

Ainsi, l'inauguration du régime universel des droits humains a fait émerger les enjeux qui cristalliseront la politique des droits humains au cours des soixante années qui suivront.

À RETENIR

- La politique qui sous-tend la Déclaration universelle des droits de l'homme de 1948 reflète les trois principaux enjeux liés aux droits humains durant l'après-guerre.

- Il y a d'abord l'opposition entre l'ancienne norme de souveraineté et la nouvelle norme des principes universels.

- Il y a ensuite l'opposition entre la formulation politique et libérale et la formulation économique et sociale des droits humains.

- Il y a enfin l'affirmation du droit des peuples à la différence.

LES DROITS POLITIQUES ET ÉCONOMIQUES

«Nul ne sera soumis à la torture, ni à des peines ou traitements cruels, inhumains ou dégradants» (Déclaration universelle des droits de l'homme, article 5, Pacte international relatif aux droits civils et politiques, article 7, Convention sur la torture, etc.). Il s'agit d'une immunité désormais bien établie, mais que signifie-t-elle en pratique pour un individu exposé au risque de subir un pareil traitement? S'il a la chance de vivre dans un État régi par la primauté du droit, les tribunaux de son pays peuvent très bien respecter l'immunité de cet individu, et le caractère international des règles de droit n'entrera en jeu que de façon marginale. Ainsi, un Européen insatisfait du traitement reçu chez lui peut être en mesure de poursuivre à l'extérieur de son pays une bataille juridique relative à une pratique spécifique, s'il présente sa cause devant la Commission européenne des droits de l'homme ou la Cour européenne des droits de l'homme. Dans les États non européens régis par la primauté du droit, aucun recours direct analogue n'est disponible, mais la notion de droits universels vient au moins étayer l'argument rhétorique pour des droits qui sont établis ailleurs, c'est-à-dire au niveau politique national.

Le cas le plus intéressant se produit quand la victime potentielle ne vit pas dans un État régi par la primauté

du droit, c'est-à-dire lorsque le gouvernement et les tribunaux du pays de cette victime sont à l'origine du problème, plutôt que d'en être la source d'une solution possible. Quelle aide cette victime est-elle en droit d'attendre de la part de la communauté internationale? Quelles sont les conséquences du refus de ce gouvernement de respecter ses obligations en la matière? La situation est d'autant plus problématique que, même dans les cas où les violations sont assez flagrantes, il est parfois difficile de déterminer ce que d'autres États peuvent effectivement faire, même dans l'hypothèse où ils veulent agir. Cette volonté ne peut être tenue pour acquise puisque les États interviennent rarement, voire jamais, par simple souci du respect des droits humains. Ainsi, durant la guerre froide, l'Occident a régulièrement condamné en paroles des violations des droits humains commises par l'Union soviétique et ses alliés. Il n'a pratiquement jamais concrétisé toutefois de telles condamnations en agissant de façon spécifique, car la puissance de l'Union soviétique rendait imprudente toute intervention directe; même des sanctions relativement mineures n'étaient adoptées que si l'état général des relations Est-Ouest indiquait que ces sanctions seraient appropriées (voir le chapitre 4). Des considérations similaires semblent aujourd'hui marquer les relations entre les pays occidentaux et la Chine. Inversement, les violations commises par des pays alliés de l'Occident étaient régulièrement passées sous silence ou même justifiées dans certains cas. La guerre contre le terrorisme en offre d'ailleurs des exemples bien contemporains. La fin de la guerre froide a laissé croire à l'émergence possible d'une politique plus équilibrée à l'encontre des violations des droits humains. Des politiques plus actives ont effectivement été appliquées dans certains cas, mais les espoirs d'un changement marqué des politiques gouvernementales en la matière ont été déçus. Par exemple, en 1997, le nouveau gouvernement travailliste en Grande-Bretagne a exprimé sa volonté de placer les droits humains au cœur de sa politique extérieure. Comme il fallait sans doute s'y attendre, la politique gouvernementale mise en œuvre a paru être déterminée par des considérations politiques et commerciales tout aussi fréquemment que par le passé, et ce, même avant les événements du 11 septembre 2001 et le déclenchement de la guerre contre le terrorisme (Smith et Light, 2001).

Dans l'ensemble, on pourrait croire improbable que des individus maltraités par un régime non constitutionnel obtiennent un véritable appui quelconque de la communauté internationale, à moins que ce régime soit faible, n'ait aucune importance stratégique et n'offre aucun intérêt d'ordre commercial. Même dans un tel cas, il est irréaliste de penser que des mesures efficaces soient prises, sauf si un autre facteur est présent: la vigueur de l'opinion publique. C'est là le seul facteur positif susceptible de pousser un État à passer à l'action. La croissance des organisations non gouvernementales humanitaires a peu à peu façonné un contexte où la force de l'opinion publique peut parfois avoir des effets tangibles, pas forcément sur le régime oppresseur lui-même, mais plutôt sur le processus d'élaboration des politiques publiques des pays pouvant apporter leur secours.

La situation à propos des droits de deuxième génération est plus complexe, comme dans le cas du «droit de toute personne à un niveau de vie suffisant pour elle-même et sa famille, y compris une nourriture, un vêtement et un logement suffisants, ainsi qu'à une amélioration constante de ses conditions d'existence» (Pacte international relatif aux droits économiques, sociaux et culturels, article 11.1), ou du «droit fondamental qu'a toute personne d'être à l'abri de la faim» (article 11.2). De nombreux auteurs cosmopolitistes ont affirmé que de tels droits ont, ou devraient avoir, une importance cruciale. Par exemple, le professeur Henry Shue (1996) avance que ce n'est que lorsque ces droits fondamentaux sont respectés qu'il devient possible d'en revendiquer d'autres. Pour sa part, Thomas Pogge (2002) estime que l'atténuation de la **pauvreté** dans le monde représente la tâche vitale du régime des droits humains.

Le Pacte international relatif aux droits économiques, sociaux et culturels stipule notamment que ses signataires ont l'obligation de concrétiser ces droits, mais on peut penser qu'il s'agit ici d'une obligation différente de celle, par exemple, de s'abstenir d'infliger à des individus des traitements cruels ou dégradants. Dans ce dernier cas, tout comme dans le cas d'autres droits essentiellement politiques, la décision et la mesure à prendre se situent sans équivoque entre les mains des gouvernements nationaux. Pour mettre fin à la torture, les États doivent cesser d'y recourir. Le droit de ne pas être torturé est associé au devoir de ne pas pratiquer la torture. Le droit qu'a un individu d'être à l'abri de la faim, par contre, ne relève pas simplement d'un devoir incombant aux États de ne pas appliquer des politiques qui causent la faim. Il découle aussi d'un devoir d'agir «pour assurer une répartition équitable des ressources alimentaires mondiales par rapport aux besoins» (Pacte international relatif aux droits économiques, sociaux et culturels, article 11.2b). La distinction établie ici est parfois assimilée à celle qu'il y a entre des droits négatifs et des droits positifs, bien que ce ne soit pas satisfaisant dans le cas présent, puisque la protection réelle de droits négatifs (politiques) nécessite souvent l'adoption de mesures positives.

Quoi qu'il en soit, la notion de droits économiques demeure un peu problématique. D'abord, il n'est pas certain du tout que, même avec une bonne volonté, de tels objectifs sociaux et économiques puissent toujours être atteints, si bien qu'évoquer un droit quelconque ne pouvant pas être respecté constituerait un problème. Dans de telles circonstances, un droit désigne simplement un état des choses généralement souhaitable. Aussi un tel affaiblissement du concept de droit peut-il avoir pour effet de miner des revendications plus précises pour des droits qui, doit-on espérer, peuvent être reconnus (comme le droit de ne pas être torturé). Ensuite, certains États peuvent chercher à utiliser plus directement des droits économiques et sociaux dans le but d'ébranler des droits politiques. Ainsi, les régimes dictatoriaux dans les pays pauvres allèguent assez souvent que le non-respect des droits politiques est justifié au nom de la promotion de la croissance ou de l'égalité économiques. En fait, il n'existe aucune raison d'accepter la validité générale d'un tel raisonnement – l'économiste Amartya Sen affirme à juste titre que le **développement** et la liberté vont de pair (Sen, 1999) –, mais certains y font encore appel, et pas toujours de mauvaise foi. Enfin, s'il était reconnu que tous les États ont un devoir positif de promouvoir partout le bien-être économique et la nécessité de mettre tous les citoyens à l'abri de la faim, alors les conséquences ne se limiteraient pas à l'obligation pour les riches de partager leur avoir avec les pauvres, aussi révolutionnaire que serait une telle obligation. Presque toutes les politiques sociales et économiques nationales seraient ainsi assujetties à une réglementation internationale. Les États riches auraient certainement le devoir de prévoir ce que seraient les conséquences de leurs politiques économiques et sociales pour les pauvres, mais les États pauvres auraient eux aussi ce même devoir. Le droit des pauvres à recevoir de l'aide engendre le devoir des riches de les aider, mais ce devoir confère à son tour aux riches le droit de souligner que les pauvres ont le devoir de ne pas aggraver leur situation, par exemple en refusant de restreindre la croissance démographique ou en adoptant des politiques économiques inadéquates. Les programmes d'aide du Commonwealth et de la Banque mondiale ainsi que les programmes d'ajustement structurel du Fonds monétaire international sont régulièrement assortis de conditions de ce genre. Ils font cependant l'objet d'un profond ressentiment parce qu'ils sont contraires à un autre droit économique et social largement accepté : «Tous les peuples ont le droit de disposer d'eux-mêmes. En vertu de ce droit, ils déterminent librement leur statut politique et assurent librement leur développement économique, social et culturel» (Pacte international relatif aux droits économiques, sociaux et culturels, article 1.1). Même lorsqu'elles sont appliquées d'une façon cohérente et bien intentionnée, les pressions d'origine extérieure qui visent à modifier une politique sont rarement populaires, même auprès de ceux qui sont censés en bénéficier.

En revanche, il est certainement vrai que des individus subissant une grande pauvreté et une malnutrition aiguë ne sont probablement pas en état d'exercer quelque droit que ce soit tant que leurs conditions de vie ne se seront pas améliorées. Il est peut-être exact aussi, comme l'affirme Pogge, que les transferts véritablement nécessaires pour susciter une hausse acceptable du niveau de vie partout dans le monde sont suffisamment modestes pour ne pas créer les problèmes évoqués. Tout de même, il demeure préférable de considérer la plupart des droits économiques et sociaux comme des aspirations collectivement acceptées, plutôt que comme des droits définis selon leur sens traditionnel.

À RETENIR

- La politique des droits varie selon le caractère constitutionnel ou non du régime politique concerné.

- Dans tous les cas, la communauté internationale agit rarement pour le respect des droits humains, sauf lorsque l'opinion publique se mobilise.

- Les droits économiques et sociaux sont conceptuellement différents des droits politiques et induisent une remise en question plus fondamentale des normes existantes en matière de souveraineté et de non-intervention.

LA REMISE EN CAUSE DE L'UNIVERSALITÉ DES DROITS HUMAINS

La notion même de droits humains restreint la gamme des régimes politiques nationaux qui sont internationalement acceptables. S'ils étaient appliqués avec sérieux et à la lettre, les principes qui sous-tendent les droits humains depuis 1945 créeraient une situation où tous les États seraient obligés de se conformer à un modèle assez rigide qui dicterait la plus grande partie de leurs structures politiques et de leurs politiques sociales et économiques.

Les partisans traditionnels des droits humains affirment que ce serait là une bonne chose, puisque l'instauration universelle des pratiques exemplaires concernant ces droits serait bénéfique pour tous les peuples. Par contre, d'autres expriment leur désaccord. Le droit postérieur à 1945 correspond-il véritablement aux meilleures pratiques possibles ? La critique féministe des droits humains universels est particulièrement pertinente ici (voir l'encadré ci-dessous). Les documents universels privilégient tous, à différents degrés, une conception patriarcale de la famille en tant qu'unité fondamentale de la société. Même un document comme la Convention sur l'élimination de toutes les formes de discrimination à l'égard des femmes adoptée en 1979 ne fait rien de plus qu'appliquer aux femmes l'ensemble libéral habituel des droits. Le débat se poursuit entre les féministes modernes pour déterminer s'il s'agit là d'un véritable progrès (Peters et Wolper, 1995).

Plus fondamentalement, la notion même de pratiques exemplaires est-elle valable ? L'abstention saoudienne, en 1948, fut une forme d'objection à cette notion. La thèse avancée est simple : l'universalité élimine non seulement les différences non désirables entre les sociétés, mais aussi les différences souhaitables et souhaitées. Le mouvement de défense des droits humains insiste sur l'humanité commune des peuples du monde, mais nombreux sont ceux qui aiment souligner que les facteurs distinguant les peuples sont aussi importants que les facteurs les unissant. Par exemple, la Déclaration des principes (sur les droits des peuples indigènes) adoptée à Panama en 1984 par un groupe non gouvernemental, le Conseil mondial des peuples indigènes, définit des positions visant à préserver des traditions, des coutumes, des institutions et des pratiques des peuples indigènes (dont beaucoup, faut-il le rappeler, sont contraires aux normes libérales contemporaines, notamment le communautarisme primant fondamentalement l'individualisme). À l'instar des critiques féministes, le principal argument avancé ici souligne que l'actuel régime international des droits humains est trop étroitement lié aux expériences vécues par une partie de l'humanité, en l'occurrence l'Occident. Bien entendu, rien n'exclut que, en pratique, la critique culturelle et la critique féministe empruntent des voies différentes (voir l'étude de cas à la page 512).

Cette question philosophique a pris une tournure politique dans les années 1990. Immédiatement après la guerre froide et surtout après l'élection de Bill Clinton à la présidence des États-Unis en 1992, il a été question que les États-Unis adoptent des politiques actives de promotion de la démocratie. Réagissant à une telle éventualité, différents gouvernements et intellectuels de l'Asie orientale ont tenu à rappeler l'existence de valeurs asiatiques spécifiques qui devaient être défendues et protégées (voir l'encadré « Pour en savoir plus » à la page 513). Ils ont ajouté que les droits humains peuvent être simplement considérés comme un ensemble de choix sociaux particuliers que ne sont pas obligés de juger contraignants ceux qui se sont donné des valeurs différentes et qui font donc des choix sociaux tout aussi différents, comme les musulmans et les confucianistes, par opposition à une chrétienté de plus en plus laïque. Cette perspective se reflète en partie dans la déclaration et le programme d'action de Vienne, un document qui a émané de la conférence mondiale sur les droits de l'homme de 1993. On y proclame la nécessité de ne pas perdre de vue « l'importance des particularismes nationaux et régionaux et la diversité historique, culturelle et religieuse » lorsqu'il est question des droits humains.

De retour à l'histoire des droits, on peut constater que la distinction entre des droits fondés sur le droit naturel et des droits fondés sur un contrat devient donc cruciale. Ce n'est que si les droits s'appuient sur une certaine

POUR EN SAVOIR PLUS

La critique féministe à l'encontre des droits humains

Encore récemment, les traités relatifs aux droits humains étaient rédigés dans des termes indiquant que le détenteur des droits était un homme et qu'il était le chef de ménage. De nombreuses féministes affirment qu'une telle formulation illustre davantage qu'une simple convention linguistique ancienne. Le régime des droits politiques et civils classiques (liberté d'expression, liberté d'association, protection contre une arrestation arbitraire, etc.) tient pour acquis que les détenteurs de droits mèneront, ou voudront mener, une vie de citoyen actif ; cependant, il y a un demi-siècle à peine, une telle vie était inaccessible à presque toutes les femmes dans presque toutes les cultures. Plutôt que de profiter d'une telle vie publique, les femmes étaient confinées à la sphère privée et assujetties au pouvoir arbitraire et capricieux du chef (masculin) de ménage. Ce n'est que très récemment que les femmes, dans les démocraties libérales occidentales, ont acquis le droit de vote, le droit de se présenter aux élections et celui de posséder des biens en leur nom propre. Cela dit, des questions comme la criminalisation du viol au sein du mariage et l'adoption de mesures efficaces de prévention de la violence conjugale contre les femmes demeurent encore controversées. La situation est encore pire dans les sociétés non occidentales, comme le montre l'étude de cas sur l'islam, les femmes et les droits humains. On peut penser qu'une conception des droits humains qui soit véritablement égale pour les femmes et pour les hommes est possible, mais certaines féministes radicales affirment plutôt qu'une conception différente est en fait nécessaire (voir Catherine Mackinnon, 1993).

L'islam, les femmes et la critique culturelle à l'encontre des droits humains

Tant les tenants de la critique culturelle que de nombreuses féministes soutiennent, de façon convaincante, que le modèle du détenteur de droits qui définit le régime contemporain international des droits humains est fondé sur les expériences des hommes occidentaux. Ces deux groupes divergent cependant d'opinion quant aux conséquences de leur prise de position commune. Les féministes libérales souhaitent que les droits des hommes soient aussi ceux des femmes, tandis que les féministes radicales préfèrent promouvoir un nouveau modèle humain qui ne privilégie ni les hommes ni les femmes. Pour leur part, la plupart des tenants de la critique culturelle souhaitent préserver le statut acquis et les différences de pouvoir fondées sur le genre.

Les relations entre le monde musulman et le régime des droits humains soulèvent les contradictions les plus vives, surtout parce que les rapports entre l'islam et l'Occident sont tellement tendus à d'autres égards que toutes les différences en sont d'autant amplifiées. Les islamistes radicaux ou traditionalistes préconisent le maintien des rôles traditionnels dévolus aux hommes et aux femmes, l'imposition de restrictions à la liberté des femmes et le port obligatoire de vêtements qui dissimulent le corps, comme le niqab ou la burqa. Un grand nombre de ces restrictions ne sont toutefois pas prescrites par le Coran ou les hadiths (recueils des actes et des paroles de Mahomet) et peuvent plutôt être considérées comme des moyens de préserver la domination des hommes sur les femmes. Il faut cependant préciser ici qu'elles sont aussi parfois acceptées par des musulmanes qui s'en servent pour affirmer leur identité tant religieuse que politique. Par contre, certaines pratiques musulmanes qui rejettent explicitement l'égalité des genres représentent une remise en cause plus fondamentale du régime des droits humains. On entend souvent dire, et à juste titre, que les propos figurant dans le Coran sur le statut des femmes étaient largement en avance sur la pensée qui prévalait au VIIe siècle après Jésus-Christ, y compris les pensées chrétienne et juive de cette époque. Cependant, il n'en demeure pas moins que le témoignage d'une femme devant un tribunal islamique vaut moins que celui d'un homme et qu'une femme ayant des relations sexuelles extra-conjugales est passible d'un châtiment, même en cas de viol. Les autres grandes religions monothéistes conservent des vestiges misogynes, mais les théologiens chrétiens et juifs classiques ont grandement réinterprété les éléments de leurs traditions qui désavantagent radicalement les femmes. Le rôle des femmes selon l'islam demeurera problématique pour le régime international des droits humains, alors que celui-ci tente de s'affranchir de son héritage judéo-chrétien occidental pour devenir plus ouvert. Il sera encore plus problématique, bien entendu, pour les femmes qui vivent dans un régime oppresseur, et ce, quelle que soit leur orientation religieuse ou politique.

conception de la raison et de l'épanouissement humain qu'ils acquièrent une portée véritablement universelle. Mais une telle position est-elle exempte, comme le proclament ses tenants, de préjugés culturels ? Réunit-elle un ensemble d'idées que tous les êtres rationnels doivent accepter ? Il semble que non, dans la mesure où un grand nombre de musulmans, d'hindous, de bouddhistes, d'athées, d'utilitariens et d'autres individus apparemment rationnels n'acceptent manifestement pas cette position. De deux choses l'une : ou bien les normes issues du droit naturel ou d'une doctrine similaire sont définies en termes si généraux que presque tout système social constant va les refléter, ou bien ces normes, si elles sont définies plus précisément, ne sont pas, en fait, universellement souhaitées.

Bien sûr, personne n'est obligé d'accepter à la lettre toutes les critiques formulées contre l'universalité des droits humains. Ceux-ci sont sans doute apparus d'abord en Occident, mais il ne s'ensuit pas pour autant que leur défense relève d'une pensée exclusivement occidentale. Il se pourrait bien qu'un rejet de l'universalité prôné pour des raisons de principe apparentes ne soit, en fin de compte, rien d'autre qu'une rationalisation de

Les valeurs asiatiques

Le fait que des États occidentaux, des organisations inter-gouvernementales et des organisations non gouvernementales se sont parfois appliqués à promouvoir les droits humains a toujours suscité le ressentiment et été perçu comme une marque d'hypocrisie dans le monde non occidental, qui n'a pas oublié le passé impérialiste de l'Occident s'étalant sur les quatre cents dernières années. Dans les années 1990, ce ressentiment a amené certains dirigeants des pays nouvellement industrialisés et quasi autoritaires de l'Asie du Sud-Est à affirmer l'existence de valeurs asiatiques pouvant faire contrepoids aux (prétendues) valeurs occidentales associées au régime international des droits humains. Ce faisant, ces dirigeants ont semblé confirmer l'imminence du choc des civilisations qu'a annoncé le professeur Samuel Huntington (1996). Cette affirmation de valeurs asiatiques s'est reflétée partiellement dans la déclaration de Bangkok de 1993, qu'ont formulée des ministres asiatiques dans le cadre des préparatifs de la conférence mondiale sur les droits de l'homme tenue à Vienne cette même année (pour consulter des textes à ce sujet, voir Tang, 1994). Les conceptions occidentales des droits humains étaient jugées excessivement individualistes, par opposition à l'accent mis sur la famille dans les sociétés asiatiques, et insuffisamment favorables (voire carrément hostiles) à la religion. De plus, certains décriaient la décadence morale de l'Occident en raison de l'ajout de droits en faveur des homosexuels et du succès relatif du mouvement des femmes dans sa lutte contre la discrimination sexuelle. Certains ont soutenu que de telles critiques servaient simplement à légitimer l'exercice d'un pouvoir autoritaire. Il faut néanmoins souligner que les valeurs asiatiques ne pourraient rallier les simples citoyens à moins qu'ils leur donnent leur assentiment. De façon plus pertinente, on peut douter que les positions conservatrices exprimées par les partisans des valeurs asiatiques aient un véritable caractère asiatique, lorsqu'on sait que beaucoup de conservateurs et d'intégristes occidentaux partagent leur critique de l'Occident, pendant que des défenseurs progressistes asiatiques des droits humains contestent la réalité de ces valeurs asiatiques. Des notions essentialistes telles que « l'Occident » ou « l'Asie » doivent être rejetées, car toutes les cultures et toutes les civilisations renferment des tendances différentes et souvent conflictuelles. Le monde de l'islam et le capitalisme confucéen ne sont pas plus monolithiques que le christianisme et la laïcité occidentale. La thèse des valeurs asiatiques a tourné court à la fin des années 1990, mais les problèmes qu'elle illustrait demeurent présents.

la tyrannie. Comment peut-on savoir si les citoyens de l'Arabie saoudite, par exemple, préfèrent vraiment ne pas vivre dans un système démocratique assorti de droits libéraux occidentaux, comme l'affirme leur gouvernement? Un dilemme clair apparaît ici: si on répète sans cesse aux autres sociétés qu'on accepte uniquement les régimes validés d'une manière démocratique, on leur impose alors une mesure de la légitimité qui leur est étrangère. Or, existe-t-il une autre forme de validation?

Quoi qu'il en soit, le corpus d'actes juridiques servant à protéger les droits humains universels, qui figure dans l'encadré de la page 503, n'est-il pas valide même si ces droits ne représentent effectivement que des fictions commodes? De nouveau, les partisans de la différence soutiennent que le droit international lui-même représente une notion occidentale universaliste et, de toute façon, ils font remarquer à juste titre que le bilan de l'Occident, en ce qui concerne son adhésion à des normes universelles, ne lui permet pas de justifier la moindre prétention à une supériorité morale. Ce bilan fait état de multiples crimes commis à l'ère de l'**impérialisme**, en plus de problèmes contemporains comme le traitement réservé aux réfugiés et aux demandeurs d'asile ainsi que les répercussions de la guerre contre le terrorisme.

Plus généralement, il n'existe pas de discours neutre permettant d'analyser la question des droits humains. Quelle que soit la façon d'aborder cet enjeu, elle reflète un point de vue spécifique – et ce n'est pas un hasard – qui s'inscrit au cœur même du discours qu'on entend sur cette question. Est-il possible de sauvegarder la notion de droits universels en dépit des critiques formulées à son encontre? Deux façons modernes de le faire semblent fructueuses. S'il s'avère difficile de préciser davantage les droits humains, il demeure possible d'évoquer les méfaits humains, un peu comme il est plus facile de distinguer ce qui est injuste de ce qui est juste que l'inverse (voir Booth, 1999). Pour reprendre la terminologie du philosophe américain Michael Walzer (1994), il n'existe peut-être pas de grand code moral qui soit universellement acceptable et auquel se conformeraient tous les codes locaux, mais il y a peut-être un code succinct de droits fondamentaux qui peut au moins servir à délégitimer certaines pratiques. Ainsi, la Convention pour la prévention et la répression du crime de génocide de 1948 semble offrir un exemple plausible de législation internationale qui rend illégal un méfait évident. De même, si certaines variations locales des droits établissant l'égalité des femmes sont peut-être inévitables, on peut néanmoins affirmer que des pratiques handicapant gravement les capacités humaines, comme la mutilation des organes génitaux des femmes, sont tout simplement fautives. Tout code qui ne condamne pas des pratiques infligeant de telles souffrances ne mérite aucun respect.

Ce qui précède ne va sans doute pas aussi loin que certains le voudraient, mais on y résume peut-être la réponse la plus appropriée à apporter au **pluralisme** contemporain en matière de droits humains. Il est essentiel de garder à l'esprit le fait que certaines pratiques, même si elles font l'objet d'une condamnation massive, devront être tolérées. Une autre thèse est plus favorable à des principes universels, mais elle repose sur une assise non fondationnaliste. Elle postule que les droits humains s'appuient sur une culture spécifique – le philosophe pragmatiste Richard Rorty (1993) la décrit comme la «culture des droits humains» – et elle les défend à ce titre, plutôt qu'en référence à un code interculturel quelconque. L'adoption de cette thèse entraînerait l'abandon de la notion de l'existence même des droits humains. Elle imposerait plutôt un certain prosélytisme pour un type de culture dans laquelle ces droits sont présents. En résumé, cela signifie que la vie humaine est plus sûre, plus agréable et plus digne lorsque ces droits sont reconnus que lorsqu'ils ne le sont pas.

À RETENIR

- Le modèle des droits humains limite fortement le degré de variation acceptable des pratiques sociales.

- L'universalité des droits humains peut être remise en question dans une perspective féministe, au motif que ces droits privilégieraient le patriarcat.

- Plus généralement, la thèse libérale relative aux droits repose sur une conception spécifique de la dignité humaine.

- On pourrait croire que les critiques culturelles formulées contre les droits universels, comme celles qu'énoncent les partisans des valeurs asiatiques, ne sont pas désintéressées, mais il n'existe aucun critère neutre permettant une évaluation de ces critiques.

- Un ensemble de droits fondamentaux peut toutefois être défendable, tout comme la notion d'une culture des droits humains.

CONCLUSION

C'est au cours des deux dernières décennies qu'a été consolidée la notion d'intervention humanitaire, que se sont clarifiées des doctrines juridiques internationales proposant une compétence universelle pour juger de

graves violations des droits humains et qu'a été mise sur pied la Cour pénale internationale, en 2002 (voir les chapitres 17 et 30). Chacun de ces événements laisse augurer que les droits humains seront davantage pris au sérieux à l'avenir, même s'ils sous-entendent l'existence d'un consensus mondial qui, comme on vient de le voir, ne s'est peut-être pas encore matérialisé. Il est remarquable, par exemple, que trois des cinq puissances détenant un droit de veto à l'ONU (la Chine, la Russie et les États-Unis) n'aient pas encore signé le traité à l'origine de la Cour pénale internationale, et il est encore plus remarquable qu'aucune grande puissance asiatique ne l'ait ratifié non plus, ni n'ait exprimé l'intention de le faire. Néanmoins, mis à part les innovations apparues durant la dernière décennie, ce sont les attaques terroristes survenues le 11 septembre 2001 à New York et à Washington qui ont constitué les événements récents les plus importants à s'être répercutés dans le domaine des droits humains.

Ces attentats ont eu des conséquences de deux ordres. D'une part, les exigences politiques de la guerre contre le terrorisme qui ont suivi ces attaques ont ravivé un bon nombre des pires habitudes acquises durant la guerre froide (voir l'étude de cas à la page 504). D'autre part, il se peut que la nécessité de s'attaquer aux causes profondes du **terrorisme** oriente plus clairement l'attention générale sur les droits humains. Le mouvement néoconservateur américain était certainement d'avis que la puissance des États-Unis devait se déployer au Moyen-Orient pour promouvoir un mode de gouvernement démocratique et le respect des droits humains. Cependant, comme la guerre déclenchée en Iraq en 2003 n'a pas débouché sur l'instauration d'une démocratie stable dans ce pays, les voix pour appuyer cette idée s'expriment, depuis, assez discrètement. Les libéraux cosmopolitistes ont toujours reproché aux néoconservateurs leur manque d'intérêt pour les droits sociaux et économiques, mais, plus sérieusement, il est possible qu'un élargissement de la démocratie dans la région aggrave en fait la situation dans le cas de certains droits humains, notamment ceux qui ont trait à la condition des femmes. Le triomphe de partis politiques islamiques aux dépens de partis laïques en Iraq et en Palestine donne certainement une telle impression. Tout de même, il ne faut pas complètement écarter la possibilité que, à long terme, les événements du 11 septembre 2001 contribuent à revitaliser le régime international des droits humains.

Quoi qu'il en soit, peu importe ce que les dirigeants politiques et les philosophes de droite ou de gauche vont dire ou faire, c'est la vigueur de l'appui populaire donné aux droits humains universels qui déterminera si ceux-ci vont progresser ou disparaître au fil du xx1ᵉ siècle. Si la notion de droits humains stimule l'imagination des peuples du monde, alors les insuffisances des dirigeants occidentaux et l'opposition des dirigeants autoritaires ailleurs auront peu d'importance à long terme. Par contre, si les peuples insistent pour s'identifier eux-mêmes sur la base de critères qui nient l'existence de droits universels – que ces critères soient d'ordre religieux, ethnique ou national –, alors les efforts des défenseurs des droits humains seront tout aussi vains. Il est impossible de prévoir aujourd'hui ce qu'il adviendra de cet enjeu.

QUESTIONS

1. Comment est apparu le régime de droits humains ?

2. Décrivez la relation entre les droits et les obligations.

3. Est-il utile d'établir une distinction entre les droits positifs et les droits négatifs ?

4. À l'aide d'un cas précis, établissez le lien entre les droits humains et la politique étrangère.

5. Existe-t-il des contradictions entre les droits des peuples et ceux des individus ?

6. Énumérez les préjugés liés au genre dans le régime contemporain des droits humains.

7. En vous appuyant sur un cas précis que vous aurez préalablement documenté, explorez la relation entre la démocratie et les droits humains.

8. À partir de la deuxième étude de cas, expliquez les défis que le régime des droits humains doit relever en regard de l'islam, en particulier du point de vue des femmes. Dans votre réponse, prenez une position ferme, en accord ou en désaccord avec l'analyse de l'auteur, et argumentez.

9. Commentez la notion de droits humains dans le cadre de la lutte contre le terrorisme.

10. Comparez et expliquez les perspectives culturelle et féministe sur les droits humains. Appuyez votre réponse sur un cas précis, l'une des études de cas présentées dans ce chapitre, par exemple.

Lectures utiles

Bigo, D. et al., *Au nom du 11 septembre… Les démocraties à l'épreuve de l'antiterrorisme*, Paris, La Découverte, 2008. Un ouvrage collectif qui se concentre sur la guerre contre le terrorisme et les restrictions des libertés qu'ont entraînées les événements du 11 septembre 2001.

Donnelly, J., *Universal Human Rights in Theory and Practice*, Ithaca, Cornell University Press, 2002. Les travaux de ce politologue libéral institutionnaliste sur les régimes de droits humains en relations internationales sont incontournables.

Ghebali, V.-Y., « Les droits de l'homme dans la région de l'OSCE : le bilan problématique des démocraties occidentales », *Relations internationales*, vol. 4, nº 132, 2007, p. 23-31. Une analyse critique des violations des droits humains en Europe depuis septembre 2001. Ce numéro de la revue française *Relations internationales* est entièrement consacré aux droits humains.

Koenig, M., « Mondialisation des droits de l'homme et transformation de l'État-nation. Une analyse néo-institutionnaliste », *Droit et société*, vol. 3, nº 67, 2007, p. 673-694. En examinant l'évolution du droit international depuis les années 1950, cet article étudie principalement la formalisation juridique et politique des droits humains dans le système mondial.

Pogge, T., *World Poverty and Human Rights: Cosmopolitan Responsibilities and Reforms*, 2ᵉ éd., Cambridge, Cambridge University Press, 2008. Peu de travaux de ce cosmopolitiste radical sont disponibles en français. Ils sont pourtant essentiels à la réflexion sur la responsabilité du Nord concernant la pauvreté au Sud, ainsi que sur la nécessité de considérer les droits économiques et sociaux comme fondamentaux et inhérents à la doctrine des droits humains, et de les promouvoir.

Pogge, T., « Les droits de l'homme sont-ils des critères normatifs des institutions mondiales ? », dans L. K. Sosoe (dir.), *Diversité humaine. Démocratie, multiculturalisme et citoyenneté*, Québec, Presses de l'Université Laval et L'Harmattan, 2002. Version française d'un article de cet auteur portant sur les fondements moraux et historiques du régime des droits humains ainsi que sur les défis institutionnels liés à leur mise en application.

Rodogno, D., « Réflexions liminaires à propos des interventions humanitaires des puissances européennes au XIXe siècle », *Relations internationales*, vol. 3, n° 131, 2007, p. 9-25. Réflexions sur les parallèles à établir entre les interventions humanitaires contemporaines et l'impérialisme européen.

Sen, A., *Un nouveau modèle économique : développement, justice, liberté*, Paris, Odile Jacob, 2003. Version française de *Development as Freedom*, qui propose essentiellement d'associer le développement au respect des droits humains.

Vincent, R. J., *Human Rights and International Relations*, Cambridge, Cambridge University Press, 1986. Une perspective de l'école anglaise sur l'universalisation des droits humains dans la société internationale ; un peu dépassée, mais utile.

Walzer, M., *Morale maximale, morale minimale*, Paris, Bayard, 2004. Version française d'un ouvrage influent de ce philosophe ; il propose un code moral transculturel que le monde contemporain pourrait adopter.

Chapitre 30

L'INTERVENTION HUMANITAIRE DANS LE CADRE DE LA POLITIQUE GLOBALE

Alex J. Bellamy • Nicholas J. Wheeler

GUIDE DE LECTURE

La non-intervention est généralement la norme en vigueur dans la société internationale. Cela dit, une action militaire devient-elle acceptable lorsqu'un gouvernement bafoue massivement les droits humains de ses citoyens ou qu'il se montre incapable d'empêcher les violations de ces droits, ou encore quand l'effondrement d'un État engendre une guerre civile et le chaos ? C'est la question qu'aborde le présent chapitre. Le droit international interdit le recours à la force, sauf à des fins de légitime défense ou d'application de mesures collectives autorisées par le Conseil de sécurité des Nations Unies. Le problème associé à l'intervention humanitaire consiste à déterminer si le recours à la force, en dépit de l'interdiction générale à cet égard, pourrait être justifié. Nous allons examiner les arguments favorables et défavorables en ce sens. Notre analyse théorique s'appuie sur les interventions humanitaires effectuées dans les années 1990 et dans le cadre de l'actuelle guerre contre le terrorisme et de la responsabilité de protéger.

INTRODUCTION

Dans une société internationale fondée sur les principes de **souveraineté** et de **non-intervention** et sur le non-recours à la force, l'**intervention humanitaire** constitue une question épineuse. Immédiatement après l'**holocauste**, la **société des États** a édicté des lois qui interdisent le génocide et les mauvais traitements infligés aux civils et qui reconnaissent des droits humains fondamentaux. De tels principes humanitaires entrent souvent en conflit avec ceux de souveraineté et de non-intervention. On attend d'un **État** souverain qu'il assure la **sécurité** de ses citoyens, mais que faire s'il adopte un comportement criminel envers son propre peuple et estime que sa souveraineté lui permet de tuer? Doit-on reconnaître les **États tyranniques** (Hoffmann, 1995-1996, p. 31) comme des membres légitimes de la **société internationale** et donc leur accorder la protection qui découle du principe de non-intervention? Ou doit-on plutôt considérer qu'un État qui commet des abus contre ses citoyens ou qui ne les protège pas contre de tels abus perd ses droits souverains et s'expose à une intervention légitime? À cet égard, quelles sont les responsabilités des autres États ou **institutions** de pouvoir dans l'application des **normes** liées aux droits humains contre les gouvernements qui violent massivement ces droits?

Pendant la **guerre froide**, l'intervention humanitaire armée n'était pas une pratique jugée légitime, car les États préféraient donner priorité à la souveraineté et à l'**ordre** plutôt qu'au respect des droits humains. Puis, un changement s'est produit dans les mentalités au cours des années 1990, surtout parmi les États démocratiques libéraux, qui se sont faits les pionniers de nouvelles revendications humanitaires au sein de la société internationale. Kofi Annan, alors secrétaire général de l'ONU, a relevé l'ampleur de ce changement dans un discours prononcé devant l'Assemblée générale en septembre 1999. Il y a évoqué l'émergence d'une norme internationale visant à protéger par la force les civils menacés par un génocide ou un massacre. La nouvelle norme avait toutefois peu de poids. Le Conseil de sécurité n'a jamais autorisé une intervention armée contre un État souverain pleinement fonctionnel, et une intervention menée sans l'autorisation du Conseil de sécurité suscitait la controverse. Les États du Sud, en particulier, sont demeurés préoccupés, car ils craignaient que l'intervention humanitaire soit une sorte de cheval de Troie, c'est-à-dire un discours destiné à légitimer l'ingérence des puissants dans les affaires des faibles. Au même moment, un groupe d'États libéraux démocratiques et d'**organisations non gouvernementales** ont par ailleurs tenté d'établir un consensus autour du principe de la **responsabilité de protéger**, selon lequel les États ont la responsabilité première de protéger leurs propres citoyens. Cependant, si les États ne veulent pas ou ne peuvent pas le faire, la responsabilité de faire cesser les atrocités et les tueries incombe alors à la communauté internationale dans son ensemble. Le principe de la responsabilité de protéger a été adopté par l'Assemblée générale de l'ONU et consacré dans une déclaration officielle publiée à l'issue du Sommet mondial de l'ONU en 2005. Les partisans de ce principe soutiennent qu'il jouera un rôle important dans l'édification d'un consensus sur l'action humanitaire et qu'il fera en sorte que les États pourront plus difficilement **abuser** des justifications humanitaires en les détournant à d'autres fins.

Le présent chapitre est divisé en cinq sections. La première énonce les arguments favorables à un droit et à un devoir moral d'intervention humanitaire. La deuxième esquisse les objections à l'intervention humanitaire, dont les considérations réalistes, juridiques et morales. Il est ensuite question de l'évolution des pratiques étatiques pendant les années 1990 et après le **11 septembre 2001**. La dernière section porte sur la responsabilité de protéger.

LES ARGUMENTS FAVORABLES À L'INTERVENTION HUMANITAIRE

Nous allons d'abord traiter des arguments juridiques en faveur d'un droit d'intervention humanitaire, souvent qualifiés d'**antirestrictionnistes**, ensuite, de leurs justifications morales.

Les arguments juridiques

Les arguments dits antirestrictionnistes pour l'intervention humanitaire individuelle ou collective reposent sur deux affirmations: d'abord, la **Charte des Nations Unies** (1945) engage les États à protéger les droits humains fondamentaux, ensuite, le **droit international** coutumier comporte un droit d'intervention humanitaire.

Les antirestrictionnistes soutiennent que la Charte des Nations Unies accorde la priorité tant aux droits humains qu'à la paix et à la sécurité. Ainsi, le préambule et les articles 1(3), 55 et 56 de la Charte soulignent tous la grande importance des droits humains. En fait, la protection de ces droits constitue, aux termes de l'article 1(3), l'un des principaux objectifs du système de l'ONU. Les antirestrictionnistes y ont même vu là une exception humanitaire à l'interdiction du recours à la force stipulée dans la Charte. Selon Michael Reisman, professeur de droit international à la Yale Law School,

(1985, p. 279-280), les principes de la Charte relatifs aux droits humains auraient dû amener le Conseil de sécurité, pendant la guerre froide, à autoriser des interventions armées contre les États qui ont commis un génocide ou un massacre. En raison de l'incapacité répétée du Conseil à assumer cette responsabilité juridique, Reisman estime qu'il faudrait ajouter, à l'article 2(4) de la Charte, une exception à l'interdiction du recours à la force de façon à permettre aux États de s'engager militairement à des fins humanitaires. De même, certains juristes internationaux (tel Damrosch, 1991, p. 219) sont d'avis que l'intervention humanitaire ne contrevient pas à l'article 2(4), parce que ce dernier interdit l'usage de la force uniquement contre l'«indépendance politique» ou l'«intégrité territoriale» d'un État et que l'intervention humanitaire ne s'attaque ni à l'une ni à l'autre.

D'autres antirestrictionnistes ont reconnu que la Charte des Nations Unies ne confère aucun fondement juridique à l'**intervention humanitaire unilatérale**, mais ils soutiennent que le droit international coutumier autorise une telle intervention. Pour qu'une **règle** relève du droit international coutumier, il faut que les États aient effectivement recours à la pratique à laquelle est attribué un statut de droit et qu'ils le fassent parce qu'ils croient que le droit le leur permet. Dans ce cas-ci, les juristes internationaux parlent d'*opinio juris*. Les antirestrictionnistes prétendent que le droit coutumier à l'intervention humanitaire est antérieur à la Charte des Nations Unies, comme en témoignent les arguments juridiques avancés pour légitimer les interventions britannique, française et russe en Grèce en 1827 et l'intervention américaine à Cuba en 1898. Ils mentionnent aussi que les Britanniques et les Français ont invoqué le droit coutumier international pour justifier la création de havres de sécurité en Iraq en 1991. Et Kofi Annan, alors qu'il était secrétaire général de l'ONU, a insisté sur le fait que même une intervention unilatérale visant à empêcher le génocide rwandais en 1994 aurait été légitime.

Les affirmations des antirestrictionnistes comportent toutefois différents problèmes. Elles exagèrent l'ampleur

---

POUR EN SAVOIR PLUS

La responsabilité de protéger : principes pour l'intervention militaire

1) Le seuil de la cause juste

L'intervention militaire à des fins de protection humaine doit être considérée comme une mesure exceptionnelle et extraordinaire. Pour qu'elle soit justifiée, il faut qu'un dommage grave et irréparable touchant des êtres humains soit en train – ou risque à tout moment – de se produire, tel que :

A. **des pertes considérables en vies humaines**, effectives ou présumées, qu'il y ait ou non intention génocidaire, attribuables soit à l'action délibérée de l'État, soit à la négligence de l'État ou à son incapacité à agir, soit encore à la défaillance de l'État ;

B. **un «nettoyage ethnique» à grande échelle**, effectif ou présumé, qu'il soit accompli par l'assassinat, l'expulsion forcée, la terreur ou le viol.

2) Les principes de précaution

A. **Bonne intention :** le but primordial de l'intervention, peu importe les autres motivations qui animent les États intervenants, doit être de faire cesser ou d'éviter des souffrances humaines. Pour satisfaire au mieux le principe de bonne intention, les opérations doivent avoir un caractère multilatéral et bénéficier du soutien manifeste de l'opinion publique de la région et des victimes concernées.

B. **Dernier recours :** une intervention militaire ne saurait être justifiée que lorsque chaque option non militaire de prévention ou de règlement pacifique de la crise a été explorée, étant entendu que l'on a des motifs raisonnables de penser que des mesures moins radicales n'auraient pas produit le résultat escompté.

C. **Proportionnalité des moyens :** par son ampleur, sa durée et son intensité, l'intervention militaire envisagée doit correspondre au minimum nécessaire pour atteindre l'objectif de protection humaine défini.

D. **Perspectives raisonnables :** l'intervention ne peut être justifiée que si elle a des chances raisonnables de faire cesser ou d'éviter les souffrances qui l'ont motivée, les conséquences de l'action ne devant pas être pires que celles de l'inaction.

3) Autorité appropriée

A. Il n'y a pas de meilleur organe, ni de mieux placé, que le Conseil de sécurité de l'Organisation des Nations Unies pour autoriser une intervention militaire à des fins de protection humaine. Il ne s'agit donc pas de trouver des substituts au Conseil de sécurité en tant que source de l'autorité, mais de veiller à ce qu'il fonctionne mieux qu'il ne l'a fait jusqu'à présent.

B. L'autorisation du Conseil de sécurité doit être, dans tous les cas, sollicitée avant d'entreprendre toute action d'intervention militaire. Ceux qui préconisent une intervention doivent demander officiellement l'autorisation de l'entreprendre, ou obtenir du Conseil qu'il soulève cette question de son propre chef, ou encore obtenir du secrétaire général qu'il la soulève en vertu de l'article 99 de la Charte des Nations Unies.

C. Le Conseil de sécurité doit statuer sans retard sur toute demande d'autorisation d'intervenir en cas d'allégations de pertes en vies humaines ou de nettoyage ethnique à grande échelle. Il doit alors procéder à une vérification suffisamment approfondie des faits ou de la situation sur le terrain susceptibles de justifier une intervention militaire.

D. Les cinq membres permanents du Conseil de sécurité devraient s'entendre pour renoncer à exercer leur droit de veto, dans les décisions où leurs intérêts vitaux ne sont pas en jeu, afin de ne pas faire obstacle à l'adoption de résolutions autorisant des interventions militaires qui, destinées à assurer la protection humaine, recueillent par ailleurs la majorité des voix.

E. Si le Conseil de sécurité rejette une proposition d'intervention ou s'il ne donne pas suite à cette proposition dans un délai raisonnable, les autres options possibles sont les suivantes :

   I. l'Assemblée générale réunie en session extraordinaire d'urgence dans le cadre de la procédure officielle de « l'union pour le maintien de la paix » peut étudier le problème ;

   II. des organisations régionales ou sous-régionales, sous réserve de l'autorisation préalable du Conseil de sécurité, peuvent agir dans le cadre de leur compétence en vertu du chapitre VIII de la Charte.

F. Le Conseil de sécurité devrait, dans toutes ses délibérations, tenir compte du fait que, s'il n'assume pas sa responsabilité de protéger face à une situation qui choque les consciences et appelle une intervention d'urgence, il serait irréaliste de s'attendre à ce que les États concernés renoncent à tout autre moyen de faire face à la gravité et à l'urgence de ladite situation, et que le prestige et la crédibilité de l'Organisation des Nations Unies pourraient s'en trouver affectés.

4) Principes opérationnels

A. Des objectifs clairs ; un mandat sans ambiguïté ; des ressources appropriées.

B. L'adoption d'une démarche militaire commune par les différents partenaires en cause ; l'homogénéité de la structure de commandement ; une chaîne de commandement et des communications claires et sans ambiguïté.

C. L'acceptation de certaines limites, l'augmentation progressive des pressions exercées et le gradualisme dans l'emploi de la force, le but étant de protéger une population, et non pas de parvenir à la défaite d'un État.

D. Des règles d'engagement qui correspondent au concept opérationnel sont clairement énoncées, reflètent le principe de la proportionnalité et impliquent la stricte observance du droit humanitaire international.

E. L'acceptation du fait que la protection par la force ne doit pas devenir l'objectif principal.

F. Une coordination aussi étroite que possible avec les organisations humanitaires.

(Commission internationale de l'intervention et de la souveraineté des États, 2001, p. xii-xiii)

du consensus au sujet des règles gouvernant le recours à la force et s'appuient sur une interprétation des dispositions de la Charte des Nations Unies qui est contraire tant à l'opinion juridique internationale majoritaire (Brownlie, 1974 ; Chesterman, 2001) qu'à l'avis exprimé par les auteurs de la Charte à la fin de la Seconde Guerre mondiale.

Les arguments moraux

De nombreux auteurs estiment que, quelle que soit la teneur du droit, il existe un devoir moral d'intervenir pour protéger les civils contre un génocide ou un massacre. Ils soutiennent que la **souveraineté** découle de la responsabilité qui incombe à l'État de protéger ses citoyens et que l'État perd ses droits souverains s'il ne l'assume pas (Tesón, 2003, p. 93). On peut en arriver à cette conclusion de plusieurs façons. Certains évoquent la notion d'**humanité commune** pour affirmer que tous les individus ont des droits humains fondamentaux ainsi que le devoir de défendre les droits des autres (Caney, 1997, p. 34). D'autres signalent que la globalisation a mené à une intégration mondiale telle que les violations majeures des droits humains commises dans une partie du monde se répercutent dans toutes les autres régions, ce qui engendre ainsi des obligations morales (Blair, 1999). Des partisans de la tradition de la guerre juste ajoutent que le devoir de prêter assistance aux personnes dans le besoin est universel (Ramsey, 2002, p. 35-36). D'après les tenants d'une théorie apparentée, il existe, entre les principaux systèmes éthiques et les grandes religions dans le monde, une entente morale selon laquelle un génocide et un massacre constituent de graves méfaits ; aussi a-t-on le devoir de les empêcher et d'en punir les auteurs (Lepard, 2002).

Une telle perspective est également problématique. Accorder aux États une autorisation morale d'intervenir ouvre la voie à des abus possibles, comme l'utilisation d'arguments humanitaires pour justifier une guerre qui n'a absolument rien d'humanitaire. De plus, ceux qui présentent des considérations morales pour une intervention se heurtent au problème qui consiste à déterminer le degré de gravité d'une crise humanitaire à partir duquel le recours à la force est légitime. Et il y a l'épineuse question de savoir si la force peut être utilisée pour prévenir une situation d'urgence humanitaire.

À RETENIR

- Les antirestrictionnistes défendent un droit d'intervention humanitaire qui se fonde sur des interprétations de la Charte des Nations Unies et du droit international coutumier.

- L'invocation d'un devoir moral d'intervention humanitaire s'appuie sur la proposition fondamentale selon laquelle tous les individus ont droit à un degré minimum de protection en raison de leur humanité commune.

LES ARGUMENTS DÉFAVORABLES À L'INTERVENTION HUMANITAIRE

Sept objections principales à l'intervention humanitaire ont été avancées à différentes époques par des chercheurs, des juristes internationaux et des dirigeants politiques. Ces objections ne s'excluent pas mutuellement et se retrouvent dans les écrits de réalistes, de libéraux, de féministes, de théoriciens postcolonialistes et d'autres, mais les diverses théories évoquées ici accordent une importance variable à chacun de ces arguments.

L'intervention humanitaire n'est pas fondée en droit international

Les juristes internationaux **restrictionnistes** s'emploient à souligner que le bien commun est mieux protégé par le maintien de l'interdiction de tout recours à la force, à moins que celui-ci soit autorisé par le Conseil de sécurité. Ils soutiennent que, sauf le droit à la légitime défense individuelle et collective qui est enchâssé dans l'article 51 de la Charte de l'ONU, il n'existe aucune autre exception aux dispositions de l'article 2(4). Ils relèvent aussi le fait que, pendant la guerre froide, les États qui auraient pu invoquer de façon plausible des motifs humanitaires pour justifier leur action unilatérale ont choisi de ne pas le faire. C'est ce qui est arrivé dans les cas suivants : l'intervention de l'Inde au Pakistan-Oriental en 1971, celle du Vietnam au Cambodge en décembre 1978 et celle de la Tanzanie en Ouganda en janvier 1979. Les États qui sont intervenus ont généralement prétendu avoir agi en légitime défense (surtout pendant la guerre froide), ils ont évoqué une autorisation implicite issue des résolutions du Conseil de sécurité ou se sont abstenus de toute prétention juridique.

Les États n'interviennent pas en premier lieu pour des motifs humanitaires

Les États ont presque toujours des motivations multiples pour s'engager militairement et sont rarement disposés à sacrifier la vie de leurs propres soldats à l'étranger lorsqu'il ne s'agit pas pour eux de défendre leurs intérêts nationaux. Les réalistes considèrent donc qu'une action strictement humanitaire est imprudente parce qu'elle ne sert pas nécessairement les **intérêts nationaux**. D'autres critiques estiment, pour leur part, que les puissants n'interviennent qu'à leur convenance et qu'une stratégie d'**intervention** est plus susceptible d'être guidée par la défense des intérêts nationaux que par la recherche de la meilleure solution possible pour les victimes au nom desquelles l'intervention est manifestement déclenchée.

Les États ne doivent pas risquer la vie de leurs soldats pour sauver des étrangers

Non seulement les réalistes soutiennent que les États n'interviennent pas pour des motifs humanitaires, mais leur paradigme étatiste postule également que les États ne doivent pas le faire. Les dirigeants politiques n'ont pas le droit moral de faire couler le sang de leurs concitoyens pour alléger la souffrance d'étrangers. L'éminent professeur de théorie politique Bhikhu Parekh (1997, p. 56) résume ainsi cette thèse : les citoyens relèvent de la responsabilité exclusive de l'État, et le sort de l'État repose entièrement entre les mains des citoyens. Autrement dit, si les pouvoirs publics dans un État se sont effondrés ou agissent de manière inqualifiable envers les citoyens, c'est aux citoyens de cet État et surtout à ses dirigeants politiques qu'incombe la responsabilité de remédier à la situation.

Le problème de l'abus

En l'absence d'un mécanisme impartial qui déterminerait si une intervention humanitaire est acceptable, les États pourraient prétexter des motivations humanitaires pour mieux défendre leurs intérêts nationaux (Franck et Rodley, 1973). Parmi les cas classiques d'abus figure la prétention d'Adolf Hitler selon laquelle il était nécessaire d'envahir la Tchécoslovaquie en 1938 pour protéger la vie et la liberté de la population allemande qui y vivait. Créer un droit d'intervention humanitaire ne ferait que permettre plus facilement aux puissants de légitimer leur ingérence dans les affaires des faibles. Des critiques ajoutent qu'un droit d'intervention ne donnerait pas lieu à des actions plus véritablement humanitaires, parce que c'est la défense des intérêts de chacun, et non la souveraineté, qui a traditionnellement été le principal obstacle à une intervention. Par contre, ce droit rendrait le monde plus dangereux, car il procurerait aux États davantage de façons de justifier un recours à la force (Chesterman, 2001).

La sélectivité des réactions

Les États appliquent toujours de façon sélective les principes de l'intervention humanitaire, si bien qu'il en résulte une incohérence politique. Ils se montrent sélectifs dans le choix du moment de l'intervention parce que leurs décisions sont généralement déterminées par les facteurs qui leur semblent les plus favorables à la défense de leurs intérêts. Le problème de la **sélectivité** surgit lorsqu'un principe moral accepté est en jeu dans plus d'une situation, mais que l'intérêt national dicte des réponses divergentes. Un bon exemple du caractère sélectif des réponses réside dans la thèse selon laquelle l'intervention de l'**OTAN** au Kosovo ne peut pas avoir été le fruit de préoccupations humanitaires, puisque cette organisation n'a rien fait pour prévenir ou atténuer la crise humanitaire beaucoup plus grave qui a frappé le Darfour. La sélectivité des réponses désigne le problème consistant à ne pas accorder un traitement similaire à des cas semblables.

Les désaccords sur les principes moraux

La **théorie pluraliste de la société internationale** cerne une autre objection à l'intervention humanitaire : le problème du consensus au sujet des principes moraux qui doivent la sous-tendre. Les tenants du **pluralisme** sont sensibles aux préoccupations relatives aux droits humains, mais ils affirment qu'une intervention humanitaire ne doit pas être autorisée en cas de désaccord sur ce qui constitue des violations extrêmes de ces droits. En l'absence d'un consensus à propos des principes devant régir un droit d'intervention humanitaire, les États les plus puissants seraient alors libres d'imposer leurs propres valeurs morales, culturellement déterminées, aux membres moins puissants de la société internationale.

L'intervention ne donne pas les résultats escomptés

Selon un dernier ensemble de critiques, l'intervention humanitaire doit être évitée parce qu'il est inacceptable que des acteurs extérieurs à une société lui imposent des droits humains. Les libéraux affirment qu'un État est établi grâce au consentement éclairé de ses citoyens. Ainsi, John Stuart Mill (1973, p. 377-378), l'un des plus éminents penseurs libéraux du XIXᵉ siècle, a soutenu que la **démocratie** ne peut être instaurée qu'après une lutte nationale menée pour la liberté. Les droits humains ne peuvent s'enraciner lorsqu'ils sont imposés ou mis en œuvre par des acteurs extérieurs. Mill était d'avis qu'un peuple opprimé doit renverser lui-même le gouvernement qui le tyrannise. D'autres pensent qu'une intervention humanitaire peut même avoir un effet contraire au but recherché. Elle peut plutôt entraîner des dérapages lorsqu'elle incite des groupes insatisfaits à déclencher une rébellion dans l'espoir de provoquer une réaction gouvernementale disproportionnée qui appellerait une action militaire étrangère (Kuperman, 2005, 2008). La validité de cette théorie a cependant été sérieusement remise en question (Western, 2005).

À RETENIR

- Un État n'intervient pas en premier lieu pour des motifs humanitaires.

- Un État ne doit pas exposer ses citoyens à une situation dangereuse dans le but de protéger des étrangers.

- Un droit d'intervention humanitaire pourrait être utilisé abusivement par tout État qui invoquerait des motifs humanitaires afin de dissimuler une action visant la défense de ses propres intérêts.

- Les États appliquent de façon sélective les principes de l'intervention humanitaire.

- En l'absence d'un consensus sur les principes qui déterminent une intervention humanitaire, l'existence d'un droit d'intervention humanitaire minerait l'ordre international.

- L'intervention humanitaire sera toujours fondée sur les préférences culturelles, économiques et sociales de ceux qui vont porter secours.

LES ANNÉES 1990 : L'ÂGE D'OR DU MILITANTISME HUMANITAIRE ?

Il est devenu courant de décrire les premières années qui ont suivi la guerre froide comme une sorte d'âge d'or du militantisme humanitaire. Le professeur de sciences politiques Thomas Weiss (2004, p. 136) affirme que la notion selon laquelle les êtres humains importent plus que la souveraineté a illuminé vivement, quoique brièvement, l'horizon politique international dans les années 1990. Il ne fait aucun doute que, au cours de cette décennie, les États ont commencé à envisager une intervention pour protéger des étrangers en péril dans des pays lointains. Beaucoup ont vu le symbole d'une telle volonté dans deux cas, en particulier : l'intervention de l'OTAN, en mars 1999, destinée à faire cesser les atrocités perpétrées par des Serbes au Kosovo et l'intervention dirigée par les Australiens, en 1991, en vue d'arrêter les tueries au Timor oriental. Cela dit, c'est aussi dans les années 1990 que le monde est resté les bras croisés pendant les génocides commis au Rwanda et à Srebrenica (Bosnie-Herzégovine). La présente section s'applique à rendre intelligibles de tels événements en mettant l'accent sur les interventions internationales réalisées dans le nord de l'Iraq, en Somalie, au Rwanda et au Kosovo. Elle comprend trois parties : le rôle des sentiments humanitaires dans la décision d'intervenir, la légalité et la légitimité des interventions effectuées et l'efficacité de ces actions militaires.

Le rôle des sentiments humanitaires dans la décision d'intervenir

Dans le cas du nord de l'Iraq en avril 1991 et de la Somalie en décembre 1992, l'opinion publique occidentale a joué un rôle important dans les pressions exercées sur les dirigeants politiques afin qu'ils recourent à la force à des fins humanitaires. Devant la vaste crise des réfugiés qui a résulté de la politique d'oppression appliquée par Saddam Hussein contre les Kurdes, après la guerre du Golfe de 1991, des forces militaires américaines, britanniques, françaises et néerlandaises sont intervenues afin d'établir des havres de sécurité pour la population kurde. De façon analogue, l'action militaire américaine en Somalie, en décembre 1992, a été lancée en réaction aux sentiments de compassion qu'ont exprimés des citoyens des États-Unis. Ces sentiments se sont cependant évanouis dès que l'armée américaine a commencé à subir des pertes.

Par contre, l'intervention de la France au Rwanda en juillet 1994 semble être un exemple d'abus. Le gouvernement français a souligné le caractère strictement humanitaire de son opération, mais une telle interprétation est peu crédible, étant donné qu'il a été démontré que la France défendait alors ses intérêts nationaux en agissant ainsi. La France avait maintenu en place l'État hutu à parti unique pendant 20 ans et avait même envoyé des troupes lorsque le Front patriotique rwandais (FPR) avait menacé, à partir de l'Ouganda voisin, de s'emparer du pouvoir au Rwanda en 1990 et en 1993. Le président de la France, François Mitterrand, tenait beaucoup, semble-t-il, à rétablir l'influence française en Afrique et il craignait qu'une victoire du FPR au Rwanda francophone assujettisse le pays à l'influence de pays anglophones. La France s'est ainsi abstenue d'intervenir avant les derniers moments du génocide, qui a pris fin essentiellement par suite de la victoire militaire du FPR. On pourrait donc avancer que le comportement de la France a été conforme au postulat réaliste selon lequel un État risque la vie de ses soldats seulement pour défendre ses intérêts nationaux. Les dirigeants français ont peut-être été motivés en partie par des sentiments humanitaires, mais il semble que ce soit là un cas où un État a abusé de la notion d'intervention humanitaire, puisque l'objectif premier de cette action militaire a été la protection des intérêts nationaux de la France.

La question morale soulevée par l'intervention de la France est la suivante : pourquoi la société internationale n'a-t-elle pas agi au début du génocide, soit durant les premiers jours d'avril 1994 ? L'intervention française a sans doute sauvé des vies, mais elle a eu lieu beaucoup trop tard. Quelque 800 000 personnes ont été tuées en une centaine de jours. L'inaction de la société internationale devant ce génocide a montré que les dirigeants politiques demeuraient sous l'emprise de l'**étatisme**. Il n'y a pas eu d'intervention simplement parce que ceux qui avaient les capacités militaires d'arrêter le génocide ne voulaient pas sacrifier des troupes et de l'équipement afin de protéger les Rwandais. La solidarité internationale lors du génocide s'est limitée à l'expression d'une indignation morale et à l'envoi d'une aide humanitaire.

Si l'intervention française au Rwanda peut être critiquée pour avoir été timorée et tardive, on a par contre reproché à l'OTAN de s'être engagée trop massivement et trop tôt au Kosovo en 1999. Au début de la guerre, l'OTAN a affirmé qu'elle intervenait pour prévenir une crise humanitaire. À cette fin, deux objectifs avaient été attribués aux forces aériennes de l'OTAN, en ordre de priorité : réduire les capacités militaires de la Serbie et obliger le président Slobodan Milošević à accepter l'accord de Rambouillet. Trois arguments ont été avancés pour étayer l'affirmation de l'OTAN suivant laquelle le recours à la force était justifié. D'abord, on a soutenu que l'action serbe au Kosovo avait engendré une urgence humanitaire et enfreint un ensemble d'ententes juridiques internationales. Ensuite, les gouvernements des pays membres de l'OTAN ont affirmé que les Serbes commettaient des crimes contre l'humanité, voire un génocide. Enfin, on a prétendu que, en recourant à la force contre les Kosovars d'origine albanaise, le régime de Milošević avait bafoué les normes globales de l'humanité commune.

Une analyse plus détaillée des justifications énoncées par les dirigeants occidentaux indique que, si l'humanitarisme a peut-être été le premier motif qui les a incités à passer à l'action, il a été loin d'être le seul en cause. C'est l'enchevêtrement de l'ensemble des motifs des intervenants qui a déterminé le caractère de leur action. En fait, l'OTAN a été poussée à agir à la fois par un souci humanitaire et par la volonté de protéger les intérêts de ses États membres en ce qui concernait trois grands enjeux. Le premier peut être dénommé le «syndrome de Srebrenica», soit la crainte que, en l'absence de toute intervention, les hommes de main de Milošević répéteraient le carnage commis en Bosnie. Le deuxième était directement lié aux intérêts des membres de l'OTAN : un long conflit dans le sud des Balkans risquait de déclencher une énorme crise de réfugiés en Europe. Quant au troisième enjeu, les gouvernements des pays membres de l'OTAN craignaient que, s'ils n'endiguaient pas la crise, celle-ci s'étendrait jusqu'à plusieurs pays voisins, notamment la Macédoine, l'Albanie et la Bulgarie (Bellamy, 2002, p. 3). Voilà qui laisse croire qu'une intervention humanitaire peut être motivée par des raisons variées. Ce scénario devient problématique seulement si les motifs non humanitaires finissent par miner les possibilités d'atteindre les objectifs humanitaires visés.

Dans quelle mesure les interventions étaient-elles légales et légitimes?

Contrairement à la pratique des États durant la guerre froide, ceux qui sont intervenus dans le nord de l'Iraq, en Somalie, au Rwanda et au Kosovo ont tous invoqué des motifs humanitaires pour justifier leur action. L'usage de la force au nom de motifs humanitaires demeurait l'objet de vives controverses, alors que la Chine, la Russie et les membres du Mouvement des pays non-alignés préconisaient une interprétation traditionnelle de la **souveraineté de l'État**. Une telle interprétation est cependant devenue plus difficile à défendre à mesure que s'écoulaient les années 1990, si bien que, à la fin de cette décennie, la plupart des États étaient prêts à reconnaître que le Conseil de sécurité de l'ONU était habilité à autoriser des interventions humanitaires armées. Ainsi, presque tous les mandats de **maintien de la paix** que le Conseil de sécurité a accordés depuis l'an 2000 prévoient des directives appelant les Casques bleus à protéger les civils qui se trouvent en danger, y compris par le recours à la force, s'il est nécessaire et prudent d'agir de la sorte. Les dispositions du chapitre VII de la Charte des Nations Unies permettent au Conseil de sécurité d'autoriser une action militaire seulement dans les cas où il constate l'existence d'une menace contre la paix et la sécurité internationales. Depuis le début des années 1990, le Conseil de sécurité de l'ONU a étendu sa liste des menaces possibles contre la paix ; celles-ci comprennent désormais la souffrance humaine, le renversement d'un gouvernement démocratiquement élu, la défaillance d'un État, des déplacements de réfugiés et l'épuration ethnique. Les premières tentatives de justifier une intervention humanitaire au motif que la souffrance humaine constitue une menace contre la sécurité internationale ont eu lieu de façon controversée dans le nord de l'Iraq et en Somalie (Wheeler, 2000, 2003, p. 32-41).

Si on reprend l'exemple du Kosovo, l'intervention de l'OTAN sur ce territoire a soulevé une question fondamentale : quel jugement la société internationale doit-elle porter sur une intervention lorsqu'un État, ou un groupe d'États dans ce cas-ci, décide de recourir à la force pour atténuer la souffrance humaine, mais sans avoir obtenu une autorisation claire en ce sens du Conseil de sécurité ? Si l'ONU n'a pas expressément approuvé l'usage de la force par l'OTAN, le Conseil de sécurité a également jugé bon de ne pas le condamner non plus. La Russie a déposé un projet de résolution sur la table du Conseil, le 26 mars 1999, qui réprouvait le recours à la force de la part de l'OTAN et qui exigeait un arrêt immédiat des bombardements. De façon surprenante, seules la Russie, la Chine et la Namibie ont voté en faveur de ce projet de résolution, de sorte qu'il a été clairement rejeté. La réaction du Conseil de sécurité, devant la violation par l'OTAN des règles énoncées dans la Charte des Nations Unies relativement au recours à la force, a laissé croire que, s'il n'était pas prêt à entériner une intervention humanitaire unilatérale, il ne se sentait pas tenu de la condamner non plus.

Ce qui est clair dans la pratique des États depuis la fin de la guerre froide, c'est que les États occidentaux ont pris l'initiative de proposer une nouvelle norme en matière d'intervention humanitaire armée. Si certains États, notamment la Russie, la Chine, l'Inde et certains membres du Mouvement des pays non-alignés, sont demeurés très réticents à ce sujet, ils ont tout de même fini par admettre qu'une action militaire autorisée par le Conseil de sécurité était justifiable dans des cas de génocide ou de massacre. La meilleure illustration de ce qui précède réside dans le fait qu'aucun membre du Conseil de sécurité n'a tenté de s'opposer à une intervention au Rwanda en invoquant le motif que celle-ci violerait la souveraineté de ce pays. Le refus d'intervenir a plutôt découlé du manque de volonté politique, de la part des États concernés, de subir les pertes et les coûts inhérents à une action militaire afin de sauver la vie de Rwandais. La nouvelle norme était également encadrée par d'importantes limites : une intervention non sanctionnée par l'ONU demeurait très controversée et le Conseil de sécurité n'autoriserait aucune intervention contre des États pleinement opérationnels, même s'il était inconcevable qu'un seul État ait pu décrier une intervention au Rwanda. Ce fut là un cas exceptionnellement tragique presque comparable à l'holocauste.

Les interventions ont-elles été fructueuses ?

Le bilan des interventions effectuées après la guerre froide confirme-t-il l'hypothèse selon laquelle le recours à la force peut servir à promouvoir les valeurs humanitaires ? Les résultats d'une intervention humanitaire peuvent être utilement répartis en deux catégories : les effets à court terme et à long terme. Les effets à court terme comprennent l'atténuation immédiate de la souffrance humaine grâce à l'arrêt d'un génocide ou d'un massacre ou à l'apport d'une aide humanitaire aux civils bloqués dans une zone de guerre. Les effets à long terme sont liés à la capacité de l'intervention de s'attaquer aux causes sous-jacentes de la souffrance humaine et de faciliter la résolution du conflit en cours ainsi que l'édification d'une entité politique viable.

L'opération Safe Haven (Havre de sécurité) en Iraq a d'abord connu du succès pour résoudre le problème des réfugiés dans le nord de l'Iraq et a certainement sauvé des vies. Toutefois, lorsque les médias ont commencé à braquer leurs projecteurs dans d'autres directions et que l'opinion publique a délaissé cette question, l'engagement des gouvernements occidentaux pour la protection des Kurdes s'est affaibli d'autant. Pendant que les forces aériennes occidentales continuaient à surveiller la zone d'interdiction de vol au-dessus du nord de l'Iraq, les États intervenants ont rapidement confié la gestion des havres de sécurité à la mission de secours de l'ONU ; pourtant, ils savaient que celle-ci n'était pas suffisamment équipée et soutenue, et qu'elle affrontait d'énormes problèmes en raison de l'hostilité de l'Iraq envers sa minorité kurde. Les Kurdes sont néanmoins parvenus à exercer une large autonomie à partir des années 1990 et à la préserver depuis l'invasion de l'Iraq dirigée par les États-Unis en 2003.

Certains analystes ont qualifié d'action humanitaire fructueuse l'intervention initiale des États-Unis en Somalie de décembre 1992 à mai 1993. Quant au succès à court terme, les États-Unis soutiennent que cette action a sauvé des milliers de Somaliens de la famine, bien que cette affirmation ait été mise en doute (Weiss, 1999, p. 82-87). Personne, toutefois, ne conteste que cette intervention a tourné au désastre lorsque l'ONUSOM II a tenté d'aller au-delà de la mission initiale des États-Unis, soit faire cesser la famine, et de désarmer les factions en guerre pour instaurer l'ordre dans le pays. (L'ONUSOM II est la force de l'ONU qui s'est substituée aux États-Unis en mai 1993, mais ses missions militaires sont demeurées sous le contrôle de commandants américains.) La souffrance a toujours des causes politiques. L'élargissement du mandat de l'ONUSOM II visait la mise en place d'un cadre politique civique qui empêcherait une reprise de la guerre civile et de la famine. Malheureusement, cette tentative de conversion d'une mission humanitaire à court terme (faire cesser la famine) en une opération à plus long terme pour le règlement du conflit et la reconstruction a été un échec. Après que le Conseil de sécurité de l'ONU eut autorisé l'arrestation du général somalien Aïdid parce que ses forces avaient tué 23 Casques bleus de l'ONU en juin 1993, l'ONUSOM II a commencé à agir comme une puissance impériale et à se servir d'un armement américain de pointe pour patrouiller dans les rues du sud de Mogadiscio.

Quant au Kosovo, bien qu'il ait accédé à l'indépendance en 2008, il n'est toujours pas clair si les intervenants internationaux réussiront à y édifier un nouvel État multiethnique. D'une part, l'amélioration de la sécurité a rendu possibles une diminution marquée du nombre de soldats et de policiers internationaux qui y étaient déployés ainsi que l'organisation fructueuse de plusieurs élections et transferts de pouvoirs. D'autre part, la violence ethnique demeure très présente en province, le chômage y est élevé et le Kosovo est devenu un paradis pour le crime organisé. En somme, la force dirigée par l'OTAN et qui est entrée au Kosovo à la fin de l'opération Allied Force (Force alliée) est parvenue à ramener les réfugiés kosovars albanophones dans leurs foyers, mais elle n'a pas su protéger la communauté serbe contre les mesures de représailles qui l'ont frappée.

La conclusion qui émerge de ce bref aperçu est la suivante : une intervention par la force lors d'une crise humanitaire ne constitue souvent qu'un palliatif à court terme qui n'a pratiquement aucun effet sur les causes politiques sous-jacentes de la violence et de la souffrance. C'est pour cette raison que la Commission internationale de l'intervention et de la souveraineté des États (CIISE) a souligné clairement qu'une intervention représente une seule des trois grandes responsabilités internationales, alors que les deux autres comportent des engagements à long terme pour réunir les conditions politiques, sociales, économiques, militaires et juridiques nécessaires à la promotion et à la protection des droits humains.

L'INTERVENTION HUMANITAIRE ET LA GUERRE CONTRE LE TERRORISME

Quelle a été l'incidence des attaques terroristes commises le 11 septembre 2001 sur les interventions humanitaires? La guerre contre le terrorisme a-t-elle amené les États puissants à cesser de mobiliser leurs forces armées pour sauver des étrangers? Y a-t-il un risque que les gouvernements américains successifs redonnent la priorité à l'avantage stratégique aux dépens des droits humains, comme ils l'avaient fait durant la guerre froide? Les réponses données à ces questions relèvent de deux thèses principales.

La première thèse se caractérise par le scepticisme. Elle postule que, depuis le début de la guerre contre le terrorisme, les États-Unis ont privilégié leurs propres intérêts stratégiques au détriment des droits humains, tant sur leur territoire qu'ailleurs dans le monde. Ils sont désormais plus enclins à s'associer à des gouvernements répressifs, comme ceux du Tadjikistan et du Soudan, qui appuient la stratégie antiterroriste américaine (Ignatieff, 2002). Selon cette thèse, obtenir un engagement occidental en faveur d'interventions humanitaires est devenu pratiquement hors de portée depuis le 11 septembre 2001 – déjà qu'il s'agissait là d'un objectif difficile à atteindre dans les années 1990. Depuis 2001, la contribution occidentale aux missions de paix a connu un net déclin. De plus, les sceptiques craignent que les États-Unis et leurs alliés s'emploient à miner le consensus relatif aux interventions humanitaires en invoquant de façon abusive des principes humanitaires pour justifier leur recours à la force.

La deuxième thèse est plus optimiste. Elle découle de la prémisse fondamentale selon laquelle les États occidentaux procéderont à une intervention militaire dans le cadre d'une urgence humanitaire seulement s'ils estiment que leurs intérêts vitaux en matière de sécurité sont en jeu. Aux yeux des optimistes, la situation en Afghanistan a semblé montrer qu'un lien critique unit souvent les **États défaillants** et le **terrorisme**. Ainsi, les optimistes ont prédit que la guerre contre le terrorisme mettrait au premier plan les intérêts stratégiques susceptibles de favoriser une intervention qui soit défendable pour des motifs liés tant aux droits humains qu'à la sécurité nationale (Chesterman, 2004). On peut considérer que le cas de l'Afghanistan vient étayer cette thèse; néanmoins, on peut se poser des questions quant au caractère proportionnel des moyens militaires mobilisés par rapport aux fins humanitaires visées depuis le début de l'intervention, en octobre 2001 (Wheeler et Morris, 2006). Les exemples plus récents concernant l'Iraq et le Darfour laissent cependant croire non seulement que la guerre contre le terrorisme a brisé le fragile consensus relatif aux interventions humanitaires, mais aussi que le problème de la volonté politique nécessaire à cet égard continue d'entraver toute intervention humanitaire efficace, comme ce fut le cas au Rwanda. En fait, l'exemple du Darfour semble indiquer que l'engagement de l'Occident dans la guerre contre le terrorisme le rend moins susceptible d'intervenir pour sauver des étrangers dans des régions dénuées d'importance stratégique.

L'Afghanistan

Si l'intervention dirigée par les États-Unis en Afghanistan a d'abord été présentée comme une guerre de légitime défense, George W. Bush, alors président des États-Unis, s'est néanmoins senti obligé d'avancer un argument humanitaire pour justifier son action. Il a ainsi déclaré aux Afghans que le peuple opprimé d'Afghanistan profiterait de la générosité des États-Unis et de leurs alliés: pendant qu'ils frapperaient des cibles militaires, ils donneraient aussi de la nourriture, des médicaments et des biens aux hommes, aux femmes et aux enfants affamés et souffrants de ce pays (Bush, 2001). Les États-Unis ont pris des mesures pour atténuer la souffrance des non-combattants en Afghanistan, mais au moins deux décisions opérationnelles ont miné les prétentions humanitaires de la guerre. Il y a d'abord eu la décision de se fier largement aux renseignements donnés par différentes factions afghanes pour identifier des cibles militaires. Ce choix a reflété la détermination des États-Unis à réduire les risques pour leurs propres forces armées, mais il a aussi exposé les soldats aux manipulations des Afghans souhaitant régler des comptes avec leurs rivaux. Plusieurs attaques qui ont fait des victimes civiles innocentes ont ensuite eu lieu. Puis il y a eu la décision de Washington de refuser tout détachement de troupes terrestres auprès de la Force internationale d'assistance à la sécurité (FIAS) mandatée par l'ONU et toute contribution soutenue à la reconstruction de l'Afghanistan. La FIAS a d'abord été confinée à Kaboul, puis, même si son mandat a ensuite été élargi, seules d'assez petites équipes dites de reconstruction ont été dépêchées dans d'autres centres régionaux. En 2005, la FIAS s'est surtout engagée dans la lutte contre le retour en force des talibans. La négligence relative avec laquelle a été envisagée la situation en Afghanistan après l'intervention de 2001 peut se mesurer à l'aune des ressources qui lui ont été accordées. En 2004, les États-Unis ont consacré au développement de l'Iraq 18,4 milliards de dollars et à celui de l'Afghanistan, seulement 1,77 milliard.

Le fait que les États-Unis et leurs alliés ont jugé nécessaire d'avancer des arguments humanitaires pour justifier leur intervention dans ce cas souligne bien à quel point une telle justification est devenue une source de légitimation pour une action militaire dans le monde de l'après-guerre froide. Cependant, le recours à un discours humanitaire n'a pas annoncé un nouvel engagement occidental à protéger les civils dans le besoin. En Afghanistan, les sensibilités humanitaires ont été moins importantes que les considérations politiques et stratégiques. De plus, la protection des soldats alliés a été privilégiée aux dépens de la sécurité des Afghans et l'engagement pour la reconstruction après le conflit a été insuffisant (Wheeler, 2004a ; Wheeler et Morris, 2006). Voilà qui accorde une certaine crédibilité à la thèse des sceptiques sur les interventions humanitaires depuis le 11 septembre 2001.

L'Iraq

L'emploi d'arguments à caractère humanitaire par les États-Unis, le Royaume-Uni et l'Australie pour justifier l'invasion et l'occupation de l'Iraq a quelque peu ébranlé la légitimité des interventions humanitaires dans la société internationale. La justification de la guerre en Iraq a d'abord été fondée sur la nécessité d'une intervention pour parer au danger que représentaient les **armes de destruction massive** censément entre les mains de Saddam Hussein. Toutefois, à mesure que l'absence de ces armes devenait évidente, ceux qui approuvaient le recours à la force pour renverser Saddam Hussein se sont tournés de plus en plus vers des arguments d'ordre humanitaire. Aux critiques toujours plus nombreuses formulées contre la guerre, le président des États-Unis, George W. Bush, et le premier ministre du Royaume-Uni, Tony Blair, ont fréquemment répondu que, nonobstant les armes de destruction massive, l'intervention militaire était justifiée parce que la situation en Iraq est meilleure sans Saddam Hussein (voir Cushman, 2005). Deux questions importantes doivent être posées, compte tenu de ce qui précède. D'abord, la guerre en Iraq a-t-elle constitué une intervention humanitaire légitime ? L'étude de cas à la page 528 recense les réponses positives et négatives qui ont été données à ce sujet. Ensuite, comment l'Iraq était-il perçu par la société des États et quelle a été l'incidence de ce cas sur la norme émergente en matière d'intervention humanitaire ?

De nombreux analystes et dirigeants politiques croient que l'expression de justifications humanitaires relativement à l'Iraq a nui à cette norme émergente, car elle a mis en lumière le risque que les puissants en abusent pour justifier leur ingérence dans les affaires intérieures des faibles. Bien entendu, beaucoup d'États étaient profondément sceptiques envers les interventions humanitaires avant la guerre en Iraq. Il s'est avéré que certains d'entre eux qui étaient initialement favorables aux interventions humanitaires sont devenus plus méfiants à cet égard en raison de l'invocation apparemment abusive de motifs humanitaires à propos de l'Iraq. Par exemple, en 2003, l'Allemagne (qui avait fermement appuyé l'intervention au Kosovo) a refusé d'entériner une déclaration britannique sur la responsabilité de protéger, parce qu'elle craignait que toute doctrine concernant les interventions humanitaires effectuées sans l'aval du Conseil de sécurité ne soit utilisée par les États-Unis et le Royaume-Uni pour légitimer l'invasion de l'Iraq (Bellamy, 2005, p. 39). Cet argument a donné lieu à une variation plus subtile : si la guerre en Iraq n'a pas porté préjudice à la norme elle-même, elle a entaché le statut des États-Unis et du Royaume-Uni en tant que porteurs de la norme et a affaibli leur capacité de persuader d'autres acteurs de s'associer à une action dans le cadre d'une crise humanitaire (Bellamy, 2005 ; Wheeler et Morris, 2006). Comme l'a sombrement prédit Kenneth Roth, directeur général de Human Rights Watch, l'emploi de justifications humanitaires dans le cas de l'Iraq a pour conséquence de rendre la situation plus difficile, lorsqu'on veut faire des pressions pour une action militaire qu'on juge nécessaire afin de sauver des centaines de milliers de vies (Roth, 2004a, p. 2-3). Malheureusement, l'inertie mondiale devant la catastrophe qui frappe le Darfour confirme la justesse de la prédiction de Roth.

Le Darfour

En 2003-2004, le gouvernement soudanais et ses milices djandjawids imposent au Darfour (région de l'ouest du

Soudan) ce que l'ONU considère comme un «règne de la terreur». Au moins 250 000 personnes sont mortes et plus de deux millions d'autres ont été obligées de quitter leurs foyers. En dépit de ce lourd bilan de souf-france humaine, la réaction mondiale s'est limitée au déploiement d'une mission de l'Union africaine dotée de ressources financières et humaines insuffisantes, qui a été totalement incapable de protéger les civils. Cette

L'Iraq : une intervention humanitaire ?

Les arguments favorables

Les arguments qui présentent l'action militaire en Iraq comme une intervention humanitaire légitime proviennent de sources multiples, dont des libéraux, des néoconservateurs et des penseurs de gauche. Toutefois, seuls sont évoqués ici les arguments libéraux, tels que les a formulés le juriste et philosophe du droit Fernando Tesón (2005, p. 1-20; voir aussi Cushman, 2005). La thèse de Tesón repose sur quatre éléments. D'abord, l'invasion de l'Iraq visait à mettre fin à la tyrannie. Selon lui, une intervention humanitaire doit être fondée sur une intention humanitaire, et non sur un motif humanitaire (à l'instar des réalistes, Tesón croit que les États n'agissent jamais pour des motifs strictement humanitaires). Même si la coalition dirigée par les États-Unis n'était pas motivée par des sentiments humanitaires, elle avait néanmoins des intentions en ce sens, puisque la seule façon de supprimer la menace que représentait l'Iraq consistait à renverser la tyrannie et à instaurer la démocratie. Ensuite, Tesón a souligné que les abus commis par le gouvernement iraquien aux dépens des civils étaient suffisamment graves pour qu'une intervention soit justifiée et qu'il est absurde de prétendre qu'une action ne doit être effectuée que pendant le déroulement d'un massacre, car alors il n'aurait pas été permis de faire tomber Hitler après l'holocauste. Puis, Tesón a fait remarquer que la vaste majorité des Iraquiens s'étaient réjouis de l'intervention dans leur pays, ce qui représentait une importante source de légitimité. Enfin, il a affirmé que, bien qu'il soit préférable d'obtenir l'autorisation de l'ONU,

la doctrine de l'intervention humanitaire légitime une intervention non autorisée, comme cela a été le cas au Kosovo.

Les arguments défavorables

Les arguments selon lesquels l'action militaire en Iraq n'a pas été une intervention humanitaire proviennent d'un éventail de personnes tout aussi diversifié. Même certains défenseurs d'un droit d'intervention humanitaire assez étendu ont nié tout caractère humanitaire à l'invasion de l'Iraq. Seule sera présentée ici la réponse du professeur de sciences politiques Terry Nardin à la thèse de Tesón (Nardin, 2005, p. 21; voir aussi Evans, 2004; Wheeler et Morris, 2006). Nardin soutient que cette thèse représente une importante révision de la doctrine traditionnelle de l'intervention humanitaire. D'abord, selon cette doctrine, une intervention n'est permise qu'en raison des crimes spécifiques (génocide, massacre) qui sont commis, et non à cause du caractère du régime visé. Comme le dit Nardin, une intervention humanitaire a pour but de sauver les victimes potentielles d'un massacre ou d'un autre crime contre l'humanité par la prévention de la violence dirigée contre elles (2005, p. 22). Ensuite, il affirme que la thèse de Tesón néglige la forte propension de la société internationale à la non-intervention. Puis, il ajoute qu'une action humanitaire ne peut être justifiée que si elle est censée avoir plus de conséquences positives que négatives; or les malheurs actuels de l'Iraq étaient prévisibles. Enfin, Nardin estime que la thèse de Tesón repose sur une interprétation erronée de la place de l'intervention humanitaire dans la société internationale. Il signale que la société internationale s'appuie sur des règles de **coexistence** et qu'une intervention humanitaire constitue une exception soigneusement définie à ces règles. Tesón, quant à lui, considère que la politique mondiale est fondée non pas sur des règles de coexistence, mais seulement et directement sur des principes universels de moralité et de droits humains (2005, p. 23).

mission a été remplacée à la fin de 2007 par une mission hybride composée de forces des Nations Unies et de l'Union africaine, qui est demeurée sous-équipée tant en personnel qu'en ressources matérielles.

Pourquoi la réaction mondiale a-t-elle été si tiède? Trois ensembles de facteurs sont ici en cause. Le premier, qu'ont souligné les gouvernements britannique et américain en particulier, relève de la prudence. Le gouvernement soudanais a fermement refusé d'envisager tout déploiement de forces non africaines au Darfour, de sorte qu'une intervention armée pourrait se heurter à une vive résistance. De plus, une intervention pourrait amener le gouvernement soudanais à interdire l'accès de ses ports aux organismes d'aide humanitaire, ce qui rendrait difficile l'acheminement d'une aide d'urgence aux réfugiés. D'aucuns craignent aussi qu'une action ferme au Darfour compromette un accord de paix dans la guerre civile qui fait rage au Sud-Soudan et qui a déjà coûté la vie à plus de deux millions de personnes depuis plus d'une dizaine d'années. Le deuxième ensemble de facteurs concerne plus directement la guerre contre le terrorisme. La possibilité d'une intervention occidentale par la force au Darfour a été fermement rejetée par la Russie, la Chine, l'Union africaine et le Mouvement des pays non alignés. Depuis l'invasion de l'Iraq, une foule d'États ont tenu à réaffirmer le principe de la souveraineté de l'État et sont dorénavant moins disposés à envisager une action qui lui porterait atteinte. Le troisième ensemble de facteurs qui freine toute intervention au Darfour a trait au maintien de l'étatisme. Tout comme au Rwanda, les gouvernements occidentaux ne veulent pas sacrifier des troupes et des ressources financières pour empêcher des Africains de s'entretuer. En outre, plusieurs grandes puissances ont des raisons égoïstes de ne pas se mettre à dos le gouvernement soudanais: la Chine a beaucoup investi dans l'exploration pétrolière au Soudan, la Russie a également manifesté son intérêt pour ce même pétrole et vend des armes au pays, tandis que les États-Unis le considèrent comme un allié régional crucial dans la guerre contre le terrorisme. La logique persistante de l'étatisme révèle que ces puissances accordent plus d'importance à la protection de leurs intérêts qu'à la vie des Darfouriens.

Dans l'ensemble, la thèse du scepticisme s'est avérée plus juste que celle de l'optimisme en ce qui concerne les interventions humanitaires depuis le 11 septembre 2001. Des arguments humanitaires sont invoqués plus fréquemment pour justifier une large gamme d'opérations militaires, mais le consensus en formation au sujet de la nouvelle norme décrite dans la section précédente a subi un recul à cause de l'utilisation jugée abusive des prétentions humanitaires dans le cas de l'Afghanistan et surtout de l'Iraq. Maints gouvernements, notamment au sein du Mouvement des pays non alignés, ont réagi en réaffirmant la souveraineté de l'État. Cette tendance inquiétante s'est manifestée dans l'incapacité de la société internationale à prévenir et à faire cesser la crise humanitaire au Darfour. En même temps, toutefois, le fait que les préoccupations humanitaires empiètent sur les prérogatives souveraines des États s'est reflété dans l'accord conclu, à la fin du Sommet mondial de l'ONU en 2005, sur la notion de «responsabilité de protéger». La section suivante examine dans quelle mesure cette notion pourrait former la base d'un nouveau consensus mondial quant au recours à la force en vue de protéger des populations en danger.

À RETENIR

- Les optimistes affirment que les attaques commises le 11 septembre 2001 ont eu pour effet d'amener les États à considérer davantage la défense de leurs propres intérêts dans le cadre de leurs entreprises humanitaires et de les rendre plus disposés à intervenir pour faire cesser les souffrances humaines.

- Les sceptiques craignent que la guerre contre le terrorisme relègue l'humanitarisme à l'arrière-plan et n'incite les États puissants à recouvrir d'un vernis humanitaire la défense de leurs propres intérêts.

- Il y a eu un important débat visant à déterminer si la guerre en Iraq pouvait être justifiée en tant qu'intervention humanitaire légitime.

- La guerre en Iraq a rendu beaucoup d'États plus réticents à accepter une exception humanitaire à la règle de non-intervention.

- Une combinaison de prudence et d'étatisme a favorisé l'inaction devant la crise humanitaire au Darfour.

LA RESPONSABILITÉ DE PROTÉGER

Intitulé *La responsabilité de protéger* et publié en 2001, le rapport de la Commission internationale de l'intervention et de la souveraineté des États (CIISE) visait à apaiser la tension entre les revendications rivales fondées, d'une part, sur la souveraineté et, d'autre part, sur les droits humains, grâce à la définition d'un nouveau consensus autour des principes qui devraient régir la protection des populations en danger. L'Assemblée générale de l'ONU a ensuite approuvé le principe de la responsabilité de protéger lors du Sommet mondial tenu en 2005, une décision qu'un analyste a décrite comme une révolution dans les affaires internationales (Lindberg, 2005). Qu'est-ce, au juste, que la responsabilité de protéger? Comment ce principe a-t-il été adopté et que laisse-t-il augurer au sujet des futures interventions humanitaires?

La CIISE a affirmé que les États ont la responsabilité primordiale de protéger leurs citoyens. Quand les États ne peuvent pas ou ne veulent pas le faire ou lorsqu'ils terrorisent délibérément leurs citoyens, «la responsabilité internationale de protéger prend le pas sur le principe de non-intervention» (CIISE, 2001, p. xi). Le rapport élargit cette responsabilité pour qu'elle comprenne non seulement la responsabilité de réagir pendant une crise humanitaire, mais aussi la responsabilité de prévenir une telle crise (voir l'encadré ci-contre) et la responsabilité de reconstruire les États défaillants et tyranniques. Par conséquent, on s'éloigne de la question de savoir si les États ont un droit d'intervention et on cherche plutôt à déterminer où se situe la responsabilité de protéger les populations en danger. Un tel recadrage du débat est à l'origine de la tentative de réunir un nouveau consensus politique international pour appuyer ce que le rapport de la CIISE dénomme des interventions «destinées à assurer la protection humaine» (CIISE, 2001, p. xiii).

Pour réunir un consensus international qui contribuerait à prévenir de futures situations comme celle qui s'est déroulée au Kosovo, la CIISE devait donc rendre plus difficile, pour les membres permanents du Conseil de sécurité, une utilisation capricieuse de leur droit de veto, mais aussi compliquer la tâche des États qui voudraient abuser des justifications humanitaires. Pour atteindre un tel objectif, la CIISE a mis au point un ensemble de critères que des gouvernements et d'autres observateurs pourraient utiliser afin de déterminer si une intervention militaire serait légitime pour des motifs humanitaires (voir l'encadré «Pour en savoir plus» à la page 519): le seuil de la cause juste (il doit y avoir de considérables pertes de vie ou un nettoyage ethnique à grande échelle, effectif ou présumé); les principes de précaution (bonne intention, dernier recours, proportionnalité des moyens, perspectives raisonnables); une autorité appropriée (une intervention devrait idéalement être autorisée par le Conseil de sécurité de l'ONU, mais si ce n'est pas possible, les intervenants doivent obtenir un mandat de l'Assemblée générale de l'ONU ou d'une organisation régionale); et des principes opérationnels (y compris des objectifs clairs, une démarche militaire commune, l'emploi d'une force limitée, des règles d'engagement appropriées et la coordination avec les organisations humanitaires) (CIISE, 2001, p. xii-xiii).

POUR EN SAVOIR PLUS

Résumé des recommandations du Groupe de personnalités de haut niveau visant la prévention des conflits

1. Le Conseil de sécurité devrait être prêt à transmettre des affaires à la Cour pénale internationale.

2. L'ONU et d'autres organismes devraient chercher à mettre au point des accords de coopération pour la gestion des ressources naturelles.

3. L'ONU devrait élaborer des lignes directrices sur les droits des minorités et la protection des gouvernements démocratiquement élus contre les renversements anticonstitutionnels.

4. L'ONU devrait accélérer et conclure les négociations sur le marquage et la localisation des armes légères.

5. Les États membres devraient fournir des déclarations complètes et exactes sur tous les éléments du Registre des armes classiques.

6. Il faudrait créer un centre de formation et d'information pour les représentants spéciaux du secrétaire général.

7. Le Département des affaires politiques de l'ONU devrait être doté de ressources supplémentaires pour la **diplomatie** préventive.

8. L'ONU devrait créer une petite équipe d'appui opérationnel, accroître sa compétence quant aux questions qui reviennent dans toutes les négociations de paix, améliorer la concertation avec d'autres organismes et consulter la **société civile** durant les processus de paix.

9. Les parties à un conflit devraient faire bon usage de l'outil qu'est le déploiement préventif.

(Groupe de personnalités de haut niveau sur les menaces, les défis et le changement, document de l'Assemblée générale A/59/565, paragraphes 89 à 106)

La CIISE a soutenu que, si les États acceptent de respecter ces principes, il serait plus facile d'obtenir un consensus relatif à la réaction appropriée en cas d'urgence humanitaire. D'une part, il serait plus difficile, pour des États comme la Chine et la Russie, de s'opposer à une véritable intervention humanitaire étant donné qu'ils se seraient engagés auparavant à assumer la responsabilité de protéger dans le cas d'un génocide, d'un massacre et d'un nettoyage ethnique à grande échelle (selon le seuil établi par la CIISE et qui rend légitime une action militaire). D'autre part, il serait plus ardu pour les États d'abuser des justifications humanitaires parce qu'il serait très difficile de satisfaire à ces critères dans les cas où il n'existe pas de motivation humanitaire pressante pour agir.

Selon la CIISE, c'est au Conseil de sécurité qu'incombe la responsabilité première d'intervenir. Le rapport de la CIISE souligne que, si le Conseil n'endosse pas cette responsabilité, il y a un danger que d'autres États décident d'agir unilatéralement, ce qui aurait des conséquences négatives pour l'ordre et la justice. Les commissaires ont ajouté ce qui suit :

> [...] si le Conseil de sécurité n'assume pas sa responsabilité à l'égard de situations qui choquent les consciences et appellent une intervention d'urgence, il est irréaliste de s'attendre à ce que des États concernés écartent tout autre moyen ou forme d'action pour faire face à la gravité et à l'urgence de la situation. Si des organisations collectives n'autorisent pas une intervention collective contre des régimes qui font fi des normes les plus élémentaires d'un comportement gouvernemental légitime, les pressions exercées en faveur d'une intervention par des coalitions ponctuelles ou des États agissant individuellement ne peuvent que s'intensifier. Et il est alors à craindre que ces interventions, n'étant pas soumises à la discipline et aux contraintes dont est assortie l'autorisation des Nations Unies, ne soient pas entreprises pour les bonnes raisons ou soient entreprises sans une volonté suffisante de respecter les principes de précaution nécessaires.

> *(CIISE, 2001, p. 59-60)*

Dans les cas où la majorité du Conseil de sécurité appuierait une intervention (c'est-à-dire qu'une résolution soutenant un déploiement militaire à des fins humanitaires reçoit au moins neuf voix favorables), mais où une action collective serait bloquée par un veto, la CIISE a suggéré que les États cherchent à obtenir un appui politique de la part de l'Assemblée générale. S'il n'était pas possible de rallier une majorité des deux tiers des membres de cet organe qui recommanderait une action militaire (dont la base juridique serait alors très douteuse), le rapport laisse entendre plus indirectement qu'une intervention pourrait être néanmoins justifiable si elle était autorisée par une organisation régionale compétente (CIISE, 2001). Il en ressort une hiérarchie des détenteurs de la responsabilité qui part de l'État hôte et se poursuit avec le Conseil de sécurité, l'Assemblée générale, les organisations régionales, les coalitions bienveillantes et les États pris individuellement.

Comment peut-on persuader les gouvernements d'abandonner l'étatisme qui a amené le monde à rester passif à l'égard du Rwanda et, plus récemment, du Darfour ? La CIISE a apporté une réponse à cette question également. Un engagement en faveur de ce que son rapport définit comme le seuil de la cause juste (voir l'encadré « Pour en savoir plus » à la page 519) créerait des attentes chez les citoyens à propos du moment où leur gouvernement respectif devrait agir pour sauver des populations en péril. Ainsi, en cas de massacre et d'épuration ethnique, les gouvernements subiraient des pressions pour intervenir parce qu'ils se seraient déjà engagés à le faire.

Si le rapport de la CIISE représente une mesure importante et audacieuse pour l'établissement d'un consensus, la logique qui le sous-tend est affligée d'au moins trois problèmes majeurs.

Une entente sur les critères ne garantit pas une entente sur l'action à mener dans des cas réels

Les États peuvent s'entendre sur les critères à prendre en compte en vue de porter un jugement sur une intervention humanitaire, mais l'application de ces critères à des cas réels demeure toujours sujette à interprétation. Des avocats et des diplomates habiles vont invoquer différents critères pour formuler des propos convaincants pour ou contre une intervention particulière, comme ils l'ont fait récemment dans le cas du Darfour (Bellamy, 2005). En 2005, des membres du Conseil de sécurité ont cherché à déterminer si le gouvernement soudanais avait démontré qu'il ne pouvait pas et ne voulait pas protéger son peuple. En l'absence d'un juge autorisé à trancher ce genre de question, les critères ne peuvent qu'alimenter les débats à ce sujet. Ils ne peuvent servir à rapprocher les opinions divergentes.

Les critères se prêtent aux manipulations des acteurs puissants

Bien que les critères définis atténuent les risques d'abus parce qu'ils établissent les paramètres dans le cadre desquels doivent s'inscrire les justifications invoquées, l'interprétation des faits et la présentation des arguments sont inévitablement déterminées par la politique de puissance. De plus, pendant les délibérations des gouvernements, les interprétations qu'avancent les États puissants en mesure de récompenser et de punir d'autres acteurs pèsent probablement plus lourd que les arguments formulés par ceux qui n'ont pas une telle capacité.

Il est difficile de persuader les gouvernements d'agir

La concrétisation de l'idéal que constitue la responsabilité de protéger repose sur l'hypothèse selon laquelle des gouvernements peuvent être culpabilisés et ainsi poussés à agir pour mettre fin à un génocide, à un massacre ou à une épuration ethnique à grande échelle, par les pressions morales qu'exerceraient d'autres gouvernements, les citoyens des pays concernés et l'opinion publique dans le monde. Il y a de bonnes raisons de douter que ces pressions puissent réellement être efficaces. Imaginons qu'il existait déjà un rapport de la CIISE au début de 1994. Est-ce que la Nouvelle-Zélande, qui présidait les travaux du Conseil de sécurité au début de 1994 (chaque mois, la présidence passe d'un membre du conseil à un autre), aurait été capable de culpabiliser le gouvernement Clinton pour l'inciter à intervenir au Rwanda? Si de tels moyens étaient efficaces, pourquoi alors de grandes campagnes publiques comme celle menée par la coalition Sauver le Darfour ne sont-elles pas parvenues à persuader les gouvernements concernés d'agir plus vigoureusement? L'opinion publique peut galvaniser une action seulement lorsque les gouvernements eux-mêmes sont déjà prédisposés à passer aux actes. Malheureusement, peu de citoyens changent d'allégeance politique au moment des élections pour la seule raison que leur gouvernement a décidé de ne pas intervenir afin de sauver la vie d'étrangers.

Le Sommet mondial de 2005

En 2005, le Sommet mondial de l'ONU a adopté une déclaration qui engageait ses 191 États membres (192, en 2010) à appliquer le principe de la responsabilité de protéger (voir l'encadré ci-contre). Cet engagement a ensuite été réaffirmé par le Conseil de sécurité en 2006 (résolution 1674) et en 2009 (résolution 1819). Certains se sont réjouis de cet engagement et y ont vu une percée très importante, alors que d'autres ont soutenu que les conclusions du rapport de la CIISE avaient été tellement allégées que la responsabilité de protéger n'offrirait pas, en pratique, de nouveaux moyens d'assister les populations en péril.

En raison des nombreux doutes exprimés, d'importants changements ont dû être apportés pour persuader les États d'adopter le principe de la responsabilité de protéger. En particulier, la proposition sur l'adoption de critères régissant le recours à la force a été abandonnée au cours des négociations menées en vue de l'entente conclue à l'issue du Sommet mondial. Il a aussi été convenu que le Conseil de sécurité devait expressément

Les paragraphes 138 et 139 du document final du Sommet mondial de 2005

138. C'est à chaque État qu'il incombe de protéger les populations du génocide, des crimes de guerre, du nettoyage ethnique et des crimes contre l'humanité. Ce devoir comporte la prévention de ces crimes, y compris l'incitation à les commettre, par les moyens nécessaires et appropriés. Nous acceptons cette responsabilité et agirons de manière à nous y conformer. La communauté internationale devrait, si nécessaire, encourager et aider les États à s'acquitter de cette responsabilité et aider l'Organisation des Nations Unies à mettre en place un dispositif d'alerte rapide.

139. Il incombe également à la communauté internationale, dans le cadre de l'Organisation des Nations Unies, de mettre en œuvre les moyens diplomatiques, humanitaires et autres moyens pacifiques appropriés conformément aux chapitres VI et VIII de la Charte des Nations Unies, afin d'aider à protéger les populations du génocide, des crimes de guerre, du nettoyage ethnique et des crimes contre l'humanité. Dans ce contexte, nous sommes prêts à mener en temps voulu une action collective résolue, par l'entremise du Conseil de sécurité, conformément à la charte, notamment son chapitre VII, au cas par cas et en **coopération**, le cas échéant, avec les organisations régionales compétentes, lorsque ces moyens pacifiques se révèlent inadéquats et que les autorités nationales n'assurent manifestement pas la protection de leurs populations contre le génocide, les crimes de guerre, le nettoyage ethnique et les crimes contre l'humanité.

autoriser toute intervention relevant de la responsabilité de protéger, ce qui allégeait nettement la force des recommandations figurant dans le rapport de la CIISE. Une telle décision éliminait la possibilité de faire appel à d'autres organes lorsque la volonté de la majorité des membres du Conseil de sécurité se heurtait au veto exprimé par l'un de ses membres permanents. Si cette décision a tout de même revêtu une importance considérable parce que c'était la première fois que la société des États déclarait officiellement que les préoccupations au sujet des droits humains pouvaient parfois l'emporter sur la souveraineté des États, il est peut-être préférable de l'interpréter comme une codification de la norme relative à l'intervention humanitaire qui avait été mise au point dans les années 1990.

La principale innovation apportée par la responsabilité de protéger, telle qu'adoptée par la société internationale, ne se situait donc pas dans ce qu'elle évoquait au sujet de l'intervention humanitaire, mais bien dans sa conceptualisation de l'intervention en tant qu'élément d'un plus vaste régime international de protection des populations en péril. Dans un rapport marquant, publié en 2009, le secrétaire général de l'ONU, Ban Ki-moon, a affirmé que la responsabilité de protéger repose sur trois piliers également importants et non séquentiels (voir l'encadré « Pour en savoir plus » ci-dessous). Il a aussi esquissé un ensemble de réformes et de moyens que les États pourraient mettre en œuvre à cet égard, dont les suivants : reconnaître et appliquer les droits humains internationaux, le droit humanitaire et le droit relatif aux réfugiés ; consolider les droits humains nationaux et la primauté du droit ; renforcer la capacité de l'ONU et des organisations régionales à recourir à la diplomatie pour prévenir l'escalade des crises ; étendre la capacité de la société internationale à donner une alerte rapide en cas de génocide et d'atrocités à grande échelle ; faire un meilleur usage de sanctions ciblées ; et confirmer la capacité des missions de maintien de la paix à protéger les civils. Si ces moyens étaient employés, il y a de bonnes raisons de croire qu'ils permettraient d'obtenir plusieurs effets : réduire la fréquence des génocides et des atrocités à grande échelle grâce à la prévention ; élargir l'éventail de mesures, autres que la force, qui seraient à la disposition de la société internationale pour protéger les populations en danger ; améliorer la capacité de la société internationale à sauver des étrangers et peut-être favoriser un consensus dans les cas où tous ces moyens ne pourraient empêcher un massacre.

Lors d'une séance plénière de l'Assemblée générale tenue en juillet 2009, une écrasante majorité des États ont entériné la démarche du secrétaire général, mais il est encore trop tôt pour savoir si l'approbation verbale alors exprimée se traduira par la volonté politique nécessaire de réformer les institutions concernées et de modifier les comportements.

POUR EN SAVOIR PLUS

Les trois piliers de la responsabilité de protéger

Premier pilier : la responsabilité de tout État de protéger sa population contre un génocide, des crimes de guerre, un nettoyage ethnique et des crimes contre l'humanité, ainsi que contre toute incitation à commettre ces divers actes. Ce pilier, que le secrétaire général a qualifié de « fondement » de la responsabilité de protéger, relève de la nature même de la souveraineté et des obligations juridiques préexistantes des États.

Deuxième pilier : la responsabilité de la communauté internationale de soutenir les États afin qu'ils puissent assumer leur propre responsabilité de protéger, notamment en les aidant à s'attaquer aux causes du génocide et des violences de masse, à acquérir la capacité de prévenir ces crimes et à résoudre les problèmes avant qu'ils ne s'aggravent et mènent à la perpétration de crimes.

Troisième pilier : la responsabilité de la communauté internationale, dans les situations où un État n'a manifestement pas su protéger sa population contre les différents crimes décrits ici, de prendre des mesures décisives en temps opportun en recourant à des moyens humanitaires et diplomatiques pacifiques ou, en cas d'échec, à d'autres moyens plus vigoureux qui soient conformes aux dispositions des chapitres VI (règlement pacifique des différends), VII (action en cas de menace contre la paix, de rupture de paix et d'acte d'agression) et VIII (accords régionaux) de la Charte de l'ONU.

Source : Ban, 2009, paragr. 11 (a, b, c).

À RETENIR

- Le principe de la « responsabilité de protéger » a transformé le débat sur les rapports entre la souveraineté et les droits humains en une discussion sur la meilleure façon de protéger des populations en danger.

- Le rapport de la CIISE a reflété une tentative d'étoffer la norme relative à l'intervention humanitaire grâce à l'établissement d'un nouveau consensus sur les critères permettant de déterminer quand une intervention armée à des fins humanitaires est justifiable.

- Il existe de bonnes raisons de croire que les critères ne mèneront pas à eux seuls à une action ou à un consensus dans des cas difficiles.

- Les États ont adopté le principe de la responsabilité de protéger lors du Sommet mondial tenu en 2005, défini en fonction des « trois piliers ».

- En 2009, les États ont largement entériné la démarche du secrétaire général visant la mise en œuvre de la responsabilité de protéger, mais il reste à voir si et comment celle-ci se concrétisera.

CONCLUSION

Par ses interconnectivités, la globalisation concrétise sans doute la conception kantienne de la moralité et de sa portée universelle, mais, comme l'ont si brutalement démontré le génocide au Rwanda et l'inaction mondiale à propos du Darfour, le fait qu'il y ait une conscience accrue des actes condamnables ne s'est pas encore traduit par un consensus mondial sur l'**intervention humanitaire forcée**. Les populations occidentales se montrent de plus en plus sensibles à la souffrance d'autrui, mais cette compassion alimentée par les médias est très sélective lorsque vient le temps de soulager cette souffrance. Des gouvernements ont dirigé leur action humanitaire vers la résolution des crises survenues dans le nord de l'Iraq, en Somalie et en Bosnie, parce que les médias portaient leur attention sur ces endroits. Cependant, durant la même période, des millions de personnes ont perdu la vie dans les guerres civiles qui déchiraient l'Angola, le Liberia et la République démocratique du Congo.

Chaque cas doit être jugé selon les circonstances, mais, comme l'ont montré les événements en Somalie et peut-être au Kosovo, une intervention initialement fondée sur des motifs humanitaires peut parfois dégénérer en un ensemble de politiques et d'activités qui va au-delà d'une action pouvant être qualifiée d'humanitaire ou qui est même contraire à un tel objectif (Roberts, 1993, p. 448). Une stratégie qui repose sur une intervention humanitaire par la force se bute à un autre problème fondamental : les pertes militaires du pays qui intervient. L'opinion publique nationale, notamment dans les États occidentaux, est-elle prête à voir les militaires de son pays mourir par suite d'une action humanitaire ? Toutes les interventions humanitaires postérieures à la guerre froide présentent un trait marquant : aucun gouvernement occidental n'a encore choisi d'exposer la vie des membres de ses forces armées pour défendre les droits humains lorsque le nombre de victimes risque d'être élevé dès le début.

Depuis le 11 septembre 2001, des États occidentaux ont exprimé des sentiments humanitaires à propos de divers types de guerre. S'il s'agit là d'un signe qui révèle la force croissante de l'humanitarisme, il se peut aussi que les États abusent des motifs humanitaires pour justifier leur recours à la force, tout en réagissant sélectivement aux crises humanitaires dans des régions ayant une importance stratégique. Nombreux sont ceux qui, dans les pays en développement, estiment que c'est précisément ce qu'ont fait les États-Unis et le Royaume-Uni en Iraq et qu'ils ont ainsi porté préjudice à leur crédibilité humanitaire au lieu de la favoriser.

Le présent chapitre s'est achevé par un examen du principe de la responsabilité de protéger, qui a concouru à modifier les termes du débat entre les partisans et les détracteurs de l'intervention humanitaire. Ce principe a certainement contribué au renouvellement du discours politique servant à décrire et à redéfinir l'intervention humanitaire, et son adoption à l'issue du Sommet mondial de l'ONU a constitué un jalon important. Si la responsabilité de protéger promet de reconceptualiser l'attitude de la société internationale envers le génocide et les violences de masse, il s'agit néanmoins d'un projet à long terme qui est peu susceptible, dans un avenir rapproché, d'animer les grands États d'une nouvelle volonté politique qui les motiverait à assumer les coûts et les risques de sauver des étrangers.

QUESTIONS

1. Décrivez l'émergence des conceptions plus militantes de l'intervention humanitaire.

2. Qu'est-ce que la perspective réaliste de l'intervention humanitaire ?

3. Quelle thèse les sceptiques défendent-ils depuis les événements du 11 septembre ?

4. Au moyen des cas de l'Afghanistan et de l'Iraq, expliquez votre réponse à la question précédente.

5. De quelle façon l'invasion américaine de l'Iraq en 2003 a-t-elle constitué un cas légitime d'intervention humanitaire ? Expliquez, puis critiquez.

6. En quoi le cas du Darfour infirme-t-il ou confirme-t-il la prédiction de Kenneth Roth, directeur général de l'organisation Human Rights Watch ?

7. À l'aide d'un cas de votre choix (Darfour, Iraq, Rwanda, Afghanistan, Congo, Timor oriental), contrastez les perspectives sceptique et optimiste sur l'intervention humanitaire.

8. La guerre contre le terrorisme signifie-t-elle que les États puissants sont devenus moins enclins à sauver autrui ? Justifiez votre réponse à l'aide d'un exemple.

9. Expliquez la relation entre la responsabilité de protéger et l'intervention humanitaire.

10. L'usage de la force militaire est-il approprié pour défendre des valeurs humanitaires dans le monde ?

Lectures utiles

Bettati, M., « L'usage de la force par l'ONU », *Pouvoirs*, vol. 2, n° 109, 2004, p. 111-123. L'un des défenseurs-clés de l'intervention humanitaire offre ici un bilan de l'histoire de l'engagement de l'ONU dans ce sens.

Commission internationale de l'intervention et de la souveraineté des États (CIISE), *La responsabilité de protéger*, commission présidée par Gareth Evans et Mohammed Sahnoon, Ottawa, Centre de recherche pour le développement international (CRDI), décembre 2001, [en ligne]. [http://www.iciss.ca/report-fr.asp] (8 juin 2010) Ce rapport propose des solutions pour concilier le respect des droits humains et le principe fondamental de souveraineté en droit international.

Crouzatier, J.-M. *et al.*, *La responsabilité de protéger*, Paris, Éditions des archives contemporaines, 2008. Monographie collective portant sur diverses dimensions de la responsabilité de protéger, dont les motivations à créer la Cour pénale internationale, sans oublier les États défaillants.

Dezalay, S., « Crimes de guerre et politiques impériales. L'espace académique américain entre droit et politique », *Actes de la recherche en sciences sociales*, vol. 3, n° 173, 2008, p. 44-61. S'appuyant sur le cas du Darfour, cette étude porte sur les chevauchements entre les milieux universitaire et politique aux États-Unis relativement à la légitimité juridique des interventions armées.

Dupuis-Déri, F., *L'éthique du vampire. De la guerre d'Afghanistan et quelques horreurs du temps présent*, Montréal, Lux Éditeur, 2007. Une critique des interventions humanitaires armées par les États puissants.

Kagot, D., *Justice ou injustice internationale ?*, Paris, L'Harmattan, 2009. Une analyse critique de l'évolution contemporaine de la justice internationale en matière d'intervention humanitaire.

Larose, M. et P. Létourneau, « L'Allemagne et le Kosovo : entre l'éthique et la raison d'État ? », *Études internationales*, vol. 33, n° 2, 2002, p. 275-301. Une discussion contrastant l'intérêt national et la morale dans le cas de la participation allemande à l'intervention humanitaire au Kosovo.

Maffettone, S., « Guerre juste et intervention armée en Irak », *Raisons politiques*, vol. 2, n° 30, 2008, p. 149-173. À partir du cas de l'Iraq, l'auteur se penche sur la légitimité de l'invasion américaine de 2003.

Rioux, J.-F. (dir.), *L'intervention armée peut-elle être juste ? Apects moraux et éthiques des petites guerres contre le terrorisme et les génocides*, Montréal, Fides, 2007. Des analyses de qualité portant sur les dimensions politique, éthique et juridique des interventions humanitaires. Le propos s'appuie sur une réflexion transversale touchant la tradition de la guerre juste et le principe de la responsabilité de protéger.

Weiss, T. G., « Dépasser le syndrome somalien : " Opération ranimer l'espoir " », Montréal, *Droits et Démocratie*, 1995, [en ligne]. [http://www.dd-rd.ca/site/publications/index.php?id=1280&lang=fr&subsection=catalogue] (8 juin 2010) Cet article offre un bilan de l'intervention humanitaire en Somalie ainsi que des recommandations pour l'avenir.

Chapitre 31

LA GLOBALISATION ET L'ORDRE DE L'APRÈS-GUERRE FROIDE

Ian Clark

GUIDE DE LECTURE

Dans ce dernier chapitre, nous allons tenter de déterminer si l'ordre international qui a émergé après la guerre froide est intrinsèquement distinct de celui qui l'a précédé et si la globalisation en constitue le trait marquant. Nous présenterons les différents types d'ordre – international, mondial, globalisé et globalisé international –, puis les principaux éléments de l'ordre contemporain, qui s'étendent bien au-delà du domaine traditionnel de la sécurité militaire internationale (voir le chapitre 28). Considérant la globalisation comme l'une des forces qui ont entraîné la fin de la guerre froide, nous analyserons la tendance générale vers un ordre post-westphalien. Nous nous arrêterons également aux problèmes et aux tensions dans l'ordre actuel qui résultent de la dynamique de la globalisation, notamment en ce qui a trait à des enjeux de légitimité. Nous aborderons ensuite la crise financière de 2008 dans un contexte global. En conclusion, nous verrons que la globalisation reflète les changements se produisant au sein des États, et pas seulement les changements dans les relations entre eux. Ainsi, ce qui distingue l'ordre actuel ne serait pas la fin imminente du système d'États, mais plutôt la persistance d'un ordre international dont les unités constitutives sont des États globalisés. Cette analyse semble par ailleurs validée par la réaction des États à la crise financière de 2008-2009.

INTRODUCTION

Le présent chapitre se penche sur deux questions-clés. La première consiste à déterminer s'il existe désormais un **ordre** intrinsèquement distinctif dans le monde de l'après-**guerre froide** et, dans l'affirmative, quels en seraient les principaux éléments. La deuxième vise à établir si cet ordre se définit par rapport à la **globalisation** ainsi que les défis auxquels il doit faire face.

Étant donné que le monde d'aujourd'hui baigne tellement dans l'ordre postérieur à la guerre froide, il est impossible de prendre le recul nécessaire pour en étudier le caractère général. Aucune grande synthèse sur la véritable nature de l'ordre actuel n'a encore été réalisée, bien qu'il existe moult analyses portant sur plusieurs de ses aspects spécifiques : l'ethnicité, l'**identité**, la religion, le **maintien de la paix**, l'**intervention humanitaire**, la globalisation, le **régionalisme**, la transition économique, la démocratisation, l'**intégration**, la stabilité financière, le **terrorisme** et la guerre menée contre lui, les **armes de destruction massive**, les changements de **régime**, etc.

Quand on analyse l'ordre contemporain, il ne faut pas perdre de vue à quel point les contraintes qui s'exercent sur l'**ordre international**, ainsi que les attentes à son sujet, sont plus fortes actuellement qu'auparavant. Durant les périodes précédentes, l'intérêt accordé à l'ordre international était surtout à caractère négatif et consistait à prévenir toutes les menaces susceptibles d'en découler. À cet intérêt s'ajoute désormais un aspect positif, puisque l'ordre international est maintenant la source d'un éventail de biens sociaux beaucoup plus large qu'il ne l'était antérieurement. Aujourd'hui, l'ordre international rend possibles la diffusion de l'information et des ressources économiques, l'émergence des droits humains, des interventions, un accès à des **mouvements sociaux** mondiaux et à des **organisations non gouvernementales internationales** ainsi qu'une multitude d'objets culturels. Un grand nombre de ces « biens » peuvent être considérés comme des intrusions malvenues dans les affaires des États, même s'ils demeurent très convoités par divers gouvernements et secteurs de la société partout dans le monde.

À RETENIR

- Puisque nous vivons présentement dans l'ordre contemporain (actuel), il est difficile de prendre le recul nécessaire pour l'étudier objectivement et ainsi en cerner les principales caractéristiques.

- On peut aisément comprendre l'entre-deux-guerres (1919-1939), par exemple, parce qu'on sait de quelle façon elle a pris fin. En revanche, personne n'a encore idée

POUR EN SAVOIR PLUS

Les éléments de discontinuité et de continuité entre l'ordre de la guerre froide et celui de l'après-guerre froide

Guerre froide

- Puissance soviétique en Europe de l'Est
- Rivalité bipolaire
- Idéologies rivales
- Intégration globale pour la sécurité
- Sécurité militaire en tant que haute politique

Discontinuité

Après-guerre froide

- Dissolution de l'Union soviétique
- Établissement de la paix unipolaire
- Suprématie du capitalisme libéral
- Autonomie régionale accrue
- Identité nationale en tant que haute politique

Continuité

- Certaines structures de sécurité, telles que l'OTAN
- Globalisation économique
- Droits humains
- Réaction contre l'État laïque
- Identités multiples
- Objectifs environnementaux
- Pauvreté dans le Sud

de la manière dont se terminera la période actuelle, d'où l'importance d'y réfléchir comme nous le faisons dans ce chapitre.

• L'ordre international produit aujourd'hui un ensemble d'effets positifs à l'échelle mondiale, mais aussi une vaste gamme de maux.

UNE TYPOLOGIE DES DIFFÉRENTES FORMES D'ORDRE

À l'heure actuelle, les idées au sujet de l'ordre s'orientent dans diverses directions et prennent plusieurs formes (voir le tableau 31.1, ci-dessous). D'un côté, elles demeurent largement centrées sur l'État et assorties de préoccupations traditionnelles pour la structure de l'**équilibre des puissances**, la polarité du **système international** et les formes présentes de **sécurité collective**. De l'autre côté, il y a un vaste ensemble qui englobe les rapports entre les dimensions économique et politique, une nouvelle réflexion sur la **sécurité humaine** (voir le chapitre 28), des débats sur les répercussions distributives de la globalisation, le rôle des droits humains, l'incidence de l'environnementalisme et les stratégies favorisant l'émancipation humaine. Il est donc clair que différentes conceptions de l'ordre, parfois divergentes, se dessinent.

Il convient ici de procéder à d'importantes distinctions. Faut-il juger l'ordre international en considérant uniquement un aspect du système interétatique et l'évoquer ensuite sur cette base ? Ou devrait-on élargir la réflexion et l'envisager en fonction de son incidence sur la vie des êtres humains et de leurs aspirations individuelles, et parler alors d'un **ordre mondial** ? Une telle distinction est très présente dans la littérature à ce sujet et se reflète dans une différenciation semblable établie entre la **société internationale** et la société mondiale (Clark, 2007). Par ailleurs, en quoi l'introduction du concept de globalisation modifie-t-elle les résultats de l'analyse ? Est-ce qu'un ordre globalisé et un ordre mondial ont la

même signification ? L'avant-dernière section du chapitre propose une réponse à cette question.

La recherche des éléments déterminants de l'ordre contemporain s'inscrit dans des cadres théoriques assez différents (voir l'introduction) ; en voici quatre. Le premier est le cadre général du réalisme. Il se concentre sur la structure du système établi après la guerre froide, et notamment sur le nombre des grandes puissances et la répartition des **capacités** entre elles. Il définit l'ordre essentiellement en fonction de la **structure** de sécurité. Il a engendré un débat, au début des années 1990, sur la polarité de ce système, sur l'éventualité d'une **concertation** renouvelée et sur la possibilité inquiétante qu'un retour à la **multipolarité** puisse annoncer l'érosion de la stabilité issue de la **bipolarité** caractéristique de la guerre froide.

Le deuxième est le cadre général dérivé du libéralisme. Il met l'accent sur les régimes et les **institutions** ainsi que sur les **normes** et les valeurs qui leur sont associées. Il repose sur le postulat selon lequel les modèles d'**intégration** et d'**interdépendance** étaient devenus si profondément enracinés durant la guerre froide, pour des raisons plutôt stratégiques et géopolitiques, qu'ils avaient alors acquis un élan propre. Puisque des systèmes complexes de **gouvernance globale** s'étaient implantés entre-temps, ces régimes allaient survivre à l'effondrement des conditions issues de la pensée réaliste qui leur avaient donné naissance.

Un troisième cadre définit l'ordre en fonction de son aptitude à favoriser l'émancipation humaine individuelle. La seule présence d'une stabilité entre les grandes puissances, ou l'**institutionnalisation** des relations entre les groupes d'États dominants, révèle peu de choses sur la qualité de vie de la plupart des personnes dans le monde. S'il est vrai, comme l'affirment des auteurs tels que le théoricien des relations internationales Ken Booth (1999), que les gouvernements sont les principaux responsables des **violations** des droits humains, alors il ne faut pas se contenter d'étudier les accords internationaux que ces

---

TABLEAU 31.1   **Une typologie des différentes formes d'ordre**

ORDRES	UNITÉS	CARACTÉRISTIQUES
Globalisé	Système global	Fin des économies, des sociétés et des corps politiques nationaux
International	États	Priorité à la souveraineté et à la stabilité
Mondial	Êtres humains	Priorité aux droits, aux besoins et à la justice
Globalisé international	États globalisés	Priorité à la gestion des relations entre les États qui font partie du système global, mais qui restent distincts à l'intérieur de ce système

gouvernements ratifient en cette matière, mais aussi examiner la vie concrète des citoyens.

Un quatrième cadre relève directement de la littérature sur la globalisation. Nous posons simplement la question suivante : la globalisation peut-elle être considérée comme un type d'ordre ? Devrait-on y voir une dynamique en plein déploiement, mais dénuée de tout état final prédéterminé, ou faut-il envisager un ordre globalisé comme une forme politique distinctive ? Cette dernière possibilité est clairement énoncée dans l'affirmation suivant laquelle le conglomérat contemporain des États occidentaux constitue collectivement un *État mondial* émergent (Shaw, 1997, p. 503-504 ; 2000). La globalisation, de ce point de vue, représente un ordre politique naissant à proprement parler.

À RETENIR

- Lorsqu'il est question d'ordre, il importe de préciser en fonction de qui cet ordre est défini : les États, les peuples, les groupes ou les individus ?

- L'ordre international est axé sur des relations stables et pacifiques entre les États. Il est généralement conçu en termes d'équilibre des puissances et repose principalement sur la sécurité militaire.

- L'ordre mondial relève de valeurs différentes, telles que la justice, le développement, les droits et l'émancipation.

- Un modèle d'ordre privilégie des valeurs au détriment de certaines autres. Il y a souvent une tension, par exemple, entre des conceptions centrées sur l'État et celles qui mettent l'accent sur des valeurs individuelles, ou entre celles qui sont axées sur le marché et celles qui insistent sur le développement de la justice sociale et de normes environnementales contraignantes. Ainsi, des politiques fondées sur l'équilibre des puissances ou sur l'ouverture aux investissements étrangers peuvent se traduire par un appui donné à des régimes qui ne respectent pas les droits humains.

LES ÉLÉMENTS DE L'ORDRE CONTEMPORAIN

Dans cette section, nous présentons les principaux éléments qui caractérisent l'ordre contemporain (ou actuel ; voir l'encadré «Pour en savoir plus», ci-dessus).

Le système d'États sociaux

Si on se penche sur les fondements du **système d'États** contemporain lui-même, on observe que ce système est

POUR EN SAVOIR PLUS
Les éléments de l'ordre contemporain

Éléments structurels	Éléments significatifs
Polarité	État social
Multilatéralisme	Identité
Régionalisme	Ordre économique international
Deux mondes (Nord-Sud)	Droits libéraux

de nature sociale. D'abord, depuis plus d'un siècle, les **États** occidentaux ont assumé une gamme de fonctions sociales qui les démarquent de ce qu'ils étaient antérieurement. La grande renaissance de la viabilité des États, depuis le chaos de la Seconde Guerre mondiale, est attribuable au succès notable obtenu dans l'exécution de fonctions telles que le **développement** et la gestion économique, les soins de santé, l'aide sociale et la planification sociale. Si les États ne sont pas tous également aptes à remplir ces tâches, la plupart estiment néanmoins qu'elles incombent essentiellement à l'État.

Ensuite, les pressions qui favorisent l'émulation au sein du système d'États tendent à renforcer des types courants de comportements et des formes semblables de structures institutionnelles étatiques. Historiquement, les États ont entretenu un esprit d'émulation mutuelle dans le développement des infrastructures sociales et économiques de leur puissance militaire. Ce développement s'est élargi depuis que les États s'efforcent d'adopter des pratiques exemplaires en matière de compétitivité et d'efficacité économiques. Ils subissent aussi des pressions sociales pour se conformer à certaines normes concernant les droits humains, ce qui a entraîné une dilution et une délégation partielles de la compétence exclusive de l'État à l'égard de ses propres affaires nationales. Il s'ensuit que certaines **règles** fondamentales du système d'États (la **souveraineté**, la **non-intervention**) font l'objet d'une adaptation considérable, ce qui donne à l'ordre contemporain un bon nombre de ses traits complexes et ambivalents.

L'identité et l'État-nation

Une deuxième caractéristique du système d'États réside dans la multiplicité des questions d'identité qui se sont imposées depuis au moins les années 1990. Certaines d'entre elles portent sur les formes contemporaines du **nationalisme** et font l'objet d'évaluations controversées : ces formes représentent-elles un nationalisme inédit ou plutôt un retour à un **primordialisme** déjà présent? L'État est à la fois remis en cause et renforcé par un amalgame de différentes crises identitaires, qu'il s'agisse de tendances vers des formes apparemment nouvelles de communautés politiques mues par le séparatisme ethnique, ou d'identités régionales, des projets transnationaux, de nouveaux mouvements sociaux ou encore du retour à la culture et à la religion. La question-clé ici est la suivante: dans quelle mesure ces tendances sont-elles entièrement nouvelles ou représentent-elles une sorte d'atavisme historique? La politique identitaire qui prévaut depuis le début du nouveau millénaire se répercute sur la nature sociale de l'État, car elle soulève des questions directes sur la **citoyenneté**: qui possède le statut de citoyen et quelle est la nature du contrat qui lie ce dernier à l'État?

Il ne faut toutefois pas croire que toutes les questions identitaires de ce type n'ont surgi qu'après la guerre froide. On pourrait, notamment, évoquer une réaction très répandue dans les pays en développement contre ce qui a été perçu comme l'imposition d'une forme d'État moderne, occidentale et laïque. La révolution iranienne en 1979 en offre un exemple typique, qui invite clairement à ne pas supposer que les politiques identitaires sont apparues uniquement après la guerre froide. C'est particulièrement le cas en ce qui a trait à la résurgence de la religion en tant que facteur agissant sur les relations internationales. S'il peut sembler que la religion a soudainement été redécouverte, en particulier après le 11 septembre 2001, il est plus plausible de soutenir qu'elle n'a jamais disparu et qu'elle a plutôt été occultée par les divers enjeux de la guerre froide.

La polarité et la collectivisation de la sécurité

La sécurité, entendue dans son sens le plus traditionnel, demeure une préoccupation majeure. Il est question ici à la fois de la répartition actuelle de la puissance et du débat visant à déterminer si cette répartition relève de l'**unipolarité**, de la bipolarité, de la multipolarité ou d'une forme hybride. Ce débat s'est considérablement réorienté depuis le début des années 1990. À cette époque, un retour à la multipolarité était largement anticipé, et il semblait probable que l'unipolarité centrée sur les États-Unis ne durerait que momentanément. Depuis, la prédominance américaine s'est affirmée, si bien que les analystes évoquent maintenant régulièrement l'**hégémonie** américaine ou une sorte d'**empire** américain (voir le chapitre 4). Cette prédominance résulte des succès

économiques qu'ont obtenus les États-Unis durant les années 1990, d'une part, et des difficultés continuelles qu'éprouvent leurs concurrents, d'autre part. Ainsi, pendant la même période, l'économie japonaise est devenue stagnante et la Russie s'est embourbée dans des transformations politiques et économiques nationales en profondeur et de longue durée. De son côté, l'Union européenne, malgré la poursuite de son élargissement et de son enracinement, hésite toujours à agir d'une manière autonome et décisive lorsque surviennent des crises internationales. La puissance de la Chine évolue dans une perspective à long terme, même si son économie a certainement connu une croissance phénoménale dans les premières années du nouveau millénaire. Par conséquent, le rôle des États-Unis et leur volonté de s'engager pour le maintien général de l'ordre continuent de constituer des éléments déterminants de la sécurité au sein de l'ordre actuel. Cet engagement s'est avéré très variable: le rôle prééminent des États-Unis au Kosovo en 1999, en Afghanistan et en Iraq depuis 2003 s'est nettement démarqué du refus de Washington d'agir au Rwanda en 1994 et au Soudan en 2005-2006.

L'organisation de la production et de l'échange

L'économie politique est une autre dimension importante de l'ordre actuel, au cœur de laquelle figure le degré de stabilité des systèmes financier et commercial internationaux. Le commerce international demeure miné par des litiges qui se répercutent sur les relations commerciales entre les trois grands groupes économiques, soit les **triades**, et sur leurs partenaires dans le monde en développement, tandis que la finance internationale affiche périodiquement des signes d'effondrement, notamment lors des troubles financiers qui ont affligé les économies de l'Asie orientale vers la fin des années 1990. Cet ordre économique international est géré en partie par les institutions de gouvernance que sont le **Fonds monétaire international (FMI)**, la Banque mondiale et l'**Organisation mondiale du commerce (OMC)** et fait sentir ses effets très largement. Ses implications ne se limitent pas à déterminer seulement les règles du commerce et du crédit internationaux ou les taux de change. L'**internationalisation** de la production qui en résulte a des répercussions sur les nombreux facteurs qui définissent la qualité de vie des êtres humains: la production d'équipement militaire, l'état de l'environnement, l'aide sociale, les droits humains (en particulier ceux des enfants) dans le monde du travail ainsi que les **inégalités entre les hommes et les femmes** dans l'économie et dans la dynamique du développement.

La gestion et la gouvernance multilatérales

Le **réseau** très dense des instances contemporaines de gouvernance internationale (régimes, **organisations internationales** et organisations non gouvernementales internationales) constitue l'un des aspects remarquables de l'ordre actuel. Ces instances sont actives dans la plupart des domaines d'activité humaine, y compris les régimes juridiques (droits humains, crimes de guerre, Cour pénale internationale), écologiques (protocole de Kyoto) et économiques, de même que dans les principales activités de maintien de la paix des organisations internationales telles que l'ONU. Dans quelle mesure peut-on raisonnablement considérer la globalisation comme la source d'un système de gouvernance mondial ? Quel est son potentiel de développement ? Les **régimes internationaux** actuels sont-ils étroitement liés à la structure de pouvoir sous-jacente à la domination occidentale et reflètent-ils donc les préférences occidentales ? Ces régimes sont-ils viables, compte tenu de la diversité culturelle qu'on trouve aujourd'hui dans le monde ? Ces questions orientent directement la présente analyse vers le prochain élément de l'ordre, soit le régionalisme, puisqu'une grande partie de l'infrastructure de ce régime se situe au niveau régional.

Le régionalisme

Le développement du régionalisme contemporain constitue une autre clé qui favorise la compréhension de l'ordre actuel. Il peut revêtir diverses formes relevant de l'économie (des régions commerçantes), de la sécurité (l'**OTAN**) et de la culture. L'intensification du régionalisme est parfois vue comme une négation de la globalisation, mais il est plus raisonnable de la considérer comme un aspect de celle-ci, plutôt que comme un signe de résistance contre elle. Le fait que différentes régions sentent le besoin de créer des institutions régionales est en soi une manifestation de la globalisation, de la même façon que l'expansion universelle de l'**État-nation** en tant que principale forme politique a été une conséquence précoce de la globalisation. Des questions intéressantes surgissent néanmoins à propos de l'importance du régionalisme dans l'ordre de l'après-guerre froide. L'autonomie apparemment plus prononcée dont bénéficient les régions depuis la fin de la guerre froide ainsi que le rôle des régions dans la constitution de nouvelles formes d'identités en offrent deux exemples. Il peut paraître paradoxal que, après la disparition des contraintes liées à la guerre froide, les régions semblent maintenant disposer d'une plus grande autonomie au moment même où le degré actuel d'interpénétration et de globalisation restreint les possibilités d'isolement régional.

L'enjeu des droits libéraux

Les droits humains constituent peut-être le facteur qui présente la plus frappante continuité entre la période de la guerre froide et l'ordre contemporain ; ils sont devenus très visibles dans la politique internationale postérieure à 1945, essentiellement en réaction aux événements catastrophiques survenus avant 1945 (voir le chapitre 29). Ce facteur a représenté un trait fondamental de la période de la guerre froide elle-même et a été ravivé par l'effondrement du bloc soviétique, car celui-ci a été dépeint comme un important pas en avant sur la voie de l'expansion des droits libéraux. À cet égard, l'accent mis sur les **droits libéraux** constitue un autre élément de continuité entre les deux périodes. En fait, beaucoup affirment que ce sont les préoccupations accrues pour la situation des droits dans l'ancienne Europe de l'Est qui ont eu un effet néfaste sur le maintien des systèmes politiques autoritaires dans la région. Toutefois, l'ordre instauré après la guerre froide subit paradoxalement des pressions, en particulier parce qu'il fait une promotion apparemment plus vigoureuse d'un type d'universalisme qui semble inspirer des formes de résistance religieuse et culturelle.

Les propos précédents sont directement liés à des questions plus vastes au sujet de l'avenir de la démocratisation, dont l'évolution – qui aura une incidence capitale sur la stabilité future de l'ordre international – concerne dès maintenant un ensemble d'enjeux interreliés : le statut de la **démocratie** en tant que norme universelle ; l'expérience variable actuelle en matière de démocratisation ; les pressions exercées sur la démocratie par la globalisation (et donc les appels lancés en faveur de formes de démocratie cosmopolitistes) ; et l'avenir de la démocratie en tant que source de paix et de stabilité interétatiques (voir le chapitre 14).

Les relations Nord-Sud et les deux mondes qui en découlent

Tout examen de l'ordre contemporain doit s'attarder longuement sur le gouffre apparent qui sépare le Nord industrialisé et le Sud de plus en plus marginalisé. Certains estiment que les tensions qui en résultent ont pour effet de miner les perspectives de stabilité à long terme (voir le chapitre 27). Les relations entre le Nord et le Sud sont-elles plus stables aujourd'hui que durant les époques antérieures ? Ou continuent-elles de reposer fragilement sur des inégalités de puissance, des écarts massifs de qualité de vie et des incompatibilités de valeurs culturelles ? Une autre question demeure très controversée et suscite de profonds désaccords : la globalisation aggrave-t-elle ces inégalités ou offre-t-elle, comme le croient ses partisans, le meilleur moyen disponible de les corriger à plus long terme ? Autrement dit, les problèmes du Sud sont-ils attribuables à la dynamique de la globalisation ou au fait que le Sud en est relativement exclu ? Dans un cas comme dans l'autre, l'écart entre le Nord et le Sud menace-t-il la stabilité de l'ordre instauré après la guerre froide ? Ou faut-il simplement considérer l'écart en question comme une composante essentielle de cet ordre et donc le comprendre comme un élément de continuité structurelle qui le lie aux ordres précédents ?

Devant cette perception du Nord et du Sud comme deux blocs monolithiques, d'autres analystes insistent sur le caractère désormais désuet de cette représentation. Les répercussions de la globalisation varient au sein même des États et pas seulement entre eux, ce qui engendre des modèles de stratification complexes empêchant toute classification facile entre pays du Nord et pays du Sud. Il y a d'énormes variations et inégalités parmi les États et les régions, tout comme il en existe entre eux. C'est pourquoi il est peut-être réducteur de décrire le monde selon ces deux blocs, car la diversité est beaucoup plus prononcée que ce que laisse entendre une dichotomie aussi draconienne.

À RETENIR

- L'ordre est façonné par le caractère nouveau des États et des tâches qu'ils accomplissent.

- La question de la sécurité est de plus en plus traitée dans un cadre multilatéral, même lorsque ce cadre ne se conforme pas aux modèles classiques de sécurité collective.

- L'économie mondiale est essentiellement façonnée par les relations entre les trois grandes entités (Amérique du Nord, Europe occidentale et Asie orientale) et gérée par une panoplie d'institutions dominées par les États occidentaux.

- Les droits humains se voient accorder plus d'importance aujourd'hui que durant les périodes antérieures de l'histoire.

- Existe-t-il deux mondes séparés, représentés par le Nord et le Sud, ou plutôt une variété de mondes ?

LA GLOBALISATION ET L'ORDRE POST-WESTPHALIEN

On tend aujourd'hui à envisager l'ampleur actuelle de la globalisation comme une simple conséquence de la fin de la guerre froide. Cette perspective s'inscrit en fait dans le cadre d'une affirmation plus générale au sujet de la fin de l'ordre westphalien.

POUR EN SAVOIR PLUS

Quelques interprétations de la globalisation et de la fin de la guerre froide

« La fin de la division du monde (engendrée par la guerre froide) en ordres mondiaux rivaux marque une transition effective et symbolique cruciale vers les ordres économique, culturel et politique d'un monde unique. »

(Shaw, 1999, p. 194)

« Les États-Unis ne forment plus une superpuissance depuis l'apparition d'un acteur de même taille qu'eux, c'est-à-dire la globalisation. De surcroît, c'est cette même globalisation qu'ils encouragent, bien qu'ils ne parviennent pas à en maîtriser totalement le sens. »

(Laïdi, 1998, p. 170)

« La globalisation constitue à la fois le phénomène et le thème les plus importants qui sont apparus dans la vie contemporaine et dans la théorie sociale depuis l'effondrement des systèmes marxistes. »

(Albrow, 1996, p. 89)

« Les globalistes continuent de soutenir que de grandes transformations, de type fin de siècle, sont en cours partout dans le monde et qu'elles peuvent être attribuées à un phénomène appelé "globalisation". Cette nouvelle ère, popularisée sous le nom de "monde sans frontières" et symbolisée par le démantèlement du mur de Berlin, s'est instaurée à part entière dès la fin de la guerre froide. »

(Weiss, 1999, p. 59)

« Situer en 1989 le début de la globalisation est très trompeur. [...] La globalisation [...] se déployait déjà durant la guerre froide et a continué de le faire après. Si le système de la guerre froide a dominé la politique internationale de 1945 à 1989, alors son successeur est l'hégémonie américaine et non la globalisation. »

(Legrain, 2002, p. 11)

Sans surprise, de nombreux analystes estiment que l'après-guerre froide se caractérise par l'intensification de la globalisation, surtout en ce qui concerne l'intégration financière. La finance globale a maintenant une portée pratiquement universelle, tout comme l'influence qu'exercent ses principales institutions telles que la Banque mondiale et le Fonds monétaire international.

Dans cette optique, c'est la fin de la guerre froide qui a accéléré la globalisation, de sorte que son expansion peut être considérée comme un point de différenciation entre le monde de la guerre froide et celui de l'après-guerre froide. Malheureusement, cette analyse est entachée d'un défaut : aborder la globalisation comme la simple conséquence de la fin de la guerre froide, c'est réfuter le fait qu'elle en a aussi été une cause. En d'autres termes, la globalisation représente à la fois un point de continuité et un point de discontinuité entre les deux périodes (voir l'encadré « Pour en savoir plus » à la page 538).

En un sens plus large, une telle analyse risque de négliger d'autres dimensions de la continuité, comme l'instauration d'un régime capitaliste libéral (Ikenberry, 2001). Quels faits historiques appuient cet exemple ? Le principal facteur est la thèse selon laquelle la globalisation s'est déployée à partir du noyau d'États capitalistes occidentaux qui s'est formé durant la guerre froide. Ce noyau est devenu tellement puissant qu'il a en fin de compte affaibli l'autre grand protagoniste de la guerre froide, soit le bloc soviétique, et a rendu de moins en moins pertinente la raison d'être de cette guerre. Quant à l'Union soviétique, ce qui a érodé ses capacités en tant que puissance militaire, c'est précisément le fait qu'elle ne s'est pas intégrée aux structures financières et technologiques du capitalisme mondial. En ce qui a trait à la logique de la guerre froide dans son ensemble, l'existence d'un bloc soviétique hostile a joué un rôle crucial dans l'intégration initiale du système occidental. Pendant les années 1980, ce système a toutefois acquis son autonomie et n'a plus eu besoin de compter sur un ennemi extérieur pour renforcer sa dynamique de croissance. L'Union soviétique était alors devenue superflue par rapport aux besoins du système occidental dominant.

Si la globalisation a été un élément du système qui existait avant la guerre froide, d'une part, et qu'elle se distingue aujourd'hui nettement en tant qu'élément de l'ordre contemporain, d'autre part, alors elle doit être considérée comme un facteur de continuité entre les deux périodes. Une telle logique impose de reconnaître que l'ordre actuel n'est pas particulier, puisqu'il renferme des éléments qui étaient déjà présents pendant la guerre froide. Il s'ensuit que l'ordre contemporain n'est pas complètement distinct de l'ordre qui l'a précédé. Cependant, si la globalisation constitue l'élément qui lie ces deux ordres, serait-elle aussi le facteur-clé de la compréhension de l'ordre actuel ? Forme-t-elle le trait déterminant du monde d'aujourd'hui ?

L'affirmation selon laquelle la globalisation représente le trait essentiel de l'ordre actuel a été rejetée pour diverses raisons. Dans l'ensemble, si cette dynamique est considérée comme une tendance historique à long terme comportant divers courants ou phases, alors interpréter l'ordre actuel en fonction de la globalisation amène à négliger le caractère spécifique de la présente situation.

Par ailleurs, la globalisation a été décrite comme l'absence d'ordre : des traits négatifs se manifestent en abondance, mais paraissent dénués de toute cohérence. L'impression générale est que personne n'exerce un véritable contrôle (Bauman 1998, p. 58). C'est pour cette raison que la globalisation a peu à peu été associée à une thèse plus générale sur la disparition de l'ordre westphalien. Cet ordre s'était solidement maintenu depuis 1648 et reposait sur des États clairement délimités par des frontières rigoureuses ; chacun exerçait toutes ses compétences et sa pleine **souveraineté** sur son propre **territoire**. Les règles du jeu obligeaient chaque État à ne pas intervenir dans les affaires intérieures des autres États. Par contre, la globalisation semble remettre en cause l'efficacité des frontières. C'est particulièrement le cas en ce qui a trait à l'économie mondiale, au sein de laquelle les frontières n'ont plus l'importance qu'elles revêtaient autrefois, et à divers éléments de la vie politique, comme les droits humains et l'**intervention humanitaire**, au sujet desquels les normes de l'ordre westphalien subissent des pressions croissantes.

Tous les arguments précédents semblent indiquer que la globalisation ne forme peut-être pas la base conceptuelle exclusive de la compréhension de l'ordre contemporain. Celle-ci a des effets si variés et est tellement dénuée d'objectifs généraux et particuliers qu'il n'est pas possible d'apercevoir un ordre quelconque fondé uniquement sur la globalisation. En fait, le principal thème qui unit les propos actuels est justement le caractère désordonné de la dynamique de la globalisation. On peut toutefois formuler une autre argumentation qui repose sur ce qu'elle *est*, et pas seulement sur ce qu'elle *fait*. Il importe d'en préciser davantage la nature et de ne pas seulement en examiner les effets. C'est d'ailleurs l'objet de l'avant-dernière section. Il convient d'abord de se pencher sur quelques-unes des inégalités politiques qui semblent aujourd'hui associées à la globalisation.

À RETENIR

- La globalisation est souvent dépeinte comme une conséquence de la fin de la guerre froide, parce que celle-ci a favorisé l'expansion géographique du capitalisme.

- En même temps, la globalisation doit être comprise comme l'un des facteurs qui ont contribué à mettre un terme à la guerre froide. Le fait que l'Union soviétique s'est maintenue à l'écart de la dynamique de la globalisation en a d'ailleurs révélé et accentué les faiblesses.

- Par conséquent, la globalisation doit être vue comme un élément de continuité entre l'ordre de la guerre froide et celui de l'après-guerre froide.

- Il est légitime d'afficher un certain scepticisme devant l'hypothèse voulant que la globalisation soit une caractéristique exclusive de l'ordre contemporain.

LA GLOBALISATION ET LA LÉGITIMITÉ

La globalisation semble susceptible de causer plusieurs problèmes pour la stabilité politique de l'ordre actuel, notamment en ce qui a trait à sa légitimité. Nombreux sont ceux qui estiment que l'émergence d'un mouvement diffus de protestations contre la globalisation reflète une nouvelle vague de résistance contre celle-ci. Il en résulte des tensions de plusieurs natures. Le problème principal se situerait dans l'efficacité limitée de la démocratie telle que pratiquée dans les conditions mondiales actuelles. À un moment où les vertus de ce régime sont largement prônées, beaucoup doutent de sa viabilité lorsqu'il est structuré sur une base strictement nationale sans tenir compte du contexte de la globalisation. L'enjeu de la démocratie comporte deux facettes :

la représentation et l'obligation de rendre des comptes. C'est une très bonne chose que les citoyens soient représentés au sein d'institutions électorales nationales. Dans quelle mesure, cependant, une telle représentation leur permet-elle de maîtriser les forces économiques, sociales et culturelles qui transcendent les frontières nationales, si les gouvernements n'ont pas la capacité de circonscrire ces forces ? S'ils y parviennent, il en découle une obligation de rendre des comptes. Il s'avère très peu utile de confier aux dirigeants politiques nationaux et locaux des responsabilités au moyen d'élections si ces dirigeants demeurent relativement inaptes à exercer une influence sur la portée globale des entreprises, de la technologie, de la situation environnementale ou du système financier. Ces questions sont particulièrement pertinentes lorsqu'on tente de déterminer le caractère démocratique d'organismes tels que la Banque mondiale et le Fonds monétaire international, ainsi que d'organisations internationales comme l'ONU. Même au niveau régional, il se manifeste une inquiétude récurrente au sujet du présumé déficit de légitimité qui nuit aux institutions de l'Union européenne (voir le chapitre 25). L'enjeu général ici est le manque de concordance entre l'organisation géographique des différents systèmes politiques et la nature déterritorialisée des activités économiques, sociales et politiques qui sont menées aujourd'hui.

ÉTUDE DE CAS

La crise de légitimité de l'État dans le monde en développement

La notion des deux mondes – c'est-à-dire le Nord riche et stable et le Sud pauvre et instable – renforce l'impression qu'il y a une crise de légitimité de l'État dans le Sud. Un bon nombre des États de cette partie du globe ont été dépeints, depuis la décolonisation, comme des **quasi-États** (Jackson, 1990) qui ne disposent pas de toutes les capacités propres aux États forts. Les événements survenus depuis la fin de la guerre froide ont entretenu cette perception. Il est devenu courant de qualifier divers États de défaillants (Afghanistan, Cambodge, Liban, République démocratique du Congo, Rwanda, Somalie, Zimbabwe, par exemple) et de souligner leur incapacité à préserver l'ordre à l'intérieur du pays ou à produire au moins les conditions minimales du bien-être social et de la subsistance économique. Dans certains cas, la loi et

l'ordre ont fait place à la guerre civile ou à la création de fiefs sous l'emprise de seigneurs de guerre ennemis.

La communauté internationale a justifié le déploiement de diverses missions de consolidation de la paix en invoquant l'incapacité des autorités nationales à maintenir l'ordre dans leur propre pays, notamment à la suite d'un conflit international ou civil. Ces missions se sont accompagnées d'un retour en force des doctrines de tutelle au sein de la communauté internationale, qui attribuent aux forts une certaine responsabilité dans la protection du bien-être des faibles.

La notion d'**États défaillants** suscite cependant un ressentiment considérable, et on entend souvent dire que les difficultés de ces États sont spécifiquement le produit des conditions structurelles que les puissances du Nord ont engendrées par leurs actions économiques et politiques. Ce sentiment s'est traduit par des accusations selon lesquelles les instruments de la communauté internationale servent à éroder la légitimité politique des gouvernements des pays du Sud. Ainsi, les sociétés du Sud deviennent plus vulnérables à une intervention des pays riches et plus adaptables aux préférences de ces derniers. Les États les plus puissants attisent ce ressentiment lorsqu'ils remettent en cause la légitimité du gouvernement de certains États, par exemple en les qualifiant d'États voyous ou de parrains du terrorisme et en contestant leur plein droit d'être représentés dans le cadre de négociations internationales ou d'exercer les mêmes droits que les autres États. Les pays du Sud allèguent alors que les défaillances des États, ainsi que la perte de légitimité des États en développement qui en résulte, ne sont pas des conditions objectives, mais bien les conséquences des politiques des États du Nord.

Dans le contexte de toutes ces questions, de nombreux débats ont porté sur le rôle de la **société civile** mondiale en émergence (Keane, 2003). Celle-ci englobe une multitude de mouvements sociaux transnationaux, dont des groupes altermondialistes, et d'organisations non gouvernementales internationales, comme Greenpeace et Amnistie internationale. Les partisans de cette société civile considèrent que ces mouvements offrent les seuls moyens concrets d'influer directement sur les politiques globales dans des domaines comme le développement, l'environnement, les droits humains et la sécurité internationale. Il s'agit là aussi du meilleur moyen de démocratiser la gouvernance globale. D'autres demeurent toutefois sceptiques. Il n'y a rien d'intrinsèquement démocratique dans la société civile mondiale elle-même, car un grand nombre de ses mouvements ne reposent pas sur une base légitime en matière de représentation ou d'obligation de rendre des comptes (Van Rooy, 2003). Ils peuvent simplement représenter des intérêts sectoriels et orienter indûment les politiques publiques en faveur de ceux qui sont mieux organisés, qui possèdent plus de ressources ou qui diffusent plus massivement leurs messages.

En fait, du point de vue de maints gouvernements des pays du Sud, la société civile mondiale peut aggraver les inégalités entre les riches et les pauvres. La société civile suscite le ressentiment parce qu'elle est vue comme un prolongement de la puissance des pays du Nord, étant donné que ses mouvements constitutifs disposent d'une base beaucoup plus solide dans le monde développé et sont, par le fait même, plus susceptibles de défendre ses intérêts. La tension entre les objectifs de développement économique que se donnent de nombreux gouvernements des pays du Sud et les politiques que préconisent de multiples groupes écologistes dans les pays du Nord illustre bien ce point de vue. D'aucuns peuvent objecter ici que cela perpétue le sentiment qu'il existe deux mondes opposés, soit le Nord (représenté par des gouvernements forts et de vigoureux mouvements issus de la société civile) et le Sud (représenté par des gouvernements faibles et une société civile peu organisée). Une telle dichotomie peut contribuer à la perception, dans le Nord, d'une crise de légitimité de l'État dans le monde en développement (voir l'étude de cas qui commence à la page précédente).

À RETENIR

- Il y a une résistance manifeste contre la globalisation, en particulier dans les États du Sud. Cette résistance semble découler, en partie, du sentiment que la démocratie traditionnelle n'offre pas une représentation effective au sein de l'ordre international.

- Les élections nationales ne sont pas susceptibles de permettre aux dirigeants politiques d'assumer leurs responsabilités si ceux-ci ne peuvent maîtriser des forces dont l'ampleur et la portée sont globales.

- Un vif débat se poursuit en vue de déterminer si la société civile mondiale peut contribuer à la démocratisation des institutions internationales et si celles-ci s'avèrent, en fait, non démocratiques.

- Certains gouvernements des pays du Sud se méfient encore des mouvements sociaux qui sont généralement mieux organisés dans les pays développés.

UN ORDRE INTERNATIONAL COMPOSÉ D'ÉTATS GLOBALISÉS ?

Le présent chapitre reprend ici la question de savoir si la globalisation peut être considérée comme l'élément déterminant de l'ordre contemporain. Ce phénomène ne pourrait être vu comme le pilier de l'ordre actuel que s'il se substituait à tous les éléments traditionnels de l'ordre international. Cependant, si la globalisation ne fait que s'ajouter à l'ordre international existant, plutôt que de le remplacer, alors elle ne peut pas vraiment constituer la clé unique pour comprendre l'ordre instauré après la fin de la guerre froide.

S'il est possible de soutenir avec conviction que la globalisation n'est pas une dynamique quelconque se superposant aux activités des États, mais plutôt un élément de la transformation de l'État, on peut alors, à partir de là, élaborer une conception de l'**État globalisé**. La globalisation ne fait pas disparaître l'État, mais elle offre plutôt un moyen de réfléchir à sa forme actuelle. De même, elle ne rend pas superflue la notion d'ordre international, mais elle oblige à envisager un ordre international globalisé. En somme, c'est une notion d'ordre international composé d'États globalisés qui est pertinente ici.

Une grande partie de la confusion à propos de la globalisation provient de la tendance à considérer qu'elle relève exclusivement de l'environnement où se trouvent les États eux-mêmes, qu'elle est donc une force entièrement extérieure à chaque État et qu'elle nécessite l'adoption d'un point de vue partant de l'extérieur vers l'intérieur sur les résultats qu'elle produit (voir la figure 31.1). Dans cette optique, la globalisation reflète essentiellement le degré d'interrelation entre les États, un degré si élevé que l'importance des frontières et l'existence d'acteurs nationaux distincts sont sérieusement remises en cause. Il s'agit là, sans aucun doute, d'un élément constitutif de la globalisation. Cela dit, une interprétation aussi étroite ne tient pas compte du fait que la globalisation renvoie également à une dynamique interne de changement au sein des États. Selon cette perspective élargie, on peut la comprendre comme l'expression des profondes transformations qui se sont produites au cours des dernières décennies et qui touchent la nature de l'État ainsi que des

FIGURE 31.1   **Regard porté sur la globalisation à partir de l'extérieur**

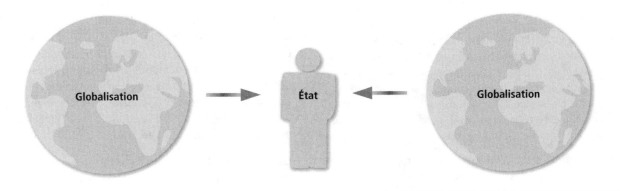

FIGURE 31.2   **Regard porté sur la globalisation à partir de l'intérieur**

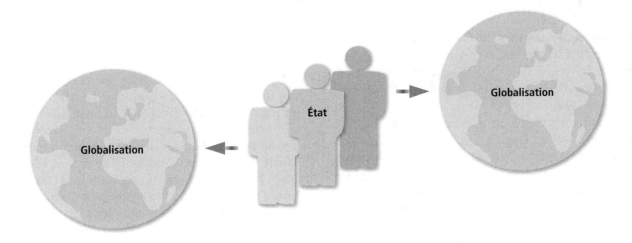

relations entre l'État et la société. Il faut donc aussi jeter sur la globalisation un regard allant de l'intérieur vers l'extérieur (voir la figure 31.2, page précédente). Alors, on ne songe plus à la contraction ou à la disparition de l'État, mais bien à l'évolution de ses fonctions : les États sont toujours présents, mais ils remplissent aujourd'hui des fonctions différentes, s'acquittent de certaines tâches moins bien qu'auparavant, mais, pour compenser, assument également de nouvelles responsabilités.

Même en cette ère de globalisation, les États et le système d'États demeurent présents. Ce n'est pas un paradoxe : il peut effectivement y avoir un ordre international fait d'États globalisés.

À RETENIR

- La globalisation est souvent vue comme une forme extrême d'interdépendance. Elle est alors représentée exclusivement comme un phénomène issu de l'extérieur des États.

- Il ressort d'une telle vision que les États seraient maintenant très affaiblis et que, par conséquent, ils seraient en déclin ou en voie d'obsolescence.

- En revanche, si la globalisation est envisagée comme une transformation de la nature même des États, il s'ensuit que ces derniers occupent toujours une place prépondérante dans l'analyse de l'ordre : ils sont différents, mais non obsolètes. Il en découle la notion d'un État globalisé en tant que forme de l'État, ainsi que l'apparition d'un élément d'analyse qui part de l'intérieur des États.

- Dans un tel cas, il n'y a pas de contradiction entre les normes et les règles d'un système d'États qui se maintient aux côtés d'États globalisés.

LA CRISE FINANCIÈRE GLOBALE

Le cataclysme financier survenu de 2007 à 2009 confirme notre propos. D'une part, la crise a certainement semblé valider la version forte de la thèse de la globalisation, selon laquelle le monde est si étroitement interrelié qu'aucun État ne peut se mettre à l'abri de ses effets nuisibles. C'est bien ce qu'a révélé la vitesse à laquelle l'effondrement du crédit à haut risque aux États-Unis s'est propagé à toute la planète. Les conséquences de la contraction du crédit à l'échelle internationale sur l'économie réelle ont pris la forme d'une chute abrupte de la production et du commerce, au point où même des économies comme celle de la Chine en ont été ébranlées.

D'autre part, la réponse apportée à la crise a contredit les analyses postulant que l'économie mondiale n'était plus liée aux structures politiques et étatiques et qu'elle était même en mesure de maintenir ses activités de façon autonome. Le trait le plus frappant des événements de 2008 a été le retour en force de l'intervention de l'État destinée à soutenir massivement les secteurs financier et bancaire. Les principaux États, y compris les États-Unis, ont dû renflouer les banques en leur accordant des prêts ou en procédant à diverses formes de nationalisation. Même les États-Unis, bastion du laisser-faire capitaliste, ont eu recours à une intervention gouvernementale d'une ampleur sans précédent dans l'économie, jusque dans l'industrie automobile. Non seulement les différents gouvernements concernés ont mis en œuvre un plan de relance pour faire sortir leur économie respective de la récession, mais on a même pu observer une tentative à peine voilée de leur part de contrôler le marché par des mesures protectionnistes indirectes.

En somme, si l'analyse de la globalisation s'est jusqu'à maintenant surtout appuyée sur une fausse opposition entre la globalisation et la puissance de l'État – dans le cadre d'une relation à somme nulle, où tout accroissement de la globalisation affaiblit davantage le rôle des États –, le krach financier de 2008 a illustré très clairement à quel point l'économie mondiale et la finance globale sont demeurées fortement dépendantes de l'appui structurel provenant de sources étatiques. En fait, la présente ère de globalisation a fait réapparaître à un degré très prononcé le capitalisme d'État dans les économies dites de marché.

La principale difficulté qui attend tout modèle connu qu'on tentera d'appliquer à l'économie mondiale du futur se situe dans les changements climatiques. Il peut sembler particulièrement ardu de résoudre cette difficulté durant une récession économique, alors que se multiplient les contraintes imposées aux finances publiques. Toutefois, la transition vers une économie qui ne repose plus sur les combustibles fossiles est présentée non pas comme un obstacle à la reprise économique, mais bien comme un moyen de la favoriser. L'ampleur et la vitesse de cette transition dépendent de l'évolution des négociations menées simultanément sur les plans national et international. À l'échelle nationale, de nombreux gouvernements tentent de faire adopter des lois sur la consommation des énergies propres afin de réduire les émissions de gaz à effet de serre. À l'échelle internationale, le succès en la matière est étroitement lié à la mise en œuvre d'un régime post-Kyoto efficace et d'une entente acceptable entre les pays développés et en développement (voir le chapitre 22). Il n'est plus possible aujourd'hui d'évoquer l'avenir de la globalisation sans placer au cœur de la réflexion les solutions à apporter aux changements climatiques.

Tout ce qui précède indique que l'époque actuelle ne laisse pas présager la fin de la globalisation. De manière plus réaliste, la crise financière permet plutôt d'entrevoir le début de la fin de l'une de ses phases. Le modèle particulier de déréglementation financière anglo-américaine qui domine depuis les années 1980 doit maintenant relever d'importants défis (Gamble, 2009). Il traverse certainement une crise de légitimité presque universelle, qui concerne tant les gouvernements que les sociétés civiles. Mais, à elle seule, cette crise ne signale pas la fin de la globalisation. Le degré d'interdépendance demeure très prononcé. Si les gouvernements manifestent, à l'heure actuelle, une volonté nette de mettre les économies nationales à l'abri des pires excès de la déréglementation, il est peu probable que cette volonté se traduise par l'adoption de politiques visant ouvertement à détacher les économies nationales de l'économie mondiale, dans laquelle presque tous les États conservent de gros intérêts. Bien qu'on évoque souvent la possibilité que l'économie chinoise en émergence finisse par exercer une influence plus puissante que l'économie américaine, rien ne permet de croire que la Chine soit sur le point de mener une offensive contre l'économie mondiale, compte tenu de son vif désir d'y participer. Si la Chine avait voulu détruire le projet libéral, la crise de 2008 aurait constitué une occasion en or pour y parvenir. La Chine a plutôt contribué elle-même au renflouement de l'économie américaine alors en détresse. La fin de la globalisation n'est pas encore en vue, parce qu'aucun État important ne tient à se faire le champion de la déglobalisation.

À RETENIR

- L'effondrement du crédit à haut risque a rapidement infecté le système financier global.

- L'intervention de l'État était devenue nécessaire pour renflouer le système financier global.

- On assiste à la fin d'une phase de la globalisation, plutôt qu'à la disparition de la globalisation elle-même.

- Les réponses apportées aux changements climatiques vont fortement orienter la forme que l'économie mondiale prendra à l'avenir.

- La déglobalisation n'est parrainée par aucun pays.

CONCLUSION

Il est apparu dans le monde, après la guerre froide, une situation hybride où les États partagent un ensemble de responsabilités avec des organisations intergouvernementales et une foule d'**acteurs transnationaux** et non gouvernementaux. Il n'en résulte pas pour autant que l'ordre international soit devenu inutile, mais simplement qu'il doit être redéfini pour tenir compte de la nouvelle division du travail entre les États, les **réseaux globaux** et les formes rudimentaires de gouvernance mondiale. Tant que les États demeureront d'importantes sources d'action politique, ils continueront à édifier un système d'États doté de ses propres règles et de ses propres normes. C'est précisément ce qui est considéré comme la base même de l'ordre international. À l'heure actuelle, l'identité des États connaît une transformation considérable, au point où ceux-ci peuvent être qualifiés d'États globalisés. Ces derniers coexistent d'ailleurs toujours au sein d'un ordre international, qui diffère toutefois des formes historiques récentes qu'il a revêtues. Les éléments constitutifs de cet ordre permettent de cerner un ensemble de principes qui reflètent cette transformation et de dégager un ordre de l'après-guerre froide. Rien ne permet de supposer que les tendances récentes soient irréversibles, contrairement à ce que laisserait croire l'importance renouvelée que l'État accorde à la sécurité depuis le 11 septembre 2001. Il apparaît clairement, au début du XXIe siècle, que l'État globalisé ne sera pas le seul modèle d'évolution probable de l'État dans un avenir plus ou moins rapproché.

QUESTIONS

1. L'ordre post-guerre froide peut-il être véritablement considéré comme un ordre international?

2. Quelle est l'importance de la globalisation dans l'ordre international actuel?

3. Existe-t-il un ordre international pré-guerre froide et post-guerre froide?

4. Le concept de globalisation est-il important pour définir l'ordre international contemporain? Trouvez des exemples concrets tirés de l'actualité historique mondiale.

5. Distinguez l'ordre international de l'ordre mondial.

6. Commentez l'affirmation suivante: les identités des États sont en pleine transformation.

7. Qu'est-ce que la gouvernance globale ?

8. Discutez des contradictions potentielles et des complémentarités éventuelles entre le régionalisme et la globalisation.

9. Quels liens existe-t-il entre la globalisation et la démocratie ? Illustrez votre réponse par un cas qui concerne les droits humains.

10. La globalisation accentue-t-elle des enjeux liés à la légitimité politique ? Appuyez votre réponse à l'aide d'au moins deux cas tirés de l'actualité contemporaine mondiale.

Lectures utiles

Châtaignier, J.-M. et H. Magro (dir.), *États et sociétés fragiles. Entre conflits, reconstruction et développement*, Paris, Khartala, 2007. Une monographie collective réunissant diverses interventions sur la question des États défaillants (ou déliquescents) et des quasi-États dans le contexte de la globalisation.

Clark, I., *International Legitimacy and World Society*, Oxford, Oxford University Press, 2007. Une analyse s'inspirant de l'École anglaise des relations internationales sur l'adoption de normes globales par la société internationale.

Cox, R. W. et T. J. Sinclair, *Approaches to World Order*, Cambridge, Cambridge University Press, 1996. Cet ouvrage rassemble plusieurs publications importantes de ce célèbre néo-gramscien canadien où il est question notamment des problématiques de la gouvernance globale, du multilatéralisme et de l'économie politique mondiale dans l'analyse des différents ordres internationaux.

David, C.-P. et É. Vallet, « Qu'en est-il de l'hyperpuissance américaine ? », *Revue internationale et stratégique*, vol. 4, n° 72, 2008, p. 151-154. Les auteurs considèrent l'ordre international actuel comme apolaire en raison de la rivalité croissante d'autres pôles de puissance par rapport aux États-Unis, dont les interventions militaires dans le monde présentent des résultats plus que mitigés.

de Senarclens, P., « Théories et pratiques des relations internationales depuis la fin de la guerre froide », *Politique étrangère*, hiver 2006, p. 747-759. Une discussion sur les principaux débats concernant les liens entre la globalisation et la fin de la guerre froide.

Golub, P., « La fin de la *Pax Americana* ? », *Revue internationale et stratégique*, vol. 4, n° 72, 2008, p. 141-150. Dans cet article, l'auteur fait valoir que l'ordre international façonné par les États-Unis serait en perte de vitesse par rapport à la montée du régionalisme et à l'émergence de puissances rivales.

Habermas, J., *The Divided West*, Cambridge, Polity Press, 2006. Un ouvrage de l'un des plus importants sociologues et philosophes allemands, qui porte sur les tensions qui se manifestent dans le monde et les choix qui s'offrent aux États occidentaux dans la construction d'un ordre international post-guerre froide et post-11 septembre 2001.

Laïdi, Z., « Penser l'après-guerre froide », *Cultures & Conflits*, n° 8, 1993, p. 15-23, [en ligne]. [http://conflits.revues.org/index535.html] (22 juin 2010) Un texte important sur les multiples dimensions de l'ordre post-guerre froide, doublement marqué par la globalisation et la recrudescence de l'ethnonationalisme.

Milani, C., C. Arturi et G. Solinis (dir.), *Démocratie et gouvernance mondiale : quelles régulations pour le XXIᵉ siècle ?*, Paris, Khartala, 2003. Un ouvrage collectif portant sur différentes problématiques de la gouvernance mondiale à l'ère de la globalisation, axées entre autres sur le rôle de la société civile et des institutions internationales.

Prost, Y., « Le Tiers-monde, la fin d'un acteur des relations internationales ? », *Revue internationale et stratégique*, vol. 1, n° 65, 2007, p. 23-36. Une étude sur l'émergence de la société civile dans le tiers-monde depuis la fin de la guerre froide et sur sa participation distinctive au système de gouvernance mondiale.

Quantin, P., « Le rôle politique des sociétés civiles en Afrique : vers un rééquilibrage », *Revue internationale et stratégique*, vol. 4, n° 72, 2008, p. 29-38. Un article optimiste sur le rôle actuel et futur de la société civile en Afrique subsaharienne.

Rosenberg, J., « Globalization Theory: A Post Mortem », *International Politics*, vol. 42, n° 1, mars 2005, p. 2-74. L'une des analyses critiques les plus incisives de cet auteur, portant sur le concept de globalisation dans l'évolution de la théorie des relations internationales.

Glossaire

A

Abus : situation où un État invoque des principes humanitaires pour justifier une guerre égoïste.

Accord général sur les tarifs douaniers et le commerce (GATT) : établi en 1947 ; son siège était situé à Genève. Il réunissait 122 États membres lorsqu'il a été intégré à l'Organisation mondiale du commerce (OMC) en 1995. Le GATT a coordonné huit cycles de négociations multilatérales en vue de limiter les restrictions étatiques imposées au commerce transfrontalier des biens.

Acteur étatique : acteur prédominant du système international ; *voir aussi* État *et* Gouvernement.

Acteur non étatique : expression largement utilisée pour désigner tout acteur autre qu'un gouvernement. Il est souvent difficile de déterminer si l'expression est employée pour englober des organisations comme l'ONU. Afin de lever cette ambiguïté, on recourt à l'une des deux catégories distinctes suivantes : les acteurs transnationaux ou les organisations internationales.

Acteur transnational : tout acteur de la société civile dans un pays qui a des relations avec tout acteur situé dans un autre pays ou faisant partie d'une organisation internationale.

Actif illiquide : expression désignant les investissements malavisés que la plupart des banques occidentales ont faits dans des titres de placement adossés à des créances hypothécaires et qui ont provoqué la crise des prêts hypothécaires à haut risque. Dans le cadre des mesures de sauvetage qu'ils ont adoptées en 2008 et en 2009, les gouvernements de nombreux pays riches et industrialisés ont mobilisé des fonds publics pour enlever les éléments d'actif illiquide du bilan des banques. Des banques occidentales avaient acheté, souvent à des prix très élevés, de grandes quantités de titres de placement adossés sur des créances hypothécaires, mais l'effondrement total du marché de ces titres en 2008 a imputé aux banques d'énormes pertes et leur a occasionné des dettes à court terme irrécupérables. Les gouvernements ont adopté des mesures de sauvetage financier pour remplacer les éléments d'actif illiquide, essentiellement sans valeur, figurant sur les bilans des banques par des éléments d'actif qui gardaient une valeur élevée, afin d'empêcher la faillite de ces banques.

Action : partie du capital nominal d'une entreprise. Un actionnaire détient donc une partie de l'entreprise.

Anarchie : caractéristique fondamentale du système international, lequel fonctionne en l'absence de tout gouvernement central. Elle n'est pas le chaos, mais plutôt, selon la théorie réaliste, l'absence d'une autorité politique.

ANASE : organisation géopolitique et économique qui regroupe plusieurs pays du Sud-Est asiatique et qui a été fondée à titre de manifestation de solidarité contre le communisme. Ses objectifs ont ensuite été redéfinis et élargis afin d'inclure l'accélération de la croissance économique et la promotion de la paix régionale. En 2005, le PIB combiné des pays de l'ANASE s'élevait à 884 milliards de dollars. L'organisation est également connue sous son acronyme anglais « ASEAN ».

Antifondationnalisme : ensemble de thèses postulant l'inexistence de fondements neutres à partir desquels pourrait être énoncé ce qui est vrai à tout moment et en tout lieu. Les théories concernant le monde déterminent ce que sont les faits, si bien qu'il n'existe pas de position neutre permettant de trancher entre des affirmations rivales.

Apaisement : politique consistant à faire des concessions à un État revanchard (ou cherchant autrement à acquérir des territoires) dans l'espoir que l'acquiescement à des réclamations plus modestes apaisera ses ambitions expansionnistes. L'apaisement évoque surtout l'acceptation par le premier ministre britannique, Neville Chamberlain, des incursions hitlériennes en Autriche puis en Tchécoslovaquie, qui a mené aux Accords de Munich conclus en septembre 1938. Depuis lors, l'apaisement est généralement considéré comme un synonyme de soumission aux exigences d'un dictateur qui encourage ses desseins agressifs plutôt que de les entraver.

Apartheid : système de ségrégation raciale instauré en Afrique du Sud en 1948 afin d'assurer la domination de la minorité blanche.

Apatride : individu qui n'appartient à aucun État et qui ne possède donc ni passeport ni droits.

Arbitrage réglementaire ou régulatoire : dans le domaine bancaire, déplacement des ressources financières ou de l'activité économique d'un pays à un autre afin d'échapper aux contraintes liées aux réglementations gouvernementales et, par le fait même, de hausser les profits. Par analogie, l'expression peut désigner tout transfert d'activité économique effectué par toute entreprise en réaction à la mise en œuvre d'une politique gouvernementale.

Armes de destruction massive : catégorie d'armes définie en 1948 par les Nations Unies qui comprend les armes nucléaires explosives, les armes à matière radioactive, les armes biologiques ou chimiques mortelles et toute arme future qui aura des effets destructeurs comparables à ceux des armes atomiques ou des autres armes mentionnées ci-dessus.

Autodétermination : principe ardemment, mais sélectivement adopté par Woodrow Wilson, ancien président des États-Unis, pour le rétablissement de la paix après la Première Guerre mondiale : chaque peuple devrait exercer son autodétermination par rapport à son propre État-nation souverain. Wilson a insisté pour que ce principe soit appliqué en Europe centrale et orientale, mais il ne croyait pas que les autres nations (dans les colonies de l'Asie, de l'Afrique, du Pacifique et des Antilles) étaient mûres pour l'autodétermination.

Autodétermination nationale : droit de former un État que possèdent des groupes nationaux distincts.

Autonomie de l'État : dans un monde plus interdépendant, les gouvernements nationaux doivent, pour simplement atteindre des objectifs nationaux, pratiquer une collaboration et une coopération multilatérales très étendues. Cependant, puisqu'ils s'intègrent davantage à des cadres de gouvernance mondiale et régionale, les États affrontent un véritable dilemme : en échange de politiques publiques plus efficaces et de la satisfaction des exigences de leurs concitoyens, leur capacité de gouvernance autonome, c'est-à-dire l'autonomie de l'État, en est amoindrie.

Autorégulation du marché : système dans lequel les établissements financiers sont autorisés à procéder à leur propre régulation à partir de signaux de prix qui émergent des marchés. Ceux qui interprètent correctement les signaux de prix vont réaliser des profits et demeurer en affaires, alors que ceux qui les interprètent incorrectement vont subir des pertes et seront acculés à la faillite.

Autosuffisance (ou « politique du chacun-pour-soi ») : selon la théorie réaliste, dans un milieu anarchique, un État ne peut tenir pour acquis que d'autres États vont se porter à sa défense même s'ils sont alliés. Chaque État doit prendre soin de lui-même.

Axe du mal : expression utilisée délibérément par l'ancien président américain George W. Bush en janvier 2001 pour désigner l'Iran, la Corée du Nord et l'Irak.

B

Balance commerciale : différence, en valeur monétaire, entre les exportations et les importations d'un pays : si les exportations d'un pays sont supérieures à ses importations, il présente un surplus commercial ; si ses importations sont supérieures à ses exportations, il enregistre un déficit commercial.

Banque des règlements internationaux (BRI) : banque fondée en 1930 et siégeant à Bâle. Elle regroupait 55 banques centrales en 2004, mais de nombreux autres établissements financiers publics utilisent les services de la BRI. Elle favorise la coopération entre les banques centrales et offre divers services pour les opérations financières mondiales. Le Comité de Bâle sur le contrôle bancaire, créé en 1974 avec l'aide de la BRI, a été le fer de lance des efforts de réglementation multilatérale des activités bancaires mondiales. *Voir aussi* www.bis.org.

Bataille des sexes : scénario, en théorie des jeux, qui démontre la nécessité d'adopter une stratégie de coordination.

Biens publics : biens ne pouvant être produits que grâce à une décision collective et ne pouvant donc pas être produits dans le marché.

Biopolitique : concept introduit par Michel Foucault, qui désigne deux formes de pouvoir interreliées : la discipline du corps des individus et la régulation des populations.

Bipolarité : terme utilisé par les chercheurs en relations internationales pour désigner l'ordre de l'après-guerre qui s'est maintenu jusqu'à l'effondrement de l'URSS en 1991 ; par la suite, les États-Unis sont restés l'unique superpuissance.

Bretton Woods : système de régulation établi à la conférence tenue dans la ville américaine de même nom, à la fin de la Seconde Guerre mondiale. Ce système avait pour but d'instaurer la stabilité dans les secteurs de l'économie mondiale situés dans la sphère d'influence des États-Unis. L'objectif sous-jacent des accords de Bretton Woods consistait à assurer aux gouvernements un espace politique suffisant au sein des économies nationales pour qu'ils puissent intervenir afin d'assurer le plein-emploi.

C

Capacités : ensemble des ressources sous l'emprise directe d'un acteur, telles que la population, la taille du territoire, les ressources naturelles, la puissance économique, les capacités militaires et les compétences (Waltz, 1979, p. 131).

Capitalisme : système de production dans lequel le travail humain et ses produits sont des marchandises achetées et vendues sur le marché. Dans l'analyse marxiste, le mode de production capitaliste comporte un ensemble spécifique de relations sociales qui caractérisent une période historique en particulier. Selon Karl Marx, le capitalisme présente trois traits fondamentaux : d'abord, tous les facteurs de production (les matières premières, les machines, le travail nécessaire à la production de marchandises et les marchandises elles-mêmes) acquièrent une valeur d'échange et peuvent être échangés l'un contre l'autre. Essentiellement, dans le capitalisme, tout a un prix, y compris le temps de travail des personnes. Ensuite, tous les moyens nécessaires à la production (les usines et les matières premières) appartiennent à une classe, les capitalistes. Enfin, les travailleurs sont présumés libres, mais, pour survivre, ils doivent vendre leur travail aux capitalistes, et puisque les capitalistes possèdent les *moyens de production* et contrôlent les *rapports de production*, ils contrôlent aussi les profits résultant du travail des ouvriers.

Capitalisme d'État : système économique dans lequel les pouvoirs publics possèdent un intérêt financier dans les moyens de production et d'échange, et exercent un certain contrôle réel sur eux.

Centre financier extraterritorial : lieu d'affaires financières où sont offertes des mesures incitatives telles que des impôts réduits, une exonération de la réglementation en vigueur, des subventions et des remises, des garanties de secret, etc. La plupart de ces centres sont situés dans des États insulaires et d'autres États de très petite taille, mais des dispositions extraterritoriales s'appliquent aussi à des mécanismes comme les Services bancaires internationaux à New York (depuis 1981), le Marché extraterritorial du Japon, basé à Tokyo (depuis 1986), et les Services bancaires internationaux de Bangkok (depuis 1993).

Certificat de valeur mobilière : dans le monde financier, contrat prévoyant des paiements futurs où (contrairement au crédit bancaire) un lien direct est formellement établi entre l'investisseur et l'emprunteur ; de plus, les certificats de valeur mobilière s'échangent sur des marchés, ce qui n'est pas le cas des prêts bancaires.

Champ de politique publique : questions politiques qui doivent être tranchées ensemble parce qu'elles sont liées par les processus politiques dans une organisation internationale. Par exemple, la politique financière est établie par le FMI. Un champ de politique publique peut englober plusieurs questions ; ainsi, la politique financière comprend le développement, l'environnement et les questions liées aux relations hommes-femmes.

Charte des Nations Unies (1945) : régime juridique qui a fait de l'ONU la seule organisation supranationale dans le monde. La Charte définit la structure des Nations Unies, les pouvoirs de ses organes constitutifs et les droits et obligations des États souverains signataires de la Charte. Entre autres choses, il s'agit d'un document juridique fondamental qui limite le recours à la force à des situations de légitime défense ou d'imposition collective de la paix entérinée par le Conseil de sécurité des Nations Unies.

Choc des civilisations : notion controversée d'abord utilisée par Samuel Huntington en 1993 pour désigner la nature fondamentalement culturelle des conflits internationaux dans le monde de l'après-guerre froide. Cette notion a pris une nouvelle notoriété depuis le 11 septembre 2001.

Citoyenneté : statut de ceux qui ont le droit de participer à l'action politique et d'avoir une représentation politique au sein d'un État.

Civilisation : construction la plus large de l'identité culturelle à laquelle les individus peuvent souscrire. Diverses grandes cultures ont émergé au fil de l'histoire mondiale, dont les civilisations occidentale, islamique et chinoise. Toutefois, la définition du concept de civilisation a parfois été confondue avec une norme particulière du bien ou de l'accomplissement. Ainsi, à différentes époques, des membres des civilisations occidentale, islamique et chinoise ont soutenu que leur civilisation respective représentait la norme parfaite du bien.

Classe sociale : dans une société, groupe de personnes qui partagent des caractéristiques similaires. L'expression est utilisée par les marxistes dans un sens économique pour désigner les personnes qui sont dans la même situation par rapport aux moyens de production ; dans la société capitaliste, il y a la bourgeoisie, qui est propriétaire des moyens de production, et le prolétariat, qui n'est pas propriétaire de ces moyens et qui, pour subsister, doit vendre sa force de travail.

Coexistence : doctrine préconisant la tolérance mutuelle entre des communautés politiques ou des États différents.

Collaboration : forme de coopération dans laquelle les parties s'engagent à maintenir une stratégie mutuellement désirable et à ne pas adopter une stratégie individuelle plus avantageuse.

Collectivisation de la sécurité : tendance à organiser la sécurité sur une base multilatérale, mais sans le caractère officiel propre à un système de sécurité collective en bonne et due forme.

Collectivité : *voir* Communauté.

Commerce intra-firme : commerce international entre une division d'une entreprise transnationale et une filiale de cette même entreprise située dans un autre pays.

Communautarisme : thèse selon laquelle la source primordiale du sens et de la valeur de la vie humaine réside dans la communauté, qu'elle soit ethnique, nationale ou même virtuelle. En matière de droits humains, les communautaristes se tournent, au mieux, vers un ensemble minimal de normes universelles et insistent pour que, dans la majorité des cas, la communauté établisse ses propres normes.

Communauté : association humaine dont les membres partagent des symboles communs et souhaitent coopérer pour atteindre des objectifs communs.

Communauté de sécurité : « groupe de personnes qui est devenu intégré. La notion d'intégration renvoie ici à l'apparition, sur un territoire, d'un sentiment de communauté et à l'instauration d'instances et de pratiques assez fermes et assez répandues pour susciter […] des attentes fondées de changement pacifique au sein de la population. Le sentiment de communauté évoque ici la croyance […] que les problèmes sociaux communs peuvent et doivent être réglés au moyen de changements pacifiques » (Karl Deutsch *et al.*, 1957).

Communauté épistémique : communauté transnationale d'experts et d'activistes politiques, fondée sur le savoir.

Communauté globale : mode d'organisation de la gouvernance, de l'autorité et de l'identité, qui rompt avec l'État souverain.

Communauté politique : communauté qui souhaite se gouverner elle-même et être libre de toute domination étrangère.

Complexe de sécurité : « groupe d'États dont les grandes priorités en matière de sécurité sont assez étroitement interreliées pour que la sécurité nationale de l'un de ces États ne puisse être envisagée séparément de celle des autres membres de ce groupe » (Barry Buzan, 1983).

Concertation : rôle de direction que jouent les superpuissances et qui est fondé sur des normes de consentement mutuel.

Conditionnalités : exigences politiques, le plus souvent à caractère nettement néolibéral, imposées par le FMI ou la Banque mondiale pour l'octroi d'un prêt. Elles sont politiquement controversées parce qu'elles sont souvent contraires à différents engagements électoraux nationaux.

Conférence de Bandung : conférence organisée en 1955 à Bandung, en Indonésie, par les représentants de 29 pays africains et asiatiques pour encourager la décolonisation et promouvoir la coopération économique et culturelle. Elle a été suivie de la création du Mouvement des pays non alignés, en 1961.

Conférence des Nations Unies sur le commerce et le développement (CNUCED) : organisme fondé en 1964 et siégeant à Genève. La CNUCED regroupe actuellement 193 États membres. Elle étudie les effets de l'investissement et du commerce mondiaux sur le développement économique, en particulier dans les pays du Sud. Dans les années 1970, elle a constitué une importante tribune pour les discussions relatives à un nouvel ordre économique international. *Voir aussi* www.unctad.org *et cliquer sur « Français ».*

Conférence des parties : conférence des parties à une convention, généralement tenue une fois par année. *Voir aussi* Réunion des parties.

Conférence tricontinentale : réunion tenue à La Havane en 1966, pour faire suite à la Conférence de Bandung, à laquelle ont participé cinq cents délégués provenant d'États indépendants ou en voie de décolonisation de l'Amérique latine, des Antilles, de l'Asie et de l'Afrique. Des propositions plus radicales pour favoriser la décolonisation et la montée en puissance des pays non alignés, telles que le recours à la lutte armée, y ont été formulées.

Consensus de Washington : ensemble d'idées, défendu par d'importants meneurs d'opinions à Washington, selon lequel le bien-être global serait maximisé grâce à l'application universelle des politiques économiques néoclassiques qui favorisent un État minimal et attribuent un rôle accru au marché.

Conséquentialisme : thèse postulant que ce sont les conséquences probables d'une action qui devraient guider les décisions. En éthique internationale, le réalisme et l'utilitarisme sont les thèses conséquentialistes les plus connues.

Constructivisme : conception de la politique internationale qui est axée sur le caractère central des idées et de la conscience humaine et qui propose une vision holistique et idéaliste des structures. Dans leur examen de la politique mondiale, les constructivistes se sont intéressés à la façon dont la structure construit l'identité et les intérêts des acteurs, puis à la manière dont leurs interactions sont organisées et limitées par cette structure et servent à la reproduction ou à la transformation de cette structure.

Contraction du crédit : expression utilisée pour désigner la crise bancaire mondiale survenue en 2008, qui a causé la faillite de plusieurs banques et la récession économique mondiale qui s'en est suivie.

Contraction spatio-temporelle : érosion de la distance et du temps qui résulte des progrès technologiques et qui donne l'impression que le monde se rétrécit.

Contrôle des capitaux : restrictions officielles imposées aux déplacements des capitaux d'un pays à un autre, afin que la finance conserve un caractère « national » plutôt que d'acquérir un caractère « mondial ». De telles restrictions ont été particulièrement associées au système de Bretton Woods ayant été institué pour réglementer les éléments occidentaux de l'économie mondiale dès la fin de la Seconde Guerre mondiale. Elles ont élargi la marge de manœuvre politique des gouvernements qui souhaitaient intervenir dans leur économie nationale pour abaisser le taux de chômage et le maintenir à un faible niveau. Peu de mesures de contrôle des capitaux issues du système de Bretton Woods demeurent en vigueur aujourd'hui, et le FMI s'est doté de l'autorité nécessaire pour s'assurer qu'elles ne seront pas rétablies.

Convention : type de traité général entre des États, qui résulte souvent d'une conférence internationale. Une convention-cadre établit des objectifs, des organisations, des travaux de recherche scientifique et des procédures de révision en vue d'une action future visant la description et la résolution de problèmes environnementaux, par exemple, à l'aide d'un modèle fondé sur une convention-cadre et un protocole ajustable.

Coopération : action requise dans toute situation où les parties doivent agir de concert pour obtenir un résultat mutuellement acceptable.

Coordination : forme de coopération qui exige des parties qu'elles adoptent une stratégie commune afin d'éviter le résultat mutuellement indésirable qui découlerait de la poursuite de stratégies divergentes.

Cosmopolitisme : thèse selon laquelle la source primordiale du sens et de la valeur de la vie humaine réside dans l'humanité commune des individus. Les cosmopolitistes sont disposés à favoriser des descriptions très étendues des droits humains universels.

Crise des prêts hypothécaires à haut risque : expression populaire désignant l'effondrement des marchés de prêts hypothécaires en 2007 ; cette situation a exposé les banques à un endettement risqué et a entraîné une contraction mondiale du crédit.

Crise financière asiatique : grave perturbation de l'économie de la Thaïlande, de la Corée du Sud, de la Malaisie, des Philippines et de l'Indonésie qui s'est produite en 1997 et 1998, à partir d'une énorme spéculation internationale sur le taux de change des devises de ces cinq pays qui prévalait à cette époque, et qui a ensuite engendré de graves problèmes de bilan financier pour leur secteur bancaire respectif.

Croissance exponentielle : situation dans laquelle le taux de croissance n'est ni constant ni linéaire, mais augmente avec le temps.

Culture : ensemble des normes, des pratiques, des traditions et des genres que produit une collectivité, y compris les croyances et les pratiques qui caractérisent la vie sociale et orientent la société. Une culture peut se construire en milieu rural ou urbain, ou parmi des réseaux familiaux, claniques, ethniques, nationaux, institutionnels, religieux ou autres.

Culture populaire : ensemble des genres et des formes d'expression faisant l'objet d'une consommation de masse, y compris la musique, le cinéma, la télévision et les jeux vidéo. La culture populaire est généralement considérée comme moins raffinée que la culture destinée à une élite. Les définitions de « culture » et de « culture populaire » varient selon l'époque et le milieu.

Cycle de vie des normes : concept promulgué par Martha Finnemore et Kathryn Sikkink pour distinguer les différents stades d'évolution des normes, qui vont de l'émergence à la diffusion internationale, puis à l'internalisation.

D

Déclaration universelle des droits de l'homme : principal document normatif du régime mondial des droits humains. Adoptée par l'Assemblée générale des Nations Unies le 10 décembre 1948, cette déclaration renferme une liste détaillée de droits humains interdépendants et indivisibles que reconnaissent officiellement la plupart des États et d'autres acteurs internationaux.

Décolonisation : processus par lequel une colonie devient indépendante d'une puissance coloniale et exerce sa souveraineté à titre d'État de plein droit.

Déconstruction : théorie soutenant que le langage est constitué de dichotomies, qu'une partie d'une dichotomie est supérieure à l'autre partie et qu'on doit déstabiliser la hiérarchie établie entre des termes inférieurs et supérieurs.

Défaillance du marché : incapacité du marché à produire des biens qui nécessitent l'application d'une stratégie de coopération.

Démocratie : système de gouvernement dans lequel les opinions et les intérêts de la population sont représentés et mis en valeur au moyen d'élections libres et équitables, opposant de multiples candidats aux postes de gouvernance dans les institutions politiques.

Démocratie cosmopolitique : système dans lequel les organisations internationales, les entreprises transnationales, les marchés globaux, etc. ont des comptes à rendre aux peuples du monde. Associé à David Held, Daniele Archibugi, Mary Kaldor et d'autres, l'un des modèles de démocratie cosmopolitique se caractérise par la création de parlements régionaux et l'élargissement des compétences des parlements régionaux existants (à l'exemple de l'Union européenne). Selon ce modèle, les conventions sur les droits humains seraient entérinées par les parlements nationaux et appliquées par une nouvelle Cour internationale des droits humains, et l'ONU serait remplacée par un parlement mondial véritablement démocratique et obligé de rendre des comptes.

Déontologie : théorie sur la nature de l'obligation ou du devoir humain. Elle privilégie les questions sur ce qui est « bien » plutôt que sur ce qui est bon. Elles se concentrent sur les règles qu'il est toujours bien que tout le monde suive, plutôt que sur des règles susceptibles de produire un bon résultat pour un individu ou sa société.

Déréglementation : suppression de toute réglementation, qui favorise les forces du marché, plutôt que les politiques gouvernementales, pour déterminer le développement économique.

Dérivé : contrat financier dont la valeur dérive d'un actif, d'un taux de change, d'un taux d'intérêt ou d'un indice boursier sous-jacents.

Désagrégation de l'État : tendance des États à devenir des acteurs de plus en plus fragmentés en politique globale. Cette situation découle du fait que chaque rouage de l'appareil gouvernemental devient toujours plus étroitement lié à ses homologues étrangers et à d'autres acteurs, dans le traitement des questions mondiales, par suite de la prolifération des réseaux politiques transgouvernementaux et mondiaux.

Destruction mutuelle assurée : situation dans laquelle chacune des deux superpuissances de l'époque de la guerre froide possédait la capacité de détruire son adversaire même après avoir été attaquée en premier par des armes nucléaires.

Détente : relâchement de la tension entre l'Est et l'Ouest. La détente américano-soviétique a duré de la fin des années 1960 jusqu'à la fin des années 1970 et a été marquée par des négociations et la conclusion d'accords de contrôle des armes nucléaires.

Déterritorialisation : processus qui fait en sorte que l'organisation des activités sociales est de moins en moins contrainte par la proximité géographique et les frontières territoriales nationales. Accéléré par la révolution technologique, il renvoie à la diminution de l'influence des territoires, des distances et des frontières sur la façon dont les peuples s'identifient eux-mêmes ou cherchent à obtenir la reconnaissance politique. Il permet une expansion de la société civile globale, mais aussi des réseaux criminels ou terroristes globaux.

Deuxième guerre froide : période de tension Est-Ouest survenue durant les années 1980 ; la première période de confrontation s'est maintenue de 1946 à 1953.

Développement durable : développement qui satisfait les besoins présents sans compromettre la capacité des générations futures de satisfaire leurs propres besoins.

Développement humain : conception du développement axée sur les capacités, qui, selon Mahbub ul-Haq, vise à élargir « l'éventail de ce que les individus peuvent faire et peuvent être […]. Les capacités les plus fondamentales en matière de développement humain sont les suivantes : vivre longtemps et en bonne santé, être scolarisé et avoir les ressources adéquates pour accéder à un niveau de vie convenable [et] participer à la vie sociale et politique de la société ».

Développement, mesure du : selon la thèse orthodoxe, croissance économique ; produit intérieur brut (PIB) par habitant : industrialisation, même celle de l'agriculture. Selon la thèse contraire, satisfaction des besoins humains fondamentaux, matériels et non matériels, de tous ; état de l'environnement naturel. Autonomisation politique des marginalisés.

Développement, objet du : selon la thèse orthodoxe, transformation des économies de subsistance traditionnelles, considérées comme rétrogrades, en économies industrielles axées sur la marchandisation, vues comme modernes. Production de surplus. Les individus échangent leur travail contre un salaire au lieu de produire pour satisfaire les besoins de leur famille. Selon la thèse contraire, réalisation d'un bien-être humain par l'entremise de sociétés durables en matière sociale, culturelle, politique et économique.

Développement, principes de base et postulats du : selon la thèse orthodoxe, possibilité d'une croissance économique illimitée dans un système de libre marché. Les économies atteindraient un point dit de décollage, et la richesse s'écoulerait ensuite vers ceux qui sont au bas de l'échelle. Supériorité du modèle et du savoir occidentaux. Croyance voulant que le processus finisse par être bénéfique pour tous. Domination et exploitation de la nature. Selon la thèse contraire, suffisance. Valeur inhérente de la nature, de la diversité culturelle et des biens communs (l'eau, la terre, l'air, la forêt) gérés par la collectivité. Activité humaine en équilibre avec la nature. Autosuffisance. Inclusion démocratique, participation, par exemple : voix accordée aux groupes marginalisés, comme les femmes et les autochtones. Contrôle local.

Développement, processus de : selon la thèse orthodoxe, du haut vers le bas ; confiance accordée au savoir des experts, généralement occidental et certainement d'origine extérieure ; importantes dépenses en immobilisations dans des projets de grande envergure ; technologie de pointe ; élargissement de la sphère privée. Selon la thèse contraire, du bas vers le haut ; participation ; confiance accordée au savoir et à la technologie appropriés (souvent locaux) ; petits investissements dans des projets de petite envergure ; protection des biens communs.

Diaspora : déplacement, à l'échelle mondiale, de personnes qui s'identifient elles-mêmes sur une base ethnique ou par l'entremise d'une histoire commune ou d'un groupe ethnique commun.

Diffusion : processus par lequel des idées, des croyances, des habitudes et des pratiques se répandent au sein d'une population.

Dilemme de sécurité : concept fondamental à l'approche réaliste ; perspective selon laquelle l'augmentation de la sécurité de l'un accroît l'insécurité de l'autre.

Dilemme du prisonnier : en théorie des jeux, scénario illustrant la nécessité d'adopter une stratégie de collaboration, car la rationalité individuelle peut mener à des résultats collectivement irrationnels.

Diplomatie : en politique extérieure, instrument politique utilisé, parfois en conjonction avec d'autres instruments (comme la force économique ou militaire), par un acteur international pour atteindre ses objectifs politiques. En politique mondiale, elle désigne un processus de communication entre des acteurs internationaux qui vise à régler un litige par la négociation pour éviter une guerre. Ce processus a été peaufiné et a acquis un caractère institutionnel et professionnel au fil des siècles.

Diplomatie des sommets : activité diplomatique fondée sur la tenue de rencontres directes entre des chefs de gouvernement (ceux des superpuissances, en particulier) dans le but de régler d'importants problèmes. Le « sommet » a été un mode de rencontre régulier durant la guerre froide.

Discours : système linguistique qui ordonne les énoncés et les concepts. Les poststructuralistes s'opposent à la distinction entre les faits matériels et les idées, et ils considèrent que le sens de la matérialité se constitue par le discours.

DissémiNations : terme proposé par Homi Bhabha pour désigner le mouvement ou la mise en contact d'idées et de connaissances dans le cadre de contextes coloniaux et postcoloniaux qui remettent en cause toute impression superficielle que certaines cultures adhèrent à un seul ensemble de postulats sur l'orientation donnée ou à donner à la vie.

Dissuasion : utilisation ou menace d'utilisation de la force pour empêcher un acteur de faire un geste qu'il aurait autrement commis.

Division du travail selon le genre : notion du travail des femmes, qui englobe partout la responsabilité primordiale des femmes pour les soins donnés aux enfants et le travail ménager, et qui attribue aussi aux femmes ou aux hommes de nombreux types de travail public et rémunéré.

Djihad : en arabe, le mot « djihad » signifie simplement « combat ». Le djihad peut désigner un combat strictement intérieur mené pour être un meilleur musulman, ou encore une lutte visant à rendre la société plus conforme aux préceptes du Coran. Il y a aussi le djihad de la « main » ou de l'« épée ». Le seul cas où les individus sont incités à entreprendre le djihad de leur propre chef survient lorsqu'il s'agit de répliquer à une agression extérieure directe ou à une invasion de territoires musulmans. Ainsi, le Hamas, un groupe palestinien, justifie ses actions contre Israël en invoquant la récupération et le rétablissement de territoires musulmans perdus.

Doctrine Brejnev : déclaration faite par le premier secrétaire du Parti communiste soviétique en novembre 1968, selon laquelle les membres du Pacte de Varsovie ne bénéficieraient que d'une souveraineté limitée dans leur développement politique. Cette doctrine était liée à la notion de « souveraineté limitée » appliquée aux pays du bloc soviétique et a servi à justifier l'écrasement du mouvement réformiste en Tchécoslovaquie, en 1968.

Doctrine Sinatra : déclaration qu'a faite le ministère soviétique des Affaires extérieures en octobre 1989, selon laquelle les pays de l'Europe de l'Est « agissaient à leur façon » (en référence à la chanson de Frank Sinatra intitulée *My Way*, qui dit « J'ai agi à ma façon »), et qui a marqué la fin de la doctrine Brejnev et de l'hégémonie soviétique en Europe de l'Est.

Doctrine Truman : déclaration faite par l'ancien président américain Harry S. Truman en mars 1947, lorsqu'il a affirmé que les États-Unis devaient soutenir les peuples libres qui résistent à des tentatives d'asservissement par des minorités armées ou des pressions extérieures. Cette doctrine avait pour but de convaincre le Congrès d'offrir une aide limitée à la Turquie et à la Grèce. Elle a fini par sous-tendre la politique d'endiguement mise en œuvre par les États-Unis et donner un appui économique et politique à leurs alliés.

Double norme morale : d'après la théorie réaliste, notion selon laquelle il existe deux principes ou normes du bien et du mal : l'un s'applique au citoyen, et l'autre, à l'État.

Double tâche : lorsque les femmes s'intègrent à la population active et touchent un salaire, elles demeurent généralement responsables de la plus grande partie du travail de reproduction et des soins donnés dans la sphère privée, ce qui leur impose une double charge de travail.

Droit à la légitime défense : droit d'un État à faire la guerre pour se défendre lui-même.

Droit des gens : traduction littérale de l'ancienne expression latine *jus gentium*. Si celle-ci est aujourd'hui synonyme de droit international ou droit des nations, son sens originel renvoyait aux principes juridiques sous-jacents qui étaient communs à toutes les nations. Ce sens lui attribuait un caractère très normatif, qui s'est encore accentué lorsque, au Moyen Âge, l'expression est devenue étroitement associée à l'ancien concept grec de « droit naturel ». Bien qu'elle ait conservé une partie de ce sens ancien dans l'ouvrage influent qu'Emerich de Vattel a publié au XVIIIᵉ siècle, intitulé *Le Droit des gens*, le fort accent mis sur la souveraineté de l'État dans le présent manuel peut être considéré comme le signe d'un

virage vers la conception plus moderne du droit régissant les rapports entre les États souverains.

Droit international : ensemble de règles de comportement officielles que les États reconnaissent ou dont ils conviennent ensemble dans un cadre contractuel.

Droit international coutumier : large éventail de règles contraignantes pour tous les États, même en l'absence de leur consentement explicite. Pour qu'une règle relève du droit coutumier, deux facteurs doivent être présents : l'application généralisée de cette règle par les États (les États agissent habituellement en conformité avec la règle) et la reconnaissance par les États du caractère juridique de l'application de cette règle (*opinio juris*).

Droit naturel : les origines de la pensée sur le droit naturel remontent à l'époque des Grecs anciens et des premiers chrétiens, mais sa forme moderne est issue de la théologie catholique au Moyen Âge. Au cœur de cette pensée se trouve l'idée que les êtres humains ont une nature essentielle. Celle-ci leur dicte que certains types de biens humains sont partout et toujours souhaitables. C'est pourquoi il existe des normes morales communes qui régissent toutes les relations humaines et qui peuvent se manifester dans l'application de la raison aux affaires humaines.

Droits à la liberté : droits d'agir que possède un individu lorsqu'il n'est pas dans l'obligation d'agir d'une façon déterminée, par exemple le droit de s'habiller comme il le veut. Aucun devoir corrélatif n'est rattaché à ces droits, sauf peut-être le devoir de laisser chaque individu agir comme bon lui semble. Parfois, un droit est lié à l'exercice d'un pouvoir. Par exemple, avoir le *droit* de voter signifie avoir le *pouvoir* de voter.

Droits civils et politiques : l'un des deux grands groupes de droits humains reconnus à l'échelle internationale. Ils offrent une protection juridique contre les abus de l'État et visent à assurer la participation de tous les citoyens à la vie politique. Parmi ces droits figurent l'égalité de tous devant la loi, la protection contre la torture ainsi que les libertés de croyance religieuse, de parole, de réunion et de participation à la vie politique.

Droits collectifs : droits que possèdent des groupes, comme les nations minoritaires et les peuples autochtones, plutôt que des individus.

Droits d'immunité : en vertu de ces droits, les autres ne peuvent pas énoncer des demandes dans certaines circonstances. Par exemple, l'aliénation mentale telle que définie par la loi, ou encore le fait d'être mineur, confère l'*immunité* contre des poursuites pénales.

Droits de propriété intellectuelle : règles qui protègent les propriétaires de contenus au moyen de droits d'auteur, de brevets, de marques de commerce et de secrets de fabrication.

Droits libéraux : conception des droits humains, qui s'inscrit essentiellement dans une perspective occidentale et qui découle de positions libérales classiques priorisant notamment l'individu plutôt que la communauté.

Droits-revendication : les droits les plus fondamentaux, et même les seuls véritables droits selon le juriste américain Wesley Hofeld (voir Jones, 1994, pour une version moderne). L'exemple classique d'un droit-revendication est un droit engendré par un contrat et assorti de devoirs corrélatifs.

E

École anglaise : chercheurs universitaires qui s'emploient à étoffer la thèse selon laquelle les États en interaction mutuelle constituent une société internationale.

École de Francfort : groupe de théoriciens associés à l'Institut de recherches sociales de l'Université de Francfort, en Allemagne.

Économie de guerre ouverte : guerre que les combattants mènent non pas en s'appuyant sur leur propre production industrielle, comme pendant la Seconde Guerre mondiale, mais plutôt en s'intégrant à l'économie mondiale, notamment par des activités criminelles internationales.

Édification de la paix : mise sur pied de l'infrastructure sociale, politique et économique nécessaire pour prévenir un retour de la violence et consolider la paix.

Égalité des États : principe selon lequel les États souverains sont juridiquement égaux dans leurs relations internationales. Ils ont tous, par exemple, le même droit de vote aux Nations Unies.

Égalité souveraine : égalité juridique technique des États souverains telle qu'elle s'exprime dans les votes à l'Assemblée générale de l'ONU.

Émancipation : acquisition de droits politiques, économiques et sociaux égaux.

Empire : type particulier d'entité politique, qui peut être ou non un État et qui possède à la fois un territoire national et des territoires étrangers. Il s'agit d'un concept controversé que certains ont tenté d'appliquer aux États-Unis pour décrire leur portée internationale, leurs énormes capacités et leur rôle global qui les posent en garants de l'ordre mondial.

Empreinte écologique : pression exercée par les individus et les pays sur la capacité limite de la Terre. L'ampleur de cette pression est calculée à partir de l'estimation de la surface des terres ou du système aquatique productifs requis pour maintenir une population à un niveau de vie déterminé.

Endiguement : stratégie politique américaine prônant la résistance à ce qui était perçu pendant la guerre froide comme une expansion soviétique. Cette stratégie a d'abord été recommandée publiquement par un diplomate américain, George Kennan, en 1947. L'endiguement est devenu un important facteur de la politique américaine envers l'Union soviétique durant les quarante années suivantes et a reflété la politique générale des dirigeants occidentaux.

Enjeu : ensemble de questions politiques qui semblent interreliées, parce qu'elles renvoient aux mêmes conflits de valeurs. Ainsi, l'enjeu des droits humains regroupe des questions où s'opposent la liberté et l'ordre.

Entrepreneur de norme : acteur politique, que ce soit un individu ou une organisation, qui conceptualise et met de l'avant une nouvelle norme pour définir un comportement approprié s'appliquant à tous les acteurs ou à un sous-groupe d'acteurs déterminé dans le système politique.

Entreprise de stockage : type d'entreprise surtout présente aux xviie et xviiie siècles. À cette époque, un petit nombre de très grandes entreprises de stockage assurait la plus grande partie du commerce mondial. Elles ont alors ouvert des voies commerciales entre l'Europe et l'Asie et établi des structures coloniales en Asie pour favoriser le commerce avec les métropoles.

Entreprise multinationale : entreprise ayant des activités dans plus d'un pays. Elle a son siège social dans un seul pays (le pays d'origine), mais elle gère la production ou offre des services dans d'autres pays (les pays d'accueil). Une entreprise multinationale sous-traite des parties de sa production dans des emplacements outre-mer qui lui procurent des avantages économiques qu'elle ne peut avoir dans son pays d'origine, qu'il s'agisse de coûts de main-d'œuvre moindres, de crédits fiscaux, de normes écologiques moins strictes, etc. L'expression désigne aussi une entreprise ayant des filiales dans un pays étranger, qui peuvent être des succursales de la société mère, des filiales constituées en sociétés séparées ou affiliées, avec un important actionnariat minoritaire.

Entreprise transnationale : entreprise ayant des sociétés affiliées dans un pays étranger. Les sociétés affiliées peuvent être des succursales de la société mère, des filiales constituées en sociétés parfois liées, détenant une minorité substantielle des actions.

Épistémologie : discipline qui étudie le savoir de façon critique. Elle traite des théories de la connaissance par l'entremise de la question « comment sait-on ? ».

Équilibre des puissances : d'après la théorie réaliste, expression évoquant un état d'équilibre entre des États. Les tenants du réalisme classique considèrent que cet état est le produit de la diplomatie (équilibre artificiel), tandis que les partisans du réalisme structurel y voient le résultat d'une tendance naturelle à l'équilibre (équilibre fortuit). Il s'agit d'une doctrine et d'un mécanisme par lesquels la puissance d'un État (ou d'un groupe d'États) est contrebalancée par la puissance d'autres États.

Espace de bataille : à l'ère des avions, des satellites et de la haute technologie, le champ de bataille traditionnel a cédé sa place à un espace de bataille tridimensionnel.

Étalon-or : système mis en place à la fin du xixe siècle et au début du xxe siècle, qui régissait toutes les relations commerciales par un transfert d'or allant des pays importateurs aux pays exportateurs. En théorie, il devait entraîner des ajustements automatiques des importations et des exportations et, par le fait même, maintenir en équilibre la balance commerciale de tous les pays. En pratique, ce ne fut pas le cas.

État : entité territoriale juridique qui regroupe une population stable et un gouvernement. Elle dispose du monopole du recours légitime à la force, et sa souveraineté est reconnue par d'autres États du système international. Ce terme désigne par ailleurs trois concepts distincts. Premièrement, en droit international, un État est une entité dont l'existence est reconnue lorsqu'un gouvernement exerce son emprise sur une population habitant un territoire délimité. Cette entité est comparable, en droit national, à une entreprise définie comme une personne juridique. Elle est considérée comme la détentrice d'une souveraineté reconnue par d'autres États du système international. Deuxièmement, dans l'étude de la politique internationale, chaque État est un pays. C'est une collectivité de personnes qui interagissent dans un même système politique. Troisièmement, en philosophie et en sociologie, l'État consiste en l'appareil d'État, qui réunit les instances exécutives, législatives, administratives et judiciaires ainsi que les forces armées et les forces policières. Selon Max Weber, le trait national essentiel d'un État est son monopole du recours légitime à la force.

État de guerre : situation (souvent décrite par les réalistes classiques) où il n'y a pas de conflit en cours, mais plutôt une guerre froide permanente, susceptible de dégénérer en un conflit armé à tout moment.

État défaillant : État qui s'est effondré, qui ne peut plus assurer le bien-être de ses citoyens sans une aide extérieure massive et dont le gouvernement a cessé d'exister à l'intérieur de ses propres frontières territoriales.

État doté d'armes nucléaires : État partie au Traité sur la non-prolifération des armes nucléaires qui a fait l'essai d'une arme nucléaire ou d'un autre explosif nucléaire avant le 1er janvier 1967.

État globalisé : notion désignant un type d'État particulier qui favorise la globalisation tout en réagissant aux pressions qu'elle exerce sur lui. Le trait distinctif de cette notion est que l'État n'est pas en retrait de cette tendance mondiale, mais plutôt qu'il se comporte différemment par rapport à elle.

État non doté d'armes nucléaires : État partie au Traité sur la non-prolifération des armes nucléaires et qui ne possède pas d'armes nucléaires.

État territorial : État qui exerce son pouvoir sur la population habitant son territoire, mais qui ne cherche pas à représenter la nation ou le peuple dans son ensemble.

État tyrannique : État dont le gouvernement souverain enfreint massivement les droits humains de ses citoyens et commet des crimes contre l'humanité : tueries, épuration ethnique, génocide.

État-nation : communauté politique où l'État revendique la légitimité au motif qu'il représente la nation. L'État-nation existerait si presque tous les membres d'une seule nation étaient réunis dans un seul État, en l'absence de toute autre communauté nationale. Bien que le terme soit largement utilisé, il n'existe aucune entité de ce genre.

Étatisme : d'après la théorie réaliste, idéologie qui sous-tend l'organisation des êtres humains en collectivités particulières ; l'État protège et soutient les valeurs et les croyances d'une collectivité donnée.

Éthique de la responsabilité : selon les tenants du réalisme historique, une éthique de la responsabilité est le cas limite de l'éthique en politique internationale. Elle comporte l'évaluation des conséquences et la conscience du fait que des actions immorales peuvent donner des résultats positifs.

Euro-action : action offerte simultanément sur différents marchés boursiers qui s'étendent généralement sur plusieurs fuseaux horaires. Aussi dénommée « action globale ».

Euro-obligation : obligation émise dans une devise autre que celle d'une forte proportion des preneurs fermes par l'entremise desquels elle est offerte et des investisseurs auxquels elle est vendue. L'emprunteur, le syndicat des gestionnaires, les investisseurs et le marché des valeurs mobilières où est cotée l'obligation sont tous situés dans des pays différents.

Eurodevise : devise nationale que détiennent des personnes et des institutions situées à l'extérieur du pays émetteur de cette devise. Il y a donc des eurodollars, des eurozlotys, etc.

Europe : terme géographique qui, durant la guerre froide, a surtout désigné l'Europe de l'Ouest mais qui, depuis 1989, est de nouveau associé à l'ensemble du continent européen.

Extraterritorialité : situation résultant des efforts d'un gouvernement pour exercer son autorité juridique sur le territoire d'un autre État. Elle se produit principalement lorsque le gouvernement fédéral des États-Unis cherche à se servir du droit national pour exercer son emprise sur les activités globales d'entreprises transnationales.

F _____

Faits bruts : facteurs qui existent indépendamment de la volonté humaine et qui continueront d'exister même si les êtres humains disparaissaient ou niaient leur existence. Les constructivistes et les poststructuralistes sont en désaccord quant à savoir si les faits bruts sont socialement construits ou non.

Féminisation de la main-d'œuvre : tendance à l'augmentation de la demande globale de femmes en tant que main-d'œuvre bon marché, sur les chaînes de montage dans le monde, ces femmes demeurant néanmoins responsables de la reproduction et des soins assurés aux enfants, généralement contre aucune rémunération.

Féminisme : projet politique cherchant à comprendre l'inégalité et l'oppression que subissent les femmes afin de les en libérer. Selon certaines, il s'agit de transcender l'identité de genre afin que celle-ci devienne sans importance ; selon d'autres, il faut plutôt valoriser les champs d'intérêt, les expériences et les choix des femmes ; selon d'autres encore, il importe d'instaurer des relations sociales généralement plus égales et plus ouvertes.

Féminisme transnational : réaction transfrontalière soutenue à la mondialisation, en particulier à ses impacts négatifs sur les femmes, qui bénéficie non seulement des nouvelles possibilités organisationnelles offertes par l'ONU et d'autres conférences internationales, mais aussi des technologies de communication globales.

Féminité : ensemble des caractéristiques associées au fait d'être une femme et définies par opposition aux traits de la masculinité. La faiblesse, la dépendance, les liens affectifs, l'émotivité et la sphère privée sont les caractéristiques féminines les plus courantes.

Femme au foyer : femme qui accomplit les tâches domestiques traditionnelles dans la sphère privée sans être rémunérée.

Fin de l'histoire : expression célèbre utilisée par Francis Fukuyama en 1989, qui a alors affirmé que la phase de l'histoire marquée par l'antagonisme entre le collectivisme et l'individualisme venait de prendre fin (deux cents ans après la Révolution française), ce qui consacrait le triomphe du libéralisme.

Fonctionnalisme : théorie selon laquelle les États peuvent apprendre à coopérer entre eux en abordant initialement les enjeux économiques et sociaux mondiaux, puis en collaborant dans le domaine militaire et en matière de sécurité.

Fondationnalisme : thèse selon laquelle toutes les prétentions à la vérité (concernant un trait du monde) peuvent être jugées vraies ou fausses de manière objective.

Fonds monétaire international (FMI) : organisme créé en 1945 et siégeant à Washington, D.C. Il réunissait 184 États membres en 2004. Le FMI supervise les paiements transfrontaliers à court terme et les positions de change. Lorsque les comptes des opérations extérieures d'un pays se retrouvent en déséquilibre chronique, le FMI préconise la mise en œuvre de réformes correctrices, souvent dénommées « programmes d'ajustement struc-

turel ». Depuis 1978, le FMI a entrepris une supervision détaillée de la performance économique des États membres pris individuellement ainsi que de l'économie mondiale dans son ensemble. Il offre également une aide technique de grande ampleur. Au cours des dernières années, il a lancé diverses initiatives pour promouvoir l'efficience et la stabilité des marchés financiers globaux. *Voir aussi* www.imf.org *et cliquer sur « Français ».*

 G

G20 : groupe de vingt pays qui s'est formé en 1999 et qui offre aux principales économies développées et émergentes une tribune pour débattre des questions économiques et financières mondiales. Depuis sa mise sur pied, il organise des réunions annuelles des ministres des Finances et des gouverneurs des banques centrales et, plus récemment, des sommets des chefs d'État et de gouvernement. Des sommets réunissant les dirigeants des pays du G20 ont eu lieu à Washington en 2008 ainsi qu'à Londres et à Pittsburgh en 2009, puis à Toronto et à Séoul en 2010.

G7 : *voir* G8 (Groupe des Huit).

G77 (Groupe des 77) : groupe créé en 1964 au sein de l'ONU par 77 pays en développement. Toujours actif, le G77 s'efforce de promouvoir les intérêts économiques collectifs, la coopération mutuelle pour le développement et des mécanismes de négociation pour tous les grands enjeux économiques internationaux débattus dans le cadre du système des Nations Unies.

G8 (Groupe des Huit) : groupe fondé en 1975 sous le nom de G5 (France, Allemagne, Japon, Royaume-Uni et États-Unis), ensuite élargi au G7 avec l'adhésion du Canada et de l'Italie, et devenu le G8 en 1998 avec l'ajout de la Fédération de Russie. Le G8 entretient une collaboration semi-officielle pour résoudre les problèmes économiques mondiaux. Les chefs d'État ou de gouvernement se réunissent au sommet annuel du G8, tandis que les ministres des Finances ou leurs représentants officiels organisent périodiquement d'autres consultations.

Gain absolu : puissance et influence accrues que tous les États cherchent à obtenir afin d'assurer leurs intérêts nationaux. Les néoréalistes offensifs se préoccupent aussi de l'accroissement de la puissance relativement aux autres États. L'ambition est de détenir une puissance suffisante pour assurer ses intérêts et plus de puissance que tous les autres États du système, amis ou ennemis.

Gain relatif : selon les réalistes, l'un des facteurs qui restreignent la volonté de coopération des États. Les États se soucient moins de savoir si tous retirent des avantages (avantages absolus), mais plutôt de savoir si une entité obtient plus d'avantages qu'une autre.

Généalogie : histoire qui vise à cerner les pratiques politiques qui ont formé le présent ainsi que les postulats et les discours qui ont été marginalisés et oubliés.

Génocide : ensemble d'actes commis dans l'intention d'anéantir un groupe national, ethnique ou religieux. La Convention des Nations Unies pour la prévention et la répression du crime de génocide a été adoptée en 1948.

Genre ou identité de genre : ce que signifie d'être un homme ou une femme à un endroit ou à un moment particuliers ; construction sociale de la différence sexuelle.

Glasnost : politique d'ouverture mise en œuvre à partir de 1985 par Mikhaïl Gorbatchev, alors premier secrétaire du Parti communiste de l'Union soviétique. Il préconisait une plus grande tolérance de la dissidence et de la critique dans les affaires intérieures. *Voir aussi* Perestroïka.

Globalisation : dynamique historique qui entraîne une transformation fondamentale de l'échelle spatiale de l'organisation sociale humaine ; elle a pour effet de relier des collectivités éloignées et d'étendre la portée des rapports de pouvoir à l'ensemble des régions et des continents. C'est aussi un terme fourre-tout souvent utilisé pour désigner l'économie-monde unique après l'effondrement du communisme et parfois employé en référence à l'intégration croissante du système capitaliste international durant l'après-guerre.

Globalisation asymétrique : caractère inégal, selon les régions du monde et les groupes sociaux concernés, de la mondialisation contemporaine, qui produit une géographie particulière d'inclusion dans le système global et d'exclusion de ce système.

Globalisation différenciée selon le genre : application à la globalisation d'une grille d'analyse sexuée, qui révèle que les femmes sont dans une situation différente de celle des hommes par rapport à la dynamique de globalisation, qu'elles en subissent des conséquences différentes et qu'elles deviennent des actrices globales par suite de ces conséquences différentes selon le sexe.

Globalisme : condition de la globalisation à un moment donné, généralement mesurée selon sa vigueur ou sa faiblesse.

Gouvernance environnementale globale : la gouvernance est l'exécution de fonctions régulatrices, souvent en l'absence d'une autorité gouvernementale centrale. La gouvernance environnementale globale renvoie habituellement à la structure des organisations et des ententes internationales, mais elle peut aussi désigner la gouvernance assurée par le secteur privé ou par des ONG.

Gouvernance globale : système évolutif de coordination politique (officielle et officieuse), à de multiples niveaux allant de l'échelle mondiale à l'échelle locale, entre des pouvoirs publics (États et organisations intergouvernementales) et des acteurs privés (ONG et entreprises). Les parties cherchent à atteindre des objectifs communs ou à résoudre des problèmes collectifs, grâce à la mise au point et à l'application de normes, de règles, de politiques et de programmes transnationaux ou mondiaux. Cadre non rigide formé par la réglementation globale, tant institutionnelle que normative, qui impose des restrictions aux comportements. Elle comporte de nombreux éléments : les organisations et le droit internationaux, les organisations et les cadres transnationaux, les éléments de la société civile globale et les principes normatifs partagés.

Gouvernement : au sens strict, organe exécutif chargé de la gestion d'un pays ; au sens large, ensemble des instances exécutives, législatives et judiciaires, de la fonction publique, des forces armées et des forces policières d'un pays.

Gouvernement mondial : notion associée aux idéalistes qui soutiennent que la paix ne pourra jamais être instaurée dans un monde divisé en États souverains séparés. Tout comme les gouvernements ont mis fin à l'état de nature (absence de lois) dans la société civile, l'établissement d'un gouvernement mondial mettrait fin à l'état de guerre dans la société internationale.

Grande Dépression : expression désignant l'effondrement économique mondial qui a suivi le krach boursier survenu aux

États-Unis, en octobre 1929. Des ondes de choc économiques se sont rapidement propagées dans un monde qui était déjà densément interrelié par des réseaux d'échange et d'investissement direct à l'étranger, de sorte que le krach d'octobre 1929 a été ressenti dans des pays aussi distants que le Brésil et le Japon.

Groupe de la Banque mondiale : regroupement de cinq organismes, dont le premier a été fondé en 1945 et qui siège à Washington. Il contribue au développement des pays à revenu moyen ou faible à l'aide de prêts pour des projets, de programmes d'ajustement structurel et de divers services consultatifs. *Voir aussi* www.banquemondiale.org.

Guerre classique : guerre fondée sur l'utilisation d'unités militaires nationales permanentes en uniforme pour atteindre des objectifs militaires ou politiques. La guerre classique se distingue de la guerre nucléaire et de la guerre non classique, cette dernière reposant sur des techniques de guérilla ou de terrorisme.

Guerre contre le terrorisme ou guerre contre la terreur : expression générique inventée par le gouvernement Bush qui englobe les diverses actions militaires, politiques et juridiques entreprises par les États-Unis et leurs alliés à la suite des attaques du 11 septembre 2001, pour limiter l'expansion du terrorisme en général et du terrorisme d'inspiration islamique en particulier.

Guerre endémique : situation dans laquelle la guerre est un trait récurrent des relations entre États, en particulier parce qu'ils la considèrent comme inévitable.

Guerre froide : conflit mondial étendu entre le communisme et le capitalisme, et qui a commencé en 1947 et s'est terminé en 1989 avec l'effondrement de la puissance soviétique.

Guerre post-westphalienne : guerre intraétatique, caractéristique de l'après-guerre froide, menée ni contre la souveraineté d'un État ennemi, ni pour la conquête de l'appareil d'État du pays où se déroule cette guerre.

Guerre totale : expression qualifiant les deux guerres mondiales du xxe siècle et dénotant non seulement leur ampleur globale, mais aussi les efforts des combattants pour obtenir la capitulation sans condition de leurs adversaires (expression particulièrement associée aux Alliés occidentaux durant la Seconde Guerre mondiale). La guerre totale évoque également la mobilisation de populations entières, y compris celle des femmes pour le travail en usine, d'unités auxiliaires de défense civile et de personnels paramilitaires et paramédicaux, dans le cadre de l'appel général lancé à tous les citoyens pour contribuer à remporter la victoire.

H

Haute politique : ensemble des questions prioritaires en politique extérieure, portant généralement sur la guerre, la sécurité ainsi que les capacités et les menaces militaires.

Harmonie des intérêts : au xixe siècle, beaucoup de libéraux croyaient à l'existence d'un ordre naturel entre les peuples et pensaient que cet ordre avait été altéré par des dirigeants politiques qui ont rejeté la démocratie et par des politiques dépassées telles que l'équilibre de puissance. Ils estimaient que, si ces altérations pouvaient être balayées, il deviendrait clair qu'il n'y avait pas de *véritables* conflits entre les peuples.

Hégémonie : système régi par un dirigeant dominant, généralement une superpuissance, ou par la domination politique (ou économique) d'une région. Selon la théorie réaliste, c'est l'influence qu'une grande puissance est capable d'exercer sur d'autres États dans le système. L'ampleur de cette influence va du leadership à la domination. Il s'agit aussi de la puissance d'un État dominant par rapport à d'autres États et du contrôle qu'il exerce sur eux.

Hiérarchie internationale : structure d'autorité dans laquelle les États et d'autres acteurs internationaux sont classés en fonction de leur puissance relative.

Holisme : notion selon laquelle une structure ne peut être analysée à partir de ses unités constitutives et de leurs interactions, parce qu'elle est davantage que la somme de ses unités et qu'elle est irréductiblement sociale. De surcroît, une structure ne se limite pas à imposer des contraintes aux acteurs, mais elle les construit également. Le constructivisme soutient que la structure internationale façonne l'identité et les intérêts des acteurs.

Holocauste : terme désignant l'extermination par les nazis de la population juive qui vivait en Europe. Quelque six millions de juifs ont été tués dans des camps de concentration, ainsi qu'un million de prisonniers soviétiques, de Tsiganes, de Polonais, de communistes, d'homosexuels et de handicapés physiques ou mentaux.

Humanité commune : principe reconnaissant à tous des droits humains qui engendrent des devoirs moraux corrélatifs pour les individus et les États.

I

Idéalisme : théorie postulant que les idées non seulement produisent d'importantes répercussions sur les événements en politique internationale, mais peuvent aussi changer. Les réalistes donnent à cette théorie le nom d'« utopisme » parce qu'ils considèrent qu'elle sous-estime la logique de la politique de puissance ainsi que les contraintes que celle-ci impose à l'action politique. En tant que théorie substantive des relations internationales, l'idéalisme est généralement associé à la thèse selon laquelle il est possible d'établir un monde de paix. Par contre, en tant que théorie sociale, l'idéalisme désigne la thèse postulant que la conscience sociale est le trait le plus fondamental de la société. Les idées façonnent la représentation que chacun se fait de soi-même et de ses intérêts, le savoir que chacun utilise pour catégoriser et comprendre le monde, les perceptions d'autrui que chacun entretient ainsi que les solutions possibles ou impossibles en cas de difficultés ou de menaces. L'accent mis sur les idées ne signifie pas que les forces matérielles, comme la technologie et la géographie, sont négligées, mais bien que les fonctions et les conséquences de ces forces ne sont pas prédéterminées et relèvent plutôt de la compréhension et de l'interprétation humaines. Les idéalistes tentent d'appliquer aux relations internationales la pensée libérale concernant la politique nationale, autrement dit, d'institutionnaliser la primauté du droit. Ils recourent ainsi à une analogie nationale. Selon les idéalistes du début du xxe siècle, il y avait deux exigences à satisfaire pour établir un nouvel ordre mondial : d'abord, les dirigeants politiques, les intellectuels et l'opinion publique devaient croire que le progrès était possible ; ensuite, il fallait créer une organisation internationale pour faciliter les changements pacifiques, le désarmement, l'arbitrage et, en cas de nécessité, l'application des décisions prises. La Société des Nations a été fondée en 1920, mais son système de sécurité collective a été incapable de prévenir l'éclatement d'une guerre mondiale en 1939.

Identité : représentation de soi par rapport à un autre. L'identité est sociale et se forme donc toujours par rapport aux autres. Les constructivistes soutiennent généralement que l'identité façonne les intérêts : on ne peut savoir ce qu'on veut avant de savoir qui on est. Par ailleurs, puisque l'identité est sociale et résulte des interactions, elle est appelée à changer.

Identité hybride : en analyse postcoloniale, expression désignant les situations dynamiques qu'un individu affronte dans un monde qui lui permet de définir son identité au moyen d'un ensemble d'activités souvent contradictoires relatives au travail, à la migration, à l'histoire collective, à l'ethnicité, à la classe sociale, au genre, à l'affiliation nationale et à l'empathie.

Impérialisme : conquête et domination étrangères dans le contexte de relations générales fondées sur la hiérarchie et la subordination. L'impérialisme peut mener à l'établissement d'un empire.

Imposition de la paix : action visant à amener des parties mutuellement hostiles à conclure un accord, parfois sans le consentement de ces parties.

Individualisme : conception selon laquelle une structure peut être ramenée à la somme des individus et de leurs interactions. À partir d'une prémisse relative à la nature des unités et de leurs intérêts, habituellement les États et la recherche de puissance ou de richesse, les théories des relations internationales qui souscrivent à l'individualisme examinent la façon dont la structure générale, normalement la répartition de la puissance, restreint l'action des États et engendre certaines configurations en politique internationale. L'individualisme s'oppose à l'holisme.

Industrie légère : industrie qui nécessite une mise de fonds moindre pour en assurer le financement et le fonctionnement. Elle requiert aussi l'emploi d'une machinerie légère plutôt que lourde.

Influence : capacité d'un acteur de modifier les valeurs et le comportement d'un autre acteur.

Institution : entité durable et dotée d'ensembles interreliés de règles et de pratiques qui prescrivent des rôles, contraignent l'activité et façonnent les attentes des acteurs. Il peut s'agir d'une organisation, d'un organisme administratif, d'un traité, d'un accord ou d'une pratique officieuse que les États considèrent comme contraignante. L'équilibre des puissances dans le système international est un exemple d'institution (adaptation de Haas, Keohane et Levy, 1993, p. 4-5).

Institution internationale : organisation, telle que l'Union européenne, l'ONU et l'Organisation mondiale du commerce (OMC), qui est devenue nécessaire à la gestion des questions économiques, politiques et écologiques à l'échelle régionale et mondiale. *Voir aussi* Organisation internationale.

Institutionnalisation : degré auquel un réseau ou une configuration d'interactions sociales se constituent officiellement en une organisation dotée d'objectifs précis.

Intégration : processus favorisant une union toujours plus étroite entre des États, dans un contexte régional ou international. Il s'amorce souvent par une coopération visant la résolution de problèmes techniques, que David Mitrany (1943) dénomme « ramification ».

Intégrisme : interprétation stricte d'une forme religieuse ou culturelle qui découle d'une compréhension, souvent littérale, d'écrits, de doctrines et de pratiques fondatrices. Les intégristes cherchent souvent à convertir les non-croyants ou à les exclure de leur communauté.

Interdépendance : situation où un État ou un peuple est touché par des décisions qu'un autre État ou peuple a prises. Par exemple, lorsque les États-Unis augmentent leurs taux d'intérêt, cette décision exerce automatiquement des pressions à la hausse sur les taux d'intérêt en vigueur dans d'autres États. L'interdépendance peut être symétrique, c'est-à-dire que les deux acteurs sont également touchés, ou asymétrique, c'est-à-dire que les effets d'une décision sur les acteurs sont variables. C'est une situation où les actions d'un État ont une incidence sur d'autres États (interdépendance stratégique ou économique). Aux yeux des réalistes, l'interdépendance est synonyme de vulnérabilité.

Intérêt national : ensemble de facteurs qui, selon les réalistes et les dirigeants politiques, représente ce qu'il y a de plus important pour l'État, l'essentiel étant la survie.

Internationalisation : résultat des interactions croissantes entre les États nationaux. Ce terme sert à décrire un haut degré d'interdépendance et d'interactions internationales, le plus souvent relativement à l'économie mondiale. Dans ce contexte, il renvoie au volume du commerce et de l'investissement internationaux et à l'organisation de la production. Il permet souvent de distinguer les facteurs cités précédemment et la globalisation, puisque cette dernière sous-entend qu'il n'y a plus d'économies nationales distinctes en mesure d'interagir. Il désigne aussi la hausse des transactions entre les États, que reflètent les flux d'échanges, d'investissements et de capitaux. (À propos de la thèse soutenant que ces flux n'ont pas augmenté autant que certains le prétendent, voir PNUD, 1997.) Le processus d'internationalisation a été facilité et demeure façonné par les accords interétatiques sur le commerce, l'investissement et le capital, ainsi que par des politiques nationales autorisant le secteur privé à effectuer des transactions à l'étranger.

Intervention humanitaire : principe selon lequel la communauté internationale a le droit d'intervenir dans un État où sont survenus d'énormes pertes de vie ou un génocide, que ce soit à cause d'un acte délibéré de son gouvernement ou de l'effondrement de la gouvernance.

Intervention humanitaire forcée ou ingérence : intervention militaire qui enfreint le principe de la souveraineté de l'État et dont le principal objectif est d'alléger la souffrance humaine d'une partie ou de l'ensemble de la population qui vit à l'intérieur des frontières d'un État.

Intervention humanitaire unilatérale : intervention militaire entreprise à des fins humanitaires sans l'autorisation expresse du Conseil de sécurité des Nations Unies.

Intervention non violente : intervention pacifique qui peut être consensuelle (Croix-Rouge) ou non (Médecins sans frontières) et qui est pratiquée par des États, des organisations internationales et des organisations non gouvernementales internationales. Elle peut être à court terme pour distribuer une aide humanitaire, par exemple, ou à long terme pour régler un conflit et reconstruire la vie politique dans un État défaillant.

Intervention ou ingérence : action par laquelle un acteur étranger déploie directement des forces à l'intérieur d'un État pour obtenir un résultat privilégié par l'organisme qui a approuvé l'intervention, bien que sans le consentement de cet État.

Islam: religion fondée au VIIe siècle par le prophète Mahomet. À l'époque actuelle, cette religion constitue une forme d'identité politique pour des millions de personnes et inspire ce que certains considèrent aujourd'hui comme la plus importante opposition idéologique aux valeurs modernes occidentales.

Isomorphisme institutionnel: phénomène selon lequel les acteurs et les organisations qui partagent le même milieu finissent, à la longue, par acquérir des attributs et des traits similaires et donc par se ressembler.

J

Jus ad bellum: lois de la guerre qui régissent les conditions dans lesquelles il est juridiquement permis de recourir à la force ou de déclencher une guerre. Les dispositions du chapitre VII de la Charte des Nations Unies, par exemple, prévoient que le recours à la force est légitime seulement dans le cas d'une action internationale autorisée par le Conseil de sécurité pour imposer la paix et dans un cas de légitime défense en réaction à une agression armée.

Jus cogens: terme désignant les normes catégoriques du droit international. Ces normes sont considérées comme tellement fondamentales que les États ne sont pas autorisés à s'y soustraire. Parmi les normes catégoriques les plus couramment mentionnées figurent la norme interdisant l'agression et la norme régissant l'inviolabilité du statut des représentants diplomatiques.

Jus in bello: lois de la guerre qui en régissent la conduite après son déclenchement. Ces lois concernent, entre autres, le recours proportionné à la force, le fait de prendre des civils pour cibles et le traitement accordé aux prisonniers politiques. Les principaux instruments juridiques dans ce domaine sont les Conventions de Genève de 1949 et leurs deux protocoles additionnels de 1977.

Justice: traitement équitable ou moralement défendable accordé aux individus, à la lumière des normes relatives aux droits humains ou des normes de bien-être économique ou social.

L

Libéralisation: processus par lequel les politiques gouvernementales amoindrissent le rôle de l'État dans l'économie, entre autres par le démantèlement des barrières et des tarifs commerciaux, la déréglementation du secteur financier et son ouverture aux investisseurs étrangers, et la privatisation des sociétés d'État.

Libéralisme: selon Michael W. Doyle (1997, p. 207), le libéralisme comprend les quatre postulats suivants. D'abord, tous les citoyens sont juridiquement égaux et ont les mêmes droits à la scolarisation, à l'accès à une presse libre et à la tolérance religieuse. Ensuite, l'Assemblée législative d'un État dispose de la seule autorité que lui a confiée le peuple et elle n'est pas autorisée à enfreindre les droits fondamentaux de ce dernier. Puis, le droit des individus à la propriété privée, y compris aux forces de production, est un élément essentiel de leur liberté. Enfin, le libéralisme soutient que le système d'échange économique le plus efficace est foncièrement déterminé par le marché, et non assujetti à une réglementation et à un contrôle étatiques nationaux ou internationaux.

Libéralisme intégré: expression attribuée à John Ruggie et désignant des mécanismes de marché et des activités d'entreprises qui s'appuient sur un réseau de contraintes et de récompenses sociales et politiques pour trouver un compromis entre le libre-échange mondial et les services sociaux nationaux.

Logique d'adéquation: logique qui attribue la réalisation d'une action au fait qu'elle est considérée comme légitime et appropriée, quels qu'en soient les coûts et les avantages.

Logique de conséquences: logique attribuant la réalisation d'une action aux coûts et aux avantages anticipés, compte tenu du fait que d'autres acteurs font de même.

Loyauté: sentiment amenant des individus à accorder à des institutions (ou les uns aux autres) un certain degré d'appui inconditionnel.

Lumières: période associée aux penseurs rationalistes du XVIIIe siècle. Leurs idées principales (qui sont demeurées, selon certains, des devises encore pertinentes à notre époque) comprennent la laïcité, le progrès, la raison, la science, la connaissance et la liberté. La devise des Lumières est *Sapere aude,* qui signifie «Aie le courage d'utiliser ta propre compréhension» (Kant, 1991, p. 54).

Lutte contre le terrorisme: lutte qui comprend les efforts antiterroristes, c'est-à-dire les mesures de prévention ou de protection contre les attaques terroristes, et les efforts contre-terroristes, soit les mesures proactives visant à empêcher les actions terroristes ou à répliquer à de telles actions.

M

Main-d'œuvre précaire: travailleurs qui ne bénéficient pas de la sécurité d'emploi, d'avantages sociaux ou du droit à la syndicalisation, ce qui donne plus de latitude aux entreprises pour leur embauche et leur mise à pied.

Maintien de la paix: déploiement d'une présence de l'ONU sur le terrain avec le consentement de toutes les parties en cause (notion classique du maintien de la paix).

Marchés des devises: aussi dénommés «marchés des changes», selon une expression peut-être plus juste. Ce sont des mécanismes relevant strictement du secteur privé et servant à l'achat et à la vente de devises, sans intervention du secteur public concernant le prix des transactions effectuées ou les sommes d'argent utilisées pour des transactions spécifiques.

Marxisme: théorie selon laquelle le trait le plus fondamental de la société se situe dans l'organisation des forces matérielles, qui comprennent les ressources naturelles, les facteurs géographiques, la puissance militaire et la technologie. Pour comprendre le fonctionnement du monde, il est donc nécessaire de prendre en compte ces forces matérielles. Pour les chercheurs en relations internationales, il faut faire appel à des formes de déterminisme technologique ou connaître la répartition de la puissance militaire pour comprendre la politique extérieure d'un État et la configuration de la politique internationale.

Masculinité: les caractéristiques de la masculinité sont traditionnellement associées à la puissance, à l'autonomie, à la rationalité et à la sphère publique, ainsi qu'au sexe masculin. Elle se définit en opposition à la féminité.

Matérialisme: *voir* Marxisme.

Maux publics: conséquences négatives de la non-coopération des acteurs.

Microéconomie : branche de l'économie qui étudie le comportement de l'entreprise dans le marché.

Modernisme : dans la littérature sur le nationalisme, conception postulant que les nations et le nationalisme sont des constructions modernes et que la notion d'une grande base prémoderne des nations (qu'elle soit primordialiste ou ethnosymboliste) est optimalement comprise comme un élément de la fabrication de mythes nationalistes modernes. Cependant, les modernistes divergent fortement d'opinion entre eux quant à la façon dont la modernité a mené à l'édification des nations et du nationalisme.

Mouvement social : groupe de personnes qui éprouve un sentiment diffus d'identité collective, de solidarité et de destinée commune et qui adopte souvent un comportement politique collectif. La notion s'applique à l'ensemble des ONG et des réseaux, à tous leurs membres et à tous les autres individus qui partagent leurs valeurs communes. Ainsi, le mouvement des femmes et le mouvement écologiste sont beaucoup plus vastes que les ONG spécifiques qui exercent le leadership et centralisent la volonté de changement social.

Moyens (ou forces) de production : en théorie marxiste, éléments mis en œuvre dans le processus de production. Ils comprennent la force de travail ainsi que les outils et la technologie disponibles durant une période historique donnée.

Multilatéralisme : tendance des grands enjeux des relations internationales (comme la sécurité, le commerce ou la gestion de l'environnement) à être organisés autour d'un grand nombre d'États, ou de manière universelle, plutôt que par une action étatique unilatérale.

Multipolarité : répartition de la puissance entre un certain nombre (au moins trois) de grandes puissances ou « pôles ».

Mythe de la protection : croyance répandue voulant que les héros masculins fassent la guerre pour protéger les personnes vulnérables, surtout les femmes et les enfants. Cette croyance sert de justification aux politiques de sécurité nationale des États, notamment en temps de guerre.

N

Nation : groupe de personnes qui reconnaissent mutuellement qu'elles partagent une identité commune, dans le cadre d'une patrie.

Nationalisme civique : nationalisme selon lequel la nation est fondée sur un engagement dans un ensemble commun de valeurs et d'institutions politiques.

Nationalisme ethnique : nationalisme qui soutient que la nation est fondée sur une descendance commune, laquelle peut se manifester par l'entremise de la langue, de l'histoire, du mode de vie ou de l'apparence physique.

Nationalisme : notion selon laquelle le monde est divisé en nations, dont chacune constitue le cœur même de l'identité et de la loyauté politiques, qui exigent elles-mêmes l'autodétermination nationale. Le nationalisme peut également évoquer cette notion sous la forme d'un vif sentiment d'identité ou d'organisations et de mouvements qui s'efforcent de concrétiser cette notion.

Naturel : terme utilisé pour désigner un comportement socialement conforme au rôle attribué aux hommes ou aux femmes. Un comportement considéré comme naturel est difficile à modifier.

Néo-néo : terme désignant les objets de recherche que partagent les néoréalistes et les néolibéraux.

Néocolonialisme : processus qui maintient d'anciennes colonies sous l'emprise et l'influence économique d'anciennes puissances coloniales et de pays industrialisés riches.

Néolibéralisme : en relations internationales, s'emploie pour distinguer l'institutionnalisme des autres formes de libéralisme qui l'ont précédé.

Néomédiévalisme : situation dans laquelle le pouvoir politique est dispersé entre des institutions locales, nationales et supranationales dont aucune n'est l'objet d'une loyauté suprême.

Néoréalisme : modification de la conception réaliste par laquelle il est reconnu que les ressources économiques (en plus des capacités militaires) sont aussi une source d'influence ; aussi, tentative de rendre le réalisme plus scientifique par l'emprunt de modèles aux sciences économiques et aux sciences du comportement en vue d'expliquer la politique internationale.

Non-discrimination : doctrine préconisant un traitement égal pour tous les États.

Non-intervention ou non-ingérence : principe selon lequel des puissances extérieures ne doivent pas intervenir dans les affaires intérieures des États souverains.

Normes : principes qui déterminent des normes de comportement générales et indiquent les droits et les obligations des États. Ainsi, dans le cas du GATT, la norme fondamentale énonce que les tarifs et les barrières non tarifaires doivent être abaissés et ultérieurement supprimés. Ensemble, les normes et les principes définissent le caractère essentiel d'un régime et elles ne peuvent être modifiées sans que la nature du régime soit également transformée.

Nouvel ordre économique international : manifeste en vingt-cinq points que le Mouvement des pays non alignés et le G77 ont présenté à une session extraordinaire de l'Assemblée générale de l'ONU, en 1974. Il visait à restructurer l'économie mondiale de façon à aider les pays du tiers-monde à se développer et à améliorer leur position au sein de l'économie mondiale. Adopté par l'Assemblée générale, il n'a cependant pas reçu l'appui des grandes puissances économiques.

Nouvel ordre mondial : doctrine qui a émergé immédiatement après la guerre froide, et qui prônait, face à l'effondrement du bloc soviétique, le leadership accru des États-Unis comme seule hyperpuissance.

Nuisances publiques : conséquences négatives susceptibles de se produire lorsque les acteurs ne collaborent pas.

O

Objectifs du Millénaire pour le développement : engagements formulés dans la Déclaration du Millénaire de l'ONU en 2000, prévoyant l'atteinte de cibles précises dans un délai déterminé en vue d'améliorer la situation des pays pauvres dans huit domaines : la pauvreté et la faim, la scolarisation primaire, l'égalité entre les femmes et les hommes, la mortalité infantile, la santé maternelle, la lutte contre des maladies comme le VIH/sida et le paludisme, la protection de l'environnement et le travail en partenariat.

Obligation : lien contractuel établi par une entreprise, une association ou un organisme gouvernemental qui l'oblige à verser des intérêts et à rembourser le capital emprunté à des moments prédéterminés.

Ombre de l'avenir : métaphore indiquant que les dirigeants sont conscients de l'avenir au moment de prendre des décisions.

Ontologie : étude de ce qui est. Elle s'intéresse à la nature de l'être.

Opinio juris : conviction, de la part d'États, qu'une certaine action est requise ou autorisée par le droit international.

Ordre : toute configuration régulière ou discernable de relations stables dans le temps ; aussi, situation qui permet l'atteinte de certains objectifs.

Ordre international : configuration normative et institutionnelle des relations entre les États. On peut considérer que les éléments de cet ordre comprennent la souveraineté, les formes de la diplomatie, le droit international, le rôle des grandes puissances et les codes définissant le recours à la force. Il s'agit d'une valeur partagée et d'une condition de la stabilité et de la prévisibilité des relations entre les États.

Ordre minimal : conception de l'ordre international centrée sur la paix et la stabilité plutôt que sur l'atteinte d'autres objectifs, comme la justice.

Ordre mondial : catégorie plus ample que l'ordre international. Il considère les êtres humains, et non les États, comme les unités d'ordre et évalue le degré d'ordre en fonction de la production de certains types de biens, que ce soit la sécurité, les droits humains, les besoins fondamentaux ou la justice, destinés à l'humanité dans son ensemble.

Ordre post-westphalien : ordre dans lequel les frontières nationales et le principe de souveraineté ne revêtent plus une importance suprême.

Organisation communautaire : tout groupe de personnes organisé en village, en petite ville ou en district urbain. Sur le plan logique, une organisation communautaire est une ONG locale. Toutefois, dans les débats politiques, elle est parfois considérée comme plus radicale qu'une ONG.

Organisation de coopération et de développement économiques (OCDE) : organisation fondée en 1962 et siégeant à Paris. Elle réunissait en 2004 30 États membres dotés d'une économie industrialisée avancée et entretient aujourd'hui des relations avec 70 autres États. Elle offre une tribune pour la tenue de consultations gouvernementales multilatérales concernant un large éventail de questions économiques et sociales. Les mesures que prend l'OCDE portent plus particulièrement sur les questions écologiques, la fiscalité et les entreprises transfrontalières. À intervalles réguliers, le Secrétariat de l'OCDE produit une évaluation de la performance macroéconomique de chaque État membre, qui comprend également des suggestions de changements à apporter à des politiques. *Voir aussi* www.oecd.org *et cliquer sur « Français ».*

Organisation de la Conférence islamique (OCI) : organe international réunissant les États musulmans, formé à la suite de l'incendie criminel qui a fortement endommagé la mosquée al-Aqsa à Jérusalem, en 1969. La Charte de l'OCI a été adoptée en 1972 et son siège est situé à Djeddah, en Arabie saoudite. Au début de 2010, elle regroupait 57 États membres et plusieurs organisations et États observateurs.

Organisation des pays exportateurs de pétrole (OPEP) : organisation créée en 1960 par les principaux pays producteurs de pétrole, soit l'Iran, l'Iraq, le Koweït, l'Arabie saoudite et le Venezuela, à laquelle se sont ensuite joints des États comme le Nigeria, le Mexique et la Libye, pour mieux coordonner leurs politiques de production pétrolière afin de maximiser la stabilité du marché et les profits des producteurs.

Organisation du Traité de l'Atlantique Nord (OTAN) : organisation mise sur pied par un traité en avril 1949 et réunissant 12 (puis 16) pays de l'Europe occidentale et de l'Amérique du Nord. L'élément le plus important de cette alliance réside dans l'engagement des États-Unis à défendre l'Europe occidentale.

Organisation intergouvernementale : organisation internationale à laquelle seuls les États peuvent officiellement adhérer de plein droit et au sein de laquelle la prise de décisions incombe aux représentants des gouvernements des États membres.

Organisation internationale : toute institution dotée de procédures formelles et regroupant officiellement au moins trois pays. Ce nombre minimal est fixé à trois, et non à deux, parce que les relations multilatérales sont sensiblement plus complexes que les relations bilatérales.

Organisation internationale hybride : organisation internationale à laquelle peuvent adhérer tant des acteurs transnationaux privés (des ONG, des partis ou des entreprises) que des gouvernements ou des organismes gouvernementaux, dont chacun a les mêmes droits de participer à l'élaboration des politiques, y compris le droit de voter lors de la prise des décisions. Elle est dénommée ainsi pour contrer l'idée courante selon laquelle il n'existe que des organisations intergouvernementales et des organisations non gouvernementales internationales. Dans les milieux diplomatiques, les organisations internationales hybrides sont généralement perçues comme faisant partie des organisations non gouvernementales internationales, si bien qu'elles sont parfois dénommées « organisations non gouvernementales internationales hybrides ».

Organisation mondiale du commerce (OMC) : organisation fondée en 1995 et siégeant à Genève. Elle regroupait 146 États membres en 2004. L'OMC est une institution permanente qui a remplacé le GATT, qui était provisoire. Elle a une portée plus large et traite des questions liées aux services, à la propriété intellectuelle et aux investissements, en plus du commerce des marchandises. Elle détient aussi des pouvoirs d'application plus étendus grâce à son mécanisme de résolution des litiges. L'Organe d'examen des politiques commerciales de l'OMC supervise les mesures commerciales prises par les membres.

Organisation non gouvernementale (ONG) : organisation habituellement créée par des citoyens, qui vise des objectifs politiques, mais qui ne fonctionne pas comme un gouvernement ou une entreprise. Amnistie internationale et la Campagne internationale pour l'interdiction des mines antipersonnel en sont deux exemples. Une ONG est tout groupe de personnes qui s'associent d'une manière formelle quelconque et qui s'engagent dans une action collective, à condition que cette action soit non commerciale et non violente, et que le groupe n'agisse pas au nom d'un gouvernement. Certaines personnes sont parfois déconcertées par l'expression terne qu'est « organisation non gouvernementale ». Pourtant, certaines ONG internationales, comme Amnistie internationale, Greenpeace et la Croix-Rouge, sont mieux connues que certains petits pays.

Organisation non gouvernementale internationale: organisation internationale à laquelle peuvent adhérer des acteurs transnationaux. Il en existe de nombreux types, dont les membres sont des ONG nationales ou locales, des entreprises, des partis politiques ou des individus. Quelques-unes comptent d'autres organisations non gouvernementales internationales parmi leurs membres, et certaines ont une structure d'adhérents mixte.

Organisation non gouvernementale internationale hybride: troisième type d'organisation internationale, où des gouvernements et des ONG forment des organisations communes auxquelles ils peuvent tous adhérer. D'un point de vue logique, il s'agit en fait d'organisations internationales hybrides mais, dans les milieux diplomatiques, elles sont assimilées aux ONG internationales, de sorte que l'expression «organisation non gouvernementale internationale hybride» est peut-être plus appropriée.

Organismes spécialisés: institutions internationales qui ont des liens particuliers avec le système central des Nations Unies, mais qui sont statutairement indépendants et ont leurs propres budgets, dirigeants, comités et assemblées de représentants de tous les États membres.

Orientalisme: interprétation occidentale des institutions, des cultures, des arts et de la vie sociale des pays de l'Orient et du Moyen-Orient. Objet d'une importante étude effectuée par Edward Saïd, l'orientalisme est aujourd'hui associé à divers stéréotypes et préjugés, souvent à l'encontre des sociétés musulmanes.

Ostpolitik: mot allemand qui signifie «politique est-européenne». Il s'agit d'une politique établie par le gouvernement ouest-allemand vers la fin des années 1960 pour encadrer les relations entre l'Allemagne de l'Ouest et les pays membres du Pacte de Varsovie.

 P

Pacte de Varsovie: alliance militaire créée en mai 1955 en riposte au réarmement de l'Allemagne de l'Ouest et à son adhésion à l'OTAN. Il réunissait l'URSS et sept États communistes (l'Albanie s'en est toutefois retirée en 1961). Il a officiellement été dissous en 1991.

Pacte global: les règles, les valeurs et les normes qui régissent la société des États à l'échelle mondiale.

Paix de Westphalie: *voir* Traités de Westphalie de 1648.

Paix démocratique: pilier de la pensée internationaliste libérale, la thèse de la paix démocratique avance deux postulats: d'une part, les polities libérales font preuve de retenue dans leurs relations avec d'autres polities libérales (la prétendue paix séparée), d'autre part, elles se montrent imprudentes dans leurs rapports avec les États autoritaires. La validité de la thèse de la paix démocratique est l'objet de vifs débats dans la littérature sur les relations internationales.

Paradigme: ensemble de théories qui partagent des prémisses ontologiques et épistémologiques.

Partisans de l'intervention humanitaire: juristes internationaux qui soutiennent que la Charte de l'ONU et le droit international coutumier comportent tous deux un droit d'intervention humanitaire.

Patriarcat: structure persistante dans une société au sein de laquelle les relations entre les sexes sont définies sur la base de la domination des hommes et de la subordination.

Pauvreté: selon l'approche dominante, situation que subissent les personnes n'ayant pas les *ressources financières pour acheter des aliments* et satisfaire leurs autres *besoins matériels* fondamentaux. Selon l'approche critique, situation que subissent les personnes incapables de satisfaire leurs *besoins matériels et non matériels* par leurs propres moyens.

Pax americana: expression latine qui se traduit par «paix américaine», sur le modèle de *pax romana*). Elle évoque une paix globale imposée par la puissance américaine.

Pays: terme général vague qui est parfois employé dans le même sens que le mot «État». Il met toutefois en relief la réalité concrète d'une communauté politique établie à l'intérieur de frontières géographiques. *Voir aussi* État.

Pérennialisme: thèse postulant l'existence de nations et même d'un certain nationalisme avant l'ère moderne. Elle diffère du primordialisme et de l'ethnosymbolisme par le fait qu'elle est présentée comme une thèse historique empirique, plutôt que comme une théorie sur la culture ou les origines premières ou bien sur le caractère fondamental des mythes et des souvenirs ethniques.

Perestroïka: politique de restructuration appliquée par Mikhaïl Gorbatchev, ancien secrétaire général du Parti communiste de l'Union soviétique, de concert avec la glasnost, pour favoriser la modernisation du système politique et économique soviétique. *Voir aussi* Glasnost.

Pétrodollars: recettes tirées des exportations de pétrole et déposées dans des banques situées à l'extérieur des États-Unis. Elles ont engendré le plus fort stimulus de croissance dans les euro-marchés durant les années 1970.

PIB: sigle de «produit intérieur brut»; correspond à la valeur monétaire de tous les biens et services produits dans l'économie d'un pays durant une année.

Pluralisme: terme générique, emprunté aux sciences politiques américaines, servant à identifier les théoriciens des relations internationales qui ont rejeté la thèse réaliste de la primauté de l'État et du statut prioritaire de la sécurité nationale, ainsi que le postulat selon lequel les États sont des acteurs unitaires. Les pluralistes soutiennent que tous les groupes organisés sont des acteurs politiques potentiels et analysent les processus par lesquels ces acteurs mobilisent un appui pour atteindre des objectifs politiques. Ils reconnaissent que des acteurs transnationaux et des organisations internationales peuvent influencer les gouvernements. Certains auteurs assimilent le pluralisme au libéralisme, mais les pluralistes ne sont pas de cet avis, nient que toute théorie ait forcément une composante normative et affirment que le libéralisme demeure encore fortement centré sur l'État.

Polarité: élément structurel des systèmes fondés sur l'équilibre de puissance, qui est déterminé par la nature générale de cet équilibre. Un système bipolaire comprend *deux* puissances dominantes, un système multipolaire en comporte *plus de deux* et un système unipolaire n'en compte qu'*une seule*.

Politique globale: politique des relations sociales globales dans le cadre de laquelle la recherche de puissance et la défense des intérêts, de l'ordre et de la justice transcendent les régions et les continents.

Post-consensus de Washington : version légèrement modifiée du consensus de Washington, qui favorise la croissance économique par la libéralisation du commerce et par l'adoption de politiques de croissance favorables aux pauvres et de mesures de réduction de la pauvreté. *Voir aussi* Consensus de Washington.

Postcolonialisme : étude des rapports internationaux et transnationaux contemporains en matière de migration, d'ethnicité, de culture, de savoir, de puissance et d'identité.

Pouvoir ou puissance : dans le sens le plus général, capacité d'un acteur politique à atteindre ses objectifs. Les tenants du réalisme postulent que la possession de capacités exerce une influence, de sorte que le mot « puissance » est souvent utilisé de façon ambiguë pour désigner ces deux facteurs. Les tenants du pluralisme affirment que les interactions politiques peuvent modifier les rapports entre les capacités et l'influence, et qu'il est donc important de distinguer ces deux facteurs. La plupart des réalistes définissent la puissance en fonction de ressources importantes telles que l'importance des forces armées, le produit national brut et la taille de la population dans un État. Ils croient implicitement que les ressources matérielles donnent de l'influence à ceux qui les possèdent.

Primordialisme : croyance voulant que certains traits humains ou sociaux, comme l'ethnicité, soient profondément liés aux conditions historiques.

Principes : en théorie des régimes, ensemble cohérent d'énoncés théoriques relatifs au fonctionnement du monde. Le GATT agissait en se fondant sur des principes libéraux selon lesquels le libre-échange maximiserait le bien-être global.

Prix de cession interne : prix établi par une entreprise transnationale pour le commerce intra-entreprise de biens ou de services. À des fins de comptabilité, un prix doit être fixé pour les exportations, mais il n'a pas à être lié à une quelconque valeur marchande.

Problème du rapport entre agent et structure : problème consistant à penser le rapport entre les agents et les structures. Selon un point de vue, les agents naissent avec une identité et des intérêts déjà formés et considèrent ensuite les autres acteurs et la structure générale résultant de leurs interactions comme des contraintes pour leurs intérêts. Il s'ensuivrait alors que les acteurs sont présociaux, dans la mesure où il y a peu d'intérêt à connaître leur identité ou peu de chances que leurs intérêts soient modifiés par leurs interactions avec les autres. Selon un autre point de vue, la structure est considérée comme l'élément constitutif des acteurs eux-mêmes, plutôt que comme une contrainte. Dans ce contexte, les agents seraient des victimes culturelles puisqu'ils ne seraient plus que des artefacts de cette structure. La solution proposée au problème agent-structure consiste à chercher une façon de comprendre comment les agents et les structures se constituent les uns les autres.

Processus de prise de décision : prescriptions spécifiques relatives aux comportements. Ainsi, le système de vote change régulièrement avec la consolidation et l'extension d'un régime. Les règles et les procédures qui régissent le GATT, par exemple, ont subi des modifications substantielles au cours de son histoire. En fait, les conférences successives avaient pour but de changer les règles et les procédures de prise de décision (Krasner, 1985, p. 4-5).

Production de subsistance : biens produits dans le but de satisfaire les besoins familiaux immédiats, par opposition à la production de biens destinés à la vente dans une économie de marché. Les producteurs de subsistance ne touchent aucun salaire.

Programmes et fonds : organisations qui sont assujetties à la supervision de l'Assemblée générale de l'ONU et qui sont financées sur une base volontaire par les États et d'autres donateurs.

Prolifération horizontale : augmentation du nombre d'acteurs possédant des armes nucléaires.

Prolifération verticale : augmentation du nombre d'armes nucléaires dans des États qui possèdent déjà des armes de cette nature.

Promotion de la démocratie : stratégie adoptée par les principaux États, notamment les États-Unis, et par de nombreuses institutions en Occident ; elle préconise l'utilisation des instruments de la politique extérieure et de la politique économique pour répandre les valeurs libérales. Ses partisans établissent un lien direct entre les effets mutuellement renforçants de la démocratisation et les marchés ouverts.

Protocole : instrument juridique ajouté à une convention et contenant habituellement des règles et des dispositions détaillées afin de contribuer à la résolution des problèmes écologiques ou autres. De nombreux protocoles peuvent être ajoutés à une convention ou à un traité.

Puissance hégémonique : État en situation de domination sur les autres États du système international.

 Q

Quasi-État : État qui possède une souveraineté dite négative, parce que d'autres États respectent son indépendance souveraine, mais qui ne dispose pas d'une souveraineté considérée comme positive, étant donné que son gouvernement n'a ni la volonté ni les ressources nécessaires pour satisfaire les besoins de son peuple.

Quatorze Points : conception de la société internationale proposée par l'ancien président américain Woodrow Wilson, d'abord énoncée en janvier 1918. Elle postule le principe d'autodétermination, la conduite de la diplomatie d'une manière ouverte (et non secrète) et l'établissement d'une association des pays qui offre des garanties d'indépendance et d'intégrité territoriale. Les idées de Wilson ont exercé une grande influence sur la conférence de paix de Paris (1919), même si le principe d'autodétermination n'a été appliqué que sélectivement lorsque les intérêts coloniaux américains étaient en jeu.

 R

Raison d'État : motivation d'agir qui suscite une application pratique de la doctrine du réalisme et qui est pratiquement synonyme de celle-ci.

Rapports de production : en théorie marxiste, les rapports de production relient et organisent les moyens de production dans le processus de production. Ils comprennent les rapports techniques et institutionnels nécessaires au déroulement de la production, ainsi que les structures plus larges qui assurent le contrôle des moyens de production et des produits finis issus de ce processus. La propriété privée et le salariat constituent deux des éléments essentiels des rapports de production en société capitaliste.

Rapprochement : rétablissement de relations plus amicales entre la République populaire de Chine et les États-Unis au début des années 1970.

Ratification : procédure par laquelle un État adopte une convention ou un protocole qu'il a auparavant signé. Toute convention comprend des règles qui précisent le nombre de ratifications nécessaire pour qu'elle entre en vigueur.

Rationalité : capacité des individus à hiérarchiser leurs préférences et à choisir la meilleure qui soit disponible.

Réalisme : théorie qui considère que toutes les relations internationales sont des relations entre des États qui cherchent à acquérir plus de puissance. Le réalisme ne donne aucune place aux acteurs non étatiques dans ses analyses.

Réalisme défensif ou offensif : théorie structurelle du réalisme selon laquelle les États maximisent la sécurité.

Réalisme néoclassique : version du réalisme qui combine des facteurs structurels, comme la répartition de la puissance, et des facteurs ponctuels, comme les intérêts des États (*statu quo* ou révisionnisme).

Réalisme structurel : *voir* Néoréalisme.

Réciprocité : stratégie fondée sur la maxime *Œil pour œil, dent pour dent*, qui préconise la coopération uniquement si les autres parties font de même.

Régime : ensemble de principes, de normes, de règles et de processus de prise de décisions implicites ou explicites vers lequel convergent les attentes des acteurs dans un domaine donné des relations internationales. Institutions sociales fondées sur des règles, des normes, des principes et des processus de prise de décisions qui ont été acceptés par des acteurs. Elles régissent les interactions de divers acteurs étatiques ou non étatiques dans des domaines comme l'environnement ou les droits humains. Par exemple, le marché global du café est régi par une gamme de traités, d'accords commerciaux, de protocoles scientifiques, de protocoles de recherche et de protocoles de marché ainsi que par les intérêts des producteurs, des consommateurs et des distributeurs. Les États structurent ces intérêts et tiennent compte des pratiques, des règles et des procédures pour créer un mécanisme ou un régime qui régit la production du café, en encadre la distribution et, en fin de compte, en détermine le prix pour les consommateurs (inspiré de Young, 1997, p. 6).

Régime de sécurité : régime établi lorsque les États d'un groupe coopèrent pour régler leurs litiges et éviter la guerre, en s'efforçant de supprimer le dilemme de sécurité par l'entremise de leurs propres actions et de leurs perceptions du comportement des autres (Robert Jervis, 1983*b*).

Régime international : concept proposé par les néoréalistes pour analyser ce qu'ils estiment être le paradoxe suivant : la coopération internationale s'établit dans certains domaines en dépit de la lutte de pouvoir opposant les États entre eux. Ils tiennent pour acquis que les régimes sont créés et maintenus par un État dominant et que la participation à un régime résulte du calcul rationnel coûts-avantages qu'effectue chaque État. Par contre, les pluralistes insistent plutôt sur l'incidence des institutions, l'importance du leadership, l'action des ONG et des entreprises transnationales et les processus de changement cognitif, comme la préoccupation croissante pour les droits humains ou l'environnement.

Régionalisation : interdépendance croissante d'États géographiquement contigus, à l'instar de l'Union européenne.

Régionalisme : institutionnalisation de la coopération entre les États et d'autres acteurs, sur la base de la contiguïté régionale, en tant qu'élément du système international.

Règles : contraintes présentes à un niveau inférieur à celui des principes et des normes, et souvent conçues pour résoudre les conflits pouvant opposer les principes aux normes. Par exemple, les États en développement veulent des règles qui s'appliquent à eux différemment qu'aux pays développés.

Règles régulatrices : règles qui régissent des activités existantes et orientent ainsi les règles du jeu. Elles se distinguent des règles constitutives qui définissent le jeu et ses activités, façonnent l'identité et les intérêts des acteurs et contribuent à déterminer ce qui représente une action légitime.

Renforcement des capacités : action consistant à dégager les fonds et la formation technique nécessaires pour que les pays en développement puissent participer à la gouvernance écologique globale.

Réseau : toute structure de communication permettant aux individus et aux organisations d'échanger de l'information, de partager des expériences ou de débattre d'objectifs et de tactiques politiques. Il n'existe pas de distinction nette entre un réseau et une organisation non gouvernementale. Un réseau est toutefois moins susceptible qu'une organisation non gouvernementale de devenir permanent, d'avoir des membres officiels et des dirigeants identifiables ou de s'engager dans une action collective.

Réseau global : réseaux numériques couvrant le monde et permettant les communications verbales et la transmission de données partout dans le monde d'une façon instantanée ; Internet.

Réseaux mondiaux de politiques publiques : complexes réunissant les représentants des gouvernements, des organisations internationales, des ONG et des entreprises privées, et procédant à la formulation et à la mise en œuvre des politiques publiques globales.

Responsabilité de protéger : obligation pour les États de protéger leurs propres citoyens ; si les États ne peuvent pas ou ne veulent pas le faire, cette responsabilité est alors transférée à la société des États.

Restrictionnistes : avocats internationaux qui soutiennent que l'intervention humanitaire enfreint les dispositions de l'article 2(4) de la Charte des Nations Unies et est illégale au titre du droit consacré par la Charte et du droit international coutumier.

Rétablissement de la paix : action visant à amener des parties mutuellement hostiles à conclure un accord, surtout par des moyens pacifiques. Toutefois, lorsque tous ces moyens ont échoué, l'imposition de la paix, autorisée au titre des dispositions du chapitre VII de la Charte des Nations Unies, peut devenir nécessaire.

Réunion des parties : réunion des parties signataires d'un protocole. *Voir aussi* Conférence des parties.

Révolution dans les affaires militaires (RAM) : changement radical dans la conduite de la guerre, qui peut résulter des progrès technologiques, mais aussi de facteurs organisationnels, doctrinaux ou autres. Lorsque le changement est de plusieurs degrés de magnitude et qu'il a une profonde incidence sur l'ensemble de la société, c'est l'expression « révolution militaire » qui sert à le désigner.

Révolution technologique : progrès technologiques ayant engendré les moyens de communication modernes (Internet, communications satellitaires, ordinateurs perfectionnés) et qui ont atténué l'importance de la distance et du lieu géographique non seulement pour les gouvernements (y compris à l'échelle locale et régionale), mais aussi pour d'autres acteurs comme les entreprises (dans le choix de leurs investissements) et les mouvements sociaux (dans le déploiement de leurs activités).

S

Sanctions : pénalités encourues par les États qui enfreignent des normes internationales reconnues.

Sans État : individus et peuples dénués de gouvernement propre.

Savoir émancipateur : une grande partie de la recherche féministe est ouvertement favorable à l'égalité des sexes en tant qu'idéal normatif et s'applique à produire des connaissances qui facilitent l'atteinte de cet objectif. Le savoir produit à partir de tels idéaux normatifs est appelé savoir émancipateur.

Sécurisation : action de faire d'un enjeu quelconque un objet de sécurité pour justifier une politique étatique donnée.

Sécurité collective : arrangement dans lequel chaque État du système reconnaît que la sécurité de l'un est la préoccupation de tous et accepte de se joindre à une réponse collective en cas d'agression (Roberts et Kingsbury, 1993, p. 30). Il s'agit également du principe fondateur de la Société des Nations qui a précédé l'ONU : les États membres considéraient une menace ou une attaque contre l'un des membres comme une agression contre tous (et, plus généralement, contre les normes internationales). La Société répondait donc à l'unisson contre de telles violations du droit international. Conscients qu'une telle action concertée serait déclenchée, les agresseurs potentiels seraient dissuadés, d'après les instigateurs de la Société, de lancer une première attaque. Les événements survenus dans les années 1920 et 1930 ont toutefois montré que la théorie et la pratique peuvent grandement diverger, comme en a témoigné l'inaction de la Société devant l'impérialisme japonais en Asie, et devant l'expansionnisme allemand et italien en Europe et en Afrique.

Sécurité commune : selon le rapport de la commission Palme (1992), il s'agit du principe organisateur des efforts visant à réduire les risques de guerre, à limiter l'armement et à progresser vers le désarmement qui signifie, en théorie, que la coopération remplacera la confrontation pour la résolution des conflits d'intérêts. Ce qui ne veut pas dire qu'il faut s'attendre à ce que les différends entre les pays disparaissent. La tâche consiste seulement à faire en sorte que ces conflits ne se transforment pas en actes de guerre ou en préparatifs pour la guerre. Cela signifie que les nations doivent en venir à comprendre que le maintien de la paix mondiale doit avoir la priorité sur l'affirmation de leurs propres positions idéologiques ou politiques.

Sécurité humaine : sécurité des individus, y compris leur sécurité physique, leur bien-être économique et social, le respect de leur dignité et la protection de leurs droits humains.

Sécurité nationale : valeur fondamentale de la politique extérieure des États.

Sélectivité : caractère d'une situation où un principe moral convenu est en jeu dans plus d'un cas, mais où l'intérêt national impose des réponses variées.

Sexe : différence biologique entre les hommes et les femmes ; différence sexuelle.

Sexualité : orientation de la libido comprenant l'hétérosexualité normalisée et d'autres sexualités souvent stigmatisées, comme l'homosexualité ou la bisexualité.

Signification : concept qui va au-delà de la description d'un objet, d'un événement ou d'un endroit et qui traite de son sens pour des observateurs.

Société civile : ensemble des individus et des groupes d'une société qui ne sont pas des participants à quelque institution gouvernementale ; aussi, tous les individus et les groupes qui ne participent pas au gouvernement et ne défendent pas les intérêts d'entreprises commerciales. Les deux sens donnés ici sont incompatibles et controversés. Il y a un troisième sens : réseau des institutions et des pratiques sociales (relations économiques, groupes familiaux et de parenté, affiliations religieuses, sociales ou autres) qui sous-tendent les institutions strictement politiques. Selon les théoriciens de la démocratie, le caractère volontaire de ces associations est considéré comme essentiel au fonctionnement de la politique démocratique.

Société civile transnationale : arène politique dans laquelle des citoyens et des intérêts privés collaborent par-delà les frontières en vue d'atteindre leurs objectifs mutuels ou d'amener les gouvernements et les instances officielles de gouvernance globale à rendre des comptes concernant leurs activités.

Société d'États : association d'États souverains fondée sur leurs normes, leurs valeurs et leurs intérêts communs.

Société internationale : structure formée lorsque différentes communautés politiques acceptent que des institutions et des règles communes régissent leurs relations mutuelles.

Société mondiale : société résultant de la globalisation.

Solidarisme : thèse selon laquelle la société internationale des États est capable de mener une action commune (en solidarité) pour préserver ou défendre des valeurs partagées. La société internationale n'est pas simplement un cadre de coexistence, mais un agent de changement et d'humanitarisme.

Soutien de famille : rôle traditionnel dévolu aux hommes qui les a amenés à occuper un emploi salarié dans la sphère publique et à satisfaire les besoins économiques de la famille.

Souveraineté : situation d'un État sur lequel ne s'exerce aucune autorité juridique supérieure. Elle s'apparente, malgré ses différences, à la situation d'un gouvernement exempt de toute contrainte politique d'origine extérieure. Il s'agit du droit légitime à l'exercice de l'autorité exclusive, inconditionnelle et suprême sur un territoire délimité. L'État dispose de l'autorité suprême sur le plan national et de l'indépendance sur le plan international.

Souveraineté de l'État : principe d'organisation de l'espace politique selon lequel une autorité souveraine gouverne un territoire donné. Les Traités de Westphalie sont généralement considérés comme la source première de la souveraineté de l'État, même si plusieurs siècles se sont ensuite écoulés avant que ce principe soit pleinement institutionnalisé. Les théories des relations internationales offrent des points de vue différents sur la question de savoir si la souveraineté de l'État s'est transformée ou même érodée, et si elle constitue un bon moyen d'organiser la communauté politique.

Stagflation: situation qu'ont connue un grand nombre des pays industrialisés les plus riches du monde dans les années 1970, alors qu'une période de croissance très limitée ou nulle a été assortie d'une vertigineuse hausse des prix. Le mot résulte d'une combinaison de « stagnation » (absence de croissance) et d'« inflation » (forte hausse de l'indice général des prix).

Statisme: *voir* Étatisme.

Structuralisme: perspective théorique accordant la priorité analytique à la structure plutôt qu'aux agents.

Structuration: rapport entre les agents et les structures, dans le cadre duquel le milieu façonne les acteurs tout comme les acteurs façonnent le milieu.

Structure: en philosophie des sciences sociales, une structure existe indépendamment de l'acteur (par exemple, une classe sociale), mais elle constitue un important facteur déterminant de la nature de l'action (par exemple, une révolution). Selon les adeptes du réalisme structurel contemporain, le nombre de grandes puissances dans le système international constitue la structure.

Structure normative: la théorie des relations internationales définit traditionnellement une structure en termes matériels, comme la répartition de la puissance, et considère une structure comme une contrainte qui s'impose aux acteurs. Lorsqu'ils cernent une structure normative, les constructivistes déterminent en quoi les structures sont aussi définies par des idées collectivement soutenues, comme le savoir, les règles, les croyances et les normes qui non seulement contraignent les acteurs, mais forment également des catégories de sens, construisent leur identité et déterminent leurs intérêts ainsi que des normes de comportement approprié. Le concept de norme de comportement approprié pour des acteurs ayant une identité donnée a une importance cruciale. Ceux-ci adhèrent à des normes non seulement en raison des avantages et des coûts qui en découlent, mais aussi parce qu'elles sont liées à un sentiment de soi.

Subalterne: groupe social qui est situé au plus bas échelon de la puissance et de l'estime économiques et qui est souvent tenu à l'écart de toute participation à la vie politique, comme dans le cas des paysans et des femmes. Les études subalternes, apparues d'abord en Inde, mettent l'accent sur l'histoire et la culture des groupes subalternes.

Subsistance: travail nécessaire pour la survie d'une famille, tel que la production d'aliments, pour lequel le travailleur ne reçoit aucun salaire.

Sud global: expression imprécise qui renvoie tant aux pays dits du tiers-monde qu'aux déplacements actuels de personnes au sein de diverses régions du tiers-monde et vers des pays industrialisés riches.

Superpuissance: terme utilisé pour désigner les États-Unis et l'Union soviétique après 1945, qui met l'accent sur leur présence politique et leurs capacités militaires dans le monde, notamment sur leurs arsenaux nucléaires.

Supranationalisme: concept utilisé en théorie de l'intégration pour évoquer la création d'instances communes habilitées à prendre des décisions en toute indépendance et ainsi à imposer certaines décisions et règles aux États membres.

Supraterritorialité: caractéristique de certaines relations sociales globales qui transcendent le cadre géographique formé par les territoires, les distances et les frontières. Ces relations peuvent s'étendre partout sur la planète en même temps (comme une émission de télévision diffusée par satellite) ou se déplacer instantanément dans le monde entier (comme le courrier électronique ou les transferts bancaires électroniques).

Survie: priorité absolue des dirigeants politiques, mise en relief par des auteurs réalistes tels que Nicolas Machiavel, Friedrich Meinecke et Max Weber.

Système anarchique: selon le réalisme, principe organisateur de la politique internationale, qui en détermine la structure.

Système d'États: configuration régulière des interactions des États, mais sans la présence de valeurs communes à ces États. Cette notion est différente de la société d'États. *Voir* Société d'États.

Système international: ensemble d'unités interreliées qui forment un tout. Selon la théorie réaliste, un système relève de principes fondateurs tels que la hiérarchie (en politique nationale) et l'anarchie (en politique internationale).

T

Tabou nucléaire: notion confirmant que la communauté internationale a graduellement accepté une norme internationale déterminée rendant inacceptable l'emploi d'armes nucléaires pour faire la guerre.

Tactique: utilisation et gestion des capacités militaires dans une zone de combats ou à proximité.

Territoire: partie de la surface de la Terre que s'est appropriée une communauté politique ou un État.

Territorialité: caractère propre au territoire et aux frontières qui demeurent toujours importants à des fins au moins administratives. Les conditions de la globalisation font cependant émerger une nouvelle géographie de l'organisation et du pouvoir politiques qui transcende le territoire et les frontières.

Terrorisme: recours à la violence illégitime par des groupes sousétatiques en vue de susciter la peur au moyen d'attaques contre des civils ou des cibles symboliques. Ces attentats ont pour objectif d'attirer l'attention sur une revendication, de provoquer une réaction vigoureuse ou de saper le moral de l'adversaire en vue de provoquer des changements politiques. La détermination du caractère légitime ou non du recours à la violence, qui relève de la moralité en contexte de l'acte commis plutôt que de ses effets, est à l'origine de désaccords à propos de ce qui constitue un acte de terrorisme.

Terrorisme parrainé ou soutenu par un État: activités d'un groupe de terroristes qui reçoit l'appui d'un État: financement, entraînement ou fourniture de ressources telles que des armes. Les affirmations sur le parrainage de terroristes par un État sont difficiles à prouver. Les États font beaucoup d'efforts pour soutenir les terroristes dans la plus grande clandestinité possible afin que les dénégations de leurs dirigeants paraissent plausibles lorsque ceux-ci répondent à des accusations formulées en ce sens. D'autres affirmations sur le parrainage du terrorisme par des États relèvent d'opinions subjectives. Dans d'autres cas, il y a confusion entre les expressions « terreur d'État » (l'emploi de la violence par un État pour maintenir ses concitoyens dans un climat de peur; également sens originel du terme « terrorisme ») et « terrorisme parrainé par un État ».

Terrorisme postmoderne ou nouveau : action des groupes et des individus qui nourrissent une idéologie apocalyptique et visent des objectifs systémiques. La plupart d'entre eux valorisent la destruction en soi, contrairement à la majorité des terroristes du passé qui avaient des objectifs précis généralement limités à un territoire.

Théocratie : État fondé sur la religion.

Théorie constitutive : théorie selon laquelle les thèses portant sur le monde social contribuent à la construction de ce monde et de ce qui est considéré comme le monde extérieur. Ainsi, les concepts mêmes qui sont utilisés pour penser le monde contribuent à le rendre tel qu'il est.

Théorie critique : théorie qui remet en question l'ordre établi par la formulation, l'analyse et, dans la mesure du possible, la stimulation de dynamiques sociales susceptibles de donner lieu à des changements émancipateurs.

Théorie de la stabilité hégémonique : thèse sur la coopération avancée par les néoréalistes qui soutiennent que la présence d'un État dominant est nécessaire pour assurer une économie politique internationale libre-échangiste et libérale.

Théorie des jeux : branche des mathématiques qui porte sur les interactions stratégiques.

Théorie du choix rationnel : théorie qui met l'accent sur la façon dont les acteurs s'efforcent de maximiser leurs intérêts et de choisir les meilleurs moyens de les défendre. Elle vise à expliciter les résultats collectifs à la lumière de la volonté des acteurs de favoriser au maximum leurs préférences en présence d'un ensemble de contraintes. Découlant surtout de la théorie économique, la théorie du choix rationnel en politique et en politique internationale a exercé une énorme influence et a été appliquée à une foule de questions.

Théorie explicative : théorie qui considère le monde social comme une entité extérieure aux théories du monde social existantes. Selon ce point de vue, la tâche de la théorie consiste à rendre compte d'un monde indépendant de l'observateur et de ses positions théoriques.

Théorie normative : analyse systématique des principes éthiques, moraux et politiques qui régissent ou devraient régir l'organisation ou la conduite de la politique globale. Croyance voulant que les théories doivent traiter de ce que devrait être la réalité, plutôt que de simplement énoncer la réalité telle qu'elle est. La création de normes désigne l'établissement de normes en relations internationales que les gouvernements et les autres acteurs sont tenus de respecter.

Théorie pluraliste de la société internationale : théorie selon laquelle les États sont conscients qu'ils partagent des valeurs et des intérêts communs, mais ces derniers se limitent aux normes de la souveraineté et de la non-intervention.

Tiers-monde : notion apparue à la fin des années 1950 et désignant tant le monde sous-développé que le projet politique et économique qui en favoriserait le développement ; elle est moins présente depuis la fin de la guerre froide. Terme souvent remplacé par « pays en développement » ou « pays du Sud ».

Titre de placement : dans le monde des finances, contrat prévoyant des paiements futurs dans lequel un lien direct et officiellement défini est établi entre l'investisseur et l'emprunteur, ce qui n'est pas le cas d'un crédit bancaire ; contrairement à un prêt bancaire, un titre de placement se négocie sur des marchés.

Titres adossés à des créances hypothécaires : la titrisation hypothécaire est un processus qui permet aux établissements financiers d'enlever des créances hypothécaires de leur bilan en vendant à d'autres établissements financiers des contrats fondés sur des créances pour de futurs remboursements hypothécaires par des ménages. Ces contrats se sont négociés en tant que titres de placements sur les marchés financiers mondiaux au début et au milieu des années 2000, sans que les pouvoirs publics procèdent à une vérification sérieuse de l'endettement total auquel les banques étaient prêtes à s'exposer en les achetant.

Traité : entente écrite officielle liant des communautés politiques distinctes.

Traité de paix de Versailles, 1919 : traité ayant officiellement mis fin à la Première Guerre mondiale (1914-1918). Il a instauré la Société des Nations, défini les droits et les obligations des puissances victorieuses et défaites (y compris le régime de réparations imposé à l'Allemagne) et créé le système des mandataires qui a accordé aux pays avancés de l'époque une tutelle juridique sur les peuples coloniaux.

Traités d'Utrecht de 1713 : traités qui ont mis fin à la guerre de succession d'Espagne et qui ont consolidé le passage à la souveraineté territoriale en Europe. Les traités de Westphalie de 1648 n'avaient pas défini la portée territoriale des droits souverains, soit le domaine géographique couvert par l'application de ces droits. L'établissement de frontières territoriales, plutôt que la portée des liens du sang, a permis de définir l'étendue de l'autorité souveraine. Les Traités d'Utrecht ont joué un rôle crucial dans l'instauration du lien actuel entre l'autorité souveraine et les frontières territoriales.

Traités de Westphalie de 1648 : traités signés à Osnabrück et à Münster, formant ensemble la « Paix de Westphalie », qui ont mis fin à la guerre de Trente Ans (1618-1648) et ont joué un rôle crucial dans la délimitation de l'autorité et des droits politiques des monarques européens. Ils leur ont accordé, entre autres, le droit d'entretenir une armée permanente, de construire des fortifications et de prélever des impôts.

Transition : longue période entre la fin de la planification communiste dans le bloc soviétique et l'émergence définitive d'un système capitaliste démocratique pleinement opérationnel.

Triades : regroupement des trois grandes économies que sont l'Amérique du Nord, l'Europe et l'Asie de l'Est.

Triangulation : situation se produisant lorsque le commerce entre deux pays s'effectue indirectement, c'est-à-dire par l'intermédiaire un troisième pays. Par exemple, au début des années 1980, ni le gouvernement argentin ni le gouvernement britannique n'autorisaient le commerce entre leurs deux pays. Les entreprises ont alors fait passer leurs exportations par le Brésil ou l'Europe de l'Ouest.

 U

Union européenne (UE) : organisation créée officiellement en 1992 après la signature du Traité de Maastricht. Les origines de l'Union européenne remontent toutefois à 1951, au moment de la

mise sur pied de la Communauté européenne du charbon et de l'acier, suivie en 1957 d'une union douanière plus large (Traité de Rome de 1958). Regroupant initialement six pays en 1957, l'« Europe » s'est élargie avec l'admission de nouveaux membres en 1973, en 1981 et en 1986. Depuis la chute, en 1989, des régimes à économie planifiée de l'Europe de l'Est, l'Europe s'est étendue davantage et compte maintenant 27 États membres.

Unipolarité : notion théorique selon laquelle les États-Unis sont devenus et vont probablement demeurer la seule superpuissance dans le monde. Il s'agit d'une répartition internationale du pouvoir, dans laquelle il n'y a clairement qu'une seule puissance dominante, ou « pôle ». Certains analystes soutiennent que le système international est devenu unipolaire dans les années 1990, puisque c'est à ce moment que la puissance américaine s'est retrouvée sans rivale.

Utilitarisme : les utilitaristes ont adopté la thèse de Jeremy Bentham selon laquelle l'action doit viser à produire le plus grand bonheur pour le plus grand nombre. Récemment, l'accent a plutôt été mis sur le bien-être ou les bienfaits généraux, le bonheur étant trop difficile à atteindre. Il existe aussi des différences entre l'utilitarisme de l'action et l'utilitarisme de la règle : le premier s'intéresse aux conséquences de l'action, tandis que le second cherche à maximiser l'utilité par la conformité universelle à un ensemble de règles.

Voyage global : méthode postcoloniale utilisée pour faciliter une certaine compréhension mutuelle entre des personnes issues de cultures différentes et ayant des points de vue divergents, grâce à des façons empathiques d'accéder à l'esprit d'une expérience et d'y repérer l'écho d'une partie de soi-même.

Zone exempte ou libre d'armes nucléaires : région géographique ou milieu délimité déclaré libre d'armes nucléaires en vertu d'un accord ; les critères retenus à cette fin varient d'une zone à l'autre.

Crédits photographiques

Bibliographie

A

Abbott, K., R. O. Keohane, A. Moravcsik, A.-M. Slaughter et D. Snidal, « The Concept of Legalization », *International Organization*, vol. 54, nº 3, 2000, p. 401-420.

Abu-Lughod, J. L., *Before European Hegemony: The World System AD 1250-1350*, Oxford, Oxford University Press, 1989.

Acharya, A., *Promoting Human Security: Ethical, Normative and Educational Frameworks in South East Asia*, Paris, Organisation des Nations Unies pour l'éducation, la science et la culture, 2007.

Acharya, A., « A Holistic Paradigm », *Security Dialogue*, vol. 35, septembre 2004, p. 355-356.

Acharya, A., « Beyond Anarchy: Third World Instability and International Order after the Cold War », dans S. Neumann (éd.), *International Relations Theory and the Third World*, New York, St Martin's Press, 1997, p. 159-211.

Acharya, A., « Third World Conflicts and International Order after the Cold War », *Working Paper*, nº 134, Canberra, Australian National University, Centre de recherche sur la paix, 1993.

Adams, N. B., *Worlds Apart: The North-South Divide and the International System*, Londres, Zed, 1993.

Adler, E. et M. Barnett (éd.), *Security* Communities, Cambridge, Cambridge University Press, 1998a.

Adler, E. et M. Barnett (éd.), « A Framework for the Study of Security Communities », dans E. Adler et M. Barnett (éd.), *Security* Communities, Cambridge, Cambridge University Press, 1998b, p. 29-65.

Adler, E., « The Emergence of Cooperation: National Epistemic Communities and the International Evolution of the Idea of Nuclear Arms Control », *International Organization*, nº 46 (hiver), 1992, p.101-145.

Adler, E. et P. Haas, « Conclusion: Epistemic Communities, World Order, and the Creation of a Reflective Research Program », *International Organization*, vol. 46, nº 1, 1992, p.367-390.

Agnew, J. et S. Corbridge, *Mastering Space: Hegemony, Territory, and International Political-Economy*, London, Routledge, 1995.

Alarcon, N., « The Theoretical Subject(s) of This Bridge Called My Back and Anglo-American Feminism », dans G. Anzaldua (éd.), *Making Face, Making Soul*, San Francisco, Aunt Lute, 1990, p. 356-369.

Albrow, M., *The Global Age*, Cambridge, Polity Press, 1996.

Allison, G., « How to Stop Nuclear Terror », *Foreign Affairs*, vol. 83, nº 1 (janvier-février), 2004, p. 64-74.

Allison, G., « The Impact of Globalization on National and International Security », dans J. S. Nye et J. D. Donahue (éd.), *Governance in a Globalizing World*, Washington, Brookings Institution, 2000, p. 72-85.

Alperovitz, G., *Atomic Diplomacy: Hiroshima and Potsdam: The Use of the Atomic Bomb and the American Confrontation with Soviet Power*, New York, Simon & Schuster, 1965.

Anderson, B., *L'imaginaire national: Réflexions sur l'origine et le développement du capitalisme*, La Découverte, Paris, 1996, 213 p.

Anderson, B., *Imagined Communities: Reflections on the Origin and Spread of Nationalism*, Londres, Verso, 1991 [1983].

Ang, I., « "I'm a Feminist But..." », dans B. Caine et R. Pringle (éd.), *Transitions: New Australian Feminisms*, London, Allen & Unwin, 1995, p. 57-73.

Anghie, A., « Francisco de Vitoria and the Colonial Origins of International Law », *Social and Legal Studies*, vol. 5, nº 3, 1996, p. 321-336.

Annan, K., « Towards a Culture of Peace », *Letters to Future Generations,* UNESCO, 2001.

Anzaldua, G. (éd.), *Making Face, Making Soul*, San Francisco, Aunt Lute, 1990, p. 356-369.

Appadurai, A., *Modernization at Large: Cultural Dimensions in Globalization*, Minneapolis, University of Minnesota Press, 1996.

Aradau, C., *Rethinking Trafficking in Women: Politics out of Security*, Basingstoke, Palgrave Macmillan, 2008.

Armstrong, D., *Revolution and World Order: The Revolutionary State in International Society*, Oxford, Clarendon Press, 1993.

Armstrong, K., « Fundamentalism », *Demos*, vol. 11, p. 15-17, 1997.

Aron, R., *The Century of Total War*, New York, Garden City, 1954.

Ashley, R. K. et R. B. J. Walker, « Reading Dissidence/Writing the Discipline: Crisis and the Question of Sovereignty in International Studies », *International Studies Quarterly*, vol. 34, 1990, p. 367-416.

Ashley, R. K., « Untying the Sovereign State: A Double Reading of the Anarchy Problematique », *Millennium*, vol. 17, nº 2, 1988, p. 227-262.

Ashley, R. K., « The Geopolitics of Geopolitical Space: Toward a Critical Social Theory of International Politics », *Alternatives*, vol. 12, nº 4, 1987, p. 403-434.

Association des Nations de l'Asie du Sud-Est (ASEAN), Déclaration sur l'accélération de la mise en place de la Communauté de l'ASEAN en 2015 (12e sommet de l'ASEAN, Cebu, Phillippines, le 13 janvier 2007).

Austin, J., *Lectures in Jurisprudence*, vol. 1, Bristol, Thoemmes Press, 1996.

Axford, B., *The Global System: Economics, Politics, and Culture*, Cambridge, Polity Press, 1995.

Ayson, R., « Management, Abolition, and Nullification: Nuclear Nonproliferation Strategies in the 21st Century », *The Nonproliferation Review*, vol. 8, nº 3 (automne-hiver), 2001, p. 67-81.

B

Bakker, E., *Jihadi Terrorists in Europe, Their Characteristics and the Circumstances in Which They Joined the Jihad: An Exploratory Study*, Clingendael, Netherlands Institute of International Relations, 2006.

Baldwin, D. (éd.), *Neo-realism and Neo-liberalism: The Contemporary Debate*, New York, Columbia University Press, 1993.

Ban, K., *Implementing the Responsibility to Protect*, Rapport du Secrétaire général de l'ONU, A/63/677, 12 janvier 2009.

Banque mondiale, *World Development Report*, Washington, D.C., World Bank, 2009.

Banque mondiale, *World Development Indicators, 2006*, Washington, D.C., World Bank, 2006.

Banque mondiale, *Global Economic Prospects 2005: Trade, Regionalism and Development*, Washington, D.C., World Bank, 2005.

Banque mondiale, *Addressing Gender Equity: World Bank Action since Beijing*, Washington, D.C., World Bank, 2000.

Barkawi, T., *Globalization and Warfare*, London, Rowman & Littlefield, 2006.

Barkawi, T., « On the Pedagogy of Small Wars », *International Affairs*, vol. 80, n° 1, 2004, p. 19-38.

Barkawi, T. et M. Laffey, « The Postcolonial Moment in Security Studies », *Review of International Studies*, vol. 32, n° 2, 2006, p. 329-352.

Barker, D. et J. Mander, *Invisible Government: The World Trade Organization: Global Government for the Millennium?*, San Francisco, International Forum on Globalization, 1999.

Barraclough, G. (éd.), *The Times Atlas of World History*, Londres, Times Books, 1984.

Bartelson, J., *A Genealogy of Sovereignty*, Cambridge, Cambridge University Press, 1995.

Battistella, D., *Théories des relations internationales*, 3e édition, Paris, les Presses de Sciences Po, 2009.

Bauman, Z., *Globalization: The Human Consequences*, Cambridge, Polity Press, 1998.

Baylis, J. et R. O'Neill (éd.), *Alternative Nuclear Futures*, Oxford, Oxford University Press, 2000.

Beitz, C., « Cosmopolitanism and Sovereignty », *Ethics*, vol. 103, 1992, p. 48-75.

Beitz, C., *Political Theory and International Relations*, Princeton, Princeton University Press, 1979.

Bellamy, A. J., « Whither the Responsibility to Protect? Humanitarian Intervention and the 2005 World Summit », *Ethics and International Affairs*, vol. 20, n° 2, 2006, p. 143-170.

Bellamy, A. J., « Responsibility to Protect or Trojan Horse? The Crisis in Darfur and Humanitarian Intervention after Iraq », *Ethics and International Affairs*, vol. 19, n° 2, 2005, p. 31-54.

Bellamy, A. J., *Kosovo and International Society*, Basingstoke, Palgrave, 2002.

Bello, W., *Dark Victory: The United States, Structural Adjustment and Global Poverty*, Londres, Pluto Press, 1994.

Bennett, J. et S. George, *The Hunger Machine*, Cambridge, Polity Press, 1987.

Bergsten, C. F., « Open Regionalism », *The World Economy*, vol. 20, 1997, p. 545-565.

Best, E., « Regional Integration and (Good) Regional Governance: Are Common Standards and Indicators Possible? », dans P. De Lombaerde (éd.), *Assessment and Measurement of Regional Integration*, London et New York, Routledge, 2006, p. 183-214.

Bethell, L., *The Abolition of the Brazilian Slave Trade: Britain, Brazil and the Slave Trade Question 1807-1869*, Cambridge, Cambridge University Press, 1970.

Bhabha, H. K., *The Location of Culture*, London, Routledge, 1994.

Bhabha, H. K. (éd.), *Nation and Narration*, London, Routledge, 1990.

Bhagwati, J., *The World Trading System at Risk*, Princeton, Princeton University Press, 1991.

Bigelow, R., *The Dawn Warriors*, Londres, Scientific Book Club, 1969.

BIS, Triennal Central Bank Survey, Foreign exchange and derivatives market activity in 2010, Bâle, 2010. [En ligne]. [http://www.bis.org/statistics/derstats.htm] (page consultée le 21 avril 2011).

BIS, « Semiannual OTC Derivatives Statistics at End-June 2006 », 2006. [En ligne]. [www.bis.org/statistics] (page consultée le 21 avril 2011).

BIS, *International Banking and Financial Market Developments*, Bâle, Banque des règlements internationaux (BRI), 1996.

Blair, T., « Speech by the Prime Minister, Tony Blair, to the Economic Club of Chicago », The Hilton Hotel, Chicago, USA, 22 avril 1999. [En ligne]. [http://www.pbs.org/newshour/bb/international/jan-june99/blair_doctrine4-23.html] (page consultée le 21 avril 2011).

Bloom, M., *Dying to Win: The Allure of Suicide Terror*, New York, Columbia University Press, 2005.

Bodin, J., *Six Books of the Commonwealth*, Oxford, Basil Blackwell, 1967.

Bohlen, A., « The Rise and Fall of Arms Control », *Survival* (automne), 2003, p. 7-34.

Booth, K. (éd.), *Critical Security Studies in World Politics*, Boulder, Lynne Rienner, 2004.

Booth, K., « Three Tyrannies », dans T. Dunne et N. J. Wheeler (éd.), *Human Rights in Global Politics*, Cambridge, Cambridge University Press, 1999.

Booth, K., « Security Emancipation », *Review of International Studies*, vol. 17, n° 4, 1991, p. 313-326.

Booth, K. et T. Dunne (éd.), *Worlds in Collision: Terror and the Future of Global Order*, Londres, Palgrave Macmillan, 2002.

Booth, K. et T. Dunne, « Learning beyond Frontiers », dans T. Dunne et N. J. Wheeler (éd.), *Human Rights in Global Politics*, Cambridge, Cambridge University Press, 1999, p. 303-328.

Bosch, O. et P. Van Ham (éd.), *Global Non-Proliferation and Counter-Terrorism*, Washington, Brookings Institute Press, 2007.

Boutros-Ghali, B., *An Agenda for Peace*, New York, United Nations, 1992.

Bracken, P., « Thinking (Again) about Arms Control », *Orbis*, vol. 48, n° 1 (hiver), 2004, p. 149-159.

Bracken, P., « The Structure of the Second Nuclear Age », *Orbis*, vol. 47, n° 3 (été), 2003, p. 399-413.

Brass, P., *Ethnicity and Nationalism*, Londres, Sage, 1991.

Braun, L., *Selected Writings on Feminism and Socialism*, Bloomington, Indiana University Press, 1987.

Breman, J. G., « The Ears of the Hippopotamus: Manifestations, Determinants, and Estimates of the Malaria Burden », *American Journal of Tropical Medicine and Hygiene*, vol. 64, n° 1-2, p. 1-11, 2001.

Bretherton, C. et G. Ponton (éd.), *Global Politics: An Introduction*, Oxford, Blackwell, 1996.

Brewer, A., *Marxist Theories of Imperialism: A Critical Survey*, 2e édition, London, Routledge, 1990.

Brittan, A., *Masculinity and Power*, Oxford, Basil Blackwell, 1989.

Brocklehurst, H., « Children and War », dans A. Collins (éd.), *Contemporary Security Studies*, Oxford, Oxford University Press, 2007, p. 367-382.

Broder, J. M., « Climate Change Seen as Threat to U.S. Security », *New York Times*, 2009, p. 9.

Brodie, B. (éd.), *The Absolute Weapon: Atomic Power and World Order*, New York, Harcourt Brace, 1946.

Brown, C., « History Ends, Worlds Collide », dans M. Cox, K. Booth, et T. Dunne (éd.), *The Interregnum: Controversies in World Politics 1989-1999*, Cambridge, Cambridge University Press, 1999, p. 41-57.

Brown, C., *International Relations Theory: New Normative Approaches*, Hemel Hempstead, Harvester Wheatsheaf, 1992.

Brown, C., « Ethics of Coexistence: The International Theory of Terry Nardin », *Review of International Studies*, vol. 14, 1988, p. 213-222.

Brown, D., « Study Claims Iraq's "Excess" Death Toll has Reached 655,000 », *Washington Post*, 11 octobre 2006, p. A12.

Brown, L. R. et H. Kane, *Full House: Reassessing the Earth's Population Carrying Capacity*, Londres, Earthscan, 1995.

Brown, S. et al., *Regimes for the Ocean, Outer Space and the Weather*, Washington, Brookings Institution, 1997.

Brownlie, I., « Humanitarian Intervention », dans J. N. Moore (éd.), *Law and Civil War in the Modern World*, Baltimore, Johns Hopkins University Press, 1974.

Brundtland, G. H., *Notre avenir à tous,* Rapport de la Commission mondiale sur l'environnement et le développement de l'ONU, présidée par Madame Brundtland, Genève, ONU, avril 1987.

Bull, H., *The Anarchical Society: A Study of Order in World Politics*, Londres, Macmillan, 1977.

Burchill, S., A. Linklater et al., *Theories of International Relations*, Basingstoke, Macmillan, 1996.

Bureau du directeur du renseignement national des États-Unis, « Letter from Al-Zawahiri to Al-Zarqawi », le 11 octobre 2005, p. 10.

Burke, A., « Just War or Ethical Peace? Moral Discourses of Strategic Violence after 9/11 », *International Affairs*, vol. 80, n° 2, 2004, p. 329-353.

Burnham, P., « Neo-Gramscian Hegemony and International Order », *Capital & Class*, vol. 45, 1991, p. 73-93.

Burtless, G. et al., *Globalphobia: Confronting Fears about Open Trade*, Washington, Brookings Institution, 1998.

Burton, J., *World Society*, Cambridge, Cambridge University Press, 1972.

Bush, G. W., « Remarks by President George W. Bush », Press Conference, Camp David, le 27 mars 2003. [En ligne]. [www.acronym. org.uk/docs/0303/doc29.htm] (page consultée le 21 avril 2010).

Bush, G. W., « Bush Announces Military Strikes in Afghanistan », 7 octobre 2001. [En ligne]. [http://www.washingtonpost.com/wp-srv/nation/specials/attacked/transcripts/bushaddress_100801.htm] (page consultée le 21 avril 2011).

Butler, J., *Gender Trouble: Feminism and the Subversion of Identity*, London, Routledge, 1990.

Buvinic, M., « Women in Poverty: A New Global Underclass », *Foreign Policy* (automne), 1997, p. 38-53.

Buzan, B., « Human Security in International Perspective », dans M. C. Anthony et M. J. Hassan (éd.), *The Asia Pacific in the New Millennium: Political and Security Challenges*, Kuala Lumpur, Institute of Strategic and International Studies, 2001, p. 583-596.

Buzan, B., *People, States and Fear*, Londres, Harvester Wheatsheaf, 1983.

Buzan, B. et E. Herring, *The Arms Dynamic in World Politics*, London, Lynne Rienner, 1998.

Buzan, B. et R. Little, *International Systems in World History*, Oxford, Oxford University Press, 2000.

Byers, M., *Custom, Power, and the Power of Rules: International Relations and Customary International Law*, Cambridge, Cambridge University Press, 1999.

 C

Camdessus, M., « Address to the Tenth UNCTAD », Bangkok, février, *World Bank Development News*, Washington, World Bank, 2000.

Cammack, P., « The Mother of All Governments: The World Bank's Matrix for Global Governance », dans R. Wilkinson et S. Hughes (éd.), *Global Governance: Critical Perspectives*, London, Routledge, 2002.

Campbell, D., *National Deconstruction: Violence, Identity, and Justice in Bosnia*, Minneapolis, University of Minnesota Press, 1998.

Campbell, D., *Politics Without Principle: Sovereignty, Ethics and the Narratives of the Gulf War*, Boulder, Lynne Rienner, 1993.

Campbell, D., *Writing Security: United States Foreign Policy and the Politics of Identity*, Manchester, Manchester University Press, 1992.

Campbell, D., « Poststructuralism », dans T. Dunne, M. Kurki, et S. Smith (éd.), *International Relations Theories: Discipline and Diversity*, Oxford, Oxford University Press, 2007, p. 203-228.

Campbell, K. M., R. J. Einhorn et M. B. Reiss, *The Nuclear Tipping Point: Why States Reconsider their Nuclear Choices*, Washington, Brookings Institute Press, 2004.

Caney, S., « Human Rights and the Rights of States: Terry Nardin on Non-Intervention », *International Political Science Review*, vol. 18, n° 1, 1997.

Carpenter, C., « "Women and Children First": Gender, Norms and Humanitarian Evacuation in the Balkans 1991-1995 », *International Organization*, vol. 57, n° 4 (automne), 2003, p. 66-94.

Carr, E. H., *The Twenty Years' Crisis 1919 -1939: An Introduction to the Study of International Relations*, 2e édition, Londres, Macmillan, 1946 [1939].

Carson, R., *Silent Spring*, Harmondsworth, Penguin, 1962.

Carver, T., *Gender Is Not a Synonym for Women*, Boulder, Lynne Rienner, 1996.

Castells, M., *The Rise of the Network Society*, Oxford, Blackwell, 2000.

Castles, S., « The Racisms of Globalization », dans *Ethnicity and Globalization: From Migrant Worker to Transnational Citizen*, Londres, Sage, 2000.

Center for Disease Control, « Fact Sheet: Tuberculosis in the United States », le 17 mars 2005. [En ligne]. [http://www.cdc.gov/tb/pubs/TBfactsheets.htm] (page consultée le 21 avril 2011).

Centre national du contre-terrorisme des États-Unis (NCTC), *NCTC Fact Sheet and Observations Related to 2005 Terrorist Incidents*, 2005. [En ligne]. [www.NCTC.Gov] (page consultée le 21 avril 2011).

Chakrabarty, D., *Provincialiser l'Europe, la pensée postcoloniale et la différence historique*, Paris, Éditions Amstredam, 2009.

Chalk, P., *West European Terrorism and Counter-Terrorism: The Evolving Dynamic*, New York, St Martin's Press, 1996.

Chan, S., *Robert Mugabe: A Life of Power and Violence*, Ann Arbor, University of Michigan Press, 2003.

Chan, S., « Too Neat and Under-thought a Word Order: Huntington and Civilizations », *Millennium: Journal of International Studies*, vol. 26, n° 1, 1997, p. 137-140.

Chase-Dunn, C., *Global Formation: Structures of the World-Economy*, édition mise à jour, London, Rowman & Littlefield, 1998.

Chase-Dunn, C., « Technology and the Logic of World-Systems », dans R. Palan et B. K. Gills (éd.), *Transcending the State-Global Divide: A Neostructuralist Agenda in International Relations*, Boulder, Lynne Rienner, 1994, p. 84-105.

Chesterman, S., « Humanitarian Intervention and Afghanistan », dans J. Welsh (éd.), *Humanitarian Intervention in International Relations Theory*, Oxford, Oxford University Press, 2004.

Chesterman, S., *Just War or Just Peace? Humanitarian Intervention and International Law*, Oxford, Oxford University Press, 2001.

Chin, C., *In Service and Servitude: Foreign Female Domestic Workers and the Malaysia 'Modernity' Project*, New York, Columbia University Press, 1998.

Ching, F., « Social Impact of the Regional Financial Crisis », dans Linda Y. C. Lim, F. Ching et Bernardo M. Villegas, *The Asian Economic Crisis: Policy Choices, Social Consequences and the Phillippine Case*, New York, Asia Society, 1999.

Chomsky, N., *The New Military Humanism: Lessons from Kosovo*, Londres, Pluto Press, 1999.

Chowdhry, G. et S. Nair (éd.), *Power, Post-colonialism and International Relations: Reading Race, Gender and Class*, London, Routledge, 2002.

Christensen, T., *Useful Adversaries: Grand Strategy, Domestic Mobilization and Sino-American Conflict, 1947-1958*, Princeton, Princeton University Press, 1996.

Christensen, T., K. E. Jørgensen et A. Wiener (éd.), *The Social Construction of Europe*, Londres, Sage, 2001.

Clark, I., *International Legitimacy and World Society*, Oxford, Oxford University Press, 2007.

Clark, I., *Globalization and International Relations Theory*, Oxford, Oxford University Press, 1999.

Clark, I., *The Hierarchy of States: Reform and Resistance in the International Order*, Cambridge, Cambridge University Press, 1989.

Clark, I., *Reform and Resistance in the International Order*, Cambridge, Cambridge University Press, 1980.

CNUCED, *Rapport sur l'investissement dans le monde 2010, Investir dans une économie à faible intensité de carbone*, New York et Genève, Nations Unies, 2010.

Coates, A., *The Ethics of War*, Manchester, Manchester University Press, 1997.

Cobban, A. et J. W. Hunt, *Europe and the French Revolution*, traduit par A. Sorel, Londres, Fontana, 1969 [1888].

Cohn, C., « Wars, Wimps and Women », dans M. Cooke et A. Woollacott (éd.), *Gendering War Talk*, Princeton, Princeton University Press, 1993, p. 227-246.

Colas, A., *International Civil Society: Social Movements in World Politics*, Cambridge, Polity Press, 2002.

Commission des Nations Unies sur la sécurité humaine, *Human Security Now: Protecting and Empowering People*, New York, United Nations, 2003, p. 4. [En ligne]. [http://www.humansecurity-chs.org] (page consultée le 21 avril 2011).

Commission internationale de l'intervention et la souveraineté des États (CIISE), *La responsabilité de protéger*, Rapport de la Commission internationale de l'intervention et de la souveraineté des États, présidée par Gareth Evans et Mohammed Sahnoon, Ottawa, Centre de recherche pour le développement internationale (CRDI), décembre 2001.

Commission Palme (Commission indépendante sur des titres de désarmement), *Sécurité commune: un modèle pour le désarmement*, Rapport de la Commission sous la présidence d'Olof Palme, New York, Simon et Schuster, 1982, 202 p.

Connell, R. W., *Masculinities*, London, Routledge, 1995.

Connor, W., *Ethno-Nationalism: The Quest for Understanding*, Princeton, Princeton University Press, 1994.

Conseil européen, Stratégie européenne de sécurité, 2003.

Cooper, R., *The Economics of Interdependence*, New York, McGraw-Hill, 1968.

Cox, R., « Social Forces, States and World Orders: Beyond International Relations Theory », *Millennium Journal of International Studies*, vol. 10, n° 2, 1981, p. 126-155.

Crawford, N., *Argument and Change in World Politics: Ethics, Decolonization and Humanitarian Intervention*, Cambridge, Cambridge University Press, 2002.

Crenshaw, M. (éd.), *Terrorism, Legitimacy, and Power*, Middletown, Wesleyan University Press, 1983.

Cronin, A. K., « Behind the Curve: Globalization and International Terrorism », *International Security*, vol. 27, n° 3 (hiver-printemps), 2002-2003, p. 30-58.

Cronin, B., *Institutions for the Common Good: International Protection Regimes in International Society*, Cambridge, Cambridge University Press, 2003.

Cushman, T. (éd.), *A Matter of Principle: Humanitarian Arguments for War in Iraq*, Berkeley, University of California Press, 2005.

Cusimano, M. K. (éd.), *Beyond Sovereignty*, New York, St Martin's Press, 2000.

 D

Dag Hammarskjöld Foundation, *What Now? Another Development?*, Uppsala, DHF, 1975.

Damrosch, L. F (éd.), *Enforcing Restraint: Collective Intervention in Internal Conflicts*, New York, Council on Foreign Relations, 1993.

Damrosch, L. F., « Commentary on collective military intervention to enforce human rights », dans L. F. Damrosch et D. J. Scheffer (éd.), *Law and Force in the New International Order*, Boulder, Westview, 1991.

Das, V., *Life and Words: Violence and the Descent into the Ordinary*, Berkeley, University of California Press, 2007.

Davis, Z. S. et B. Frankel (éd.), *The Proliferation Puzzle: Why Nuclear Weapons Spread and What Results*, Londres, Frank Cass, 1993.

D'Costa, B., « Marginalized Identity: New Frontiers of Research for IR? », dans B. Ackerly, M. Stern et J. True (éd.), *Feminist Methodologies for International Relations*, Cambridge, Cambridge University Press, 2006, p. 129-152.

Dean, M., *Critical and Effective Histories: Foucault's Methods and Historical Sociology*, London, Routledge, 1994.

Declaration of Jihad Against the Country's Tyrants: Military Series (Déclaration du djihad contre les pays tyrans: série militaire) (n.d.), US Government Exhibit 1677-T; UK translation, pp. BM-8-BM-9.

Denemark, R. A., J. Freidman, B. K. Gills et G. Modelski (éd.), *World System History*, London, Routledge, 2000.

Département d'État des États-Unis, *Country Reports on Human Rights Practices, Burma,* le 31 mars 2003. [En ligne]. [http://www.state.gov/g/drl/rls/hrrpt/2002/18237.htm] (page consultée le 21 avril 2011).

Department for International Development (Ministère du développement international du Royaume-Uni), *Eliminating World Poverty: Making Governance Work for the Poor*, Cm 6876, Londres, HMSO, 2006. [En ligne]. [http://www.dfid.gov.uk/pubs/files/whitepaper2006/wp2006section3.pdf] (page consultée le 21 avril 2011).

Department for International Development (Ministère du développement international du Royaume-Uni), *Fighting Poverty to Build a Safer World*, Londres, HMSO, 2005. [En ligne]. [http://www.dfid.gov.uk/pubs/files/securityforall.pdf] (page consultée le 21 avril 2011).

Department of Foreign Affairs and International Trade Canada (Affaires étrangères et Commerce international Canada), *Freedom from Fear: Canada's Foreign Policy for Human Security*, Ottawa, DFAIT, 2000.

Department of Foreign Affairs and International Trade Canada (Affaires étrangères et Commerce international Canada), *Human Security: Safety for People in a Changing World*, Ottawa, DFAIT, 1999.

Der Derian, J., *Antidiplomacy: Spies, Terror, Speed, and War*, Cambridge et Oxford, Blackwell, 1992.

Der Derian, J., *On Diplomacy: A Genealogy of Western Estrangement*, Oxford, Blackwell, 1987.

Derrida, J., *L'autre cap*, Les Éditions de Minuit, 1991.

Derrida, J., *De la grammatologie*, Les Éditions de Minuit, 1967.

Dershowitz, A. M., *Why Terrorism Works: Responding to the Challenge*, New Haven, Yale University Press, 2003.

Desch, M., « The Humanity of American Realism », *Review of International Studies*, vol. 29, n° 3 (juillet), 2003, p. 415-426.

De Senarclens, P. et Y. Ariffin, *La politique internationale: Théories et enjeux contemporains*, 5ᵉ édition, Paris, Armand Collin, 2006.

Deutsch, K. W., *The Analysis of International Relations*, Englewood Cliffs, Prentice-Hall, 1968.

Deutsch, K. W. et al., *Political community and the North Atlantic area; international organization in the light of historical experience.* Princeton, Princeton University Press, 1957.

Doty, R. L., *Imperial Encounters: The Politics of Representation in North-South Relations*, Minneapolis, University of Minnesota Press, 1996.

Doty, R. L., « The Bounds of "Race" in International Relations », *Millennium*, vol. 22, n° 3, 1993, p. 443-461.

Doyle, M. W., « A Liberal View: Preserving and Expanding the Liberal Pacific Union », dans T. V. Paul et John A. Hall (éd.), *International Order and the Future of World Politics*, Oxford, Oxford University Press, 1999, p. 41-66.

Doyle, M. W., *Ways of War and Peace: Realism, Liberalism, and Socialism*, New York, W. W. Norton, 1997.

Doyle, M. W., « On the Democratic Peace », *International Security*, vol. 19, n° 4, 1995a, p. 164-184.

Doyle, M. W., « Liberalism and World Politics Revisited », dans Charles W. Kegley (éd.), *Controversies in International Relations Theory: Realism and the Neoliberal Challenge*, New York, St Martin's Press, 1995b, p. 83-105.

Doyle, M. W., « Liberalism and World Politics », *American Political Science Review*, vol. 80, n° 4, 1986, p. 1151-1169.

Doyle, M. W., « Kant, Liberal Legacies, and Foreign Affairs, part 1 », *Philosophy and Public Affairs*, vol. 12, n° 3, 1983a.

Doyle, M. W., « Kant, Liberal Legacies, and Foreign Affairs, part 2 », *Philosophy and Public Affairs*, vol. 12, n° 4, 1983b.

Drake, M., *Problematics of Military Power: Government, Discipline and the Subject of Violence*, Londres, Frank Cass, 2001.

DuBois, W. E. B., *The Souls of Black Folk*, New York, Knopf, 1993 [1903].

Duffield, M., *Global Governance and the New Wars*, Londres, Zed, 2001.

Duffield, M., « Post-modern Conflict: Warlords, Post-adjustment States and Private Protection », *Civil Wars*, vol. 1, 1998, p. 65-102.

Dunne, T., *Inventing International Society*, Londres, Macmillan, 1998.

Dunne, T., « The Social Construction of International Society », *European Journal of International Relations,* vol. 1, n° 3, 1995.

E

Easterly, W., « How Did Heavily Indebted Poor Countries Become Heavily Indebted? Reviewing Two Decades of Debt Relief », *World Development*, vol. 30, n° 10, 2002, p. 1677-1696.

Economic Commission for Africa (ECA) and African Union (AU), *Assessing Regional Integration in Africa II: Rationalizing Regional Economic Communities*, Addis Abeba, ECA, 2006.

Edkins, J., N. Persram et V. Pin-Fat, *Sovereignty and Subjectivity*, Boulder, Lynne Rienner, 1999.

Edwards, P., *The Closed World: Computers and the Politics of Discourse in Cold War America*, Cambridge, MIT Press, 1996.

Ekins, P., *A New World Order: Grassroots Movements for Global Change*, London, Routledge, 1992.

Elbe, S., *Virus Alert: Security, Governmentality and the AIDS Pandemic*, New York, Columbia University Press, 2009.

Elias, N., *The Civilizing Process: Sociogenetic and Psychogenetic Investigations*, Oxford, Basil Blackwell, 2000.

Elshtain, J. B. et S. Tobias (éd.), *Women, Militarism, and War: Essays in History, Politics, and Social Theory*, Totowa, Rowman & Littlefield, 1990.

Elshtain, J. B., *Women and War*, New York, Basic Books, 1987.

Enloe, C., *The Curious Feminist: Searching for Women in a New Age of Empire*, Berkeley, University of California Press, 2004.

Enloe, C., *Maneuvers: The International Politics of Militarizing Women's Lives*, Berkeley, University of California Press, 2000.

Enloe, C., *The Morning After: Sexual Politics at the End of the Cold War*, Berkeley, University of California Press, 1993.

Enloe, C., *Bananas, Beaches and Bases: Making Feminist Sense of International Politics*, Londres, Pandora Books, 1990.

Environmental Degradation and Conflict in Darfur (Dégration de l'environnement et conflit au Darfour), Groupe de travail mis sur pied par l'Université pour la Paix des Nations Unies et l'Institut de recherche sur la paix, Université de Khartoum, Khartoum, 15-16 décembre 2004.

Epstein, C., « Guilty Bodies, Productive Bodies, Destructive Bodies: Crossing the Biometric Borders », *International Political Sociology*, vol. 1, n° 2, 2007, p. 149-164.

Erksine, T., *Can Institutions Have Responsibilities? Collective Moral Agency and International Relations*, Londres, Palgrave, 2003.

European Council, *A Secure Europe in a Better World: The European Security Strategy*, Brussels, 2003.

Evans, G., « When Is It Right to Fight? », *Survival*, vol. 46, n° 3, 2004, p. 59-82.

Evans, G. et M. Sahnoun, « The Responsibility to Protect », *Foreign Affairs*, vol. 81, n° 6, 2002, p. 99-110.

F

Falk, R., « A "New Medievalism" », dans G. Fry et J. O'Hagan (éd.), *Contending Images of World Politics*, Basingstoke, Macmillan, 2000.

Falk, R., « State of Siege: Will Globalization Win Out? », *International Affairs*, vol. 73, n° 1, 1997.

Falk, R., « Liberalism at the Global Level: The Last of the Independent Commissions », *Millennium Special Issue: The Globalization of Liberalism?*, vol. 24, n° 3, 1995a, p. 563-576.

Falk, R., *On Humane Governance: Toward a New Global Politics*, Cambridge, Polity Press, 1995b.

Falk, R., « Global Apartheid: The Structure of the World-Economy », *Third World Resurgence*, vol. 37 (novembre), 1993.

Falk, R., *A Study of Future Worlds*, New York, Free Press, 1975.

Fanon, F., *Les Damnés de la Terre*, Maspéro, 1961, La Découverte, 2002.

Fanon, F., *Black Skin, White Masks*, New York, Grove Press, 1967a.

Fanon, F., *The Wretched of the Earth*, Harmondsworth, Penguin, 1967b [réédité en 1990].

Fanon, F., *Peau noire, masques blancs*, Paris, Seuil, 1952.

Fausto-Sterling, A., *Sexing the Body: Gender Politics and the Construction of Sexuality*, New York, Basic Books, 2000.

Fausto-Sterling, A., *Myths of Gender: Biological Theories about Women and Men*, New York, Basic Books, 1992.

Fawcett, L. et A. Hurrell, *Regionalism in World Politics*, Oxford, Oxford University Press, 1995.

FBI, *Terrorism in the United States*, Washington, US Government Printing Office (imprimerie nationale des États-Unis) for the Federal Bureau of Investigation, 1999.

Feinstein, L. et A.-M. Slaughter, « A Duty to Prevent », *Foreign Affairs*, vol. 83, n° 1 (janvier-février), 2004, p. 136-150.

Feldstein, M., « Refocusing the IMF », *Foreign Affairs*, vol. 77, 1998, p. 24.

Finnemore, M., « Are Legal Norms Distinctive? », *International Law and Politics*, vol. 32, 2000.

Finnemore, M. et K. Sikkink, « International Norm Dynamics and Political Change », *International Organization*, vol. 52 (octobre), 1998, p. 887-918.

Finnemore, M., « Norms, Culture, and World Politics: Insights from Sociology's Institutionalism », *International Organization*, vol. 50, n° 2, 1996a, p. 325-347.

Finnemore, M., *National Interests in International Society*, Ithaca, Cornell University Press, 1996b.

Finnis, J., *Natural Law and Natural Rights*, Oxford, Clarendon Press, 1980.

Fischer, F., *Les buts de guerre de l'Allemagne impériale*, traduit par Geneviève Migeon et Henri Thiès Trévise, 1970.

Floyd, R., « Review of Lene Hansen: Security as Practice: Discourse Analysis and the Bosnian War », *Journal of International Relations and Development*, vol. 10, n° 2, 2007, p. 214-217.

Foot, R., « Torture: The Struggle over a Peremptory Norm in a Counter-Terrorist Era », *International Relations*, vol. 20, 2006, p. 131-151.

Forsythe, D. P., « The United Nations and Human Rights », dans L. S. Finkelstein (éd.), *Politics in the United Nations System*, Durham et London, Duke University Press, 1988.

Foucault, M., « What Our Present Is », dans M. Foucault, *Foucault Live: Collected Interviews 1961-1984*, New York, Semiotent, 1996.

Foucault, M., *Power*, New York, New Press, 1994.

Foucault, M., *The Foucault Reader*, New York, Pantheon Books, 1984.

Foucault, M., *Histoire de la sexualité, vol. 2: L'usage des plaisirs*, Gallimard, Paris, 1984.

Foucault, M., *Histoire de la sexualité, vol. 3: Le souci de soi*, Gallimard, Paris, 1984.

Foucault, M., *Discipline and Punish: The Birth of the Prison*, New York, Vintage Books, 1977.

Foucault, M., *The History of Sexuality*, London, Penguin, 1990.

Foucault, M., *Histoire de la sexualité, vol. 1: La volonté de savoir*, Gallimard, Paris, 1976.

Foucault, M., *Surveiller et punir. Naissance de la prison*, Gallimard, Paris, 1975.

Fox-Keller, E., *Reflections on Gender and Science*, New Haven, Yale University Press, 1985.

Francis, D., *Rethinking War and Peace*, Londres, Pluto Press, 2004.

Franck, T. et N. Rodley, « After Bangladesh: The Law of Humanitarian Intervention by Force », *American Journal of International Law*, vol. 67, 1973, p. 275-305.

Frank, A. G., *ReORIENT: Global Economy in the Asian Age*, Berkeley, University of California Press, 1998.

Frank, A. G. et B. Gills (éd.), *The World System: Five Hundred Years or Five Thousand?*, London, Routledge, 1996.

Frank, A. G., *Capitalisme et sous-développement en Amérique latine*, Maspero, 1968.

Frankel, B. (éd.), *Opaque Nuclear Proliferation*, Londres, Frank Cass, 1991.

Freedman, L., « The Revolution in Strategic Affairs », *Adelphi Paper*, n° 318, Oxford, Oxford University Press, 1998.

Freedman, L. (éd.), *War*, Oxford, Oxford University Press, 1994.

Friedberg, A. L., « Ripe for Rivalry: Prospects for Peace in a Multipolar Asia », *International Security*, vol. 18, n° 3, 1993, p. 3-33.

Friedman, J., *The World is Flat: A Brief History of the Twenty-first Century*, New York, Farrar, Straus and Giroux, 2005.

Friedman, J. (éd.), *Globalization, the State and Violence*, Oxford, AltaMira Press, 2003.

Fukuyama, F., *The End of History and the Last Man*, Londres, Hamish Hamilton, 1992.

Fukuyama, F., *La Fin de l'histoire et le Dernier Homme*, Paris, Flammarion, 1992.

Fukuyama, F., « The End of History », *The National Interest*, n° 16, 1989.

G

Gamble, A., *The Spectre at the Feast: Capitalist Crisis and the Politics of Recession*, Basingstoke, Palgrave Macmillan, 2009.

Gappah, P., *An Elegy for Easterly*, Londres, Faber and Faber, 2009.

Gardner, G. T., *Nuclear Nonproliferation: A Primer*, London et Boulder, Lynne Rienner, 1994.

Gates Jr, H. L. (éd.), *Classic Slave Narratives*, New York, Mentor, 1987.

Gellner, E., *Nations and Nationalism*, 2e édition, Oxford, Blackwell, 2006.

Gellner, E., *Nations and Nationalism*, Oxford, Blackwell, 1983.

Gendering Human Security: From Marginalisation to the Integration of Women in Peace-Building, Norwegian Institute of International Affairs and Fafo Forum on Gender Relations in Post-Conflict Transitions (Institut norvégien des affaires internationales et le forum de la fondation Fafo sur les relations hommes-femmes dans les transitions post-conflit). Oslo, 2001. [En ligne]. [http://www.fafo.no/pub/rapp/352/352.pdf] (page consultée le 21 avril 2011).

Germain, R. et M. Kenny, « Engaging Gramsci: International Relations Theory and the New Gramscians », *Review of International Studies*, vol. 24, n° 1, 1998, p. 3-21.

Giddens, A., *The Consequences of Modernity: Self and Society in the Late Modern Age*, Cambridge, Polity Press, et Stanford, Stanford University Press, 1990.

Gilmore, R. W., « Globalisation and US Prison Growth: From Military Keynesianism to Post-Keynesian Militarism », *Race and Class*, vol. 40, nos 2-3, 1999, p. 171-188.

Gilpin, R., *The Challenge of Global Capitalism*, Princeton, Princeton University Press, 2002.

Gilpin, R., *Global Political Economy*, Princeton, Princeton University Press, 2001.

Gioseffi, D. (éd.), *Women on War: An International Anthology of Women's Writings from Antiquity to the Present*, 2e édition, New York, Feminist Press at the City University of New York, 2003.

Glendon, M. A., *A World Made New: Eleanor Roosevelt and the Universal Declaration of Human Rights*, New York, Random House, 2002.

Goldblat, J., *Arms Control: A New Guide to Negotiations and Agreements*, Londres, Sage, 2002.

Goldstein, J., M. Kahler, R. O. Keohane et A. Slaughter, « Legalization in World Politics », *International Organization*, vol. 54, n° 3, 2000.

Gong, G. W., *The Standard of 'Civilization' in International Society*, Oxford, Clarendon Press, 1984.

Goodin, R. E., « What Is So Special about Our Fellow Countrymen? », *Ethics*, vol. 98, n° 4 (juillet), 1988, p. 663-686.

Goodman, D. et M. Redclift, *Refashioning Nature: Food, Ecology and Culture*, London, Routledge, 1991.

Gottlieb, R. S. (éd.), *An Anthology of Western Marxism: From Lukacs and Gramsci to Socialist-Feminism*, Oxford, Oxford University Press, 1989.

Gowa, J., *Closing the Cold Window: Domestic Politics and the End of Bretton Woods*, Ithaca, Cornell University Press, 1983.

Grace, C. S., *Nuclear Weapons: Principles, Effects and Survivability*, Londres, Brassey's, 1994.

Gramsci, A., *Selections from the Prison Notebooks*, traduit et édité par Q. Hoare et G. Nowell Smith, Londres, Lawrence & Wishart, 1971.

Gray, C. S., *Strategy for Chaos: Revolutions in Military Affairs and the Evidence of History*, Londres, Frank Cass, 2002.

Gray, C. S., *The Second Nuclear Age*, Boulder et London, Lynne Rienner, 1999a.

Gray, C. S., « Clausewitz Rules, OK? The Future Is the Past – with GPS », *Review of International Studies*, vol. 25, 1999b, p. 161-182.

Gray, C. S., « The Second Nuclear Age: Insecurity, Proliferation, and the Control of Arms », dans W. Murrey (éd.), *The Brassey's Mershon American Defense Annual, 1995-1996: The United States and the Emerging Strategic Environment*, Washington, Brassey's, 1996, p. 135-154.

Gray, J., *Enlightenment's Wake: Politics and Culture at the Close of the Modern Age*, London, Routledge, 1995.

Green, D., *Silent Revolution: The Rise of Market Economics in Latin America*, Londres, Latin America Bureau, 1995.

Greenwood, B. M., K. Bojang, C. J. Whitty et G. A. Targett, « Malaria », *The Lancet,* vol. 365, n⁰ 9469, 2005, p. 1487-1498.

Greenwood, C., « Is there a Right of Humanitarian Intervention? », *The World Today*, vol. 49, n⁰ 2, 1993.

Grieco, J., « Anarchy and the Limits of Cooperation: A Realist Critique of the Newest Liberal Institution », *International Organization*, vol. 42 (août), 1988a, p. 485-507.

Grieco, J., « Realist Theory and the Problem of International Cooperation », *Journal of Politics*, vol. 50 (été), 1988b, p. 600-624.

Grotius, H., *The Law of War and Peace: De Jure Belli ac Pacis Libri Trea*, New York, Bobbs-Merrill, 1925 [1625].

Groupe d'experts intergouvernemental sur l'évolution du climat (GIEC), *Climate Change 2007: The Physical Science BASIS*, Contribution du Groupe de travail I au quatrième rapport du GIEC, 2007. [En ligne]. [www.ipcc.ch] (page consultée le 21 avril 2011).

Grovogui, S. N., *Sovereigns and Quasi Sovereigns, and Africans: Race and Self-Determination in International Law*, Minneapolis, University of Minnesota Press, 1996.

Gunaratna, R., *Inside Al Qaeda: Global Network of Terror*, New York, Columbia University Press, 2002.

H

Haas, P. M., R. O. Keohane, et M. Levy (éd.), *Institutions for the Earth: Sources of Effective International Environmental Action*, London, MIT Press, 1993.

Hall, C., *Civilising Subjects: Metropole and Colony in the English Imagination 1830-1867*, Cambridge, Polity Press, 2002.

Hall, C., *White, Male, and Middle Class: Explorations in Feminism and History*, Cambridge, Polity Press, 1992.

Hall, J. A., *Coercion and Consent: Studies on the Modern State*, Cambridge, Polity Press, 1994.

Hall, J. A., *Powers and Liberties: The Causes and Consequences of the Rise of the West*, Oxford, Blackwell, 1985.

Halliday, F., *The Making of the Second Cold War*, 2ᵉ édition, Londres, Verso, 1986.

Hansen, L., *Security as Practice: Discourse Analysis and the Bosnian War*, London, Routledge, 2006.

Haq, M., *Reflections on Human Development*, Oxford, Oxford University Press, 1995.

Haraway, D., *Symians, Cyborgs and Women: The Re-Invention of Nature*, New York, Routledge, 1991.

Haraway, D., *Primate Visions: Gender, Race, and Nature in the World of Modern Science*, New York, Routledge, 1989.

Hardin, G., « The Tragedy of the Commons », *Science*, vol. 162, 1968, p. 1243-1248.

Hardt, M. et A. Negri, *Empire*, Cambridge, Harvard University Press, 2000.

Hart, H. L. A., *The Concept of Law*, 2ᵉ édition, Oxford, Oxford University Press, 1994.

Hartsock, N., *The Feminist Standpoint Revisited and Other Essays*, Boulder, Westview Press, 1998.

Harvey, D., *The Condition of Postmodernity: An Enquiry into the Conditions of Cultural Change*, Oxford, Blackwell, 1989.

Hasenclever, A., « Integrating Theories of Regimes », *Review of International Studies*, vol. 26, 2000, p. 3-33.

Hasenclever, A., P. Mayer et V. Rittberger, *Theories of International Regimes*, Cambridge, Cambridge University Press, 1997.

Hashemi, S., « International Society and its Islamic Malcontents », *The Fletcher Forum of World Affairs*, vol. 20, n⁰ 2, 1996.

Hastings, A., *The Construction of Nationhood: Ethnicity, Religion and Nationalism*, Cambridge, Cambridge University Press, 1997.

Hay, C., « Contemporary Capitalism, Globalization, Regionalization and the Persistence of National Variation », *Review of International Studies*, vol. 26, n⁰ 4, 2000, p. 509-532.

Heazle, M., *Scientific Uncertainty and the Politics of Whaling*, Washington, University of Washington Press, 2006.

Heeren, A. H. L., *A Manual of the History of the Political System of Europe and Its Colonies,* 2 vol., New York, Books for Libraries Press, 1971 [Oxford University Press, 1833].

Held, D., « Cosmopolitanism: Ideas, Realities, Deficits », dans D. Held et A. McGrew (éd.), *Governing Globalization*, Cambridge, Polity Press, 2002, p. 305-324.

Held, D., *Democracy and the Global Order: From the Modern State to Cosmopolitan Governance*, Cambridge, Polity Press, 1995.

Held, D., « Democracy: From City-states to a Cosmopolitan Order? », dans D. Held (éd.), *Prospects for Democracy: North, South, East, West*, Cambridge, Polity Press, 1993, p. 13-52.

Held, D. et A. McGrew, *Globalization/Anti-Globalization*, Cambridge, Polity Press, 2ᵉ édition, 2007 [2002].

Held, D., A. McGrew, D. Goldblatt et J. Perraton, *Global Transformations: Politics, Economics and Culture*, Cambridge, Polity Press, 1999.

Helman, G. B. et S. R. Ratner, « Saving Failed States », *Foreign Policy*, vol. 89, 1992-1993, p. 3-20.

Henkin, L., *International Law: Politics and Values*, Dordrecht, Martinus Nijhoff, 1995.

Hennessy, R. et C. Ingraham (éd.), *Materialist Feminism: A Reader in Class, Difference, and Women's Lives*, London, Routledge, 1997.

Hettne, B., « Globalization and the New Regionalism: The Second Great Transformation », dans B. Hettne, A. Intoai, et O. Sunkel (éd.), *Globalism and the New Regionalism*, Basingstoke, Macmillan, 1999.

Higgins, R., *Problems and Process: International Law and How We Use It*, Oxford, Oxford University Press, 1994.

Higgott, R., « Economic Co-operation in the Asia Pacific: A Theoretical Comparison with the European Union », *Journal of European Public Policy*, vol. 2, n° 3, 1995, p. 361-383.

Hirst, P. et G. Thompson, « Globalization – a necessary myth? », dans D. Held et A. McGrew (éd.), *The Global Transformations Reader*, 2ᵉ édition, Cambridge, Polity Press, 2003, p. 98-106.

Hirst, P. et G. Thompson, *Globalization in Question: The International Economy and the Possibilities of Governance*, 2ᵉ édition, Cambridge, Polity Press, 1999 [1996].

Hobden, S., *International Relations and Historical Sociology: Breaking Down Boundaries*, London, Routledge, 1998.

Hobden, S. et J. M. Hobson, *Historical Sociology of International Relations*, Cambridge, Cambridge University Press, 2002.

Hobsbawm, E., *Nations and Nationalism since 1780: Programme, Myth, Reality*, Cambridge, Cambridge University Press, 1990.

Hoffmann, S., « The Politics and Ethics of Military Intervention », *Survival*, vol. 37, n° 4, 1995-1996, p. 29-51.

Hoffmann, S., *Janus and Minerva: Essays on the Theory and Practice of International Politics*, Boulder, Westview Press, 1987.

Holden, P. et R. J. Ruppel (éd.), *Imperial Desire: Dissident Sexualities and Colonial Literature*, Minneapolis, University of Minnesota Press, 2003.

Hollis, M. et S. Smith, *Explaining and Understanding International Relations*, Oxford, Clarendon Press, 1990.

Homer-Dixon, T., « Environmental Scarcities and Violent Conflict: Evidence from Cases », *International Security*, vol. 19, n° 1, 1994, p. 5-40.

Homer-Dixon, T., « On the Threshold: Environmental Changes as Causes of Acute Conflict », *International Security*, vol. 16, 1991, p. 76-116.

Hoogvelt, A., *Globalization and the Post-Colonial World*, Basingstoke, Palgrave, 2001.

Hooper, C., *Manly States*, New York, Columbia University Press, 2001.

Hove, C., *Shebeen Tales: Messages from Harare*, Cape Town, Baobab Books, 1994.

Hroch, M., « From National Movement to the Fully-formed Nation: The Nation-building Process in Europe », dans G. Balakrishnan (éd.), *Mapping the Nation*, Londres, Verso, 1996.

Hubert, D., « An Idea that Works in Practice », *Security Dialogue*, vol. 35 (septembre), 2004, p. 351-352.

Humphreys, M. et A. Varshney, *Violent Conflict and the Millennium Development: Goals: Diagnosis and Recommendations*, CGSD Working Paper n° 19, New York, Center on Globalization and Sustainable Development, The Earth Institute at Columbia University, 2004. [En ligne]. [http://www.earthinstitute.columbia.edu/cgsd/documents/humphreys_conflict_and_MDG.pdf] (page consultée le 21 avril 2011).

Huntington, S., *Le choc des civilisations*, Paris, Odile Jacob, 2007.

Huntington, S., « The Clash of Civilizations », *Foreign Affairs*, vol. 72, n° 3, 1993, p. 22-169.

Hurrell, A., « The State of International Society », dans R. Little et J. Williams (éd.), *The Anarchical Society in a Globalized World*, Basingstoke, Palgrave, 2006.

Hurrell, A., « Regionalism in Theoretical Perspective », dans L. Fawcett et A. Hurrell (éd.), *Regionalism in World Politics: Regional Organization and International Order*, Oxford, Oxford University Press, 1995, p. 37-73.

Hurrell, A. et B. Kingsbury (éd.), *The International Politics of the Environment: Actors, Interests and Institutions*, Oxford, Clarendon Press, 1992.

Hurrell, A. et N. Woods, « Globalization and Inequality », *Millennium*, vol. 24, n° 3, 1995, p. 447-470.

Hymans, J. E., *The Psychology of Nucleas Proliferation*, Cambridge, Cambridge University Press, 2006.

ICPF (International Commission on Peace and Food), *Uncommon Opportunities: An Agenda for Peace and Equitable Development*, Londres, Zed, 1994.

IFPRI (International Food Politicy Research Institute), *Global Hunger Index 2010: the Challenges of Hunger: Focus on the Crisis of Child Undernutrition*, Bonn, Washington et Dublin, octobre 2010.

Ignatieff, M., *The Lesser Evil: Political Ethics in an Age of Terror*, Princeton, Princeton University Press, 2005.

Ignatieff, M., « Is the Human Rights Era Ending? », *New York Times*, le 5 février 2002.

Ikenberry, G. J., *After Victory: Institutions, Strategic Restraint, and the Rebuilding of Order after Major Wars*, Princeton, Princeton University Press, 2001.

Ikenberry, G. J., « Liberal Hegemony and the Future of American Post-war Order », dans T. V. Paul et J. A. Hall (éd.), *International Order and the Future of World Politics*, Cambridge, Cambridge University Press, 1999, p. 123-145.

Inayatullah, N. et D. Blaney, *International Relations and the Problem of Difference*, London, Routledge, 2004.

Independent Commission on International Development Issues (Commission indépendante sur les problèmes du développement international), présidée par Willy Brandt, *North-South: A Programme for Survival: Report of the Independent Commission on International Development Issues*, London, Pan, 1980.

Inter-Agency Network on Women and Gender Equality, *Final Communiqué, Women's Empowerment in the Context of Human Security*, ESCAP, Bangkok, Thaïlande, les 7-8 décembre 1999, p. 1. [En ligne]. [http://www.un.org/womenwatch/ianwge/collaboration/finalcomm1999.htm] (page consultée le 21 avril 2011).

International Affairs, « Europe: Where Does It Begin and Where Does It End? », cahier spécial, vol. 76, n° 3, 2000, p. 437-574.

International Parliamentary Union, *IPU PARLINE database*. [En ligne]. [http://www.ipu.org/english/home.htm] (page consultée le 21 avril 2011).

Jackson, R. H., *The Global Covenant: Human Conduct in a World of States*, Oxford, Oxford University Press, 2000.

Jackson, R. H., *Quasi-States: Sovereignty, International Relations and the Third World*, Cambridge, Cambridge University Press, 1990.

Jackson, R. H. et P. Owens, « The Evolution of International Society », dans J. Baylis et S. Smith (éd.), *The Globalization of World Politics*, 3e édition, Oxford, Oxford University Press, 2001, p. 45-62.

Jaquette, J., « Feminism and the Challenges of the "Post-Cold War" World », *International Feminist Journal of Politics*, vol. 5, n° 3, 2003, p. 331-354.

Jervis, R., « Realism, Neo-liberalism, and Cooperation: Understanding the Debate », *International Security*, vol. 24 (été), 1999, p. 42-63.

Jervis, R., « Security Regimes », dans S. D. Krasner (éd.), *International Regimes*, Ithaca, Cornell University Press, 1983.

John, I. M. W. et J. Garnett, « International Politics at Aberystwyth 1919-1969 », dans B. Porter (éd.), *The Aberystwyth Papers: International Politics 1919-1969*, Londres, Oxford University Press, 1972, p. 86-102.

Johnson, J., K. Kartchner et J. Larsen, *Strategic, Culture and Weapons of Mass Destruction: Culturally Based Insights into Comparative National Security Policymaking*, Houndmills, Palgrave McMillan, 2009.

Jolly, R. et D. B. Ray, *National Human Development Reports and the Human Security Framework: A Review of Analysis and Experience*, Brighton, Institute of Development Studies, 2006.

Jones, P., *Rights*, Basingstoke, Macmillan, 1994.

Jones, R. W. (éd.), *Critical Theory and World Politics*, Boulder, Lynne Rienner, 2000.

Jones, R. W., *Security, Strategy and Critical Theory*, Boulder, Lynne Rienner, 1999.

Jones, R. W., « "Message in a Bottle" – Theory and Praxis in Critical Security Studies », *Contemporary Security Policy*, vol. 16, n° 3, 1995.

Junaid, S., *Terrorism and Global Power Systems*, Oxford, Oxford University Press, 2005.

Junne, G. C. A., « International Organizations in a Period of Globalization: New (Problems of) Legitimacy », dans J.-M. Coicaud et V. Heiskanen (éd.), *The Legitimacy of International Organizations*, Tokyo, United Nations University Press, 2001.

Kagan, R., *Paradise and Power: America and Europe in the New World Order*, Londres, Atlantic Books, 2003.

Kaldor, M., *New and Old Wars: Organized Violence in a Global Era*, Cambridge, Polity Press, 1999.

Kant, I., *Political Writings*, édité par Hans Reiss, Cambridge, Cambridge University Press, 1991.

Kant, E. et O. Dekens, *Fondements de la métaphysique des mœurs,* Rosny-sous-Bois, Bréal, 2001.

Karp, A., *Ballistic Missile Proliferation: The Politics and Technics*, Oxford, Oxford University Press for Stockholm International Peace Research Institute, 1995.

Katzenstein, P. (éd.), *The Culture of National Security: Norms and Identity in World Politics*, New York, Columbia University Press, 1996.

Keal, P., *European Conquest and the Rights of Indigenous Peoples: The Moral Backwardness of International Society*, Cambridge, Cambridge University Press, 2003.

Keane, J., *Global Civil Society?*, Cambridge, Cambridge University Press, 2003.

Keck, M. et K. Sikkink, *Activists beyond Borders: Transnational Advocacy Networks in International Politics*, Ithaca, Cornell University Press, 1998.

Kedourie, E., *Nationalism*, Londres, Hutchinson, 1960.

Kendall, G. et G. Wickham, G., *Using Foucault's Methods*, Londres, Sage, 1999.

Kennan, G. F., « Diplomacy in the Modern World », dans R. J. Beck, A. Clark Arend, et R. D. Vanger Lugt (éd.), *International Rules: Approaches from International Law and International Relations*, Oxford, Oxford University Press, 1996, p. 99-106.

Keohane, R., « The Globalization of Informal Violence, Theories of World Politics, and the "Liberalism of Fear" », dans R. Keohane (éd.), *Power and Governance in a Partially Globalized World*, London, Routledge, 2002a, p. 272-287.

Keohane, R., « The Public Delegitimation of Terrorism and Coalitional Politics », dans K. Booth et T. Dunne (éd.), *Worlds in Collision: Terror and the Future of Global Order*, Londres, Palgrave Macmillan, 2002b, p. 141-151.

Keohane, R. (éd.), *International Institutions and State Power: Essays in International Relations Theory*, Boulder, Westview Press, 1989a.

Keohane, R., « Theory of World Politics: Structural Realism and Beyond », dans R. Keohane (éd.), *International Institutions and State Power: Essays in International Relations Theory*, Boulder, Westview Press, 1989b.

Keohane, R., *After Hegemony: Cooperation and Discord in the World Political Economy*, Princeton, Princeton University Press, 1984.

Keohane, R. et L. Martin, *Institutional Theory, Endogeneity and Delegation*, Cambridge, Weatherhead Centre for International Affairs, Harvard University, 1999.

Keohane, R. et L. Martin, « The Promise of Institutionalist Theory », *International Security*, vol. 20, n° 1, 1995, p. 39-51.

Keohane, R. et J. Nye, « Globalization: What's New? What's Not? (And So What?) », dans D. Held et A. McGrew (éd.), *The Global Transformations Reader*, Cambridge, Polity Press, 2003, p. 75-84.

Keohane, R. et J. Nye, *Power and Interdependence: World Politics in Transition*, Boston, Little, Brown, 1977.

Keohane, R. et J. Nye (éd.), *Transnational Relations and World Politics*, Cambridge, Harvard University Press, 1972.

Keohane, R., J. Nye et S. Hoffmann (éd.), *After the Cold War: International Institutions and State Strategies in Europe 1989-1991*, Londres, Harvard University Press, 1993.

Khong, Y. F., « Human Security: A Shotgun Approach to Alleviating Human Misery », *Global Governance,* vol. 7, 2001, p. 231-237.

Kinsella, H. M., « Gendering Grotius: Sex and Sex Difference in the Laws of War », *Political Theory,* vol. 34, n° 2, 2006, p. 161-191.

Kinsella, H. M., « Discourses of Difference: Civilians, Combatants, and Compliance with the Laws of War », *Review of International Studies,* cahier spécial, 2005a, p. 163-185.

Kinsella, H. M., « Securing the Civilian: Sex and Gender and Laws of War », dans M. Barnett et R. Duvall (éd.), *Power in Global Governance,* Cambridge, Cambridge University Press, 2005b, p. 249-272.

Kinsella, H. M., « For a Careful Reading: The Conservativism of Gender Constructivism », *International Studies Review,* vol. 5, 2003, p. 294-297.

Kirkpatrick, J., « Dictatorships and Double Standards », *Commentary,* vol. 68, n° 5, 1979.

Kissinger, H. A., *American Foreign Policy,* 3ᵉ édition, New York, W. W. Norton, 1977.

Koehler, S., « Professor Explains Continuous Threat from Land Mines », *Ozarks Local News,* le 7 février 2007.

Koskenniemi, M., *From Apology to Utopia: The Structure of International Legal Argument,* Helsinki, Finnish Lawyers Publishing Co., 1989.

Krasner, S. D., « Sovereignty, Regimes and Human Rights », dans V. Rittberger (éd.), *Regime Theory and International Relations,* Oxford, Clarendon Press, 1993.

Krasner, S. D., « Global Communications and National Power: Life on the Pareto Frontier », *World Politics,* vol. 43, 1991, p. 336-366.

Krasner, S. D., *Structural Conflict: The Third World Against Global Liberalism,* Berkeley, University of California Press, 1985.

Krasner, S. D., *Sovereignty: Organized Hypocrisy,* Princeton, Princeton University Press, 1999.

Krasner, S. D., « Structural Causes and Regime Consequences: Regimes as Intervening Variables », dans S. D. Krasner (éd.), *International Regimes,* Ithaca, Cornell University Press, 1983, p. 1-22.

Kratochwil, F., *Rules, Norms, and Decisions,* Cambridge, Cambridge University Press, 1989.

Krause, K. et M. C. Williams (éd.), *Critical Security Studies: Concepts and Cases,* Londres, UCL Press, 1997.

Kuperman, A. J., « The Moral Hazard of Humanitarian Intervention: Lessons from the Balkans », *International Studies Quarterly,* vol. 32, n° 1, 2008, p. 49-80.

Kuperman, A. J., « Suicidal Rebellions and the Moral Hazard of Humanitarian Intervention », *Ethnopolitics,* vol. 4, n° 2, 2005, p. 149-173.

L

Laclau, E. et C. Mouffe, *Hegemony & Socialist Strategy: Towards a Radical Democratic Politics,* Londres, Verso, 1985.

Laidi, Z., *A World Without Meaning: The Crisis of Meaning in International Politics,* London, Routledge, 1998.

Lapid, Y., « The Third Debate: On the Prospects of International Theory in a Post-Positivist Era », *International Studies Quarterly,* vol. 33, n° 3, 1989, p. 225-235.

Laqueur, W., « Post-modern Terrorism », *Foreign Affairs,* vol. 75, n° 5, 1996, p. 24-37.

Lavoy, P., « The Strategic Consequences of Nuclear Proliferation. A Review Essay », *Security Studies,* vol. 4, n° 4, 1995, p. 695-753.

Lawler, L., « The Core Assumptions and Presumptions of "Cooperative Security" », dans S. Lawson (éd.), *The New Agenda for Global Security: Cooperating for Peace and Beyond,* St Leonards, Allen & Unwin, 1995.

Legrain, P., *Open World: The Truth about Globalisation,* Londres, Abacus, 2002.

Lenin, V. I., *Imperialism, the Highest Stage of Capitalism: A Popular Outline,* 13ᵉ édition, Moscow, Progress Publishers, 1966 [1917].

Lepard, B., *Rethinking Humanitarian Intervention: A Fresh Approach based on Fundamental Ethical Principles in International Law and World Religions,* University Park, Pennsylvania State University, 2002.

Lepeska, D., « The Perils of Progress: Two Views on Orissa's Future », le 8 décembre 2008. [En ligne]. [http://www.devex.com/en/articles/the-perils-of-progress-two-views-on-orissa-s-future?lang=fr] (page consultée le 21 avril 2011).

Leventhal, P. et Y. Alexander (éd.), *Preventing Nuclear Terrorism,* Lexington et Toronto, Lexington Books, 1987.

Levy, M. A., O. R. Young et M. Zurn, « The Study of International Regimes », *European Journal of International Relations,* vol. 1, n° 3, 1995, p. 267-330.

Lieven, A. et J. Hulsman, *Ethical Realism: A Vision for America's Role in the World,* New York, Pantheon Books, 2006.

Lindberg, T., « Protect the People », *Washington Times,* 27 septembre 2005.

Ling, H. L. M., *Postcolonial International Relations: Conquest and Desire between Asia and the West,* Basingstoke, Palgrave Macmillan, 2002.

Linklater, A., « The Harm Principle and Global Ethics », *Global Society,* vol. 20, n° 3 (juillet), 2005, p. 20.

Linklater, A., « Cosmopolitan Political Communities in International Relations », *International Relations,* vol. 16, n° 1, 2002, p. 135-150.

Linklater, A., « The Evolving Spheres of International Justice », *International Affairs,* vol. 75, n° 3, 1999.

Linklater, A., *The Transformation of Political Community: Ethical Foundations of the Post-Westphalian Era,* Cambridge: Polity, 1998.

Linklater, A., *Men and Citizens in the Theory of International Relations,* 2ᵉ édition, Londres, Macmillan, 1990 [1982].

Little, R., « The Growing Relevance of Pluralism? », dans S. Smith, K. Booth et M. Zalewski (éd.), *International Theory: Positivism and Beyond,* Cambridge, Cambridge University Press, 1996, p. 66-86.

Lodgaard, S., « Human Security: Concept and Operationalization », Communication présentée dans le cadre du Séminaire d'experts sur les droits de l'homme et la paix, Palais Wilson, Genève, les 8-9 décembre 2000.

Longino, H. E., *Science as Social Knowledge: Values and Objectivity in Scientific Inquiry,* Princeton, Princeton University Press, 1990.

Luard, E. (éd.), *Basic Texts in International Relations*, Londres, Macmillan, 1992.

Lugones, M., « Playfulness, World-Travelling, and Loving Perception », dans G. Anzaldua (éd.), *Making Face, Making Soul: Hacienda Caras: Creative and Critical Perspectives by Women of Color*, San Francisco, Aunt Lute Press, 1990, p. 390-402.

Luttwak, E., *Turbo Capitalism: Winners and Losers in the Global Economy*, Londres, Weidenfield & Nicolson, 1998.

Lyotard, J.-F., *The Post-modern Condition: A Report on Knowledge*, Manchester, Manchester University Press, 1984.

Lyotard, J.-F., *La Condition postmoderne: rapport sur le savoir*, Les Éditions de Minuit, 1979.

M

MacFarlane, N. et Y. F. Khong, *Human Security and the UN: A Critical History*, Bloomington, Indiana University Press, 2006.

Machiavelli, N., *The Prince*, édité par Q. Skinner, Cambridge, Cambridge University Press, 1988.

Mack, A., « A Signifier of Shared Values », *Security Dialogue*, vol. 35, n⁰ 3, 2004, p. 366-367.

Mack, A., P. Lewis *et al.*, *Global Politics*, Cambridge, Polity Press, 1992.

MacKenzie, M., « Empowerment Boom or Bust? Assessing Women's Post-Conflict Empowerment Initiatives », *Cambridge Journal of International Affairs*, vol. 22, n⁰ 2, 2009, p. 199-215.

Mackinnon, C., « Crimes of War, Crimes of Peace », dans S. Shute et S. Hurley (éd.), *On Human Rights*, New York, Basic Books, 1993.

Macleod, A. et D. O'Meara (dir.), *Théories des relations internationales : contestations et résistances*, 2ᵉ édition, Montréal, Athéna Édition, 2007.

Mann, M., *The Sources of Social Power, vol. 2: The Rise of Classes and Nation States, 1760-1914*, Cambridge, Cambridge University Press, 1993.

Mann, M., *The Sources of Social Power, vol. 1: A History of Power from the Beginning to AD 1760*, Cambridge, Cambridge University Press, 1986.

Mansbach, R., Y. Ferguson et D. Lampert, *The Web of World Politics*, Englewood Cliffs, Prentice-Hall, 1976.

Marx, K., *Capital: Student Edition*, édité par C. J. Arthur, Londres, Lawrence & Wishart, 1992 [1867].

Marx, K., *Le Manifeste du Parti communiste*, Paris, Union générale d'éditions, coll. « 10-18 », 1973, p. 23.

Mattingly, G., *Renaissance Diplomacy*, Harmondsworth, Penguin, 1955.

Mattli, W., *The Logic of Regional Integration: Europe and Beyond*, Cambridge, Cambridge University Press, 1999.

Mattli, W. et A. Slaughter, « Revisiting the European Court of Justice », *International Organization*, vol. 52, n⁰ 1, 1998, p. 177-210.

Mattli, W. et A. Slaughter, « Law and Politics in the European Union: A Reply to Garrett », *International Organization*, vol. 49, n⁰ 1, 1995, p. 183-190.

Mattli, W. et N. Woods (éd.), *The Politics of Global Regulation*, Princeton, Princeton University Press, 2009.

Mazlish, B. et A. Iriye (éd.), *The Global History Reader*, Abingdon, Routledge, 2005.

McClintock, A., « The Angel of Progress: Pitfalls of the Term "Post-colonialism" », *Social Text*, (printemps), 1992, p. 1-15.

McLuhan, M., *Understanding Media*, London, Routledge, 1964.

McNeill, D., « Japan and the Whaling Ban: Siege Mentality Fuels "Sustainability" Claims », 2006. [En ligne]. [http://www.japanfocus.org/products/details/2353] (page consultée le 21 avril 2011).

McNeill, J. R. et W. H. McNeill, *The Human Web: A Bird's Eye View of World History*, New York, W. W. Norton, 2003.

McNeill, W. H., *The Pursuit of Power: Armed Force, Technology and Society*, Oxford, Blackwell, 1982.

MDG Report, The United Nations Department of Economic and Social Affairs, 2009. [En ligne]. [http://www.un.org/millenniumgoals/pdf/MDG_Report_2009_ENG.pdf] (page consultée le 21 avril 2011).

Meadows, D. H., D. L. Meadows et J. Randers, *The Limits to Growth*, London, Earth Island, 1972.

Mearsheimer, J., *The Tragedy of Great Power Politics*, New York, W. W. Norton, 2001.

Mearsheimer, J., « The False Promise of International Institutions », *International Security*, vol. 19, n⁰ 3, 1994-1995, p. 5-49.

Mearsheimer, J., « Back to the Future: Instability after the Cold War », *International Security*, vol. 15, n⁰ 1, 1990, p. 5-56.

Mearsheimer, J. et S. Walt, « An Unnecessary War », *Foreign Policy*, (janvier-février), 2003, p. 51-59.

Médecins Sans Frontières, *Notes from the Field: The Work of Médecins Sans Frontières*, Londres, Médecins Sans Frontières, 2000.

Meinecke, F., *Machiavellism: The Doctrine of Raison d'Etat and Its Place in Modern History*, traduit par D. Scott, London, Routledge, 1957.

Mendlovitz, S., *On the Creation of a Just World Order*, New York, Free Press, 1975.

Metcalf, T., *Ideologies of the Raj*, Cambridge, Cambridge University Press, 1997.

Meyer, S. M., *The Dynamics of Nuclear Proliferation*, Chicago, University of Chicago Press, 1984.

Mies, M., *Patriarchy and Accumulation on a World Scale: Women in the International Division of Labour*, Londres, Zed, 1998 [1986].

Mies, M. et al., *Women: The Last Colony*, Londres, Zed, 1988.

Mill, J. S., « A Few Words on Non-Intervention », dans G. Himmelfarb (éd.), *Essays on Politics and Culture*, Gloucester, Peter Smith, 1973.

Miller, D., « National Responsibility and International Justice », dans D. K. Chatterjee (éd.), *The Ethics of Assistance*, Cambridge, Cambridge University Press, 2004, p. 23-143.

Miller, D., « Caney's International Distributive Justice: A Response », *Political Studies*, vol. 50, 2002, p. 974-977.

Miller, D., « Justice and Inequality », dans N. Woods et A. Hurrell (éd.), *Inequality, Globalisation and World Politics*, Oxford, Oxford University Press, 2000, p. 187-210.

Miller, D., « Bounded Citizenship », dans K. Hutchings et R. Danreuther (éd.), *Cosmopolitan Citizenship*, Londres, Macmillan, 1999.

Miller, P., *Transformations of Patriarchy in the West, 1500-1900*, Bloomington, Indiana University Press, 1998.

Milner, H. V., *Resisting Protectionism: Global Industries and the Politics of International Trade*, Princeton, Princeton University Press, 1988.

Minear, L. et T. G. Weiss, *Mercy under Fire: War and the Global Humanitarian Community*, Boulder, Westview Press, 1995.

Mingst, K., *Essentials of International Relations*, New York, W. W. Norton, 2004.

Minh-Ha T., *Woman, Native, Other: Writing Postcoloniality and Feminism*, Indianapolis, Indiana University Press, 1989.

Mitrany, D., *A Working Peace System*, Londres, RIIA, 1943.

Modelski, G., *Principles of World Politics*, New York, Free Press, 1972.

Moellendorf, D., *Cosmopolitan Justice*, Boulder, Westview Press, 2002.

Mohanty, C., « Under Western Eyes: Feminist Scholarship and Colonial Discourses », *Feminist Review*, vol. 30, 1988, p. 61-88.

Moon, K., *Sex Among Allies: Military Prostitution in US-Korea Relations*, New York, Columbia University Press, 1997.

Moravcsik, A., *The Choice for Europe: Social Purpose and State Power from Messina to Maastricht*, Ithaca, Cornell University Press, 1998.

Moravcsik, A., « Taking Preferences Seriously: A Liberal Theory of International Politics », *International Organization*, vol. 51, n° 4, 1997, p. 513-553.

Morgenthau, H. J., *Politics among Nations*, 6e édition, New York, McGraw-Hill, 1985.

Morgenthau, H. J., *American Foreign Policy: A Critical Examination*, Londres, Methuen (aussi publié sous le titre *In Defence of the National Interest*), 1952.

Morgenthau, H. J., *Politics among Nations: The Struggle for Power and Peace*, 2e édition, New York, Knopf, 1978, 1962, 1955 [1948].

Morse, E., *Modernization and the Transformation of International Relations*, New York, Free Press, 1976.

Mousseau, F. et A. Mittal, « Free Market Famine », *Foreign Policy in Focus Commentary*, le 26 octobre 2006.

Murden, S., « Review Article: Huntington and His Critics », *Political Geography*, vol. 18, 1999, p. 1017-1022.

Murray, A. J. H., *Reconstructing Realism: Between Power Politics and Cosmopolitan Ethics*, Edinburgh, Keele University Press, 1997.

Naím, M., « Post-terror Surprises », *Foreign Policy*, septembre-octobre 2002.

Naisbitt, J., *Global Paradox: The Bigger the World-Economy, the More Powerful its Smallest Players*, Londres, Brealey, 1994.

Nardin, T., « Humanitarian Imperialism: Response to "Ending Tyranny in Iraq" », *Ethics and International Affairs*, vol. 19, n° 2, 2005, p. 21-26.

Nardin, T., *Law, Morality and the Relations of States*, Princeton, Princeton University Press, 1983.

Nef, J., *Human Security and Mutual Vulnerability*, 2e édition, Ottawa, IDRC, 1999.

Ngugi wa Thiong' o, *Decolonising the Mind: The Politics of Language in African Literature*, Oxford, James Currey, 1986.

NSS, *Stratégie nationale de sécurité des États-Unis*, Washington, US Government Printing Office, 2001-2002, p. 5.

Nussbaum, M., *For Love of Country: Debating the Limits of Patriotism*, Boston, Beacon Press, 1996.

O'Brien, R., *Global Financial Integration: The End of Geography*, Londres, Pinter, 1992.

O'Brien, R., A. M. Goetz, J. A. Scholte et M. Williams, *Contesting Global Governance: Multilateral Economic Institutions and Global Social Movements*, Cambridge, Cambridge University Press, 2000.

Ogilvie-White, T., « Is there a Theory of Nuclear Proliferation? », *The Nonproliferation Review*, vol. 4, n° 1, 1996, p. 43-60.

Ogilvie-White, T. et J. Simpson, « The NPT and Its PrepCom Session: A Regime in Need of Intensive Care », *The Nonproliferation Review*, vol. 10, n° 1 (printemps), 2003, p. 40-58.

Ohmae, K., *The End of the Nation State: The Rise of Regional Economies*, New York, Free Press, 1995.

Ohmae, K., *The Borderless World: Power and Strategy in the Interlinked Economy*, Londres, Fontana, 1990.

Olson, J. S. (éd.), *Dictionary of the Vietnam War*, New York, Greenwood Press, 1988.

Olson, M., *The Logic of Collective Action*, Cambridge, Harvard University Press, 1965.

OMC, *Le rapport sur le commerce mondial 2007*, Genève, 2007.

ONU, *Dans une liberté plus grande*, Rapport du secrétaire général, 2005.

Onwudiwe, I. D., *The Globalization of Terror*, Burlington, Ashgate, 2001.

Ougaard, M., *Political Globalization – State, Power and Social Forces*, Londres, Palgrave, 2004.

Owens, P., *Between War and Politics: International Relations and the Thought of Hannah Arendt*, Oxford, Oxford University Press, 2007.

Oxfam, « Grounds for Change: Creating a Voice for Small Farmers and Farm Workers with Next International Coffee Agreement », 2006. [En ligne]. [http://www.oxfam.org/en/policy/briefingnotes/bn0604_coffee_groundsforchange] (page consultée le 21 avril 2011).

Oxfam, « Boxing Match in Agricultural Trade », *Briefing Paper*, n° 32, 2003. [En ligne]. [www.oxfam.org] (page consultée le 21 avril 2011).

Panofsky, W. K. H., « Dismantling The Concept of "Weapons of Mass Destruction" », *Arms Control Today*, vol. 28, n° 3 (avril), 1998, p. 3-8.

Pape, R., *Dying to Win: The Strategic Logic of Suicide Terrorism*, New York, Random House, 2005.

Parashar, S., « Feminist International Relations and Women Militants: Case Studies from Sri Lanka and Kasmir », *Cambridge Journal of International Affairs*, vol. 22, n° 2, 2009, p. 235-256.

Parekh, B., « When Religion Meets Politics », *Demos*, vol. 11, 1997a, p. 5-7.

Parekh, B., « Rethinking Humanitarian Intervention », *International Political Science Review*, vol. 18, n° 1, 1997b, p. 49-70.

Paris, R., « Human Security: Paradigm Shift or Hot Air », *International Security*, vol. 26, n° 2 (automne), 2001, p. 87-102.

Pearson, R., « Rethinking Gender Matters in Development », dans T. Allen et A. Thomas (éd.), *Poverty and Development into the Twentyfirst Century*, Oxford, Oxford University Press, 2000, p. 383-402.

Pendergrast, M., *For God, Country and Coca-Cola: The Unauthorized History of the Great American Soft Drink and the Company that Makes It*, Londres, Weidenfeld & Nicolson, 1993.

Penttinen, E., *Globalization, Prostitution and Sex-Trafficking: Corporeal Politics*, London, Routledge, 2008.

Persaud, R. B., « Situating Race in International Relations: The Dialectics of Civilizational Security in American Immigration », dans G. Chowdhry et S. Nair (éd.), *Power, Post-colonialism and International Relations: Reading Race, Gender and Class*, London, Routledge, 2002.

Peters, J. S. et A. Wolper (éd.), *Women's Rights, Human Rights: International Feminist Perspectives*, New York, Routledge, 1995.

Peterson, V. S., *A Critical Rewriting of Global Political Economy: Reproductive, Productive and Virtual Economies*, London et New York, Routledge, 2003.

Peterson, V. S. et A. S. Runyan, *Global Gender Issues*, 2e édition, Boulder, Westview Press, 1999.

Pettman, J. J., *Worlding Women: A Feminist International Politics*, St Leonards, Allen & Unwin, 1996.

Petzold-Bradley, E., A. Carius et A. Vincze (éd.), *Responding to Environmental Conflicts: Implications for Theory and Practice*, Dordrecht, Kluwer Academic, 2001.

Pogge, T., *World Poverty and Human Rights: Cosmopolitan Responsibilities and Reforms*, Cambridge, Polity Press, 2002.

Pogge, T., « Priorities of Global Justice », *Metaphilosophy*, vol. 32, n° 1-2, 2001a.

Pogge, T., « Moral Universalism and Global Economic Justice », *Politics Philosophy and Economics*, vol. 1, n° 1, 2001b, p. 29-58.

Pogge, T., « Cosmopolitarism and sovereignty », dans C. Brown (éd.), *Political Restructuring in Europe: Ethical Perspectives*, London, Routledge, 1994.

Pogge, T., *Realizing Rawls*, Ithaca, Cornell University Press, 1989.

Porter, B. D., *War and the Rise of the State*, New York, Free Press, 1994.

Porter, P., *Military Orientalism: Eastern War through Western Eyes*, New York, Columbia University Press, 2009.

Posen, B., « The Security Dilemma and Ethnic Conflict », *Survival*, vol. 35, n° 1, 1993, p. 27-47.

Power and Interest News Report, « Asia's Coming Water Wars », 22 août 2006. [En ligne]. [http://www.pinr.com] (page consultée le 25 juin 2007).

Price, R., « Emerging Customary Norms and Anti-Personnel Landmines », dans C. Reus-Smit (éd.), *The Politics of International Law*, Cambridge, Cambridge University Press, 2004, p. 106-130.

Price, R., « Reversing the Gun Sights: Transnational Civil Society Targets Land Mines », *International Organization*, vol. 52, n° 3, 1998.

Price, R. et C. Reus-Smit, « Dangerous Liaisons? Critical International Relations Theory and Constructivism », *European Journal of International Relations*, vol. 4, n° 2, 1998, p. 259-294.

Price, R. et N. Tannenwald, « Norms and Deterrence: The Nuclear and Chemical Weapons Taboos », dans P. J. Katzenstein (éd.), *The Culture of National Security: Norms and Identity in World Politics*, New York, Columbia University Press, 1996, p. 114-152.

PR Newswire Europe, « London tuberculosis rates now at Third World proportions », *PR Newswire Europe Ltd.*, le 4 décembre 2002. [En ligne]. [http://www.prnewswire.co.uk/cgi/news/release?id=95088] (page consultée le 21 avril 2011).

Programme des Nations Unies pour le développement (PNUD), *Rapport mondial sur le développement humain 1994*, Paris, Economica, 1994.

Programme des Nations Unies pour le développement (PNUD), *Rapport mondial sur le développement humain 2005*, Paris, Economica, 2005.

Programme des Nations Unies pour le développement (PNUD), *Rapport mondial sur le développement humain 2007/2008*, Paris, La Découverte, 2008.

Prügl, E., *The Global Construction of Gender*, New York, Columbia University Press, 1999.

Pugh, M., « Peacekeeping and Humanitarian Intervention », dans B. White, R. Little et M. Smith (éd.), *Issues in World Politics*, 2e édition, Londres, Palgrave, 2001.

Purvis, N., « Critical Legal Studies in Public International Law », *Harvard International Law Journal*, vol. 32, n° 1, 1991, p. 81-127.

R

Rabasa, A., P. Chalk *et al.*, *Beyond al-Qaeda: Part 2, The Outer Rings of the Terrorist Universe*, Santa Monica, RAND, 2006.

Ramsey, P., *The Just War: Force and Political Responsibility*, Lanham, Rowman & Littlefield, 2002.

Rapley, J., *Understanding Development*, Boulder, Lynne Rienner, 1996.

Rawls, J., *Le Droit des peuples et la Raison publique*, Paris, La Découverte, 2006.

Rawls, J., *The Law of Peoples*, Cambridge, Harvard University Press, 1999.

Rawls, J., *A Theory of Justice*, Oxford, Oxford University Press, 1971.

Rehn, E. et E. J. Sirleaf, *Women, War, Peace: The Independent Experts' Assessment on the Impact of Armed Conflict on Women and Women's Role in Peace-Building*, 2002. [En ligne]. [http://www.unifem.org/resources/item_detail.php?ProductID=17] (page consultée le 21 avril 2011).

Reisman, W. M., « Criteria for the Lawful use of Force in International Law », *Yale Journal of International Law*, vol. 10, 1985, p. 279-285.

Résolution adoptée par l'Assemblée générale, *Document final du Sommet mondial de 2005*, 60/1, le 24 octobre 2005. [En ligne]. [http://unpan1.un.org/intradoc/groups/public/documents/un/unpan021755.pdf] (page consultée le 21 avril 2011).

Reus-Smit, C. (éd.), *The Politics of International Law*, Cambridge, Cambridge University Press, 2004.

Reus-Smit, C., « Politics and International Legal Obligation », *European Journal of International Relations*, vol. 9, n° 4, 2003, p. 591-625.

Reus-Smit, C., « The Strange Death of Liberal International Theory », *European Journal of International Law*, vol. 12, n° 3, 2001a, p. 573-593.

Reus-Smit, C., « Human Rights and the Social Construction of Sovereignty », *Review of International Studies*, vol. 27, n° 4, 2001b, p. 519-538.

Reus-Smit, C., *The Moral Purpose of the State*, Princeton, Princeton University Press, 1999.

Rhodes, E., « The Imperial Logic of Bush's Liberal Agenda », *Survival,* vol. 45, 2003, p. 131-154.

Rice, S., « The Threat of Global Poverty », *The National Interest* (printemps), 2006, p. 76-82.

Richardson, J. I., « Contending Liberalisms: Past and Present », *European Journal of International Relations*, vol. 3, n° 1, 1997, p. 5-33.

Roberts, A., « The United Nations: Variants of Collective Security », dans N. Woods (éd.), *Explaining International Relations since 1945*, Oxford, Oxford University Press, 1996, p. 309-336.

Roberts, A., « Humanitarian War: Military Intervention and Human Rights », *International Affairs*, vol. 69, n° 3, 1993.

Roberts, A. et B. Kingsbury, « Introduction: The UN's Roles in International Society since 1945 », dans A. Roberts et B. Kingsbury (éd.), *United Nations, Divided World*, Oxford, Clarendon Press, 1993.

Roberts, G., *Questioning Development*, Londres, Returned Volunteer Action, 1984.

Roberts, S., « Fictitious Capital, Fictitious Spaces: The Geography of Offshore Financial Flows », dans S. Corbridge *et al.* (éd.), *Money, Power and Space*, Oxford, Blackwell, 1994.

Robertson, R., « Mapping the Global Condition: Globalization as the Central Concept », *Theory, Culture & Society*, vol. 7, n° 7 (juin), 1990, p. 15-30.

Robinson, W. I., *A Theory of Global Capitalism: Production, Class, and State in a Transnational World*, Baltimore, Johns Hopkins University Press, 2004.

Robinson, W. I., *Promoting Polyarchy: Globalization, US Intervention, and Hegemony*, Cambridge, Cambridge University Press, 1996.

Roche, D., « Balance Out of Kilter in Arms/Society Needs », *The Financial Post* (Toronto), le 18 janvier, 1986, p. 8.

Rodrik, D., *The New Global Economy and Developing Countries: Making Openness Work*, Washington, Overseas Development Council, 1999, p. 148.

Rodrik, D., *Has Globalization Gone Too Far?*, Washington, Institute for International Economics, 1997.

Rorty, R., « Sentimentality and Human Rights », dans S. Shute et S. Hurley (éd.), *On Human Rights*, New York, Basic Books, 1993.

Rosamond, B., *Theories of European Integration*, Basingstoke, Macmillan, 2000.

Rose, G., « Neoclassical Realism and Theories of Foreign Policy », *World Politics*, vol. 51, n° 1, 1998, p. 144-172.

Rosenau, J. N., « The Dynamics of Globalization: Toward an Operational Formula », *Security Dialogue*, vol. 27, n° 3, 1997, p. 247-262.

Rosenberg, J., « Globalization Theory: A Postmortem », *International Politics*, vol. 42, n° 1, 2006, p. 2-74.

Rosenberg, J., *The Follies of Globalisation Theory: Polemical Essays*, Londres, Verso, 2000.

Rosenberg, J., *The Empire of Civil Society: A Critique of the Realist Theory of International Relations*, Londres, Verso, 1994.

Rostow, W., *The Stages of Economic Growth: A Non-Communist Manifesto*, Londres, Cambridge University Press, 1960.

Roth, K., « The War in Iraq: Justified as Humanitarian Intervention? », *Kroc Institute Occasional Paper*, n° 25, Notre Dame, The Joan B. Kroc Institute, 2004a.

Roth, K., « War in Iraq: Not a Humanitarian Intervention », *Human Rights Watch World Report*, 2004b. [En ligne]. [www.hrw.org/wr2k4/3.htm] (page consultée le 21 avril 2011).

Rousseau, J.-J., « The State of War », dans S. Hoffmann et D. P. Fidler (éd.), *Rousseau on International Relations*, Oxford, Clarendon Press, 1991.

Rousseau, J.-J., *The Basic Political Writings*, traduit par Donald A. Cress, Cambridge, Hackett, 1987.

Ruggie, J. G., *Constructing the World Polity: Essays on International Institutionalization*, London, Routledge, 1998.

Ruggie, J. G., « Multilateralism: The Anatomy of an Institution », dans J. G. Ruggie (éd.), *Multilateralism Matters*, New York, Columbia University Press, 1993, p. 3-50.

Rupert, M. et M. S. Solomon, *Globalization and International Political Economy: The Politics of Alternative Futures*, Lanhan, Rowman & Littlefield, 2005.

Rupert, M., *Ideologies of Globalization: Contending Vision of a New World Order*, London, Routledge, 2000.

Rupert, M., *Producing Hegemony: The Politics of Mass Production and American Global Power*, Cambridge, Cambridge University Press, 1995.

Russett, B., « The Democratic Peace », *International Security*, vol. 19, n° 4, 1995, p. 164-184.

Russett, B., *Grasping the Democratic Peace: Principles for a Post-Cold War World*, Princeton, Princeton University Press, 1993.

S

Sagan, S. D. et K. N. Waltz, *The Spread of Nuclear Weapons: A Debate*, 2e édition, New York et London, W. W. Norton, 2003 [1995].

Sageman, M., *Understanding Terror Networks*, Philadelphia, University of Pennsylvania Press, 2004.

Said, E., *Culture and Imperialism*, New York, Vintage Books, 1993.

Said, E., *Orientalism: Western Conceptions of the Orient*, London, Penguin, 1979.

Salter, M. B., « The Global Visa Regime and the Political Technologies of the International Self: Borders, Bodies, Biopolitics », *Alternatives*, vol. 31, n° 2, 2006, p. 167-189.

Sargent, L. (éd.), *Women and Revolution: A Discussion of the Unhappy Marriage of Marxism and Feminism*, Boston, South End, 1981.

Saurin, J., « Globalisation, Poverty and the Promises of Modernity », *Millennium: Journal of International Studies*, vol. 25, n° 3, 1996, p. 657-680.

Schelling, T. C., *The Strategy of Conflict*, Oxford, Oxford University Press, 1960.

Scholte, J. A., *Globalization: A Critical Introduction*, 2e édition, Basingstoke, Macmillan, 2005 [2000].

Schumacher, E. F., *Small is Beautiful: Economics as if People Mattered*, New York, Harper & Row, 1973.

Schwarz, A., *A Nation in Waiting: Indonesia's Search for Stability*, Sydney, Allen & Unwin, 1999.

Schweller, R. L., *Deadly Imbalances: Tripolarity and Hitler's Strategy of World Conquest*, New York, Columbia University Press, 1998.

Schweller, R. L., « Neo-realism's Status-quo Bias: What Security Dilemma? », *Security Studies*, vol. 5, 1996, p. 90-121.

Scruton, R., *The West and the Rest: Globalization and the Terrorist Threat*, London, Continuum, 2002.

Seidler, V., *Rediscovering Masculinity: Reason, Language and Sexuality*, London, Routledge, 1989.

Sen, A., *Development as Freedom*, Oxford, Oxford University Press, 1999.

Sen, A., « The Food Problem: Theory and Policy », dans A. Gauhar (éd.), *South-South Strategy*, Londres, Zed, 1983.

Sen, A., *Poverty and Famines*, Oxford, Clarendon Press, 1981.

Shaker, M. I., *The Nuclear Non-Proliferation Treaty*, vol. 1-2, Londres, Oceana, 1980.

Shapiro, M. J., *Violent Cartographies: Mapping Culture of War*, Minneapolis, University of Minnesota Press, 1997.

Shapiro, M. J., *The Politics of Representation: Writing Practices in Biography, Photography and Policy Analysis*, Madison, The University of Wisconsin Press, 1988.

Shaw, M., « The State of Globalization: Towards a Theory of State Transformation », *Review of International Political Economy*, vol. 4, n° 3, 1997.

Shaw, M., *War and Genocide: Organized Killing in Modern Society*, Cambridge, Polity Press, 2003.

Shaw, M., *Theory of the Global State: Globality as an Unfinished Revolution*, Cambridge, Cambridge University Press, 2000.

Shaw, M., « The Global Revolution and the Twenty-first Century: From International Relations to Global Politics », dans S. Chan et J. Wiener (éd.), *Twentieth Century International History*, Londres, I. B. Tauris, 1999.

Shaw, M. (éd.), *War, State, and Society*, New York, St Martin's Press, 1984.

Shue, H., *Basic Rights*, 2e édition, Princeton, Princeton University Press, 1996.

Simon, J., « Refugees in a Carceral Age: The Rebirth of Immigration Prisons in the United States », *Public Culture*, vol. 10, n° 3, 1998, p. 577-607.

Singer, P., *One World: The Ethics of Globalisation*, Melbourne, Text Publishing, 2002.

Singer, P., « The Singer Solution to World Poverty », *New York Times,* le 5 juillet 1999.

Singer, P., « Famine, Affluence, Morality », dans C. Beitz (éd.), *International Ethics*, Princeton, Princeton University Press, 1985.

Singer, P. et T. Gregg, *How Ethical is Australia: An Examination of Australia's Record as a Global Citizen*, Melbourne, The Australian Collaboration in conjunction with Black Inc., 2004.

Singer, P. et M. Small, « The war proneness of democratic regimes », *Jerusalem Journal of International Relations*, vol. 11, n° 4, 1976, p. 50-69.

Skocpol, T., *Protecting Soldiers and Mothers*, Cambridge, Harvard University Press, 1992.

Skocpol, T., *États et révolutions sociales*, Paris, Fayard, 1985.

Skocpol, T. (éd.), *Vision and Method in Historical Sociology*, Cambridge, Cambridge University Press, 1984.

Skocpol, T., *States and Social Revolutions: A Comparative Analysis of France, Russia, and China*, Cambridge, Cambridge University Press, 1979.

Slaughter, A., *A New World Order*, Princeton, Princeton University Press, 2004.

Slaughter, A., « A Liberal Theory of International Law », manuscrit inédit, 2000.

Slaughter, A., « International Law in a World of Liberal States », *European Journal of International Law*, vol. 6, n° 4, 1995.

Smith, A. D., *The Ethnic Origins of Nations*, Oxford, Blackwell, 1986.

Smith, D., *The Rise of Historical Sociology*, Cambridge, Polity Press, 1991.

Smith, K. E. et M. Light (éd.), *Ethics and Foreign Policy*, Cambridge, Cambridge University Press, 2001.

Smith, M. J., « On Thin Ice: First Steps for the Ballistic Missile Code of Conduct », *Arms Control Today*, vol. 32, n° 6 (juillet), 2002, p. 9-13.

Smith, M. J., *Realist Thought from Weber to Kissinger*, Baton Rouge, Louisiana State University Press, 1986.

Smith, S., « Wendt's World', *Review of International Studies*, vol. 26, n° 1, 2000, p. 151-163.

Smith, S., « The Increasing Insecurity of Security Studies: Conceptualising Security in the Last Twenty Years », *Contemporary Security Policy*, vol. 20, n° 3 (décembre), 1999.

Snyder, J., *Myths of Empire: Domestic Politics and International Ambition*, Ithaca, Cornell University Press, 1991.

Spielmann, P. J., « War: Is It Getting More Hellish, Or Less? », *The Guardian*, 12 juillet 2009.

Spivak, G. C., *Critique of Postcolonial Reason: Toward a History of the Vanishing Present*, Harvard University, 1999.

Spivak, G. C., « Cultural Talks on the Hot Peace: Revisiting the "Global Village" », dans P. Cheah et B. Robbins (éd.), *Cosmopolitics: Thinking and Feeling Beyond the Nation*, Minneapolis, University of Minnesota Press, 1998.

Spivak, G. C., « Can the Subaltern Speak? », dans C. Nelson et L. Grossberg (éd.), *Marxism and the Interpretation of Culture*, Basingstoke, Macmillan, 1988.

Spivak, G. C., *In Other Worlds: Essays in Cultural Politics*, London, Routledge, 1987.

Stanlis, P. J., « Edmund Burke and the Law of Nations », *American Journal of International Law*, vol. 47, n° 3, 1953, p. 404-405.

Steans, J., *Gender and International Relations: An Introduction*, Cambridge, Polity Press, 1998.

Stein, A., « Coordination and Collaboration in an Anarchic World », dans S. D. Krasner (éd.), *International Regimes*, Ithaca, Cornell University Press, 1983, p. 115-140.

Stiglitz, J., « Towards a New Paradigm for Development: Strategies, Policies and Processes », *The Prebisch Lecture*, Genève, UNCTAD, le 19 octobre 1998. [En ligne]. [http://web.worldbank.org/WBSITE/EXTERNAL/TOPICS/TRADE/0,,contentMDK:20025537~menuPK:167371~pagePK:64020865~piPK:149114~theSitePK:239071,00.html] (page consultée le 21 avril 2011).

Stubbs, R., « Review of "The Many Faces of Asian Security" », édité par S. W. Simon, *Contemporary South-East Asia*, vol. 24, 2002, p. 1.

Suganami, H., *The Domestic Analogy and World Order Proposals*, Cambridge, Cambridge University Press, 1989.

Suhrke, A., « A Stalled Initiative », *Security Dialogue*, vol. 35, n° 3, 2004, p. 365.

Sylvester, C., *Feminist International Relations: An Unfinished Journey*, Cambridge, Cambridge University Press, 2002.

Sylvester, C., « Development Studies and Postcolonial Studies: Disparate Tales of the "Third World" », *Third World Quarterly*, vol. 20, 1999, p. 703-721.

Sylvester, C., *Feminist Theory and International Relations in a Postmodern Era*, Cambridge, Cambridge University Press, 1994.

Sylvester, C., « African and Western Feminisms: World-Traveling the Tendencies and Possibilities », *Signs: Journal of Women in Culture and Society*, vol. 20, n° 4, 1995, p. 941-969.

Takasu, Yukio, Director-General of the Foreign Ministry of Japan (directeur général du ministère des affaires étrangères du Japon), Discours à la Conférence internationale sur la sécurité commune dans un monde en voie de mondialisation, Oulan-Bator, le 8 mai 2000. [En ligne]. [http://www.mofa.go.jp/policy/human_secu/speech0005.html] (page consultée le 21 avril 2011).

Tang, J. H. (éd.), *Human Rights and International Relations in the Asia-Pacific Region*, Londres, Pinter, 1994.

Tannenwald, N., *The Nuclear Taboo: The United States and the Non-Use of Nuclear Weapons since 1945*, Cambridge, Cambridge University Press, 2007.

Tannenwald, N., « The Nuclear Taboo: The United States and the Normative Basis of Nuclear Non-Use », *International Organization*, vol. 53, n° 3, 1999, p. 433-468.

Taylor, A. J. P., *The Origins of the Second World War*, Harmondsworth, Penguin, 1961.

Terriff, T., S. Croft, L. James et P. Morgan, *Security Studies Today*, Cambridge, Polity Press, 1999.

Teschke, B., *The Myth of 1648: Class, Geopolitics and the Making of Modern International Relations*, Londres, Verso, 2003.

Tesón, F., « Ending Tyranny in Iraq », *Ethics and International Affairs*, vol. 19, n° 2, 2005, p. 1-20.

Tesón, F., « The Liberal Case for Humanitarian Intervention », dans J. L. Holzgrefe et R. O. Keohane (éd.), *Humanitarian Intervention: Ethical, Legal and Political Dilemmas*, Cambridge, Cambridge University Press, 2003, p. 93-129.

The Ottawa Citizen, « Canada, Norway change their ways: New approach bases foreign policy on human issues », *The Ottawa Citizen*, 28 mai 1998, p. A18.

Thomas, A. et al., *Third World Atlas*, 2ᵉ édition, Milton Keynes, Open University Press, 1994.

Thomas, C., *Global Governance, Development and Human Security*, Londres, Pluto, 2000.

Thomas, C., « Where is the Third World Now? », *Review of International Studies*, décembre 1999, numéro spécial.

Thomas, C., « The Pragmatic Case against Intervention », dans I. Forbes et M. Hoffmann (éd.), *Political Theory, International Relations and the Ethics of Intervention*, Basingstoke, St Martin's Press, 1993.

Thomas, C., *New States, Sovereignty and Intervention*, Aldershot, Gower, 1985.

Thomas, C. et P. Wilkin, « Still Waiting after All These Years: The Third World on the Periphery of International Relations », *British Journal of Politics and International Relations*, vol. 6, 2004, p. 223-240.

Thucydides, *The Peloponnesian War*, traduit par R. Warner, London, Penguin, 1972 [1954].

Tickner, J. A., « Seeing IR Differently: Notes From the Third World », *Millennium*, vol. 32, n° 2, 2003, p. 295-324.

Tickner, J. A., « Feminist Perspectives on 9/11 », *International Studies Perspectives*, vol. 3, n° 4, 2002, p. 333-350.

Tickner, J. A., *Gender in International Relations: Feminist Perspectives on Achieving Global Security*, New York, Columbia University Press, 1992.

Tickner, J. A., « Hans Morgenthau's Principles of Political Realism: A Feminist Reformulation », *Millennium*, vol. 17, n° 3, 1988, p. 429-440.

Tilly, C., « States and Nationalism in Europe, 1492-1992 », dans J. M. Comaroffand et P. C. Stern (éd.), *Perspectives on Nationalism*, Amsterdam, Gordon and Breach Science Publishers, 1995.

Tilly, C., *Coercion, Capital and European States, AD 900-1992*, Cambridge, Blackwell, 1992.

Tilly, C., *Contrainte et capital dans la formation de l'Europe, 990 à 1990*, Paris, Aubier, coll. « Histoires », 1992.

Tilly, C., *Coercion, Capital, and European States, AD 990-1990*, Oxford, Blackwell, 1990.

Tilly, C., *As Sociology Meets History*, New York, Academic Press, 1981.

Tilly, C., « Reflections on the history of European state-making », dans C. Tilly (éd.), *The Formation of National States in Western Europe*, Princeton, Princeton University Press, 1975.

Toffler, A. et H. Toffler, *War and Anti-War*, Boston, Little, Brown, 1993.

Tow, W. T. et R. Trood, « Linkages between Traditional Security and Human Security », dans W. T. Tow, R. Thakur, et In-Taek Hyun (éd.), *Asia's Emerging Regional Order*, New York, United Nations University Press, 2000, p. 14.

True, J., « Mainstreaming Gender in Global Public Policy », *International Feminist Journal of Politics*, vol. 5, n° 3, 2003, p. 368-396.

Tucker, R. W., *The Inequality of Nations*, New York, Basic Books, 1977.

Turner, G., *National Fictions: Literature, Film and the Construction of Australian Narrative*, Londres, Allen & Unwin, 1993.

UN, *1999 World Survey on the Role of Women in Development: Globalization, Gender and Work*, New York, United Nations,1999.

UN, *Women, Peace and Security: Study Submitted by the Secretary-General Pursuant to Security Council Resolution 1325 (2000)*, New York, United Nations, 2002. [En ligne]. [http://www.un.org/womenwatch/feature/wps/] (page consultée le 21 avril 2011).

UN, *In Larger Freedom: Towards Development, Security and Human Rights for All*: *Report of the Secretary-General*, mars 2005.

UN, *The Millennium Development Goals Report: Statistical Annex 2006*, New York, 2006, p. 10.

UN, *Peacekeeping*. [En ligne]. [http://www.un.org/Depts/dpko/dpko] (page consultée le 21 avril 2011).

UNCTAD, *Trade and Development Report*, Genève, United Nations Conference on Trade and Development, 2006a.

UNCTAD, *World Investment Report 2006*, Genève, United Nations Conference on Trade and Development, 2006b.

UNCTAD, *World Investment Report 1999: Foreign Direct Investment and the Challenge of Development*, Genève, United Nations Conference on Trade and Development, 1999.

UNCTAD, *Transnational Corporations and World Development*, Londres, International Thomson Business Press, 1996.

UNCTAD, Division on Transnational Corporations and Investment, *World Investment Report 1995*, New York, United Nations Conference on Trade and Development, 1995.

UNDP, *Human Development Report 2006: Beyond Scarcity: Power, Poverty and the Global Water Crisis*, New York, United Nations Development Programme, 2006a.

UNDP, *Global Partnership for Development: United Nations Development Program Annual Report*, New York, 2006b, p. 20.

UNDP, *Orissa Human Development Report*, Bhubaneswar, Orissa, UNDP, 2004. [En ligne]. [http://www.orissa.gov.in/p&c/humandevelopment/index.html] (page consultée le 21 avril 2011).

UNDP, *United Nations Human Development Report*, New York, United Nations Development Programme, 2003.

UNDP, *United Nations Human Development Report 1998*, Oxford, Oxford University Press, 1998.

UNDP, *United Nations Human Development Report 1997*, New York, United Nations Development Programme, 1997.

United Nations High-Level Panel on Threats, Challenges and Change, *A More Secure World: Our Shared Responsibility*, A/59/565, décembre, New York, United Nations, 2004.

United Nations Human Development Commission, *United Nations Human Development Report*, 2003. [En ligne]. [http://hdr.undp.org/reports/global/2003/] (page consultée le 21 avril 2011).

Université de la Colombie-Britannique, Human Security Center, *Human Security Report 2005: War and Peace in the 21st Century*, New York, Oxford University Press, 2005, p. 17.

Université de la Colombie-Britannique, Human Security Center, *The Human Security Brief 2006*, 2006. [En ligne]. [http://www.hsrgroup.org/human-security-reports/2006/overview.aspx] (page consultée le 21 avril 2011).

Van Rooy, A., *The Global Legitimacy Game: Civil Society, Globalization, and Protest*, Basingstoke, Palgrave, 2003.

Vincent, R. J., *Human Rights and International Relations*, Cambridge, Cambridge University Press, 1986.

Vincent, R. J., *Nonintervention and International Order*, Princeton, Princeton University Press, 1974.

Viotti, P. R. et M. V. Kauppi (éd.), *International Relations Theory: Realism, Pluralism, Globalism and Beyond*, Boston, Allyn and Bacon, 1999.

Vitalis, R., « The Graceful and Generous Liberal Gesture: Making Racism Invisible in American International Relations », *Millennium*, vol. 29, n° 2, 2000, p. 331-356.

Von Martens, G. F., *Summary of the Law of Nations Founded on the Treaties and Customs of Modern Nations*, Philadelphia, Thomas Bradford, 1795.

Wæver, O., « Identity, Communities and Foreign Policy Theory », dans L. Hansen et O. Wæver (éd.), *European Integration and National Identity L The Challenge of Nordic States*, London, Routledge, 2002, p. 20-49.

Wæver, O., B. Buzan, M. Kelstrup et P. Lemaitre, *Identity, Migration and the New Security Agenda in Europe*, Londres, Pinter, 1993.

Walker, R. B. J., « The Subject of Security », dans K. Krause et M. C. Williams (éd.), *Critical Security Studies*, Minneapolis, University of Minnesota Press, 1997, p. 61-81.

Walker, R. B. J., *Inside/Outside: International Relations as Political Theory*, Cambridge, Cambridge University Press, 1993.

Walker, R. B. J., « Security, Sovereignty, and the Challenge of World Politics », *Alternatives*, vol. 15, n° 1, 1990, p. 3-27.

Waller, M. et A. Linklater (éd.), *Political Loyalty and the Nation-State*, London, Routledge, 2003.

Wallerstein, I., *European Universalism: The Rhetoric of Power*, New York, New Press, 2006.

Wallerstein, I., *Alternatives: The United States Confronts the World*, Londres, Paradigm, 2004.

Wallerstein, I., *The Decline of American Power: The US in a Chaotic World*, New York, New Press, 2003.

Wallerstein, I., *The End of the World as We Know it: Social Science for the Twenty-first Century*, Minneapolis, University of Minnesota Press, 1999.

Wallerstein, I., *Utopistics: Or Historical Choices of the Twenty-First Century*, New York, New Press, 1998.

Wallerstein, I., *After Liberalism*, New York, New Press, 1995.

Wallerstein, I., *Unthinking Social Science: The Limits of Nineteenth-Century Paradigms*, Cambridge, Polity Press, 1991.

Wallerstein, I., *The Politics of the World-Economy: The States, the Movements, and the Civilisations*, Cambridge, Cambridge University Press, 1984.

Wallerstein, I., *The Capitalist World-Economy*, Cambridge, Cambridge University Press, 1979.

Wallerstein, I., *The Modern World-System, vol. 1: Capitalist Agriculture and the Origins of the European World-Economy in the Sixteenth Century*, San Diego, Academic Press, 1974.

Waltz, K., « The Continuity of International Politics », dans K. Booth et T. Dunne (éd.), *Worlds in Collision: Terror and the Future of Global Order*, Londres, Palgrave Macmillan, 2002.

Waltz, K., « Globalization and American Power », *The National Interest*, vol. 59 (printemps), 2000, p. 46-56.

Waltz, K., « The Origins of War in Neorealist Theory », dans R. I. Rotberg et T. K. Rabb (éd.), *The Origin and Prevention of Major Wars*, Cambridge, Cambridge University Press, 1989, p. 39-52.

Waltz, K., *Theory of International Politics*, Reading, Addison-Wesley, 1979.

Waltz, K., *Man, the State and War*, New York, Columbia University Press, 1959.

Waltz, K., *Man, the State and War*, New York, Columbia University Press, 1954.

Walzer, M., *The Spheres of Justice: A Defence of Pluralism and Equality*, Oxford, Blackwell, 1995a [1983].

Walzer, M., « The Politics of Rescue », *Dissent* (Winter), 1995b.

Walzer, M., *Thick and Thin: Moral Argument at Home and Abroad*, Notre Dame, Ind., University of Notre Dame Press, 1994.

Walzer, M., *Just and Unjust Wars: A Moral Argument with Historical Illustration*, Harmondsworth, Penguin, et New York, Basic Books, 1977.

Weber, C., *Imagining America at War: Morality, Politics, and Film*, London, Routledge, 2006.

Weber, C., *Simulating Sovereignty: Intervention, the State and Symbolic Exchange*, Cambridge, Cambridge University Press, 1995.

Weber, H., « Global Governance and Poverty Reduction », dans S. Hughes et R. Wilkinson (éd.), *Global Governance: Critical Perspectives*, Londres, Palgrave, 2002, ch. 8.

Weber, H., *The Politics of Microcredit: Global Governance and Poverty Reduction*, Londres, Pluto, 2001.

Weber, M., *The Methodology of the Social Sciences*, édité par E. Shils et H. Finch, New York, Free Press, 1949.

Webster, *Webster's Third New International Dictionary of the English Language Unabridged*, Springfield, Merriam, 1961.

Weismann, D., *Global Hunger Index 2006: A Basis for Cross-country Comparisons*, Issue Brief 47 (note de synthèse 47), Washington, International Food Policy Research Institute 2006. [En ligne]. [http://www.ifpri.org/pubs/ib/ib47.pdf] (page consultée le 21 avril 2011).

Weiss, L., « Globalization and Governance », *Review of International Studies*, vol. 25, 1999, Numéro spécial.

Weiss, L., *The Myth of the Powerless State*, Ithaca, Cornell University Press, 1998.

Weiss, T. G., « The Sunset of Humanitarian Intervention? The Responsibility to Protect in a Unipolar Era », *Security Dialogue*, vol. 35, n° 2, 2004, p. 135-153.

Weiss, T. G., *Military–Civil Interactions: Intervening in Humanitarian Crises*, Lanham, Rowman & Littlefield, 1999.

Weiss, T. G. et al., *The United Nations and Changing World Politics*, Boulder, Westview Press, 1994.

Welsh, J. (éd.), *Humanitarian Intervention and International Relations*, Oxford, Oxford University Press, 2003.

Weltman, J. J., *World Politics and the Evolution of War*, Baltimore et London, Johns Hopkins University Press, 1995.

Wendt, A., *Social Theory of International Politics*, Cambridge, Cambridge University Press, 1999.

Wendt, A., « Constructing International Politics », *International Security,* vol. 20, n° 1, 1995.

Wendt, A., « Anarchy is What States Make of It: The Social Construction of Power Politics », *International Organisation*, vol. 46, n° 2, 1992, p. 391-425.

Wessel, I. et G. Wimhofer (éd.), *Violence in Indonesia*, Hamburg, Abera-Verl, 2001.

Western, J., « Illusions of Moral Hazard: A Conceptual and Empirical Critique », *Ethnopolitics*, vol. 4, n° 2, 2005, p. 225-236.

Weston, B. H., R. Falk et A. D'Amato, *Basic Documents in International Law*, 2e édition, St Paul, West Publishing, 1990.

Wheeler, N. J., « Humanitarian Intervention after September 11 », dans A. Lang (éd.), *Just Intervention*, Georgetown, Georgetown University Press, 2004a.

Wheeler, N. J., « The Kosovo Bombing Campaign », dans C. Reus-Smit (éd.), *The Politics of International Law*, Cambridge, Cambridge University Press, 2004b, p. 189-216.

Wheeler, N. J., « The Humanitarian Responsibilities of Sovereignty », dans J. Welsh, *Humanitarian Intervention and International Relations*, Oxford, Oxford University Press, 2003.

Wheeler, N. J., *Saving Strangers: Humanitarian Intervention in International Society*, Oxford, Oxford University Press, 2000.

Wheeler, N. J. et K. Booth, « The Security Dilemma », dans J. Baylis et N. J. Rengger (éd.), *Dilemmas of World Politics: International Issues in a Changing World*, Oxford, Oxford University Press, 1992.

Wheeler, N. J. et T. Dunne, « Moral Britannia: Evaluating the Ethical Dimension in Britain's Foreign Policy », *Foreign Policy Centre*, le 26 avril 2004.

Wheeler, N. J. et J. Morris, « Justifying Iraq as a Humanitarian Intervention: The Cure is Worse than the Disease », dans R. Thakur et W. P. S. Sidhu (éd.), *The Iraq Crisis and World Order: Structural, Institutional and Normative Challenges*, Tokyo, United Nations University Press, 2006.

Whitworth, S., *Feminism and International Relations: Towards a Political Economy of Gender in Inter-state and Non-Governmental Institutions*, Basingstoke, Macmillan, 1994.

Whyte, A. F., *The Practice of Diplomacy*, traduit par François de Callière, *De la manière de négocier avec les souverains*, Londres, Constable & Co, 1919.

Wiener, A. et T. Diez (éd.), *European Integration Theory*, Oxford, Oxford University Press, 2004.

Wight, M., *Systems of States*, Leicester, Leicester University Press, 1977.

Wilkinson, P., « Implications of the Attacks of 9/11 for the Future of Terrorism », dans M. Buckley et R. Fawn (éd.), *Global Responses to Terrorism*, London, Routledge, 2003.

Willetts, P., *Non-Governmental Organizations in World Politics. The Construction of Global Governance*, London, Routledge, 2010.

Willetts, P. (éd.), *"The Conscience of the World". The Influence of Non-Governmental Organizations in the UN System*, Londres, Hurst, et Washington, Brookings Institution, 1996.

Willetts, P. (éd.), *Pressure Groups in the Global System: The Transnational Relations of Issue-Orientated Non-Governmental Organizations*, Londres, Pinter, 1982.

Williams, M. C. (éd.), *Realism Reconsidered: The Legacy of Hans Morgenthau in International Relations*, Oxford, Oxford University Press, 2007.

Williams, M. C., *The Realist Tradition and the Limits of International Relations*, Cambridge, Cambridge University Press, 2005.

Wippman, D., « The International Criminal Court », dans C. Reus-Smit (éd.), *The Politics of International Law*, Cambridge, Cambridge University Press, 2004, p. 151-188.

Wohlforth, W., *The Elusive Balance: Power and Perceptions during the Cold War*, Ithaca, Cornell University Press, 1993.

Wolfensohn, J., « President Wolfensohn's speech at the 1995 Beijing Conference », 1995.

Wolfensohn, J. et F. Bourguignon, « Development and Poverty Reduction: Looking Back, Looking Ahead », mai 2004, document préparé pour les Assemblées annuelles de la Banque mondiale et du Fonds monétaire international (FMI). [En ligne]. [http://www-wds.worldbank.org/external/default/WDSContentServer/WDSP/IB/2005/08/02/000011823_20050802164310/Rendered/PDF/32112FrenchVer.318710010.pdf] (page consultée le 21 avril 2011).

World Commission on the Social Dimensions of Globalization, *A Fair Globalization: Creating Opportunities for All*, Genève, International Labour Organization, 2004.

World Health Organization, *Roll Back Malaria: The Economic Costs of Malaria*, Genève, WHO. [En ligne]. [http://www.rbm.who.int/cmc_upload/0/000/015/363/RBMInfosheet_10.htm] (page consultée le 21 avril 2011).

World Health Organization, *Avian Influenza ('Bird Flu') – Fact Sheet*, février 2006. [En ligne]. [www.who.int/mediacentre/factsheets/avian_influenza/en/] (page consultée le 21 avril 2011).

World Trade Organization, *International Trade: Trends and Statistics*, Genève, WTO, 1995.

Worsley, P., « One World or Three? A Critique of the World-System Theory of Immanuel Wallerstein », *Socialist Register*, Londres, Merlin Press, 1980.

Wright, Q., *A Study of War*, Chicago, Chicago University Press, 1965.

Wright, R., *Sacred Rage: The Wrath of Militant Islam*, New York, Simon & Schuster, 1986.

Yale University Cambodian Genocide Program., [En ligne]. [http://www.yale.edu/cgp] (page consultée le 21 avril 2011).

Young, I. M., *Justice and the Politics of Difference*, Princeton, Princeton University Press, 1990.

Zacher, M. W. avec B. A. Sutton, *Governing Global Networks: International Regimes for Transportation and Communications*, Cambridge, Cambridge University Press, 1996.

Zakaria, F., *From Wealth to Power: The Unusual Origins of America's World Role*, Princeton, Princeton University Press, 1998.

Zalewski, M., « Feminist Standpoint Theory Meets International Relations Theory: A Feminist Version of David and Goliath », *Fletcher Forum of World Affairs*, vol. 17, n° 2, 1993.

Zalewski, M. et J. Parpart (éd.), *The 'Man' Question in International Relations*, Boulder, Westview Press, 1998.

Zevin, R., « Are World Financial Markets More Open? If So, Why and With What Effects? », dans T. Banuri et J. B. Schor (éd.), *Financial Openness and National Autonomy: Opportunities and Constraints*, Oxford, Clarendon Press, 1992.

Zurn, M., « Global Governance and Legitimacy Problems », *Government and Opposition*, vol. 39, n° 2, 2004.

Index